本课题研究得到国家社会科学基金的资助

本书出版受国家文物局重点文物保护专项资金支持

中国田野考古报告集

考古学专刊

丁种　第七十一号

滕州前掌大墓地

上册

中国社会科学院考古研究所　编著

文物出版社

北京·2005

责任编辑：黄　曲　蔡　敏
封面设计：周小玮
责任印制：陆　联

图书在版编目（CIP）数据

滕州前掌大墓地/中国社会科学院考古研究所编著.
北京：文物出版社，2005.11
ISBN 7－5010－1710－7

Ⅰ.滕… Ⅱ.中… Ⅲ.商墓－发掘报告－滕州市
Ⅳ.K878.85

中国版本图书馆 CIP 数据核字（2005）第 006633 号

滕州前掌大墓地

中国社会科学院考古研究所　编著

＊

文 物 出 版 社 出 版 发 行

（北京五四大街 29 号）

http://www.wenwu.com

E-mail：web@wenwu.com

北京盛兰印刷有限公司印刷

新 华 书 店 经 销

787×1092　1/16　印张：73　插页：5

2005 年 11 月第一版　　2005 年 11 月第一次印刷

ISBN 7－5010－1710－7/K·893　（全二册）定价：600.00 元

ARCHAEOLOGICAL MONOGRAPH SERIES
TYPE D NO.71

Qianzhangda Cemetery in Tengzhou

I

(*With an English Abstract*)

by

Institute of Archaeology, Chinese Academy of Social Sciences

Cultural Relics Publishing House

Beijing · 2005

目　录

上　篇

附　表

插 表 目 录

插 图 目 录

上 篇

第一章 前　言

第一节　概　况

滕州地处山东省南部、淮河流域的北侧，境内大小河流众多，基本属淮河或京杭运河水系。其东依泰沂山脉边缘，西靠南四湖东岸。地势东北高西南低，呈东北向西南倾斜状。地貌以低山丘陵、山前平原、湖滨平原三种类型为主。属暖温带大陆性季风气候。

滕州市是隶属枣庄市的县级市，东接临沂市，西与微山县接壤，南连枣庄市，北与济宁市邹县为邻。前掌大墓地位于滕州市官桥镇前掌大村，距滕州市约 22.5 千米。(图一)

1964 年春，中国科学院考古研究所山东工作队在滕县文化馆的配合下，组成文物普查队，对该县的遗址进行了大面积考古调查。当时在前掌大村北的断崖上暴露有灰坑、灰层等遗迹，地面散布有商代晚期陶片等。当地村民将该处遗址称为"河崖头"或"北地"。随后又对村南略微隆起的一片高地进行了调查，发现地面上散布有大量的东周陶片，偶尔杂有商周时期的陶片。当地村民称这处遗址为"南岗子"、"瓦渣地"或"南地"。由此初步确认前掌大是一处商周时期遗址[1]。

20 世纪 70 年代末期又对该遗址进行了数次复查，并在前掌大村北的小魏河河旁的断崖上发现了夯土层，初步判断应有墓葬存在。因此决定对该遗址进行发掘。1981 年秋季，中国社会科学院考古研究所山东工作队对前掌大墓地进行了首次发掘。此后陆续进行了 8 次发掘，清理出一批商周时期墓葬。

我们根据发掘墓葬的分布状况并结合地形特征，将前掌大墓地分为北、南两大区，两区墓地分别位于前掌大村的村北和村南，村北墓地紧靠当地的民房，村南墓地距村子不到百米。该村地势略呈北高南低之势。村西北及西侧有小魏河环绕流过，使村北墓地形成陡峭的断崖。前掌大村东约 700 米处薛河自北向南流过（彩版一）。整个墓地的平均海拔高度在 57 米左右。在两区内分别选择基点采用象限布方的方法将整个墓地进行统一布方。北区以墓地中部的一条南北向乡间小路为分界线，路东侧为北Ⅰ区，路西侧为北Ⅱ区（图版一，1）。南区墓地以村南的两条南北向的乡间小路为界分成中、西、东三大部分，其中中部的

---

[1] 中国社会科学院考古研究所山东工作队等：《山东滕县古遗址调查简报》，《考古》1980 年 1 期。

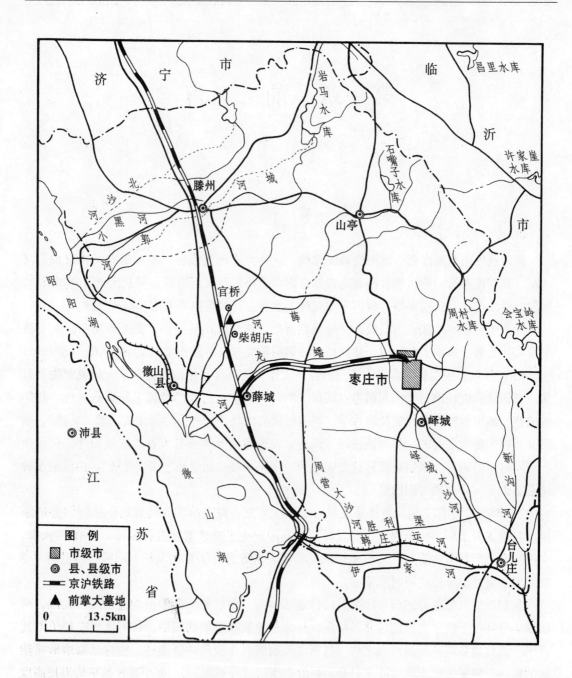

图一　前掌大墓地地理位置图

南半部为南Ⅰ区，北半部为南Ⅱ区，两区以一条东西向的田间机耕路为界。西部为南Ⅲ区，东部为南Ⅳ区。(图二)

北区墓地基点选在墓地的南部，Ⅰ区的探方横坐标从 10 开始，编号分别为 10～16；纵坐标从 01 开始，编号分别为 01～25。Ⅱ区的横坐标从 20 开始，编号分别为 20～30；纵

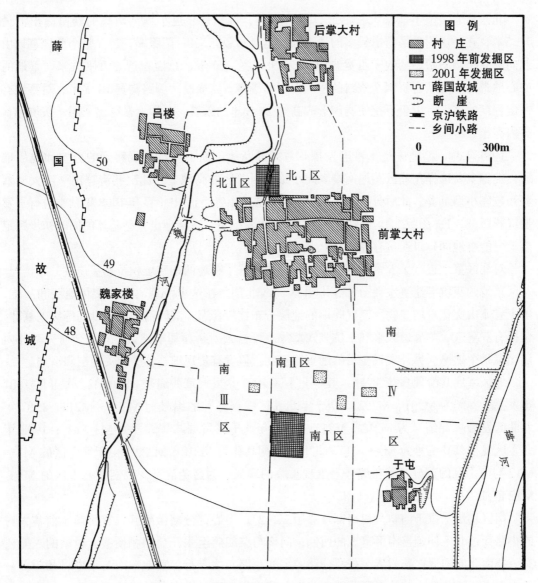

图二　前掌大墓地分区图

坐标从 01 开始，编号分别为 01～25[1]。

　　在南区墓地中部选择基点，基点以东的横坐标从 1 开始，编号分别为 1～14；纵坐标从 01 开始，编号分别为 01～33。基点以西的横坐标从 15 开始，编号分别为 15～27；纵坐标从 01 开始，编号分别为 01～33。考虑到南区、北区墓地探方出现部分重号的现象，在文中北区墓地探方前均加"B"字以示区别。

　　现分别将南北区墓地的情况介绍如下。

―――――――――――――――

[1]　前掌大墓地各探方编号均以横坐标＋纵坐标的编号组成。如横坐标为 10、纵坐标为 01，则此探方为 T1001。

北区墓地　位于前掌大村西北，地势较高，特别是靠近小魏河南岸的断崖高出河道4～5米，在断崖附近暴露出较多的遗迹和遗物（彩版二，1；图版一，2）。整个北区墓地由北向南略呈倾斜状。墓地东西宽约300、南北长约200米，总面积近6万平方米。墓地的中心地带是一条从官桥镇至该村的南北向乡间小路，路面及两侧路沟宽10多米，对墓地有一定程度的破坏。由于下挖使两侧形成高约2～3米的断崖，断崖上暴露出灰层、灰坑和墓葬内夯土。

1981年对该墓地进行了首度发掘。考虑其断崖剖面上有已经观察到的夯土和地层堆积，发掘主要选择在北区墓地南端乡间小路东西两侧的高地上。此次共清理出一座大型墓葬和数座小型墓葬。此后分别于1985年春、1987年春、1991年春和1998年秋季进行了发掘（彩版三，1；图版二）。在1991年的第4次发掘中，在清理出大型墓葬的同时初步判定墓上可能有地面建筑遗迹存在。

对北区墓地进行了5个季度的发掘，基本掌握了墓地的地层堆积及相关遗迹分布情况。北区墓地的灰坑等遗迹主要分布于北Ⅱ区的西北部，在这里清理出龙山文化地层和灰坑，出土有龙山文化早期遗物。商代晚期的地层分布比较普遍，其间清理出一批高等级的墓葬，包括有双墓道、单墓道大墓和土坑竖穴墓等。可惜大型墓葬基本被盗，对综合研究墓葬内涵无疑是个缺憾。另外发现少量的细石器遗物，但没有发现细石器的相关地层和遗迹。

北区墓地共清理墓葬35座。其中北Ⅰ区1981年发掘墓葬编号M1、M2，北Ⅱ区1981年发掘墓葬编为M201、M202；1985年北Ⅱ区发掘墓葬的编号为M203～M211；1987年北Ⅱ区发掘墓葬编号为M212～M217；1991年北Ⅰ区发掘墓葬编号为M3～M8；1998年北Ⅰ区发掘墓葬编号为M9～M12，北Ⅱ区发掘墓葬为M218～M223。由于北Ⅰ区的M1～M12与南Ⅰ区的部分墓葬在编号上出现重叠的现象，为避免混乱，我们在北Ⅰ区的M1～M12前加"B"字以示区别。（图三）

南区墓地　位于前掌大村南部（彩版二，2），中心部分略微隆起，官桥镇至前掌大村的小路穿过北区伸延至南区墓地的西侧，向南与柴胡店至张汪公路相衔接。村南的东侧还有一条南北向的通往柴胡店至张汪公路的乡间小路与之平行。墓地东南与于屯村相望。一条由东南—西北的输油管斜穿墓地。墓地上基本为农田，没有其他大型建筑物，仅有一些小的机井房。墓地南北长约500、东西宽约1000米，总面积约50万平方米。

南Ⅰ区位于南区墓地的中南部（彩版三，2），1991年春季首次进行发掘，清理了一批小型墓葬和殉牛、殉马的祭祀坑。1994年秋、1995年春、1995年秋、1998年秋和2001年夏季对南区墓地进行了5个季度的发掘[1]，清理出一批商代晚期至西周早期的土坑竖穴墓葬、车马坑、水井等（图版三）。特别是1994年秋季的发掘，因获得一批重要的墓葬资料

〔1〕　a. 中国社会科学院考古研究所山东工作队：《滕州前掌大商代墓葬》，《考古学报》1992年3期。b. 胡秉华：《滕州前掌大商代遗址》，《中国考古学年鉴（1996）》，文物出版社，1998年。c. 贾笑冰：《滕州前掌大商墓发掘获新成果》，《中国文物报》1999年3月14日。

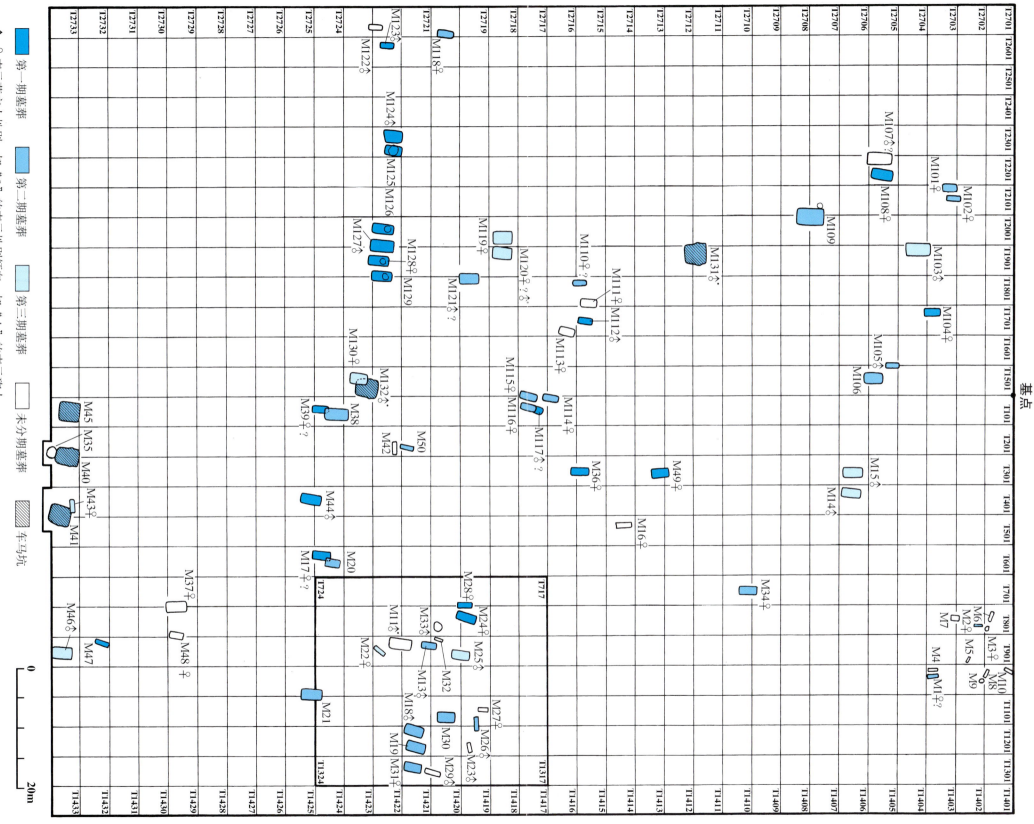

图四　前掌大墓地南 I 区墓葬分布图

第一期墓葬　　第二期墓葬　　第三期墓葬　　未分期墓葬

0　　　　　　20m

磁北

♂为男性墓主人性别，♀为女性墓主人性别，加"?"的表示性别初步判断，加"—"的表示无法判断。

Ⅰ区　Ⅱ区

M201 M202 M203 M204 M205 M206 M207 M208 M209 M210 M211 M212 M213 M214 M215 M216 M217 M218 M219 M220 M221 M222 M223

BM1 BM2 BM3 BM4 BM5 BM6 BM7 BM8 BM9 BM10 BM11 BM12

T1601 T1501 T1401 T1301 T1201 T1101 T1001 T12001 T12101 T12201 T12301 T12401 T12501 T12601 T12701 T12801 T12901 T13001

T1602 T1603 T1604 T1605 T1606 T1607 T1608 T1609 T1610 T1611 T1612 T1613 T1614 T1615 T1616 T1617 T1618 T1619 T1620 T1621 T1624 T1625

而被评为当年的全国考古十大发现之一[1]。

墓地中部为中、小型土坑竖穴墓，绝大多数墓葬都出土有随葬品，一些高等级的墓葬随葬成组的青铜礼器和玉器等。此外，还发现1座陪葬的车马坑。墓葬中心的东北侧主要有殉牛坑、马坑和祭祀遗存等。南部清理出车马坑4座和一些小型墓葬。车马坑一般在车箱中放置有铜兵器、工具、骨器、玉器等。五座车马坑中有4座各殉1人，另1座殉2人。

南Ⅰ区共清理墓葬76座。墓葬编号为：1991年M1～M10；1994年M11、M13～M22；1995年春M23～M34；1995年秋M35～M50；1998年M101～M132。其中车马坑5座，编号分别为M40、M41、M45、M131和M132。（图四）

在墓地的东南部清理出包括祭祀坑、灰坑、水井等遗迹。（图五）局部区域发现有东周

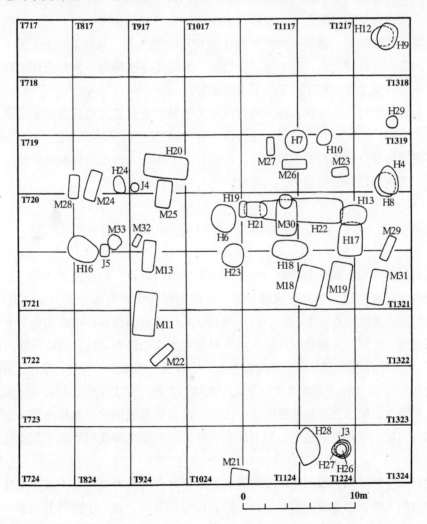

图五　南Ⅰ区墓地东南部遗迹分布图

〔1〕 胡秉华：《滕州前掌大遗址有重要发现》，《中国文物报》1995年1月8日。

时期的遗迹和遗物。在一些东周遗迹中出土有带陶文的陶片，这对研究该时期文字提供了一批重要的资料。

2001 年发掘了 23 座墓葬，分属另外三个不同区域，其中南 II 区发掘墓葬 10 座，南 III 区发掘墓葬 7 座，南 IV 区清理墓葬 6 座。本报告将主要介绍 1998 年以前清理的各类遗存的资料，2001 年发掘的资料我们将另行整理发表。

发掘工作主要由中国社会科学院考古研究所山东工作队承担，胡秉华和梁中合先后主持了该墓地的发掘工作，参与这项工作的有吴汝祚、邵望平、杨国忠、王杰、刘景芝、焦天龙、王吉怀、谷飞、陈超、贾笑冰、唐锦琼、王明辉、谢肃、王小庆。此外考古所技术部门的丁六龙、白荣金、郑文兰、刘建国、刘震伟、王影伊、王浩天、黄大路等协助清理、测绘、录像等工作。配合工作的还有枣庄市博物馆的赵天文、刘兴元、苏昭秀、张春霞、朱志裕、张裕鹏等，滕州市博物馆的有万树沄、翟力军、孙柱才、王元平、张耘、张商、朱绍鸿等。此外傅群启、沈荣民、李德渠、毕道传等也参加了发掘清理工作。考古所研究生崔乐泉、张擎在发掘工地完成了田野实习。

前掌大墓地历经 9 次发掘，由于得到国家文物局、山东省文物局及山东省文物考古研究所的大力支持，同时得到枣庄市、滕州市、官桥镇三级党、政领导的关怀，以及枣庄市、滕州市两级文博单位同志们的积极配合，使我们的工作开展得比较顺利并取得了一定的收获，在此一并致以诚挚的谢意。

第二节　历史沿革

前掌大村的地形应属河旁台地，北、西、东均濒临河流，地理位置优越。在北区墓地发掘范围内和村西高地分别采集到细石器。村北和村西保存有部分龙山文化遗迹、遗物，表明龙山时期这里已经有人类活动。村西约 500 米处为京沪铁路，由北向南穿过薛国故城遗址的东北角。实际上薛国故城址的东南角与前掌大墓地遥相对应。若以前掌大墓地为中心以 10 千米为半径的范围观察，其间有北辛、大康留、西康留、井亭、莱村、轩辕庄、后黄庄等遗址[1]，从文化序列看有北辛文化、大汶口文化、龙山文化、岳石文化和商周时期文化等，不难看出前掌大墓地所在的这一区域，其文化发展的脉络是清晰的。它悠远的历史不仅向我们展示了辉煌的过去，同时前掌大墓地的发掘也向我们展示了其发达的商周时期文明。

根据目前资料可知，滕州地区发现有从新石器时代的北辛文化、大汶口文化、龙山文化各个阶段的人类活动遗迹。至夏、商、周三代分别有薛、滕、小邾国等诸多方国。东周时期在鲁、齐、宋、楚诸国争夺中，这些方国相继被灭，滕州地区辖属关系则多有变动。

---

〔1〕　中国社会科学院考古研究所山东工作队等：《山东滕县古遗址调查简报》，《考古》1980 年 1 期。

至汉代设蕃县，属鲁国。晋属鲁郡，元康中改属彭城郡。魏孝昌二年（526年）设蕃郡。北齐废郡。隋开皇十六年（596年）改设滕县，属徐州。金设置滕阳军，大定二十四年（1184年）则改曰滕州。明初废州属济宁府，洪武十八年（1385年）复改为滕县。至1988年改为滕州市至今。

据文献记载，夏朝曾在这里建立薛国，相传其始祖奚仲曾经担任夏朝的车正，是车的发明者。《管子·形势篇》载："奚仲之为车也，方、圆、曲、直皆中规矩准绳，故机旋相得，用之劳力，成器坚固。"夏末商初之时，薛服事于商，国君仲虺曾担任商王汤的左相，在商王朝的建立和统治中起了重要作用。西周时期，薛国服事于周，并与鲁国结为婚姻之国。鲁国的始祖周公和西周后期的武公均娶薛女为妻。春秋时期，薛国在错综复杂的各国关系中求得生存，主要追随晋国。到战国时薛国已成为齐国所要吞并的目标，据《史记·孟尝君列传》齐湣王三年（前298年），齐封田婴于薛，《索隐》引《纪年》系于梁惠王后元十三年（前322年），证明此时薛已被齐所灭。但是有关这些方国的文献记载一般只有只言片语。而有关方国政治、经济、文化、历史等方面的记载史书中则更少，以往只能通过零星的文献来考证其存在，得出的结论往往令人难以信服。同时由于所获得的考古材料较分散且不完整，也难窥其全貌。

就整个山东地区而言，有关商末到西周初期的考古资料也很有限，20世纪60年代中期在益都（现青州）苏埠屯遗址发掘的4座商代晚期墓葬，其中2座大型墓，2座中型墓，而1号墓为有四个墓道的大型木椁墓，墓室南北长15.00、东西宽10.70、深8.00米。墓室内有"亚"字形木椁，发现有多达18个殉人，其中一半只有头而无躯体。该墓经盗掘，出土器物不多，发现的2件大铜钺，饰兽面镂孔，其中一件有"亚䖝"族徽铭记。从墓的规模和出土遗物的精美程度观察，被认为可能是当时蒲姑国国君的陵寝。但因墓已被盗，所以材料很不全面，给我们留下了诸多遗憾[1]。

前掌大墓地的发掘填补了商周时期东方方国研究中缺乏完整、全面、系统的实物资料的空白。

---

〔1〕 山东省博物馆：《山东益都苏埠屯第一号奴隶殉葬墓》，《文物》1972年8期。

第二章　墓地的文化遗存

第一节　地层堆积

通过一系列的发掘，对北区的地层堆积和各类遗存分布状况有了基本了解。其地层堆积主要分五层：第①层为耕土层，第②层为扰土层，第③～⑤层为商代晚期文化层，个别探方内存在第⑥层堆积，时代为龙山文化时期。根据发掘的情况判断龙山文化堆积主要分布于北区的西北边缘地带。

现以北Ⅱ区 BT2716、BT2717 东壁和 BT2825 东壁剖面为例，将北区的地层堆积情况介绍如下。

BT2716、BT2717 东壁剖面（图六）：

第①层：耕土层，厚 0.18～0.45 米。土色呈灰黄色，土质松软。包含物有近现代瓷片、蚌片、动物骨骼，汉代、商代陶片，偶见岳石文化、龙山文化的残石器、鼎足等。

第②层：扰土层，层面距地表 0.18～0.45、厚 0.26～0.80 米。土色呈黄褐色，土质松软。内含有晚期瓷片，汉代、东周和商代陶片以及动物骨骼、蚌壳、螺壳等。陶片中有汉代板瓦、盆、罐类残片以及商代陶鬲、盆、罐、甗等残片。

第③层：文化层，在北区墓地地层中只是局部分布。层面距地表 0.70～1.05、厚 0～1.00 米。为一灰土层，土质松软。内含有较多的红烧土块及炭屑。此层出有猪骨、牛牙及蚌片等。内含陶片最多，可辨器形有鬲、盆、罐、甗等。为商代晚期地层。该层下有M213。

第④层：文化层，层面距地表 0.70～1.80、厚 0.25～1.05 米。土色呈浅黄色，土质松软。内含有动物骨骼、牙齿及鹿角等。可辨器形有鬲、盆、豆、罐、尊等。为商代晚期地层。

第⑤层：文化层，层面距地表 1.80～2.20、厚 0.65～1.10 米。此层含有少量的炭屑颗粒，土质松软，土色呈灰黄色。可辨器形有鬲、罐、豆等。陶鬲特征明显，唇沿外折，器身一般较高，锥状足，分裆显著；假腹豆柄间施有"十"字镂孔。为商代晚期地层。

第⑤层下为黄褐色沙土层，属生土。

BT2825 东壁剖面（图七）：

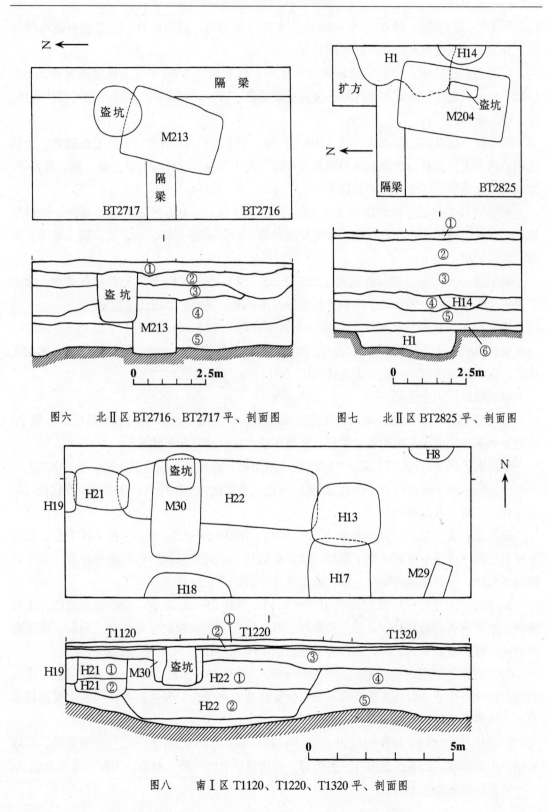

图六　北Ⅱ区 BT2716、BT2717 平、剖面图

图七　北Ⅱ区 BT2825 平、剖面图

图八　南Ⅰ区 T1120、T1220、T1320 平、剖面图

第①层：耕土层，厚 0.15～0.30 米。土色呈灰褐色，土质松软。包含物有近现代瓷片、蚌片、动物骨骼和汉代、商代陶片等。

第②层：扰土层，层面距地表 0.15～0.30、厚 0.85～1.05 米。土色呈灰黄色，土质松软。内含有瓷片、东周和商代陶片以及动物骨骼、蚌壳、螺壳等。出土的陶器残片有鬲、盆、罐、甗等。

第③层：文化层，层面距地表 1.05～1.30、厚 0.65～1.07 米。土色呈黄褐色，土质疏松。内含大量炭粒、红烧土块和陶器残片等。其中可辨器形有鬲、簋、罐、甗、器盖等。为商代晚期地层。H14 开口于此层下。

第④层：文化层，层面距地表 1.95～2.15、厚 0.25～0.6 米。土色呈黄色，土质松软。内含有陶器残片、动物骨骼、牙齿及鹿角等。可辨器形有鬲、盆、豆、罐、尊等。为商代晚期地层。

第⑤层：文化层，层面距地表 2.25～2.55、厚 0.40～0.80 米。土色呈灰黄色，含有少量的炭屑颗粒，土质松软。陶器可辨器形有鬲、罐、豆等。为商代晚期地层。

第⑥层：文化层，该层仅在局部分布。层面距地表 3.00～3.10、厚 0.15～0.30 米。土色呈红褐色，土质较硬，内含有一定数量的陶片。器类有鼎、盆、罐、杯等。为龙山文化层。在⑥层下清理出一座龙山文化灰坑（H1），灰坑打破生土。

第⑥层以下为生土层。

1995 年春季为了解南区墓地的文化层堆积情况，在南Ⅰ区墓地的东南部布探方数个。通过发掘基本搞清了墓地的地层堆积、墓葬布局和各类遗存分布状况。

现以南Ⅰ区 T1120、T1220、T1320 的北壁为例，将地层堆积情况介绍如下（图八）：

第①层：耕土层，厚 0.10～0.25 米。土色呈灰黄色，土质松软。杂有近、现代瓷片以及汉代、东周和西周陶片等。

第②层：扰土层，层面距地表 0.10～0.25、厚 0.05～0.15 米。土色呈浅黄色，质地紧密且坚硬，伴有少量的红烧土颗粒。包含有近代、宋元和东周、西周陶瓷片等，其中可辨器形有碗，另有西周时期鬲、罐、甗等残片。M30 开口此层下。

第③层：文化层，层面距地表 0.20～0.35、厚 0.25～0.78 米。土色呈灰褐色，土质略硬。内含有较多陶片及少量兽骨和蚌片，填土中有大量炭粒及少量红烧土颗粒。可辨器形有鬲、罐、甗、簋、豆等。为西周早期地层。H19、H21、H22 开口此层下。

第④层：文化层，层面距地表 0.85～1.00、厚 0.45～0.80 米。土色呈深灰色，质地疏松。内含有少量的红烧土渣及草木灰，少量陶片、兽骨、蚌壳等。陶器残片中可辨器形有鬲、罐等。为商代晚期地层。

第⑤层：文化层，层面距地表 1.50～1.75、厚 0.70～0.95 米。土色呈褐黄色，质地紧密，土质稍硬。出有少量陶片、兽骨等。可辨器形有鬲、罐、豆等。为商代晚期地层。

第⑤层以下为生土层。

第二节　文化遗存

一、龙山文化遗存

此类文化遗存主要分布于北Ⅱ区北端，在 BT2825 探方内有所发现。

（一）遗迹

仅在 BT2825 发现一座灰坑，编号为 H1，现介绍如下。

H1　位于北Ⅱ区 BT2825 的东北角与 BT2725 西北角，开口在第⑥层下，打破生土，该灰坑的西北角被 M204 打破。距地表 3.20～3.25 米。坑口平面呈不规则的椭圆形，斜壁，底部凹凸不平。长 3.50、残宽 1.21～1.95、深 0.55～0.80、底距地表 3.75～4.00 米。（参见图七）坑内堆积呈灰褐色，质地松软。内含有红烧土块及草木灰，存留有大量陶片及少量残石器、骨器、蚌壳及动物骨骼、鹿角等。（附表一、附表二）

（二）遗物

龙山文化遗物以陶器为主，另有少量的石、骨、角器等，现叙述如下。

1. 陶器　典型陶器计有 22 件，均出土于 H1 之中，陶质有夹砂和泥质两类。夹砂类又可细分为夹粗砂和夹细砂两种。夹砂类有鼎、甗、罐等，盆、壶、杯、匜则为泥质类。泥质陶中还有一种细泥陶，陶土经过淘洗，不含杂质，质地细腻，以轮制技术制作出器形规整、胎薄如蛋壳的陶器。遗憾的是该墓地中仅见一些薄胎黑陶高柄杯的残片。陶色分灰、褐、黑、红褐四种，大部分在一件器物上出现多种色泽，往往褐色间有灰色，黑陶也有褐、灰相杂其上，纯正单一的陶色者少见。器类主要有鼎、罐、盆、甗、壶、杯、匜、碗、箅等，器盖单独列述。另外还出纺轮 1 件，圆陶片 1 件。器表纹饰以素面为主，有少量的弦纹、附加堆纹、按压纹、刻划纹、篮纹等（图九）。

在制陶工艺方面，以轮制为主，兼带手制，有些器形的主体轮制，附件为手制。轮制如在蛋壳陶上采用拉坯与轮制相结合的方法，手制如陶器的盲鼻、附耳、器口、足等。

鼎　共 4 件。根据鼎腹特征分二型。

A 型　3 件。罐形腹。标本 H1∶30，夹砂褐陶。圆唇，斜折沿，侈口，微鼓腹，平底，足残。腹部饰有篮纹。口径 22.8、残高 19.8 厘米（图一○，1；图版四，1）。标本 H1∶16，夹砂褐陶。尖唇，斜折沿，腹壁近直，素面。足下部残，足根部有按窝。口径 17.5、残高 16.2 厘米（图一○，2；图版四，2）。标本 H1∶15，夹砂褐陶。尖圆唇、唇缘有一周凹槽，斜折沿、腹微鼓，平底，素面。凿状足，足尖残，足根部有按窝。口径 13.2、残高 12.4 厘米（图一○，3；图版四，3）。

B 型　1 件。盆形腹。标本 H1∶36，夹砂灰陶。尖圆唇，斜折沿，沿部及腹部饰有附加堆纹，腹部上下各饰一周凸棱。足残、足根面部及两侧各饰一道条状沟槽。口径 27.2、残高 18.4 厘米（图一○，4；图版四，4）。

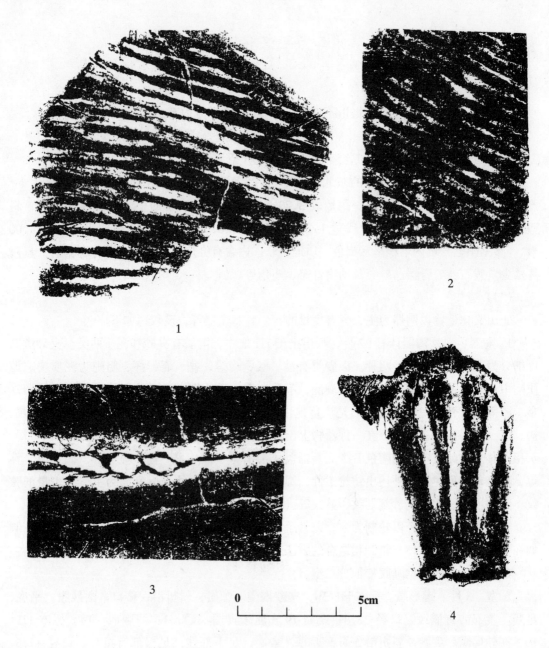

图九　　龙山时期陶片纹饰拓本
1、2.篮纹（罐 H1）　3.附加堆纹（壶 H1）　4.刻划纹（鼎足 H1）

　　甗　1件。标本 H1:31，夹砂灰陶。侈口，圆唇，腹内收为细腰，下部残，腹部饰有圆饼饰。口径 19.0、残高 17.2 厘米（图一〇，5；图版四，5）。

　　箅　1件。标本 H1:22，夹砂红陶。敞口，尖圆唇，浅盘，平底，底部布满圆形箅孔。口径 10.3、底径 7.0、通高 2.0 厘米（图一〇，6）。

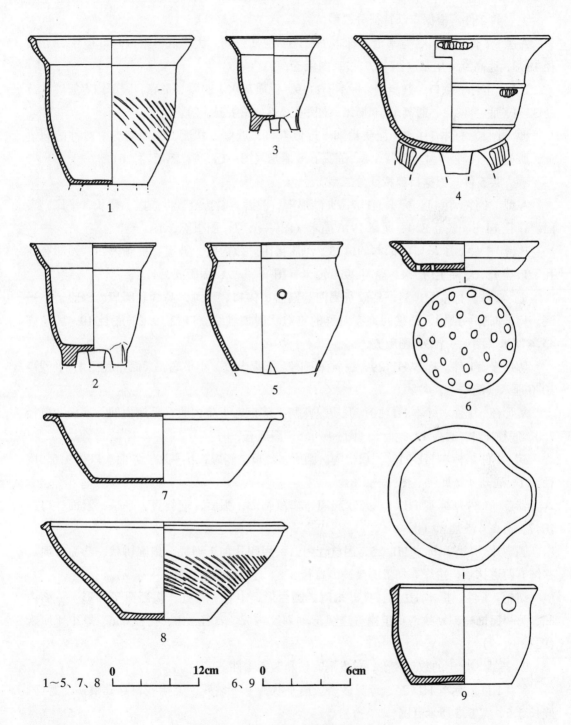

图一〇　龙山时期灰坑 H1 出土陶器

1.A 型鼎（H1:30）　2.A 型鼎（H1:16）　3.A 型鼎（H1:15）　4.B 型鼎（H1:36）　5.甗（H1:31）　6.箅（H1:22）　7.A 型盆（H1:20）　8.B 型盆（H1:19）　9.匜（H1:3）

盆　共2件。根据口部特征分二型。

A型　1件。敞口、宽平沿。标本H1:20，泥质褐陶。大平底，素面。口径33.2、底径18.8、通高9.4厘米（图一〇，7；图版五，1）。

B型　1件。敛口，腹斜直。标本H1:19，泥质灰陶。圆唇、平底，腹部饰有篮纹。口径32.4、底径12.2、通高12.8厘米（图一〇，8；图版五，2）。

匜　1件。标本H1:3，泥质褐陶。近似直口，近似舌状流，流两侧有一对称的圆饼饰，腹微鼓。口径9.4、底径6.8、通高6.6厘米（图一〇，9；图版四，6）。

罐　共5件。根据口部特征分二型。

A型　4件。敞口。标本H1:7，夹砂褐陶。圆唇、斜折沿、微鼓腹、瘦长，平底，素面。口径14.8、底径8.0、通高19.6厘米（图一一，1；图版五，3）。

B型　1件。子母口。标本H1:33，泥质褐陶。颈内收，鼓腹、平底内凹，颈部有穿孔。口径18.0、底径13.4、通高29.6厘米（图一一，2；图版五，4）。

壶　2件。标本H1:34，夹砂灰褐陶。圆唇、侈口、长颈、高领、圆肩、深腹，小平底。肩部饰有一凸棱，凸棱间饰有对称的鸡冠状附加堆纹。口径19.2、底径10.4、通高45.4厘米（图一一，3；图版五，5）。

觯形壶　1件。标本H1:29，泥质深灰陶。下腹内收，小平底、素面。底径4.5、残高10.0厘米（图一一，4）。

觚形杯　1件。标本H1:10，泥质深灰陶。侈口、下腹内收，平底内凹。素面。口径7.0、底径4.4、通高12.7厘米（图一一，5；图版五，6）。

碗　1件。标本H1:21，泥质褐陶。圆唇，敛口，斜腹，小平底，素面。口径9.5、底径5.1、通高4.3厘米（图一一，6）。

器盖　1件。标本H1:1，夹砂灰陶。如覆碗形，圆唇，壁斜直，平顶，素面。口径10.7、通高4.5厘米（图一一，7）。

圆陶片　1件。标本H1:25，泥质红陶。系用陶片加工而成。扁圆饼状，凸面有绳纹并饰有两道抹痕，边缘有加工的痕迹。直径3.8、厚0.6厘米（图一一，8）。

纺轮　1件。标本H1:8，夹砂褐陶。圆台形，中有一圆孔，横断面呈梯形，一面内凹，另一面饰有刻划纹，每组由五道弧形刻划纹构成。直径5.0、孔径0.6、厚1.4厘米（图一一，9）。

2. 石器　出土的数量较少，仅发现有铲和镞各1件。

铲　1件。标本H1:24，青灰砂岩。扁平状，上下端残，上端残留穿孔痕迹，磨光。残长5.5、宽6.5厘米（图一二，1）。

镞　1件。标本H1:2，灰色泥岩。锋近似柳叶状，截面呈菱形，铤残。残长6.5厘米（图一二，2）。

3. 骨角器　仅发现骨匕和角锥各1件。

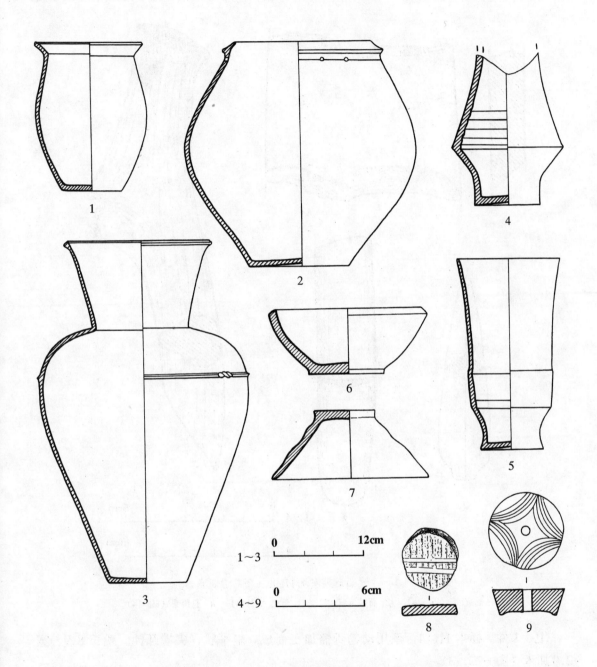

图一一 龙山时期灰坑 H1 出土陶器

1.A型罐（H1∶7） 2.B型罐（H1∶33） 3.壶（H1∶34） 4.觯形壶（H1∶29） 5.瓤形杯（H1∶10） 6.碗
（H1∶21） 7.器盖（H1∶1） 8.圆陶片（H1∶25） 9.纺轮（H1∶8）

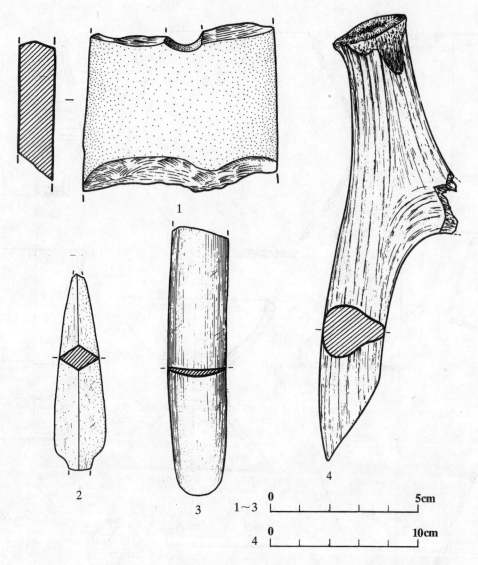

图一二   龙山时期灰坑 H1 出土石、骨、角器

1. 石铲（H1：24）   2. 石镞（H1：2）   3. 骨匕（H1：4）   4. 鹿角锥（H1：14）

  匕　1 件。标本 H1：4，系用动物骨骼加工而成。扁平状，尖端圆钝。残长 8.9、宽 2.0 厘米（图一二，3）。

  鹿角锥　1 件。标本 H1：14，系用鹿角的分叉处加工而成。尖端有使用痕迹。通长 29.4 厘米（图一二，4）。

  该灰坑出土的鼎、觯形壶与临沂大范庄遗址中出土的同类器物近似[1]，匜与大汶口遗

----

〔1〕 临沂文物组：《山东临沂大范庄新石器时代墓葬的发掘》，《考古》1975 年 1 期。

址晚期墓的Ⅰ式匜极为相似[1]，算与曲阜南兴埠遗址的算器形接近[2]，甗应属于典型龙山文化早期的遗物。

二、商代晚期文化遗存

此类文化遗存，主要分布在北区的第③、④、⑤层和南Ⅰ区的第④、⑤层，下面按遗迹和遗物分别介绍如下。

（一）遗迹

主要有墓葬及少量的灰坑、房址、水井等，其中墓葬在第四章单独介绍，其他遗迹分别介绍如下。

1. 灰坑　共清理5座，分别是H2、H3、H5、H11、H14。按坑口平面形状分为圆形、椭圆形两类，举例加以介绍。

（1）口部呈圆形　3座。现以H3、H5为例介绍如下。

H3　位于北Ⅱ区BT2516西部，开口第④层下，坑口距地表1.60米。平面近似圆形，壁斜直，呈口大底小状，底近平。口径3.75、底径3.35、深0.60米。（图一三，1）坑内堆积呈深灰色。内含有一定数量的陶片及少量兽骨、蚌壳等。陶片中可辨器形有鬲、盆、罐、豆等。（附表三）

H5　位于北Ⅱ区的BT2625西部和BT2725隔梁下，开口第③层下，坑口距地表1.10米。坑口平面近似圆形，壁斜直，底平缓，口小底大，俗称袋状坑。口径1.75、底径2.00、深1.05米。（图一三，2）坑内堆积呈黄色，土质略硬。

（2）口部呈椭圆形　2座。现以H2为例介绍如下。

H2　位于北Ⅱ区BT2516东部，开口第③层下，打破H3。坑口距地表1.60米。平面近似椭圆形、斜壁、平底。长径2.55、短径1.60、深0.60米。（图一三，3）坑内填土呈灰色，土质松软。内含有红烧土颗粒，出土有一定数量的陶片及少量兽骨。陶片中可辨器形有鬲、罐、盆、豆等。（附表四）

2. 房址　1座，编号为F1，介绍如下。

F1　位于北Ⅱ区BT2516探方的北半部，开口第③层下，因后代扰乱和破坏，仅残存两块居住面，居住面位于同一平面上，距地表1.17米。西侧居住面呈不规则椭圆形，残长2.10、宽1.86米。居住面呈灰色，土质坚硬。居住面范围内发现柱洞3个（分别编号为D1、D2、D3）。

1号柱洞（D1）呈圆形，直径0.16、深0.18米。直壁、圜底，填土呈红褐色，土质坚硬。2号柱洞（D2）呈圆形，直径0.16、深0.18米。直壁、圜底，填土呈红褐色，内夹有红烧土块。3号柱洞（D3）近似圆形，直径0.26、深0.50米。直壁、圜底，内填红

---

〔1〕　山东省文物管理处、济南市博物馆：《大汶口——新石器时代墓葬发掘报告》，文物出版社，1974年。
〔2〕　山东省文物考古研究所：《山东曲阜南兴埠遗址的发掘》，《考古》1984年12期。

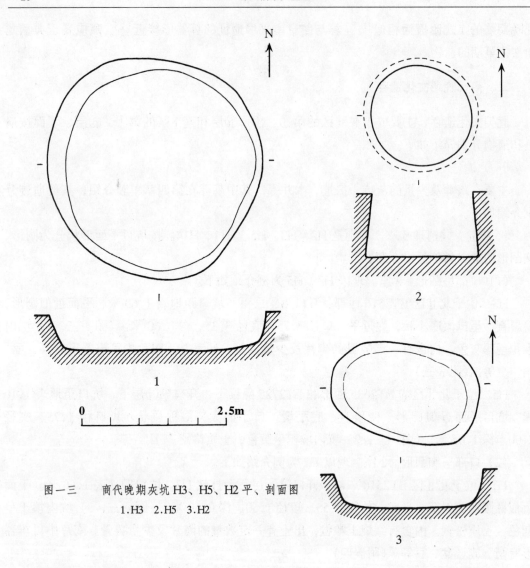

图一三　　商代晚期灰坑 H3、H5、H2 平、剖面图
1.H3　2.H5　3.H2

烧土块。

　　东侧居住面呈不规则形，残长 2.53、宽 1.40 米。居住面呈灰色，土质比较硬。南部发现一个近似圆形的红烧土灶面，比较坚硬，直径 0.84、厚 0.06～0.08 米。最北端发现柱洞 1 个（编号为 D4）。4 号柱洞（D4）呈圆形，直径 0.20、深 0.20 米。洞内填土呈红褐色，土质坚硬。

　　两居住面上出有较多蚌壳、螺壳、陶片等。陶片中可辨器形有鬲、罐、豆、簋等。

　　这两部分居住面原来可能是一座完整的房址，由于破坏严重现分割成两部分，根据残存两部分居住面的面积和形状推测该房址的面积较大。（图一四）

　　3. 水井　1 座，编号为 J1，叙述如下。

　　J1　位于北Ⅱ区 BT2725 东隔梁下，开口第③层下，井口距地表 1.20 米。被 M207 打

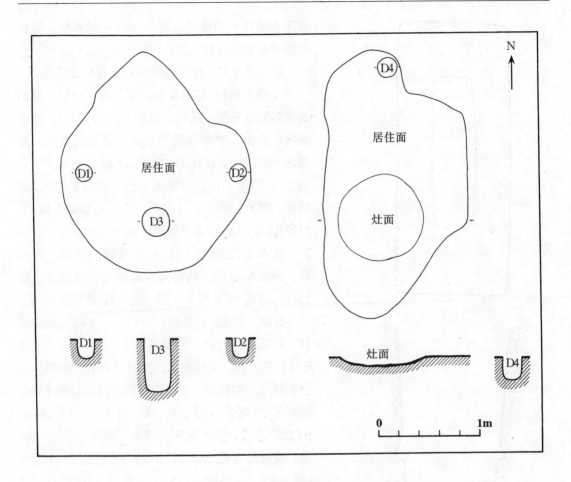

图一四　商代晚期房址 F1 平、剖面图

破。井口平面呈圆角长方形，壁斜直内收。口长 2.50、宽 1.08、深 3.97 米；底长 1.42、宽 0.42 米。井筒剖面呈倒置梯形，有明显的 4 对对称的脚窝。（图一五）填土呈灰黄色，土质较松软。出有鬲、罐、豆、器盖残片等。（附表五）

（二）遗物

商代晚期遗物主要有陶器，石器，骨、角，蚌器，铜器等。

1. 陶器　主要是各种容器，还有少量生产工具等。陶容器共 18 件，其中完整器 11 件，均出自地层中。器类有鬲、盆、豆、尊、罍、簋、罐等。另外发现有纺轮和网坠。

陶质以泥质灰陶和夹砂灰褐陶为多，有少量泥质和夹砂红陶。大部分陶器火候较高，有的实用器如鬲等质地较硬。制法有轮制、模制和手制，有的器物几种制法并用。如鬲是先模制出足，然后用轮制技术修整口沿；罐、簋等主要是轮制，簋的器身和圈足分别轮制后再相接在一起。器物的附件一般为手制。纹饰较简单，以绳纹为主，还有刻划纹、压印纹、旋纹、附加堆纹、泥饼饰等。绳纹有粗细之分。一些鬲本来满饰绳纹，但在修整口沿

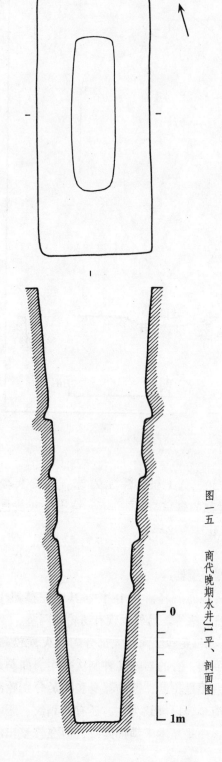

图一五　商代晚期水井J1平、剖面图

时抹去沿外侧的绳纹。附加堆纹有绳索状、圆饼状和兽头状等几种（图一六）。

鬲　共9件。根据足部和裆部特征分三型。

A型　3件。空锥足鬲，足较瘦，中空，横剖面呈圆形或扇形；联裆。标本BT2825④：3，夹砂褐陶。折沿，腹中部稍外鼓，高锥状实足尖，腹部饰有细绳纹。口径16.0、残高18.0厘米（图一七，1；图版六，1）。标本BT1624③：1，夹砂红褐陶。圆唇，侈口，三空实足尖，腹部饰有绳纹。口径14.2、通高13.7厘米（图一七，2；图版六，2）。标本BT2516③：1，夹砂褐陶。侈口，微鼓腹，锥状实足尖，裆较高，腹部饰中绳纹。口径15.8、通高16.8厘米（图一七，3；图版六，3）。

B型　4件。袋足鬲，足肥大，有的如乳袋形状，裆部多为分裆，裆足连接处分界明显。标本BT1616③：10，夹砂褐陶。双唇、折沿、束颈，三空锥状足，实足尖，腹部饰有粗绳纹。口径15.6、通高17.6厘米（图一七，4；图版六，4）。标本BT1517③：2，夹砂褐陶。双唇、束颈，三空锥状足，腹部饰有粗绳纹。口径13.6、通高14.0厘米（图一七，5；图版六，5）。标本BT2518③：1，夹砂灰陶。尖圆唇、斜折沿，深腹，三空袋足，腹部饰有绳纹。口径20.0、通高18.0厘米（图一七，6）。标本BT1516③：38，夹砂褐陶。口残，双唇、折沿，三空锥状足，实足尖内收，腹部饰有中绳纹。残高14.5厘米。

C型　2件。柱足鬲，足根部为实心的圆柱体，裆部近平。标本T1319④：1，夹砂灰褐陶。侈口、斜折沿、颈内收，三实足尖，腹部饰有中绳纹。口径15.2、通高14.8厘米（图一七，7；图版七，1）。标本BT1517③：26，夹砂褐陶。颈内收，弧裆较高，实足内收，颈部饰圆饼饰，腹部饰绳纹。口径15.0、通高16.4厘米（图一七，8；图版七，2）。

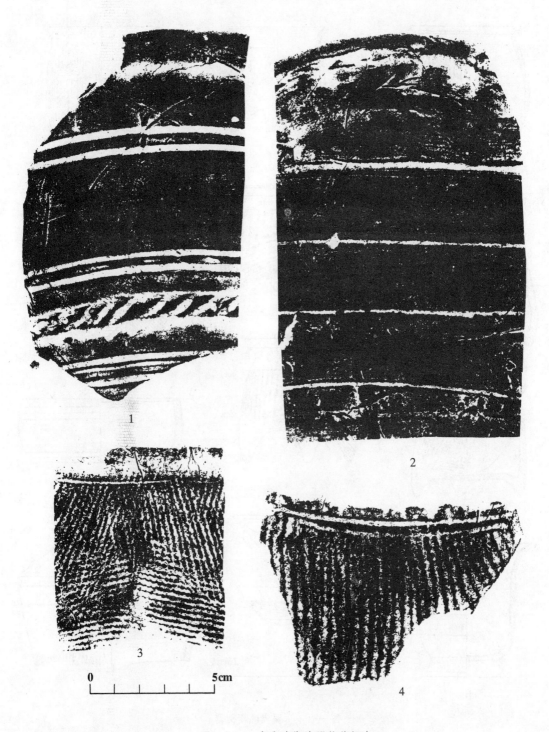

图一六　　商代晚期陶器纹饰拓本

1. 旋纹＋附加堆纹（尊 H2）　2. 旋纹（尊 T803⑤）　3. 绳纹（鬲 T1321④）　4. 绳纹（鬲 T2817⑤）

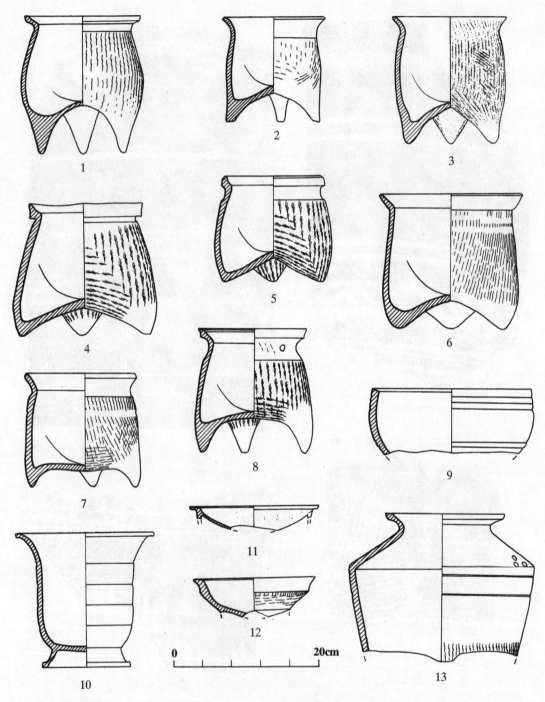

图一七　商代晚期陶器

1.A型鬲（BT2825④∶3）　2.A型鬲（BT1624③∶1）　3.A型鬲（BT2516③∶1）　4.B型鬲（BT1616③∶10）　5.B型
鬲（BT1517③∶2）　6.B型鬲（BT2518③∶1）　7.C型鬲（T1319④∶1）　8.C型鬲（BT1517③∶26）　9.簋（T1319
⑤∶4）　10.尊（T803⑤∶7）　11.豆（H2∶1）　12.豆（BT2825④∶4）　13.罍（BT1516③∶39）

簋　1件。标本 T1319⑤：4，泥质褐陶。直口，鼓腹，下部残。腹部饰有旋纹。口径22.4、残高 8.4 厘米（图一七，9）。

尊　1件。标本 T803⑤：7，泥质深灰陶。敞口，深腹下部内收，圈足。腹部饰数周旋纹。口径 19.2、底径 12.4、通高 17.8 厘米（图一七，10；图版七，3）。

豆　2件。标本 H2：1，泥质灰陶。平沿，假腹，下部残。口径 18.0、残高 2.8 厘米（图一七，11）。标本 BT2825④：4，泥质褐陶。平沿，斜腹，下部残。口径 17.0、残高 5.2厘米（图一七，12）。

罍　1件。标本 BT1516③：39，泥质深灰陶。尖唇，折沿，广肩，腹壁斜直，下腹残。肩部饰有附加圆饼，腹部饰有两周旋纹及细绳纹。口径 16.5、残高 19.6 厘米（图一七，13）。

盆　2件。标本 T803⑤：6，夹砂灰陶。侈口，上腹微鼓，下腹斜直，平底微内凹。下腹饰桥形双耳，肩部饰有附加堆纹，腹部饰有间断绳纹。口径 38.0、底径 15.6、通高30.0 厘米（图一八，1）。标本 T1120⑤：10，泥质红陶。侈口，微鼓腹，平底。腹部饰有两周旋纹，其间饰竖行中绳纹。口径 29.6、底径 13.6、通高 23.6 厘米（图一八，2；图版七，4）。

罐　1件。标本 T1319⑤：5，泥质红陶。圆唇，高领，下部残。口径 16.2、残高 6.8厘米（图一八，3）。

异形器　1件。标本 BT2916③：5，泥质灰褐陶。形似方鼎，平沿，直壁，平底，残存两足。腹侧面有錾手。长 9.2、宽 6.8 厘米（图一八，4）。

纺轮　共3件。根据其形状的不同分二型。

A 型　2件。圆饼形。标本 BT2717③：6，夹砂红陶。中有一透孔。直径 6.4、厚 1.3厘米（图一八，5）。标本 T1318⑤：7，夹砂红陶。中部有透孔。直径 4.4、厚 1.7 厘米（图一八，6）。

B 型　1件。算珠形。标本 BT1517③：11，泥质深灰陶。中部有一透孔，边缘饰有一周排列的弧形锥刺纹。直径 5.0、厚 1.2 厘米（图一八，7）。

网坠　6件。标本 BT1517③：25，泥质灰陶。直径 3.6、长 5.0 厘米（图一八，8）。标本 H3：14，夹砂灰褐陶。直径 1.3～3.0、长 6.0 厘米（图一八，9）。

2. 石器　其出土 9 件，均为生产工具，有斧、铲和镰等。

斧　4件。标本 BT1523②：2，青灰砂岩。近似舌状，上端残。宽 5.7、残长 6.4 厘米（图一九，1）。标本 BT2516③：5，青灰砂岩。通体磨光，顶端有一残孔，中部有一对钻穿孔。宽 6.6、残长 8.8 厘米（图一九，2）。

铲　3件。标本 H14：1，灰褐砂岩。上端残，磨光。宽 8.6、残长 9.6 厘米（图一九，3）。标本 BT2414③：10，灰白页岩。磨制，有使用痕迹，边缘有打制痕迹。宽 5.0～7.0、长 14.0 厘米。

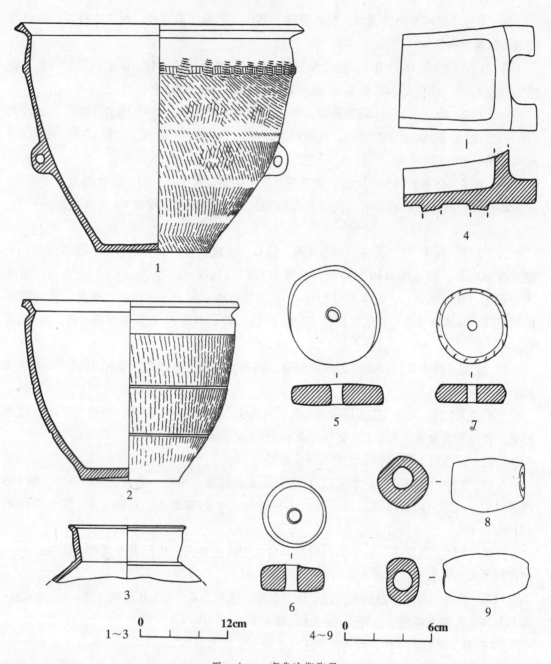

图一八　商代晚期陶器

1.盆（T803⑤:6）　2.盆（T1120⑤:10）　3.罐（T1319⑤:5）　4.异形器（BT2916③:5）　5.A型纺轮
（BT2717③:6）　6.A型纺轮（T1318⑤:7）　7.B型纺轮（BT1517③:11）　8.网坠（BT1517③:25）　9.网坠
（H3:14）

镰　2件。标本BT2516③:4，青灰砂岩。平背凹刃，长条状，一端残，单面刃。残长
9.3厘米（图一九，4）。

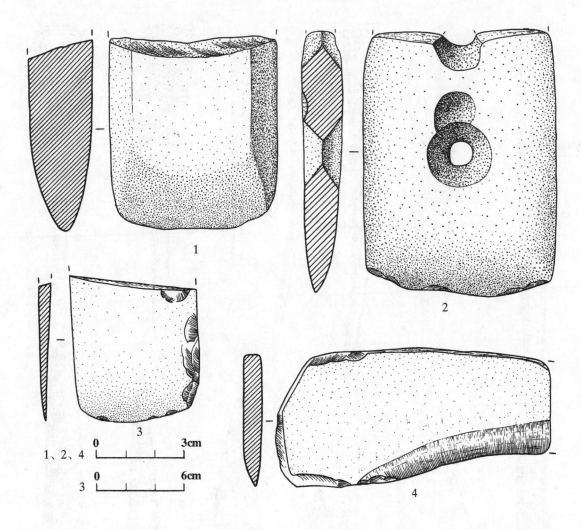

图一九　商代晚期石器

1. 斧（BT1523②:2）　2. 斧（BT2516③:5）　3. 铲（H14:1）　4. 镰（BT2516③:4）

3. 骨器　出土的数量和种类相对较多，共有 60 件，以锥、笄、镞为主，另有少量的针、梭、匕、卜骨、鹿角料和鹿角锄等。

针　2 件。标本 J1:2，灰黄色，系用动物骨骼加工而成。圆锥状，顶尖圆，上部有一穿孔，周身有切割痕迹。长 12.5 厘米（图二〇，1）。标本 J1:1，灰黄色。顶端残，磨制。残长 5.8 厘米（图二〇，10）

锥　共 19 件。均用动物骨骼加工而成。根据形状的不同分三型。

A 型　4 件。楔形。标本 BT2825③:1，截面呈扁圆形，尖端锋利。长 13.0 厘米（图二〇，2）。标本 BT2516④:9，截面呈扁圆状，保留较多自然面。长 11.8 厘米（图二〇，3）。

B 型　2 件。扁尖形。标本 BT1516③:16，灰黄色。两端较尖，磨制精细。长 6.4 厘

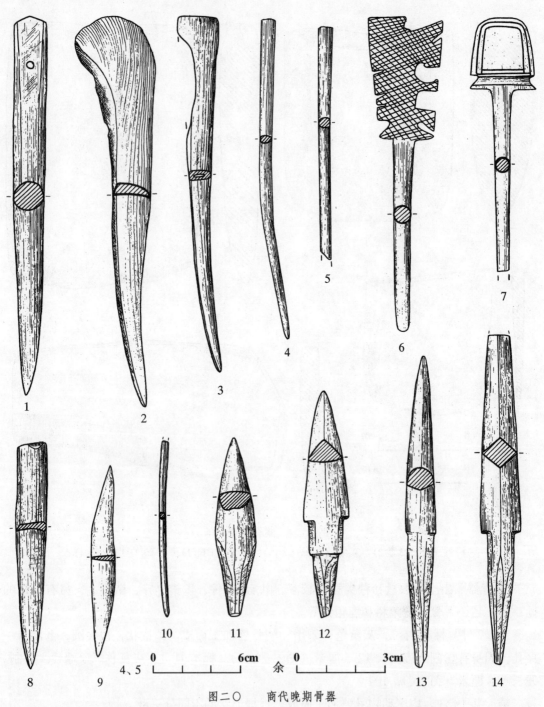

图二○　　商代晚期骨器

1. 针（J1:2）　2.A 型锥（BT2825③:1）　3.A 型锥（BT2516④:9）　4.C 型笄（BT1517③:7）　5.C 型笄
（BT1516③:11）　6.A 型笄（BT1516③:27）　7.B 型笄（BT1516④:15）　8.C 型锥（BT1516③:12）　9.B 型锥
（BT1516③:16）　10. 针（J1:1）　11.A 型镞（BT1518③:21）　12.A 型镞（BT2915③:1）　13.B 型镞（BT1516
③:31）　14.C 型镞（BT1624②:2）

米（图二〇，9）。

C 型　13 件。截面近圆形。标本 BT1516③：12，灰黄色。平顶，截面呈近圆形，尖端锋利。长 7.5 厘米（图二〇，8）。标本 BT1517③：17，灰黄色。截面呈椭圆形，顶端残。残长 10.8 厘米。标本 BT2825③：2，深灰色。平顶，截面呈圆形，尖端锋利。长 10.4 厘米。

笄　共 10 件。根据笄帽的不同分三型。

A 型　2 件。帽顶端扁平并刻划纹饰。标本 BT1516③：27，黄色。笄身呈圆锥状，笄帽面部刻有细密的网格纹，并刻有形状不同的凹槽，类似抽象的鸟类图案。长 10.4 厘米（图二〇，6；图版八，1）。

B 型　2 件。笄帽呈扁铲状。标本 BT1516④：15，灰黄色。顶大身细，顶下端有亚腰，下端残。残长 8.3 厘米（图二〇，7；图版八，2）。

C 型　6 件。无笄帽。标本 BT1517③：7，灰黄色。通体磨制而成，细长，截面呈圆形。长 21.2 厘米（图二〇，4）。标本 BT1516③：11，灰黄色，通体磨制而成，平顶，截面呈圆形，下端残。残长 15.4 厘米（图二〇，5）。

镞　共 18 件。根据锋和铤的不同分三型。

A 型　10 件。三角形锋，铤较短。标本 BT1518③：21，灰黄色。锋铤界线不明，截面近似椭圆形。长 5.9 厘米（图二〇，11）。标本 BT2915③：1，灰黄色。截面近似三角形。长 7.5 厘米（图二〇，12）。

B 型　6 件。长铤。标本 BT1516③：31，灰黄色。镞身横断面呈椭圆形，铤较长呈圆锥形。长 10.3 厘米（图二〇，13）。标本 BT2314③：3，灰白色。锥状铤，锋截面近似三角形。长 10.8 厘米。

C 型　2 件。锋截面呈菱形。标本 BT1624②：2，铤呈锥状，并留有切割痕迹。长 10.9 厘米（图二〇，14）。

梭　1 件。标本 BT1517③：23，灰黄色，系用动物骨骼加工而成。梭形，顶端一穿孔，尖端锋利，截面呈扁圆状。长 13.1 厘米（图二一，1；图版八，3）。

匕　2 件。标本 BT1517③：14，灰黄色，系用动物肋骨加工而成。扁条状，一端残，面部有一截痕。残长 7.2 厘米（图二一，2；图版八，4）。标本 BT1516③：9，扁条状，尖端残。残长 13.1 厘米（图二一，3）。

卜骨　共 6 件。根据材质的不同分二型。

A 型　5 件。系动物肩胛骨加工而成。标本 BT1516③：6，先钻、后灼，没有一定的排列顺序。残长 19.2 厘米（图二一，5；图版八，5）。

B 型　1 件。系用龟甲加工而成。标本 H14：2，灼制成凹窝。残长 6.2 厘米（图二一，4；图版八，7）。

鹿角料　1 件。标本 BT2725③：1，系用鹿角切割而成。近似圆筒形，两端有截痕，但

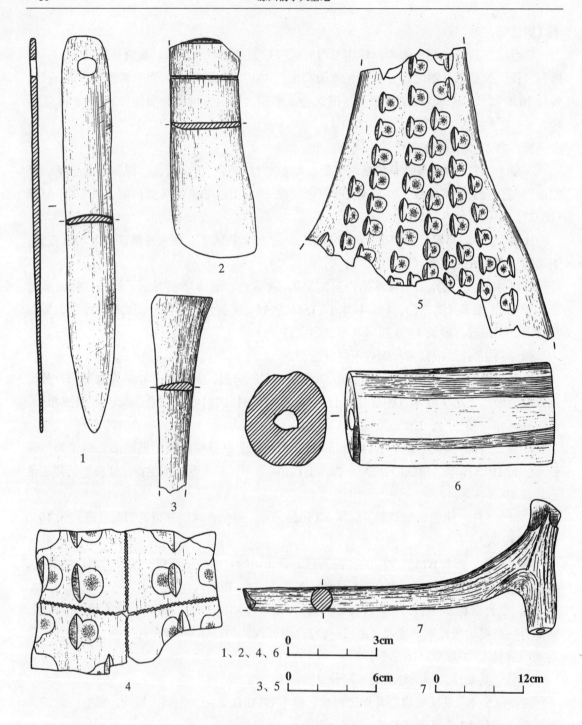

图二一　　商代晚期骨器

1. 骨梭（BT1517③:23）　　2. 骨匕（BT1517③:14）　　3. 骨匕（BT1516③:9）　　4.B型卜骨（H14:2）　　5.A型卜骨（BT1516③:6）　　6. 鹿角料（BT2725③:1）　　7. 鹿角锄（BT1523②:1）

未经第二次加工。长 7.1 厘米（图二一，6；图版八，6）。

鹿角锄　1件。标本 BT1523②：1，利用鹿角分叉部分加工而成。长柄末端残，前端尖部圆钝，可能是两用器，即能做锄也能做锤使用。残长 42.8 厘米（图二一，7）。

4．蚌器　仅发现有一种镰，出土数量较多。

镰　共 11 件。均用蚌壳加工而成，根据背部的不同分二型。

A 型　9件。弧背凹刃。标本 BT1516③：17，前端较尖，刃部较锋利。长 13.0 厘米（图二二，1；图版八，8）。标本 BT1516③：18，刃部有使用痕迹。长 13.5 厘米（图二二，2；图版八，9）。标本 BT1616③：2，刃部使用痕迹明显。长 15.4 厘米（图二二，3；图版八，10）。

B 型　2件，平背弧刃。标本 BT2916③：10，前端尖圆。长 14.7 厘米（图二二，4；图版八，11）。标本 BT2717②：15，后端残。残长 10.5 厘米（图二二，5；图版八，12）。

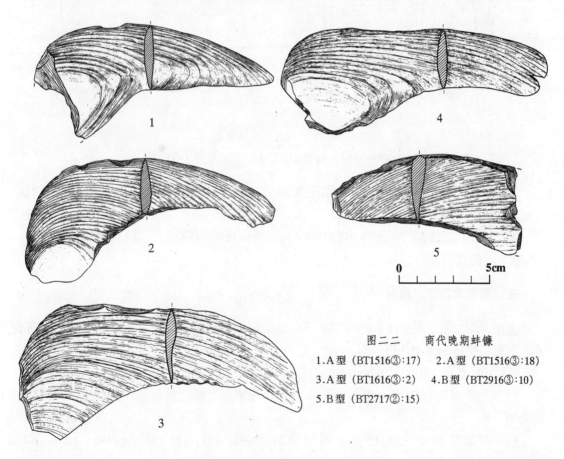

0　　　　　　5cm

图二二　　商代晚期蚌镰
1.A 型（BT1516③：17）　2.A 型（BT1516③：18）
3.A 型（BT1616③：2）　4.B 型（BT2916③：10）
5.B 型（BT2717②：15）

5．铜器　未见青铜礼器，有锛、镞和铃。

锛　1件。标本 BT2916③：8，正面呈长条状，侧视作等腰三角形，銎为长方形，刃部锋利。长 9.5、宽 3.6 厘米（图二三，1）。

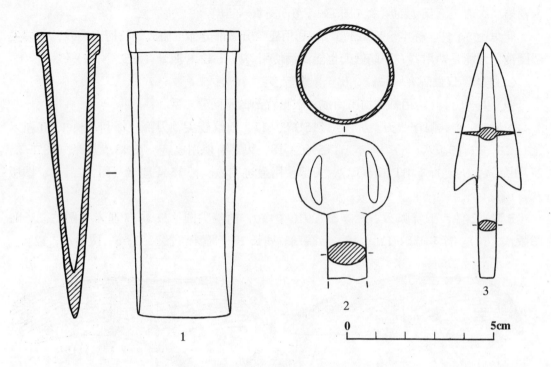

图二三　　商代晚期铜器

1. 锛（BT2916③:8）　　2. 铃（BT2717②:2）　　3. 镞（BT2716③:6）

铃　1件。标本BT2717②:2，顶端近似球形，周饰4个扁圆形穿孔，下端柱呈扁圆状。上端直径3.3、残高4.7厘米（图二三，2）。

镞　3件。三锋两刃。标本BT2716③:6，脊截面近似扁圆形，铤截面呈椭圆形。长7.8厘米（图二三，3）。

三、西周早期文化遗存

主要分布在南Ⅰ区东南部的第②层下、第③层下，除墓葬外还清理了灰坑、水井等遗迹。下面按遗迹和遗物分别介绍。

（一）遗迹

1. 灰坑　共清理22座，按坑口平面形状分为圆形、椭圆形、圆角长方形三类，现分类介绍。

（1）口部呈圆形　共11座，编号分别为H6、H8、H9、H15、H16、H23、H27、H28、H29、H30和H31。现以H6、H8、H9、H31为例介绍如下。

H6　位于南Ⅰ区T1020，开口在②层下，坑口距地表0.23~0.26米。平面近似圆形，壁斜直，平底，底大于口。口径2.04、底径2.18、深0.76米。（图二四，1）土色呈黄色，土质较硬。出土陶片较少，可辨器形有鬲、罐等。

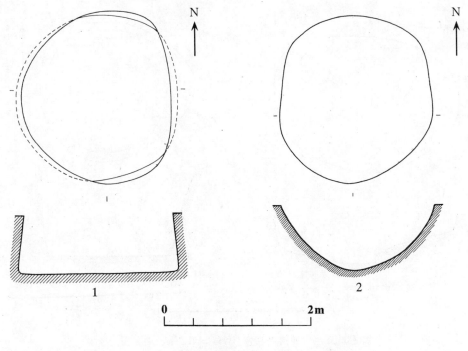

图二四 西周早期灰坑 H6、H9 平、剖面图
1.H6 2.H9

H8 位于南Ⅰ区 T1319，开口在③层下，被 H4 打破，坑口距地表 0.57~0.80 米。平面近似圆形，直壁，近似平底，整体近似筒形。直径 1.96、深 0.42~0.46 米。坑内堆积分为二小层，上层为灰褐色土，下层为灰土，都夹有草木灰，结构疏松。填土内出土较多陶片、兽骨及少量蚌片等。陶片中可辨器形有鬲、罐、罍等，其中复原鬲 1 件。(附表六)

H9 位于南Ⅰ区 T1317，开口③层下，被现代扰沟打破，打破 H12，坑口距地表 0.28~0.32 米。平面近似圆形，弧壁，圜底，俗称锅底坑。直径 2.10、深 0.85 米。(图二四，2) 坑内堆积呈深灰色，土质松软。出有一定数量的陶片、兽骨、蚌片等。陶片中可辨器形有鬲、罐、圈足等。(附表七)

H30 位于南Ⅰ区 T2103，开口②层下，打破 M102，坑口距地表 0.60 米。平面呈圆形，斜腹，平底，口大底小，呈倒置梯形。口径 1.56、深 0.54、底径 1.20 米。坑内堆积呈灰色土，土质松软。出土少量陶片，但未见完整器物，从陶质、陶色看与墓葬内出土陶片接近，但从打破关系看，它的相对年代应晚于墓葬。

(2) 坑口呈椭圆形 共 5 座，编号分别为 H4、H12、H18、H24 和 H26。现以 H4、H12 为例加以介绍。

H4 位于南Ⅰ区 T1319，开口②层下，打破第③层及 H8，坑口距地表 0.15~0.20 米。平面呈椭圆形，壁斜直。坑底北高南低，呈坡状往南倾斜。长径 2.50、短径 1.78、深

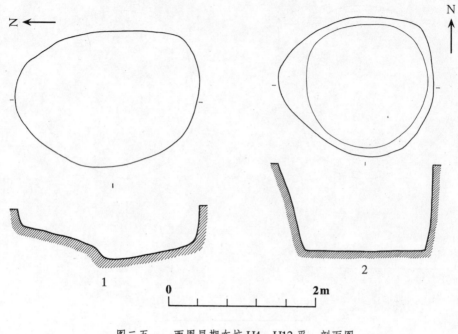

图二五　　　西周早期灰坑 H4、H12 平、剖面图
1.H4　2.H12

0.20～0.70 米。（图二五，1）坑内堆积分为二小层，上层为灰土，内夹杂较多炭粒及红烧土颗粒，土质疏松，厚 0.40 米；下层为灰褐色，土质较硬，厚 0.28 米。坑内出有较多陶片及兽骨，陶片中可辨器形有鬲、罐、簋、甗、罍等。其中可复原的陶器有鬲、簋等。另外还出土有骨锥、骨笄和蚌镰等。

　　H12　位于南Ⅰ区 T1317，开口③层下，被 H9 打破，坑口距地表 0.43 米。平面近似椭圆形，壁斜直内收，平底，整体近似倒置梯形。长径 2.10、短径 1.84、深 1.15 米。（图二五，2）坑内堆积呈灰褐色，土质较硬，内含有红烧土粒及草木灰。出土陶片较少，可辨器形有鬲、罐等。（附表八）

　　（3）口部呈圆角长方形　共 6 座，编号分别为 H13、H17、H19、H20、H21 和 H22。现以 H20、H21 为例加以介绍。

　　H20　位于南Ⅰ区 T919，开口②层下，坑口距地表 0.20～0.30 米。长 3.95、宽 1.80、深 1.73～1.80 米。坑壁垂直，近似平底。坑内堆积为五花土，土质较硬，可能经夯打，但夯窝不太明显，内夹有草木灰、炭粒、黄褐土块、灰土块及零星的红烧土颗粒等。出有少量陶片，可辨器类有鬲、罐、盆、簋等。根据坑的形状及填土分析，可能是迁葬后的墓穴。

　　H21　位于南Ⅰ区 T1120，开口③层下，打破 H22，并被 H19 打破，坑口距地表 0.35 米。平面呈不规则长方形，壁近直，坑底为斜坡状，西高东低。长 2.00、宽 1.40、深 1.00～1.30 米。（图二六）坑内堆积分为二层，上层土色呈灰色，内夹有少量草木灰，结构紧密似经夯打，夯窝不太明显，厚0.70米；下层为灰褐土，内夹有较多草木灰及黄土块，厚0.40～0.60米。出有少量陶片，可辨器形有鬲、盆、罐等。

　　2. 水井　2口，编号为J2、J6。由于挖井过程中塌方原因，井筒在不同高度的剖面上形状有变化。

　　J2　位于南Ⅰ区T512的东北部，开口②层下，打破第③层至生土，有井台，平面近似圆角方形。井口距地表0.30米。其形状比较特殊，系用木结构为框架交叉砌垒而成。井壁随着深度的加深而底部内收。井口呈不规则的长方形，口井壁四周放置横木，四角交叉出头，南北横木板压在东西木板之上，呈"井"字形。

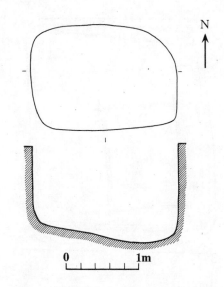

图二六　　西周早期灰坑H21平、剖面图

井口南北长2.97、宽2.48米。井口下出现窄台，台面长2.14、宽1.68米、距地表深2.60米。台的西南部井口内缩成长方形，口长1.40、宽1.06、深4.80米。井壁是用长短不齐的木板交叉砌垒而成，井筒上宽下窄，近似倒置梯形。井架木板长短不齐，宽窄不等，大体分大、中、小三种。大木板长1.10、宽0.26、厚0.04米；中木板长1.00、宽0.18、厚0.04米；小木板长1.00、宽0.08、厚0.04米。井底近似方形，长0.87、宽0.67米。（图二七）井口外围经夯实，可能是起加固作用的。井内堆积呈灰褐色，土质松软。出土器物较少，陶器仅见有罐。另有骨针、骨锥、骨器等。

　　J6　位于南Ⅰ区T709，开口②层下，打破文化层并深入生土。口距地表0.70米。井口平面近似圆角方形，井壁较直，下部往外突出，可能是由于当时井水长期的浸泡，井壁出现塌方所造成。南北长2.83、东西宽2.40、深4.40米。（图二八）填土为五花土，底部黏性较大。出土遗物较少，陶器有鬲、罐的残片。此外还出有少量兽骨。

　　（二）遗物

　　西周早期的遗物主要有陶器、石器、骨器、角器、蚌器及铜器等，现分类叙述如下。

　　1. 陶器　陶质分为夹砂与泥质两大类，实际上夹砂陶可细分为夹粗砂、中砂、细砂三类。另外有些泥质陶略夹些细砂，但与泥质陶的界限并不十分明显。一般鬲都是夹砂的，但有的鬲上半部所掺和的沙粒很细小，近似泥质，下半部沙粒略大。泥质陶一般为罐、豆、簋等。陶色以灰陶为主，可细分浅灰、中灰、深灰、黑灰等，红陶较少。泥质陶的陶色一般较均匀，而夹砂陶，尤其是鬲常因火烧等原因而形成灰褐、灰黑色等斑驳状。器类主要有鬲、罐、豆、簋、甗等。另外还有陶拍、异形器、纺轮、陶球等。纹饰以绳纹为主，按绳纹的宽度可分为粗、中、细不等，一些鬲本来满饰绳纹，但在修整口沿时抹去了沿外侧

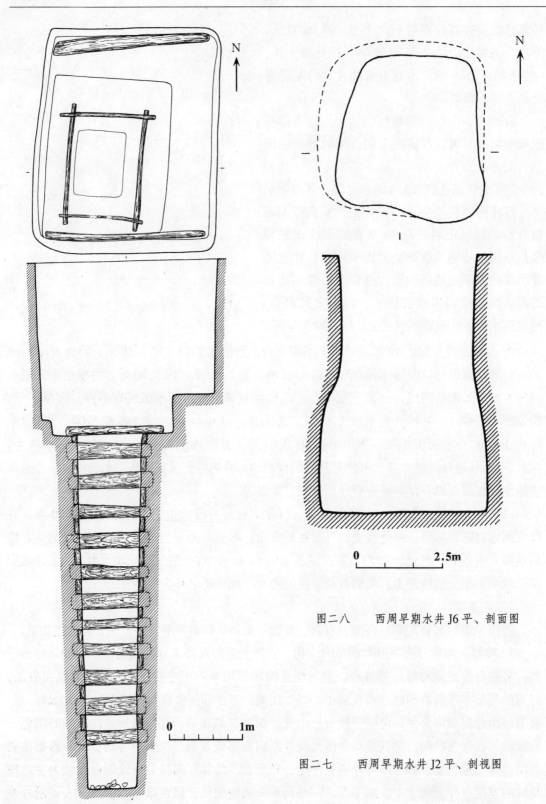

N

N

0　　　　　　2.5m

图二八　　西周早期水井 J6 平、剖面图

0　　　　　1m

图二七　　西周早期水井 J2 平、剖视图

的绳纹。另外还有少量的旋纹、附加堆纹和乳丁等（图二九）。

鬲 可复原12件，大部分出自地层中，少量出自灰坑内。根据裆和足部特征分三型。

A型 空锥足鬲，足较瘦，中空，横剖面呈圆形或扇形。

B型 袋足鬲，足肥大，有的如乳袋形状，裆部多为分裆，裆足连接处分界明显。

C型 柱足鬲，足根部为实心的圆柱体，裆部近平。

A型 5件。根据口、肩和腹的变化分3式。

Ⅰ式：1件。圆唇，侈口，弧裆。标本T924③：1，夹砂褐陶。腹微鼓，足外撇，腹部饰有中绳纹。口径20.1、通高19.6厘米（图三〇，1；图版九，1）。

Ⅱ式：3件，侈口，高弧裆。标本T1001③：6，夹砂灰褐陶。方唇，三空锥状足，实足尖，腹部饰间断竖行中绳纹。口径14.8、残高14.0厘米（图三〇，2；图版九，2）。标本H8：1，夹砂褐陶。腹微鼓，三空锥足实足尖，腹部饰有绳纹。口径12.8、通高15.2厘米（图三〇，3；图版九，3）。标本H4：4，夹砂灰陶。腹微鼓，足尖微内收，通身饰有竖行间断绳纹。口径16.0、通高14.8厘米（图三〇，4；图版九，4）。

Ⅲ式：1件。侈口，颈微束，微出肩。T819③：7，夹砂褐陶。高裆，腹部饰有中绳纹。口径15.6、通高17.4厘米（图三〇，5；图版九，5）。

B型 4件。根据口、腹和裆的变化分3式。

Ⅰ式：2件。双唇、折沿、束颈，腹径大于口径。标本T306③：1，夹砂褐陶。矮弧裆，腹足饰有粗绳纹。口径19.0、通高18.0厘米（图三〇，6；图版九，6）。标本T1001③：4，夹砂灰陶。颈内收，下腹较鼓，矮弧裆，通身饰有绳纹。口径16.0、通高15.2厘米（图三〇，7；图版一〇，1）。

Ⅱ式：1件。大敞口，分裆较低，疙瘩状小实足尖。标本T1321③：4，夹砂灰陶。斜折沿，鼓腹，腹部饰有细绳纹。口径16.0、通高12.4厘米（图三〇，8；图版一〇，2）。

Ⅲ式：1件。束颈，袋足外撇明显。标本T1319③：3，夹砂褐陶。口残、深腹、瘪裆较矮，腹部饰有粗绳纹。残高15.6厘米（图三〇，9）。

C型 3件。根据口、腹和裆的变化分2式。

Ⅰ式：2件。侈口，圆唇，平裆。标本T1321③：3，夹砂褐陶。三足微内收，腹部饰有中粗的绳纹。口径19.6、通高16.6厘米（图三〇，10；图版一〇，3）。标本T1320③：1，夹砂灰陶。微鼓腹，肩部饰有一周弦纹，腹部饰有绳纹。口径16.0、通高14.8厘米（图三〇，11；图版一〇，4）。

Ⅱ式：1件。浅腹，平折沿。标本T1001③：5，夹砂灰陶。平折沿，颈内收、平裆，腹部饰有中绳纹及附加堆状齿纹。口径19.5、通高12.4厘米（图三〇，12；图版一〇，5）。

罐 3件。标本H31：1，泥质灰陶。侈口、矮领、束颈，折肩、鼓腹、平底，腹部饰有四周旋纹、间饰竖行绳纹。口径13.2、底径15.6、通高27.6厘米（图三一，1）。标本

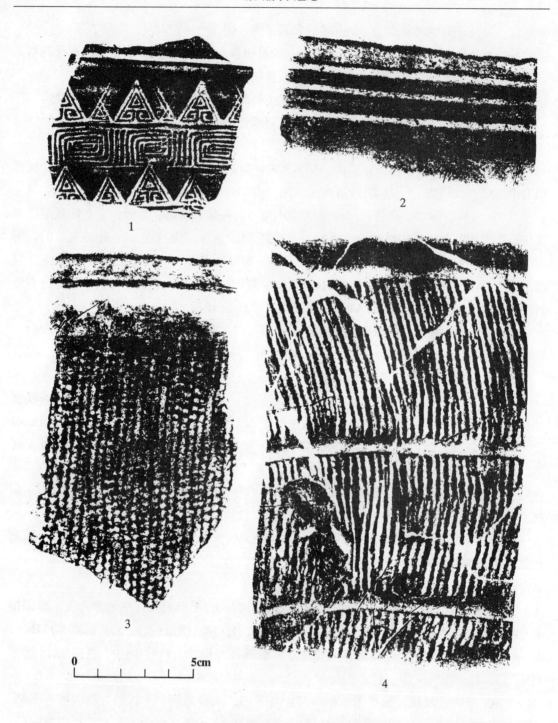

图二九　　西周早期陶片纹饰拓本

1.三角形蝉纹+雷纹（簋 T1319⑤）　2.旋纹（簋 T1319⑤）　3.粗绳纹（鬲 H18）　4.绳纹+旋纹（盆 T1120⑤）

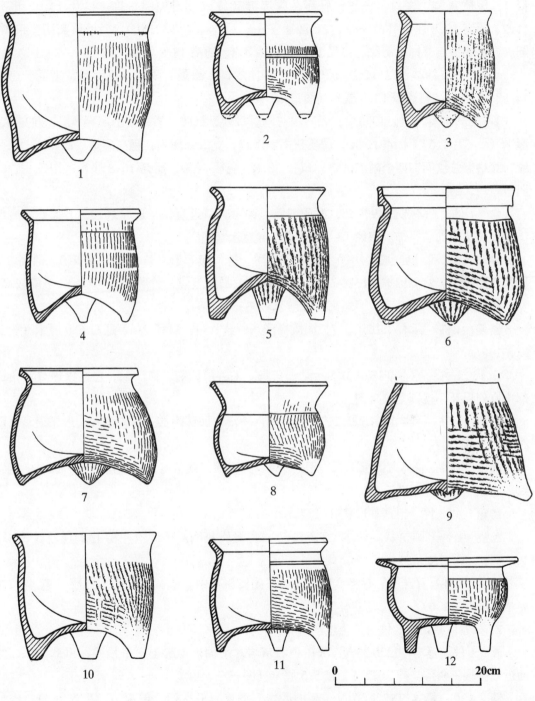

图三〇　西周早期陶鬲

1.A型Ⅰ式（T924③:1）　　2.A型Ⅱ式（T1001③:6）　　3.A型Ⅱ式（H8:1）　　4.A型Ⅱ式（H4:4）　　5.A型Ⅲ式（T819③:7）　　6.B型Ⅰ式（T306③:1）　　7.B型Ⅰ式（T1001③:4）　　8.B型Ⅱ式（T1321③:4）　　9.B型Ⅲ式（T1319③:3）　　10.C型Ⅰ式（T1321③:3）　　11.C型Ⅰ式（T1320③:1）　　12.C型Ⅱ式（T1001③:5）

J2:1，泥质灰陶。侈口，平底，肩部及腹部饰有旋纹及附加圆饼饰。口径14.0、底径11.2、通高18.8厘米（图三一，2；图版一一，1）。标本T1219③:1，泥质灰陶。束颈，圆唇，平底、腹部饰有旋纹。口径12.4、底径8.4、通高18.8厘米（图三一，3）。

豆　1件。标本BT2516③:1，泥质灰陶。敛口，圆唇，浅盘，高圈足，素面。口径14.8、底径11.2、通高13.8厘米（图三一，4）。

簋　2件。标本T1319③:4，泥质浅灰陶。口残，鼓腹，矮圈足。底径9.2、残高6.4厘米（图三一，5）。标本H4:2，泥质灰陶。敞口，宽沿，深腹，粗高圈足。通体饰七周弦纹，腹中部弦纹间饰四个附加圆饼。口径20.8、底径16.0、通高16.8厘米（图三一，6；图版一一，2）。

罍　1件。标本T1319③:5，泥质灰陶。圆唇，口近直，平肩，鼓腹，下部残。肩部饰有旋纹及附加圆饼饰。口径13.2、残高7.6厘米（图三一，7）。

异形器　2件。标本T919③:1，泥质褐陶。近似簸箕形。长10.2、宽7.0、通高3.4厘米（图三一，8）。标本T1320③:2，泥质褐陶。平面近似三角形，长方形足，窄端较高，宽端较低。长10.0、宽6.7、通高4.0厘米（图三一，9）。

器盖　1件。标本T1020③:7，泥质褐陶。蘑菇状纽。口径7.6、通高6.0厘米（图三二，1）。

鋬手　1件。标本T1320③:8，泥质灰陶。牛首形，嘴、鼻、眼、角形象逼真。角面部饰有菱形及不规则划纹（图三二，2）。

器耳　1件。标本T1318③:2，泥质灰陶。桥形，面部附加一兽首图案，形象逼真（图三二，3）。

陶拍　1件。标本T919③:2，泥质褐陶。圆饼状，残留有鋬手痕迹，正面饰有中粗绳纹。直径9.4厘米（图三二，4）。

纺轮　共3件。根据其形状分二型。

A型　1件。圆饼状。标本BT2816③:2，泥质灰陶。中间有一穿孔。直径5.3、厚1.6厘米（图三二，5）。

B型　2件。算珠状。标本T1318③:5，泥质深灰陶。中有一穿孔。直径4.7、厚2.4厘米（图三二，6）。

2. 石器　共出土8件。均为生产工具，有斧、镰和刀。

斧　1件。标本T1220③:1，灰白色石灰岩。平面近似梯形，平顶残，刃部微弧，侧面近似等腰三角形。残长12.5、宽5.5厘米（图三三，1）。

镰　4件。标本T1224③:9，青灰页岩。平背，刃微凹，单面刃，尖端残缺，残长6.5、宽5.6厘米（图三三，2）。

刀　3件。弧背平刃。标本H22②:7，青灰砂岩。背微弧，单面斜平刃，两面对钻有二孔，其中一孔残。残长6.4、宽5.0厘米（图三三，3）。标本T1224③:4，灰白色，石

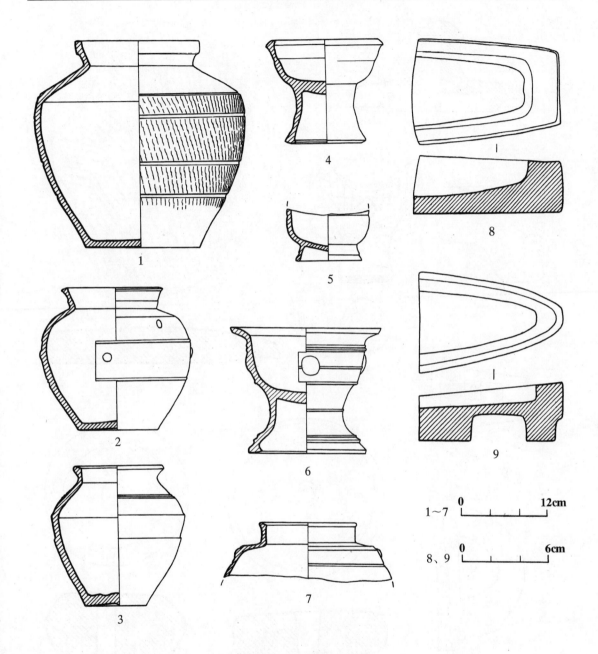

图三一　　西周早期陶器

1. 罐 (H31:1)　2. 罐 (J2:1)　3. 罐 (T1219③:1)　4. 豆 (BT2516③:1)　5. 簋 (T1319③:4)

6. 簋 (H4:2)　7. 罍 (T1319③:5)　8. 异形器 (T919③:1)　9. 异形器 (T1320③:2)

灰岩。背略残，单面刃，背部对钻二孔，其中一孔残。残长 5.3、宽 5.0 厘米（图三三，4）。

3. 骨器　数量较多，共出土 58 件，主要有锥、镞和卜骨，另外还有针、笄、钎、铲、

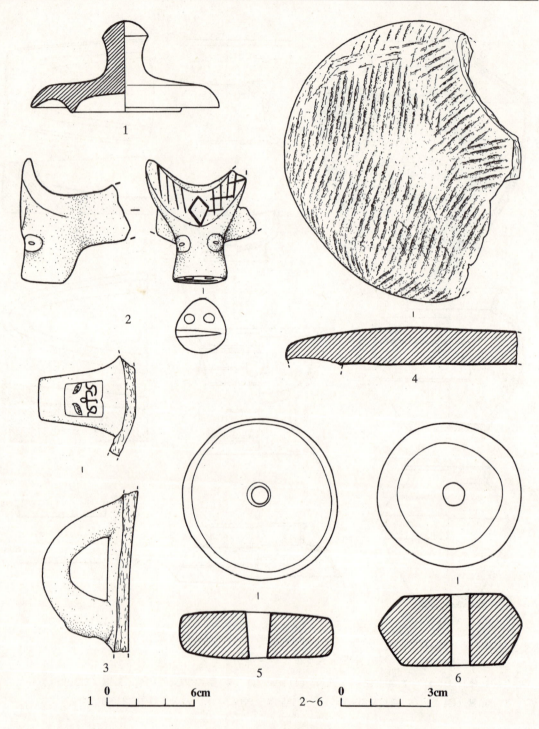

图三二　　西周早期陶器

1.器盖（T1020③:7）　2.鋬手（T1320③:8）　3.器耳（T1318③:2）　4.陶拍（T919③:2）　5.A型纺轮
（BT2816③:2）　6.B型纺轮（T1318③:5）

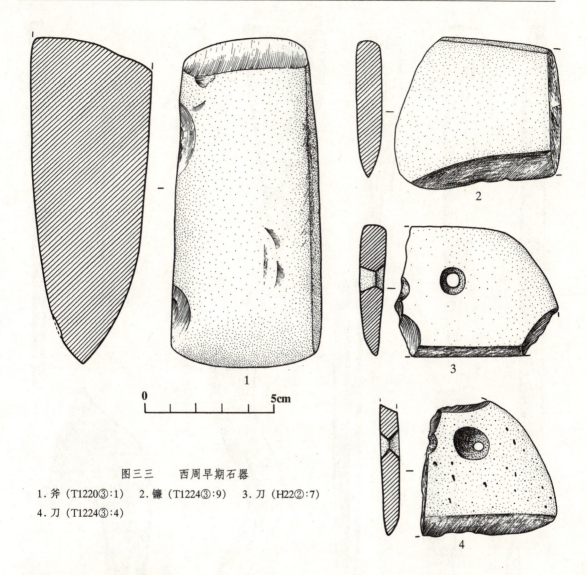

图三三　　西周早期石器

1. 斧（T1220③:1）　2. 镰（T1224③:9）　3. 刀（H22②:7）

4. 刀（T1224③:4）

骨料、鹿角料和鳄鱼板等。

　　针　2件。标本 T802③:3，灰黄色。顶端有一穿孔，截面呈圆形，尖端残。残长15.1厘米（图三四，1；图版一一，3）。标本 T1220③:2，灰黄色。顶端有残半圆孔，截面呈圆形，尖端残。残长15.6厘米。

　　锥　25件。标本 H4:3，灰黄色。利用动物肢骨劈开一半加工而成，截面呈半圆状。顶端为自然面，尖端磨制比较锋利。长11.1厘米（图三四，2）。标本 T808③:2，系用动物肢骨通体切割而成，截面呈不规则形。长6.8厘米（图三四，3）。标体 T1320③:2，灰黄色。系用动物肢骨加工而成。截面呈椭圆形，顶端未加工，尖端磨制而成，切割痕迹明显。长18.8厘米（图三四，4）。

　　笄　2件。根据笄帽形状不同分二型。

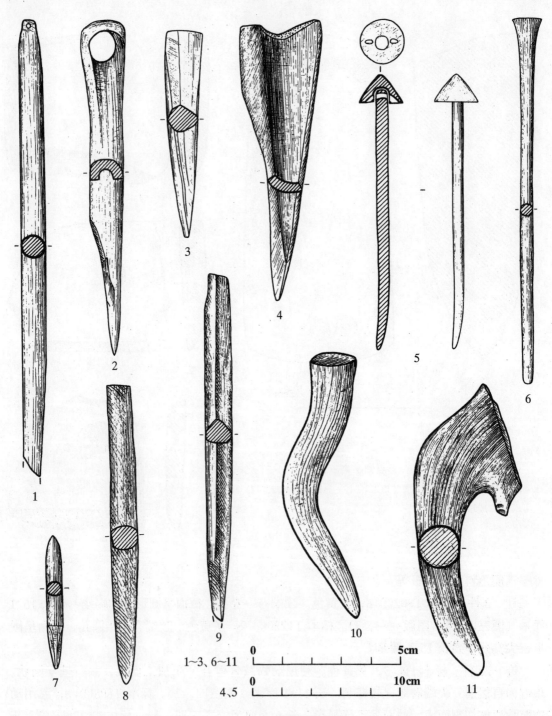

图三四　　西周早期骨器

1. 骨针（T802③:3）　2. 骨锥（H4:3）　3. 骨锥（T808③:2）　4. 骨锥（T1320③:2）　5. A型骨笄（T1319③: 1）　6. B型骨笄（H4:1）　7. 骨镞（SK5:7）　8. 骨钎（T819③:5）　9. 骨钎（T1224③:1）　10. 鹿角锥（T920③:4）　11. 鹿角锥（T1020③:4）

　　A 型　1 件。分体，圆锥形。标本 T1319③：1，笄身截面呈圆形。笄帽除中部有母榫以容笄顶外，两侧还有两个斜的小孔和母榫相通，其连接方法大概是在笄顶纳入母榫后再在两边的小孔加入楔子，通过笄身，顶端的横穿在笄身里，使笄帽不致脱落。长 18.2 厘米（图三四，5）。

　　B 型　1 件。连体，钉形帽。标本 H4：1，笄身截面呈圆形，长 12.1 厘米（图三四，6；图版一一，4）。

　　镞　5 件。标本 T1224③：1，锋呈锥状，截面呈圆形，铤较短。长 6.3 厘米。标本 SK5：7，截面呈圆形，锋呈锥状，铤较短，呈锥状。长 4.4 厘米（图三四，7；图版一一，7）。

　　钎　2 件。标本 T819③：5，平顶，切割痕迹明显，表面粗糙。这类器物在墓中出土较多，根据出土部位和形状判断，应是固定蓆子一类物品的专用器具。长 9.9 厘米（图三四，8；图版一一，5）。标本 T1224③：1，平顶，截面近似三角形，长 11.6 厘米（图三四，9；图版一一，6）。

　　鹿角锥　6 件。标本 T920③：4，长 8.8 厘米（图三四，10；图版一一，8）。标本 T1020③：4，利用鹿角的分叉加工而成。长 9.7 厘米（图三四，11；图版一一，9）。

　　铲　1 件。标本 T1318③：4，灰黄色。系用动物骨骼加工而成，扁平状，有明显的使用痕迹。长 12.3 厘米（图三五，1；图版一二，1）。

　　卜骨　4 件。标本 T306③：4，利用动物肩甲骨加工而成，把根部劈开并稍加磨制后使用，先钻后灼而成。残长 16.2 厘米（图三五，2；图版一二，2）。

　　骨料　1 件。标本 T1220③：1，灰黄色。呈圆筒状，一端有截取痕迹，另一端为自然断面。长 13.0 厘米（图三五，3）。

　　鹿角料　4 件。均未经第二次加工，端部均有截取和切割痕迹。标本 T1320③：7，长 10.8 厘米（图三五，4；图版一二，3）。标本 T819③：3，长 10.0 厘米（图三五，5；图版一二，4）。标本 BT2817③：3，长 11.3 厘米（图三五，6；图版一二，5）。

　　鳄鱼板　6 件。标本 T1224③：6，长条状，未加工。长 20.2 厘米（图三五，7；图版一二，6）。

　　4. 蚌器　数量较少，种类单一，仅发现有刀、镰和泡三种。

　　刀　5 件。用蚌壳加工而成。T1020③：13，弧背，直刃。残长 9.3 厘米（图三六，1）。标本 T1020③：12，长条形，平背、直刃。长 7.9 厘米。

　　镰　3 件。标本 H4：5，弧背，凹刃，尖端残。残长 8.7 厘米（图三六，2）。

　　泡　1 件。标本 T920③：5，半圆泡状，中部有一穿孔。直径 1.9、厚 0.5 厘米（图三六，3）。

　　5. 铜器　未见青铜礼器，仅见有镞和泡两类。

　　镞　4 件。三锋两翼。标本 SK5：3，前锋尖圆，两翼较短，脊、铤截面呈菱形。长 5.0

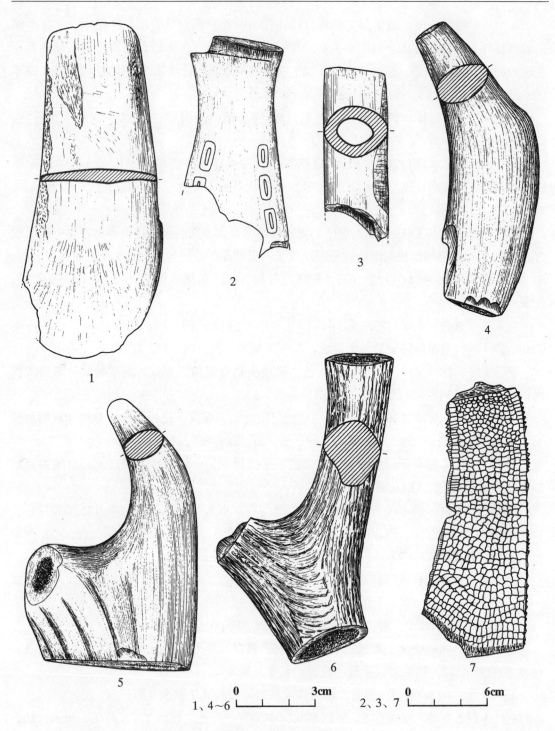

图三五　　西周早期骨器

1. 骨铲（T1318③:4）　　2. 卜骨（T306③:4）　　3. 骨料（T1220③:1）　　4. 鹿角料（T1320③:7）　　5. 鹿角料
（T819③:3）　　6. 鹿角料（BT2817③:3）　　7. 鳄鱼板（T1224③:6）

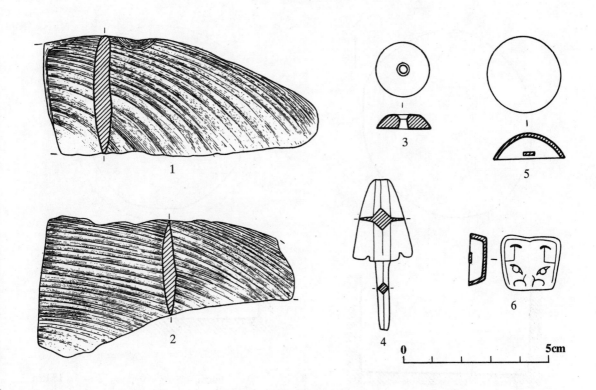

图三六　　西周早期蚌、铜器

1. 蚌刀（T1020③:13）　2. 蚌镰（H4:5）　3. 蚌泡（T920③:5）　4. 铜镞（SK5:3）　5.A 型铜泡（SK5:1）
6.B 型铜泡（SK5:16）

厘米（图三六，4）。

泡　17 件。根据其形状分二型。

A 型　16 件。圆形。标本 SK5:1，弧面有一横梁。直径 2.5、高 0.8 厘米（图三六，5）。

B 型　1 件。方形。标本 SK5:16，近似圆角方形，底部有一横梁，面部饰一兽面图案，鼻、眼、眉较明显。长 2.0、宽 1.7、高 0.6 厘米（图三六，6）。

四、东周文化遗存

此类文化遗存、遗物主要出在第②层的扰土层中，估计原地层已被破坏。遗迹仅在②层下发现一些，按遗迹和遗物分别介绍如下。

（一）遗迹

1. 灰坑　共 3 座，分别为 H7、H10、H25。坑口平面形状分为圆形、椭圆形两类，现举例介绍如下。

H10　位于南Ⅰ区 T1219，开口第②层下，坑口距地表 0.25 米。平面近似圆形，壁较

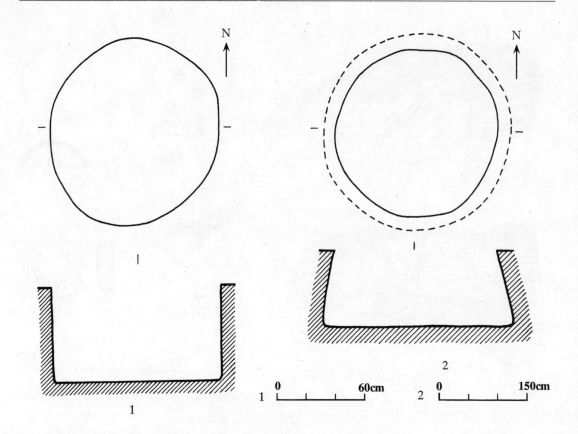

图三七   东周时期灰坑 H10、H25 平、剖面图
1.H10   2.H25

直，底近平。直径 1.16、深 0.63 米。（图三七，1）坑内堆积呈灰色，土质疏松，包含较多草木灰，出有少量陶片，陶片中可辨器形有鬲、豆、罐残片等。（附表九）

H25   位于南Ⅰ区 T222 探方的东北部，开口第②层下，打破 M42、M50。坑口距地表0.26 米。平面近似圆形。口小底大，平底。口径 2.70、底径 3.25、深 1.25 米。（图三七，2）堆积呈灰褐色，土质松软，出有大量陶片及红烧土块、草木灰和夯土块。另外出有少量兽骨、蚌片等。除出土有少量的商周时期陶片外，主要是东周陶片，可辨器形有盆、罐、瓮、豆、板瓦等，此外出有陶纺轮 1 件。

2. 水井   3 口，编号为 J3、J4、J5。井口平面形状有圆形和圆角长方形两种，剖面呈筒形。现以 J4、J5 为例介绍如下。

J4   位于南Ⅰ区 T919 西南角，开口②层下，打破文化层及生土。井口距地表 1.20 米。平面呈圆形。井壁为直筒形，底微凹，但未发现工具加工痕迹。口径 0.80、深 2.44、底径0.78 米。井内堆积根据土质土色的不同分为 6 层。第①层，填土呈黄褐色，土质松软，内含有零星的木炭颗粒、石块及红烧土块，出有遗物较少。厚 0.40 米左右。第②层，土色与

第①层基本相同，内含有少量炭粒及兽骨，出土物较少。厚 0.90 米。第③层，内夹杂较多陶片，能复原的器物有豆、罐、盆、瓮等。厚 0.28 米。第④层，黄褐色土与第②层相同，厚 0.19 米。第⑤层，填有大小相等的大量螺壳。厚 0.40 米。第⑥层，土色呈浅灰色，土质较松软，黏性较大，包含物较少。厚 0.28 米。（图三八，1）

J5　位于南Ⅰ区 T820 东南角，开口耕土层下，南壁延伸到探方外，打破文化层及生土层。井口距地表 0.20 米。平面为圆角长方形，剖面呈筒形，平底。南北长 1.00、东西宽 0.75、深 3.40 米。（图三八，2）井内堆积呈灰黄色，分二层，上层结构紧密，土质坚硬；下层土质松软，内含有草木灰和红烧土块。出有少量遗物，器类有罐、豆等。

（二）遗物

东周时期文化遗物主要有陶器、石器、角器等。下面分类叙述如下。

1. 陶器　陶质以夹砂陶和泥质陶为主，夹砂陶一般为盆、罐、瓮等；泥质陶一般为豆类等。陶色以灰陶为主，灰褐次之，另有少量红陶。器类主要有罐、盆、瓮、豆、异形器、纺轮等。纹饰以绳纹为主，弦纹、附加堆纹次之。其中东周陶片中出有带陶文字的 12 片，文字一般刻在器物口沿或器物的肩部，一般每片只刻一字，字体清晰，似介于金文和隶书之间，为研究古代文字的演变提供了新的实物资料。（图三九）

罐　共 8 件。根据口、颈、肩等特征分三型。

A 型　5 件。直口、有领，广肩。标本 J4:2，夹砂灰陶。折沿，方唇，鼓腹，底内凹。肩部饰有旋纹，其间及下腹部饰有绳纹。口径 20.0、通高 30.8 厘米（图四〇，1；图版一三，1）。标本 J4:7，夹砂灰陶。方唇，斜沿，鼓腹、下部残。沿部饰有弦纹，腹部饰绳纹。口径 22.0、残高 25.6 厘米（图四〇，2）。标本 J4:9，夹砂灰褐陶。方唇，沿面内高外低。鼓腹，下腹残。腹部饰有不明显的浅绳纹。口径 23.0、残高 16.4 厘米（图四〇，3）。标本 J4:6，夹砂灰陶。方唇，沿面内高外低。鼓腹，下部残。颈部饰有弦纹，腹部饰有绳纹。口径 23.4、残高 34.8 厘米（图四〇，4）。标本 J4:11，夹砂灰陶。平沿，沿面有两周旋纹。尖唇，下腹残。沿面部饰有弦纹，腹部饰有绳纹。口径 23.0、残高 6.8 厘米（图四〇，5）。

B 型　2 件。敛口，无领，斜肩。标本 H25:8，泥质灰陶。圆厚唇，肩部有一陶文，腹饰有绳纹，下腹残。口径 24.0、残高 10.0 厘米（图四〇，6）。标本 H25:7，泥质深灰陶。圆厚唇。下部残。颈部有一陶文，下饰有绳纹。口径 25.2、残高 6.6 厘米（图四〇，7）。

C 型　1 件。侈口、束颈，窄斜肩。标本 J4:10，夹砂灰陶。圆唇，斜折沿，下部残。腹部饰有绳纹。口径 24.8、残高 9.0 厘米（图四〇，8）。

盆　2 件。标本 J4:4，夹砂灰陶。方唇宽折沿，上腹近直，下腹斜收，平底微内凹。腹部饰绳纹。口径 39.6、底径 10.8、通高 26.0 厘米（图四一，1；图版一三，2）。标本 J4:5，夹砂灰陶。平折沿，颈内收，鼓腹，小平底内凹。腹部饰绳纹。口径 40.8、底径

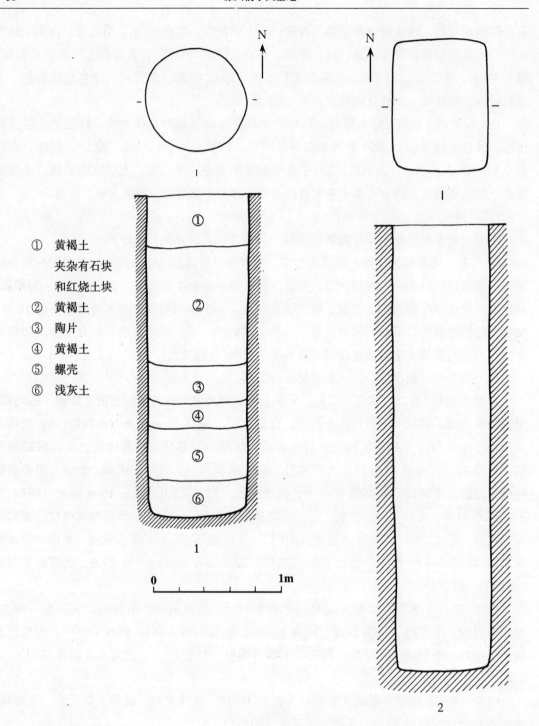

① 黄褐土
　 夹杂有石块
　 和红烧土块
② 黄褐土
③ 陶片
④ 黄褐土
⑤ 螺壳
⑥ 浅灰土

0　　　　　　　　　1m

图三八　　东周时期水井 J4、T5 平、剖面图
1.J4　2.J5

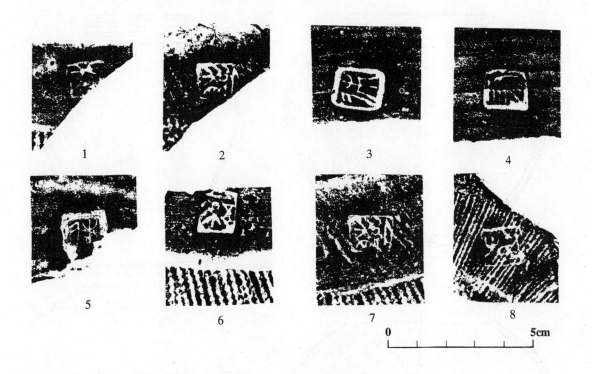

图三九　　东周时期陶文拓本

1. 罐（H25:7）　2. 罐（H25:8）　3. 盆口沿（BT2616②:1）　4. 盆口沿（H25:3）　5. 盆口沿（BT2616②:2）
6. 罐（H25:4）　7. 罐（H25:5）　8. 罐（H25:6）

8.0、通高 24.0 厘米（图四一，2；图版一三，3）。

　　瓮　1 件。标本 J4:8，夹砂灰陶。尖唇，折沿，斜肩，深腹微鼓，底残，腹部饰三周附加堆纹，间饰竖行绳纹。口径 27.0、残高 54.0 厘米（图四一，3）。

　　豆　2 件。形制相同。均泥质灰陶，圆唇，浅盘，折棱圆钝，高柄、喇叭形座。标本 J4:3，口径 13.8、底径 10.4、通高 12.2 厘米（图四一，4）。标本 J4:1，口径 13.8、底径 10.0、高 12.2 厘米（图四一，5；图版一三，4）。

　　异形器　1 件。标本 T922②:1，泥质灰陶。残存部分平面近似半椭圆形，一端沿部饰羊首形鋬手，残存两个扁方矮足，但用途不明。残长 9.2、通高 6.8 厘米（图四一，6）。

　　纺轮　1 件。标本 BT1424②:6，泥质灰陶。利用陶片加工而成，扁圆饼状，中间有一穿孔，边缘有加工痕迹。直径 4.8、厚 0.8 厘米（图四一，7）。

　　带陶文陶片　有的陶文印于陶盆沿部，还有的印于器物的肩部。

　　标本 BT2616②:1，泥质灰陶。字刻于陶盆口沿。口径 52.0、残高 13.8 厘米（图三九，3；图四二，1）。

　　标本 H25:3，泥质红陶。沿面有一文字，口径 60.0、残高 7.8 厘米（图三九，4；图

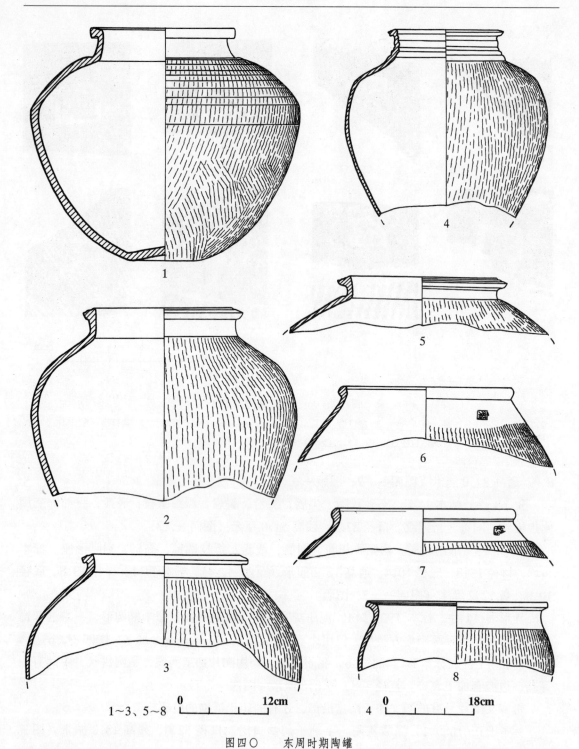

图四〇　　东周时期陶罐

1.A型（J4:2）　2.A型（J4:7）　3.A型（J4:9）　4.A型（J4:6）　5.A型（J4:11）　6.B型（H25:8）　7.B型（H25:7）　8.C型（J4:10）

四二，2）。

标本BT2616②:2，泥质灰陶。器口沿面部饰一陶文（图三九，5；图四二，3）。

标本H25:4，泥质灰陶。腹片面部饰一文字（图三九，6；图四二，4）。

标本H25:5，泥质灰陶。器肩部有一陶文（图三九，7；图四二，5）。

标本H25:6，泥质灰陶。器肩部饰一陶文（图三九，8；图四二，6）。

石刀　3件。标本BT1516②:30，灰砂岩，弧背平刃。长17.4厘米（图四三，1；图版一三，5）。标本BT2617②:1，灰褐砂岩。近似半月形，弧背平刃。长20.4厘米（图四三，2；图版一三，6）。

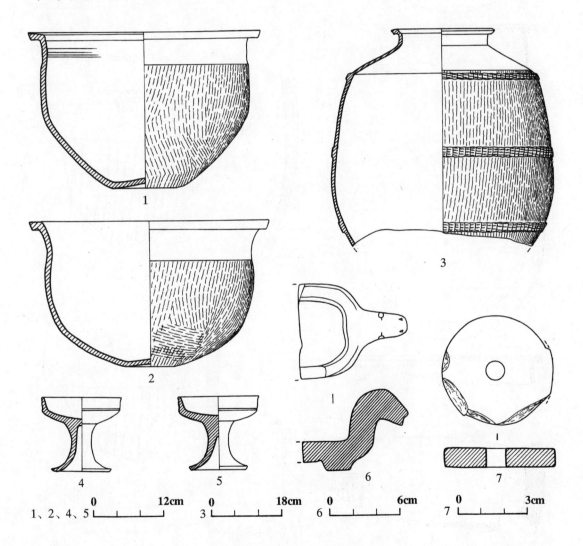

图四一　东周时期陶器

1.盆（J4:4）　2.盆（J4:5）　3.瓮（J4:8）　4.豆（J4:3）　5.豆（J4:1）　6.异形器（T922②:1）　7.纺轮（BT1424②:6）

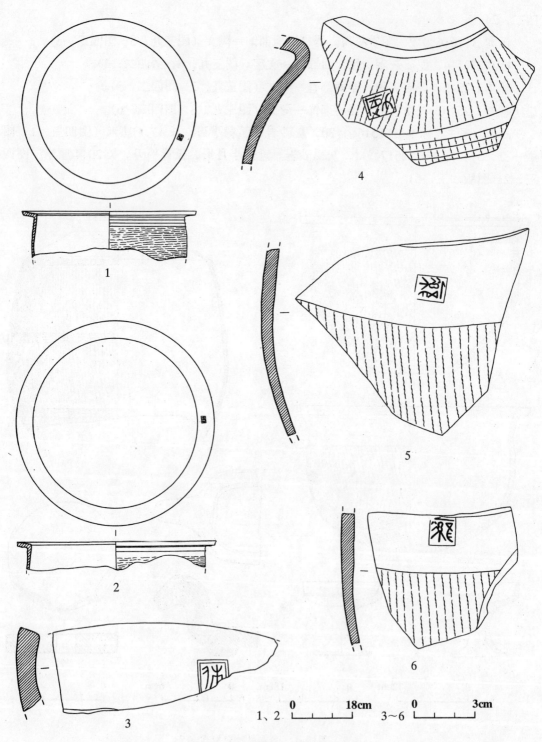

图四二　　东周时期陶文陶片

1.BT2616②:1　2.H25:3　3.BT2616②:2　4.H25:4　5.H25:5　6.H25:6

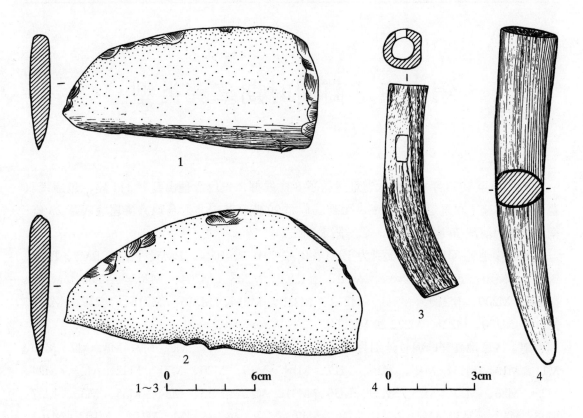

图四三　东周时期石、角器

1. 石刀（BT1516②:30）　2. 石刀（BT2617②:1）　3. 角器（BT2716②:7）　4. 鹿角锥（T1020②:1）

角器　1件。标本 BT2716②:7，系用鹿角加工而成。两端有切割痕迹，凿有两个长方形孔。长14.0厘米（图四三，3）。

鹿角锥　1件。标本 T1020②:1，利用鹿角的分叉加工而成。一端有切割痕迹，另一端呈锥状，截面呈圆形。长11.2厘米（图四三，4）。

第三章　商周时期墓葬类型

　　1981 年至 1998 年对前掌大遗址进行了 8 次发掘，先后清理出墓葬 111 座，包括带双墓道墓葬 3 座、单墓道墓葬 9 座、无墓道墓葬 99 座。其中北区墓地共清理竖穴墓 23 座，南Ⅰ区墓地清理 76 座。（附表一〇～附表一二）

　　北区墓地墓葬的编号分别为 BM1、BM2、BM3、BM4、BM5、BM6、BM7、BM8、BM9、BM10、BM11、BM12、M201、M202、M203、M204、M205、M206、M207、M208、M209、M210、M211、M212、M213、M214、M215、M216、M217、M218、M219、M220、M221、M222 和 M223。

　　南Ⅰ区墓地墓葬的编号分别为 M1、M2、M3、M4、M5、M6、M7、M8、M9、M10、M11、M13、M14、M15、M16、M17、M18、M19、M20、M21、M22、M23、M24、M25、M26、M27、M28、M29、M30、M31、M32、M33、M34、M35、M36、M37、M38、M39、M42、M43、M44、M46、M47、M48、M49、M50、M101、M102、M103、M104、M105、M106、M107、M108、M109、M110、M111、M112、M113、M114、M115、M116、M117、M118、M119、M120、M121、M122、M123、M124、M125、M126、M127、M128、M129 和 M130。

　　我们将带墓道的墓葬归为大型墓；将无墓道墓中规格较高，即长度超过 3 米，宽度超过 2 米，出土成组青铜礼器（10 件以上）的墓定为中型墓，余者为小型墓。

第一节　大型墓葬

一、双墓道墓葬

　　共 3 座，即北Ⅰ区的 BM4 和北Ⅱ区的 M201、M214。其中 M201 带南、东两条墓道，规模上要略小于带南北墓道的墓葬，但因形制独特，所以将其放在双墓道墓葬中来介绍。

　　BM4　1991 年春季发掘。位于北Ⅰ区西北端，北墓道的北端伸至断崖，因常年取土已遭破坏。该墓资料在《考古学报》1992 年 3 期曾作了报道，现将其介绍如下。

　　墓葬主要位于 BT1423、BT1424、BT1425，BT1523、BT1524、BT1525 内。被 BM3 打破。开口③层下，墓口距地表 0.75 米。方向 5°。由墓室、墓道、熟土二层台、椁室、棺室、腰坑和地面建筑遗存等构成。从墓口形状看可称作"中"字形墓，墓室东北角上口

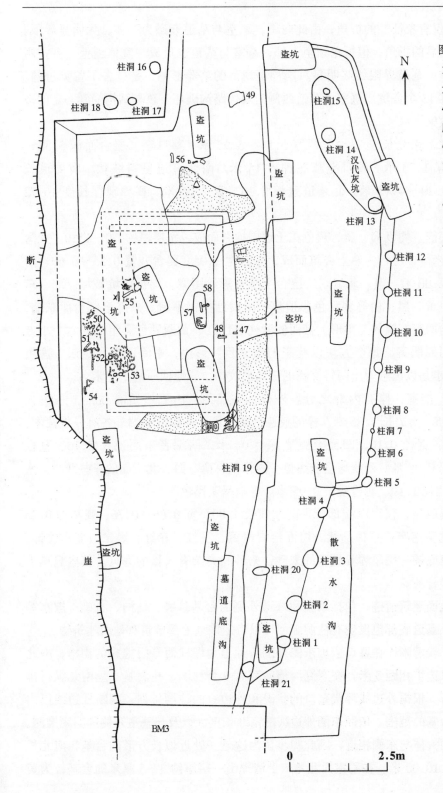

图四四　　BM4平面图

1.B型玉蝉　2.Ab型玉戈　3.A型铜节约　4.Da型铜泡　5.B型玉牌饰　6.Aa型铜泡　7.铜轪　8、9.B型砺石　10.A型原始瓷豆　11.AⅠ式印纹硬陶罍　12.铜辖饰　13.A型原始瓷豆　14.AⅠ式印纹硬陶罍　15.Aa型铜泡　16.Bb型铜铃　17.片形玉器　18.A型铜节约　19.C型铜泡　20.C型铜泡　21.B型铜辖　22.Aa型玉鱼　23.片形玉器　24.长条柱状玉器　25.A型原始瓷豆　26.陶网坠　27.Da型铜泡　28.A型玉璧　29.圆陶片　30.陶算　31.圆陶片　32.陶盂　33.陶异形器　34.A型玉璧　35.C型铜泡　36.Aa型铜泡　37.B型骨镞　38.石饰　39.骨雕饰（残）　40.骨饰（残）　41.鳄鱼板（27）　42.蚌片（47）　43.Ac型铜泡　44.海贝　45.龟壳（56）　46.蚌泡（92）　47.铜管饰　48.B型铜軎　49.石磬　50～54.嵌蚌漆牌饰　55～57.兽骨　58.铜管饰　59.绿松石片（16）（1～46均为盗坑出土，涂黑处为彩绘痕）

（即北墓道转折处）仅有象征性的折角，由此向下，墓室与墓道渐融为一体，无明显界限。墓室东南角上口有明显的折角，但折角渐至下部，墓室与墓道也形成一整体斜壁。墓室西北角、西南角的墓室、墓道界限始终明显。这种不规范的墓葬形制，是过去不曾见过的。该墓多次被盗，现有13个盗坑。墓室、墓道西侧为现代路沟破坏。墓葬结构受到一定的破坏，随葬品也多已散失。

墓室为土圹竖穴，南北长9.18、东西宽5.54～5.95米。墓口至二层台面深3.30～3.45、台面至墓底深1.70米。墓口至墓底深5.15米。南北墓道呈斜坡状。南墓道长5.35～5.44、残宽3.20～4.12米。北墓道残长2.10、宽2.65米。墓葬现存长度16.72米。（图四四）

墓葬从口部至底部，均以褐、黄、灰色花土逐层加夯而成，每层厚约1.0～15.0、夯窝直径为4.0～5.0厘米。二层台为熟土夯筑而成，东台宽1.05、西台残宽0.35～0.60、南台宽1.82、北台宽2.00米。南、北、东二层台上施有彩绘图案，均被盗坑破坏。北、东两面尚遗有赭、朱、黄、黑、白等多种色彩遗痕，图案已模糊不清。只有南侧台面东端，可看出以黑彩构成的两行交错的三角形，其西侧紧连着以红、黄两种色彩组成的六个小方块，两两相对构成两列图案，每个方块以赭彩勾出"目"形边，中间以黑彩点眼。这组"目"形图案的西边也是以黑彩勾出两行交错的三角形纹饰。彩绘面厚约1厘米。

墓室底部为椁、棺室，椁有内外之分。外椁的东、西、南三边留有残痕，东边长4.05、西边残长1.95、南边长1.85米，椁的痕迹呈灰黑色。外椁南北端外各有一根圆木，北端者东西长2.46、直径0.16、凹面至弧底深0.04米；南端者东西残长2.16、直径0.15、凹面至弧底深0.05米。残痕均呈灰黑色。内椁仅有南、西、北三面的一些残段，南边残长1.20、西边残长1.10、北边残长0.95米。椁痕呈灰黑色。

棺位于内椁略偏西侧，仅存南端部分，南北残长1.00、宽0.66～0.76、残高约0.25米。从宽度观察为北宽南窄，呈梯形状。棺面绘有橙黄、浅红、赤红、黑、白多彩纹饰，图案已模糊不清。棺底铺一层厚约6厘米的朱砂，朱砂间夹杂有大量的海贝。棺内只剩下一些粗壮的股骨和碎骨渣。

在墓上发现有地面建筑遗迹，包括墓室和墓道外侧的台基基底、柱洞、石础、散水等设施，同时在墓室、墓道底部也发现有柱洞。似可以肯定该墓上部曾筑有地面建筑物。

墓口东侧墓圹比较清晰，在墓口边圹东侧外围清理出为埋柱而专门挖成的沟槽，南北长10.90米，与墓口边圹相距3米。在东侧沟槽间存有9个柱洞，柱洞基本呈南北纵行排列且与墓室东边平行。根据外边线环绕墓口的状况和外边线的柱洞排列，判断外边线以内部分应为地面建筑台基的范围。依照东侧外边线的南北长度，以及与墓室东侧的间距推测，墓室西外侧台基范围大体与东侧相近，因此初步认为这是一处近似长方形的台基，南北长约11.00、东西宽约10.00米。在墓室西北角口上清理出一层厚约3～5厘米的台基，为黄褐色夯土筑成。

　　墓室与墓道外及其底部共发现 21 个柱洞。南墓道口东侧有 4 个柱洞，编号为柱洞 1～柱洞 4。墓室口东侧外 11 个柱洞，编号为柱洞 5～柱洞 15。北墓道口两侧与墓室北壁外有 3 个柱洞，编号为柱洞 16、17、18。墓室内东南角底部有 1 个柱洞，编号为柱洞 19。南墓道内东侧底部有 2 个柱洞，编号为柱洞 20、21。

　　1～4 号柱洞基本上排列在一条直线上，四个柱洞口部距地表均为 0.75 米。

　　1 号柱洞：口径 0.33、底径 0.30、深（口至底，下同）0.37 米。口部似圆形，筒状壁，平底，底部垫有 2 厘米厚并经夯实的钙质结核物。距墓道边 0.56 米。

　　2 号柱洞：口径 0.38、底径 0.37、深 0.55 米。口近似圆形，内壁呈筒形，平底。底部填有 2 厘米厚的灰褐色土，经夯筑坚实。距墓道边 0.64 米。

　　3 号柱洞：口径 0.45、底径 0.42、深 0.55 米。口为圆形，筒形壁，平底，底部垫有 2 厘米灰褐色上加以夯实。距墓道边 1.00 米。

　　4 号柱洞：口径 0.23、底径 0.22、深 0.56 米。口为椭圆形，筒形壁，平底。底部垫有一层经夯实的钙质结核物。距墓道边 1.35 米。

　　柱洞 1 与 2 间距 0.64、柱洞 2 与 3 间距 0.74、柱洞 3 与 4 间距 0.85 米。柱洞 1 至 4 全长为 3.61 米。

　　墓室口东侧的 8 个柱洞（柱洞 5～12 号）基本位于一条直线上，都设立在沟槽间。柱洞 13 略向西偏，9 个柱洞的口部距地表均为 0.75 米。

　　5 号柱洞：口径 0.30、底径 0.28、深 1.0 米。近圆形口，筒形壁，近似圜底。底部垫有一层夯实过的钙质结核物。距墓室边 2.25 米。

　　6 号柱洞；口径 0.22、底径 0.18、深 0.90 米。口近似圆形，筒形壁，壁间留有工具挖掘痕，工具刃痕宽 0.04～0.05 米，近似圜底。距墓室边 2.12 米。

　　7 号柱洞：口径 0.10、底径 0.007、深 0.90 米。圆形口，筒形壁，圜底。距墓室边 2.35 米。

　　8 号柱洞：口径 0.24、底径 0.22、深 1.03 米。口部近似圆形，筒形壁，壁上有明显的工具加工遗痕，刃痕宽 0.04～0.05 米，近似圜底。距墓室边 2.35 米。

　　9 号柱洞：口径 0.25、底径 0.23、深 1.04 米。近似圆形口，筒形壁上留有工具痕，圜底。距墓室边 2.38 米。

　　10 号柱洞：口径 0.30、底径 0.29、深 0.95 米。口近似圆形，筒形壁，壁上留有工具痕，平底，并垫有一层夯实的钙质结核物。距墓室边 2.65 米。

　　11 号柱洞：口径 0.20、底径 0.22、深 0.80 米。近似圆形口，筒形壁，壁上留有工具痕，平底。距墓室边 2.80 米。

　　12 号柱洞：口径 0.26、底径 0.22、深 1.10 米。口呈圆形，筒形壁，底部上层填青灰色胶状土，下层为钙质结核物。距墓室边 2.80 米。

　　13 号柱洞：口距地表 1.75 米，口径 0.35、底径 0.30、深 0.40 米。口近似椭圆形，筒形壁，平底。底部垫有一层夯实的钙质结核物。距墓室边 2.42 米。

柱洞 5 与 6 间距 0.48、柱洞 6 与 7 间距 0.40、柱洞 7 与 8 间距 0.39、柱洞 8 与 9 间距 0.78、柱洞 9 与 10 间距 0.63、柱洞 10 与 11 间距 0.74、柱洞 11 与 12 间距 0.66、柱洞 12 与 13 间距 1.03 米。柱洞 5 至 13 全长为 7.18 米。

柱洞 13 与 14 之间虽无明显折角，但从其位置观察，原来应有折角。柱洞 14、15 排列在一条直线上，并与北墓道东侧口面平行，属于北墓道外围柱洞。

14 号柱洞：口距地表 1.75、口径 0.38、底径 0.36、深 0.35 米。口近圆形，筒形壁，平底。距墓道边 1.28 米。

15 号柱洞：口距地表 1.75、口径 0.15、底径 0.14、深 0.30 米。口近似椭圆形，筒形壁，平底。距墓道边 1.44 米。柱洞 14、15 全长 1.36 米。

16 号柱洞：北墓道口西侧有一个柱洞，口距地表 0.75、口径 0.30、深 0.22 米。口近圆形，筒形壁，圜底。距墓道边 0.22 米。

柱洞 17、18 位于墓室西部北侧，并列在一条直线上，口部距地表均为 0.75 米。

17 号柱洞：口径 0.20、深 0.12 米。口近似圆形，筒形壁，圜底，底部垫有石础。距墓室边 0.34 米。

18 号柱洞：口径 0.35、深 0.10 米。口近圆形，筒形壁，底部垫有石础。距墓室边 0.25 米。柱洞 17、18 全长为 0.82 米。

19 号柱洞：洞口距地表约 0.75 米，其下因盗坑掏乱而不明显，至距地表 2.95 米处再现，口径 0.30、深 1.10 米。口近圆形，筒形壁，圜底。紧靠墓室内东南角。

20 号柱洞：洞口距地表 0.75 米，至 1.65 米处明显，口径 0.22～0.40、深 1.36 米。

21 号柱洞：口距地表 2.95、口径 0.45、深 0.30 米。口近似圆形，筒形壁，圜底。柱洞 20、21 均靠墓道东侧，全长为 2.80 米。所有柱洞内都存留有灰褐色土，未见木质残块。

南墓道口外围柱洞的东侧有散水设施，形似圆箕状，北端呈圆角，南端作敞口状。北端浅，愈向南愈深，似是便于北侧建筑物顶面滴水向南排放。现清理出的长度为 6.19、宽 0.48～2.44、深约 0.20～0.65 米。

南墓道底部偏东处有一长方形浅沟，长 3.14、宽 0.34～0.42、深 0.18 米。形状较规整，用途不明。

根据墓葬地面周边、墓底和墓道内保留的 21 个柱洞，以及相关的散水遗迹等，确认当时墓葬在埋葬前就规划和设计好，随着墓葬的完成将墓上建筑覆盖到整个墓葬之上。虽然目前尚无从判断墓上建筑的形式和规模，但该墓存在墓上建筑这一点应是成立的。

在西南角二层台上有残的镶嵌蚌片漆牌饰 6 块，东侧二层台及椁间有青铜车器，棺外东侧有玉璧 1 件，棺底垫有海贝，二层台上多处留有席纹与骨锥等。

除少数随葬品保存于原位外，其余或见于盗坑或夹入填土内。主要有原始瓷豆 3 件，印纹硬陶罍 2 件，圆陶片 2、陶盂 1、异形器 1、网坠 1 件，玉器有蝉 1、戈 1、片形器 2、长条柱状器 1、璧 2、牌饰 1 件，铜器有轭 1、辕饰 1、管饰 2、軎 1、节约 1、辖 1、铃 1 件和泡数枚，石器有磬 1、砺石 2 件等。另外，还出有骨器 122、龟壳 56、兽骨 3、蚌泡 92、蚌片 47 件，以及少量的残金箔。1400 余件海贝占出土物总数的四分之三以上。

M201　1981 年秋季发掘。位于北Ⅱ区的 BT2316、BT2317、BT2416 和 BT2417 探方内。墓葬开口在②层下，墓口距地表深 0.60 米。方向为 10°。东墓道长近 2.15（部分长度为钻探所得数据）、宽 1.70 米。南墓道长 3.12（部分长度为钻探所得数据）、宽 1.85 米。墓室口部较规整，呈长方形，南北长 4.42、东西宽 3.45、深 4.20 米。四周有二层台，墓口至二层台面深 3.30 米，台高 0.90 米，二层台为熟土夯成。东侧台宽 0.54～0.72、西台宽 0.66、南台宽 0.40、北台宽 0.61 米。棺长 3.40、宽 2.16、高 0.85 米。腰坑设在棺底下中心部分，呈圆角长方形，南北长 1.22、东西宽 0.66、深 0.54 米。坑底铺席，内殉 1 人（编号为Ⅰ），骨架较凌乱。（图四五）

二层台以上有 0.80 米厚的夯土，夯层厚 7.0～9.0、夯窝直径 2.0～4.0、深 4.0～8.0 厘米。西侧二层台上有彩绘痕迹，以红、白、灰、黄等颜色绘出几何形图案。在东侧二层台的南部有两具较完整的人的下肢骨骼（编号为Ⅱ、Ⅲ），上肢被盗扰，应是殉人的残存部分。西侧二层台残留有殉人下肢骨骼（编号为Ⅳ）。北侧二层台大部分被破坏，南侧二层台近墓道口残存有人骨架，根据观察应属两个成人个体（编号为Ⅴ、Ⅵ）。在棺室的南侧发现有人骨（编号为Ⅶ），从清理的人骨情况看，该墓内包括腰坑在内共有属于 7 个个体的人骨架。

墓内的随葬品多为小件器物，大部分放置在棺内，陶器主要有罐 1、盘 1、盅 1、纺轮 2 件，铜器有泡 5、矛 2、铃 2、帽 1、戈 2 件，玉器有蛙 1、戈 1、觽 1、鱼 3、璜 2、管 2 件等，骨器有笄 2、梳 1、镞 4、笄帽 3、锥 1、销 1 件，象牙器有鱼形觽 2、笄帽 2 件，蚌器仅有镰 2 件，石器有镰 2、铲 1 件。此外还发现一些蚌片、牙片、残碎金箔等。

M214　1987 年秋季发掘。位于北Ⅱ区的 BT2517、BT2518、BT2617～BT2620 探方内。北墓道伸出探方之外，南墓道伸向 BT2616 内，且被 M205 打破。墓葬开口在②层下，口距地表深 0.75 米。方向为 4°。北墓道长近 12.00（部分长度为钻探所得数据）、口部宽 2.55、高为 1.05 米。北墓道南端略高于二层台。南墓道约 16.00（部分长度为钻探所得数据）、墓道口部宽 3.10、底宽 1.85～1.92 米。南墓道北端与二层台面平齐。墓室口部不规整，呈椭圆形，由口部向下渐收，近底部才呈长方形。墓室口部南北长 8.00、东西宽 7.15、深 4.65 米。腰坑居中近方形，平底。四周有二层台，二层台之中为椁棺陈设处。北墓道略向西北偏斜，南墓道基本居中。墓室底部南北长 5.60、东西宽 4.16 米。墓口至二层台面深 3.60 米，台高 1.05 米，二层台为熟土夯成。东侧台宽 0.80、西台宽 1.25、南台宽 1.05、北台宽 0.90 米。由于盗扰严重，无法判断椁棺的结构和尺寸，初步观察其棺长 3.63、宽 2.10、高为 1.05 米。腰坑设在棺底下中心部位，呈圆角长方形，口南北长 1.12、东西宽 0.90 米。底南北长 0.95、东西宽 0.74、口至底深 0.84 米。坑底铺席，内殉 1 人，头向北跪屈俯身。腰坑内还殉狗一只。（图四六；彩版四，1）

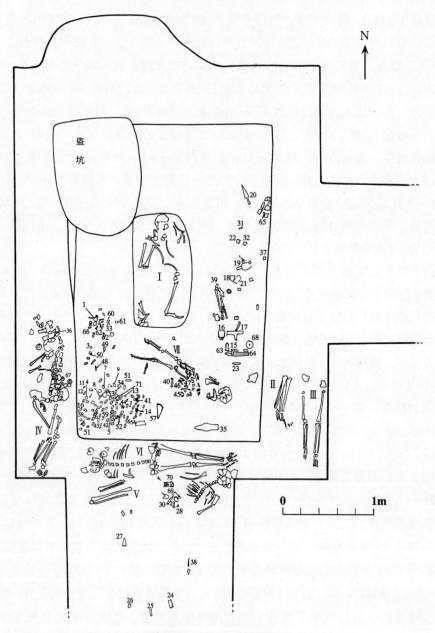

图四五　　　M201 平面图

1.陶盅　2.Db 型玉鱼　3.Ab 型铜泡　4.Aa 型铜泡　5.A 型象牙笄帽　6.玉芯　7.梯形玉器　8.A 型玉管　9、10.A 型牙片　11、12.B 型牙片　13.Ca 型铜泡　14.玉蛙　15.CⅢ式铜戈　16.Da 型铜铃　17.Ba 型骨钎　18.Da 型铜铃　19.CⅢ式铜戈　20.Cb 型铜矛　21.Ab 型铜泡　22.A 型骨管　23.B 型骨钎　24.象牙鱼形觿　25.牙形饰品　26.B 型骨笄帽　27.石饰　28.C 型骨笄帽　29.椭圆形玉器　30.Bb 型象牙笄　31.牙形饰品　32、33.片形玉器　34.A 型蚌饰　35.Cb 型铜矛　36.陶盘　37.A 型骨管　38.牙形饰品　39.B 型象牙权杖头　40.B 型玉觿　41.A 型骨镞　42.石饰　43.A 型骨管　44.A 型玉管　45.Ba 型玉鱼　46.玉珠　47.Ba 型玉璜　48.B 型骨镞　49.A 型骨销　50.牙形饰品　51.A 型骨笄　52.象牙鱼形觿　53.B 型象牙权杖头　54.蚌镰　55.Bb 型玉鱼　56.B 型骨镞　57.B 型石镰　58.角锥　59.A 型獐牙器　60.蚌镰　61.F 型骨笄帽　62.A 型骨锥　63.A 型石镰　64.A 型骨镞　65.BⅠ式绳纹陶罐　66.Ab 型铜泡　67.A 型纺轮　68.B 型纺轮　69.石铲　70.A 型骨梳　71.Bb 型玉璜　72.B 型象牙笄帽　73.玉珠　74.Ab 型玉戈　75.铜帽　（Ⅰ～Ⅶ为殉人）

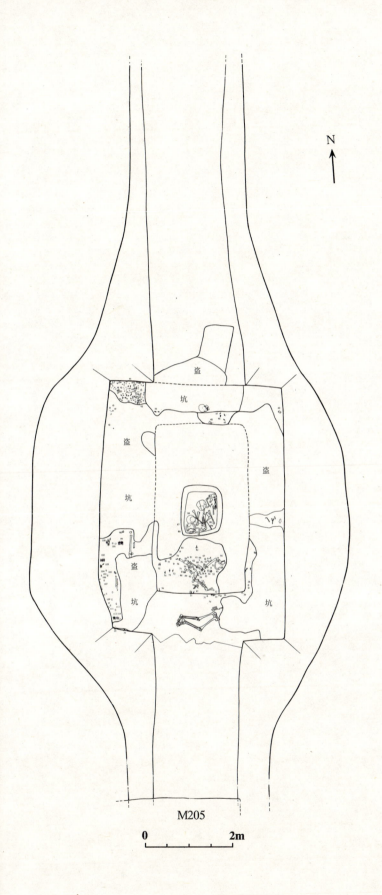

M205

0   2m

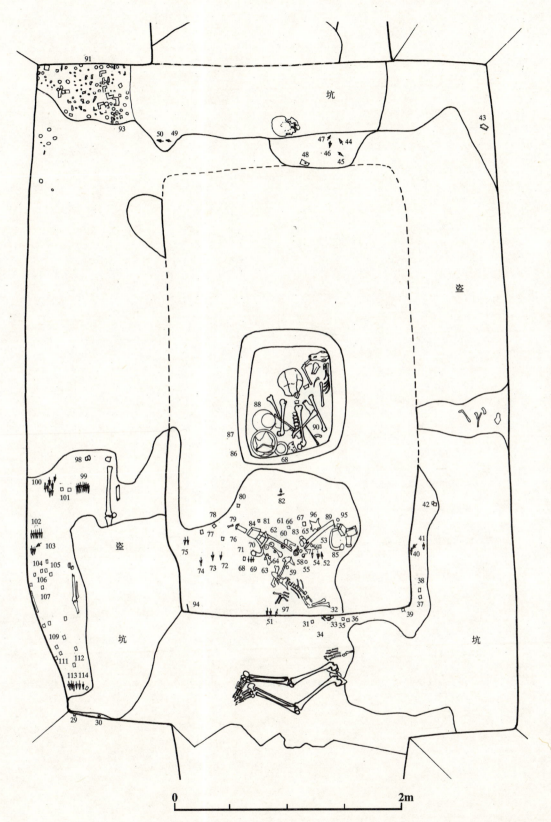

图四六　　M214 平面图

1.DⅡ 式陶鬲　2.Aa 型铜泡　3.Aa 型铜铃　4.Ab 型铜泡　5、6.蚌镰　7.铜鱼　8.A 型骨镞　9.Aa 型铜泡　10.A 型纺轮　11.B 型纺轮　12.铜柄形器　13.A 型铜镞　14.骨牌饰　15.B 型骨销　16.A 型骨销　17.骨觽　18.B 型骨镞　19.A 型骨笄帽　20.A 型骨镞　21.B 型象牙笄帽　22.F 型骨笄帽　23.A 型骨锥　24.C 型蚌片　25.D 型骨销　26.A 型骨销　27.蚌刀　28.AⅡ 式绳纹陶罐　29～38.A 型骨管　39.骨饰　40、41.A 型铜镞　42.A 型骨管　43.Aa 型铜铃　44～47.A 型铜镞　48.铜戈　49～52.A 型铜镞　53.A 型骨管　54～65.Ab 型铜泡　66～69.A 型骨管　70.A 型铜镞　71.A 型骨管　72～75.A 型铜镞　76～78.A 型骨管　79.B 型骨销　80、81.A 型骨管　82.A 型铜镞　83.Aa 型铜泡　84、85.C 型车軏　86～89.A 型骨管　90.Aa Ⅰ 式玉戈　91.蚌饰　92、93.A 型骨管　94.Bc 型骨钎　95、96.Aa 型铜泡　97.A 型铜镞（3）　98.A 型骨管　99、100.B 型铜镞（14）　101.A 型骨管（2）　102.B 型铜镞（6）　103.B 型铜镞（4）　104～112.A 型骨管　113.B 型铜镞（8）　114.A 型骨管（1～28 为盗坑出土）

墓室中有 10 个盗洞，多为长方形，长约 1.00 米有余，宽不及 0.50 米。这些盗洞使墓葬结构遭到一定程度的破坏。

墓葬从口至底填充多层夯土，夯层厚 6.0～12.0、夯窝直径 4.0～8.0、深 0.4～0.8 厘米。由墓口向下夯填至深 2.10 米的层面上，发现墓室四角各存留有一片厚约 1.0～5.0 厘米的灰烬，其中夹杂有蚌泡、鳄鱼骨板，蚌泡更烧成灰黑色，这四角灰烬应是当时埋葬过程中的祭祀遗存。墓室东壁偏南处留有多道似未的痕迹。南墓道与墓室衔接处放置着 7 块近方形彩色牌饰，以黄色勾边，中间着赭、黑、红彩饰。周边有灰黄色朽烂痕，似为木柄（框）遗痕。这些彩绘饰上残留有成片席子印痕。并有较完整的人的下肢骨骼，上肢被盗坑扰乱，应是一具殉人的残存部分。西侧二层台西南角随葬有多组铜镞以及骨管、骨饰等。并残留有人的上肢、下肢骨骼。西二层台西北角置有方形嵌蚌漆牌饰一件，有蚌泡、折角蚌片，蚌片上边缘均涂有红色，夯埋过程中已散乱，全貌不清。东侧二层台中部台面也有红、黑、黄色彩饰，无成形图案。旁边残留有人的数根肋骨。北侧二层台大部分被盗毁，近墓道口残存一部分，居中有一块近方形彩饰，其上有完整人头骨一个。方形饰和两侧留有红、黑、白彩饰。四边二层台上都有人骨，分析其原来摆放位置，只有南二层台上的下肢骨架保存较好，应属殉人。其他三面残骸无法确定其属性。所有骨骼均属成年个体。

椁室为长方形，仅南端及东、西两角保存较好。南边有三道着红、白、黑、黄色彩绘印痕，根据其长宽尺度应为重椁（双椁）一棺。对应的北侧在盗洞的内侧也见有成片的类似的彩绘，推测为椁的北侧残留部分。棺（椁）盖的南端残存一片，着有红、橘红、黑、白、黄多种色彩，出土时十分鲜艳。彩绘间铺有二层丝织品，1 平方厘米中有经纬线各 22 根。两层彩绘各厚约 1.0～1.7 厘米，可能为椁盖与棺盖上覆盖的绘画残迹，也可能为棺体漆饰，在盖的上面发现有两套铜车轭及零星马骨。椁、棺的北端因盗扰严重，各类遗存均遭破坏。棺底铺垫一层朱砂，厚 1.0～2.0 厘米。

该墓随葬器物中陶器有鬲 1、绳纹罐 1、纺轮 2 件，铜器有铃 2、泡 17、鱼 1、柄形器 1、镞 53、戈 1、车轭 2 件，骨器有牌饰 1、销 4、觽 1、镞 3、笄帽 3、锥 1、管 42、骨饰 1、钎 1 件，玉器仅有戈 1 件，蚌器有镰 2、蚌片 1、刀 1、蚌饰 1 件。此外还发现一些残碎金箔。因墓室内扰乱严重，很难确定随葬品原来的位置。

二、单墓道墓葬

单墓道墓葬就其规模而言与安阳殷墟或长安张家坡同类墓葬相比要逊色许多。但在山东地区却不多见，并具有一定的代表性，所以归入大型墓中加以介绍。在北区墓地清理出 9 座，编号为北Ⅰ区 BM3、BM11，北Ⅱ区 M203、M205、M206、M215、M218、M219 和 M221。现选择 BM3、M203、M205、M206 和 M215 介绍如下。

BM3 1991 年春季发掘。主要位于北Ⅰ区的 BT1321、BT1322、BT1421 和 BT1422 探

方内。打破 BM4。开口第②层下，墓口距地表 0.85 米。方向为 15°。墓口南北长 8.00、东西残宽 3.30~3.40、深 3.60 米。墓道南北残长 1.35、残宽 2.27~2.92 米。（图四七）

该墓由墓室、南墓道、熟土二层台、椁室、棺室、腰坑等组成。墓室北壁打破 BM4 南墓道口部，北壁边缘处有一长方形盗坑。墓室、墓道的西壁，局部被现代路沟打破。该墓从口至底，均填灰、褐、黄色土，并经夯实，每层厚约 20.0 厘米，夯窝不甚明显。

墓口至二层台面深 1.57~1.81、台面至室底深 1.80 米，底部平整。东侧二层台宽 0.28~0.40 米，北侧二层台宽 1.27~1.52 米，西侧二层台残宽 0.25~0.88 米，南侧二层台宽 0.96~1.12 米。北侧二层台外缘有一盗坑。台面有席纹、纺织品痕迹，可能为随葬品的衬底或覆盖物的遗存，仅存一条牛腿骨与骨锥、铜车饰等。东、西侧二层台上都留有席纹与纺织品痕迹，有些骨锥插在台面上。大量的骨锥可能起着关插覆盖物的作用。

一椁一棺，椁仅留有些灰黑色痕迹。四边明显，唯东南角因二层台塌陷而变形，南北长 3.62~5.23、宽 2.09~2.31、深 1.60 米。棺南北长 4.32、宽 1.50~1.55、深 1.00 米。棺底铺一层朱砂，外围多积有木炭。腰坑南北长 1.85、宽 0.82、深 0.50 米。内有人骨 1 具，头向南，面侧向东，身亦微侧，下肢从胫骨起微屈。女性，估计年龄约 40 岁。墓主人的骨架保存不好。

随葬品主要放置在椁棺之上以及椁底与棺的东侧，随葬的陶瓷器有原始瓷罍 1、原始瓷豆 10、原始瓷罐 1、原始瓷尊 1、绳纹罐 2、旋纹罐 1、瓿 1、鬲 1、绳纹罍 2、旋纹罍 1、三足盘 1 件等，铜器有辔饰 1、衡末饰 1、轴饰 1、銮铃 2、軎 1、辖 2、节约 6、镳 1、泡 6、铃 1、管 1，玉器包括管 2、泡 1、璜 1、鱼 2、牌饰 3、牛 1、蝉 1、戈 1、橄榄形器 1、锥形器 2、鸟 2、琮 1、鹿 1、龙 1 件，蚌器仅有蚌勺 2 件。

外椁西南角放置一堆零乱的人骨并杂有一些铜泡、骨锥等。这些凌乱的人骨中可以分辨出头骨、脊椎、盆骨等，以及手骨、脚趾骨等，有的骨骼粗壮，初步估计有 3 个以上的个体。这些个体的身份可能是被肢解的奴隶，作为牺牲被埋入墓中的。

M203　1985 年春季发掘。位于北Ⅱ区中部偏南，与 M206 平行排列。BT2715 为墓室主要的部分，南壁及墓道则伸向 BT2714 内。开口第②层下，墓口距地 0.60 米。方向为 2°。墓室为长方形，口大底小使四壁呈倒梯形。墓室南北长 5.20、宽 4.00、深 4.10 米。墓底南北长 3.00、宽 1.42 米。墓道接墓室南壁并向南作斜坡状向上伸延，倾斜度为 17°。宽 2.40、长约 8.50 米。椁棺散乱，尺寸不详，保留一些以橙黄、浅红、大红、黑、白多彩绘饰块，当与椁棺有关。底部南北两端各遗留枕木一根，作东西向摆放。尺寸相同，长 2.18、宽 0.20、厚 0.05~0.08 米。中部枕木均扰乱。熟土二层台近底部的四壁多受扰乱，仅东侧有一段长 1.84 米保存较好。腰坑南北长 1.05、宽 0.48、深 0.70 米。殉狗骨架也被扰乱。（图四八；彩版四，2）

距墓口 1.5 米处，在填土中埋入一具偶蹄类动物骨骼，保存完整，头向东北，下肢向

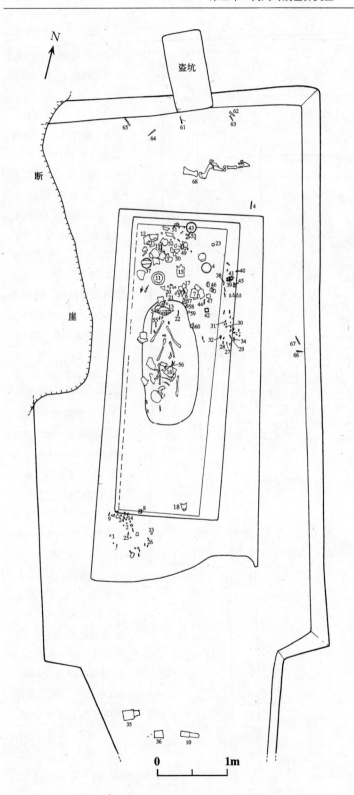

图四七　　BM3 平面图

1、2. Ba 型铜泡　3. 原始瓷罍
4. B 型原始瓷豆　5. Ab 型玉璜
6. Ba 型玉鱼　7. 原始瓷罐　8. A 型
铜镰　9. Ca 型铜节约　10. B 型铜害
11. BⅠ式绳纹陶罐　12. BⅢ式陶
瓿　13. BⅡ式绳纹陶罍　14. Bc 型铜
泡　15. D 型铜衡末饰　16. DⅠ式陶
鬲　17. BⅡ式旋纹陶罍　18. Bb 型铜
铃　19. Aa 型玉锥形器　20. A 型玉
管　21. B 型玉管　22. AaⅠ式玉戈
23. 玉泡　24. Ca 型铜节约　25. B 型
铜节约　26. Ab 型铜泡　27. A 型铜
节约　28、29. Cb 型铜节约　30. Aa
型铜泡　31. B 型铜辖　32. 铜銮铃
33. Aa 型铜泡　34. 铜銮铃　35.
铜轴饰　36. 铜辖饰（3 件）　37. B
型原始瓷豆　38. Da 型玉鱼　39. B
型玉鸟　40. Ab 型玉龙　41. 玉鹿
42. 玉琮　43. C 型原始瓷豆　44. Aa
型玉锥形器　45. Aa 型玉鸟　46. 原
始瓷尊　47. BaⅢ式旋纹陶罐　48. C
型原始瓷豆　49. A 型蚌勺　50. AⅠ
式绳纹陶罐　51. 陶三足盘　52. BⅡ
式绳纹陶罍　53. A 型蚌勺　54. 橄
榄形玉器　55. 铜管　56. A 型玉牌
饰　57. A 型玉牛　58. A 型玉牌饰
59. B 型玉蝉　60. A 型玉牌饰　61～
67. 铜器　68. 兽骨　69～71. B 型原
始瓷豆　72～74. C 型原始瓷豆（69
～74 为盗坑所出）

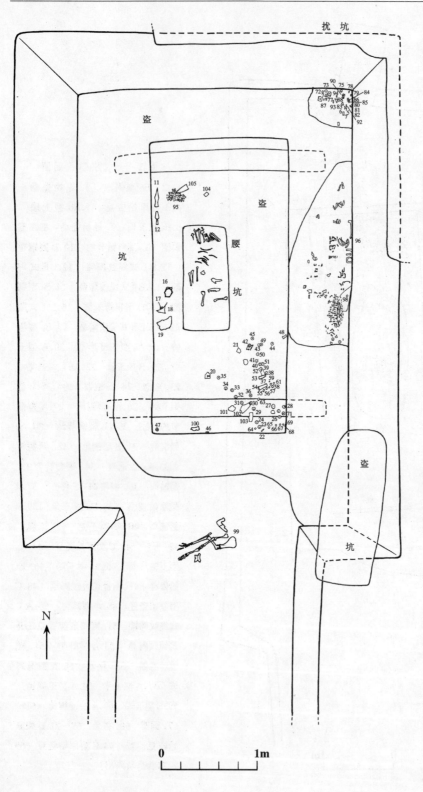

图四八　　M203平面图

1.C型蚌泡　2.B型獐牙器　3.Bb型铜铃　4.C型蚌泡　5.CⅠ式陶簋　6.AⅠ式陶瓿　7.Ab型铜泡　8.Ba型骨钎　9.Aa型玉鸟　10.B型玉管　11.B型铜矛　12.Aa型铜矛　13.AaⅠ式玉戈　14.B型玉管　15.玉器　16.残铜片　17.D型骨销　18.A型印纹硬陶罐　19.BⅢ式陶鬲　20.釉瓷片　21.印纹硬陶瓿　22.玉泡　23.AbⅠ式陶簋　24.C型蚌泡　25.BⅠ式陶鬲　26.EⅡ式陶簋　27.CⅠ式陶鬲　28～41.A型蚌泡　42.印纹硬陶瓿　43～47.A型蚌泡　48.A型骨销　49～51.A型蚌泡　52.A型骨管　53.砺石　54.A型骨管　55～58.B型蚌片　59.铜锛　60～71.A型蚌泡　72、73.B型蚌泡　74、75.鳄鱼片　76～83.A型蚌片　84.B型蚌泡　85～94.A型蚌片　95.嵌蚌饰　96.B型獐牙器（4）　97.鳄鱼片　98.嵌蚌漆牌饰（其下有一石磬）　99～103.兽骨　104、105.陶片（1～10、13～16为盗坑出土）

南侧卧。墓室底部有较多的随葬品，多数已不是原来的摆放位置。该墓随葬陶瓷器物有簋3、瓶1、鬲3、印纹硬陶瓿2、印纹硬陶罐1件，铜器有铃1、泡1、矛2、锛1、残铜器1件，玉器有鸟1、管2、戈1、片形器1、泡1件，其他还有骨镞2、骨钎1、骨管2、蚌片34、蚌泡39、嵌蚌漆牌饰1、獐牙器2、鳄鱼片3、兽骨5、砺石1件等。

重要的是在东侧二层台上斜立一牌饰，两面均有以蚌泡、蚌片镶嵌而成的兽面纹图案（彩版五；图版一四）。以圆蚌泡为眼，以各种形状的蚌片排列出角、眉、鼻、口、獠牙等，整体形象为一兽面。泡、片外缘以朱红彩勾边，多处以红漆绘出多条"人"字纹、"回"字纹饰。在其下面有一石磬。牌饰下方有一根横木承托，上着黑、红漆，残留有回纹图案。这件镶嵌蚌片的漆牌饰，是所见商周之际漆牌中最大的一件。另外，在北区墓地的BM4、M211、M210等墓室中都随葬有此类器具。在北区的M206、M205、BM3中还出土有较多的蚌泡、蚌片，因为盗扰或坍塌使其无法辨识，估计这些都应是牌上的饰件。南区墓地仅在少数墓葬中留有此类遗物，如南Ⅰ区的M21、M119，但所见者，不仅规格小，而且图案简单。

M205 1985年春季所发掘。位于北Ⅱ区中部BT2614～BT2616中。墓室北壁打破M214南墓道，且与它在南北一条纵线上。西与M213为邻，西南为M203，东北为M201。开口第②层下，墓口距地表0.80米。方向1°。墓室呈长方形，四壁向下渐收缩，均呈倒梯形状。墓口南北长5.25、宽3.40米。墓口至二层台面深2.66米，口至底深3.86米。墓道在墓室南壁居中处向南拓展，呈斜坡状，倾斜度为18°。墓道全长7.03米，M210北壁紧贴M205墓道南口，只稍加打破。墓道北口至底深1.70、宽2.34米，南口至底深0.70、宽2.64米。东侧二层台宽0.54、西台宽0.44、北台宽0.45米，南台紧贴墓道。二层台高1.18米，为熟土夯成。棺、椁室四周为二层台环绕，南北长3.48、宽1.86米。棺底有东西向从北于南排列的7根枕木。枕木长约1.20、直径约0.10米。腰坑居室底中部，应为圆角长方形，北侧遭破坏，现存长0.72、宽0.28米。墓内填以五花夯土，夯层状况与上述同类资料相似。一椁一棺，椁呈黄灰色，内棺呈红灰色。椁盖上残留有狗骨架。（图四九；图版一五，1）

墓室口的四角及墓道南口左右，均保留夯土基础。最突出的是墓道东壁从墓室衔接处至口部，为一堵南北向的长约7米的夯土墙，它是墓上地面建筑的重要组成部分。墓室口面上四角均有夯土基础，西北、西南、东北三块都覆盖在折角之上。西北角夯土基础南北长0.60、宽0.36米。西南角东西宽0.74、长0.40米。东北角南北长0.54、宽0.36米。东南角紧依折角外侧（现存状况），东西宽0.60、南北长0.34米。这些基础都选用较纯净的黄土，和墓葬填土有较大的区别。现存厚度0.10～0.20米。墓道南口缘上也叠压着一片夯土基础，南北长约0.98、宽约0.5、厚约0.2米。墓道东南口部原在夯土墙上挖出一状似锅形柱沿，仅留四分之一，推测口径约0.68、深0.15米，其余部分被M210和东侧后补的夯土墙所破坏。

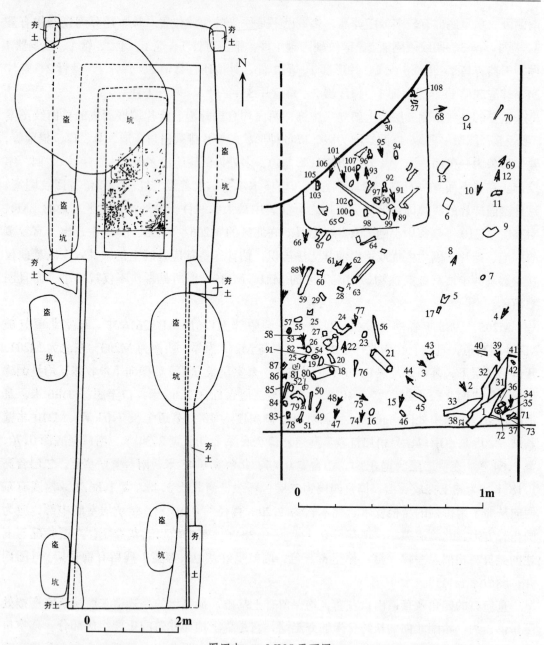

图四九　　M205 平面图

1.A型铜斧　2、3.A型铜镞　4.B型骨镞　5.骨器　6.A型蚌片　7.A型砺石　8.A型铜镞　9.石饰　10.A型铜镞　11.蚌镰　12.A型铜镞　13.残陶器　14.牙器　15.A型铜镞　16.牙器　17.B型纺轮　18.网坠　19.A型玉管　20.A型骨锥　21.B型骨管　22.A型铜镞　23.B型玉管　24.Ca型玉鱼　25~29.B型蚌片　30.Ca型玉鱼　31~36.B型骨矛　37.A型蚌片　38~41.A型铜镞　42.A型骨管　43.A型骨管　44.A型铜镞　45.A型骨锥　46.A型骨管　47、48.A型铜镞　49、50.骨器　51.Db型玉鱼　52.A型骨管　53.A型铜镞　54.A型骨管　55.A型铜镞　56.象牙鱼形觽　57.海贝　58.B型玉蝉　59.A型骨管　60、61.骨器　62、63.A型铜镞　64.A型骨锥　65.B型蚌片　66.A型铜镞　67.印纹硬陶片　68、69.A型铜镞　70.A型骨锥　71、72.Bc型骨钎　73.A型骨管　74~77.A型铜镞　78~81.骨器　82.A型骨锥　83.A型骨管　84.D型骨销　85.A型骨锥　86、87.D型骨销　88~90.A型铜镞　91~94.A型骨管　95.A型铜镞　96.A型骨销　97、98.A型铜镞　99~103.A型骨管　104~106.A型铜镞　107.A型骨管　108.A型骨销

　　墓道东壁从墓室折角处由底至口，筑有一道南北长5.10、宽0.14~0.36、高0.70~2.98米的护墙；北区墓地的地层中多处含流沙层，不少墓葬因地下水、沙层的变化，使之结构随地层变化而变动，故而有些墓葬形制出现不规范的情况就不难理解了。M205墓道东墙外经发掘解剖，证实其东侧外边有大量的流沙堆积，在这种特殊地质条件下筑墙堵沙的建筑方法是行之有效的。

　　根据墓室口部四角、墓道南口的夯土基础以及墓道东侧夯土墙诸遗迹，推测该墓埋葬完毕后，在其上营造有一座建筑物。

　　该墓随墓品均放置在棺室间，其间堆有三层遗物，第一层有小件铜器、骨器、玉器、牙器、陶器等；第二层有骨管、骨锥、玉鱼、玉蝉、铜矛、铜镞、蚌器、印纹硬陶片等；第三层有骨器、铜镞，以及几段人骨等。腰坑中殉狗1只。二层台面上多处留有彩绘痕迹。东二层台北端有骨管1件，南端有一些加工过的蚌片。

　　该墓随葬的铜器有斧1、镞34、矛6件，玉器有蝉1、管2、鱼3件，骨器有镞2、锥6、管18、销5、钎2件，此外还有象牙鱼形觿1、砺石1、陶纺轮1、陶网坠1、蚌镰1、蚌片8件。

　　M206　1985年春季发掘。位于北Ⅱ区中部偏南，BT2814和BT2815之间，部分伸沿至探方外。东为M203，北侧为M215，东北为双墓道墓M214。开口第②层下，墓口距地表0.80米。方向为8°。墓室口部南北长5.30、东西宽4.36、口至底深3.90米。墓道设置在南壁居中部位，宽2.00米，向南拓展呈斜坡状，倾斜度为21.5°。南段遭破坏，经钻探其长约7米。墓底四边筑有熟土二层台，东台宽0.96、西台宽0.80、南台宽0.88、北台宽0.74、台高1.00米，多处被盗坑破坏。中部为椁、棺放置处，为一椁一棺。以残存椁、棺痕迹推算，椁南北长约3.05、宽1.70米，棺南北长约2.90、宽1.50米。椁（棺）盖上施有彩绘，以黄、红、黑、白多彩勾出图案。最底层为红底黑彩绘出的"回"形纹饰。椁棺之下，南北两端各置枕木一根，东西向，均朽烂。两枕木相距2.36米，枕木长均为2.40、宽0.20米，北端枕木厚0.05~0.07、南端枕木厚为0.04~0.06米。棺底铺有成片的朱砂。存留有蚌饰、铜泡、铜镞、骨管、象牙鱼形觿、骨锥、骨镞、玉鱼、绿松石、石管、蚌泡等。棺下为一长方形腰坑，南北长2.32、东西宽0.62~0.67、深0.50米。内殉一人一狗，人骨被扰乱，性别和葬式不清。（图五〇）

　　随葬品大部分被盗。但从幸存部分尚可窥探出一些丧葬习俗。棺椁中部上面放1件圆形铜片状器，直径为22.0厘米。其底部及周围衬有漆皮，漆皮上彩绘图案已模糊不清。东二层台土层中夯填狗骨架1具，因盗扰仅存有前肢和胸部骨骼。东二层台面有殉人的下肢骨及一头骨，头骨置于两足之间，在填土夯击下已成扁平片状。骨骼上下随葬有彩绘的漆器，有棕、黑、朱红、黄色着绘。西二层台上有两层殉人相叠压，上层殉人上面及周边随葬有铜镞、骨梳、骨管、海贝、铜胄、蚌饰等。其中以漆器居多，可辨器形有盘、罐形器、罍形器及嵌蚌（片）饰等。有一件漆制品厚1.4厘米，从断面看糅有红、黄、黑、白等33

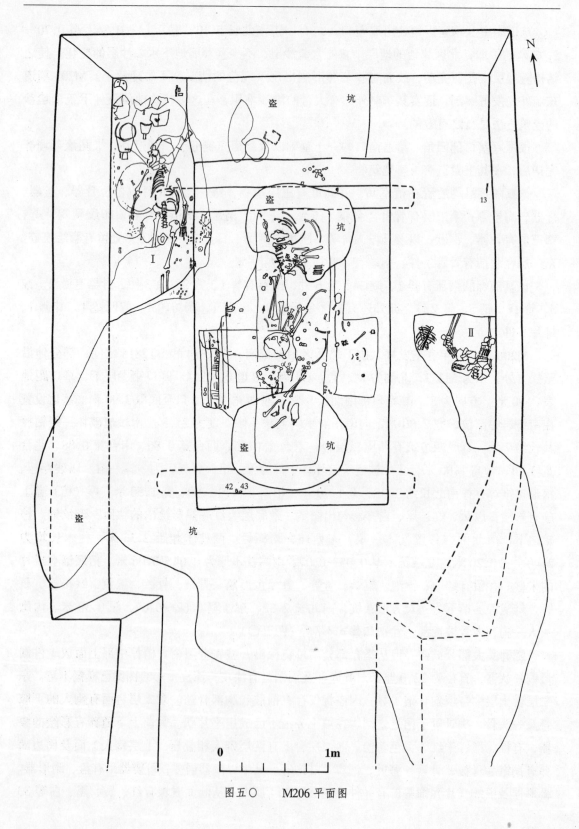

盗坑

盗坑

盗坑

13

Ⅰ

Ⅱ

盗坑

42 43

0　　　　　　1m

图五〇　　M206 平面图

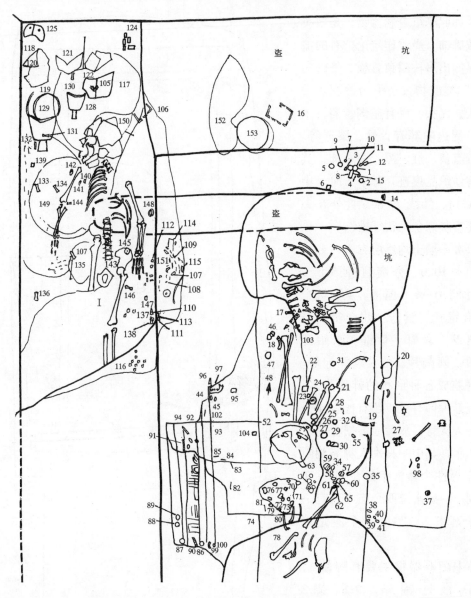

1.漆器　2.铜片　3、4.A型蚌片　5.片形玉器　6~11.A型蚌泡　12.海贝　13.蚌饰　14.海贝　15.B型蚌泡　16.嵌蚌饰　17.骨器　18.玉龙　19.象牙鱼形觽　20.A Ⅱ式旋纹陶罍　21.骨器　22.A型玉牌饰　23~25.Aa型铜泡　26.海贝　27、28.Aa型铜泡　29.海贝　30.石器　31~36.Aa型铜泡　37~45.海贝　46.残铜片　47.Aa型铜泡　48.A型铜镞　49.Aa型铜泡　50.A型骨钎　51.B型骨镞　52.海贝　53.Aa型铜泡　54.海贝　55.Bb型铜铃　56~57.Aa型铜泡　58.骨饰　59.B型玉蝉　60.Aa型铜泡　61、62.海贝　63~70.Aa型铜泡　71、72.A型骨镞　73.Aa型铜泡　74.A型玉管　75~77.Aa型铜泡　78.海贝　79、80.Aa型铜泡　81~85.A型骨镞　86~89.Aa型铜泡　90.Ba型玉鱼　91.Ba型玉鱼　92、93.海贝　94.B型骨镞　95.A型骨管　96、97.B型骨镞　98.海贝　99.Ca型玉鱼　100.Aa型铜泡　101.海贝　102.B型骨镞　103.Aa Ⅰ玉戈　104.Aa型铜泡　105.鳄鱼片漆器　106~108.A型蚌片　109、110.D型骨销　111.A型骨管　112、113.B型蚌泡　114、115.蚌饰　116.鳄鱼片　117.漆器　118~123.铜胄　124.嵌蚌饰　125、126.铜胄　127.蚌饰　128、129.铜镜　130~135.Ba型骨钎　136.C型骨销　137.Ba型骨钎　138~140.A型骨锥　141、142.海贝　143.A型骨梳　144.海贝　145.A型蚌泡　146、147.骨器　148.A型骨锥　149.鳄鱼片漆器　150.漆器　151.嵌蚌漆器　152、153.漆器
（Ⅰ、Ⅱ为殉人）

层彩，如此厚重着彩器物，是案类
器具或牌饰，尚难作定论。有的漆
器上显露出多枚鳄鱼骨板，是否为
"鼍鼓"类遗物，当引为重视。下
层殉人，无头，仅有左侧骨骼，未
扰动。周边随葬有骨管、漆器等。
漆器着有黄、红、黑、白彩饰，其
间夹有纺织品痕迹，每平方厘米中
有经线 14、纬线 12 根。此外在夹
层中还有灰绿色毛状纤维物。

　　墓葬中填土均逐层夯实，夯层
厚 9.0～10.0、夯窝直径 5.0～
6.0、深 2.0～4.0 厘米。从盗坑中
采集有铜铃、铜泡、残金箔、玉
饰、骨笄、骨管、骨锥、原始瓷
片、印纹硬陶片、牙片、蚌泡等。
尤以磨制成各种形状的蚌片为多，
似与嵌蚌牌饰有关。还有代表 4 个
个体的人头骨，从齿冠磨损程度看
均近老年，其中一具殉人骨骼判断
为成年男性个体，年龄在 60～70
岁之间。一般来说四个当中只有一
个属于墓主人，另外 3 个应是殉
人。

　　墓中随葬器物主要有陶罍 1，
铜铃 1、镞 1、泡 56、胄 8、铙 2
件，玉片形器 1、牌饰 1、蝉 1、管
1、鱼 3、戈 1 件，绿松石 1 件，象
牙鱼形觿 1 件，骨镞 12、销 3、管
2、钎 8、锥 4、梳 1 件，蚌泡 10、
蚌饰 6、蚌片 5 件等，另外还有金
器、漆器、海贝、石器，以及鳄鱼
片等。

　　M215　1987 年秋季发掘。位

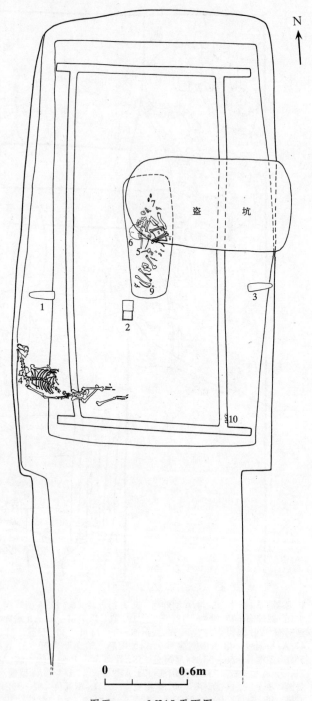

图五一　　M215 平面图

1. 铜冑　2. 铜踵管　3. 铜冑　4. Ab 型铜铃　5. 片形
玉器　6. Cb 型玉鱼　7. 海贝　8. Bb 型骨钎　9. 海贝
10. D 型蚌片　11. A 型骨匕　12. B 型骨镞

于北Ⅱ区的西部，BT2816 的东部。南部为 M206。开口第③层下，墓口距地表 0.80 米。方向为 8°。墓口南北长 3.30、东西宽 1.75～1.83、口至底深 2.93 米。四周有熟土二层台。台面较窄，宽 0.10～0.45、高 0.88～1.30 米。棺室南北长 2.08、宽 1.13 米。两端出榫头。底部纵排 6 根枕木，直径约 0.10 米。下有一圆角长方形腰坑，长 1.77、宽 0.27～0.36、深 0.25 米，坑中置狗骨架 1 具。（图五一）南壁连有墓道，向南作斜坡状伸展，倾斜度为 21°。南北残长 1.66、宽 1.40～1.50 米。墓道南端遭破坏，倾斜走向长约 3 米有余。有一长方形盗坑沿东壁直捣墓室中部，使墓主人骨骸荡然无存。东、西二层台面对称搁置铜胄各 1 件。此外二层台上还有散乱的狗骨架。棺盖之东南角有蚌片饰 10 枚。棺室内出铜车踵 1 件，伴有玉器、海贝等。盗坑中出土有铜铃 1、玉器、骨镞、骨匕、海贝等。

第二节　中型墓葬

我们将南区墓地中规模较大，出土成组青铜礼器的墓葬列为中型，另外北区墓地的墓葬参考此类墓葬来划分。该类墓葬在形制上基本相同，均为土坑竖穴；一般墓口长 3.00～4.00 米，宽超过 2.00 米，有较丰富的随葬品。其中北Ⅱ区的 M211、M213，南Ⅰ区的 M11、M18、M21、M38、M119 和 M120 属此类墓葬。当然我们划分中型墓葬的标准不仅仅依据墓葬大小，同时考虑出土遗物的规模和等级诸因素，下面依上面所列 8 座墓加以介绍。

M211　1985 年春季发掘。位于北Ⅱ区的中部偏南，BT2613 中部略偏西。开口第②层下，墓口距地表 0.75 米。南北向，方向为 5°。南北长 3.95、宽 2.25～2.62、口至底深 2.45、至二层台面深 1.40 米。二层台为熟土夯成。东西两侧二层台宽均为 0.30、南北台宽为 0.65 米，二层台高 1.05 米。一椁一棺，椁、棺室长 2.30、宽 1.40 米。棺室经扰动，留有人的残骨。腰坑呈椭圆形，南北长 0.94、东西宽 0.60、深 0.24 米，内有散乱的狗骨架。

南二层台上有殉人骨架（编号为Ⅰ），头向西，骨骼粗壮，为一男性个体，年龄在 35～40 之间。西二层台上亦有一殉人（编号为Ⅱ），骨骼完整，俯身，头向北，上、下肢反背交叠，似捆绑状。观察骨骼应属男性个体，年龄在 20～25 岁之间。西二层台的北端有铜胄 3 件。北二层台的西部有铜胄 5 件、铜铃及陶罐等。东侧二层台仅有禽类骨架 1 具。（图五二）

该墓随葬器物计有陶旋纹罐 1、绳纹鬲 1 件，铜胄 8、铃 1、镞 6、泡 4 件，玉柄形器 1、马蹄形器 1 件，其他还有骨管 1、蚌泡 3、骨器 1 件。

M213　1987 年秋季发掘。位于北Ⅱ区墓地中部偏东，主要部分位于 BT2716 之中，北端伸入 BT2717 之中。墓的周围分布较多其他墓葬。开口第③层下，墓口距地表 1.20 米。方向 20°。墓口南北长 3.27、北口宽 2.10、南口宽 1.80 米，底长 3.18、宽 1.28～1.38、

图五二　　M211 平面图

1~5.Ac 型铜胄　6.Db 型铜铃　7.A 型骨管　8.AⅢ式旋纹陶罐　9.CⅣ式绳纹陶罍　10、11.A 型蚌泡　12.A 型玉柄形器　13、14.A 型铜镞　15.Aa 型铜泡　16.A 型铜镞　17.马蹄形玉器　18.A 型铜镞　19.骨器　20、21.A 型铜镞　22.B 型蚌泡　23~25.Aa 型铜泡　26~28.Ac 型铜胄（Ⅰ、Ⅱ为殉人）

口至底深 1.95 米。底部铺有东北—西南向垫木 8 根，上面残留有大片朱砂。墓底中部有一长方形腰坑，南北长 0.98、宽 0.47、深 0.20 米。坑中有狗骨架 1 具。

人骨架保存不好，难辨其年龄、性别。

椁室的四周有熟土二层台。东台宽 0.25、南台宽 0.33、西台宽 0.20～0.25、北台宽 0.29 米，高 0.86 米。在南二层台上偏东处有狗骨架 1 具，头向西，颈下有一铜铃。狗骨架西侧有铜车轭首 2、夔龙形铜泡 2、铜泡 2 件。西南角留有鳄鱼骨板与红漆绘成的兽面纹残漆片。西二层台上有夔龙形铜泡 2、铜马镳 1、陶豆 1 及零散的鳄鱼骨板。西二层台上北侧残存一片黑底红彩饰，破坏严重不辨纹样。东二层台上有一铜甗，内盛有 3 块兽骨。其南有兽面形铜泡 1 件。（图五三；图版一五，2）

棺的痕迹不清楚，在南端椁棺之间，随葬一批陶器、青铜器、玉器和骨器等，计有陶豆 1 件，铜甗 1、觯 1、爵 1、觚 1、觚残片 1、簋残片 1、罍残片 2、鼎残片 6、鼎耳 1、残铜片 5、觯残片 1、器盖 1、戈 2、铙 1、矛 3、镞 16、车轭首 2、衡末饰 2、镳 1、凿 2、铃 1、铜泡 41 件，玉鱼 1、戈 1、斗 1、圆柱形器 1 件，另外还有骨笄 2、镞 2、锥 1、砺石 1、卜骨 1、鳄鱼片 2、漆器 1、兽骨 2 件。其中除 1 爵、1 觚、1 甗、1 觯、2 铙和少数兵器为完整者外，其余多为碎片。

M11　1994 年秋季发掘。位于南Ⅰ区墓地的中部偏东，探方 T921、T922 的中部略偏西。开口第②层下，墓口距地表 0.20 米。方向为 6°。墓口长 3.77、北端宽 2.08、南端宽 1.96 米，底北端宽 1.73、南端宽 1.63 米，口至底深 3.34 米。近底处四周有熟土二层台，东台宽 0.45～0.58、西台宽 0.35～0.43、南台宽 0.26、北台宽 0.60 米，深 0.84 米。墓内为一椁一棺。椁室南北长 2.80、宽 2.00～2.10 米，南北两端各伸出二榫头，长 0.20～0.23、宽 0.08 米。棺紧靠椁的南侧，棺椁之间的北端为头箱。棺南北长 1.90 米，四角顺沿出四榫头，长 0.07～0.06、宽 0.02～0.03 米。棺下有一长方形腰坑，南北长 0.90、东西宽 0.46、深 0.16 米，坑中有狗骨架 1 具，骨管 1 件。狗骨架较凌乱。（图五四；彩版六，1）

棺内北端底部有一片头盖骨，推测可能为墓主人的。墓主人的骨架已朽，难断其年龄和性别。棺下铺一层厚为 1.0～2.0 厘米的朱砂。

东二层台上有一殉人，成年男性，年龄在 25～30 岁左右。头向北，面向西侧，双手反背于盆骨下，下肢微屈。头骨上有 3 枚绿松石饰。胸部有陶纺轮 1 件、贝 1 组及蚌饰，手间有骨饰 1 件。

北二层台上由东向西随葬 10 件铜胄，可分为两种类型：一类面部呈兽面状，兽面有角、耳、眉、口、眼、獠牙及穿孔等；另一类正面为长方形轮廓，缺乏兽面的五官。胄主件两边多附有圆形护耳件，附耳中有穿孔，边缘对称有穿孔。5、6、11、13 号胄下有一排或两排扁平长方形牙片饰，每片的两端均有穿孔，个别穿孔内残留有绳索痕迹，牙饰片下仍残留有大片黑色物质，这些黑色物似为皮革，它们应该是铜胄内的衬垫物炭化的痕迹。

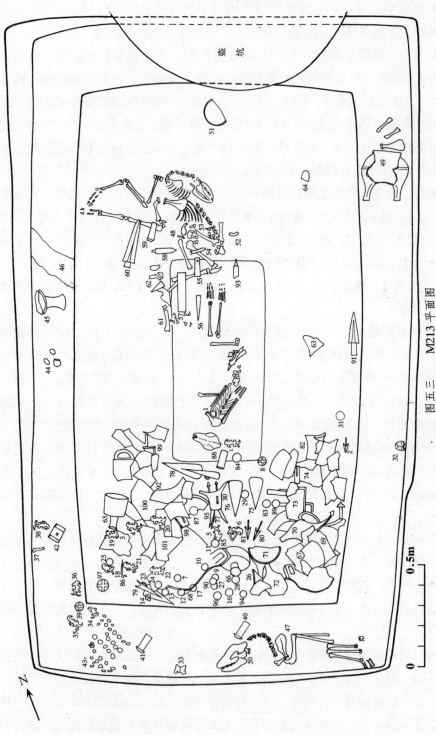

图五三　M213 平面图

1.B 型骨笄　2.B 型骨镞　3.卜骨　4.B 型铜泡　5.A 型骨笄　6～10.Bb 型铜泡　11.A 型铜泡　12、13.Bb 型铜泡　14.铜泡　15～17.Bb 型铜泡　18.A 型骨笄　19、20.Bb 型铜泡　21.A 型铜镞　22～32.Bb 型铜泡　33.Ba 型铜泡　34～39.Bb 型铜泡　40、41.铜轭首　42.A 型铜镳　43、44.Ⅱ武陶豆　45.Ⅱ武铜泡　46.漆器　47、48.兽骨　49.AⅠ武铜戊　50.Aa 型铜铃　51.铜器盖　52.人牙　53.铜器　54.Ba 型玉鱼　55.A 型砺石　56.铜器　57.铜器　58.C 型玉铜戈　59.B 型铜斝　60.CⅠ武铜戈　61.铜鼎耳　62～64.铜鼎残片　65.铜铙　66～68.残铜片　69.A 型铜斝　70.残铜片　71、72.残铜片　73、74.铜鼎残片　75、76.Ab 型铜衡末饰　77.AⅠ武铜爵　78、79.Aa 型铜爵　80、81.B 型铜矛　82.BⅠ武铜瓿　83～86.Bb 型铜泡　87.铜瓿残片　88.BⅠ武铜泡　89.玉片　90.Bb 型铜泡　91.CⅠ武铜戈　92.Aa 型铜爵　93.圆柱形玉器　94～97.Bb 型铜泡　98.铜爵　99.铜簋残片　100、101.铜彝残片

0　　0.5m

牙饰片以其位置当是缝缀在颈部两侧的饰物。圆形护耳应是缀在两侧耳部，这样就构成了一件完整的复合型铜胄（图版一六，1）。有的胄体下还残留有纺织品痕迹，说明这类铜胄内除衬有皮革外还可能衬有纺织物。铜胄间残留有 3 块近似圆形的漆饰物，唯上端出一桃形尖角，中心朱红色椭圆块，最大径为 0.12 米，这种圆形物直径为 0.40~0.45 米。推测可能为髹漆盾牌。西二层台北端有 2 块圆形漆饰物，在其南侧置有一长方形漆饰物，红漆着地，中施圆形黑漆饰，上面以灰白彩施三个小圆点。圆心左上角以漆勾勒一个三角形，下方两角以黑彩涡饰呈长方形纹样，长 0.32、宽 0.27 米。框底东侧有彩绘漆皮残片，似为漆（木）质盘形家具。北端贴墓壁有黑漆构成长方形饰物，满饰黑漆，仅右角以红漆勾出倒置"⊥"形饰。在西二层台中部有带把陶盉和铜胄各 1 件。之间置两件近椭图形漆饰盾牌（？），漆饰居中为黑漆，外圈为红漆，再外又为墨漆，依次反复涂施。胄南侧有两件近椭圆形漆饰物，红漆、黑漆相间涂饰，保存较完整，最大径 0.35、小径 0.27 米。

东二层台有铜胄 1、陶罐 2 件。在南侧陶罐下及其口沿外缘，保留 3 件长方条形红漆饰物，有的条状物上端有两穿孔、下端有一穿孔，似甲片，其穿孔当为缀连之处。西南角保留两件椭圆形漆饰件，中心为红漆、其外为黑、红漆相间，共五圈，南北最大径 0.42、小径 0.39 米。

棺室北端有一组装饰品，计有玉璜、玉管、玉片形器、玉柄形器、骨器、石器等。棺椁的缝隙间插有 23 把铜戈。西南角有铜矛 1 件，骹口残留有木柄。另有龟甲、铜戈、铜弓形器、铜鞭策、铜镞、象牙鱼形觿等。

M11 就其形制规格，为一座中型墓葬。随葬品丰富，随葬各类铜礼器 32 件，其中 8 件铜鼎，为该墓地出土鼎数量最多的墓葬。密封的铜提梁卣、罍中盛有液体（酒？）。另外，还出土有 13 件铜胄、11 面漆盾牌、23 件铜戈及弓形器、铜镞等，表现出崇尚兵器的特征。

随葬的陶器、青铜礼器等主要集中于北部头箱（彩版六，2）。陶器计有盉 1、罐 2、纺轮 1 件，铜器有方鼎 2、圆鼎 6、甗 1、簋 1、尊 1、罍 1、提梁卣 2、提梁壶 1、盉 1、斝 1、觯 2、瓠 4、爵 5、角 2、铜箍木壶 1、斗 1、盘 1、戈 31、矛 2、刀 2、弓形器 1、鞭策 1、胄 13 及镞 134 件等，玉器有管 2、柄形器 1、片形器 1、璜 1 等，其他还有象牙鱼形觿 1、象牙管饰 1、骨锁 3、骨管 1、骨钎 1、骨笄帽 1、砺石 2 件及龟板、龟甲、蚌饰、漆盾牌、海贝等。

M18 1994 年秋季发掘。位于南Ⅰ区墓地的东侧，T1221 的西南部，墓室西南一角伸入 T1121 内。东侧有与之并列的 M19，两墓间距仅约 0.50 米。开口第②层下，墓口距地表 0.40 米。方向为 7°。墓口近似梯形，南北长 3.30、宽 2.20~2.40 米，口至底深 2.75米。四周有熟土二层台。东台宽 0.39~0.49、南台宽 0.30、西台宽 0.45~0.59、北台宽0.19 米，高 0.60 米。一椁一棺。椁室长 2.53、宽 1.10 米，棺室长 2.05、宽 0.68~0.77米。腰坑为长方形，长 0.94、宽 0.32~0.36、深 0.20 米，内殉一狗，骨架较凌乱。（图五五；彩版七，1）

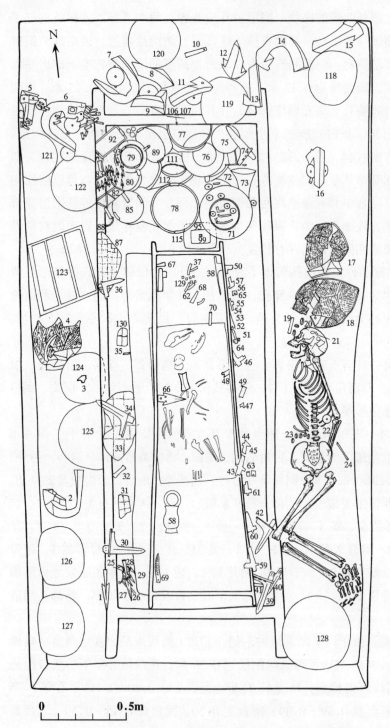

1.Ab 型铜矛　2.Ca 型铜胄
3.A 型牙片　4.BⅠ陶盉　5～
8.Ca 型铜胄　9.Cb 型铜胄
10.A 型砺石　11～14.Ca 型铜胄
15.Cb 型铜胄　16.Ca 型铜胄
17.BⅠ式绳纹陶罐　18.AⅠ式
绳纹陶罐　19.A 型砺石　20.海
贝（3）　21.D 型玉管（头部）
22.A 型纺轮　23.海贝（5）
24.A 型骨钎　25.B 型铜弓形
器　26.B 型铜鞭策　27.Ab 型铜
矛　28.A 型铜镞（5）　29.D
型骨笄帽　30.AⅣa 式铜戈
31.龟板片　32.象牙管饰　33.
龟板　34.AⅣa 式铜戈　35.玉
片形器　36.AⅣa 式铜戈　37.B
型玉柄形器　38.AⅣc 式铜戈
39～57.AⅣa 式铜戈　58.AⅡ式
铜觯　59～61.AⅣa 式铜戈
62.D 型玉管　63.C 型骨销（2）
64、65.C 型骨销　66.AⅣa 铜
戈　67.A 型铜镞　68.Ab 型玉
璜　69.象牙鱼形觿　70.B 型骨
管　71.铜盘　72、73.A 型铜瓿
74.AⅣa 式铜戈　75.A 型铜箍
木壶　76.A 型铜尊　77.A 型铜
箍木壶　78.B 型铜瓶　79.BⅢ
式铜簋　80.A 型铜扁足圆鼎
81.AⅣa 式铜戈（80 下）　82.A
型铜方鼎　83.AⅣa 式铜戈（80
下）　84.铜刀（80 下）　85.A
型铜扁足圆鼎　86.AⅣa 式铜戈
（80 下）　87.龟板　88、89.A
Ⅱ式铜分裆圆鼎　90.B 型铜斗
（112 内）　91.AⅣa 式铜戈（80
下）　92.A 型铜方鼎　93.BⅡ
式铜深腹圆鼎　94.A 型铜深腹
圆鼎（93 下）　95.C 型铜罦
（85 下）　96.B 型铜壶（71 下）
97.铜胄护耳　98.F 型铜爵
（71 下）　99.B 型铜罍　100.A
型铜瓿（71 下）　101.B 型铜盉
（73 下）　102.F 型铜爵（73
下）　103.AⅠ式铜觯（71 下）
104.F 型铜爵（71 下）
105.A 型铜瓿（71 下）　106.
铜箍木壶（77 下）　107.CⅠ式
铜胄（77 下）　108.F 型铜爵
（75 下）　109.海贝（10）
110.BⅠ式铜角（75 下）　111、
112.A 型铜卣　113.F 型铜爵
（75 下）　114.BⅠ式铜角（75
下）　115.铜刀（77 号下）
116.A 型铜镞（128 件在 82 内）
117.B 型蚌泡（8）　118～
128.漆盾牌　129.绿松石片
130.龟板

图五四　　M11 平面图

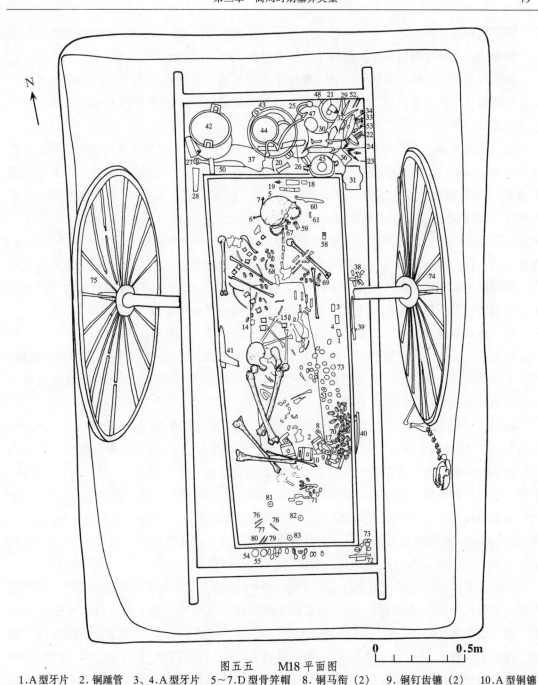

图五五　M18 平面图

1.A 型牙片　2.铜踵管　3、4.A 型牙片　5～7.D 型骨笄帽　8.铜马衔（2）　9.铜钉齿镳（2）　10.A 型铜镳（4）　11、12.B 型骨镞　13.D 型骨笄帽　14、15.A 型骨管　16.B 型骨镞　17.铜柄形器　18.A 型砺石　19.A 型铜镞　20.A 型骨管　21.Ba 型铜铃　22.B 型骨镞　23.A 型铜镞　24.骨鱼　25.B 型铜弓形器　26.Aa 型铜刀　27.Ba 型铜斧　28.Ba 型铜锛　29.F 型铜爵　30.铜角盖　31.CⅠ式铜觯　32.A 型铜角　33.A 型蚌泡（2）　34.铜觯盖　35.F 型铜爵（32 下）　36.A 型铜瓠　37.漆器　38.A 型牙片　39.AⅢb 式铜戈　40、41.AⅣb 式铜戈　42.BⅡ式铜深腹圆鼎　43.AⅡ式铜甗　44.BⅡ型铜簋　45.A 型铜壶　46.A 型铜盉（43 下）　47.BⅠ式铜尊　48.A 型铜壶　49.A 型铜瓠（32 下）　50.Aa 型铜刀　51.Aa 型铜泡　52.B 型骨镞　53.A 型铜镞（3）　54.Aa 型铜泡　55.Aa 型铜泡（8）　56.BⅠ式绳纹陶罐　57.BⅠ式陶盉　58.C 型骨销　59.A 型玉蝉　60.象牙虎柄耳勺　61.C 型骨销　62、63.铜柱饰　64、65.铜衡末饰　66.铜车饰　67.海贝（3）　68.海贝　69.海贝　70.海贝（36）　71.海贝（7）　72.D 型铜戈　73.Aa 型铜泡（6）　74、75.铜軎　76～80.A 型骨锥　81～83.蚌饰（1、2、5～7、11～13、16、17、54、56、57、62～66 棺盖板上出土）

　　棺内人骨保存较完好，为一男性成年个体，年龄在 30～35 岁之间。在棺底铺垫一层朱砂，成为该墓地一普遍特征，此墓仅于墓主人身躯上及周围撒上一层朱砂。

　　该墓随葬马车一辆。较特别的是一辆整车被拆散后，放置在墓室中。在前掌大墓地中不乏将整辆马车作陪葬品的现象，然而像此墓中将较完整的车辆拆散放入墓内的情况，在墓地中还是首例。

　　为了安放车辆，沿椁南北外缘范围，纵向铺垫 16 根圆枕木起到承重的作用，圆枕木直径为 0.05～0.10 米。再在椁室北端，依枕木为基底向上堆叠 11 根圆木至墓口，南端也按上述方法堆叠 10 根圆木，这样椁室南北两端外缘各竖起一堵"承重墙"。椁室上面由北向南横排 34 根圆木，这些圆木呈东西向，由北向南紧密有序排列于椁室上，实际在椁盖上又加上一层承重功能更强的椁盖。圆木直径为 0.05～0.10 米。在底部竖排枕木，是为基础。两端垒圆木作为"承重墙"。上面再铺架 34 根圆木，其南北有"木墙"，左右有夯实的二层台，即四周都有承受重压的支撑。如此营造出的框架式承重设施，可减轻车辆对椁棺的压力，以期达到保护椁、棺和墓主人的作用。这种结构的墓葬在墓地中也仅此一例。

　　在承重盖的南侧，东西两端各保留一件铜衡末饰，近似三角形。两者间距 1.73 米，估计这是衡木的长度，因朽毁严重，已经无法辨清衡木痕迹。两衡末饰之间摆有两件铜轭箍，因为不随葬马匹，所以不放置铜轭而以箍代替。辕木部位为成片的灰黑土，已无法区分辕木的界限。从铜轭箍至铜踵尾，间距为 2.35 米。

　　东西二层台上各放置车轮 1 个，均稍斜向墓边（彩版七，1、2）。车轮直径约 1.50 米，辐条 18 根，每根辐条分别插入牙与毂内。辐条近牙处直径为 0.03 米。轮与辐条、毂上残留有红褐色漆饰，而木质均变为灰白色粉状物。毂呈鼓形，内径约 0.18、外径约 0.25 米。中穿一轴，外侧各套一铜车害，轴长 2.12 米，轴径约 0.06 米。两轮轫距约 1.30 米。在毂内侧东轴残长 0.35、西轴残长 0.28 米，轴中段塌陷痕迹不清。西边车轮下垫有一块长 72、宽 22、厚 0.03 米的木质衬板，上留有棕色漆皮。东边车轮北侧竖有一根残长 0.22、直径 0.03 米的木棍。轮下埋有殉狗 1 只，肢体完整，头向南。

　　车舆位于两车轮之间，偏离轴心向北约 3.0～6.0 厘米，实际上是错移向北了。舆呈长方形，东西长 1.06、南北宽 0.85 米。底部保留两根东西向軫，軫木为圆形，直径为 0.04 米。軫上铺有两块底板，板长约 0.86、宽 0.10、厚 0.015 米。軫木边缘还附着有三片席纹。西軫上竖有 12 根立柱，东軫上依稀可见有 8 根立柱，柱直径为 0.01～0.02 米。东、西立柱上围扣木栏，栏高 0.53、直径 0.04 米。在西栏南部残存东西向车轼两根，轼下均有立柱一根，直径 0.02 米。从墓中清理的马车遗迹观察，基本上应属一辆完整的车。

　　随葬品如青铜礼器主要放置在头箱内，计有鼎、簋、甗、瓿、爵、角、尊、盉、壶、觯共计 13 件（图版一六，2）。其次多置于棺内，人头骨附近有玉蝉、骨饰，胸间有骨管、海贝之类。下肢部位置海贝。棺两侧及南端置铜戈、刀、斧、锛等。在棺顶见有铜马衔、镳、泡及骨管等。

该墓随葬陶器有罐 1、盉 1 件，铜器有鼎 1、簋 1、甋 1、瓿 2、爵 2、角 1、尊 1、盉 1、提梁壶 2、觯 1、踵管 1、镳 4、柄形器 1、马衔 2、钉齿镳 2、铃 1、镞 5、弓形器 1、刀 2、斧 1、锛 1、戈 4、柱饰 2、衡末饰 2、车饰 1、铜泡 75、瞀 2 件，玉器仅有蝉 1 件，其他还有砺石 1、象牙虎柄耳勺 1、象牙鱼形觿 1、骨笄帽 4、骨镞 5、骨管 3、骨销 2、骨锥 5、蚌饰、蚌泡、漆器、海贝等。

M21　1995 年春季发掘。位于南 I 区墓地的东南部，T1024、T1025、T1124 和 T1125 之间。开口于第③层下，墓口距地表深 0.30～0.60 米。方向 6°。墓室南北长 3.28、宽 1.74～1.85、口至底深 2.54 米。墓口至二层台面深 1.90～2.10 米，四周有熟土二层台。东台宽 0.26～0.29、南台宽 0.29、西台宽 0.41～0.44、北台宽 0.30 米，台高 0.40～0.60 米。棺下有一腰坑，长 0.90、宽 0.38、深 0.28 米。腰坑内殉狗 1 只，骨架较凌乱。（图五六；彩版八，1；图版一七，1）

一椁一棺。椁朽为灰黑色粉末状，长边出角，长 3.00、宽 1.05、厚 0.04～0.06、高 0.35～0.45 米。椁底南北纵向排列 5 根圆木。椁上东西向横多根圆木，间距为 0.30～0.90、直径 0.06～0.90 米。棺长 1.80、宽 0.60～0.65、残高 0.08～0.30 米。棺盖以黑漆作地，以红漆作彩饰。棺底铺一层厚 1.0～2.0 厘米的朱砂。椁顶殉狗 1 只，并有铜铃 1 件。

人骨架腐朽严重，无从判断墓主人的性别和年龄。

北二层台上放置有陶罍、陶罐、铜箍木壶等。东二层台北端放置一件正方形黑漆案，面宽 40.0 厘米。其东侧嵌有 6 枚穿孔圆蚌泡，西、南两边各有 2 枚和 3 枚蚌泡，居中还有三角形蚌片及 2 枚小蚌泡。在漆案的南侧有一块以多种形状的蚌片镶嵌出的一件牌饰，以圆蚌片为眼点，其他蚌片勾出似眉、角的轮廓。南二层台西侧有一件硕大完整的蠵壳，长 0.65、宽 0.58 米。墓中随葬如此大的壳比较罕见。（彩版八，2）

随葬的青铜礼器放置在头箱内。其间还有 3 件漆器和 1 件象牙斗。棺盖上有铜觯 2、瓿 1、爵 1、戈 2、刀 1、镳 4、锛 1 件。漆器、玉器、水晶器、骨器、骨笄、骨镞、蚌饰等放置在棺内。

墓内随葬陶器有罍 2、绳纹罐 2、尊 1、斝 1 件，铜器主要有鼎 1、簋 1、爵 3、瓿 3、觯 2、尊 1、角 1、提梁卣 1、斝 1、铜箍木壶 1、铃 1、斧 1、矛 2、戈 2、凿 1、镳 6、镞 1、刀 1、锛 1、残铜器等，玉器包括玦 2、兔 1、坠 1、弯柱形器 1、觿 1、珠 1 件等，其他的还包括有水晶石 1、象牙斗 1、砺石 4、象牙虎 1、骨笄 1、骨坠 1、骨销 2、骨钎 1、蚌饰 3、漆器 6、海贝、蠵壳、兽骨等。

M38　1995 年秋季发掘。位于南 I 区中部，T123 和 T124 之间，墓室北端伸延至探方以外。打破 M39。墓口距地表 0.55 米。开口第②层下。方向为 4°。墓口南北长 3.85、东西宽 2.03～2.12、墓口至底深 2.15 米。距墓口深 1.40 米处，四周有熟土二层台，东台宽 0.25～0.32、南台宽 0.70、西台宽 0.33～0.35、北台宽 0.25 米，台高 0.80 米。一椁一棺，椁南北长 2.79、宽 1.39～1.45、厚 0.05 米。棺南北长 2.29、宽 0.99、残高 0.36 米。

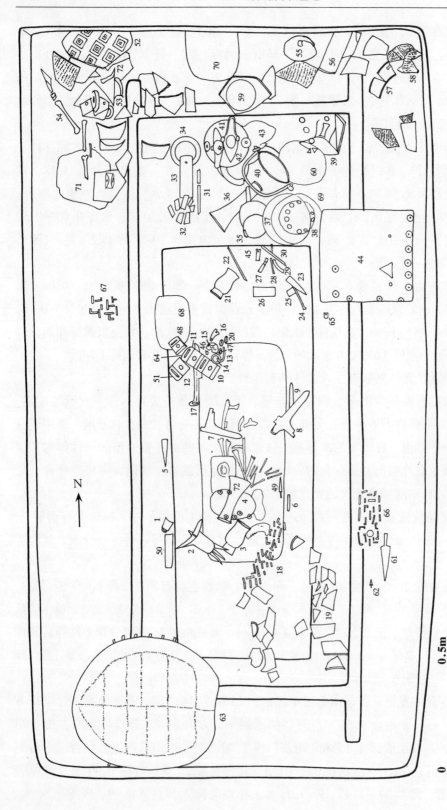

图五六　　M21 平面图

1.Ba 型铜铃　2.CⅡ式铜爵　3.BⅠ式铜觯　4.CⅠ式铜觯　5.Bb 型铜矛　6.Ca 型铜斧　7.D 型铜戈　8.AⅡ式铜戈　9.A 型铜觯　10~12.A 型铜镶　13、14. 玉块　15.A 型玉兔　16.C 型玉坠　17.Aa 型铜刀　18.蚌饰　19.BⅡ式绳纹陶罐　20.海贝　21.BⅡ式铜觯　22.残铜器　23.Ba 型铜钵　24.骨坠　25. 砺石　26.B 型砺石　27.象牙虎　28.A 型骨笄　29.弯柱形玉器　30.A 型玉觯　31.残铜器　32.残牙斗　33.砺石　34.A 型铜深腹圆鼎　46.玉珠　36.A 型铜瓯　37.BⅢ式铜瓯　38.A 型铜尊　39.BⅠ式铜觯　40.AⅢ式铜角　41.CⅡ式铜爵　42.DⅠ式铜爵　43.B 型铜斝　45.C 型骨镞　46.玉珠　47.BⅠ式绳纹陶罐　48.细石器　49.A 型骨笄　50.砺石　51.A 型铜镶　52.BⅠ式铜镶　53.AⅠ式旋纹陶罍　54.兽骨　55~57.漆器　58.A 型陶罍　59.BⅠ式绳纹陶罐　60.B 型铜罐　61.Ca 型铜矛　62.A 型骨笄　63.龟壳　64.Ca 型铜镞　65.C 型骨镞　66、67.蚌饰　68~71.漆器　72.AⅡ式陶尊

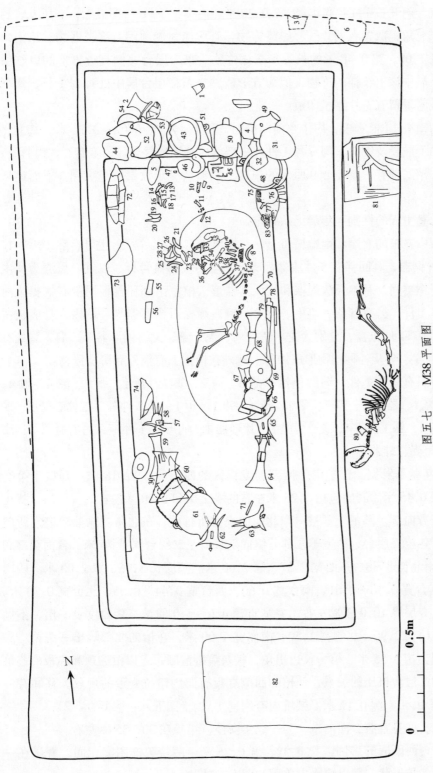

图五七　M38 平面图

1.Aa 型铜铃　2.V 式陶豆　3～6. 漆器　7.C 型玉管　8.Aa 型玉镞　9.C 型玉璜　10.Ba 型玉坠　11.Aa 型玉龙　12.B 型玉鱼　13.C 型玉坠　14.Ab 型玉鸟　15.B 型玉坠　16、17.Aa I 式玉戈　18.A 型玉戈　19、20.Ba 型玉坠　21.A 型玉虎　22.Aa 型玉璜　23.Dc 型玉鱼　24. 片形玉器　25.Ab 型玉鸟　26.Bb 型玉鱼　27.C 型玉坠　28.Ab 型玉树形器　29.B 型玉柄形器　30.B I 式铜尊　31. 漆器　32.A 型铜尊　33、34.Ab 型玉鸟　35.Ab 型玉坠　36.B 型玉坠　37.Ab 型玉鸟　38.Bb 型玉鱼　39.Ca 型玉鱼　40.Ca 型玉鱼　41、42.Ab 型玉龙　43～46. 漆器　47.Ab 型玉龙　48.B III 式铜深腹圆鼎　49.A 型铜甗　50.B I 式铜瓿　51.A 型铜甬　52.B 型铜爵　53.A I 式铜爵　54.A 型玉龙　55.A 型铜鬲　56.Bb 型铜鼎　57.C I 式铜斗　58.C I 式铜觯　59.B I 式铜觚　60.A III 式铜觯　61.A I 式铜甗　62.C I 式铜爵　63.C I 式铜爵　64.B II 式铜瓿　65.A II 式铜瓿　66.A I 式铜觚　67.B I 式铜瓿　68.B II 式铜瓿　69. 铜器盖　70.Ba 型铜刀　71.B 型铜刀　72. 龟板　73. 绿松石蚌片　74. 龟壳　75. 绿松石嵌饰　76.A I 式铜分裆圆鼎　77.Aa 型铜戈　78.F 型铜戈　79.B 型骨管　80.Aa 型铜铃　81. 彩绘案　82. 黑漆案　83. 绿松石嵌饰

0　0.5m

墓的中部有一腰坑，南北长 1.15、宽 0.48、深 0.20 米，内殉狗 1 只。(图五七；彩版九，1)

北侧二层台东北角，散置有两片红、黑漆饰物，有可能为椭圆形盾牌类器物。东南角二层台上有一长近 1.00、宽 0.48 米的长方形黑漆饰物。东二层台北侧有近方形的以红漆着地，黑漆勾边，居中涂出纹样的饰物，似为方形盾牌。东二层台居中处殉狗 1 只，颈下有铜铃 1 件，下肢附近留有一片席子印痕。

棹上由北向南横有 14 根木棍，均作东西向排列，长 1.44、宽 0.02~0.12 米。其上北端置偶蹄类动物的下肢骨及铜铃、陶豆各 1 件。中部偏西有零散兽骨。棺施有红、黑彩绘，图案已无法辨认。棺底铺有一层厚 2.0 厘米的朱砂，并夹杂一定数量的小螺壳。下面还撒有一层草木灰。

人骨架已朽，墓主人的性别和年龄无从判定。

随葬品主要集中在棺的北端和南端棺盖上。北端出土有鼎 3、鬲 2、簋 1、觯 1、斝 1、罍 1、斗 1 共 10 件铜器，其间伴有 5 件漆器，有的附着多块鳄鱼骨板，以红、黑漆为其主色彩，漆器塌陷于铜器间，基本无法提取和辨认其器形。棺室南部环盖板周围有铜提梁卣 2、爵 4、觚 4、尊 1 件，另有蚌器、龟甲、铜戈、镶嵌绿松石棒形器等。棺内人骨成灰白色粉末状。在头部有 11 件玉器，分别为龙、鱼、鸟、虎、管、戈、柄形器等。肩、胸处有 21 件玉器，包括有璜、坠及各种动物形玉饰等。此外在棺盖上有铜斧和锛类器物。

墓内随葬陶器只有陶豆 1 件，铜器包括有鼎 3、鬲 2、簋 1、罍 1、斝 1、爵 4、觚 4、觯 1、提梁卣 2、尊 1、器盖 1、刀 2、戈 1、锛 1、斧 1、斗 1、铃 2 件等，玉器有管 2、璜 2、鱼 8、龙 5、坠 6、觿 1、鸟 4、戈 2、虎 2、片形器 1、柄形器 1 件等，另有骨管 1、漆器 12 件、龟甲、龟壳、蚌器等。

M119 1998 年秋季发掘。位于南Ⅰ区墓地发掘区的西南侧，T2018 内。开口于第②层下，墓口距地表 0.45 米。其间包括 0.25 米左右的耕土层和 0.20 米左右的扰土层，扰土内没有发现遗物。方向 7°。墓的上部被一南北向的扰沟所打破，东北角被输油罐道沟所破坏。墓葬由墓室、熟土二层台、棺室等几部分组成。墓口至二层台深 1.70 米，台面至墓底深 0.80 米。墓口南北长 3.38、东西宽 2.27、深 2.60 米。墓底长 3.46、宽 2.00 米。四周有熟土二层台，东台宽 0.56~0.61、南台宽 0.60、西台宽 0.44~0.55、北台宽 0.30 米。墓内填土经夯实，夯层厚 10.0 厘米左右，夯窝直径 4.0~5.0 厘米。墓内仅设一棺，不见棺外套棹的现象。棺长 2.90、北侧宽 1.50、南侧宽 1.00 米，在棺的北部隔出一头箱，头箱的宽与棺宽相同，长 0.55 米。棺为长边出角，板灰痕迹清晰，尤以棺的顶和底板痕迹最为明显，可能因为二层台挤压的关系，使棺的西侧立板有向内错位变形的现象。墓底有一腰坑，长 0.79、宽 0.40、深 0.12 米。腰坑内有殉狗 1 只。(图五八；彩版九，2)

墓主人头向北，仰身直肢，面向东，为一成年女性，年龄在 30~35 岁左右。

在棺盖板上发现两面嵌蚌牌饰，长 0.32、宽 0.25 米。两块牌饰图案相同，叠压在一起，系用蚌片磨出各种形状，用以镶嵌出兽面纹图案。(图版一八，1)

图五八　　M119 平面图

1.AaⅠ式玉戈　2.A型玉牌饰　3.B型玉柄形器　4.A型玉柄形器　5、6.Db型玉鱼　7、8.Ab型玉鸟　9.C型玉坠　10.A型玉管　11.A型玉坠　12.玉芯　13.B型玉蝉　14、15.A型玉璧　16.B型玉戈　17.A型玉璜　18、19.C型玉龙　20.B型玉戈　21.玉玦　22.B型玉蝉　23.E型陶瓶　24.D型彩陶壶　25.A型玉管　26.Bb型玉璜　27.海贝　28.A型玉管　29.海贝（10口含）　30.海贝（7）　31.A型铜箍木壶　32.BⅠ式铜分裆圆鼎　33.B型铜方鼎　34.EⅠ式铜瓹　35.BⅡ式铜角　36.C型铜尊　37.C型铜卣　38、39.BⅡ式铜角　40.CⅡ式铜觯　41.BⅡ式铜簋　42.EⅠ式铜瓹　43.BⅡ式铜角　44.Ba型铜铃　45.AⅣ式印纹硬陶罍　46.A型铜箍木壶　47、48.A型原始瓷豆　49.Bb型铜铃　50.绿松石料　51~54.A型骨笄　55.B型玉戈　56.玉串饰　57.堆塑　58.BbⅣ式旋纹陶罐　59、60.漆器　61.砺石（8）　62、63.海贝　64.AⅢc式铜戈　65.印纹硬陶尊　66.AⅡ印纹硬陶罍　67.A型铜斗（37内）　68.B型骨梳　69.B型陶拍　70、71.A型骨管　72、73.C型铜镞　74.大海螺（3）　75.大海贝（5）　76、77.骨板　78.兽骨该墓出土了铜、玉、陶、木、石、瓷、蚌、皮等质地的各类随葬品近230余件。计有陶容器3件、原始瓷器2件、印纹硬陶器3件、铜礼器14件、玉器27件，此外还清理出石器、骨器、蚌器及大量海贝等。

在东侧二层台上有1只殉狗，狗的颈下系一铜铃。北侧二层台上单独放置一铜铃。东侧二层台的北部出有用蚌壳、骨器、獐牙、玉器、铜器、石块等不同质地的材料堆塑成的兽面装饰。南侧二层台上摆放了皮质和木质彩绘漆盾牌各1块。在中部棺盖板上部放置铜镞8件，北部放置印纹硬陶尊2件和瓿1件。头箱内出有较为丰富的随葬品，包括有鼎2、簋1、角4、瓿2、觯1、尊1、卣1、铜箍木壶1、斗1等14件铜器。一件彩绘陶壶也放置于头箱内（彩版一〇，1；图版一七，2）。在棺内墓主人的上半身周围放置有成对的鱼、龙、水鸟等，及蝶形兽面形牌饰1、蝉1、璧3、璜1、戈4、管1、柄形饰2、耳饰1、坠饰1、玉芯1件等24件玉器。墓主人头部两侧摆放有2件原始瓷豆，分别正放和倒扣，出土时完好无损（彩版一〇，2）。头上用4根骨笄束发。墓主人的脚下是成堆的海贝和众多的砺石，海贝上大都有穿孔，砺石上饰以红色横道和网格状的彩绘。（图版一八，2）

该墓随葬陶瓷器有陶瓿1、彩绘陶壶1、小陶罐1、陶拍1、原始瓷豆2、印纹硬陶尊1、印纹硬陶罍2，铜器有圆鼎1、方鼎1、瓿2、角4、尊1、提梁卣1、觯1、簋1、铜箍木壶1、戈1、斗1、铃1、镞2件，玉器包括有牌饰1、柄形器2、鱼2、鸟2、坠2、芯1、蝉2、璧3、戈4、龙2、玦1、管3、璜1、绿松石料1、串饰1等，另外还有堆塑1组（彩版一〇，3）、砺石8、骨梳1、骨管2、大海贝5、骨笄4、漆牌1、漆盘1件等。

M120 1998年秋季发掘。位于南Ⅰ区墓地的西南侧，T1918内，西与M119相邻。开口第②层下，墓口距地表0.50米。方向为7°。墓口南北长3.68、东西宽2.10米。口至底深2.20米。四周有熟土二层台，东台宽0.44～0.49、南台宽0.52、西台宽0.25～0.30、北台宽0.47米，台高0.40～0.70米。墓内置一棺，两长边出角，北端隔出头箱。棺长2.58、宽1.30～1.40米。棺盖由17根圆木作东西向平行排列组成，之间留有3.0～10.0厘米不等缝隙。圆木长1.38～1.50、直径0.07～0.18米。棺下设腰坑，长0.70、宽0.25、深0.20米。腰坑中殉狗一只。（图五九-1）

墓主人侧身直肢，头朝北，面向西，下肢略弯曲，骨架偏在墓室东侧，与正常情况有别，估计现在的身体已经移位。墓主人为一年轻女性，年龄在14～18岁之间。

南二层台上有一殉人，为18岁左右的男性，骨架保存较好，腰间系两串海贝。（图版一九，1）

随葬器物主要集中在头箱，以青铜礼器、原始瓷器和印纹硬陶器为主。其中铜器19件（彩版一一，1、2）。玉器则集中在棺内的南部，其中有一处集中了26件玉器，有璜、璧、环、坠、牌饰、柄形器、戈、钺等，动物形象器有鸟、牛、猪、兔、虎、鱼等（图五九-2；彩版一二，1、2；图版一九，2）。头骨附近有4根骨笄。北二层台上置陶罐2件。此墓中有玉器多达42件，为该墓地中出土玉器数量最多的墓葬。

图五九-1　M120平面图

1～5.A 型原始瓷豆　6.A Ⅱ 式印纹硬陶罍　7.A Ⅱ 式铜瓿　8.B 型铜扁足圆鼎　9.B Ⅰ 式铜深腹圆鼎　10、11.铜箍木壶　12.C 型铜盉　13.F 型铜瓿　14.B Ⅰ 式铜角　15.E 型铜爵　16.B Ⅰ 式铜角　17.E 型铜爵　18.A Ⅱ 式铜卣　19.B 型铜斗　20.B Ⅰ 式铜觯　21.B Ⅰ 式铜尊　22.F 型铜瓿　23.A 型铜壶　24.A 型铜簋　25.A 型铜方鼎（24 下）　26.B 型铜鬲　27.Aa 型铜刀　28.B 型玉鸟　29.Ba 型玉璜　30.A 型玉钺　31、32.Ab 型玉鸟　33.Aa Ⅱ 式玉戈　34.B 型玉蝉　35.Aa 型玉鸟　36.Aa 型玉锥形器　37.C 型玉坠　38.Aa Ⅱ 式玉戈　39.钻孔玉片　40.Ab 型玉鸟　41.Aa 型玉锥形器　42.A 型玉兔　43、44.B 型玉虎　45.A 型玉柄形器　46、47.A 型玉璧　48.A 型玉牛　49.A 型玉牌饰　50.Aa 型玉鸟　51.Ab 型玉锥形器　52.A 型玉牌饰　53.Aa 型玉鸟　54.石器　55.金耳坠　56.Ab 型玉璜　57.Da 型玉鱼　58.Ea 型玉鱼　59.Aa 型玉鱼　60、61.Ba 型玉璜　62.Aa 型玉鱼　63.玉镯　64.Ab 型玉璜　65.A 型玉觿　66.Aa 型玉鸟　67.Ca 型玉鱼（56 下）　68.残铜片　69～72.蚌泡　73.A 型骨销　74、75.砺石　76.Aa 型铜刀　77.B 型玉璧　78.蚌泡　79.E 型铜戈　80.A 型铜斧　81、82.B Ⅱ 式绳纹陶罐　83.B Ⅲ 式陶盉　84～87.A 型骨笄　88.海贝（98）　89.海贝（29）　90.Ab 型玉璜　91.熊头骨（7 内）　92.龟壳　93.海贝（3）

0　　　　0.5m

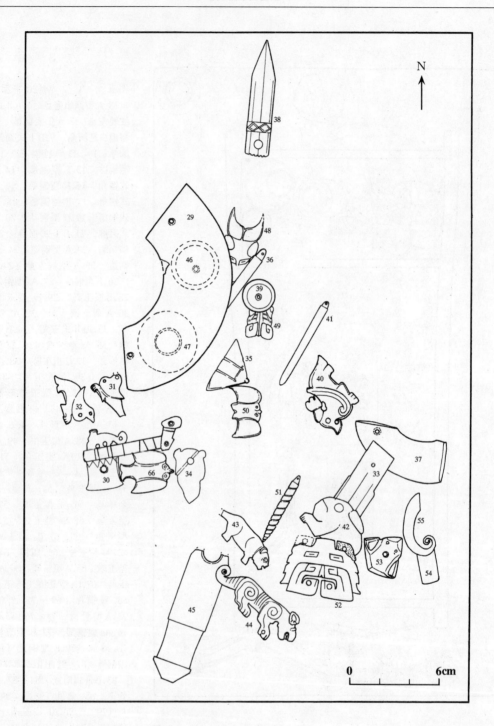

图五九-2　　M120平面图（局部）

该墓随葬陶瓷器有绳纹陶罐2、陶盉1、原始瓷豆5、印纹硬陶罍1件等，铜器有甗1、方鼎1、圆鼎2、铜箍木壶2、盉1、瓿2、角2、爵2、提梁卣1、斗1、觯1、壶1、尊1、簋1、鬲1、刀2、戈1、斧1件等，玉器有璜6、鸟8、钺1、戈2、锥形器3、鱼5、坠1、钻孔玉片1、兔1、虎2、柄形器1、璧3、牛1、牌饰2、镯1、觿1件和残玉器等，其他还有熊头骨1（彩版一三，1~3）、骨销1、砺石2、骨笄4、海贝、蚌泡、残铜器、金耳坠1件等。

第三节　小型墓葬

此类墓葬所占的比例最大，共有91座，一般不出或出少量青铜礼器，随葬器物多以陶器为主。有些墓葬虽然形制具备中型墓的规模，但随葬品的规格较低，我们将这类墓葬也归入小型墓葬。此类墓葬的葬具多为一棺，个别的有一椁一棺。下面选择北Ⅰ区的BM9和南Ⅰ区的 M2、M13~M15、M17、M24~M26、M30、M31、M34、M39、M44、M46、M48、M49、M101、M103、M104、M108、M110~M112、M114、M118、M121~M124、M127、M128 和 M130 等 33 座墓介绍如下。

BM9　1998 年秋季发掘。位于北Ⅰ区墓地的西侧，BT1516 中部偏北。南为 BM10，西南为 BM11。开口第③层下，墓口距地表 0.50 米。方向为 20°。南北长 2.85、宽 1.50~1.70、口至底深 1.40 米。四周有熟土二层台，口至二层台面深 0.75 米。东台宽 0.32~0.43、北台宽 0.33、南台宽 0.28、西台宽 0.38~0.43 米，台高 0.65 米。墓室内置一椁一棺，两长边出角。棺长 2.45、宽 1.00 米。棺盖由 11 块木板作东西向平行排列，之间留有 5~15 厘米不等的缝隙。木板长 1.18、宽 0.10、厚 0.03 米。棺底铺 4 块纵向排列的木板，长 2.80、宽 0.12~0.20、厚 0.03 米。棺室保存完整。棺下设腰坑，长 0.79、宽 0.35、深 0.18 米。内有殉狗 1 只。（图六〇；图版二〇，1）

墓主人仰身直肢，头向北，面向东。为一成年男性个体，年龄在 40~45 岁之间。

该墓随葬器物主要集中在头部附近，以青铜器为主，另有少量骨器和海贝。随葬铜器有爵1、瓿1、戈5、矛6、刀2、锛2、斧1、凿1、衔1、衡末饰1（图版二〇，2）、铃1、镞7件，另有骨销1、骨饰1件。

M2　1991 年春季发掘。位于南Ⅰ区墓地的北部，T802 的东北部。四周有 M3、M5、M6 和 M7 等小墓。开口第①层下，墓口距地表深 0.26 米。方向 176°。墓口长 2.10、宽 0.80、口至底深 0.39 米。无棺椁的痕迹，也无腰坑。（图六一）

墓主人仰身直肢，头向南，为一成年女性个体，年龄在 40 岁左右。

随葬器物以陶器为主，在头部和脚下分别放置陶器和海贝。计有旋纹陶罐1、陶簋1、海贝 3、象牙鱼形觿1、獐牙器1、长方形玉器1、玉管1件。

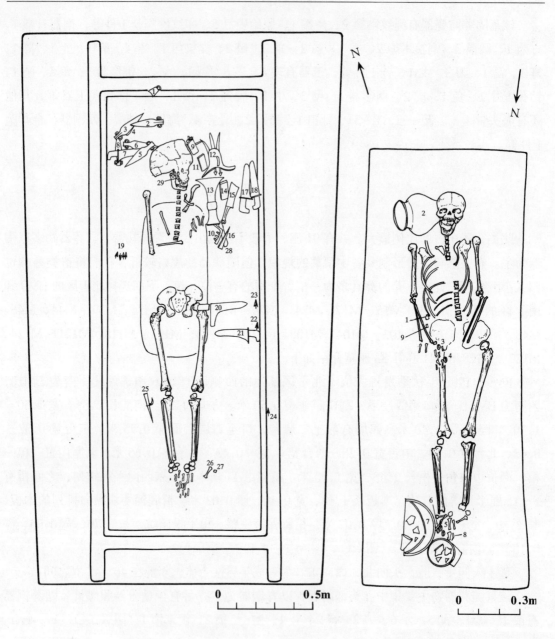

图六〇　　BM9 平面图

1.Da 型铜铃　2~6.Cb 型铜矛　7.BⅡ式铜戈　8.Cb 型铜矛
9.A 型铜锛　10.B 型铜衔　11.A 型铜斧　12.BⅠ式铜爵　13.C
Ⅰ式铜觚　14.A 型铜锛　15.Aa 型铜刀　16.A 型铜凿　17、
18.BⅡ式铜戈　19.A 型铜镞（4）　20.AⅣa 式铜戈　21.BⅡ式
铜戈　22~24.A 型铜镞　25.D 型衡末饰　26.A 型骨销　27.骨
饰　28.Ab 型铜刀　29.海贝（8）

图六一　　M2 平面图

1.长方形玉器　2.BbⅢ式旋纹陶
罐　3~5.海贝　6.象牙鱼形觿
7.DⅡ式陶簋　8.A 型獐牙器
9.C 型玉管

M13　1994 年秋季发掘。位于南Ⅰ区墓地的中部偏东，T921 的西北部，其北部深入 T920 内。南为 M11，西与 M32 和 M33 为邻。开口第②层下，墓口距地表深 0.40 米。方向为 3°。墓口长 2.67、宽 0.95～1.25、口至底深 0.85 米。四周留有熟土二层台，东台宽 0.12～0.30、北台宽 0.13、西台宽 0.19～0.33、南台宽 0.25 米，台高 0.34 米。墓内置一棺，长 2.28、宽 0.64 米。棺下设一长方形腰坑，南北长约 0.61、宽约 0.29、深 0.20 米。内殉狗 1 只。在墓口下 0.50 米处填有狗骨，但没有发现狗的头骨。(图六二)

墓主人仰身直肢，头向北，为一成年男性个体，年龄在 25～30 岁之间。

随葬器物以陶器为主，大部分集中在棺室南侧、头部附近及东西两侧二层台上。在头骨的附近主要放置铜器，脚下置一铜鼎，颈部放置海贝，肩和腹部有较多的玉器。

该墓随葬陶瓷器有原始瓷豆 1、陶鬲 1、簋 1、罍 4、斝 1、壶 1、瓮 1、瓶 1、器盖 1 件，铜器有鼎 1、觚 1、爵 1、觯 1、尊 1 件，玉器有璜 2、玦 1、柄形器 2、蝉 2、牌饰 2、管 2、鱼 2、圆台形 1、鸟 1 件，另外还有象牙笄 1、饰品 1、鱼形觿 1 件及骨器、蚌泡、海贝等。

M14　1994 年秋季发掘。位于南Ⅰ区墓地的北部，T406 的中部，与 M15 平行排列。开口第②层下，墓口距地表 0.84 米。方向为 5°。墓口长 3.65、宽 1.55～1.64、口至底深 2.07 米。墓底长 3.65、宽 1.55～1.73 米。四周留有熟土二层台，东台宽 0.35～0.43、北台宽 0.48、西台宽 0.20～0.36、南台宽 0.32 米，台高 0.47 米。一椁一棺。椁长 3.10、宽 0.88、残高 0.47 米。棺东、南和西三面紧贴椁内侧，北部距离较大，似为头箱。棺长 2.04、宽 0.72、高 0.35 米。椁、棺均呈灰黑色粉末状。在椁盖板的正中央放置狗 1 只。棺下设腰坑一个，南北长 1.04、宽约 0.75、深 0.25 米。腰坑内殉狗 1 只。(图六三；图版二一，1)

墓主人仰身直肢，头向北，双手交叉于胸前。为一成年男性个体，年龄在 30 岁左右。

随葬器物以陶器为主，大部分集中在北部棺、椁之间，少部分在棺内头部和胸部附近。陶器计有簋 1、绳纹罍 2、尊 1、壶 1 件，铜器有爵 1、觯 1、戈 1 件，其他的还有玉璧 2、漆器 2 件及骨钎 1、海贝等。棺、椁间有多件漆器，保存不好，都无法剔取。

M15　1994 年秋季发掘。位于南Ⅰ区墓地的北部，T306 的中部，与 M14 平行排列。开口第②层下，墓口距地表 0.84 米。方向为 6°。墓口长 3.63、宽 1.53～1.64、口至底深 1.96 米。墓底长 3.63、宽 1.58～1.64 米。四周留有熟土二层台，东台宽约 0.32～0.50、北台宽 0.45、西台宽 0.34～0.42、南台宽 0.24 米，台高 0.46 米。一椁一棺。椁长 2.85、宽 0.75～0.81、残高 0.37 米。棺的东、南和西面紧贴椁内壁，棺长 2.20、宽 0.66～0.72、高 0.30 米。椁、棺均呈灰白色粉末状。棺下设一腰坑，南北长 0.54、宽约 0.30、深 0.20 米。腰坑内殉狗 1 只。(图六四；图版二一，2)

墓主人仰身直肢，头向北，面朝东，左上肢向上弯曲，右上肢交于胸前。为一成年男

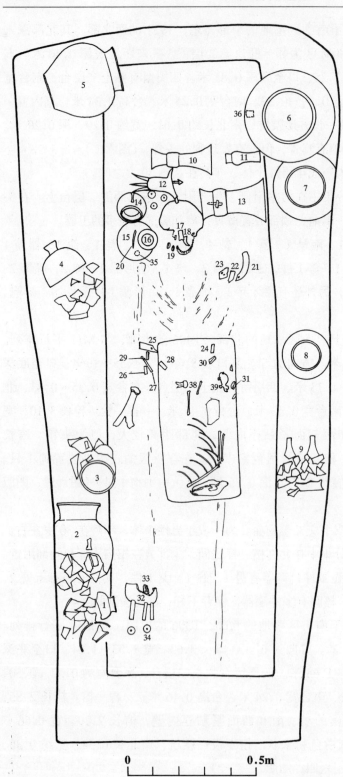

图六二　　M13 平面图

1.A型陶甼　2.BⅠ式绳纹陶鬶
3.BⅠ式旋纹陶鬶　4.CⅢ式陶簋
5.C型绳纹陶鬶　6.陶瓮　7.D型陶
瓿　8.BⅠ式旋纹陶鬶　9.BⅣ式陶
鬲　10.BⅡ式铜觚　11.BⅠ式铜觯
12.DⅡ式铜爵　13.BⅡ式铜尊
14.B型陶壶　15.原始瓷豆　16.A
Ⅲ式器盖　17.玉玦　18.B型玉柄
形器　19.海贝(6)　20.A型象牙
笄　21.Ba型玉璜　22.B型玉蝉
23.A型玉牌饰　24.A型玉管　25.A
型玉柄形器　26、27.Ba型玉鱼
28.C型玉管　29.A型骨管　30.象
牙鱼形觿　31.海贝(3)　32.BⅡ
式铜分裆圆鼎　33.牙形饰品　34.A
型蚌泡(3)　35.Bb型玉璜(15下)
36.圆台形玉器　37.A型玉牌饰
(11下)　38.B型玉蝉　39.B型玉
鸟

0　　　　　　　　0.5m

性个体，年龄在 40 岁左右。

随葬器物以陶器为主，主要集中在棺、椁之间，棺内仅有少量骨器和海贝。椁与棺间有漆器，但保存不好，都无法剔取。

随葬陶器有鬲 1、簋 1、绳纹罐 1、绳纹罍 2 件，另外还有铜爵 1、象牙鱼形觿 1、骨钗 2 件及漆器、海贝、蚌泡等。

M17　1994 年秋季发掘。位于南Ⅰ区墓地的中部偏南，T624 的西南部，被 M20 打破。开口第②层下，墓口距地表 0.55 米。方向为 5°。墓口长 2.90、宽 1.45～1.62、口至底深 2.10 米。墓底长 2.90、宽 1.45～1.62 米。四周留有熟土二层台，东二层台宽约 0.10、南台宽 0.30、西台宽 0.34、北台宽 0.25 米，台高 0.59 米。一椁一棺。椁两短边出角，长 2.35、宽 1.10、残高 0.47、厚 0.05 米。棺紧贴椁内侧，长 2.17、宽 0.91、高 0.33 米。椁、棺均呈灰粉末状。棺下设一腰坑，南北长 0.65、东西宽约 0.33、深 0.16 米。(图六五；图版二二，1)

墓主人仰身直肢，头向朝北，面朝东，双手放置于下腹部。为一成年女性个体，年龄在 30 岁左右。

随葬器物以铜器为主，集中在棺内。在西侧二层台中部殉狗 1 只，北侧二层台上放置狗腿 1 条。腰坑内殉狗 1 只。

该墓随葬器物有陶豆 1、铜爵 1、铜瓿 1、铜戈 2、砺石 1、骨笄 1、海贝数枚等。

M24　1995 年春季发掘。位于南Ⅰ区墓地的中部偏东南，T819 的南部，西与 M28 为邻。开口第②层下，墓口距地表 0.30 米。方向为 12°。墓口长 2.50、宽 1.05、口至底深 0.90 米。墓底长、宽的尺寸与墓口大体相同。四周留有熟土二层台，东台宽 0.10～0.21、南台宽 0.34、西台宽 0.35、北台宽 0.29 米，台高 0.21 米。仅有一棺。棺长 1.83、宽 0.59、残高 0.20 米。棺下无腰坑。(图六六)

墓主人仰身直肢，头朝北，上肢向上弯曲。为一成年女性个体，年龄在 30～35 岁。

随葬器物以陶器为主，集中在东、西二层台的北端。该墓随葬有陶簋 1、旋纹罍 3、旋纹罐 4，铜鱼 1、骨笄 1 件及海贝等。

M25　1995 年春季发掘。位于南Ⅰ区墓地中部偏东南，T920 的东北角，部分伸入 T919 内。西与 M24 相距不远。开口第②层下，墓口距地表 0.30 米。方向为 6°。墓口长 2.60、宽 1.26、口至底深 1.10 米。四周留有熟土二层台，东台宽 0.46、南台宽 0.26、西台宽 0.40、北台宽 0.31 米，台高 0.19～0.26 米。一棺。棺长 2.10、宽 0.42～0.54、残高 0.19～0.26、厚 0.04 米。棺木已朽，呈灰白色粉末状。棺下无腰坑。(图六七；图版二二，2)

墓主人仰身直肢，头向朝北，头骨腐朽严重，面向不清，上肢向上弯曲。为一男性成年个体，年龄在 25～30 岁之间。

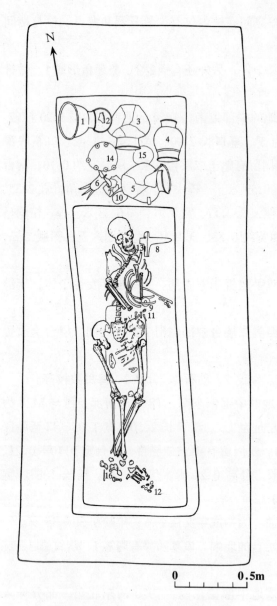

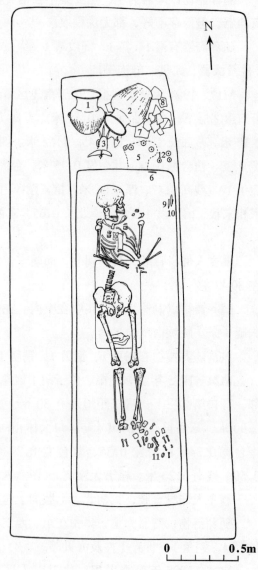

图六三　　M14 平面图

1.AbⅢ式陶簋　2.AⅢ式陶尊　3.CⅢ式绳纹陶罍

4.AⅡ式陶壶　5.CⅢ式绳纹陶罍　6.DⅠ式铜爵

7.CⅡ式铜觯　8.AⅣa式铜戈　9.A型玉璧　10.漆

器　11.海贝（4）　12.海贝（6）　13.A型玉璧

14、15 漆器　16.A型骨钎

图六四　　M15 平面图

1.BⅢ式绳纹陶罐　2.CⅡ式绳纹陶罍　3.DⅠ式铜

爵　4.CⅣa式陶鬲　5.漆器　6.A型骨钎　7.AbⅢ

式陶簋　8.CⅡ式绳纹陶罍　9.象牙鱼形觯　10.A

型骨钎　11.海贝（6）　12.蚌泡（3）

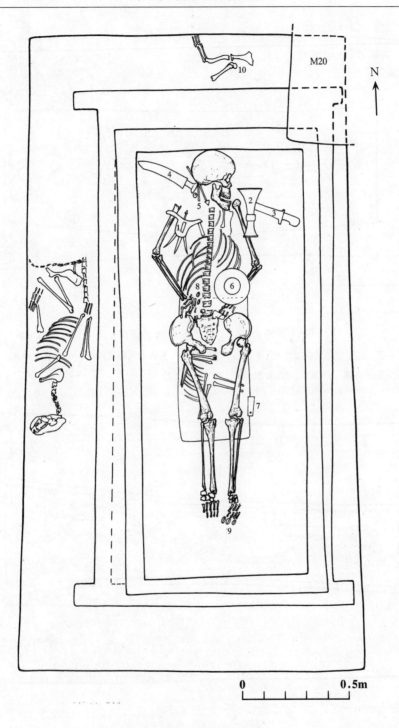

图六五　　　M17 平面图

1.CⅠ式铜爵　2.BⅠ式铜觚　3、4.BⅠ式铜戈　5.A型骨笄　6.Ⅱ式陶豆
7.A型砺石　8.海贝（4）　9.海贝（3）　10.兽骨

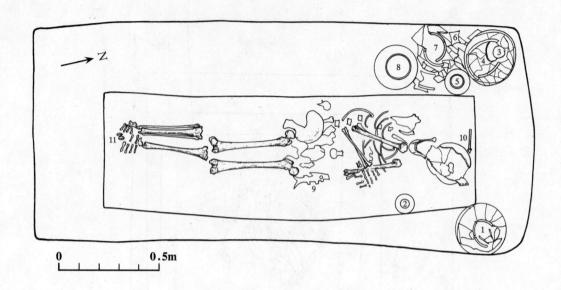

图六六　　　小型墓 M24 平面图

1.AⅠ式旋纹陶罐　2、3.AⅠ式旋纹陶罍　4.BaⅠ式旋纹陶罐　5.AⅠ式旋纹陶罍　6.BaⅡ式陶簋　7.BaⅡ式旋纹
陶罐　8.BaⅠ式旋纹陶罐　9.铜鱼　10.A型骨笄　11.海贝（2）

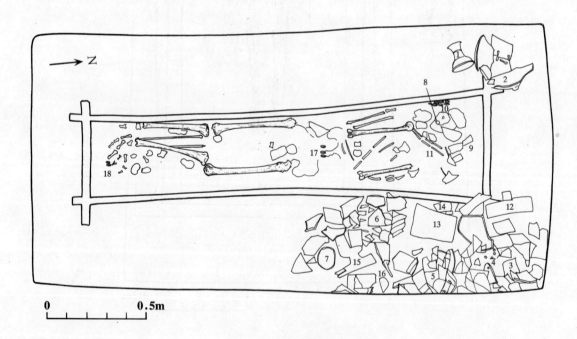

图六七　　　M25 平面图

1.Ⅵ式陶豆　2.BⅠ式绳纹陶罍　3.CⅡ式陶壶　4.AⅡ式陶尊　5.CⅡ式陶簋　6.CⅢ式绳纹陶罍　7.BⅡ式陶瓿
8.Aa型铜泡　9.B型骨管　10.海贝（9）　11.A型骨笄　12~16.漆器　17.海贝（3）　18.海贝（2）

随葬器物大部分集中在棺室北部。在头部上方放置有陶甗2、尊1、簋1、瓿1、壶1、豆1件等，另外在头部附近有骨笄、铜泡，头部、盆骨和脚的附近放置海贝。此外还有多件漆器，可辨器形有杯、豆等，因保存不好，都无法剔取。

该墓随葬器物有陶绳纹甗2、尊1、簋1、瓿1、壶1、豆1，铜泡1、骨管1、骨笄1、漆器5件及海贝等。

M26　1995年春季发掘。位于南Ⅰ区墓地的东部偏南，T1219的西部，部分伸入T1119内，西北与M27相距不远，东南为M23。开口第②层下，墓口距地表0.40米。方向为98°。墓口长2.15、宽0.70～0.90、口至底深0.60米。底口同大。四周留有熟土二层台，东台宽0.10、南台宽0.20～0.30、西台宽0.05、北台宽0.21～0.28米。台高0.20～0.25米。为一棺。棺长2.00、宽0.38～0.45、残高0.19～0.26米。棺木已朽，呈灰白色粉末状。棺下无腰坑。（图六八）

墓主人仰身直肢，头向朝东，面朝东南，骨架保存不好。为一男性成年个体，年龄在25岁左右。该墓的方向和墓主人的头向与众不同。

随葬器物主要集中在北侧二层台的东部。放置有陶鬲1、陶簋1件。在头部附近有骨笄。在颈、胸、盆骨和脚的附近放置多枚海贝。

M30　1995年春季发掘。位于南Ⅰ区墓地的中部偏东，T1120的东北部。周围分布有较多的墓葬，北有M26，东为M23，南与M18和M19为邻。开口第②层下，墓口距地表0.28～0.42米。方向为7°。墓口长3.10、宽1.58、口至底深1.00米。墓底基本与口尺寸相同。四周留有熟土二层台，东台宽约0.32～0.48、北台被盗坑破坏，西台宽0.28～0.40、北台宽0.25米，台高0.10～0.22米。长方形棺，北部被现代盗坑所破坏，残长

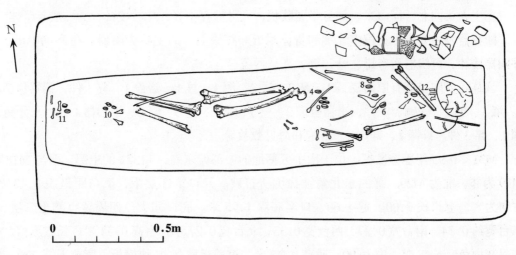

图六八　M26平面图

1.BbⅡ式陶簋　2.AⅣa式陶鬲　3.A型骨笄　4～8.海贝　9.海贝（4）　10.海贝（3）　11.海贝（2）

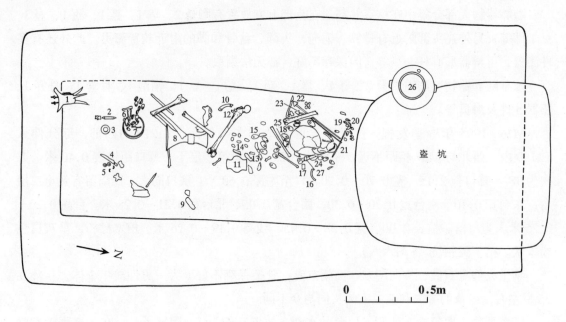

图六九　　　M30 平面图

1.CⅢ式铜爵　2.B型玉锥形器　3.A型玉璧　4.象牙鱼形觿　5.A型蚌泡　6.海贝（14）　7.A型原始瓷豆　8.B
Ⅲ式铜觚　9.蚌镰　10.Bb型玉璜　11.CⅠ式铜觯　12.残铜片　13.AaⅠ式玉戈　14.蚌饰　15.海贝（10）
16.Bb型玉璜　17.A型玉管　18.海贝（5）　19 海贝（10）　20.A型玉坠　21.C型象牙笄　22、23.象牙笄
24、25.A型玉坠　26.CⅢ式绳纹陶罍　27.A型玉管　28.BⅡ式绳纹陶罐　29.AⅢ式旋纹陶罐　30.AⅡ式陶瓿
31.CⅡ式绳纹陶罍　32.EⅡ式陶簋　33.AⅣ式陶器盖　34.AⅢ式陶尊（28～34均为盗坑内出土）

1.81、宽 0.80 米。棺板保存不好，仅能看出部分板灰痕迹。（图六九；图版二三，1）

墓主人头向北，面向东，侧身半屈肢状，人骨保存不好，比较凌乱，为一成年个体。

随葬器物主要集中在棺室北端和身体附近。在头上方的主要为陶器，在盗坑中出土 8
件陶器残片，可辨器形有罐、罍、尊、簋、器盖等。

该墓随葬陶瓷器有原始瓷豆 1、罍 2、罐 2、瓿 1、簋 1、器盖 1、尊 1 件，铜器包括爵
1、觚 1、觯 1、残铜器 1 件，玉器有璜 2、璧 1、戈 1、坠 3、管 2、锥形器 1 件，象牙鱼形
觿 1、笄 3 件，蚌镰 1、蚌饰 1、蚌泡和海贝数枚等。

M31　1995 年春季发掘。位于南Ⅰ区墓地的中部偏东南，T1321 的中部。西与 M18 和
M19 为邻，北为 M29。墓的东北角被扰坑所打破。开口第③层下，墓口距地表 0.40 米。
方向为 8°。墓口长 3.00、宽 1.60、口至底深 1.95 米。底口同大。四周留有熟土二层台，
东台宽约 0.34、南台宽 0.27、西台宽 0.33、北台宽 0.27 米，台高 0.34 米。长方形棺，板
灰呈灰白色，长 2.45、宽 0.90、残高 0.25 米。棺盖板残存 13 块横板，宽窄不等，长一般
为 0.96～1.32、宽 0.06～0.15、厚 0.008～0.015 米。（图七〇；图版二三，2）

墓主人仰身直肢，头向北，面向不清，左上肢被扰坑破坏。墓主人为成年女性，年龄

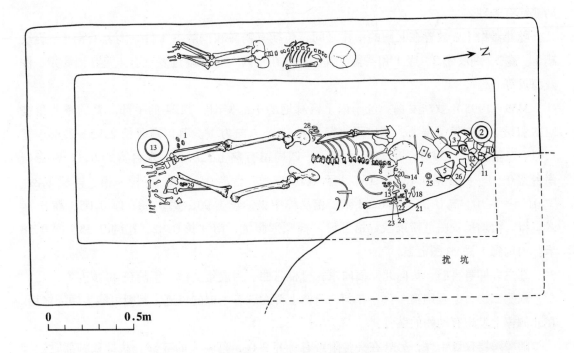

图七〇 M31 平面图

1.海贝（3） 2.AⅠ式陶器盖 3.CⅡ式铜觯 4.DⅠ式铜爵 5.CⅠ式铜觚 6.A型砺石 7.A型骨笄 8.钻孔玉片 9.A型玉管 10.AcⅡ式陶簋 11.CⅡ式陶簋 12.A型陶盆 13.印纹硬陶釜 14.C型玉管 15.A型玉管 16.AⅡ式陶器盖 17.钻孔玉片 18.A型玉兔 19.A型玉管 20.A型玉兔 21.玉串饰 22.海贝（4） 23、24.骨器 25.残陶片 26.BbⅡ式旋纹陶罐 27.海贝（3） 28.蚌泡 29.海贝（2）

在 40 岁左右。全身遍撒朱砂。

　　在墓的西侧距墓口 1.50 米处有一殉人，头北，面朝下，俯身直肢，上肢交叉于胸前似捆绑状。从头骨以下撒有朱砂，殉人系儿童，年龄在 6～7 岁之间。

　　该墓随葬陶器有器盖 2、罐 1、簋 2、盆 1、印纹硬陶釜 1 件，铜器有觯 1、爵 1、觚 1 件，玉器有钻孔玉片 2、管 4、兔 2、串饰 1 件，其他还有砺石 1、骨笄 1、骨器 2 件及海贝、蚌泡等。

　　M34 1995 年春季发掘。位于南Ⅰ区墓地的中部偏东北，T709 的南部，大部分在 T710 中。开口第②层下，墓口距地表 0.85 米。方向为 5°。墓口长 3.20、宽 1.42～1.50、口至底深 1.05 米。墓底略小于墓口，长 3.10、宽 1.33～1.40 米。四周留有熟土二层台，东台宽 0.06～0.25、南台宽 0.35、西台宽 0.03、北台宽 0.10 米，台高 0.57～0.58 米。一椁一棺。椁两长边出角，长 2.60、宽 1.24～1.10、高 0.47、厚 0.05 米。棺南侧紧贴椁南壁，长 1.75、宽 0.70～0.74、厚 0.04、高 0.30 米。椁、棺均呈灰白色粉末状。棺下设一腰坑，南北长 0.80、宽约 0.38、深 0.25 米。内殉狗 1 只。（图七一）

　　墓主人仰身直肢，双手放在胸前。头向北，面向东。为成年女性，年龄在 50 岁左右。

局部铺有朱砂。

随葬器物主要放置在北侧的棺椁之间，包括有铜爵和铜觯各1件，陶器有鬲1、旋纹罐1、簋2、绳纹罍2、壶1和器盖2件。另外在棺内人骨架附近发现有玉鸟1、骨笄1件及海贝等。

M39　1995年秋季发掘。位于南Ⅰ区墓地的中部偏南，T124的中部。墓的东北角被M38打破。开口第②层下，墓口距地表0.85米。方向为1°。墓口南北长2.75～2.86、宽1.41、口至底深1.59米。底口尺寸相同。四周留有熟土二层台，东台宽约0.17～0.34、南台宽0.21、西台宽0.12～0.15、北台宽0.25米，台高0.35米。一椁一棺。椁长2.29、宽0.94～1.10、高0.35、厚0.04米。棺居椁中央，长1.90、宽0.58、厚0.05、高0.24米。椁、棺均呈灰白色粉末状。棺下设一椭圆形腰坑，南北长0.82、宽约0.35、深0.18米。内殉狗1只。(图七二)

墓主人仰身直肢，头向北，面向东，脊椎弯曲。为成年女性，年龄在40岁左右。

东侧二层台上有殉狗1只，在狗的身体上部发现有木棍的痕迹，判断可能为捆绑之用。在北侧椁上发现有动物的肢骨。

随葬陶器仅豆1件，另外在头骨附近有骨笄2件，墓主人的嘴部、盆骨和脚部附近有海贝16枚。

M44　1995年秋季发掘。位于南Ⅰ区墓地的中部略偏东南，探方T424和T425间。东为M17和M20，西为M38和M39。开口第②层下，墓口距地表0.55米。方向为8°。墓口长3.40、宽2.00、口至底深2.50米。墓底基本与墓口尺寸相同。四周留有熟土二层台，东台宽约0.27～0.30、南台宽0.19、西台宽0.32～0.42、北台宽0.26米，台高0.65米。一椁一棺。椁长2.80、南部宽1.22、北部宽1.07、厚0.07～0.09、残高0.55米。棺为长边出角，长2.55、宽0.90、厚0.04～0.05、残高0.18米。椁、棺均呈灰色粉末状。棺下设腰坑一个，南北长约0.83、宽约0.41、深0.15米。腰坑内殉狗1只。另外在西二层台上还发现有1只殉狗，狗的颈下系铜铃1件。东二层台上放置有动物的1条腿。(图七三)

墓主人头向北，面向东。仰身直肢，下肢骨架保存较差。为一成年男性，年龄在40～45岁之间。

该墓随葬品中没有大型器物，均集中在棺内。头上部有束发的骨笄，嘴的附近放置有海贝和少量玉器、骨器，盆骨附近有较多的玉器，另外在盆骨的东侧放置有铜戈。随葬有陶豆1件，玉器有璜2、鱼3、玉器2、管2、坠1件，其他还有骨器1、骨板1、骨笄1、象牙笄1、铜戈1、铜铃1件及海贝等。

M46　1995年秋季发掘。位于南Ⅰ区墓地的东南部，T933的中部偏南。北为M47。开口第②层下，墓口距地表0.32米。方向为3°。墓口长3.75、宽1.70～1.95、口至底深2.35米。四壁略向内收。墓底长3.70、宽1.73～1.92米。四周留有熟土二层台，东台宽

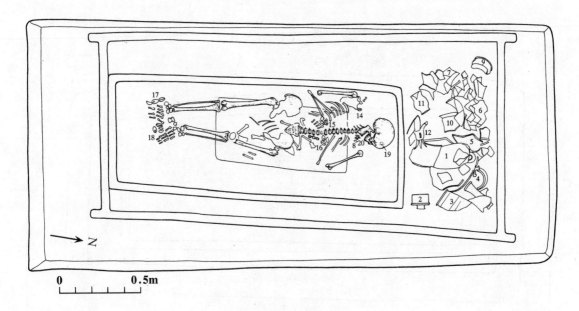

图七一　　M34 平面图

1.BⅠ式绳纹陶罍　2.BⅠ式陶器盖　3.BbⅠ式陶簋　4.BⅢ式陶器盖　5.AⅡb式陶鬲　6.AⅡ式陶壶　7.BaⅢ式陶簋　8.海贝　9.BⅡ式绳纹陶罍　10.BⅢ式旋纹陶罐　11.CⅠ式铜觯　12.E型铜爵　13.A型骨笄（头下）　14～18.海贝　19.Ab型玉鸟　20.海贝（口含7）

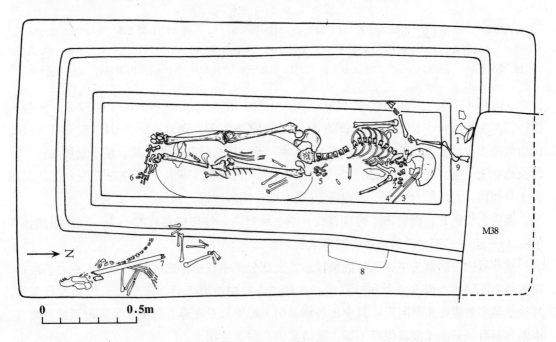

图七二　　M39 平面图

1.Ⅱ式陶豆　2.海贝（口含9）　3、4.骨笄　5.海贝（5）　6.海贝（2）　7.木棍（痕迹）　8.漆器　9.兽骨

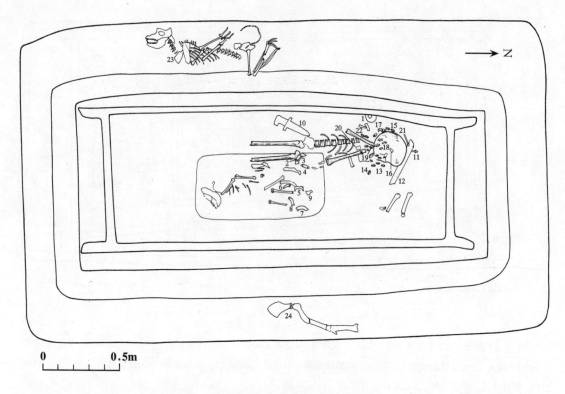

0　　　　0.5m

图七三　　　M44 平面图

1.Ⅲ式陶豆　2.Ca 型玉鱼　3.Ba 型玉璜　4.C 型玉坠　5.Dc 型玉鱼　6.玉器　7.Ba 型玉璜　8.Ca 型玉鱼　9.玉
器　10.BⅡ式铜戈　11.A 型骨笄　12.骨板　13.海贝（6）　14.海贝　15.海贝（4）　16.A 型玉管　17.骨器
18.海贝（4）　19.海贝（3）　20.A 型玉管　21.Bb 型象牙笄　22.海贝（2）　23.Ba 型铜铃　24.兽骨

约 0.33～0.42、南台宽 0.34、西台宽 0.21～0.29、北台宽 0.40 米，台高 0.52 米。一椁一
棺。椁两长边出角，长 2.77、南部宽 1.05、北部宽 0.95、厚 0.03～0.04、残高 0.50 米。
棺为短边出角，长 2、宽 0.60、残高 0.17 米。椁、棺均呈灰色粉末状。棺下设腰坑一，南
北长约 0.75、宽约 0.39～0.50、深 0.25 米。腰坑内殉狗 1 只。另外在东二层台上还发现
有 1 只殉狗。北二层台上有 1 条狗腿。（图七四；图版二四，1）

墓主人头向北，面向东。仰身直肢，左上肢弯曲。骨架保存较差。为一成年男性，年
龄在 45～50 岁之间。身体遍撒一层薄朱砂。

随葬器物以陶器为主，而且数量较多，大部分集中在棺椁之间的北部和二层台的南部，
棺室内主要随葬玉器、骨器和蚌器等。在墓主人口中放有玉管、玉玦、玉珠和大量海贝，
其他玉器多放置在头部附近，其中比较精美的玉螳螂放置在鼻骨东侧。足部附近放置海贝、
漆器和石器等，由于漆器保存不好，难辨其形，多无法剔取。

该墓随葬器有陶鬲 2、盉 1、尊 1、罍 2、簋 3、瓶 2、器盖 4 件，玉器有管 6、鱼 1、
玦 1、螳螂 1、鸟 1、兽头踞坐人像 1 件，其他还有骨笄 1、骨管 2 件，以及海贝、蚌壳、

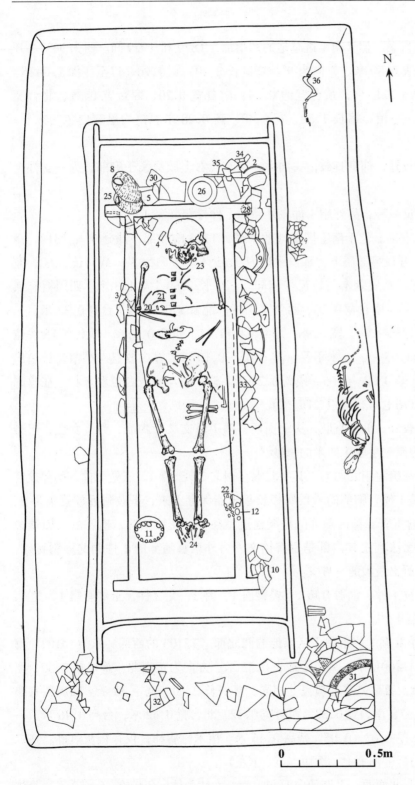

图七四　　M46 平面图

1.CⅢ式陶鬲　2.AⅡ式陶尊　3.AⅡ式绳纹陶罍　4.B型骨管　5.BaⅣ式陶簋　6.A型骨笄（头下）　7.BⅣ式陶瓿　8.蚌壳　9.CⅡ式陶簋　10.AⅢ式陶瓿　11、12.漆器　13～16.A型玉管　17.Eb型玉鱼　18.玉玦　19.玉螳螂　20.A型玉管　21.Ab型玉鸟　22.玉兽头踞坐人像　23.海贝（口含10）　24.海贝（6）　25.蚌壳　26.AcⅢ式陶簋　27.A型玉管　28.AⅡ式陶器盖　29.BⅠ式陶器盖　30.CⅢ式陶鬲　31.BⅡ式绳纹陶罍　32.AⅡ式陶盉　33.B型骨管　34.AⅢ式陶器盖　35.AⅡ式陶器盖　36.兽骨（13～19、27下颌骨下）

漆器等。

M48　1995年秋季发掘。位于南Ⅰ区墓地的东南部，T829和T929间。西为M37。开口第②层下，墓口距地表0.80米。方向为9°。墓口长2.20、宽1.20、口至底深1.00米。底口同大。四周留有熟土二层台，东台宽约0.39、南台宽0.20、西台宽0.31、北台宽0.17米，台高0.28米。一棺，棺长1.82、宽0.49、高0.28米。棺均呈灰白色粉末状。无腰坑。（图七五）

墓主人的骨架保存较好，仰身直肢，头向北，面东，右上肢交叉于胸前，为一女性个体，年龄在25～30岁。

该墓随葬品仅有海贝一种，另外用1件象牙笄和1件骨笄束发。

M49　1995年秋季发掘。位于南Ⅰ区墓地的中部，T313的北部，部分伸入T312。南为M36，东南为M16。开口第②层下，墓口距地表0.65米。方向为3°。墓口长2.60、宽1.26、口至底深2.93米。墓底基本与口尺寸相同。墓底长2.60、宽1.3米。四周留有熟土二层台，东台宽约0.18、南台宽0.20、西台宽0.09、北台宽0.15米，台高0.38米。一椁一棺。椁两短边出角，长2.24、宽0.98、厚0.02～0.04、残高0.3米。椁上有15块盖板，之间距离不等，长1.05～1.10米不等，宽0.05～0.10米。椁内放置一小棺，长边出角。长2.04、宽0.54、厚0.02～0.05、残高0.28米。椁、棺均呈灰白色粉末状，在椁的顶板的南部殉狗1只。（图七六；图版二四，2）

墓主人的骨架保存较好，仰身直肢，头北面西，两上肢交叉于胸前，为一女性，年龄在25～30岁。身体上遍撒一层厚1厘米的朱砂。

随葬器物主要集中在棺室南北两端。其中北端有铜戈2、玉管1、玉璧1件，胸部放置有玉戈1、玉管3、玉觿1件，胸前的骨器腐朽较甚未能保存下来；下肢附近放置铜爵2、瓿1、提梁卣1件；口含玉管。墓内随葬的提梁卣造型独特，花纹繁缛，遗憾的是因锈蚀严重，不能将盖打开，无法判定其内部是否有铭文。另外该墓随葬的1件铜戈形制特殊，长援、长胡，是墓地中所出最大的一件戈。

该墓随葬陶器仅有豆1件，铜器有瓿1、提梁卣1、爵2、戈2件，玉器有觿1、戈1、管5、璧1件，另有骨器1件。

M101　1998年秋季发掘。位于南Ⅰ区墓地的西北部，T2103的西部。东为M102，南为M107和M108。开口第③层下，墓口距地表0.55米。方向为正南北。墓口长2.60、宽1.25、口至底深1.45米。墓底基本与口尺寸相同。墓底长2.60、宽1.30米。四周留有熟土二层台，东台宽约0.37、南台宽0.32、西台宽0.32、北台宽0.42米，台高0.46米。一棺，长1.87、宽0.57、厚0.03～0.05、残高0.46米。棺木已腐朽，仅存板灰痕迹。在二层台的西南角有殉狗1只。（图七七；图版二五，1左）

墓主人仰身直肢，头北面西，上肢伸向西侧。为一女性个体，年龄在45～50岁。身体

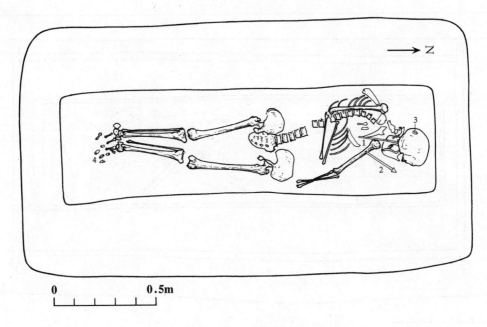

图七五　　M48 平面图
1.A 型骨笄　2.A 型象牙笄　3.海贝　4.海贝（5）

上遍撒一层薄朱砂。

随葬器物主要集中在北二层台上，以陶器为主，由于棺顶板的塌落，部分随葬器物残片散落在棺内。陶器主要有簋 2、鬲 1、罍 2、瓿 1、器盖 1、印纹硬陶罐 1 件，另有砺石 1、骨笄 1、骨管 1 件。

M103　1998 年秋季发掘。位于南 I 区墓地的西北部，T1904 的西北部。东为 M104，西南为 M108，南为 M109。开口第②层下，墓口距地表 0.80 米。为正南北向。墓口长 3.77、宽 1.98、口至底深 2.50 米。口向下略斜内收。墓底长 3.5、宽 1.65 米。四周留有熟土二层台，东台宽约 0.37、南台宽 0.44、西台宽 0.40～0.52、北台宽 0.38 米，台高 0.84 米。一椁一棺。椁两长边出角，长 3.30、宽 0.99、厚 0.10、高 0.68 米。椁盖是由 14 根圆木排列而成，之间距离不等，长 1.27～1.46 米不等，直径为 0.10～0.18 米。椁的两端用 6 根圆木堆垒而成，长 0.80、直径 0.10 米。棺紧贴椁内东侧，长 1.94、宽 0.60、高 0.52 米。椁底铺 3 根纵向排列的枕木，长 3.30、宽 0.10、厚 0.04 米。椁下设一腰坑，南北长约 0.65、宽约 0.30、深 0.20 米，内殉狗 1 只，狗骨架腐朽较严重。另外，在东侧二层台也殉狗 1 只。(图七八；图版二五，2)

墓主人仰身直肢，头北面西，上肢伸向西侧。为一男性个体，年龄在 40～45 岁。

随葬器物以陶器为主，而且数量较多，均集中在北侧的棺、椁之间。陶器计有鬲 3、罍 3、盆 1、罐 1、瓶 3、斝 1、簋 3、器盖 3、纺轮 2、圆陶片 1 件，玉器有龙 2、鱼 1、坠

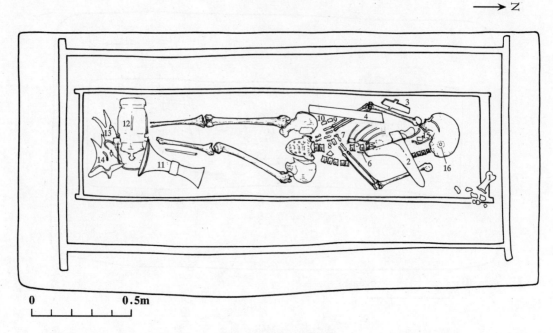

图七六　　　M49 平面图

1.陶豆　2.BⅢ式铜戈　3.AⅠa式铜戈　4.骨器　5.A型玉觿　6.AaⅠ式玉戈　7.C型玉管　8~10.A型玉管
11.BⅠ式铜瓠　12.B型铜卣　13、14.BⅢ式铜爵　15.A型玉管（口含）　16.A型玉璧

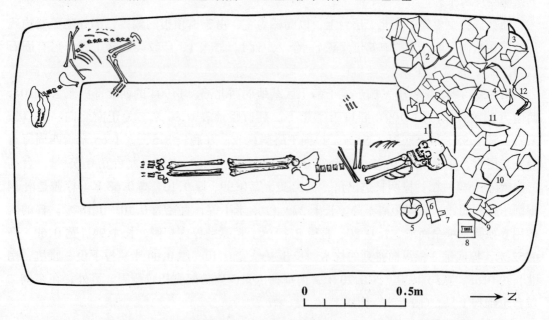

图七七　　　M101 平面图

1.A型骨笄　2.BaⅢ式陶簋　3.BbⅡ式陶簋　4.A型印纹硬陶罐　5.AⅡ式旋纹陶罍　6.B型骨管　7.A型砺石
8.AⅠ式器盖　9.AⅡc式陶鬲　10.BⅠ式绳纹陶罍　11.BⅢ式陶瓿　12.兽骨

1 件，另外还有骨管 2、砺石 2、骨笄 2 件及石器、漆器、小陶器、蚌壳等。漆器由于保存不好，仅能辨其形状无法剔取。

M104　1998 年秋季发掘。位于南Ⅰ区墓地的西北部，T1703 的西南部。东南为 M105 和 M106，西为 M103。开口第②层下，墓口距地表 0.45～0.50 米。方向为正南北。墓口长 2.47、宽 1.21、口至底深 1.60 米。四周留有熟土二层台，东台宽 0.31、南台宽 0.15、西台宽 0.28～0.32、北台宽 0.22 米，台高 0.30 米。一棺，棺长 2.09、宽 0.52、厚 0.02、高 0.30 米。墓底无腰坑。在东侧二层台的南部殉狗 1 只，另外在北侧二层台上有狗腿 1 条。(图七九；图版二五，3)

墓主人仰身直肢，头北面西，面向西侧。为一女性个体，年龄在 40 岁左右。

随葬器物以陶器为主，均集中在北侧的二层台上。有陶罐 2、罍 1 件。墓主人口含玉坠 1 件，用 2 根骨笄束发。

M108　1998 年秋季发掘。位于南Ⅰ区墓地的西北部，T2205 中部偏东，与 M17 平行排列。开口第②层下，墓口距地表 0.85 米。方向为 8°。墓口长 3.02、北宽 1.60、南宽 1.85、口至底深 2.37 米。四壁由口向下斜内收。墓底长 2.90、宽 1.51 米。四周留有熟土二层台，东台宽约 0.24、南台宽 0.16、西台宽 0.32、北台宽 0.20 米，台高 0.50 米。一椁一棺。椁两长边出角，长 2.81、宽 0.95、厚 0.05、残高 0.45 米。椁盖是为 14 根圆木，之间距离不等，长 1.15～1.28 米不等，直径为 0.06～0.17 米。棺置椁中部，长 2.20、宽 0.57、高 0.41 米。棺下设腰坑一，南北长约 0.72、宽约 0.30、深 0.20 米，内殉 1 狗。在西侧二层台上也有殉狗 1 只。(图八〇)

墓主人仰身直肢，头北面西，上肢伸向西侧。为一女性个体，年龄在 30～35 岁。

随葬器物以铜器为主，大部分集中在棺的北侧头骨附近。计有铜爵 1、铜觚 1、铜戈 2、玉管 1、骨笄 1、骨器 1 件和金箔等。

M110　1998 年秋季发掘。位于南Ⅰ区墓地的中部，T1815 的西部。开口第②层下，墓口距地表 0.65 米。方向为 10°。有一条南北向的扰沟将墓葬的西部破坏。墓口长 2.50、宽 1.25～1.32、口至底深 0.62 米。口底大小基本相等。四周留有熟土二层台，东台宽约 0.35、南台宽 0.33、西台宽 0.35、北台宽 0.25 米，台高 0.35 米。一棺，长 1.93、宽 0.55～0.60、残高 0.35 米。棺下无腰坑，也未见殉狗。(图八一；图版二六，1)

人骨保存不好，仅存头骨，头向北，面朝西，为一女性个体，年龄在 16～18 岁。

该墓随葬陶器有鬲 1、珠 2、印纹硬陶罍 1 件，铜器有爵 1、觚 1、觯 1、戈 1、凿 1 件，玉器有璋 2、璧 1、鸟 2、片形器 1 件及骨钎 6 件、海贝等。

M111　1998 年秋季发掘。位于南Ⅰ区 T1815 的东侧，部分伸入 T1715 内。东侧与之并列的为 M112，西侧为 M110。开口第②层下，墓口距地表 0.40 米。方向为 2°。墓口长 2.67、宽 1.37、口至底深 3.00 米。四周留有熟土二层台，东台宽约 0.25、南台宽 0.22、

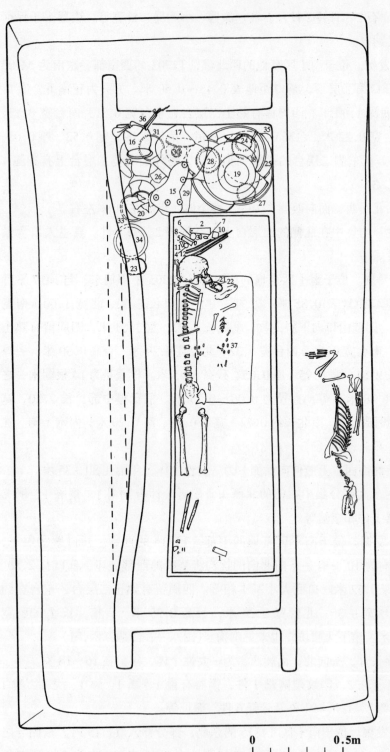

图七八　M103 平面图

1.A 型骨管　2.砺石　3、4.A 型纺轮　5.B 型骨管　6.圆陶片　7.石器　8.蚌壳　9.A 型骨笄　10.石器　11.砺石　12.A 型骨笄　13.Bb 型玉鱼　14.C 型玉坠　15.漆器　16.A Ⅲ式陶鬲　17.C Ⅲ式绳纹陶罍　18.A 型陶盆　19.A Ⅳ式绳纹陶罐　20.C Ⅲ式陶瓿　21、22.B 型玉龙（口含）　23.C Ⅱ式陶鬲　24.B Ⅳ式陶瓿　25.C Ⅲ式绳纹陶罍　26.B 型陶斝　27.Ac Ⅳ式陶簋　28.B Ⅳ式陶瓿　29.C Ⅱ式陶簋　30.A Ⅲ式陶器盖　31.B Ⅲ式旋纹陶罍　32.B Ⅳb 式陶鬲　33.C Ⅱ式陶簋　34、35.A Ⅲ式陶器盖　36.兽骨　37.海贝（8）

0　　　　　0.5m

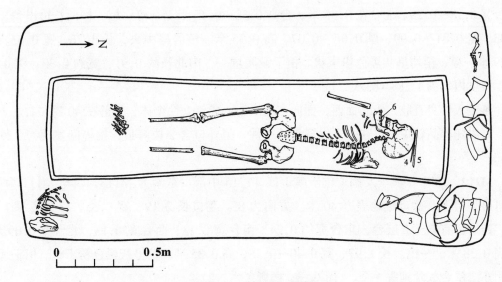

图七九　　　M104 平面图

1.BⅠ式绳纹陶罍　2.AⅠ式绳纹陶罐　3.BaⅡ式旋纹陶罐　4、5.A型骨笄　6.C型玉坠（口含）　7.兽骨

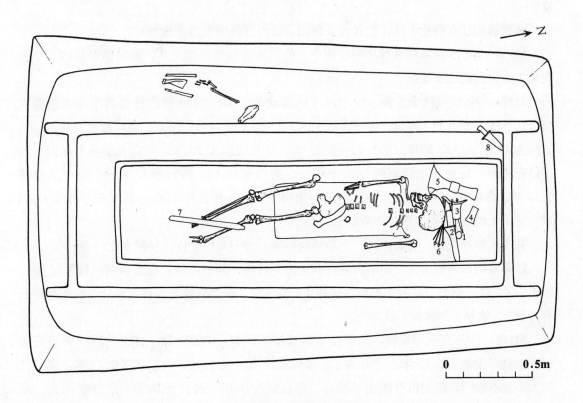

图八〇　　　M108 平面图

1.金箔　2.AⅡ式铜戈　3.BⅡ式铜爵　4.A型玉管　5.CⅠ式铜觚　6.A型骨笄（3）　7.骨器　8.BⅠ式铜戈

西台宽 0.18~0.29、北台宽 0.35 米，台高 0.38~0.45 米。一椁一棺。椁两长边出角，长 2.33、宽 0.81~0.99、厚 0.06~0.07、高 0.35 米。棺居椁中央，长 1.76、宽 0.53、高 0.29 米。椁、棺均呈灰黑色粉末状。棺下设腰坑一，南北长约 0.91、宽约 0.30、深 0.20 米，腰坑内殉狗 1 只。（图八二）

墓主人仰身直肢，头北面西，面向东侧。为一成年女性个体，年龄在 40 岁左右。

墓内随葬品较少，仅在脚下发现骨片 1 件。另外口含 2 枚海贝，棺椁间发现有 2 件骨笄。

M112　1998 年秋季发掘。位于南Ⅰ区 T1715 中部。东南为 M113，西与 M111 为邻。开口第②层下，墓口距地表 0.40 米。方向为 8°。墓口长 2.19、宽 0.85、口至底深 1.40 米。四周留有熟土二层台，东台宽约 0.24、南台宽 0.13、西台宽 0.18、北台宽 0.09 米，台高 0.38 米。一棺。长 1.97、宽 0.40~0.48、高 0.35 米。棺呈灰黑色粉末状。棺下无腰坑。东二层台放置狗头 1 个。（图八三；图版二六，2）

墓主人仰身，下肢微曲，头北面东，双手放在腹部上。为一男性个体，年龄在 35~40 岁。

随葬器物仅有陶豆 1 件，放置在头部附近。另外在嘴里含 2 枚海贝。

M110~M113 这四座墓葬排列较集中，他们的规格也相差无几，墓内随葬品较少，表明墓主人生前的地位较低。

M114　1998 年秋季发掘。位于南Ⅰ区墓地的中部，T166 的西部与其南部 3 座墓葬 M115、M116 和 M117 构成一组（彩版一四，左上）。开口第②层下，墓口距地表 0.60 米。方向为 15°。墓口长 2.93、宽 1.20~1.42 米，口至底深 1.10 米。口底大小基本相同。四周留有熟土二层台，东台宽约 0.20~0.30、南台宽 0.13、西台宽 0.32~0.44、北台宽 0.18 米，台高 0.45 米。在二层台的东南角殉一狗。一棺，长 2.60、宽 0.75、残高 0.45 米。棺下无腰坑。（图八四；图版二七，1）

墓主人仰身直肢，头北面西，上肢伸向西侧。为一女性个体，年龄在 25~30 岁。

随葬器物以陶器为主，主要放置在墓室南北两端，其中北侧二层台和棺内放置陶簋 1、罐 1、瓶 1 件。南侧二层台和棺内放置罐 1、罍 2 件，脚部放置鼎 1 件。另外，在头部附近有骨笄 1、纺轮 1 和牙器 1 件。

M118　1998 年秋季发掘。位于南Ⅰ区墓地的西部，T2620 和 T2720 之间。开口第②层下，墓口距地表 0.65 米。方向为 8°。墓口长 3.40、宽 1.40、口至底深 2.45 米。底与口的大小基本相同。四周留有熟土二层台，东台宽约 0.20、南台宽 0.30、西台宽 0.20、北台宽 0.30 米，台高 0.40 米。一椁一棺。椁两长边出角，长 3.20、宽 1.00、厚 0.05、高 0.35 米。棺居中部，长 1.95、宽 0.57、厚 0.02、高 0.25 米。椁、棺痕迹清晰，木结构已朽，呈灰白色粉状。棺下设腰坑一，南北长约 0.46、宽约 0.21、深 0.20 米，内殉 1 狗。

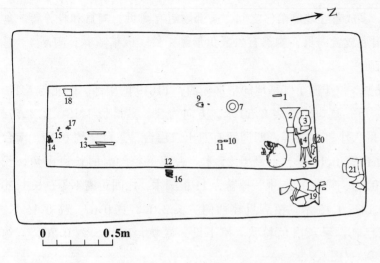

图八一　　M110 平面图

1.B 型铜凿　2.A 型铜瓡　3.BⅠ式铜觯　4.DⅡ式铜爵　5、6.玉璋　7.A 型玉璧　8.海贝（口含 6）　9.Aa 型玉鸟　10、11.陶珠　12.AⅡ式铜戈　13.海贝　14.海贝（13）　15.海贝（2）　16.A 型骨钎（6）　17.海贝（5）　18.残陶片　19.CⅣb 式陶鬲　20.残陶器　21.B 型印纹硬陶罍　22.Aa 型玉鸟（头下）　23.片形玉器（头下）

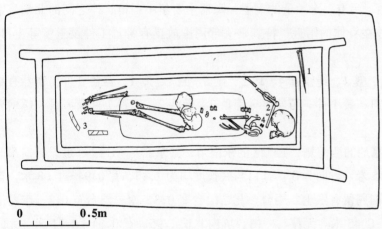

图八二　　M111 平面图

1.骨笄（2）　2.骨饰　3.骨片　4.海贝（口含 2）

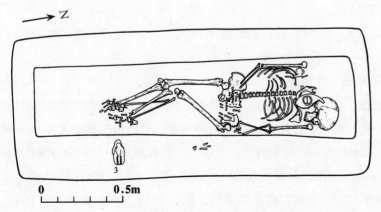

图八三　　M112 平面图

1.Ⅲ式陶豆　2.海贝（口含 2）　3.狗头骨

墓主人仰身直肢，头北面朝上。为一成年女性个体。

随葬器物以陶器为主，多放置在北侧棺椁之间，头部附近有海贝、陶簋和骨笄等。盆骨附近有骨结核。胸和足附近放置海贝，胸部有象牙鱼形觿1件。该墓随葬有陶鬲1、簋2、罍2、罐1等。（图八五）

M121 1998年秋季发掘。位于南Ⅰ区墓地的中部偏西，T1819的中部。西北与M119和M120为邻。开口第②层下，墓口距地表0.50米。方向为8°。墓口长3.18、宽1.57、口至底深1.50米。底与口的大小基本相等。四周留有熟土二层台，东台宽约0.19、南台宽0.22、西台宽0.19、北台宽0.19米，台高0.25米。一椁一棺。椁两长边出角，长3.01、宽1.20、厚0.08～0.10、残高0.25米。椁盖为11根圆木，之间距离不等，长1.20～1.24米不等，直径为0.10～0.15米。棺靠近椁西侧，长2.09、宽0.67、高0.15米。椁、棺痕迹清晰，木结构已朽，呈灰白色粉状。棺下设一腰坑，南北长约0.70、宽约0.40、深0.20米，内殉1狗。（图八六）

墓主人仰身直肢，头北面东，上肢伸向西侧。为一男性个体，年龄在55～60岁。

随葬器物以陶器为主，另有一定数量的铜器，陶器主要集中在棺、椁之间的北端，铜器主要集中在棺内。另外在身体的附近，特别是头部周围放置有骨匕1件及玉管等，口、胸和足放置有海贝。

该墓随葬陶器有鬲1、簋1、绳纹罍4、罐2、壶2、瓿1、斝1、器盖2件，铜器有觯1、瓟2、尊1、爵2、戈1、铃1件，另外还有骨匕2、骨镞2、玉管1件及海贝、螺蛳壳等。

M122 位于南Ⅰ区墓地的西南侧，T2722的东南角，其东北与M123邻近。开口第②层下，墓口距地表深0.45米。方向为5°。墓口与底长度均为2.45、宽0.94～1.08米，口至底深0.52～0.64米。四周留有熟土二层台，北二层台宽0.3、南二层台宽0.2、东西二层台宽0.2、台高0.38～0.45米。无椁。一棺。坑南北长1.95、宽0.64～0.71米。无腰坑。（图八七；图版二七，2）

墓主人骨架保存较好，头北，仰身直肢，上肢叠压于胸部。为一成年男性，年龄在40岁左右。

在头骨右上方有2件骨笄和1件骨器。

M123 1998年秋季发掘。位于南Ⅰ区墓地的西南部，T2622的西北侧，北为M118，西南为M122。开口第②层下，墓口距地表0.45米。方向为8°。墓口长3.00、宽1.60、口至底深1.35米。口底大小基本相等。四周留有熟土二层台，东台宽约0.35、南台宽0.35、西台宽0.31、北台宽0.23～0.29米，台高0.64米。一棺，棺两长边出角，长2.47、宽0.93、厚0.04、残高0.54米。棺盖上残存有5块盖板，长0.95米左右，宽0.07～0.11、厚0.02米。棺底纵向铺6块底板，长2.22、宽0.09～0.12、厚0.02米。棺下无腰坑，在

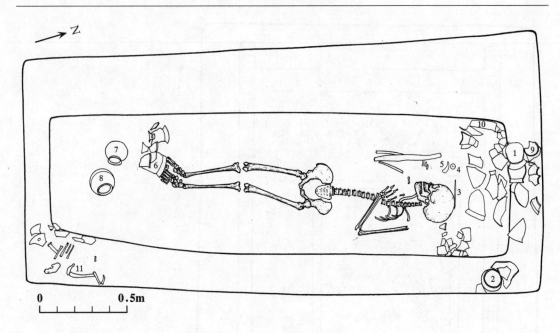

图八四　　　M114平面图

1.Ba I 式旋纹陶罐　2.B II 式陶瓿　3.A型骨笄　4.C型纺轮　5.牙器　6.陶鼎　7.Ba I 式旋纹陶罐　8.A II 式旋纹陶罍　9.Ba III 式陶簋　10.C III 式绳纹陶罍　11.兽骨

图八五　　　M118平面图

1.D I 式陶簋　2.Bb III 式旋纹陶罐　3.象牙鱼形觿　4.A II a式陶鬲　5.D II 式陶簋　6.C IV 式绳纹陶罍　7.B II 式陶罍　8、9.骨笄　10.骨结核　11.海贝（14）　12.海贝（4）

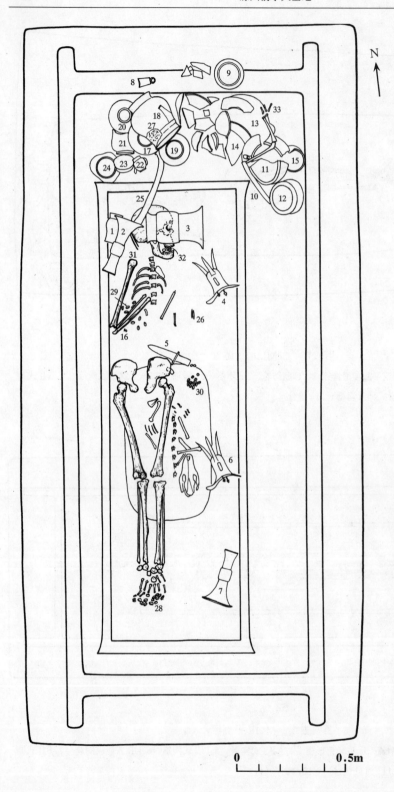

图八六　　M121 平面图

1.BⅠ式铜觯　2.EⅡ式铜瓿
3.BⅢ式铜尊　4.F 型铜爵
5.AⅢa式铜戈　6.F 型铜爵
7.EⅡ式铜瓿　8.Ba 型铜铃
9.AⅢ式陶器盖　10.C 型骨匕
11.CⅢ式陶簋　12.CⅢ式绳
纹陶鬲　13.BⅠ式绳纹陶鬲
14.BⅠ式绳纹陶鬲　15.AⅡ式
绳纹陶罐　16.A 型玉管
17.AⅢ式旋纹陶罐　18.AⅡ式
陶壶　19.AⅠ式绳纹陶鬲
20.AⅣ式陶瓿　21.A 型陶罍
22.B 型陶壶　23.AⅢ式陶器
盖　24.CⅡ式陶鬲　25.B 型骨
匕　26.B 型骨镞(2)　27.
螺壳　28.海贝(13)　29.海
贝(9)　30.海贝(11)
31.骨笄　32.海贝(5)　33.
兽骨

0　　　　　　　0.5m

东侧二层台上殉 1 狗。(图八八;图版二七，3)

墓主人仰身直肢，头北面东，上肢向上弯曲。为一男性个体，年龄在 40 岁左右。

随葬器物以陶器为主，分布比较分散，主要在南北两侧二层台上。陶器有簋 1、盉 1、尊 1、旋纹罐 2、旋纹罍 2 件，在头部附近有铜觚、爵各 1 件及象牙笄 3 件。

M124 1998 年秋季发掘。位于南Ⅰ区 T2322 的西侧。东侧与之并列的为 M125，可惜已被盗掘。开口第②层下，墓口距地表 0.45 米。方向为 4°。墓口长 2.85~2.50、宽 2.00、口至底深 2.45 米。唯南壁向外倾斜，其余三壁均由口向下斜内收。墓底长 2.83、宽 1.55 米。四周留有熟土二层台，东台宽约 0.50、南台宽 0.28、西台宽 0.25、北台宽 0.25 米，台高 0.55 米。一椁一棺。椁两长边出角，长 2.30、宽 0.98、厚 0.05~0.07、残高 0.45 米。椁盖是为 10 根圆木，之间距离不等，长 1.05~1.10 米不等，直径为 0.05~0.16 米。棺紧贴椁内侧，长 2.17、宽 0.85、高 0.35 米。椁、棺均呈灰黑色粉末状。棺下设腰坑一，南北长约 0.65、宽约 0.40、深 0.10 米。腰坑内和东二层台中部各殉狗 1 只。(图八九)

墓主人仰身直肢，头北，上肢伸向西侧。为一男性个体，年龄在 40 岁左右。

随葬器物以陶器为主，而且数量较多，大部分集中在棺室南北两端及西二层台的北侧。种类有陶鬲、罐、甗、尊、簋、纺轮、壶、瓶、豆、盉和原始瓷簋。玉鱼放在墓主人的口部。玉璜、戈、玦、坠、斧和骨管置于颈部。而在膝盖部放置有玉璧、蝉和骨鱼等。墓中虽然随葬玉器多达 9 件，陶器近 20 件，另有原始瓷尊、绿松石管等，但墓中无青铜礼器。反观无腰坑的 M127 却有铜觚、爵各 1 件，反差明显。椁上及棺上有多件漆器，保存不好，都无法剔取。

该墓随葬陶器有鬲 2、罐 1、甗 1、尊 1、簋 1、壶 2、瓶 1、豆 2、盉 1、卣 1、碗 1、纺轮 2、珠 1、原始瓷簋 1 件，玉器有璜 1、璧 1、戈 1、玦 2、坠 1、斧 1、蝉 1、鱼 1 件，铜器仅有铜刀 1 件，另外还有象牙鱼形觿 1、骨钎 3、骨管 4、蚌环 2、蚌勺 2 以及砺石 4 件。

M127 1998 年秋季发掘。位于南Ⅰ区墓地的西南部，T1922 与 2022 之间。东侧与之并列的有 M128、M129，西侧并列的为 M126，四座墓葬基本平行排列。开口第②层下，墓口距地表深 0.30 米。方向为 8°。墓口与底尺寸一致，长 3.33、宽 1.68 米。口至底深 2.30 米。四周有二层台，南二层台宽 0.63、东二层台宽 0.45、北二层台宽 0.4、西二层台宽 0.23 米，台高 0.65 米。一椁一棺，棺长 2.04、宽 0.51~0.60 米。棺北宽南窄，残高 0.35、厚 0.03 米。盖上纵向铺架 2 根圆木，长 2.07、直径 0.06 米。椁两长边出角，长 2.31、宽 0.93~1.0、厚 0.05 米。两端稍宽，中部凹收。椁上由北向南横 10 根圆木，长约 1.00、直径 0.05~0.10 米。无腰坑。(图九〇;图版二八，1)

墓主人仰身，头北面东。为一男性个体，年龄在 40~45 岁。身体上遍撒一层薄朱砂。铜觚位于头顶处，铜爵在头右侧，骨笄紧贴头右。口含海贝。左上肢附近有玉戈、玉

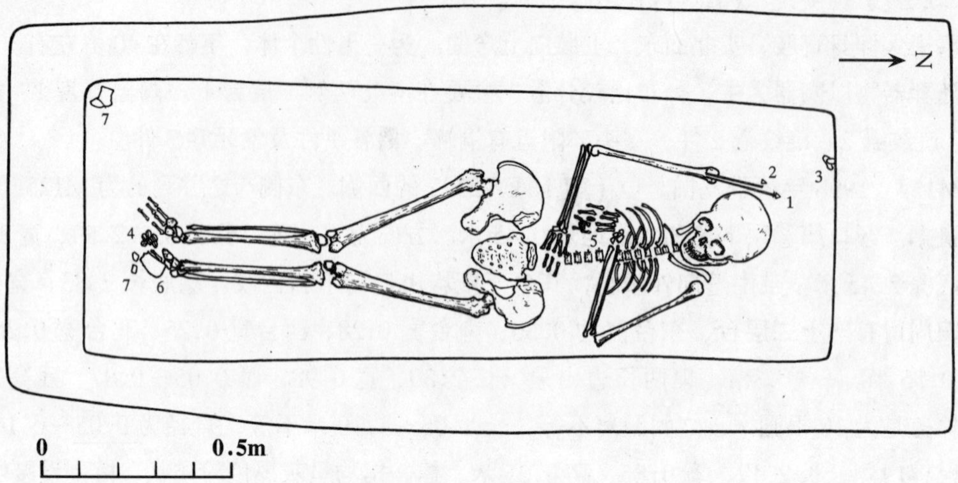

图八七　M122平面图

1、2. 骨笄　3. 骨管　4. 海贝（6）　5. 海贝（8）　6、7. 陶片

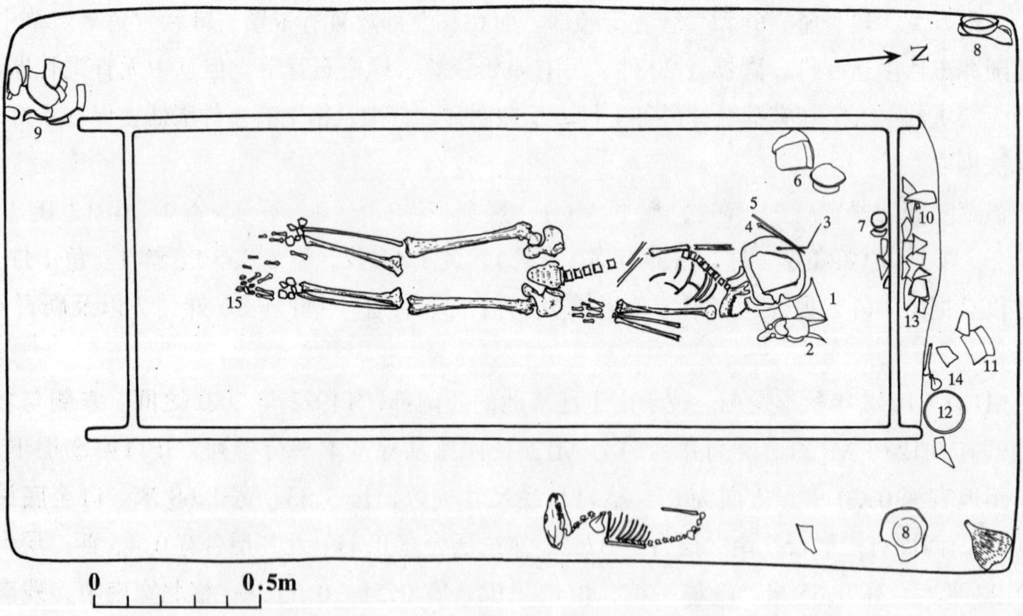

图八八　M123平面图

1.CⅠ式铜觚　2.DⅠ式铜爵　3～5.A型象牙笄　6.CⅠ式陶簋　7.BbⅡ式旋纹陶罐　8.BⅡ式陶盉　9.AⅡ式陶尊　10.A型骨销　11.BaⅡ式旋纹陶罐　12.AⅡ式旋纹陶罍　13.AⅠ式旋纹陶罍　14. 兽骨　15. 海贝（6）

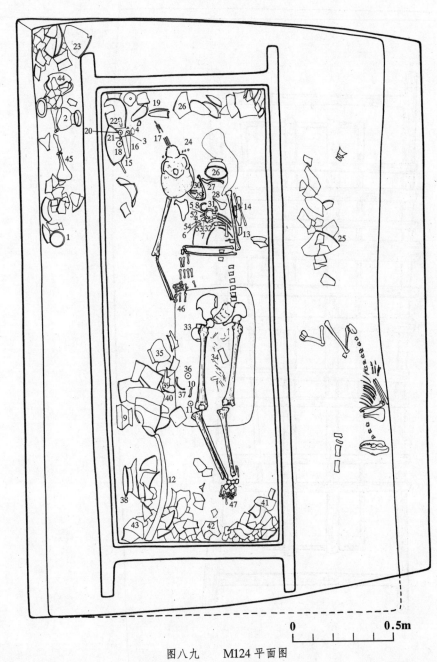

图八九　　M124 平面图

1、2.Ⅳ式陶豆　3.AaⅠ式玉戈　4.蚌环　5.玉玦　6.C型玉坠　7.玉斧　8.玉玦　9.原始瓷簋　10.B型玉蝉　11.陶珠　12.骨器　13.Aa型铜刀　14.Ba型玉鱼　15、16.A型砺石　17.A型骨钎（3）　18.A型纺轮　19.CⅠ式陶壶　20.B型纺轮　21.B型骨管　22.A型砺石　23.陶瓢　24.蚌环　25.AⅠ式陶尊　26.陶碗　27、28.B型蚌勺　29、30.A型骨管　31.Ba型玉璜　32.海贝（5）　33.小陶罐　34.B型骨管　35.AⅠb式陶鬲　36.A型玉璧　37.象牙鱼形觿　38.CⅠ式陶瓶　39.BⅠ式陶鬲　40.A型砺石　41.陶卣　42.BaⅠ式陶簋　43.AⅠ式陶壶　44.AⅠ式陶盉　45.兽骨　46.海贝（7）　47.海贝（5）

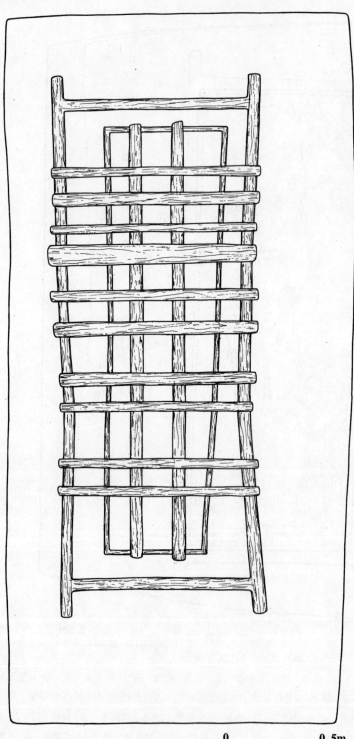

N

图九〇-1　M127棺椁
结构复原图

0　　　　　　　　0.5m

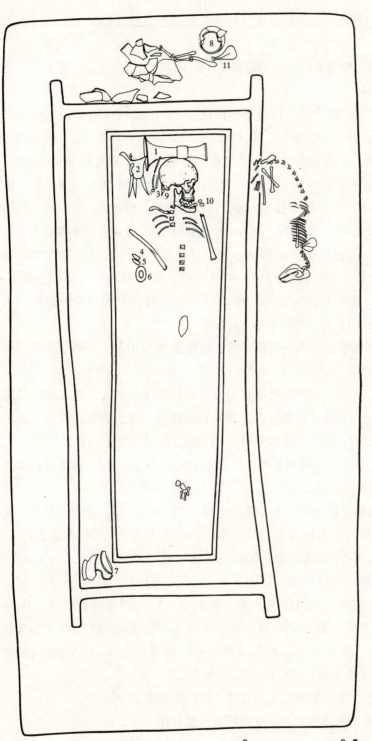

图九〇-2　　M127平面图

1.BⅠ式铜觚　2.DⅡ式铜爵
3.A型骨笄　4.AaⅠ式玉
戈　5.AaⅠ式玉戈　6.A型
玉璧　7.BⅠ式陶瓿　8.BⅢ
式陶器盖　9.A型骨笄　10.
海贝（6）　11.兽骨

0　　　　　　　　0.5m

璧。椁、棺西南角之间有一陶罐。北二层台上有陶簋及兽肩胛、肢骨数根。东二层台北侧有殉狗1只。

该墓随葬器物有陶瓿1、器盖1件，铜器有觚1、爵1件，玉器有戈2、璧1件，另有骨笄2件及海贝等。

M128　1998年秋季发掘。位于南Ⅰ区墓地的西南部，T1922的中南部。东侧与之并列的为M129，西为M127。开口第②层下，墓口距地表0.30米。方向为5°。墓口长3.55、宽1.80、口至底深3.15米。唯南壁向外倾斜，其余三壁较平直。墓底长3.70、宽1.78米。四周留有熟土二层台，东台宽约0.36、南台宽0.50、西台宽0.21~0.28、北台残宽0.31米，台高0.60米。一椁一棺，椁两长边出角，由于墓葬北部被盗扰，所以棺、椁的长度无从准确地观察。椁残长2.07、宽1.12、厚0.08、高0.6米。椁盖残存5根圆木，之间距离不等，长1.20~1.24、直径0.09~0.10米。棺置椁中部，残长1.43、宽0.68、残高0.25米。棺上纵向铺3块盖板，残长1.32~1.40米不等，宽在长0.11~0.12、厚0.02米。棺下同样铺3块木板，残长1.25~1.36、宽0.15、厚0.02米。棺下设一腰坑，南北长约0.79、宽约0.35、深0.15米，内殉1狗。（图九一）

墓主人仰身直肢，上肢被盗扰。为一女性个体，年龄在30~40岁。身体上遍撒一层薄朱砂。

北部因被盗扰，在棺、椁之间随葬器物摆放的位置和种类无从判断。在北部的二层台上清理的随葬品以陶器为主，有簋、豆等。在盆骨附近发现有玉虎、玉管。在足下清理出铜器7件，包括有鼎、簋、罍、残斝、觚和觯等。（图版二八，2）

该墓随葬陶器有簋2、豆1件，铜器有簋1、分档圆鼎1、觚2、罍1、觯1件，玉器有蝉1、虎3、管1和残铜器1件。

M130　1998年秋季发掘。位于南Ⅰ区墓地的南部，T1523的中部。打破M132。开口第②层下，墓口距地表0.50米。方向为8°。墓口长2.74、宽1.55~1.75、口至底深2.35米。四周留有熟土二层台，东台宽约0.22~034.、南台宽0.20、西台宽0.35~0.43、北台宽0.23米，台高0.56米。一椁一棺，椁的长度2.30、宽1.02、厚0.05米左右，高0.53米。椁盖用15根圆木铺成，之间距离不等，长1.18~1.22米不等，直径为0.08~0.11米。棺置椁中部，长1.92、宽0.53、厚0.05、高0.36米。棺底纵向铺4块木板，长1.85米、宽在0.11~0.12、厚0.02米。棺下设腰坑一，南北长约0.84、宽约0.40、深0.10米，内殉1狗，另外在椁盖板上有殉狗1只。（图九二）

墓主人仰身直肢，上肢交叉于胸前。为一女性个体，年龄在25~30岁。

在头部用3件骨笄束发，胸部有1对玉虎，脚下放置有骨片。

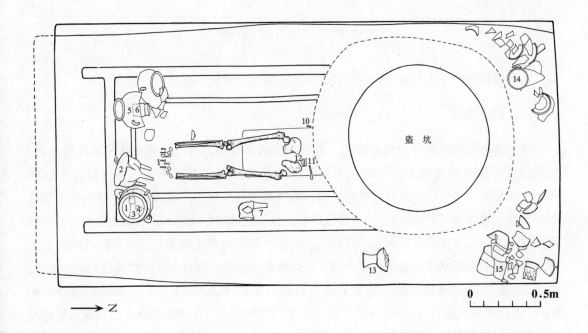

图九一　　　M128 平面图

1.BⅠ式铜簋　2.BⅠ式铜分裆圆鼎　3、4.BⅡ式铜瓿　5.A型铜叠　6.CⅠ式铜觯　7.残铜器　8.A型玉蝉　9.Ab型玉虎　10.A型玉管　11、12.Aa型玉虎　13.Ⅴ式陶豆　14.AcⅡ式陶簋　15.AaⅡ式陶簋（8、9盗坑出土）

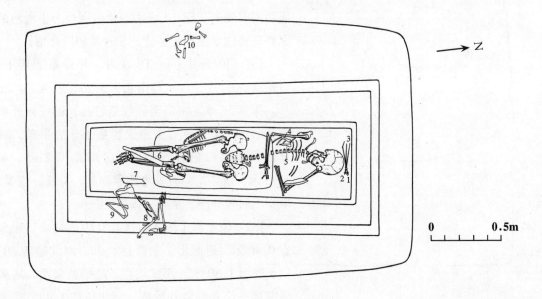

图九二　　　M130 平面图

1～3.A型骨笄　4、5.Aa型玉虎　6、7.骨片　8、9.兽骨

第四节　祭祀遗存

这类遗存在前掌大墓地中发现的较多。主要有墓上建筑、祭祀坑、殉兽坑等。

一、墓上建筑

北区墓地有多座墓葬存留有柱洞、夯土基础和础石等，根据其分布状况和排列位置，应是分别建在这些墓葬上的房屋，而且一般多是将墓室和墓道覆盖其下。如北Ⅰ区的BM4，在墓室、墓道底部留有立柱的柱洞，墓口周边经过清理，出土有多个排列有序的柱洞以及散水设施等（见图四四），表明该建筑设施是经过精心规划，正规施工而营造的一座墓上建筑物。又如在北Ⅱ区M205的墓室口四角，待墓内填土夯平后，利用较纯净的黄土在墓的四角上夯成基础。墓道东壁外侧土层含沙量太多，又刻意在这一壁筑成一堵夯土墙，近墓道口部内外加筑夯土墙，并重复夯实柱洞（见图四九）。在北Ⅱ区M203、M206和M215上口四角残留有2~3个柱洞，看不出平行对称关系。推测这些墓上也可能有过地面建筑物，但现在已经大部分被毁。

二、祭祀坑

墓地共清理3座祭祀坑，均集中在南Ⅰ区，属西周时期的2座，1座为春秋时期。为了资料的完整，将这3座祭祀遗迹放在一起加以介绍。

JS1　位于南Ⅰ区T808内，开口第③层下，口距地表0.95米。坑口南北长5.70、东西宽4.75米，深2.56米。由口至底收缩较甚，四壁向外掏成弧凹状，壁上留有多道耒齿痕迹。底平整，局部地方有黄白色含沙硬面。底南北长3.95、宽3.75米。坑西南角有一堆陶器碎片，为鬶、罐类。堆积土层较纯净，杂有一些灰土。

JS2　位于南Ⅰ区T1024和T1025内。口距地表0.40米。近圆形。东西径5.20、南北径5.20、口至底深1.80米。四壁较直，底平整坚硬。底部居中有一长方形竖井形坑，南北长约1.45、东西宽1.60、深约1.2米。坑内堆积以草木灰烬为主，间有陶片，以鬲、罐类残片常见，与生活废弃物有明显区别，似燎祭后剩余物形成的。坑口的西

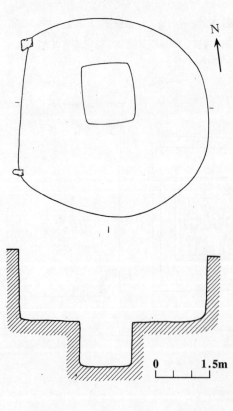

图九三　祭祀坑JS2平、剖面图

南、西北各有一块础石，一般径约 0.20～0.30、厚约 0.05～0.08 米，似为承柱的基石。（图九三）

JS3 位于南Ⅰ区 T521，开口第②层下，口距地表 0.45 米。为比较规整的近方形，四角和四壁的转角明显，壁较直。口长 3.70、宽 3.40 米。口向下约 0.40 米处，有一由碎石铺成的平面。在平面的居中处，以较平整的石片垒砌成一近方形竖井式坑。坑长 1.40、宽 1.30、深 3.50 米。坑口、壁规整，所选石块虽大小不一，但平整面均朝外。坑中堆积以草木灰烬为主，偶尔杂有陶片。越往下则为湿黏的灰土。可能是燎祭过程中所烧的禾本科植物所形成的。从其出土层位和竖井中所出陶片分析，其时代应属东周时期。

三、殉兽坑

这类遗存主要为殉牛、马和狗。均分布在南Ⅰ区墓地，计有殉牛坑 1 座、殉马坑 1 座和殉狗坑 1 座。分别编号为 SK1、SK5 和 SK7。（附表一三）

SK1 位于 T802 内，JS1 祭祀遗迹北侧。开口第③层下，口距地表 0.50 米。平面呈不规则长方形。残长 1.90、宽 1.45、深为 0.45～0.60 米。坑中置一匹牛，牛的骨骼完整，头向西北，前、后肢交叠在一起压在腰下，似为捆绑状。（图九四）

SK5 位于 T922 内。开口第②层下，坑口距地表 0.70 米。为不规则椭圆形。长 3.00、宽 2.84、深 0.78 米。坑中堆积着大量草木灰土，并杂红烧土渣。突出的是坑中有较多的残碎马骨，除此之外还有 17 枚铜泡以及铜镞、骨镞、骨锥等遗物。从马骨、各类遗物及草木灰土观察，是肢解了的马与其他器物共同埋入坑穴之中。

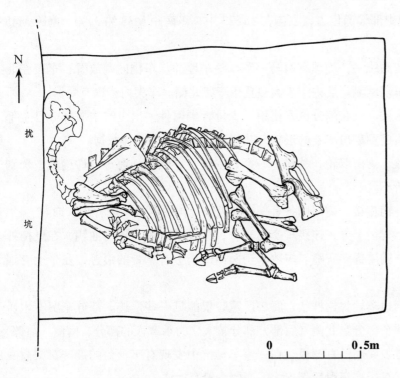

图九四 殉兽坑 SK1 平面图

SK7　位于 T901 南部，坑口距地表 0.2 米。长 0.65、宽 0.35、深 0.2 米。坑中置一狗，头朝北，四肢朝西。坑被近代扰沟破坏。

第五节　车马坑与马坑

一、概　述

在前掌大墓地共发掘 5 座车马坑和 4 座马坑。1998 发掘时曾将两座车马坑单独加以编号，为与以往车马坑编号相统一，我们将其改为 M131 和 M132。这样五座车马坑的编号分别为 M40、M41、M45、M131、M132。（附表一四）马坑的编号分别为 MK2、MK3、MK4、MK6。

五座车马坑均分布在南 I 区墓地。按所处的位置可分成三组。

M40、M41、M45 位于整个墓区的最南端，呈东西向一字排列。其中 M41 位于最东侧，在 T433、T533 之间；M40 位于中间，在 T233、T333 之间；M45 位于西侧，在 T133 中。M40 东距 M41 约 6.80、西距 M45 约 5.00 米。

M131 位于南区墓地的西北部，主体在 T1911、T1912 之间，北距 M109 约 15.60、南距 M132 约 46.00 米。

M132 位于南区墓地中部偏南位置，主体在 T1523 中，东南距 M38 约 3.00、南距 M45 约 46.60 米。

五座车马坑的形制较为统一，均埋有两马一车。整车埋葬，车辀向南放置，车舆在北侧，两马杀死后，置于车辀两侧。坑内殉人大多置于车舆北侧。车舆内多置有兵器。

马车的主体结构为木质，仅在部分位置使用了少量青铜附件。出土时木质部分已全部腐朽，只能根据残存的痕迹剥剔出车子的形状，并测量各个部位的具体数据。

车子的结构基本一致，均由双轮、独辀、一衡、双轭、一轴、一舆等部件构成，个别部位仅在具体尺寸上有所不同。

车衡在车辀前端，与辀相接。衡两侧各有一只轭束马。衡的两端一般有衡末饰。

车辀位于车的中部，车衡下方，连接车衡与车轴，并上承车舆。辀为曲辀，在近衡处上扬。部分辀首端有軜。辀尾部多有踵。多数车辀两侧的衡上有革带的痕迹，在带上有铜泡等装饰。

车舆多为长方形。四边车轮为栏杆状，腐朽严重，仅能见一些痕迹。部分车舆有木质隔断，将车舆分为前后两个部分。北侧（后部）部分较大，为承载人的部分。南侧（前部）较小，为放置器物的地方。舆底铺有荐板。在一座车马坑中发现有车伞盖的痕迹。舆前一般有轵。舆后大多有踵。车门在车舆后部正中，两侧一般有栏饰。

车轴贯穿车舆底部，上承车舆，并与两侧的车轮相连。车轴两端有铜制车䎟辖制住车轮。

车轮的辐条数在 18～22 根之间。在车轮上未见有青铜附件。

两匹马置于车辀两侧。马身上有精美的装饰，马头有勒，部分腹部有肚带。在车舆前、马头附近发现有辔的痕迹。舆前的辔有两条、三条、四条等多种情况，每匹马的嘴部应各有两条辔带由镳伸出。辔上也有铜泡等饰件。

在随葬车马的方式上，前掌大南区墓地也表现出自身的特点。五座车马坑都是与主墓分开，单挖一个坑，整车随马埋葬，这类车马坑，要挖轮槽，舆后埋殉人。马车装饰华丽，特别是马头上勒的装饰各有特色。车舆内放置有随葬的兵器、玉器、牙器和骨器等。

南Ⅰ区墓地的 M18 中没有采用与上述五座车马坑一样的方式。而是将一辆整车拆开成轮、轴、辀、衡、舆等散件，直接放入墓主人的墓内、二层台上和椁顶上，而驾车的马匹则在主墓附近另穴埋葬。从总体上来说，这个时期整车另穴埋葬是主要的，而散车随葬则是次要的。

二、车马坑

M40　坑口呈梯形。方向为 188°。坑口距地表 0.40 米。坑口南北长 3.82、北侧宽 3.20、南侧宽 2.60、坑深 2.15 米。为放置宽出坑壁的两侧车轴，在距北壁 1 米的东西壁上向外侧挖有宽约 0.20、进深约 0.25 米的凹槽。坑内填经过夯打的黄沙土。（图九五；彩版一五）

（1）车辆情况

衡直径 0.08～0.09 米。仅在衡东端见有铜衡末饰，西端未见。车辀两侧均有轭。在车衡中部，车辀两侧有革带穿过，上面还饰有兽面形铜泡和圆形铜泡。

车辀可能折断，位于西侧马身上，具体长度不详。辀横断面作圆形，直径 0.08～0.12 米。辀叠压在轴上，具体衔接方法不详。辀尾端有铜踵。

车舆因腐朽及挤压，平面不甚规整，大体呈长方形，东西长 1.30（南侧）～1.60（北侧）、南北宽 0.80（西侧）～1.00（东侧）、残高 0.25～0.35 米。车轮为栏杆状，四角各有 1 根残高 0.35 米左右的立柱，直径 0.06～0.08 米。在车前侧残留有 4 根高 0.30 米的立柱。栏杆内外髹红漆，有黑地、红白两色的彩绘，具体图案不清。距舆的前端 0.15～0.25 米处，有一栅栏式木质隔断，将车舆分为前后两部分。此隔断东侧与车舆相交处有一件骨管。车舆底部铺四块木板构成的荐板。车舆前后有轵和踵。舆后的车门宽 0.70 米。门两侧有栏饰。（彩版一六，1）

车轮因腐朽过甚呈不甚规整的圆形。牙宽 0.05～0.08、厚约 0.06 米。仅残存 7～9 根辐条。根据迹象判断，原有 22 根辐条。从下半部测出车轮直径 1.20～1.40 米。轮与舆间距 0.30～0.35 米。

车轴置于事先挖好的沟槽中。车轴长 3.10、直径 0.06～0.07 米。车轴两头有铜軎和

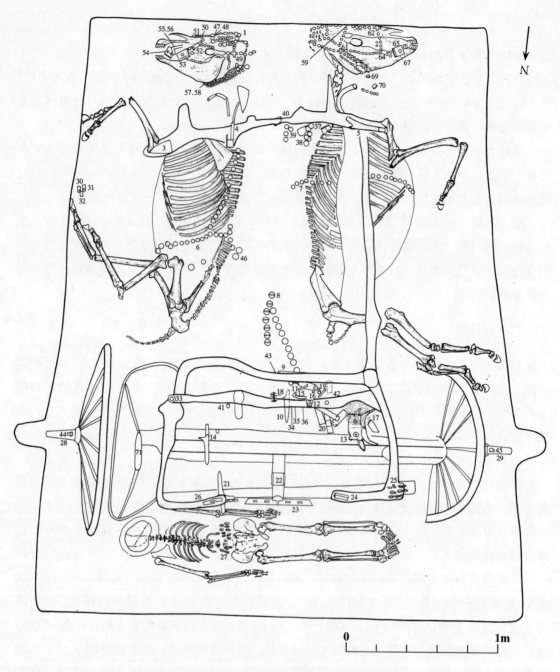

图九五　车马坑 M40 平面图

1、2.Aa 型铜泡　3.Aa 型铜衡末饰　4、5.A 型铜轭　6、7.Aa 型铜泡(肚带)　8.Aa 型铜泡(16)　9.Aa 型铜刀　10.C
Ⅰ式铜戈　11.A 型铜弓形器　12.玉笄帽　13.B 型铜青　14.D 型铜戈　15.A 型铜鞭策　16.CⅡ式铜戈(11下)
17.金箔　18.A 型铜镞(4)　19.骨器　20.B 型铜青　21.AⅣb 式铜戈　22.A 型铜踵管　23.铜踵板　24.铜栏饰
25.海贝　26.铜栏饰　27.海贝(14)　28、29.A 型铜軎　30~32.A 型骨管　33.铜柱饰　34.Bb 型铜斧　35.B
型铜凿　36.Bb 型铜锛　37.Ba 型铜泡　38.Ac 型铜泡(6)　39.Aa 型铜泡(4)　40.Ba 型铜泡　41、42.A 型骨管
43.A 型铜轵　44、45.A 型铜辖　46.Aa 型铜泡　47.铜当卢　48~50.B 型铜节约　51、52.C 型铜节约　53、54.Ab
型铜镳　55、56.铜钉齿镳　57、58.A 型铜节约　59.铜当卢　60~62.B 型铜节约　63、64.C 型铜节约　65、66.Ab
型铜镳　67、68.铜钉齿镳　69、70.A 型铜节约　71.漆盾牌

铜头木键辖。

（2）马匹情况

车前驾有两匹马。马置于车辀东西两侧的浅土槽内，两马背部相对，马头分别朝向东西。右服马前蹄向腹部弯曲，后蹄高置于车轮上。左服马四肢曲向腹部。马骨架和部分马饰件上有席痕。

马身上有衬垫物。在两马中部和肩胛骨部位有可能为皮革类的半圆形衬物，上有红、白、黑三色彩绘。

马身上有穿缀有铜泡的皮条构成的肚带，马头部有勒，由鸡心形当卢、穿缀铜泡的革带、节约、衔与镳等构成。（图版二九，1、2）

舆前有繁。繁亦由穿缀有铜泡的皮条构成。皮条腐朽后，由上附着的铜泡可见其大致形状。右服马的肚带与繁垂直相交。车舆前的繁呈"人"字形分布。

（3）殉人情况

殉葬人葬于车舆后边。殉人为年轻男性个体，年龄在30～35岁。葬式为俯身直肢，头东面下，头部置于一坑中，右上肢压在舆下。腰部放置海贝108枚。骨骼上有席痕。

（4）随车器物放置情况

车马坑内器物多置于舆内。舆的东部有红、白、黑三色组成的彩绘。彩绘下放置铜戈1件。近车门处置1件铜戈。舆内西南角有铜胄1件。铜胄东侧放置1件弓形器及配件2件（彩版一六，2）。弓形器北侧有1件残骨器，下部有1件玉簪帽。弓形器南侧放置着可能装于纺织品口袋中的铜锛、凿、斧等。舆的中部偏南处放置铜戈1件。戈的东侧有10件铜镞。镞下有贴金箔的铜胄，附近还有胄的护顶和护颈部分构件。

舆与东侧车轮间倾斜放置1件皮质盾牌。

左服马后蹄间放置3件穿孔骨器，用途不详。

M41　该车马坑被墓葬M43打破。坑口呈梯形。方向为186°。坑口距地表0.55米。坑南北长4.30、北侧宽3.40、南侧宽2.70米。坑深2.40米。坑内填土经过夯打。（图九六；彩版一七；图版三〇）

（1）车辆情况

车衡长1.85、宽0.08～0.10、厚约0.09米。衡两端有衡末饰。衡末饰南侧略低处各有一管形饰。衡上有2个铜轭置于马颈部。轭下可能有皮质轭垫，上有红、黑彩绘。

车辀长2.66、直径0.06～0.09米。辀首部上扬约0.10米。辀顶端有轫。辀尾部有铜踵。

车舆为长方形，东西长1.40、南北宽0.97（东侧）～1.05（西侧）米。栏杆式车轮，上层横栏厚0.04米。前轮可见到4根宽约0.03米的立柱。舆四壁栏杆内外皆有红色漆皮和彩绘痕迹。舆底部有木板铺就的荐板的痕迹。前后车轸有轫和踵。车门宽0.50米。门两

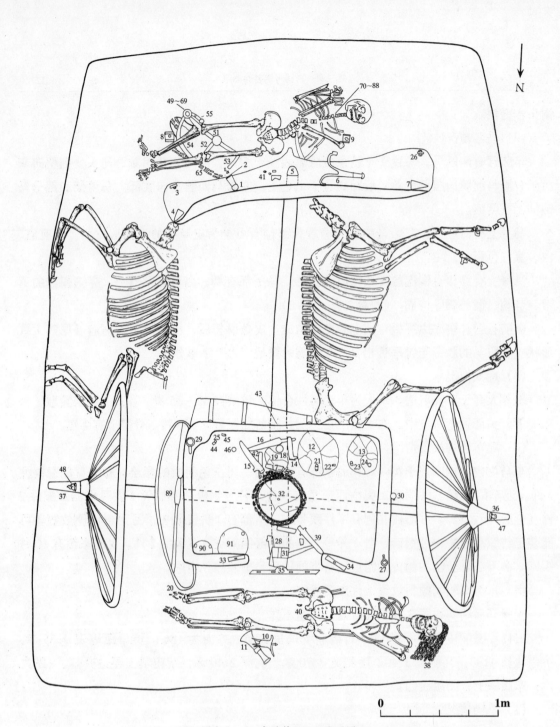

图九六　车马坑 M41 平面图

1.A型铜轭首　2.A型铜轭肢　3.C型铜衡末饰　4.Aa型铜衡末饰　5.铜轪　6.A型铜轭　7.Aa型铜衡末饰　8、9.Aa型铜镳　10.BⅡ式铜爵　11.D型铜瓠　12、13.金箔　14.Ba型铜斧　15.AⅠb式铜戈　16.CⅡ式铜戈　17.Bb型铜锛　18.铜销　19.金箔　20.海贝(6)　21～24.A型骨管　25.Aa型铜泡　26、27.C型车饰　28.B型铜凿　29、30.铜柱饰　31.A型铜踵管　32.车伞盖顶饰　33、34.铜栏饰　35.铜踵板　36、37.B型铜軎　38.海贝　39.AⅠb式铜戈　40.绿松石　41.海贝(6)　42.Bc型铜刀　43.A型铜軏　44.A型骨笄帽　45、46.A型骨管　47、48.B型铜辖　49、50.铜钉齿镳　51.铜鼻梁带饰　52、53.铜额带饰　54、55.铜鼻带饰　56、57.铜颊带饰　58、59.铜颊带饰　60.铜衔　61、64.Ba型铜泡　65.Ca型铜泡　66、67.A型铜节约　68、69.Aa型铜镳　70、71.铜钉齿镳　72.铜鼻梁带饰　73、74.铜眉带饰　75、76.铜鼻带饰　77、78.铜额带饰　79、80.铜颊带饰　81.铜衔　82～85.Ba型铜泡　86.Ca型铜泡(50枚)　87、88.A型铜节约　89.漆盾牌　90、91.漆器(49～69为左侧马头饰,70～85为右侧马头饰)

侧的轮上有栏饰。车轮的东南角和西北角各有一带环的铜柱饰。

车舆正中有伞盖的痕迹，大部分腐朽，仅存有青铜盖顶饰，另有82枚海贝分两圈环绕在它的周围。（彩版一八；彩版一九，1、2）

车轮因挤压所致成椭圆形。车轮直径1.45~1.50、轮牙宽0.05~0.06米。厚约0.05米。因保存较差，难以推算辐条总数。轨宽2.30米。

车轴长3.10米。车轴两端有铜质车軎，中有铜质通体辖贯穿。

（2）马匹情况

车前驾有两匹马。两马置于车辀东西两侧的浅土槽内，两马背部相对，马头分别朝向东西。左服马四肢曲向腹部。右服马前腿微曲，后腿略直。马骨上下皆有席纹。

马头有勒，由铜鼻梁带饰、条带饰、兽面形节约、衔与镳构成，马颈部有颈带，颈部轭下有椭圆状彩绘及皮革残痕。（图版三一，1；图版三二）

在辀近舆的位置有辔的遗留。辔由饰有铜泡的皮条构成，皮条均腐朽，仅存有3行共计21枚铜泡。

（3）殉人情况

坑南北各置有一殉人。北侧殉人置于舆后，为30岁左右男性。葬式为仰身直肢，头西面上，上屈肢。头部北侧有排列成形的海贝镶嵌的头饰。在下肢左侧放铜爵和铜觚各1件。两件铜器均有纺织品包裹的痕迹。殉人骨盆下有3枚海贝饰件和1枚绿松石饰件。南侧殉人置于马前，为30~35岁的男性。葬式为头西面北，仰身直肢。（图版三一，2）上肢均曲向右肩，似为捆绑所致。无随葬品。殉人压于马头上。

（4）器物放置情况

随葬品多置于车舆中。车舆南部叠压排放铜戈3件，铜凿3件和铜削1件。铜器下及舆的东南角皆铺有朱砂。中部朱砂下有金箔。东南角朱砂中嵌有3件骨管器，不见金箔铺底。舆南部及西南部有2件直径约0.17米的椭圆形金箔。每块金箔上嵌有2件骨管器。舆西部有麻织品痕迹。舆上下均铺有席子。

舆的东边与车轮间置一微向东倾斜的弧形盾牌。

M45 该车马坑被一条晚期扰沟打破，西侧车轮上部少部分被破坏。坑口近方形，方向为184°。坑口距地表0.70米。坑口南北长3.20（西侧）~3.40（东侧）、东西宽3.20米。坑深2.35米。坑底与坑口尺寸基本一致。坑内填土经过夯打。（图九七）

（1）车辆情况

车衡长1.83、宽0.08~0.10、厚约0.09米。衡的两端有衡末饰。东侧衡末饰高于西边衡末饰约0.30米。衡上车轭间距1米。轭下有三角形皮革轭衬垫，上有红、黑色彩绘。衡中部、车辀两侧有条带，发现2组海贝，上还饰有兽面纹铜泡。

车辀长2.45、宽0.08~0.09、厚0.05~0.06米。车辀尾部有长方形铜踵。

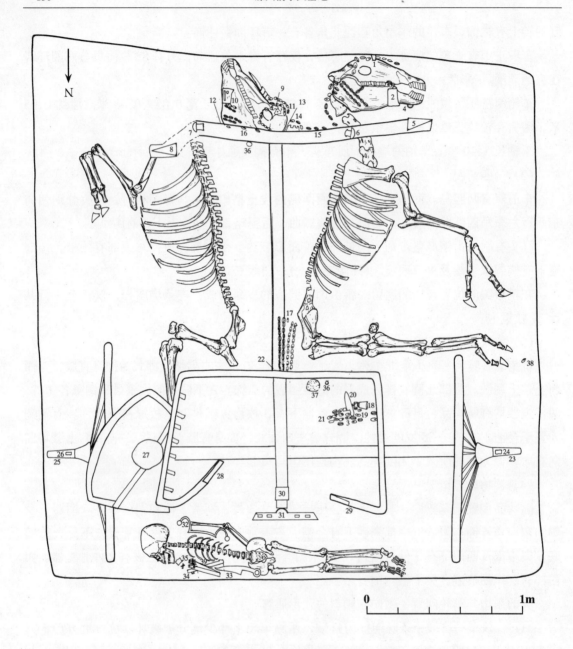

图九七　　车马坑 M45 平面图

1. 铜当卢（鎏金）　2.B 型铜镳　3.CⅡ式铜戈　4.Aa 型铜泡　5.Ab 型铜衡末饰　6、7.B 型铜軶首　8.Ab 型铜衡末饰　9. 铜当卢（鎏金）　10.B 型铜镳　11. 海贝　12、13.Ba 型铜泡　14～17. 海贝　18.C 型铜铃　19. 海贝（9）　20.AⅠa 式铜戈　21. 海贝（5）　22.A 型铜軏　23.A 型铜軎　24.A 型铜辖　25.A 型铜軎　26.A 型铜辖　27. 漆盾牌　28、29. 铜栏饰　30.A 型铜踵管　31. 铜踵板　32.A 型铜弓形器　33.Ac 型铜刀　34.A 型铜鞭策　35.A 型铜镞　36.Aa 型铜泡　37. 金箔　38. 海贝　39. 铜弓帽（34 号下）

车舆变形较严重。舆为长方形，东西长 1.23（南侧）～1.40（北侧）、南北宽 0.77（东侧）～0.80（西侧）米。车轮为栏杆式，轮上层横栏厚 0.04 米。东侧可见 7 根宽约 0.03 米的立柱。车子底部铺有木板构成的荐板。舆四周内壁栏杆上有红色漆皮痕迹。车门宽 0.68 米，车门两侧车轮上各有 1 件长方形栏饰。前轸中部有轧，后轸中部有踵。

车轮直径 1.42～1.45、轮牙宽 0.05～0.06、厚约 0.04 米。辐条间距约为 0.22 米。推算辐条应为 20 根。车轮间距 2.20 米。

车轴长 3.07 米。车轴两端有铜车軎和铜头木销车辖。

（2）马匹情况

车前驾两匹马。马置于放在车辀两侧的浅土槽内，背部相对，头部分别朝向东西。左服马四肢弯曲。右服马前肢弯曲，后肢伸直。马身上下均铺有席子。右服马头部至腹部撒有朱砂。左服马的前腿部也撒有少量朱砂。

马头部有勒，由圆形当卢、穿缀海贝的革带、铜泡、衔与镳等构成。马额上有一周装饰海贝的金箔。

辔亦由装饰着海贝的皮条组成，皮条已腐朽，仅在辀近舆前发现 4 行海贝，每行约为 11 枚，长约 0.28 米，东边 2 行正面放置，西边 2 行背面摆放，是为近舆的辔。

（3）殉人情况

殉人用席子包裹置于车舆后边。为 25～30 岁男性。葬式俯身，头东面北。殉人身上有少量朱砂。人右臂处置 1 件弓形器。左手弯曲放在肩部，手握 8 枚铜镞。上臂骨和下臂骨中间放置 1 件可能为箭囊附件的铜器。腹部左侧有 1 件铜刀削。（彩版二〇）

（4）器物放置情况

坑内器物多车舆内外。

舆内西南角放有 1 件铜铃、1 件直内戈，2 组海贝，及一长 0.10、宽 0.05 米的椭圆形金箔。金箔的附着物不明。

车舆外东侧与车轮间放置 1 面盾牌。

M131　平面近梯形，方向 184°。坑口距地表 0.75 米。南北长约 3.50、北壁宽约 3.35、南壁宽约 2.70 米。坑深 1.20 米。由车马坑宽度所限，为容纳宽出坑壁车轴，在东、西壁距北壁约 0.90 米处各向车马坑外侧挖出进深约 0.10～0.15 米的弧形凹槽。（图九八；彩版二一，1）

（1）车辆情况

车衡位于车辀前端，为一根长 1.33、直径 0.06～0.07 米的圆木。东端略向车舆一侧弯曲。衡的东西两端内侧各竖置一轭。（图版三三，1）

车辀置于车舆底部，车轴之上，由辀端至踵的水平长度为 2.74 米。接近车衡处缓缓向上弯曲，上扬约 0.15 米。车辀为直径 0.07 米左右的圆木，近踵端车辀逐渐过渡为梯形，

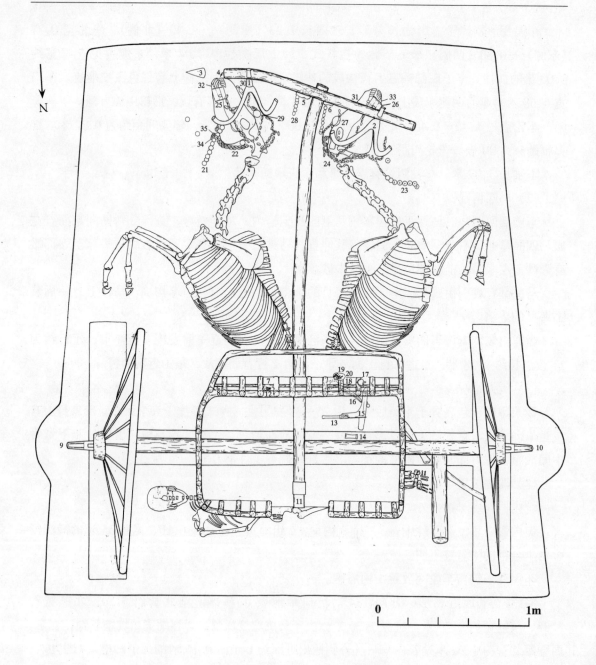

图九八　　　车马坑 M131 平面图

1、2.A 型铜轭　3.Aa 型铜衡末饰　4.C 型骨镞　5、6.Ba 型铜泡　7.金箔　8.骨器　9、10.B 型铜軎　11.B 型铜
踵管　12.A 型铜镳　13.象牙鞭策　14.B 型骨管　15.AV 式铜戈　16.B 型铜弓形器　17.铜柱饰　18.象牙鱼形
觿　19.A 型铜镞（5）　20.金箔　21.Aa 型铜泡　22.海贝　23.Aa 型铜泡　24.海贝　25、26.Aa 型铜镳　27.
铜当卢　28.Aa 型铜泡　29.铜当卢　30、31.Db 型铜泡　32、33.Aa 型铜镳　34、35.A 型铜节约

以便与车踵套接。

车衡中部有革带 2 组，上饰蝶形铜泡和圆形铜泡。

车舆位于轴、辀相交处之上。平面应为圆角长方形，东西长 1.17（南侧）～1.34 米（北侧），南北宽 1.02 米。由于后代扰动和破坏，顶部被破坏，残存高度约为 0.34 米。车门宽 0.38 米。门两侧车轮各有立柱 5 根，并有 1 根横栏连接各立柱。西轮较直，由 9 根立柱构成，并由 1 根横栏连接。后轮、东西轮的立柱直径 0.04、横栏直径 0.03～0.035 米。

车舆由一栅栏状的隔断分隔成南北两部分。北部宽 0.84 米，是车舆的主要组成部分；南部宽 0.18 米。中间的隔板由 11 根立柱构成，并由 1 根横栏连接，立柱直径 0.04、横栏直径 0.03 米。

舆前无轵，舆后无踵。

车轴位于车舆底部车辀下面，横穿两毂而出。车轴通长 3.09 米。截面为圆形，其位于两毂之间的部分直径约为 0.09 米，入毂之后逐渐变细。两端分别套有铜质车軎，辖键为木质，已然朽毁，出土时軎孔处见有朽木痕迹。

由于后代扰动和破坏，车舆两侧车轮的顶部被削去少部分（线图上车轮为复原后的样子）。东侧车轮顶部略向车舆侧倾斜，两轮轮距为 2.32 米。

东侧车轮直径约 1.57～1.60 米，有 22 根辐条。毂长 0.24、毂最大径 0.19、毂端径 0.11～0.17 米。轮牙厚 0.04～0.05、宽约 0.09 米。西侧车轮直径约 1.61 米，有 22 根辐条。毂长 0.18、毂最大径 0.20、毂端径 0.18 米。辐条截面均为圆形，长约 0.66、直径 0.02～0.04 米，近毂端较细，近轮牙端较粗。两轮的轮牙厚 0.04～0.05、宽约 0.08 米。

在车舆与西侧车轮之间的车轴下有一直径 0.11 米的圆木，已残，推测是安置车辆时用的撬杠。

（2）马匹情况

两马侧卧于车辀东西两侧，脊背相对，腹部向外，马的后腿压在车舆前侧下。

马头部位有勒，由圆形当卢、穿缀单行海贝的革带、节约和镳构成。（图版三三，2）

辔为缀有铜泡的皮条构成。因皮条已不可辨，仅能从残存的皮条推想其布局。两侧马头上各残存一列铜泡，各约有 12 枚，应为辔的一部分。

（3）殉人情况

殉人压在车舆后侧，紧贴车箱的北侧边缘，头部露出车舆东侧，足部露出车舆西侧。殉人为一 18～20 岁的男性。头向东，面向下。葬式为俯身直肢，双手呈反剪状缚于背后。

（4）器物放置情况

随葬器物都出于车舆南部，此处应该是放置杂物的专用隔层。在东侧有铜镞、金箔、骨器等；西侧器物集中，包括铜戈、铜镞、弓形器、柱饰、象牙鱼形觿、金箔、骨管等。

M132　此车马坑被墓葬 M130 和现代盗坑所侵扰，部分遗迹被破坏，右服马及车衡被完全破坏，东侧马的前肢也被少量破坏。

坑口形状可大致复原，呈梯形。方向为182°。坑口距地表0.42米，。坑南北长3.40、东西宽2.40~2.90米。坑深1.57米。东侧坑壁向外扩0.15~0.20米。为容纳宽于坑的车轴，在东西两壁距北壁约0.70米处向外各挖有一宽约0.40、进深0.10米的凹槽。坑内填土为黄褐细沙五花夯土。夯法为馒头夯，夯窝直径为0.03~0.04米，夯层不明显。（图九九；彩版二一，2）

（1）车辆情况

车衡为直径约0.07米的圆木。西部被破坏，残长1.05米。东侧衡端有一铜衡末饰。轭除轭首为铜质外，其余均为木质。轭颈和轭肢下附有皮革轭垫，上有红漆皮。轭通高0.54米。（图版三四，1）

车辀为一长2.68、直径0.08米的圆木制成。曲辀，在近衡处上扬0.38米。车辀尾部有一长方形铜踵。（图版三四，2）

在辀首部两边各有8枚一行的铜泡，为革带的残留。

车舆分为前后两部分，前后用木质栅栏式隔断隔开。前部较小，呈梯形，长1.06（南侧）~1.20（北侧）、宽0.26米。后部较大，亦呈梯形，长1.26（北侧）~1.45（南侧）、宽0.56（西侧）~0.59（东侧）米。车轮为栏杆式，轮上层横栏厚0.04、舆四角立柱直径0.06米。前后车轸处有轨和踵。车舆底部铺有荐板。舆后车门宽0.40米。后车门两侧有高约0.40米"田"字形轮。轮上有栏饰。

西侧车轮内侧和车舆南侧各出土1件铜柱饰和骨销（彩版二二，1）。柱饰内有圆木的痕迹。圆木正好和舆四角有歪倒的木圆柱相连接，可能为固定车伞盖所用。

车轮略有变形，呈圆形，竖径1.38、横径1.43米。牙宽0.05、厚0.06米。有辐条18根。辐条靠车牙部宽0.04、靠车毂处宽0.02米。辐条入牙内0.02米。车毂长0.35米，中间大两头小，两端直径0.12、中间0.18米。两车轮间距2.27米。车轴为直径0.08米的圆木，长3.03米。车轴两侧有铜车軎和铜头木销辖。（图版三四，3）

（2）马匹情况

车舆前驾两匹马。右服马大部分被破坏，仅余部分后肢骨。左服马的前腿也被现代盗坑破坏。马置于车辀的两侧。由残存痕迹可判断出两马腹部相对放置。两匹马的后腿压在车舆下。马上下均有席子。（彩版二二，2）

在辀与衡的交接处及马的颈部、辀中部两侧有一些成串的铜泡饰，应为马头部马勒和辔上穿缀的铜泡。

（3）殉人情况

殉人置于车箱后边。为一20~25岁的男性。葬式为俯身直肢葬，头东面北。口含1枚海贝，双手各放有3枚海贝。

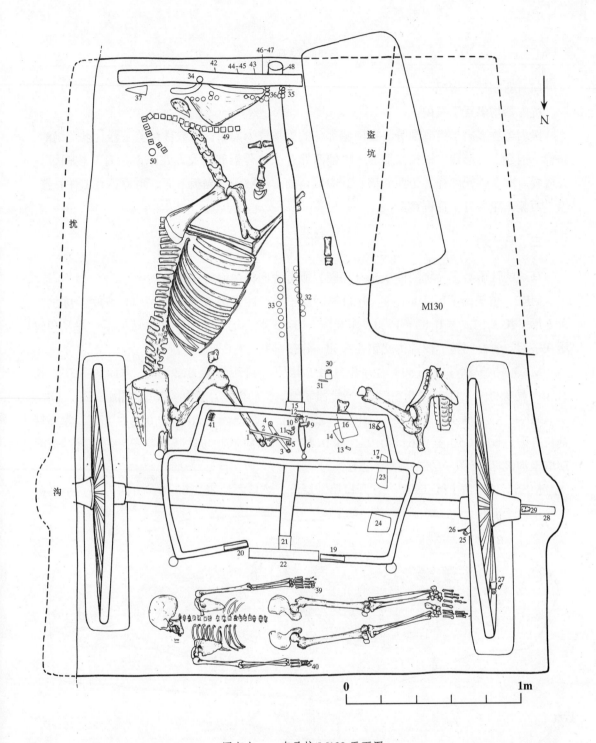

图九九　　车马坑 M132 平面图

1. 玉泡　2.D 型铜鞭策　3.Ac 型铜刀　4.B 型玉牌饰　5.A 型玉牌饰　6.A 型铜弓形器　7.E 型骨笄帽　8.A 型玉牌饰　9.B 型玉觽　10.E 型骨笄帽　11.Ba 型玉牛　12.铜扣弦器　13.C 型骨笄帽　14.E 型铜戈　15.B 型铜轵　16.铜牌饰　17.C 型骨销　18.铜柱饰　19、20.铜栏饰　21.A 型铜踵管　22.铜踵板　23、24.铜牌饰　25.铜柱饰　26.C 型骨销　27.Db 型铜铃　28.A 型铜軎　29.A 型铜辖　30.铜柱饰　31.C 型骨销　32.Aa 型铜泡（8）33.Aa 型铜泡（8）34.A 型铜轭　35、36.Aa 型铜泡　37.Aa 型铜衡末饰　38.海贝（5）39.海贝（8）40.海贝（8）41.A 型铜镞（10）42.Ac 型铜泡　43～47.Ba 型铜泡　48.Aa 型铜镳　49.Cb 型铜泡（21）50.Ab 型铜泡

（4）器物放置情况

坑内器物多置于舆内。

舆内器物多出于南侧部分。在南侧部分的器物较为集中，有数件精美玉器，以及铜泡、铜管、铜刀、弓形器、铜扣弦器等。略偏西处有1件骨器和铜戈。在东南角有9枚铜镞整齐放置。有2件铜牌饰置于西北部。其中偏南的1件被压在隔板下面，附近还有1件骨器。

西侧车轮外有1件铜铃。

三、马　坑

马坑的性质与车马坑的性质基本相同，所有我们将他们放在一起叙述。

MK2　位于南Ⅰ区T901内。开口第②层下，口距地表0.50米。方向为90°。坑呈圆角方形。长3.55、宽0.83~1.20、深0.30~0.55米。坑中置两匹马，马头相对并互相叠压在一起。骨骼完整，四蹄都交错在一起，作捆绑状。（图一〇〇）

MK3　位于南Ⅰ区T808内。开口第②层下，口距地表0.20米。方向为160°。长2.30、宽0.90~1.20、深0.50米。马骨骼完整。头向西南。（图一〇一；图版三五，1）

MK4　位于南Ⅰ区T808内。开口第②层下，口距地表0.20米。方向为275°。为不规则长方形，长2.05、宽0.67~0.93、深0.45米。头向东。马骨骼基本完整，仅腰部被晚期取土沟破坏。（图一〇二；图版三五，2）

MK6　位于南Ⅰ区T907内。开口第②层下，坑口距地表0.50米。方向为6°。呈椭圆

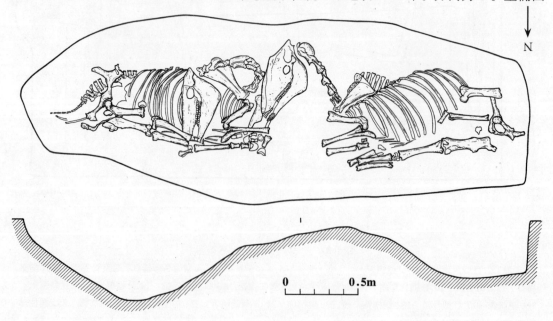

N

0　　　　0.5m

图一〇〇　　马坑 MK2 平、剖面图

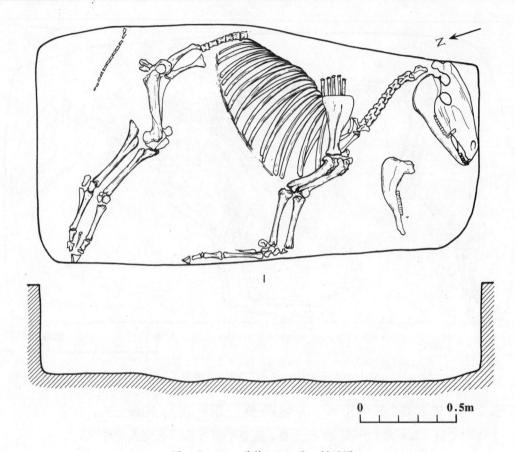

图一〇一　　马坑 MK3 平、剖面图

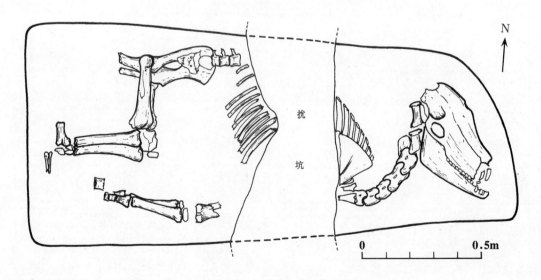

图一〇二　　马坑 MK4 平面图

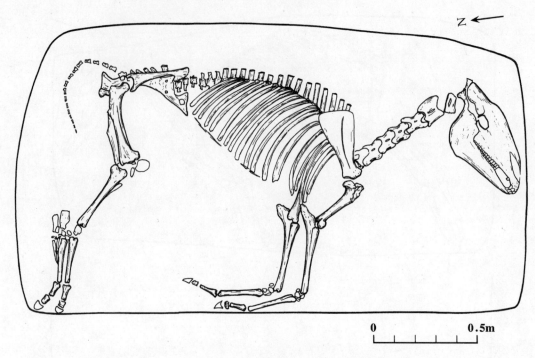

图一○三　　马坑 MK6 平面图

形，长 2.50、宽 1.35、深 0.50 米。马骨骼完整。（图一○三；图版三五，3）

　　上述四个殉马坑附近相间有 10 座小墓，这些小墓可能具有殉人的性质。

第四章 商周时期墓葬的随葬器物

第一节 陶瓷器

一、陶 器

前掌大墓地出土各类陶器294件，分别出土于62座墓葬中，这些陶器大多为实用器，少部分为明器。实用陶器中以鬲、罐、甗、簋、豆为主，此外还有尊、斝、盆、盉、瓶、盘、甑、鼎等。

陶器质地以泥质陶为主，夹砂陶较少。泥质陶的陶质细腻，比较纯净，但没有经过淘洗，少数器物的泥胎中仍然含有很细的砂粒，这些与陶土夹杂在一起的细砂粒显然不是当时有意掺入的。陶器的火候普遍较低，器表一般打磨光滑。夹砂陶的器类以鬲为主，另有甑、盆、斝、盉等。由此我们可以看出夹砂陶一般以三足器为主，泥质陶以平底器和圈足器为主。

泥质陶一般以灰色为主色调，灰黑色和灰褐色次之，另外还有少量橙红陶、磨光黑皮陶。夹砂陶的颜色比较复杂，主要为灰褐色，红色和红褐色次之，另有少量的黑、灰陶。由于一部分陶器火候不匀，在同一器物上呈现出不同的颜色。

纹饰以绳纹为主，另有方格纹、附加堆纹、刻划纹、旋纹、弦纹、压印纹、按压纹、网格纹、戳刺纹等，余皆素面。素面陶器多为磨光，有些陶器的素面部分是在制坯时将留下的绳纹部分抹平后留下的，这种现象在簋、甗、罐一类器物的纹饰间形成，部分尚保留有未抹平的绳纹痕迹。不同的器物使用的纹饰多寡不一，有的仅使用一种纹饰，有的则同时使用两种以上的纹饰。

绳纹有粗细之分，在排列上分斜行、竖行、横排和交错等多种情况，这种情况一般在不同的器物种类上有不同的表现，绳纹多施于鬲、斝、盉、甑、簋、罐、甗、瓮、盆等。不同器类上的绳纹也有差别，在夹砂陶上的绳纹往往比较深，基本通体饰绳纹。泥质陶上采用局部和多种纹饰相结合的装饰方法，一般与旋纹、刻划纹同时使用。

旋纹和弦纹多见于罐、簋、甗、尊的颈部和圈足等部位，一般环绕器身一周或数周，以旋纹居多，它是借助轮制过程用工具刻划出来的。这种纹饰较明显，深浅宽窄均匀，首

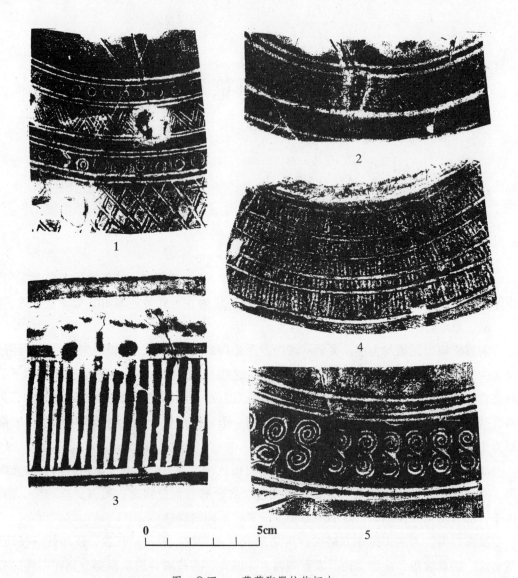

图一〇四　　墓葬陶器纹饰拓本

1. 联珠纹＋刻划三角纹＋网格纹＋旋纹（瓿 M203:6）　　2. 方格纹＋简化兽面纹＋旋纹（瓿 BM3:12）　　3. 简化兽面纹＋瓦棱纹＋旋纹（簋 M203:26）　　4. 绳纹＋旋纹（罐 BM3:50）　　5. "S"形纹＋旋纹（瓿残片 M2）

尾衔接，多道旋纹时一般等距排列（图一〇四～图一〇六）。

刻划纹多见于罐、簋、罍的腹部、肩部。附加堆纹多为泥饼，见于罐、罍的肩部。方格纹多见于罐的腹部，而压印纹和按压纹一般不作主题纹饰出现，往往起到附加和点缀的作用。（附表一五）

按用途可将随葬陶器分为炊器、食器、盛贮器、酒器、水器和小件器物。炊器主要有鬲、鼎、甗等；食器有豆、簋等；盛贮器主要有罐、罍、瓿、盆、瓮等；酒器有尊、壶等；

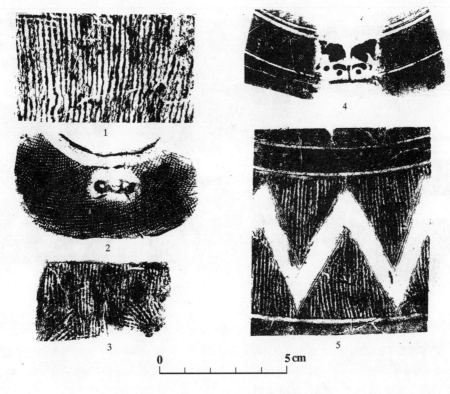

图一〇五　墓葬陶器纹饰拓本

1. 绳纹（甑 M218：1）　2. 压印方格纹（印纹硬陶瓿 M203：42）　3. 绳纹（鬲 M203）　4. 刻划三角纹＋兽首（罍 BM3：52）　5. 双线刻划三角纹带＋绳纹＋旋纹（罍 BM3：52）

水器有盘、匜、盂等；小件器物有异形器、拍、纺轮、网坠等。

　　陶器轮制为主，另外还采用泥条盘筑、模制和手制捏塑等。用轮制法制成的陶器主要有罐、罍、簋、尊、壶、瓿等，不少器物尚留有轮制时出现的细密旋痕，一些小型器物可能是一次成形的，而一些较大型的器物，特别是带圈足的器物则往往是先加工出器身，然后轮制出圈足，再将其粘合在一起。用泥条盘筑法制成的陶器主要有形体较大的盆、瓮、罐和甑等，这些器物的内壁一般留有泥条盘绕的痕迹，在器物口部有些轮制修整的痕迹。用手捏塑的陶器主要有空锥足的鬲、匜、盂和甑的足，三足的制法是先塑出三足，然后在其上再塑出腹部，最后加上口沿。模制和手制往往结合使用。

　　前掌大墓地出土的陶器，数量大，种类多，特征明显。从组合特征和形式看，既有别于商周时期的墓葬，同时也有许多商周文化的因素。如商代墓葬中盛行的以陶爵、觚随葬的现象在前掌大墓中没有出现一例，鬲的数量和占整个陶器的比例明显不如商周时期的其他墓地。罍、罐、簋成为墓葬陶器的基本组合，鬲、豆在一些墓葬中虽然仍是重要随葬器物，但出现的频率明显不及罍、罐、簋。盂的大量出现是该墓地的一个重要特征。大量

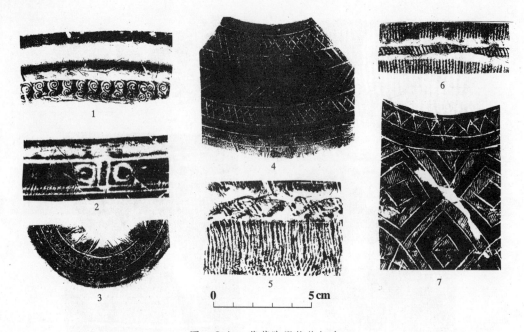

图一〇六　墓葬陶器纹饰拓本

1. 双线"S"形纹带（罍 M104:1）　2. 简化兽面纹＋刻划三角纹带（簋 M102:9）　3. 戳印圆圈纹（器盖 M46:
28）　4. 交叉网格纹（瓮 M13:6）　5. 附加堆纹＋绳纹（盆 M50:9）　6. 附加堆纹＋绳纹（盆 M31:12）　7. 刻
划回形纹＋双线三角纹＋云雷纹＋绳纹（罍 M21:53）

出现带耳器和带盖器是有别于其他墓地的又一特征。纹饰方面，绳纹上饰刮划三角形纹、竖细绳纹、刻划的网格纹等都具有典型的商代风格。所以我们认为前掌大墓地出土陶器的风格更接近商代晚期的特征，特别是在鬲、簋、罐、罍、豆等典型器物上表现的尤为明显。同时一些器物同西周初期的典型器物相似。

随葬陶器的基本组合以鬲、豆、簋、罐、罍为主，仅出 1 件陶器的墓一般以豆为多。下分述之。（附表一六）

鬲　是较常见的器物之一，共出土 26 件。整个墓地随葬陶鬲的墓葬有 20 座，南区墓地有 16 座，分别是 M13、M15、M26、M34、M46、M101、M102、M103、M106、M109、M110、M116、M117、M118、M121 和 M124。北区墓地由于大部分被盗，资料不完整，共有 4 座墓葬随葬鬲，分别是 BM3、M202、M203 和 M214。胎质以夹砂陶为主，另有少量泥质陶。根据整体特征和器足形态的不同分四型。

A 型　空锥足鬲，足较瘦，中空，横剖面呈圆形或扇形。

B 型　袋足鬲，足肥大，有的如乳状袋足，多分裆，裆足连接处分界明显。

C 型　柱足鬲，足根部为实心的圆柱体，裆部近平。

D 型　特形鬲，体积较大，小口，广肩，分裆明显。

四种鬲在形态和制法上有所不同。下面以器口、领和腹部等方面的区别和变化作为分式的标准和依据，对不同类型的陶鬲进行分式。

A型　共10件。根据器身及裆的变化可分4式。

Ⅰ式：2件。横剖面呈圆形，弧裆。依口、腹变化分2小式。

Ⅰa式：1件。身瘦小，领较高。标本M117：1，夹砂红褐陶。侈口，圆唇，直颈，下腹斜收，三实足跟。施不明显绳纹。口径12.0、高10.5厘米（图一〇七，1；图版三六，1）。

Ⅰb式：1件。身矮扁，矮领。标本M124：35，泥质灰陶。小折沿，沿面内凹，鼓腹，弧裆，小实足跟。肩部饰一道旋纹。口径10.6、高9.2厘米（图一〇七，2；图版三六，2）。

Ⅱ式：5件。器身瘦高，矮领，腹壁较直，根据裆和口的变化分3小式。

Ⅱa式：2件。侈口，方唇，窄折沿。标本M118：4，夹砂灰陶。深腹，分裆，器高与口径大体相等，通身饰规整的竖行间断绳纹。口径15.5、器高14.8厘米（图一〇七，3；图版三六，3）。标本M102：6，夹砂灰褐陶，色偏黑，部分呈黄褐。矮领，深腹，腹径和口径基本相同，高弧裆，通身饰中绳纹。口径15.5、高17.0厘米（图一〇七，4；图版三六，4）。

Ⅱb式：2件。折沿，方唇，直壁。标本M116：2，夹砂红褐陶。弧裆，颈以下饰中粗绳纹，口径大于腹径。口径11.6、高11.8厘米（图一〇七，5；图版三六，5）。标本M34：5，夹砂红褐陶。沿面微内凹，深腹、足外撇，低弧裆。饰斜粗绳纹。口径12.8、高12.0厘米（图一〇七，6；图版三六，6）。

Ⅱc式：1件。侈口，高领，弧裆。标本M101：9，夹砂灰褐陶。侈口、圆唇、束颈，腹微鼓，实足。颈下饰细绳纹，口径与器高基本相当。口径11.6、高10.8厘米（图一〇七，7；图版三七，1）。

Ⅲ式：1件。大侈口，高领，矮弧裆。标本M103：16，夹砂灰褐陶。折沿，圆唇，鼓腹，腹饰交错的绳纹，颈部饰一周旋纹。口径15.4、高14.8厘米（图一〇七，8；图版三七，2）。

Ⅳ式：2件。侈口，鼓腹，耸肩明显，弧裆。根据裆的高低和形态的不同分2小式。

Ⅳa式：1件。沿面微凹，高弧裆。标本M26：2，夹砂红褐陶。侈口，折沿，圆唇，腹微鼓，从颈以下饰粗绳纹，口径14.0、高14.0厘米（图一〇七，9；图版三七，3）。

Ⅳb式：1件。高领，矮弧裆。标本M106：5，夹砂黑褐陶。素面，侈口、圆唇，束颈、腹微鼓，口径大于高。口径9.6、高8.4厘米（图一〇七，10；图版三七，4）。

B型　共7件。根据口、领和腹的变化可分4式。

Ⅰ式：2件。侈口，宽折沿，矮弧裆。标本M124：39，夹砂褐陶。束颈、侈口、尖唇，

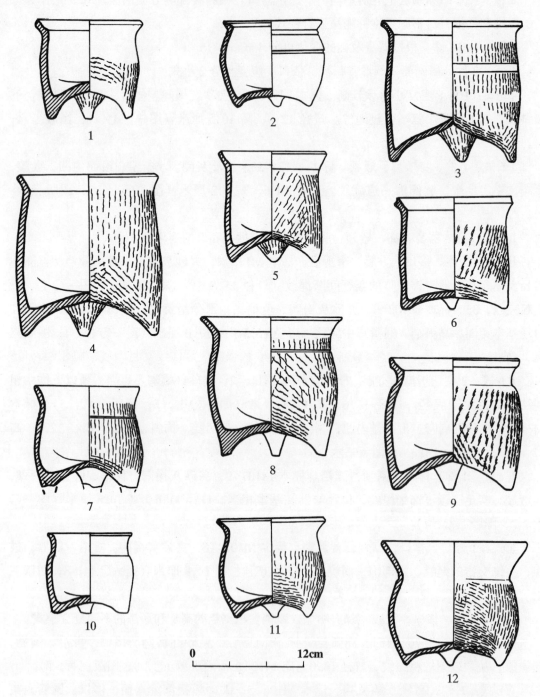

图一〇七   A、B型陶鬲

1.A型Ⅰa式（M117:1） 2.A型Ⅰb式（M124:35） 3.A型Ⅱa式（M118:4） 4.A型Ⅱa式（M102:6） 5.A
型Ⅱb式（M116:2） 6.A型Ⅱb式（M34:5） 7.A型Ⅱc式（M101:9） 8.A型Ⅲ式（M103:16） 9.A型Ⅳa
式（M26:2） 10.A型Ⅳb式（M106:5） 11.B型Ⅰ式（M124:39） 12.B型Ⅰ式（M203:25）

三个疙瘩状小实足。肩以下饰竖行中绳纹。口径大于高。口径 12.0、高 10.5 厘米（图一〇七，11；图版三七，5）。标本 M203：25，夹砂灰陶．大敞口，圆唇，鼓腹，肩以下饰竖行中绳纹。口径大于高。口径 16.0、高 13.2 厘米（图一〇七，12；图版三七，6）。

Ⅱ式：1 件。小侈口，高领，腹微鼓。标本 M202：12，夹砂灰陶。平斜沿，腹深且直，分裆，器高与口径大体相当。颈以下饰竖粗绳纹。口径 12.4、高 12.4 厘米（图一〇八，2；图版三八，1）。

Ⅲ式：1 件。大敞口，高领，尖实足。标本 M203：19，夹砂灰褐陶，陶色不均匀。圆唇，鼓腹明显，分裆。颈下饰一周旋纹，旋纹下饰细绳纹。口径 20.0、高 18.0 厘米（图一〇八，1；彩版二三，1；图版三八，2）。

Ⅳ式：3 件。折沿，高领，耸肩，根据口、领、腹和裆的变化分 2 小式。

Ⅳa 式：1 件。广肩，高分裆，高足。标本 M13：9，夹砂红褐陶。侈口、小平沿、尖唇，器高略大于口径，肩部有六个乳丁，肩以下饰较粗绳纹，腹中部一周抹平。口径 20.8、高 22.5 厘米（图一〇八，3；彩版二三，2；图版三八，3）。

Ⅳb 式：2 件。侈口，分裆，矮柱足。标本 M109：3，夹砂黑褐陶。斜平沿、方唇、腹微鼓，颈饰一周旋纹，颈下饰细绳纹。口径与高基本相等。口径 15.8、高 15.2 厘米（图一〇八，4；图版三八，4）。标本 M103：32，夹砂灰褐陶。沿面较宽且内倾，腹较圆，口径大于器高。颈部绳纹抹平。肩以下饰中粗绳纹。口径 16.8、高 14.8 厘米（图一〇八，5；图版三八，5）。

C 型　共 7 件。根据口、领和肩的变化可分 4 式。

Ⅰ式：1 件。大敞口，高领，弧裆。标本 M203：27，夹细砂灰黑陶。大口，圆唇，有肩，腹壁直，矮弧裆。由肩至足饰细绳纹。口径 16.8、高 12.6 厘米（图一〇八，6）。

Ⅱ式：2 件。侈口，折沿，腹微鼓。标本 M121：24，夹砂灰褐陶。折沿，圆唇，沿面下凹，腹较浅，弧裆。口径明显大于器高，通身饰中绳纹，腹部偏上处有一道旋纹。口径 16.6、高 13.2 厘米（图一〇八，7；图版三八，6）。标本 M103：23，夹砂灰褐陶。侈口，圆唇，三实足。腹饰麦粒状不规则绳纹。口径大于通高。口径 12.2、高 10.2 厘米（图一〇八，8）。

Ⅲ式：2 件。大敞口，圆肩，高弧裆。标本 M46：30，夹砂灰黑陶。侈口、平沿、方唇、束颈明显，沿面有一周凹槽，鼓腹，肩饰一周旋纹，旋纹以下至足饰细绳纹。高柱足。口径大于器高。口径 16.0、高 14.6 厘米（图一〇八，9；图版三九，1）。标本 M46：1，夹砂灰褐陶。侈口、圆唇、束颈。肩饰二道旋纹，以下至足饰中绳纹，鼓腹，口径大于高。口径 20.0、高 17.2 厘米（图一〇八，10；图版三九，2）。

Ⅳ式：2 件。窄折沿，高领，耸肩。根据腹和裆的变化分 2 小式。

Ⅳa 式：1 件。腹壁微鼓，高弧裆。标本 M15：4，夹砂灰褐陶。侈口、平沿、尖唇、

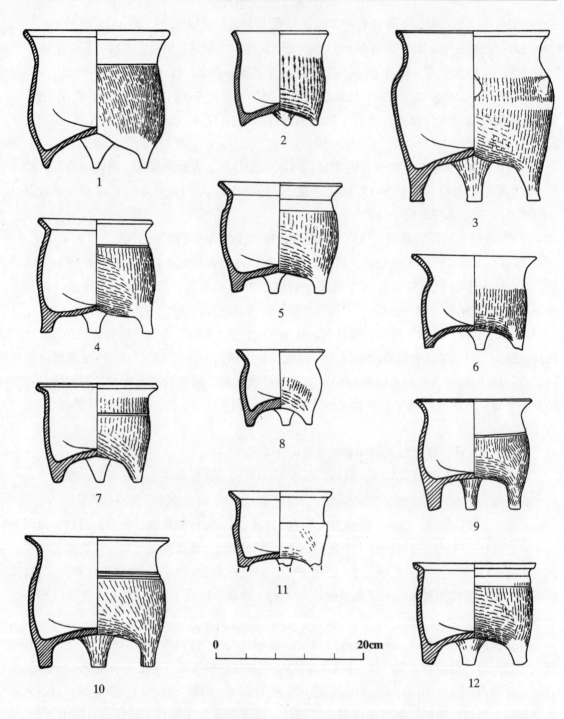

图一〇八　　B、C型陶鬲

1.B型Ⅲ式（M203：19）　2.B型Ⅱ式（M202：12）　3.B型Ⅳa式（M13：9）　4.B型Ⅳb式（M109：3）　5.B型
Ⅳb式（M103：32）　6.C型Ⅰ式（M203：27）　7.C型Ⅱ式（M121：24）　8.C型Ⅱ式（M103：23）　9.C型Ⅲ式
（M46：30）　10.C型Ⅲ式（M46：1）　11.C型Ⅳb式（M110：19）　12.C型Ⅳa式（M15：4）

颈微束，颈饰二周旋纹，腹微鼓，颈下至足饰细绳纹，口径大于高。口径 16.8、高 13.6 厘米（图一〇八，12；图版三九，3）。

Ⅳb 式：1 件。壁斜直，矮弧裆。标本 M110：19，夹砂灰褐陶。侈口，尖唇，下腹斜收，瘪裆，三实足。颈与腹的比例大体相当，饰不明显细绳纹。口径 14.2、残高 10.0 厘米（图一〇八，11；图版三九，4）。

D 型　共 2 件。根据口和肩的变化可分 2 式。

Ⅰ式：1 件。小口，斜广肩。标本 M214：1，夹砂红陶。束颈，圆唇，斜广肩，深腹，分裆，三锥足。颈以下饰粗绳纹，肩部有三道宽旋纹将绳纹隔断。口径 12.0、高 27.4 厘米（图一〇九，1；图版三九，5）。

Ⅱ式：1 件。敞口，高领，广肩。标本 BM3：16，夹砂灰陶。侈口，平沿，方唇，直颈，广肩，深鼓腹，三袋足。肩以下饰竖绳纹。口径 14.4、高 24.0 厘米（图一〇九，2；图版三九，6）。

簋　是最常见的典型器物之一，共出土 48 件。依其形态特征分为五型。

A 型　簋身呈大敞口的碗形，厚唇，圈足较矮，腹部一般饰有绳纹。根据腹部特征又可分为 Aa 型、Ab 型和 Ac 型三个亚型。

Aa 型　深腹碗型。

Ab 型　斜直壁碗型。

Ac 型　鼓腹碗型。

B 型　簋身呈盆形，厚唇，折沿明显，一般饰刻划的网格纹。根据腹部特征将其分为二亚型。

Ba 型　腹与颈的分界明显，鼓腹。

Bb 型　腹微鼓，腹与颈的分界不明显。

C 型　簋身呈盂形，敛口，尖唇，平沿，一般饰刻划纹。

D 型　簋身呈深腹碗形，高圈足，平沿，器身和圈足饰旋纹。

E 型　簋身呈仿铜簋的形态，个别的还带有附耳。

我们以上述特征为第一标准并在此基础上对各型簋进行进一步区分，区分的标准主要依据器物的腹部和圈足等方面形态的变化。

A 型　共 13 件。可分三亚型。

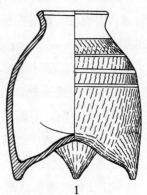

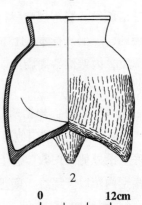

图一〇九　D 型陶鬲

1. Ⅰ式（M214：1）

2. Ⅱ式（BM3：16）

Aa 型　3 件。根据腹和圈足的变化可分 3 式。

Ⅰ式：1 件。腹部斜直，矮圈足。标本 M220：7，泥质灰陶。大敞口、平沿、方唇，上腹斜直。腹上部饰三道旋纹，下部饰一道旋纹，足饰一道弦纹。口径 25.6、底径 12.2、高 20.4 厘米（图一一〇，1）。

Ⅱ式：1 件。腹微鼓，圈足较高。标本 M128：15，泥质灰陶。侈口、卷折沿、尖唇，上腹斜直。腹上部饰五周旋纹，足饰一道旋纹。口径 26.0、底径 14.0、高 16.8 厘米（图一一〇，2；图版四〇，1）。

Ⅲ式：1 件。腹部突起明显，圈足变高。标本 M50：10，泥质灰陶。侈口、卷沿、尖唇，上腹斜直、下腹外鼓。腹部素面，足饰一道弦纹。口径 22.8、底径 14.0、19.2 厘米（图一一〇，3；图版四〇，2）。

Ab 型　5 件。根据圈足的变化可分 3 式。

Ⅰ式：1 件。直圈足。标本 M203：23，泥质灰陶。斜直口、平沿、尖圆唇，圜底。沿内侧饰一周旋纹，腹上部饰一周旋纹，中部饰斜行的浅细绳纹。口径 25.0、底径 11.5、高 18.8 厘米（图一一〇，4；图版四〇，3）。

Ⅱ式：2 件。圈足外撇。标本 M101：3，泥质浅灰陶。直口、厚方唇，喇叭状圈足。内壁饰一道旋纹，腹饰刻划的倒三角纹，内填以细绳纹。口径 25.0、底径 13.8、高 18.0 厘米（图一一〇，5；图版四〇，4）。标本 BM10：1，泥质灰陶。斜平沿，方圆唇，圜底。沿内外两侧饰旋纹，腹中部有刻划的倒三角纹，内填以网格状绳纹。三角形外侧同样饰浅绳纹。口径 19.2、底径 12.2、高 14.4 厘米（图一一〇，6；图版四〇，5）。

Ⅲ式：2 件。喇叭状圈足较高。标本 M14：1，泥质灰陶。直口、厚方唇，圜底。口下饰三道旋纹，腹饰规整斜行中绳纹。口径 21.6、底径 11.2、高 16.2 厘米（图一一〇，7；图版四〇，6）。标本 M15：7，泥质灰陶。直口、厚方唇。口下饰二道旋纹，腹饰规整斜行细绳纹，内壁饰一周旋纹。口径 20.6、底径 11.2、高 15.6 厘米（图一一〇，8；图版四一，1）。

Ac 型　5 件。根据颈、腹和圈足的变化可分 4 式。

Ⅰ式：1 件。颈内侧有折棱，喇叭状圈足。标本 M125：1，泥质灰陶。侈口，厚方唇，圜底。沿外侧为内收，腹上部饰一周窄绳纹带，中部饰有刻划的双线三角纹带并在对应的三角形内填以竖绳纹。圈足上有一周弦纹。口径 20.4、底径 13.3、高 16.6 厘米（图一一〇，9；图版四一，2）。

Ⅱ式：2 件。上腹折棱明显，圈足略高。标本 M31：10 ，泥质灰陶。侈口、厚唇，圜底。腹上部饰两周旋纹，腹刻划的倒三角纹，内填以细绳纹，足上饰一周旋纹。口径 22.0、底径 12.8、高 17.8 厘米（图一一〇，10；图版四一，3）。标本 M128：14，泥质灰陶，厚方唇，内外均涂以红彩。这是陶器中唯一一件涂彩的。敞口、斜平沿，圜底。沿内

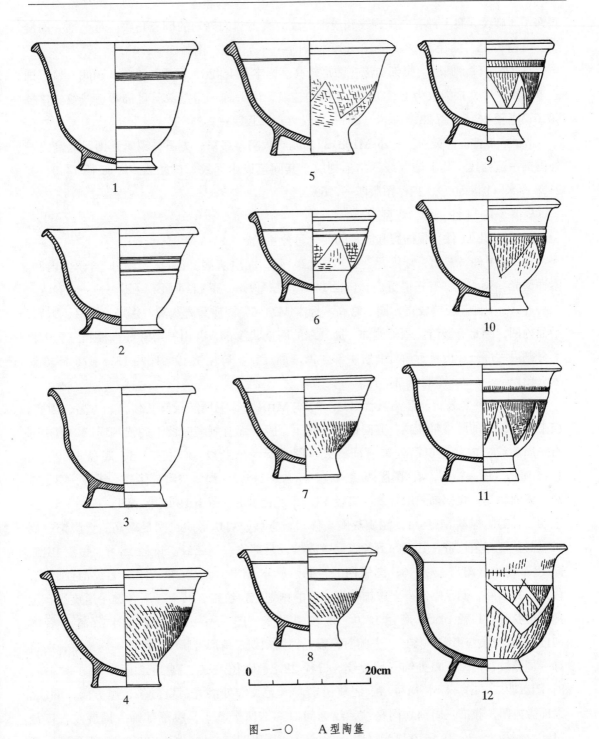

图一一〇　A 型陶簋

1.Aa 型Ⅰ式（M220:7）　2.Aa 型Ⅱ式（M128:15）　3.Aa 型Ⅲ式（M50:10）　4.Ab 型Ⅰ式（M203:23）　5.Ab
型Ⅱ式（M101:3）　6.Ab 型Ⅱ式（BM10:1）　7.Ab 型Ⅲ式（M14:1）　8.Ab 型Ⅲ式（M15:7）　9.Ac 型Ⅰ式
（M125:1）　10.Ac 型Ⅱ式（M31:10）　11.Ac 型Ⅱ式（M128:14）　12.Ac 型Ⅳ式（M103:27）

侧饰一周旋纹。腹上部有二周旋纹和浅细绳纹，腹下部饰刻划的倒三角纹。足上饰一周旋纹。口径24.5、底径12.8、高18.8厘米（图一一〇，11；图版四一，4）。

Ⅲ式：1件。圆唇，腹部加深，圈足较高。标本M46：26，泥质灰褐陶。圜底。口下饰三道旋纹，腹部饰绳纹为地纹的"T"形勾连纹，内壁饰一道旋纹，足饰数道弦纹。口径40.6、底径26.5、高28.6厘米（图一一一，1；图版四一，5）

Ⅳ式：1件。深鼓腹。标本M103：27，泥质灰陶。侈口，方唇，喇叭形圈足略高。颈外侧饰一道弦纹，其下饰双线三角形划纹，其间填以中绳纹。口径26.0、底径14.0、高21.8厘米（图一一〇，12；图版四一，6）。

B型　共14件。分二亚型。

Ba型　共11件。根据腹和圈足的变化可分4式。

Ⅰ式：1件。素面，矮圈足。标本M124：42，泥质灰陶。侈口，方唇，唇面微内凹。素面磨光。颈、腹部有三道折痕。口径14.0、底径9.8，高11.4厘米（图一一一，2）。

Ⅱ式：1件。腹壁较直，圈足略高。标本M24：6，泥质磨光灰陶。侈口，卷沿，方唇，沿面内凹，圈足有矮阶。颈外侧饰一周刻划的网格状纹带，并由三组矮竖扁棱和三乳丁将其分割成六部分，内壁近口处和腹中部各饰一周旋纹。口径19.2、底径13.5、高15.0厘米（图一一一，3；图版四二，1）。

Ⅲ式：8件。鼓腹，矮喇叭状圈足。标本M101：2，泥质灰黄陶。侈口、方唇，圜底。腹上部饰刻划的网格带状纹，其间饰四个乳丁，腹下部有制坯时留下的浅细绳纹，腹中部有一周旋纹。内壁近口沿处饰一周旋纹。圈足旋一道弦纹。口径20.5、底径15.2、高14.5厘米（图一一一，4；图版四二，2）。标本M115：3，泥质灰陶。侈口，圆唇，圈足较高，素面磨光。腹部饰三道旋纹。口径13.6、底径8.8、高10.6厘米（图一一一，5；图版四二，3）。标本M116：1，泥质灰陶。侈口，方唇，扁球形腹，圈足略高。上腹饰一周三重的刻划三角纹带，其上、下各施一道旋纹，足部施一周弦纹。口径15.6、底径10.5、高13.2厘米（图一一一，6；图版四二，4）。标本M115：2，泥质灰陶。无纹饰处磨光，侈口、宽圆唇，圈足略高。上腹饰一周三重的刻划三角纹带，其上、下各饰一道旋纹，足部一道弦纹。口径14.5、底径11.0、高12.0厘米（图一一一，7；图版四二，5）。标本M114：9，泥质灰褐陶。侈口、方圆唇，腹上部饰刻划三角形带状纹，腹饰一周旋纹、圈足饰一周弦纹，内壁近口处饰一周旋纹。口径22.8、底径16.0、高18.2厘米（图一一一，8；图版四二，6）。标本M34：7，泥质黑褐陶。无纹饰处磨光，口微侈，厚方唇，圜底。沿面微内凹，腹饰一周刻划网格纹，纹饰间对称饰两个乳丁，腹下部饰一周旋纹。口径21.0、底径15.2、高16.0厘米（图一一一，9；图版四三，1）。标本M19：3，泥质磨光黑皮陶。腹上饰一周刻划网格纹，腹中部饰一周旋纹。口径20.0、底径13.2、高15.2厘米（图一一一，10；图版四三，2）。标本M218：3，泥质灰陶。无纹饰处磨光。上腹饰一周三

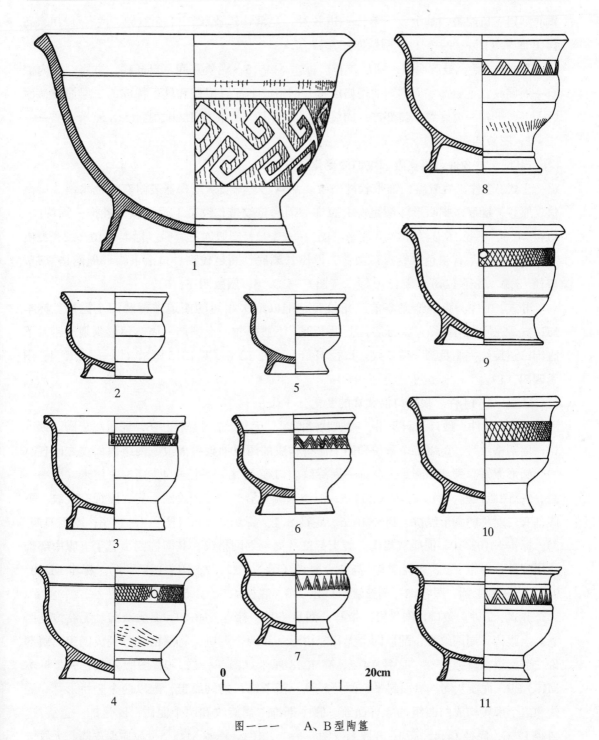

图一一一　A、B 型陶簋

1.Ac 型Ⅲ式（M46:26）　2.Ba 型Ⅰ式（M124:42）　3.Ba 型Ⅱ式（M24:6）　4.Ba 型Ⅲ式（M101:2）　5.Ba 型Ⅲ式（M115:3）　6.Ba 型Ⅲ式（M116:1）　7.Ba 型Ⅲ式（M115:2）　8.Ba 型Ⅲ式（M114:9）　9.Ba 型Ⅲ式（M34:7）　10.Ba 型Ⅲ式（M19:3）　11.Ba 型Ⅲ式（M218:3）

重的刻划三角纹带，其上、下各饰一道弦纹，足部一道旋纹。口径21.2、底径12.8、高14.8厘米（图一一一，11；图版四三，3）。

Ⅳ式：1件，鼓腹明显，圈足较直。标本M46:5，泥质灰陶。口微侈，方唇。沿内侧有一周旋纹。上腹饰一周刻划的网格纹带，网格纹上配以扉棱和乳丁构成的二组简化兽面纹，上、下各一道旋纹，腹部饰一周旋纹。口径19.6、底径15.0、高15.8厘米（图一一二，1；图版四三，4）。

Bb型　共3件。根据腹和纹饰的变化可分2式。

Ⅰ式：2件。微鼓腹，饰带状网格纹。M34:3，泥质灰陶，器表附有褐色水锈。口微侈，厚唇，圜底。喇叭形矮圈足。上腹饰一周网格纹带，纹带下及下腹部各饰一周旋纹。口径21.5、底径15.2、高15.8厘米（图一一二，2；图版四三，5）。标本M102:12，泥质灰褐陶，器表附有褐色水锈。口微侈，厚唇，圜底，圈足较高。口沿下饰一周网格纹带。口径18.2、底径12.0、高15.0厘米（图一一二，3；图版四三，6）。

Ⅱ式：1件。腹部饰刻划的三角纹带，配以依次相间的四道扉棱及四个泥饼。标本M26:1，泥质灰陶。敞口，方唇，上腹斜直、下腹弧收。上腹饰一周三角形刻划纹带，下腹饰二道旋纹，圈足饰一道弦纹。口径18.5、底径12.6、高13.5厘米（图一一二，4；图版四四，1）。

C型　共14件。根据口沿和耳的变化分3式。

Ⅰ式：4件。敛口，斜平沿，喇叭状矮圈足，无耳。标本M123:6，泥质浅灰陶。颈下饰一周网格纹带，配以二个扉棱和四个泥饼构成的两组抽象兽面纹，两组兽面纹之间各有一个圆形泥饼。颈部和圈足上各饰一周旋纹。口径12.6、底径9.4、高9.3厘米（图一一二，5；图版四四，2）。标本M203:5，泥质灰陶。沿外饰二周旋纹，肩、腹饰有旋纹。下腹部有二对称的圆形泥饼。口径10.6、底径8.4、高9.2厘米（图一一二，6；图版四四，3）。标本M102:10，泥质灰褐陶。腹上部饰一周刻划网格纹，其间饰四个乳丁。腹中部饰一周旋纹。口径9.5、底径7.0、高7.6厘米（图一一二，7；图版四四，4）。标本M220:9，泥质灰陶。颈、腹各饰一周弦纹。口径7.0、底径4.5、高5.6厘米（图一一二，8）。

Ⅱ式：7件。敛口，斜平沿，带耳，圈足略高。标本M46:9，泥质灰陶。无纹饰处磨光。上腹饰一周网纹带，配以两个无孔竖桥形耳和两个泥饼，将网格纹分割成四组，腹部饰二道旋纹。口径15.8、底径14.2、高12.8厘米（图一一二，9；图版四四，5）。标本M103:29，泥质灰陶。沿面斜平，圈足较高。沿下饰一周网纹带，配以两个竖桥形耳、泥饼和二个扉棱构成的四组抽象兽面纹，腹中部饰一周旋纹和两个泥饼，圈足饰一道旋纹。口径17.6、底径14.4、高16.8厘米（图一一二，10）。标本M25:5，泥质黑皮陶。无纹饰处磨光。上腹饰刻划的三角纹并用扉棱和竖桥形耳分割成四组，每组中饰一乳丁。下腹和圈足各饰二周旋纹。口径19.2、底径13.6、高15.6厘米（图一一二，11；图版四五，1）。

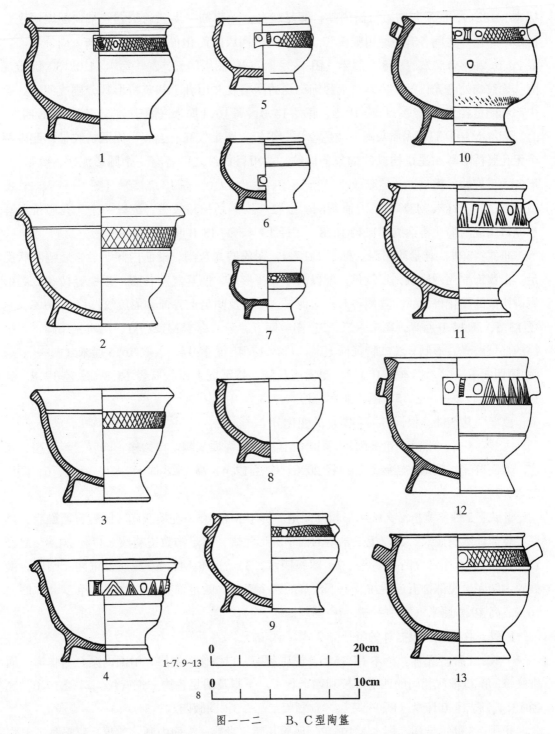

图一一二　　B、C型陶簋

1.Ba型Ⅳ式（M46∶5）　2.Bb型Ⅰ式（M34∶3）　3.Bb型Ⅰ式（M102∶12）　4.Bb型Ⅱ式（M26∶1）　5.C型Ⅰ
式（M123∶6）　6.C型Ⅰ式（M203∶5）　7.C型Ⅰ式（M102∶10）　8.C型Ⅰ式（M220∶9）　9.C型Ⅱ式（M46∶
9）　10.C型Ⅱ式（M103∶29）　11.C型Ⅱ式（M25∶5）　12.C型Ⅱ式（M102∶9）　13.C型Ⅱ式（M202∶3）

标本 M102:9，泥质灰陶。沿面内斜，圈足较高。上腹饰一周三角刻划纹带，配以两个竖桥形耳，两耳之间各有一组由竖棱和二圆形泥饼构成的简化兽面纹，下腹饰一周旋纹。口径20.0、底径15.2、高18.0厘米（图一一二，12；图版四五，2）。标本 M202:3，泥质灰陶。无纹饰处磨光，沿面内倾。上腹饰刻划的网格纹并用乳丁和竖桥形耳分割成四组。腹中部和圈足各二周弦纹。口径18.8、底径14.0、高16.4厘米（图一一二，13；图版四五，3）。标本 M103:33，泥质灰陶，颜色较深。平沿，圈足较高。上腹一周网格纹带，配以两个无孔竖桥形耳和泥饼构成的抽象兽面纹，两组兽面纹之间各有一个圆形泥饼，纹带上、下各一道旋纹，圈足饰一道弦纹。口径16.8、底径14.0、高13.2厘米（图一一三，1；图版四五，4）。标本 M31:11，泥质灰陶。上腹一周刻划三角纹带，配以两个无孔竖桥形耳和泥饼构成的简化兽面纹。口径16.8、底径13.4、高13.8厘米（图一一三，2）。

Ⅲ式：3件。球形腹略深。标本 M13:4，泥质磨光灰陶。沿面内倾明显，矮喇叭状圈足。上腹饰一周网格状刻划纹带，配以两个竖桥形耳，两耳之间各有一组由竖棱和二圆形泥饼构成的简化兽面纹，耳侧各有一对泥饼，下腹及圈足上各饰一周旋纹。口径16.8、底径13.5、高15.0厘米（图一一三，3；图版四五，5）。标本 M121:11，泥质灰黑陶，无纹饰的部位磨光。形制、纹饰特征同上器。口径17.4、底径14.4、高16.5厘米（图一一三，4；图版四五，6）。标本 M109:2，泥质浅灰陶。特征同上器。口径16.8、底径12.8、高14.8厘米（图一一三，5；图版四六，1）。

D型　共3件。根据口沿和圈足的变化分2式。

Ⅰ式：1件。平沿，粗高圈足。标本 M118:1，泥质灰陶。口微侈，圆唇，斜直腹，圆底。素面磨光。腹饰二道弦纹。口径20.0、底径12.4、高15.8厘米（图一一三，6；图版四六，2）。

Ⅱ式：2件。宽折沿，喇叭形粗高圈足。标本 M118:5，泥质灰陶。圆唇，微鼓腹，圆底。腹部饰数道旋纹，配以上下错落的四个圆形泥饼，圈足饰数道旋纹。口径20.8、底径15.5、高16.5厘米（图一一三，7；图版四六，3）。标本 M2:7，泥质红褐陶。圆唇，微鼓腹，圜底。腹部饰五道旋纹及上下错落的四个泥饼，圈足饰五道旋纹。口径24.8、底径16.2、高19.4厘米（图一一三，8；图版四六，4）。

E型　共4件。根据耳的特征分2式。

Ⅰ式：1件。无耳。标本 M115:5，泥质灰陶。口微侈，尖唇，沿面内倾。上腹饰一周雷纹带，配以依次相间的四道扁棱和四个乳丁。下腹及圈足各饰二道旋纹。口径19.0、底径13.4、高14.0厘米（图一一三，9；彩版二三，3；图版四六，5）。

Ⅱ式：3件。带耳。标本 M105:2，泥质灰陶。尖唇，沿面内倾，球腹，双錾耳。上腹饰两组简化抽象兽面纹，下腹及圈足饰二道旋纹。口径13.2、底径10.4、高12.6厘米（图一一三，10）。标本 M203:26，泥质灰陶。侈口，卷沿，方唇，束颈，鼓腹，平底，圈

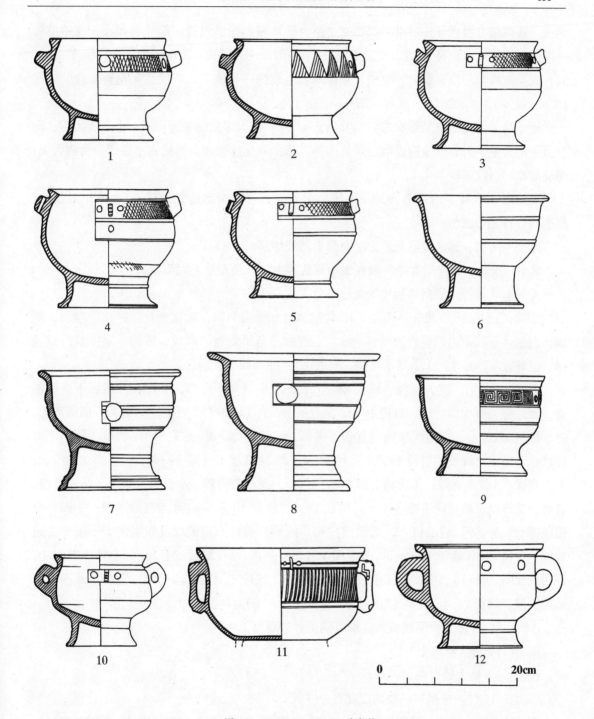

图一一三　　C、D、E型陶簋

1.C型Ⅱ式（M103∶33）　　2.C型Ⅱ式（M31∶11）　　3.C型Ⅲ式（M13∶4）　　4.C型Ⅲ式（M121∶11）　　5.C型Ⅲ
式（M109∶2）　　6.D型Ⅰ式（M118∶1）　　7.D型Ⅱ式（M118∶5）　　8.D型Ⅱ式（M2∶7）　　9.E型Ⅰ式（M115∶5）
10.E型Ⅱ式（M105∶2）　　11.E型Ⅱ式（M203∶26）　　12.E型Ⅱ式（M30∶32）

足残。腹两侧有兽首耳，口沿下部饰有二组由矮扉棱和泥饼组成的简化兽面纹，腹中部饰一周竖行瓦棱纹。口径 24.2、残高 12.8 厘米（图一一三，11；图版四六，6）。标本 M30：32，泥质灰陶。卷沿、圆唇，直壁，双錾耳。上腹饰一周乳丁，下腹及圈足饰旋纹。口径 18.8、底径 12.4、高 14.5 厘米（图一一三，12）。

罐　是最常见的典型器物之一，共出土 44 件。绝大多数的胎为泥质，个别为夹砂，陶色以灰陶为主，另有少量灰黑陶、灰褐陶等。依据所施纹饰和器形的大小将罐分为两大类：即旋纹罐和绳纹罐。

旋纹罐　25 件。肩部多饰旋纹，腹部多素面（有的腹部施刻划纹），个体相对较小。根据肩部特征分二型。

A 型　圆肩、圆腹，器身最大径在腹上部或中部。

B 型　折肩，器身最大径一般在腹中部或靠上，该类型缺乏大型器物。

A 型　共 6 件。根据肩和腹的变化可分 3 式。

Ⅰ式：1 件。上下腹分界明显。标本 M24：1，泥质灰陶，素面磨光。侈口、卷沿、圆唇，鼓腹，平底微内凹。肩饰三道旋纹，上腹饰三角形刻划带状纹，腹饰一道旋纹。口径 14.5、底径 12.0、高 23.2 厘米（图一一四，1；图版四七，1）。

Ⅱ式：2 件。广肩，深腹。标本 M220：10，泥质灰陶。侈口，卷沿，方唇。下腹壁斜直。颈、肩、腹均饰旋纹。口径 10.2、底径 6.8、高 14.6 厘米（图一一四，2；图版四七，2）。标本 M202：1，泥质浅灰陶。直颈，尖唇，沿面内凹。腹微鼓，凹底明显。颈饰一周旋纹，肩饰多道旋纹。口径 14.2、底径 11.2、高 24.2 厘米（图一一四，3）。

Ⅲ式：3 件。直领，斜圆肩。标本 M121：17，泥质灰褐陶。小侈口，圆唇，圆肩鼓腹。肩饰三道旋纹及两行泥饼饰各四个。口径 11.6、底径 10.8、高 16.4 厘米（图一一四，4；图版四七，3）。标本 M211：8，泥质黑皮陶。圆唇。肩饰二道旋纹及四泥饼饰。腹饰二道旋纹。口径 9.6、底径 11.0、高 19.8 厘米（图一一四，5；图版四七，4）。标本 M30：29，泥质橙红陶。侈口，尖唇，沿面微凹，下腹部残。颈饰三道旋纹。肩饰三道旋纹及四个圆形泥饼饰。口径 16.4、残高 12.8 厘米（图一一四，6）。

B 型　共 19 件。根据腹最大径的差别可分二亚型。

Ba 型　肩最大径靠上。

Bb 型　肩最大径居中。

Ba 型　11 件。根据口、腹的变化可分 3 式。

Ⅰ式：6 件。侈口，圆唇，腹相对较矮，上腹部多饰三角形刻划带状纹。标本 M24：4，泥质灰陶。斜折肩，鼓腹，平底内凹。颈和肩各饰二周旋纹，肩上饰乳丁四个，上腹饰三角形刻划带状纹。口径 12.4、底径 10.0、高 18.0 厘米（图一一四，7；图版四七，5）。标本 M24：8，泥质灰陶。鼓腹，底微内凹，上下腹分界明显。颈饰三道旋纹，肩饰二道旋

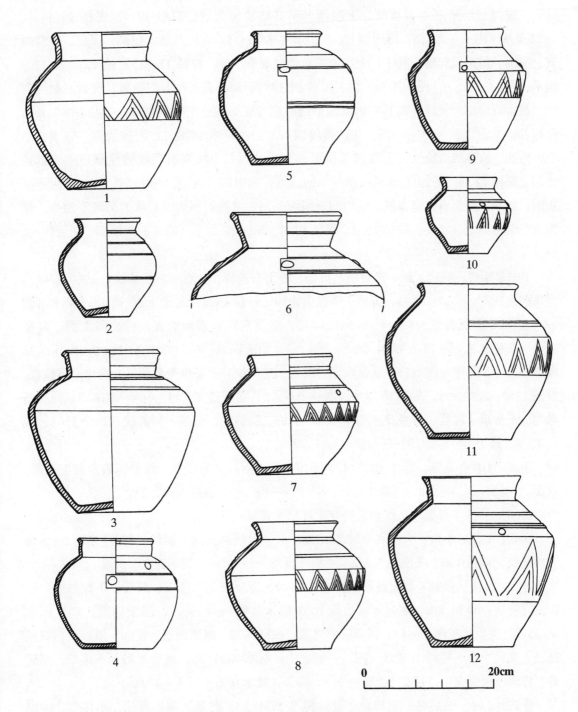

图一一四   A、B型旋纹陶罐

1.A型Ⅰ式（M24:1）   2.A型Ⅱ式（M220:10）   3.A型Ⅱ式（M202:1）   4.A型Ⅲ式（M121:17）   5.A型Ⅲ
式（M211:8）   6.A型Ⅲ式（M30:29）   7.Ba型Ⅰ式（M24:4）   8.Ba型Ⅰ式（M24:8）   9.Ba型Ⅰ式（M114:
1）   10.Ba型Ⅰ式（M114:7）   11.Ba型Ⅰ式（M28:1）   12.Ba型Ⅰ式（M102:14）

纹，上腹饰三角形刻划带状纹，下腹部有明显的轮修痕迹。口径 12.4、底径 10.4、高 19.2 厘米（图一一四，8；图版四七，6）。标本 M114:1，泥质灰陶。短颈，深腹，腹壁斜直，肩饰一周旋纹和四个乳丁，上腹饰三角形刻划带状纹。口径 11.8、底径 9.0、高 17.8 厘米（图一一四，9；图版四八，1）。标本 M114:7，泥质黑褐陶。广斜肩，腹近底处微内收明显。肩饰二周旋纹并在其间饰以四个圆泥饼，腹部饰三角形刻划纹。口径 8.8、底径 6.4、高 11.2 厘米（图一一四，10；图版四八，2）。标本 M28:1，泥质灰陶。鼓腹，平底，内凹。肩饰二道旋纹，上腹饰三角形刻划带状纹，下腹部有明显的轮修痕迹。口径 15.6、底径 12.8、高 23.0 厘米（图一一四，11；图版四八，3）。标本 M102:14，泥质浅灰陶。短颈，斜折肩，腹微鼓，底内凹。颈饰一周、肩饰五周旋纹，肩上饰乳丁四个，腹饰大三角形刻划带状纹。口径 15.2、底径 12.8、高 25.2 厘米（图一一四，12；图版四八，4）。

Ⅱ式：4 件。斜肩，颈、肩有明显折棱，腹下有折棱，上腹部多施旋纹。标本 M24:7，泥质磨光灰陶。侈口、卷沿，方唇，平底微内凹。口径 13.6、底径 9.2、高 18.5 厘米（图一一五，1；图版四八，5）。标本 M123:11，泥质灰陶。素面磨光，特征同上器。口径 13.2、底径 9.2、高 18.6 厘米（图一一五，2；图版四八，6）。标本 M105:1，泥质浅灰陶。侈口、小平沿、圆唇，平底微内凹。肩饰二道旋纹，上下腹分界明显，腹饰一道旋纹。口径 13.8、底径 9.6、高 21.0 厘米（图一一五，3；图版四九，1）。标本 M104:3，泥质黑褐陶。子母口、圆唇，斜直腹，底微内凹。肩饰二道旋纹，腹饰一周旋纹。口径 11.2、底径 10.6、高 19.4 厘米（图一一五，4）。

Ⅲ式：1 件。高领。标本 BM3:47，泥质灰陶。敞口，肩较平，腹壁斜直、器壁较厚。素面。口径 8.6、底径 6.4、高 10.5 厘米（图一一五，5；图版四九，2）。

Bb 型　8 件。根据口、腹和底的变化可分 4 式。

Ⅰ式：1 件。小口，大平底。标本 M222:52，泥质灰黑陶。圆唇，斜肩。颈、肩各饰三周旋纹。口径 4.6、底径 3.7、高 7.0 厘米（图一一五，6；图版四九，3）。

Ⅱ式：3 件。矮腹，器壁较厚。标本 M19:4，泥质灰陶。侈口，圆唇，下腹微鼓。肩饰三周旋纹。口径 7.0、底径 5.2、高 10.3 厘米（图一一五，7；图版四九，4）。标本 M123:7，泥质浅灰陶。侈口，圆唇，斜直腹，底微内凹。肩饰四道、腹饰一道旋纹。口径 15.5、底径 7.5、高 15.0 厘米（图一一五，8）。标本 M31:26，泥质灰陶。小侈口，厚圆唇。肩饰一周旋纹。口径 2.5、底径 2.1、高 3.4 厘米（图一一五，12）。

Ⅲ式：3 件。矮扁腹，肩饰乳丁纹。标本 M34:10，泥质灰陶。直颈，小侈口，尖圆唇，广斜肩，腹壁斜直。肩上饰二周旋纹其间饰以四个大泥饼饰，腹间饰一周旋纹。口径 9.2、底径 8.0、高 10.8 厘米（图一一五，9）。标本 M118:2，泥质灰陶。侈口、尖唇，底微内凹。肩饰五道旋纹及两行乳丁，上行 13 个，下行 18 个，肩腹转折处下方亦有一行乳

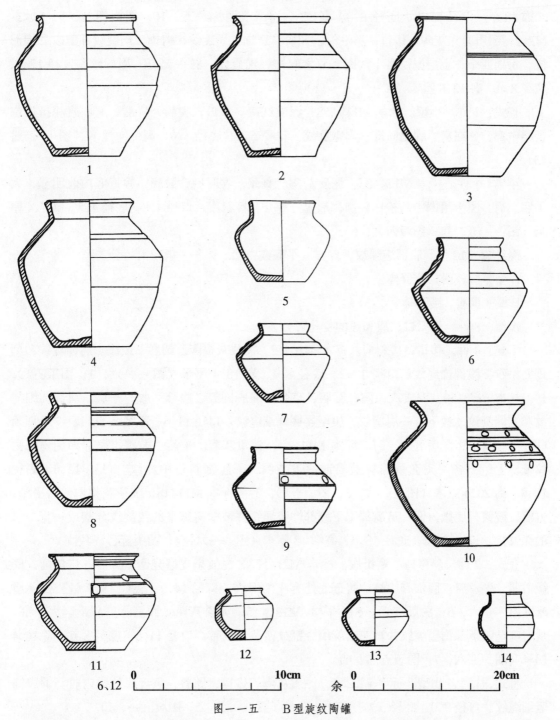

图一一五　B型旋纹陶罐

1.Ba 型Ⅱ式（M24:7）　2.Ba 型Ⅱ式（M123:11）　3.Ba 型Ⅱ式（M105:1）　4.Ba 型Ⅱ式（M104:3）　5.Ba 型
Ⅲ式（BM3:47）　6.Bb 型Ⅰ式（M222:52）　7.Bb 型Ⅱ式（M19:4）　8.Bb 型Ⅱ式（M123:7）　9.Bb 型Ⅲ式
（M34:10）　10.Bb 型Ⅲ式（M118:2）　11.Bb 型Ⅲ式（M2:2）　12.Bb 型Ⅱ式（M31:26）　13.Bb 型Ⅳ式
（M119:58）　14.小陶罐（M124:33）

丁饰 18 个。口径 15.8、底径 8.8、高 19.2 厘米（图一一五，10；图版四九，5）。标本 M2:2，泥质磨光灰陶。侈口，斜平沿，圆唇。颈饰二周旋纹，肩饰二周旋纹并配以二周泥饼，每周四个，上层泥饼略小。腹、肩之间饰一周旋纹。腹中部有一周旋纹。口径 12.4、底径 8.0、高 12.8 厘米（图一一五，11）。

Ⅳ式：1 件。小型。标本 M119:58，泥质红陶。侈口，尖唇，广肩，肩、腹相折处位于器中部，并在肩、腹之间饰一周宽旋纹。口径 5.2、底径 3.6、高 7.4 厘米（图一一五，13）。

小罐　1 件。标本 M124:33，泥质灰陶。直颈，卷圆唇，鼓腹，腹近底内收明显，大平底。肩、腹上用四道凸棱作装饰，形成三等分瓦棱状腹。口径 4.8、底径 4.5、高 7.4 厘米（图一一五，14；图版四九，6）。

绳纹罐　18 件。腹部施绳纹，深腹、平底或内凹。体积一般较大，分二型。

A 型　腹较浅，矮胖体。

B 型　深腹，瘦高体。

A 型　8 件。根据口、肩和腹的变化可分 4 式。

Ⅰ式：4 件。侈口，广斜肩。标本 M104:2，泥质灰褐陶。圆唇，鼓腹。肩饰旋纹和刻划网格纹，腹部饰绳纹。口径 13.2、底径 8.4、高 18.4 厘米（图一一六，1；图版五〇，1）。标本 BM3:50，泥质灰褐陶。圆唇，束颈，肩腹圆鼓，腹部斜收，平底。肩部饰细绳纹和五周旋纹，腹下有一周旋纹，腹至器底饰细绳纹。口径 11.6、底径 8.5、高 17.5 厘米（图一一六，2；图版五〇，2）。标本 M115:4，泥质灰陶。平唇、鼓腹。肩部饰刻划三角纹带，上、下各一道弦纹，腹上部饰一道旋纹，下腹饰斜行中绳纹。口径 12.6、底径 10.0、高 20.4 厘米（图一一六，3；图版五〇，3）。标本 M11:18，泥质灰褐陶。斜平沿，方唇，鼓腹，底微内凹。从肩部至下腹部饰竖绳纹并被横向抹平的浅旋纹分割成一宽二窄的绳纹带。口径 14.2、底径 13.8、高 26.5 厘米（图一一六，4；图版五〇，4）。

Ⅱ式：2 件。斜侈口，矮折腹。标本 M214:28，泥质黑皮磨光陶。方唇，广斜肩，底微内凹。颈、肩、腹饰有旋纹，腹近底处有浅细绳纹。口径 14.0、底径 13.3、高 23.4 厘米（图一一六，6；图版五〇，5）。标本 M121:15，泥质灰陶。圆唇，广斜肩，大平底。从肩部至腹下部饰竖绳纹并被三道旋纹分割成四条绳纹带。口径 11.0、底径 8.6、高 16.4 厘米（图一一六，7；图版五〇，6）。

Ⅲ式：1 件。小型。标本 M22:1，泥质灰陶。侈口，圆唇，腹近底处微内收。下腹饰竖细绳纹。口径 9.0、底径 5.4、高 9.2 厘米（图一一六，5；图版五一，1）。

Ⅳ式：1 件。大敞口，球腹。标本 M103:19，泥质灰陶。圆唇，广圆肩，平底。肩饰竖细绳纹，并在绳纹上刻划网格纹和旋纹。腹饰竖行细绳纹。口径 19.6、底径 12.0、高 29.6 厘米（图一一六，8；图版五一，2）。

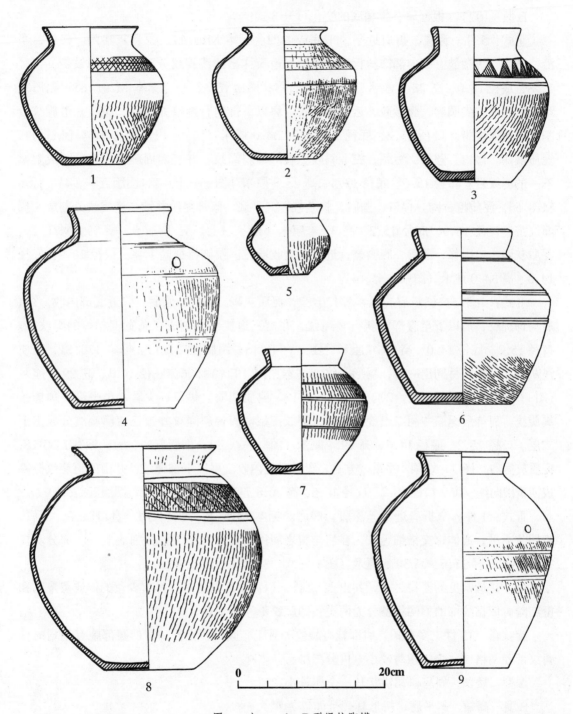

图一一六 A、B型绳纹陶罐

1.A型Ⅰ式（M104:2） 2.A型Ⅰ式（BM3:50） 3.A型Ⅰ式（M115:4） 4.A型Ⅰ式（M11:18） 5.A型Ⅲ式（M22:1） 6.A型Ⅱ式（M214:28） 7.A型Ⅱ式（M121:15） 8.A型Ⅳ式（M103:19） 9.B型Ⅰ式（M11:17）

B型　10件。根据肩、腹和底的变化可分3式。

Ⅰ式：5件。深腹，折肩近平，平底或内凹。标本 M11：17，泥质灰褐陶。侈口，平沿，方唇，腹微鼓。腹中部饰斜行绳纹并被二道横抹出的浅旋纹分割成三周绳纹带。口径12.8、底径12.0、高28.5厘米（图一一六，3；图版五一，3）。标本 M201：65，泥质灰陶。口微侈，尖圆唇，腹微鼓，近底处内收。肩以下饰斜行绳纹并被肩、腹上三道旋纹分割成二周绳纹带。口径15.2、底径14.0、高34.0厘米（图一一七，1）。标本 BM3：11，泥质灰陶。侈口，圆唇，短颈，腹下斜收。腹部饰斜绳纹，并有四周旋纹将其分割成宽窄不一的绳纹带。口径15.6、底径13.5、高25.8厘米（图一一七，2；图版五一，4）。标本 M18：56，泥质橙黄陶。侈口，圆唇，腹微鼓，大平底。腹饰绳纹并被二道旋纹分割成三周绳纹带。口径16.0、底径15.2、高32.4厘米（图一一七，3；图版五一，5）。M21：59，泥质灰陶。口微侈，圆唇，腹微鼓，近底处内收明显。纹饰特征同上器。口径16.0、底径14.0、高34.0厘米（图一一七，4）。

Ⅱ式：4件。广斜折肩。标本 M120：82，泥质灰陶。侈口，圆唇，腹近底部内收。颈、肩均饰旋纹，肩以下至腹部饰斜行竖绳纹，并被三道旋纹分割成二条宽度相等的绳纹带。口径15.2、底径14.0、高29.6厘米（图一一七，5；图版五二，1）。标本 120：81，泥质浅灰陶。与上一件同出一墓，器形、纹饰基本相同。口径15.6、底径14.3、高29.8厘米（图一一七，6；图版五二，2）。标本 M21：19，泥质灰陶。侈口、尖唇、小平沿。颈饰一周旋纹。肩饰竖绳纹并用二道旋纹将其分割成三层。腹饰斜绳纹并被三道横旋纹分成上下二层。口径15.2、底径14.4、高29.4厘米（图一一八，1；图版五一，6）。标本 M30：28，泥质灰褐陶。侈口，矮颈，平沿，方唇。腹近底处内收。肩以下饰绳纹，并由四道旋纹分割成四重横向绳纹带。口径18.2、底径16.5、高30.8厘米（图一一八，2；图版五二，3）。

Ⅲ式：1件。窄折肩近平，深腹，凹底。标本 M15：1，泥质灰陶。直口微侈，圆唇，肩凹凸不平，通体饰交错细绳纹，在肩与腹之间用一道旋纹将绳纹分割成上下两部分。口径14.5、底径11.6、高30.5厘米（图一一八，3；图版五二，4）。

罍　是最常见的器物之一，共出土52件。以泥质灰陶为主，另有少量的泥质黑皮陶和橙红陶。依据纹饰的不同将罍分为两类：即旋纹罍和绳纹罍。

旋纹罍　13件。多在颈、肩部施有旋纹和乳丁，腹部多素面，有的腹部施有刻划的三角纹带和网格纹。个体相对较小。可分二型。

A型　矮领，斜肩，泥饼状耳。个体较小。

B型　高领，斜平肩，桥形耳。个体较 A 型大。

A型　8件。根据器形和纹饰的不同可分2式。

Ⅰ式：4件。腹部多素面，腹最大径近中部。标本 M24：5，泥质灰陶。侈口，圆唇，平底。口径9.6、底径6.5、高13.0厘米（图一一九，1）。标本 M24：2，泥质灰陶。侈口，

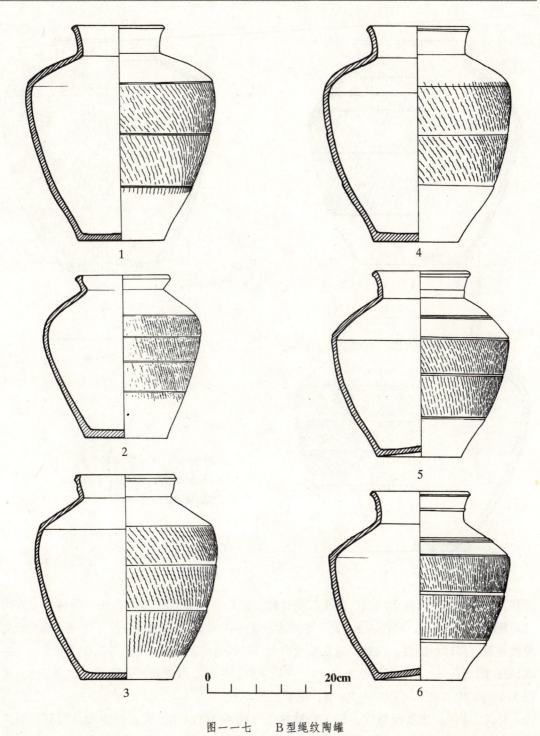

图一一七　　B型绳纹陶罐

1. I式（M201:65）　2. I式（BM3:11）　3. I式（M18:56）　4. I式（M21:59）　5. II式（M120:82）　6. II式（M120:81）

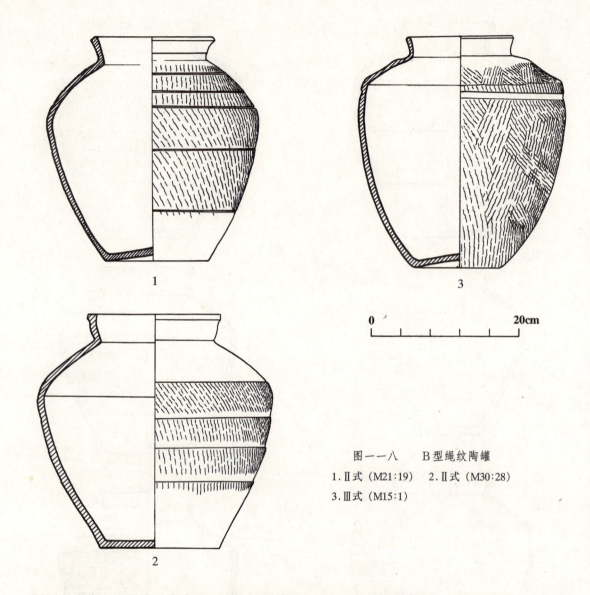

图一一八　　B型绳纹陶罐

1. Ⅱ式（M21:19）　2. Ⅱ式（M30:28）
3. Ⅲ式（M15:1）

圆唇，广肩，腹近底处微内收。颈饰二周旋纹，肩饰一周旋纹，其上有四个泥饼，上腹饰三周旋纹。口径5.0、底径4.5、高7.8厘米（图一一九，2；图版五三，1）。标本M24:3，泥质灰陶。侈口，圆唇，鼓腹，近底处微内收。口径5.6、底径4.0、高8.0厘米（图一一九，3；图版五三，2）。标本M123:13，泥质灰陶。形制、纹饰特征同上器。口径7.5、底径5.4、高10.5厘米（图一一九，4；图版五三，3）。

　　Ⅱ式：4件。腹施刻划纹，最大径略靠上。标本M114:8，泥质黑皮陶。圆唇，斜广肩，腹斜直微鼓。肩饰二周旋纹和四个泥饼饰。腹饰刻划的三角纹带，内填以刻划的平行斜线。口径9.6、底径6.8、高12.6厘米（图一一九，5；图版五三，4）。标本M206:20，泥质黑皮陶。沿面微凹，尖唇，斜广肩，折肩处近器中部。颈饰二周旋纹，肩上部饰一周

图一一九　　A、B型旋纹陶罍

1.A型Ⅰ式（M24:5）　2.A型Ⅰ式（M24:2）　3.A型Ⅰ式（M24:3）　4.A型Ⅰ式（M123:13）　5.A型Ⅱ式（M114:8）　6.A型Ⅱ式（M206:20）　7.A型Ⅱ式（M101:5）　8.A型Ⅱ式（M123:12）　9.B型Ⅱ式（BM3:17）　10.B型Ⅰ式（M13:8）　11.B型Ⅰ式（M21:52）　12.B型Ⅰ式（M13:3）　13.B型Ⅲ式（M103:31）

旋纹并在其下饰四个泥饼。腹饰一周刻划的窄网格纹带。口径 9.2、底径 6.2 厘米，高 11.8 厘米（图一一九，6；图版五三，5）。标本 M101：5，泥质灰黑陶。侈口，圆唇，腹壁较厚。颈、腹各饰二周旋纹，肩、腹交界处饰一组四个泥饼，腹饰一周刻划的三角纹带，内填以双线刻划纹。口径 8.0、底径 6.8、高 11.6 厘米（图一一九，7；图版五三，6）。标本 M123：12，泥质灰陶。圆唇，广肩，腹近底处微内收。颈饰一周旋纹，肩饰二周旋纹，腹上部饰刻划的网格纹带。口径 6.5、底径 5.3、高 9.5 厘米（图一一九，8；图版五四，1）。

B 型　5 件。根据耳、肩、腹和体积等特征可分 3 式。

Ⅰ式：3 件。直颈，平沿，双鋬耳，鼓腹，平底或内凹，腹饰刻划纹。标本 M13：8，泥质灰褐陶。沿面饰二道凹槽。颈饰二道旋纹，肩饰三道旋纹及六个圆形泥饼饰，腹部饰双线三角划纹。口径 11.6、底径 8.8、高 18.4 厘米（图一一九，10）。标本 M21：52，泥质磨光灰褐陶。颈饰二道旋纹，肩饰三道旋纹及六个圆形泥饼饰，腹部饰三重三角划纹。口径 14.0、底径 11.2、高 20.8 厘米（图一一九，11；图版五四，3）。标本 M13：3，泥质灰黑陶。平沿微内倾，尖唇，深鼓腹，底近平。颈饰二道旋纹，肩饰三道旋纹及六个圆形泥饼饰，腹部饰双线三角划纹。口径 13.2、底径 8.5、高 19.0 厘米（图一一九，12；图版五四，2）。

Ⅱ式：1 件。器体较小。标本 BM3：17，泥质灰褐陶。直口，平沿，圆唇，平底，器壁较厚。颈饰旋纹三周。肩部有上下各二周旋纹，中间饰六个圆乳丁，对称桥形大耳，腹饰二周旋纹。口径 8.4、底径 6.2、高 11.6 厘米（图一一九，9；图版五四，4）。

Ⅲ式：1 件。矮腹，大平底。标本 M103：31，泥质灰陶。口微侈，平沿微内倾，方唇。折肩，鼓腹，平底，肩腹交接处饰四个实心桥形耳。颈饰二道旋纹，肩腹各饰四组八道旋纹及二周八个泥饼饰。口径 14.8、底径 13.0、高 24.8 厘米（图一一九，13；图版五四，5）。

绳纹罍　39 件。可分三型。

A 型　深腹，高领，圆肩，腹部施绳纹为地的勾连纹、"回"字形纹等。

B 型　腹略浅，折肩，腹部施绳纹和刻划的曲尺形纹。

C 型　侈口，广肩，腹部施间断绳纹。

A 型　3 件。根据口、腹和耳的特征可分 2 式。

Ⅰ式：2 件。直口，深腹。标本 M121：19，泥质浅灰陶。平沿，尖圆唇，圆肩，鼓腹，底内凹，肩饰对称双鋬耳。肩部饰一周绳纹为地的三角形刻划纹带，腹部饰以绳纹为地的刻划回形纹、双线三角纹和变体云雷纹。口径 12.2、底径 12.5、高 23.8 厘米（图一二〇，1；图版五五，1）。标本 M21：53，泥质灰陶。肩上部一周绳纹三角划纹带，从肩中部至下腹部饰以绳纹为地的回形纹。口径 13.0、底径 11.5、高 27.8 厘米（图一二〇，2；彩版二

图一二〇　　A、B型绳纹陶罍

1.A型Ⅰ式（M121:19）　2.A型Ⅰ式（M21:53）　3.A型Ⅱ式（M46:3）　4.B型Ⅰ式（M101:10）　5.B型Ⅰ
式（M121:14）　6.B型Ⅰ式（M13:2）

三，4；图版五五，2)。

Ⅱ式：1件。侈口，大耳。标本 M46：3，泥质黑褐陶。口微侈，小平沿，尖唇，对称双錾耳，鼓腹，平底略内凹。颈饰一道弦纹，肩饰旋纹三道及四个带圆涡纹的圆形泥饼饰，腹部饰以绳纹为地的"T"形勾连纹。口径 17.2、底径 14.3、高 30.5 厘米（图一二〇，3；图版五五，3)。

B型　共 15 件。根据颈、肩和腹的变化可分 2 式。

Ⅰ式：10 件。折肩，深腹，下腹微鼓。标本 M101：10，泥质灰陶。直口、直颈，平沿、方唇，广折肩，平底，肩饰对称双錾耳。颈饰二道旋纹，肩饰二道旋纹，旋纹间填以绳纹，腹部饰绳纹，并刻划有曲尺形纹，腹下部留有制坯时留下的未抹平的绳纹痕迹。口径 14.6、底径 13.6、高 30.6 厘米（图一二〇，4；图版五五，4)。标本 M121：14，泥质灰黑陶。无纹饰处磨光。直颈、侈口，斜平沿，圆唇，底内凹明显，肩部有对称的双錾耳。颈下部一周弦纹，肩部饰二周旋纹并配以六个泥饼饰，腹部饰旋纹和以绳纹为地纹的双线曲尺形刻划纹。口径 15.6、底径 12.2、高 27.2 厘米（图一二〇，5；图版五六，1)。标本 M13：2，泥质磨光黑褐陶。侈口、方唇，广折肩，底略内凹，肩腹交接处有对称的二桥形耳。颈饰一道旋纹，肩饰一周曲尺形刻划纹带，配以六个圆泥饼饰，腹部饰上下各二周旋纹，旋纹间填以绳纹为地纹的双线曲尺形刻划纹。口径 15.6、底径 14.0、高 28.5 厘米（图一二〇，6；图版五六，2)。标本 M34：1，泥质灰陶。体积较大。直颈，小侈口，平沿、尖圆唇，平底略内凹，肩部有对称的双錾耳。颈下部二道旋纹，肩部饰三周旋纹，腹部饰旋纹和以绳纹为地纹的双线曲尺形刻划纹。口径 17.5、底径 15.6、高 40.6 厘米（图一二一，1)。标本 M104：1，泥质灰陶。直颈，小侈口，平沿、圆唇，平底略内凹，肩部有对称的双錾耳。颈下部饰一周双线"S"形纹带，肩部饰以一周绳纹和三角刻划纹带再配以四个泥饼饰，腹部饰旋纹和绳纹为地纹的双线曲尺形刻划纹。口径 18.0、底径 16.5、高 33.6 厘米（图一二一，2；图版五六，3)。标本 M25：2，泥质黑皮陶，无纹饰处磨光。直口、直颈，方唇，广折肩，底略内凹，肩饰对称双錾耳。颈饰二道旋纹，肩饰二组旋纹，旋纹间填以绳纹为地的一周曲尺形刻划纹带，腹部饰二周旋纹，旋纹间同样饰以绳纹为地的双线曲尺形刻划纹。口径 15.2、底径 14.6、高 32.4 厘米（图一二一，3；图版五六，4)。标本 BM1：1，泥质磨光灰褐陶。形制、纹饰略同上器。口径 18.6、底径 16.8、高 39.0 厘米（图一二一，4；图版五七，1)。标本 M202：5，泥质灰陶。体型较大。直颈，平沿，尖唇，平底微内凹。颈饰一周旋纹，肩饰二周旋纹间以刻划的曲尺形纹带，内填以斜行的刻划纹并由六个圆形乳丁将其分成六部分，乳丁上饰圆涡纹，折肩处有一对桥形大耳。腹部饰以旋纹、双线三角纹和竖绳纹组成的宽带状纹。口径 17.6、底径 12.0、高 31.8 厘米（图一二一，5；图版五七，2)。标本 M121：13，泥质灰陶。直口，斜直颈，平沿，尖唇，沿面内凹，肩与腹之间饰双錾耳，斜直腹近底处内收，凹底。颈饰二道旋纹，肩饰四

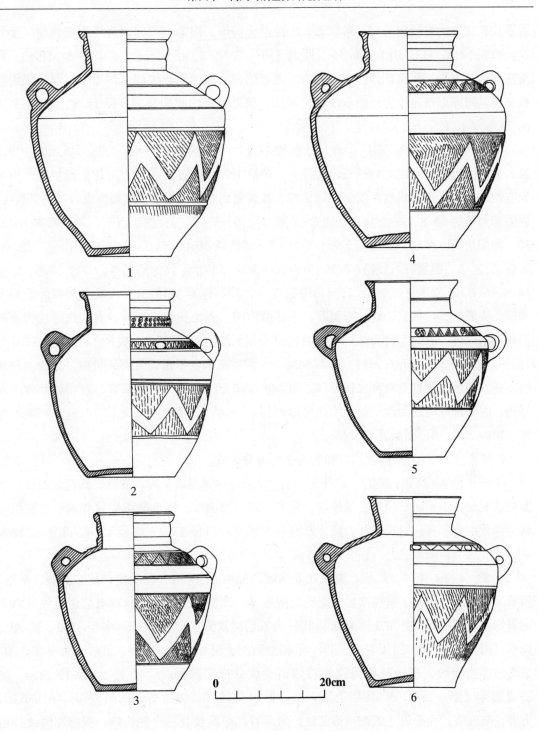

图一二一　　B型I式绳纹陶罍

1.M34:1　2.M104:1　3.M25:2　4.BM1:1　5.M202:5　6.M121:13

道旋纹，旋纹间有刻划的曲尺形纹和六个圆形泥饼饰，腹饰以细绳纹为地饰双线曲尺形划纹。口径 17.5、底径 16.0、高 34.5 厘米（图一二一，6；图版五七，3）。标本 M19:2，泥质灰褐陶。方唇，斜直颈，圆肩。颈饰二道弦纹，肩饰二周旋纹圆泥饼二个，腹饰三周旋纹并在其间饰以细绳纹为地的双线曲尺形纹。腹近底处内收明显。口径 18.8、底径 15.6、高 36.8 厘米（图一二二，1）。

Ⅱ式：5 件。直颈，斜广折肩。标本 BM3:13，泥质灰陶。平沿，方唇。斜颈饰一周旋纹，肩部三周旋纹间以刻划的三角纹带，三角纹上饰牛头铺首和四个对称的圆饼饰。折肩处有两个桥形耳。腹斜收。腹部饰以旋纹、双线刻划的曲尺形纹、绳纹组成的一周带状纹。底微凹。口径 15.8、底径 14.0、高 29.2 厘米（图一二二，2；图版五七，4）。标本 BM3:52，泥质灰陶。形制、纹饰同上器。口径 17.6、底径 16.0、高 33.8 厘米（图一二二，3；彩版二三，5；图版五八，1）。M118:7，泥质灰陶。形制、纹饰同上器。口径 17.6、底径 14.8、高 32.5 厘米（图一二二，4；图版五八，2）。标本 M46:31，泥质灰黑陶。沿面微内倾，尖圆唇，广折肩，对称双鋬耳，平底微内凹。颈饰旋纹二周，肩有一周绳纹为地的三角刻划纹带，腹饰绳纹为地的双线曲尺形角刻划纹。口径 15.2、底径 14.2、高 33.4 厘（图一二二，5；图版五八，3）。标本 M34:9，泥质灰陶。平沿，方唇，折肩，鼓腹，平底略内凹，肩腹交接处有对称二桥形耳。颈饰弦纹和旋纹各一周，肩部有二道旋纹及六个泥饼饰，腹部饰以绳纹为地纹的双线曲尺形刻划纹一周。口径 16.8、底径 14.8、高 28.8 厘米（图一二二，6；图版五八，4）。

C 型　共 21 件。根据领、口和肩的变化可分 4 式。

Ⅰ式：1 件。高领，直口，广平肩。标本 M218:4，泥质灰陶。方唇，斜直腹微鼓，下腹内收明显，小平底。颈饰三道旋纹，肩饰二组五道旋纹，腹饰竖细绳纹并被三道旋纹分成三部分。肩部有一对桥形耳，腹下部有一宽桥耳。口径 17.2、底径 15.4、高 44.2 厘米（图一二三，1；图版五九，1）。

Ⅱ式：4 件。敞口，广肩，腹近底处内收。标本 M30:31，泥质橙红陶。直颈，平沿、折肩，腹微鼓，平底，肩腹交接处对称二桥形耳。颈饰二道旋纹，肩部有数道旋纹及六个泥饼饰，腹部饰绳纹并用三周旋纹将其分为三层绳纹带。口径 16.0、底径 15.2、高 30.5 厘米（图一二三，2；图版五九，2）。标本 M50:7，泥质灰陶。方唇，鼓腹，大平底。颈、肩均饰多道旋纹，腹饰竖细绳纹并被四道旋纹分成三部分。口径 13.2、底径 14.4、高 28.2 厘米（图一二三，3；图版五九，3）。标本 M15:2，泥质磨光灰黑皮陶。平沿微凹，方唇，微鼓腹，大平底。颈饰一道弦纹，肩部有二组旋纹及三个泥饼饰，腹部饰绳纹并用一道旋纹将其分割成二层绳纹带。口径 18.0、底径 14.2、高 28.8 厘米（图一二三，4；图版五九，4）。标本 M15:8，泥质灰陶。斜直颈，平沿、方唇，折肩，腹微鼓，底微内凹，肩腹交接处有对称桥形耳二个。颈饰一道弦纹，肩部有三道旋纹及两周六个泥饼饰，腹部

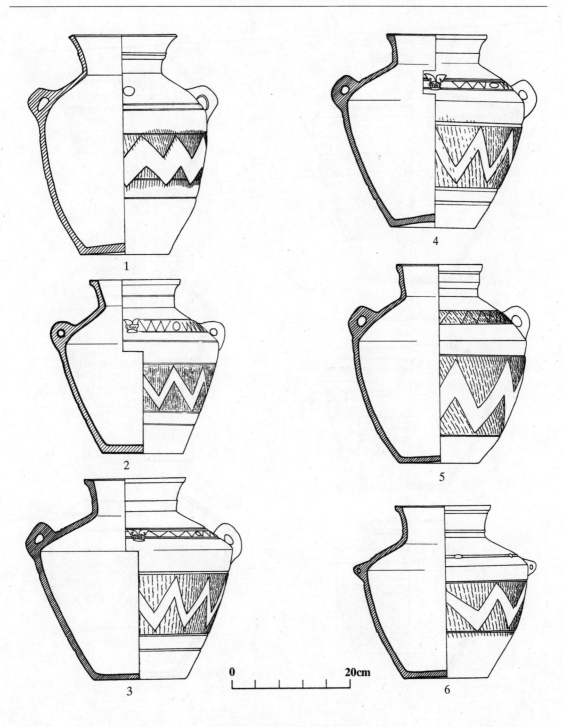

图一二二　　B型绳纹陶罍

1. I式（M19:2）　　2. II式（BM3:13）　　3. II式（BM3:52）　　4. II式（M118:7）　　5. II式（M46:31）　　6. II式（M34:9）

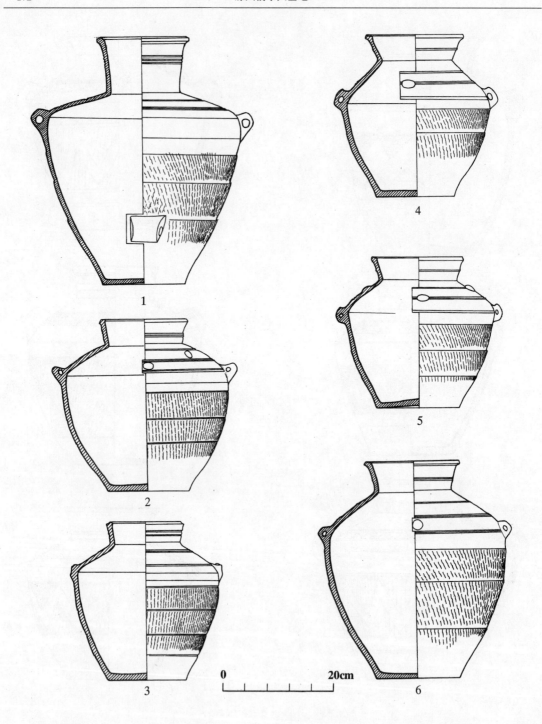

图一二三　　C型绳纹陶罍

1. Ⅰ式（M218:4）　　2. Ⅱ式（M30:31）　　3. Ⅱ式（M50:7）　　4. Ⅱ式（M15:2）　　5. Ⅱ式（M15:8）　　6. Ⅲ式
（BM1:2）

饰绳纹并用三周旋纹将其分为三层绳纹带。口径 16.8、底径 15.3、高 26.8 厘米（图一二三，5；图版五九，5）。

Ⅲ式：13 件。大敞口，小耳，器形规整。标本 BM1：2，泥质灰陶，体积较大。方唇，圆肩。颈饰二周旋纹，肩饰五周旋纹并配以二个乳丁。肩与腹之间饰小錾耳一对。腹饰竖斜绳纹并用二周旋纹将其分成三层绳纹带。口径 17.0、底径 15.4、高 38.6 厘米（图一二三，6；图版五九，6）。标本 M105：4，泥质灰陶，肩部磨光。喇叭口，平沿、方唇，圆肩，鼓腹，平底微凹，肩腹交接处饰对称双桥錾耳。纹饰特征同上。口径 17.2、底径 17.6、高 32.4 厘米（图一二四，1；图版六二，3）。标本 M114：10，泥质灰黑陶。形制、纹饰特征同前。口径 16.8、底径 13.8、高 30.6 厘米（图一二四，2；图版六〇，1）。标本 M103：17，泥质浅灰陶。平沿微内倾，尖圆唇，圆肩，底微内凹。肩饰二周旋纹，腹饰绳纹并在其间抹平二周使其形成三层绳纹带。口径 16.6、底径 14.0、高 34.2 厘米（图一二四，3；图版六〇，2）。标本 M106：1，泥质灰褐陶。肩无纹饰处磨光。形制、纹饰同标本 M105：4。口径 16.2、底径 15.8、高 31.8 厘米（图一二四，4；图版六〇，3）。标本 M121：12，泥质灰陶，肩部磨光。形制、纹饰略同上器。口径 18.0、底径 15.8、高 31.2 厘米（图一二四，5；图版六〇，4）。标本 M25：6，泥质灰陶。形制、纹饰略同上器。口径 14.8、底径 14.8、高 35.2 厘米（图一二四，6；图版六一，1）。标本 M105：3，泥质浅灰陶，肩部磨光。喇叭口，宽平沿、方唇，鼓腹，平底，肩腹交接处饰对称双桥形耳。颈饰二道旋纹，肩饰四道旋纹及二个泥饼饰，腹部饰竖行粗绳纹并被平行的二道抹痕分割成三层。腹近底处微内收。口径 16.2、底径 14.2、高 29.0 厘米（图一二五，1；图版六一，2）。标本 M13：5，泥质灰陶，肩部磨光。侈口，斜平沿、方唇，腹微鼓，肩腹交接处饰对称双桥形耳。颈饰二道、肩饰四道旋纹，肩饰八个泥饼饰，腹部饰斜行粗绳纹并被平行的二道旋纹分割成三层。口径 15.0、底径 13.6、高 26.5 厘米（图一二五，2）。标本 M14：3，泥质黑褐陶，无纹饰处磨光。喇叭口，平沿微内倾、方唇，圆肩，鼓腹，底微内凹，肩腹交接处饰对称双桥形耳。颈饰二道肩饰五道旋纹及错行两两相对的四个泥饼饰，腹部饰竖绳纹并被一道旋纹分割成二层。腹近底处微内收明显。口径 17.4、底径 14.8、高 27.6 厘米（图一二五，3；图版六一，3）。标本 M14：5，泥质黑褐陶，无纹饰处磨光。喇叭口，斜平沿微内倾，方唇，圆肩，鼓腹，肩腹交接处饰对称双桥形耳。颈饰二道肩饰五道旋纹及错行两两相对的四个泥饼饰，腹部饰竖绳纹并被三道旋纹分割成二层。腹近底处微内收明显。口径 17.6、底径 14.4、高 28.6 厘米（图一二五，4；图版六一，4）。标本 M30：26，泥质灰陶。形制、纹饰略同标本 M105：3。口径 15.2、底径 13.6、高 25.8 厘米（图一二五，5；图版六二，1）。标本 M103：25，泥质灰陶。形制、纹饰略同标本 M13：5。口径 15.8、底径 15.2、高 30.5 厘米（图一二五，6；图版六二，2）。

Ⅳ式：3 件。侈口，球形腹，大平底。标本 M211：9，泥质黑皮陶，无纹饰处磨光。斜

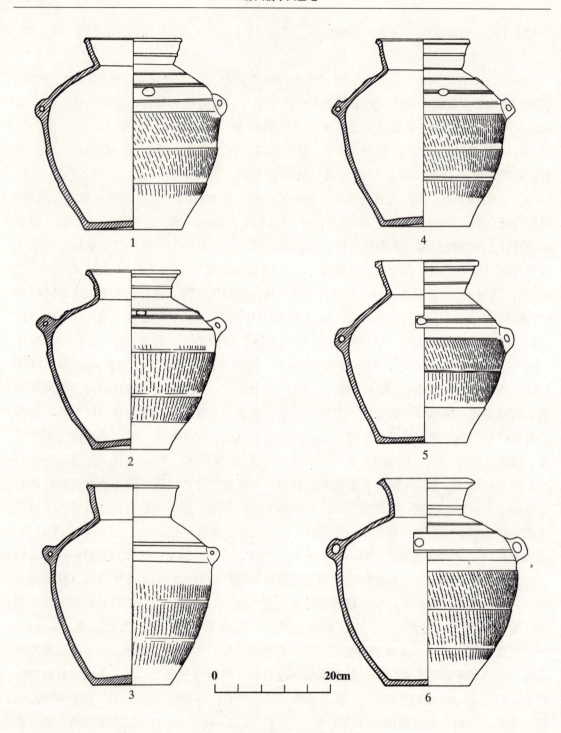

图一二四　　C型Ⅲ式绳纹陶罍

1.M105:4　2.M114:10　3.M103:17　4.M106:1　5.M121:12　6.M25:6

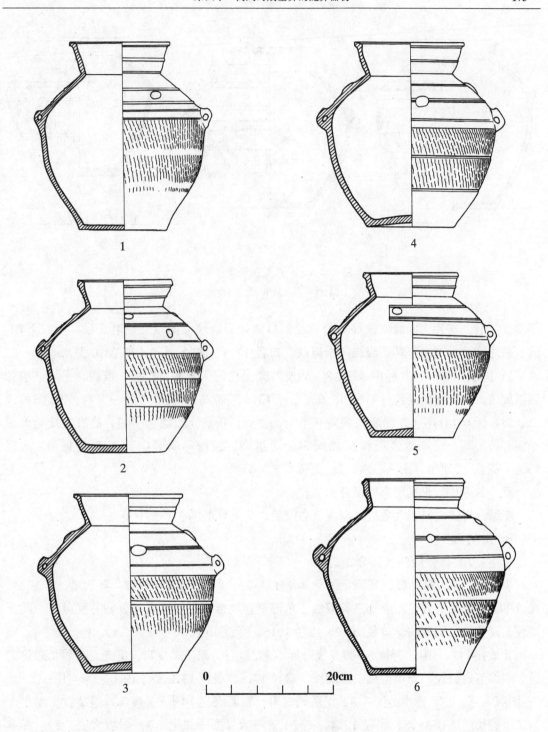

图一二五　　C型Ⅲ式绳纹陶罍

1.M105:3　2.M13:5　3.M14:3　4.M14:5　5.M30:26　6.M103:25

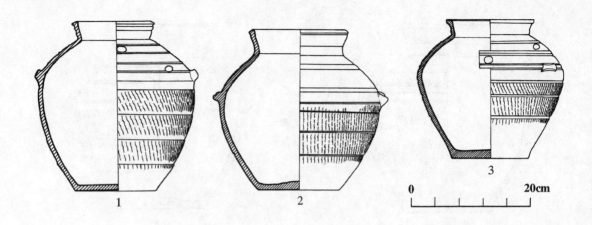

图一二六　　C型Ⅳ式绳纹陶罍
1.M211:9　2.M50:8　3.M118:6

平沿，尖唇，矮颈，圆肩。颈饰二周旋纹，肩饰四周旋纹并配以二周乳丁纹，上二下四。肩、腹之间饰一对小鋬耳。腹饰间断绳纹。口径12.8、底径14.0、高28.0厘米（图一二六，1；图版六二，4）。标本M50:8，泥质磨光黑皮陶。方唇，广肩，鼓腹，平底。肩饰四道旋纹，腹饰间断绳纹。口径15.6、底径13.6、高26.5厘米（图一二六，2；图版六二，5）。标本M118:6，泥质灰褐陶。平沿，方唇，折肩，鼓腹，平底，肩腹交接处饰二个实心桥形耳。肩饰数道旋纹及二周四个泥饼饰。腹饰间断竖绳纹。口径15.0、底径13.2、高22.8厘米（图一二六，3；图版六二，6）。

尊　共8件。根据形态特征分为二型。

A型　形体瘦高，大敞口，深腹，高圈足，仿铜尊形体。

B型　小型。

A型　7件。依腹的特征分3式。

Ⅰ式：1件。深直腹，高圈足。标本M124:25，泥质黑皮灰胎陶，器表磨光。圆唇，底近平，喇叭形高圈足。腹饰三周双线三角形刻划纹带，每组以旋纹分割并配以三个花牙扉棱，圈足饰二周旋纹。口径20.2、底径12.5、高23.6厘米（图一二七，1）。

Ⅱ式：4件。喇叭口外敞，腹变浅。标本M21:72，泥质黑皮陶，磨光。尖唇，颈饰二道、腹饰五道旋纹，圈足上饰二道旋纹。口径17.8、底径13.0、高19.0厘米（图一二七，2；图版六三，1）。标本M123:9，泥质黑皮陶，素面磨光。圆唇，腹饰八道旋纹，圈足上饰二道旋纹。口径18.8、底径13.4、高20.2厘米（图一二七，3；图版六三，2）。标本M46:2，泥质灰陶，素面磨光。圆唇，腹饰八道旋纹，腹和圈足连接处有未抹平的绳纹痕迹，应是制坯时留下的。口径18.4、底径13.4、高19.4厘米（图一二七，4；图版六三，3）。标本M25:4，泥质灰黑陶。尖唇，器壁较厚。口径16.0、底径13.2、高18.4厘米

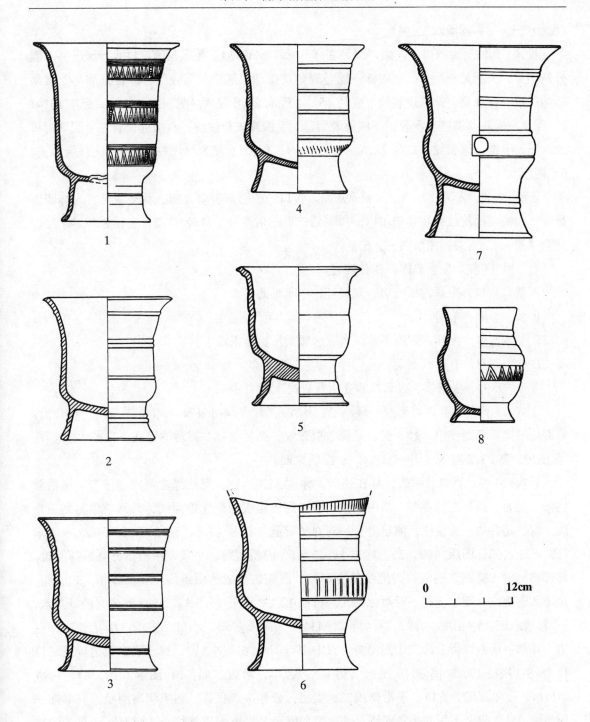

图一二七　　A、B型陶尊

1.A型Ⅰ式（M124:25）　2.A型Ⅱ式（M21:72）　3.A型Ⅱ式（M123:9）　4.A型Ⅱ式（M46:2）　5.A型Ⅱ式（M25:4）　6.A型Ⅲ式（M30:34）　7.A型Ⅲ式（M14:2）　8.B型（M115:1）

（图一二七，5；图版六三，4）。

Ⅲ式：2件。大敞口，鼓腹，圈足变高。标本 M30：34，泥质灰陶。口残，深腹，下腹外鼓明显，高圈足喇叭状。上腹饰一周竖刻划纹带，中部饰二周弦纹，鼓腹处饰与上腹部相同的纹饰，圈足上饰二道旋纹。底径15.2、残高22.5厘米（图一二七，6）。标本 M14：2，泥质灰褐陶。圆唇，深腹，下腹外鼓明显。上腹饰五道弦纹，鼓腹处饰有三个圆形泥饼饰，圈足上饰二道弦纹。口径22.6、底径14.8、高25.6厘米（图一二七，7；彩版二三，6；图版六三，5）。

B型　1件。标本 M115：1，泥质灰陶。侈口，圆唇，折肩，喇叭状矮圈足。肩饰四道旋纹，腹饰二周旋纹并在其间填以一周刻划三重三角纹带。口径10.2、底径8.8、高15.2厘米（图一二七，8；图版六三，6）。

壶　共11件。根据整体特征分四型。

A型　直口，束颈，深鼓腹，双贯耳，喇叭形圈足。

B型　小型，单柄。

C型　直口，无耳，鼓腹下垂，喇叭形矮圈足。体积较小。

D型　壶身绘有彩绘图案。

A型　6件。根据领、腹和耳的变化分2式。

Ⅰ式：1件。高领，球形腹，矮圈足，耳在肩部。标本 M124：43，泥质灰陶。小折沿。肩部饰一周三角划纹带，颈、腹、足饰数道弦纹，圈足上有一对对称穿孔。口径14.0、底径15.0、高23.2厘米（图一二八，1；图版六四，1）。

Ⅱ式：5件。直口，垂腹，耳在颈部。标本 M102：15，泥质黑皮灰陶。侈口，平沿微内倾，尖唇。两耳之间各有一组由竖棱和圆形泥饼构成的简化兽面纹，其间填以刻划三角纹。腹、足各饰一道旋纹，圈足上有一对对称穿孔。口径13.6、底径17.2、高24.8厘米（图一二八，2；图版六四，2）。标本 M102：11，泥质灰陶。小口，平沿，方唇，高圈足。耳部饰一周三重刻划三角纹为地纹的由扉棱、圆泥饼构成的两组简化兽面纹带。口、腹、足饰数道旋纹，圈足上有一对对称穿孔。口径12.8、底径15.6、高28.8厘米（图一二八，3；彩版二四，1；图版六四，3）。标本 M34：6，泥质灰陶。小口，平沿，圈足较高，有盖。耳部一周素纹带上饰二个圆泥饼，腹中部有四个泥饼饰，颈、腹、足饰数道旋纹。口径15.8、底径17.2、高31.6厘米（图一二八，4；彩版二四，2；图版六四，4）。标本 M14：4，泥质灰陶。直口，平沿微内倾，尖唇。长颈，双贯耳，喇叭状高圈足，肩部饰一周刻划三角纹带，上附四个圆泥饼。颈、腹和圈足分别饰多道旋纹，下腹有不明显的浅细绳纹。口径13.6、底径15.4、高26.6厘米（图一二八，5；图版六四，5）。标本 M121：18，泥质浅灰陶。小侈口，斜平沿，尖唇。纹饰特征同上器。口径13.2、底径14.4、高26.8厘米（图一二八，6；图版六四，6）。

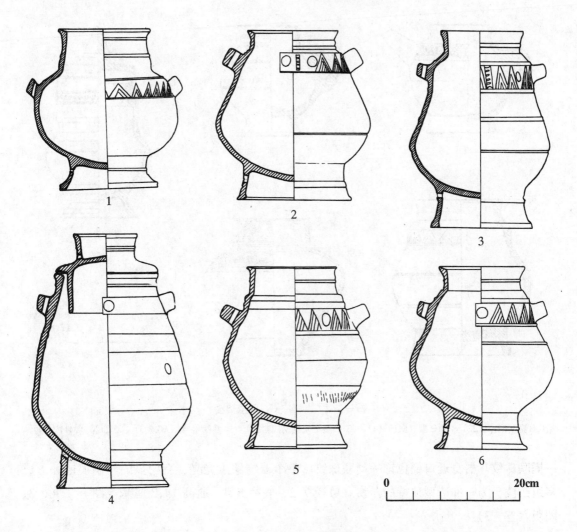

图一二八　　A型陶壶

1. I式（M124：43）　2. II式（M102：15）　3. II式（M102：11）　4. II式（M34：6）　5. II式（M14：4）　6. II式（M121：18）

B型　2件。标本M121：22，泥质灰陶。小侈口，圆唇，喇叭形圈足，单鋬耳，另一侧有一管状流，肩上饰一周刻划网格纹带，其间配以二个泥饼饰。腹饰一周旋纹。口径6.8、底径7.8、高11.2厘米（图一二九，1；图版六五，1）。标本M13：14，泥质灰陶。侈口，斜沿，尖唇，无流，喇叭形圈足。颈腹饰四道旋纹，腹饰二周旋纹，肩上部有二个泥饼。口径7.0、底径6.8、高11.6厘米（图一二九，2；图版六五，2）。

C型　2件。根据口、腹和圈足的变化分2式。

I式：1件。长颈，直口，有肩，带盖。标本M124：19，泥质黑皮陶。尖唇，球腹，喇叭形圈足。盖上有一圆锥形捉手，平顶，折沿，器口纳于盖口中。盖的中部和边缘各饰

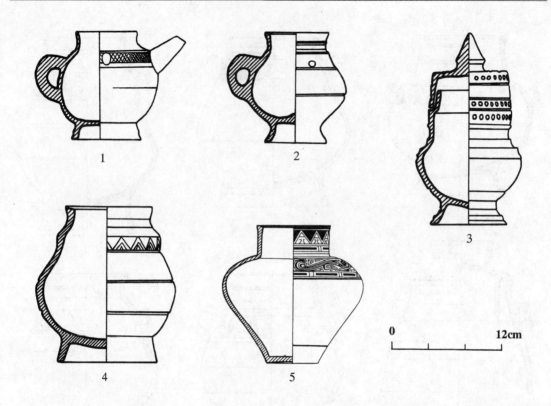

图一二九　　　B、C、D型陶壶

1.B型（M121∶22）　2.B型（M13∶14）　3.C型Ⅰ式（M124∶19）　4.C型Ⅱ式（M25∶3）　5.D型（M119∶24）

一周联珠纹。器身近口部也饰一周联珠纹。整个器物漆黑光亮，有明显的轮制痕迹并形成多组凸棱，为一件造型独特的器物。口径7.2、底径8.4、通高14.2厘米（图一二九，3；图版六五，3）。

Ⅱ式：1件。无肩。标本M25∶3，泥质灰陶。颈部呈阶梯形，向上收缩成小直口。尖唇，沿面内倾，鼓腹，矮圈足。颈上部二道旋纹，下部一周三角划纹带，腹部二道旋纹。口径9.4、底径11.2、高16.5厘米（图一二九，4；图版六五，4）。

D型　1件。标本M119∶24，泥质黑皮灰胎陶。方唇，高直领，广肩，鼓腹，平底。颈部、领部和肩部分别饰有彩绘，为黑底红彩，肩部的彩绘由四组凤鸟纹组成，凤鸟为长嘴、大眼、巨爪，宽翅，长尾，鸟纹间用云纹填充。颈部饰以三角纹。腹部为一道横线。口径8.0、底径5.4、高14.5厘米（图一二九，5；图一三〇；彩版二四，3；图版六五，5）。

瓿　共出土22件。是比较有特色的一类器物，以泥质陶为主，仅有个别的夹砂陶。根据口、肩和腹的形态分五型。

A型　矮领，斜广折肩，矮圈足，肩和腹部饰以刻划纹。

B型　敞口，领较A型高，圆肩，球形腹，圈足略高，肩和腹部饰以刻划纹。

C型　直口，矮领，广折肩，矮圈足，多为素面。

D型　敞口，高领，斜广折肩，器最大颈近腹中部。矮圈足。

E型　直口，高领，球形腹，高圈足，带盖。

A型　共6件。根据腹、肩的变化可分4式。

Ⅰ式：1件。矮扁腹。标本M203：6，泥质灰陶。直口，卷沿，圆唇，广肩，腹斜收，肩腹交接处分界明显，双桥耳。肩饰一周联珠纹，下饰三重刻划的三角纹带，纹带上贴以八个泥饼。腹上部饰一周双环联珠纹，下为刻划的网格纹，网格纹上贴以四组由竖泥条和圆饼组成的简化兽面纹。腹下部饰七周旋纹，圈足饰二周旋纹。口径12.4、底径15.6、高20.0厘米（图一三一，1；彩版二四，4；图版六六，1）。

Ⅱ式：3件。深腹。标本M106：2，泥质磨光黑皮陶。直口，小平沿，沿面内凹明显，肩外鼓，腹斜收，圈足较高，肩腹交接处分界明显，双桥耳，耳上有两个小泥饼。肩饰三道旋纹及六个泥饼饰，腹上部饰一周五重刻划三角纹带，圈足饰二周旋纹。口径13.2、底径14.0、高22.6厘米（图一三一，2；图版六六，2）。标本M30：30，泥质浅灰陶。直口，小平沿，沿面内凹，肩外鼓，腹斜收，肩腹交接处分界明显，双桥形耳，耳上有两个小泥饼。肩饰三道旋纹及四个泥饼饰，腹上部饰一周刻划三角纹带，圈足饰二周旋纹。口径12.4、底径13.6、高20.0厘米（图一三一，3）。标本M106：3，泥质灰褐陶。直口，小平沿，沿面有凸弦纹，肩外鼓，腹斜收，肩腹交接处分界明显，双桥耳，耳上有两个小泥饼。肩饰二道旋纹及六个泥饼饰，腹上部饰一周四重刻划三角纹带，圈足饰二周旋纹。口径13.2、底径14.5、高21.6厘米（图一三一，4；图版六六，3）。

Ⅲ式：1件。广肩近平，饰仿铜器花纹。标本M46：10，泥质灰陶。直口，小平沿，圆唇，折肩，半球形腹，圈足较高。颈饰数道弦纹，肩部饰由两行圆圈纹组成的纹带，上腹饰回形纹带一周。肩腹交接处四个桥形耳，每个耳上有一组简化兽面纹。口径10.8、底径12.2、高16.5厘米（图一三一，5；图版六六，4）。

Ⅳ式：1件。侈口，器最大径近腹中部。标本M121：20，泥质磨光浅灰陶。直口，小平沿，沿面有一周凸棱，斜肩外鼓，腹斜收明显，圈足较高，肩腹交接处分界明显，双桥耳。肩饰二道旋纹，其间填以刻划的网格纹带及二个泥饼饰，圈足饰一周旋纹。口径12.8、底径12.2、高18.8厘米（图一三一，6；图版六六，5）。

B型　共10件。根据口、领和腹的变化可分4式。

Ⅰ式：1件。直口，直领。标本M127：7，泥质浅灰陶。内斜沿，尖唇，假桥形耳。颈饰二道旋纹。肩部饰一周网纹带，由两组竖泥条和圆泥饼组成的简化兽面纹和器耳将其分割成四部分。腹上部饰二道旋纹。口径13.0、底径13.0、高20.2厘米（图一三一，7）。

Ⅱ式：3件。侈口，矮领。标本M25：7，泥质黑皮陶。圆唇，颈、肩饰数道旋纹，肩

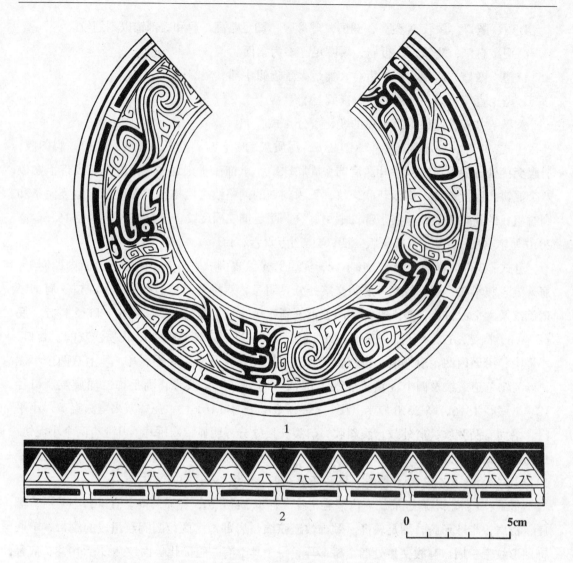

图一三〇　　D型陶壶（M119：24）彩绘图案展开图

1. 肩部彩绘图案　2. 颈部彩绘图案

部饰一周三重刻划的三角纹带，其间附二个泥饼和小耳一对，腹中部一道旋纹。口径
10.5、底径 10.8、高 16.5 厘米（图一三一，8；图版六七，1）。标本 M102：13，泥质灰
陶。形制、纹饰特征同上器，唯肩颈之间饰有二个乳丁饰。口径 10.8、底径 10.2、高
16.0 厘米（图一三一，9；图版六七，2）。标本 M114：2，泥质灰褐陶。小侈口，圆唇，肩
部呈阶梯形，鼓腹矮圈足。肩下部一周三角划纹带配以两组简化兽面纹。口径 10.7、底径
11.2、高 18.6 厘米（图一三一，10；图版六七，3）。

Ⅲ式：3 件。敞口，扁腹。标本 BM3：12，泥质灰褐陶。平唇，斜短颈，鼓腹，圈足外
撇明显。颈间饰旋纹一周，肩上部饰旋纹和方格纹组成的带状纹，其上有对称的两桥形耳，

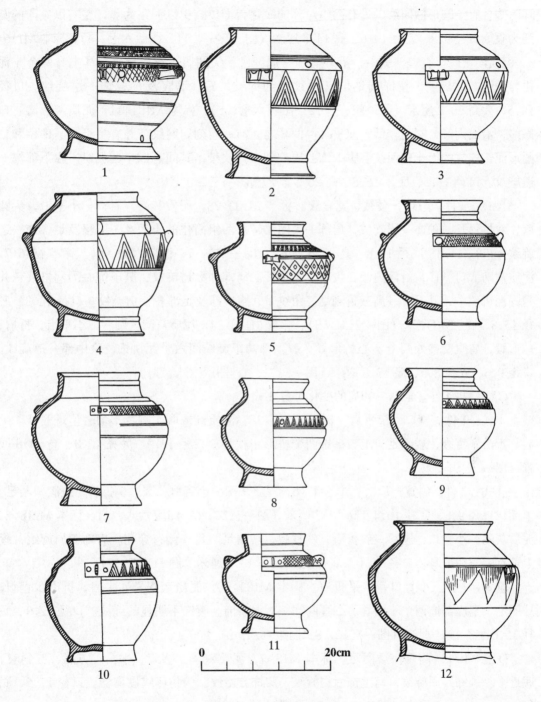

图一三一　　A、B型陶瓿

1.A型Ⅰ式（M203:6）　2.A型Ⅱ式（M106:2）　3.A型Ⅱ式（M30:30）　4.A型Ⅱ式（M106:3）　5.A型Ⅲ式
（M46:10）　6.A型Ⅳ式（M121:20）　7.B型Ⅰ式（M127:7）　8.B型Ⅱ式（M25:7）　9.B型Ⅱ式（M102:13）
10.B型Ⅱ式（M114:2）　11.B型Ⅲ式（BM3:12）　12.B型Ⅲ式（M116:3）

耳两侧各有一圆形戳印纹，另有两组对称的简化兽面纹，中以泥条为鼻，左右以戳印的圆圈为眼。口径9.8、底径10.6、高14.8厘米（图一三一，11；图版六七，4）。标本M116：3，泥质浅灰陶。直口，斜沿，沿外侧饰一周弦纹，尖圆唇，双桥形耳，耳上有两个小泥饼。颈饰二道旋纹，腹饰刻划倒三角纹和细绳纹，肩、下腹及足各饰一道旋纹。口径15.5、残高20.8厘米（图一三一，12；图版六七，5）。标本M101：11，泥质灰黑陶。口微侈，沿面内倾，圈足较低，双贯耳。两耳之间饰一周刻划网纹带并有二组由竖扉棱和二圆形泥饼构成的简化兽面纹。腹上饰一周刻划三角纹带，其间有四个圆泥饼。腹下部饰一道旋纹。口径13.5、底径16.8、高20.5厘米（图一三二，1）。

　　Ⅳ式：3件。敞口，矮领，宽扁腹。标本M103：28，泥质灰陶。直口，小平沿，尖圆唇，双桥形耳。颈饰一周旋纹，肩部一周网纹带及两组简化的兽面纹，下腹及足各饰一道旋纹。口径14.8、底径15.8、高22.6厘米（图一三二，2；图版六七，6）。标本M46：7，泥质灰陶。口微侈，沿面内倾，尖唇。双贯耳。肩部饰数道旋纹，其下饰一周网格纹带并附圆泥饼四个，其下有一周三重刻划三角纹带，腹中部及足部各一道旋纹。口径14.3、底径15.8、高22.8厘米（图一三二，3）。标本M103：24，泥质灰陶。圆唇，小平沿，折肩，球形腹，肩腹交接处两个实心桥形耳。肩下部两组旋纹间六个泥饼饰，腹中部一道旋纹。口径9.6、底径8.5、高13.8厘米（图一三二，4；图版六八，1）。

　　C型　共4件。根据口和肩的变化可分3式。

　　Ⅰ式：1件。直口，窄平肩。标本M124：38，泥质红褐陶，陶色不匀，呈斑驳状。尖唇，折沿，直腹，矮圈足，上腹部饰两个桥形小横耳。口径13.0、底径16.0、高14.8厘米（图一三二，5）。

　　Ⅱ式：2件。斜宽折肩。标本M47：6，泥质灰陶。小直口，圆唇，折肩，鼓腹，圈足。素面。口径9.8、底径10.4、高13.7厘米（图一三二，6；图版六八，2）。标本M218：2，泥质灰陶。小直口，圆唇，斜折肩，斜直腹，矮圈足。足一侧有穿孔。肩饰三周旋纹，腹上部有一对桥形耳。口径10.0、底径12.4、高13.2厘米（图一三二，7）。

　　Ⅲ式：1件。小直口，广平折肩。标本M103：20，泥质灰褐陶。尖唇，折沿，直腹，矮圈足，上腹部饰两个小横耳。二耳间饰一对泥条饰。腹饰不明显的绳纹。口径12.0、底径15.6、高19.4厘米（图一三二，8；图版六八，3）。

　　D型　1件。高领，矮圈足。标本M13：7，泥质灰陶。侈口，平沿，方唇，腹斜直，底近平。颈饰二周旋纹，肩上饰六周旋纹，腹饰方格纹。为仿印纹硬陶器。口径17.5、底径13.2、高20.8厘米（图一三二，9；图版六八，4）。

　　E型　1件。标本M119：23，磨光黑陶。直口，鼓腹，高圈足，肩一对环耳，两耳间饰八组云纹，每组云纹以圆饼相分割，腹饰两道旋纹。带盖，盖纽呈蘑菇状，盖上纹饰与器身相同。器表打磨光亮，呈深黑色。口径12.2、底径15.4、通盖高26.4厘米（图一

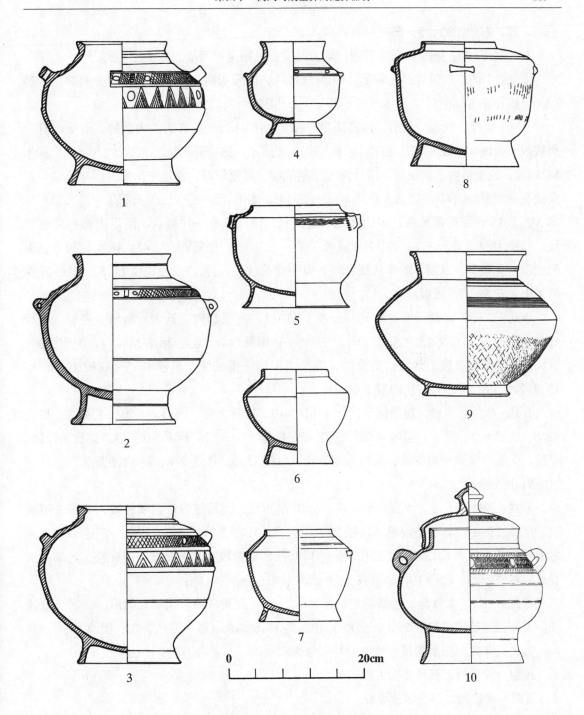

图一三二　　　B、C、D、E型陶瓿

1.B型Ⅲ式（M101：11）　2.B型Ⅳ式（M103：28）　3.B型Ⅳ式（M46：7）　4.B型Ⅳ式（M103：24）　5.C型Ⅰ
式（M124：38）　6.C型Ⅱ式（M47：6）　7.C型Ⅱ式（M218：2）　8.C型Ⅲ式（M103：20）　9.D型（M13：7）
　10.E型（M119：23）

三二，10；彩版二四，5；图版六八，5）。

豆　共 12 件。是较常见的器物，均为泥质，根据盘和圈足的特征分 6 式。

Ⅰ式：1 件。斜敞口，高圈足。标本 M36：1，泥质灰陶。素面。斜沿，尖圆唇。口径 12.0、底径 9.5、高 11.4 厘米（图一三三，1；图版六九，1）。

Ⅱ式：4 件。浅盘，斜沿，细高圈足。标本 M17：6，泥质红陶。尖圆唇，沿外侧有一周旋纹。素面。口径 15.2、底径 10.5、高 14.2 厘米（图一三三，2；图版六九，2）。标本 M216：4，泥质褐陶。尖圆唇，沿外侧有二周旋纹。器壁较厚，圈足中部饰一周宽弦纹，近底处有一周突棱。口径 15.2、底径 10.2、高 14.4 厘米（图一三三，3；图版六九，3）。标本 M213：45，泥质黄褐陶，素面磨光。尖圆唇，沿外侧有一周旋纹。圈足上饰一周粗弦纹。口径 16.8、底径 9.6、高 14.0 厘米（图一三三，4；图版六九，4）。标本 M39：1，泥质红陶。尖圆唇，素面。喇叭状圈足，上饰一周弦纹。口径 17.2、底径 11.5、高 13.6 厘米（图一三三，5；图版六九，5）。

Ⅲ式：2 件。深盘，细高圈足。标本 M112：1，泥质红陶。素面。斜沿，尖唇。口径 16.6、底径 10.6、高 13.8 厘米（图一三三，6；图版六九，6）。标本 M44：1，泥质红陶。素面磨光。平沿。腹上部饰二道旋纹，圈足中部饰一道弦纹。口径 17.5、底径 10.8、高 15.2 厘米（图一三三，7；图版七〇，1）。

Ⅳ式：2 件。深盘，粗矮圈足。标本 M124：2，泥质灰陶。圆唇。足饰二道旋纹。口径 12.8、底径 8.5、高 8.8 厘米（图一三三，8；图版七〇，2）。标本 M124：1，泥质灰褐陶。平沿、尖唇。腹饰一周旋纹，足饰一道弦纹。口径 15.2、底径 9.8、高 11.6 厘米（图一三三，9；图版七〇，3）。

Ⅴ式：2 件。平沿，浅盘，粗圈足。标本 M38：2，泥质红陶。盘壁较直，下部三道旋纹。足部二道旋纹。盘壁较厚。口径 15.2、底径 10.4、高 12.4 厘米（图一三三，10；图版七〇，4）。标本 M128：13，泥质灰陶。口略残，盘壁较直，下部饰一道旋纹。足部三道旋纹。器壁较厚。底径 10.4、残高 12.8 厘米（图一三三，11）。

Ⅵ式：1 件。大浅盘，粗矮圈足。标本 M25：1，泥质灰陶。素面。斜沿，尖唇，盘较浅。足饰二道旋纹。口径 15.2、底径 12.0、高 11.8 厘米（图一三三，12；图版七〇，5）。

盉　共 7 件。根据陶质、纹饰的特点分为二型。

A 型　泥质陶，器身多为素面。

B 型　夹砂陶，器身多施绳纹。

A 型　2 件。根据整体特征分 2 式。

Ⅰ式：1 件。直口、浅腹，长柄，高尖锥足。标本 M124：44，泥质灰陶。直口平沿，折肩浅腹，三实锥足，一足上方有一柄状錾耳，另一侧有一管状流，略残。腹饰数道旋纹。口径 10.0、高 19.8 厘米（图一三四，1）。

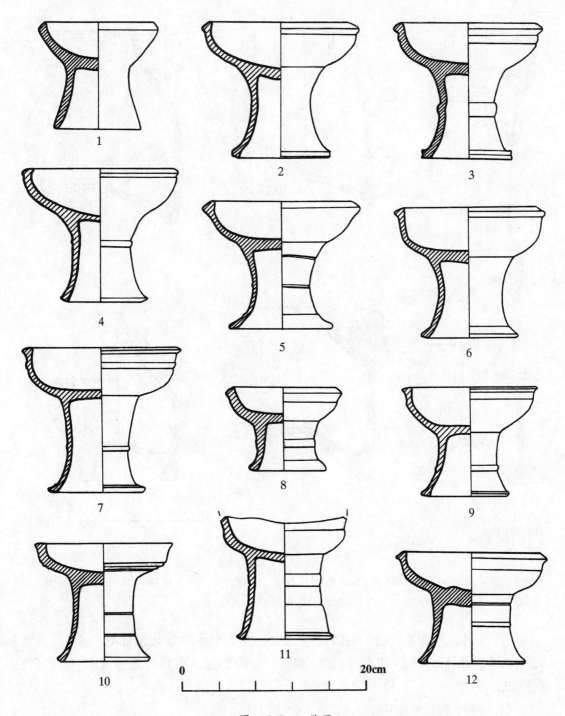

图一三三 陶豆

1. I式（M36:1） 2. II式（M17:6） 3. II式（M216:4） 4. II式（M213:45） 5. II式（M39:1） 6. III式（M112:1） 7. III式（M44:1） 8. IV式（M124:2） 9. IV式（M124:1） 10. V式（M38:2） 11. V式（M128:13） 12. VI式（M25:1）

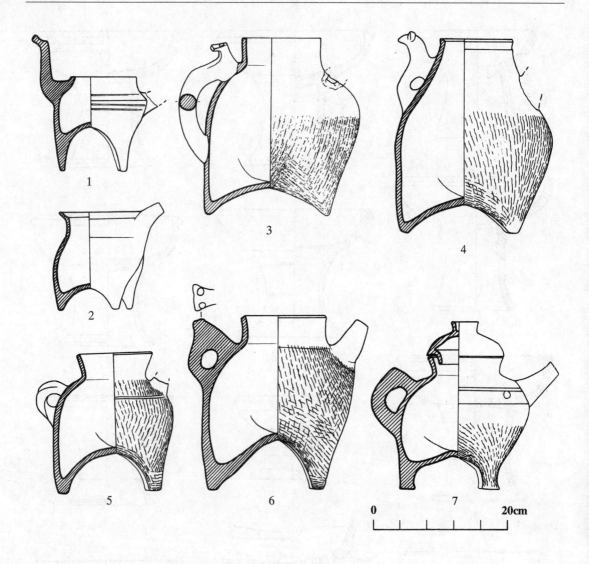

图一三四　　A、B型陶盉

1.A型Ⅰ式（M124∶44）　2.A型Ⅱ式（M46∶32）　3.B型Ⅰ式（M11∶4）　4.B型Ⅰ式（M18∶57）　5.B型Ⅱ式（M123∶8）　6.B型Ⅰ式（M50∶6）　7.B型Ⅲ式（M120∶83）

　　Ⅱ式：1件。大敞口，无柄，弧裆，尖锥足。标本 M46∶32，泥质红陶。侈口，圆唇，直颈，深腹，弧裆，口的一侧捏出一流。素面，口径 13.6、高 14.2 厘米（图一三四，2；彩版二五，1；图版七一，1）。

　　B型　5件。根据整体特征分3式。

　　Ⅰ式：3件。小直口，深腹，弧裆，空锥足。标本 M11∶4，夹砂灰褐陶。平沿，方唇。肩一侧有一鸡首状大圆柱形錾，另一侧有流，残。肩以下饰粗绳纹。口径 11.8、高 25.8 厘米（图一三四，3；图版七一，2）。标本 M18∶57，夹砂灰陶。尖唇，溜肩，敛口，矮弧档。肩上有一鸡首状鋬耳，另两足之间肩部有一管状流。腹至足部饰粗绳纹。口径 10.8、高 28.2 厘米（图一三四，4；彩版二五，2；图版七一，3）。标本 M50∶6，夹砂灰褐陶。圆唇，鼓腹。有小实足根，肩上有一鸡首状鋬耳，另一侧有一管状流。口以下通身饰粗绳纹。口径 12.8、高 25.2 厘米（图一三四，6；彩版二五，3；图版七一，4）。

Ⅱ式：1 件。侈口，腹部变浅，高弧档，空锥足。标本 M123∶8，夹砂灰陶。圆唇，圆肩。一足上方有一绳索状鋬耳，另一侧有流。肩腹交接处一道旋纹。口部以下通饰竖行中绳纹。口径 11.7、高 20.2 厘米（图一三四，5；图版七一，5）。

Ⅲ式：1 件。小侈口，分档，柱足，带盖。标本 M120∶83，夹砂灰陶。平唇，圆肩，一足上方有一鋬耳，另一侧有一管状流。肩部二道旋纹间有六个泥饼饰，腹以下至足饰不明显粗绳纹。口径 11.4、通盖高 24.4 厘米（图一三四，7；彩版二五，4；图版七一，6）。

鬹　4 件。依领、口、足部特征分二型。

A 型　3 件。高领，敞口，实足。标本 M121∶21，夹砂灰褐陶。侈口，尖唇，直颈，折肩，分档，鋬位于下腹部，较粗壮。肩部共四道旋纹，肩下饰不明显的粗绳纹。口径 12.8、高 18.8 厘米（图一三五，1；图版七二，1）。标本 M21∶58，夹砂灰褐陶。侈口，方唇，直颈，圆折肩，分档，鋬位于肩与腹之间。肩部有几道旋纹，肩下饰不明显的粗绳纹。口径 15.6、高 20.4 厘米（图一三五，2；彩版二五，5；图版七二，2）。标本 M13∶1，夹砂黑褐陶。形制、纹饰略同上器，唯肩部旋纹共有二道。口径 12.4、高 18.5 厘米（图一三五，3；图版七二，3）。

B 型　1 件，矮领，小口，空足。标本 M103∶26，夹砂褐陶。侈口，平沿，圆肩，分档，一足上方有鋬。肩中部及肩腹交接处各饰一道旋纹，肩至足跟均饰竖行中绳纹。口径 11.2、高 17.2 厘米（图一三五，4；图版七二，4）。

鼎　1 件。标本 M114∶6，夹砂灰陶。敞口，方唇，鼓腹，分档，三柱足，双立耳。口下饰二道旋纹，腹部饰中绳纹。口径 16.4、高 17.2 厘米（图一三五，5；彩版二五，6；图版七二，5）。

甗　共 2 件。标本 M124∶23，夹砂红褐陶。侈口，圆唇，上部为微鼓的深腹盆状。口下至足饰交叉绳纹。口径 20.2、高 24.4 厘米（图一三五，6；图版七三，1）。标本 M218∶1，夹砂红褐陶。侈口，方唇，上部为微鼓的深腹盆状。颈以下至腰部饰竖绳纹，足部饰交叉绳纹。口径 31.2、高 40.4 厘米（图一三五，7；图版七三，2）。

盘　1 件。标本 M201∶36，泥质灰褐陶。侈口，方唇，斜直壁，圜底，喇叭状矮圈足。沿外侧饰二周旋纹，圈足同样饰二周旋纹。口径 25.2、底径 16.3、高 11.8 厘米（图一三六，1；图版七三，3）。

卣　1 件。标本 M124∶41，磨光黑皮灰胎陶。小直口，圆唇。双环耳，附深腹盖，盖纽呈蘑菇菌状。矮圈足。上腹部饰一周云雷纹带，腹、足各饰一道旋纹。口径 12.4、底径

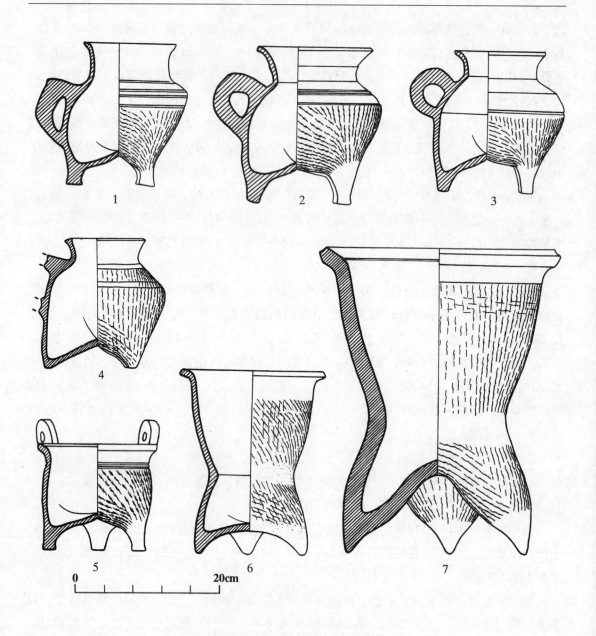

图一三五　　A、B 型陶鬶，陶鼎和甗

1. A 型鬶（M121:21）　2. A 型鬶（M21:58）　3. A 型鬶（M13:1）　4. B 型鬶（M103:26）　5. 鼎（M114:6）
6. 甗（M124:23）　7. 甗（M218:1）

19.6、高 24.4 厘米（图一三六，2；图版七三，4）。

　　瓮　1 件。标本 M13:6，泥质红陶。小子母口，尖唇，广折肩，鼓腹，平底略内凹。口下四个对称的桥形耳。肩饰四周网纹带，腹饰绳纹。口径 14.8、底径 12.4、高 36.4 厘米（图一三六，3；图版七三，5）。

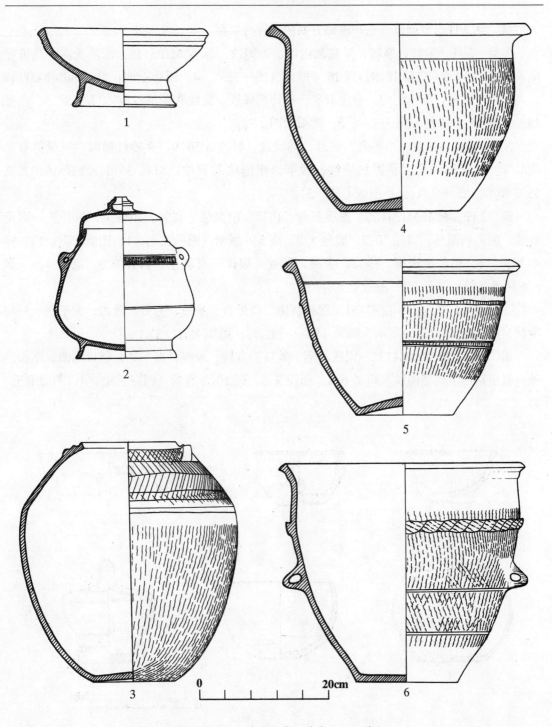

图一三六 陶盘、卣、瓮和A、B型盆

1.盘（M201:36） 2.卣（M124:41） 3.瓮（M13:6） 4.A型盆（M103:18） 5.A型盆（M31:12） 6.B型盆（M50:9）

盆　共3件。根据口、底和纹饰方面的特征分二型。

A型　2件，敞口，厚唇，平底微内凹，饰绳纹。标本M103∶18，泥质灰陶。腹饰粗绳纹。口径39.6、底径18.8、高28.4厘米（图一三六，4；图版七四，1）。标本M31∶12，夹细砂灰褐陶，陶色不匀，呈斑驳状。腹饰粗绳纹、旋纹和附加堆纹。口径34.5、底径15.2、高23.6厘米（图一三六，5；图版七四，2）。

B型　1件。深腹，小平底，带耳，饰绳纹。标本M50∶9，夹砂红褐陶。下腹部有二桥形耳。上腹部一周索状附加堆纹，腹部饰粗绳纹和旋纹。口径36.8、底径16.0、高33.2厘米（图一三六，6；图版七四，3）。

碗　2件。标本M124∶26，泥质灰陶。侈口、沿微侈、圆唇，颈微束，腹外鼓，圈足较矮。喇叭状圈足。口径10.2、底径5.2、高5.6厘米（图一三七，1；图版七五，1）。标本M106∶4，泥质黑褐陶。侈口，尖唇，凹底。腹饰一对乳丁。口径9.8、底径4.8、高5.6厘米（图一三七，2；图版七五，2）。

三足盘　1件。标本BM3∶51，泥质灰陶。口近直，平沿，方唇。浅盘，大平底，三扁凿状足。口径15.2、通高4.5厘米（图一三七，3；图版七五，3）。

盂　1件。标本BM4∶32，泥质灰陶。敛口，方唇，球腹，大平底。器口内凹，系扣盖处。腹中部以下施竖绳纹。口径6.4、底径7.5、高10.2厘米（图一三七，4；图版七五，4）。

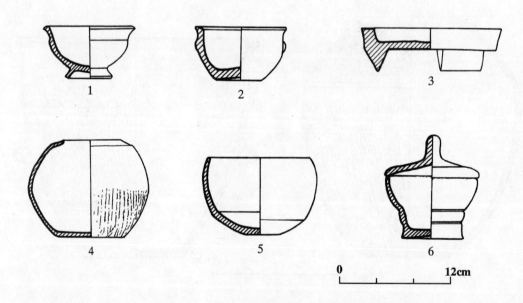

图一三七　陶碗、三足盘、盂、钵和盅

1.碗（M124∶26）　2.碗（M106∶4）　3.三足盘（BM3∶51）　4.盂（BM4∶32）　5.钵（BM12∶1）　6.盅（M201∶1）

钵　1件。标本 BM12：1，泥质灰陶。敛口，尖唇，鼓腹，小平底。素面。口径 11.0、底径 4.0、高 8.0 厘米（图一三七，5；图版七五，5）。

盅　1件。标本 M201：1，泥质灰褐陶。带盖，直颈，直口，尖唇，鼓腹近底处内束，形成双腹状。大平底微内凹。盖呈伞状，中部有一圆柱状捉手。腹下部饰二道旋纹。口径 10.2、底径 6.8、通盖高 11.0 厘米（图一三七，6；图版七五，6）。

器盖　共 18 件。可分二型。

A 型　似倒置的碗或盘形，纽呈空心柄状。

B 型　似倒置的深腹碗或盘形，纽呈菌状。

A 型　共 13 件。根据口部的变化可分 4 式。

Ⅰ式：2 件。深子母口。标本 M31：2，泥质灰黑陶。喇叭状高纽，鼓面，出檐，纽侧面钻一孔，素面。口径 8.8、纽径 6.8、高 7.5 厘米（图一三八，1）。标本 M101：8，泥质灰陶。盖面较鼓，边缘出檐明显，素面。口径 8.6、纽径 3.6、高 7.4 厘米（图一三八，2）。

Ⅱ式：3 件。内敛子母口。标本 M31：16，泥质灰黑陶。大口，盖面微鼓，上饰一条刻划的三角纹带和三个圆泥饼。唇内凹明显。口径 16.0、纽径 5.2、高 6.9 厘米（图一三八，3；图版七五，7）。标本 M46：28，泥质灰黑陶。子母口内倾明显，盖面饰戳印圆圈纹带。口径 10.2、纽径 4.0、高 4.2 厘米（图一三八，4）。标本 M46：35，泥质灰陶。器壁较厚，盖面饰一条三重的刻划三角纹带。口径 11.2、纽径 4.4、高 4.8 厘米（图一三八，5）。

Ⅲ式：7 件。外凸子母口。标本 M121：23，泥质灰黑陶。盖面较浅，有明显的子母口，面和纽上分别饰二道和三道旋纹，无纹饰的地方磨光。口径 12.0、纽径 6.4、高 6.0 厘米（图一三八，6）。标本 M46：34。泥质灰陶。盖面较浅，有明显的子母口，盖面饰一周刻划的网格纹带，其间有两组用泥饼和泥条组成的简化兽面纹，无纹饰的地方磨光。口径 12.0、纽径 5.2、高 5.8 厘米（图一三八，7）。标本 M103：35，泥质浅灰陶。盖面微鼓，上饰二周旋纹，口平斜，较厚重。口径 14.0、纽径 7.0、高 7.0 厘米（图一三八，8）。标本 M103：34，泥质灰陶。似一倒置的浅盘。盖面饰数道旋纹。口径 15.0、纽径 7.4、高 7.2 厘米（图一三八，9）。

Ⅳ式：1 件。平口。标本 M30：33，泥质灰陶。宽平沿，盖面饰三道旋纹。口径 19.2、纽径 5.2、高 5.4 厘米（图一三八，10）。

B 型　共 5 件。根据口部的变化可分 3 式。

Ⅰ式：2 件。内敛的子母口。标本 M46：29，泥质灰陶。平口微凹，盖面饰戳印圆圈纹带及三个泥饼饰。口径 14.0、高 5.8 厘米（图一三八，11）。

Ⅱ式：1 件。外凸的子母口。标本 M126：12，泥质灰陶。盖面斜平直，呈覆斗形，上饰三周旋纹。口径 14.5、高 8.8 厘米（图一三八，12）。

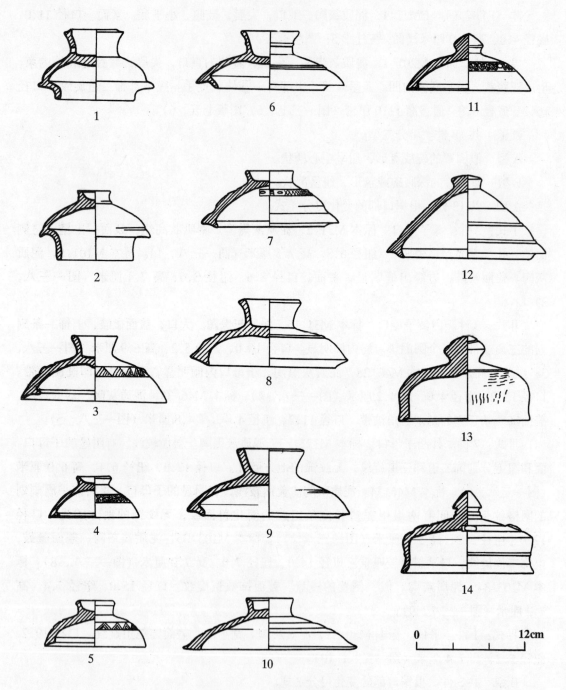

图一三八　　A、B型陶器盖

1.A型Ⅰ式（M31:2）　2.A型Ⅰ式（M101:8）　3.A型Ⅱ式（M31:16）　4.A型Ⅱ式（M46:28）　5.A型Ⅱ式（M46:35）　6.A型Ⅲ式（M121:23）　7.A型Ⅲ式（M46:34）　8.A型Ⅲ式（M103:35）　9.A型Ⅲ式（M103:34）　10.A型Ⅳ式（M30:33）　11.B型Ⅰ式（M46:29）　12.B型Ⅱ式（M126:12）　13.B型Ⅲ式（M34:4）　14.B型Ⅲ式（M127:8）

Ⅲ式：2件。平口。标本 M34∶4，夹砂灰陶。陶质火候较高。纽面、盖面各饰一道旋纹。口径 14.5、高 8.8 厘米（图一三八，13；图版七五，8）。标本 M127∶8，泥质灰黑陶。直口，圆唇，盖面饰二道旋纹和四个泥饼，颈部饰二周旋纹，整体磨光。口径 14.8、高 8.5 厘米（图一三八，14；图版七五，9）。

异形器　1件。标本 BM4∶33，泥质灰褐陶。器形似四足盘，上部近似方形浅盘，两侧留缺口，居中有"十"字镂孔饰，盘底为方形圈座，下接四足。口径 10.5~11.5、通高 6.0 厘米（图一三九，1；图版七六，1、2）。

陶拍　共3件。分二型。

A 型　2件。圆形。标本 M50∶1，泥质灰陶。正面微凸，上施细绳纹，背面有一宽弧形板。直径 9.1、高 3.3 厘米（图一三九，2）。标本 M222∶53，泥质灰陶。正面微凸，施以垂直交错的方形网格纹。背有一宽扁形板。直径 9.1、通高 3.4 厘米（图一三九，4；图版七六，3、4）。

B 型　1件。方形。标本 M119∶69，泥质灰黑陶。正面微凸，上施规矩的绳纹。背有一鞍形纽，纽正面饰弧边回形纹，两端一侧饰横旋纹和网格状刻划纹，另一侧饰竖瓦棱形和三角形刻划纹，其间以横旋纹分割成上下两部分。拍面长 7.7、宽 7.0、高 3.8、柄长 6.5、宽 2.9、高 3.0 厘米（图一三九，3；图版七六，5、6）。

算　1件。标本 BM4∶30，夹砂褐陶。扁圆饼状，中有若干个穿孔。直径 13.3、厚 1.1 厘米（图一三九，5）。

圆陶片　4件。标本 BM4∶31，夹砂褐陶。凸面施有绳纹。直径 12.6、厚 1.3 厘米（图一三九，6）。标本 BM4∶29，泥质灰陶。扁圆饼状，凸面施绳纹。直径 6.1、厚 0.8 厘米。

纺轮　共出土 16件。根据纺轮的形状可分三型。

A 型　9件。两面扁平的圆饼形。标本 M214∶10，泥质灰陶。素面。直径 4.5、孔径 0.9、厚 1.1 厘米（图一四〇，1；图版七七，1）。标本 M117∶4，泥质灰褐陶。素面。直径 3.9、孔径 0.8、厚 0.7 厘米（图一四〇，2；图版七七，2）。标本 M201∶67，泥质橙红陶。剖面呈圆台状，素面。直径 6.1、孔径 0.5~0.8、厚 1.3 厘米（图一四〇，3；图版七七，3）。标本 M11∶22，泥质灰陶。素面。直径 4.1、孔径 0.5、厚 1.3 厘米（图一四〇，4；图版七七，4）。标本 M117∶3，泥质红褐陶。素面。直径 4.1、孔径 0.8、厚 1.4 厘米（图一四〇，5；图版七七，5）。标本 M210∶5，泥质灰褐陶。素面。直径 1.9、孔径 0.3、厚 0.9 厘米（图一四〇，6；图版七七，7）。标本 M124∶18，泥质灰陶。近中孔处饰一周旋纹，一面饰戳印的篦点纹。直径 3.1、孔径 0.4、厚 0.8 厘米（图一四〇，7；图版七七，6）。

B 型　6件。呈算珠形。标本 M125∶4，泥质褐陶。上下面平整，边缘折棱明显并在其

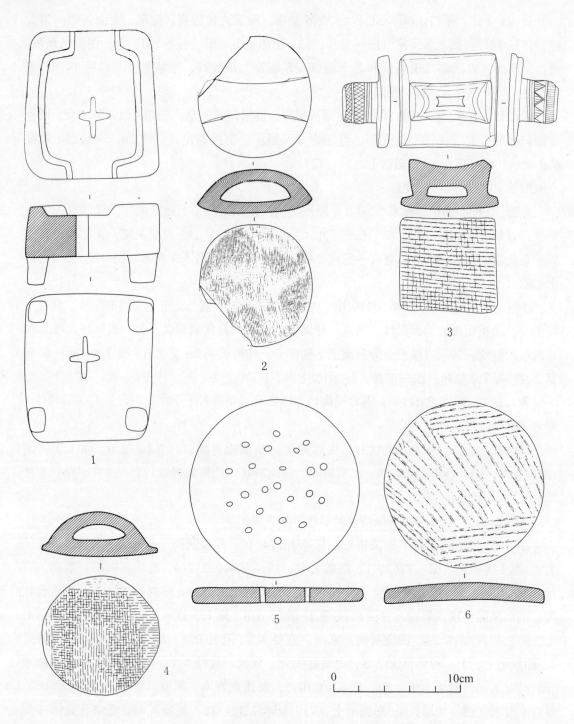

图一三九　　陶异形器，A、B型拍，算和圆陶片

1. 异形器（BM4:33）　　2. A型拍（M50:1）　　3. B型拍（M119:69）　　4. A型拍（M222:53）　　5. 算（BM4:30）
　　6. 圆陶片（BM4:31）

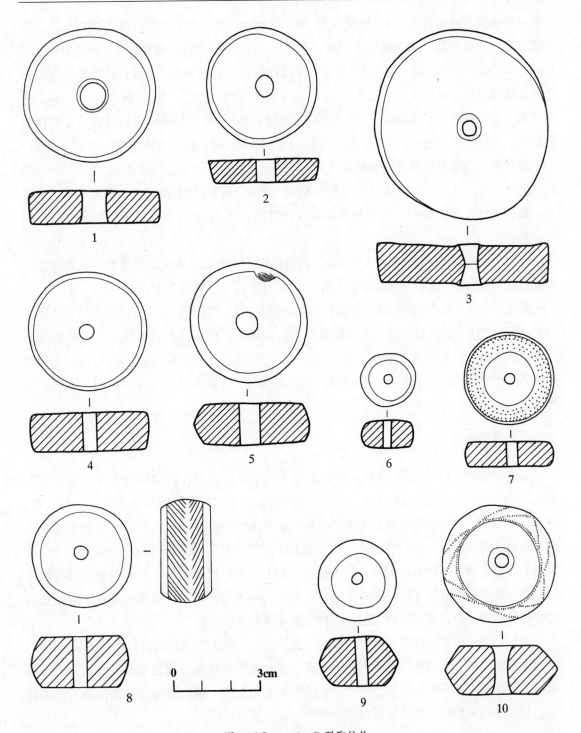

图一四○   A、B型陶纺轮

1.A型（M214:10） 2.A型（M117:4） 3.A型（M201:67） 4.A型（M11:22） 5.A型（M117:3） 6.A型（M210:5） 7.A型（M124:18） 8.B型（M125:4） 9.B型（M124:20） 10.B型（M125:3）

上饰双折线篦点纹。直径3.4、孔径0.5、厚1.7厘米（图一四〇，8）。标本M124:20，泥质橙黄陶。两面平整，边缘折棱不明显。中有一孔，孔径较直。直径2.8、孔径0.4、厚1.6厘米（图一四〇，9）。标本M125:3，泥质褐陶。上下面平直，边缘折棱明显并在其上饰双折线篦点纹。直径4.0、孔径0.6、厚1.6厘米（图一四〇，10）。标本M201:68，泥质灰陶。上下面平直，边缘有一周折棱并在其两侧饰以"八"字形压印的篦点纹，整体似轮胎状。直径5.3、孔径0.6、厚1.7厘米（图一四一，1）。标本M205:17，泥质灰褐陶。上下面较平，边缘有折棱并在其两侧饰"人"字形压印的篦点纹。直径4.5、孔径0.8、厚1.9厘米（图一四一，2；图版七七，8）。标本M214:11，泥质灰褐陶。上下面平整，边缘有一周折棱并在其两侧饰七周压印的篦点纹。直径4.3、孔径0.6、厚2.1厘米（图一四一，3）。

C型　1件。呈鼓形。标本M114:4，泥质褐陶。一面饰一周锥刺的篦点纹。边缘饰四周旋纹。直径2.9、孔径0.5、厚2.5厘米（图一四一，4；图版七七，9）。

网坠　3件。标本BM4:26，泥质褐陶。橄榄状，居中穿孔。长5.2、最大径2.7厘米（图一四一，5）。标本M205:18，夹砂褐陶。两端近平，中部凸起，横穿一孔，器表凹凸不平。长5.6、最大径3.3厘米（图一四一，6；图版七七，10）。标本M220:6，泥质灰陶。器表凹凸不平，呈橄榄状，中部穿一小孔。长6.2、最大径3.5厘米（图一四一，7；图版七七，11）。

二、原始瓷器

墓葬中共出土原始瓷器28件，分别出自8座墓中，其中北区墓葬有3座，即M222、BM4、BM3；南区5座，即M13、M30、M109、M119、M124。器类主要有豆、罍、尊、罐、釜、簋等，其中以原始瓷豆为大宗。从墓地整体的情况分析，出原始瓷器的墓葬往往同出青铜礼器，等级一般较高。另外，墓地中出土原始瓷器的墓相对较少，而且，不论从数量和质量上看，南区墓地都不及北区墓地。出土的原始瓷器的另一特点是缺乏体积较大的容器，整个墓地共出5件，其中北区出土3件，南区出2件。在前掌大墓地中原始瓷器往往与印纹硬陶器共出，表明它们在随葬品中等级大体相同。

原始瓷器一般质地细密，多数器物胎为青灰色，另有少数浅灰和黄白色。其硬度较高，扣之有清脆之声。表面施以厚薄不均的釉质，绝大多数釉色为豆青色和灰绿色。制法有轮制和泥条盘筑，豆一般用轮制法完成，尊也大部采用轮制，罐、罍等器物则两种方法交替使用。纹饰以刻划纹、旋纹和附加堆纹为主，有少量方格纹。

豆　共出土23件。根据盘、口和圈足的不同可分三型。

A型　12件。深盘，口微敞，矮喇叭状圈足。标本M119:47，尖唇，口下有明显的折棱，口沿外侧饰三道旋纹，盘内外均施豆青色釉，盘内有较多釉滴。喇叭状圈足，内外均

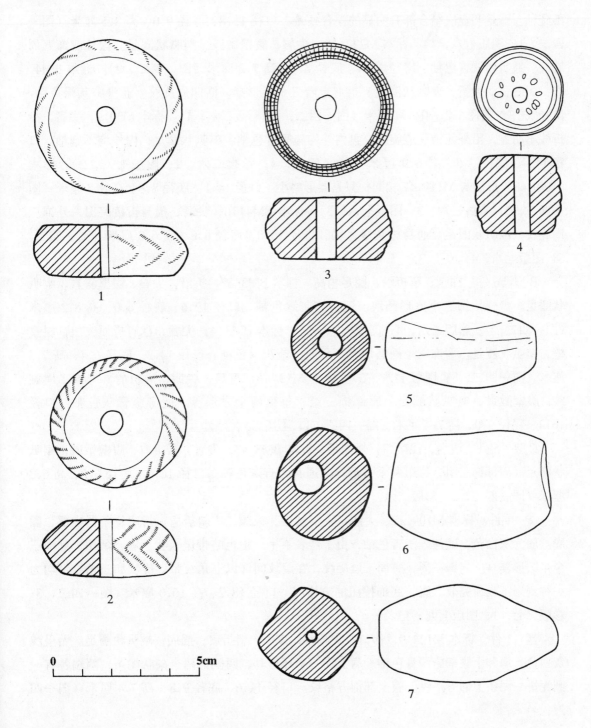

图一四一　　B、C型陶纺轮和网坠

1.B型纺轮（M201:68）　2.B型纺轮（M205:17）　3.B型纺轮（M214:11）　4.C型纺轮（M114:4）　5.网坠（BM4:26）　6.网坠（M205:18）　7.网坠（M220:6）

不施釉。圈足和盘底结合部有明显的捏合痕迹。口径15.8、底径9.0、高8.5厘米（图一四二，1；图版七八，1）。标本M222：69，尖唇，腹壁微鼓，喇叭状圈足。盘外侧饰五周旋纹。通身施淡青色釉。口径12.4、底径8.4、高7.2厘米（图一四二，2）。标本BM4：25，尖唇，肩微折，喇叭状圈足。折肩上着三个板形穿，饰四周旋纹。通身施灰绿色釉。口径13.3、底径6.2、高6.4厘米（图一四二，3；彩版二六，1）。标本M30：7，尖唇，沿折棱不明显，沿外侧饰三道旋纹，盘内外均施豆青色釉。喇叭状圈足，内外均不施釉。口径14.4、底径7.6、高6.9厘米（图一四二，4；彩版二六，2；图版七八，2）。标本M119：48，形制与M119：47相同，只是器形略小。口径14.1、底径8.8、高8.3厘米（图一四二，5；彩版二六，3；图版七八，3）。标本BM4：10，尖唇，盘身折棱突出，外饰三周旋纹，喇叭状圈足。通身施灰绿色釉。口径15.0、底径6.8、高6.3厘米（图一四二，6；图版七八，4）。

B型　6件。深盘，窄折沿，圈足稍高。标本BM3：37，折沿，尖唇，腹壁斜直，喇叭状圈足。盘外侧饰三个方形凸块。通身施灰绿色釉。口径12.6、底径6.0、高8.2厘米（图一四二，7；彩版二六，4；图版七八，5）。标本BM3：4，尖唇，盘肩折而突出，斜直壁，喇叭状圈足。肩饰三个椭圆形乳丁。通身施灰绿色釉。口径14.2、底径6.4、高7.3厘米（图一四二，8；图版七八，6）。标本M13：15，直口，尖唇，矮折肩，肩饰二周旋纹。腹壁微鼓，喇叭状圈足。肩部饰三组，每组两个方形鼻。通身施青灰色釉。口径16.4、底径9.0、高7.4厘米（图一四三，1；彩版二六，5）。

C型　5件。浅盘，浅敞口，矮圈足。标本BM3：43，尖唇，矮折肩，腹壁微鼓，喇叭状圈足。肩部饰三组，每组两个方形鼻。通身为青灰色釉。口径16.6、底径6.8、高6.3厘米（图一四三，2；彩版二六，6）。

釜　1件。标本M109：12，大敞口，尖圆唇，束颈，广斜折肩，折肩位于器中部，圜底。胎为灰白色，通体施淡青色釉，由于器表不平，釉色略带斑驳状。肩、颈相交处饰三个半圆形鋬耳。肩饰三周，每周三道旋纹，在旋纹间饰以三角纹带，旋纹和三角纹带均为一种刻划工具所完成。腹、底饰按压的方格纹。口径18.2、高16.0厘米（图一四三，3；彩版二七，1；图版七九，1）。

簋　1件。标本M124：9，侈口，尖圆唇，束颈，斜折肩，圜底，喇叭状圈足。胎呈浅灰白色，肩和上腹部施淡青色釉。肩上饰一半环形耳，两侧饰两个条状泥条，两端各有一圆泥饼，泥条上饰方格纹。腹上部饰方格纹。口径11.6、底径9.8、高7.4厘米（图一四三，4）。

尊　1件。标本BM3：46，敞口，高颈，折腹，圈足外撇。肩部有三耳，腹饰乳丁及两周旋纹，上旋纹上下有同向斜划纹。通身施灰绿色釉。口径21.5、底径12.0、通高22.5厘米（图一四三，5；彩版二七，2；图版七九，2）。

图一四二　　A、B型原始瓷豆

1.A型（M119:47）　2.A型（M222:69）　3.A型（BM4:25）　4.A型（M30:7）　5.A型（M119:48）　6.A型（BM4:10）　7.B型（BM3:37）　8.B型（BM3:4）

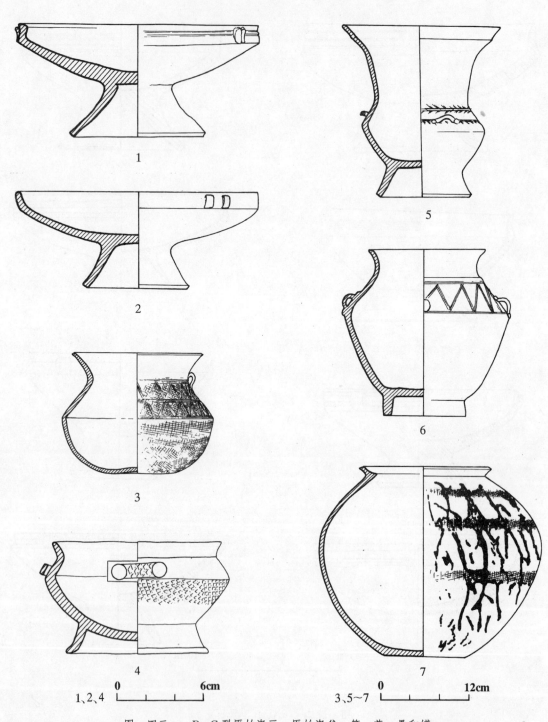

图一四三　　B、C型原始瓷豆，原始瓷釜、簋、尊、罍和罐

1.B型豆（M13:15）　2.C型豆（BM3:43）　3.釜（M109:12）　4.簋（M124:9）　5.尊（BM3:46）　6.罍（BM3:3）　7.罐（BM3:7）

罍　1件。标本BM3:3，敞口，短颈，斜肩，折腹，直圈足。折腹上有对称桥形耳，耳两侧各饰一圆饼，另饰对称的两个圆饼。肩部饰两周划纹间三角形纹。通身施灰绿色釉。口径16.0、底径11.3、高22.0厘米（图一四三，6；彩版二七，3；图版七九，3）。

罐　1件。标本BM3:7，敛口，束颈，圆球腹，平底。肩部拍印两周方格纹，腹下有一周拍印方格纹。除器底外壁，器内外施满豆青色釉，釉流晶莹美观。口径18.0、底径11.0、高25.2厘米（图一四三，7；彩版二七，4；图版七九，4）。

三、印纹硬陶器

前掌大墓地发掘出土的印纹硬陶器数量要少于原始瓷器，但其主要是大型容器，共出土17件，它们分别出土于8座墓葬中。器形包括罍、瓿、釜、尊、罐、瓮等，以圈足器居多，另有少量圜底器。印纹硬陶器的胎质细腻，一般以浅灰色为主，另有深灰色、灰褐色和橙红色等。有些器物表面颜色呈斑驳状，这可能是因为烧制时火候不均所造成。印纹硬陶的器壁一般较薄，火候较高，相互敲击可发出清脆的声音。制法基本采用泥条盘筑法并经轮制修整。器表纹饰以压印的方格纹为主，有大方格纹和小方格纹之分；此外还有少量的附加堆纹、弦纹、戳印纹等。方格纹是用陶拍子印上去的，同一种器物上往往采用二种以上的纹饰来装饰，一般以方格纹为主，并且几乎遍及器物全身。

罍　共9件。根据耳的有无分二型。

A型　两侧带耳。

B型　无耳。

A型　8件。根据耳、腹、足特征分4式。

Ⅰ式：1件。侈口，斜折肩，双耳，底内凹明显。标本BM4:11，器表呈灰色。束颈，肩腹突出，肩下有二桥形耳，腹下斜收，凹底，矮圈足。器表由颈至圈足以上通施方格纹，颈至肩部有六周旋纹。口径29.6、底径14.5、高26.5厘米（图一四四，1）。

Ⅱ式：4件。侈口，广肩，两对桥形耳，腹微鼓，圈足稍矮，底近平。标本M120:6，器表呈浅灰色。尖唇，圆鼓腹，矮圈足，肩部有两对，每对各两个錾耳。除口沿外通身饰压印方格纹，肩部在方格纹上有三组旋纹。口径24.4、底径16.0、高28.2厘米（图一四四，2；彩版二八，1；图版八〇，1）。标本M119:66，器表呈浅橘红色。侈口，斜直领，束颈，折腹，小平底，矮圈足，肩上饰四个环形系耳，肩和腹饰小方格纹，腹下部饰大方格纹。口径27.2、底径14.5、高26.2厘米（图一四四，3；彩版二八，2；图版八〇，2）。标本M222:75，器表呈灰白色。大敞口，尖唇，小喇叭形圈足。肩饰两对，每对二个錾耳。肩、腹饰压印的浅方格纹，肩部方格纹被三周旋纹分割成四周方格纹带。口径29.5、底径15.9、高29.0厘米（图一四四，4；彩版二八，3；图版八〇，3）。标本M222:74，器表呈浅橙色。尖唇，肩微鼓，矮圈足，鼓腹。肩部饰两对，每对各两个小錾耳。除口沿

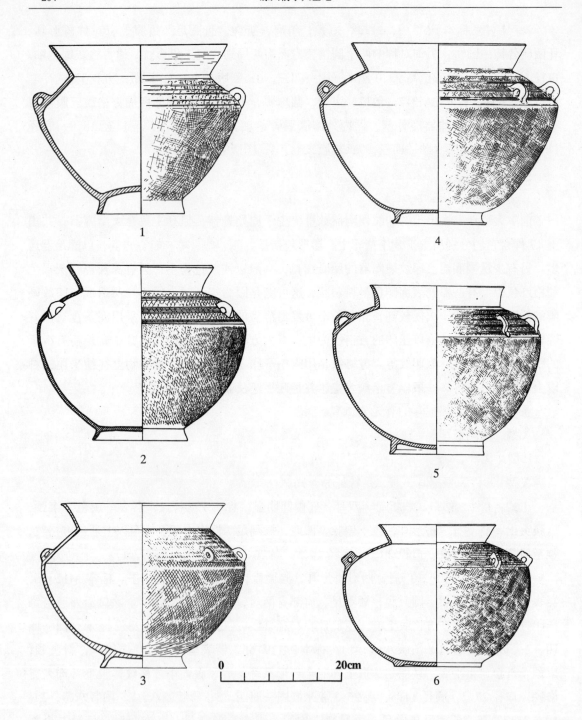

图一四四　A型印纹硬陶罍

1. Ⅰ式（BM4:11）　2. Ⅱ式（M120:6）　3. Ⅱ式（M119:66）　4. Ⅱ式（M222:75）　5. Ⅱ式（M222:74）
6. Ⅲ式（M222:76）

外通体饰压印的小方格纹，肩部在方格纹上刻划有三组浅旋纹。口径 22.5、底径 15.8、高 27.0 厘米（图一四四，5；彩版二八，4；图版八〇，4）。

Ⅲ式：1 件。两对方形圆孔耳，鼓腹，平底，矮圈足。标本 M222∶76，器表呈橙黄色。敞口，尖唇，广肩微鼓，鼓腹，圈足几乎不见。耳外侧饰锯齿状牙饰。肩、腹饰压印的方格纹。口径 19.6、底径 14.7、高 22.5 厘米（图一四四，6；彩版二九，1；图版八一，1）。

Ⅳ式：2 件。直口，矮领，带盖，矮扁腹。标本 M109∶10，直口，尖唇，宽广肩，腹微鼓，喇叭形圈足。盖面扁平，边缘内折，出檐，盖中部有一喇叭形捉手。盖、肩面呈麻点状，似腐蚀的作用。肩上有两对桥形鋬耳，腹饰规矩的压印方格纹。口径 11.5、底径 11.0、通高 16.2 厘米（图一四五，1；彩版二九，2；图版八一，2）。标本 M119∶45，器表呈浅灰色。直口，圆唇，广肩，折腹，平底，喇叭形圈足，肩有二只系耳，腹饰方格纹。口径 10.3、底径 6.2、高 8.8 厘米（图一四五，6；彩版二九，3；图版八一，3）。

B 型　1 件。侈口，折肩近平。标本 M110∶21，器表呈浅灰色。鼓腹，矮圈足，器体较矮，肩有两对，每对各两个小鋬耳。肩部饰戳印纹。口径 18.8、底径 16.0、高 17.2 厘米（图一四五，2；图版八一，4）。

瓿　2 件。标本 M203∶21，直口，圆唇，矮扁腹，喇叭形圈足较矮，肩有四个泥条制成的桥形耳，每个耳两侧各饰一个圆泥饼。通体饰压印的方格纹。口径 8.0、底径 10.5、高 12.6 厘米（图一四五，4；图版八二，1）。标本 M203∶42，直口，矮领，圆唇，扁腹，喇叭状矮圈足，通体饰压印的方格纹。口径 8.8、底径 11.4、高 12.0 厘米（图一四五，5；彩版二九，4；图版八二，2）。

釜　2 件。标本 M31∶13，器表呈灰色。侈口，圆唇，广折肩，鼓腹，圜底。肩饰数道旋纹，腹至底饰戳印方格纹。口径 10.8、高 10.4 厘米（图一四五，7；图版八二，3）。标本 M109∶11，器表呈浅灰色。大敞口，平沿，圆唇。广肩近平，鼓腹，圜底。肩上饰四道锯齿状扉棱。肩、腹、底部均饰规矩的压印方格纹。口径 26.5、高 25.2 厘米（图一四五，8；彩版三〇，1；图版八二，4）。

尊　1 件。标本 M119∶65，敞口，圆唇，高颈，广肩，深腹，圜底，矮圈足。肩和腹饰小方格纹。口径 21.5、底径 13.2、高 22.8 厘米（图一四五，9；彩版三〇，2；图版八三，1）。

罐　共 3 件。可分二型。

A 型　2 件。侈口，折肩，凹底。标本 M101∶4，敞口，束颈，平沿，尖唇。广折肩，鼓腹微突，腹下斜内收明显，凹底。器表由颈至腹底部通施浅细的方格纹。口径 8.5、底径 3.8、高 11.3 厘米（图一四五，10；彩版三〇，3；图版八三，2）。标本 M203∶18，侈口，尖唇，斜折肩，束颈明显，腹微鼓，腹下斜内收，深凹底。器表由颈至腹底部以上通施细密规矩的压印方格纹。口径 21.5、底径 11.5、高 20.4 厘米（图一四五，11；图版八

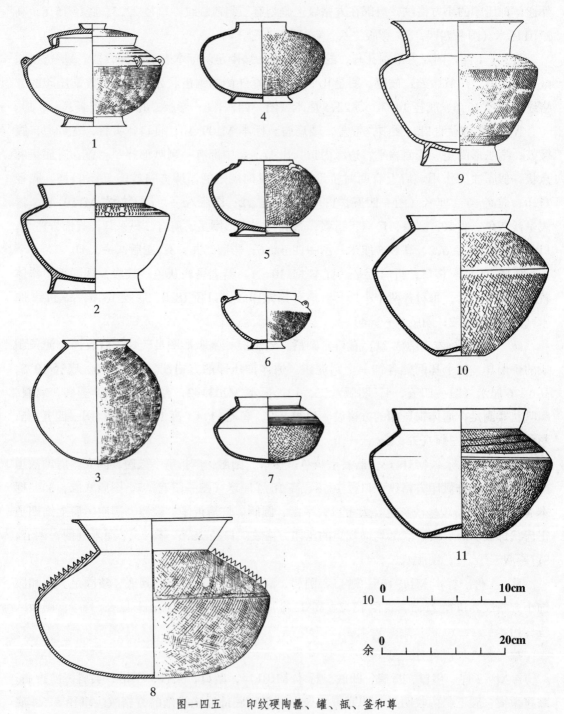

图一四五　　印纹硬陶罍、罐、瓿、釜和尊

1.A型Ⅳ式罍（M109:10）　2.B型罍（M110:21）　3.B型罐（M222:77）　4.瓿（M203:21）　5.瓿（M203:
42）　6.A型Ⅳ式罍（M119:45）　7.釜（M31:13）　8.釜（M109:11）　9.尊（M119:65）　10.A型罐
（M101:4）　11.A型罐（M203:18）

三，3）。

B型 1件。小侈口，球腹，圜底。标本 M222:77，器表呈橙黄色。小侈口，圆唇，斜肩，鼓腹，圜底。通体饰规矩的压印方格纹。口径 11.2、高 19.5 厘米（图一四五，3；彩版三〇，4；图版八三，4）。

第二节 青铜器

前掌大墓地发掘的墓葬中有 26 座墓葬和 1 座车马坑中出土青铜礼乐器，其中出土 10 件以上礼器的墓葬有 6 座，5~10 件的墓葬 4 座，5 件以下的墓葬 16 座，这里包括部分规格较高但因被盗造成资料不完整的墓葬。一般较大型墓以鼎、簋为核心，爵、觚等量相配；小型墓以爵、觚或爵、觚、觯相配为特征。其中以爵、觚相配的有 9 座，爵、觚、觯相配的有 10 座，爵、觯相配的有 2 座。此外，在高等级墓葬中出现有爵、角和觚、觯等量相配的现象。其中有 4 座墓葬情况略有不同，在 M15 中仅出 1 爵，M49 出有 2 爵、1 觚、1 卣的组合，M126 为 2 觚、1 觯组合，M128 的前部被盗扰，不排除有铜器被盗造成组合关系缺失，目前计有 1 鼎、1 簋、1 罍、2 觚和 1 觯，表现出以鼎、簋为主，觚、觯不等量相配的组合特征。

前掌大墓地出土的青铜礼器总体呈现出以酒器为主，食器为辅，水器较少这样一种格局。共出土铜礼器 171 件，乐器 4 件。此外在一批墓葬中还发现有大量的兵器、工具、成套的车马器和杂器等。

北区发掘的墓葬大部分都被盗扰，很难在一些大型墓葬中得到有关青铜礼器的组合情况，只有少数一些小型墓葬未被盗，而出土青铜礼乐器的墓有 3 座，即 M206、M213 和 M222，其中 M206、M222 仅出乐器——铙。南区墓地中出土青铜礼乐器的墓葬有 22 座，车马坑 1 座。墓葬编号分别为 M11、M13、M14、M15、M17、M18、M21、M30、M31、M34、M38、M49、M108、M110、M119、M120、M121、M123、M126、M127、M128、M129 等；车马坑的编号为 M41。

这批墓葬基本可以反映前掌大墓地随葬铜礼器器类的组合情况，其中 M126、M127、M128 虽然被盗扰，但对随葬器物的影响不大，也大致可以判定出当时铜礼器的器类组合。这样我们便可以以上述墓葬出土铜器为基础，结合北区墓葬的情况对当时的青铜礼器的组合情况等有进一步的了解。

我们按用途将青铜礼器分为饮食器、酒器、水器三类。其中属于饮食类的器物有鼎、簋、鬲、簠、甗等 5 种，它们占青铜礼器全部种类的 22.22%。酒器为大宗，包括有觚、爵、角、尊、壶、罍、卣、觯、铜箍木壶和斗 10 类，占全部青铜礼器种类的 75.44%。另外水器的种类较少，仅有盉、盘 2 种，占总数的 2.34%。

鼎是青铜礼器中最基本和最重要的器物之一，鼎的数量多少，可以判断其墓主人的身份和等级，随葬鼎的墓葬共有 8 座，占出铜器墓的 29.63％，其中 M11 出土 8 件鼎，包括方鼎和圆鼎，是等级最高的墓葬，同时该墓还出土其他各类铜器 25 件。另外，M13、M18、M21、M128 各出土 1 件圆鼎，M38 出土 3 件圆鼎，M119 出土 1 件方鼎、1 件圆鼎，M120 出土 1 件方鼎、2 件圆鼎。爵和觚是发现数量最多的两类器物，凡出土青铜礼器的墓一般多出土有爵、觚。此外，少数墓葬还出现以爵、觯，角、觚，爵、觚、觯等相配的现象，其中保存完好的墓葬中仅有 M119 没有出土爵，而以角代替。以爵、觚相配的墓葬 14 座，占墓葬的 56％。

青铜礼器上的纹饰以各种兽面纹为主题，此外还有少量以夔龙纹、凤鸟纹为主题的，一般以云雷纹衬地。

现对各类完整铜器进行分型、分式的叙述，其中数量多、器形变化复杂的器物如鼎、爵、觚等，首先进行分型，然后在此基础上进行分式，以期对各类器物的总体特征有一全面的认识；对一些数量少但器形变化较大的器类，我们只进行分型描述；而对其余一些数量少而形态变化不大的器物则不予分型，直接进行叙述。下面分别加以介绍。（附表一七）

一、礼 器

出土各类青铜礼器 171 件，可分为饮食器、酒器和水器三大类，种类有鼎、鬲、簋、壶、罍、斝、甗、盉、卣、尊、觯、盘、爵、觚、角、斗、铜箍木壶等 17 类。其中包括的 4 件铜箍木壶我们将其放在漆木器中介绍。

（一）饮食器

共出土 38 件。包括有鼎、簋、斝、鬲和甗，其中以鼎为主，共出土 20 件，分别出于 8 座墓葬。依器身形态和足的不同将其分为方鼎、深腹圆鼎、分裆圆鼎、浅腹的扁足圆鼎四大类。

方鼎　共 4 件。根据纹饰特征的不同分二型。

A 型　3 件。腹施兽面纹。标本 M11：92，长方口，口外折成斜平沿，微外侈，方唇。方形直耳立于纵面的口沿上，直腹壁微内收，平底微鼓。腹中部和四隅各有扉棱一条，四隅的扉棱上饰有云雷纹。器壁四面的中部各有一条扉棱，以扉棱作鼻，两侧饰四组连体兽面纹，上有大曲折角，角下大方形目凸起，条形瞳孔，下置趾足，尾上翘翻卷，兽面纹下各有一组夔龙纹。以云雷纹填地。柱形足，足高略大于腹深。足上饰三组简洁的三角形蝉纹。腹底部和足内侧有烟炱痕迹。腹内壁有铭文"史"字。口长 18.8、宽 15.4、耳高 5.0、腹深 11.1、足高 10.5、通高 26.4、壁厚 0.4 厘米（图一四六，1；图版八四，1）。标本 M11：82，形制、纹饰、大小与上一件基本相同，腹内壁有铭文"史"字（图一四六，2；彩版三一，1；图版八四，2）。标本 M120：25，长方形口，方唇，微外侈，器口外折成斜平沿，方形直耳立于纵面的口沿上，直腹壁微内收，平底微鼓。腹中部和四隅各有扉棱一条，四隅的扉棱两面上有"T"字形纹饰。器壁四面的中部各有一条扉棱，以牛头形纹饰和扉棱作鼻，两侧饰四组分解兽面纹，兽面上有大曲折角，宽眉，大方形目凸起，条形瞳孔，嘴长而宽阔，有勾状利牙，兽面纹两侧各有一组夔龙纹。以云雷纹填地纹。柱形足，足高略大于腹深。足上饰三组简洁的蕉叶纹和云纹。腹底部和足内侧有烟炱痕迹。腹内壁有铭文"史"字。口长19.8、宽15.6、耳高5.0、腹深11.4、足高10.1、通高25.8、壁厚0.3~0.8厘米（图一四六，3；彩版三一，2；图版八四，3）。

B型　1件。腹施简化兽面纹和乳丁纹。标本M119:33，长方口，耳立于短边中部沿上，柱形足高约为体高的二分之一。器口外折，方唇，沿面内倾，腹微内收，平底微鼓。腹部四隅各有扉棱一条，四隅的扉棱上有"F"形的纹饰，器壁四面的中部各有一条矮扉棱，以扉棱作鼻，两侧饰简化的歧尾兽面纹，腹下部饰三排"凹"字形乳丁纹，宽面的乳丁共69枚，窄面的乳丁57枚。足上饰两组简洁的三角形蝉纹。腹底部和足内侧有烟炱痕迹。腹内壁有铭文"史"字。口长16.5、宽13.5、耳高4.1、腹深9.9、足高8.4、通高22.0、壁厚0.6厘米（图一四六，4；图版八四，4）。

深腹圆鼎　共6件。根据足部特征分二型。

A型　体积较大，器壁厚重，蹄形足。

B型　体积稍小，柱状足。

A型　1件。标本M11:94，是墓地中所出青铜器中体积和重量最大的一件。口微敛，外折沿，沿面内倾，方唇，立耳微外侈，鼓腹较深，下腹鼓，圜底近平，马蹄形柱足，腹内与足根对应处有一圆洞。口沿下等距离分布六条扉棱，足根部外侧各有一条扉棱。口沿下饰连体兽面纹带三组，以相间的三条扉棱作鼻，兽面的双角卷曲，长方形巨眼，直鼻，大耳，尾向上翻卷，有肢角，角尖向内弯曲，在主体纹饰的间隙处填以列刀状装饰。足根部饰三组独立兽面纹，双角外卷，以扉棱为鼻，细眉，巨睛呈"臣"字形，圆睛暴突，圆瞳孔，叶形耳，嘴角外翻，露出两侧獠牙，云雷纹填地，足中部饰凸弦纹一周。扉棱上饰以反"F"形纹饰。腹壁内侧有铭文"史"字。口径38.0、耳高8.8、腹深24.4、足高22.6、通高51.6、壁厚0.6厘米（图一四七；图一四八，1、2；彩版三二，1、2；图版八五）。

B型　5件。根据纹饰的不同分4式。

Ⅰ式：1件。腹施乳丁纹。标本M120:9，侈口，平卷沿，圆唇，深垂腹，圜底，口沿上有两立耳，微外侈，高圆柱足。腹饰菱形网格纹，网格中填以乳丁，在乳丁的四周填以菱形雷纹。口径21.5、腹深13.9、足高9.2、通高26.0、壁厚0.25厘米（图一四九，1）。

Ⅱ式：2件。腹施兽面纹。标本M11:93，直口，折沿，方唇，沿上有两个立耳，微外侈，深腹微鼓，圜底。口沿下饰一周卷云纹带，腹饰两组连体兽面纹，花纹由阳线组成，

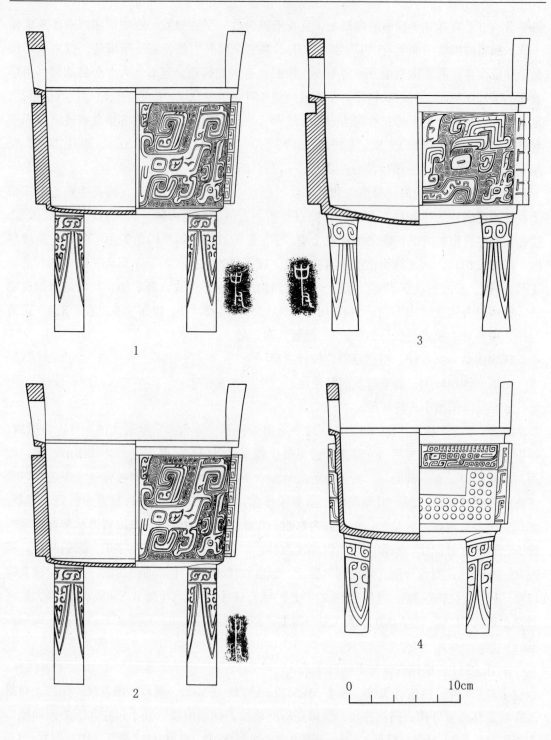

图一四六　　A、B型铜方鼎

1.A型（M11：92）　　2.A型（M11：82）　　3.A型（M120：25）　　4.B型（M119：33）

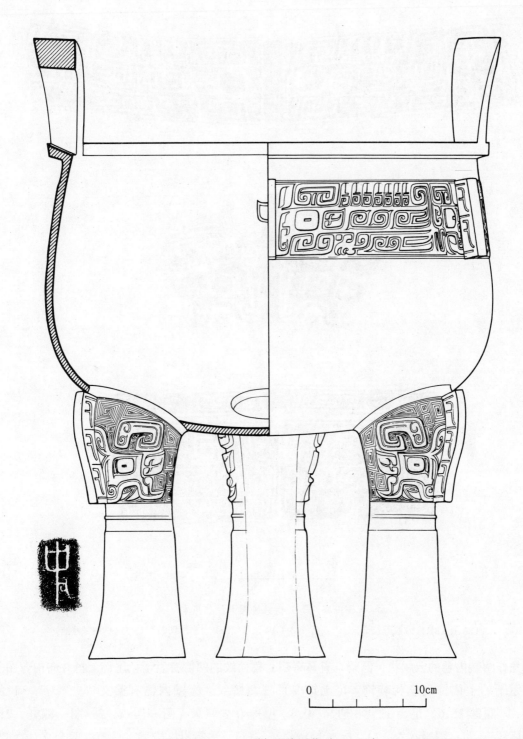

图一四七　　A型铜深腹圆鼎（M11：94）

1

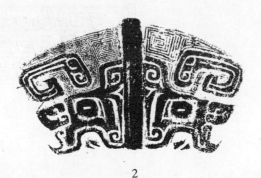

2

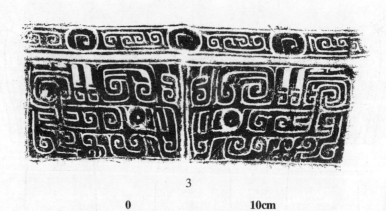

3

0　　　　　　　　　10cm

图一四八　　铜深腹圆鼎纹饰拓本

1.A 型（M11∶94 腹部纹饰）　　2.A 型（M11∶94 足部纹饰）　　3.B 型Ⅱ式（M11∶93 腹部纹饰）

两角作两端内卷的云纹状，圆睛，直鼻有翅，兽面纹的两侧有躯干，尾部上扬并向内弯曲。在躯干的上侧饰列旗状装饰。足上饰变形三角蝉纹。腹壁内侧有铭文"史"字。口径23.2、腹深15.6、足高12.8、通高30.4、壁厚0.3厘米（图一四八，3；图一四九，2；彩版三三，1；图版八六，1）。标本 M18∶42，直口，平折沿，方唇，沿上有两个立耳，微外侈。深腹微鼓，圜底。口沿下饰一周窃曲纹带，并用椭圆形泡分割成六组。腹饰两组连

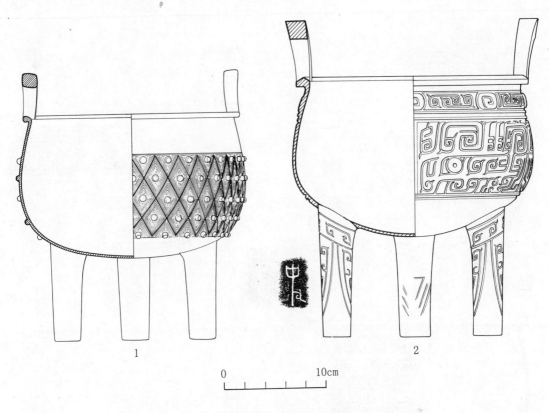

图一四九　　B型铜深腹圆鼎
1. I 式（M120:9）　　2. II 式（M11:93）

体兽面纹，花纹由阳线组成，两角作两端内卷的云纹状，"臣"字形大眼，圆睛暴突，直鼻有翅，兽面纹两侧有躯干，尾部上扬并内弯曲。在躯干的上侧饰列旗状装饰。足饰变形三角蝉纹。口径 23.2、腹深 15.4、足高 12.2、通高 30.7、壁厚 0.4 厘米（图一五〇，1；图版八六，2）。

　　III 式：1 件。腹施夔龙纹。标本 M38:48，直口，折沿，方唇，深腹、微鼓，腹最大径在近底部，圜底，口沿上有两立耳，微外侈。圆柱状足，足根较粗。腹饰一周由四个圆形涡纹和四组夔龙纹组成的纹带，其间填以云雷纹。夔龙方目暴突，口大张，折躯卷尾，大耳呈叶形，身填卷云纹。腹内壁有铭文"史"字，但下面的手形与其他字的位置正好相反。口径 25.6、腹深 16.7、足高 12.6、通高 31.6、壁厚 0.6 厘米（图一五〇，2；图版八六，3）。

　　IV 式：1 件。腹施简化带状兽面纹。标本 M21:35，侈口，卷沿，方唇，深腹下垂，圜底，口沿上两立耳，微外侈，柱状足。口径下饰一周连体兽面纹带，兽面的双角呈卷云"T"字形，直鼻，方圆睛，两侧的躯干修长，尾上卷，躯干之上作列旗状，躯干下作云纹

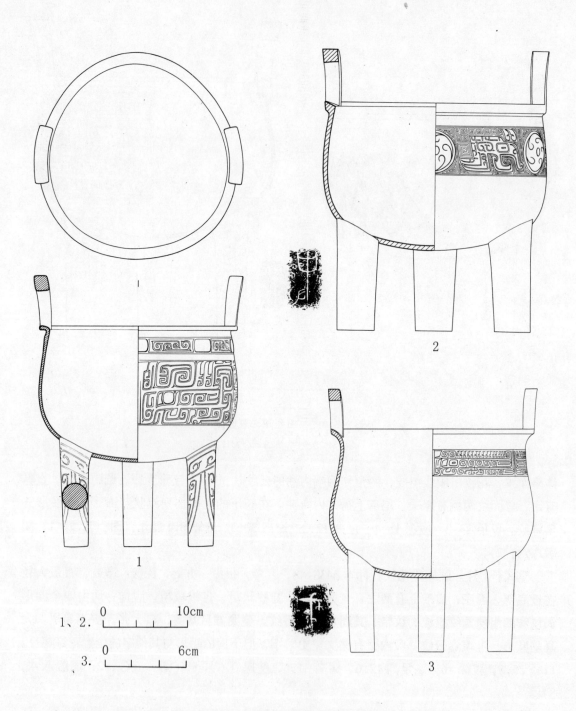

图一五〇　　B型铜深腹圆鼎

1.Ⅱ式（M18:42）　　2.Ⅲ式（M38:48）　　3.Ⅳ式（M21:35）

装饰象征脚爪，形成带状三层等分列旗装饰的兽面纹。腹内壁有铭文"戈"字。口径14.9、腹深10.8、足高7.5、通高19.1、壁厚0.3厘米（图一五〇，3；图版八六，4）。

分裆圆鼎　共7件。根据口、裆特征分二型。

A型　折沿，分裆不明显。

B型　卷沿，分裆明显。

A型　4件。根据所施纹饰特征分2式。

Ⅰ式：2件。腹施高浮雕兽面纹。标本M38∶53，敛口，斜折沿，方唇，两耳立于口沿上，微外侈。腹径大于腹深，鼓腹。柱形足，足高于腹深，器底有烟炱的痕迹。器身饰三组独立的兽面纹，分别与三足相对应。兽面纹的双角两端内卷，粗眉，"臣"字形大眼，突睛，巨鼻，张口，嘴角外撇，露出利齿。兽面纹的两侧配以倒立的夔龙纹，夔龙张口翻唇，方圆形目，背负弯角，尾呈刀形，向上翻卷。以云雷纹为地。近口沿处饰一周简单的窃曲纹。腹内壁有铭文"史"字。口径16.0、腹深10.0、足高8.7、通高22.6、壁厚0.3厘米（图一五一，1；彩版三三，2；图版八七，1）。标本M38∶76与M38∶53同出一墓，在器形、纹饰、大小上基本相同。唯腹内壁没有铭文（图一五一，2）。

Ⅱ式：2件。腹施减地兽面纹。标本M11∶88，口微敛，斜折沿，方唇，腹微鼓，腹径大于腹深，口沿上有两立耳，微外侈，圆柱状足，器底有烟炱的痕迹。腹饰三组独立简化的兽面纹，分别与三足相对应。兽面纹的双角两端内卷，粗眉，"臣"字形大眼，突睛，巨鼻，张口，嘴角外撇，露出利齿。兽面纹的两侧配以倒立的夔龙纹，夔龙张口翻唇，方圆形目，背负弯角，尾呈刀形，向上翻卷。腹内壁有铭文"史"字。口径17.0、腹深10.0、足高8.4、通高22.4、壁厚0.4厘米（图一五一，3；彩版三三，3；图版八七，2）。标本M11∶89，该器物与上一件同出一墓，在形制、纹饰等方面基本相同。唯大小略有区别。口径16.8、腹深10.4、足高8.2、通高22.0、壁厚0.4厘米（图一五一，4；图版八七，3）。

B型　3件。分2式。

Ⅰ式：2件。腹施简化带状兽面纹。标本M119∶32，侈口，卷沿，方唇。两耳立于口沿上，外侈明显，鼓腹，足约为体高的二分之一。腹上部以每一足中线为对应饰三组对称的连体兽面纹，兽面的双角呈卷云"T"字形，直鼻，"臣"字形大眼，两侧的躯干修长，尾上卷，躯干之上作列旗状，躯干下作云纹装饰象征的脚爪，形成带状三层等分列旗装饰的兽面纹。腹底部和足内侧有烟炱痕迹。口径16.5、腹深10.4、足高7.5、通高21.2、壁厚0.4厘米（图一五一，5；图版八七，4）。标本M128∶2，口微侈，方唇。两耳立于口沿上，微侈，鼓腹，足约为体高的二分之一。腹上部以每一足中线为对应饰三组对称的连体兽面纹，兽面的双角呈卷云"T"字形，菱形直鼻，方圆形大眼暴突，中饰条形瞳孔。两侧的躯干修长，尾上卷内翻，躯干之上作列旗状纹饰，躯干下作云纹装饰象征脚爪，形成带状三层等分列旗装饰的兽面纹。腹底部和足内侧有烟炱痕迹。口径18.6、腹深12.8、足

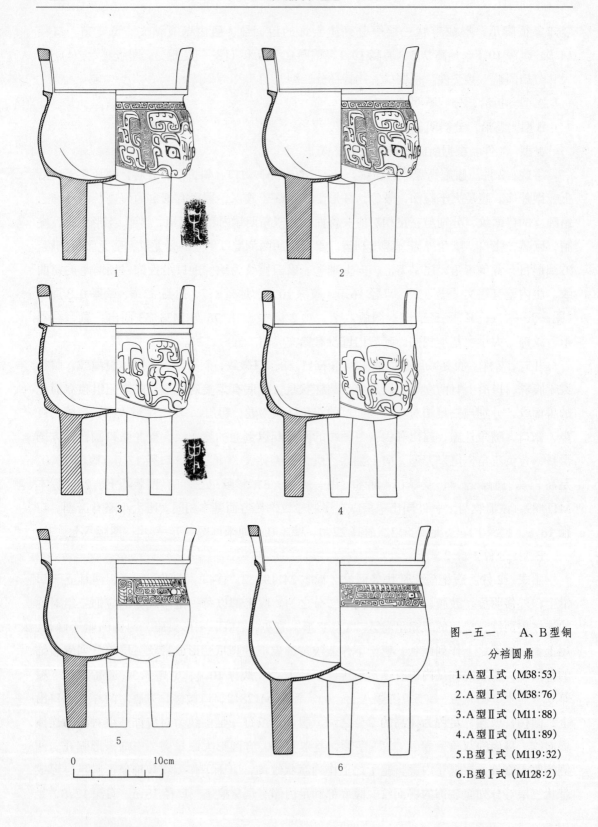

图一五一　A、B型铜

分裆圆鼎

1. A型Ⅰ式（M38:53）

2. A型Ⅰ式（M38:76）

3. A型Ⅱ式（M11:88）

4. A型Ⅱ式（M11:89）

5. B型Ⅰ式（M119:32）

6. B型Ⅰ式（M128:2）

高 8.1、通高 24.4、壁厚 0.3 厘米（图一五一，6）。

Ⅱ式：1 件。素面。标本 M13：32，口微敛，卷沿，方唇，腹微鼓，腹径大于腹深，三柱状足。器表有烟炱的痕迹。口径 19.6、腹深 9.6、足高 7.4、通高 21.2、壁厚 0.35 厘米（图一五二，1）。

扁足圆鼎　共 3 件。可分二型。

A 型　2 件。扁圆足，足一侧有扉棱。标本 M11：80，直口，斜平折沿，方唇，两立耳微外侈，浅腹，圜底，腹作半球状，三足细高，根略细，外侧饰扉棱，一直延伸至口沿处。扉棱上饰"T"字形纹和变体的窃曲纹。口沿下部饰两组连体兽面纹，兽面的双角呈卷云"T"字形，直鼻，方圆睛，两侧的躯干修长，尾上卷，躯干之上作列旗状，躯干下作云纹装饰象征脚爪，形成带状三层等分列旗装饰的兽面纹。腹内壁有铭文"史"字。口径 14.8、腹深 8.2、足高 10.3、通高 19.8、壁厚 0.4 厘米（图一五二，2；彩版三三，4；图版八八，1）。标本 M11：85，该器物与上一件同出一墓，在形制、纹饰等方面基本相同，唯大小略有区别。腹内壁有铭文"史"字。口径 15.6、腹深 8.8、足高 11.0、通高 21.0、壁厚 0.4 厘米（图一五二，3；图版八八，2）。

B 型　1 件。夔龙足。标本 M120：8，直口，折沿，方唇，立耳微外侈，半球形腹。腹部施一周连体简化兽面纹带。兽面纹以扉棱为鼻，角呈"T"字形卷云纹，"臣"字形目，躯干修长，内填以窃曲纹。尾向上卷，躯干上下均作列刀状装饰，形成带状三层等分的连体兽面纹。足较高，作夔龙形，嘴大张并与腹部相连接，尾成刀形并翻卷形成器足。口径 18.2、腹深 7.8、足高 15.2、通高 23.8、壁厚 0.4 厘米（图一五二，4；图版八八，3）。

簋　7 件。根据有无双耳分为二型。

A 型　无耳簋。

B 型　双耳簋。

A 型　2 件。无耳。标本 M120：24，侈口，卷沿，圆唇，鼓腹，圜底，圈足斜直。颈外侧纹饰模糊不清，约略可以看出为一以兽首为鼻的兽面纹带。口径 17.6、底径 14.2、高 13.2、壁厚 0.2 厘米（图一五三，1）。标本 M21：34，侈口，圆唇，腹微鼓，圜底，高圈足。颈下饰一周夔龙纹带，由三组双体夔龙构成，每组夔龙共有一头和目，眼睛呈圆角长方形，椭圆形瞳孔，身体细长，卷尾上翘，爪呈勾状。地填以雷纹。圈足上饰两组夔龙纹，每组两只，两头相对，两头间为一目形装饰。夔龙大嘴张开前伸，方圆形目，椭圆形瞳孔，身体中部弯曲，尾向上翻卷，爪呈勾状。地填以三角形雷纹。腹底有铭文"史"字。口径 14.9、底径 10.8、高 10.1、壁厚 0.2 厘米（图一五三，2；图版八九，1）。

B 型　5 件。根据所施纹饰、圈足特征分为 3 式。

Ⅰ式：2 件。高圈足，勾形珥。标本 M128：1，侈口，方唇，鼓腹，腹底近平，高圈足。腹两侧有羊头装饰的环耳，羊头大角内卷，圆眼，大嘴，桃形耳。两环耳间对称饰一

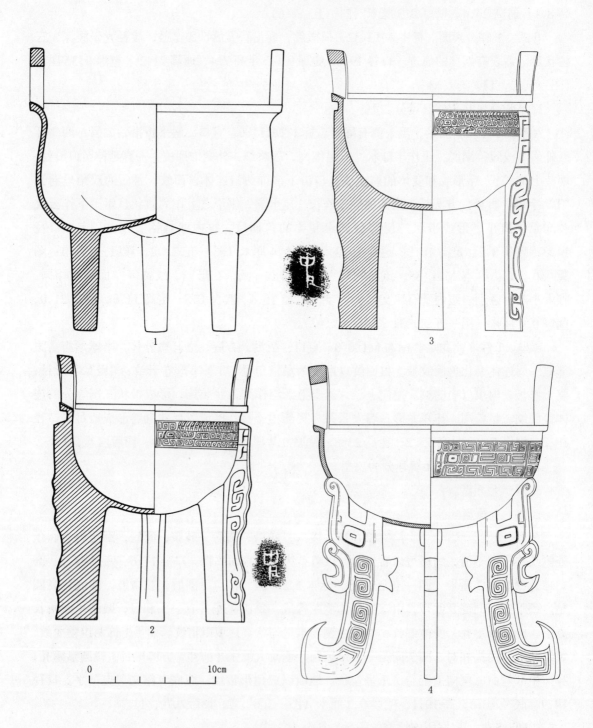

图一五二　　B 型铜分裆圆鼎和 A、B 型扁足圆鼎

1.B型Ⅱ式分裆圆鼎（M13∶32）　2.A型扁足圆鼎（M11∶80）　3.A型扁足圆鼎（M11∶85）　4.B型扁足圆鼎（M120∶8）

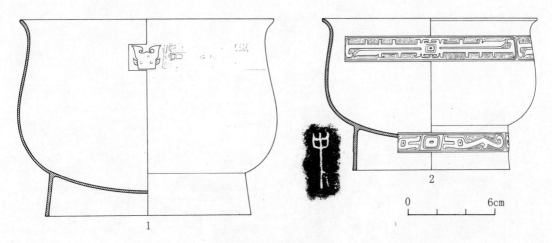

图一五三 A型铜簋
1.M120:24 2.M21:34

对兽首。通体有四组纹饰。口沿外侧为带状三角纹,三角纹内填以蝉纹和云雷纹。颈部饰
一周四组夔龙纹,夔龙嘴呈勾状,方圆形大眼,爪前伸,卷尾上翻,地为云雷纹,每组由
两只夔龙组成,分别由环耳和兽首将其分割为四组。兽首为牛头形。腹部饰四组省略了躯
干的分解兽面纹,兽面无轮廓,长角弯曲,粗眉,方圆眼,以扉棱作鼻梁,叶形耳,阔嘴,
嘴角向内翻,两侧配以简化的夔龙纹,以云纹为地。圈足上饰四组夔龙纹,纹饰基本与颈
部相同,只是用扉棱将其分割成四组。口径 23.6、底径 20.0、高 17.8、壁厚 0.2 厘米
(图一五四;图版九〇,1)。标本 M38:50,侈口,方唇,鼓腹,腹底近平,高圈足。腹两
侧有羊头装饰的环耳,羊头大角内卷,圆眼,大嘴,桃形耳。两环耳间对称饰一对兽首。
通体饰四组纹饰。口沿外侧为带状三角纹,三角内填以蝉纹和云雷纹。颈部饰一周四组夔
龙纹,夔龙嘴呈勾状,方圆形大眼,爪前伸,卷尾上翻,地为云雷纹,每组由两只夔龙组
成,分别由环耳和兽首将其分割为四组。兽首为牛头形。腹部饰四组省略了躯干的分解兽
面纹,兽面无轮廓,长角弯曲,粗眉,方圆眼,以扉棱作鼻梁,叶形耳,阔嘴,嘴角向内
翻,两侧配以简化的夔龙纹,以云纹为地。圈足上饰四组夔龙纹,纹饰基本与颈部相同,
只是用扉棱将其分割成四组。口径 16.8、底径 12.3、高 13.4、壁厚 0.2 厘米(图一五五;
彩版三四,1;图版八九,2)。

Ⅱ式:2件。矮圈足,勾形珥。标本 M119:41,侈口,卷沿,方唇,束颈,鼓腹,圜
底。腹两侧有牛头环耳,口沿下部饰有四组夔龙纹,夔龙嘴呈勾状,方圆形大眼,爪前伸,
卷尾,地为云雷纹,每组由两只夔龙组成,分别由环耳和兽首将其分割为四组。兽首为牛
头形。圈足上饰四组两尾相对的夔龙纹,尾部向上翻卷,躯干下作云纹装饰象征脚爪,形
成带状三层等分装饰的兽面纹。口径 19.3、底径 16.1、高 14.2、壁厚 0.3 厘米(图一五

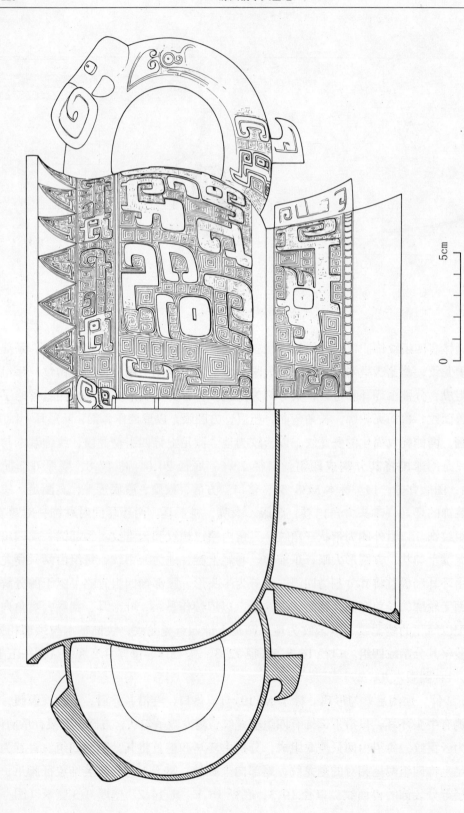

图一五四　B型Ⅰ式铜簋（M128:1）

0　　　　　5cm

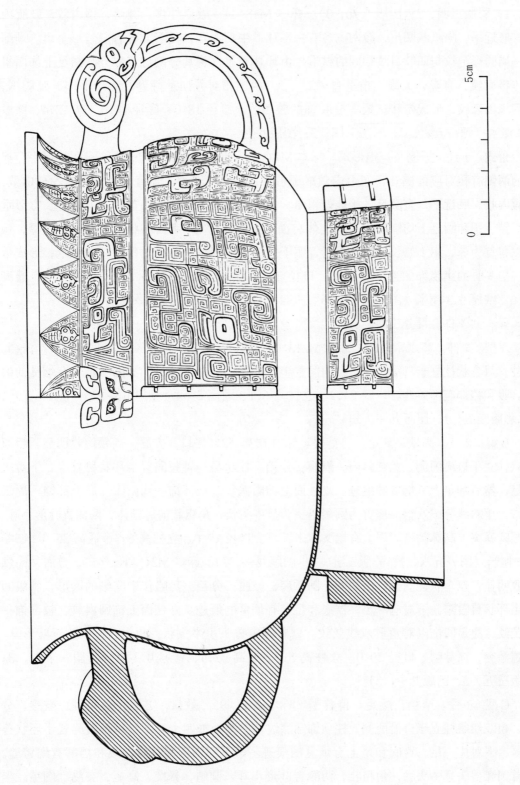

5cm

0

图一五五　B型Ⅰ式铜盨（M38：50）

六，1；彩版三四，2；图版八九，3）。标本 M18:44，敞口外侈，圆唇，颈内敛，鼓腹内收，底近平，喇叭状圈足，腹两侧各有一半环形牛首形耳，耳下方各有一勾形垂珥。颈部饰一周圆形泡纹与四叶目纹相间的纹带，由环耳和兽首将其分割成四部分。圈足上饰四组连体兽面纹，直鼻，大眼，角呈卷"T"形，两尾相对并向上翻卷，躯干下作五趾脚爪，其间填以云纹，形成带状三层等分装饰的兽面纹。口径 18.0、底径 14.0、高 12.4、壁厚 0.3 厘米（图一五六，2；彩版三四，3；图版八九，4）。

Ⅲ式：1件。矮圈足，矩形珥。标本 M11:79，有盖，盖面隆起，中央有圆形捉手，捉手的两侧有相对应的圆孔，盖沿内敛成子母口，与器口套合。器直口，方唇，颈微内敛，鼓腹内收，底近平，直圈足，接地处稍厚，腹两侧各有一半环形兽首耳，下方有长方形垂珥。盖、颈和圈足上均饰以相同的连体兽面纹，角作"T"字云纹状，方圆目，直鼻，颈部以兽首为鼻，躯干修长，尾向上卷，躯干之上呈列旗状，躯干下作云纹象征爪，形成带状三层等分列旗装饰的连体兽面纹。口径 20.0、底径 16.4、器高 13.6、盖高 8.2、通高 20.6、壁厚 0.3 厘米（图一五七；彩版三四，4；图版九〇，2）。

斝　共4件。可分三型。

A型　1件。高领，素面。标本 M213:69，敞口，方唇，高束颈，广肩，鼓腹，分裆，矮柱，双伞状柱立于口沿两侧。颈腹间置半环形鋬，下对应一足，器底和足上有烟炱的痕迹。腹和裆部有细铸缝。口径 21.2、立柱高 6.1、通高 34.4、壁厚 0.4 厘米（图一五八，1；彩版三五，1；图版九一，1）。

B型　2件。高领，高足，兽首鋬。标本 M38:52，侈口，方唇，高领内收明显，粗双伞状柱立于口沿两侧，宽圆弧肩，鼓腹，分裆，柱状足。领腹间置半环状兽首鋬，下对应一足，器底和足上有烟炱的痕迹。立柱面上饰圆涡纹，领部饰一周弦纹，肩上部饰一周云纹带，用斜线分成八组。鋬首为圆雕兽头，呈牛头状，角粗壮向后延伸，两侧置叶形小耳，大圆睛暴突，高鼻阔嘴。鋬上有铭文"未"字。口径 19.0、立柱高 6.3、通高 35.0、壁厚 0.3 厘米（图一五八，2；彩版三五，2；图版九一，2）。标本 M21:43，侈口，方唇，高领内收明显，双伞状柱立于口沿两侧，圆弧肩，鼓腹，分裆。足略作中间细的蹄形，领腹间置半环状兽首鋬，下对应一足，器底和足上有烟炱的痕迹。立柱面上饰圆涡纹，领部饰一周弦纹，腹足间饰以对角形双线弦纹。鋬首圆雕兽头呈牛头状，角粗壮，两侧置叶形耳，圆睛暴突，高鼻吻。口径 20.0、立柱高 5.3、通高 32.4、壁厚 0.3 厘米（图一五八，3；彩版三五，3；图版九一，3）。

C型　1件。窄裆，矮足，兽首鋬。标本 M11:95，敞口，方唇，矮束颈，鼓腹，分裆，粗双纽状柱立于口沿两侧，柱顶饰圆涡纹，中腰处饰四个叶形纹。颈腹间置半环状兽首鋬，下对应一足，器底和足上有烟炱的痕迹。颈下部饰两周弦纹，腹和裆部有细铸缝。鋬首圆雕兽头呈牛头状，角粗壮，两侧置叶形小耳，圆睛，暴突，高鼻，突吻，阔嘴。鋬

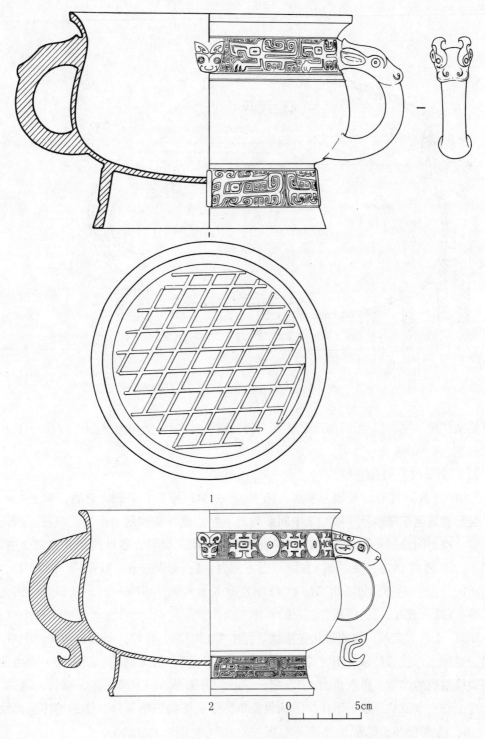

图一五六　　B型Ⅱ式铜簋

1.M119:41　2.M18:44

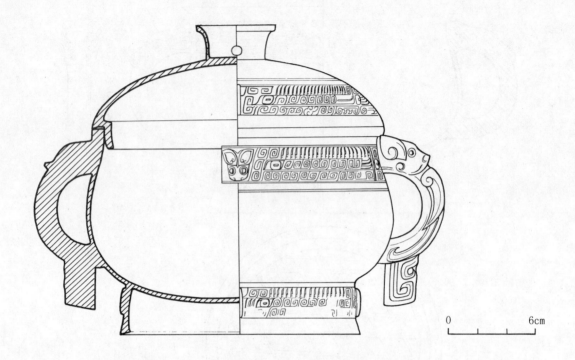

图一五七　　　B型Ⅲ式铜簋（M11∶79）

上有铭文"史"字。口径 17.6、立柱高 7.6、通高 31.2、壁厚 0.3 厘米（图一五八，4；彩版三五，4；图版九一，4）。

鬲　共 3 件。可分二型。

A型　2 件。有肩，有领，素面。标本 M38∶54，敞口，束颈，方唇，口上有一对立耳，袋形腹延至三蹄形足，实心足中间细而上下粗。腹外壁和足有烟炱的痕迹，颈部饰两周弦纹，腹足间饰对角形双线弦纹，连于足上部，作三角形。器口内侧有铭文"史"字。口径 14.6、通高 18.6、壁厚 0.3 厘米（图一五九，1；彩版三五，5；图版九二，1）。标本 M38∶51，与上一件在大小、形制、纹饰等方面基本相同，应为一组。口部内侧铭文"王□"字。（图一五九，2；图版九二，2）。

B型　1 件。束颈，腹施带状兽面纹。标本 M120∶26，侈口，圆唇，两耳立于口沿上，卷沿，微束颈，袋形腹延长至三蹄形足，实心。腹外壁有烟炱痕迹。颈部饰一周由三组连体兽面纹组成的纹带。兽面角为"T"字云纹状，方圆目，阔直鼻，躯干修长，尾向上卷，躯干之上作列弯刀状，躯干下作勾云状象征爪，形成带状三层等分装饰的连体兽面纹。口径 12.8、通高 15.6、壁厚 0.15 厘米（图一五九，3；图版九二，3）。

甗　共 4 件。可分二型。

A型　卷沿。

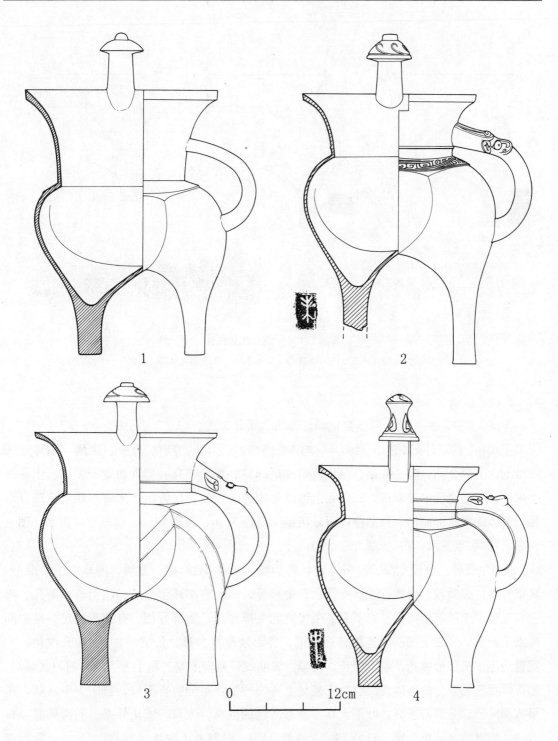

图一五八　　A、B、C型铜斝

1.A型（M213:69）　2.B型（M38:52）　3.B型（M21:43）　4.C型（M11:95）

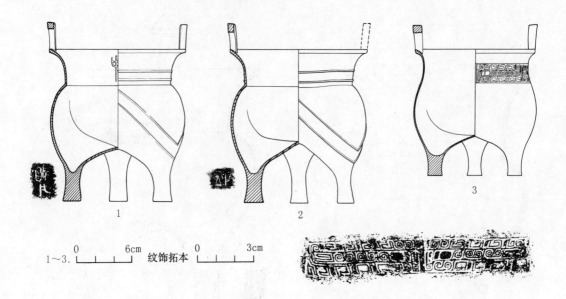

图一五九　　　A、B 型铜鬲
1.A 型（M38：54）　2.A 型（M38：51）　3.B 型（M120：26）

B 型　折沿。

A 型　3 件。根据腹的深浅变化和纹饰的不同分 2 式。

Ⅰ式：1 件。体形瘦高，素面。标本 M213：49，侈口，方唇，直壁，束腰，两耳立于口沿上，下部分裆，有三柱足，足中部略细呈蹄状。腹上部有一周素面宽带装饰，中有两个扉棱，应为象征的纹饰带。三袋足上饰以简化的兽面纹，仅铸出叶形弯勾状眉，圆豆形眼。整体观察纹饰简洁，器形浇铸得较粗糙。口径 31.0、通高 52.4、壁厚 0.4 厘米（图一六〇，1；彩版三六，1；图版九三，1）。

Ⅱ式：2 件。甗腹变浅，沿下施带状兽面纹。标本 M18：43，方唇，两耳立于口沿上，耳微外侈，腹微鼓，束腰。腰部有圆角三角形算，算上有半环形提纽，纽上有一圆孔，算上有三个"十"字形镂孔，算下有三个齿突起支撑作用。下部分裆，有三高柱足，足中部略细呈蹄状。口沿下饰一周连体兽面纹带，兽面以扉棱为鼻，角呈"T"字卷云纹状，方圆目凸起，长圆形瞳孔，躯干修长，内填以窃曲纹。尾向上卷，躯干上下均作列刀状装饰，形成带状三层等分的连体兽面纹。三袋足上各饰一组浮雕分解兽面纹，兽面为牛首状，角呈宽柳叶形，方圆目暴突，叶形大耳，菱形凸起的巨鼻，张口，嘴角外撇，利齿外露。口内壁一侧有铭文"史"字。口径 27.2、通高 44.4、壁厚 0.4 厘米（图一六〇，2；彩版三六，2；图版九三，2）。标本 M120：7，方唇，两耳立于口沿上，绚索耳略外侈，腹微鼓，束腰。腰部有圆角三角形算，算上有半环形提纽，纽上有一圆孔，算上有七个"十"字形

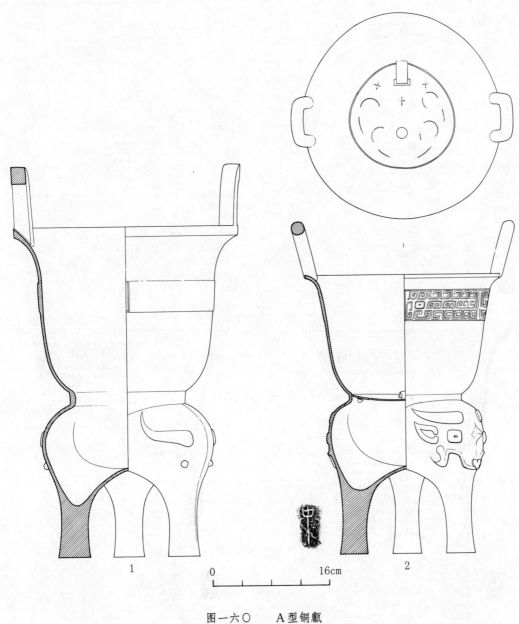

图一六〇 A型铜甗

1. I式（M213:49） 2. II式（M18:43）

镂孔，算下有三个齿突，起支撑作用。下部分裆，有三柱足，足中部略细呈蹄状。口沿下
饰一周连体兽面纹带，兽面以扉棱为鼻，角呈"T"字卷云纹状，方圆目，躯干修长，尾
向上卷，躯干之上作列旗状，躯干下以云纹象征爪，形成带状三层等分装饰的连体兽面纹。
三袋足上各饰一组浮雕分解兽面纹。口内壁一侧有铭文"史"字。口径28.8、通高45.2、
壁厚0.4厘米（图一六一，1；彩版三六，3；图版九三，3）。

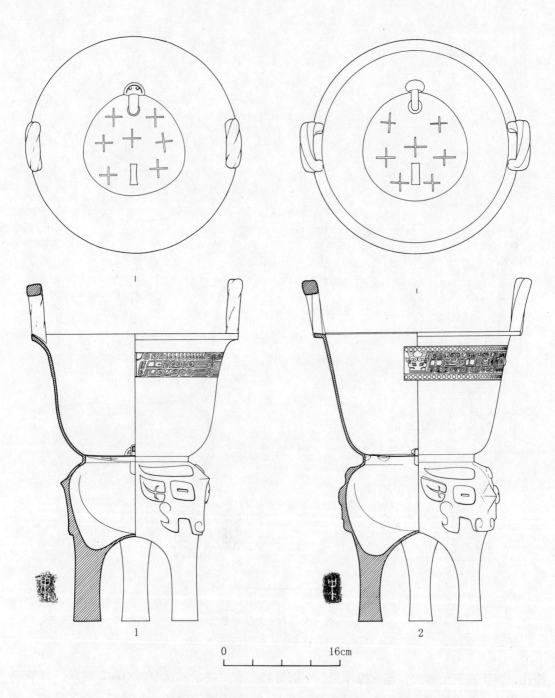

图一六一　　　A、B型铜甗
1.A型Ⅱ式（M120：7）　　2.B型（M11：78）

B型　1件。标本 M11：78，方唇，两耳立于口沿上，鋬索耳略外侈，斜壁直内收，束腰。腰部有近圆形箅子，箅有半环形提纽，纽上有一圆孔，箅上有七个"十"字形镂孔，箅下有三个齿突起支撑作用。下部分裆，有三柱足，足中部略呈细蹄状。口沿下饰一周变体兽面纹带，兽面以兽首为鼻，角呈"T"字卷云纹状，椭圆目，躯干短，无尾，躯干下以云纹象征爪，为形成带状三层等分装饰的连体兽面纹，在兽面纹的上下饰两行联珠纹。三袋足上各饰一组浮雕分解兽面纹。口内壁一侧有铭文"史"字。口径 28.4、通高 45.6、壁厚 0.4 厘米（图一六一，2；彩版三六，4；图版九三，4）。

（二）酒器

共 125 件。器类主要有瓿、爵、角、尊、壶、罍、卣、觯和斗等。

瓿　共 36 件。分别出于 22 座墓葬，是墓地中比较典型和常见的随葬礼器之一。根据器形和纹饰特征将其分为六型。

A型　器体修长、中腰微外鼓，圈足有矮切，通体饰成组的纹饰。

B型　中腰和圈足四周有扉棱，体瘦长，饰兽面纹，圈足的切较高。

C型　中腰鼓起，大喇叭口，中腰和圈足上饰有纹饰，圈足有矮切。

D型　器壁厚重，花纹复杂，有三角形扉棱，无切。

E型　中腰鼓起明显，喇叭状圈足无切，只有中腰处饰有纹饰。

F型　体瘦长，无中腰，仅圈足上饰纹饰。

A型　共 9 件。标本 M11：72，大喇叭形圆敞口，方圆唇，腹壁内收，平底，喇叭状高圈足，切地处下折成矮阶。器口下饰四组蕉叶纹，内填以蝉纹和云雷纹，边缘饰列刀纹装饰，近腰处横饰一周蝉纹。腰部有两组分解兽面纹，兽面为长角内卷，卷云状眉，圆睛突出，卷云状爪，以扉棱为鼻。圈足上部饰二周弦纹，下为两组变体兽面纹，弯眉，方圆睛，尾上卷，以云纹为足，尾后部为列旗装饰。圈足内侧有铭文"史"字。口径 14.2、底径 8.3、高 27.2、壁厚 0.2 厘米（图一六二，1；图版九四，1）。标本 M11：73，与上一件在大小、形制、纹饰等方面基本相同。圈足内侧有一铭文"史"字，略残。口径 14.2、底径 8.3、通高 27.3、壁厚 0.2 厘米（图一六二，2；图版九四，2）。标本 M11：100，口径 14.2、底径 8.2、高 27.4、壁厚 0.2 厘米（图一六二，3）。标本 M11：105，口径 14.5、底径 8.3、高 27.0、壁厚 0.2 厘米（图一六三，1；彩版三七，1；图版九四，3）。M11 共出土 4 件瓿，它们在大小、形制、纹饰、铭文等方面基本相同，仅在器形的大小上略有不同，应为一组。标本 M18：36，口径 14.9、底径 8.3、高 26.8、壁厚 0.2 厘米（图一六三，2；图版九四，4）。标本 M18：49，与上一件在大小、形制、纹饰等方面基本相同。两器同出一墓，应为一组。口径 14.4、底径 8.2、通高 27.4、壁厚 0.2 厘米（图一六三，3；图版九五，1）。标本 M21：36，器底内侧有一铭文"史"字。口径 14.3、底径 8.0、高 26.8、壁厚 0.2 厘米（图一六四，1；图版九五，2）。标本 M21：38，与上件一墓所出，应为一

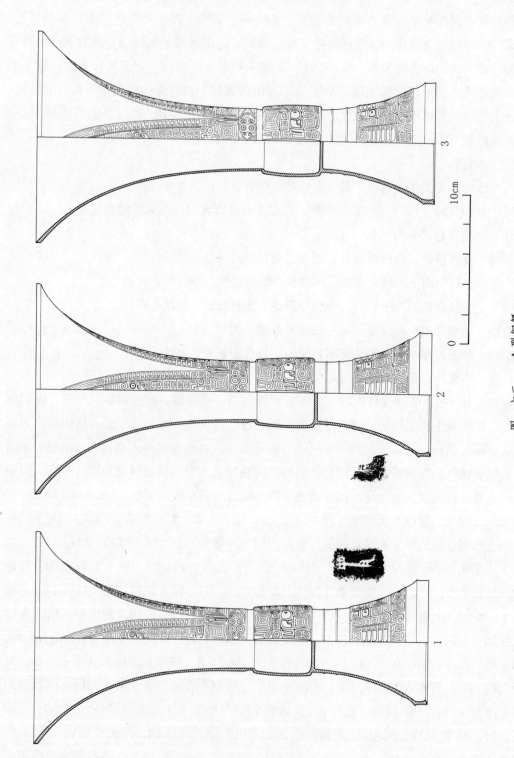

图一六二　A 型铜瓢
1.M11:72　2.M11:73　3.M11:100

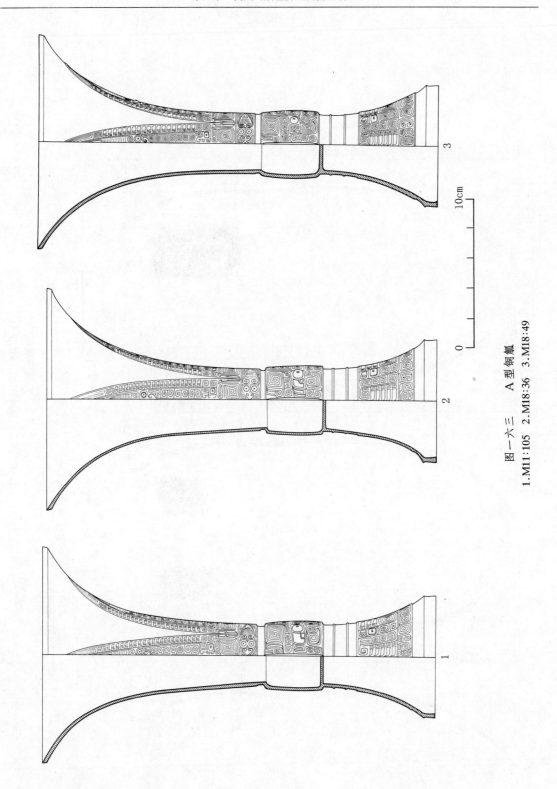

图一六三　　A型铜觚

1. M11：105　2. M18：36　3. M18：49

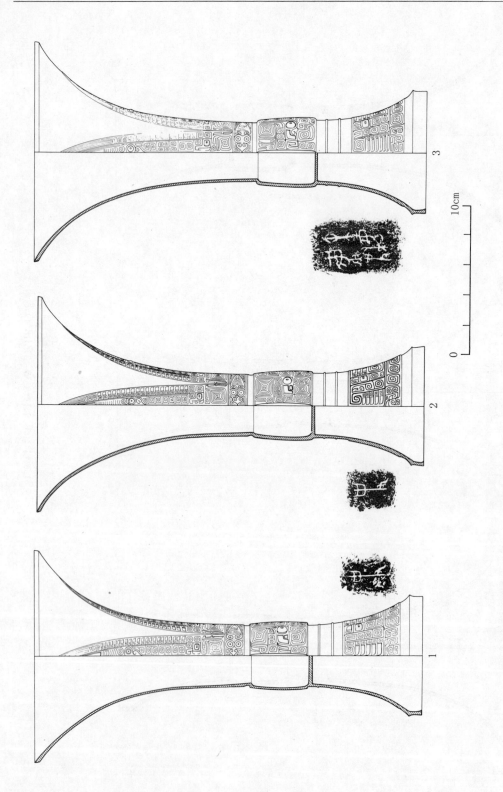

图一六四　A型铜觚
1.M21:36　2.M21:38　3.M110:2

组。圈足内侧有一铭文"史"字。口径 14.6、底径 8.1、通高 26.7、壁厚 0.2 厘米（图一六四，2；图版九五，3）。标本 M110∶2，器底内侧有铭文"宋妇彝。史"四字。口径 14.8、底径 8.2、高 27.0、壁厚 0.2 厘米（图一六四，3；图版九五，4）。

B 型　共 11 件。根据体形、中腰和扉棱的变化可分 3 式。

Ⅰ式：6 件。中腰不明显，中腰和圈足均带四组扉棱。标本 M49∶11，敞口，方唇，收腹，平底，喇叭状高圈足，体瘦长。器口下饰四组蕉叶纹，内填以变体的夔龙纹和云雷纹。近腰处横饰一周四条蛇纹，蛇侧首，扁圆头，两圆目，有瞳孔，躯干下折，尾上卷。中腰和圈足各饰四条扉棱，其间隔以二道弦纹。中腰饰两组分体兽面纹，兽面以扉棱为鼻，角上竖内弯，勾眉，方圆睛暴突，嘴裂成两半，嘴角内卷，躯干折而向上，爪居于嘴的两侧，与躯干不相连接，云雷纹衬底。圈足上部四道扉棱间各饰一条夔龙，两首相对，头顶弯角，小眼凸起，嘴向下大张，鼻上翻，躯干下折，尾上卷，足下伸。夔龙下饰两组分体兽面纹，特征与中腰纹饰相同。通体从上至下饰五组纹饰，分三层，庄重而华丽。口径 16.4、底径 9.2、高 31.4、壁厚 0.2 厘米（图一六五，1；图版九六，1）。标本 M213∶82，与上一件在形制、纹饰、大小等都基本相同，只是扉棱呈瓦棱形。口径 16.6、底径 9.3、高 31.2、壁厚 0.2 厘米（图一六五，2；彩版三七，2；图版九六，2）。标本 M127∶1，器体瘦高，喇叭口，方圆唇，腹和腰的界线不明显，平底，中腰和圈足上各饰四条扉棱，颈底部和足上部各饰两周弦纹，中腰饰四组夔龙纹，夔龙呈倒立状，头顶弯角，大眼，嘴呈勾状，躯干上翘，尾向下翻卷，足前伸呈勾状，地填以云纹。圈足上同样饰四组夔龙纹曲折大角向内翻卷，小眼凸起，有圆形瞳孔，嘴前伸弯曲，躯干短小，爪与躯干相连，以云雷纹为地。圈足内侧有铭文"曾癛豸"三字。口径 14.9、底径 8.5、高 28.1、壁厚 0.2 厘米（图一六五，3；图版九六，3）。标本 M38∶59，大敞口，方唇，束颈明显，平底，高喇叭状圈足，中腰微鼓，中腰和圈足上各饰四道瓦棱状扉棱。器口下饰四组窄蕉叶纹，内填以变体的夔龙纹，蕉叶纹下饰一周小鸟纹，共四只，两首相对，鸟呈勾喙，双足前伸，细短尾向下。中腰饰两组连体兽面纹，以扉棱为鼻，角上竖并内弯，细眉，圆睛暴突，圆瞳孔，张嘴，嘴角内卷，躯干细长向上而外折，尾向内翻卷，爪呈内卷勾状，云雷纹衬底。圈足上部四道扉棱间饰雷纹。下饰两组歧尾兽面纹，圈足上部四条扉棱间各饰一条夔龙，两首相对，头顶弯角，小眼，嘴向下卷，躯干上翘，尾下卷，足下伸上卷，地填以云纹。兽面以扉棱作鼻，曲折大角向外翻卷，"臣"字大眼，圆目凸起，有圆瞳孔，嘴角内卷，露利牙，躯干上翘，爪呈列刀状，以云雷纹为地。通体纹饰分三层，繁缛华丽。口径 14.3、底径 8.7、高 24.0、壁厚 0.2 厘米（图一六六，1；图版九六，4）。标本 M38∶67，与上一件在形制、纹饰、大小等都基本相同。它们同出一墓，应为一组。底内侧有一铭文"史"字。口径 13.9、底径 8.9、高 24.7、壁厚 0.2 厘米（图一六六，2；彩版三七，3；图版九七，1）。标本 M17∶2，喇叭口，尖唇，束腹，中腰不明显，平底，中腰和圈足上各饰四条扉棱，颈

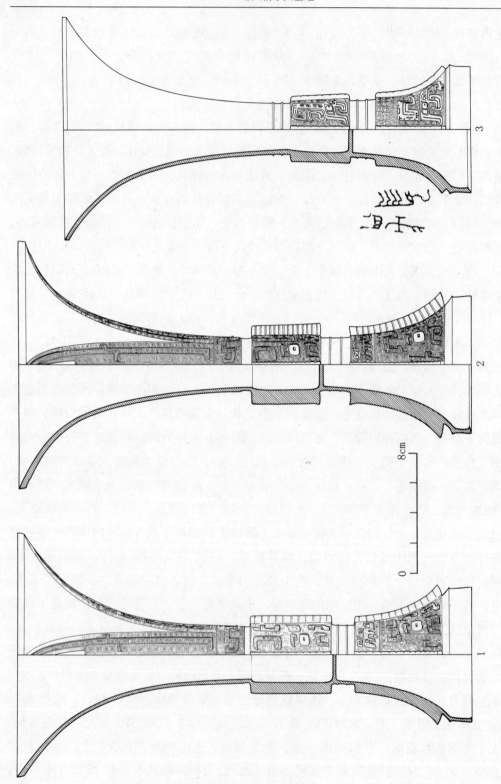

图一六五　B型 I 式铜觚
1.M49:11　2.M213:82　3.M127:1

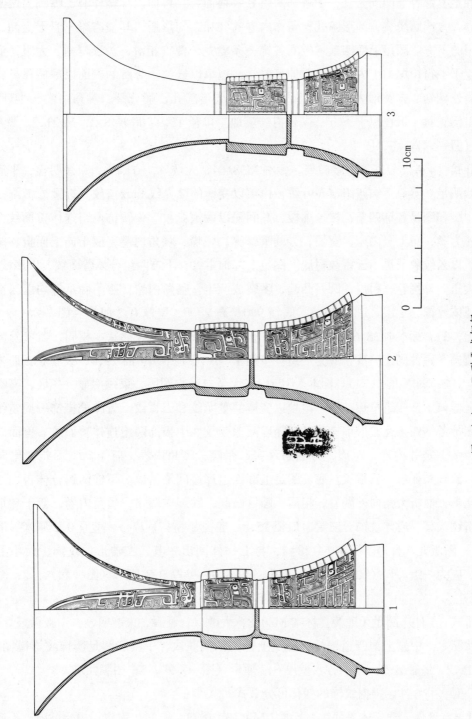

图一六六　B型Ⅰ式铜觚
1.M38∶59　2.M38∶67　3.M17∶2

底部和足上部各饰两周弦纹，中腰饰两组分解兽面纹，兽面以扉棱作鼻，嘴咧为两半，嘴角内卷，方圆睛暴突，圆形瞳孔，角作内卷的勾状，勾形眉，耳被省略，躯干上翘，爪置于躯干的下方。圈足上部四条扉棱间各饰一条夔龙，两首相对，头顶弯角，大眼，嘴呈勾状，躯干平行，尾向上内卷，足前伸呈勾状，地填以云纹。分解的兽面以扉棱作鼻，曲折大角向外翻卷，方圆形大眼，圆目凸起，有椭圆形瞳孔，嘴分裂，嘴角内卷，半环形耳，躯干呈倒立状，爪在躯干下方，以云雷纹填地。口径 12.9、底径 8.2、高 21.8、壁厚 0.2 厘米（图一六六，3；图版九七，2）。

Ⅱ式：4件。瘦高、中腰微鼓。标本 M38：64，大敞口，方圆唇，束颈明显，平底，高喇叭状圈足。器口下饰四组窄蕉叶纹，内填以变体的夔龙纹和云雷纹。近腰处横饰一周雷纹。中腰和圈足各饰四条瓦棱形扉棱，其间隔以两道弦纹。中腰饰两组连体兽面纹，兽面以扉棱为鼻，角上竖内弯，宽眉，方圆睛暴突，张嘴，嘴角内卷，躯干向上而折，尾向内翻卷，以云纹象征爪，云雷纹衬底。圈足上部饰雷纹，下饰两组分体兽面纹，以扉棱作鼻，曲折大角向外翻卷，粗眉，圆目凸起，嘴裂成两半，嘴角内卷，躯干和爪等均以云雷纹代替。通体纹饰分三层。口径 15.5、底径 9.0、高 28.8、壁厚 0.2 厘米（图一六七，1；图版九七，3）。标本 M38：68，与上一件在形制、纹饰、大小等都基本相同，器壁外侧有纺织品痕迹。两件同出一墓，应为一组。口径 15.5、底径 8.8、高 29.4、壁厚 0.2 厘米（图一六七，2；图版九七，4）。标本 M128：3，大敞口，方圆唇，束颈明显，平底，高喇叭状圈足。器口下饰四组窄蕉叶纹，内填以变体的夔龙纹和云雷纹。近腰处横饰一周雷纹。中腰和圈足各饰四条瓦棱形扉棱，其间隔以两道弦纹。中腰饰两组连体兽面纹，兽面以扉棱为鼻，角上竖并内弯，宽眉，方圆睛暴突，张嘴，嘴角内卷，躯干向上而折，尾向内翻卷，以云纹象征爪，云雷纹衬底。圈足上部四道扉棱间饰雷纹。下饰两组分体兽面纹，以扉棱作鼻，曲折大角向外翻卷，粗眉，圆目凸起，嘴裂成两半，嘴角内卷，躯干和爪等均以云雷纹代替。通体纹饰分三层。口径 15.8、底径 8.8、高 27.9、壁厚 0.2 厘米（图一六八，1；图版九八，1）。标本 M128：4，与上一件同出一墓，在器形、纹饰、大小上基本相同，应为一组。口径 15.6、底径 8.9、高 28.0、壁厚 0.2 厘米（图一六八，2；图版九八，2）。

Ⅲ式：1件。圈足无扉棱。标本 M30：8，大敞口，圆唇，束腹明显，中腰微鼓，平底，喇叭状圈足。中腰上饰四道扉棱，圈足上部饰两周弦纹，中腰和圈足所饰纹饰模糊不清。口径 14.2、底径 8.5、高 24.2、壁厚 0.2 厘米（图一六八，3；图版九八，3）。

C 型　共6件。根据纹饰的变化可分2式。

Ⅰ式：5件。饰变体兽面纹。标本 BM9：13，敞口，圆唇，束腹，中腰微鼓，平底，喇叭状高圈足。颈底部和足上部各饰两周弦纹，中腰饰两组分解兽面纹，圆睛暴突，圆形瞳孔，以两道矮扉棱作鼻，粗眉，角作内翻的卷云状，尾上翘外翻卷，以卷云纹象征爪，地

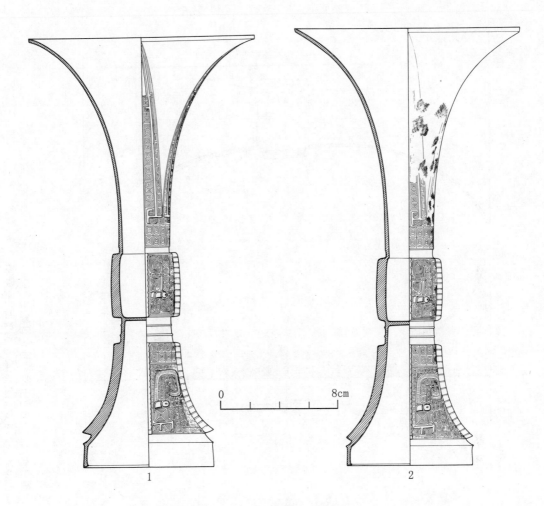

图一六七　　B 型 II 式铜觚

1. M38：64　2. M38：68

填以云雷纹。圈足上饰两组连体兽面纹，圆睛暴突，圆形瞳孔，张口露出锋利牙齿，细尾向外翻卷，云纹为眉，角呈卷云状，地填以云纹，尾下饰列旗装饰。兽面纹上饰一周云雷纹带。圈足内侧有铭文"雁父丁"三字。口径 13.9、底径 8.5、高 23.9、壁厚 0.2 厘米（图一六九，2；图版九八，4）。标本 M108：5，形制、纹饰同上器。口径 14.4、底径 8.2、高 25.9、壁厚 0.2 厘米（图一六九，1；图版九九，1）。标本 M31：5，大喇叭口，方唇，腹内收明显，平底，喇叭状圈足，切地处下折成矮阶。因通体锈蚀严重，难辨纹饰。口径 14.8、底径 8.9、高 25.9、壁厚 0.2 厘米（图一六九，3）。标本 M123：1，敞口，方圆唇，收腹，中腰微鼓，颈底部和足上部各饰两周弦纹，中腰饰两组变体兽面纹，圆睛暴突，圆形瞳孔，以两道矮扉棱作鼻，粗眉，张口利牙内卷，尾上翘外翻卷，以云雷纹为地。圈足上饰两组简化的兽面纹，圆睛，细尾上翘，眉、角均呈卷云状，张口露出锋利的牙齿，尾

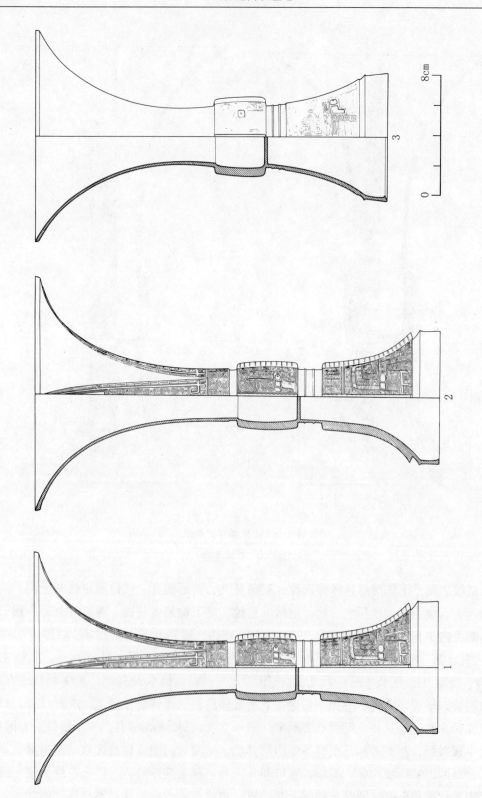

图一六八　B型Ⅱ式、Ⅲ式铜瓿
1. Ⅱ式 (M128:3)　2. Ⅱ式 (M128:4)　3. Ⅲ式 (M30:8)

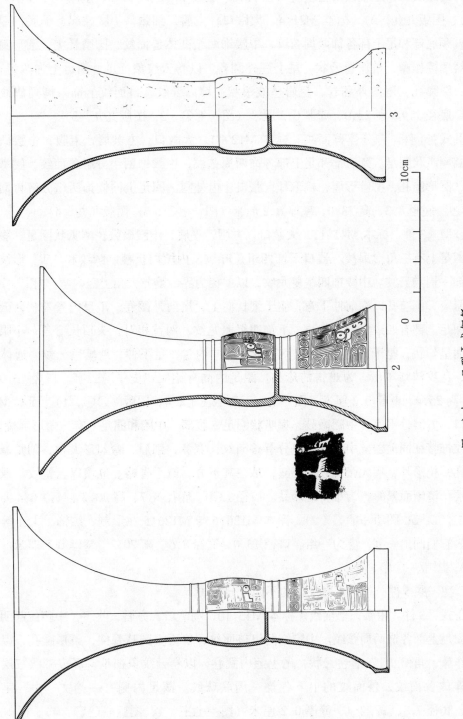

图一六九　C型 I 式铜觚
1.M108:5　2.BM9:13　3.M31:5

后部为列旗装饰，地填以云雷纹。口径12.8、底径7.8、高19.6、壁厚0.2厘米（图一七〇，1；图版九九，2）。标本M21∶4，大敞口，方唇，细颈，中腰鼓起，平底，喇叭状高圈足。颈底部和足上部各饰两周弦纹，中腰饰两组变体兽面纹，圆睛暴突，圆形瞳孔，以两道矮扉棱作鼻，角作卷云状，尾上翘外翻卷，以卷云纹象征爪。圈足上饰两组兽面纹，圆睛，圆瞳孔，尾向外翻卷，粗眉呈波浪状，填以云纹。兽面纹上饰一周列旗纹。口径12.6、底径7.9、高22.0、壁厚0.2厘米（图一七〇，2；图版九九，3）。

Ⅱ式：1件。饰分体兽面纹。标本M129∶1，大敞口，方圆唇，束腹，中腰微鼓，平底，高喇叭状圈足。颈底部和足上部各饰两周弦纹，中腰饰两组分解兽面纹，阔鼻，圆睛暴凸，圆形瞳孔，柳叶形眉，桃形耳，张口牙齿外露。圈足上同样饰两组分解兽面纹。口径13.9、底径8.3、高23.0、壁厚0.2厘米（图一七〇，3；图版九九，4）。

D型　3件。标本M41∶11，大敞口，方唇，平底，中腰微鼓，喇叭状圈足。腹部、中腰和圈足上有三角形扉棱。器口下饰四组蕉叶纹，内填以折棱、鳞纹和"T"形纹，蕉叶纹下饰一周卷云纹。中腰饰四组夔龙纹，以扉棱为界，夔龙大角上竖内弯，"臣"字眼，椭圆睛暴突，圆瞳孔，嘴前伸下弯，躯干细长向上，尾向外翻卷，爪呈内卷勾状，云雷纹衬地。圈足上部有四道横卷云勾纹，下饰四组夔龙纹，两首相对，头顶长弯角，小眼，嘴向下弯曲呈勾状，躯干向下弯曲呈"S"形，尾向内卷，足下伸，地填以云纹。通体纹饰分三层，花纹清晰华丽，为难得的珍品。圈足内侧有铭文"史午"二字。口径13.9、底径9.0、高25.4、壁厚0.3厘米（图一七一；彩版三七，4；图版一〇〇，1）。标本M126∶5，大敞口，方唇，平底，中腰微鼓，喇叭状圈足。腹部、中腰和圈足上有三角形扉棱。腹部、圈足纹饰特征同前器。中腰饰两组分解兽面纹，宽鼻，细眉，弯勾形大角，圆睛暴突，椭圆瞳孔，桃形耳，嘴大张，牙齿外露，爪在其下方，躯干省略。地填以云雷纹。通体纹饰分三层，清晰而繁缛，为难得的珍品。口径13.0、底径8.7、高20.2、壁厚0.4厘米（图一七二，1、2；图版一〇〇，2）。标本M126∶6与M126∶5在形制、纹饰、大小等都基本相同。它们同出一墓，应为一组。口径13.0、底径8.6、高20.2、壁厚0.5厘米（图一七二，3；图版一〇〇，3）。

E型　共5件。根据中腰纹饰的不同可分2式。

Ⅰ式：3件。中腰饰兽面纹。标本M13∶10，喇叭口，方唇，收腹，中腰鼓起明显，底部和圈足上部各饰两周弦纹。中腰饰两组兽面纹，兽面方圆睛暴突，条形瞳孔，以两道矮扉棱作鼻，角作"T"形卷云状，尾上翘内翻卷，以卷云纹象征爪，形成带状三层等分装饰的连体兽面纹，兽面纹的上下各饰一周联珠纹。圈足内侧有一铭文"史"字。口径14.2、底径7.8、高22.4、壁厚0.2厘米（图一七三，1；图版一〇〇，4）。标本M119∶34，大敞口，方唇，收腹明显，体较瘦。中腰凸起明显，底微鼓，喇叭状圈足。纹饰特征同前器。在圈足内侧铸有阳铭"史"字。口径13.1、底径7.8、高21.2、壁厚0.3厘米

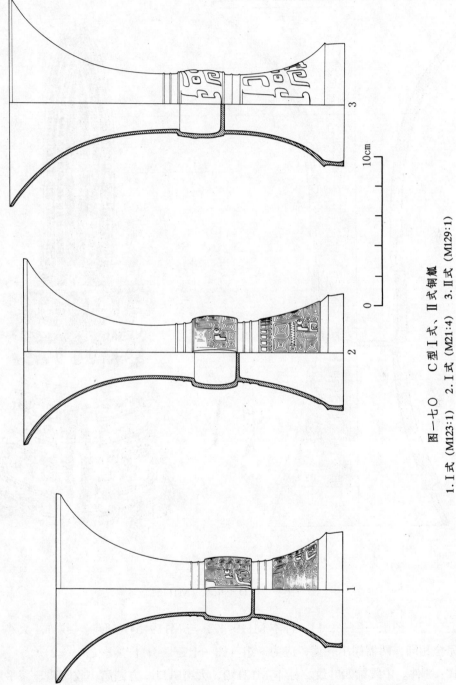

图一七〇 C型I式、II式铜觚

1. I式 (M123:1) 2. I式 (M21:4) 3. II式 (M129:1)

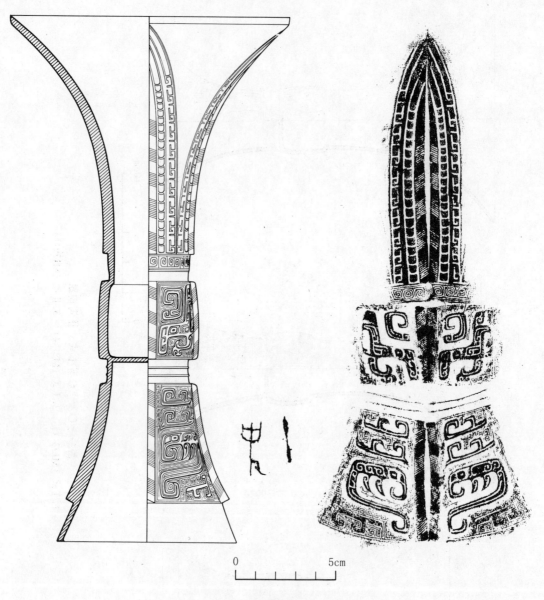

图一七一　　D型铜觚（M41:11）

（图一七三，2；图版一〇一，1）。标本 M119:42，与 M119:34 在形制、纹饰、大小、铭文等方面完全相同，两器同出一墓，应为一组（图一七三，3；图版一〇一，2）。

　　Ⅱ式：2件。中腰饰四叶纹。标本 M121:2，大喇叭口，方圆唇，收腹明显，平底，喇叭状圈足，颈底部和足上部各饰两周弦纹，中腰处饰四组四叶目纹带，四目凸起明显，以云雷纹填地，两组叶纹间以扉棱相隔，纹饰的上下各饰一周联珠纹。口径 13.4、底径 8.2、

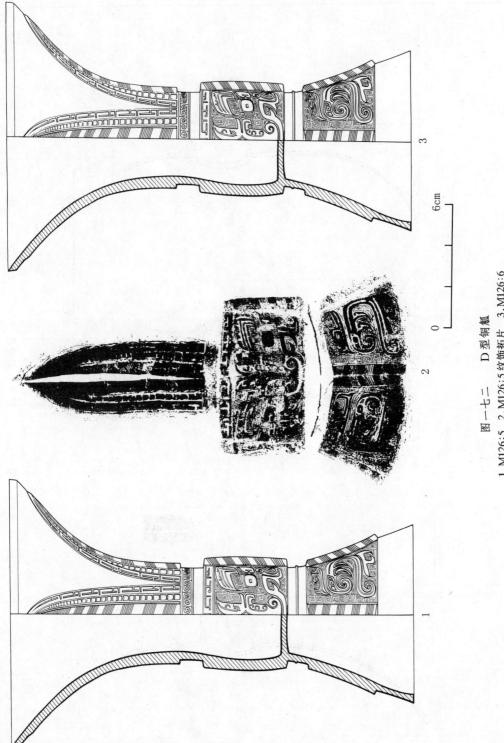

图一七二　D型铜觚

1.M126:5　2.M126:5 纹饰拓片　3.M126:6

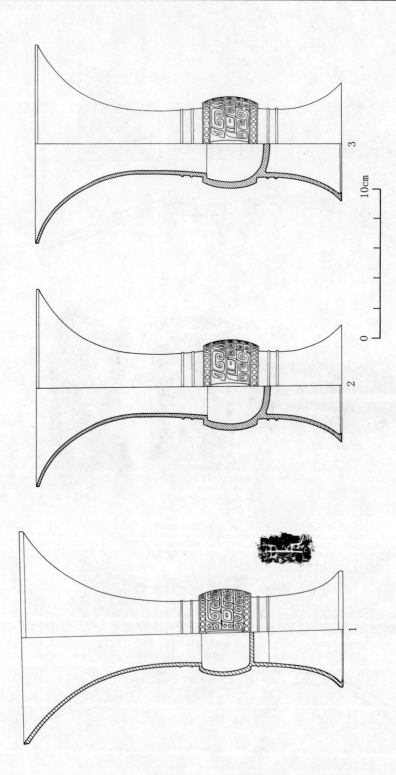

图一七三　E型Ⅰ式铜觚

1.M13:10　2.M119:34　3.M119:42

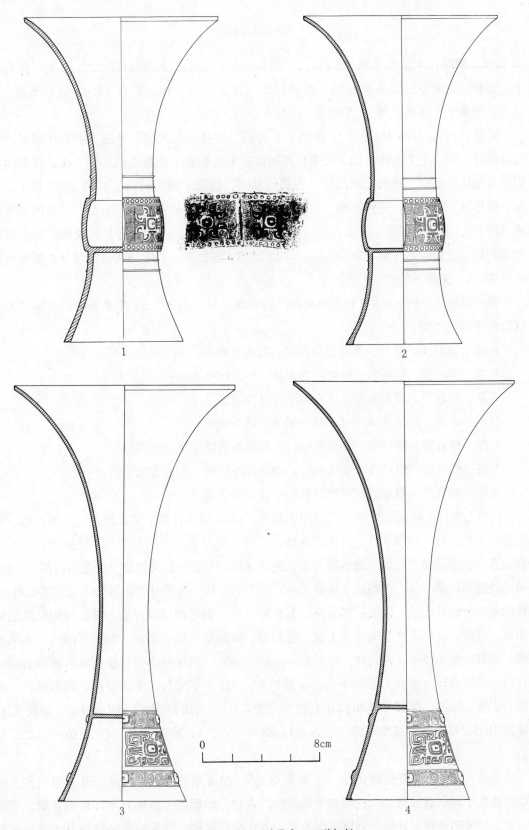

图一七四　　E型Ⅱ式、F型铜觚

1.E型Ⅱ式（M121:2）　2.E型Ⅱ式（M121:7）　3.F型（M120:22）　4.F型（M120:13）

高 21.8、壁厚 0.4 厘米（图一七四，1；图版一〇一，3）。标本 M121:7，与上一件在大小、形制、纹饰等方面基本相同。两器同出一墓，应为一组。口径 13.4、底径 8.0、高 22.0、壁厚 0.2 厘米（图一七四，2；图版一〇一，4）。

F 型　2 件。标本 M120:22，喇叭口，方唇，体瘦长，弧腹，平底，喇叭状圈足，切地处略厚。圈足上下各饰一周云纹带，其间以四个目形乳丁分割成四部分。在云纹带间饰以两足变体兽面纹，兽面大眼居中，方圆睛暴突，椭圆形瞳孔，角呈"T"形内卷状，刀尾，叶形耳，嘴开裂，嘴角下卷，爪呈勾状。口径 15.2、底径 8.9、高 27.8、壁厚 0.2 厘米（图一七四，3；图版一〇二，1）。标本 M120:13，与上一件在形制、纹饰、大小等都基本相同。它们同出一墓，应为一组。口径 15.3、底径 8.6、高 28.0、壁厚 0.2 厘米（图一七四，4；图版一〇二，2）。

爵　共出土 35 件。是墓地中与觚相配的青铜礼器，共出于 22 座墓葬中。根据器形和纹饰的变化分六型。

A 型　腹较浅，器身饰繁缛的兽面纹，腹部有扉棱。

B 型　腹较深，呈卵形，饰简化兽面纹，以云雷纹为地。

C 型　腹较深，尾和流较长，腹饰窄带状花纹。

D 型　深腹，三足外撇明显，腹一般素面或饰弦纹。

E 型　兽首鋬，腹较浅，尾流略短，饰简化兽面纹并填以云雷纹。

F 型　兽首鋬，腹略浅，长尾长流，饰分解兽面纹，以云雷纹为地。

A 型　共 3 件。根据腹部纹饰特征的变化可分 2 式。

Ⅰ式：1 件。兽面纹繁缛，三足外撇明显。标本 M213:77，窄长流，三角尾，尾、流上翘，流高于尾，高菌状柱，柱面饰涡纹，直壁，卵形底，三棱形锥状足外撇明显，足两侧面各有一竖凹槽。器腹三面各有一条瓦棱状扉棱，与鋬一起将纹饰分成两组四部分。流、口的外侧饰以蕉叶纹，内填以变体夔龙纹，地为云雷纹，在蕉叶纹间各饰两个双重三角纹。腹饰两组分解兽面纹，以鋬后部为鼻，宽直鼻，另一组兽面纹以扉棱为鼻。兽面纹的双角粗壮，弯曲，后部下折呈勾状并上翘，粗勾眉，方圆形大眼，暴突，椭圆形瞳孔，大嘴开裂，张口，嘴角外撇呈内勾状，叶形大耳，躯干倒立，爪在身体下，兽面纹内填以云雷纹并以云雷纹为地。鋬首为圆雕牛头，长角后伸，"臣"字形目，圆睛突起，圆形瞳孔，阔鼻，大嘴，厚唇。腹部与鋬相对处有铭文"史"字。流尾距 16.3、腹深 9.6、足高 8.8、通高 19.6、壁厚 0.2 厘米（图一七五，1；图一七六，1；彩版三八，1；图版一〇二，3、4）。

Ⅱ式：2 件。饰简化兽面纹。标本 M38:63，前流细长，短尾，流、尾上翘明显，圆口，流高于尾，高菌状柱，柱面饰半圆涡纹。直壁，卵形底，腹侧有半环形兽首鋬，下应一足，三棱形锥状足外撇，器腹三面各有一条瓦棱形扉棱，与鋬一起将纹饰分成两组四部

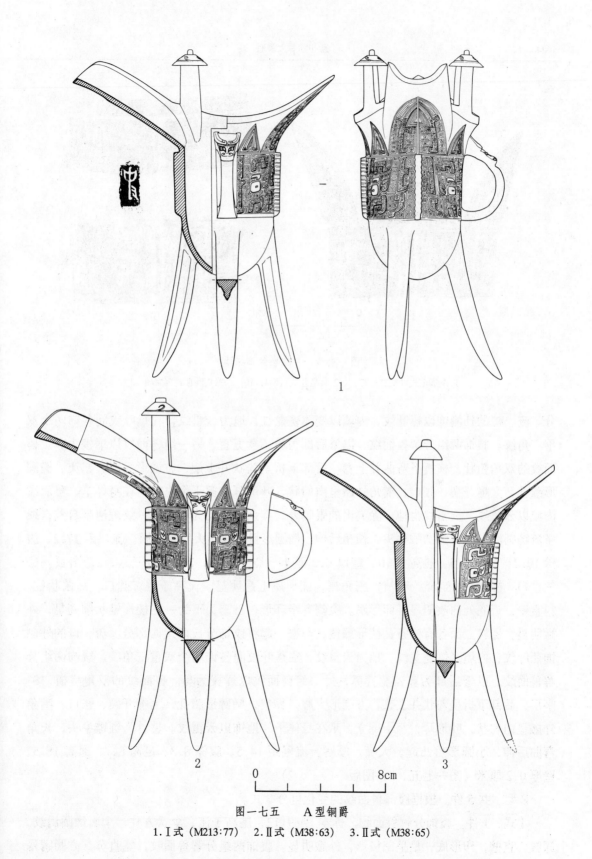

图一七五　A型铜爵

1. Ⅰ式（M213：77）　2. Ⅱ式（M38：63）　3. Ⅱ式（M38：65）

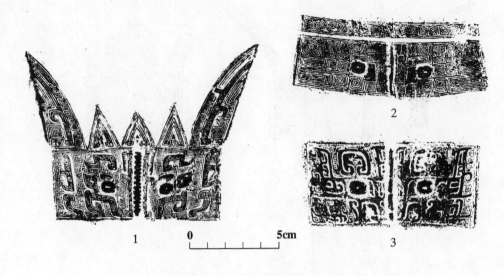

图一七六　　铜爵纹饰拓本

1.A型Ⅰ式（M213:77）　2.B型Ⅱ式（M41:10）　3.B型Ⅲ式（M49:13）

分。流、口的外侧饰以蕉叶纹，内填以变体夔龙纹，地为云雷纹，在蕉叶纹间各饰两个双重三角纹。腹饰两组分解兽面纹，以鋬后部为鼻，鼻宽直，另一组兽面纹以扉棱为鼻。兽面纹的双角粗壮，横折下弯曲并上卷，后部下折呈勾状并上翘，方圆形大眼，暴突，椭圆形瞳孔，大嘴开裂，张口，嘴角外撇呈内勾状，叶形耳，躯干倒立，爪在身体下，兽面纹内填以云雷纹，云雷纹为地。除突出的眼睛外，其余纹饰均为单阳线，纹理清晰自然，线条流畅圆润。鋬首为圆雕牛头，长角后伸，椭圆形目凸起，大嘴，厚唇。流尾距17.2、腹深10.2、足高9.5、通高21.0、壁厚0.2厘米（图一七五，2；彩版三八，2；图版一〇三，1）。标本 M38:65，窄流，三角尾，流、尾上翘明显，流高于尾，圆口，高菌状柱。斜直壁，近底处内收明显，卵形底。腹侧有半环形兽首鋬，下为一三棱形锥状细高足，外撇明显，器腹三面各有一条瓦棱形扉棱，与鋬一起将纹饰分成两组四部分。流、口的外侧饰蕉叶纹，内填变体夔龙纹，地为云雷纹，在蕉叶纹间各饰两个双重三角纹。腹饰两组分解兽面纹，以鋬后部为鼻，宽直鼻，另一组兽面纹以扉棱为鼻。兽面纹的双角呈横"S"字形，后部下折呈勾状并上翘，方圆形大眼，暴突，椭圆形瞳孔，大嘴开裂，张口，嘴角外撇呈内勾状，叶形耳，躯干倒立，爪在身体下，地饰以云雷纹。鋬首为圆雕牛头，长角弯曲后伸，小圆形目凸起，大嘴，厚唇。流尾距14.5、腹深8.8、足高8.7、通高18.5、壁厚0.2厘米（图一七五，3；图版一〇三，2）。

B型　共5件。根据腹部兽面纹的变化可分3式。

Ⅰ式：1件。腹饰分解兽面纹。标本 BM9:12，尾高于流，伞状方柱，伞面饰圆涡纹，深腹，直壁，卵形底，足呈三棱形，外撇明显。腹饰两组分解兽面纹，宽直鼻，方圆睛暴突，长条形瞳孔，曲折角，角内填云雷纹，大嘴开裂，嘴尖向内卷曲，内填云纹，耳成卷云状，躯干和爪均省略。流尾距 17.2、腹深 10.6、足高 9.6、通高 20.3、壁厚 0.2 厘米（图一七七，1）。

　　Ⅱ式：2 件。饰简化兽面纹，流较平。标本 M108:3，长流，长三角形尾，伞形柱，伞面饰半圆涡纹，深腹，微束腰，卵形底，三棱形细尖足。器腹两侧各饰一组兽面纹，阔鼻，大方圆眼，暴突，条形瞳孔，嘴角内卷。其他部位均以云雷纹代替。在腹的一侧有一半环形鋬，鋬首上饰一高浮雕牛头，角粗壮弯曲，两叶形耳突出于鋬首的两侧，椭圆眼暴突，阔鼻大嘴。流尾距 18.2、腹深 9.8、足高 8.9、通高 18.6、壁厚 0.2 厘米（图一七七，2；图版一○三，3）。标本 M41:10，圆口，微侈，后尾呈三角形，伞形柱，伞面饰半圆涡纹，深腹，微束腰，卵形底，三棱形细尖足。腹的上部饰一周云雷纹。在腹的一侧有一半环形鋬，器腹两侧各饰一组兽面纹，阔鼻，大方圆眼，暴突，眉在眼前方，呈刀状。地填以云雷纹。鋬首上饰一高浮雕牛头，叶形大耳外突并向后延伸，椭圆形大眼，圆形瞳孔，大鼻厚唇，鋬与腹间有铭文"軎✦"二字。流尾距 18.2、腹深 9.6、足高 11.5、通高 21.4、壁厚 0.2 厘米（图一七六，2；图一七七，3；彩版三八，3；图版一○三，4）。

　　Ⅲ式：2 件。饰连体兽面纹。标本 M49:13，圆口，微侈，后尾呈三角形，深腹，微束腰，卵形底，腹的一侧有一半环形鋬，上饰一高浮雕兽头。三棱形细尖足，伞形柱，伞面饰半圆涡纹。器腹两侧各饰一组兽面纹，阔鼻，大方圆眼，暴突，短粗眉在眼前方，角粗大内翻卷呈卷云状，嘴角向下开裂，耳呈云纹状，躯干上翘，尾向内卷，爪在躯干下方。地填以云雷纹。鋬首为牛头，长角弯曲后伸，叶形耳突出于两侧，"臣"字形大眼，圆睛暴突，大鼻厚唇。流尾距 15.6、腹深 9.0、足高 9.4、通高 19.5、壁厚 0.2 厘米（图一七六，3；图一七七，4；图版一○四，1）。标本 M49:14，圆口，外侈，尾残，高伞状柱，立于口沿近流折处，上饰涡纹。深腹，直壁，卵形底，腹一侧饰兽首鋬，足呈三棱形，外撇明显。腹中部饰两组兽面纹，阔鼻，三角形眉饰于眼的前方，曲折角，"臣"字形眼，眼球暴突，长条形瞳孔，大嘴开裂，嘴尖向内卷曲，耳成卷云形，躯干上翘呈倒立状，尾向外翻卷，爪置于嘴后，细长而前伸。鋬首饰圆雕兽头，角粗壮弯曲，椭圆眼暴突，阔鼻大嘴。鋬与腹间有铭文"舁"字。流尾距残宽 13.5、腹深 9.2、足高 8.4、通高 18.7、壁厚 0.2 厘米（图一七八，1；图版一○四，2）。

　　C 型　共 7 件。根据腹上部带状纹的变化可分 3 式。

　　Ⅰ式：4 件。长流，长尾，腹饰联珠带状纹。标本 M129:2，尾呈三角形，深腹，直壁，颈微束，卵形底，三棱形细尖足，伞形柱，伞面饰半圆形涡纹。腹的上部饰一周凸起的纹带。上下各有一周联珠纹，中间为大菱形纹，内填以雷纹。在腹的一侧有一半环形鋬，鋬首上饰一牛头饰，角粗壮弯曲并向后延伸，眼突起，阔嘴。鋬与腹间有铭文"史"字。流尾距 18.2、腹深 9.4、足高 9.9、通高 19.9、壁厚 0.2 厘米（图一七八，2；图版一○

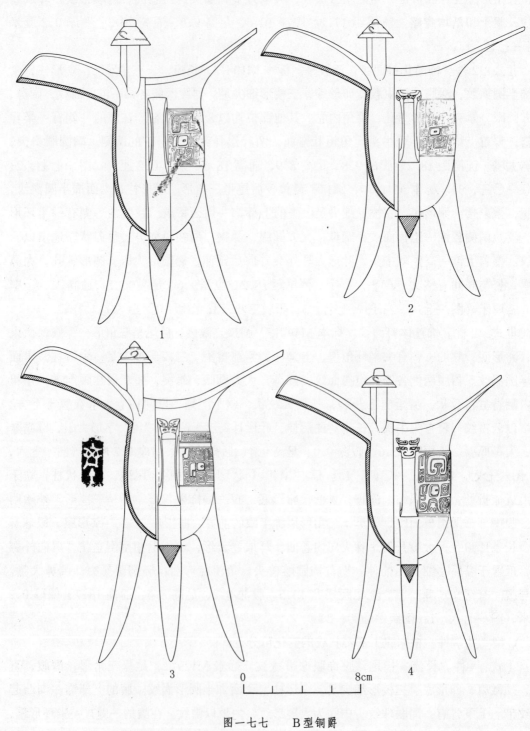

图一七七　　B 型铜爵

1. I式（BM9:12）　2. II式（M108:3）　3. II式（M41:10）　4. III式（M49:13）

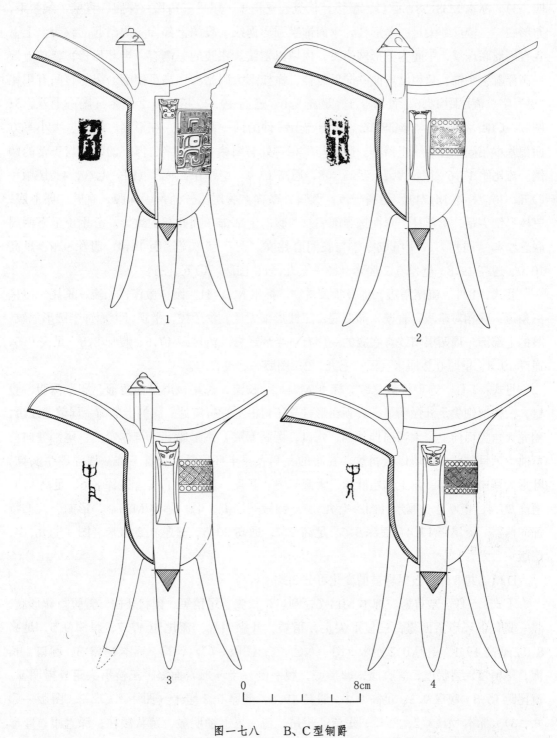

图一七八　　B、C 型铜爵

1.B 型Ⅲ式（M49∶14）　 2.C 型Ⅰ式（M129∶2）　 3.C 型Ⅰ式（M38∶58）　 4.C 型Ⅰ式（M38∶62）

四，3）。标本 M38：58，圆口，微侈，长流，尾稍短，尾呈三角形，深腹，直壁，颈微束，卵形底，三棱形细尖足，伞形柱，伞面饰半圆形涡纹。腹的上部饰一周凸起的纹带。上下各有一周联珠纹，中间为菱形网格纹，内填以雷纹。在腹的一侧有一半环形錾，錾首上饰一高浮雕牛头饰，角粗壮弯曲并向后延伸，橄榄形大眼暴突，高鼻阔嘴。錾与腹间有阳铭"史"字。流尾距 16.6、腹深 9.1、足高 9.6、通高 19.8、壁厚 0.2 厘米（图一七八，3；图版一〇四，4）。标本 M38：62，该器与上一件为同一墓所出，在形制、纹饰、大小等方面都基本相同，应为一组器物。腹部与錾相对处有阳铭"史"字，但字的笔画与正常的颠倒。流尾距 17.6、腹深 9.2、足高 9.8、通高 19.4、壁厚 0.2 厘米（图一七八，4；图版一〇五，1）。标本 M17：1，尾高于流，圆口，微侈，后尾呈三角形，深腹，直壁，卵形底，三棱形细尖足，伞形柱，伞面饰半圆涡纹。腹的上部饰一周凸起的纹饰。分别由上下两周联珠纹和一周列刀纹所组成。錾与腹间有铭文"史"字。流尾距 16.4、腹深 9.6、足高 10.0、通高 19.8、壁厚 0.2 厘米（图一七九，1；图版一〇五，2）。

Ⅱ式：1件。流尾稍短，饰带状云雷纹。标本 M21：41，圆口微侈，长流，长尾，尾呈三角形，腹相对略浅，直壁，卵形底，三棱形细尖足，伞形柱，平顶，伞面饰半圆形涡纹。腹的上部饰一周两层雷纹。在腹的一侧有一半环形錾。流尾距 17.6、腹深 8.8、足高 9.6、通高 19.8、壁厚 0.2 厘米（图一七九，2；图版一〇五，3）。

Ⅲ式：1件。饰带状夔龙纹。标本 M21：2，长流，长尾，尾呈三角形，卵形深腹，直壁，三棱形细尖足外撇明显，高顶纽形柱立于口沿上近折流处。腹的上部饰一周夔龙纹带，夔龙大角尖而向上，大嘴前伸外翻，张口，圆睛暴突，圆形瞳孔，身体弯曲，尾翻卷向前弯曲，爪呈勾状。地填以云雷纹。在腹的一侧有一半环形錾，錾首上饰一浅浮雕牛头饰，叶形大耳向后延伸，角上饰粗叶脉，大眼暴突，阔嘴。流尾距 17.6、腹深 8.6、足高 9.4、通高 20.4、壁厚 0.2 厘米（图一七九，3；图版一〇五，4）。标本 M30：1，形制、纹饰特征同前器。流尾距 17.4、腹深 8.6、足高 9.7、通高 20.5、壁厚 0.2 厘米（图一七九，4；图版一〇六，1）。

D 型　共 8 件。根据錾首的变化可分 2 式。

Ⅰ式：5件。素首錾。标本 M14：6，圆口，长流，尾稍短，菌状矮柱，直腹，卵形底，腹一侧有半环形素面錾，三棱形尖足，稍矮，外撇明显。流尾距 17.7、腹深 9.5、足高 8.0、通高 19.1、壁厚 0.2 厘米（图一八〇，1；图版一〇六，2）。标本 M15：3，圆口，长流，尾稍短，菌状柱，深直腹，卵形底，腹一侧有半环形素面錾，三棱形尖足外撇明显。流尾距 16.8、腹深 9.3、足高 9.1、通高 19.8、壁厚 0.2 厘米（图一八〇，2；图版一〇六，3）。标本 M123：2，圆口，短流，短尾，流、尾上翘明显，菌状矮柱，深直腹，卵形底，腹一侧有半环形素面錾，三棱形尖足，足较矮。流尾距 14.8、腹深 10.2、足高 7.8、通高 18.5、壁厚 0.2 厘米（图一八〇，3；图版一〇六，4）。标本 M21：42，长流，流口稍

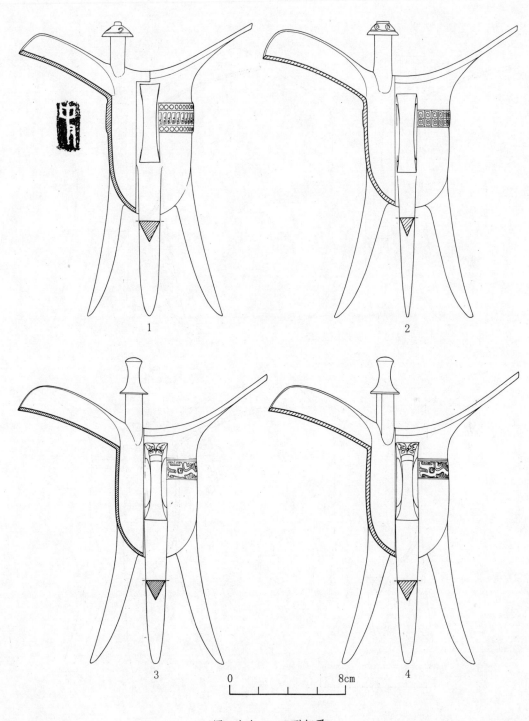

图一七九　　C型铜爵

1. I式（M17:1）　2. II式（M21:41）　3. III式（M21:2）　4. III式（M30:1）

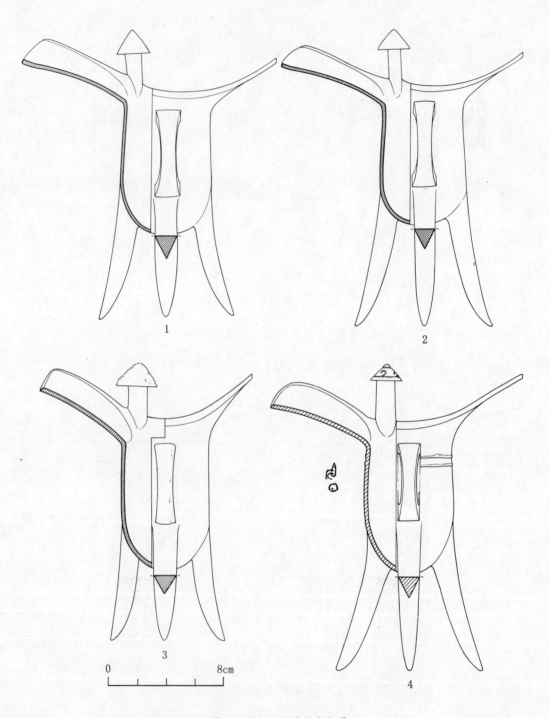

0　　　　　　　　8cm

图一八〇　　D型I式铜爵

1. M14:6　2. M15:3　3. M123:2　4. M21:42

宽，长尾，尾高于流，高伞状柱，伞面饰涡纹。深腹，直壁，卵形底，腹饰两周弦纹。鋬与腹间有铭文"𢀘丁"二字。流尾距 17.5、腹深 10.1、足高 9.9、通高 20.5、壁厚 0.2 厘米（图一八〇，4）。标本 M31:4，圆口，流、尾上翘，流口深而窄，尾略残，伞形柱立于流口近折处。直口，深腹，卵形底，腹一侧饰一半环形鋬，下应一足，三棱形足外撇。腹中部饰二周弦纹。流尾残距 16.0、腹深 9.2、足高 9.4、通高 19.7、壁厚 0.2 厘米（图一八一，1；图版一〇七，1）。

Ⅱ式：3 件。兽首鋬。标本 M110:4，长流，长尾，圆口，尾高于流，高菌状柱，柱面饰涡纹，深腹，直壁，卵形底，三棱形细尖足。腹上部饰二周弦纹，在腹的一侧有一半环形鋬，鋬首上饰一牛头形装饰，牛头大角弯曲并向后延伸，椭圆形大眼，暴突，高鼻，阔嘴。鋬与腹间有铭文"史𣪘乍爵"四字。流尾距 17.0、腹深 9.6、足高 10.5、通高 20.4、壁厚 0.2 厘米（图一八一，2；图版一〇七，2）。标本 M13:12，长流，尾稍短。腹上部饰三周弦纹，流尾距 16.2、腹深 8.8、足高 9.8、通高 19.9、壁厚 0.2 厘米（图一八一，3；图版一〇七，3）。标本 M127:2，形制、纹饰略同上器，唯宽流，长尾，尾流基本持平。鋬与腹间有铭文"曾㠱犭"字。流尾距 18.0、腹深 9.4、足高 9.8、通高 20.0、壁厚 0.2 厘米（图一八一，4；图版一〇七，4）。

E 型　3 件。形制、纹饰特征基本相同。标本 M34:12，侈口，短尾上翘，尾高于流，尾呈三角形，伞状柱立于口沿上近流折处，顶面饰涡纹，深腹，直壁，卵形底，三棱形锥状足外撇。流外侧饰变体兽面纹，圆形目暴突，圆形瞳孔，卷云眉，粗角翻卷，躯干上翘，耳、爪均以云纹代替，腹上部及尾部饰两组简体兽面纹，以鋬为鼻，方圆形大眼暴突，椭圆形瞳孔，大角内翻，躯干上翘，尾外卷，耳、爪均以云纹代替。腹中部饰两组简化兽面纹，角呈"T"形卷云状，方圆形目暴突，椭圆形瞳孔，眉、爪、躯干等以云纹所代替。通体为双阳线，纹理清晰，线条流畅。鋬首为圆雕牛头，圆粗角弯曲后伸，叶形耳凸起于两侧，椭圆目凸起，高鼻、阔嘴、厚唇。流尾距 17.4、腹深 9.7、足高 10.6、通高 20.6、壁厚 0.2 厘米（图一八二，1；图版一〇八，1）。M120:15，通体纹饰为单阳线。鋬首为圆雕牛头，圆粗角弯曲后伸，叶形耳凸起于两侧，"臣"字形大眼，圆目凸起，粗鼻、阔嘴。鋬与腹间有铭文"史"字。流尾距 17.5、腹深 9.9、足高 10.2、通高 20.2、壁厚 0.2 厘米（图一八二，2；图一八三；图版一〇八，2）。标本 M120:17，该器与上一件为同一墓所出，应为一组器物。腹与鋬有铭文"史"字。流尾距 17.5、腹深 9.9、足高 10.2、通高 20.2、壁厚 0.2 厘米（图一八二，3；图版一〇八，3）。

F 型　共 9 件。标本 M11:98，流细长，尾呈三角形尖状，侈口，菌状柱立于口沿上近流折处，柱顶面饰涡纹，深腹，微束腰，卵形底，腹侧有半环形兽首鋬，下对应一足，三棱形锥状足外撇。器腹中部饰两组分解兽面纹，其中一组以鋬为鼻，曲折角，粗勾眉，方圆形大眼，突睛，椭圆形瞳孔，嘴开裂，张口，嘴角外撇呈勾状，桃形耳，身体倒立，爪

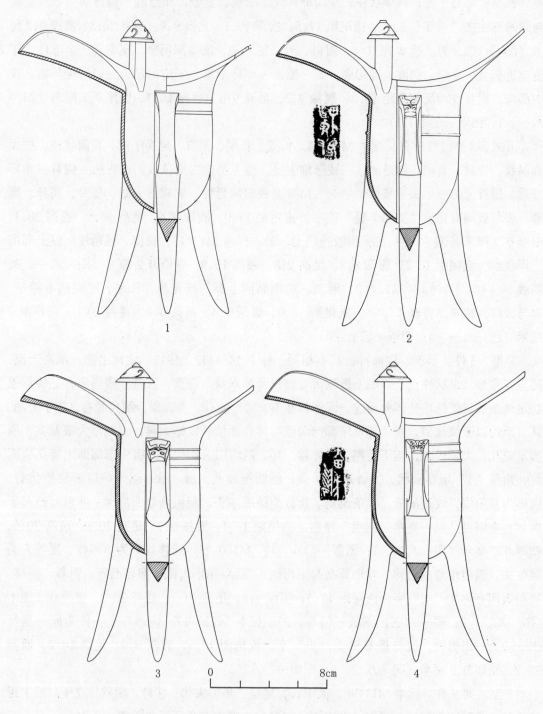

图一八一　　D型铜爵

1. I式（M31:4）　2. II式（M110:4）　3. II式（M13:12）　4. II式（M127:2）

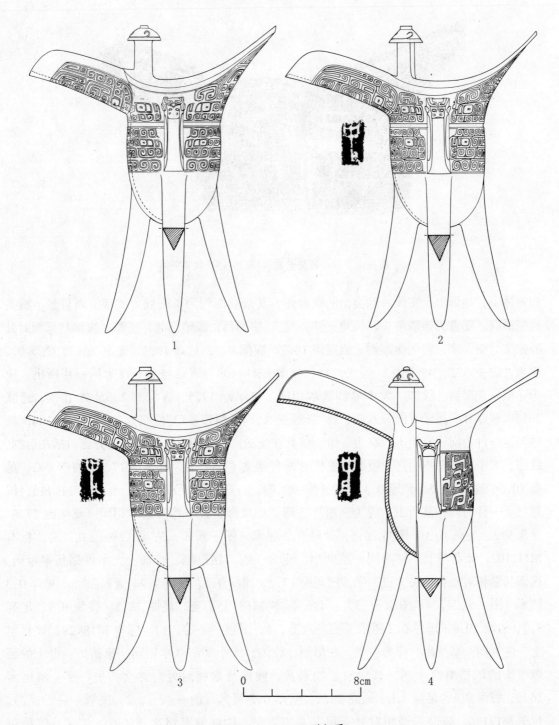

图一八二　　E、F型铜爵

1.E型（M34：12）　2.E型（M120：15）　3.E型（M120：17）　4.F型（M11：98）

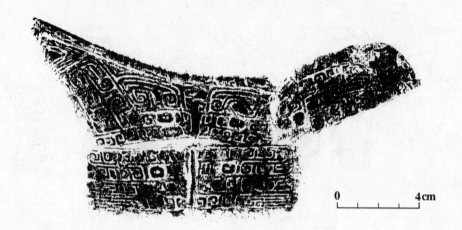

图一八三　　　E型铜爵（M120∶15）纹饰拓本

在身体下，地饰以云雷纹。除突出的眼睛外，其余纹饰均为单阳线，纹理清晰自然，线条流畅圆润。鋬首为圆雕牛头，长角上伸，"臣"字形目，圆睛凸起，高鼻。腹部与鋬相对处有铭文"史"字，但笔画颠倒。流尾距18.2、腹深9.2、足高10.1、通高20.2、壁厚0.2厘米（图一八二，4；图版一○八，4）。标本M11∶108，该器与上一件为同一墓所出，应为一组。在形制、纹饰、大小等都基本相同。流尾距17.5、腹深9.2、足高10.2、通高20.5、壁厚0.3厘米（图一八四，1；彩版三八，4；图版一○九，1）。标本M11∶104，该器与上一件为同一墓所出，应为一组。仅是在流的角度上明显上翘，其他方面包括在形制、纹饰、大小等都基本相同。腹部与鋬相对处有铭文"史"字。流尾距17.7、腹深9.2、足高10.5、通高20.5、壁厚0.3厘米（图一八四，2；图版一○九，2）。标本M11∶113，该器与上一件为同一墓所出，应为一组。在形制、纹饰、大小等都基本相同。流尾距17.6、腹深9.2、足高10.0、通高20.5、壁厚0.2厘米（图一八四，3；图版一○九，3）。标本M11∶102，该器与上一件为同一墓所出，应为一组。在形制、纹饰、大小等都基本相同，腹部与鋬相对处有铭文"史"字。流尾距17.2、腹深9.2、足高9.9、通高20.5、壁厚0.3厘米（图一八四，4；图版一○九，4）。标本M18∶35，流、尾距18.1、腹深8.9、足高9.7、通高19.8、壁厚0.2厘米（图一八五，1；图版一一○，1）。标本M18∶29，该器与上一件为同一墓所出，应为一组。在形制、纹饰、大小等都基本相同。流稍短，鋬上的圆雕牛头的风格略有不同，其形象更加逼真。腹部与鋬相对处有铭文"史"字。流尾距16.5、腹深9.6、足高9.8、通高20.2、壁厚0.2厘米（图一八五，2；图版一一○，2）。标本M121∶6，腹部与鋬相对处有铭文"史"字，鋬外侧有铭文"父乙"二字。流尾距18.5、腹深9.2、足高10.0、通高20.2、壁厚0.2厘米（图一八五，3；图版一一○，3）。标本M121∶4，该器与上一件为同一墓所出，应为一组。在形制、纹饰、大小等都基本相同。鋬上的圆雕牛头的风格略有不同，角被两个叶形大耳所代替，圆睛暴突，无鼻，阔嘴，其形象夸张。鋬的外侧有铭文"父乙"二字，鋬腹间有"史"字。流尾距18.1、腹深8.9、足高9.8、通高19.8、壁厚0.2厘米（图一八五，4；图版一一〇，4）。

角　共10件，分别出土于5座墓葬中。根据器形特征将其分为二型。

A型　方形，带盖。

B型　圆形，无盖。

A型　1件。标本M18：32，圆角方形口，口有两翼，翼作凹弧形，呈相等的三角形，口上有盖，中部有一半环形纽首，盖内沿向内折，盖合于器口之上，深腹，腹中部内收明显，弧底，底径大于腹径。腹下三足，足呈三棱锥状，足尖外撇明显。盖边缘饰四组连体兽面纹，两组位于中部，以矮扉棱为鼻，角呈"T"形卷云状，"臣"字形目，圆睛凸起，圆形瞳孔，躯干平直，尾向上翻卷，爪前伸翻卷呈勾状，背饰列刀装饰。地填以雷纹。盖的两角分别饰一组同样的连体兽面纹。腹上部及下部分别饰两周连体兽面纹带，上部的两组兽面纹其中一组以鋬为鼻，另一组以高浮雕兽头为鼻，其他纹饰的风格与盖上的基本一致，兽头大角向后弯曲，圆睛突出，圆瞳孔。下腹部兽面纹分两组，其中正面的以简化兽头为鼻，背面一组以矮扉棱为鼻，其他部位的装饰风格与盖上无异。鋬首为高浮雕牛头，圆粗角弯曲后伸，叶形大耳凸起于两侧并向后伸展，"臣"字形大眼，圆目凸起，阔鼻、大嘴，厚唇，形象生动。鋬与腹间有铭文"史父乙"三字，两翼距18.0、口宽8.6、腹深10.8、足高9.6、通高24.3、壁厚0.2厘米（图一八六；彩版三九，1；图版一一一，1）。

B型　共9件。依据纹饰的不同可分2式。

Ⅰ式：5件。腹饰简化兽面纹，足外撇明显。标本M11：110，圆口，口有两翼，作凹弧形分离，上翘明显，呈相等的三角形，上部有一周凹槽，腹微鼓，圜底。三足，呈三棱形锥状，断面为等边三角形，足尖外撇。两翼上饰两组倒置的独立兽面纹，其轮廓清晰，长鼻，角弯曲呈窃曲纹，细眉上有弯勾，"臣"字大眼，圆睛暴突，圆形瞳孔，嘴开裂，张口，嘴角向下，叶形耳。由兽首鋬和高浮雕兽头将纹饰分开。腹饰简化连体兽面纹，正面以鋬为鼻，长鼻，角弯曲呈窃曲纹，细眉上有弯勾，"臣"字大眼，圆睛暴突，圆形瞳孔，嘴开裂，露出利齿，躯干上翘呈卷云状。背面风格相同，以三角扉棱为鼻。正面鋬首为高浮雕牛头，圆粗角弯曲后伸，叶形耳凸起于两侧并向后伸展，圆目凸起，阔鼻、大嘴。背面兽首细长角延伸至翼角，叶形大耳向后伸，非常突出，"臣"字大眼异常醒目，圆睛暴突，圆形瞳孔，窄鼻小嘴。鋬与腹间有铭文"史"字。两翼距18.2、口宽9.2、腹深11.2、足高11.8、通高23.8、壁厚0.3厘米（图一八七，1；图版一一一，2）。标本M120：16，圆口，两翼作凹弧形分离，上翘明显，呈相等的三角形，腹微鼓，圜底。三足呈三棱形锥状，足尖外撇。两翼和腹部分别饰两组独立兽面纹，其纹饰的风格与上面的风格相同。腹部与鋬相对处有铭文"史子日癸"四字。两翼距18.0、口宽8.8、腹深10.6、足高

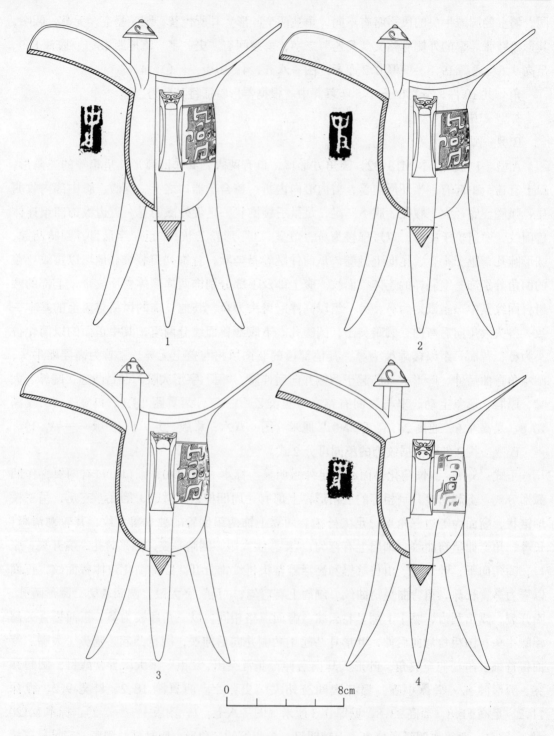

图一八四　　F型铜爵

1.M11:108　2.M11:104　3.M11:113　4.M11:102

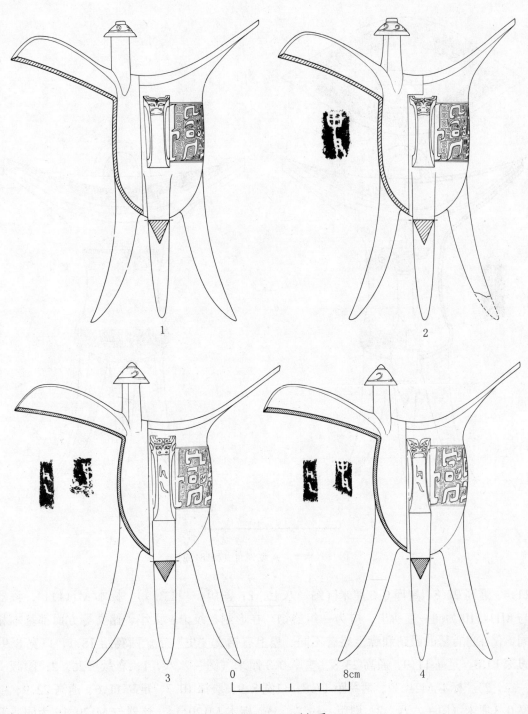

图一八五　　F型铜爵

1.M18:35　2.M18:29　3.M121:6　4.M121:4

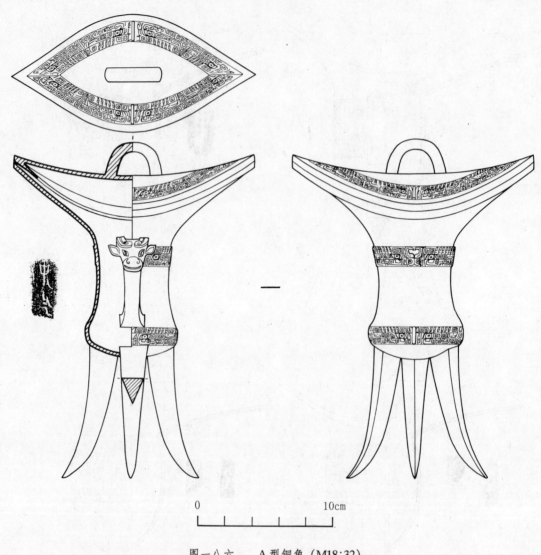

图一八六　　　A 型铜角（M18：32）

11.4、通高 22.8、壁厚 0.3 厘米（图一八七，2；图版一一二，1）。标本 M11：114，该器
与 M11：110 为同一墓所出，应为一组器物。在形制、纹饰、大小、铭文等方面都基本相
同，仅在兽首鋬的眼睛和嘴上略有不同。鋬上有铭文"史"字。两翼距 18.1、口宽 8.9、
腹深 10.8、足高 11.9、通高 23.8、壁厚 0.3 厘米（图一八八，1；彩版三九，2；图版一
一二，2）。标本 M21：39，两翼距 17.8、口宽 8.9、腹深 10.7、足高 11.6、通高 22.9、壁
厚 0.3 厘米（图一八八，2；图版一一二，3）。标本 M120：14，该器与 M120：16 为同一墓
所出，应为一组器物。在形制、纹饰、大小、铭文等方面都基本相同，应为一组。腹部与
鋬相对处有铭文"史子日癸"四字。两翼距 18.2、口宽 8.9、腹深 10.8、足高 11.3、通高

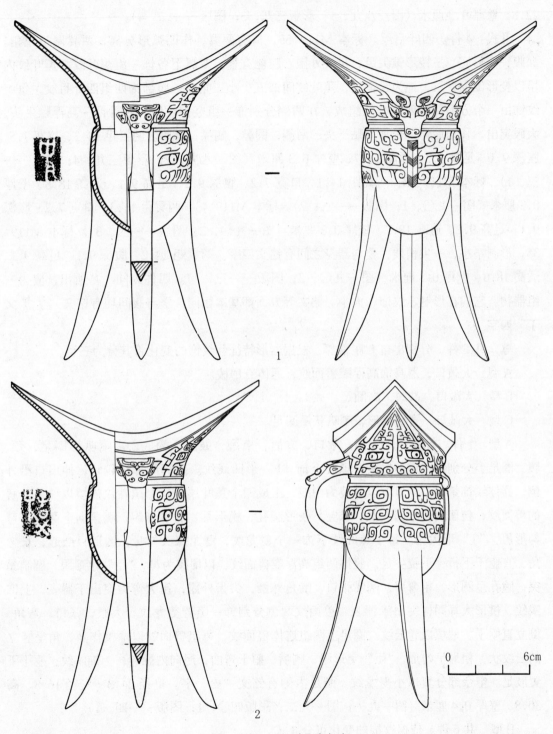

图一八七 B型I式铜角

1. M11：110 2. M120：16

22.8、壁厚0.3厘米（图一八九，1；彩版三九，3；图版一一二，4）。

Ⅱ式：4件。四叶目纹。标本M119：39，口有两翼，作凹弧形分离，两翼尾呈锐角。深腹，卵形底，三棱形锥尖足，足尖外撇。腹侧有鋬。双翼下各饰一组蕉叶纹，蕉叶纹内填以变形倒夔龙纹，地为云雷纹，蕉叶纹间饰五个小三角纹。腹部饰四组四叶目纹，每组纹饰由一个方形目和四个叶纹组成，在两侧分别饰一组竖雷纹带。鋬首饰一高浮雕牛头，大眼突出，长角后伸，长耳紧贴于头的两侧，圆鼻，阔嘴，厚唇。两翼距14.3、口宽7.5、腹深9.1、足高9.2、通高18.7、壁厚0.3厘米（图一八九，2；彩版三九，4；图版一一三，1）。标本M119：38，两翼距14.1、口宽7.2、腹深9.2、足高9.1、通高18.8、壁厚0.3厘米（图一九〇，1；图版一一三，2）。标本M119：43，两翼距14.3、口宽7.2、腹深9.1、足高9.2、通高18.7、壁厚0.3厘米（图一九〇，2；图版一一三，3）。标本M119：35，形制略小，一尖稍残，鋬与器身之间有铭文四字。两翼距14.2、腹深9.1、足高9.1、通高18.6、壁厚0.3厘米（图一九〇，3；图版一一三，4）。四件为同一墓所出，应为一组器物。它们在形制、纹饰、大小、铭文等方面都基本相同，鋬与腹间均有铭文"𣄴 𤰞 父丁"四字。

尊　共8件，分别出自8座墓葬，根据器形特征和纹饰的变化将其分为三型。

A型　大敞口，器身饰高浮雕兽面纹，通体有扉棱。

B型　大敞口，鼓腹，高圈足。

C型　大敞口，直壁筒形，喇叭状矮圈足。

A型　1件。标本M11：76，敞口，方唇，束颈，鼓腹，圜底，高喇叭形圈足，颈、腹、圈足上分别饰四道高扉棱，扉棱上饰"F"形凹线纹。颈部的扉棱较长，伸出口沿外侧，器体纹饰繁缛。器口下以扉棱为中线，组成四个蕉叶纹，每个蕉叶纹内填以抽象分解的兽面纹，兽面纹长方圆大眼，暴突，条形瞳孔，桃形耳，大嘴开裂，嘴角向上翻卷，弯勾形眉，"T"形大角。每个蕉叶纹下饰一个夔龙纹，夔龙探头勾喙，圆形目凸起，长弯角，直躯干下折，下置尖足。腹饰两组高浮雕兽面纹，以扉棱为鼻，"臣"字形眼，圆睛暴突，瞳孔呈圆形，粗弯眉，阔嘴张口，嘴角外翻，尖齿外露，粗大弯角突出于器表，上饰鳞纹，桃形大耳同样突出于器表。兽面纹两侧分别饰一竖置夔龙纹，大眼，张口，弯角，倒立直躯干。地填以卷云纹。圈足上两组连体兽面纹，每组兽面纹以扉棱作鼻，角呈竖立的云纹状，粗眉呈勾形，"臣"字形眼，咧嘴，躯干弯曲，尾向内翻卷，上饰鳞纹，躯干下置肢足。空余部分填以小夔龙纹。圈足内侧有铭文"史"字。口径24.3、底径16.8、高30.8、壁厚0.4厘米（图一九一；图一九二；彩版四〇，1；图版一一四，1）。

B型　共6件。依据纹饰的变化可分3式。

Ⅰ式：3件。饰兽面纹。标本M18：47，大敞口，方唇，中腰外鼓，圜底，圈足外撇明显。口内侧有编织的笭箵痕迹。鼓腹和圈足上两侧各有一道矮扉棱，以扉棱作鼻，在腹部

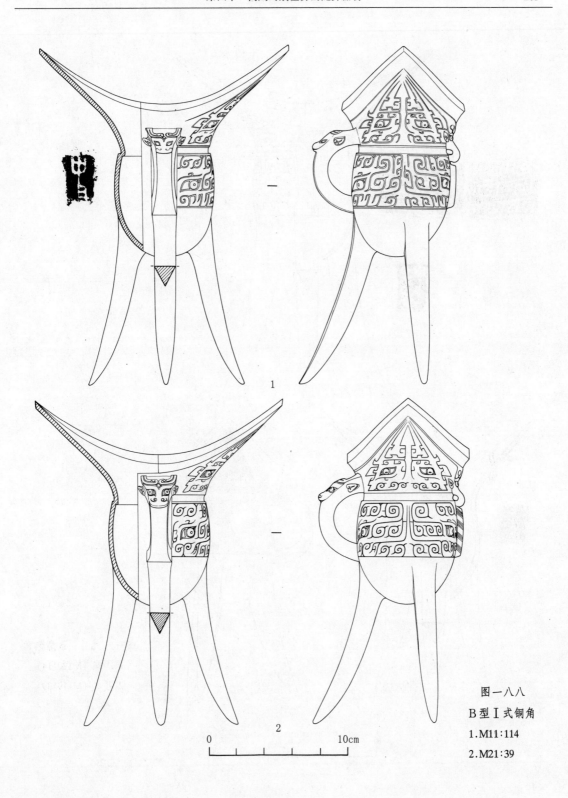

1

2

0　　　　　　　　10cm

图一八八

B型Ⅰ式铜角

1. M11:114
2. M21:39

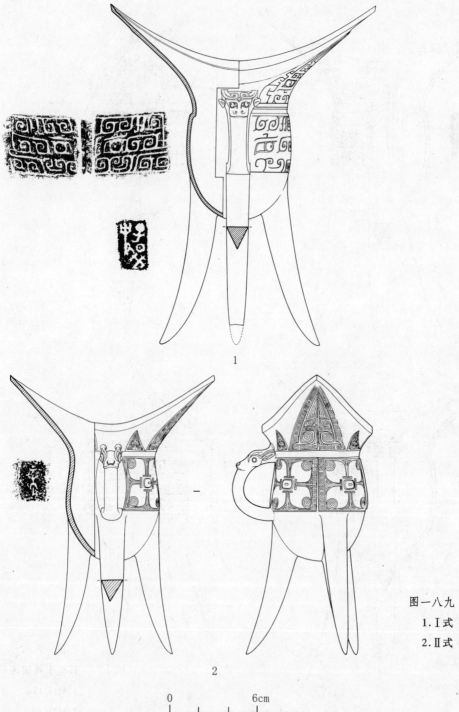

1

2

图一八九　　B型铜角
1. I式（M120:14）
2. II式（M119:39）

0　　　　　　6cm

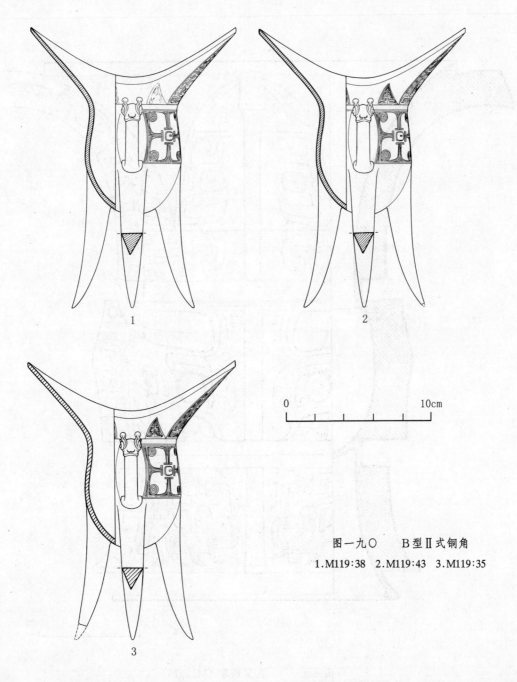

图一九〇　　B型Ⅱ式铜角
1.M119:38　2.M119:43　3.M119:35

和圈足上各饰两组连体双尾兽面纹，兽面有粗壮的向内卷的双角，"臣"字形眼，突睛，圆瞳孔，粗宽眉位于眼的前方，直鼻有刺，张口，嘴角内卷，两侧有宽躯干；两尾部上翘并向外翻卷，躯干下有肢脚，脚尖向内卷。兽面纹内用双阳线云纹填充，躯干下配以简化夔龙纹。地衬以云雷纹。兽面纹上下各施一周联珠纹。颈下部饰两周弦纹，圈足上部有一周弦纹。圈足上饰以与腹部同样的兽面纹。口径21.0、底径15.0、高26.8、壁厚0.3厘米

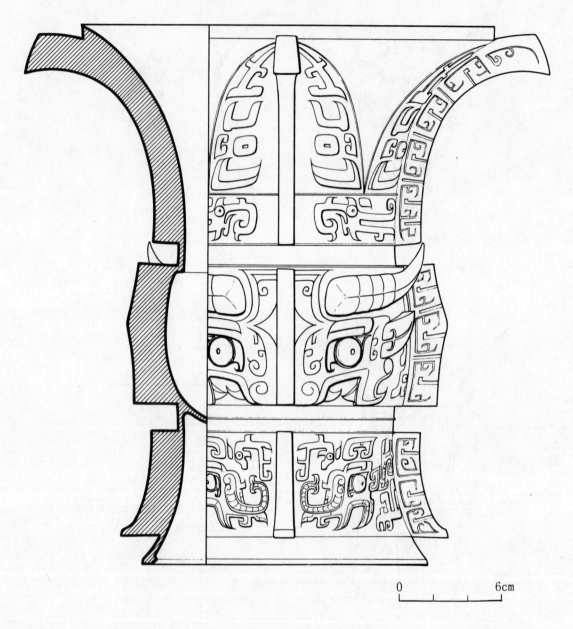

0　　　　　6cm

图一九一　　A 型铜尊（M11：76）

（图一九三，1；彩版四〇，2）。标本 M38：30，大敞口，方唇，中腰外鼓明显，器身呈三段式。圜底，圈足外撇。器壁外侧有织物的痕迹。中腰上下各有二周弦纹。在腹部饰两组简化兽面纹，以扉棱作鼻，粗壮的双角向内卷曲，"臣"字形眼，突睛，圆瞳孔，粗宽眉位于眼的前方，直鼻有刺，张口，嘴角内卷，两侧有大耳。兽面纹内用双阳线云纹填充。兽

图一九二　　A型铜尊（M11:76）纹饰拓本

面两侧配以竖立的简化夔龙纹。兽面纹上下各施一周联珠纹。圈足上饰以连体双尾简化的
兽面纹，地衬以云雷纹。口径20.0、底径13.8、高25.3、壁厚0.3厘米（图一九三，2）。
标本M120:21，喇叭口，方唇，中腰外鼓，圜底，圈足外撇明显。鼓腹两侧各有一道矮扉
棱，以扉棱作鼻，饰两组兽面纹，兽面的双角呈窃曲纹状，"臣"字形巨目，细眉位于眼的

上方，有勾刺。直鼻带刺，两侧有宽躯干，尾部上翘并向内卷扬，躯干下有一只肢脚，脚尖向内卷曲。地衬以云雷纹。颈下部饰一周弦纹，圈足上部有两周弦纹。底部有铭文"史父乙"三字。口径22.1、底径15.2、高26.4、壁厚0.4厘米（图一九四，1；图版一一四，2）。

Ⅱ式：1件。腹饰连体兽面纹。标本 M13：13，体形相对瘦长，呈三段式。侈口，方唇，中腰外鼓，圜底，圈足外撇明显，足切地处下折成方圆唇。鼓腹两侧各有一道矮扉棱，以扉棱作鼻，饰两组连体兽面纹，圆睛突目，地衬以云雷纹。兽面纹的上下各饰一周联珠纹，颈下部饰一周弦纹，圈足上部有两周弦纹。底部有铭文"鰜（魖）妇兄癸"四字。口径18.8、底径12.6、高24.5、壁厚0.4厘米（图一九四，2；彩版四〇，3；图版一一五，1）。

Ⅲ式：2件。腹饰鸟纹。标本 M121：3，敞口，方唇，腹微鼓，圜底，喇叭状圈足。腹饰两周大鸟纹，中间一周直棱纹。每周鸟纹以矮扉棱相隔成四组，每组以两个尾部相对鸟纹组成，鸟纹首向前，勾喙，一条冠羽呈绶带状，飘于头后，大眼睛占突出位置，爪粗壮前伸，尾羽呈五股，下四股向内弯曲并翻卷成云纹状，上股末端上翘，地填以云纹。颈下部饰两周、腹下部饰一周弦纹。圈足上同样饰一周鸟纹，其风格与腹部的基本相同，地填以云纹。底部有铭文"史父乙"三字。口径19.5、底径13.6、高25.3、壁厚0.4厘米（图一九五；彩版四〇，4；图版一一五，2）。标本 M21：37，大敞口，方唇，中腰外鼓明显，圜底，喇叭状圈足，足切地处下折成方圆唇。鼓腹上有四道瓦棱状扉棱，四道扉棱间饰四组由鸟纹、蟠龙和夔龙组成的纹饰。鸟纹为回首，勾喙，巨形大眼，圆睛突出，圆形瞳孔，有两条羽冠，其一耸立，另一为绶带状。昂首引颈，尖翅向上，脚趾粗壮，鸟身填以云纹。蟠龙纹与鸟纹相互缠绕，大眼，长角向内翻卷，大鼻，大嘴，嘴角向外撇，身上填以鳞纹，呈"S"形，尾内卷。鸟纹下饰夔龙纹，头与身呈90°，大眼凸起，圆瞳孔，大嘴张开并前伸，角弯曲前倾，爪粗壮呈勾状。地填以雷纹。口径21.0、底径14.7、高26.7、壁厚0.3厘米（图一九六，1；图版一一五，3）。

C型　1件。标本 M119：36，喇叭形敞口，筒形深腹下鼓，圜底，圈足外侈。在颈部和腹部饰两周三角纹，三角内填以云雷纹。三角纹的上下分别饰以联珠纹，三道矮扉棱将整个纹饰分割成三组。圈足上有两道弦纹。口径19.7、底径14.0、高23.8、壁厚0.3厘米（图一九六，2；图版一一五，4）。

壶　4件。根据口、腹和器盖的变化可分二型。

A型　3件。直口，垂腹，体瘦高。标本 M120：23，直口，方唇，束颈，垂腹，圜底，喇叭状圈足。口上有盖，盖面隆起明显，中置圆形捉手，盖舌纳于器口中。盖上饰斜三角云纹一周。提梁呈拱形，两端有环与器颈两侧的半环状耳相套接，提梁环端各有一凸块，以控制提梁向两侧倾斜的角度。颈上部饰一周连体兽面纹和一周弦纹。两侧的环将兽面纹

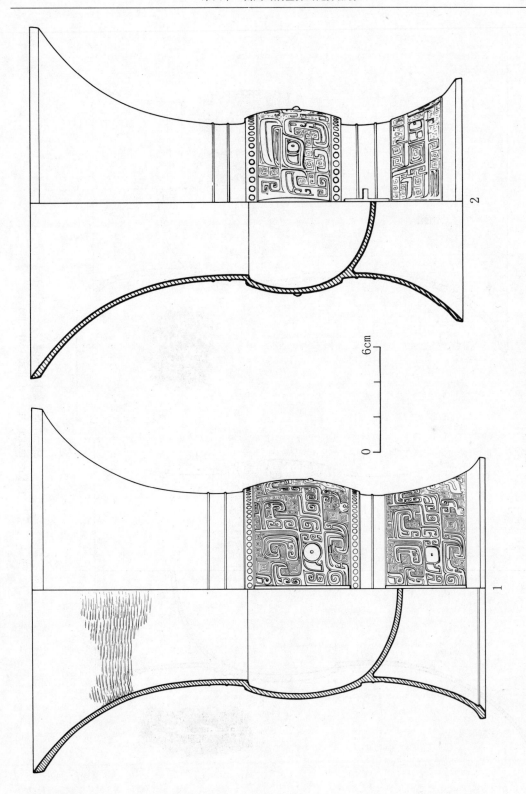

图一九三　B型Ⅰ式铜尊
1.M18:47　2.M38:30

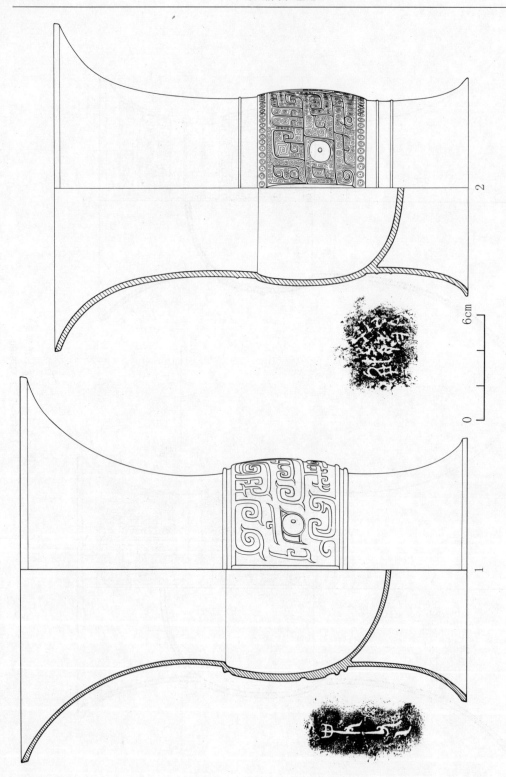

图一九四　B型铜尊
1. I式 (M120:21)　2. II式 (M13:13)

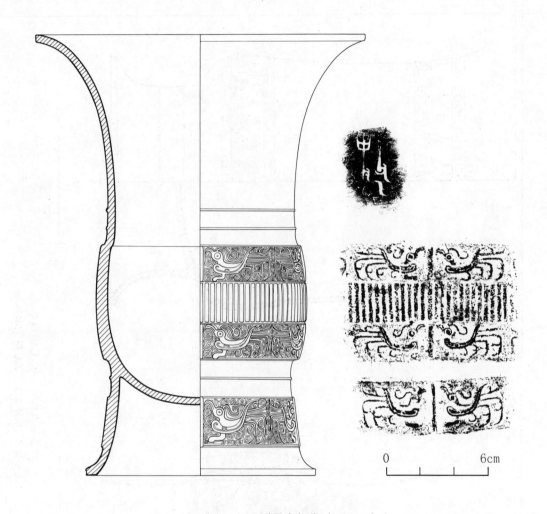

图一九五 B型Ⅲ式铜尊（M121∶3）

分为两组，兽面角为"T"字云纹状，方圆目，凸起，阔直鼻带倒刺，嘴角上翻，爪呈勾状，躯干修长，内填云纹，尾向上翻卷，躯干之上作列旗状装饰，躯干下填以云纹。圈足上饰两周弦纹。器盖内有铭文"史子日癸"四字。口径 8.0、底径 9.8、器高 20.7、盖高8.7、通高 28.4、壁厚 0.4 厘米（图一九七，1；彩版四一，1；图版一一六，1）。标本M18∶45，方唇，颈微束，鼓腹下垂，底近平，喇叭状圈足，口上有盖，盖面隆起，中置圆形捉手，盖舌纳于器口中。扁提梁呈拱形，上饰菱形方格纹，在方格纹内填一圆形乳丁；梁两端各饰一圆雕兽头，桃形大耳，半圆形目，椭圆形瞳孔，两眼间有菱形刺，厚唇上翘，兽首似鹿头。兽首内侧有环与器颈两侧的半环形耳相套接，器盖上饰两组连体兽面纹带。风格与上器颈部纹饰同。兽面纹的上下分别饰一周联珠纹。颈部饰两组与器盖相同的连体兽面纹带和两周联珠纹。圈足上饰一周简化的兽面纹带，以云纹为主，仅有明显的方圆形

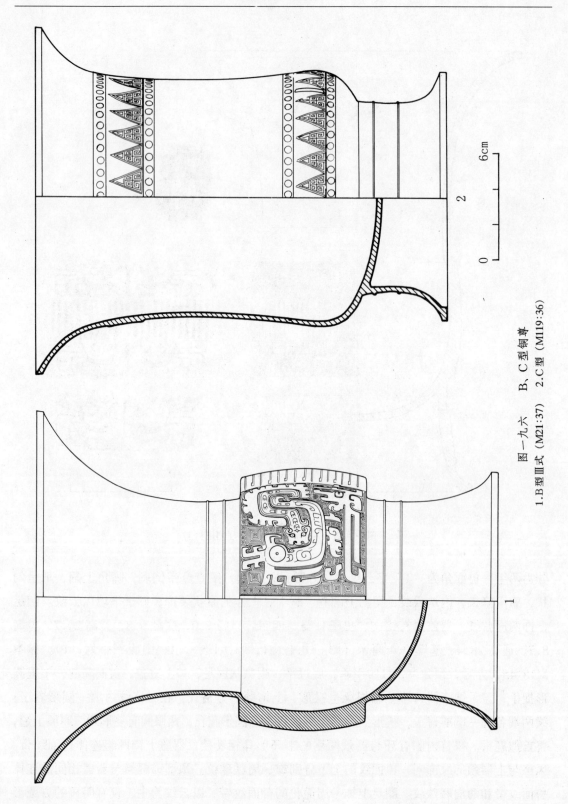

图一九六　B、C 型铜尊
1.B 型Ⅲ式 (M21:37)　2.C 型 (M119:36)

突睛。盖内有铭文"史，父乙"三字。口径10.6、底径14.5、器高28.0、盖高8.4、通高36.4、壁厚0.3厘米（图一九七，2；彩版四一，2；图版一一六，2）。标本M18∶48，方唇，束颈，垂腹，底近平，喇叭状圈足，口上有盖，圆形，盖面隆起，中置圆形捉手，盖舌纳于器口中，扁提梁呈拱形，上饰首尾相对的四条回首夔龙，张口前伸，圆睛，头上有羽冠，身细长，下有两勾形足。盖、颈、圈足上均饰连体兽面纹带，风格基本相同，唯盖上兽面纹带上下各施一周联珠纹。口径8.5、底径11.2、器高25.6、盖高8.6、通高33.6、壁厚0.3厘米（图一九七，3；彩版四一，3；图版一一六，3）。

B型　1件。球形腹，器口纳于盖舌内。标本M11∶96，直口，方唇，束颈，圜底，喇叭状圈足，口上有盖，盖面隆起，中置圆形捉手，上施一周弦纹。拱形提梁呈绚索状。器盖上饰四组兽面纹，兽面纹呈卷云状"T"字形大角，"臣"字形目，圆形瞳孔，尾上卷内翻，身上饰云纹，爪呈勾状前伸，躯干上有列旗装饰，其余部分填以云纹。颈上部饰一周连体兽面纹，其风格同器盖。由两侧的环将其分为两组，每组以一浮雕兽首为鼻，兽首呈桃形大角，内填以叶形纹。叶形小耳，椭圆形目，圆睛暴突，突鼻，阔嘴。圈足上饰两周弦纹。器底有"十"字形铸缝。盖内和器底部均有铭文"史"字。口径10.9、底径16.9、器高32.2、盖高9.6、通高41.4、壁厚0.3厘米（图一九七，4；彩版四一，4；图版一一六，4）。

罍　3件。根据形状的不同可分二型。

A型　2件。圆形。标本M128∶5，侈口，平沿，方唇，短束颈，广圆肩，深鼓腹，器底内凹，喇叭状矮圈足，颈饰二周弦纹。肩部有两个对称的半圆形兽首耳，衔大圆环，下腹部一侧置一兽首形鼻纽，造型与耳相同，无衔环。肩部等距离分布六个凸起的大圆形涡纹泡，上下各饰一周旋纹。双耳、鼻纽均为圆雕牛头形，双角弯曲上竖，根粗梢细，"臣"字形目，圆睛凸起，两侧置叶形小耳，阔鼻，大嘴突出。口径15.4、底径14.8、通高34.4、壁厚0.2厘米（图一九八，1）。标本M38∶49，口径13.2、底径12.9、通高27.4、壁厚0.3厘米（图一九八，2；彩版四二，1；图版一一七，1）。

B型　1件。方形。标本M11∶99，器口呈长方形，直口，高折颈，方唇，溜肩，深弧腹，平底，长方形圈足外撇明显，肩部两侧有对应的半环形兽首耳，衔大圆环，下腹部一侧置半环形兽首纽。盖呈四阿攒尖顶式，上置长方形纽柱，纽顶同为四阿式。盖顶四面纹饰分四组，两面为相同纹饰，宽面饰高浮雕兽头，角为桃形，"臣"字形目，圆睛突起，无眉，叶形小耳，高额鼻，阔嘴露出锯齿状牙齿，两侧配以大圆涡纹泡。窄面各饰两个大圆涡纹泡。纽正面饰简化兽面纹，侧面为三角纹。器颈部和圈足均饰四组连体兽面纹，以矮扉棱作鼻，圆眼，圆瞳孔，三角形粗眉，桃形角，嘴开裂，躯干平直，尾上卷，地填以云纹。肩上部饰四组简化的兽面纹，肩下部的纹饰与器盖上的完全相同。双耳和鼻纽的圆雕兽首相同，均为桃形大卷角，窄眉，"臣"形目，凸睛，高鼻梁，阔嘴，嘴下有凸面以便手

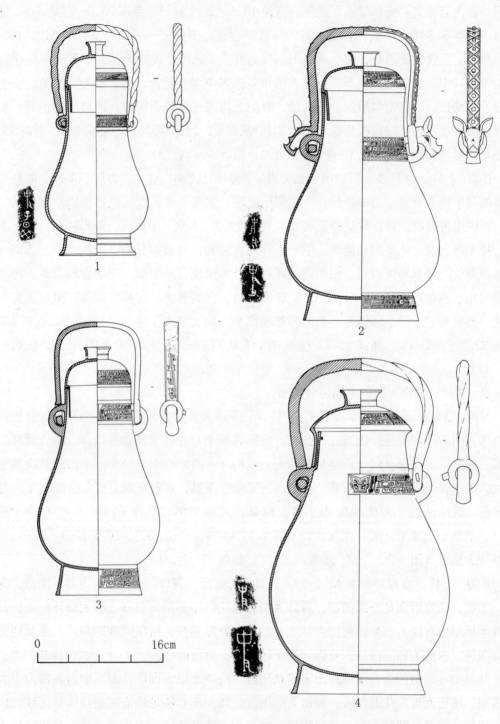

图一九七　　A、B型铜壶

1.A型（M120:23）　2.A型（M18:45）　3.A型（M18:48）　4.B型（M11:96）

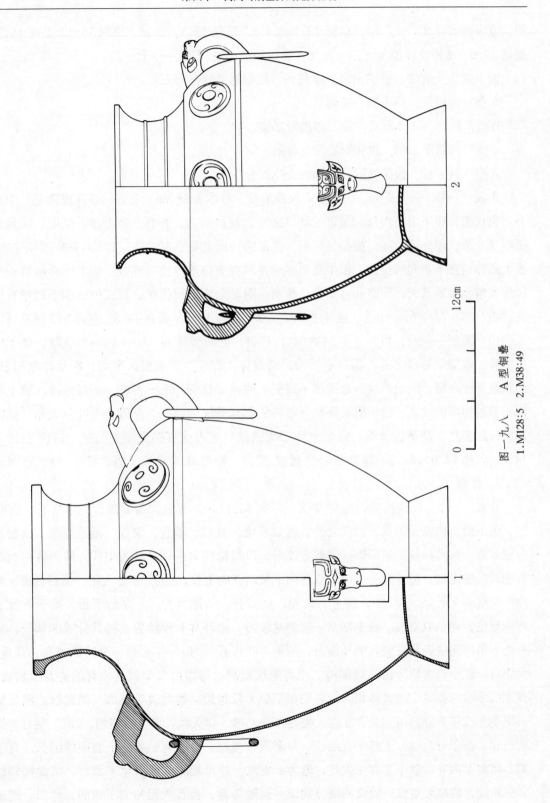

图一九八　A 型铜罍
1．M128:5　2．M38:49

握。盖内壁有铭文"史"字。口径 13.2×14.8、底径 12.5×16.5、腹深 36.0、盖高 16.2、通高 49.6、壁厚 0.4 厘米（图一九九；彩版四二，2；图版一一七，2）。

卣 共出土 8 件。分别出自 6 座墓葬，根据器形特征分三型。

A 型 椭圆形，矮垂腹，矮圈足。

B 型 筒形，通体布满花纹，四周带扉棱。

C 型 圆筒形，颈、腹和圈足没有界限。

A 型 共 6 件。根据提梁和纹饰的变化可分 3 式。

Ⅰ式：2 件。索状提梁，施带状联珠菱形纹。标本 M38:66，有盖，盖面微隆起，中央有一菌状纽，盖下沿折内弧，盖罩于器口之外，器口斜直，方唇，鼓垂腹，圜底，圈足外撇明显。菌状纽分成六瓣。提梁呈拱形，盖面饰一周大菱形雷纹带，上下各饰一周联珠纹。腹上部饰与盖上相同的纹饰，由半圆形环和浮雕兽头将其分成四部分。腹上的浮雕兽头为叶形大角，圆睛暴突，圆瞳孔，窄鼻，阔嘴。圈足上饰二周弦纹。器底内壁和盖内壁有铭文"史"字。口径 6.6×9.2、底径 9.0×12.5、器高 18.8、通高 19.8、壁厚 0.3 厘米（图二〇〇；图版一一八，1）。标本 M38:61，有盖，盖面微隆起，中央有一菌状纽，盖下沿折内弧，盖罩于器口之外，器口平折沿，斜直口，方唇，鼓垂腹，平底，圈足外撇明显。菌状纽分成六瓣，内填鳞纹。盖面饰一周菱形网格雷纹带，上下各饰一周联珠纹。腹上部饰与盖上相同的纹饰，由半圆形环和浮雕兽头将其分成四部分。浮雕兽为叶形大角，圆睛暴突，圆瞳孔，高鼻，阔嘴。圈足上饰二周弦纹。盖内壁有铭文"史"字。口径 11.5×14.6、底径 14.0×19.2、器高 28.8、通高 32.2、壁厚 0.3 厘米（图二〇一，1；彩版四二，3；图版一一八，2）。

Ⅱ式：2 件。板状提梁，施夔龙纹。标本 M21:40，有盖，盖面隆起，中央有一菌状纽，盖下沿折内弧，盖罩于器口之外，器口平沿，直口，垂腹，圜底，圈足微撇。菌状纽分成六瓣，内填蝉纹。盖面饰一周夔龙纹带，以对称的两条矮扉棱为中线，两侧各一组两首相对的夔龙纹，夔龙探头张口，双唇向下倾斜并向上卷，"臣"字形大眼，圆目突出，弯角，长躯干下折呈"S"形，背上有勾刺，尾双分，一尾上卷，一尾后下折，躯干下置双弯勾形足，地填以雷纹。腹上部饰一周夔龙纹带，由环耳和浮雕兽头将其分成四部分，兽头外卷角用阴线表示在竖立的耳面上，两侧为叶形耳，"臣"字形目，突睛圆瞳孔，高鼻，大张口，露出锯齿状牙齿。腹部由二组夔龙纹组成，每组由二个两首相对的夔龙纹构成，夔龙的形状与器盖上的大体相同，差别在于躯干较粗短。夔龙纹带下饰一周弦纹。圈足饰一周夔龙纹带，分两组，龙首互对，夔龙探头勾喙，口大张，头立短羽刺，"臣"字目，圆睛凸起，躯干分两肢，上肢平直细长，刀形尾，微翘，背上有短刺，下肢同样细长，背带刺，尾向上内卷，躯干下有三尖足，地为云雷纹。拱形提梁，断面呈半圆形，梁面饰蝉纹和三角纹，内填云雷纹。提梁两端分别饰一圆雕兽首，兽首大粗角向下弯曲，弯眉，圆睛

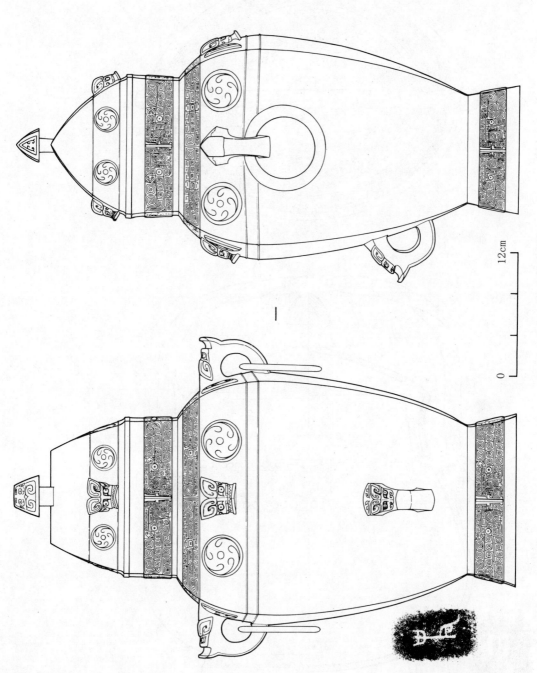

图一九九　B型铜罍（M11:99）

12cm

0

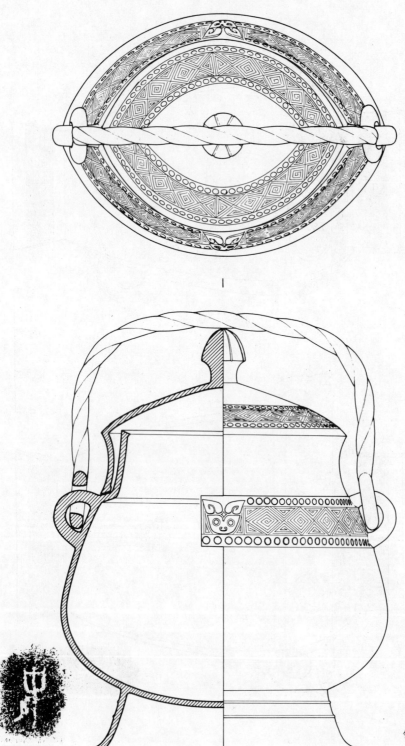

图二〇〇　　A型Ⅰ式
铜卣（M38:66）(3／5)

凸起，圆瞳孔，半圆形耳，阔鼻上翘，大嘴，正面观察酷似猴面。器盖内壁有铭文"父乙"二字。口径 12.9×15.0、底径 13.2×16.2、器高 29.8、通高 33.6、壁厚 0.4 厘米（图二〇一，2；图版一一八，3）。标本 M120∶18，有盖，盖面隆起，中央有一菌状纽，盖下沿折内弧，盖罩于器口之外，器口平沿，斜直口，鼓腹，底微弧，圈足外撇，圈足切地处下折成阶。菌状纽分成六瓣，内填蝉纹。盖面饰一周夔龙纹带，以对称的两条矮扉棱为中线，两侧饰四组夔龙纹，每组以二条身体相互缠绕的夔龙纹构成，龙头分别朝两个方向，其中上侧的夔龙探头张口，双唇向下倾斜，上唇向上卷，弯角，方圆形大眼，圆目突出，躯干细长，折呈"S"形，背上有勾刺，尾向内翻卷，无足；下侧的夔龙昂头，躯干下有二勾形足，其他部分形式基本与上一龙纹相同。地填以云雷纹。上下各施一周联珠纹。腹上部饰一周夔龙纹带，由环耳和浮雕兽头将其分成四部分，每部分由二个夔龙纹组成，纹饰的风格与器盖上的基本相同，唯夔龙身体更加舒展，在靠近浮雕兽头的一侧加一简化夔龙纹。夔龙纹带上下各饰一周联珠纹带。腹上的浮雕兽头，外卷角用阴线表示在竖立的耳面上，两侧为叶形耳，"臣"字形目，突睛圆瞳孔，高鼻，嘴大张。圈足的夔龙纹以矮扉棱为中线，两侧分别饰二个夔龙，夔龙的形状与腹部上的大体相同，唯圈足上侧的夔龙的头为正面形象，双弯尖角，"臣"字形目，大圆睛凸起，圆耳，大张嘴，嘴角上翻，头顶和背上有刺，地填以云雷纹。拱形提梁，断面呈半圆形，提梁面饰四组双体独面夔龙纹，夔龙"臣"字大眼，阔尖嘴，二细长角上竖，尖向下弯曲，躯干细长，背有三个弯刺，下有四个勾形足，地填以雷纹。该器物的夔龙纹装饰风格独特，特别是正面夔龙纹形象非常罕见，实为难得的艺术佳品。口径 10.7×14.6、底径 14.0×17.9、器高 28.5、通高 31.6、壁厚 0.3 厘米（图二〇二；彩版四二，4；图版一一八，4）。

Ⅲ式：2 件。饰高浮雕兽面纹。标本 M11∶111，带盖，盖面隆起，顶有菌状纽，纽柱呈圆形，盖沿下折内弧，罩于器口之外。直口，平沿，圜底，圈足外撇，切地处下折成矮阶。菌状纽由"T"形曲尺纹分成六瓣，每瓣间饰以花瓣和乳丁，地填以雷纹。盖面有两道扉棱，扉棱上有凸棱，呈"F"状。盖面由内至外分三重纹饰，最内层为一周圆涡纹，中层为一周直棱纹，外侧为浮雕的两条双体共首蟠龙纹，龙首为圆雕，塔形大角，"臣"字大眼，圆目凸起，叶形大耳突出于头的两侧，阔鼻，大嘴，锯齿状牙齿，龙首两侧延伸出龙身，呈波浪形盘绕，尾上卷，龙身上饰连续的多重菱形纹，两侧间以圆形乳丁，地填以雷纹。盖下折部分同样饰双体共首蟠龙纹，由两道扉棱分为两组，装饰风格基本与盖面相同，所不同的是龙首造型，龙首为高浮雕，角向内翻卷，"臣"字形大眼，圆目暴突，大鼻，阔嘴。肩部饰与盖上同样纹饰，也是龙首的造型不同，头的全部突出于器表，角呈长颈鹿角的样式。腹饰直棱纹，由四道扉棱将其分割成四部分。圈足上同样饰于器盖上相同的蟠龙纹。半圆拱形提梁，梁两端各饰一圆雕羊头，提梁面上饰浮雕双体共首蟠龙纹，龙头在提梁中部，造型与器盖上无异。提梁两端的羊头造型生动逼真，大角向外翻卷，上饰

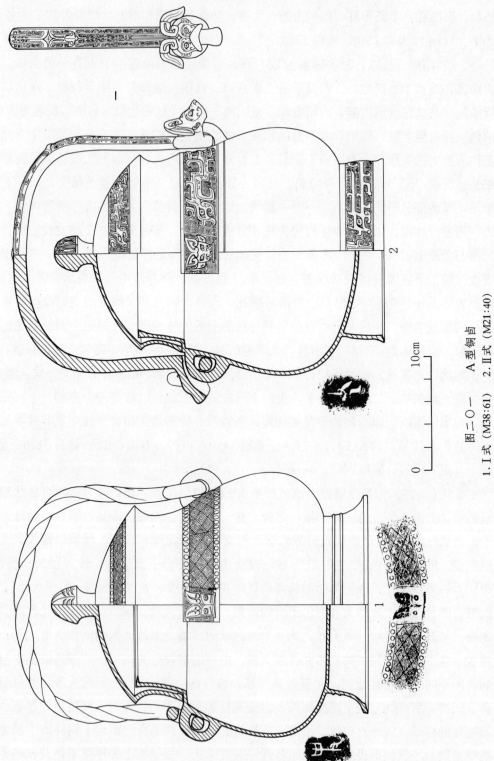

图二○一　A型铜卣
1. I 式 (M38:61)　2. II 式 (M21:40)

鳞纹，半圆目，圆睛凸起，窄鼻，嘴微张，两柳叶形耳附于两侧。整器通体饰四重龙纹，采用圆雕、高浮雕和浮雕的方式，构成一件花纹繁缛、层次分明、风格独特的珍品。器底内壁和器盖内壁均有铭文"史"字。口径 9.2×12.2、底径 11.5×14.1、器高 24.0、腹深 14.9、盖高 10.0、通高 28.5、壁厚 0.5 厘米（图二〇三；图二〇四；彩版四三，1；图版一一九，1、2）。标本 M11：112，该器与上一件为同一墓所出，应为一组。在形制、纹饰、铭文等都基本相同。形状上略有区别，该件器物较大，肩上的圆雕龙首的风格略有不同，角上装饰有卷云纹，提梁两端羊头的角略细。器底内壁和器盖内壁均有铭文"史"字。口径 12.8×16.8、底径 16.8×20.0、器高 35.2、腹深 22.4、盖高 14.4、通高 40.9、壁厚 0.3~0.4 厘米（图二〇五；图二〇六；彩版四三，2；图版一一九，3、4）。

B 型　1 件。标本 M49：12，圆形，带盖，盖面隆起，中央有一菌状纽，盖下沿折内弧，盖罩于器口之外，直口，方圆唇，腹微鼓，平底，圈足外撇，圈足切地处下折成阶。菌状纽分成六瓣。盖、腹、圈足有五段四组扉棱，扉棱呈条状，盖面扉棱有两齿突，两侧饰有"F"形凹线饰。盖面饰两组独立兽面纹，分别以扉棱为鼻，兽面大角弯曲呈"S"形，方圆形巨眼暴突，条形瞳孔，大嘴开咧，嘴角内卷，叶形大耳附于两侧，地为云雷纹。盖折面饰一周夔龙纹带，由扉棱分成四组，每组由两个夔龙纹构成，夔龙首尾相连，呈低头张口状，双唇向下，上唇向上翻卷，椭圆形角，脑后有粗弯羽，羽向上弯曲，躯干呈"S"形，内填云纹，云雷纹为地。颈饰一周回首四个夔龙纹带，分别由浮雕兽头和提梁分为四部分，夔龙方圆形大眼，圆目突出，头上有椭圆形角，脑后的羽向上伸，躯干上折，尾向外翻卷，云雷纹为地。腹上部饰四组独立兽面纹，以扉棱为宽鼻，粗矩尺形角，"臣"字形大眼，圆目，暴突，圆形瞳孔，叶形大耳，大嘴开咧，嘴角外撇，露出尖利牙齿，地为云雷纹。腹下部饰两组独立兽面纹，以扉棱为鼻，角作曲尺三折形，上饰鳞纹和云纹，粗眉，方圆形巨目，暴突，条形瞳孔，叶形大耳，嘴角内卷，两侧配以倒立的夔龙纹。圈足上饰一周夔龙纹，纹饰的风格于器盖上的基本相同。颈上的浮雕兽头，叶形大耳竖立，圆形目暴突，圆瞳孔，高鼻，阔嘴。拱形提梁，断面呈扁条状，两端为圆雕兽头，提梁面饰四组夔龙纹，中部的两头相对，体细长弯曲，尾翻卷。两端的夔龙以兽头为首，兽头饰长颈鹿式角，"臣"字大眼，窄鼻，阔嘴，两叶形耳立于两侧。该器的颈部夔龙纹装饰风格独特，通体装饰华丽，从上至下共分六重花纹，每重纹饰的风格都略有不同，提梁环首的造型尤为独特，实为难得的艺术佳品。因器体锈蚀严重，故不知内壁是否有铭文。口径 10.8、底径 12.8、器高 33.5、通高 36.9、壁厚 0.2~0.3 厘米（图二〇七；彩版四四，1；图版一二〇，1、2）。

C 型　1 件。标本 M119：37，有盖，盖面隆起，中部有喇叭形捉手。直口，方唇，圈底，假圈足，器盖纳于器口中。盖面、腹上部和下部分别饰一周连体兽面纹带，盖面的兽面纹以矮扉棱为鼻，角呈"T"形卷云状，"臣"字形目，圆睛突出，圆形瞳孔，躯干平

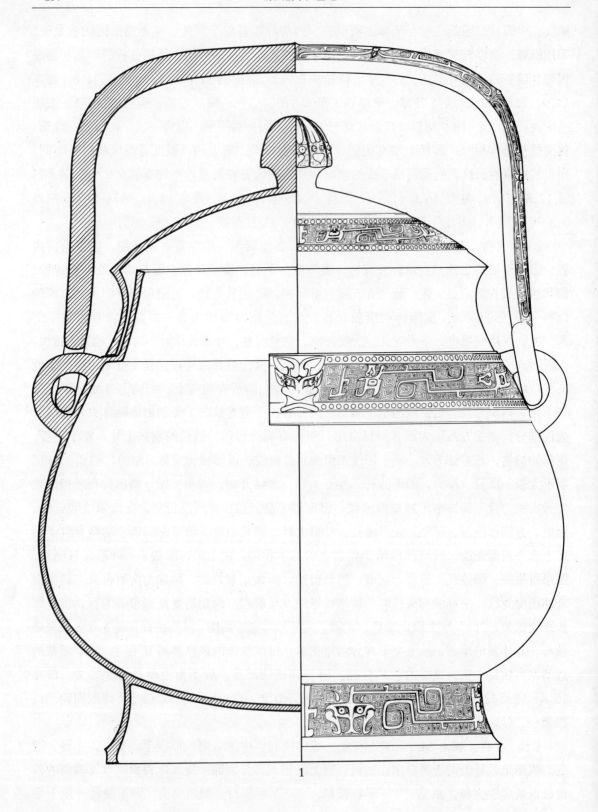

1

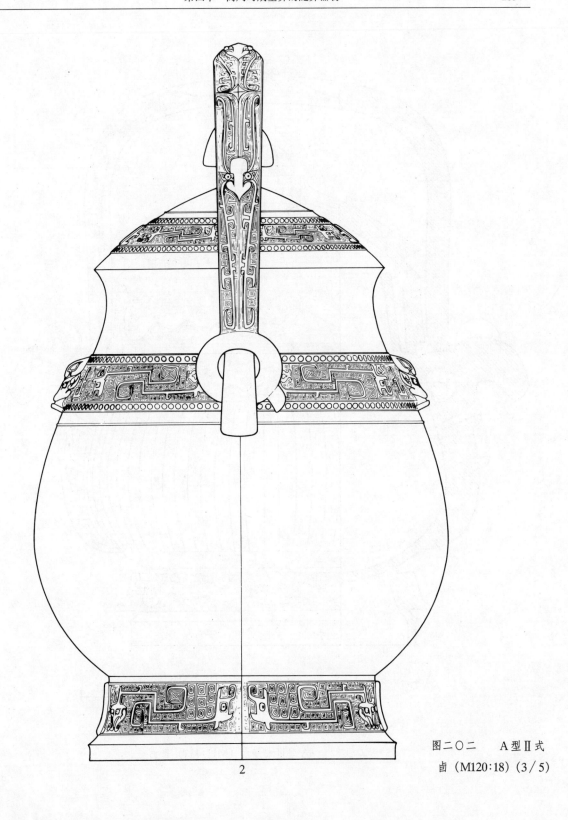

2

图二〇二　　A型Ⅱ式
卣（M120:18）(3／5)

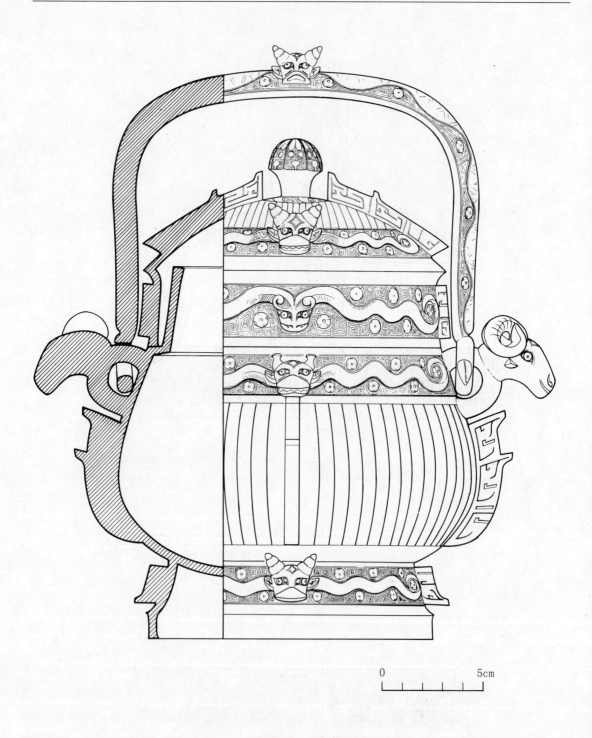

0　　　　　　　　　5cm

图二〇三　　A 型Ⅲ式铜卣（M11：111）正面

图二〇四　　A型Ⅲ式铜卣（M11:111）侧面

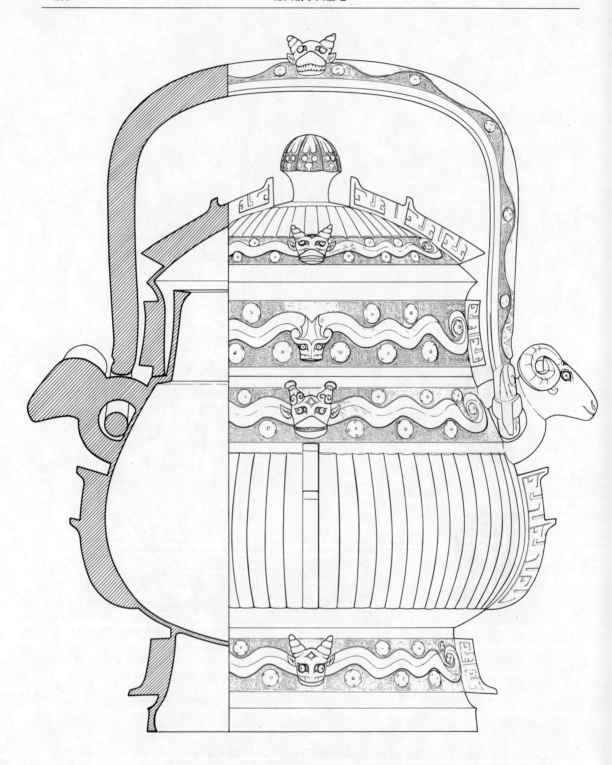

图二〇五　　A型Ⅲ式铜卣（M11:112）正面（9/20）

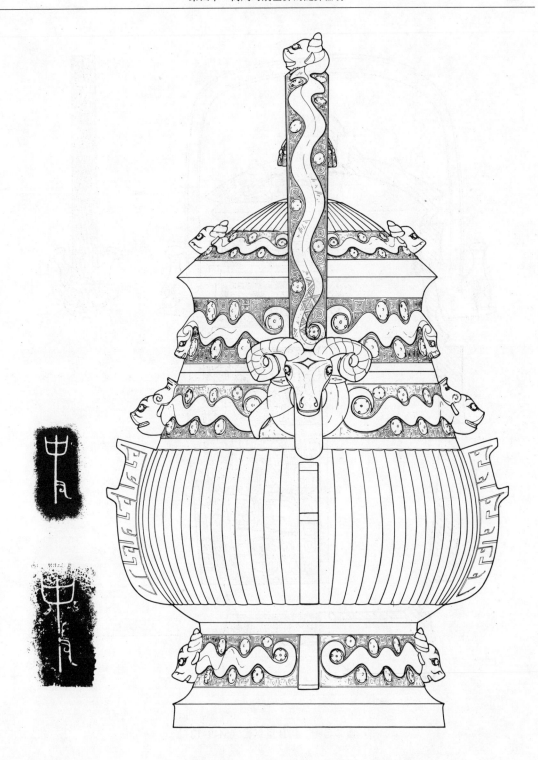

图二〇六　　A 型Ⅲ式铜卣（M11∶112）侧面（9／20）

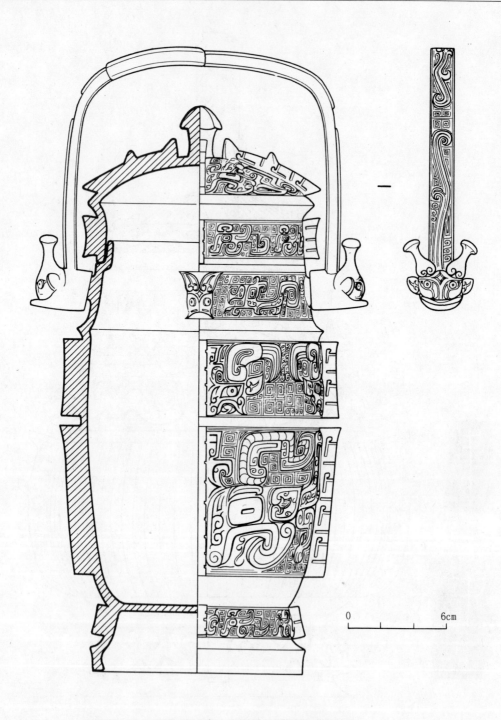

图二〇七　　B型铜卣（M49∶12）

直，尾向上翻卷，爪前伸翻卷呈勾状，地填以云纹。纹饰的上下分别饰一周联珠纹。腹上部纹饰由两个提梁半圆环和浮雕兽头分成四部分，浮雕兽头叶形大耳上竖，圆眼，阔鼻，大嘴。拱形提梁，断面呈扁条状，提梁正面饰四组夔龙纹，每组由两个夔龙构成，其一头前伸，口大张，角弯曲向前双勾足，躯干细长，尾向内弯曲，另一夔龙呈勾首回头状，其他部位基本相同。盖的内壁和器底内壁有铭文" 父丁"四字。同时内置斗1件。口径13.3、底径13.4、器高31.0、通高34.4、壁厚0.4厘米（图二〇八；彩版四四，2；图版一二〇，3）。

觯　共出土17件，分别出自15座墓葬中。根据器形特征的不同分三型。

A型　椭圆形，带盖，器身较矮，腹的最大径靠下。

B型　椭圆形，器身瘦长，高圈足。

C型　椭圆形，垂腹，圈足较矮。

A型　共4件。根据纹饰的变化可分3式。

Ⅰ式：1件。饰高浮雕兽面纹。标本M11：103，盖面鼓起，呈椭圆形，中央有一半环形兽首纽，边沿斜内折成子口。侈口，尖唇，束颈，鼓腹，圜底，圈足外撇明显。盖面、颈、腹部和圈足分别饰两道和四道节状扉棱，断面呈三角形。盖纽兽头大角弯曲向上，圆睛凸起，窄鼻，大嘴，两叶形耳附于角两侧。盖面饰两组高浮雕独立兽面纹，牛角形大角，尖翘起，上饰鳞纹，"臣"字形巨目，圆睛突出，圆形瞳孔，阔鼻，大嘴开咧，嘴角外翻，张口露出利齿，叶形大耳翘起，两侧配以变体夔龙纹，整个兽面纹风格极尽夸张。颈部在四道三角形扉棱间装饰出两组夔龙纹，每组由两个对首夔龙组成，探头勾喙，喙顶张开分叉，头立两弯刺，圆睛凸起，背负弯角，躯干细长，分两肢，上肢尾上卷，下肢尾呈弯勾状，足前伸，有两趾。圈足上亦施对首夔龙纹，唯躯干为单肢。腹部所饰两组独立兽面纹风格与器盖上完全相同，只是装饰风格更加夸张。通器从顶纽至圈足，上下共饰五组纹饰，即三组兽面纹和两组夔龙纹，纹样各具特色，浮雕和高浮雕的技法的使用可谓匠心独具，是一件艺术性和实用性完美结合的佳品。器盖和底各有一铭文"史"字。口径7.8×8.7、底径8.0×8.9、器高13.2、通高18.0、壁厚0.2厘米（图二〇九；图二一〇；彩版四四，3；图版一二一，1）。

Ⅱ式：2件。粗矮，饰窄带纹。标本M11：58，盖面凸起，呈椭圆形，中央有一半环纽。盖边沿斜内折成子口。侈口，方唇，束颈，鼓腹，圜底，圈足外撇。盖面边缘饰一周云雷纹带，上下各饰一周联珠纹。颈部饰一周与器盖相同的云雷纹。圈足的纹饰缺联珠纹。器盖和腹内壁有铭文"史"字。口径8.9×11.0、底径8.6×9.7、器高13.8、通高18.8、壁厚0.2厘米（图二一一，1；图版一二一，2）。标本M126：13，盖面微凸起，呈椭圆形，中央有一半环纽。盖边沿斜内折成子口。侈口，圆唇，束颈，鼓腹，平底，圈足外撇。盖面边缘饰一周窃曲纹带。颈部饰夔龙纹一周，由两组每组两个对首夔龙组成，夔龙昂首，

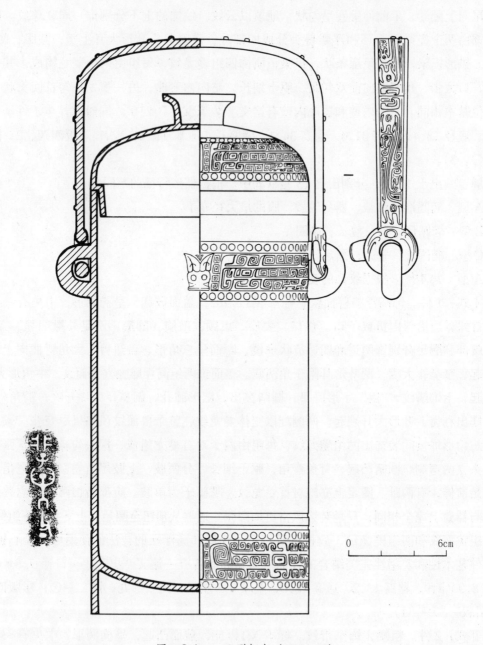

图二〇八　　C型铜卣（M119：37）

喙前伸，喙顶呈列刀状，头立一长刺，圆睛凸起，背负两弯角，躯干弯曲，呈矩尺形，分
两肢，上肢背有两短尖刺，尾呈刀形，下肢尾呈内卷状，躯干下有足，有两趾，头前饰列
刀纹饰。上下各饰一周联珠纹。圈足饰一周与颈部相同的夔龙纹，缺联珠纹。口径 7.0×
9.2、底径 6.6×8.6、器高 13.8、通高 17.6、壁厚 0.2 厘米（图二一一，2；图版一二一，
3）。

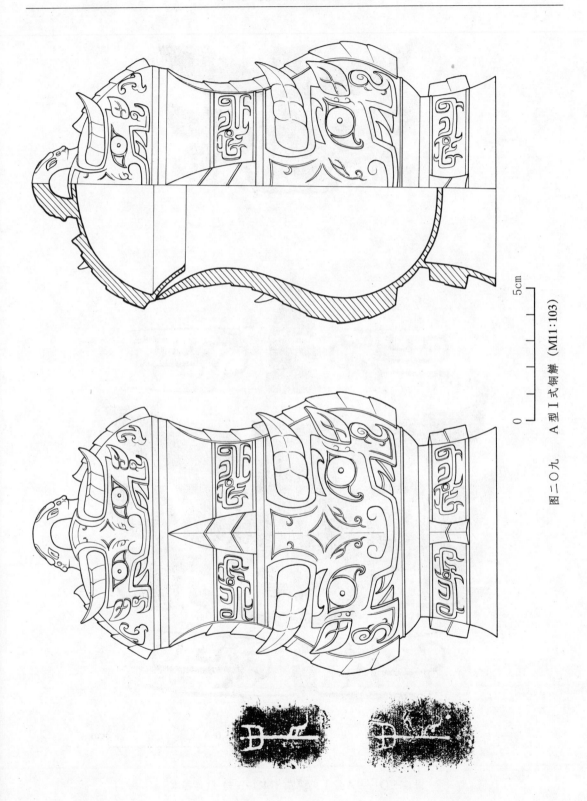

图二〇九　A 型 I 式铜觯（M11：103）

图二一〇　　A型Ⅰ式铜觯（M11:103）纹饰拓本

Ⅲ式：1件。饰鸟纹。M38:60，盖面凸起明显，呈椭圆形，中央有一菌状纽，纽分六瓣。盖边沿斜内折成子口。侈口，宽方唇，高束颈，鼓腹下垂，底近平，圈足外撇，切地处下折成高阶。盖面中部饰三角形棱纹，边缘饰一周鸟纹带，以扉棱为中心，两侧饰对首鸟纹，呈蹲伏状，尖喙前伸，喙尖向下，大椭圆形眼睛凸起，头上有一细长羽，背负心形羽冠，短身，翅上翘，"S"形躯尾，尾后部上卷，身下有双长足，前伸，地填以云雷纹。颈部饰两组夔龙纹，每组夔龙纹由两个双首相对的夔龙组成，夔龙探头折勾喙，喙和头上有三弯尖刺，方圆睛凸起，背负弯角，躯干细长，尾上卷，长足前伸，有三趾，躯干下有两弯尖刺，云雷纹地。腹中部饰直棱纹。下腹部饰大鸟纹，昂首，粗尖喙前伸并下折，喙尖向内弯，大圆形眼睛凸起，头上有一尖勾羽，背负菌状羽冠，长身，翅上翘，尾羽下折，身下有一长足，前伸，足生四利爪，地填以云雷纹。圈足上施对首夔龙纹，夔龙低头，张口，双唇外翻，圆睛凸起，头顶心形角，躯干细长，拱背，尾向上内卷，长足前伸，有三趾，云雷纹地。通器从器盖至圈足，上下共饰四组纹饰，即两组鸟纹和两组夔龙纹，纹样各具特色。器盖有铭文"𦅟（仍）保𤔲（㐅）"三字，器底有铭文"𦅟（仍）保羽鸟母丁"六字。口径6.8×8.4、底径6.0×7.2、器高13.7、通高18.9、壁厚0.2厘米（图二一二；图版一二一，4）。

B型　共6件。根据圈足的变化可分2式。

Ⅰ式：5件。筒形圈足。标本M13:11，侈口，呈椭圆形，尖唇，高束颈，腹的最大径靠下部，圜底，高圈足，颈部和圈足上各饰一周云雷纹带。口径6.3×7.2、底径5.7×6.4、高14.8、壁厚0.2厘米（图二一三，1；图版一二二，1）。标本M21:3，侈口，呈椭圆形，尖唇，束颈明显，底微弧，高圈足，颈部和圈足上各饰一周云雷纹带，突出于器表，底部内壁有铭文"亚□□"三字。口径7.0×7.7、底径6.0×6.9、高15.0、壁厚0.2厘米（图二一三，2；图二一四，1；图版一二二，2）。标本M120:20，形状与上器基本相同。颈部饰一周云雷纹带，在纹饰上饰一周弦纹，圈足无纹饰，底部内壁有铭文"庐"字。口径7.0×7.6、底径6.0×6.5、高14.7、壁厚0.2厘米（图二一三，3；图二一四，2；图版一二二，3）。标本M110:3，颈部饰一周夔龙纹带，夔龙探头，喙张开，喙和头上有二弯尖刺，方圆睛凸起，背负细弯角，躯干细长，背弓，尾上翻卷，躯干下有一长足前伸，呈勾状，云雷纹地，纹带上下各饰一周联珠纹。圈足上饰与颈部相同的夔龙纹带，仅无联珠纹。口径6.7×7.2、底径5.4×6.1、高14.4、壁厚0.2厘米（图二一三，4；图版一二二，4）。标本M121:1，侈口，尖唇，口呈椭圆形，束颈，圜底，高圈足。素面。口径6.5×8.0、底径6.0×6.8、高14.6、壁厚0.2厘米（图二一三，5）。

Ⅱ式：1件。喇叭形圈足。标本M21:21，敞口，呈椭圆形，尖唇，高束颈，腹的最大径靠底部，底近平，足外撇明显，颈部有一周凸棱，应有纹饰，因锈蚀严重纹饰已无存。口径6.7×7.2、底径5.6×6.4、高12.8、壁厚0.2厘米（图二一三，6；图版一二三，

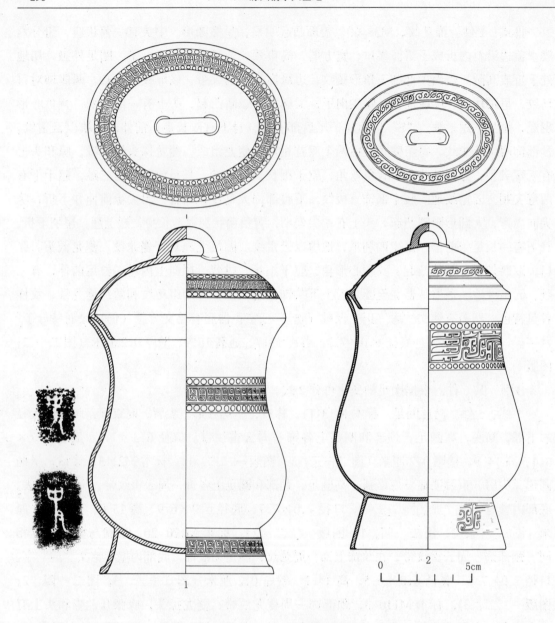

图二一一　　A型Ⅱ式铜觯

1. M11:58　　2. M126:13

1)。

C型　共7件。根据纹饰的变化可分2式。

Ⅰ式：4件。施带状纹。标本M128:6，敞口，呈椭圆形，尖唇，束颈，圜底，圈足微外撇，圈足上饰一周窃曲纹带，腹部因锈蚀严重纹饰变得模糊不清，底部内壁有铭文"亚□□父乙"五字。口径6.9×8.8、底径5.5×7.9、高12.3、壁厚0.2厘米（图二一三，

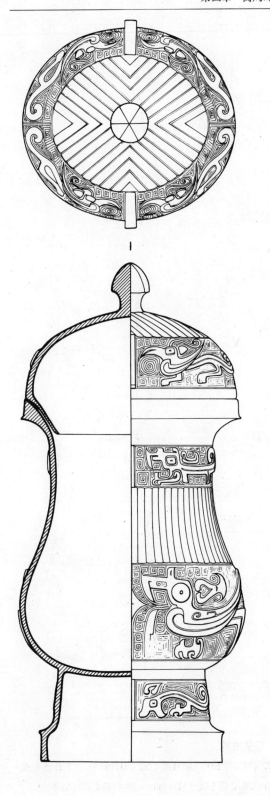

图二一二　　A型Ⅲ式
铜觯（M38∶60）

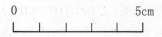

0　　　　　　　　　　5cm

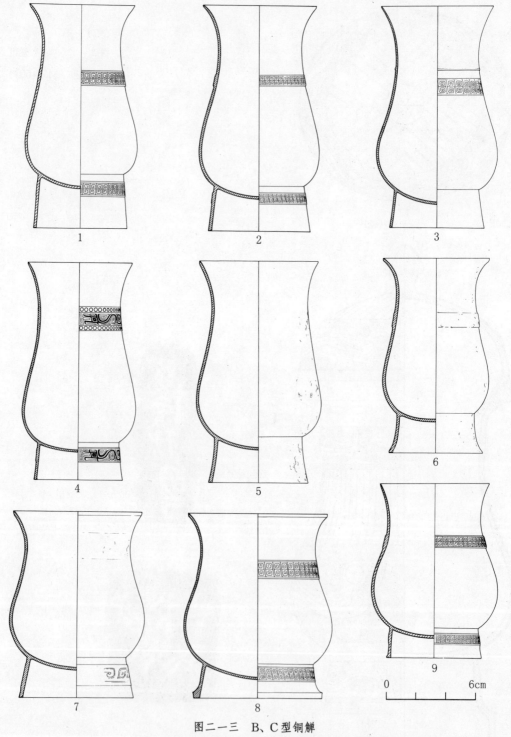

图二一三　B、C型铜觯

1.B型Ⅰ式（M13:11）　　2.B型Ⅰ式（M21:3）　　3.B型Ⅰ式（M120:20）　　4.B型Ⅰ式（M110:3）　　5.B型Ⅰ式（M121:1）　　6.B型Ⅱ式（M21:21）　　7.C型Ⅰ式（M128:6）　　8.C型Ⅰ式（M34:11）　　9.C型Ⅰ式（M30:11）

7；图二一四，3；图版一二三，2）。标本 M34:11，侈口，呈椭圆形，方唇，束颈，圜底，矮圈足，切地处下折成矮阶，颈部和圈足上各饰一周云雷纹带。底部内壁有铭文"史"字，下面的笔划颠倒。口径 8.1×9.5、底径 6.8×8.8、高 12.2、壁厚 0.2 厘米（图二一三，8；图二一四，4；图版一二三，3）。标本 M30:11，敞口，呈椭圆形，尖唇，圜底近平，矮圈足，颈部和圈足上各饰一周云雷纹带。圈足内壁有铭文"史乙"二字。口径 6.6×7.4、底径 5.7×6.4、高 11.5、壁厚 0.2 厘米（图二一三，9；图二一四，5；图版一二三，4）。标本 M18:31，侈口，方唇，束颈，圜底，矮圈足。颈部和圈足上各饰一周云雷纹带，其中颈部的云雷纹带的上下各饰一周联珠纹。口径 7.2×9.4、底径 6.5×8.3、高 12.4、厚 0.2 厘米（图二一五，1；图版一二四，1）。

Ⅱ式：3件。素面。标本 M14:7，侈口，圆唇，束颈，鼓腹，圜底，矮圈足微外撇。口径 8.0×10.5、底径 7.4×8.5、高 13.1、壁厚 0.2 厘米（图二一五，2；图版一二四，2）。标本 M31:3，器表有粗、细两种织物的痕迹，这两种织物应是包裹器物的残留。口径 6.0×7.2、底径 5.3×6.2、高 11.1、壁厚 0.2 厘米（图二一五，3）。标本 M119:40，颈部和圈足分别饰两道弦纹。口径 6.0×7.6、底径 6.1×7.3、通高 11.5、壁厚 0.2 厘米（图二一五，4；彩版四四，4；图版一二四，3）。

斗　共4件。分别出于4座墓葬中。根据柄的质地不同，可分二型。

A 型　1件。骨柄。标本 M119:67，斗身如筒形，直口，腹微鼓，平底略残，器柄弯曲并斜插入斗腹内。柄身为骨质，两端用铜皮包裹，与斗身相连处用绿松石镶嵌成夸张的兽面形半浮雕纹饰，由长角、大眼、大耳、高鼻等组成。尾端弯曲呈扁平扇形，在弯曲处用绿松石镶嵌以变形的蝉纹。整个斗的制作工艺高超，线条优美，装饰典雅华丽，为一件难得的艺术品。长 21.8、斗径 3.5、高 4.5 厘米（图二一六，1；图版一二五，1）。

B 型　3件。铜柄。标本 M38:57，斗身如筒形，口微内敛，腹微鼓，底内凹明显，器柄弯曲并于斗身连铸在一起，柄端呈三角形。通长 22.6、斗口径 3.7、斗底径 3.2、高 5.2、厚 0.2 厘米（图二一六，2；图版一二五，2）。标本 M120:19，斗身如筒形，口微内敛，腹微鼓，底内凹明显，器柄弯曲并于斗身连铸在一起。柄与斗身连接处铸出简化的兽面纹，长角，大耳，方圆形目，圆形瞳孔，心形嘴。柄后端呈三角形。通长 28.7、斗口径 4.8、底径 4.5、高 7.8、厚 0.2 厘米（图二一六，3；图版一二五，3）。标本 M11:90，斗身如筒形，口内敛，腹微鼓，底内凹明显，器柄弯曲并与斗身连铸在一起。柄与斗身连接处铸出简化的兽面纹，兽面呈大角，大耳，弯眉，方圆形目，圆形瞳孔，心形嘴。柄后端呈三角形，上饰兽面纹，兽面呈叶形大耳，长方形目，瞳孔呈条形，心形嘴，身体填以云雷纹。通长 20.4、斗口径 2.8、斗底径 2.4、高 4.4、厚 0.1 厘米（图二一七；图版一二五，4）。

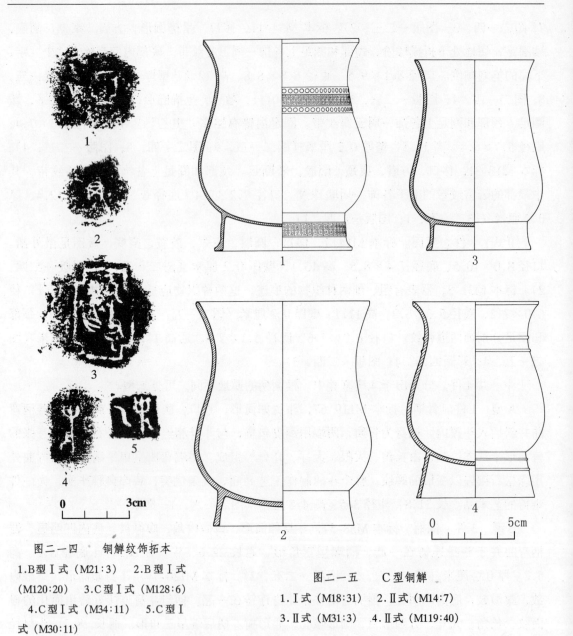

图二一四　铜觯纹饰拓本

1.B型Ⅰ式（M21:3）　2.B型Ⅰ式（M120:20）　3.C型Ⅰ式（M128:6）　4.C型Ⅰ式（M34:11）　5.C型Ⅰ式（M30:11）

图二一五　C型铜觯

1.Ⅰ式（M18:31）　2.Ⅱ式（M14:7）　3.Ⅱ式（M31:3）　4.Ⅱ式（M119:40）

（三）水器

4件。主要为盉、盘。

盉　共3件。分别出在3座墓葬中，根据器形特征可分三型。

A型　1件。圜底，三尖足。标本 M18:46，有盖，盖面呈弧形，顶中部有一半环状纽，盖面一侧有半圆环，上有环链与鋬手上的半环相连接，沿盖内折成子口。侈口，方唇，束颈，球形腹。腹上部有一管状流，对应的一侧是半环形兽首鋬，三棱锥状足。足粗壮，

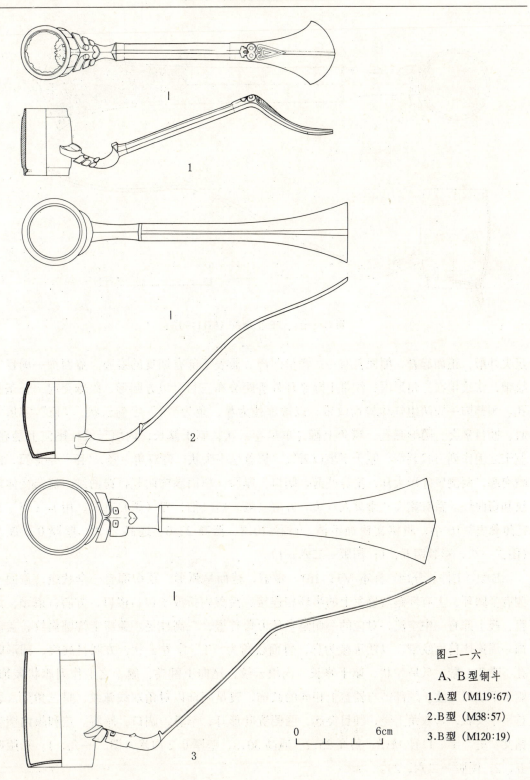

图二一六

A、B型铜斗

1.A型（M119∶67）

2.B型（M38∶57）

3.B型（M120∶19）

0 ———————— 6cm

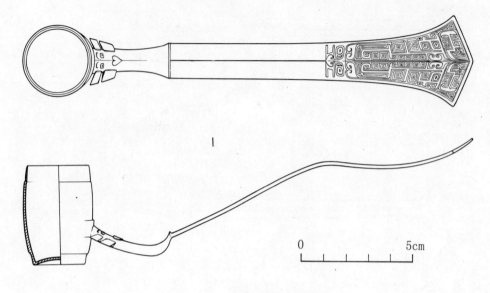

图二一七　　B型铜斗（M11：90）

足尖外撇，正面起脊，侧面各有一三角形凹槽。器表下部有烟炱的痕迹。盖面饰一周目雷
纹带，雷纹填在三角形内，纹带上除半环外等距分布三目，呈方圆形，眼球突起，长条瞳
孔。颈部饰一周两组连体兽面纹带，以矮扉棱为鼻，角为"T"字卷云状，"臣"字形大
眼，圆目暴突，圆形瞳孔，嘴角上翻，爪呈卷云状，躯干修长，内填云纹，尾向上翻卷，
躯干之上作列刀状装饰，躯干下填以云纹。鋬首呈牛头状，弯双角上竖，"臣"字形目，圆
睛突起，两侧置叶形大耳，窄鼻凸起，阔口，厚唇，鋬面满饰两竖行窃曲纹。流饰变体蝉
纹和窃曲纹。盖有铭文"羍禽人（夷）方斞（滩）白（伯）夗（顽）首毛，用乍（作）父
乙障彝史"16字，腹铭文锈蚀不清。口径10.8、器高22.6、通高27.0、壁厚0.3厘米
（图二一八；彩版四五，1；图版一二六，1）。

　　B型　1件。分档。标本M11：101，带盖，盖面呈弧形，顶中部有一伞状纽，盖面一
侧有半圆环，上有环链与鋬手上的半环相连接，沿盖内折成子口，侈口，方唇，束颈，深
腹，腹上部有一中空流，对应的一侧是半环形兽首鋬，三高柱足。盖纽上饰圆涡纹，盖面
饰一周连体兽面纹带，以矮扉棱为鼻，兽面纹角为"T"字卷云状，方圆目暴突，圆形瞳
孔，嘴角上翻，爪呈勾状，躯干修长，内填云纹，尾向上翻卷，躯干之上作列旗状装饰，
躯干下填以云纹。颈部饰与器盖上相同的纹饰，腹足间饰以对角双线弦纹，呈三角形。鋬
首呈牛头状，弯双角上竖，圆目突起，两侧置叶形耳，窄鼻，阔口，厚唇。盖和腹内壁有
铭文"史"字。口径11.8、器高25.2、通高30.8、壁厚0.2厘米（图二一九，1；彩版四
五，2；图版一二六，2）。

　　C型　1件。高柱足。标本M120：12，侈口，方圆唇，高领，球形腹，腹上部有一中

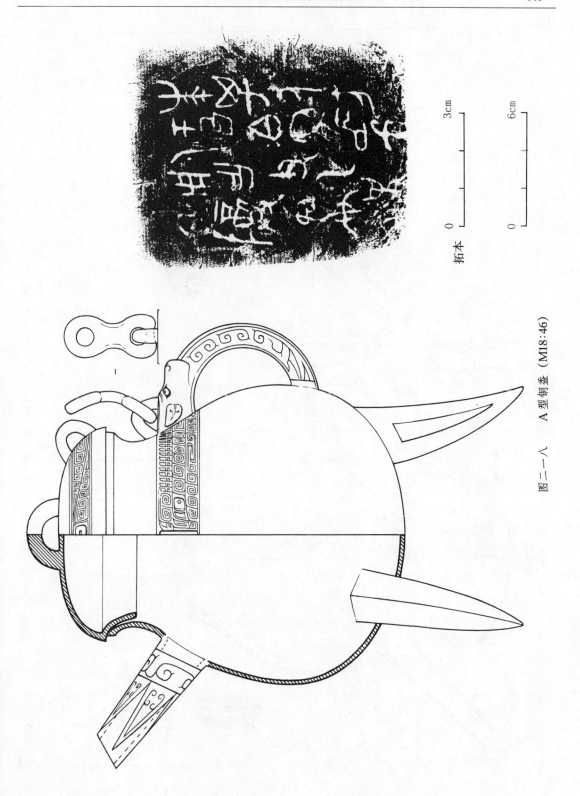

图二一八　A 型铜盉（M18:46）

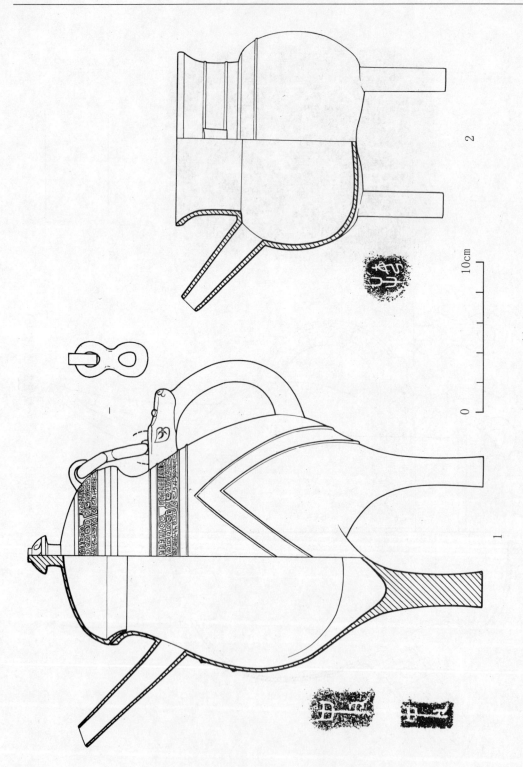

图二一九　B、C型铜盉
1.B型 (M11:101)　2.C型 (M120:12)

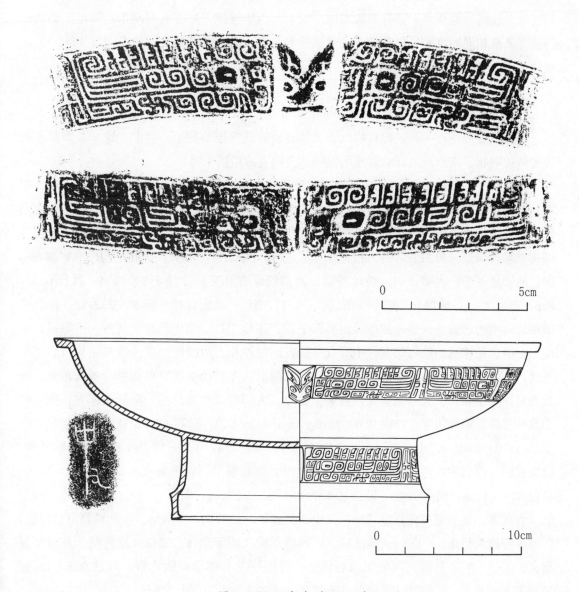

图二二〇　　铜盘（M11∶71）

空流，底分裆不明显。领部有对称的两个竖贯耳，颈部饰二周弦纹，肩部施一周弦纹。腹内壁有铭文"妠"字。口径11.5、高18.0、壁厚0.4厘米（图二一九，2；彩版四五，3；图版一二六，3）。

盘　1件。标本M11∶71，敞口，平折沿，方唇，弧腹较浅，圜底近平，高圈足外撇，切地处折成高阶。圈足上等距分布有四条矮扉棱，器腹饰一周连体兽面纹带，由一对扉棱和两个浮雕兽首分为四组，浮雕兽首双角上扬，圆目，阔鼻，厚唇。兽面纹以兽首为鼻，角为"T"字卷云状，方圆形大眼，圆目暴突，条形瞳孔，竖眉，嘴角上翻，长躯，内填勾连纹，卷尾，脊背之上竖列刀状羽饰，躯干下为勾连纹，后部有一细爪。圈足上饰两组与腹部风格相同的纹饰，只是没有以浮雕兽首为鼻。盘内壁有铭文"史"字。口径33.2、底径17.4、高11.8、壁厚0.4厘米（图二二○；彩版四五，4；图版一二六，4）。

二、乐　器

乐器只发现铙这一种，而且均出于北区墓地的高等级墓葬中，但由于这些墓葬都不同程度地被盗扰，所以一般只有零星的发现，而没有成组的乐器。

铙　4件。标本M206：128，体呈椭圆筒形，口微凹弧形，边缘加厚成斜唇，平顶，顶窄于口，顶中部有管状甬，下端略粗，根端细，甬、征相通，鼓部较宽，中间有一长方形加厚块，为敲击部位，体两侧从口至甬有范缝，系用两块外范和一内芯合铸而成，征的两面饰浮雕兽面纹，兽面呈弯折大粗角，"臣"字形大眼，圆目暴突，瞳孔呈圆形，宽额高鼻梁，鼻梁呈菱形，大嘴开咧，嘴角外翻，两侧腮部有乳突。口径8.5×11.4、顶径6.5×8.6、通高15.2、壁厚0.4厘米（图二二一，1；图版一二七，1）。标本M222：12，体呈扁筒形，口呈内凹弧形，边缘加厚成斜唇，平顶，顶窄于口，顶中部有管状甬，下端粗，根端细，甬、征相通，鼓部较宽，中间有一长方形加厚块，为敲击部位，体两侧从口至甬有范缝，系用两块外范和一内芯合铸而成，征的两面饰浮雕兽面纹，兽面呈弯折大粗角，圆目暴突，圆形瞳孔，宽额高鼻梁，鼻梁呈菱形，大咧嘴，嘴角外翻，两侧腮部有乳突，兽面纹外有梯形阳线边框。口径9.0×12.8、顶径7.1×9.2、通高17.7、壁厚0.4厘米（图二二一，2；图版一二七，2）。标本M206：129，器物形状与上一件大体相同，体形稍大，纹饰有别，兽面为叶形巨耳，"臣"字形大眼，圆睛暴突，圆形瞳孔。口径11.7×16.9、顶径9.0×11.6、通高20.8、壁厚0.4厘米（图二二二，1；图版一二七，3）。标本M213：65，合瓦体，矮而宽扁，器壁较厚，口内凹呈弧形，阔征面，窄鼓部，征面饰浮雕兽面纹，兽面呈弯折大粗角，"臣"字形巨目，大圆睛暴突，圆形瞳孔，宽额，高鼻梁，鼻梁呈菱形，大咧嘴，嘴角外翻，两侧腮部有乳突，兽面纹外有梯形阳线边框。口径9.5×15.6、顶径7.5×10.9、通高20.0、壁厚0.6厘米（图二二二，2；图二二三）。

三、兵　器

兵器共出土395件，其种类比较丰富，以戈和镞为大宗，其他兵器还包括有矛、弓形器、胄等。

戈　共71件。其种类丰富，根据其特征分六型。

A型　直内戈。此型戈比较常见。

B型　曲内戈。

C型　銎内戈。

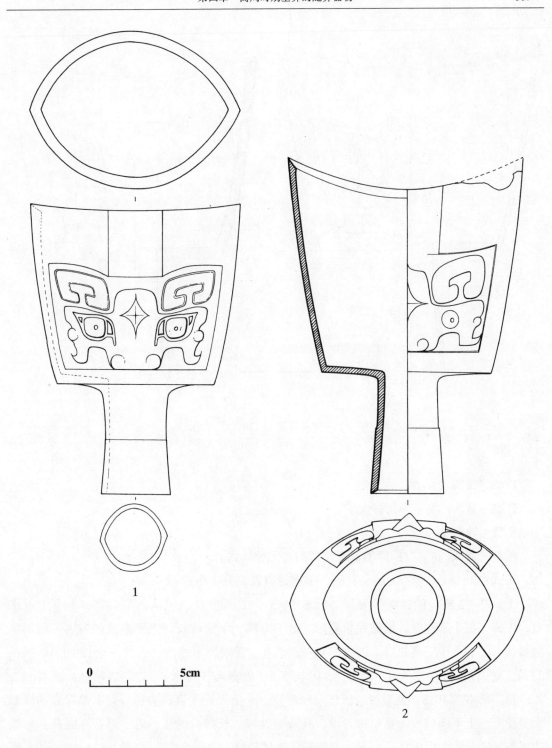

0 ————— 5cm

图二二一　　铜铙
1.M206:128　2.M222:12

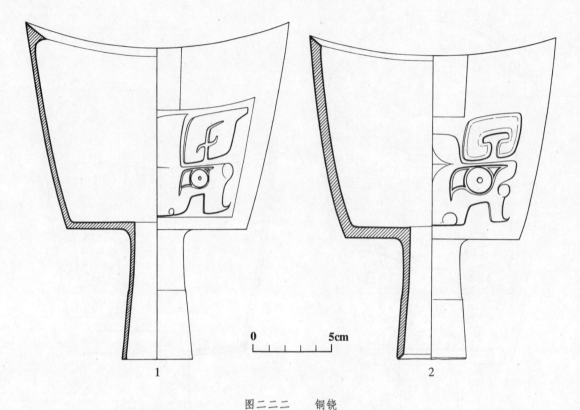

图二二二　　铜铖
1.M206：129　2.M213：65

D 型　带翼戈。

E 型　直内，宽三角形援戈。

F 型　异形戈。

A 型　共 48 件。根据穿的数量和胡的有无分 4 式。

Ⅰ式：3 件。无穿、无胡、有阑。根据援横截面分 2 小式。

Ⅰa 式　2 件。横截面呈菱形。标本 M45：20，长直援，援体前窄后宽，上下刃近平直，尖锋，援中部起脊，横截面呈菱形。上下有阑，下阑较长，上阑略残。短内，后端呈圆弧状，下有一个三角缺口。内中部有一圆形孔。后端饰阳线的卷云纹。全长 29.4、援长22.4、宽 7.0、援中宽 4.9、厚 0.7、内长 5.7、内宽 4.3 厘米（图二二四，1；图版一二八，1）。标本 M49：3，宽直援，援体前窄后宽，上下刃近平直，尖锋，援中部起脊，横截面呈菱形。上下阑较长，呈单刃刀形，其造型独特。长内，内残，内中部有一圆孔。后端边缘饰一周云纹，但因锈蚀严重，只能辨认大体轮廓。全长 24.3、援长 15.9、宽 7.9、援中宽 4.3、厚 0.8、内长 7.2、内宽 4.6 厘米（图二二四，2；图版一二八，2）。

Ⅰb 式　1 件。横截面呈不规则形。标本 M41：15，长直援，援体前窄后宽，上刃近平

图二二三　　　铜铙（M213:65）纹饰拓本

直，下刃稍内弧弯，尖锋，援中部起一椭圆形脊，呈前窄后宽，贯通援身。上下阑较长，长内，后端呈圆弧状，下有一个三角缺口。内中部有一半圆形孔。后端饰简化兽面纹，但因锈蚀严重，只能辨认出有圆形瞳孔。援后部两侧均镶嵌有一直径0.6厘米的绿松石片。全长27.3、援长19.5、宽7.6、援中宽4.5、厚0.9、内长7.0、内宽3.6厘米（图二二四，3；彩版四六，1；图版一二八，3）。

Ⅱ式：3件。宽胡、无穿。标本M108:2，窄长援，圆锋。上下刃平直，锋与刃相交处圆钝。援中部脊棱隆起，从中脊向两侧刃逐渐变薄形成锋刃。上下无阑。援与胡之间的夹角呈钝角。内后端残，内与胡的夹角呈锐角。残长22.3、援长18.2、宽7.1、援中宽4.1、厚0.5、内残长4.1、内宽4.0厘米（图二二四，4；图版一二八，4）。标本M21:8，窄长援，锋尖略残。上下刃平直，锋与刃相交处圆钝。援中部起脊，横截面作菱形。上无阑。下阑前倾，出齿。援与胡之间的夹角呈钝角。内为长方形，与援上刃在同一直线上，后端下角有一直角缺口，内与阑相交处呈锐角。内上残留有木柲腐朽的痕迹。残长22.5、援残长16.5、宽9.6、援中宽3.6、厚0.6、内长5.0、内宽3.4厘米（图二二四，5；图版一二八，5）。标本M110:12，窄长援，锋尖略残。上刃微弧，下刃斜直，两侧刃相交出窄锋。

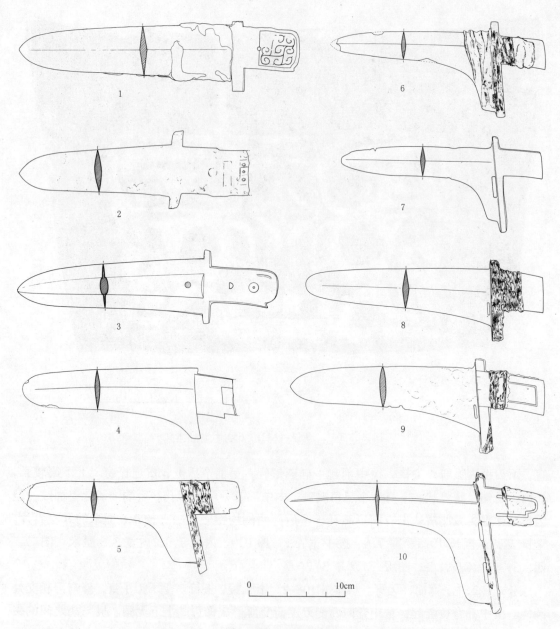

图二二四　　A型铜戈

1. Ⅰa式（M45:20）　2. Ⅰa式（M49:3）　3. Ⅰb式（M41:15）　4. Ⅱ式（M108:2）　5. Ⅱ式（M21:8）　6. Ⅱ
式（M110:12）　7. Ⅲa式（M121:5）　8. Ⅲb式（M18:39）　9. Ⅲc式（M119:64）　10. Ⅳa式（M11:74）

援中部起脊，横截面作菱形。阑部较长，前倾，出齿。援与胡之间的夹角呈钝角。内为窄
长方形，内与阑相交处呈锐角。内上残留有木柲腐朽的痕迹。援和胡上留有织物的痕迹。
残长21.7、援残长16.2、宽9.7、援中宽2.8、厚0.5、内长4.8、内宽2.8厘米（图二二四，6；图版一二八，6）。

Ⅲ式：4件。有胡、一穿。根据胡和内的变化分3小式。

Ⅲa式：2件。长内。标本 M121：5，援窄长，尖锋，锋与刃相交处没有明显界限，似剑形。援中部起脊，横截面作窄菱形。上下有阑，阑前倾，较长，出齿。援与胡之间的夹角呈钝角。内为长方形，后端内与阑相交处呈锐角。全长 20.9、援长 16.0、宽 9.7、援中宽 3、厚 0.4、内长 4.2、内宽 2.7 厘米（图二二四，7；图版一二八，7）。

Ⅲb式：1件。短内。标本 M18：39，援前部窄瘦长，圆锋。上刃平直，下刃近胡部微弧。锋与刃没有明显相交处。援中部起脊，横截面作菱形。上下出阑，阑体较宽，前倾，出齿。内为长方形。内上残留有木柲腐朽的痕迹。残长 24.7、援残长 19.4、宽 8.3、援中宽 4.0、厚 0.7、内长 4.3、内宽 3.7 厘米（图二二四，8；图版一二八，8）。

Ⅲc式：1件。长内、短胡。标本 M119：64，援窄长，尖锋。锋刃尖较圆钝。短胡，一穿。上下有阑，阑部较长。援中部起脊，横截面呈窄柳叶形。直内为横向的平行四边形，内与阑相交处呈锐角。内后部饰曲尺形凹线纹。内上残留有木柲腐朽的痕迹。全长 26.5、宽 9.6、援长 19.5、援中宽 4.1、厚 0.7、内长 6.0、内宽 3.4 厘米（图二二四，9；图版一二九，1）。

Ⅳ式：37件。长胡、二穿。根据援的变化分4小式。

Ⅳa式：33件。长援、窄条形脊。标本 M11：74，尖锋，刃与锋间没有明显界限，锋似剑首。上刃平直，下刃微曲，援和胡间形成很大的钝角。胡与内之间形成的夹角为锐角。上下出阑，阑前倾，出齿。长方形穿，内近长方形，后端呈圆钝状，其下方有一直角缺口。围绕内的边缘环绕饰曲尺形纹。阑与内上发现有木柲腐朽的痕迹，由此可以判断出柲的直径。全长 27.2、援长 20.2、宽 14.5、援中宽 4.0、厚 0.4、内长 6.1、内宽 3.6 厘米（图二二四，10；图版一二九，2）。标本 M11：53，锋尖锐利，锋似剑首。上下刃平直，阑与内上发现有木柲腐朽的痕迹，由此可以判断出柲的直径。全长 26.9、援长 19.8、宽 14.4、援中宽 3.8、厚 0.4、内长 5.9、内宽 3.4 厘米（图二二五，1；彩版四六，2；图版一二九，3）。标本 M11：45，全长 26.9、援长 20.1、宽 14.0、援中宽 3.9、厚 0.4、内长 5.9、内宽 3.2 厘米（图二二五，2；图版一二九，4）。标本 M11：46，在援、阑和内上均发现有木柲腐朽的痕迹。边缘留有铸缝痕迹。全长 27.3、援长 20.2、宽 14.4、援中宽 4.1、厚 0.4、内长 6.2、内宽 3.7 厘米（图二二五，3；图版一二九，5）。标本 M11：47，内上发现有木柲腐朽的痕迹。全长 26.7、援长 20.0、宽 14.4、援中宽 3.8、厚 0.4、内长 5.8、内宽 3.2 厘米（图二二五，4；图版一二九，6）。标本 M11：50，内上发现有木柲腐朽的痕迹。全长 27.0、援长 19.8、宽 14.3、援中宽 3.9、厚 0.4、内长 5.8、内宽 3.2 厘米（图二二五，5；图版一三○，1）。标本 M11：81，全长 26.8、宽 14.2、援长 19.6、援中宽 3.8、厚 0.7、内长 5.9、内宽 3.2 厘米（图二二五，6；图版一三○，2）。标本 M11：44，

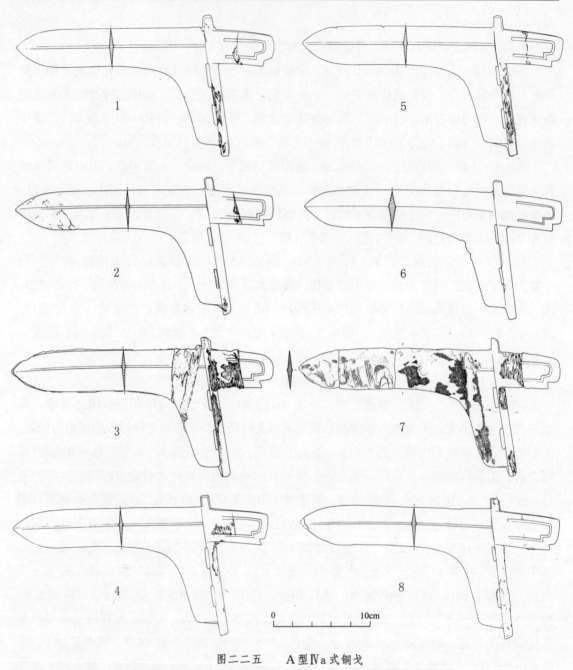

图二二五　　　A型Ⅳa式铜戈

1.M11:53　2.M11:45　3.M11:46　4.M11:47　5.M11:50　6.M11:81　7.M11:44　8.M11:60

该件器物与上一件同出一墓，其造型基本相同，仅是在内的后端有所不同，呈圆钝状。胡上发现有木柲腐朽的痕迹。全长 27.1、援长 20.3、宽 14.1、援中宽 4.0、厚 0.6、内长6.0、内宽 3.5 厘米（图二二五，7）。标本 M11:60，尖残。内上残留有木柲腐朽的痕迹。残长 26.4、援残长 19.6、宽 14.1、援中宽 3.9、厚 0.4、内长 6.0、内宽 3.3 厘米（图二二五，8；图版一三〇，3)。标本 M11:52，胡上发现有木柲腐朽的痕迹。援和胡的上面包裹着织物，现已锈蚀附着在戈上。全长 26.8、援长 19.7、宽 14.2、援中宽 3.9、厚 0.6、内长 6.0、内宽 3.2 厘米 (图二二六，1；图版一三〇，4)。标本 BM9:20，锋尖圆钝，上下平直，刃与锋间没有明显界限。二长方形穿。内为长方形，后端下方有一三角形缺口。内为素面。全长 26.7、援长 18.4、宽 12.9、援中宽 4.2、厚 0.6、内长 7.3、内宽 3.3 厘米。

Ⅳb 式：3 件。窄长援，无上阑。标本 M18:40，上下刃皆较平直，圆锋。援中部起脊，由中脊向两侧减薄成刃，横截面呈菱形。无上阑，下阑与内相交处呈锐角，阑和胡的下部残。长方形短内，下有一小三角形缺口。全长 24.0、援长 18.2、残宽 7.4、援中宽 3.0、厚 0.4、内长 5.6、内宽 3.2 厘米 (图二二六，2)。标本 M18:41，上下刃皆较平直，锋略尖。援中部起脊，横截面呈菱形。无上阑，援上刃和内在一条直线，下阑有齿，与内相交处呈锐角。短内，内呈长方形，下有一小三角形缺口，后端饰阴线曲尺纹。全长 26.5、援长 20.5、宽 12.8、援中宽 4.0、厚 0.6、内长 5.2、内宽 3.3 厘米 (图二二六，3；图版一三〇，5)。标本 M40:21，上下刃皆上曲，圆锋。援中部起脊，横截面呈菱形。上无阑，下阑较宽，出齿，与内相交处呈锐角。长内，内呈长方形，下有一小缺口，后端饰阴线曲尺纹，纹饰内用阴线铸出器铭"史"字。援上有席纹痕迹。全长 25.6、援长 17.8、宽 11.2、援中宽 3.7、厚 0.5、内长 7.1、内宽 3.4 厘米 (图二二六，4；图版一三〇，6)。

Ⅳc 式：1 件。宽短援。标本 M11:38，锋尖圆钝。上刃平直，下刃近胡部变弧。锋与刃相交处没有明显界限。援中部突起，横截面作窄柳叶形。下出阑，微残，阑体较宽，出齿。胡近阑处有长方形穿。内为长方形，内与阑相交处呈直角。内后部饰阴线曲尺纹。全长 22.8、援长 16.3、残宽 12.3、援中宽 4.4、厚 0.6、内长 5.6、内宽 3.9 厘米 (图二二六，5；图版一三一，1)。

Ⅴ 式：1 件。有胡、三穿。标本 M131:15，长援，上下刃平直，尖锋，锋与刃相交处较圆钝，似剑形。援中部起脊，横截面作菱形。上无阑。下阑前倾，出齿。援与胡之间的夹角呈钝角。内为长方形，后端下角有一小缺口，上有曲尺纹，内与阑相交处呈锐角。胡下部有三长方形穿。全长 28.6、援长 20.7、宽 14.9、援中宽 4.3、厚 0.6、内长 6.6、内宽 3.6 厘米 (图二二六，6；图版一三一，2)。

B 型　共 9 件。根据胡的变化可分 3 式。

Ⅰ 式：3 件。无胡、有阑。标本 M17:3，宽长援，前锋圆钝，上下刃均匀地向前锋聚拢，锋刃交接处呈圆转状，无折角。援身中部起一窄脊，向两侧逐渐变薄，阑前倾，下阑与内相交成锐角。曲内。内略靠下，位于阑的中部。内上有木柲腐朽的痕迹。援上有席纹的痕迹。全长 22.6、援长 15.7、宽 6.5、援中宽 3.2、厚 0.4、内长 6.7、内宽 2.9 厘米 (图二二七，1)。标本 M108:8，曲内，援窄长，尖锋锐利，作圭角状。下刃平直，上刃前

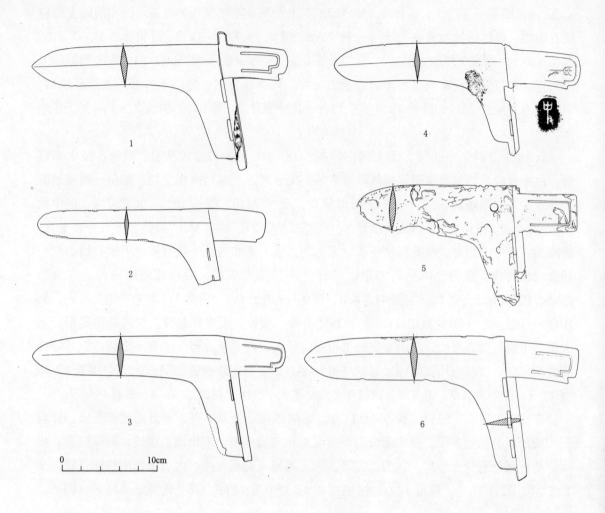

图二二六　　A型铜戈

1.Ⅳa式（M11：52）　2.Ⅳb式（M18：40）　3.Ⅳb式（M18：41）　4.Ⅳb式（M40：21）　5.Ⅳc式（M11：38）
6.Ⅴ式（M131：15）

端平直，后端上翘与阑相连。援体扁薄，中部起脊棱。上阑短而不明显，内和援不在一条直线上。全长 22.7、宽 6.9、援长 15.9、援中宽 3.6、内长 5.6、内宽 2.9、厚 0.2 厘米（图二二七，2；图版一三一，3）。

　　Ⅱ式：5 件。短胡、无穿。BM9：18，长援，圆锋，上下两刃均匀地向前锋聚拢，锋刃交接处圆转，无折角，状如剑身。援身中部隆起，向两侧逐渐变薄，阑前倾，上阑略残，下阑与内相交成锐角。曲内，内的边缘留有合范的铸缝。器形粗糙，应非实用器的明器。全长 23.6、援长 16.8、宽 6.5、援中宽 3.9、厚 0.4、内长 5.9、内宽 3.0 厘米（图二二七，3；图版一三一，4）。标本 BM9：17，与上一件同出一墓，其形状比较接近，唯锋刃向

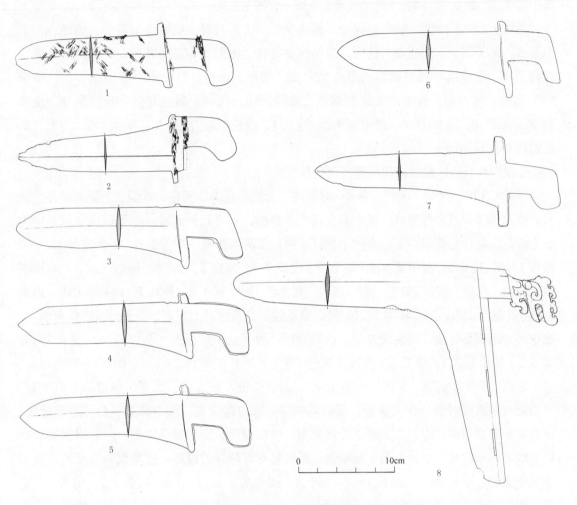

图二二七　　B 型铜戈

1. I 式（M17:3）　2. I 式（M108:8）　3. II 式（BM9:18）　4. II 式（BM9:17）　5. II 式（BM9:21）　6. II 式
（BM9:7）　7. II 式（M44:10）　8. III 式（M49:2）

前锋聚拢时出现折角，没有下阑，上阑突出。全长 23.8、援长 17.1、宽 6.8、援中宽 4.0、厚 0.4、内长 6.0、内宽 2.9 厘米（图二二七，4；图版一三一，5）。标本 BM9:21，与上同出一墓，形状比较接近。全长 24.0、援长 17.0、宽 6.9、援中宽 3.8、厚 0.4、内长 6.0、内宽 2.9 厘米（图二二七，5；图版一三一，6）。标本 BM9:7，与上一件同出一墓，其形状比较接近，只是上下阑均保存完整，内弯曲成靴形。全长 23.3、援长 17.0、宽 7.7、援中宽 3.8、厚 0.4、内长 5.3、内宽 2.9 厘米（图二二七，6；图版一三二，1）。标本 M44:10，援身前部瘦窄，上刃平直，尖锋，下刃弧弯明显，阑侧无装饰。援中部起一窄条脊，脊棱明显。援体较薄。内靠下，位于阑的中部。全长 25.8、援长 18.9、宽 9.2、援中宽3.5、厚0.3、内长5.7、内宽2.9厘米（图二二七，7；图版一三二，2）。

Ⅲ式：1件。长胡。标本M49：2，援体窄长，中部起脊，横截面呈菱形，圆锋，上下刃平直，上无阑，下阑前倾。曲内，后端作夔龙状，用阳线勾勒出轮廓，在凹的部分填以绿松石片，形成风格独特的内。龙头呈大眼，弯眉，张口，口中露出锯齿状牙齿。头顶"T"形角，尾内卷。整个图案纹饰细腻，布局严谨。长胡，胡上有三个长方形穿。全长33.8、宽22.0、援长25.6、援中宽4.2、厚0.4、内长7.4、内宽3.1厘米（图二二七，8；彩版四六，3；图版一三二，3）。

C型　共8件。根据胡部形态变化可分3式。

Ⅰ式：3件。无胡、无阑。标本M40：10，长援，直内，无穿，单銎。上下刃较直，锋残，援前部窄，近内部变宽。援中部有椭圆形脊棱，一直延伸到銎。銎平面呈卵形。内为长方形，后端作圆弧状，下角有一小缺口，内后部两侧各有一半圆形乳突。残长20.0、援残长12.6、宽6.6、援中宽4.5、厚0.9、内长7.4、内宽3.6厘米（图二二八，1）。标本M213：60，内残。残长21.7、援长18.9、宽6.5、援中宽4.8、厚0.7、内残长2.9、内宽3厘米（图二二八，2）。标本M213：91，窄长援，长直内，上刃直，下刃近内部弧弯明显。援中部有细圆形脊棱。内为长方形，后端微宽。銎平面呈橄榄形。全长22.8、援长15.6、宽6.2、援中宽3.7、厚0.6、内长7.2、内宽2.9厘米（图二二八，3；图版一三三，1）。

Ⅱ式：3件。短胡、无阑。标本M45：3，窄长援，长直内，无穿，单銎。上刃平直，下刃近内部弧弯明显。锋尖抹斜，援前部略窄，近内部变宽。援中部有"凸"字形脊棱，一直延伸到銎后部。内为长方形，后端微宽，前部设銎，銎平面呈卵形。内后部两面均铸出阴线器铭一"史"字，史的笔画颠倒。器表附着有织物的痕迹。这是戈中发现的为数不多带铭文的。全长26.2、援长18.7、宽6.8、援中宽4.2、厚0.6、内长7.5、内宽3.4厘米（图二二八，4；彩版四六，4；图版一三三，2）。标本M40：16，銎平面呈橄榄形。全长26.2、援长18.6、宽6.7、援中宽4.2、厚0.6、内长7.6、内宽3.2厘米（图二二八，5）。标本M41：16，銎平面呈卵形。内后端作圆弧状，下角有一小缺口，后端两侧饰简化的兽面纹，兽面突出"臣"字形大眼，圆形瞳孔暴突于器表，周围用勾云纹环绕。全长22.8、援长16.2、宽5.6、援中宽4.1、厚0.6、内长6.6、内宽3.1厘米（图二二八，6；图版一三三，3）。

Ⅲ式：2件。长胡。标本M201：19，援尖略残，直内，长胡，无穿，单銎。上刃平直，下刃前端近平，近胡部弧弯明显。援中部隆起，没有明显的脊棱，截面呈细柳叶形。内为长方形，后端略宽，銎平面呈卵状。残长21.2、宽10.2、援残长15.0、援中宽3.4、厚0.6、内长6.0、内宽2.7厘米（图二二八，7）。标本M201：15，援中部有三角形脊棱，一直延伸到銎后部。内为长舌形，后端作圆弧状，下角有一小缺，前部设銎，銎平面呈水滴状。残长17.6、宽12.1、援残长10.6、援中宽4.2、厚0.4、内长6.8、内宽3.0厘米

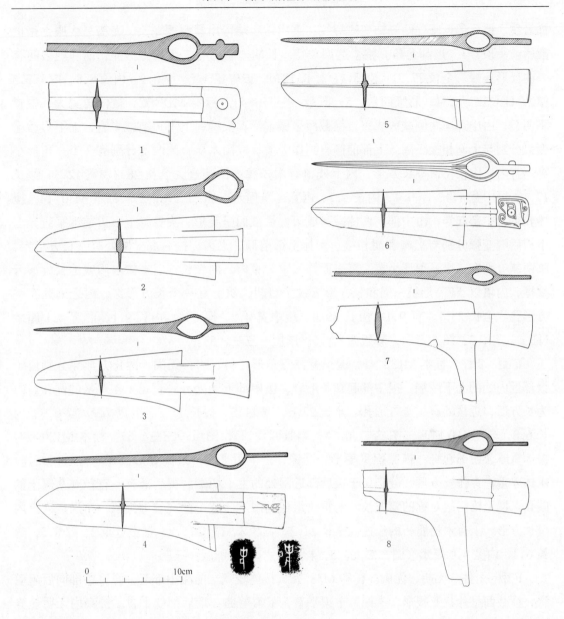

图二二八　C型铜戈

1.Ⅰ式（M40:10）　2.Ⅰ式（M213:60）　3.Ⅰ式（M213:91）　4.Ⅱ式（M45:3）　5.Ⅱ式（M40:16）　6.Ⅱ式（M41:16）　7.Ⅲ式（M201:19）　8.Ⅲ式（M201:15）

（图二二八，8）。

D型　3件。标本M21:7，援体窄长，中部起脊，由中部向两侧减薄成刃，横截面呈菱形，圆锋，上下刃前端平直，上刃后端变弧与上阑相连，下刃与胡相接。阑体上部前倾，出齿，援后部上阑处有一长方形穿，阑两侧分别有三个三角形小翼，其中最上面小翼表面饰云纹。援后部近阑处两侧饰变体蝉纹。直内，后端铸出镂空夔龙头，龙头呈大眼，张口翻唇。头顶"T"形翻卷角。整个造型独特。长胡，胡上有二个长方形穿，胡和内之间有一曲尺形连接。全长27.2、宽13.1、援长18.4、援中宽3.5、厚0.5、内长8.8、内宽3.3厘米（图二二九，1；彩版四六，5；图版一三三，4）。标本M18：72，援体较宽大，中脊不明显，由中部向两侧减薄成刃，横截面呈橄榄形，尖锋，上下刃前端平直，上下刃后端变弧分别与上阑相接。阑体上部前倾，阑作竖槽状以固木柲，阑两侧分别有一个三角形小翼。直内，内较长，呈长方形，内上残留有木柲腐朽的痕迹。全长28.3、宽12.3、援长17.1、援中宽4.4、厚0.4、内长9.7、内宽4.7厘米（图二二九，2）。标本M40：14，援体较宽，中部起脊，由中部向两侧减薄成刃，横截面呈菱形，尖锋，上下刃前端平直，上下刃后端变弧分别与上阑和胡相接。阑体上部前倾，无齿，援后部上阑处有一长方形穿，阑两侧分别有一个三角形小翼，翼表面饰云纹。直内，内较长，后端铸出阳线的长方形云纹框，内填以"F"形纹一周和长方形云纹。短胡，胡上有一个长方形穿，内近阑处有一方形孔。全长28.1、宽9.1、援长19.0、援中宽4.8、厚0.4、内长9.1、内宽4.1厘米（图二二九，3；图二三〇；彩版四六，6；图版一三三，5）。

E型　2件。标本M132：41，援呈宽体三角形，斜直刃，无阑，两长方形穿分别位于援部近内处的上下两端。援中部起细条形脊，援中部近阑处有一直径1.4厘米的圆孔。内为长方形，近援处有一圭首形孔。全长22.6、宽11.3、援长15.8、援宽7.9、厚0.9、内长6.8、内宽6.0厘米（图二二九，4；彩版四六，7；图版一三三，6）。标本M120：79，援体宽厚，中部起脊，横截面呈菱形，圆锋，上下刃平直，近阑处形成弧弯，与阑相连。阑体厚重，穿作长方形，分别位于援后部近阑处的上下两端。援后部有一直径0.9厘米的圆孔。援上饰两组对称的夔龙纹和云雷纹组成的图案。整个图案纹饰细腻，布局严谨。内呈长方形，上有木柲腐朽的痕迹。全长22.2、宽8.3、援长15.8、援中宽4.2、厚0.5、内长6.2、内宽4.0厘米（图二二九，5；彩版四六，8；图版一三三，7）。

F型　1件。无胡、无阑。标本M38：78，援体较宽，前端中部起一脊，中部向后起双脊，横截面呈片状亚腰形，尖锋，上刃平直，下刃弯曲，近后部变平直。援和内无明显界限。全长22.2、援中宽7.6、厚0.3厘米（图二二九，6）。

矛　共25件，是比较常见的一种兵器。可分三型。

A型　柳叶形，长骹。

B型　亚腰形，短骹。

C型　剑叶形，椭圆形骹。

A型　8件。根据骹筒的形状分二亚型。

Aa型　6件。圆筒形骹。标本M213：92，骹与脊连为一体，骹较长，脊中空呈菱形，叶身较宽，尖锋，刃微弧，骹中部一侧有一半圆环。全长18.0、叶宽4.8、骹长6.8、骹

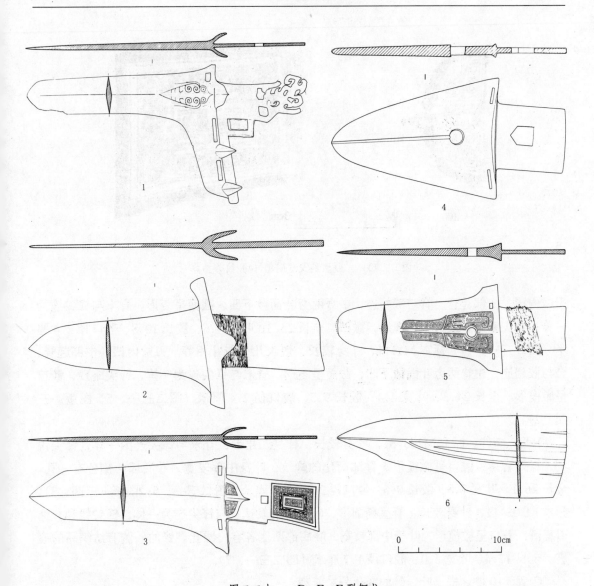

图二二九　　　D、E、F 型铜戈

1.D 型（M21：7）　2.D 型（M18：72）　3.D 型（M40：14）　4.E 型（M132：41）　5.E 型（M120：79）　6.F 型
（M38：78）

口径 1.7×3.1 厘米（图二三一，1）。标本 M203：12，骹与脊连为一体，骹呈圆形，脊呈圆形，叶身较宽，锋残，斜直刃。残长 13.8、叶宽 4.3、骹长 5.2、骹口径 1.9 厘米（图二三一，2）。标本 M213：78，骹与脊连为一体，骹长几乎与叶相等，脊中空呈圆形，叶身较宽，尖锋，斜直刃，骹中部一侧有一半圆形环。全长 21.4、叶宽 4.9、骹长 9.2、骹口径 2.8 厘米（图二三一，3；图版一三四，1）。

Ab 型　2 件。窄柳叶形，椭圆筒形骹，叶端有三角形翼。标本 M11：27，叶身窄长，

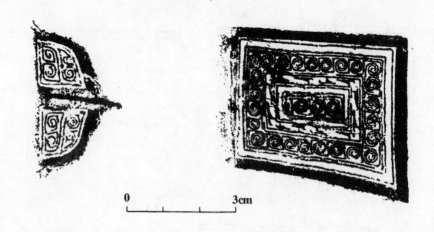

0　　　　　　3cm

图二三〇　　　　D型铜戈（M40∶14）纹饰拓本

刃微内凹，中部起脊，脊与骹相连，中脊两旁叶面微下凹，截面呈菱形。脊末与锋尖连为一体，锋尖略残，骹口呈橄榄形，微凹。全长25.3、叶宽4.6、骹长10.8、骹口径2.4厘米（图二三一，4）。标本M11∶1，叶身较长，骹长几乎与叶相等。刃微内凹，中部起脊，脊与骹相连，中脊两旁叶面微下凹，截面呈菱形。脊末与锋尖连为一体，锋尖略残，骹口呈橄榄形。全长24.3、叶宽4.4、骹长9.5、骹口径2.4厘米（图二三一，5；图版一三四，2）。

B型　7件。标本M205∶31，叶身较长，脊呈三角形，脊末与锋尖连为一体，锋尖锐利，锋刃扁薄，骹口呈橄榄形，脊饰简化的蝉纹，叶身中部较宽，叶底部两侧各有一孔。全长26.1、叶宽7.8、骹长0.6、骹口径2.0×3.2厘米（图二三一，6；图版一三四，3）。标本M203∶11，叶身较长，脊呈椭圆形，叶身中脊发达，与锋尖连为一体，锋尖锐利，锋刃扁薄，骹口呈橄榄形，叶身中部较宽，叶底部两侧各有一圆孔。锋的一侧有纺织品的痕迹。全长17.4、叶宽5.0、骹口径1.7厘米（图二三一，7）。

C型　10件。根据叶、骹的变化分二亚型。

Ca型　2件。宽剑形叶，短椭圆筒形骹。标本M21∶6，叶身很长，前窄后宽，如剑体形状，尖锋，锋与刃相交处圆钝。叶侧边刃斜直，叶末端下延成圆弧状翼。中部起脊，脊与骹分界明显，中脊两旁叶面微下凹，截面呈窄菱形，脊末与锋尖连为一体，骹口呈橄榄形。全长18.8、叶宽4.4、骹长5.5、骹口径1.9×2.7厘米（图二三一，8）。

Cb型　8件。叶窄长，长椭圆形骹，两侧带环。标本BM9∶8，脊呈三角形，脊末与锋尖连为一体，锋尖锐利，锋刃扁薄，骹口呈橄榄形。叶身后部略宽，整个叶身呈窄三角形。骹两侧各有一半圆形环。全长20.1、叶宽4.6、骹长4.9、骹口径1.8×3.4厘米（图二三一，9；图版一三四，4）。标本M201∶20，叶身很长，前窄后宽，如剑体形状，尖锋，锋与刃相交处圆钝。叶侧边刃内凹，两侧边刃作弧形内收。中部起脊，脊与骹分界明显，中

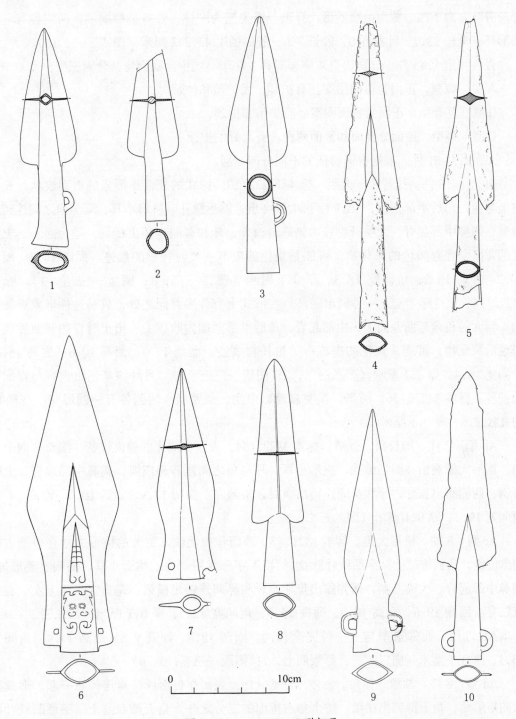

图二三一　　A、B、C型铜矛

1.Aa型（M213:92）　2.Aa型（M203:12）　3.Aa型（M213:78）　4.Ab型（M11:27）　5.Ab型（M11:1）

6.B型（M205:31）　7.B型（M203:11）　8.Ca型（M21:6）　9.Cb型（BM9:8）　10.Cb型（M201:20）

脊两旁叶面微下凹，截面呈窄菱形，脊末与锋尖连为一体，骹口呈橄榄形，两侧各有一半圆形环。全长 23.7、叶宽 5.0、骹长 7.6、骹口径 1.4×2.2 厘米（图二三一，10）。

胄　共出土 45 件。分别出自 4 座墓葬和 1 座车马坑中。我们将其分为三型。

A 型　牌型，正面为兽面图案。有护耳，无护顶和护颈。

B 型　复合型，正面为兽面图案。有护顶和护颈。

C 型　盔型，正面分兽面和素面两种。有起脊的护顶。

A 型　共 31 件。根据兽面特征的不同分四亚型。

Aa 型　13 件。长弯角、大眼。标本 M222：13，牌式的表面作形象的兽面纹状，长角向上弯曲，角后半部变粗，"臣"字形大眼突出，圆形瞳孔。桃形小耳，耳与角之间连铸起横梁，阔鼻中部起脊，大嘴开呐，两侧露出獠牙，牙和鼻间连铸出横梁，是为穿。出土时胄的背面发现有黑色的炭化物，可能是炭化的皮革一类衬托物的痕迹。面阔 14.2、面高 10.2、通高 15.2、角间宽 18.3、厚 0.1 厘米（图二三二，1；图版一三五，1）。标本 M222：14，该件标本与上一件同出一墓，在形式上有许多共同之处，只是这件形象更加生动，粗大的长角弯曲并向上，中部起脊，角后半部两端内收成尖。出土时胄的背面发现有黑色的炭化物，可能是炭化的皮革一类衬托物痕迹。面阔 17.0、面高 10.6、通高 15.4、角间宽 18.4、厚 0.1 厘米（图二三二，2；图版一三五，2）。另外该墓还出土有与胄配套的护耳，标本 M222：36，圆形，器身扁薄，中空，似璧状。两侧各有一圆形穿。直径 8、内孔径 2.6、厚 0.1 厘米。

Ab 型　2 件。细长角，圆睛。标本 M222：34，表面作简化的兽面纹状，细长角向上弯曲，圆形大眼突出，圆形瞳孔。桃形小耳，耳与角之间连铸起横梁，阔鼻中部起脊，大嘴开呐，两侧露出獠牙，牙和鼻间连铸出横梁，是为穿。面阔 17.9、面高 10.6、通高 14.0、角间宽 19.3、厚 0.1 厘米（图二三二，3）。

Ac 型　8 件。桃形大角。标本 M211：3，表面作兽面纹，宽大的桃形大角在兽面占有突出位置，角面饰"十"字凹线叶脉纹。"臣"字形大眼暴突。桃形小耳，眉间有菱形饰，阔鼻中部起脊，大嘴开呐，两侧露出獠牙，牙和鼻间连铸出横梁，是为穿。角上左、右各有二穿。面阔 19.6、面高 10.9、通高 15.8、角间宽 22.5、厚 0.1 厘米（图二三二，4）。标本 M211：1，面部造型与上一件完全相同。面阔 18.8、面高 9.8、通高 14.4、角间宽 23.1、厚 0.1 厘米（图二三三；彩版四七，1；图版一三五，3、4）。

Ad 型　8 件。抽象一体角。标本 M206：118，表面作兽面纹，角连铸在一起，形成宽大的矩形角，角上部铸出横梁，整个角占胄面的二分之一。角面饰双"十"字形凹线叶脉纹。"臣"字形目，大眼凸起，长方形圆角瞳孔，条形眼仁。桃形小耳，眉间有菱形饰，阔鼻中部起脊，大嘴开呐，两侧露出獠牙，牙和鼻间连铸出横梁，是为穿。左、右角上各有二穿。面阔 17.2、通高 14.7、角间宽 17.1、厚 0.1 厘米（图二三四；彩版四七，2；图版

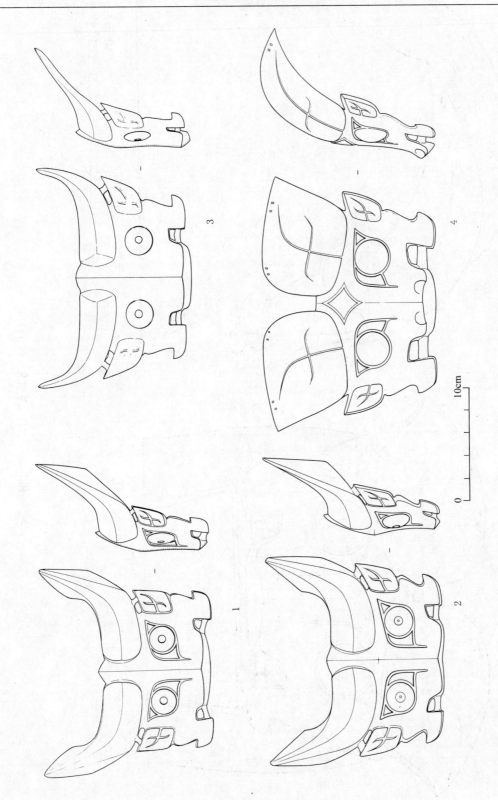

图二三二　A型铜胄

1.Aa 型 (M222:13)　2.Aa 型 (M222:14)　3.Ab 型 (M222:34)　4.Ac 型 (M211:3)

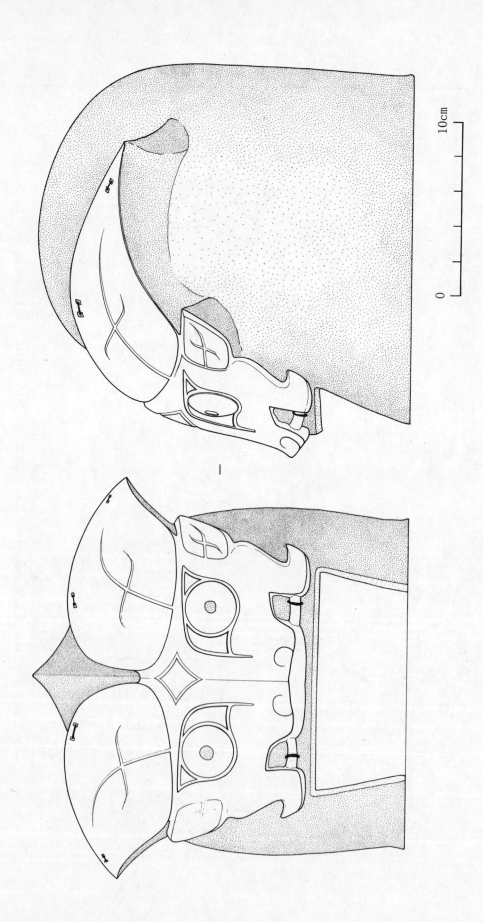

图二三三　Ac 型铜胄（M211∶1）

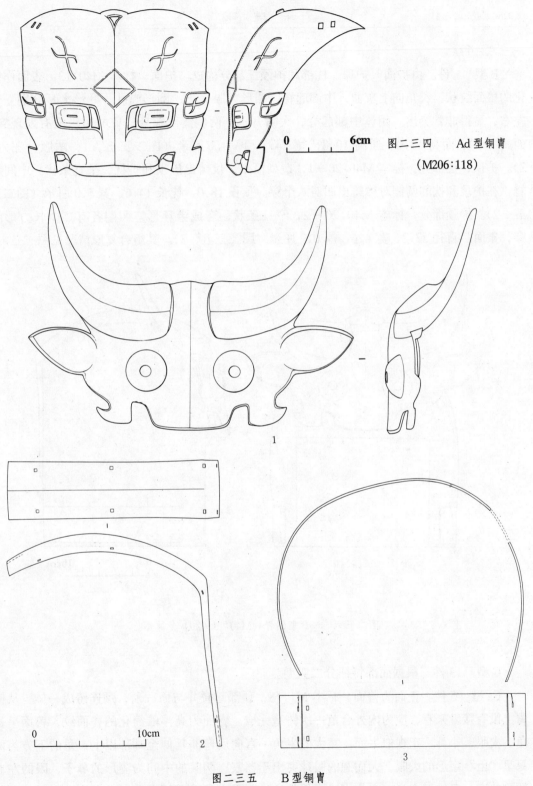

图二三四　Ad 型铜胄
（M206：118）

图二三五　　B 型铜胄
1.护面（M40：13）　　2.护顶、枕（M40：20－1）　　3.护枕（M40：20－2）

一三六，1）。

　　B 型　1 件。由护面，护顶、枕部和护颈三部分构成。护面，标本 M40∶13，表面作简化的兽面纹状，长角向上弯曲，中部起脊。圆形大眼突出，圆形瞳孔。叶形大耳分别立于左右，显得非常突出。阔鼻中部起脊，大嘴开咧，两侧露出獠牙。胄的边缘没有发现穿。面阔 29.0、面高 13.0、通高 19.8、宽 24.5、厚 0.1 厘米（图二三五，1；图版一三六，2）。护顶、枕部分，标本 M40∶20-1，造型简单，仅铸出护顶和护枕，呈宽条状，中间起脊，在护顶和枕的两侧对称铸出四对八个穿。顶长 18.0、枕长 14.6、宽 5.0 厘米（图二三五，2）。护颈部分，标本 M40∶20-2，窄扁条状，弯成半环形，两端各有二个长方形的穿，素面。直径 22.2、宽 4.6、厚 0.2 厘米（图二三五，3）。其组合复原情况见图二三六。

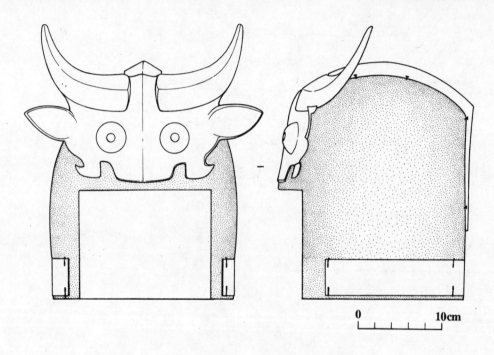

0　　　　　　　　10cm

图二三六　　　B 型铜胄（M40∶13、20）复原图

　　C 型　13 件。根据面部特征分二亚型。

　　Ca 型　5 件。正面为兽面。标本 M11∶8，顶部起脊并与面、顶、颈连铸成一体，从铜胄上没有接缝来看，应为内外合范一次铸造完成。胄面为高浮雕简化的兽面纹，兽面呈长角、大眼、小耳，正视似牛面。宽大的牛角一直向后弯曲延伸至耳部以上，角的下方为两只呈"臣"字形的大眼，大而圆的眼球突出于器表，两眼的中间为菱形的鼻子，眼的左右两侧各有一只桃形小耳，在相当于嘴的部位，则露出戴胄者的面孔，在胄体的周围分别留有 14 个穿。胄的表面光滑，里面则保留较多铸造时的糙面，此类胄应是缀合在皮质一类物

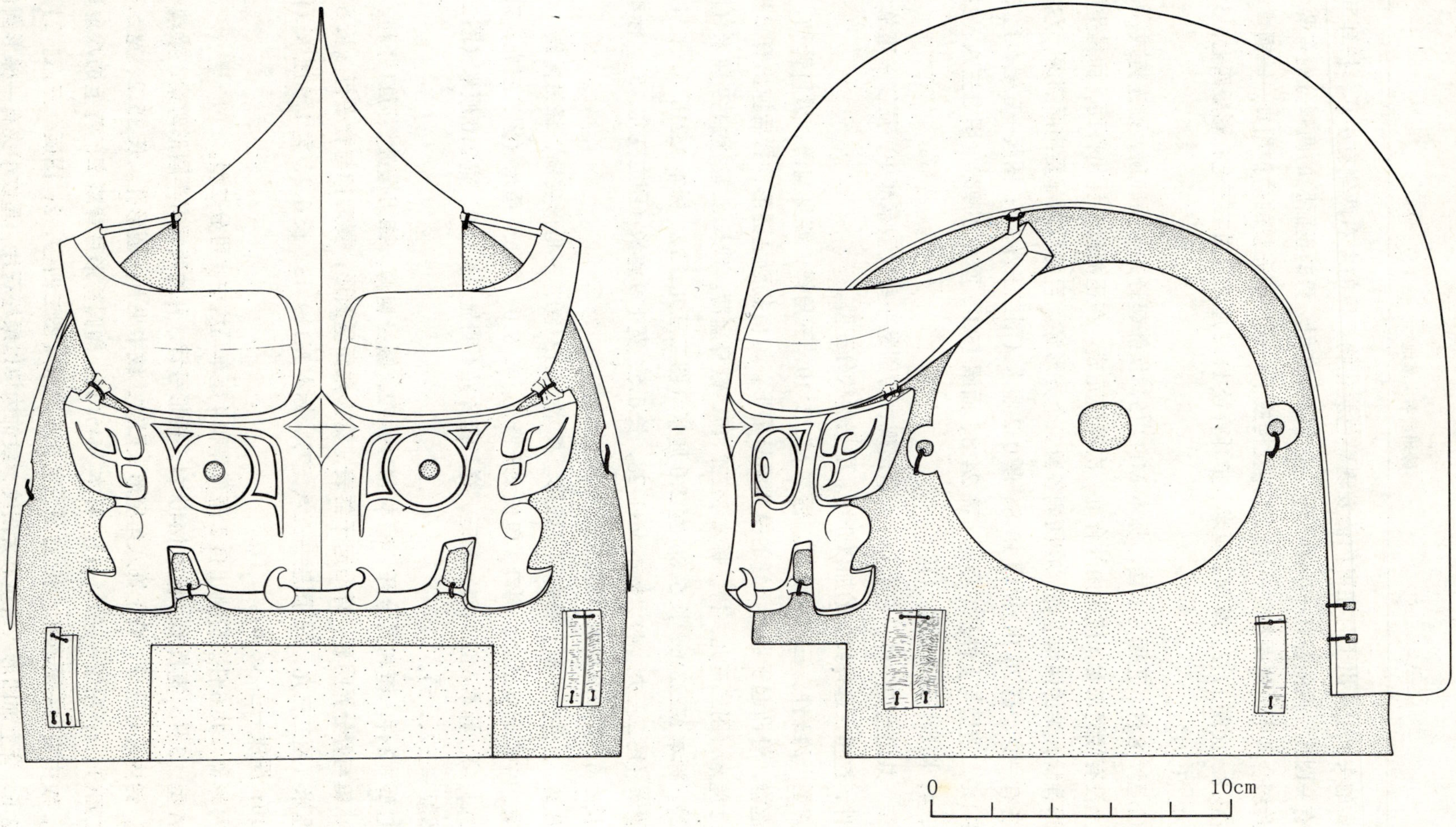

图二三七　Ca 型铜胄 (M11:8)

品所做的头罩上。出土时在胄内侧发现黑色炭化物。胄的左右两侧有护耳，护耳呈圆形，中间有一圆孔，两侧各有一半圆形环，应为缀合之用。胄的正面脸的两侧分别有两个长方形牙片缀合其上，侧面各有一片。这样就构成了一副比较完整的防护用具——铜胄。胄面通高 23.8、面阔 17.2、厚 0.2 厘米。护耳直径 11.2 厘米（图二三七；彩版四七，3；图版一三六，3、4）。

Cb 型　8 件。正面为素面。标本 M11∶15，顶部起脊并与面、顶、颈连铸成一体，从铜胄上没有接缝来看，应为内外合范一次铸造完成。在正面没有铸出兽面，而是呈简化的长方形牌状，牌的两角上翘，在两侧各留二个方形穿。胄的后颈部要比面部深，左右两侧分别各有一穿。高 26.0、面阔 15.8、厚 0.2 厘米（图二三八，1；图版一三七，1、2）。标本 M11∶9，造型与上件基本相同。高 24.8、面阔 15.0、厚 0.2 厘米（图二三八，2；彩版四七，4；图版一三七，3、4）。

镞　共出土 247 件，在墓葬中大量出现，特别是一些大型墓葬中，往往一座墓中出土近百件，这里仅选择典型的加以介绍。根据形状分三型。

A 型　243 件。三角翼后掠。标本 M222∶10，三角锋，镞身扁薄，刃口锋利，长铤，中部起脊，脊凸起于器表，脊的横截面呈菱形，铤横截面呈圆形，翼后掠出脊。长 5.8、宽 2.2 厘米（图二三九，1）。标本 M222∶17，镞身扁薄。残长 5.7、宽 1.9 厘米（图二三九，2）。标本 M222∶6，长 5.8、宽 2.0 厘米（图二三九，3）。标本 M216∶3，长 4.8、宽 1.6 厘米（图二三九，4）。标本 M11∶28，长 6.5、宽 1.9 厘米（图二三九，5）。标本 M11∶67，长 6.6、宽 1.9 厘米（图二三九，6）。

B 型　2 件。长铤，翼内侧呈弧形。标本 M213∶80，三角形尖锋，锋刃微鼓，两翼后掠明显，中部起菱形脊，圆铤，铤长大于锋长。长 6.0、宽 1.9 厘米（图二三九，7；图版一三八，4）。标本 M213∶81，圆铤，脊与铤分界不明显。长 6.9、宽 2.0 厘米（图二三九，8；图版一三八，5）。

C 型　2 件。铤和翼分开。标本 M119∶72，镞身扁薄，锋刃微鼓，刃口锋利。长翼，长铤，铤与脊分界明显。脊凸起于器表，铤横截面呈圆形，翼后掠与脊平行。长 6.5、宽 1.9 厘米（图二三九，9；图版一三八，7）。标本 M119∶73，长 6.2、宽 1.9 厘米（图二三九，10；图版一三八，6）。

弓形器　共 6 件。分别出自 2 座墓葬和 4 座车马坑中。可分二型。

A 型　3 件。宽桥形。标本 M40∶11，桥形弓背，背的两端有半圆形弯梁，梁端有一个圆铃，铃内装有圆球，背上饰八角星形太阳纹，纹中央有一圆形孔。长 35.2、宽 5.9 厘米（图二四○，1；图版一三八，1）。标本 M45∶32，椭圆桥形弓背略窄，背上饰八角星形太阳纹，纹中央有一圆形孔。长 35.0、宽 5.6 厘米（图二四○，2；图版一三八，2）。标本 M132∶6，背上饰凹形八角星形太阳纹，纹饰内填以绿松石片，星纹中央有一梯形圆台，台

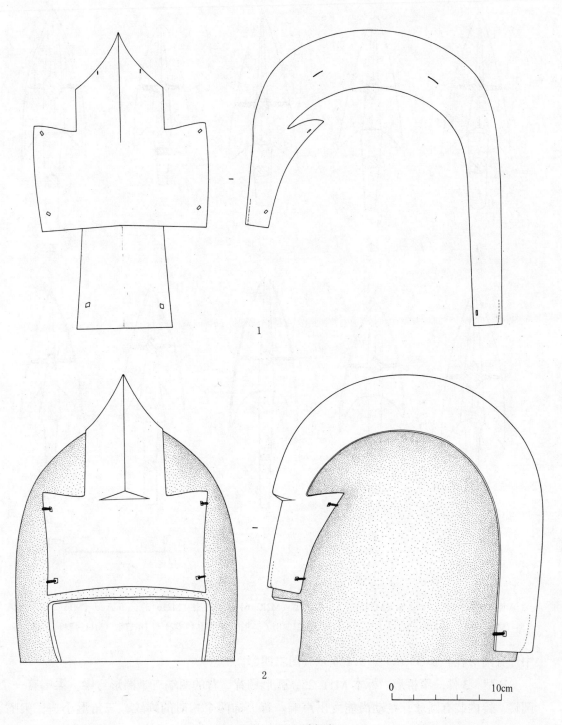

图二三八　　Cb型铜胄

1. M11:15　2. M11:9

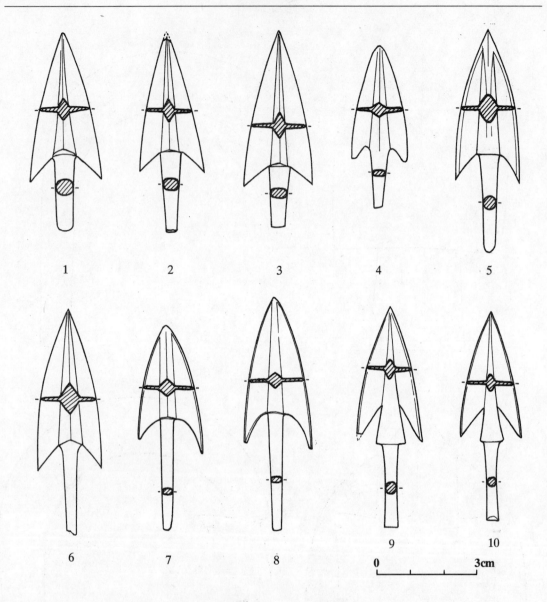

图二三九　　A、B、C型铜镞

1.A型（M222:10）　2.A型（M222:17）　3.A型（M222:6）　4.A型（M216:3）　5.A型（M11:28）　6.A
型（M11:67）　7.B型（M213:80）　8.B型（M213:81）　9.C型（M119:72）　10.C型（M119:73）

中饰有圆形孔。长33.6、宽5.1厘米（图二四〇，3）。

　　B型　3件。窄桥形。标本M11:25，弧形弓背，背的两端有半圆形弯梁，梁端有一个
圆铃，铃内装有圆球，晃动尚能发出声响。背上饰两个相对的蝉纹，三角形小头，尖嘴，
圆眼，窄三角形身体，背饰鳞纹和云纹。四爪前伸，爪前端有弯勾。一对翅膀紧贴于身体
两侧，膀尖外侈。两蝉纹间饰一椭圆形，内填以圆涡纹、菱形纹和圆点纹。长32.5、宽

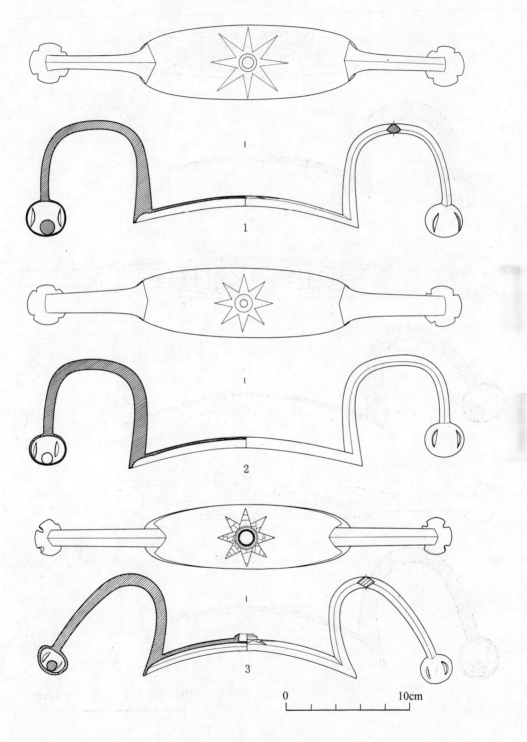

图二四〇 A型铜弓形器
1.M40:11 2.M45:32 3.M132:6

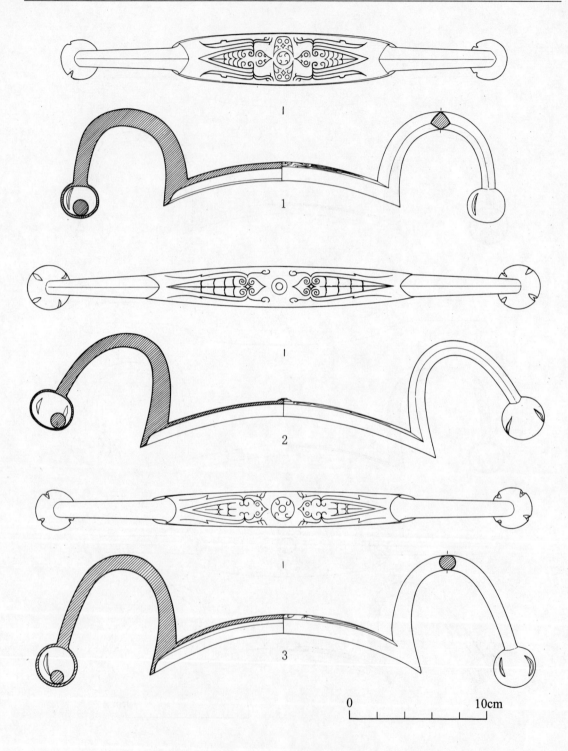

图二四一　　B型铜弓形器
1. M11∶25　2. M18∶25　3. M131∶16

3.7厘米（图二四一，1）。标本 M18:25,
背上饰两个简化的蝉纹,其两头相对,
头呈三角形,尖嘴,圆眼,窄三角形身
体,背饰鳞纹和云纹。二爪前伸,爪前
端有弯勾。一对翅膀紧贴于身体两侧,
膀尖外侈。两蝉纹间饰一圆涡纹,圆涡
高出器表。长37.5、宽2.9厘米（图二
四一,2；图版一三八,3）。标本 M131:
16,背上饰两个简化的蝉纹,头呈桃形,
尖嘴,一对圆眼,窄三角形身体,背饰
鳞纹。二爪前伸,爪前端有弯勾。一对
窄翅膀紧贴于身体两侧。两蝉纹大头间

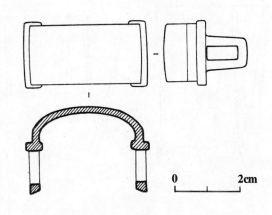

图二四二　　　铜扣弦器（M132:12）

饰一圆涡纹。长36.3、宽2.5厘米（图二四一,3）。

扣弦器　1件,标本 M132:12,呈桥形,两端出窄沿,沿面设计出两个长方形孔,是
为穿弓弦处。长3.8、宽1.7、厚0.2厘米（图二四二；图版一三八,8）。

四、工　具

工具是日常生产、生活中经常使用的器具之一,出土的工具均为锋刃器。制作方法一
般采用合范铸成,但在一些有銎器上还出现使用范芯的情况。工具的种类有斧、锛、凿和
刀四种,共出土43件。

斧　共8件。均为銎顶,双面刃,根据器身形态的不同分二型。

A型　器身宽短。

B型　器身窄长。

A型　3件。标本 M120:80,器身平面呈上微宽下窄的倒梯形,銎口呈长方形,銎部
较深,半圆弧刃,刃角外侈明显。长10.0、銎口长4.0、宽2.4、刃宽3.7厘米（图二四
三,1）。标本 M205:1,平面呈长方形,长方形銎,銎部较深,弧形刃,刃角外侈明显。
长7.2、銎口长3.9、宽2.4、刃宽4.5厘米（图二四三,2；图版一三九,1）。

B型　5件。根据细部变化分二亚型。

Ba型　2件。銎一侧有环。标本 M18:27,器身为上宽下窄的倒梯形,銎口呈长方形,
銎部略浅,平底。弧形圆刃,刃角外侈。銎口外侧有一周半圆形箍,一侧有半圆形环耳。
长10.8、銎口长4.8、宽3.2、刃宽4.0厘米（图二四三,3；图版一三九,2）。标本 M41:
14,直刃。銎口外侧有一周宽箍,一侧装三角形环耳。长11.4、銎口长3.8、宽2.3、刃
宽2.9厘米（图二四三,4；图版一三九,3）。

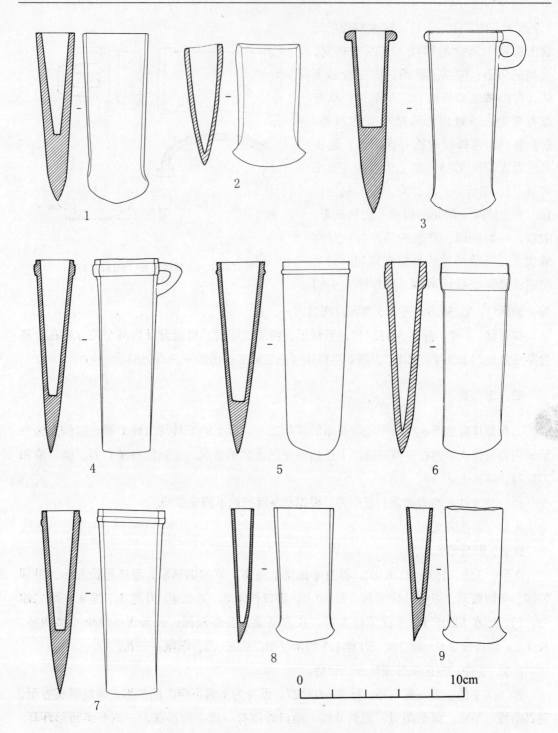

图二四三　　A、B型铜斧和A型锛

1.A型斧（M120:80）　2.A型斧（M205:1）　3.Ba型斧（M18:27）　4.Ba型斧（M41:14）　5.Bb型斧（M38:56）　6.Bb型斧（M21:5）　7.Bb型斧（M40:34）　8.A型锛（M38:55）　9.A型锛（BM9:9）

Bb 型　3 件。銎侧无环。M38：56，器身为上宽下窄的倒梯形，銎口呈长方形，銎部较深，平底。刃部作微弧形。銎口外侧有一周细箍。长 11.5、銎口长 4.1、宽 2.9、刃宽 3.2 厘米（图二四三，5）。标本 M21：5，器身为上宽下窄的倒梯形，銎口呈长方形，銎部较深，銎的内部有木柄的残段。刃部微弧，刃角微外侈。銎口外侧有一周宽带形箍。侧面有明显合范的铸缝。长 11.3、銎口长 4.2、宽 2.5、刃宽 3.6 厘米（图二四三，6；图版一三九，4）。标本 M40：34，长 10.8、銎口长 4.2、宽 2.3、刃宽 3.2 厘米（图二四三，7）。

锛　共 9 件。均为銎顶，单面刃。根据器身形态的不同分二型。

A 型　器身窄短。

B 型　器身瘦长。

A 型　4 件。标本 M38：55，器身为窄倒梯形，銎呈长方形，銎体较深，几乎到刃部。圆弧刃，刃角外侈，长 7.9、銎口长 3.6、宽 1.4、刃宽 3.5 厘米（图二四三，8）。标本 BM9：9，器身略呈倒梯形，銎呈长方形，銎体略深，平底。刃角外侈，平圆弧刃。长 8.0、銎口长 3.5、宽 1.5、刃宽 4.0 厘米（图二四三，9；图版一四〇，1）。标本 BM9：14，器身一面有一方形凹槽。长 10.2、銎口长 4.4、宽 2.3、刃宽 4.5 厘米（图二四四，1）。

B 型　5 件。根据细部变化分二亚型。

Ba 型　2 件。顶部较宽，下部内收，到刃部作弧形外扩变宽。标本 M21：23，銎口呈长方形，銎体在器身中部，平底，圆弧形刃。长 8.9、銎口长 3.3、宽 1.9、刃宽 3.8 厘米（图二四四，2）。标本 M18：28，銎口呈长方形，銎体较深，平底，圆弧形刃，刃角外侈。銎内残留有木柄残段。长 12.2、銎口长 4.0、宽 2.0、刃宽 3.5 厘米（图二四四，3）。

Bb 型　3 件。器身呈倒梯形。标本 M41：17，銎口呈长方形，銎体较深，平底，刃微弧，顶部较宽，刃部较窄，两侧平直。器体一侧有一半圆形环。銎内残留有木柄残段。长 11.8、銎口长 3.8、宽 2.0、刃宽 2.5 厘米（图二四四，4；图版一四〇，3）。标本 M40：36，銎口呈长方形，銎体较深。顶部较宽，刃部较窄，两侧平直，刃微弧。长 10.4、銎口长 3.6、宽 1.7、刃宽 2.8 厘米（图二四四，5）。标本 BM11：2，长 9.4、銎口长 3.0、宽 1.2、刃宽 2.4 厘米（图二四四，6；图版一四〇，2）。

凿　共 8 件。銎顶，单面刃。依形态不同分二型。

A 型　2 件。銎纵向较宽，刃比器身略宽。标本 BM9：16，长条状，四面平直，平顶，銎孔略呈六边形，刃微弧。上端宽厚，下端窄薄。长 10.6、宽 2.7、厚 1.0 厘米（图二四四，7）。标本 M21：9，长条状，四面平直，平顶，平刃。上端宽厚，下端窄薄。长 12.1、宽 2.8、厚 1.1 厘米（图二四四，8）。

B 型　6 件。器身窄长。标本 M40：35，器身四面平直，銎呈长方形，平顶，上端较宽，下端较窄，凿体横截面呈长方形，双面刃，微弧。长 14.5、宽 2.6、厚 1.5 厘米（图二四四，9）。标本 M213：59，器身中部微内凹，銎呈长方形，平顶，上端较宽，下端较

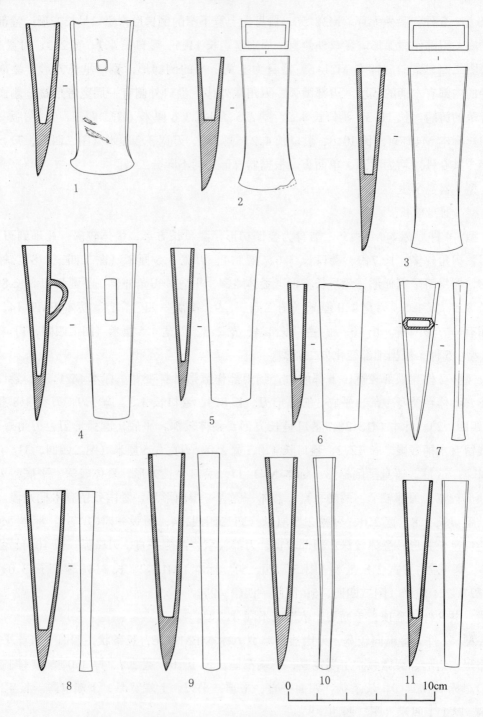

图二四四　　A、B 型铜锛和 A、B 型凿

1.A 型锛（BM9:14）　2.Ba 型锛（M21:23）　3.Ba 型锛（M18:28）　4.Bb 型锛（M41:17）　5.Bb 型锛（M40:
36）　6.Bb 型锛（BM11:2）　7.A 型凿（BM9:16）　8.A 型凿（M21:9）　9.B 型凿（M40:35）　10.B 型凿
（M213:59）　11.B 型凿（M41:28）

窄，凿体横截面呈长方形。单面刃，刃口微弧。长 14.2、宽 2.2、厚 1.6 厘米（图二四四，10；图版一四〇，4）。标本 M41：28，器身四面平直，銎呈长方形，平顶，上端较宽，下端较窄，凿体横截面呈长方形。单面刃，平直。长 12.3、宽 2.1、厚 1.8 厘米（图二四四，11）。

刀　共 18 件。分别出自 10 座墓葬中。依其特征的不同可分二型。

A 型　环首刀。

B 型　兽首刀。

A 型　共 14 件。根据形状特征可分三亚型。

Aa 型　11 件。直背直刃，刀身较宽，椭圆形环首。标本 M18：50，刀身短宽，背和柄在一线，直刃，前锋呈斜平状与背相连，前锋端宽于后端。背较厚，由背到刃逐渐减薄，截面呈楔形。柄部饰一道直线纹。长 27.9、宽 5.3 厘米（图二四五，1；图版一四一，1）。标本 M38：77，柄截面呈椭圆形。长 24.8、宽 5.0 厘米（图二四五，2；图版一四一，2）。标本 M21：17，锋尖微上翘。柄部饰三道凹槽。长 27.0、宽 3.8 厘米（图二四五，3；图版一四一，3）。标本 M120：27，刀身较宽长，直刃，柄部饰一道横直线纹，截面呈双亚腰铃形。长 28.4、宽 4.8 厘米（图二四五，4；图版一四一，4）。标本 BM9：15，刀身短宽，刃部作弧线形，柄部饰一道直线纹。长 23.0、宽 4.1 厘米（图二四五，5；图版一四一，5）。标本 M18：26，刀身较长，直刃，尖微上翘。柄部上下各饰一组由三道蓖点纹组成的装饰。长 29.8、宽 4.3 厘米（图二四五，6；图版一四一，6）。标本 M40：9，刀身短宽，刃作弧线形，背有长方形脊，截面呈钉形，柄部饰二道凹槽。长 27.5、宽 3.7 厘米（图二四五，7；图版一四二，1）。

Ab 型　1 件。直背直刃，刀身较窄，身与柄分界不明显，圆环首。标本 BM9：28，截面呈楔形，柄部饰一道直线纹。长 15.5、宽 1.9 厘米（图二四五，8；彩版四八，1；图版一四二，2）。

Ac 型　2 件。弧背凹刃。标本 M132：3，柄、背、刃均呈弧形，锋尖端上翘，柄与刃间有阑，柄中部有一条方形脊，半圆形柄首。背起脊，截面呈钉形。长 23.6、宽 4.1 厘米（图二四五，9；图版一四二，3）。标本 M45：33，长 27.8、宽 4.9 厘米（图二四五，10；彩版四八，2；图版一四二，4）。

B 型　4 件。根据形状特征可分三亚型。

Ba 型　1 件。柄呈夔龙形。标本 M38：70，直刃，前锋呈斜弧状与背相连，锋尖上翘明显。背稍厚，由背到刃逐渐减薄。截面呈楔形，柄与身由两横杆连接。柄部为一夔龙，夔龙的嘴前伸大张，头顶羽冠，方圆形大眼，细长身，背部弯曲，尾向上翻卷，身下爪呈勾状。残长 19.0、宽 2.0 厘米（图二四六，1；彩版四八，3；图版一四二，5）。

Bb 型　2 件。柄首呈鸟形。标本 M50：4，背和柄在一线，直刃，前锋呈斜弧状与背相

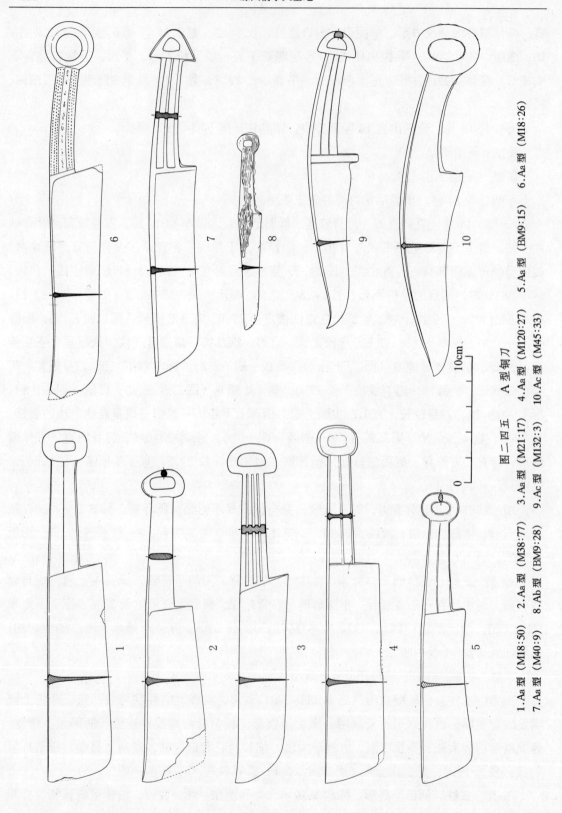

图二四五　A 型铜刀

1.Aa 型（M18:50）　2.Aa 型（M38:77）　3.Aa 型（M21:17）　4.Aa 型（M120:27）　5.Aa 型（BM9:15）　6.Aa 型（M18:26）
7.Aa 型（M40:9）　8.Ab 型（BM9:28）　9.Ac 型（M132:3）　10.Ac 型（M45:33）

连，前锋尖微上翘。背稍厚，由背到刃逐渐减薄。截面呈楔形，柄与身连接处上部饰一立鸟，鸟喙弯曲前伸，圆睛，头顶羽冠，翅上翘，尾分叉并向下弯曲。柄首的装饰残。残长19.2、宽1.4厘米（图二四六，2；彩版四八，4；图版一四二，6）。标本M50:5，形状与上一件基本相同，器身轻薄，似非实用器，柄首的装饰锈蚀严重，无法观察其形态。残长20.2、宽1.5厘米（图二四六，3）。

Bc型　1件。柄首呈羊头状。标本M41:42，刀身呈柳叶形，中部起脊，双面刃。身与柄有明显分界，柄略细，截面呈椭圆形，直刃，柄上饰四道蓖点纹线。柄首羊头细长角向后弯曲成半圆形，连接于腮部，眼凸起，阔鼻，大嘴微张。残长36.6、宽6.0厘米（图二四六，4；彩版四八，5；图版一四二，7）。

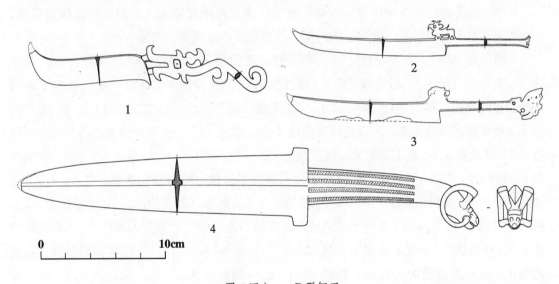

图二四六　　B型铜刀

1.Ba型（M38:70）　2.Bb型（M50:4）　3.Bb型（M50:5）　4.Bc型（M41:42）

五、车马器

墓地中出土各类车马器共370件，分别出于5个车马坑和少数墓葬。出土的车、马具形制较为统一，车马上附属的车马器也有许多相近之处。这些车马器大多为铜质，也有少量骨质配件。郭宝钧先生曾将一辆车马分解作转动部分、拽引部分、乘载部分、系马部分[1]。现亦采用这一顺序，对车上附属的车马器逐一介绍。

（一）转动部分　器类有軎、辖、轴饰、辀饰。

軎　共20件，主要在五座车马坑中出土。其中M132只出土了1件车軎，其余车马坑

---

〔1〕　郭宝钧：《殷周车器研究》，文物出版社，1998年。

均出有 2 件；此外，M204、M215 中各出 2 件车軎，M222、T2413③、T2414③中各出有 1 件车軎。尚未见铜质的毂、牙等配件，仅见有铜质的车軎以及附属的辖。出土的车軎均为长筒状圆柱体。軎分为两截。一头稍粗，接轴，为内端；另一端封闭，略小，为外端。内端近轴处常有摩擦的痕迹，当是车毂与之摩擦所造成的。在内端中部有一长方形孔，以容纳车辖。在外端中部有两侧可对穿的圆形孔，缚辖皮条越过其间。由车軎的长度、内端与外端的比例以及纹饰可将出土的车軎分为二型。

A 型　器形瘦长。内端占整个器体长度的较小部分。通体饰有繁缛纹饰：外端饰四分蕉叶纹，叶尖朝向外侧，外端顶面饰有卷曲夔龙纹；内端在辖孔两侧饰有兽面纹，下颌部朝向外侧，内端近轴部无纹饰。

B 型　器形较短。外端缩短，内端占整个器体长度的比重加大。器体所饰纹饰简单，外端饰简化的四分蕉叶纹，叶尖朝向外侧，外端顶面向外突起；内端素面。

A 型　共 10 件。标本 M45：23，其所配的辖为铜首木键辖。辖首作卧兽状。总长 18.5、最外端直径 3.5、最内端直径 5、辖孔长 3.2、宽 1.2 厘米。距最内端 1.45 厘米的范围内为素面（图二四七，1；彩版四九，1；图版一四三，1）。标本 BT2414③：7，距最内端 1.9 厘米的范围内为素面。顶端纹饰锈蚀不清。总长 18.8、最外端直径 3.1、最内端直径 5.7、辖孔长 3.7、宽 1.2 厘米（图二四七，2；图版一四三，2）。标本 M40：28，距最内端 1.45 厘米的范围内为素面。其所配的辖为铜首木键辖，辖首作卧兽状。总长 18.7、最外端直径 3.5、最内端直径 5.0、辖孔长 3.3、宽 1.2 厘米（图二四七，3；彩版四九，2）。标本 M215：1，距最内端 1.7 厘米的范围内为素面。总长 20.2、最外端直径 3.2、最内端直径 4.9、辖孔长 3.3、宽 1.0 厘米（图二四七，4；图版一四三，3）。标本 M132：28，距最内端 0.9 厘米的范围内为素面。总长 20.8、最外端直径 3.4、最内端直径 4.9、辖孔长 3.7、宽约 1.0 厘米（图二四七，5；图版一四三，4）。

B 型　共 10 件。标本 M204：8，顶部有三周突起，二周为坡状，最上一周为阶梯状。总长 17.0、最外端直径 4.1、最内端直径 5.4、辖孔长 3.4、宽 1.0 厘米（图二四八，1）。标本 M41：37，顶部有两周突起，呈台阶状。总长 17.5、最外端直径 4.0、最内端直径 5.3、辖孔长 3.5、宽 1.4 厘米（图二四八，2；图版一四三，5）。标本 BM4：15，长 15.1、最外端直径 4.4、最内端直径 5.2、辖孔长 2.6、宽 1.0 厘米（图二四八，3）。标本 BT2413③：1，顶部有三周突起。总长 16.8、最外端直径 3.7、最内端直径 5.2、辖孔长 3.3、宽 1.3 厘米（图二四八，4）。标本 M131：9，顶部的三周突起，呈漫坡状。所配辖为木质。总长 18.9、最外端直径 3.9、最内端直径 5.7、辖孔长 4.1、宽 1.5 厘米（图二四八，5）。标本 M222：37，顶部有三周突起。总长 17.3、最外端直径 4.0、最内端直径 5.5、辖孔长 3.3、宽 0.8 厘米（图二四八，6）。标本 BM3：10－1，长 15.5、最外端直径 4.7、最内端直径 5.0、辖孔长 2.9、宽 1.2 厘米（图二四八，7；图版一四三，6）。

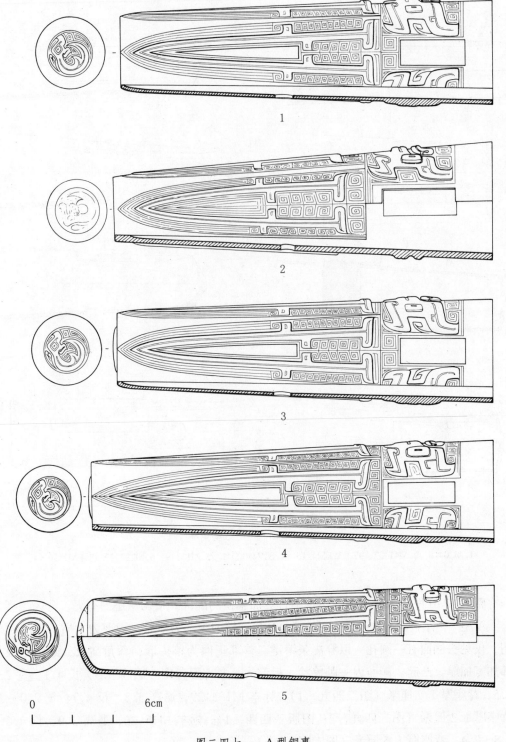

图二四七　A型铜觜

1.M45:23　2.BT2414③:7　3.M40:28　4.M215:1　5.M132:28

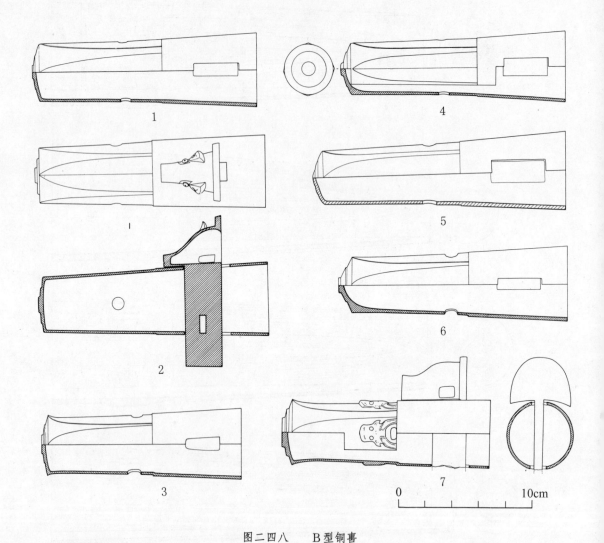

图二四八　　B型铜軎

1.M204:8　2.M41:37、47　3.BM4:15　4.BT2413③:1　5.M131:9　6.M222:37　7.BM3:10-1、2

辖　共10件。为使车軎与车轴结合更加紧密的配件。根据辖键的有无，分为二型。

A型　5件。铜首木键辖。标本M40:44，辖的头部为铜质，键部为木质，出土时已腐朽，仅见头侧面有一圆孔，以穿皮条缚键。首部正面为兽头形，弯角高耸，圆角方眼，吻部加宽加厚，凸起。侧面为一卧兽状。后部为一厚方形背座。通高3.5、长4.1、宽2.1~2.5、背座厚1.7厘米（图二四九，1）。标本M132:29，通高3.3、长4.7、宽2.0~2.6、背座厚1.2厘米（图二四九，2；图版一四四，1）。标本M45:26，通高3.0、长4.6、宽1.8~2.4、背座厚1.5厘米（图二四九，3）。

B型　5件。通体铜辖。标本BM4:21，辖首为一简化兽面。残高10.0厘米（图二五

图二四九　A型铜辖
1.M40:44　2.M132:29　3.M45:26

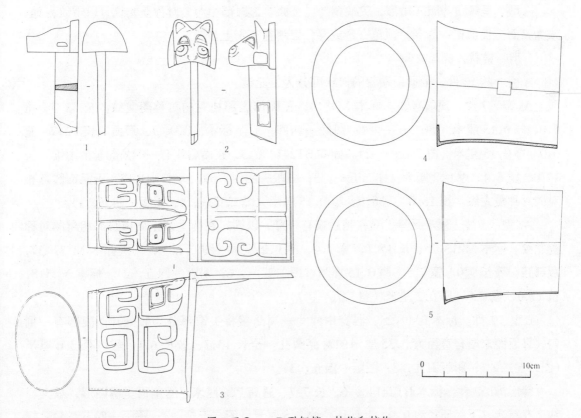

图二五〇　B型铜辖、轴饰和辐饰
1.B型辖（BM4:21）　2.B型辖（BM3:31）　3.轴饰（BM3:35）　4.辐饰（BM4:12）　5.辐饰（BM3:36）

〇，1）。标本 BM3：31，辖首的兽头两耳竖立，三角眼，鼻脊，圆颔上饰涡纹，口作半圆状。通高 11.1 厘米（图二五〇，2；图版一四四，2）。标本 M41：47，辖首下方有一铜质扁长方形键。辖首为一兽首状。长吻，吻部向前突出。大耳高耸，圆眼突出，形状似一猪头。侧面有一方形穿孔，容纳缚键的皮条。后部为一半圆形背座。键下端有一长方形穿孔，容纳缚键的皮条。通高 11.0、辖首高 3.8、键高 7.2、键孔长 1.3、宽 0.5、键孔上端距辖首 3.8 厘米（图二四八，2）。标本 BM3：10-2，辖首为一简化兽面。残高 8.3 厘米（图二四八，7）。

轴饰　2 件。前端为椭圆筒形，后为扁平方形。筒壁饰目纹、云雷纹，方形外侧饰云雷纹。标本 BM3：35，通长 l8.8、径 5.9×8.8 厘米（图二五〇，3；图版一四四，3）。

辋饰　5 件。原应与轴饰连接在一起。作圆筒形，一端稍粗，并有一小周弟。上有 2 个辖孔。标本 BM4：12，长 11.3、直径 9.9～11.0 厘米（图二五〇，4）。标本 BM3：36，长 11.0、径 9.1～10.8 厘米（图二五〇，5；图版一四四，4）。

（二）拽引部分　器类有衡末饰、管形饰、轭、轵、銮铃、轪、踵、轨等。

衡末饰　出土 13 件。均位于车衡的两端。根据形状的不同，可以分为二型。

A 型　呈锐角等腰三角形，尖端朝外。正面多饰腹部相对的对称夔龙纹，以雷纹衬地；或为素面。反面正中为穿，顶角有銴或穿，以缚在车衡上。

B 型　锥状，侧面有勾。

A 型　共 12 件。根据顶端銴的形状可分为二亚型。

Aa 型　7 件。顶端有銴。标本 M41：4，正面饰腹部相对的对称夔龙纹。长 12.7、宽 6.0、厚 0.15 厘米（图二五一，1；图版一四四，5）。标本 M131：3，素面。长 12.9、宽 6.0、厚 0.15 厘米（图二五一，2）。标本 BT2414③：3，正面后端有一四角的星形图案。长 14.0、宽 6.4、厚 0.2 厘米（图二五一，3；图版一四四，6）。标本 M40：3，正面饰腹部相对的对称夔龙纹。长 16.0、宽 8.0、厚 0.15 厘米（图二五一，4；图版一四五，1）。

Ab 型　5 件。顶端无銴，只在稍后端有一穿，以固定在衡上。正面饰腹部相对的对称夔龙纹。标本 M213：75，长 15.1、宽 7.4、厚 0.2 厘米（图二五一，5）。标本 M132：37，顶部残。残长 9.0、宽 7.5、厚 0.15 厘米（图二五一，6；图版一四五，2）。标本 M45：8，长 17.0、宽 7.8、厚 0.2 厘米（图二五一，7）。

B 型　1 件。标本 BM9：25，器身中间为一周凸棱将尖锥部分与骹分开，骹部有一倒勾，靠近骹末端有直径为 0.35 厘米的对穿圆孔。全长 13.7、骹长 6.1、骹口径 2.0 厘米（图二五二，1；彩版四九，3；图版一四五，3）。

管形饰　3 件。标本 BT2414③：6，长 7.7、通高 7.6 厘米。管剖面呈椭圆形，最大径约 2.0 厘米。下部环径约 0.9、上部环径约 3.5 厘米（图二五二，2；图版一四五，4）。标本 M41：3，为管状，两侧有环。通高 5.8、直径 2.0、两侧环内径 0.8 厘米（图二五二，3；

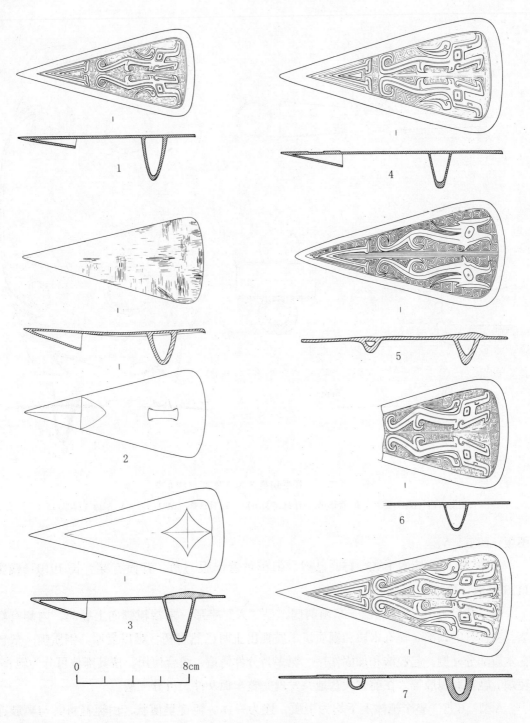

图二五一 A型铜衡末饰

1. Aa型（M41:4） 2. Aa型（M131:3） 3. Aa型（BT2414③:3） 4. Aa型（M40:3） 5. Ab型（M213:75）
6. Ab型（M132:37） 7. Ab型（M45:8）

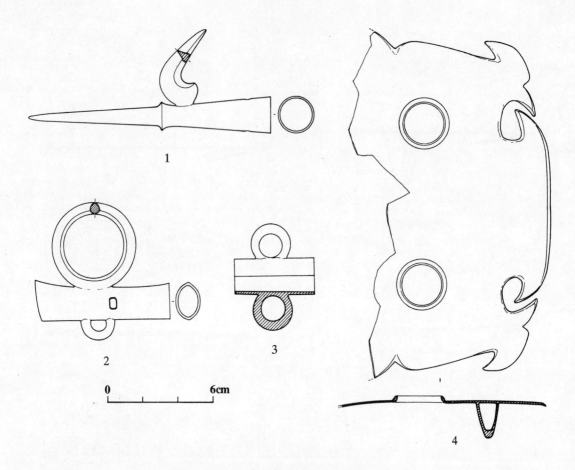

图二五二　　B型铜衡末饰、管形饰和车饰

1.B型衡末饰（BM9:25）　2.管形饰（BT2414③:6）　3.管形饰（M41:3）　4.车饰（BM3:15）

图版一四五，5）。

车饰　1件。标本 BM3:15，已残，但仍可看出眼与角，背面有穿。长 19.0、残宽 11.3 厘米（图二五二，4）。

軛　共出土 16 件。軛位于车衡两侧，呈"人"字形，末端軛脚向上翘起，内侧有軛垫，夹住马的颈部。軛有木质和铜质。木质軛出土时已然腐朽，难以复原。铜质軛一般包在木质部分外侧，起装饰和加固作用。軛多为分件铸造，组合使用，按其部位可分为軛首、軛颈、軛箍和軛肢等。在前掌大墓地共发现完整车軛 9 件。可分三型。

A型　6件。整个軛体上下均为铜质，连为一体。軛首呈菌状，由軛箍将其与軛肢连为一体。軛颈与軛肢连为一体。整个軛体对剖分铸而成，由軛箍扣合在一起。軛肢呈半筒状。軛颈上部有方形孔。下侧軛箍上有半圆形环。軛肢下部有大方形孔，为鞅的贯穿处。軛脚顶端呈筒形，軛脚上有小销孔，以固定木质軛体。标本 M40:5，軛首上部饰蕉叶纹，

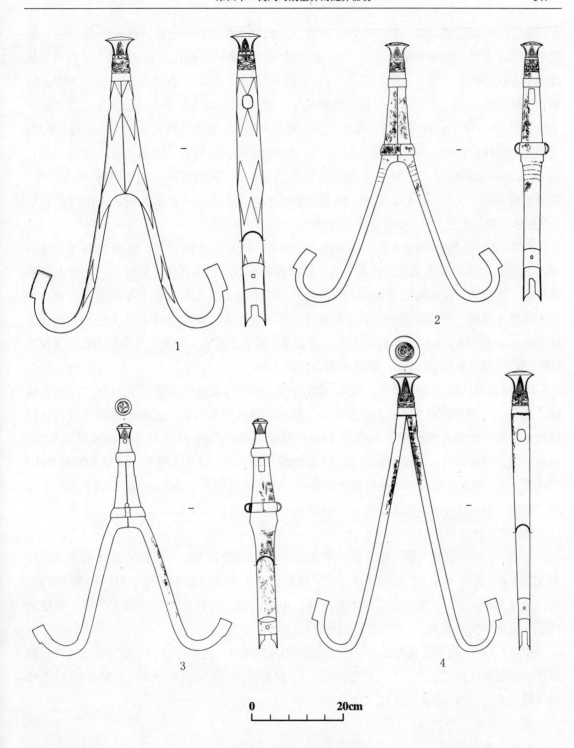

图二五三 A、B 型铜轭

1.A 型 (M40:5) 2.A 型 (M41:6) 3.A 型 (M131:1) 4.B 型 (M45:6)

下部饰首尾相对的夔龙纹。轭体上饰三角划纹。轭颈下部无铜质轭箍。通高 61.8 厘米。轭肢半径 4.4 厘米。轭颈上端方孔长 2.8、宽 2.2 厘米。轭肢上靿孔长 8.0、宽 1.4 厘米。轭脚上小方孔边长 0.7 厘米（图二五三，1；彩版五〇，1；图版一四六，1）。标本 M41：6，轭首上部饰蕉叶纹，下部饰首尾相对的夔龙纹。通高 54.5 厘米。轭肢半径 4.0、两侧轭肢下端相距 24.0 厘米。轭颈上端方孔长 3.2、宽 1.4 厘米。轭肢上靿孔长 8.0、宽 1.2 厘米。轭脚上小圆孔直径 0.5 厘米（图二五三，2；彩版五〇，2；图版一四六，2）。标本 M131：1，轭首上部饰蕉叶纹。通高 48.4 厘米。轭肢半径 4.0、两侧轭肢下端相距约 21.0 厘米。轭颈上端方孔长 3.0、宽 1.2 厘米。轭肢上靿孔长 8.0、宽 1.4 厘米。轭脚上小圆孔直径 0.7 厘米（图二五三，3；彩版五〇，3；图版一四六，3）。

B 型　2 件。轭首与轭体不直接构成一个整体，轭肢为半圆筒状。标本 M45：6，通高 58.9 厘米。轭首作圆形菌状，通高 8.8、顶部直径 6.5、下端直径 4.0 厘米。轭首上部饰蕉叶纹，下部饰首尾相对的夔龙纹。轭肢为两个半圆形筒，轭肢上部并不能直接相合，当有木块揳入其间，才能构成一只轭。未见有轭箍。轭肢高约 49.6、半径 2.4 厘米。轭颈上端方孔长 2.5、宽 1.8 厘米。轭肢上靿孔长 6.5、宽 1.2 厘米。轭脚上小方孔边长 0.4 厘米（图二五三，4；彩版五〇，4；图版一四六，4）。

C 型　2 件。轭肢为平板状。标本 M214：84，轭首与轭体不直接相连。轭首为圆形菌状，高 10.2、顶部直径 5.6、下端直径 4.2 厘米。轭肢为平板状，至轭脚为圆形套筒。轭肢由上下两只轭箍连成轭体。轭体高 47.4、轭肢下端间距约 17.0 厘米。轭颈呈方筒形，前端封闭，后端敞开，上端略有突起，下端略敞；高 8.6、宽 4.4 厘米。两侧有方形穿孔，穿孔长 2.4、宽 1.7 厘米。下侧轭箍呈方环形，正面前后有系；高 3.4、长 10.2、宽 5.6 厘米。轭肢上靿孔长 9.5、宽 1.3 厘米。轭脚上小方孔长 1.0、宽 0.6 厘米（图二五四）。

轭首　4 件。分二型。

A 型　2 件。轭首上部饰蕉叶纹，下部饰首尾相对的夔龙纹，顶部饰盘状夔龙纹。标本 M221：5，通高 9.6、上端直径 6.1、下端直径 4.1 厘米（图二五五，1）。标本 M132：34，通高 8.8、上、下端直径均为 4.1 厘米，中部收缩，无其他轭首中部的凸棱。最细处约 2.8 厘米（图二五五，2；图版一四七，1）。

B 型　2 件。轭首上部饰抽象蕉叶纹。标本 M204：1，通高 7.8、上端直径 5.1、下端直径 3.8 厘米（图二五五，3）。BT2414③：2，通高 6.3、上端直径 3.5、下端直径 3.2 厘米（图二五五，4；图版一四七，2）。

轭颈　2 件。分二型。

A 型，截面为圆形。标本 M221：3，圆柱体，中部有一长方形孔。通高 9.0、直径 4.0~5.4、中部孔长 2.5、宽 1.5 厘米（图二五六，1）。

B 型，截面为长方形。标本 M204：2，呈方形，上端略有突起，下端略敞。前端封闭，

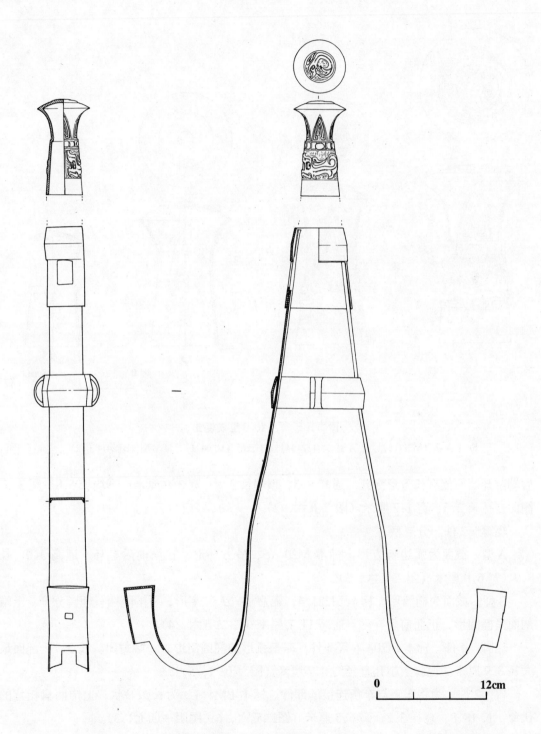

图二五四　　C 型铜轭（M214:84）

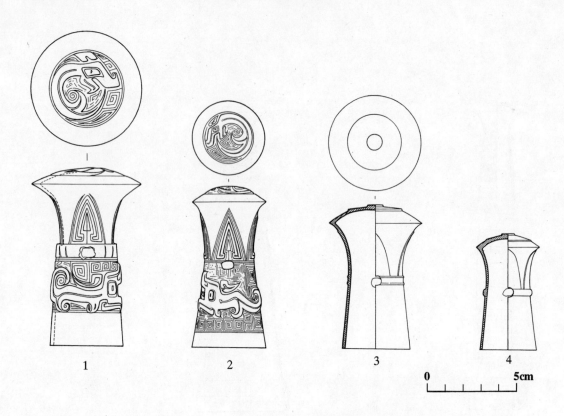

图二五五　　A、B型铜轭首

1.A型（M221:5）　2.A型（M132:34）　3.B型（M204:1）　4.B型（BT2414③:2）

后端敞开。两侧有长方形穿孔。通高8.5、顶端长3.8、宽3.9厘米；下端长5.8、宽3.5、侧面方孔长2.5、宽1.2厘米（图二五六，2）。

轭箍　2件。分二型。

A型，截面为弧边长方形。标本M204:5，呈方环形，正面前后有环。通高3.0、长8.9、宽6.9厘米（图二五六，3）。

B型，截面为椭圆形。标本M221:4，轭箍呈"人"字形，下端随两只轭脚分开。上端剖面呈椭圆形，正面前后有环。通高11.7厘米（图二五六，4）。

轭脚　4件。标本M204:6等4件，略呈弧形的椭圆筒形，一端封闭。长5.7，剖面最大径3.9厘米。轭脚上小孔直径约0.7厘米（图二五六，5）。

䡇　2件。为将车辀与车衡连接的部件。标本BM4:7，为长圆筒状，上饰两只相背的伏兔。长18.8、直径3.2、高6.5厘米（图二五六，6；图版一四七，3）。

銮铃　2件。形制、尺寸近似。上部为一内装铜丸的圆铃，两面有对称圆孔，一面有三角形镂孔饰，外周为扁平宽边。下部是上小下大长方座，底座两侧各有一方孔。标本

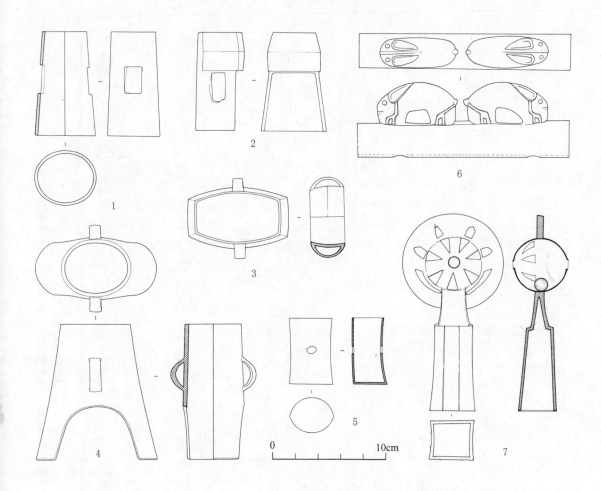

图二五六　　铜轭颈、轭箍、轭脚、轪和銮铃

1. A 型轭颈（M221:3）　2. B 型轭颈（M204:2）　3. A 型轭箍（M204:5）　4. B 型轭箍（M221:4）　5. 轭脚（M204:6）　6. 轪（BM4:7）　7. 銮铃（BM3:34）

BM3:34，通高 17.0 厘米（图二五六，7；彩版四九，4；图版一四七，4）。标本 BM3:32，通高 18.0 厘米。

轪　1件。标本 M41:5，长 9.2、上部宽 7.5、高 6.1 厘米。为一端封闭的筒状物，剖面呈倒桥形。上部宽平，饰腹部相对的夔龙纹。下部呈高弧形。顶面平，饰兽面纹。上部和下部正中有相对的孔，以将轪固定在辀上（图二五七，1）。

踵　由套在辀尾部的踵管和贴在后軫上的踵板两部分构成。

踵管　共出土 7 件。为套于车辀后端的装饰物。其前端稍大，为一完整的套筒，套在车辀上。后端稍小，为前端的一半，扣于辀上。踵管前端前部饰尾部相对的对称横向夔龙纹，前端后部和后端饰蕉叶纹。根据踵管的剖面形状，分为二型。

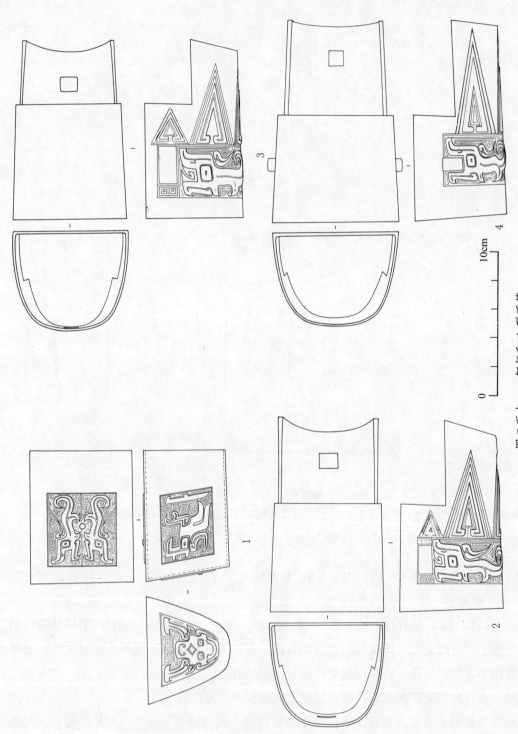

10cm

0

图二五七　铜钪和 A 型踵管

1.钪（M41:5）　　2.A 型踵管（M40:22）　　3.A 型踵管（M45:30）　　4.A 型踵管（M41:31）

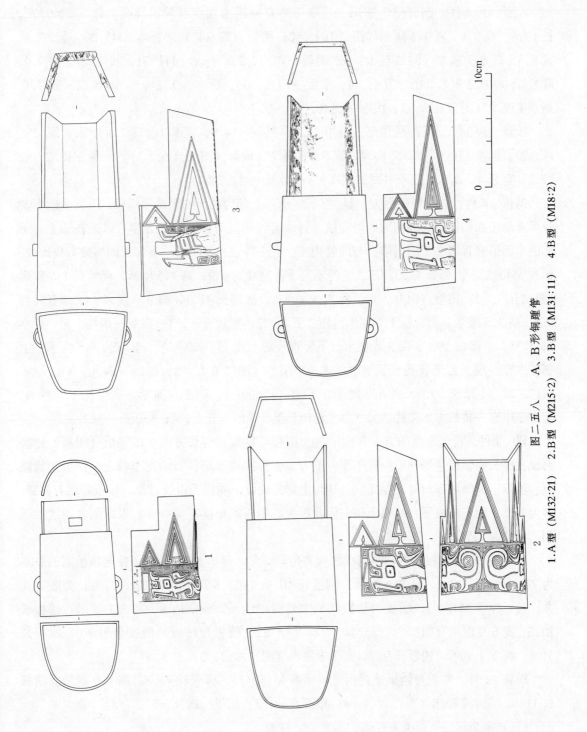

图二五八　A、B形铜踵管

1.A 型（M132:21）　2.B 型（M215:2）　3.B 型（M131:11）　4.B 型（M18:2）

A型 共4件。剖面呈半圆形。后端正中有一插销固定踵管的穿孔。标本M40:22，长13.4、宽8.1、高7.4厘米（图二五七，2；图版一四八，1）。标本M45:30，长12.4、宽8.3、高6.9厘米（图二五七，3；图版一四八，2）。标本M41:31，长13.9、宽9.0、高6.6、厚0.2厘米（图二五七，4；图版一四八，3）。标本M132:21，长10.2、宽7.1、高6.1厘米（图二五八，1；图版一四八，4）。

B型 共3件。剖面呈梯形。标本M215:2，长14.5、宽8.1、高7.1厘米（图二五八，2）。标本M131:11，长16.4、宽8.1、高7.3厘米（图二五八，3）。标本M18:2，长17.2、宽8.4、高6.5厘米（图二五八，4；图版一四八，5）。

踵板 4件。位于车舆后方。呈"T"字形。上部为狭长的倒梯形铜板，下接半圆形套管。上部正面均饰有头部相对的夔龙纹，背面有四个呈对称分布的方穿，以系在轸上。下部的半圆形套管堵在车辀尾端，与踵管相接。在中部也有一小穿。下部正面均饰有兽面纹。标本M40:23，上部长42.6、高3.5厘米。下部直径约6.9、高4.5厘米。套管长1.9厘米（图二五九，1；图版一四九，1）。标本M41:35，上部长41.1、高3.0厘米。下部直径约6.1、高3.5厘米。套管长1.0厘米（图二五九，2；彩版五一，1；图版一四九，2）。标本M45:31，上部长38.6、高3.6厘米。下部直径约5.9、高4.0厘米。套管长1.5厘米。上部正中有一狭长方形镂孔，长5.2、宽0.3厘米（图二五九，3；图版一四九，3）。标本M132:22，上部长39.0、高3.9厘米。下部直径约5.7、高3.6厘米。套管长1.7厘米。上部正中有一狭长方形镂孔，长5.2、宽0.5厘米（图二五九，4；彩版五一，2）。

轵 4件。位于车舆前方。其由一狭长铜板（轸板）与长方形中凹铜板（辀板）连接而成。狭长铜轸板呈倒梯形，置于车辀前方。方形或梯形铜辀板卡在车辀上，铜板边缘略折。轸板正面饰尾部相对的夔龙纹。辀板上饰兽面纹。均以云雷纹衬地。轸板背面有方穿，多为两个。因车辀或平，或略上扬，因此舆板与辀板的角度不尽一样。根据两者角度的差别，可分为二型。

A型 3件。辀板上折，与轸板之间夹角呈锐角。标本M40:43，辀板与轸板间的夹角为72°。轸板长37.7、高3.6厘米。辀板长10.9、宽5.8厘米（图二六〇，1；图版一四九，4）。标本M41:43，辀板与轸板间的夹角为70°。轸板长36.8、高3.1厘米。辀板长10.6、宽6.9厘米（图二六〇，2）。标本M45:22，辀板与轸板间的夹角为70°。轸板长31.6、高3.1厘米。辀板长9.7、宽3.1厘米（图二六〇，3）。

B型 1件。轸板与辀板垂直相交。标本M132:15，轸板长43.8、高4.0厘米。辀板长11.6、宽4.7厘米（图二六〇，4；彩版五一，3；图版一四九，5）。

（三）乘载部分 器类有栏饰、车伞盖、柱饰。

栏饰 8件。横向套在门两侧的车轸上。其为方筒体，一端封闭。墓中多成组出现。顶端朝向车门。顶面上有一方孔，两侧饰两只首尾相连的夔龙纹，龙头朝向车门方向。两

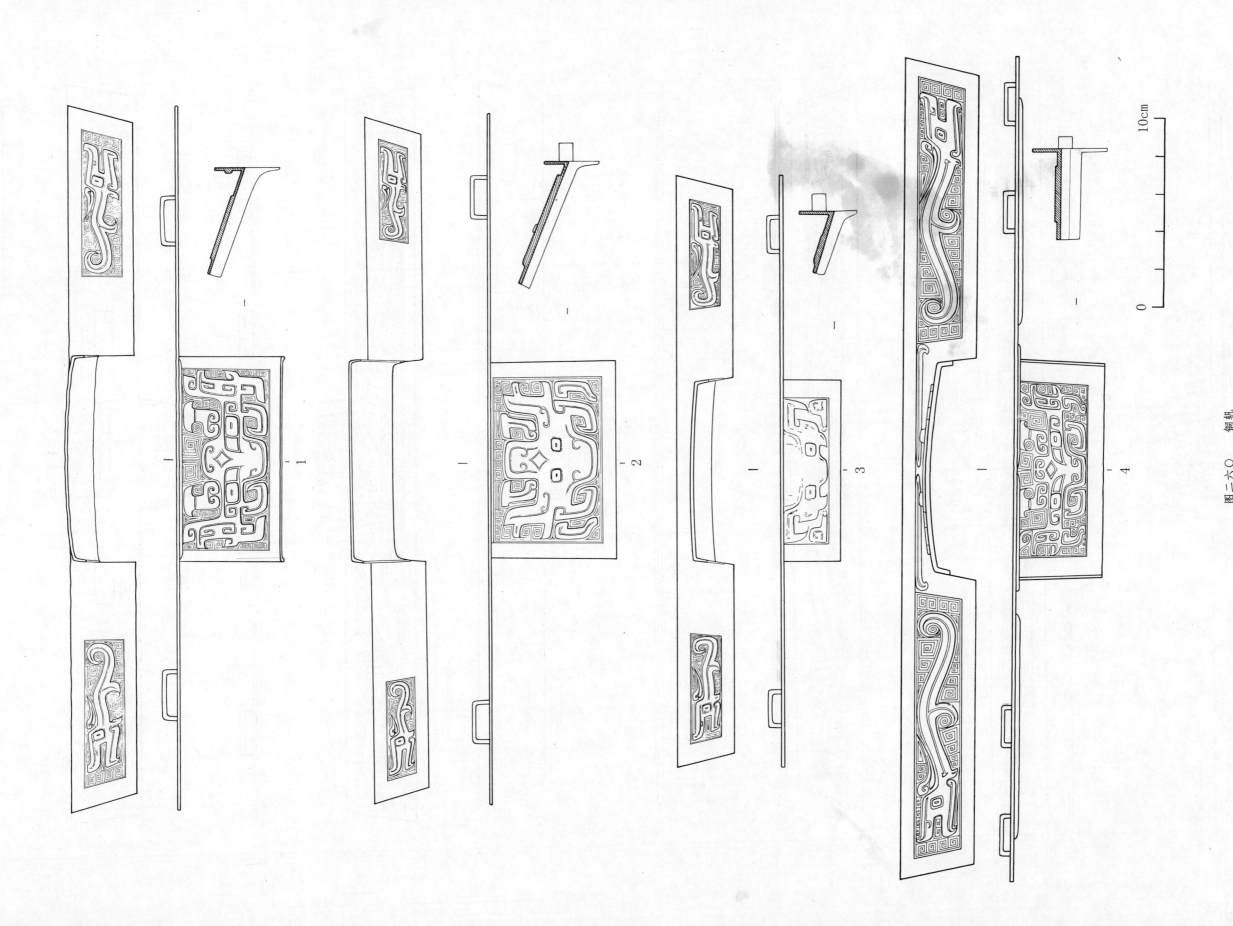

图二六〇　铜机

1.A型（M40:43）　2.A型（M41:43）　3.A型（M45:22）　4.B型（M132:15）

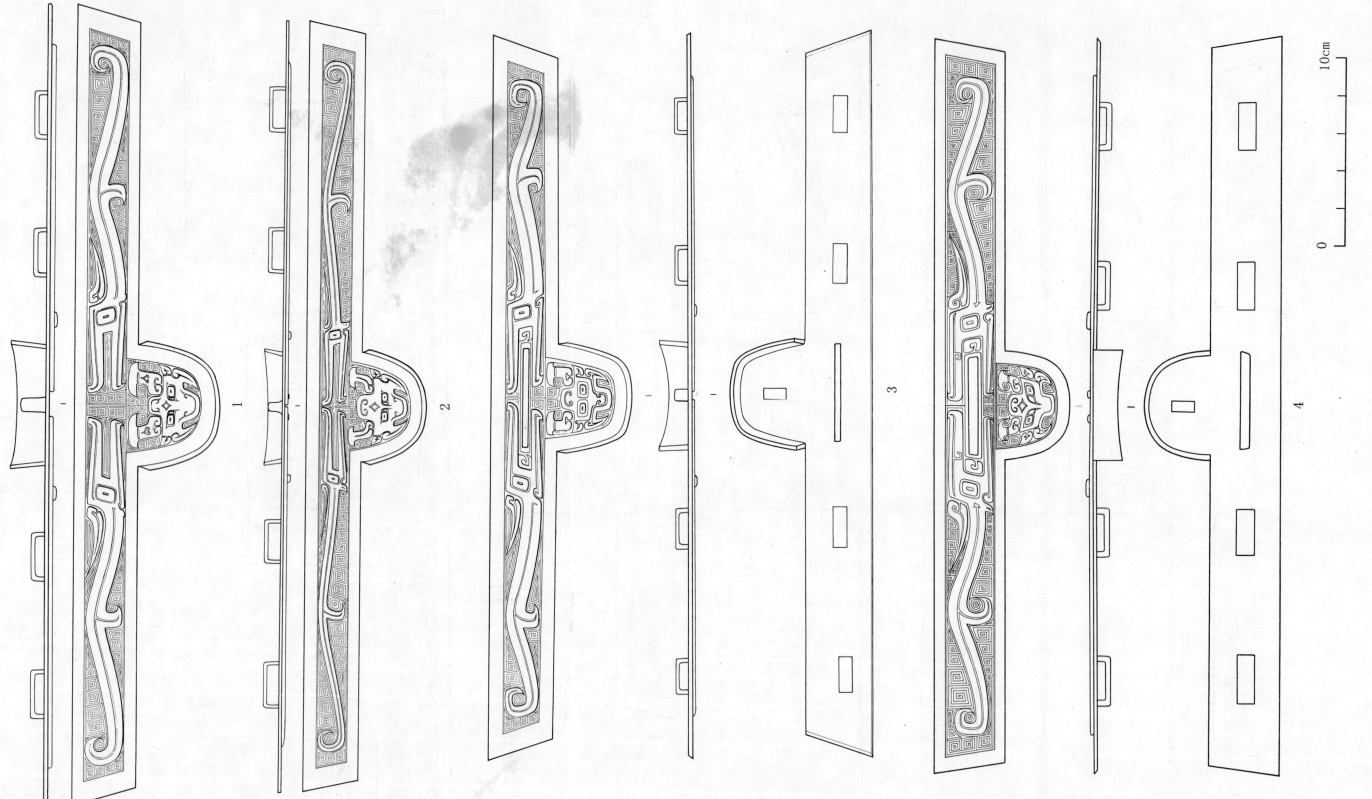

图二五九 镯瞳板

1.M40:23　2.M41:35　3.M45:31　4.M132:22

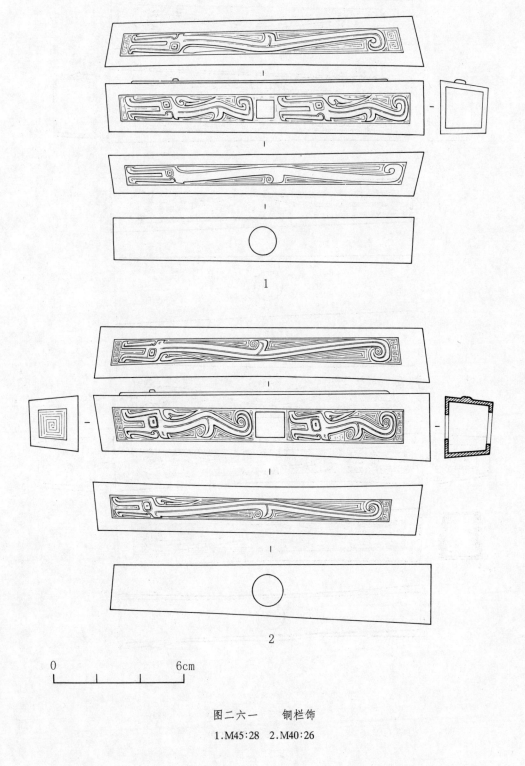

图二六一　　铜栏饰
1.M45:28　2.M40:26

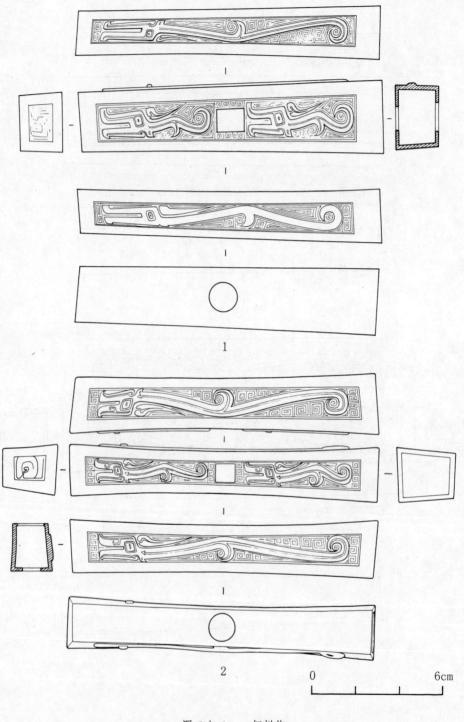

图二六二　铜栏饰

1. M41∶33　2. M132∶20

个侧面饰有一只夔龙纹，龙头亦朝向车门方向。朝向车舆外侧的为高浮雕，朝向车舆内的纹饰为阴刻。底面为素面，中心有一圆孔。顶面和底面的穿孔相对，车轮上纵向栏杆贯穿其间。标本 M45:28，长 14.5、宽 2.1~2.4、高 1.7~1.9 厘米。顶面方孔为正方形，边长为 0.8 厘米。底面圆孔直径 1.2 厘米（图二六一，1）。标本 M40: 26，长 15.4、宽 2.5~3.0、高 2.2 厘米。顶面方孔长 1.3、宽 1.1 厘米。底面圆孔直径 1.4 厘米（图二六一，2）。标本 M41:33，长 13.9、宽 2.6~3.2、高 1.9~2.3 厘米。顶面方孔长 1.2、宽 1.0 厘米。底面圆孔直径 1.3 厘米（图二六二，1；彩版四九，5；图版一五〇，1）。标本 M132:20，长 14.1、宽 2.0~2.3、高 2.0~2.3 厘米。顶面方孔长 0.9、宽 0.8 厘米。底面圆孔直径 1.2 厘米（图二六二，2）。

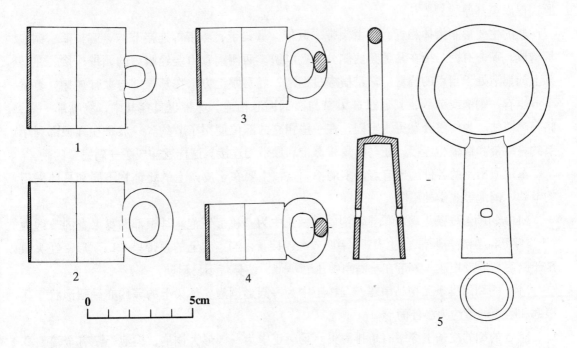

图二六三　铜柱饰

1.M40:33　2.M131:17　3.M132:18　4.M132:25　5.M41:29

车伞盖　在 M41 车舆正中发现有车伞盖痕迹，其伞的大部分已经腐朽，不可辨识，仅余伞盖正中的伞顶饰。伞顶饰为一直径 27.8 厘米的铜圆盘，中间有一直径 0.01 米的穿孔。在周边有 82 枚海贝分两排镶嵌装饰（见彩版一八、一九）。

柱饰　11 件。标本 M40:33，铜管形，一侧有半圆形穿。其位于轮东侧与车舆相交处，为轮上饰件。高 4.7、直径 4.7、厚 0.2 厘米（图二六三，1）。其附近出有一件木销（M132:26），两者当配合使用，木销将其固定在车舆之上的。标本 M131:17，为侧面有穿的铜管。通高 3.7、直径 4.6、穿径约 1.4~1.8 厘米（图二六三，2）。标本 M132:18，也是一件侧面有穿的铜管，位于车轮的右角。高约 3.5、直径 4.2、穿径约 1.1～1.6 厘米（图二六三，3；图版一五〇，2）。标本 M132：25，为侧面有穿的铜管。高 2.6、直径 3.6、穿径约 1.1～1.5 厘米（图二六三，4）。标本 M41：29，铜环柄饰，位于东西两侧的车舆上，可能为束缠的器具。通高 10.7 厘米。由两部分组成。上端为一略扁的圆环，外径约 6.2、内径 4.6、高约 5.0 厘米。下端为圆筒形，近环端封闭。高 5.7、直径 2.5 厘米。下端两侧各有对穿的小孔，以固定在车舆上。小孔长 5.0、宽 4.0 厘米（图二六三，5）。

（四）系马部分　器类有勒、衔、钉齿镳、镳、颈带、泡、当卢、节约和鞭策。

勒　在马头部位均有精美的勒出土。这些勒在控制马的同时也起到了很好的装饰效果。这些勒出土时已经散乱，套箱取回室内后，由中国社会科学院考古研究所的王影伊整理复原，得以窥其原貌[1]。

勒的主要形制大体相近，均由额带、颊带、鼻梁带、鼻带等连接节约、镳、衔、铜泡等构成。嘴内有衔。衔在马嘴角两侧分别接以镳。两侧铜镳由绕经脑后的颊带连接。在马额上的铜泡处于当卢的位置。额带横穿过铜泡，经马眼上方，在耳根部与颊带连接。鼻梁下方也有一铜泡或节约，其通过鼻梁带与额部铜泡相连。鼻带也贯穿其中，绕嘴部一周，将马嘴缚住。为使整套勒更为牢固，在一些相交的部位使用了节约。一般是在耳根部利用节约将颊带和额带相连接，在马嘴角将鼻带和颊带相连接。这样就构成了一副完整的勒。

墓地所出土的各件勒也有着许多的不同点，主要在于皮条上的缀饰物不同和具体采用的节约、铜泡等式样的不同。

M40 的勒的皮条上缀有单排铜泡。马额正中为一桃形铜泡。耳根部和鼻梁上的节约为"十"字形。铜镳与颊带通过"Y"字形节约连接。由当卢向上的顶带呈"凵"形，经头顶至于脑后与颊带相连。颊带在马嘴角叠压着鼻带，使鼻带不易活动。

M41 的勒的皮条无物品串缀。马额正中为一圆形铜泡，鼻梁上的节约亦呈圆泡状。耳根部和嘴角的节约为小兽面形。

M45 的勒的皮条上穿缀有单排海贝。马额正中为一圆形大铜泡，铜泡上贴有金箔。鼻梁上方有节约一件。耳根部和马嘴角无节约。近镳处，颊带分作两小支与镳相连接。

M131 的勒与 M45 的勒形制等一样，只是当卢位置的铜泡上无金箔装饰。

M132 的勒的皮条上也缀有单排铜泡，但较 M40 的勒分布稀疏。马额正中为一圆形铜泡，鼻梁上、耳根部和马嘴角的节约均为小兽面形，其中耳根部和马嘴角两处的节约形制一样。颊带通过马嘴角的节约后，分作两小支与镳连接。

鼻梁带饰　2 件。为当卢、鼻前节约一体式。标本 M41：51，长 31.8、宽 3.1、顶部圆直径 7.8、底部圆直径 5.5 厘米。均为圆弧凸起状、有沿，两圆背面各有二条横梁。中间

---

〔1〕 王影伊：《山东前掌大商代晚期马具复原》，《中国文物报》2003 年 1 月 3 日；另见本书下篇王影伊、唐锦琼：《前掌大墓地马具的清理和复原研究》。

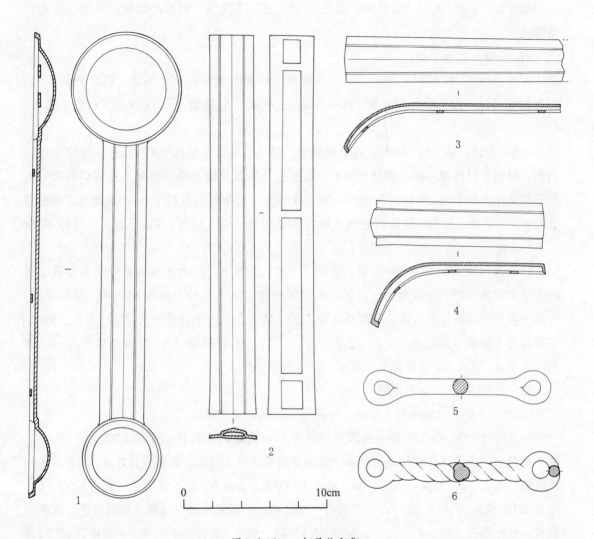

图二六四　　铜马饰和衔

1. 鼻梁带饰（M41∶51）　2. 颊带饰（M41∶58）　3. 额带饰（M41∶52）　4. 鼻带饰（M41∶54）　5.A 型衔
（M41∶60）　6.A 型衔（M18∶8）

直板饰为突脊、有沿，背有三条横梁（图二六四，1）。

颊带饰　4 件。标本 M41∶58，长 25.9、宽 3.1 厘米，有脊、有沿、背有三条横梁
（图二六四，2）。

额带饰　4 件。标本 M41∶52，弧长 15.5、宽 3.0 厘米，圆弧凸起状、有沿，背有三
条横梁（图二六四，3）。

鼻带饰　4 件。标本 M41∶54，弧长 12.3、宽 3.0 厘米，圆弧凸起状、有沿，背有三
条横梁（图二六四，4）。

颗带饰　4件。标本 M41:56，弧长 14.5、宽 3.3 厘米，圆弧凸起状、有沿、背有三条横梁。

衔　5件。可分二型。

A 型　4件。标本 M41:60，长 13.3 厘米，两端略宽并各有一圆孔（图二六四，5）。标本 M18:8，一细长麻花状通条，两头各接有一小环，以接镳。长 14.3 厘米（图二六四，6）。

B 型　1件。呈"U"字形。其下端横梁，相当于马衔。左右两侧内侧有三个钉齿冲向内侧，相当于钉齿镳。在右侧伸出一长方形穿孔，为系马缰之处。在其上方两侧各有一圆形铜泡装饰。标本 BM9:10，长 16.4、宽 7.1 厘米。内侧钉齿长约 1.3~1.8 厘米。右侧穿孔长 4.4、宽 1.3 厘米。装饰的铜泡直径约 3.2 厘米（图二六五，4；彩版五一，4；图版一五〇，4）。

钉齿镳　12件。标本 M41:50，长 7.7、宽 7.5 厘米。两边顶端各有一小方形孔，背有 6 个尖锥状的钉，分成两排，钉长 2.8 厘米（图二六五，1）。标本 M18:9，呈马蹄形，一面平直，一面有 6 个尖齿，每侧各 3 枚。凹口两侧各有一小方孔。长 7.2、宽 6.5 厘米。尖齿长 2.1 厘米（图二六五，2；图版一五〇，3）。标本 M40:55，两边顶端各有一小方孔，长 7.0、宽 6.9、钉齿长 1.9 厘米（图二六五，3）。

镳　共 27件。可分为二型。

A 型　23件。方形或长方形镳，中部有一圆孔。分二亚型。

Aa 型　19件。圆孔两侧有椭圆形管状穿，一侧有长方形环。标本 M18:10，长 8.6、宽 7.0 厘米。中部圆孔直径 2.2 厘米。管状穿直径约 1.5 厘米。外侧方孔长 4.4、宽 0.6 厘米（图二六五，5；图版一五〇，5）。标本 BM3:8，长 8.5、宽 6.2 厘米（图二六五，6）。标本 M131:25，长 8.1、宽 7.5、中间有一直径约 1.7 厘米圆孔，两侧为椭圆形管，镳的一侧有一长方形孔（图二六五，7）。标本 M213:42，长 7.3、宽 7.4 厘米。中部圆孔直径 1.6 厘米。管状穿直径约 1.4~1.7 厘米。外侧方孔长 3.9 厘米（图二六五，8）。标本 M21:11，长 8.1、宽 7.3 厘米。中部圆孔直径 1.5 厘米。管状穿直径约 1.2~1.4 厘米。外侧方孔长 4 厘米。

Ab 型　4件。长方形立折，顶端有一 90° 立折。折立面有两圆孔，长方形中心有一圆孔，底侧有一细长孔。标本 M40:53，长 7.9、宽 6.8、高 2.8 厘米（图二六五，9）。

B 型　4件。异形镳。标本 M45:2 等，呈鸟翼形，大体为长方形，一角圆弧，一角较尖锐。另一侧两角突起。前端中部有一圆孔，上有一细长孔，以接衔。背面后端有上下两半圆形穿，颗带的皮条从中穿过。正面饰兽面纹。长 9.4、宽 6.0~7.0、厚 0.4 厘米。圆孔直径 1.4 厘米。狭长孔长 3.2 厘米。背面穿的直径 0.9 厘米（图二六五，10）。

颈带　各匹马身上除了马头上的勒外，在马颈部位还有与勒相配的颈带。颈带均为串

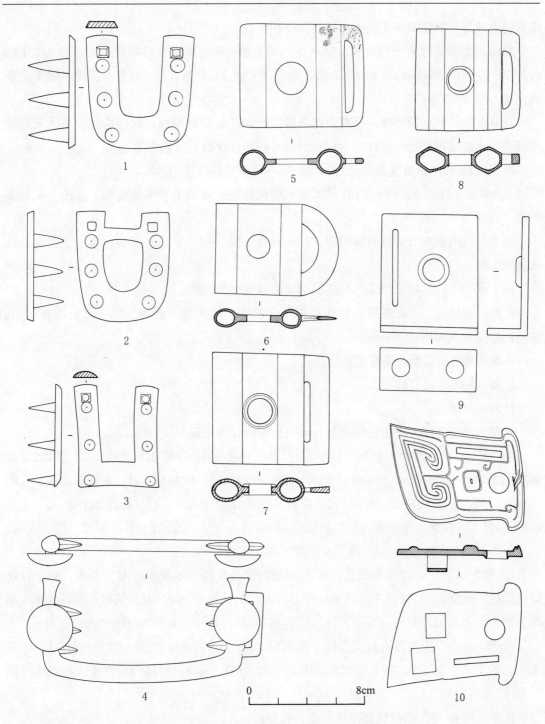

图二六五   铜衔、钉齿镳和 A、B 型镳

1. 钉齿镳（M41:50）   2. 钉齿镳（M18:9）   3. 钉齿镳（M40:55）   4.B 型衔（BM9:10）   5.Aa 型镳（M18:10）   6.Aa 型镳（BM3:8）   7.Aa 型镳（M131:25）   8.Aa 型镳（M213:42）   9.Ab 型镳（M40:53）   10.B 型镳（M45:2）

缀有铜泡或海贝的皮条，连接处由铜质扣件相连。

M40 的颈带上缀有三排铜泡。M41 的颈带上缀有两排横向方形铜饰。M45 和 M131 的马颈带上均以双排横向海贝装饰。M132 的马颈带由 21 个铜方泡，1 个大圆铜泡缀于皮条而构成。

马身上除了勒和颈带外，还有束缚马的肚带和控制马的马缰，这些均在前掌大墓地的车马坑中有所发现。这些物件均为皮条，在某些部位穿缀有铜泡作为装饰。

肚带仅在 M40 中有发现，环绕马的腹部一周，并与马缰相连接。

在 M40、M41、M45 和 M131 均发现有镳的痕迹。或出土于车舆前端，或出土在马头附近，或在两马之间。

在车马坑内发现有大量的铜泡等，其一般缀于勒、镳、肚带、带的皮条上，起到装饰和加固作用。

泡　共 181 件。数量较多，根据其形状将铜泡分为四型。

A 型　圆形泡，正面圆弧，背面稍内凹，有穿。其在勒、肚带、镳、带上均有装饰。在不同的位置其大小也不一致。

B 型　兽形，其形状不甚规整。

C 型　长方形或方形。

D 型　异形。

A 型　共 109 件。根据正面图案的不同，可以分为三亚型。

Aa 型　90 件。正面为素面。标本 M41:25，直径 3.3、穿径 2.5 厘米（图二六六，1）。标本 M201:4，直径 2.9、穿径 2.2 厘米（图二六六，2）。标本 M40:1，直径 2.5 厘米（图二六六，3）。标本 M40:2，直径 2.1、高 0.8 厘米（图二六六，4）。标本 M132:36，直径 2.2、穿径 1.8 厘米（图二六六，5）。标本 M40:39，直径 2.5、穿径 2.0 厘米（图二六六，6）。标本 M209:1，直径 5.5、高 0.9 厘米（图二六六，7）。

Ab 型　16 件。正面饰圆涡纹。标本 M132:50，直径 3.6 厘米（图二六六，8）。标本 M132:32，直径 4.6、穿径 2.8 厘米（图二六六，9）。标本 BM3:26，直径 5.4、高 1.6 厘米（图二六六，10；图版一五一，1）。标本 M201:3，直径 3.4 厘米（图二六六，11）。

Ac 型　3 件。正面饰有数周凸棱。标本 M40:38，直径 4.4 厘米（图二六六，12）。标本 M132:42，直径 4.0、高 0.6 厘米（图二六六，13）。标本 M214:4，直径 3.6 厘米（图二六六，14）。

B 型　共 49 件。根据纹饰特征可分二亚型。

Ba 型　11 件。兽面形，正面呈兽面形，背面内凹，有穿。标本 M45:13，长 9.7、宽 6.2、穿径 2.9 厘米（图二六七，1）。标本 M222:1，长 6.5、宽 5.5、穿径 3.2 厘米（图二六七，2）。标本 M131:6，长 6.6、宽 5.4、穿径 3.4 厘米（图二六七，3）。标本 M40:37，

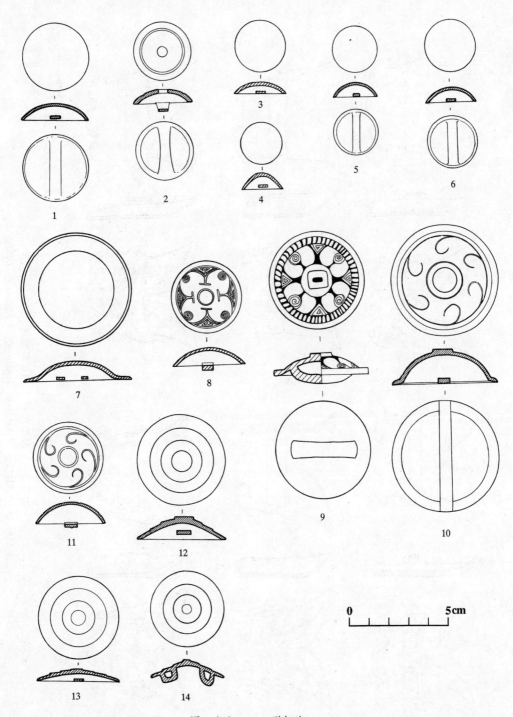

图二六六　　A型铜泡

1.Aa型（M41:25）　2.Aa型（M201:4）　3.Aa型（M40:1）　4.Aa型（M40:2）　5.Aa型（M132:36）　6.Aa型（M40:39）　7.Aa型（M209:1）　8.Ab型（M132:50）　9.Ab型（M132:32）　10.Ab型（BM3:26）　11.Ab型（M201:3）　12.Ac型（M40:38）　13.Ac型（M132:42）　14.Ac型（M214:4）

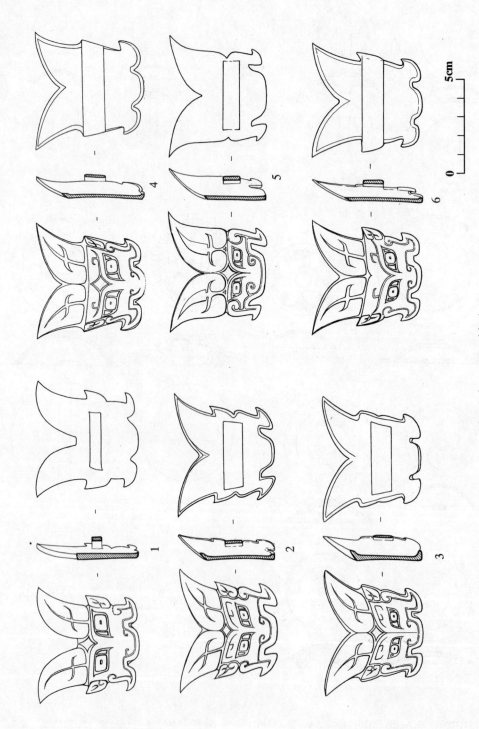

图二六七　Ba型铜泡

1.M45:13　2.M222:1　3.M131:6　4.M40:37　5.M213:33　6.M40:40

长6.2、宽5.9、穿径4.5厘米（图二六七，4；图版一五一，2）。标本 M213：33，长6.3、宽5.2、穿径3.3厘米（图二六七，5；图版一五一，3）。标本 M40：40，长6.1，宽6.0、穿径4.2厘米（图二六七，6）。标本 BM3：2，两圆角饰涡纹，眉、眼、鼻突出。长4.4、宽4.1厘米（图二六八，1；图版一五一，4）。标本 M132：44，宽3.3、高3.2厘米，背有一横梁（图二六八，2）。标本 M132：42，高5.5、宽3.5厘米（图二六八，3）。标本 M206：54，长5.8、宽5.2厘米（图二六八，4；图版一五一，5）。标本 M213：32，长3.6、宽3.3厘米（图二六八，5；图版一五一，6）。标本 M41：62，宽3.9、高3.2厘米（图二六八，6）。

Bb 型　38件。夔龙形。背面在颈部和尾部各有一穿。标本 M203：7，长6.2、宽3.0厘米（图二六八，7）。标本 M213：15，长6.2、宽3.4厘米（图二六八，8；图版一五二，1）。

C 型　共17件。长方形。标本 BM4：35，长4.9、宽1.5、高0.8厘米（图二六八，9）。标本 M41：65，长3.6、宽1.7、高0.4厘米（图二六八，10）。标本 BM3：29，长5.2、宽2.3厘米（图二六八，11）。标本 BM3：24，底部一横梁，长1.8、宽1.2厘米（图二六八，12）。标本 BM4：20，长4.8、宽2.3、高0.9厘米（图二六八，13）。BM3：9，长3.3、宽1.0厘米（图二六八，14）。标本 BM4：19，长4.7、宽1.2、高0.6厘米（图二六八，15）。标本 M132：49，长3.0、宽3.0厘米（图二六八，16）。

D 型　共6件。根据形状分二亚型。

Da 型　3件。鳞形。标本 BM4：27，长4.2、宽3.0厘米（图二六八，17）。标本 BM3：14，鼓面，底部有一横梁。长4.3、宽2.9厘米（图二六八，18；图版一五二，2）。

Db 型　3件。镞形。标本 M206：46，长5.0、宽3.1厘米（图二六七，19；图版一五二，3）。标本 M131：30，长5.2、宽3.5厘米。背有二条横梁，表面贴金（图二六八，20）。

当卢　4件。标本 M40：47，叶形，顶及肩两侧各有一突出的方形孔，突出约1.8、孔尺寸为2.1×1.9、当卢总长12.3厘米、宽9.9厘米。背面下部有一小横梁（图二六九，1）。标本 M131：29，直径6.9、高1.9厘米（图二六九，2）。

节约　共26件。根据其形状的不同可分为三型。

A 型　扁平长方形。

B 型　"十"字形。

C 型　"人"字形。

A 型　6件。标本 BM4：18，两面均有长方形孔。长3.2、宽2.9厘米（图二六九，3）。标本 M41：66，长3.9、宽3.0厘米（图二六九，4）。标本 BM4：3，长2.9、宽2.5厘米（图二六九，5）。标本 M201：13，一侧有长方形孔。长3.9、宽3.1厘米（图二六九，

图二六八　　B、C、D 型铜泡

1.Ba 型（BM3:2）　2.Ba 型（M132:44）　3.Ba 型（M132:42）　4.Ba 型（M206:54）　5.Ba 型（M213:32）

6.Ba 型（M41:62）　7.Bb 型（M203:7）　8.Bb 型（M213:15）　9.C 型（BM4:35）　10.C 型（M41:65）

11.C 型（BM3:29）　12.C 型（BM3:24）　13.C 型（BM4:20）　14.C 型（BM3:9）　15.C 型（BM4:19）

16.C 型（M132:49）　17.Da 型（BM4:27）　18.Da 型（BM3:14）　19.Db 型（M206:46）　20.Db 型（M131:30）

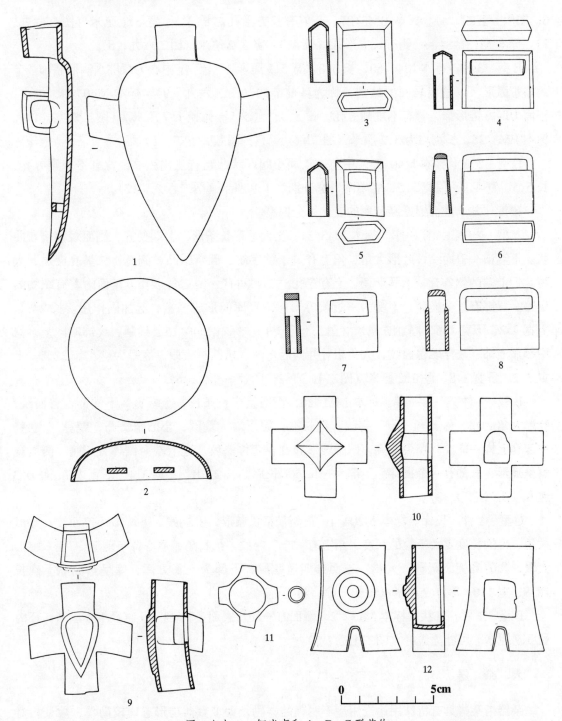

图二六九　　铜当卢和 A、B、C 型节约

1.当卢（M40:47）　2.当卢（M131:29）　3.A 型节约（BM4:18）　4.A 型节约（M41:66）　5.A 型节约
（BM4:3）　6.A 型节约（M201:13）　7.A 型节约（BM3:27）　8.A 型节约（M131:34）　9.B 型节约（M40:50）
10.B 型节约（M40:49）　11.B 型节约（BM3:25）　12.C 型节约（M40:52）

6；图版一五二，4）。标本 BM3:27，一侧有长方形孔。长 3.2、宽 3.1 厘米（图二六九，7）。标本 M131:34，一侧有长方形孔。长 4.3、宽 3.2 厘米（图二六九，8）。

B 型　3 件。标本 M40:50，长 5.8、宽 5.5 厘米。"十"字中心为双层水滴形装饰。节约略带弧形，以适应马面的结构，称为鼻前节约（图二六九，9）。标本 M40:49，中空，正面为四方锥形饰，背有不规则方孔，长 5.3、宽 5.1、孔径 1.7 厘米。（图二六九，10）。标本 BM3:25，长宽均为 3.2 厘米（图二六九，11；图版一五二，5）。

C 型　2 件。标本 M40:52，中空，正面中间环状凸起有三周弦纹，背有不规则方孔，长 5.5、宽 4.9、顶宽 3.5、底端两口宽分别为 1.9 厘米（图二六九，12）。

鞭策　共 5 件。根据穿和库的变化可分四型。

A 型　2 件。二穿一库。标本 M45:34，正面呈窄长条形，上端变宽，侧面观察呈弯曲状。下端饰一兽面纹，叶形大角，角上有"十"字纹，圆睛暴凸，阔鼻，二鼻孔突出，大嘴。近上端两侧各有一个耳形刺，上有穿孔。二刺间有一倒三角形孔。正面附着有织物的痕迹。背部有二个横穿，下部为一近长方形库。穿库间形成凹槽，起加固作用。长 24.4、上宽 3.2、下宽 1.6、厚 0.3 厘米（图二七〇，1）。标本 M40:15，形制、纹饰略同上，器中部靠上饰一浅浮雕兽面纹，大角粗壮并向后弯曲，椭圆形大眼，宽鼻大嘴。长 22.6、上宽 3.2、下宽 1.8、厚 0.2 厘米（图二七〇，2；图版一五二，6）。

B 型　1 件。一穿一库。标本 M11:26，正面呈窄长条形，上端宽。下端饰一兽面纹，叶形大角上翘，角上有"十"字纹，细长眉，眉心饰一菱形，小圆睛暴凸，阔鼻，大嘴。中部靠上饰一蝉纹，嘴尖前突，圆睛圆形瞳孔，背饰鳞纹。近上端两侧各有一刺，侧面观察呈弧形。背部有一个横穿。下部为一长方形长库。长 23.8、上宽 3.4、下宽 1.7、厚 0.3 厘米（图二七〇，3）。

C 型　1 件。长库。标本 M204:4，正面呈窄长条形，上端残。下端饰一兽面纹，叶形大角，角的长度要大于脸的长度，角上有"十"字纹。细长眉，眉心饰一菱形，"臣"字形大眼，圆睛暴突，阔鼻，大嘴。正面饰四道弦纹，下部为一长方库，库呈弯曲状。残长 12.8、宽 1.6、厚 0.2 厘米（图二七〇，4）。

D 型　1 件。管状。标本 M132:2，侧面有一环。素面。长 23.6、直径 1.4 厘米。环内径 0.7 厘米。可能为策杆（图二七〇，5）。

六、杂　器

杂器指某些具有特殊用途或用途不明确的器物，大多数器物形态比较简单，数量相对较少，主要有铃、鱼、柄形器、管等。我们将铃归入杂器是因为它出土位置较复杂，除墓葬中发现外，还在车马坑和盗坑中有出土，很难确定其用途，所以将其在此加以叙述。

铃　共 26 件。根据铃口形状和纹饰特征分四型。

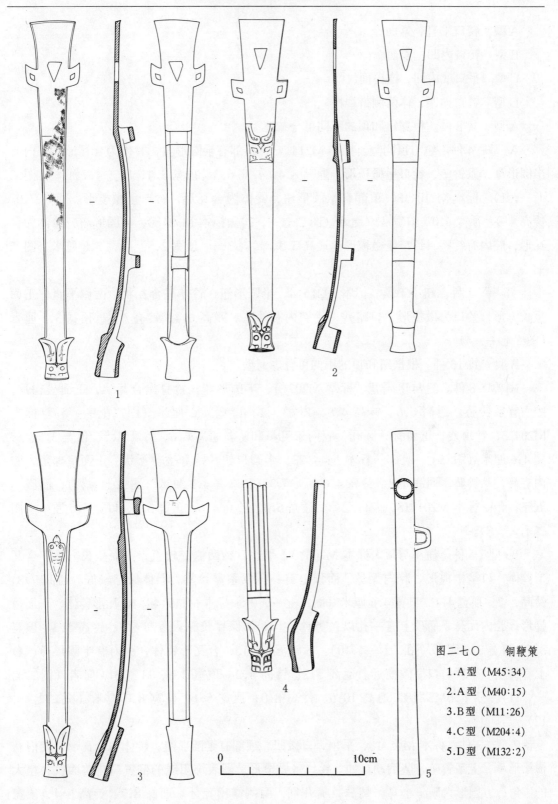

图二七〇 铜鞭策

1. A型（M45:34）
2. A型（M40:15）
3. B型（M11:26）
4. C型（M204:4）
5. D型（M132:2）

0　　　　　　　　　　10cm

A 型　铃口平直，素面。

B 型　铃口内凹，素面。

C 型　平口或内凹，饰兽面纹。

D 型　铃口内凹，体两侧带扉棱。

A 型　共 5 件。根据纽和顶的不同可分二亚型。

Aa 型　4 件。纽与顶同宽。标本 M214:43，顶部有半圆形纽，铃体为合瓦形，腔内有半圆形鼻，系铃坠，铃口呈椭圆形。通高 8.4、铃高 6.3、顶宽 3.4、口宽 4.7 厘米（图二七一，1）。标本 M210:18，顶部有半圆形纽，铃体为合瓦形，铃口呈椭圆形。通高 7.0、铃高 4.9、顶宽 3.0、口宽 4.0 厘米（图二七一，2）。标本 M38:80，半圆形纽，铃体为合瓦形，腔内有铃坠，铃口呈椭圆形。通高 5.3、铃高 3.6、顶宽 2.5、口宽 3.8 厘米（图二七一，3）。

Ab 型　1 件。纽小于顶。标本 M215:4，半圆形纽，铃体呈合瓦状，两侧平直，正面呈长方形，铃口为椭圆形，口略残，铃腔内有铃坠。残高 6.4、铃高 4.8、顶宽 3.5 厘米（图二七一，4）。

B 型　共 13 件。根据纽和顶的不同可分二亚型。

Ba 型　8 件。纽与顶同宽。标本 M207:1，半圆形纽，铃身呈合瓦状，正面呈梯形，腔内有系铃坠。通高 6.6、铃高 4.8、顶宽 3.1、口宽 4.2 厘米（图二七一，5）。标本 M204:3，铃顶残，正面有一圆孔，腔内未见鼻和坠。通高 6.6、铃高 4.5、顶宽 3.5、口宽 4.6 厘米（图二七一，6）。标本 M44:23，半圆形纽，铃身呈合瓦状，正面呈梯形，腔内有鼻，系铃坠。通高 6.8、铃高 4.6、顶宽 3.1、口宽 4.2 厘米（图二七一，7；图版一五三，1）。标本 M201:18，腔内无鼻。通高 6.3、铃高 4.6、顶宽 3.4、口宽 4.5 厘米（图二七一，8）。

Bb 型　5 件。纽小与顶。标本 M203:3，平顶，铃两侧壁较直，正面呈长方形。合瓦形铃体，口呈椭圆形。腔内无鼻，而顶上有一孔以系鼻铃坠。器体保存较好。通高 7.8、铃高 5.7、顶宽 4.1、口宽 4.6 厘米（图二七一，9）。标本 M119:49，合瓦形铃体，正面呈梯形，腔内无鼻，而顶上有一孔以系鼻铃坠。器体保存较好。通高 6.8、铃高 5.3、顶宽 2.6、口宽 3.9 厘米（图二七一，10）。标本 BM4:16，合瓦形铃体，腔内有半圆形鼻，鼻上有铃坠。平顶，口呈椭圆形。通高 5.2、铃高 4.2、顶宽 2.6、口宽 3.4 厘米（图二七一，11）。标本 BM3:18，通高 10.5、铃高 8.0、顶宽 5.1、口宽 8.0 厘米（图二七一，12）。

C 型　3 件。标本 M45:18，平顶，口微凹。顶部有半圆形纽，铃体为合瓦形，腔内有横梁形鼻，上系铃坠，坠活动自如。铃口呈椭圆形。器表饰阳线的倒置简化兽面纹，粗大的弯角，方圆形大眼，小耳，阔鼻，嘴开咧，两侧露出獠牙。通高 8.7、铃高 6.4、顶宽

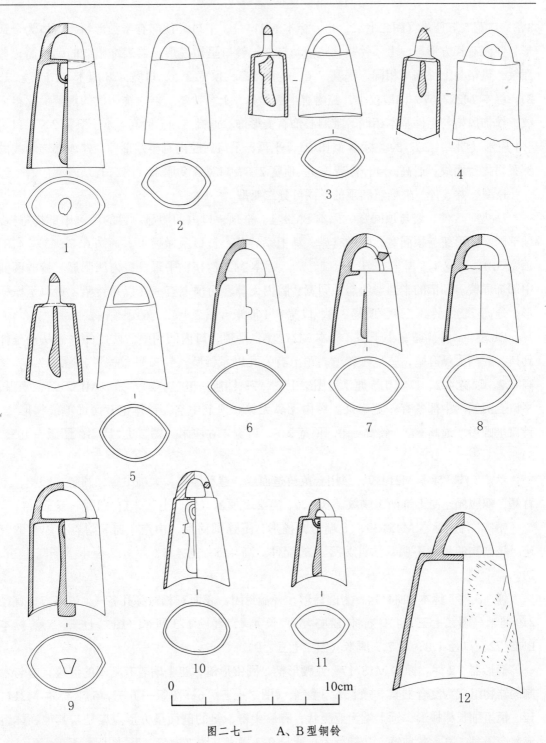

图二七一　　　A、B 型铜铃

1.Aa 型（M214∶43）　 2.Aa 型（M210∶18）　 3.Aa 型（M38∶80）　 4.Ab 型（M215∶4）　 5.Ba 型（M207∶1）
6.Ba 型（M204∶3）　 7.Ba 型（M44∶23）　 8.Ba 型（M201∶18）　 9.Bb 型（M203∶3）　 10.Bb 型（M119∶49）
11.Bb 型（BM4∶16）　 12.Bb 型（BM3∶18）

3.8、口宽 5.6 厘米（图二七二，1）。标本 M214:1，平口。顶部有半圆形纽，铃体为合瓦形，腔内有长方形鼻，上系铃坠，坠活动自如。铃口呈橄榄形。器表饰阳线的倒置简化兽面纹，风格与上件基本相同。通高 7.6、铃高 5.3、顶宽 3.5、口宽 4.8 厘米（图二七二，2）。标本 M222:67，体型较小，腔内有半圆形鼻，上系铃坠。器表饰阳线的倒置简化兽面纹。纹饰风格与上件基本相同，唯眉心饰有菱形饰。通高 5.9、铃高 4.3、顶宽 2.7、口宽 4.1 厘米（图二七二，3）。标本 M18:21，平顶，平口，腔内有半圆形鼻，器表亦饰阳线的倒置简化兽面纹。通高 6.4、铃高 4.4、顶宽 2.6、口宽 3.9 厘米（图二七二，4）。

D 型　共 5 件。根据纽和顶的不同可分二亚型。

Da 型　3 件。纽与顶同宽。标本 BM9:1，平顶，口内凹明显。铃的两侧中部饰扉棱。顶部的半圆形纽与顶同宽。腔内有鼻，鼻上系铃坠。铃口呈橄榄形。通高 6.6、铃高 4.8、顶宽 3.0、口宽 4.3 厘米（图二七二，5）。标本 M201:16，平顶，口内凹明显。铃的两侧中部饰扉棱。顶部的半圆形纽与顶同宽。腔内无鼻，而顶上有一孔以系铃坠。铃口呈橄榄形。通高 7.8、铃高 5.8、顶宽 3.8、口宽 5.1 厘米（图二七二，6）。

Db 型　2 件。纽宽小于顶。标本 M211:6，平顶，口内凹明显。两侧的扉棱从顶延伸到口。腔内无鼻有坠，坠呈哑铃形。顶上有一孔以系铃坠。铃口呈橄榄形。通高 7.4、铃高 6.2、顶宽 4.2、口宽 5.5 厘米（图二七二，7；图版一五三，2）。标本 M132:27，平顶，平口。两侧的中部各有一宽扉棱。腔内无鼻无铃。顶上中空，铃体正背面饰单线梯形纹。铃口呈圆形。通高 6.3、铃高 5.0、顶宽 2.8、口宽 4.6 厘米（图二七二，8；图版一五三，3）。

鱼　2 件。标本 M214:7，系用合范铸造而成，造型逼真，大嘴中空，圆睛，阔腮，单背鳍，双腹鳍，身上饰两组鳞纹。长 6.6、宽 2.2 厘米（图二七三，1；图版一五三，4）。

帽　1 件。标本 M45:39，上端为橄榄形，下连圆筒形，中空，器表附着有织物的痕迹。该器物的用途不明，估计为弓上的配件。高 4.5、宽 4.5、厚 0.2 厘米（图二七三，2）。

镈　3 件。标本 BM4:14，为圆筒形，一端封闭，表面有相对穿孔各一。长 5.7、直径 2.9 厘米（图二七三，4）。标本 BM3:55，长 4.4、直径 1.3 厘米（图二七三，5）。标本 BM3:22，口径 4.0、高 7.2 厘米（图二七三，9）。

柄形器　2 件。标本 M18:17，亚腰形柄，圆锥形铤，铤上附着有朽木的痕迹，应与木制的器物组成为复合器具。通长 6.3 厘米（图二七三，6；图版一五三，5）。标本 M214:12，柄呈细长棒槌形，近上端为亚腰状，有一尖铤，铤的剖面呈方形。应是与其他物体组成复合工具，其形状独特，功能待考。通长 9.3 厘米（图二七三，7；图版一五三，6）。

其他　标本 M201:75，直径 4.8 厘米（图二七三，3）。标本 M201:74，口径 10.9、高 4.7 厘米（图二七三，8）。

图二七二　　C、D型铜铃

1.C型（M45：18）　　2.C型（M214：1）　　3.C型（M222：67）　　4.C型（M18：21）　　5.Da型（BM9：1）　　6.Da型（M201：16）　　7.Db型（M211：6）　　8.Db型（M132：27）

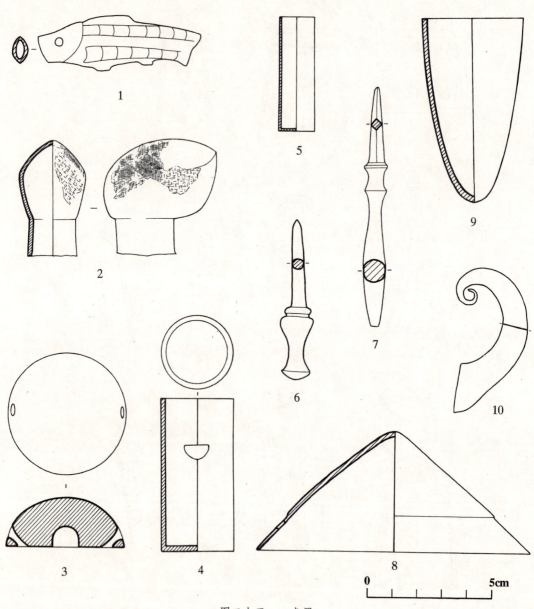

图二七三　　杂器

1. 铜鱼（M214:7）　2. 铜帽（M45:39）　3. M201:75　4. 铜镈（BM4:14）　5. 铜镈（BM3:55）　6. 铜柄形器
（M18:17）　7. 铜柄形器（M214:12）　8. M201:74　9. 铜镈（BM3:22）　10. 金片饰（M120:55）

　　金片饰　1件。标本 M120:55，扁平，呈勾云状，一端较尖，逐渐变宽。是墓地中出土的唯一的金饰品。高 5.6、厚 0.05 厘米（图二七三，10；图版一五三，7）。

第三节　玉、石器

一、玉　器

前掌大墓地出土了大量玉器，或纹饰精美、或简约洗练，反映了当时较高的工艺水平和审美情趣。这批玉器共 345 件（组）、362 件。这里所介绍的玉器是指广义的玉器，其中包括真玉和假玉，按功能大致可分为礼器、兵器、工具、佩饰、装饰品、杂器六大类，其中礼器占总数的 14.8%、兵器占总数的 7.8%、工具占总数的 0.6%、佩饰占总数的 37.4%、装饰品占总数的 21.2%、杂器占总数的 18.2%。

（一）礼器　共出土 51 件。主要有璜、璧、琮、镯、玦、璋等。

璜　共 20 件。根据其造型特征可分二型。

A 型　动物造型。

B 型　素面。

A 型　共 7 件。根据动物种类的不同可分二亚型。

Aa 型　2 件。鱼形璜。标本 M38:8，暗黄至墨绿色渐变，不透明。弧长近整圆的二分之一，吻部和尾部均对穿两个圆孔。两面用阴线刻划出头、睛、背鳍一、腹鳍二。身长 7.6、宽 1.2、厚 0.1~0.7 厘米（图二七四，1；图二七五，1；彩版五二，1；图版一五四，1）。标本 M38:22，暗黄色，微透明，沁蚀严重，灰白色沁痕。弧长近整圆的二分之一，吻部和尾部均对穿一个圆孔。两面用阴线刻划出头、睛、背鳍一、腹鳍二。长 7.6、宽 1.4、厚 0.2~0.5 厘米（图二七四，2；图二七五，2；图版一五四，2）。

Ab 型　5 件。龙形璜。标本 BM3:5，淡青色。吻部斜伸向前下方，刻刀状尾斜向后下方。阴线刻划出口、目、睛、角、足、爪，方口大张、鼻微上挑、"臣"形目、大圆睛，角后倾并在角根部以单阴线刻划出卷云纹，单足四爪，口内对钻一圆孔。长 7.0、宽 1.9、厚 0.4 厘米（图二七四，3；彩版五二，2；图版一五四，3）。标本 M120:64，淡绿色，微有黑或黄色沁痕，半透明，通体光滑。吻部斜伸向前下方，尾斜向后下方。头部刻划细阴线构成的折纹并作成扉牙，圆睛、角上挑。长 9.2、宽 2.1、厚 0.4 厘米（图二七四，4；图二七五，3；彩版五二，3；图版一五四，4）。标本 M11:68，淡青色，半透明，通体光滑，玉质较好。整体造型似为一条龙，身体镂空，以减地法刻划出大"臣"字形目、大方睛及其他纹饰，纹饰分别由四条较小的龙盘旋构成。长 10.8、宽 3.0、厚 0.3~0.5 厘米（图二七四，5；图二七五，4；彩版五二，4；图版一五四，5）。标本 M120:56，暗绿色，带深绿色沁点，不透明，弧长近整圆的二分之一。两面双阴线刻划出头、睛、口、耳、角、爪等部位，大方口、口内对钻一圆孔，"臣"字形目、圆睛、桃叶状耳、角后倾贴于北部、尾

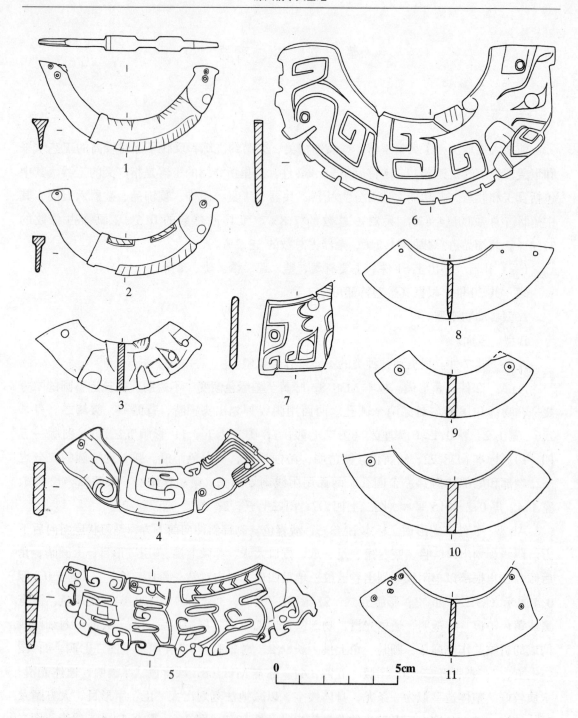

图二七四　　A、B 型玉璜

1.Aa 型（M38：8）　2.Aa 型（M38：22）　3.Ab 型（BM3：5）　4.Ab 型（M120：64）　5.Ab 型（M11：68）
6.Ab 型（M120：56）　7.Ab 型（M120：90）　8.Ba 型（M44：7）　9.Ba 型（M120：60）　10.Ba 型（M13：21）
11.Ba 型（M44：3）

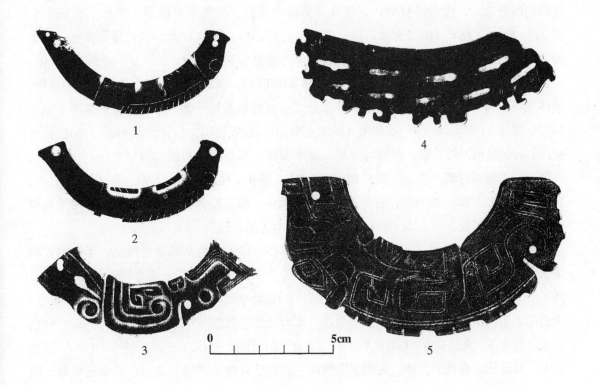

图二七五 A型玉璜纹饰拓本

1.Aa 型（M38:8） 2.Aa 型（M38:22） 3.Ab 型（M120:64） 4.Ab 型（M11:68） 5.Ab 型（M120:56）

部对钻一圆孔，身体饰卷云纹。身长11.7、宽3.4、厚0.3厘米（图二七四，6；图二七五，5；彩版五二，5；图版一五四，6）。标本M120:90，深绿色，半透明，通体光滑。仅余头部，两面双阴线刻划出头、睛、口等部位，大方口、口内对钻一圆孔，"臣"字形目、圆睛，身体饰卷云纹。残长3.0、宽2.9、厚0.25厘米（图二七四，7）。

B型 共13件。根据截面的变化分二亚型。

Ba型 8件。截面扁平长方形。标本M44:7，青灰色，微透明，通体光滑。一端残损，扁平弧体，弧长略为整圆的四分之一，完整一端对钻一圆孔，残端并列穿有两个圆孔，边缘经打磨，素面。残长7.9、宽2.3、厚0.2厘米（图二七四，8；图版一五五，1）。标本M120:60，深绿色含大面积暗黄色斑，半透明，通体光滑。扁平弧体，弧长略为整圆的三分之一，一端略残，两端对钻一圆孔，素面。长6.6、宽1.7、厚0.3厘米（图二七四，9；图版一五五，2）。标本M13:21，白色，玛瑙质，半透明，表面有玻璃光泽。一端残损，扁平弧体，弧长略为整圆的三分之一，残损一端单面钻一圆孔，两面各饰磨制的两组同心圆纹、每组由两道同心圆组成。残长8.6、宽2.0、厚0.4厘米（图二七四，10；图版一五五，3）。标本M44:3，青灰色，微透明，通体光滑。一端残损，扁平弧体，弧长略为整圆的四分之一，边缘经打磨，完整端对钻四个圆孔、残损端对钻两个圆孔。残长 7.5、宽 2.3、厚 0.2 厘米（图二七四，11；图版一五五，4）。标本 M201：47，扁平弧体，弧长略为整圆的四分之一，一端对钻一圆孔，内侧边缘经打磨，素面。长 5.0、宽 1.7、厚 0.1 厘米（图二七六，1；图版一五五，5）。标本 M120：29，淡绿色，布满白色沁痕，半透明，通体光滑。扁平弧体，弧长略为整圆的三分之一，两端对钻一圆孔，素面，器体厚重。长 14.2、宽 4.5、厚 0.47~0.55 厘米（图二七六，2；彩版五二，6；图版一五五，6）。标本 M120：61，绿色，微透明。两端均残损，扁平弧体，弧长略为整圆的四分之一，一端对钻一圆孔，边缘经打磨，素面。残长 6.8、宽 2.0、厚 0.2 厘米（图二七六，3；图版一五六，1）。标本 M124：31，淡绿色，玉质透明，扁平弧体，弧长略为整圆的六分之一，两端均单面钻一圆孔，素面。长 2.5、宽 1.3、厚 0.3 厘米（图二七六，4）。

Bb 型　5 件。截面呈圆形和椭圆形。标本 M30：16，白色至暗黄色渐变，半透明，玛瑙质。扁柱形弧体，弧长接近整圆的四分之一，一端残损，完整一端对钻一圆孔，素面。残长 4.3、直径 0.6~1.0 厘米（图二七六，5；图版一五六，2）。标本 M13：35，暗黄色，半透明，玛瑙质，通体光滑。扁柱形弧体，弧长接近整圆的二分之一，两端各对钻一圆孔，素面。长 8.4、直径 0.8~1.1 厘米（图二七五，6；图版一五六，3）。标本 M30：10，白色透明，玛瑙质。扁柱形弧体，两端逐渐缩扁，弧长接近整圆的三分之一，两端各对钻一圆孔，素面。长 8.3、直径 0.7~1.5 厘米（图二七六，7；图版一五六，4）。标本 M119：26，为淡黄色玛瑙制品，通体磨制精细，细腻润泽，两端各钻一孔。长 11.9、直径 1.1 厘米（图二七五，8）。标本 M201：71，白色透明，玛瑙质。略呈弯角状，一端对钻相邻的两个圆孔，另一端与这两个穿孔的方向垂直对钻一个穿孔，素面，应为残损后二次加工而成。长 8.2、直径 0.8~1.28 厘米（图二七六，9；图版一五六，5）。

璧　共 17 件。根据平面形状的不同可分二型。

A 型　16 件。平面呈圆形。标本 BM4：34，墨绿色，肉大于好，边缘磨薄，中间穿孔对钻而成。直径 4.4、孔径 1.4、厚 0.3 厘米（图二七七，1；图版一五七，1）。标本 BM4：28，墨绿色，肉大于好，边缘圆钝，中间穿孔对钻而成。直径 4.2、孔径 1.3、厚 0.3 厘米（图二七七，2；图版一五七，2）。标本 M127：6，近墨绿色，沁蚀严重，白色沁痕，不透明，通体光滑。肉大于好，边缘平直，中间穿孔对钻而成。直径 7.0、孔径 2.4~2.9、厚 0.25~0.4 厘米（图二七七，3；图版一五七，3）。标本 M30：3，绿色、通体光滑，肉小于好，中间穿孔对钻而成。直径 4.2、孔径 1.6~2.1、厚 0.5~0.7 厘米（图二七七，4；图版一五七，4）。标本 M120：47，白色，半透明，遍染朱砂。肉小于好，边缘圆钝，中间穿孔对钻而成。直径 4.0、孔径 1.5~1.8、厚 0.8 厘米（图二七七，5；图版一五七，5）。标本 M202：8，乳白色，通体光滑。肉大于好，边缘扁薄，中间穿孔对钻而成。直径 6.5、孔径 1.5、厚 0.27 厘米（图二七七，6）。标本 M124：36，淡青色，不透明。肉大于好，边缘

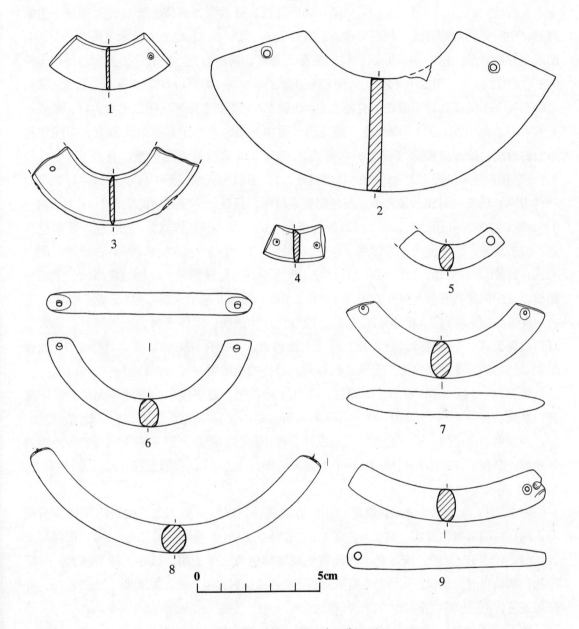

图二七六　　B 型玉璜

1.Ba 型（M201：47）　2.Ba 型（M120：29）　3.Ba 型（M120：61）　4.Ba 型（M124：31）　5.Bb 型（M30：16）

6.Bb 型（M13：35）　7.Bb 型（M30：10）　8.Bb 型（M119：26）　9.Bb 型（M201：71）

平直，中间穿孔管钻而成。直径3.1、孔径0.5、厚0.5厘米（图二七七，7；图版一五七，6）。标本 M14：13，青白色，玉质细腻。肉大于好，边缘圆钝，中间穿孔单面钻而成。直径4.9、孔径1.7、厚0.15～0.3厘米。标本 M49：16，淡绿色，透明度较高，通体光滑。素面。肉大于好，边缘圆钝，中间穿孔对钻而成。直径1.9、孔径0.4、厚0.3厘米（图二七七，8；图版一五八，1）。标本 M120：46，青色，微透明，通体光滑。肉大于好，边缘斜直，中间穿孔对钻而成，截面呈梯形。直径 3.2、孔径 0.3、厚 0.6 厘米（图二七七，9；图版一五八，2）。标本 M119：14，洁白晶莹，规整，两面抛光。孔较小。直径 3.5、孔径 0.3、厚 0.2 厘米（图二七七，10；图版一五八，3）。标本 M14：9，淡青色。肉大于好，边缘圆钝，中间穿孔对钻而成。直径 5.6、孔径 1.9、厚 0.3 厘米（图二七七，11；图版一五八，4）。标本 M110：7，青绿色，微透明，通体光滑。肉小于好，边缘斜直，中间穿孔单面钻而成，截面呈梯形，较宽一面留有加工时形成的两道弧形凹槽。直径 6.1、孔径 3.1、厚 0.5 厘米（图二七七，12；彩版五三，1；图版一五八，5）。标本 M119：17，与上一件为同一块玉料制成，其大小、颜色都基本相同，只是此件略大。直径 4.7、孔径 0.4～0.6、厚 0.2 厘米（图二七八，1；图版一五八，6）。标本 M119：15，墨绿色，带褐色斑点。器形规整，两面抛光，中部穿一小孔。直径 4.6、孔径 0.4～0.6、厚 0.3 厘米（图二七八，2；图版一五九，1）。标本 M125：2，肉大于好，边缘圆钝，一侧边缘略残，截面呈橄榄形，中间穿孔管钻而成。直径 3.7、孔径 0.5、厚 0.6 厘米（图二七八，5）。

B 型　1件。牙璧。标本 M120：77，淡绿色，半透明，通体光滑，玉质较好。肉大于好，边缘平直，一侧较薄，分四牙，每牙上出四齿，中间穿孔对钻而成。直径 2.9、孔径 0.3～0.5、厚 0.5 厘米（图二七八，4；彩版五三，2；图版一五九，2）。

镯　2件。标本 M109：8，淡青色，部分为暗黄色，透明度较高，通体光滑。器体扁薄，素面。直径 6.6、宽 1.0、厚 0.3 厘米（图二七八，3；图版一五九，3）。标本 M120：63，淡绿色，半透明，通体光滑，玉质较好。器体扁薄，外表面以单阴线刻划二方连续的勾连纹。直径 6.3、宽 1.4、厚 0.3～0.5 厘米（图二七八，6；彩版五三，3；图版一五九，4、5）。

琮　2件。标本 M219：6，器形较小，方筒圆孔，以四角刻划出的缺口将琮体分为四节，圆孔由两端对钻而成。高 2.4、宽 1.2、孔径 0.2～0.5 厘米（图二七八，7；图版一五九，6）。标本 BM3：42，淡绿色，含浅黄色或暗绿色斑，半透明，微沁。器形较大，方筒圆孔，两端出射。素面。高 5.2、宽 6.2、孔径 5.8、射高 0.4～0.7 厘米（图二七八，8；彩版五三，4；图版一五九，7）。

玦　8件。标本 M19：1，乳白色，半透明，通体光滑，表面有玻璃光泽，玉质较好。器身略宽于孔径，边缘两侧呈斜面，圆孔对钻而成，直径 3.8、孔径 1.2～1.6、缺口宽 0.2～0.7、厚 0.5 厘米（图二七九，1；图版一六〇，1）。标本 M13：17，器身略窄于孔径，边缘较薄，圆孔为单面钻而成，直径 4.1、孔径 1.8～2.0、缺口宽 0.35、厚 0～0.3 厘米（图二七九，2；图版一六〇，2）。标本 M124：8，淡青色，透明度较高，通体光滑，玉质较好。器身窄于孔径，边缘较薄，一端残损，残损端穿有两个小圆孔，器身圆孔为单面钻而成。直径 4.9、孔径 2.9～3.1、厚 0.2 厘米（图二七九，3；图版一六〇，3）。标本

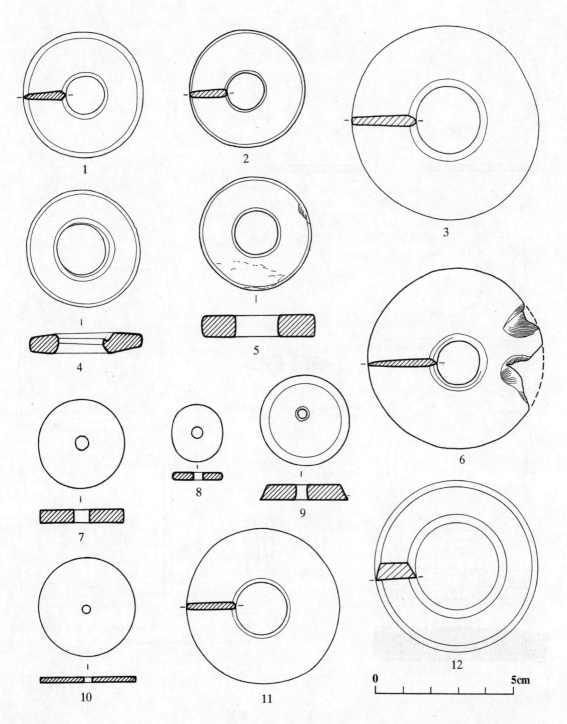

图二七七　　A 型玉璧

1.BM4:34　2.BM4:28　3.M127:6　4.M30:3　5.M120:47　6.M202:8　7.M124:36　8.M49:16　9.M120:46
10.M119:14　11.M14:9　12.M110:7

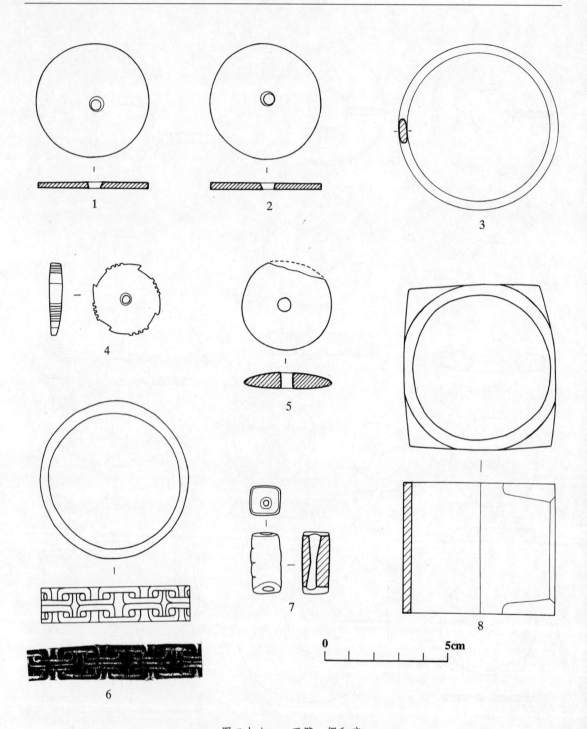

图二七八 玉璧、镯和琮

1. A型璧（M119:17）　2. A型璧（M119:15）　3. 镯（M109:8）　4. B型璧（M120:77）　5. A型璧（M125:2）

6. 镯（M120:63）　7. 琮（M219:6）　8. 琮（BM3:42）

M21：13，淡绿色，透明度较高，通体光滑，玉质较好。器身窄于孔径，边缘磨薄成刃状，圆孔为单面钻而成。直径3.4、孔径1.7~1.85、缺口宽0.1~0.3、厚0.15厘米（图二七九，4；图版一六〇，4）。标本M46：18，淡青色，不透明，通体光滑。器身略窄于孔径，边缘圆钝，缺口尚未完全断开，应为半成品，圆孔为单面钻而成。直径2.7、孔径1.08~1.3、厚0.4~0.51厘米（图二七九，5；彩版五三，5；图版一六〇，5）。标本M21：14，淡青色，透明度较高，通体光滑，玉质较好。器身窄于孔径，边缘较薄，一端残损，圆孔为单面钻而成。直径2.7、孔径1.5~1.7、厚0.4厘米（图二七九，6；图版一六〇，6）。标本M119：21，质地洁白、晶莹。周边磨薄，一侧有缺口，中部以管钻法钻出一孔，略偏向一侧，孔径大于器宽。器身横穿一孔，器身外侧磨出数个凹槽。直径2.8、器宽0.5~1.1、孔径1.0、厚0.5厘米（图二七九，7；彩版五三，6；图版一六〇，7）。标本M124：5，绿色，半透明，通体光滑。器身窄于孔径，边缘较薄，一端残损，器身断成两段，断口两侧各穿有两个圆孔用以缀连器身，圆孔为单面钻而成。直径6.2、孔径3.4~3.6、厚0.2厘米（图二七九，8；图版一六〇，8）。

璋　2件。标本M110：5，乳白色。上宽下窄，前端为斜直边，后端平直，两侧及前端斜边均磨薄成刃状，后端较薄。素面。长9.1、宽1.9、厚0.3厘米（图二七九，9；彩版五三，8；图版一六一，1）。标本M110：6，乳白色。整体宽窄一致，前端呈尖刃状，一侧斜刃较长，后端残损，两侧边圆钝。素面。残长10.1、宽1.9、厚0.3厘米（图二七九，10；图版一六一，2）。

（二）兵器　共27件。主要有斧、钺、戈等。

斧　1件。标本M124：7，绿色，微沁，透明度较高，通体光滑。器形较小，平面略呈梯形，顶端平直略窄，双面斜弧刃较宽，近顶端对钻一圆孔。素面。长2.88、宽1.0~1.5、厚0.4厘米（图二八〇，2；图版一六一，3）。

钺　2件。根据柄的有无可分二型。

A型　1件。有柄。标本M120：30，青绿色，微沁，半透明，通体光滑。分为器身和柄两部分，柄前端上部饰一立虎，立耳、四肢直立、虎尾上卷；钺身较宽、弧刃、中间对钻一穿孔，穿孔与柄之间有折线表示的绑缚图案，柄部扁平、柄末端向上翘起，在翘起部分的两端各对钻一圆孔。长7.1、高3.9、刃宽2.5厘米（图二八〇，1；图二八一，1；彩版五三，7；图版一六一，4）。

B型　1件。无柄。标本M210：9，乳白色，含墨绿色斑点，不透明，通体光滑，器形较大，平面略呈长方形，顶端平直略窄，双面凸弧刃较钝，刃部略宽，近顶端对钻一圆孔，顶端一侧转角处微残。素面。长9.4、宽4.5~5.2、厚0.2~0.5厘米（图二八〇，3；图版一六一，5）。

戈　共24件。根据援、内的变化可分三型。

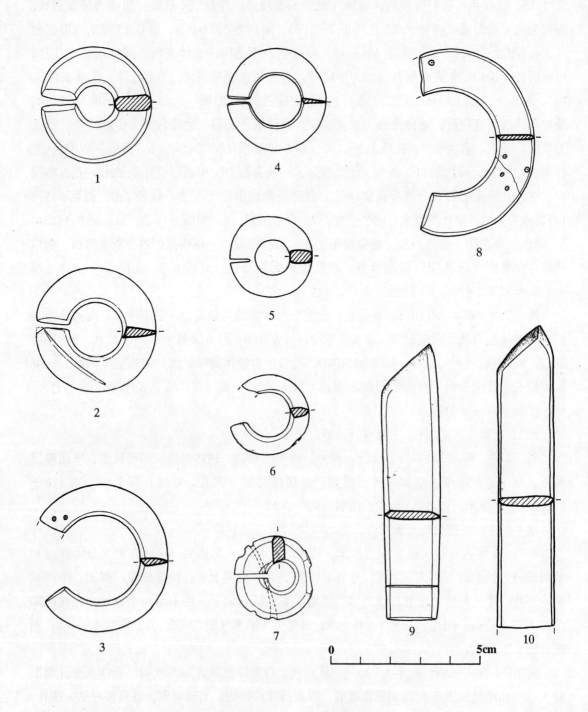

图二七九　　玉玦和璋

1.玦（M19:1）　2.玦（M13:17）　3.玦（M124:8）　4.玦（M21:13）　5.玦（M46:18）　6.玦（M21:14）

7.玦（M119:21）　8.玦（M124:5）　9.璋（M110:5）　10.璋（M110:6）

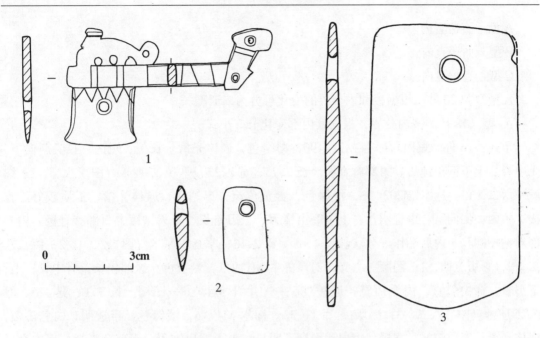

图二八〇　　A、B型玉钺和斧

1.A型钺（M120∶30）　　2.斧（M124∶7）　　3.B型钺（M210∶9）

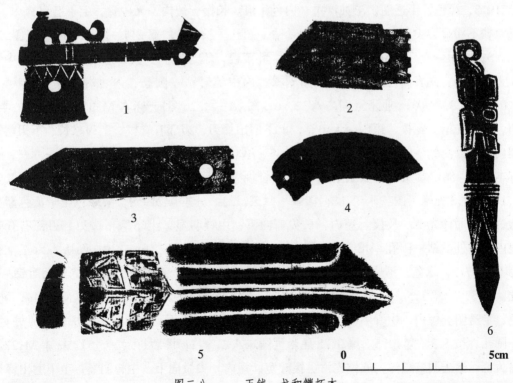

图二八一　　玉钺、戈和觿拓本

1.A型钺（M120∶30）　　2.Aa型Ⅰ式戈（M203∶13）　　3.Aa型Ⅱ式戈（M120∶38）　　4.B型戈（M119∶20）　　5.C
型戈（M213∶58）　　6.B型觿（M132∶9）

A 型　直援直内。

B 型　曲援直内。

C 型　直援銎内。

A 型　共 20 件。根据援和内分界的变化可分为二亚型。

Aa 型　18 件。援内分界，根据其内部变化分 2 小式。

Ⅰ式：16 件。短内。标本 M214：90，墨绿色，通体光滑。长援、短内，长尖斜向下、无中脊、上下磨出钝刃、刃部有脊棱。长 7.75、宽 2.27、厚 0.27 厘米（图二八二，1；图版一六二，1）。标本 M203：13，淡绿色，含黄色斑，半透明，通体光滑，玉质较好。宽援、短内，尖向下、中脊明显，上下磨出锋刃、上刃略长、下刃微短、刃部有脊棱。内中部对钻一圆孔、内后端作扉牙状。长 4.65、宽 2.16、厚 0.4 厘米（图二八一，2；图二八二，2；彩版五四，1；图版一六二，2）。标本 M119：1，米黄色。援部较长，有中脊，上、下刃直，锋尖斜直，内短而宽，近援处钻一孔，下侧磨出一凹槽。长 7.1、宽 1.5、厚 0.25 厘米（图二八二，3；图版一六二，3）。标本 M49：6，淡绿色，半透明，白色沁痕，通体光滑，玉质较好。宽援、短内、中脊不明显，上下磨出钝刃、刃部有脊棱，援内交界处对钻一圆孔。长 6.5、宽 3.65、厚 0.45 厘米（图二八二，4；图版一六二，4）。标本 M219：5，绿色，半透明，沁蚀严重，白色沁痕。长援、短内、无中脊，上下磨出锋刃、刃部脊棱不明显，尖部及援内交界处各对钻一圆孔。长 6.3、宽 2.4、厚 0.4 厘米（图二八二，5；图版一六二，5）。标本 M124：3，乳黄色，不透明。长援、短内、长尖、无中脊，无刃、有阑，阑表面各刻划两道纵向刻槽，内中部对钻一圆孔、内后端收成台阶状。长 3.0、宽 1.3、厚 0.2 厘米（图二八二，6；图版一六二，6）。标本 M30：13，绿色，半透明，通体光滑。宽援、短内、无中脊，上下磨出锋刃，刃部有脊棱，上刃略长、下刃略短，援内交界处对钻一圆孔。长 4.65、宽 1.95、厚 0.3 厘米（图二八二，7；图版一六三，1）。标本 BM3：56，黄灰色。长援、短内、中脊明显，援内交界处对钻一圆孔。长 4.0、宽 1.1、厚 0.3 厘米（图二八二，8；图版一六三，2）。标本 M219：9，淡绿色至暗黄色渐变，微透明，通体光滑。长援、短内、长尖斜向下、中脊明显，上下磨出锋刃、刃部有脊棱、援内交界处对钻一圆孔。长 3.8、宽 1.1、厚 0.2 厘米（图二八二，9；图版一六三，3）。标本 M47：2，绿色，不透明，通体光滑。援略宽、短内、无中脊，援内交界处对钻一圆孔。长 3.9、宽 1.5、厚 0.2 厘米（图二八二，10；图版一六三，4）。标本 M38：17，乳黄色，半透明。短内、中脊不明显、尖略向下、上下磨出锋刃、上刃较短，援内交界处对钻一圆孔。长 5.3、宽 1.75、厚 0.22 厘米（图二八二，11；图版一六三，5）。标本 M127：4，暗黄色，微透明，微沁，通体光滑。援较宽、短内，尖微向下、中脊明显，上下磨出锋刃、上刃略长、下刃微短、刃部有脊棱，援内交界处上端有一刻槽，内后端收成台阶状、内中部及上部各对钻一圆孔。长 4.6、宽 2.8、厚 0.22 厘米（图二八二，12；图版一六三，6）。

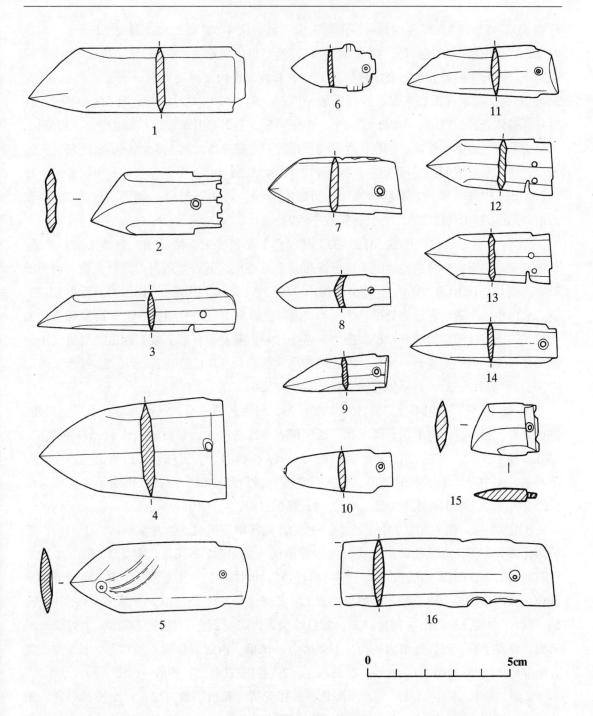

图二八二　　Aa型Ⅰ式玉戈

1.M214:90　2.M203:13　3.M119:1　4.M49:6　5.M219:5　6.M124:3　7.M30:13　8.BM3:56　9.M219:9

10.M47:2　11.M38:17　12.M127:4　13.M127:5　14.M38:16　15.M221:12　16.M206:103

标本 M127：5，与 M127：4 的材质、形制完全一致。长 4.6、宽 2.85、厚 0.22 厘米（图二八二，13；图版一六三，7）。标本 M38：16，淡青色，微透明，微沁。援较长、短内，尖略向下、中脊不明显，上下磨出锋刃，刃部有脊棱，援内交界处对钻一圆孔。长 5.3、宽 2.4、厚 0.2 厘米（图二八二，14；图版一六三，8）。标本 M221：12，乳白色，微透明，微沁，通体光滑。宽援、短内，尖向下、中脊明显，上下磨出锋刃、上刃略短、下刃略长、刃部有脊棱，内中部管钻一圆孔、内后端作扉牙状。长 2.5、宽 1.8、厚 0.48 厘米（图二八二，15；彩版五四，2；图版一六四，1）。标本 M206：103，白色，通体光滑。长援、短内，尖残、中脊明显，上下磨出锋刃、刃部有脊棱，内中部对钻一圆孔。残长 7.5、宽 2.2、厚 0.4 厘米（图二八二，16；图版一六四，2）。

Ⅱ式：2 件。长内。标本 M120：33，墨绿色，黑色沁痕，微透明，通体光滑。长援、长内，尖略向下、中脊明显，上下磨出锋刃、上刃略长、下刃微短、刃部有脊棱，内中部对钻一圆孔。长 10.9、宽 2.2、厚 0.2 厘米（图二八三，1；图版一六四，3）。标本 M120：38，乳白色，不透明，通体光滑。长援、长内，尖微向下、中脊明显，上下磨出锋刃、上刃略长、下刃微短、刃部有脊棱，援内交界处有阑、阑表面有单阴线刻划出的两组大小相套的菱形纹，内中部管钻一圆孔、内后端作扉牙状。长 7.7、宽 1.7、厚 0.22 厘米（图二八一，3；图二八三，2；彩版五四，3；图版一六四，4）。

Ab 型　2 件。援内不分界。标本 M201：74，绿色，微透明，通体光滑。长援、尖残，两面磨刃，起中脊，内末端呈圆弧状、近中部有一圆形穿孔。素面。残长 11.5、宽 2.63、厚 0.3 厘米（图二八三，3；图版一六四，5）。标本 BM4：2，玉白色，近似透明。尖锋向下弯曲、无中脊，上下磨出锋刃、刃部有脊棱，援后部对钻一穿孔、尾端呈扉牙状。长 5.25、宽 1.5、厚 0.4 厘米（图二八三，4；彩版五四，4；图版一六五，1）。

B 型　3 件。标本 M119：16，白色、晶莹，尖部略带褐斑。器身宽而薄，上刃长，下刃短，锋尖下垂，近援处钻出二孔，内后部作成一鱼尾形。长 6.2、宽 2.3、厚 0.2 厘米（图二八三，6；图版一六五，2）。标本 M119：55，该件与上一件戈为同一块玉料制成，在颜色、纹饰、工艺、造型等方面都极为相似。长 6.5、宽 2.25、厚 0.2 厘米（图二八三，5；图版一六五，3）。标本 M119：20，洁白晶莹，内略呈黄色。器身宽而薄，上刃长、下刃短，锋尖下垂，近援处钻出一孔。下侧磨出一凹槽。内后部作成一鱼尾形。长 5.2、宽 1.6、厚 0.2 厘米（图二八一，4；图二八三，7；彩版五四，5；图版一六五，4）。

C 型　1 件。标本 M213：58，墨绿色，通体光滑。长援、銎内较长，突棱状中脊、无刃。内部两侧面饰兽面纹，兽面以双阴线刻划而成，弯角向上、“臣”字形目、圆睛、大张口、嘴角内卷。长 12.0、宽 2.7、厚 2.1 厘米（图二八一，5；图二八三，8；彩版五四，6；图版一六五，5）。

（三）工具　共 2 件。仅有镳一种。

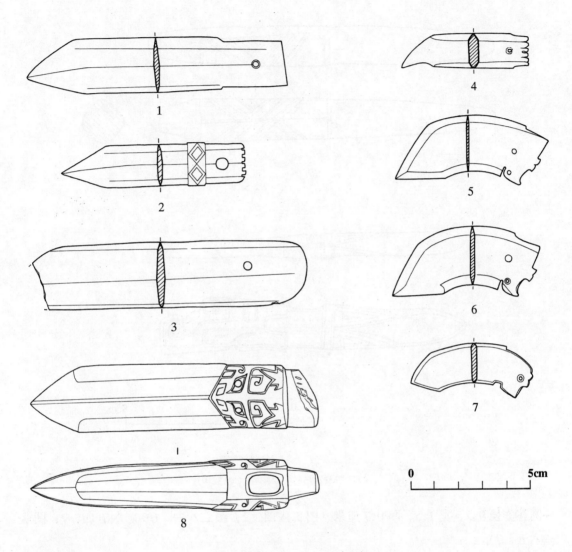

图二八三　　A、B、C型玉戈

1.Aa型Ⅱ式（M120：33）　2.Aa型Ⅱ式（M120：38）　3.Ab型（M201：74）　4.Ab型（BM4：2）　5.B型
（M119：55）　6.B型（M119：16）　7.B型（M119：20）　8.C型（M213：58）

　　觽　2件。可分二型。

　　A型　1件。截面近圆形。标本M120：65，乳白至淡青色渐变，微透明，通体光滑。钝尖，尾部有短铤，器身中部略偏下处有一单面钻圆孔。器身上刻划出大斜线交叉宽带纹。长10.45、最大径1.3厘米（图二八四，1；图版一六五，6）。

　　B型　1件。截面近长方形。标本M132：9，乳白色，半透明，玉质极好，通体圆润光滑。整体为一龙的造型。龙头较为夸张，大张口，舌前伸形成尖部，龙尾卷曲于头后。双面雕，以减地法刻划出头、睛、耳及身。刃部以减地法刻划出简化的蝉纹。柄部末端对钻

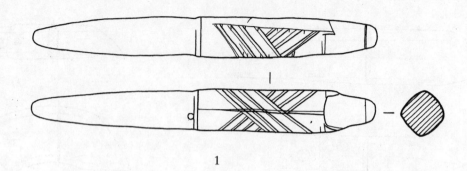

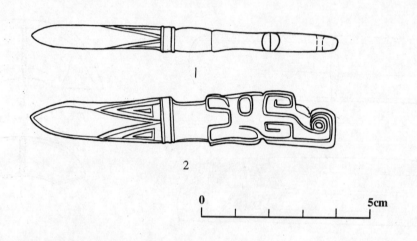

图二八四　　　A、B型玉觿

1. A型（M120：65）　　2. B型（M132：9）

一圆孔。长9.2、宽1.5、厚0.7厘米（图二八四，2；图二八一，6；彩版五四，7；图版一六五，7）。

（四）佩饰　共129件。主要有鱼、虎、龙、鸟、牛、蝉、兔、鹿、螳螂、蛙等。

鱼　共49件。可分五型。

A型　鱼体平直、宽肥。

B型　鱼体平直、瘦长。

C型　鱼体弧弯、宽肥。

D型　鱼体弯曲、瘦长。

E型　鱼体向体侧弧弯、瘦长。

A型　共6件。根据尾部特征可分二亚型。

Aa型　3件。分尾。标本M120：59，乳白色，透明度较高，通体光滑。鱼体圆肥，吻部前伸，分尾平直。阴线刻划出头、唇、睛、背鳍一、腹鳍二及鳞、尾，圆睛。下唇部单面钻一圆孔。长 3.8、宽 2.15、厚 0.31 厘米（图二八五，1；图二八六，1；彩版五五，1；图版一六六，1）。标本 M120：62，淡绿色，含暗黄色斑，半透明，通体光滑。鱼体圆肥，吻部斜向下，分尾略向上倾。阴线刻划出头、唇、睛、背鳍一，腹鳍二及鳞、尾，圆睛。下唇部对钻一圆孔、尾部单面钻一圆孔。长 4.3、宽 2.0、厚 0.45 厘米（图二八五，2；图二八六，2；彩版五五，2；图版一六六，2）。标本 BM4：22，墨绿色，分尾平直。阴线刻划出头、睛、口、唇、背鳍一、腹鳍二。口部对钻一圆孔。长 7.0、宽 2.15～2.3、厚 0.3 厘米（图二八五，3；图二八六，3；图版一六六，3）。

Ab 型　3 件。刻刀状尾。标本 M221：10，淡青色，透明度较高，通体光滑，玉质较好。鱼体较宽，吻部前伸，尾部平直作斜刃刻刀状。阴线刻划出头、唇、睛、背鳍一、腹鳍二，圆睛。唇部单面对钻一圆孔。长 6.2、宽 1.8、厚 0.4 厘米（图二八五，4；图二八六，4；彩版五五，3；图版一六六，4）。标本 M38：42，绿色、背鳍部为褐色，半透明，一面沁蚀严重，通体光滑，双面雕。鱼体较宽，吻部前伸，尾部平直作斜刃刻刀状。阴线刻划出头、唇、睛、背鳍一、腹鳍二，圆睛。唇部穿有一圆孔。长 8.2、宽 2.7、厚 0.4 厘米（图二八五，5；图二八六，5；图版一六六，5）。标本 M38：41，绿色、含褐色斑，半透明，一面沁蚀严重，通体光滑。鱼体较宽，吻部前伸，尾部平直作斜刃刻刀状。双面雕。阴线刻划出头、唇、睛、背鳍一、腹鳍二，圆睛。唇部单面钻一圆孔。长 7.45、宽 2.9、厚 0.4 厘米（图二八五，6；图二八六，6；彩版五五，4；图版一六六，6）。

B 型　共 22 件。根据尾部特征可分二亚型。

Ba 型　13 件。分尾。标本 M206：90，深绿色，半透明，含暗褐色斑。唇部突出，分尾平直。双面雕，阴线刻划出头、睛、口、唇、背鳍一、腹鳍二，细口，三角形睛。唇部对钻一圆孔。长 7.45、宽 2.2、厚 0.24 厘米（图二八五，7；图版一六七；1）。标本 M124：14，墨绿色，微透明，圆雕。分尾平直，头部顶端有以圆形凹坑为口。阴线刻划出头、唇、背鳍一、腹鳍二，无睛，下颌向上单面钻一圆孔与口相通。长 5.2、宽 1.2、厚 0.55 厘米（图二八五，8；图版一六七，2）。标本 M213：54，淡青色，微透明，圆雕。头宽尾窄，尾鳍上长下短。阴线刻划出头、睛、背鳍一、腹鳍二及遍布鱼身的鳞纹，圆睛。长 5.35、宽 1.2、厚 0.54 厘米（图二八五，9；图版一六七，3）。标本 M219：4，绿色，半透明，通体光滑。仅有尾部，近身部有一圆形穿孔。长 3.46、宽 1.45、厚 0.3 厘米（图二八五，10；图版一六七，4）。标本 M201：45，淡青色，头尾处为褐色，半透明，白色沁痕，通体光滑，玉质较好。头部较尖，大圆唇，分尾平直。双面雕，阴线刻划出头、睛、唇、背鳍一、腹鳍二，圆睛。唇部单面钻一圆孔。长 5.55、宽 1.42、厚 0.38 厘米（图二八五，11；图二八六，8；彩版五五，5；图版一六七，5）。标本 M13：26，白色，含黑色斑点，半透明，通体光滑。分尾细长平直。阴线刻划出头、睛、口、唇、背鳍一、腹鳍二，圆睛。上下唇之间穿有一圆孔。长 5.95、宽 0.8、厚 0.31 厘米（图二八五，12；图版一六

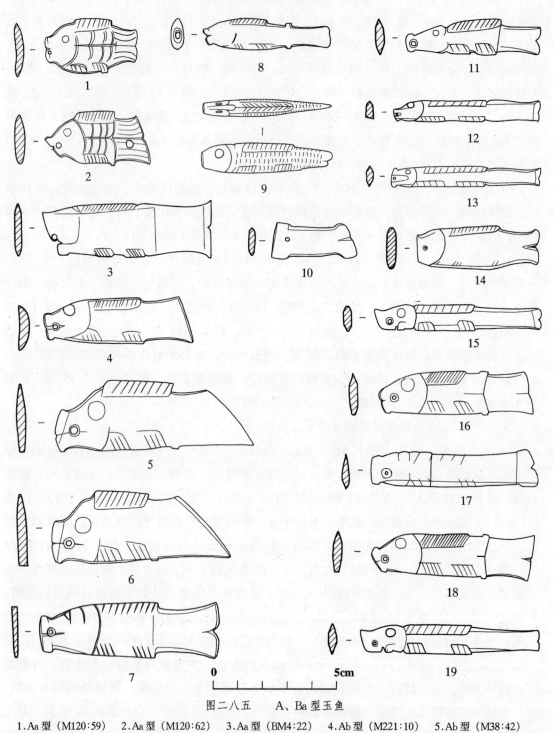

图二八五　　A、Ba 型玉鱼

1.Aa 型（M120:59）　2.Aa 型（M120:62）　3.Aa 型（BM4:22）　4.Ab 型（M221:10）　5.Ab 型（M38:42）

6.Ab 型（M38:41）　7.Ba 型（M206:90）　8.Ba 型（M124:14）　9.Ba 型（M213:54）　10.Ba 型（M219:4）

11.Ba 型（M201:45）　12.Ba 型（M13:26）　13.Ba 型（M13:27）　14.Ba 型（M38:10）　15.Ba 型（BM3:6）

16.Ba 型（M47:3）　17.Ba 型（M206:91）　18.Ba 型（M47:4）　19.Ba 型（M202:11）

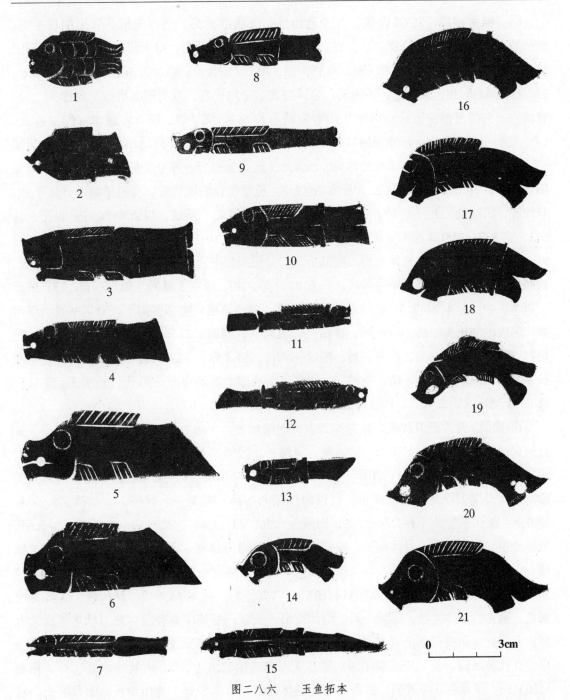

图二八六　　玉鱼拓本

1.Aa 型（M120：59）　2.Aa 型（M120：62）　3.Aa 型（BM4：22）　4.Ab 型（M221：10）　5.Ab 型（M38：42）
6.Ab 型（M38：41）　7.Ba 型（M13：27）　8.Ba 型（M201：45）　9.Ba 型（BM3：6）　10.Ba 型（M47：3）
11.Bb 型（M222：59）　12.Bb 型（M103：13）　13.Bb 型（M38：38）　14.Ca 型（M206：99）　15.Bb 型（M201：
55）　16.Ca 型（M205：30）　17.Ca 型（M44：8）　18.Ca 型（M44：2）　19.Ca 型（M205：24）　20.Ca 型
（M38：39）　21.Ca 型（M38：40）

七，6）。标本 M13:27，淡青色，有黑色沁痕，透明度较高，通体光滑。分尾细长平直。双面雕，阴线刻划出头、睛、口、唇、背鳍一、腹鳍二，圆睛，口大张。口内对钻一圆孔。长 6.1、宽 0.8、厚 0.3 厘米（图二八五，13；图二八六，7；彩版五五，6；图版一六七，7）。标本 M38:10，灰白色，不透明，通体磨光。分尾平直。双面雕，阴线刻划出头、口、背鳍一。头部对钻一圆孔，以穿孔代替眼睛。长 5.0、宽 1.7、厚 0.4 厘米（图二八五，14；图版一六八，1）。标本 BM3:6，淡青色。分尾平直。阴线刻划出头、背鳍一、腹鳍二。头部对钻一圆孔，以圆孔代替目。长 6.8、宽 1.2～1.5、厚 0.2 厘米（图二八五，15；图二八六，9；图版一六八，2）。标本 M47:3，墨绿色，沁蚀严重，白色沁痕。分尾平直。双面雕，阴线刻划出头、睛、口、唇、背鳍一、腹鳍二，圆睛。口部单面钻一圆孔。长 6.3、宽 1.7、厚 0.4 厘米（图二八五，16；图二八六，10；图版一六八，3）。标本 M206:91，乳白色，微透明，通体光滑。吻部上挑，分尾细长平直。双面雕，阴线刻划出头、睛、背鳍一、腹鳍二。吻部对钻一圆孔。长 6.85、宽 1.35、厚 0.3 厘米（图二八五，17；图版一六八，4）。标本 M47:4，墨绿色，沁蚀严重，白色沁痕。吻部斜向下，分尾平直。双面雕，阴线刻划出头、睛、口、唇、背鳍一、腹鳍二，圆睛。口部对钻一圆孔。长 6.7、宽 1.7、厚 0.35 厘米（图二八五，18；图版一六八，5）。标本 M202:11，吻部上挑，分尾细长平直。阴线刻划出头、睛、背鳍一、腹鳍二，圆睛。吻部穿有一圆孔。长 7.3、宽 1.1、厚 0.31 厘米（图二八五，19；彩版五五，7；图版一六八，6）。

Bb 型　9 件。刻刀状尾。标本 M222:60，淡绿色，含白色斑，半透明，通体光滑。近直刃刻刀状尾。阴线刻划出头、唇、睛、背鳍一、腹鳍二及鳞纹，圆睛。长 4.8、宽 1.0、厚 0.6 厘米（图二八七，1；图版一六九，1）。标本 M210:10，淡青色，半透明，通体光滑。近直刃刻刀状尾。施纹简单，仅以阴线刻划出睛、背鳍一、腹鳍二，圆睛。长 5.3、宽 0.8、厚 0.7 厘米（图二八七，2；图版一六九，2）。标本 M222:59，淡绿色，半透明，通体光滑，玉质较好。身体细长，吻部突出，斜刃刻刀状尾。阴线刻划出头、唇、睛、背鳍一、腹鳍二。圆睛，厚唇，口微张。口内斜向腹部穿有一圆孔。长 5.3、宽 0.8、厚 0.7 厘米（图二八七，3；图二八六，11；图版一六九，3）。标本 M36:2，淡绿色，头部为浅褐色，微沁，通体光滑，玉质一般。吻部突出，头宽，身体中部较细，刻刀状尾部宽大上倾。脊背处以阴线刻划出背鳍花纹、腹部刻划有短横线和交叉斜线。头部单面钻一圆孔，以穿孔代替眼睛。长 4.75、宽 0.9、厚 0.3 厘米（图二八七，4；图版一六九，4）。标本 M103:13，淡绿色，半透明，白色沁痕，通体光滑，玉质较好。身体细长，吻部突出，斜刃刻刀状尾。双面雕，阴线刻划出头、唇、睛、背鳍一、腹鳍二，圆睛。口内对钻一圆孔。长 6.4、宽 0.91、厚 0.61 厘米（图二八七，5；图二八六，12；图版一六九，5）。标本 M201:55，淡绿色，透明度较高，微沁，通体光滑，玉质较好。头部略残，斜刃刻刀状尾。双面雕，阴线刻划出头、唇、睛、背鳍一、腹鳍二，圆睛。头部对钻一圆孔。长 7.5、宽

1.13、厚0.39厘米（图二八七，6；图二八六，15；彩版五五，8；图版一六九，6）。标本M38：26，绿色，半透明，通体光滑，玉质较好。身体细长，吻部突出，直刃刻刀状尾。阴线刻划出头、口、唇、眼睛、腹鳍二，方目圆睛、厚唇、细口。长5.7、宽0.61、厚0.6厘米（图二八七，7；图版一六九，7）。标本M38：38，淡褐色，不透明，一面沁蚀严重，通体光滑。吻部宽大突出，斜刃刻刀状尾。双面雕，阴线刻划出头、唇、睛、背鳍一、腹鳍二，圆睛。头部单面钻一圆孔。长4.75、宽0.95、厚0.38厘米（图二八七，8；图二八六，13；图版一六九，8）。标本M221：7，深绿色，微透明，通体光滑。无头。阴线刻划出背鳍一。长2.9、宽0.7、厚0.5厘米（图二八七，9）。

C型　共11件。根据尾部特征可分二亚型。

Ca型　9件。分尾。吻部均斜向下并略向上挑。标本M47：5，绿色，微透明，沁蚀严重，白色沁痕，通体光滑。横截面呈倒"T"形，吻部斜向下。背部刻出三个"Ｖ"形缺口形成背鳍和尾部，腹部以阴线刻划出腹鳍。头部对钻一圆形穿孔，以圆孔代替圆睛。应为一残损玉璧改制而成。长4.4、宽1.4、厚0.1～0.55厘米（图二八七，10；图版一七〇，1）。标本M120：67，淡绿色，半透明。吻部斜向下，尾残。阴线刻划出头、唇、背鳍一、腹鳍二，厚唇圆突。头部单面钻一圆孔，以圆孔作睛。残长4.45、宽1.3、厚0.3厘米（图二八七，11；图版一七〇，2）。标本M206：99，淡绿色，微透明，白色沁痕，通体光滑。双面雕。吻部斜向下。阴线刻划出头、口、唇、睛、背鳍一、腹鳍二，大圆睛，厚唇，口微张。口部对钻一圆孔。长4.4、宽1.33、厚0.31厘米（图二八七，12；图二八六，14；图版一七〇，3）。标本M205：30，淡绿色，透明度较高，微沁，通体光滑。双面雕。鱼体圆肥。阴线刻划出头、口、唇、睛、背鳍一、腹鳍二，圆睛，厚唇，细口。口部管钻一圆孔。长6.7、宽2.1、厚0.37厘米（图二八七，13；图二八六，16；彩版五六，1；图版一七〇，4）。标本M44：8，淡青色，透明度较高，白色沁痕，通体光滑，玉质较好。鱼体圆肥。双面雕，阴线刻划出头、口、唇、睛、背鳍一、腹鳍二，方睛，厚唇，张口。口内对钻一圆孔。长6.6、宽1.95、厚0.09～0.2厘米（图二八七，14；图二八六，17；图版一七〇，5）。标本M44：2，淡青色，微沁，透明度较高，通体光滑。双面雕。阴线刻划出头、口、唇、睛、背鳍一、腹鳍二，圆睛、厚唇、口微张。上唇部单面钻一圆孔。长6.3、宽2.12、厚0.15厘米（图二八七，15；图二八六，18；图版一七〇，6）。标本M205：24，绿色，透明度较高，微沁，通体光滑。双面雕，形体逼真。雕有背鳍一、腹鳍二，阴线刻划出头、睛、背鳍和腹鳍纹理，圆睛。头部对钻一圆孔。长5.2、宽1.61、厚0.4厘米（图二八七，16；图二八六，19；图版一七〇，7）。标本M38：39，淡青色，头部为黄色，有黄、白色沁痕，半透明，通体光滑。鱼体圆肥。双面雕，阴线刻划出头、口、唇、睛、背鳍一、腹鳍二，圆睛、细口。上唇部及尾部各单面钻一圆孔，尾部圆孔旁有一圆形小凹窝。长6.78、宽1.9、厚0.32厘米（图二八七，17；图二八六，20；图版一七

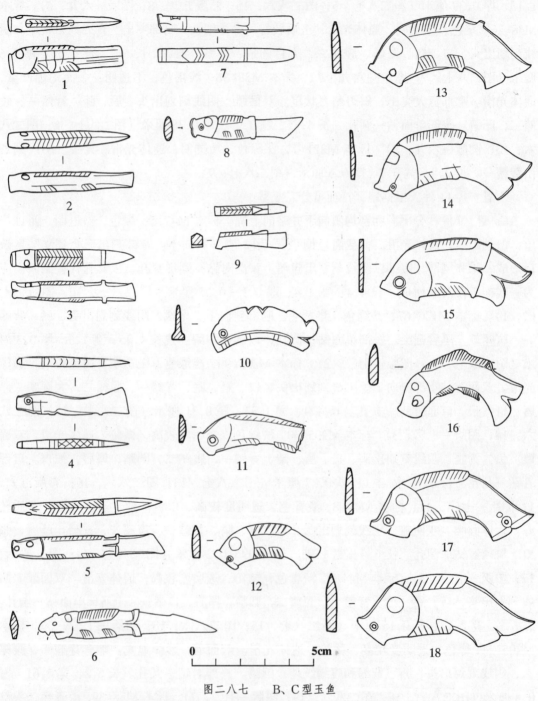

图二八七　　B、C型玉鱼

1.Bb型（M222:60）　2.Bb型（M210:10）　3.Bb型（M222:59）　4.Bb型（M36:2）　5.Bb型（M103:13）
6.Bb型（M201:55）　7.Bb型（M38:26）　8.Bb型（M38:38）　9.Bb型（M221:7）　10.Ca型（M47:5）
11.Ca型（M120:67）　12.Ca型（M206:99）　13.Ca型（M205:30）　14.Ca型（M44:8）　15.Ca型（M44:2）　16.Ca型（M205:24）　17.Ca型（M38:39）　18.Ca型（M38:40）

一，1）。标本 M38：40，乳白色，夹杂深黄色斑点，不透明，通体磨光。双面雕，阴线刻划出头、唇、睛、背鳍一、腹鳍二，圆睛。吻部单面钻一圆孔。长 7.4、宽 2.4、厚 0.41 厘米（图二八七，18；图二八六，21；彩版五六，2；图版一七一，2）。

Cb 型 2 件。刻刀状尾。标本 M109：7，淡绿色，头部为暗黄色，半透明，通体光滑。吻部斜向下。双面雕，阴线刻划出头、口、睛、背鳍一、腹鳍二，圆睛、细口。口部及尾部各单面钻一圆孔。长 6.1、宽 2.5、厚 0.5 厘米（图二八八，1；图二八九，1；彩版五六，3；图版一七一，3）。标本 M215：6，绿色，半透明，白色沁痕，通体光滑。阴线刻划出头、口、睛、背鳍一、腹鳍二，圆睛、口微张。口部后单面钻一圆孔。长 5.35、宽 1.5、厚 0.35 厘米（图二八八，2；图二八九，2；彩版五六，4；图版一七一，4）。

D 型 共 8 件。根据尾部特征可分三亚型。

Da 型 2 件。分尾。标本 BM3：38，绿色，有黄色沁痕，一面沁蚀严重，微透明，通体光滑。吻部斜伸向前下方并上挑，分尾斜向后下方。双面雕，阴线刻划出头、口、唇、睛、背鳍一、腹鳍二，圆睛、厚唇、口微张。上唇部穿有一圆孔。长 4.65、宽 1.1、厚 0.5 厘米（图二八八，3；图二八九，3；图版一七一，5）。标本 M120：57，乳白色，微泛黄，微透明，通体光滑。吻部斜伸向前下方，分尾斜向后下方。阴线刻划出头、唇、睛、背鳍一、腹鳍二，圆睛、厚唇。吻部单面钻一圆孔。长 6.73、宽 1.15、厚 0.4 厘米（图二八八，4；图二八九，4；彩版五六，5；图版一七一，6）。

Db 型 4 件。刻刀状尾。标本 M205：51，乳白色，含乳黄色斑，微透明，通体光滑。横截面呈倒"T"形。吻部伸向下方，近直刃刻刀状尾斜向后下方。双面雕，阴线刻划出头、口、唇、睛、背鳍一、腹鳍二，圆睛、厚唇、细口。上唇对钻一圆孔。应为残损玉璧改制而成。长 6.9、宽 1.4、厚 0.3～1.1 厘米（图二八八，6；彩版五六，6）。标本 M119：5，浅黄色，带有褐色斑点，酷似泥鳅。鱼身弯曲如璜形，作鱼跃状。阔嘴，弧背。两面用刻线勾勒出头部、眼睛，背鳍一、腹鳍二。嘴部有一穿孔，尾部扁薄似刻刀。长 7.1、宽 1.4、厚 0.2 厘米（图二八八，7；图二八九，6；彩版五六，7；图版一七二，1）。标本 M119：6，此件与上一件为同一块玉料制成，颜色、纹饰、造型都极为相似，只是身体更加舒展，形体略大。长 8.8、宽 1.3、厚 0.2 厘米（图二八八，5；图版一七二，2）。标本 M201：2，淡青色，半透明，通体光滑，玉质较好。吻部斜向下，斜刃刻刀状尾斜向后下方。阴线刻划出头、唇、睛、背鳍一、腹鳍二，圆睛、圆唇前突。吻部单面钻一圆孔。长 5.51、宽 1.3、厚 0.2 厘米（图二八八，8；图二八九，5；图版一七二，3）。

Dc 型 2 件。钝尖状尾。标本 M38：23，乳黄色，微透明，通体光滑。横截面呈倒"T"形。头部斜向前下方，钝尖状尾斜向后下方。造型简练，仅外轮廓线为鱼形。头部穿有一圆孔。应为残损玉璧改制而成。长 6.67、宽 1.39、厚 0.1～0.3 厘米（图二八八，9；图版一七二，4）。标本 M44：5，豆绿色，微透明，通体光滑。横截面呈倒"T"形。吻部

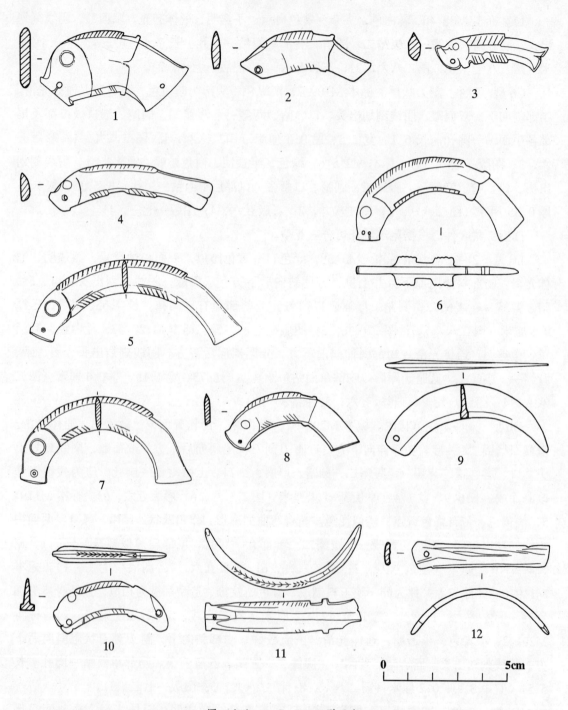

图二八八　　　C、D、E 型玉鱼

1.Cb 型（M109:7）　2.Cb 型（M215:6）　3.Da 型（BM3:38）　4.Da 型（M120:57）　5.Db 型（M119:6）
6.Db 型（M205:51）　7.Db 型（M119:5）　8.Db 型（M201:2）　9.Dc 型（M38:23）　10.Dc 型（M44:5）
11.Ea 型（M120:58）　12.Eb 型（M46:17）

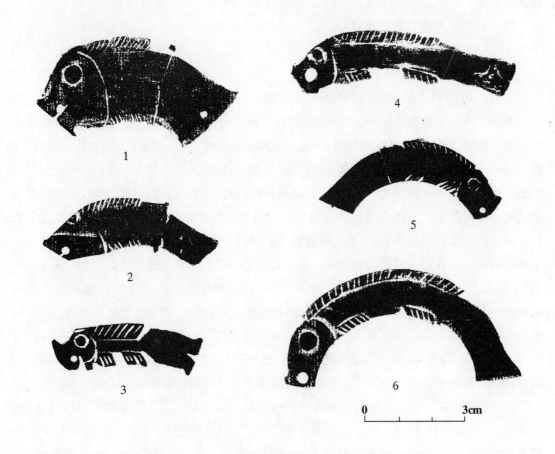

图二八九 玉鱼拓本

1.Cb 型（M109：7） 2.Cb 型（M215：6） 3.Da 型（BM3：38） 4.Da 型（M120：57） 5.Db 型（M201：2）

6.Db 型（M119：5）

伸向下方，钝尖状尾斜向后下方。阴线刻划出头、口、唇、睛、背鳍一、腹鳍二，圆睛、厚唇、口微张。口部及尾部各对钻一圆孔。应为残损玉璧改制而成。长4.8、宽1.28、厚0.1～0.59厘米（图二八八，10；彩版五六，8；图版一七二，5）。

E 型 共2件。根据尾部特征可分二亚型。

Ea 型 1件。分尾。标本 M120：58，乳白色，发黄，不透明。头直伸向前方，分尾略上倾。阴线刻划出头、口、唇、背鳍一、腹鳍二，厚唇、张口，口内穿有一圆孔，以圆孔作眼睛。应为残损玉镯改制而成。长6.4、宽1.25、厚0.4厘米（图二八八，11；图版一七二，6）。

Eb 型 1件。刻刀状尾。标本 M46：17，淡青色，不透明。头直伸向前方，斜刃刻刀状尾平直。造型简练，仅外轮廓线为鱼形。头部穿有一圆孔，以圆孔作眼睛。应为残损玉镯改制而成。长5.74、宽0.9、厚0.22厘米（图二八八，12；图版一七二，7）。

　　虎　12件。根据器物的形状分二型。

　　A型　片雕状。

　　B型　圆雕状。

　　A型　共10件，根据虎的形态可分二亚型。

　　Aa型　9件。卧虎。标本M130∶4，绿色，微透明，沁蚀严重，白色沁痕。虎头低垂、口向下、四肢踞伏作扑食状。阴线刻划出头、口、目、睛、耳、四肢及爪，"臣"形目、圆睛、阔口、背耳，前后两足、每足分四爪，短尾微上挑。口内对钻一圆孔。长5.1、高1.38、厚0.3厘米（图二九〇，1；图二九一，1；图版一七三，1）。标本M130∶5，绿色，微透明，沁蚀严重，白色沁痕。虎头低垂，口向下，四肢踞伏作扑食状。阴线刻划出头、口、目、睛、耳、四肢及爪，"臣"形目圆睛、阔口、背耳，前后两足、每足分四爪，尖尾平伸向后。口内对钻一圆孔。长5.6、高1.45、厚0.22厘米（图二九〇，2；图二九一，2；彩版五七，1；图版一七三，2）。标本M38∶19，淡绿色，含大量灰白色斑，微透明，沁蚀严重，通体光滑。头低垂、四肢踞伏作扑食状。双面雕，阴线刻划出头、口、目、耳、四肢及爪，方目、阔口、背耳，前后两足、每足分三爪，尖尾粗大。口内对钻一圆孔。长6.25、高2.0、厚0.45厘米（图二九〇，3；图版一七三，3）。标本M38∶20，暗黄色，含灰白色斑，微透明，通体光滑。头低垂、四肢踞伏作扑食状。双面雕，阴线刻划出头、口、目、耳、四肢及爪，方目、阔口、背耳，前后两足、每足分三爪，尖尾粗大。口内单面钻一圆孔。长6.0、高2.18、厚0.5厘米（图二九〇，4；图二九一，3；图版一七三，4）。标本M128∶11，淡青色，腹部为暗黄色，透明度较高，微沁。头微低、四肢踞伏作扑食状。双面雕，阴线刻划出头、口、目、睛、耳、四肢及爪，"臣"形目圆睛、阔口、背耳，前后两足、前足不分爪、后足分三爪，尾部略短微上挑。口内单面钻一圆孔。长5.6、高2.2、厚0.2厘米（图二九〇，5；彩版五七，2；图版一七三，5）。标本M128∶12，淡青色，含暗黄色斑，通体光滑。头微抬、四肢踞伏作扑食状。阴线刻划出头、口、目、睛、耳、四肢及爪，方目、圆睛、阔口、背耳，前后两足、每足分三爪，尾部略短微上挑。口内对钻一圆孔。长5.6、高2.15、厚0.2厘米（图二九〇，6；图二九一，4；图版一七三，6）。标本M222∶57，绿色，半透明，通体光滑，玉质较好。四肢踞伏而上身抬起，昂首，口向前。双面雕，阴线刻划出头、口、睛、耳、四肢、爪及斑纹，圆睛、阔口、竖耳，前后两足、每足分四爪，尖尾平伸向后。胸前单面钻一圆孔。长4.7、高2.55、厚0.55厘米（图二九〇，7；图二九一，5；彩版五七，3；图版一七四，1）。标本M221∶8，淡绿色发黄，几乎不透明，通体光滑。头低垂，口向下、四肢踞伏作卧伏状。阴线刻划出头、口、目、睛、耳、四肢及爪，方目、细长睛、阔口、背耳，前后两足、每足分四爪，长尾上卷。口内对钻一圆孔、尾部单面钻一圆孔。长6.9、高1.82、厚0.5厘米（图二九〇，8；图二九一，6；彩版五七，4；图版一七四，2）。标本 M221:9，淡绿色，发黄，几乎不透明，通体光滑。头低垂、口向下、四肢踞伏作卧伏状。阴线刻划出头、口、目、耳、四肢及爪，方目、阔口、背耳，前后两足、每足分四爪，长尾上卷。口内对钻一圆孔、尾部单面钻一圆孔。长5.7、高1.5、厚0.5厘米（图二九〇，9；图二九一，7；图版一七四，3）。

Ab型　1件。立虎。标本 M128:9，淡青色，透明度较高，通体光滑。昂首向前、吻部上挑，前肢前伸、后肢直立，尾部上卷，作扑击状。双面雕，阴线刻划出头、口、目、耳、四肢及爪，方目、背耳，前后两足、每足分四爪，长尾上卷。颈部对钻一圆孔、尾部单面钻一圆孔。长6.0、高2.95、厚0.23厘米（图二九〇，10；图二九一，8；彩版五七，5；图版一七四，4）。

B型　2件。标本 M120:44，绿色，头、爪、臀、尾部为褐黄色，微沁，微透明，通体光滑。虎体略消瘦，头向正前方，后肢踞伏、前肢直立。阴线刻划出头、口、目、斑纹，椭圆目、阔口、立耳，尾斜向下、末端上卷。口内及前爪各对钻一圆孔。长6.95、高2.8、厚1.1厘米（图二九〇，11；图二九一，9；彩版五七，6；图版一七四，5）。标本 M120:43，淡黄色，布满浅黑色斑点，不透明。虎体圆肥，头向正前方、四肢直立。阴线刻划出头、口、目，椭圆目、阔口、立耳，四足直立，尾斜向下，略残。由下颌斜向口内单面钻一圆孔。残长4.85、高1.95、厚1.11厘米（图二九〇，12；图二九一，10；图版一七四，6）。

龙　共18件。根据龙的形状可分三型。

A型　片雕，口部斜向前下方，尾部斜向后下方。

B型　片雕，口部朝向下方或斜向前下方，尾部上卷。

C型　片雕，龙身呈蜷曲状。

A型　共13件。根据尾部特征的变化可分二亚型。

Aa型　4件。尾部呈鱼尾形。标本 M206:18，淡绿色，半透明，微沁，通体光滑，玉质较好。双面雕，阴线刻划出口、目、睛、角、足、爪，方口大张、鼻上挑，"臣"形目大圆睛，角后倾并在角根部以单阴线刻划卷云纹，单足三爪，分尾。口内刻出上下两排牙齿、对钻一圆孔。长8.2、厚0.4厘米（图二九二，1；彩版五八，1；图版一七五，1）。标本 M109:6，绿色，带墨绿色斑，半透明，通体光滑，玉质较好。阴线刻划出口、目、睛、角、足、爪，方口大张、卷鼻，"臣"形目大圆睛，角后弯，单足三爪，分尾。口内及尾部各单面钻一圆孔。长7.75、厚0.3厘米（图二九二，2；图二九三，1；彩版五八，2；图版一七五，2）。标本 M219:1，白色带暗黄色斑，透明度较高，通体光滑。阴线刻划出口、目、睛、角、足、爪，方口大张、鼻上挑、"臣"形目大圆睛，角后倾并在角根部以双阴线刻划卷云纹，单足三爪，分尾。口内对钻一圆孔，圆孔前有一半圆形缺口。长6.3、厚0.25厘米（图二九二，3；图二九三，2；彩版五八，3；图版一七五，3）。标本 M38:11，

图二九〇　　　A、B型玉虎

1.Aa型（M130:4）　2.Aa型（M130:5）　3.Aa型（M38:19）　4.Aa型（M38:20）　5.Aa型（M128:11）
6.Aa型（M128:12）　7.Aa型（M222:57）　8.Aa型（M221:8）　9.Aa型（M221:9）　10.Ab型（M128:9）
11.B型（M120:44）　12.B型（M120:43）

图二九一　　A、B型玉虎拓本

1.Aa型（M130:4）　2.Aa型（M130:5）　3.Aa型（M38:20）　4.Aa型（M128:12）　5.Aa型（M222:57）
6.Aa型（M221:8）　7.Aa型（M221:9）　8.Ab型（M128:9）　9.B型（M120:44）　10.B型（M120:43）

淡绿色，发黄，微透明，通体光滑。阴线刻划出目、睛，头部刻划细阴线构成的折纹并作成扉牙，圆睛，角后弯，身体饰单阴线刻划的卷云纹。长 6.54、厚 0.3 厘米（图二九二，4；图二九三，3；彩版五八，4；图版一七五，4）。

Ab 型　9 件。尾部呈刻刀形。标本 M219：2，白色，半透明，通体光滑。阴线刻划出口、目、睛、爪，大张口、"臣"形目大圆睛，单足四爪。身体两侧双阴线刻划出卷云纹、脊背处单阴线刻划出网格纹。长 6.69、厚 0.65 厘米（图二九二，5；图二九三，4；彩版五八，5；图版一七五，5）。标本 M38：35，淡绿色，透明度较高，通体光滑，玉质较好。器身近二分之一圆。阴线刻划出头、口、目、睛、耳、角、足、爪，张口、鼻上挑、"臣"形目圆睛，尖叶状耳、角后倾、单足四爪、刻刀状尾，口内及上唇部各对钻一圆孔。长 5.0、厚 0.25 厘米（图二九二，6；彩版五八，6；图版一七五，6）。标本 M109：5，绿色，半透明，微沁，通体光滑，玉质较好。双阴线刻划出口、目、睛、角、足、爪，大张口、"臣"形目圆睛、角后倾，单足四爪、刻刀状尾，口内对钻一圆孔。长 5.8、厚 0.2～0.5 厘米（图二九二，7；图二九三，5；彩版五八，7；图版一七六，1）。标本 M219：3，绿色、半透明、通体光滑、玉质较好。阴线刻划出口、目、睛、角、足、爪，方口大张、鼻微上挑、"臣"形目大圆睛，角后倾并在角根部以单阴线刻划出卷云纹，单足四爪，口内及尾端各单面钻一圆孔。长 6.25、厚 0.31 厘米（图二九二，8）。标本 M38：47，淡绿色，大部分被暗黄色斑覆盖，微透明。阴线刻划出口、目、睛、角、足、爪，张口、鼻残、"臣"形目大圆睛，角后倾并在角根部以双阴线刻划卷云纹，单足四爪，口内对钻一圆孔、孔残。残长 5.8、厚 0.2 厘米（图二九二，9；图版一七六，2）。标本 BM3：40，呈灰白不透明。用单阴线刻划出口、目、睛、角、足、爪，方口大张、鼻微残、"臣"形目大圆睛，角后倾并在角根部以单阴线刻划卷云纹，单足四爪，口、尾各钻一圆孔。长 7.2、厚 0.35～0.4 厘米（图二九二，10；图二九三，6；彩版五九，1；图版一七六，3）。标本 M38：25，暗黄色，含绿色斑，不透明。阴线刻划出口、目、睛、角、足、爪，方口大张、鼻微残、"臣"形目大圆睛，角后倾并在角根部以双阴线刻划卷云纹，单足四爪，口内单面钻一圆孔。长 6.1、厚 0.1～0.29 厘米（图二九四，1；图二九三，7；彩版五九，2；图版一七六，4）。标本 M38：28，淡绿色，发黄，半透明，通体光滑。吻部斜伸向前下方，刻刀状尾斜向后下方。阴线刻划出口、目、睛、角、足、爪，张口、鼻上挑、"臣"形目圆睛，角后倾并在角根部以双阴线刻划卷云纹，单足五爪，刻刀状尾，口内、上唇部对钻一圆孔、尾部单面钻一圆孔。长 5.6、厚 0.35 厘米（图二九三，8；图二九四，2；彩版五九，3；图版一七六，5）。标本 M129：3，淡青色，透明度较高，通体光滑。自足以下残损。阴线刻划出口、目、睛、角、足、爪，大张口、"臣"形目圆睛、角后倾，单足三爪，口内对钻一圆孔。残长 5.15、厚 0.18～0.25 厘米（图二九四，3）

B 型　3 件。标本 M109：4，绿色含暗黄色斑，半透明，通体光滑。吻部向下，尾上

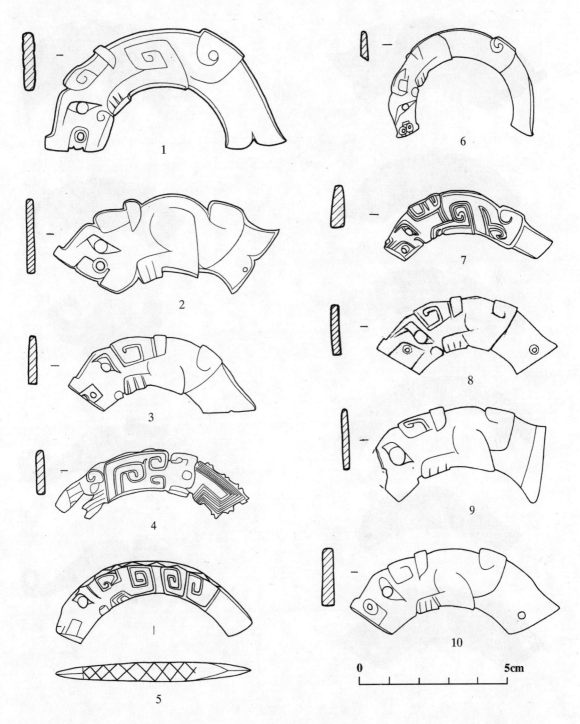

图二九二　　A型玉龙

1.Aa型（M206:18）　2.Aa型（M109:6）　3.Aa型（M219:1）　4.Aa型（M38:11）　5.Ab型（M219:2）

6.Ab型（M38:35）　7.Ab型（M109:5）　8.Ab型（M219:3）　9.Ab型（M38:47）　10.Ab型（BM3:40）

图二九三　　玉龙拓本

1.Aa 型（M109∶6）　2.Aa 型（M219∶1）　3.Aa 型（M38∶11）　4.Ab 型（M219∶2）　5.Ab 型（M109∶5）

6.Ab 型（BM3∶40）　7.Ab 型（M38∶25）　8.Ab 型（M38∶28）　9.B 型（M109∶4）　10.B 型（M103∶22）

11.B 型（M103∶21）

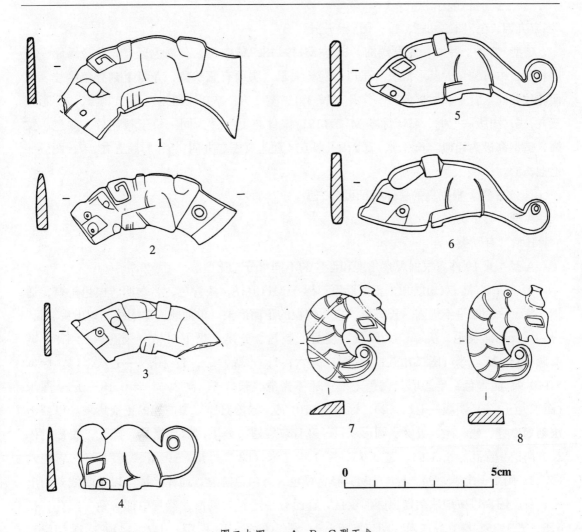

图二九四　　A、B、C型玉龙

1.Ab型（M38:25）　2.Ab型（M38:28）　3.Ab型（M129:3）　4.B型（M109:4）　5.B型（M103:22）　6.B型（M103:21）　7.C型（M119:18）　8.C型（M119:19）

卷。双面雕，阴线刻划出口、目、角、足，张口、鼻微上挑、方目无睛、角直立、单足无爪，口内对钻一圆孔、尾端单面钻一圆孔。长4.12、厚0.1～0.3厘米（图二九四，4；图二九三，9；彩版五九，4；图版一七七，1）。标本M103:22，乳白色含暗黄色斑，半透明，通体光滑。吻部向下，尾上卷。双面雕，阴线刻划出口、目、角、足，大方口、鼻微上挑、方目无睛、角后倾，单足无爪，口内单面钻一圆孔、尾端对钻一圆孔。长6.5、厚0.38厘米（图二九四，5；图二九三，10；彩版五九，5；图版一七七，2）。标本M103:21，乳白色含暗黄色斑，半透明，通体光滑。双面雕，阴线刻划出口、目、角、足，张口、鼻微上挑、方目无睛、角后倾，单足无爪，口内及尾端对钻一圆孔。长6.57、厚0.4厘米

（图二九四，6；图二九三，11；图版一七七，3）。

C型　2件。片雕，龙身蜷曲。标本M119∶18，黄白色，有褐色斑点。龙身蟠屈，首尾相衔，中有缺口，其形似玦。张口，卷鼻大眼，头顶有瓶状角，龙身上刻有鱼鳞纹。两面花纹相同。背上和尾部各有一穿孔。长3.1、宽2.8、厚0.4厘米（图二九四，7；彩版五九，6；图版一七七，4）。标本M119∶19，该件与上一件为同一块玉料制成，颜色、纹饰、造型都极为相似。长3.1、宽2.9、厚0.4厘米（图二九四，8；彩版五九，7；图版一七七，5）。

鸟　23件。根据鸟的总体特征可分二型。

A型　有爪类。

B型　有蹼类。

A型　共19件。根据观察角度和形象的不同可分二亚型。

Aa型　8件。双翅展开，正面形象。标本M110∶18，淡青色，半透明，白色沁痕，通体光滑。平面略呈不规则的长方形，应为俯视的正面形象。单面雕，单阴线刻划出头、目、身、尾及尾部羽毛，尖喙、大圆目、瘦身、展翅、分尾，喙下对钻一圆孔。长3.5、宽2.5、厚0.22厘米（图二九五，1；图二九六，1；彩版六〇，1；图版一七八，1）。标本M110∶9，淡青色，半透明，白色沁痕，通体光滑。长3.5、宽2.4、厚0.18～0.29厘米（图二九五，2；图版一七八，2）。标本M120∶66，绿松石质。为俯视的正面形象。以减地法刻划出身、翅、尾，尖喙、圆形双目、瘦身、展翅、分尾，喙部横穿一圆孔，腹部沿体长方向挖一穿孔。长3.63、宽3.73、厚1.4厘米（图二九五，3；图二九六，3；彩版六〇，2；图版一七八，3）。标本BM3∶45，绿色，有白色沁痕，通体光滑。以单阴线刻划出头、身、翅，以减地法刻划出圆形双目，背面有一道斜向刻槽，器身中部对钻一圆孔。长4.5、宽3.25、厚0.5厘米（图二九五，4；图二九六，2；图版一七八，4）。标本M120∶53，绿松石质。平面略呈不规则的四边形，应为俯视的正面形象。以减地法刻划出头、身、翅，尖喙、圆形双目、宽身、展翅、尖尾，腹部对钻一圆孔。长3.1、宽3.29、厚0.8～1.2厘米（图二九五，5；彩版六〇，3；图版一七八，5）。标本M120∶50，绿松石质。平面略呈不规则的长方形，应为俯视的正面形象。单阴线刻划出目、鼻、身、尾，尖喙、圆目、身体较宽、宽展翅、分尾。长2.1、宽3.55、厚0.25～0.9厘米（图二九五，6；图二九六，4；彩版六〇，4；图版一七八，6）。标本M120∶35，淡青色，有白色沁痕，通体光滑。平面呈三角形，器身较厚。以凹槽刻划出头、身、翅，以减地法刻划出圆形双目，喙部横向对钻一圆孔。长3.8、宽2.3、厚0.9～1.22厘米（图二九五，7；彩版六〇，5；图版一七九，1）。标本M203∶9，暗黄色，不透明，通体光滑。平面呈三角形，应为俯视的正面形象。以单阴线刻划出头、目、身、翅、尾及尾部羽毛，尖喙、圆目、宽身、展翅、分尾，喙部横穿一圆孔，腹部以单阴线刻划出一"田"字纹。长1.8、宽3.2、厚0.5～

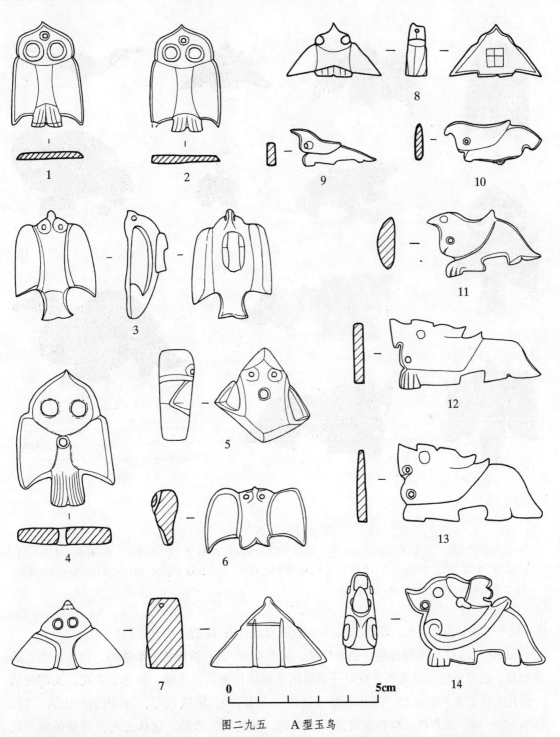

图二九五　　A 型玉鸟

1.Aa 型（M110∶18）　2.Aa 型（M110∶9）　3.Aa 型（M120∶66）　4.Aa 型（BM3∶45）　5.Aa 型（M120∶53）

6.Aa 型（M120∶50）　7.Aa 型（M120∶35）　8.Aa 型（M203∶9）　9.Ab 型（M46∶21）　10.Ab 型（M38∶14）

11.Ab 型（M120∶31）　12.Ab 型（M38∶33）　13.Ab 型（M38∶34）　14.Ab 型（M120∶40）

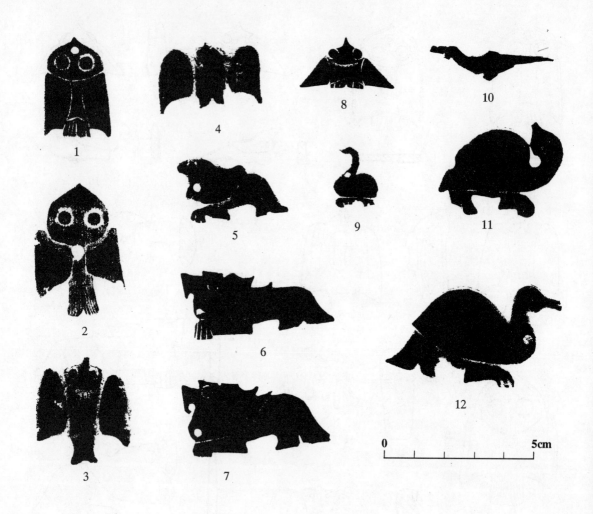

图二九六　玉鸟拓本

1.Aa 型（M110∶18）　2.Aa 型（BM3∶45）　3.Aa 型（M120∶66）　4.Aa 型（M120∶50）　5.Ab 型（M120∶31）
6.Ab 型（M38∶33）　7.Ab 型（M38∶34）　8.Aa 型（M203∶9）　9.B 型（M120∶28）　10.Ab 型（M38∶37）
11.B 型（M13∶39）　12.Ab 型（M119∶8）

0.7 厘米（图二九五，8；图二九六，8；彩版六〇，6；图版一七九，2）。

　　Ab 型　11 件。双翅合拢，侧面形象。标本 M46∶21，淡绿色，半透明，白色沁痕，通体光滑。造型简练，双面雕，仅以一道单阴线刻划出身体，尖喙、单足、尖尾，头部对钻一圆孔。长 2.9、宽 1.25、厚 0.3 厘米（图二九五，9；彩版六〇，7；图版一七九，3）。标本 M38∶14，淡青色，腹部及尾部为米黄色，不透明，微沁，通体光滑。造型简练，双面雕，仅以一道单阴线刻划出身体，尖喙，头部对钻一圆孔。长 3.4、宽 1.5、厚 0.3 厘米（图二九五，10；图版一七九，4）。标本 M120∶31，绿松石质。造型简练，单阴线刻划出头、目、身、翅、足、爪，尖喙、圆目，单足四爪，翅膀斜向上收拢于体侧，分尾弯向后下方，胸部对钻一圆孔。长 3.9、宽 2.1、厚 0.59 厘米（图二九五，11；图二九六，5；彩版六〇，8；图版一七八，5）。标本 M38：33，暗绿色含大面积暗黄色斑，微透明。单阴线刻划出头、目、翅、足、爪，宽平喙、圆目，翅膀斜向上收拢于体侧，胸部对钻一圆孔。单足五爪、分尾较长弯向下方。长 5.0、宽 2.35、厚 0.32 厘米（图二九五，12；图二九六，6；图版一七九，6）。标本 M38：34，深绿色，含暗黄色斑，半透明，通体光滑。喙部及胸部各对钻一圆孔。长 4.9、宽 2.6、厚 0.11～0.31 厘米（图二九五，13；图二九六，7；图版一八〇，1）。标本 M120：40，绿松石质。单阴线刻划出头、目、冠、身、翅、足、爪，尖喙、圆目、有冠、单足三爪、翅膀斜向上收拢于体侧、分尾弯向后下方，胸部对钻一圆孔。长 4.9、宽 3.1、厚 0.4～1.15 厘米（图二九五，14；彩版六一，1；图版一八〇，2）。标本 M34：19，绿色，腹部及尾尖处为骨白色，半透明，微沁，通体光滑，玉质较好。双面雕，单阴线刻划出头、目、口、翅，尖喙下勾、圆目、张口、翅膀斜向上收拢于体侧、分尾较长，口内单面钻一圆孔。长 4.9、宽 1.8、厚 0.3 厘米（图二九七，1；彩版六一，2；图版一八〇，3）。标本 M119：7，青褐色。鸟嘴呈鹰喙状，鼻突起，两眼凸出，长颈，躬背，尾似鱼尾，虎爪。身上无纹饰，颈下钻一孔。这件水鸟造型独特，形象生动逼真而传神，工艺精湛，是难得的艺术珍品。长 4.7、高 4.7、厚 0.4 厘米（图二九七，2；图版一八〇，4）。标本 M119：8，该件与 M119：7 为同一块玉料制成，颜色、纹饰、造型都如出一辙，只是形体略显肥大，此有雌雄之分。长 5.8、高 3.4、厚 0.4 厘米（图二九七，3；图二九六，12；彩版六一，3；图版一八〇，5）。标本 M38：37，绿色，头腹部为骨白色或浅褐色，微透明，微沁。造型简练，仅外轮廓线为鸟形，圆喙、尖尾较长。长 4.2、宽 1.1、厚 0.3 厘米（图二九七，4；图二九六，10；图版一八〇，6）。标本 M120：32，绿松石质。造型简练，单阴线刻划出头、身、翅、足、爪，喙残、以圆形穿孔作目、单足四爪、翅膀斜向上收拢于体侧、尾斜向后下方，胸部对钻一圆孔。长 3.0、宽 2.1、厚 0.2～0.6 厘米（图二九七，5；图版一八一，1）。

B 型　4 件。标本 M120：28，淡绿色，微透明，微沁，通体光滑，玉质较好。似伏卧在地，长颈翘首、拱背，单阴线刻划出圆目、圆喙、单足前伸，颈下对钻一圆孔。长 1.7、高 2.3、厚 0.51 厘米（图二九七，6；图二九六，9；彩版六一，4；图版一八一，2）。标本 BM3：39，淡青色。圆雕，圆头、翘喙、鼓胸，两翼收拢、以三道弧线表示羽毛层次，尾下垂、腿微弯，以单阴线刻划出圆睛及胸翼间涡纹，喙下及胸前各对钻一穿孔。高 4.3、宽 2.3、厚 1.25 厘米（图二九七，7；彩版六一，5；图版一八一，3）。标本 M13：39，淡绿色，半透明，沁蚀严重，有白色沁痕。似伏卧在地，长颈回首、拱背，单阴线刻划出圆目、喙残，单足前伸、尖尾，颈与身之间对钻一圆孔。长 4.3、残高 3.2、厚 0.3～0.49 厘米（图二九七，8；图二九六，11；图版一八一，4）。标本 M109：9，淡青色，半透明，微

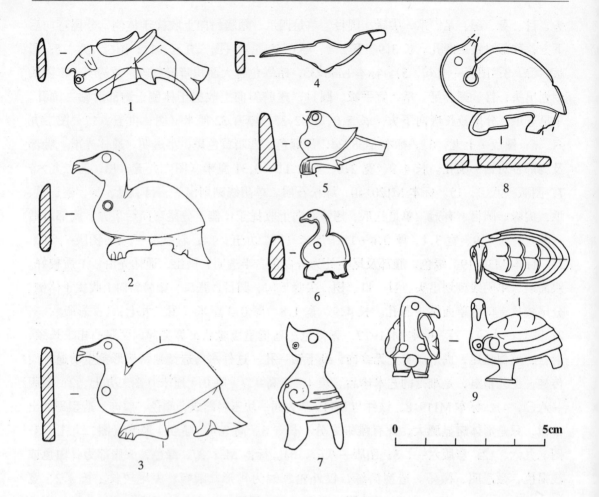

图二九七　　A、B型玉鸟

1.Ab型（M34：19）　2.Ab型（M119：7）　3.Ab型（M119：8）　4.Ab型（M38：37）　5.Ab型（M120：32）

6.B型（M120：28）　7.B型（BM3：39）　8.B型（M13：39）　9.B型（M109：9）

沁，通体光滑。圆雕，呈站立状。长颈、头部扭向身体正左侧、拱背，单阴线刻划出圆目及身体上的羽毛，尖喙下勾、双足有蹼、扁尾，胸部横穿一圆孔、两腿之间近身体处纵穿一圆孔。长3.2、高2.76、厚1.9厘米（图二九七，9；彩版六一，6；图版一八一，5）。

牛　6件。根据牛的造型不同可分二型。

A型　仅为头部正面造型。

B型　为整体造型。

A型　2件。标本BM3：57，深绿色，微透明，通体光滑，玉质较好。高浮雕，正面雕出牛头形象。单阴线刻划出头、目、睛、唇、鼻孔，弯角短粗、角尖向上，簸箕状双耳、椭圆形目、圆睛，突吻、厚唇、三角形鼻孔、唇下开横向槽形成口。高4.0、宽4.21、厚

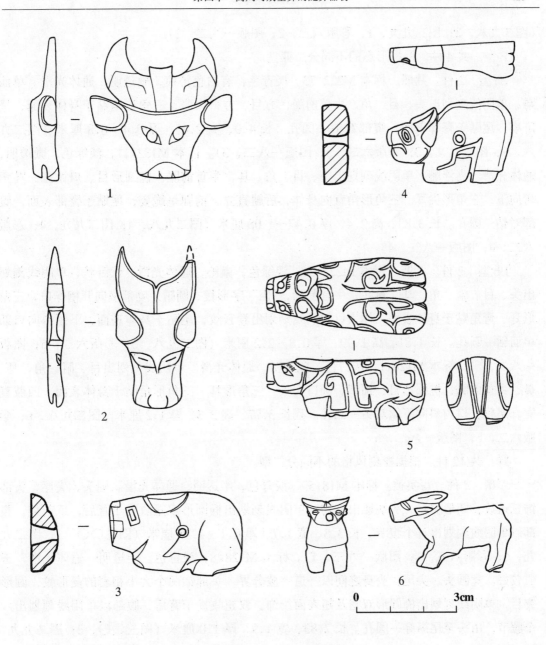

图二九八　　A、B型玉牛

1.A型（BM3:57）　2.A型（M120:48）　3.Ba型（M222:73）　4.Ba型（M132:11）　5.Bb型（M222:56）

6.Bb型（M126:1）

0.15~0.8厘米（图二九八，1；图二九九，2；彩版六二，1；图版一八二，1）。标本M120:48，绿色，鼻吻部为暗黄色。单面浮雕，正面雕出牛头形象。单阴线刻划出头、目、睛、唇，弯角短粗、角尖向上、左侧角尖微残，桃形双耳，菱形目、细睛，突吻、厚唇、唇下开横向槽形成口、背面吻部斜向口部单面钻一圆孔。高4.7、宽2.37、厚0.5厘米

（图二九八，2；图二九九，1；彩版六二，2；图版一八二，2）。

B 型　共 4 件。根据形态的不同分二亚型。

Ba 型　2 件。片雕。标本 M222∶73，淡青色，有白色沁痕，微透明，通体光滑。单面雕，单阴线刻划出头、目、角，牛首前瞻，方目、方口大张，三角形角贴于身体表面，呈卧姿，尾贴于臀部表面，腹部对钻一圆孔。长 4.0、高 2.45、厚 0.4～0.8 厘米（图二九八，3；图二九九，3；彩版六二，3；图版一八二，3）。标本 M132∶11，淡绿色，微透明，通体光滑。高浮雕，单阴线刻划出头、目、角、耳，牛首前瞻，椭圆形目、口微张、嘴角弯向下，三角形尖耳。三角形角背向身体，后腿直立、前腿呈跪姿，尾贴于臀部表面，腹部对钻一圆孔。长 3.83、高 2.4、厚 0.47～1.08 厘米（图二九八，4；图二九九，4；彩版六二，4；图版一八二，4）。

Bb 型　2 件。圆雕。标本 M222∶56，淡绿色，微沁，通体光滑。伏卧状，单阴线刻划出头、目、睛、角、耳、鼻孔，牛首前瞻，"臣"字形目、圆睛，吻部横向开槽作口，三角形耳、弯角贴于身体表面，体表以双阴线刻划出卷云纹，尾贴于身体表面，下颌斜向口部单面钻一圆孔。长 4.81、高 1.99、厚 0.8～2.2 厘米（图二九八，5；彩版六二，5；图版一八二，5）。标本 M126∶1，灰白色，微透明，通体光滑。单阴线刻划出目、睛、角、耳、鼻，牛首前瞻，椭圆形目、细睛、圆口大张，三角形耳、三角形角贴于身体表面，四肢直立，尾残，口内斜向下颌对钻一圆孔。残长 3.77、高 2.3、厚 1.2 厘米（图二九八，6；彩版六二，6；图版一八二，6）。

蝉　共 12 件。根据雕刻风格的不同分二型。

A 型　2 件。写实类。标本 M18∶59，淡青色，半透明，通体光滑。圆头、尖尾，头部饰三道纹，圆形突目，头端雕出尖吻。单阴线刻划出椭圆形双翅收拢于背后，爪前伸，腹部以单阴线刻划出五个腹节。长 3.8、宽 1.7、厚 0.1～1.25 厘米（图三〇〇，1；图二九九，5；彩版六三，1；图版一八三，1）。标本 M128∶8，淡青色，半透明，通体光滑，玉质较好。宽圆头、尖尾，头身之间以一道突棱分界，头部饰两个大小相套的菱形纹，圆形突目，单阴线刻划出椭圆形双翅及翅表面纹饰，双翅收拢于背后，腹部以单阴线刻划出六个腹节，由头至尾纵穿一圆孔。长 2.83、宽 1.9、厚 1.0 厘米（图三〇〇，2；图二九九，7；彩版六三，2；图版一八三，2）。

B 型　10 件。抽象类。标本 M124∶10，乳白色，含大量白色斑，半透明，通体光滑。平面略呈长方形，宽头、宽尾，头身之间以一道凸棱分界，圆形突目、头端雕出尖圆吻，单阴线刻划出长方形双翅收拢于背后。长 2.54、宽 1.0、厚 0.15～0.35 厘米（图三〇〇，3）。标本 M120∶34，青绿色，通体光滑。平面略呈三角形，头宽、尾窄，头身之间分界不明显。圆目突出，头后部有一穿孔，背部斜磨出一道凹槽。长 3.4、宽 2.2、厚 0.3 厘米（图三〇〇，4）。标本 M119∶13，碧绿色，无任何杂质，温润光滑。此蝉为圆雕，背平，

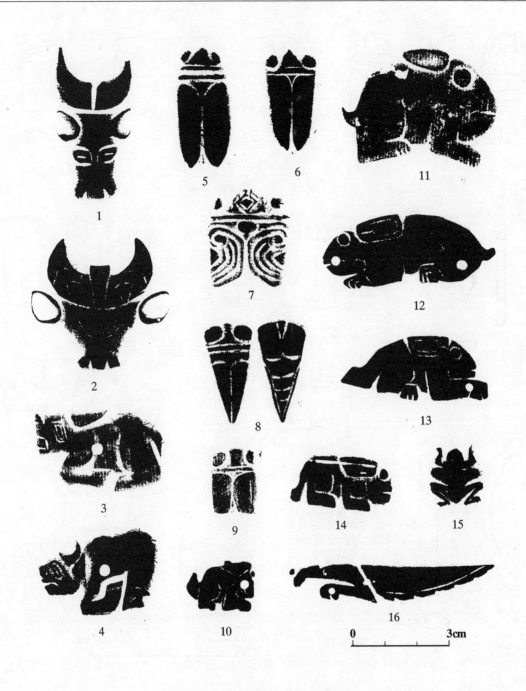

图二九九　　玉牛、蝉、兔和蛙拓本

1.A型牛（M120:48）　2.A型牛（BM3:57）　3.Ba型牛（M222:73）　4.Ba型牛（M132:11）　5.A型蝉（M18
:59）　6.B型蝉（BM4:1）　7.A型蝉（M128:8）　8.B型蝉（M13:22）　9.B型蝉（M205:58）　10.A型兔
（M219:8）　11.A型兔（M120:42）　12.A型兔（M31:20）　13.A型兔（M31:18）　14.A型兔（M21:15）
15. 蛙（M201:14）　16. 螳螂（M46:19）

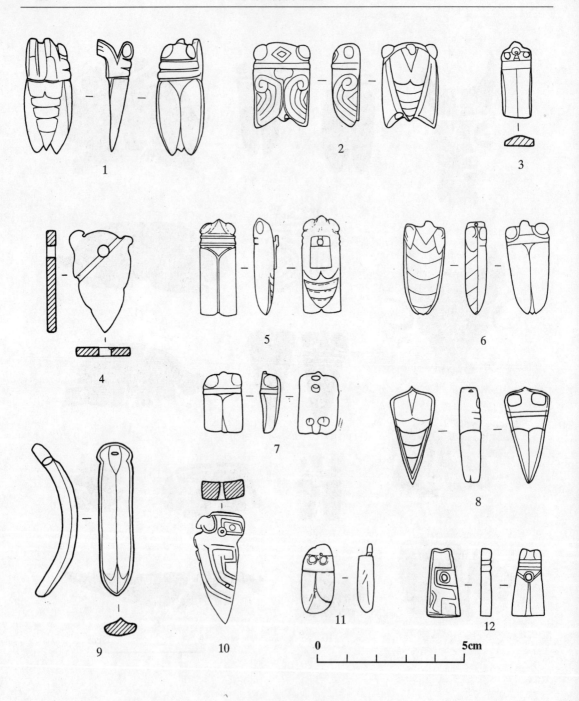

图三〇〇　　A、B型玉蝉

1.A型（M18:59）　2.A型（M128:8）　3.B型（M124:10）　4.B型（M120:34）　5.B型（M119:13）　6.B型（BM4:1）　7.B型（M205:58）　8.B型（M13:22）　9.B型（M13:38）　10.B型（M119:22）　11.B型（BM3:59）　12.B型（M206:59）

腹圆鼓。尖吻，两侧有一对凸起的大眼睛，头和身间有两道弦纹，双翼窄长，腹刻一连弧线纹和三道弧线纹。头下部刻槽似嘴，上有一穿孔。长3.2、宽1.3、厚0.8厘米（图三〇〇，5）。标本BM4：1，青灰色。宽头、尖尾，头身之间以一道单阴线分界，圆形突目、头端雕出尖吻，单阴线刻划出三角形双翅收拢于背后，腹部以单阴线刻划出六个腹节。长3.1、宽1～1.4、厚0.65厘米（图三〇〇，6；图二九九，6；彩版六三，3；图版一八三，3）。标本M205：58，绿松石质。平面呈长方形，宽头、宽尾，头身之间以一道突棱分界、圆形突目、头端雕出尖吻，单阴线刻划出长方形双翅收拢于背后，腹部头端纵向掏挖出圆形穿孔、尾端横向掏挖出圆形穿孔。长2.02、宽1.36、厚0.7厘米（图三〇〇，7；图二九九，9；彩版六三，4；图版一八三，4）。标本M13：22，乳白色，发绿，微透明，通体光滑。平面略呈三角形，宽头、尖尾，头身之间以相邻的两道旋纹分界，圆角方形突目、头端雕出尖吻，单阴线刻划出三角形双翅收拢于背后，腹部以单阴线刻划出五个腹节。长3.1、宽1.5、厚0.55～0.75厘米（图三〇〇，8；图二九九，8；彩版六三，5；图版一八三，5）。标本M13：38，暗黄色，不透明，沁蚀严重，白色沁痕。平面呈条形，身体弯曲，宽圆头、尖尾，头身之间以体侧对称的两个凹缺分界，单阴线刻划出双翅收拢于背后。应该是利用残损的镯类器物改制而成。长5.0、宽1.23、厚0.5厘米（图三〇〇，9；彩版六三，6；图版一八三，6）。标本M119：22，淡青色，无任何杂质，温润光滑。圆雕，系用旧料重新改制而成。大眼，大嘴。宽翼，翼上刻云纹，头前刻出竖长鼻，眼下和翼上分别钻有一孔，身下刻三道凹槽，似嘴和爪形。长3.7、宽1.7、厚0.6厘米（图三〇〇，10）。标本BM3：59，白色，半透明。长椭圆形，前端有两个圆目，背部以单阴线斜"人"字纹分出双翼。长2.3、宽1.15、厚0.6厘米（图三〇〇，11）。标本M206：59，淡青色，半透明，通体光滑。平面略呈梯形，头窄、尾宽，头身之间以相邻的三道旋纹分界，圆形突目、吻部凹陷，单阴线刻划出长形双翅收拢于背后，腹部以双阴线刻划出"F"形几何纹。身体近头部三分之一处对钻一圆孔。长2.24、宽0.6～1.15、厚0.4厘米（图三〇〇，12；图版一八三，7）。

　　兔　共6件。根据兔的造型不同分二型。

　　A型　5件。整体造型。标本M31：20，淡绿色，透明度较高，通体光滑。伏卧状，双面雕。单阴线刻划出头、目、耳、口、四肢、爪，突吻、细口、大圆目，长方形耳向后背于身体表面，前后两肢前伸曲伏、前后足各分三爪、短尾上翘、口后管钻一圆孔、臀部单面钻一圆孔。长5.45、高2.15、厚0.2～0.31厘米（图三〇一，1；图二九九，12；彩版六四，1；图版一八四，1）。标本M120：42，深绿色，有白色沁痕，微透明，通体光滑。伏卧状。双面雕，单阴线刻划出头、目、耳、口、四肢、爪，突吻、细口、大圆目，长耳向后背于身体表面、前后两肢前伸曲伏、前后足各分四爪、短尾上翘、前爪由上至下斜向对钻一圆孔。长5.0、高3.65、厚0.57厘米（图三〇一，2；图二九九，11；彩版六四，

2；图版一八四，2)。标本 M21：15，绿色，半透明，微沁，通体光滑，玉质较好。伏卧状，双面雕。单阴线刻划出头、目、耳、口、四肢、爪，突吻、细口、圆目，长耳向后背于身体表面，前后两肢前伸曲伏、前后足各分四爪、短粗尾斜垂，口部斜向下颌对钻一圆孔。长 3.2、高 1.1、厚 0.8 厘米（图三〇一，3；图二九九，14；彩版六四，3；图版一八四，3）。标本 M219：8，绿色，半透明，通体光滑，玉质较好。伏卧状，单阴线刻划出头、目、耳、四肢、爪，吻部平直、圆目，长耳向后背于身体表面，前后两肢前伸曲伏、前足分六爪、后足分三爪、粗尾上翘，面颊部对钻一圆孔。长 2.2、高 1.6、厚 0.5 厘米（图三〇一，4；图二九九，10；图版一八四，4）。标本 M31：18，伏卧状，单阴线刻划出头、目、耳、口、四肢、爪，突吻、细口、圆目，长方形耳向后背于身体表面，前后两肢前伸曲伏、前足二爪、后肢三爪，尾较粗托于身后，前足部对钻一圆孔。长 4.75、高 2.2、厚 0.39 厘米（图三〇一，5；图二九九，13）。

B 型　1 件。头部造型。标本 M222：63，淡青色，半透明，通体光滑。造型简洁，圆形头、长耳后倾，以减地法刻划出圆目。高 1.55、宽 1.3、厚 0.5 厘米（图三〇一，6；图版一八四，5）。

鹿　1 件。标本 BM3：41，豆绿色兼微黄。双面雕，两角枝杈突出，弯颈回首状、翘耳、圆目，上下颌鼻嘴分明，圆臀小尾、后腿微弯。高 6.0、宽 3.2、厚 0.5 厘米（图三〇一，7；彩版六四，4；图版一八四，6）。

螳螂　1 件。标本 M46：19，淡青色，颈部为暗黄色，微透明，通体光滑。造型简练、形象逼真。双面雕，单阴线刻划出口、颈身分界线、腹节，头部窄小圆钝、圆目突出，细口、细长颈，鼓腹、有七个腹节，大腿前伸、尖尾，大腿关节处对钻一圆孔。长 6.5、高 1.17、厚 0.31 厘米（图三〇一，8；图二九九，16；彩版六四，5；图版一八四，7）。

蛙　1 件。标本 M201：14，绿松石质。伏卧姿态，形象逼真。体形肥圆、头部窄小，单阴线刻划出头、目、吻、身、四肢、蹼，尖圆吻、圆目，上肢前伸、双足位于头部两侧、每足分四蹼，圆腹、下肢曲伏，由头至臀纵向穿一道圆孔。长 1.7、宽 1.53、厚 0.4～0.51 厘米（图三〇一，9；图二九九，15；彩版六四，6；图版一八四，8）。

（五）装饰品　共 73 件（组）、90 件。主要有管、珠、坠、串饰、泡和笄帽等。

管　共 41 件。根据截面和器表纹饰的不同可分四型。

A 型　28 件。截面呈圆形或椭圆形，素面。标本 M119：10，淡黄色，局部有灰色和褐色斑，通体磨制光滑。两端磨斜，并从两端横穿一孔。长 9.3、直径 1.0 厘米（图三〇二，1；图版一八五，1）。标本 M31：19，长 5.6、直径 0.8、孔径 0.44、壁厚 0.2～0.25 厘米（图三〇二，2；图版一八五，2）。标本 M31：9，墨绿色，不透明，通体光滑。长 5.4、直径 0.9、孔径 0.4、壁厚 0.15～0.19 厘米（图三〇二，3；图版一八五，3）。标本 M206：74，长 2.0、直径 1.18～1.21、孔径 0.44、壁厚 0.4～0.45 厘米（图三〇二，4）。标本

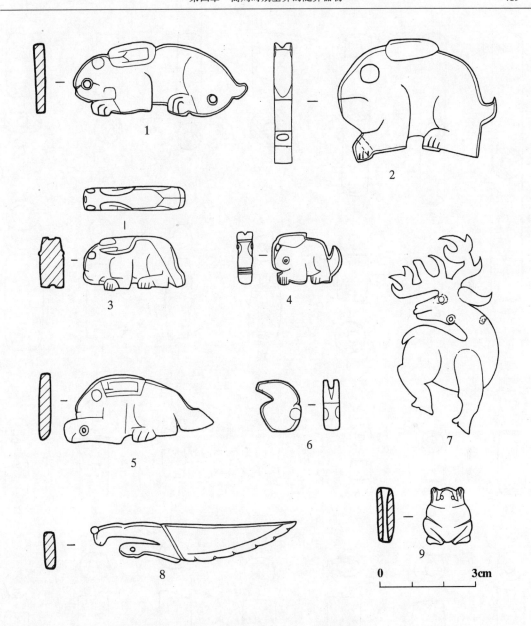

图三〇一 玉兔、鹿、螳螂和蛙

1.A 型兔（M31:20） 2.A 型兔（M120:42） 3.A 型兔（M21:15） 4.A 型兔（M219:8） 5.A 型兔（M31:18） 6.B 型兔（M222:63） 7.鹿（BM3:41） 8.螳螂（M46:19） 9.蛙（M201:14）

M49:9，乳白色，间杂浅黄色斑，通体光滑。长 2.32、直径 1.32、孔径 0.31、壁厚 0.24～0.29 厘米（图三〇二，5）。标本 M46:14，暗绿色，微透明，微沁，通体光滑。长 2.05、直径 0.9、孔径 0.4、壁厚 0.21～0.25 厘米（图三〇一，6）。标本 M13:24，绿松石质。长 2.2、直径 0.65～1.2、孔径 0.3、壁厚 0.13～0.43 厘米（图三〇二，7）。标本 M121:16，

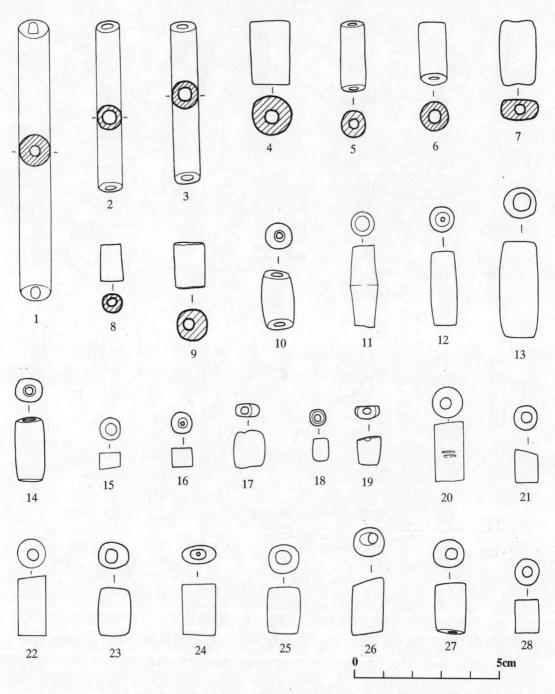

图三○二　　A型玉管

1.M119:10　2.M31:19　3.M31:9　4.M206:74　5.M49:9　6.M46:14　7.M13:24　8.M121:16　9.M44:20
10.M49:15　11.BM3:20　12.M31:15　13.M49:8　14.M205:19　15.M46:13　16.M46:27　17.M46:20
18.M119:28　19.M119:25　20.M46:16　21.M30:17　22.M46:15　23.M201:44　24.M108:4　25.M128:10
26.M49:10　27.M44:16　28.M30:27

白色，不透明，通体光滑。长 1.21、直径 0.7~0.8、孔径 0.28~0.3、壁厚 0.1~0.2 厘米（图三〇二，8）。标本 M44:20，乳白色，微透明，通体光滑。长 1.5、直径 1.0、孔径 0.32、壁厚 0.2~0.47 厘米（图三〇二，9）。标本 M49:15，淡绿色，半透明，通体光滑，玉质较好。鼓形。长 1.98、直径 0.9~1.1、孔径 0.2~0.35、壁厚 0.21~0.4 厘米（图三〇二，10）。标本 BM3:20，红色，腰间微凸。长 2.7、直径 0.8~0.95 厘米（图三〇二，11；图版一八五，4）。标本 M31:15，淡青色，不透明，白色沁痕，通体光滑。鼓形。长 2.44、直径 0.72~0.89、孔径 0.15~0.49、壁厚 0.2 厘米（图三〇二，12）。标本 M49:8，淡青色，有暗黄色斑，半透明，通体光滑。鼓形。长 3.2、直径 0.93~1.3、孔径 0.6、壁厚 0.15~0.32 厘米（图三〇二，13；图版一八五，5）。标本 M205:19，淡绿色，不透明，微沁，白色沁痕，通体光滑，玉质较好。鼓形。长 2.1、直径 0.75~1、孔径 0.25~0.4、壁厚 0.2~0.3 厘米（图三〇二，14）。标本 M46:13，乳白色，通体光滑。长 0.47~0.56、直径 0.71、孔径 0.35、壁厚 0.1~0.22 厘米（图三〇二，15）。标本 M46:27，淡青色，微透明，微沁，通体光滑。长 0.69、直径 0.6、孔径 0.11~0.3、壁厚 0.21~0.27 厘米（图三〇二，16）。标本 M46:20，绿松石质。长 1.2、直径 1.05、孔径 0.25、壁厚 0.08~0.38 厘米（图三〇二，17）。标本 M119:28，扁柱形。长 0.75~0.95、直径 0.41~1.81、孔径 0.22、壁厚 0.1~0.29 厘米（图三〇二，18）。标本 M119:25，鼓形。长 0.9、直径 0.4~0.85、孔径 0.21、壁厚 0.1~0.17 厘米（图三〇二，19）。标本 M46:16，淡青色，微透明，通体光滑。长 2.0、直径 0.96、孔径 0.38、壁厚 0.2~0.38 厘米（图三〇二，20）。标本 M30:17，乳白色，通体光滑。长 0.9~1.1、直径 0.8、孔径 0.35~0.38、壁厚 0.2~0.25 厘米（图三〇二，21）。标本 M46:15，淡青色，微透明，通体光滑。长 1.96、直径 1.0、孔径 0.4、壁厚 0.26~0.4 厘米（图三〇二，22）。标本 M201:44，淡青色，微透明，有白色沁痕。鼓形。长 1.64、直径 0.9~1.05、孔径 0.4~0.5、壁厚 0.2~0.4 厘米（图三〇二，23）。标本 M108:4，长 1.65~1.7、直径 0.61~1.17、孔径 0.12~0.5、壁厚 0.1~0.45 厘米（图三〇二，24）。标本 M128:10，淡绿色发黄，微透明，通体光滑。鼓形。长 1.57、直径 1~1.12、孔径 0.43~0.51、壁厚 0.2~0.3 厘米（图三〇二，25）。标本 M49:10，乳白色，间杂浅黄色斑，通体光滑。长 1.9、直径 0.95、孔径 0.4~0.6、壁厚 0.15~0.38 厘米（图三〇二，26）。标本 M44:16，乳白色，间杂浅黄色斑，通体光滑。长 1.5~1.69、直径 1.0~1.1、孔径 0.32~0.4、壁厚 0.23~0.4 厘米（图三〇二，27）。标本 M30:27，乳白色，通体光滑，玉质较好。长 1.12、直径 0.84、孔径 0.31、壁厚 0.21~0.27 厘米（图三〇二，28）。

　　B 型　5 件。截面呈圆形或近圆形，饰旋纹、弦纹或莲花瓣纹。标本 M222:58，淡绿色，半透明，微沁，通体光滑。横截面呈八角环形，表面饰三层莲花纹，三层花纹相错，每层分四瓣，最上一层莲花之上饰两道相邻的窄凸棱。长 5.4、直径 1.4~1.5、孔径 0.4、

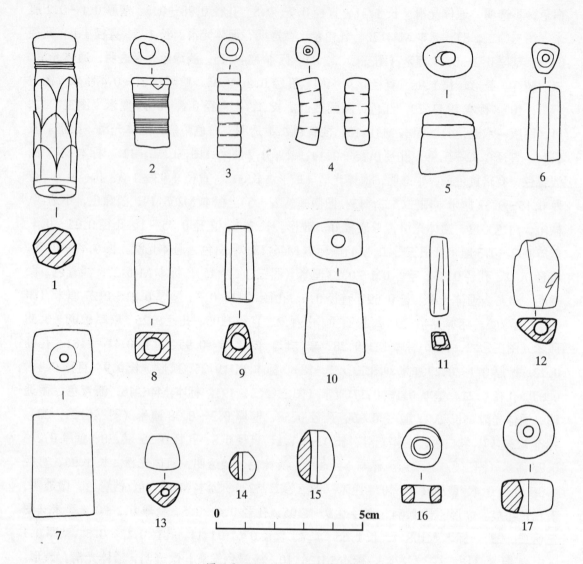

图三〇三　　B、C、D 型玉管和珠

1.B 型管（M222：58）　2.B 型管（M203：10）　3.B 型管（BM3：21）　4.B 型管（M203：14）　5.B 型管（M205：23）　6.C 型管（M38：9）　7.C 型管（M2：9）　8.C 型管（M13：28）　9.C 型管（M38：7）　10.C 型管（M49：7）　11.C 型管（M31：14）　12.D 型管（M11：21）　13.D 型管（M11：62）　14. 珠（M21：46）　15. 珠（M201：46）　16. 珠（M219：7）　17. 珠（M201：73）

壁厚 0.4～0.5 厘米（图三〇三，1；彩版六五，1；图版一八五，6）。标本 M203：10，淡绿色，不透明，通体光滑。扁柱形，略有束腰，横截面呈不规则椭圆环形。表面饰两组细密的旋纹，每组由六道旋纹组成。长 2.25、直径 0.85～1.3、孔径 0.28、壁厚 0.1～0.14 厘米（图三〇三，2；彩版六五，2；图版一八五，7）。标本 BM3：21，淡青色。平均饰七道旋纹。长 3.8、直径 0.8、孔径 0.1～0.3、壁厚 0.2～0.4 厘米（图三〇三，3；彩版六五，

3；图版一八五，8）。标本 M203:14，淡绿色，微透明，微沁，通体光滑。圆柱形，略弯曲，均匀饰四道旋纹。长 2.25、直径 0.8、孔径 0.1~0.3、壁厚 0.2~0.4 厘米（图三〇三，4；彩版六五，4；图版一八五，9）。标本 M205:23，淡青色，细端有暗黄色斑，半透明、通体光滑。近细端饰一道凸棱。长 1.7~2.0、直径 1.1~1.62、孔径 0.53~0.62、壁厚 0.3~0.6 厘米（图三〇三，5）。

C 型　6 件。截面呈方形或近方形，素面。标本 M38:9，淡绿色，沁蚀较重，白色沁痕。长 2.45、宽 1.06、厚 1、孔径 0.2~0.51 厘米（图三〇三，6）。标本 M2:9，乳黄色，微透明，通体光滑。长 3.44、宽 2~2.1、厚 1.61、孔径 0.28~0.9 厘米（图三〇三，7）。标本 M13:28，绿色，不透明。长 2.45、宽 1.2、厚 0.9、孔径 0.6 厘米（图三〇三，8；图版一八五，10）。标本 M38:7，长 2.49、宽 1、厚 1.2、孔径 0.51 厘米（图三〇三，9）。标本 M49:7，淡青色，微透明，通体光滑。长 2.55、宽 1.78~2.07、厚 1.3、孔径 0.4 厘米（图三〇三，10；图版一八五，11）。标本 M31:14，深绿色，微透明，通体光滑。长 2.65、宽 0.5~0.6、厚 0.54、孔径 0.3 厘米（图三〇三，11；图版一八五，12）。

D 型　2 件。截面呈三角形，素面。标本 M11:21，绿松石质。长 2.3、宽 1.6、厚 0.72、孔径 0.45 厘米（图三〇三，12）。标本 M11:62，绿松石质。长 1.1、宽 1.2、厚 0.8、孔径 0.4 厘米（图三〇三，13）。

珠　共 4 件。标本 M21:46，淡青色，微透明，通体光滑。素面。直径 0.9、孔径 0.1~0.15 厘米（图三〇三，14）。标本 M201:46，淡绿色，微透明，通体光滑，玉质较好。卵圆球体，素面。高 1.7、最大径 1.25、孔径 0.2~0.25 厘米（图三〇三，15）。标本 M219:7，绿色，半透明，通体光滑。圆饼状，对钻圆孔，素面。直径 1.33、厚 0.59、孔径 0.5~0.6 厘米（图三〇三，16）。标本 M201:73，白色，不透明，微沁，通体光滑，玉质较好。圆饼状，对钻圆孔，素面。直径 1.7、厚 1.1、孔径 0.3~0.74 厘米（图三〇三，17）。

坠　共 18 件。根据形状的不同可分三型。

A 型　6 件。耳形。边缘经磨薄，宽端对钻一圆孔。标本 M30:24，绿色，半透明，微沁。长 5.3、宽 2.2、厚 0.3 厘米（图三〇四，1；图版一八六，1）。标本 M30:20，绿色，不透明，沁蚀严重。长 5.4、宽 1.8、厚 0.2~0.3 厘米（图三〇四，2；图版一八六，2）。标本 M30:25，乳白色，半透明。应为环类器物残损后改制而成。长 4.0、宽 1.2、厚 0.6 厘米（图三〇四，3）。标本 M38:18，淡黄色，半透明，通体光滑。长 3.1、宽 0.95、厚 0.23 厘米（图三〇四，4；图版一八六，3）。标本 M119:11，青色。作夸张的鸟形，器身扁平光滑，短嘴，翘尾，眼部钻孔。长 5.0、宽 3.2、厚 0.3 厘米（图三〇四，5；图版一八六，4）。标本 M38:21，暗黄色，不透明。扁平弧体，弧长略为整圆的三分之一，一端对钻一圆孔。素面。器身残长 7.12、宽 1.52、厚 0.2~0.3 厘米（图三〇四，6；图版一八

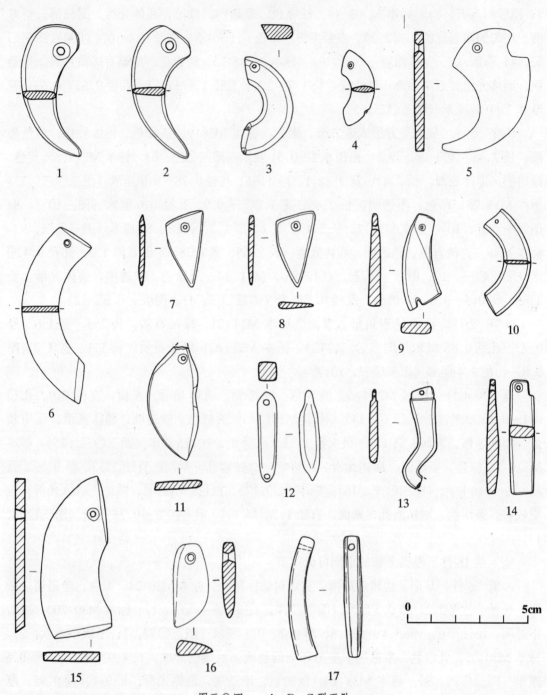

图三〇四　　A、B、C型玉坠

1.A型（M30:24）　2.A型（M30:20）　3.A型（M30:25）　4.A型（M38:18）　5.A型（M119:11）　6.A型（M38:21）　7.B型（M38:36）　8.B型（M38:15）　9.C型（M21:16）　10.C型（M38:13）　11.C型（M38:27）　12.C型（M44:4）　13.C型（M103:14）　14.C型（M104:6）　15.C型（M120:37）　16.C型（M119:9）　17.C型（M124:6）

六，5）。

B型　2件。平面呈不规则三角形，边缘经磨，近短边一端单面钻一圆孔。标本 M38：36，长 3.1、宽 1.6、厚 0.2～0.25 厘米（图三〇四，7）。标本 M38：15，乳白色含暗黄色斑，不透明，通体光滑。表面有弧形凹陷的切割痕。长 3.05、宽 1.6、厚 0.2 厘米（图三〇四，8；图版一八六，6）。

C型　10件。不规则形。标本 M21：16，淡绿色，半透明，通体光滑，玉质较好。呈弯角形，一端窄、一端宽，窄端对钻一圆孔，宽端近外侧边缘有一缺口。长 3.91、宽 0.7～1.5、厚 0.18～0.5 厘米（图三〇四，9；图版一八七，1）。标本 M38：13，长 4.3、宽 1.1、厚 0.11 厘米（图三〇四，10；图版一八七，2）。标本 M38：27，绿色，半透明。直边中部有一残存的钻孔边缘，一角残，近残角处对钻一圆孔，应为残损玉璧类器物改制而成。残长 4.5、宽 2.1、厚 0.3 厘米（图三〇四，11；图版一八七，3）。标本 M44：4，淡青色，微透明，沁蚀较重，白色沁痕，通体光滑。略呈方柱状，两端圆钝，两端各对钻一圆孔。长 3.61、宽 0.78 厘米（图三〇四，12；图版一八七，4）。标本 M103：14，灰白色，不透明。平面呈勾形，尖残，尾部出一扁平榫，榫上穿一圆孔。残长 4.2、宽 0.56～1.0、厚 0.1～0.35 厘米（图三〇四，13；图版一八七，5）。标本 M104：6，墨绿色，微透明，微沁。平面略呈阶梯形，一端窄、一端宽，窄端对钻一圆孔。长 4.6、宽 0.75～1.0、厚 0.2～0.5 厘米（图三〇四，14；图版一八七，6）。标本 M120：37，淡青色带暗黄色斑，不透明。平面略呈不规则的弯角形，一端边缘平直、一端边缘斜长，应为残损玉璜或环类器物改制而成，斜边一端单面钻一圆孔。长 6.5、宽 2.45～2.6、厚 0.4 厘米（图三〇四，15；图版一八七，7）。标本 M119：9，绿色，半透明，通体光滑，玉质较好。一侧直边、一侧弧刃状、顶端对钻一圆孔。长 3.3、宽 1.5、厚 0.55 厘米（图三〇四，16；图版一八七，8）。标本 M124：6，绿色，不透明，表面有玻璃光泽，通体光滑。长 4.9、宽 0.6～0.9、厚 0.46～0.75 厘米（图三〇四，17）。

串饰　2组（19件）。标本 M119：56，由 9 件管、4 件珠、1 件坠组成（彩版六五，5；图版一八八，1）。1 号，管，绿松石质、扁柱形，长 2.9、径 1.0 厘米；2 号，管，绿松石质、鼓形，长 1.03、径 0.49 厘米；3 号，珠，淡绿色、不透明、鼓形，长 0.5、径 0.35 厘米；4 号，管，乳白色、微透明、圆柱形，长 1.5、径 0.92 厘米；5 号，管，绿松石质、方柱形，长 1.0、宽 0.45 厘米；6 号，管，淡黄色、微透明、通体光滑，方柱形、上下两端各饰一周凹槽，长 1.45、宽 0.9 厘米；7 号，珠，暗黄色、微透明、鼓形，长 1.0、径 1.16 厘米；8 号，珠，白色、半透明、圆柱状，长 0.65、径 0.6 厘米；9 号，管，淡青色、扁柱形，长 1.6、径 1.0 厘米；10 号，坠，绿松石质、不规则片状，长 1.1、宽 0.85、厚 0.44 厘米；11 号，珠，绿松石质、圆柱形，长 0.48、径 0.3 厘米；12 号，管，绿松石质、鼓形，长 1.97、径 0.9 厘米；13 号，管，绿松石质、鼓形，长 1.4、径 0.47 厘米；14 号，管，墨绿色、圆柱形，长 2.95、径 1.13 厘米（图三〇五，1）。标本 M31∶21，由 2 件管和 3 件坠组成（彩版六五，6；图版一八八，2）。1 号，管，淡青色、半透明、通体光滑，鼓形，长 2.82、径 1.18 厘米；2 号，坠，绿色、微透明，平面近圆角梯形，长 1.73、宽 1.5 厘米；3 号，坠，绿色、不透明、平面耳形，长 4.0、宽 1.5 厘米；4 号，坠，绿松石质、平面三角形，长 1.8、高 1.8 厘米；5 号，管，绿松石质、平面近方形，长 1.1、宽 1.0 厘米（图三〇五，2）。

泡　共 3 件。标本 BM3∶23，平面圆形，截面呈丘形，表面三等分饰三个圆涡纹，中间对钻一圆孔，近底部横向对钻一圆孔并与纵向圆孔交叉。直径 1.8、高 0.8、纵向孔孔径 0.4～0.65、横向孔孔径 0.1～0.2 厘米（图三〇五，3）。标本 M31∶1，绿色，微透明，通体光滑。平面圆形，截面呈丘形，表面三等分饰三个圆涡纹，中间对钻一圆孔，近底部横向对钻一圆孔并与纵向圆孔交叉。直径 1.8、高 0.72、纵向孔孔径 0.4～0.65、横向孔孔径 0.1～0.2 厘米（图三〇五，4；彩版六五，7；图版一八八，3）。标本 M132∶1，深绿色，半透明，通体光滑，玉质较好。平面圆形，截面呈丘形，边缘出台儿，表面三等分饰三个圆涡纹，中间由底向顶单面穿一圆孔。直径 2.7、高 0.95、孔径 0.44～0.6 厘米（图三〇五，5；图三〇六，1；图版一八八，4）。

钻孔玉片　共 3 件。标本 M31∶17，淡绿色，微透明，白色沁痕，通体光滑。圆饼形，弧边，中间部位对钻一圆孔。直径 1.2、厚 0.29、孔径 0.08～0.3 厘米（图三〇五，6；图版一八八，5）。标本 M31∶8，直径 1.28、厚 0.28、孔径 0.15～0.37 厘米（图三〇五，7）。标本 M120∶39，绿色，半透明，通体光滑。直径 1.65～2.2、厚 0.6、孔径 0.22～0.4 厘米（图三〇五，10）。

笄帽　1 件。标本 M40∶12，淡青色，无沁，通体光滑。双面雕，平面近方形，上饰兽面纹。单阴线刻划出头、目、睛、鼻、眉、角，"臣"形目大圆睛，弯角盘于额部两侧，眉毛与鼻相连。头顶部有一单面钻的圆孔用于安插笄杆。高 2.7、宽 2.45～2.9、厚 1.35、孔径 0.22～0.8 厘米（图三〇五，8；图三〇六，2；彩版六五，8；图版一八八，6）。

笄　1 件。　标本 M201∶8，圆柱形，一端残，残端略粗，完整一端有一未透的穿孔，横截面呈不规则形。素面。残长 8.6、直径 1.0 厘米（图三〇五，9；图版一八八，7）。

（六）杂器　共 63 件。主要有牌饰、柄形器、锥形器、兽头跽坐人像等。

牌饰　共 13 件。根据纹饰的不同分二型。

A 型　11 件。兽面牌饰。标本 M120∶52，绿松石与石料复合而成。短面、角内卷、菱形目细睛、突吻，双角尖各单面钻一圆孔、两侧脸颊各对钻一圆孔、下颌斜向背面对钻一圆孔。高 3.95、宽 5.32、厚 0.71 厘米（图三〇七，1；图三〇六，3；彩版六六，1；图版一八九，1）。标本 M206∶22，淡绿色，半透明，通体光滑，玉质较好。整体呈弧形，以双阴线刻划出兽面形，扁宽头、方目、大张口、嘴角内卷、双耳外卷，角直立微外撇、角较

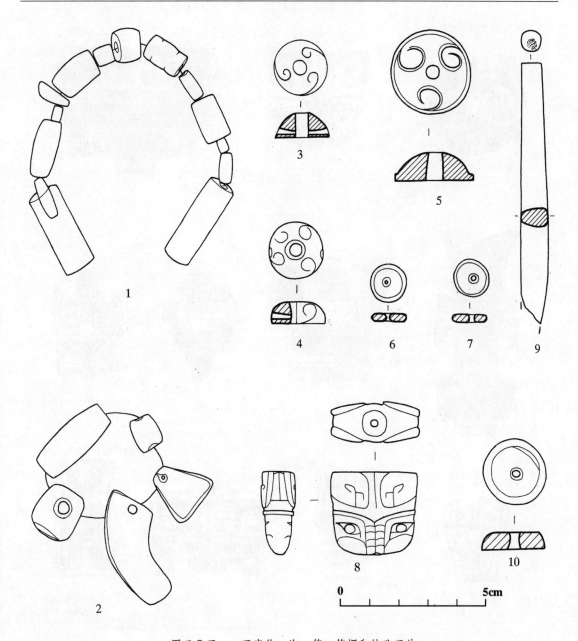

图三〇五　　玉串饰、泡、笄、笄帽和钻孔玉片

1. 串饰（M119:56）　2. 串饰（M31:21）　3. 泡（BM3:23）　4. 泡（M31:1）　5. 泡（M132:1）　6. 钻孔玉
片（M31:17）　7. 钻孔玉片（M31:8）　8. 笄帽（M40:12）　9. 笄（M201:8）　10. 钻孔玉片（M120:39）

长。口内对钻一圆孔。长4.78、宽2.6、厚0.5厘米（图三〇七，2；图三〇六，4；彩版
六六，2；图版一八九，2）。标本BM3:60，微黄兼淡青、烟色。似牛面形，两角微翘、直
线与涡纹构成双眼、两侧有双耳、中部下方有鼻、下端有排牙，背部有一斜穿孔。高3.8、
宽3.2、厚0.45~0.8厘米（图三〇七，3；图三〇六，5；彩版六六，3；图版一八九，

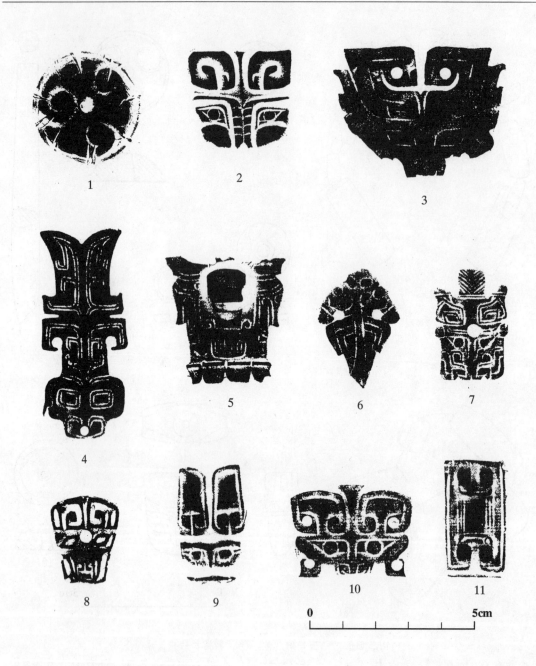

图三〇六　　玉泡、笄帽和牌饰拓本

1. 泡（M132:1）　2. 笄帽（M40:12）　3. A型牌饰（M120:52）　4. A型牌饰（M206:22）　5. A型牌饰（BM3:
60）　6. A型牌饰（M13:23）　7. A型牌饰（M132:8）　8. A型牌饰（M132:5）　9. A型牌饰（M13:37）
10. A型牌饰（M119:2）　11. B型牌饰（BM4:5）

3)。标本 M120:49，绿松石质。平面近长方形。单面雕，单阴线刻划出目、睛、鼻、口、耳、角，细睛、窄鼻、阔口、小叶形耳、弯角盘于额前，背面下部有一纵向榫状物，其上有一纵向穿孔，榫尾有一横向对钻圆孔。长 2.3、宽 1.8、厚 1.5 厘米（图三〇七，4；彩版六六，4；图版一八九，4）。标本 M13:23，淡绿色含暗黄色斑，半透明，通体光滑。平面呈菱形。面部较短、蘑菇状双角斜翘、以圆形穿孔为目，单阴线刻划出窄鼻、鼻翼上卷、口部省略，头顶以上单阴线刻划出三尖插形冠饰，下颌部斜向后对钻一圆孔。高 3.5、宽 2.61、厚 0.4 厘米（图三〇七，5；图三〇六，6；彩版六六，5；图版一八九，5）。标本 M132:8，乳白色，半透明，通体光滑，玉质较好。平面呈长方形。以减地法刻划出兽面，角内卷、眉毛上挑、"臣"字形双目、圆睛、窄鼻、大张口、嘴角内卷。两眉之间对钻一圆孔。高 3.3、宽 2.21、厚 0.6 厘米（图三〇七，6；图三〇六，7；彩版六六，6；图版一八九，6）。标本 M13:37，骨白色，不透明，表面光泽度较高。似牛头形，短面、"臣"字形双目、圆睛、窄鼻、厚唇突出、双角宽大直立，角根部饰变形内卷的卷云纹，下端斜向后对钻一圆孔。高 3.5、宽 1.96、厚 1.25 厘米（图三〇七，7；图三〇六，9；图版一九〇，1）。标本 M132:5，乳白色，半透明，通体光滑，玉质较好。平面呈倒梯形、上边略弧凸。以减地法刻划出兽面，角外卷、菱形双目、突吻、大方口、嘴角内卷。高 2.71、宽 2.07、厚 0.63 厘米（图三〇七，8；图三〇六，8；图版一九〇，2）。标本 BM3:58，淡青色杂有黄色。似圆角梯形，以直线纹、涡纹为双耳，双目突出、垂鼻、两腮施涡纹，中部对钻一圆孔。高 2.2、宽 1.7~2.5、厚 0.4 厘米（图三〇七，9）。标本 BM3:56，微白兼黄色。似虎面形，方圆角微鼓、双耳、涡纹构成鼻、"臣"字形双目、圆睛，背面有四个穿孔。高 2.55、宽 2.2~2.8、厚 0.73 厘米（图三〇七，10）。标本 M119:2，淡绿色，整个玉料晶莹剔透无任何杂色，器形规整。轮廓似蝴蝶状，用阴刻的方法在正面刻出兽面纹，背面平整。"臣"字形大眼睛，上面有一对卷云纹大角，阔鼻。两侧各有一对穿孔，鼻下还斜穿一孔。宽 3.7、高 2.65、厚 0.4 厘米（图三〇七，11；图三〇六，10；彩版六六，7；图版一九〇，3）。

B型　2件。几何纹牌饰。标本 M132:4，淡青色，微透明，微沁，通体光滑，玉质较好。平面近圆角长方形。单面雕，近顶端以一道横向窄凹槽分割、凹槽以上又以两道竖向凹槽分为左右两部分，中部偏上对钻一圆孔。长 3.22、宽 1.8~2.12 厘米（图三〇七，12；图版一九〇，4）。标本 BM4:5，淡绿色，不透明，通体光滑，玉质较好。弧面凹背。弧面三边单阴线刻划直线、一端似为眉眼。中部以直线、弧线构成方口状，背面四角各斜向对钻一圆孔。长 3.3、宽 1.8、厚 0.5 厘米（图三〇七，13；图三〇六，11；图版一九〇，5）。

柄形器　共9件。根据器柄的变化可分二型。

A型　5件。柄端呈梯形。标本 M120:45，绿色发黄，半透明，通体光滑。器身扁薄，

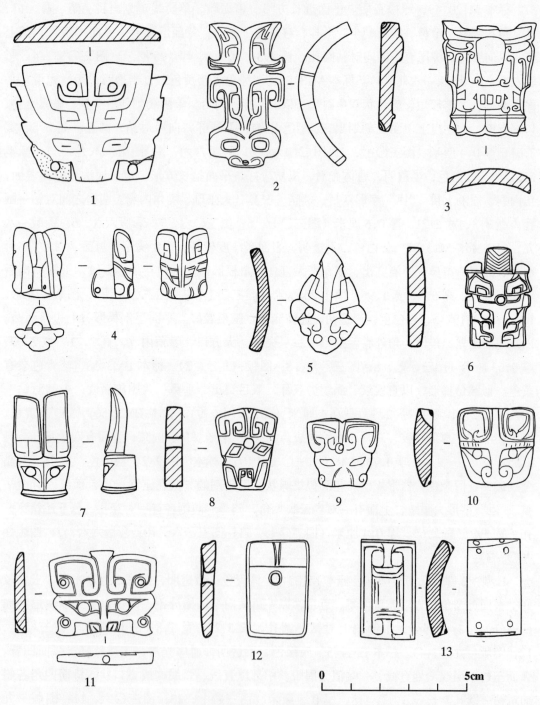

图三〇七　A、B型玉牌饰

1.A型（M120∶52）　2.A型（M206∶22）　3.A型（BM3∶60）　4.A型（M120∶49）　5.A型（M13∶23）　6.A型（M132∶8）　7.A型（M13∶37）　8.A型（M132∶5）　9.A型（BM3∶58）　10.A型（BM3∶56）　11.A型（M119∶2）　12.B型（M132∶4）　13.B型（BM4∶5）

柄部上下各饰一道浅窄凹槽、末端残损并残留半个单面钻的圆孔。残长9.03、宽2.65、厚0.19厘米（图三〇八，1；图版一九一，1）。标本M119:4，通体洁白，色泽温润，打磨精细。一侧有黄色斑，尖端残留有玉料皮的痕迹。柄部饰两周弦纹，中部一侧磨出凹窝。长10.5、宽2.3、厚0.6厘米（图三〇八，2；图版一九一，2）。标本M211:12，绿色，半透明，一面沁蚀严重，有白色沁痕，通体光滑。末端残损。残长9.8、宽2.7、厚0.2厘米（图三〇八，3；图版一九一，3）。标本M222:61，墨绿色，微透明，通体光滑。末端残损。残长9.5、宽3.0、厚0.32厘米（图三〇八，4；图版一九一，4）。标本M13:25，淡绿色，不透明，微沁，通体光滑。器身较短，末端收缩成短榫。长6.43～6.58、宽2.43、厚0.5厘米（图三〇八，5；图版一九一，5）。

B型　4件。柄端呈长方形。标本M13:18，器身扁薄，末端残损，柄下有一对钻穿孔。残长5.9、宽2.7、厚0.14厘米（图三〇八，6；图版一九一，6）。标本M119:3，青灰色，色泽凝重，玉质温润细腻。器形规整，制作精细。柄身细长，末端四面内收呈尖状。长10.7、宽1.0、厚1.0厘米（图三〇八，7；图版一九二，1）。标本M11:37，淡绿色，透明度较高，通体光滑。末端残损、顶颈交界处及柄身近残损处各有一对钻穿孔。残长6.1、宽2.53、厚0.18厘米（图三〇八，8；图版一九二，2）。标本M38:29，淡青色含暗黄色斑，半透明，通体光滑，玉质较好。残长5.6、宽2.2、厚0.44厘米（图三〇八，9；图版一九二，3）。

锥形器　共11件。可分四型。

A型　截面呈圆形。

B型　截面呈扁椭圆形。

C型　截面呈方形。

D型　截面呈矩形。

A型　5件，根据器表装饰的不同可分二亚型。

Aa型　6件，素面。标本BM3:19，淡青色。长8.8、直径0.76～0.95厘米。标本M120:41，淡绿色，微透明，通体光滑，玉质较好。长6.34、直径0.5厘米（图三〇九，4；图版一九二，4）。标本M120:36，深绿色，微透明，通体光滑。长6.3、直径0.7厘米（图三〇九，3；图版一九二，5）。标本BM3:44，淡青色。长4.9、直径0.8厘米（图三〇九，5；图版一九二，6）。标本M21:30，淡青色，微透明，通体光滑。钝尖，尾部有短铤，器身中部有一单面钻圆孔。素面。长11.9、最大径1.1厘米（图三〇九，1；图版一九三，1）。标本M49:5，绿色，微透明，白色沁痕，通体光滑。素面。长12.3、直径1.08厘米（图三〇九，2）

Ab型　1件。饰螺旋纹。标本M120:51，绿色，微透明，暗黄色沁痕，通体光滑，玉质较好。由尾至尖饰一道由浅凹槽形成的螺旋纹。长5.0、直径0.55厘米（图三〇九，6；

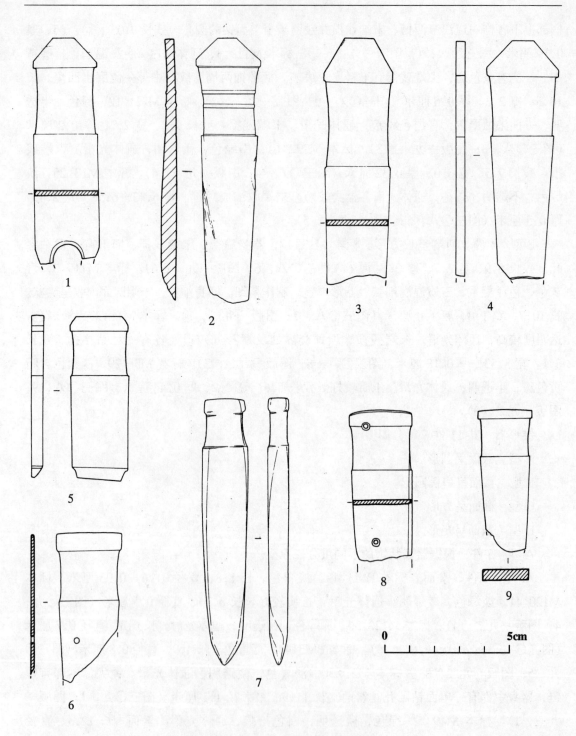

图三〇八　　A、B型玉柄形器

1.A型（M120：45）　2.A型（M119：4）　3.A型（M211：12）　4.A型（M222：61）　5.A型（M13：25）　6.B型（M13：18）　7.B型（M119：3）　8.B型（M11：37）　9.B型（M38：29）

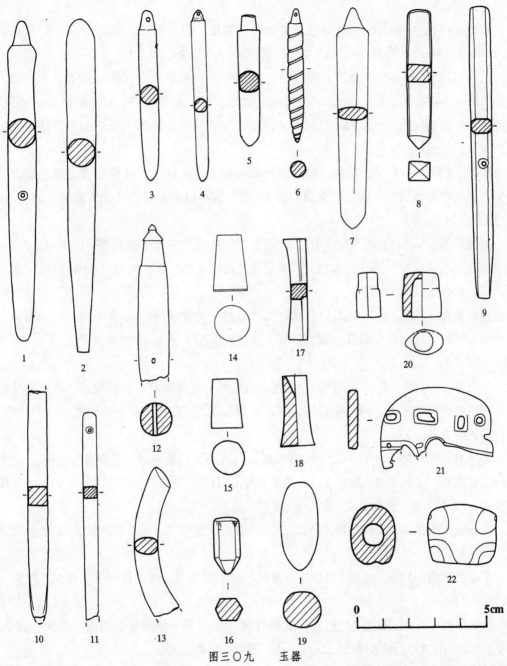

图三○九　玉器

1.Aa 型锥形器（M21:30）　2.Aa 型锥形器（M49:5）　3.Aa 型锥形器（M120:36）　4.Aa 型锥形器（M120:41）
5.Aa 型锥形器（BM3:44）　6.Ab 型锥形器（M120:51）　7.B 型锥形器（M30:2）　8.C 型锥形器（M210:7）
9.D 型锥形器（M201:40）　10.C 型锥形器（M38:12）　11.扁柱形器（M215:5）　12.圆柱形器（M213:93）
13.弯柱形器（M21:29）　14.芯（M119:12）　15.芯（M201:6）　16.水晶质六棱锥体（M222:72）　17.长
条柱状器（BM4:24）　18.圆台形器（M13:36）　19.橄榄形器（BM3:54）　20.梯形器（M201:7）　21.马蹄
形器（M211:17）　22.长方形器（M2:1）

图版一九三，2）。

B 型　1 件。标本 M30:2，绿色，半透明，微沁，白色沁痕，通体光滑。长 8.18、宽 0.92~1.2、厚 0.49 厘米（图三〇九，7；图版一九三，3）。

C 型　2 件。标本 M210:7，深绿色，微透明。四棱状尖，尾部微上弧。长 5.2、宽 0.95、厚 0.64 厘米（图三〇九，8；图版一九三，4）。标本 M38:12，暗黄色，不透明，通体光滑。两端均残损。素面。残长 8.4、宽 0.75、厚 0.7 厘米（图三〇九，10；图版一九三，5）。

D 型　1 件。标本 M201:40，绿色至墨绿色渐变，半透明，通体光滑。扁柱形，一端略窄，器身中部单面钻一圆孔。素面。长 10.85、宽 0.5~0.85、厚 0.5 厘米（图三〇九，9；图版一九三，6）。

圆柱形器　1 件。标本 M213:93，淡绿色，微透明。三角形顶、蘑菇状小纽，颈略细，末端残损，近残端穿一圆孔，素面。残长 5.8、直径 1.2、孔径 0.11~0.18 厘米（图三〇九，12；图版一九四，1）。

扁柱形器　1 件。标本 M215:5，绿色，半透明，沁蚀严重，白色沁痕。一端圆钝，一端残损，完整一端对钻一圆孔。素面。长 7.7、宽 0.54、厚 0.42 厘米（图三〇九，11；图版一九四，2）。

弯柱形器　1 件。标本 M21:29，白色，微透明，通体光滑，玉质较好。截面略呈椭圆形，一道为斜直的平面，另一端残损，素面。残长 5.5、直径 0.65~0.9 厘米（图三〇九，13；图版一九四，3）。

芯　共 2 件。标本 M119:12，洁白细腻，通体磨光。圆台形，纵截面呈梯形，应为钻孔产生的废料。上径 0.9、底径 1.2、高 2.0 厘米（图三〇九，14；图版一九四，4）。标本 M201:6，上径 0.9、底径 1.2、高 1.83 厘米（图三〇九，15）。

水晶质六棱锥体　1 件。标本 M222:72，素面。长 2.1、宽 1.0、厚 0.81 厘米（图三〇九，16）。

长条柱状器　1 件。标本 BM4:24，黄白色，中间微凹、两端稍突出。长 3.7 厘米（图三〇九，17）。

圆台形器　1 件。标本 M13:36，底部较粗，顶端有一倒圆锥状凹槽，素面。高 2.6、顶径 0.9、底径 1.31 厘米（图三〇九，18；图版一九四，5）。

橄榄形器　1 件。标本 BM3:54，白色透明。高 3.3、最大径 1.4 厘米（图三〇九，19；彩版六七，1；图版一九四，6）。

马蹄形器　1 件。标本 M211:17，绿色，半透明，通体光滑，玉质较好。部分残损，近弧边一侧并排分布一个对钻圆孔和三个椭圆形穿孔，近残损一侧分布有两个较小的穿孔，素面。宽 4.2、残高 3.0、厚 0.36 厘米（图三〇九，21；彩版六七，2；图版一九四，7）。

长方形器　1件。标本 M2：1，淡绿色，半透明，沁蚀严重，有灰白色沁痕，通体光滑。平面呈圆角方形，横截面略呈椭圆环形，似为兽头形装饰，单线刻划出大圆睛、突鼻，器身中部横向穿一圆孔。高 2.2、宽 2.7、厚 1.7、孔径 0.78 厘米（图三〇九，22；彩版六七，3；图版一九五，1）。

梯形器　1件。标本 M201：7，横截面略呈不规则的椭圆形，一道刻槽将器身分为上下两级，底面有一圆形凹槽。素面。高 1.65、宽 1.25～1.45、厚 0.95、圆槽直径 0.74、槽深 1.4 厘米（图三〇九，20）。

圆锥形器　1件。标本 BM3：48，绿松石质。高 0.4、底径 0.6 厘米（图三一〇，5）。

片形器　共12件。标本 M11：37，绿色，半透明，通体光滑，玉质较好。器形不规则。长 4.7、宽 0.7～1.2、厚 0.28～0.32 厘米（图三一〇，1；图版一九五，2）。标本 M110：20，绿色，不透明，表面有玻璃光泽。坠状，器体扁平，一端圆钝，一端残损，截面略呈椭圆形。素面。完整一端对钻一圆孔。残长 4.1、宽 0.7～1.3、厚 0.65 厘米（图三一〇，2）。标本 M44：9，绿色发暗黄，半透明。平面略呈靴形，窄端穿有一圆孔。素面。长 4.12、宽 1.9～3.6、厚 0.1～0.19 厘米（图三一〇，3；图版一九五，3）。标本 M44：6，绿色，带暗黄色斑，微透明。长 6.5、宽 1.12～1.89、厚 0.12～0.4 厘米（图三一〇，4；图版一九五，4）。标本 M201：33，绿松石质。器身扁平，平面椭圆形。素面。长 1.29、宽 0.72、厚 0.15 厘米（图三一〇，6）。标本 M201：29，绿松石质。长 1.2、宽 0.7、厚 0.2 厘米（图三一〇，7）。标本 BM4：23，绿松石质。长 2.6、宽 0.9、厚 0.1 厘米（图三一〇，8）。标本 M201：32，淡绿色，微透明，微沁，通体光滑。长 2.5、宽 0.42～0.7、厚 0.3 厘米（图三一〇，9）。标本 M206：5，绿松石质。长 1.9、宽 0.65、厚 0.25 厘米（图三一〇，10；图版一九五，5）。标本 M203：15，牙黄色，微透明，通体光滑。长 5.6、残宽 3.8、厚 0.12～0.26 厘米（图三一〇，11；图版一九五，6）。标本 M38：24，暗黄色，不透明，沁蚀严重，有白色沁痕。璜形。残长 6.5、宽 1.4、厚 0.25 厘米（图三一〇，12；图版一九五，7）。标本 BM4：17，绿色，半透明，通体光滑，玉质较好。残长 3.9、宽 0.55～0.9、厚 0.3 厘米（图三一〇，13；图版一九五，8）

器耳　1件。标本 M223：3，墨绿色，微透明，通体光滑。平面长方形，沿纵轴弧弯，近角及近中部各对钻一圆孔，另有一残存的织物利用系带通过中间的穿孔与玉器相连。素面。长 6.2、宽 4.8、厚 0.22～0.4 厘米（图三一一，1；图版一九六，1）。

斗　1件。标本 M213：89，绿色，含浅绿色斑，微透明，通体光滑。尖圆唇、侈口，斜壁略内弧收，平底较厚、矮圈足。近底部斜出斗柄，柄端残损、柄身棱角分明、横截面略呈倒"V"字形。通高 6.92、口径 5.3、底径 4.5、柄残长 5.6、宽 1.65、厚 0.5 厘米（图三一一，2；彩版六七，4；图版一九六，4）。

兽头踞坐人像　1件。标本 M46：22，灰白色，圆雕。取跪坐姿，上肢自肘部弯曲向前

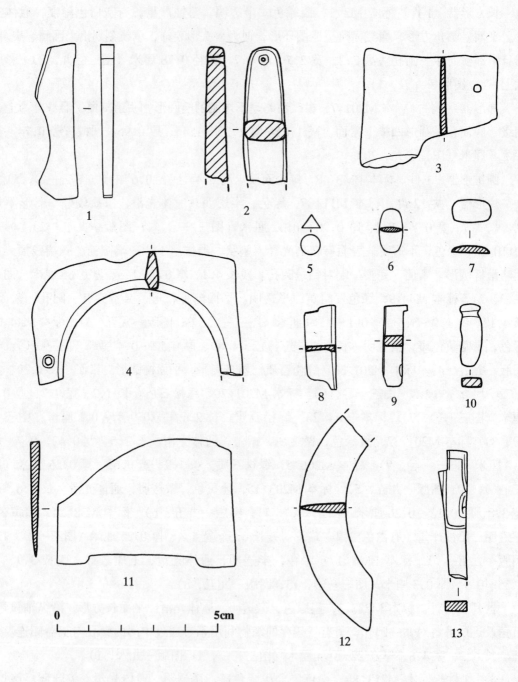

图三一〇　玉片形器

1.M11:37　2.M110:20　3.M44:9　4.M44:6　5.圆锥形器（BM3:48）　6.M201:33　7.M201:29　8.BM4:23
9.M201:32　10.M206:5　11.M203:15　12.M38:24　13.BM4:17

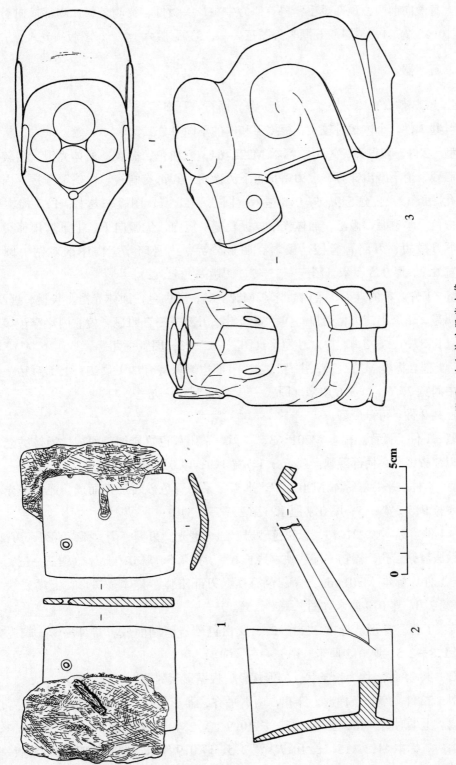

图三一一 玉器耳、斗和兽头熙坐人像

1. 器耳 (M223:3) 2. 斗 (M213:89) 3. 兽头兽头熙坐人像 (M46:22)

平伸，上身微向前倾，颈部短粗，兽首似为牛头，头微低、突吻较粗，吻部横向对钻一圆孔。高10.4、宽11.0、厚5.6厘米（图三一一，3；彩版六七，5；图版一九六，3、4）。

二、石　器

共出土33件。有璋、磬、刀、铲、镰、砺石、石饰等。

璋　共3件。个体相对较大，根据刃和内的不同可分二型。

A型　2件。双侧刃，短内。标本M222：64，乳白色，微黄，通体光滑。援较宽、短内、尖略残，上下磨出锋刃、上刃略长、下刃微短、刃部有脊棱，内略窄于援，内中部对钻一圆孔。长12.2、宽5.9、厚0.6厘米（图三一二，1；图版一九七，1）。标本M222：66，乳白色，不透明，微沁，通体光滑。援较宽、短内、尖微向下，上下磨出锋刃、上刃略长、下刃微短、刃部有脊棱，援内有明显分界，内身略窄。内中部对钻一圆孔。长20.5、宽6.9、厚0.5厘米（图三一二，2；图版一九七，2）。

B型　1件。单侧直刃，直内。标本M222：65，乳白色，通体光滑。长援、援身扁薄，尖向下明显、下磨出锋刃，刃口略向一侧倾斜，刃部一侧有明显脊棱。内略窄于援，内后端圆钝。长27.6、宽5.4、厚0.5厘米（图三一二，3；图版一九七，3）。

磬　1件。标本M222：70，拱背，上、下部边缘保持有加工痕迹，上部对钻一孔。长55.2、中间宽27.6、厚3.6厘米（图三一三，1；图版一九七，4）。

镰　共2件。可分二型。

A型　1件。弧背。标本M201：63，弧刃，系用灰色页岩加工而成，通体磨光。器身窄长，刃部较锋利，柄部残缺。残长8.1、宽1.9、厚0.6厘米（图三一三，2）。

B型　1件。平背。标本M201：57，平刃，系用青色砂岩加工而成，通体磨光。柄部残缺。残长9.5、宽3.5、厚0.7厘米（图三一三，3）。

刀　1件。标本M221：13，青灰色砂岩，通体磨光。刃偏一侧，弧背直刃，刃部锋利，系用琢钻法对钻二孔，器物一端残缺。残长6.5、宽4.5、厚0.9厘米（图三一三，4）。

铲　1件。标本M201：69，青灰色石质。刃部略弧，整体呈梯形，上端残缺。残长7.6、刃宽7.0、厚0.9厘米（图三一三，5）。

石饰　1件。梯形。标本M201：27，灰白色砂岩磨制而成。器身扁薄，较规整。长3.0、宽1.8～2.5、厚0.2厘米（图三一三，6）。

砺石　共25件。均为长条状，器形规整，根据形状的差别可分二型。

A型　22件。窄长条梯形，穿孔，两端平齐，器形规整。标本M11：19，淡青色砂岩加工而成。上端对钻一孔，上饰红彩。长10.9、宽2.4、厚0.7厘米（图三一四，1；图版一九八，1）。标本M124：15，长10.7、宽2.5、厚0.9厘米（图三一四，2；图版一九八，2）。标本M203：53，器表有朱砂的痕迹。长10.3、宽3、厚0.9厘米（图三一四，3；图版

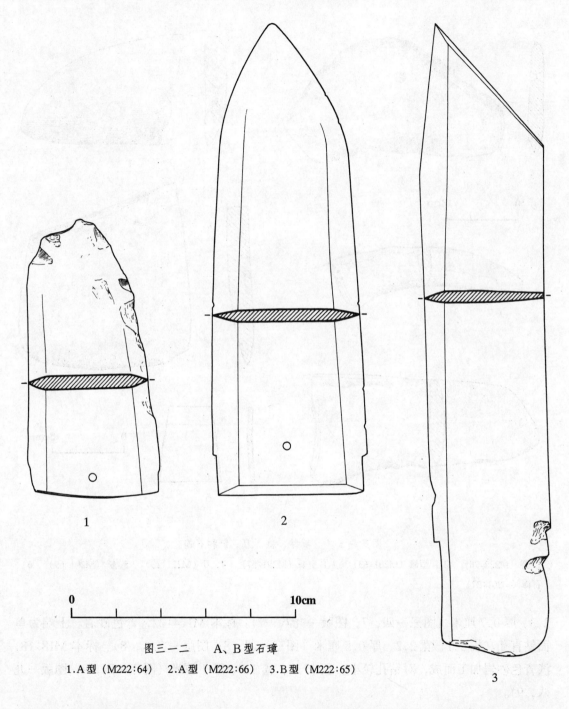

图三一二　　A、B 型石璋

1.A 型（M222∶64）　2.A 型（M222∶66）　3.B 型（M222∶65）

一九八，3）。标本 M205∶7，长 12.8、宽 2.6、厚 0.8 厘米（图三一四，4；图版一九八，4）。标本 M31∶6，淡黄色砂岩加工而成，在窄端处对钻一圆孔。长 9.8、宽 2.8、厚 0.8 厘米（图三一四，5；图版一九八，5）。标本 M213∶55，器形略大。长 9.5、宽 2.1、厚 0.9 厘米（图三一四，6；图版一九八，6）。标本 M17∶7，淡黄色砂岩加工而成。长 8.8、宽

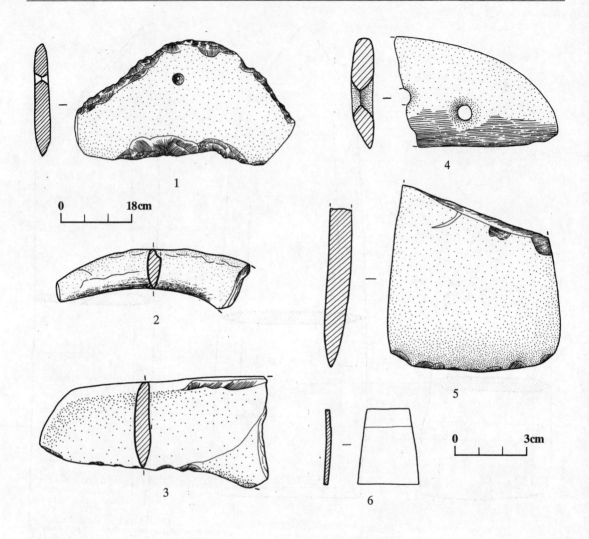

图三一三　　石磬、镰、刀、铲和石饰

1. 磬（M222:70）　2.A 型镰（M201:63）　3.B 型镰（M201:57）　4. 刀（M221:13）　5. 铲（M201:69）　6. 石饰（M201:27）

2.3、厚 0.7 厘米（图三一四，7；图版一九八，7）。标本 M124:22，青色砂岩。上端为单面钻直孔。长 5.1、宽 2.2、厚 0.5 厘米（图三一四，8；图版一九八，8）。标本 M18:18，淡青色砂岩加工而成，对钻孔较小。长 17.3、宽 3.5、厚 1 厘米（图三一四，9；图版一九八，9）。

　　B 型　3 件。窄长条梯形，无穿孔，表面较粗糙。标本 M21:26，淡青色砂岩，上端饰网格状红色纹饰。长 18.1、宽 2.5～4.7、厚 1.3 厘米（图三一四，10；图版一九八，10）。标本 BM4:8，浅黄色砂岩加工而成，顶端残。残长 12.9、宽 4.6、厚 0.8 厘米。标本 M117:2，为青灰色砂岩加工而成，顶端残。残长 11.8、宽 3.9、厚 0.9 厘米。

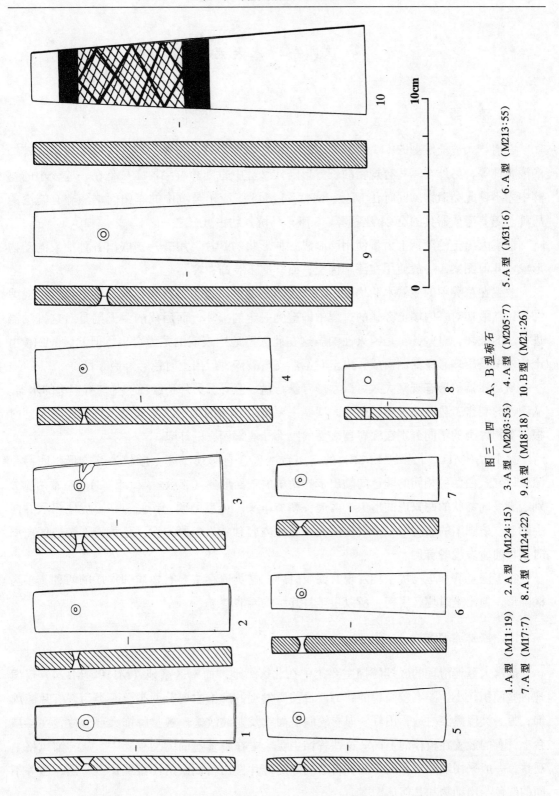

图三一四　A、B型砺石

1. A型 (M11:19)　　2. A型 (M124:15)　　3. A型 (M203:53)　　4. A型 (M205:7)　　5. A型 (M31:6)　　6. A型 (M213:55)
7. A型 (M17:7)　　8. A型 (M124:22)　　9. A型 (M18:18)　　10. B型 (M21:26)

第四节　漆木器

一、漆　器

在前掌大遗址发掘的 111 座墓葬中，大型墓葬中普遍存在着漆器、漆盾牌或镶嵌蚌饰的漆牌饰等，另外在一些有规格的长方形竖穴墓葬中也随葬有漆器，只是在一些较小的墓葬中才不见此类遗物。同时在 M40、M41 和 M45 三座车马坑中的车舆间均随葬有施漆的盾牌。随葬漆质器具的有 21 座墓葬、3 座车马坑，约占五分之一。

前掌大出土的漆器上大量使用磨制成各种形状的蚌片，用蚌片镶嵌出各种抽象的动物形象或几何图案，一般使用在漆牌饰上，而蚌泡多装饰在容器上。

放置在墓葬中的漆器木胎均已腐朽，且多已变形，很难保存和提取，不论是容器或牌饰等，在最初对墓内填土夯砸的过程中即遭到一定的损坏，而后代的盗掘则是对这批漆器进一步的破坏，有些甚至是毁灭性的。这在北区墓地中表现的尤为突出，但北区 M214 出土的木棺是用多彩漆髹制而成，出土时虽然支离破碎，但出土时色彩鲜艳夺目。

从对漆器的形态观察大致可辨器形有罍、盘、豆等，另外还发现一些加有铜箍的木器。从漆器的制作工艺方面观察，前掌大漆器主要是以黑漆为地，其上勾勒出各种图案。同时根据器物种类的不同分别在漆容器表面的腹部和肩部镶嵌以蚌泡。

北Ⅰ区 BM11、北Ⅱ区 BM218 的二层台上残存有彩绘漆画，形状为长方形，底为黑漆，以红、白两种相间的颜色勾勒出带卷角羊的正面形象（彩版六八，1、2）。左右两侧分别绘有呈匍匐状的两只虎的形象，两虎头朝着羊头，体型肥硕，作张口状，虎尾粗状并向上翻卷。该图案的漆牌饰，不仅规模大，而且内容独特，色彩丰富，是黄河下游地区商周时期目前所发现的首例。

在多座墓葬和车马坑中均发现有漆质盾牌。这类遗存主要有木质和皮质的两种，多为椭圆形，但出土时均已腐朽，所以很难将其结构弄清楚。

二、嵌蚌漆牌饰

前掌大墓地清理的嵌蚌牌饰主要集中在北区墓地，而南区墓地（M119、M124）仅发现一些面积较小、图案较简单的牌饰。目前所发现的牌饰主要分两类，一类为嵌蚌片漆牌饰；另一类以黑漆衬地，用红、白彩绘制兽面纹及龙纹纹饰。各类牌饰大部分放置在二层台上，有的放置在棺椁的上面。这些牌饰主要集中在带墓道的大型墓葬中。从装饰风格上观察，一般采用双面对称的方法，将磨制好的蚌片摆出兽面纹的图案或用红、黑、白等不同的颜色绘出动物和几何形图案。

本文主要讲述嵌蚌片漆牌饰。

牌饰上镶嵌以磨制抛光的各类蚌片，这类蚌片一般厚仅 1.0~1.5 毫米，有圆形、方形、长方形、三角形、弯勾形等多种形状。蚌片分上下两层，经确认为正反两面镶嵌，两面图案尺寸相同，上下相错，错幅不大。上下两层之间紧密相连，两层之间未见木板痕迹。据此判断，蚌片应是镶嵌在皮革类的材料上面。蚌片周围绘有彩绘，底色为黑色，面色为红色，已无法分辨出图案。蚌片用红彩描边，应为牌饰上的彩绘延续到蚌片周边，将蚌片边缘覆盖，形成完整图案。从 M206 残留迹象看，图案左右两边对称，应为完整兽形，由于扰动较乱，两侧兽身无法复原，只有将兽面复原。三件标本中 M203、M210 出土的牌饰比较完整，其下分别压有石磬一件。

M203、M210 出土的牌饰由角、耳、眼、鼻、嘴、獠牙等部位构成一幅兽面纹，左右两侧衬以云雷纹等。所有镶嵌蚌片的外廓用朱红色漆勾勒。M210 出土的牌饰下方还发现有支架承托，该架也以黑漆衬底，用红漆绘有多组云雷纹和几何形纹样。兽面纹面目狰狞，体积硕大，表现出一种庄重肃穆气氛，且双面都有相同的纹饰，更彰显出一种气魄。该牌饰长约 1.50、宽 0.70 米，因放置在二层台上，所以保存较完整。

1 号牌饰（M210:13）

出土于 M210 的二层台，保留蚌片最多，但也较散乱。经复原后可知，图案形似虎面，"目"字形眼，刀形眉，大角内卷，足内屈，耳的两侧为云雷纹的变形。再向两侧延伸，应为兽身的后半部，推测应包括臀、尾、足，兽身部分应是蚌片和彩绘组成的云雷纹的图案（图三一五；图版一九九，1）。但由于两侧蚌片散乱严重及彩绘图案模糊不清，无法准确复原。

2 号牌饰（M210:12）

出土于 M210 东侧二层台，此件与上一件风格相像。图案形似虎面，"目"字形眼，刀形眉，足内屈，耳的两侧为云雷纹的变形。眉上大角残缺，不能准确复原，仅残留兽面部分（图三一六；图版一九九，2）。

3 号牌饰（M203:98）

牌饰图案为兽面，圆形眼，刀形眉，大角内卷，足内屈，耳的两侧为云雷纹。仅残留兽面部分（图三一七，1）。

从清理出的结果看三件文物非常精美。形式相同略有差异，均为兽面纹饰，是典型的商代风格。所有纹饰都是用打磨成宽窄不一、形状不同的蚌片组合而成。蚌片周围有彩绘的痕迹，由于腐蚀过于严重，已无法看清原貌。三件均是正反两面镶嵌，由于两面之间连接非常紧密，蚌片没有镶嵌在木板上的可能，所以推测是镶嵌在皮革类的材料上。如是，三件标本应是悬挂在某一位置。又因为其中两件标本下面分别压有石磬一件，因此推测是否与石磬的悬架有关联。这些问题有待于进一步研究考察。

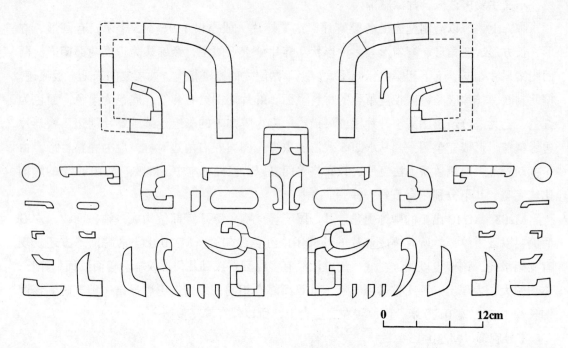

图三一五　　　嵌蚌漆牌饰（M210:13）

另 1991 年在北Ⅰ区发掘的 BM4 中亦发现了几件镶嵌蚌片的漆牌饰，择其较为完整的两件介绍如下。

4 号牌饰（BM4:50～53）　　兽面居中，有眉与眼，圆形口中嵌有对称的獠牙，口下有一圆形饰。两侧各有四个圆形饰。蚌片外缘勾有朱色，个别的描有云雷、花瓣饰。残高 61.5、长 70 厘米（图三一七，2）。

5 号牌饰（BM4:54）　　作兽面状，居中有对称的圆眼，有角与鼻，鼻以下以小窄片组成弧形口。蚌片外围以朱色勾边。残高 20.5、长 51.2 厘米（图三一七，3）。

这批文物纹饰精美、造型独特，对于研究商代晚期山东地区的历史、文化、生活，实为不可多得的实物资料。

三、铜箍木器

前掌大墓地共出土 8 件（组），它们分别出自 M11、M21、M119 和 M120，出土时因为木胎已朽，铜构件与木胎分离，仅存口沿、盖和圈足的铜箍，所以将其分别编号，而出土时盖和口部锈蚀在一起，我们将其作为一件器物来处理。现分别介绍如下。

盖、口沿　4 件。标本 M119:31，直口，方唇，鼓腹，颈部有两个竖贯耳，素面，器壁较薄，内附有木胎痕迹。器盖圆形直口，盖面鼓起，中央有圆形捉手，两侧各有一圆形的孔。口径 14.4、底径 17.2、盖残高 9.4、通高 18.0、壁厚 0.15 厘米（图三一八，1；图

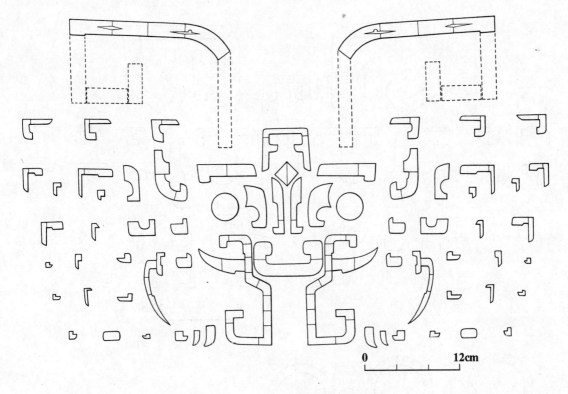

0 　　　　　12cm

图三一六　　　嵌蚌漆牌饰（M210:12）

版二〇〇，1）。标本 M11:75，直口，方折沿，鼓腹，颈外侧饰一对竖贯耳，素面，器壁较薄。此外，颈外侧与耳对应处各有一圆形穿孔，应是嵌木胎防止铜箍脱落之用。口径15.3、高 6.4、厚 0.2 厘米（图三一八，2）。标本 M21:55、56，直口，平折沿，方唇，高颈，鼓腹，颈部有两个桥形竖贯耳，素面，壁薄，内附有木胎痕迹。带盖，盖呈圆形，直口，盖面鼓起，中部有一大椭圆形捉手。口径 16.4、通高 17.2、盖高 8.0、壁厚 0.2 厘米（图三一八，3）。标本 M120:10，其上半部的形制和规格与 M119 出土的基本相同。口径17.0、通高 16.6、壁厚 0.15 厘米（图三一八，4；图版二〇〇，2）。

　　圈足　4 件。标本 M119:46，高圈足呈筒形，直壁，器壁较薄，两侧各有一圆孔。直径 18.8、高 7.9 厘米（图三一八，5）。标本 M11:77，圈足呈筒形，直壁，器壁较薄，两侧各有一圆孔，器底边向内翻折，起保护圈足并耐磨之作用。底径 23.0、高 5.0、厚 0.2厘米（图三一八，6）。标本 M120:11，直壁筒形，圈足直径较大，对称有一对圆孔。直径22.4、高 6.8、厚 0.2 厘米（图三一八，7；图版二〇〇，3）。标本 M21:57，圈足呈喇叭形，器壁较薄，两侧各有一个"T"字锚形纽。底径 19.8、高 7.6、厚 0.2 厘米（图三一八，8）。

　　从各件标本出土情况看，它们实际应为四件木壶的铜箍附件，实际上每件木壶的上面

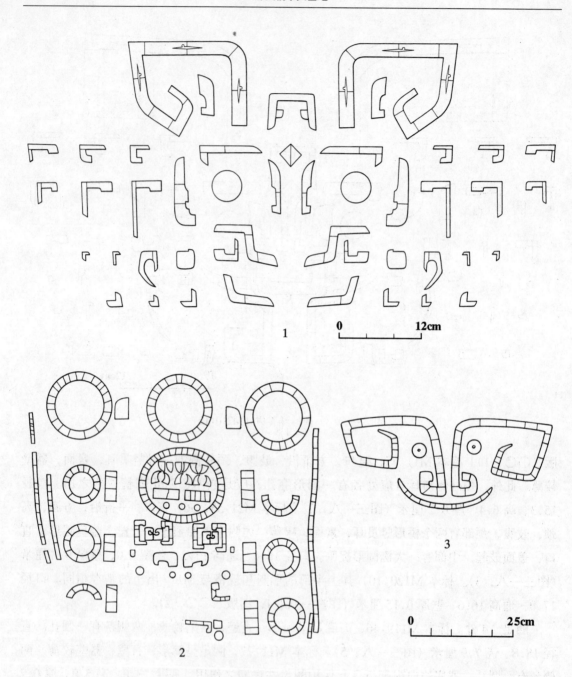

图三一七　嵌蚌漆牌饰

1.M203∶98　2.BM4∶50～53　3.BM4∶54

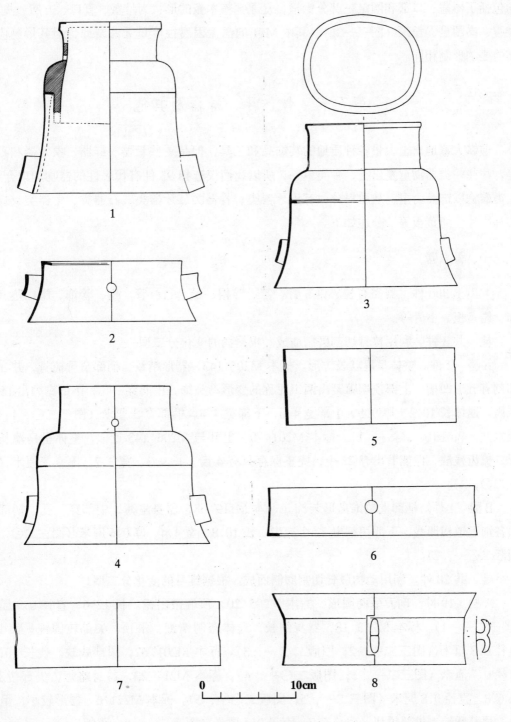

图三一八　　铜箍木壶

1.盖、口沿（M119:31）　2.口沿（M11:75）　3.盖、口沿（M21:55、56）　4.盖、口沿（M120:10）　5.圈足（M119:46）　6.圈足（M11:77）　7.圈足（M120:11）　8.圈足（M21:57）

均包括了器盖、口部和圈足三部分铜箍，复原铜箍木壶的形状为带盖、直口、方唇、贯耳、鼓腹、高圈足、长颈（图三一九）。其中M11的铜盖因腐蚀严重无法复原，但其形制应与其他壶的形制相同。

第五节　骨、牙、蚌器及其他

前掌大墓地出土大量各种质地的装饰品和工具，但是一些骨器、蚌器、象牙器和石器等，往往一类器物重复出土，种类单一，所以我们仅选择93件有代表性的器物加以介绍。这类器物以饰品为主，从质料分，有象牙器类、骨器类、牙器类、石器类、角器类、蚌器类和甲片、鳄鱼板等，分述如下。

一、骨　器

共出土306件。器类有梳、锥、钎、笄、笄帽、镞、匕、管、销、管饰、觿、坠、牌饰、鳄鱼板、卜骨等。

梳　共3件。利用兽骨切割磨制而成。根据柄的变化分二型。

A型　2件。整体呈扁状长方形。标本M206:143，器形精致，柄部窄于梳身，并在柄部刻有五道凹槽，上部顶端雕刻出两组对称的变形鸟头饰，中间穿一孔，下部锯磨出15个梳齿。通体长10.2、厚0.5、上部宽4.0、下部宽4.4、柄部宽3厘米（图三二〇，1；彩版六九，1；图版二〇一，1）。标本M201:70，上部与M206:143近似，整体呈扁薄长方形，梳齿残缺，但能看出有23个，完整保存只有4齿。长9.3、宽3.7、厚0.5厘米（图三二〇，2）。

B型　1件。柄部上端饰鸟形装饰。标本M119:68，器身扁薄，中部穿一孔，柄部两面各饰五道横凹线，下部切割出22个梳齿。长10.8、宽4.4、厚0.6厘米（图三二〇，3；图版二〇一，2）。

锥　共20件。利用动物肢骨切割磨制而成。根据锥身的变化分二型。

A型　19件。剖面呈椭圆形。标本M205:20，顶端微出檐。长12.6、直径0.9厘米（图三二一，1）。标本M213:18，器身细长，通体磨制精细，平顶，尖部较圆钝。长14、直径0.8厘米（图三二一，2；图版二〇一，3）。标本M201:62，顶部残缺。残长10.3、直径0.7厘米（图三二一，3；图版二〇一，4）。标本M214:23，器身略短，尖部锐利。长6.8、直径0.8厘米（图三二一，5；图版二〇一，5）。标本M221:6，器形较小，呈圆形，顶部残缺，尖部锐利。残长5.7、直径0.4厘米（图三二一，6；图版二〇一，6）。

B型　1件。剖面呈不规则圆形。标本M220:2，长条锥状，平顶，器身磨制光滑，尖部略残。残长10.9、直径0.8厘米（图三二一，4）。

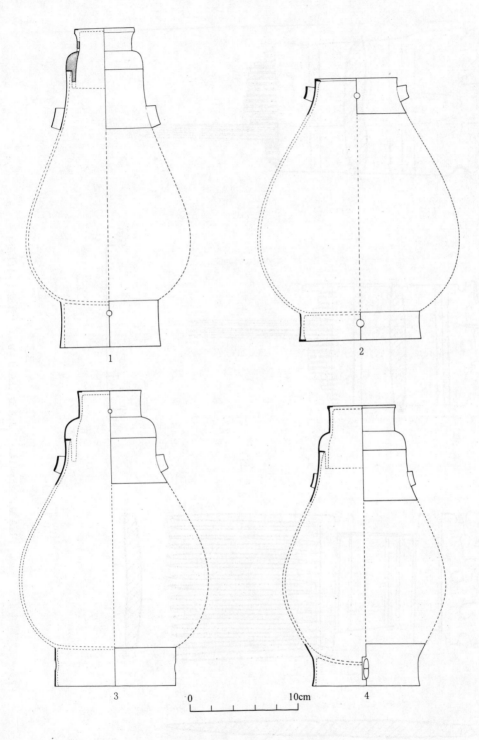

图三一九　　铜箍木壶复原图

1. M119:31、46　2. M120:10、11　3. M11:75、77　4. M21:55~57

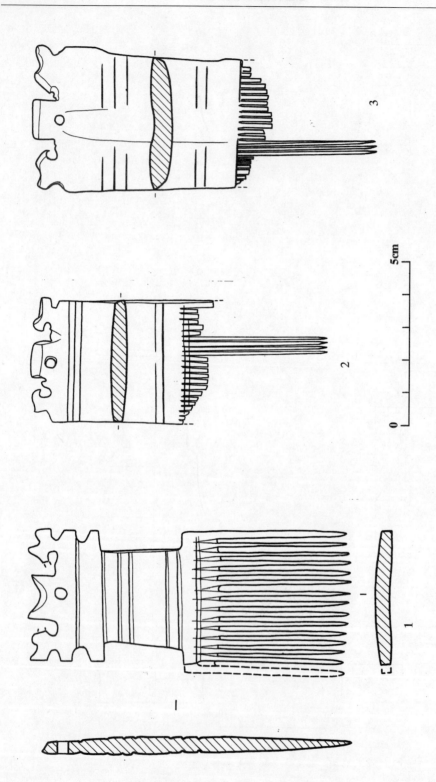

图三一〇　　A、B型骨梳

1.A型（M206:143）　2.A型（M201:70）　3.B型（M119:68）

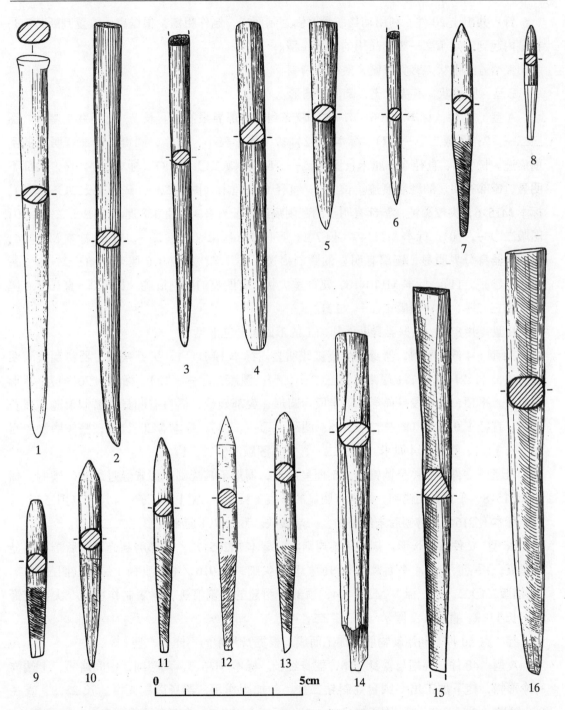

图三二一　　A、B型骨锥和A、B型钎

1.A型锥（M205∶20）　2.A型锥（M213∶18）　3.A型锥（M201∶62）　4.B型锥（M220∶2）　5.A型锥（M214∶23）　6.A型锥（M221∶6）　7.A型钎（M206∶50）　8.A型钎（M124∶17）　9.A型钎（M14∶16）　10.A型钎（M15∶6）　11.A型钎（M21∶49）　12.A型钎（M11∶24）　13.A型钎（M110∶16）　14.Ba型钎（BM11∶1）　15.Ba型钎（M201∶17）　16.Ba型钎（M206∶137）

钎 共出土 20 件。利用动物肢骨劈刨磨制而成，制作粗糙，根据出土位置判断其应是在墓内起到固定苇席一类物品用的。分二型。

A 型 圆锥状，有尖有铤，磨制较精制。

B 型 圆锥状，有尖无铤，剖面呈圆形。

A 型 12 件。标本 M206:50，尖部较锋利，铤部界限明显。长 7、直径 0.7 厘米（图三二一，7；图版二〇一，7）。标本 M124:17，器形较小，圆锋，圆铤，铤部有明显的刮削痕迹。长 3.8、直径 0.4 厘米（图三二一，8；图版二〇一，8）。标本 M14:16，尖部不明显，铤部有明显的磨制痕迹。长 5.2、直径 0.6 厘米（图三二一，9；图版二〇一，9）。标本 M15:6，尖较圆钝，铤部有明显的刮削痕迹。长 6.8、直径 0.8 厘米（图三二一，10；图版二〇一，10）。标本 M21:49，长 7.1、直径 0.6 厘米（图三二一，11）。标本 M11:24，尖部与器身分界明显，铤部有明显的磨制痕迹。长 7.7、直径 0.6 厘米（图三二一，12；图版二〇一，11）。标本 M110:16，铤部呈尖状，有明显的磨制痕迹。长 8.0、直径 0.6 厘米（图三二一，13；图版二〇一，12）。

B 型 共 8 件。根据器身断面和加工的不同可分三亚型。

Ba 型 4 件。平顶，器身刮削痕迹较明显。标本 BM11:1，尖部残缺，器身刮痕较明显。残长 11.2、直径 1.1 厘米（图三二一，14；图版二〇一，13）。标本 M201:17，器形欠规整，平顶，上半段呈梯形，下半段为圆形，尖部残缺，器身有明显的磨制痕迹。残长 12.7、直径 1.0 厘米（图三二一，15；图版二〇一，14）。标本 M206:137，整体磨制较粗糙。长 14.1、直径 1.4 厘米（图三二一，16；图版二〇二，1）。

Bb 型 2 件。整体呈圆锥状，剖面呈扁形，器形不甚规则，似未经过细致的磨制。标本 M215:8，平顶，尖锐利，器身有明显的磨痕。长 8.6、宽 1.3、厚 0.4 厘米（图三二二，1）。标本 M216:5，劈刨后未经磨制，一端残缺。残长 7.1 厘米（图三二二，2）。

Bc 型 2 件。细长形，剖面呈不规则状。标本 M205:72，尖部磨制光滑，后端有明显的磨痕，顶端磨出一小平面及多个斜面。顶粗尖细，长 9.6、中部直径 1 厘米（图三二二，3；图版二〇二，2）。标本 M214:94，顶部有明显的切割痕迹，器表制作粗糙，尖部较锋利。长 11.9、直径 1.2 厘米（图三二二，4）。

笄 共 50 件。利用动物肢骨加工而成。根据身和帽的不同分二型。

A 型 48 件。笄帽与器身分体，器身细长。标本 M36:3，两端细，中间略粗，上端饰一伞形帽，帽下加工出一圆台并斜钻二孔，起加固作用，器身磨制光滑。长 25.8、直径 0.8 厘米（图三二二，5；图版二〇二，4）。标本 M108:6，在三角形帽下又套一圆形帽片。长 28.5、直径 0.6 厘米（图三二二，6；图版二〇二，3）。

B 型 2 件。帽与器身连为一体，似兽头形。标本 M213:1，器身细长，通体磨制光滑，剖面为圆形。帽及尖部残缺，残长 8.4、直径 0.5 厘米（图三二二，7）。标本 M201:

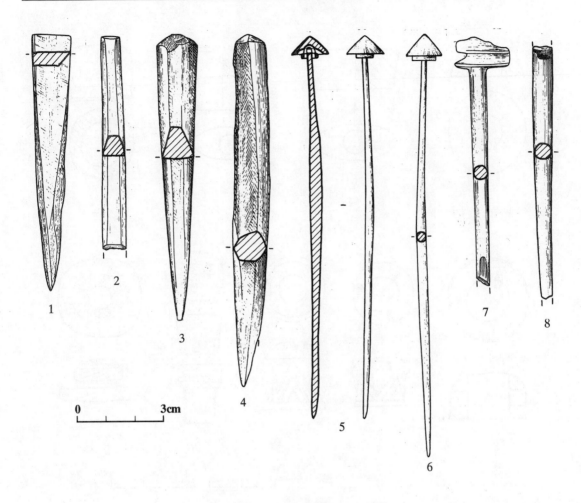

图三二二　　B型骨钎和A、B型笄

1.Bb型钎（M215：8）　2.Bb型钎（M216：5）　3.Bc型钎（M205：72）　4.Bc型钎（M214：94）　5.A型笄
（M36：3）　6.A型笄（M108：6）　7.B型笄（M213：1）　8.B型笄（M201：23）

23，两端残缺。残长8.5、直径0.7厘米（图三二二，8）。

　　笄帽　共12件。系用象牙和动物肢骨加工磨制而成，均与笄柄分离。根据形状的变化可分七型。

　　A型　2件。圆锥状。标本M214：19，直径2.8、孔径0.7、高2厘米。

　　B型　1件。圆台形。标本M201：26，直径2.4、孔径0.9、残高0.9厘米（图三二三，1）。

　　C型　2件。椭圆柱形，两端磨平。标本M132：13，长2.5、宽1.1、高1.2厘米（图三二三，2）。标本M201：28，系用动物肢骨磨制而成，素面，长2.0、宽0.9、高1.9厘米（图三二三，3）。

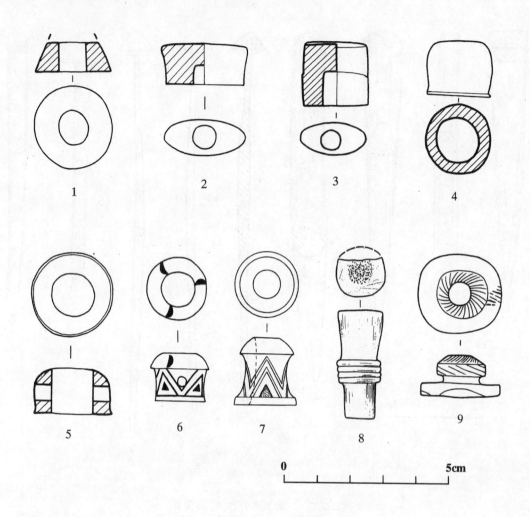

图三二三　　骨笄帽

1.B型（M201：26）　2.C型（M132：13）　3.C型（M201：28）　4.D型（M11：29）　5.D型（M18：7）　6.E型（M132：7）　7.E型（M132：10）　8.F型（M201：61）　9.J型（M214：22）

D型　3件。半圆形。标本M11：29，圆顶，出小檐，素面，大孔。直径1.9、高1.6厘米（图三二三，4）。标本M18：7，整体呈半圆形，两侧各钻一孔起加固作用。直径2.4、高1.3厘米（图三二三，5）。

E型　2件。亚腰形。标本M132：7，圆形柱状体，檐上部突出，表面刻划有双斜线和三角形纹饰。直径1.6、高1.4厘米（图三二三，6）。标本M132：10，圆形柱状体，檐上部突出，表面刻划有双线三角形纹饰。直径1.9、高2厘米（图三二三，7）。

F型　1件。呈柱形，标本M201：61，帽下饰四周凸棱，笄身呈圆形，略残。残长3.2、直径1.5厘米（图三二三，8）。

J 型　1 件。菌形。标本 M214：22，平顶，平檐，下为梯形笄身套，中间钻一孔，帽上刻划储户斜线纹。直径 2.6、高 1.3 厘米（图三二三，9）。

镞　共 37 件。利用动物骨骼劈抛磨制而成。根据锋和铤的不同可分三型。

A 型　14 件。铤与锋无明显界限，锥形。标本 M201：41，圆身，磨制精细。铤呈圆形，略残。残长 6.0、直径 1.0 厘米（图三二四，1；图版二〇二，5）。标本 M216：2，三角形体，尖圆锋，加工比较简单。长 8.5 厘米（图三二四，2；图版二〇二，6）。标本 M214：8，圆锥状锋较锐利，圆锥状铤，后部有明显刮削痕迹，锋与铤的界限不明显。长 8.3、直径 0.6 厘米（图三二四，3；图版二〇二，7）。标本 M214：20，锋细长，断面呈不规则菱形，铤为圆锥状，后端有明显的刮削痕迹，尖部略残。残长 8.7、直径 0.8 厘米（图三二四，4；图版二〇二，8）。标本 M213：5，锋略呈三棱形，圆锥状铤，前端磨光，后端经刮削而成。长 9.7、直径 0.7 厘米（图三二四，5；图版二〇二，9）。

B 型　22 件。三角形，铤与锋分界明显。标本 M213：2，三角形锋略呈叶状，一面略起脊，铤呈圆锥形，有明显的刮削痕迹。长 8.8、宽 1.2 厘米（图三二四，6；图版二〇二，10）。标本 M205：4，锋略呈扁圆状，两侧较圆钝，尖较锋利。长 8.2、宽 1.6 厘米（图三二四，7）。标本 M220：3，锋的一面起脊，圆锥状铤，铤后部有刮削痕。长 7.4、宽 1.2 厘米（图三二四，8）。标本 M214：18，体形较大，长锋呈三角形，尖部略残，两面起脊，有两小翼，铤呈椭圆形，后部有明显的刮削痕迹。残长 9.3、宽 1.5 厘米（图三二四，9；图版二〇二，11）。标本 M215：12，锋断面略呈橄榄形。长 6.9、宽 1.1 厘米（图三二四，10；图版二〇二，12）。标本 M201：48，锋部一面起脊，两侧较锐利。长 7.7、宽 1.3 厘米（图三二四，11；图版二〇二，13）。标本 M208：31，铤较长，呈圆形，前端磨光，后端有刮削痕迹，锋的一面起脊。长 7.8、宽 1.3 厘米（图三二四，12；图版二〇二，14）。标本 M206：51，锋面一面圆弧，一面略起脊，锋尖较锐利，铤呈圆形较短。长 8.1、宽 1.2 厘米（图三二四，13）。标本 M201：56，扁圆尖状铤，较短，锋呈三角形，锋两侧刃口锋利。长 7.6、宽 1.3 厘米（图三二四，14；图版二〇二，15）。

C 型　1 件。带翼。标本 M131：4，体形较小，两翼明显。长 4.6、宽 0.8 厘米（图三二四，15）。

匕　共 4 件。利用动物肢骨或肋骨加工而成。根据形状的不同分三型。

A 型　2 件。扁薄长条状。标本 M216：1，器身扁薄，通体磨制光滑顶端略残。残长 14.6、宽 2.1、厚 0.3 厘米（图三二五，1）。标本 M215：11，利用较大的动物肢骨劈抛磨制而成，通体磨制光滑，一端平顶并钻一孔，另一端稍残缺。残长 7.8、宽 2.1、厚 0.2 厘米（图三二五，2）。

B 型　1 件。扁薄片状。标本 M121：25，系将其动物肋骨从中部剖开，后端保持肋骨的原来形状，形成手握部分，前端扁薄。长 44.0 厘米（图三二五，3）。

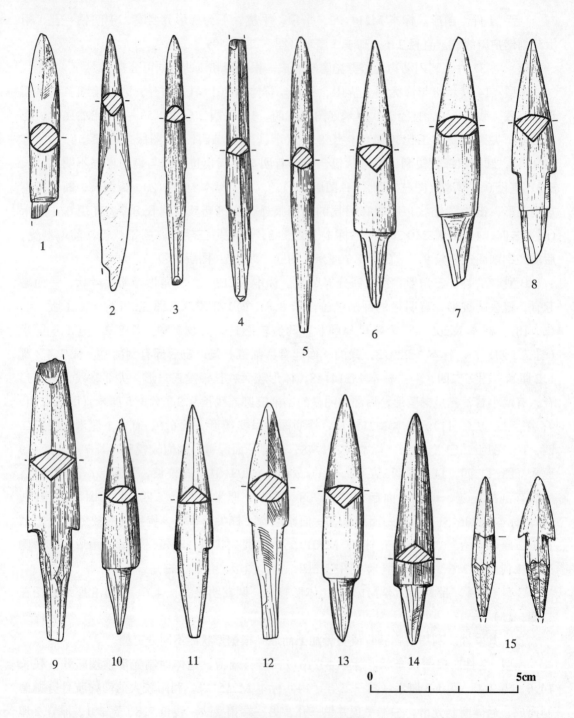

图三二四　　A、B、C型骨镞

1.A型（M201:41）　2.A型（M216:2）　3.A型（M214:8）　4.A型（M214:20）　5.A型（M213:5）　6.B
型（M213:2）　7.B型（M205:4）　8.B型（M220:3）　9.B型（M214:18）　10.B型（M215:12）　11.B型
（M201:48）　12.B型（M208:31）　13.B型（M206:51）　14.B型（M201:56）　15.C型（M131:4）

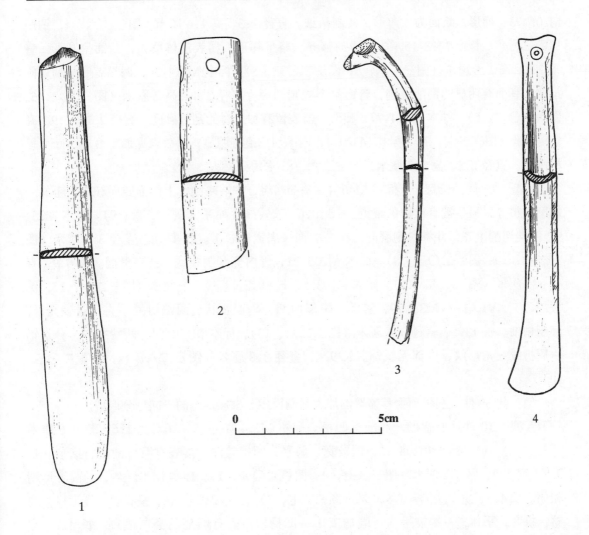

图三二五 骨匕

1.A型（M216:1） 2.A型（M215:11） 3.B型（M121:25） 4.C型（M121:10）

C型 1件。扁薄舌形。标本 M121:10，系用动物肢骨劈开一半进行加工，一端加工成扁薄舌形，另一端保持原肢骨形状。长24.1、宽2.4、厚0.4厘米（图三二五，4）。

管 共112件。利用动物肢骨切割磨制而成，由于取材不同或在用途上有一定的区别，所以，管面有素面和刻划之分，器形也有长有短。根据形状的不同可分二型。

A型 99件。器形较短，多呈梯形。素面。由于取材位置的不同，管孔有的呈圆形，有的呈椭圆形。标本 M119:71，略呈梯形，两端切割整齐，管孔为圆形，管面有四周波形刻纹。直径1.9、高1.6厘米（图三二六，1；图版二〇三，1）。标本 M119:70，与前者同。直径2.0、高1.5厘米（图三二六，2；图版二〇三，2）。标本 M206:95，管面饰四组三角纹和变体云雷纹。直径2.2、高1.5厘米（图三二六，3；图版二〇三，3）。标本

M205:73，梯形，断面为三角形，磨制精细。直径2.3、高1.6厘米（图三二六，4；图版二〇三，4）。标本M18:15，两端切割整齐，略呈梯形，器表通体磨光，断面呈圆形。直径2.2、高1.8厘米（图三二六，5；图版二〇三，5）。标本M214:34，两端有明显的切割痕迹，管面有明显的刮削痕迹，管面呈不规则圆形。直径2.1、高2厘米（图三二六，6；图版二〇三，6）。标本M214:77，梯形，器表留有加工时的刮削痕迹。直径2.1～2.9、高1.8厘米（图三二六，7）。标本M220:4，两端切割痕迹明显，器表未见加工痕迹，断面呈椭圆形。直径2.3、高2.3厘米（图三二六，8；图版二〇三，7）。

B型　13件。长筒形。标本M46:4，一端略粗，一端略细，上面饰四周红彩，粗的一端磨制整齐，另一端有砍劈的痕迹。长10.6、直径3.5厘米（图三二六，9）。标本M25:9，两端切割整齐，并将内侧磨薄，在一端饰一周宽红彩带。长14.8、直径3.8厘米（图三二六，10；图版二〇三，8）。标本M205:21，管内侧磨制精致，器表滑润。长9.9、直径3.5厘米（图三二六，11）。标本M103:5，长10.2、直径2.9厘米（图三二六，12；图版二〇三，9）。标本M38:79，素面，中部内凹，呈亚腰状。两端切割平直，器表光滑，磨制精细。长13.5、直径3.4厘米（图三二六，13）。标本M124:34，两端平齐，分别饰一周折线三角形纹，中部无纹饰。长9.4、直径3.8厘米（图三二六，14；图版二〇三，10）。

销　共30件。利用动物骨骼劈刨加工磨制而成。根据形态的不同可分四型。

A型　10件。亚腰形，底部有凹槽。标本M214:16，长4.6、宽1.6、厚0.6厘米（图三二七，1）。标本M205:96，顶较宽，斜平，凹槽较深，器表有明显的斜行磨痕。长3.8、宽2.0、厚0.8厘米（图三二七，2；图版二〇四，1）。标本M201:49，与前者形制相同。长4.3、宽1.7、厚0.8厘米（图三二七，3）。标本M203:48，呈权状。器形极为规整，拱背，平顶，一端较平，一端加工出一凹槽，器表有明显的磨制痕迹。长4.1、宽1.6、厚0.9厘米（图三二七，4；图版二〇四，2）。

B型　2件。亚腰形，底部穿孔。标本M214:79，形制近同。长4.3、宽1.5、厚0.7厘米（图三二七，5；图版二〇四，3）。标本M214:15，上端平顶，下端呈长方形，内钻一孔，器表有明显的磨制痕迹。长4.2、宽1.4、厚0.6厘米（图三二七，6；图版二〇四，4）。

C型　11件。亚腰形，一侧穿孔。标本M18:61，拱背磨出折棱，一端斜平，一端钻出一孔。长4.2、宽1.7、厚1.2厘米（图三二七，7）。标本M21:45，形状与前者近同，器表面有明显的磨制痕迹。长4.0、宽1.7、厚1.2厘米（图三二七，8；图版二〇四，6）。标本M206:136，横剖面呈多棱半圆形，一端钻出一孔。长4.0、宽1.8、厚0.7厘米（图三二七，9；图版二〇四，5）。

D型　7件。梯形，带凹槽。标本M203:17，器表有明显的磨制痕迹。剖面为椭圆形，

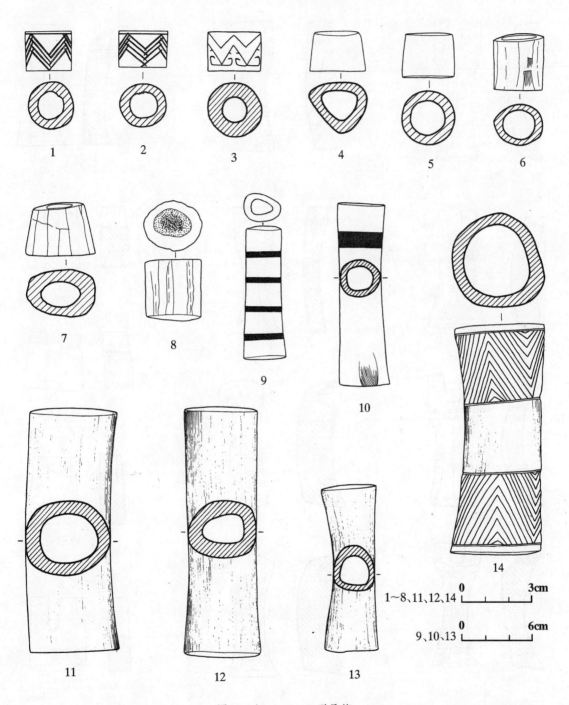

图三二六　　A、B型骨管

1.A型（M119:71）　2.A型（M119:70）　3.A型（M206:95）　4.A型（M205:73）　5.A型（M18:15）　6.A型（M214:34）　7.A型（M214:77）　8.A型（M220:4）　9.B型（M46:4）　10.B型（M25:9）　11.B型（M205:21）　12.B型（M103:5）　13.B型（M38:79）　14.B型（M124:34）

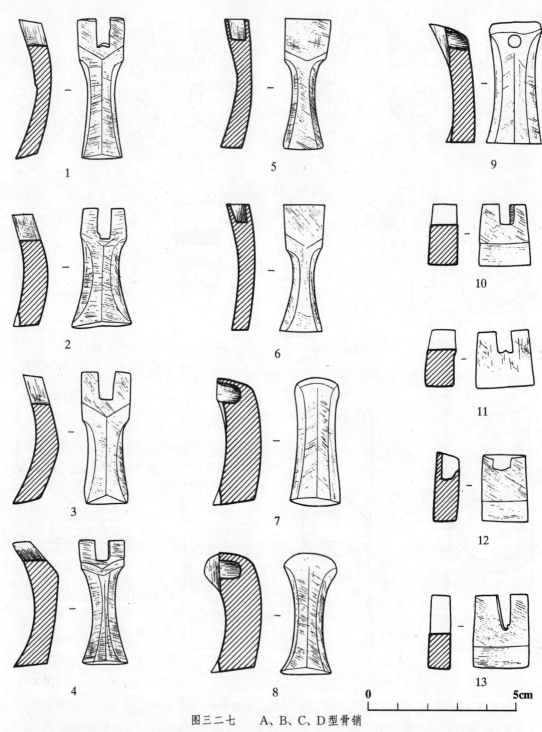

图三二七　　A、B、C、D 型骨镟

1.A 型（M214:16）　　2.A 型（M205:96）　　3.A 型（M201:49）　　4.A 型（M203:48）　　5.B 型（M214:79）

6.B 型（M214:15）　　7.C 型（M18:61）　　8.C 型（M21:45）　　9.C 型（M206:136）　　10.D 型（M203:17）

11.D 型（M206:110）　　12.D 型（M214:25）　　13.D 型（M205:87）

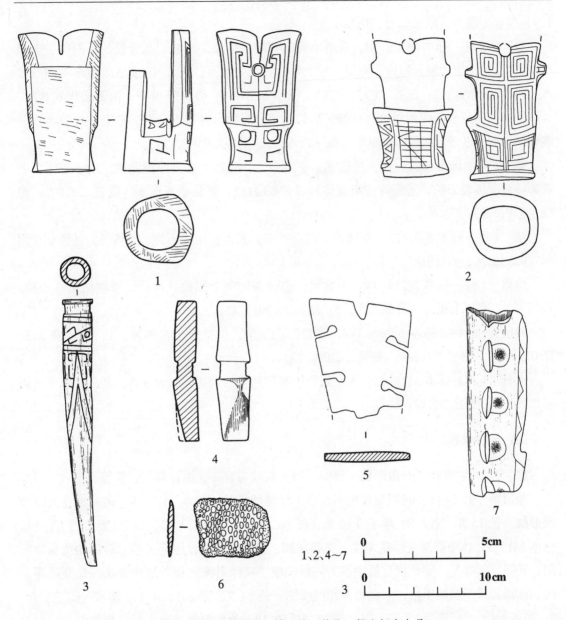

图三二八　　骨管饰、觽、坠、牌饰，鳄鱼板和卜骨

1. 管饰（M206：58）　2. 管饰（M220：8）　3. 觽（M214：17）　　4. 坠（M21：25）　5. 牌饰（M214：14）　6. 鳄
鱼板（M206：149）　7. 卜骨（M213：3）

平顶，下部加工出一缺口。长 2.0、宽 1.8、厚 1.0 厘米（图三二七，10；图版二〇四，8）。标本 M206：110，长 1.8、宽 2.0、厚 1.0 厘米（图三二七，11；图版二〇四，7）。标本 M214：25，上部较光滑，下部有斜向磨痕，底部钻一洞。长 2.2、宽 1.5、厚 0.9 厘米（图三二七，12）。标本 M205：87，器表上部为横向磨痕，下部为斜向磨痕。长 2.4、宽

1.9、厚 0.8 厘米（图三二七，13）。

管饰　2件。标本 M206：58，系用动物肢骨的一端加工而成，在骨管的一面加工出兽面纹，"臣"字形大眼，弯眉，宽而长的大耳，背面为素面。长 5.6、宽 3.5 厘米（图三二八，1；彩版六九，2；图版二〇三，11）。标本 M220：8，将骨管劈开，两侧磨出亚腰形，表面饰有三角纹和竖线刻划纹，后部正面饰六组云雷纹，并钻有一孔，造型非常独特，一端残缺。残长 5.5、直径 2.8 厘米（图三二八，2；图版二〇三，12）。

觽　1件。标本 M214：17，呈锥状，平顶中空，近顶处磨出一周凹槽，用于系绳，上部饰一周变体卷云纹，下部饰三组变体蝉纹。长 21.2、直径 2.5 厘米（图三二八，3；图版二〇四，9）。

坠　1件。标本 M21：25，亚腰形，两端平齐，素面，用途不详。长 5.6、直径 0.9 厘米（图三二八，4；图版二〇四，10）。

牌饰　1件。标本 M214：14，上端残，边缘各饰两个凹槽及圆孔，顶端钻出一凹槽。残长 4.8、宽 4.1 厘米（图三二八，5；图版二〇四，11）。

鳄鱼板　9件。标本 M206：149，表面凹凸不平，保持原生自然面。长 3.0、宽 2.3、厚 0.2 厘米（图三二八，6；图版二〇四，12）。

卜骨　1件。标本 M213：3，为一残片，有钻和灼的痕迹。残长 7.5、宽 2.5 厘米（图三二八，7；图版二〇四，13）。

二、牙、角器

象牙器　共38件。有鱼形觽、管饰、策、权杖头、斗、虎、耳勺、笄等。

鱼形觽　共14件。利用象牙精制而成，整体像鱼状。标本 M11：69，尾部饰卷云纹和回形纹。长 15.8、宽 2.8、厚 1.3 厘米（图三二九，1；彩版七〇，1；图版二〇五，1）。标本 M15：9，体中部饰变形夔龙纹，头朝尾部，大眼，宽嘴，尾略上卷，后部的鱼头为大眼，长腮，圆嘴呈一穿孔状。器中部为一周凹槽，应作系绳之用。尾作刃状，饰变形卷云纹。该器物采用圆雕手法，双面均为相同纹饰。长 14.2、宽 2.2、厚 1.2 厘米（图三二九，2；彩版七〇，2；图版二〇五，2）。标本 M131：18，为圆雕作品，大眼，身体细长。在鱼的两侧用阴线雕刻出严谨细致的花纹，主题花纹分两组，靠近头部的为夔龙纹，周围用方格纹填充。后半部为变体蝉纹，周围同样用方格纹填充。嘴部斜钻出一孔。整个骨雕作品线条流畅，工艺精湛，造型生动，为一件不可多得的艺术珍品。长 15.4、宽 2.6、厚 1.7 厘米（图三二九，3；彩版七〇，3；图版二〇五，3）。标本 M206：19，头部略上翘，尾部似刀状，并饰有阴刻环状线条，前半部刻划出云纹和方格纹。长 12.9、宽 2.0、厚 1.0 厘米（图三二九，4；彩版七〇，4；图版二〇五，4）。标本 M30：4，器身下部饰凹槽，背部较平，从剖面看，呈椭圆形。长 14.6、宽 2.1、厚 1.1 厘米（图三二九，5；彩版七〇，5；

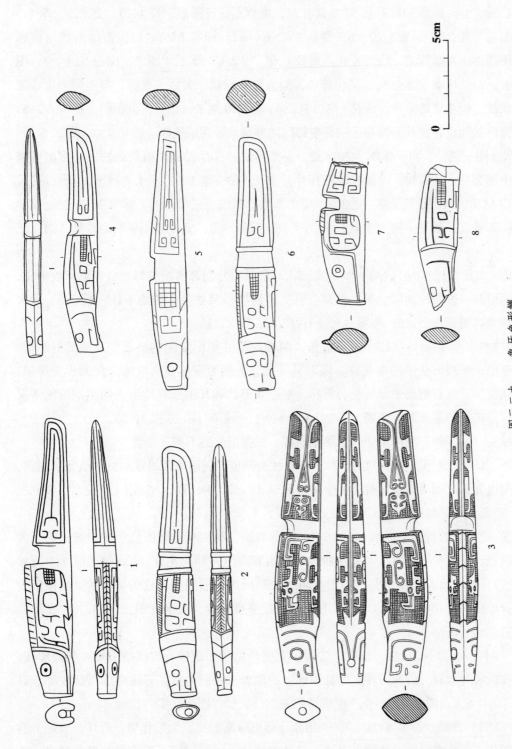

图三二九 象牙鱼形器

1.M11:69 2.M15:9 3.M131:18 4.M206:19 5.M30:4 6.M118:3 7.M208:11 8.M205:56

图版二〇五，5）。标本 M118：3，嘴呈圆孔状，整体形状近圆形。长 14.3、宽 2.3、厚 1.8 厘米（图三二九，6；彩版七〇，6；图版二〇五，6）。标本 M208：11，整体形状与前者同，但眼部刻出双线凹槽，后部残缺。残长 8.0、宽 2.6、厚 1.4 厘米（图三二九，7；图版二〇五，7）。标本 M205：56，呈浅黄色，局部染有绿锈，大眼，宽腮，身上阴刻出卷云纹和网状纹，嘴和尾部略残。残长 8.3、宽 2.4、厚 1.0 厘米（图三二九，8）。标本 M2：6，通体饰网格状地纹，在其上饰卷云纹，中部凹陷并磨光，两端残缺。残长 7.6、宽 2.5、厚 1.2 厘米（图三三〇，1）。标本 M201：52，头部残缺，仅存刃部，用阴刻的方法刻出两道凹槽，中部又刻一条深线，内镶嵌绿松石片。残长 5.3、宽 1.9、厚 1.2 厘米（图三三〇，2）。标本 M201：24，残长 7.2、宽 2.8、厚 1.5 厘米（图三三〇，3）。标本 M13：30，仅存头部，吻部平直，器身一侧为尖状，一侧平直。残长 3.5、宽 2.5、厚 1.4 厘米（图三三〇，4）。

管饰　1 件。标本 M11：32，作亚腰鼓状，在两端分别饰两组纹饰，以变形蝉纹为主，上下用两道和一道凹线加以分割，横穿一孔，该器物形制独特，功能不详。长 7.3、最大径 3.0 厘米（图三三〇，5；彩版六九，3；图版二〇六，1）。

策　1 件。标本 M131：13，器身细长，两端加粗并刻出复杂的兽面纹，柄部呈圆形，两端为菱形，下端饰变形的牛头纹，底部钻一孔，上端为变体虎头纹饰，背面线条简单，呈卷云状纹饰。该器物出于车马坑的前厢，根据其形状和其他车马坑出土同类铜策的情况判断，这件带柄的象牙器应为策。长 21.8、直径 1.9 厘米（图三三〇，6）。

权杖头　共 3 件。利用象牙精细雕刻而成。根据形状的不同分二型。

A 型　1 件。龙形。标本 M201：22，仅存杖头部位，利用单阴线雕刻出二组龙形图案，周围雕刻出卷云纹和网格纹作衬托，整体呈扁形状。长 5.9、宽 5.8、厚 1.5 厘米（图三三〇，7；彩版六九，4；图版二〇六，2）。

B 型　2 件。鹰首形。标本 M201：39，柄身残缺，利用高浮雕的技法雕出鹰头形，大眼，宽羽冠，长嘴向下弯曲，尾上卷曲，双面均雕刻出相同的花纹。长 4.4、厚 1.7 厘米（图三三〇，8）。标本 M201：53，利用双阴线雕刻出鹰首形图案，杖头呈帽状，尚保留少部分杖身。杖头长 6.6、宽 4.1、厚 1.6 厘米；杖身残长 3.9 厘米（图三三〇，9；图版二〇六，3）。

斗　1 件。标本 M21：32，直口，尖唇，直壁呈筒状，底残，装柄处留有一椭圆形孔，根据底和柄应为木制。筒的内外侧均有涂红彩的现象，目前内壁红彩保存的情况较好。口径 7.1、底径 6.8、高 7.4、厚 0.5 厘米（图三三〇，10；图版二〇六，4）。

虎　1 件。圆雕。标本 M21：27，利用象牙雕刻琢磨而成，大眼宽嘴，短耳，长尾上卷形成一圆孔，器身雕出精细的鳞形花纹，足呈匍匐状，体形较厚，近方形，形象逼真。长 4.8、宽 1.3、厚 0.8 厘米（图三三一，1；彩版六九，5；图版二〇六，5）。

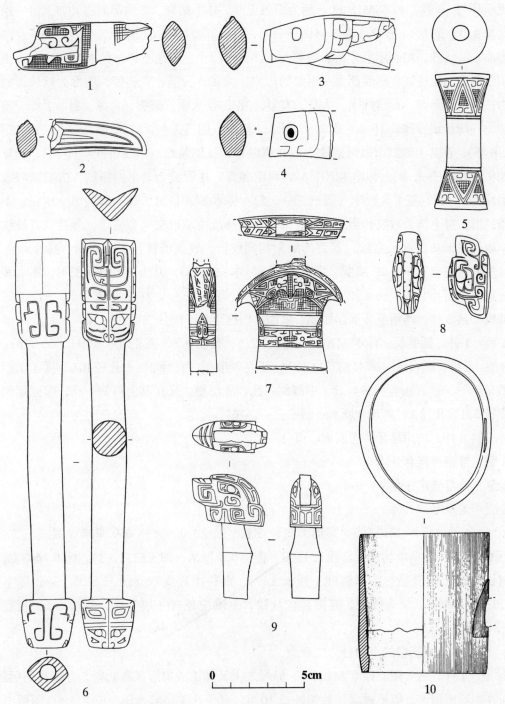

图三三〇　象牙鱼形觽、管饰、策、权杖头和斗

1.鱼形觽（M2:6）　2.鱼形觽（M201:52）　3.鱼形觽（M201:24）　4.鱼形觽（M13:30）　5.管饰（M11:32）　6.策（M131:13）　7.A型权杖头（M201:22）　8.B型权杖头（M201:39）　9.B型权杖头（M201:53）　10.斗（M21:32）

虎柄耳勺 1件。标本 M18:60，柄为圆雕虎形，体形略扁，在嘴部向前又加工出一挖耳勺。长9.0、宽1.4、厚0.5厘米（图三三一，2；彩版六九，6；图版二〇六，6）。

饰品 共5件。均利用象牙精细雕刻而成，器形较小，用途不详。标本 M201:25，正面用阴线刻出二组纹饰，柄后部为一组鹰的形象，大眼，尖嘴，宽翅膀，腹部为蝉纹，柄前部为一组牛头形饰，长角伸出，大耳，宽眉，"臣"字大眼，阔嘴，大鼻，眉心上饰一菱形纹饰，一端残缺。残长10.1、宽3.8、厚1.1厘米（图三三一，3；图版二〇七，1）。标本 M201:50，在其上雕刻出以网格纹为地并填以卷云纹的装饰，一端稍残。长2.2、残宽1.8厘米（图三三一，4）。标本 M201:38，两端磨齐，在管面上刻出网格纹，内填以双线三角形纹。长1.8、宽1.8厘米（图三三一，5）。标本 M201:31，其上部磨出一横穿，下呈长条蛇形，穿上饰云雷纹和倒三角形纹饰，三角形纹中填以交叉方格纹，器身以方格纹为地，填一变形鸟纹和云雷纹，双面均雕刻相同纹饰，线条流畅，下部残缺。残长4.9、厚1.4厘米（图三三一，6；图版二〇七，2）。标本 M13:33，方法雕出兽面图案，眼、耳凹陷处用绿松石片装饰。长4.4、宽1.9~3.0厘米（图三三一，7；图版二〇七，3）。

笄帽 共3件。均用象牙磨制而成。素面。根据形状不同分二型。

A型 1件。圆锥状。标本 M201:5，直径2.5、孔径0.8、高2厘米（图三三一，8）。

B型 2件。圆台形。标本 M201:72，上下两端磨平。直径2.2、孔径0.6、高1.1厘米（图三三一，9）。标本 M214:21，中部钻一孔，底出檐，又在其上斜钻一孔，起固定作用。底径3.1、孔径1、高0.9厘米（图三三一，10）。

笄 共8件。均用象牙雕磨而成。可分三型。

A型 笄帽与器身分体。

B型 笄帽与笄身连为一体。

C型 无笄帽。

A型 4件。标本 M123:5，圆形笄身较细长。长22.0、直径0.9厘米（图三三二，1）。标本 M123:3，两端均残缺。残长16.8、直径0.7厘米（图三三二，2）。标本 M48:2，笄身细长，但无圆形挡，尖部略残。残长15.2、直径1.0厘米（图三三二，3）。标本 M13:20，笄身细长，尖端残缺，笄帽部位残缺，上端应还有一层笄帽。残长6.5、直径0.8厘米（图三三二，4）。

B型 3件。根据帽的不同分为二亚型。

Ba型 1件。鸟头帽。标本 M126:4，笄帽之上又加工成扁形凤鸟状帽，有睛和羽冠。饰物与笄帽紧密相连，似形成双层笄帽。长10.6、直径0.4厘米（图三三二，5；图版二〇七，4）。

Bb型 2件。连体帽。标本 M44:21，笄身细长，在笄帽顶端磨成三角形，其下加工出宽凹槽，再加工出一层台面，形成一个较小的圆形挡，尖部残缺。残长10.3、直径0.6

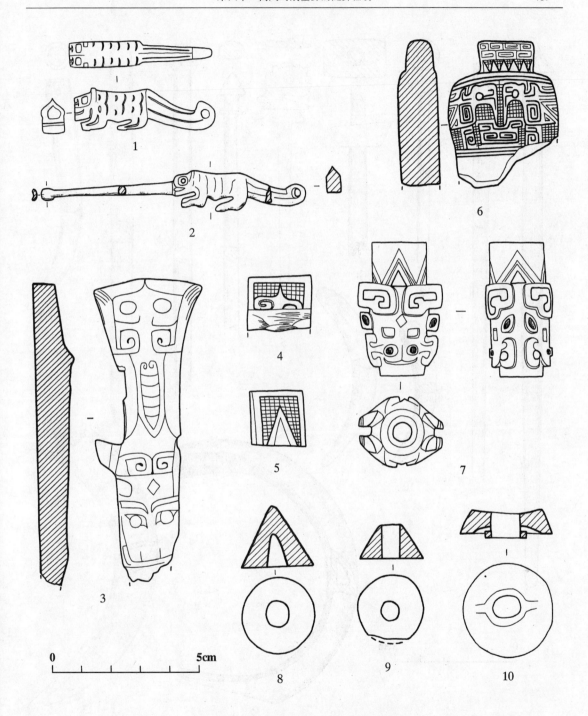

图三三一 象牙虎、耳勺、饰品和笄帽

1.虎（M21:27） 2.耳勺（M18:60） 3.饰品（M201:25） 4.饰品（M201:50） 5.饰品（M201:38）

6.饰品（M201:31） 7.饰品（M13:33） 8.A型笄帽（M201:5） 9.B型笄帽（M201:72） 10.B型笄帽

（M214:21）

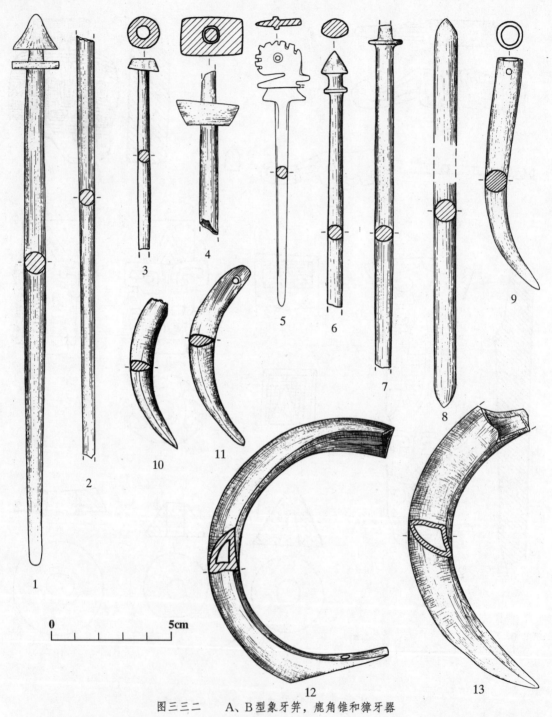

图三三二　　　A、B型象牙笄，鹿角锥和獐牙器

1.A型笄（M123:5）　2.A型笄（M123:3）　3.A型笄（M48:2）　4.A型笄（M13:20）　5.Ba型笄（M126:4）

6.Bb型笄（M44:21）　7.Bb型笄（M201:30）　8.C型笄（M30:21）　9.鹿角锥（M201:58）　10.A型獐牙

器（M2:8）　11.A型獐牙器（M201:59）　12.B型獐牙器（M203:96）　13.B型獐牙器（M203:2）

厘米（图三三二，6）。标本 M201:30，三角形笄帽残缺，仅存扁圆形挡。残长 13.7、直径 0.7 厘米（图三三二，7）。

C 型 1 件。圆锥状，无帽。标本 M30:21，尖较圆钝，笄身基本粗细相同，磨制光滑。长 15.6、直径 0.9 厘米（图三三二，8）。

鹿角锥 1 件。标本 M201:58，系用鹿角加工而成，通体洁白，磨制光滑，后部钻有一孔，锥尖较锋利。长 18.4、直径 2.1 厘米（图三三二，9；图版二〇七，5）。

獐牙器 共 5 件。根据形态特征的不同分二型。

A 型 2 件。形体及弯度较小。标本 M2:8，系用完整獐牙磨制而成，并加工出锋利的刃部和尖部。长 6.0、宽 0.9 厘米（图三三二，10）。标本 M201:59，形体与前者近同，通体磨制光滑，后部穿有一孔。长 7.3、宽 1.1 厘米（图三三二，11）。

B 型 3 件。形体及弯度略大，中间空。标本 M203:96，近似圆形，粗端磨制出一个斜面，并加工出一圆孔，细端磨平。长 10.5 厘米（图三三二，12）。标本 M203:2，近似半圆形，尖部有磨制痕迹，后部略残。残长 11.2 厘米（图三三二，13）。

牙片 共 14 件。系用獐牙磨制而成，根据形状的不同可分二型。

A 型 12 件。长方形。标本 M201:10，形状近同，稍有残缺。长 3.4、残宽 1.8、厚 0.4 厘米（图三三三，1；图版二〇八，1）。标本 M18:3，片状饰品，为獐牙加工而成，呈长方形，扁薄体，一面留有牙的珐琅质，两端各钻二孔，该器物可能为盔甲的牙片。长 3.7、宽 2.0、厚 0.3 厘米（图三三三，2；图版二〇八，2）。标本 M201:9，长 2.5、宽 1.7、厚 0.3 厘米（图三三三，11；图版二〇八，10）。

B 型 2 件。椭圆形。标本 M201:12，与前者近同，一端稍残。长 2.6、宽 1.3、厚 0.3 厘米（图三三三，3；图版二〇八，3）。标本 M201:11，两端各钻一孔，一面磨平，一面微鼓，并保留有牙的珐琅质。长 3.6、宽 2.1、厚 0.4 厘米（图三三三，4；图版二〇八，4）。

三、蚌 器

蚌器共出土 143 件。蚌器发现的数量较多，特别是一些蚌片和蚌泡，由于这些蚌器多为北区墓地被盗墓葬中发现，一般出土时已经没有具体位置或看不出摆放的形状，所以我们这里仅选择一些有代表性的器形加以介绍。主要有蚌刀、蚌片、蚌镰、蚌勺、蚌饰、蚌泡等。

刀 1 件。标本 M214:27，弧背，直刃，磨制精致，仅存残段。残长 4.8、宽 3.7、厚 0.7 厘米（图三三三，5；图版二〇八，5）。

蚌片 共 53 件。系用蚌壳加工而成。根据形状的不同可分四型。

A 型 36 件。半圆状。标本 M206:108，似"山"字形，磨制规整，边缘有打制痕迹，

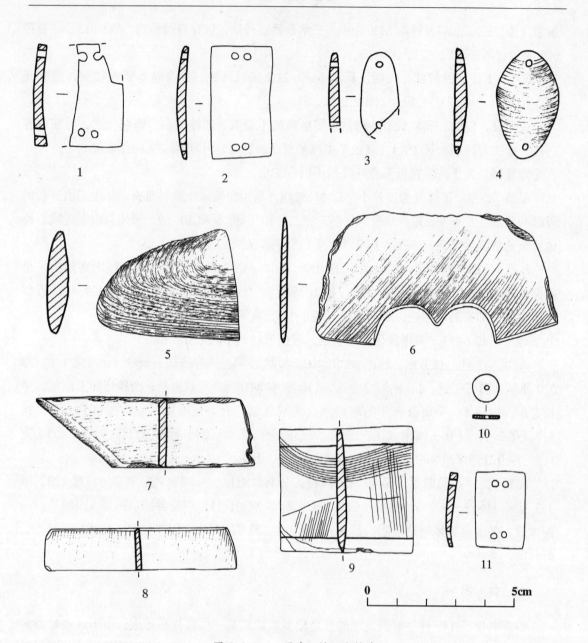

图三三三　牙片、蚌刀和蚌片

1.A型牙片（M201:10）　2.A型牙片（M18:3）　3.B型牙片（M201:12）　4.B型牙片（M201:11）　5.蚌刀
（M214:27）　6.A型蚌片（M206:108）　7.B型蚌片（M210:3）　8.B型蚌片（M203:92）　9.C型蚌片
（M214:24）　10.D型蚌片（M215:10）　11.A型牙片（M201:9）

中部磨出两个凹槽。长8.1、宽4.4、厚0.2厘米（图三三三，6；图版二〇八，6）。

　　B型　14件。长条形，呈刀状。标本M210:3，上下边缘有打制的痕迹，表面磨光，用途可能与前者相同。长7.5、宽2.3、厚0.3厘米（图三三三，7；图版二〇八，7）。标本 M203:92，加工规整，梯形扁薄，一侧在蚌片的四周饰有线条状红彩。该蚌片可能为镶嵌在漆器或木器上的装饰。长 6.6、宽 1.4、厚 0.1 厘米（图三三三，8；图版二〇八，8）。

C 型 2 件。方形。标本 M214:24，扁薄体，一面饰二道横凹线，二面磨光，也应为漆器或木器上的镶嵌装饰物。长 4.2、宽 4.5、厚 0.3 厘米（图三三三，9；图版二〇八，9）。

D 型 1 件。圆形。标本 M215:10，扁薄体，个体较小，中间钻有一孔。直径 0.9、厚 0.1、孔径 0.2 厘米（图三三三，10）。

镰 共 7 件。系用河蚌加工而成，形状近同，呈弧背、弧刃形。标本 M214:5，近柄部打出一个缺口。长 10.5、宽 3.8、厚 0.4 厘米（图三三四，1；图版二〇九，6）。标本 M205:11，刃部略呈锯齿状，近后端打出一半圆形凹槽。长 12.4、宽 2.6、厚 0.4 厘米（图三三四，2；图版二〇九，2）。标本 M201:60，尖略残，柄部有一钻孔，器身有明显的打制加工的痕迹。长 11.9、宽 4.6、厚 0.9 厘米（图三三四，3；图版二〇九，3）。标本 M201:54，呈窄长三角形，柄略残，刃口加工锋利。长 11.0、宽 4.4、厚 0.5 厘米（图三三四，4；图版二〇九，4）。标本 M214:6，尖部残缺。残长 9.6 厘米（图三三四，5；图版二〇九，5）。标本 M208:1，器形较大，柄部磨出一对凹槽，背部近中间同样磨出一对凹槽。长 17.5、宽 4.9、厚 1.0 厘米（图三三四，6；图版二〇九，1）。

勺 5 件。根据柄的不同分二型。

A 型 4 件。短柄。标本 BM3:49，柄上有一穿孔，长 9.2 厘米（图三三四，7；图版二〇九，7）。标本 BM3:53，白色，近似椭圆形，翘尖，中微凹，小柄。长 8.8 厘米（图三三四，8；图版二〇九，8）。

B 型 1 件。长柄。标本 M124:27，勺面近菱形，二侧翘起，中部凹陷，柄细长并向上弯曲，顶端留一纽，以便抓握，形状极其规整。长 12.0 厘米（图三三四，9；图版二〇九，9）。

蚌泡 共 57 件。均系用蚌壳加工磨制而成，中间钻一圆孔。根据形状的不同可分三型。

A 型 49 件。一面圆弧，一面平直。标本 M18:33，素面，磨光。直径 2.5、厚 0.6 厘米（图三三五，1；图版二一〇，1）。标本 M203:24，呈扁圆形，边缘饰一周红彩。直径 2.8、厚 0.3 厘米（图二六三，2；图版二一〇，2）。标本 M18:51，横剖面呈半圆形，素面。直径 2.3、厚 0.8 厘米（图三三五，3；图版二一〇，3）。

B 型 5 件。一面圆弧，另一面内凹，标本 M206:113，中间为单向钻孔，正面边缘饰一周红彩。直径 5.2、厚 0.7、孔径 0.6 厘米（图三三五，7；图版二一〇，7）。

C 型 3 件。方形。标本 M203:1，表面微鼓，另一面内凹，面上饰四组"T"字形纹饰，中间对穿一孔。边长 4、厚 0.4 厘米（图三三五，5；图版二一〇，5）。标本 M203:4，

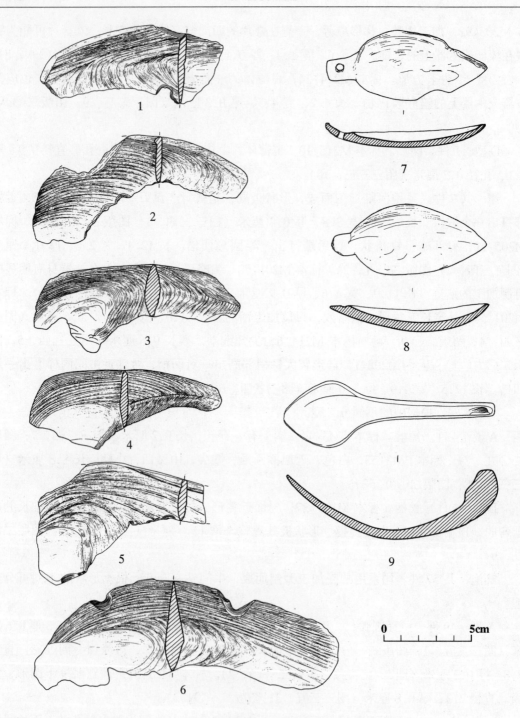

图三三四　　蚌镰和勺

1. 镰（M214：5）　2. 镰（M205：11）　3. 镰（M201：60）　4. 镰（M201：54）　5. 镰（M214：6）　6. 镰
（M208：1）　7. A型勺（BM3：49）　8. A型勺（BM3：53）　9. B型勺（M124：27）

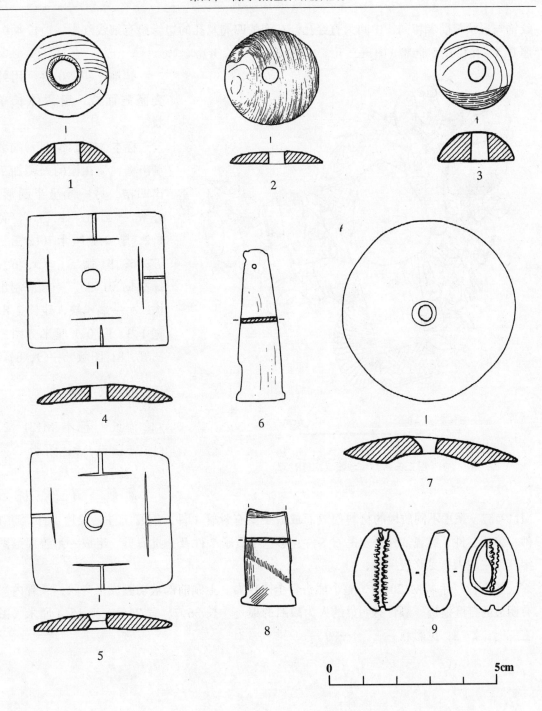

图三三五　　蚌泡和蚌饰

1.A 型泡（M18:33）　　2.A 型泡（M203:24）　　3.A 型泡（M18:51）　　4.C 型泡（M203:4）　　5.C 型泡（M203:
1）　　6.蚌饰（M201:34）　　7.B 型泡（M206:113）　　8.蚌饰（M201:35）　　9.海贝（M131:24）

纹饰与形状与前者相同，中间为直穿孔，在泡的四周及孔的边缘绘有细线红彩。边长4.0、厚0.5、孔径0.5厘米（图三三五，4；图版二一〇，4）。

蚌饰　共20件。用蚌壳磨制而成，扁薄体长条状。

标本 M201：34，一端磨制出檐，又在檐的一侧加工出凹槽，另一端呈半圆形，并钻一圆孔。长4.4、宽1.2、厚0.1厘米（图三三五，6；图版二一〇，6）。标本 M201：35，一端磨制出檐，另一端残缺，残长2.8、宽1.3、厚0.1厘米（图三三五，8；图版二一〇，8）。

四、其　他

海贝　标本 M131：24（图三三五，9；图版二一〇，9）。

堆塑　1件。标本

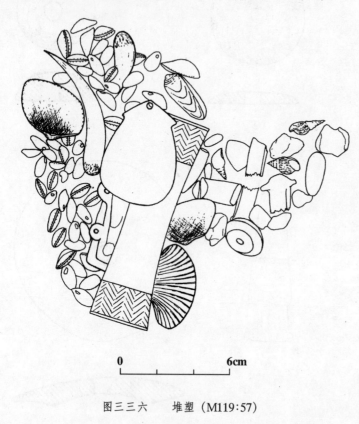

0　　　　　　6cm

图三三六　　堆塑（M119：57）

M119：57，系用不同质地的材料摆放而成，主要有骨管1件，铜管1件，玉片1件，珠1件，獐牙2件，蚌壳3件，水晶石5件，彩色小石子7件及一批海贝，组成一组兽面形图案（图三三六；见彩版一〇，3）。

熊头骨　标本 M120：91，整个熊头骨个体较大。上颌前部被切割成平齐状，颅骨内侧有明显的打磨痕迹，颧骨有明显的人为敲断的痕迹。长36.7、宽24.4、高15.4厘米（图三三七，1～3；见彩版一三，1～3）。

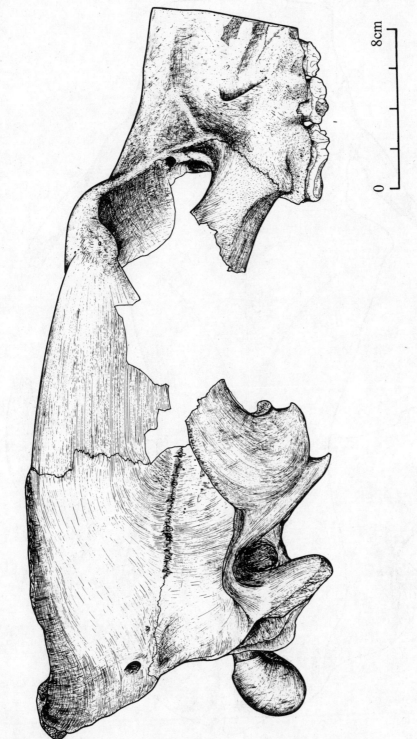

图三三七-1　熊头骨（M120:91）正视图

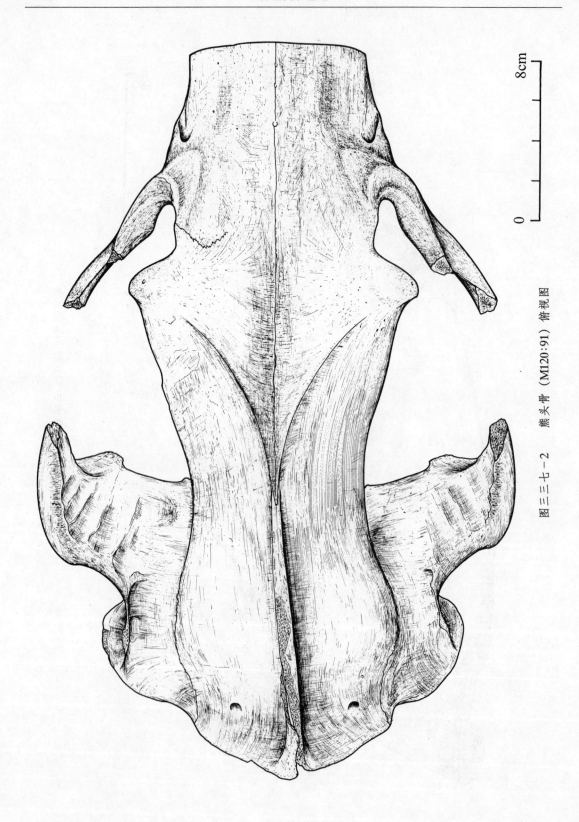

图三三七-2　熊头骨（M120：91）俯视图

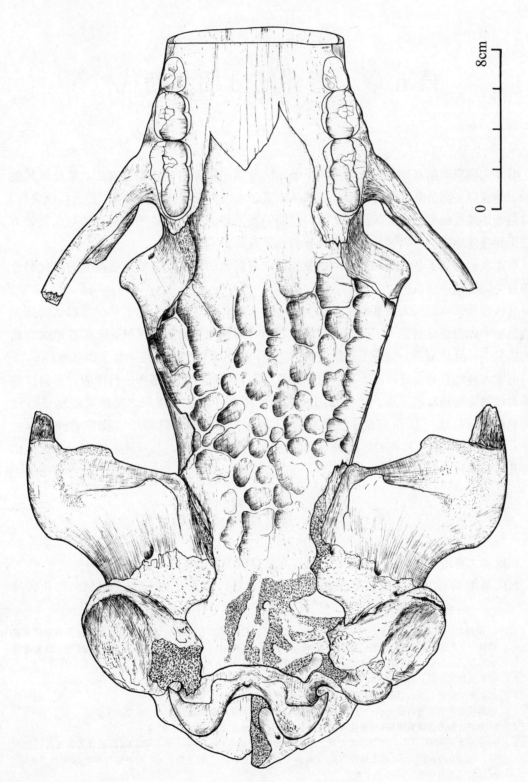

图三三七－3　熊头骨（M120:91）仰视图

第五章　墓葬的分期与断代

前掌大商周时期墓地是近年来黄河下游地区商周时期考古的重要发现。该墓地以其规模大，等级高，部分墓葬保存完好，随葬品丰富，地域特征明显而引起学术界的广泛关注。尤其是墓地地处的鲁西南地区，远离商周时期的政治经济中心，处于中原王朝与东夷势力的交汇和碰撞地带，所以更凸显其所具有的重要意义。

前面我们介绍了各类墓葬的形制以及各种随葬器物的型式，现就这批墓葬的年代和分期等有关问题谈一些认识。

北区墓地带墓道的大型墓葬是前掌大墓地迄今发现的规模最大的墓葬，可以认为墓主人是墓地中地位最显赫的人。我们将前掌大商周时期墓地分为两大区域，北区墓地大型墓葬的数量多，且较集中，应是王侯级人物的墓地；南区墓地则可能是一处家族墓地。

前掌大墓地墓葬自身特征明显，这就有条件和其他同时期的墓葬进行比较。目前这类可供对比的资料相对较丰富，除了安阳殷墟的资料外[1]，还有洛阳北窑西周墓地[2]、北京琉璃河燕国墓地[3]、西安张家坡墓地[4]、鹿邑太清宫长子口墓[5]、山东青州苏埠屯墓[6]等。我们主要从墓葬的打破关系、器物特征及演变关系、与其他墓地方面的资料比较等几方面来进行分析。

第一节　墓葬打破关系分析

在前掌大墓地发掘的 111 座墓中，具有直接打破关系的仅有 9 组。

北区墓地共有 4 组具有打破关系的墓葬，它们是北 I 区的 BM3→BM4，北 II 区的

---

〔1〕 a. 梁思永、高去寻：《侯家庄第二本——1001 号大墓》，"史语所"，台北，1962 年。b. 中国社会科学院考古研究所：《安阳殷墟郭家庄商代墓葬》，中国大百科全书出版社，1998 年。c. 中国社会科学院考古研究所安阳工作队：《1991 年安阳后冈殷墓的发掘》，《考古》1993 年 10 期。

〔2〕 洛阳文物工作队：《洛阳北窑西周墓》，文物出版社，1999 年。

〔3〕 北京市文物研究所：《琉璃河西周燕国墓地》，文物出版社，1995 年。

〔4〕 中国社会科学院考古研究所：《张家坡西周墓地》，中国大百科全书出版社，1999 年。

〔5〕 河南省文物考古研究所等：《鹿邑太清宫长子口墓》，中州古籍出版社，2001 年。

〔6〕 a. 山东省博物馆：《山东益都苏埠屯第一号奴隶殉葬墓》，《文物》1972 年 8 期。b. 山东省文物考古研究所等：《青州市苏埠屯商代墓发掘报告》，《海岱考古》第一辑。c. 殷之彝：《山东益都苏埠屯墓地和"亚祜"铜器》，《考古学报》1977 年 2 期。

M206→M215，M205→M214，M219→M218。

南区墓地有 5 组具有打破关系的墓葬，它们是 M20→M17，M38→M39，M43→M41，M116→M117，M130→M132。

上面几组具有打破关系的墓葬中，北区墓地的墓葬一般因被盗扰，各组具有打破关系的墓葬中很多不出典型器物或仅有一座墓出典型器物，给我们对墓葬的分期与年代的判断带来一定困难。

北区墓地第一组的 BM3 打破 BM4，BM3 出土一组陶器，计有罐 3、罍 3、瓿 1、盉 1 和盘 1 件。其中 B 型 I 式绳纹罐（BM3：11）的特征是侈口，短颈，腹斜收。肩以下至腹饰斜绳纹，并用四周旋纹将其分割成绳纹带。A 型 I 式绳纹罐（BM3：50）的特征是平唇，束颈，肩腹圆鼓，腹斜收，饰细绳纹。它们都具有一定的西周早期因素[1]。B 型 II 式绳纹罍 2 件（BM3：13、52），其特征是直颈，器壁较厚。颈、肩部旋纹，桥形耳，腹饰绳纹和旋纹，从纹饰特征和器形方面观察这批罍同样具有西周早期陶器的基本特征。BM4 缺乏陶容器，依打破关系判断此墓的时代应早于 BM3。

第二组为 M206 打破 M215，M215 没出典型器物。M206 出土 A 型 II 式旋纹罍（M206：20）的特征为腹饰一周窄带状刻划的网格纹，是具有商代晚期特征的器物。M215 的年代应早于 M206。

第三组 M205 打破 M214，其中 M205 没有出土典型器物。M214 出土 D 型 II 式鬲（M214：1）的特征为深腹，三锥足。颈以下饰粗绳纹。该器物具有明显的地方特色，从裆和足部特征观察具有商代晚期的因素。A 型 II 式绳纹罐（M214：28）的特征是颈、肩饰旋纹，腹部饰绳纹，与殷墟郭家庄的 A 型 I 式罐（M66：3）有相似之处。据打破关系，M205 的时代要晚于 M214。

第四组 M219 打破 M218，M219 没有出土典型器物。M218 出土陶器 3 件，其中甗（M218：1）上部为微鼓的深腹盆状，颈下至腰部饰竖绳纹，足部饰交叉绳纹。为典型的商代晚期器物。C 型 II 式瓿（M218：2）的特征为小直口斜直腹，矮圈足，腹上部有一对桥形耳；与殷墟出土的釉陶瓿（HPKM1380）相似[2]。C 型 I 式绳纹罍（M218：4）的特征是斜直腹，腹饰细绳纹并被分成三部分，有西周早期的风格。M219 要晚于 M218。

根据北区墓地具有打破关系各墓葬出土的器物，我们对其进行了初步排比。通过分析，我们认为北区墓地的器物主要包含商代晚期到西周早期，大致可以分三期。

南区墓地发现 5 组具有打破关系的墓葬。下面分别进行分析。

第一组 M20 打破 M17，其中 M17 出土陶豆和铜爵、瓶各 1 件。其中 II 式豆（M17：6）

---

〔1〕　北京市文物研究所：《琉璃河西周燕国墓地》，文物出版社，1995 年。
〔2〕　李济：《殷墟陶器图录》拾贰，295G，1947 年。

与殷墟西区的Ⅱ式豆（M974:1）器形非常接近[1]。C型Ⅰ式铜爵（M17:1）在腹上部饰一周窄纹饰带，与长子口墓出土的爵（M1：203）有诸多相似之处[2]。B型Ⅰ式铜觚（M17:2）与殷墟郭家庄的B型Ⅳ式觚（M202:5）在器形和纹饰风格上基本相同[3]。M20依其打破关系判断要晚于M17。

第二组M38打破M39，其中M38出土陶豆1件及青铜礼器21件。M38出土陶豆1件，青铜礼器21件，计有圆鼎3件、鬲2件、簋1件、罍1件、斝1件、爵4件、觚4件、觯1件、提梁卣2件、尊1件、斗1件等。M39出土陶豆1件。其中Ⅴ式陶豆（M38:2）为平沿、小喇叭状高圈足。腹下、圈足上饰旋纹（图三三八，22）。具有明显的西周早期陶豆特征，但形体厚重，制作技术尚保留商代晚期风格，具有过渡阶段的性质。青铜礼器共21件，其中B型Ⅲ式深腹圆鼎（M38:48）（图三三八，1）与宝鸡強国墓地（M4:11）出土的圆鼎在纹饰上非常相似[4]。A型Ⅰ式分裆圆鼎（M38:53）（图三三八，2）与殷墟郭家庄（M160:135）的鼎基本相同[5]。B型Ⅰ式簋（M38:50）（图三三八，13）分档其造型与张家坡（M285:2）的B型Ⅰ式簋相似，但纹饰为商代的风格[6]。A型Ⅲ式觯（M38:60）（图三三八，20）与殷墟西区（GM907:6）的瓦纹觯在器形上非常相似，但纹饰上略有不同[7]。A型Ⅰ式提梁卣2件（M38:66、61）（图三三八，18、19），造型和纹饰相同，但大小上略有区别，应为一组，与殷墟郭家庄（M50:15）的Ⅰ式卣相似[8]。A型鬲2件（M38:51、54）（图三三八，4、5），大小相若，纹饰、器形相同，与西安张家坡墓地（M294:1）的Ⅰ式鬲在器形上基本相同，仅纹饰上略有区别[9]。A型罍（M38:49）（图三三八，6）与殷墟郭家庄（M160:140）在造型风格上完全一致[10]，仅前者纹饰略显简单。B型斝（M38:52）（图三三八，7）与殷墟西区（GM875:5）的素面斝相似[11]。M38的大部分铜器具有商代晚期特征，个别器物具有一些西周早期的因素（图三三八，1～22）。M39出土Ⅱ式陶豆（M39:1）1件（图三三八，23），特征是尖唇、浅盘、鼓腹，喇叭形高圈足，足上饰弦纹，与安阳大司空村Ⅰ式豆（M308:3）基本相同[12]。

---

〔1〕中国社会科学院考古研究所安阳工作队：《1969～1977年殷墟西区墓葬发掘报告》，《考古学报》1979年1期。
〔2〕河南省文物考古研究所等：《鹿邑太清宫长子口墓》，中州古籍出版社，2000年。
〔3〕中国社会科学院考古研究所：《安阳殷墟郭家庄商代墓葬》，中国大百科全书出版社，1998年。
〔4〕卢连成等：《宝鸡強国墓地》，文物出版社，1988年。
〔5〕中国社会科学院考古研究所：《安阳殷墟郭家庄商代墓葬》，中国大百科全书出版社，1998年。
〔6〕中国社会科学院考古研究所：《张家坡西周墓地》，中国大百科全书出版社，1999年。
〔7〕中国社会科学院考古研究所：《殷墟青铜器》图版七四，文物出版社，1985年。
〔8〕中国社会科学院考古研究所：《安阳殷墟郭家庄商代墓葬》，中国大百科全书出版社，1998年。
〔9〕中国社会科学院考古研究所：《张家坡西周墓地》，中国大百科全书出版社，1999年。
〔10〕中国社会科学院考古研究所：《安阳殷墟郭家庄商代墓葬》，中国大百科全书出版社，1998年。
〔11〕中国社会科学院考古研究所：《殷墟青铜器》图版二二八，文物出版社，1985年。
〔12〕马得志等：《1953年安阳大司空村发掘报告》，《考古学报》第九册，1955年。

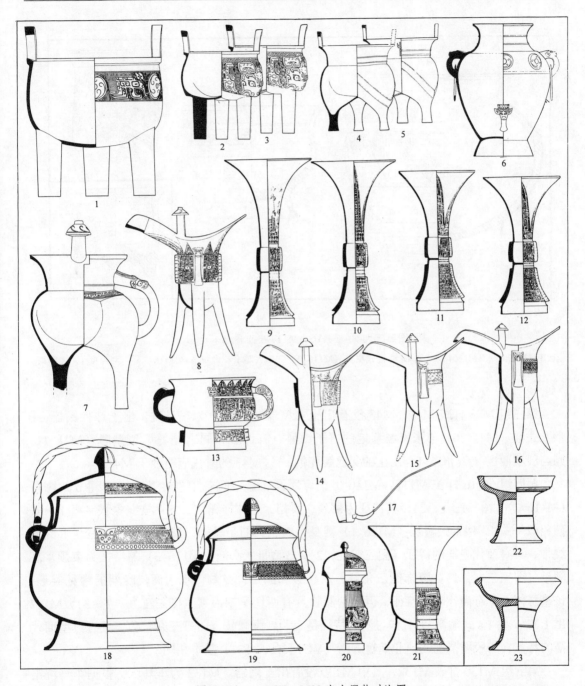

图三三八　　M38、M39 出土器物对比图

1.B型Ⅲ式铜鼎（M38:48）　2.A型Ⅰ式铜鼎（M38:53）　3.A型Ⅰ式铜鼎（M38:76）　4.A型铜鬲（M38:51）　5.A型铜鬲（M38:54）　6.A型铜罍（M38:49）　7.B型铜斝（M38:52）　8.A型Ⅱ式铜爵（M38:63）　9.B型Ⅱ式铜觚（M38:64）　10.B型Ⅱ式铜觚（M38:68）　11.B型Ⅰ式铜觚（M38:59）　12.B型Ⅰ式铜觚（M38:67）　13.B型Ⅰ式铜簋（M38:50）　14.A型Ⅱ式铜爵（M38:65）　15.C型Ⅰ式铜爵（M38:58）　16.C型Ⅰ式铜爵（M38:62）　17.B型铜斗（M38:57）　18.A型Ⅰ式铜卣（M38:66）　19.A型Ⅰ式铜卣（M38:61）　20.A型Ⅲ式铜觯（M38:60）　21.B型Ⅰ式铜尊（M38:30）　22.Ⅴ式陶豆（M38:2）　23.Ⅱ式陶豆（M39:1）

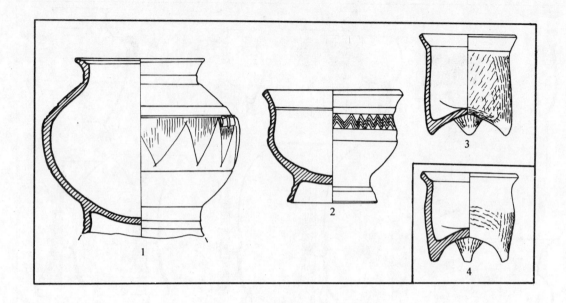

图三三九　　M116、M117 出土器物对比图

1.B 型Ⅲ式陶瓶（M116:3）　2.Ba 型Ⅲ式陶簋（M116:1）　3.A 型Ⅱb 式陶鬲（M116:2）　4.A 型Ⅰa 式陶鬲（M117:1）

第三组 M43 打破 M41，M43 没有出土典型器物。M41 为车马坑，出土 2 件铜器，B型Ⅱ式爵（M41:10）与张家坡墓地的"子钺爵"有许多相同之处[1]。D 型觚（M41:11）则与殷墟西区（GM856:1）出土的父巳觚相同[2]。M43 的时代应略晚于 M41。

第四组 M116 打破 M117，M116 出土有陶鬲、簋、瓶各 1 件。其中 A 型Ⅱb 式陶鬲（M116:2）（图三三九，3），其特征为束颈、弧裆，通体饰绳纹，与西安张家坡 A 型Ⅳc 式鬲相似[3]。Ba 型Ⅲ式陶簋（M116:1）器身呈碗状，圈足较矮，腹上部饰一周三角形刻划纹带，具有商代晚期的特征（图三三九，2）。B 型Ⅲ式陶瓶（M116:3）的特征为束颈，高圈足（图三三九，1）。腹饰倒三角纹，肩、腹和圈足饰弦纹，也为商代晚期的常见器形。该墓总体上具有商代晚期特征，但个别器物具有西周早期因素（图三三九，1~3）。M117出土的 A 型Ⅰa 式陶鬲（M117:1）的特征是束颈，腹微鼓（图三三九，4），具有典型商代鬲的特点，与殷墟苗圃北地Ⅱ期Ⅷ式鬲（VET13④A:631）基本相同[4]。

第五组 M130 打破 M132，其中 M130 没有出土陶器。M132 为车马坑，根据车马坑出土遗物和马车的结构等方面分析，其时代应在西周早期阶段。而 M130 的时代估计要略晚

〔1〕 中国社会科学院考古研究所：《张家坡西周墓地》，中国大百科全书出版社，1999 年。
〔2〕 中国社会科学院考古研究所：《殷墟青铜器》，文物出版社，1985 年。
〔3〕 中国社会科学院考古研究所：《张家坡西周墓地》，中国大百科全书出版社，1999 年。
〔4〕 中国社会科学院考古研究所：《殷墟发掘报告》，文物出版社，1987 年。

于 M132。上述墓葬的相对早晚关系明确，在墓葬的分期排序中具有典型坐标意义。

虽然保存完好的墓葬数量不多，但我们从中可以发现一些有价值的东西。首先，仅出一件陶器的墓葬一般为鬲或豆；第二，陶器中以鬲、豆居多；第三，在铜器方面以爵、觚等量相配为特征。根据南区墓地出土典型器物的分析，并结合打破关系方面的因素，我们将其分为三期。

依据上述 9 组具有打破关系墓葬的相对早晚关系我们发现：BM4、M17、M39、M117、M214 和 M215 是墓地中相对年代最早的墓葬；其次为 BM3、M20、M38、M41、M116、M132、M205、M206 和 M218；最晚的有 M43、M130 和 M219。

第二节　陶器的型式演变规律

前掌大墓地出土陶器数量较多，而且特征明显。这就为我们把握不同器类在时间和空间上的变化规律提供了必要的条件和依据，也为我们对墓葬的分期与断代提供了直接的依据。下面我们对不同器类的型式演变规律进行具体的分析。

（一）鬲

陶鬲是比较常见的器物，也是墓葬分期研究中非常重要的器物之一。根据器形和足的形态的变化将其分为 A、B、C、D 四型。从器形发展变化的角度观察，四型陶鬲是并行发展的，它们都有一个自身发展演变的规律（表一）。

A 型鬲分 4 式。Ⅰa 式鬲（M117∶1）的特点是侈口，平沿，粗颈，裆部为窄弧形，略高，腹以下饰不明显绳纹（图三四〇，1）。Ⅱ式鬲分为 3 小式。Ⅱa 式鬲（M102∶6）器身瘦高，窄沿。Ⅱb 式鬲（M116∶2）敞口，腹壁较直，弧裆较矮。该式鬲具有过渡时期的特征。Ⅱc 式鬲（M101∶9）器身较矮，平折沿。Ⅲ式鬲（M103∶16）的特点是裆部侧面为弧形，足部横截面为扇形（图三四〇，2）。Ⅳ式鬲分 2 小式。Ⅳa 式鬲（M26∶2）为侈口，折沿，束颈，耸肩（图三四〇，3）。Ⅳb 式鬲（M106∶5）为侈口，卷沿，束颈。根据其演变规律 A 型Ⅲ式、A 型Ⅳ式陶鬲应是墓地中时代最晚的型式。

A 型陶鬲演变趋势可以归纳为：（1）颈由短颈和斜直领或较高的领部到束颈和低矮的领部；（2）由卷沿到斜平沿或平沿；（3）由较宽的裆部到较低窄的裆部；（4）由瘦高体到较多的矮宽体；（5）纹饰由较规整的浅细绳纹到较错杂并且深宽的绳纹。

B 型分 4 式。Ⅰ式鬲（M203∶25）的特征是的敞口，口径大于腹径，矮分裆，足跟为小尖锥状实心（图三四〇，4）。其形态与商代晚期的疙瘩鬲很近似，是 B 型袋足鬲中较早的型式。Ⅱ式鬲（M202∶12）的特征是卷沿，微束颈，身饰粗绳纹（图三四〇，5）。形态上具有过渡的特征。Ⅲ式鬲（M203∶19）的特征是的敞口，高领，足跟作实心的锥状，器身较矮，同样具有过渡阶段性质。Ⅳ式鬲分 2 小式。其中Ⅳa 式鬲（M13∶9）是与一组陶器和 5 件青铜器同出，陶器和铜器多具有西周早期特征。Ⅳb 式鬲（M109：3）特征是斜平折沿，短颈（图三四〇，6），它们应是墓地中最晚的器形。

B 型鬲的演变趋势是：（1）口沿由外卷向外折演变；（2）三足足尖由实心的疙瘩形和锥形逐步向实柱足的方向演变；（3）纹饰由浅细绳纹，逐步演变为略粗的绳纹。

C 型鬲分 4 式。Ⅰ 式鬲（M203：27）是柱足鬲中最早的形式。它的特点是束颈，弧裆，裆部侧面为弧形而近折，足为实心的圆柱体（图三四〇，7）。与这种鬲同出的陶器较多地都具有商代晚期风格。Ⅱ 式鬲（M103：23）的特点是器身较小，足跟较短，裆部较高。Ⅲ 式鬲（M46：1）其特点是斜平沿，裆部较高，裆近平，足跟较长，腹部有旋纹（图三四〇，8）。Ⅳ 式鬲分 2 小式。Ⅳa 式鬲（M15：4）颈微束，饰两周旋纹，腹微鼓，颈下至足饰细绳纹。（图三四〇，9）。Ⅳb 式鬲（M110：19）的特征是侈口，束颈，耸肩，腹较矮。

表一　陶鬲型式组合表

期段	型式\墓号	A型								B型					C型					D型	
		Ⅰa	Ⅰb	Ⅱa	Ⅱb	Ⅱc	Ⅲ	Ⅳa	Ⅳb	Ⅰ	Ⅱ	Ⅲ	Ⅳa	Ⅳb	Ⅰ	Ⅱ	Ⅲ	Ⅳa	Ⅳb	Ⅰ	Ⅱ
一期	M117	✓																			
	M124		✓							✓											
二期	M101					✓															
	M102			✓																	
	M118			✓																	
	M116				✓																
	M34				✓																
	M109													✓							
	M106							✓													
	M203									✓		✓			✓						
	M202										✓										
	M13												✓								
	M121															✓					
	M26						✓														
	M110																		✓		
	BM3																				✓
	M214																			✓	
三期	M15																	✓			
	M103						✓									✓	✓				
	M46																✓				

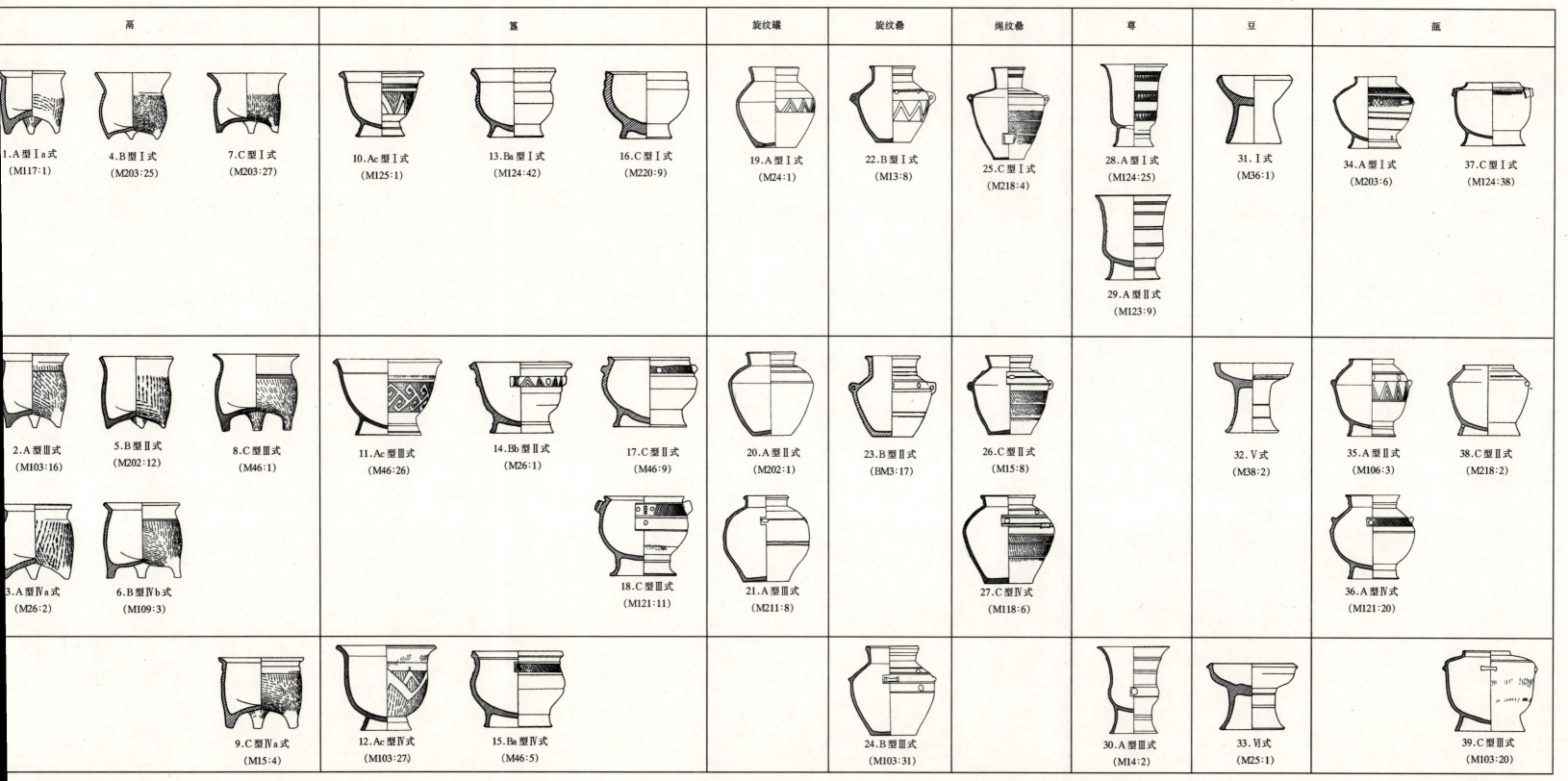

鬲			簋			旋纹罐	旋纹罍	绳纹罍	尊	豆	瓶	

1.A型Ⅰa式
(M117:1)

4.B型Ⅰ式
(M203:25)

7.C型Ⅰ式
(M203:27)

10.Ac型Ⅰ式
(M125:1)

13.Ba型Ⅰ式
(M124:42)

16.C型Ⅰ式
(M220:9)

19.A型Ⅰ式
(M24:1)

22.B型Ⅰ式
(M13:8)

25.C型Ⅰ式
(M218:4)

28.A型Ⅰ式
(M124:25)

29.A型Ⅱ式
(M123:9)

31.Ⅰ式
(M36:1)

34.A型Ⅰ式
(M203:6)

37.C型Ⅰ式
(M124:38)

2.A型Ⅲ式
(M103:16)

5.B型Ⅱ式
(M202:12)

8.C型Ⅲ式
(M46:1)

11.Ac型Ⅲ式
(M46:26)

14.Bb型Ⅱ式
(M26:1)

17.C型Ⅱ式
(M46:9)

18.C型Ⅲ式
(M121:11)

20.A型Ⅱ式
(M202:1)

21.A型Ⅲ式
(M211:8)

23.B型Ⅱ式
(BM3:17)

26.C型Ⅱ式
(M15:8)

27.C型Ⅳ式
(M118:6)

32.Ⅴ式
(M38:2)

35.A型Ⅱ式
(M106:3)

36.A型Ⅳ式
(M121:20)

38.C型Ⅱ式
(M218:2)

3.A型Ⅳa式
(M26:2)

6.B型Ⅳb式
(M109:3)

9.C型Ⅳa式
(M15:4)

12.Ac型Ⅳ式
(M103:27)

15.Ba型Ⅳ式
(M46:5)

24.B型Ⅲ式
(M103:31)

30.A型Ⅲ式
(M14:2)

33.Ⅵ式
(M25:1)

39.C型Ⅲ式
(M103:20)

图三四〇　陶器分期图

C型鬲的演变趋势是：（1）器口由卷沿向斜平折沿发展；（2）裆由平弧形、窄高向平裆或近平裆发展，到最后裆窄且低。这种情况显示了裆从弧形窄高裆向平裆或近平宽低裆发展的趋势；（3）足从较长，彼此距离较小到彼此距离较大发展。后期的器足较短，彼此距离拉大。这种情况反映了器足由长变短，彼此距离由小到大的发展趋势。

D型鬲的数量较少，延续的时间相对较短。

（二）簋

依其形态特征分为五型。从分期角度来看，A、B、C、D四种类型的陶簋是并行发展的，其中C型簋出现的时间可能略晚（表二）。

A型簋的特点是器身呈敞口厚唇，腹较深，下接矮圈足，分Aa、Ab和Ac三亚型。

Aa型分3式。Ⅰ式簋（M220:7）唇沿宽厚，壁斜直，矮圈足，腹饰旋纹（表二）。这种簋与AⅡ式罐共出，是商代晚期的典型器物。Ⅱ式簋（M128:15）与AⅠ式簋较近似，但唇沿变薄，腹壁较斜直，腹身变浅。Ⅲ式簋（M50:10）卷沿，上腹斜直、下腹外鼓，腹部素面，足饰二道弦纹。总体上Aa型簋的形态与商代晚期的簋都很接近。

Ab型簋分3式。Ⅰ式簋（M203:23）宽厚唇，斜直腹，小矮圈足，腹饰绳纹。Ⅱ式簋（M101:3）的特征与Ab型Ⅰ式簋基本相同，仅纹饰略有区别。Ⅲ式簋（M14:1）的特征是宽厚唇，腹上部饰弦纹下饰细绳纹，喇叭状圈足，是墓地中较晚的型式。

Ac型簋分4式。Ⅰ式簋（M125:1）厚唇，腹微鼓，喇叭状圈足，腹饰绳纹和三角形刻划纹（图三四〇，10），此类簋为商代晚期所习见。Ⅱ式簋2件（M128:14）的形状与AⅠ式簋基本相同，仅纹饰略有区别，估计它们的时代应比较接近。Ⅲ式簋（M46:26）的纹饰具有商代特征，但器形又具有西周早期因素（图三四〇，11）。表现出过渡阶段的特性。Ⅳ式簋（M103:27）方厚唇，饰一道弦纹和双线三角形划纹，其间填以中绳纹（图三四〇，12）。

A型簋的演变趋势是：（1）器口由斜直向斜折沿发展；（2）壁由斜直腹向鼓腹方向发展；（3）圈足从低矮向逐渐变高的方向发展；（4）纹饰上由简单到复杂发展。

B型簋的特点是器身为盆形，分Ba、Bb二个亚型。

Ba型分4式。Ⅰ式簋（M124:42）为折肩，卷沿，粗直颈，器表饰旋纹（图三四〇，13）。它是与一批具有商代晚期特征的陶器共出，其中出土的2件陶鬲为典型商代风格，因而此件簋的年代也由此可以大致确定。Ⅱ式簋（M24:6）的特点为窄平沿，粗直颈，鼓腹，圈足粗高带矮切。它是与一组具有商代晚期特征的罐、甗共出，估计时代不会晚于商代晚期。Ⅲ式簋（M101：2）其的特点为鼓腹，圈足矮粗，腹饰刻划纹。估计此式出现在商代晚期。Ⅳ式簋（M46:5）的特点为侈口，鼓腹明显，圜底的深腹盆形（图三四〇，15）。

Bb型分2式。Ⅰ式簋（M34:3）其特点斜平沿厚唇，直腹圜底的深腹盆形。Ⅱ式簋（M26:1）器身厚重，宽平沿，深腹盆形，圈足粗矮（图三四〇，14）。

表二　陶簋型式组合表

期段	墓号	Aa I	Aa II	Aa III	Ab I	Ab II	Ab III	Ac I	Ac II	Ac III	Ac IV	Ba I	Ba II	Ba III	Ba IV	Bb I	Bb II	C I	C II	C III	D I	D II	E I	E II
一期	M220	∨																∨						
	M128		∨																					
	M124											∨												
	M24												∨											
	M123					∨												∨						
	M125							∨										∨						
二期	M50			∨																				∨
	M203				∨																			
	M101								∨							∨								
	M31																		∨					
	M34													∨										
	M114													∨										
	M115													∨		∨		∨					∨	
	M19													∨										
	M116													∨										
三期	M102															∨			∨					
	M202																		∨					
	M25																		∨					
	M13																			∨				

续表二

期段	墓号	Aa-I	Aa-II	Aa-III	Ab-I	Ab-II	Ab-III	Ac-I	Ac-II	Ac-III	Ac-IV	Ba-I	Ba-II	Ba-III	Ba-IV	Bb-I	Bb-III	C-I	C-II	C-III	D-I	D-II	E-I	E-II
二期	M109																			✓				
	M121																			✓				
	M118																				✓	✓		
	M105																							✓
	M30																							✓
	M26																✓							
	M2																					✓		
	M218													✓										
三期	M15						✓			✓					✓									
	M46																		✓					
	M14						✓																	
	M103										✓								✓					
未定	BM10					✓																		

B 型簋的演变趋势主要在器身上，表现为由矮逐渐变高。另外，纹饰方面，经历了由简单到复杂的过程。

C 型簋分 3 式。Ⅰ式簋（M220∶9）器形较小，敛口，宽折沿，矮圈足（图三四○，16）。为商代晚期流行之器。Ⅱ式簋（M46∶9）鼓腹，腹饰刻划的网格、三角纹带，颈有对称双耳（图三四○，17）。Ⅲ式簋（M121∶11）鼓腹明显，喇叭状高圈足（图三四○，18）。该型簋的发展演变关系比较清楚。

C 型簋的演变趋势是：（1）器壁由厚变薄；（2）圈足从低矮向逐渐变高的方向发展；（3）纹饰上也是经历了由简单到复杂的过程。

D 型簋可分 2 式。Ⅰ式簋（M118∶1）为直口，直壁圜底，腹饰弦纹。Ⅱ式簋（M118∶5）与 D 型Ⅰ式簋有许多相似的地方，所不同的是在纹饰方面，后者附有泥饼。估计与Ⅰ式簋流行的年代大体相当。该型簋延续的时间相对较短。

E 型簋为仿铜器形，分 2 式。Ⅰ式（M115∶5）器身为直口圆直腹，器身下有矮圈足，腹上部饰一周雷纹。Ⅱ式（M203∶26）腹侧有双耳，圈足较宽，是仿铜簋制作的形式。二者不具备发展演变关系。

（三）罐

依据所施纹饰的不同和器形的大小将罐分为两大类：即旋纹罐和绳纹罐（表三）。

旋纹罐的个体相对较小。根据肩部特征分 A、B 二型。

A 型分 3 式。Ⅰ式罐（M24∶1）的特点是肩部较低，器表饰有旋纹和刻划纹（图三四○，19）。与典型商代晚期的罍和簋共出。Ⅱ式罐（M202∶1）的形态与Ⅰ式罐较为接近，但器肩较宽，腹变深，器肩饰有旋纹（图四○，20）。Ⅲ式罐（M211∶8）的特点是肩部圆浑，饰规整均匀的旋纹和泥饼（图四○，21）。

B 型罐分 Ba、Bb 二亚型。Ba 型可分为 3 式。Ⅰ式罐（M24∶8）特征为矮领，溜折肩，肩径较大，肩饰旋纹，腹饰刻划纹。Ⅱ式罐（M104∶3）特点是短颈，深腹小平底，表面抹光并饰旋纹。Ⅲ式罐（BM3∶47）的特点是小侈口，斜折肩，大平底，素面。此式器物与 B 型Ⅰ式罐同出，估计其年代大体相当。

Bb 型罐分 4 式。Ⅰ式罐（M222∶52）的特点是侈口，斜宽肩，折腹，肩饰旋纹。Ⅱ式罐 3 件（M31∶26）为侈口，短颈，宽折肩，肩腹饰旋纹。具有过渡阶段的特征。Ⅲ式罐 3 件（M118∶2）特征为粗颈，宽肩，器身较矮，肩部饰乳丁和旋纹。Ⅳ式罐（M119∶58）的特点是窄平沿，粗短颈，斜折肩近中部。是该型罐中年代最晚的型式。

旋纹罐整体变化规律：（1）器口由侈口向直口方向发展；（2）肩由斜折肩向圆肩过渡；（3）腹壁由斜直到圆鼓。

绳纹罐体积一般较大，亦分 A、B 二型。

A 型罐可分 4 式。Ⅰ式罐（M11∶18）平沿，方唇，腹微鼓，饰斜行绳纹。与 B 型Ⅰ式

表三　陶罐型式组合表

期	墓号	旋纹罐 A I	A II	A III	Ba I	Ba II	Ba III	Bb I	Bb II	Bb III	Bb IV	绳纹罐 A I	A II	A III	A IV	B I	B II	B III
一期	M24	✓			✓	✓												
一期	M28				✓													
一期	M220		✓															
一期	M104					✓						✓						
一期	M123					✓	✓											
一期	M214												✓					
一期	M222							✓										
二期	M2								✓									
二期	M11											✓				✓		
二期	M18													✓				
二期	M19								✓									
二期	M201															✓		
二期	M21															✓	✓	
二期	M30				✓											✓		
二期	M31								✓									
二期	M34									✓								
二期	M102				✓													
二期	M105					✓												
二期	M115											✓						
二期	M114				✓													
二期	M118									✓								
二期	M121		✓											✓				
二期	M211		✓															
二期	M202		✓															
二期	BM3						✓					✓				✓		
三期	M15																	✓
三期	M22													✓				
三期	M103														✓			
三期	M119										✓							
三期	M120																✓	

绳纹罍和 E 型 I 式簋共出，应与其年代相当。II 式罐（M121:15）的形态颇与 A 型 I 式罐接近。此式罐与 D 型 II 式陶鬲同出，具有西周早期特征。III 式罐（M22:1）的特征是圆唇，最大颈在腹中部。根据其形态判断，年代应在西周早期。IV 式罐（M103:19）的特征是敞口，球形腹，肩饰网格纹内填绳纹，腹饰绳纹。判断其应是墓地最晚的型式。

B 型罐分 3 式。I 式（M201:65）细颈，广肩，平底，腹饰绳纹和弦纹。其年代约在西周早期。II 式（M120:82）高领，斜广折肩，饰以交错绳纹。III 式（M15:1）窄折肩近平，凹底。饰交错细绳纹。

绳纹罐其变化主要表现在：（1）体积逐渐向大型化方向发展；（2）领由高变矮；（3）肩由斜广向平窄方向发展；（4）腹由斜直逐渐变圆鼓。

（四）罍

依据纹饰的不同分为大两类：即旋纹罍和绳纹罍（表四）。

表四　陶罍型式组合表

期段	型式／墓号	旋纹罍 A		旋纹罍 B			绳纹罍 A		绳纹罍 B		绳纹罍 C			
		I	II	I	II	III	I	II	I	II	I	II	III	IV
一期	M24	✓												
	M104								✓					
	M123	✓	✓											
二期	M218										✓			
	M21			✓			✓							
	M19								✓					
	M34								✓	✓				
	M114		✓										✓	
	M13			✓					✓				✓	
	M105												✓	
	M121						✓						✓	
	M106												✓	
	M101		✓						✓					
	M118									✓				✓
	M211													✓
	M202								✓					
	M206		✓											
	M30											✓	✓	

续表四

期段	型式\墓号	旋纹罍					绳纹罍							
		A		B			A		B		C			
		I	II	I	II	III	I	II	I	II	I	II	III	IV
二期	M50											√		√
	BM3				√					√					
三期	M25								√					√	
	BM1								√					√	
	M15												√		
	M46							√		√					
	M14													√	
	M103					√								√	

　　旋纹罍（个别腹部施刻划纹）：个体相对较小，可分 A、B 二型。

　　A 型罍分 2 式。Ⅰ式罍（M24:5）的特征是侈口，斜肩，腹微鼓，肩饰旋纹，两侧有小耳。与 A 型Ⅰ式和 Ba 型Ⅰ式旋纹罐共出。Ⅱ式罍（M114:8）其特征是敞口，斜肩，平底，肩饰乳丁纹，腹饰刻划纹带。

　　B 型罍可分 3 式。Ⅰ式罍 3 件（M13:8）特征是口微侈，高领，广肩，大耳。肩饰旋纹和乳丁纹，腹饰刻划纹（图三四〇，22）。与一组具有商代晚期特征的陶器和铜器共出。Ⅱ式罍（BM3:17）的特征是直口高领，折肩斜直腹，小耳，肩、腹饰旋纹和乳丁纹（图三四〇，23）。从其形态特征观察具有过渡阶段的特征。Ⅲ式罍（M103:31）的特征是直口高领，圆肩，平底，肩、腹饰旋纹和乳丁纹，桥形耳（图三四〇，24）。其年代应是最晚的。

　　B 型罍的演变趋势是：（1）器口由侈口向直口方向发展；（2）肩由斜折向圆肩过渡；（3）腹壁由斜直到圆鼓。

　　绳纹罍：出土的绳纹罍不仅体积硕大者甚多，且造型和纹饰等风格独特。依其特征分 A、B、C 三型。

　　A 型绳纹罍可分 2 式。Ⅰ式罍（M121:19）的特征是直口，圆肩，腹饰绳纹和"回"字形纹。与 C 型Ⅱ式鬲和 A 型Ⅲ式旋纹罐共出，年代应大体相当。Ⅱ式罍（M46:3）的特征是口微侈，圆肩深腹，颈、肩饰旋纹，腹饰绳纹和勾连纹。共存还有 C 型Ⅲ式鬲和 Ac 型Ⅲ式簋。

　　B 型绳纹罍分 2 式。Ⅰ式（M121:13）其特征主要为高领，广肩，深腹，大耳，颈、肩和腹饰旋纹、刻划纹和绳纹。从与之共出的陶器和铜器判断，该式罍主要流行于西周早期阶段，个别可能会早到商代晚期阶段。Ⅱ式罍与 B 型Ⅰ式的特征基本相同，估计年代也基本相同或略晚。

C 型绳纹鬲分 4 式。Ⅰ式鬲（M218:4）特征是高领，广肩近平，深腹小平底。颈肩饰弦纹，腹饰绳纹（图三四〇，25）。Ⅱ式鬲（M15:8）为敞口，广肩，腹近底处内收（图三四〇，26）。与 C 型Ⅳb 式鬲同出，从器形和纹饰特征观察该式为西周早期的典型型式。Ⅲ式（M13:5）为敞口，小耳，器形规整。Ⅳ式鬲（M118:6）的特征是侈口，矮领，圆肩鼓腹（图三四〇，27）。与Ⅲ式鬲的时代大体接近。

C 型绳纹鬲的演变脉络清晰：（1）敞口由大向小的方向发展；（2）肩从广折向广圆演变；（3）器腹经历了由深变浅的发展过程。

（五）尊

尊分有 A、B 二型（表五）。

A 型尊分 3 式。Ⅰ式尊（M124:25）的特征是敞口，圆唇，深直腹，底近平，喇叭形高圈足（图三四〇，28）。是典型的商代晚期器物。Ⅱ式尊（M123:9）的特征是喇叭口，圆唇，下腹微鼓。圈足略高（图三四〇，29）。与旋纹鬲、旋纹罐、C 型Ⅰ式簋等陶器共出，从陶器特征观察其年代一般在商代晚期，估计此尊的年代不会晚于西周早期。Ⅲ式尊（M14:2）大敞口，圆唇，深腹，下腹外鼓明显，高圈足喇叭状（图四〇，30）。是仿铜的所谓三段式器物型式。此式当为西周早期作品。

A 型尊的演变趋势是：（1）器口逐渐加大；（2）腹壁由直到鼓发展；（3）圈足呈喇叭形，由小向大的方向发展。

B 型尊（M115:1）的特征是侈口，圆唇，折肩，鼓腹，喇叭状矮圈足。从与之共出的陶器判断，其年代当在西周早期。

表五　陶尊型式组合表

期　段	型　式 墓　号	A			B
		Ⅰ	Ⅱ	Ⅲ	
一　期	M124	✓			
	M123		✓		
二　期	M21		✓		
	M115				✓
	M30			✓	
三　期	M25		✓		
	M46		✓		
	M14			✓	

（六）豆

可分6式。Ⅰ式豆（M36∶1）的特征是把粗而高，盘部较浅，盘部与把部分界不甚明显（图三四〇，31）。它应是商代晚期的流行型式。Ⅱ式豆（M17∶6）的特征是宽沿，尖唇，沿外侧有一周旋纹。豆把较粗较高，但盘部与把分界明显，把腰一般有一道凸棱。与之同出的有铜爵和瓿各1件，均为商代晚期特征，估计其年代应在商代晚期阶段。Ⅲ式豆（M112∶1）的特征为深盘，高圈足。Ⅳ式豆（M124∶1）为直口，深盘，圈足粗短，圈足中部有一道凸棱。与A型Ⅰb式鬲、B型Ⅰ式鬲、Ba型Ⅰ式簋等陶器共存的。它应是商代晚期的器物型式。Ⅴ式豆（M38∶2）的特征是平沿，浅盘，粗圈足。圈足部二道弦纹。器盘壁较厚（图三四〇，32）。此式豆的年代可能在西周早期。Ⅵ式豆（M25∶1）的特点是直口，平沿，尖唇，浅盘，粗圈足（图三四〇，33）。与B型Ⅰ式绳纹罍、C型Ⅲ式绳纹罍、C型Ⅱ式簋等陶器共存。显然，它的下限不会早过西周早期阶段，而其流行年代当在西周早期偏晚阶段。

从总的发展趋势来说，陶豆的圈足有一个由细变粗，由高变矮；盘与圈足部界限不显著到显著的演变过程。当然这种变化只是一种趋势，要确定每件器物的年代还需要综合其他因素来进行分期排比，才能得出比较合理的认识。

（七）壶

根据其整体特征将壶分A、B、C、D四型。

A型分2式。Ⅰ式壶（M124∶43）高直颈，小折沿，球腹高圈足，双贯耳。与A型Ⅰb式鬲、B型Ⅰ式鬲和一组陶器同出，估计年代大体相当。Ⅱ式（M121∶18）的特征是小侈口，斜平沿，尖唇，双贯耳。与之共出的陶器和铜器具有明显的西周早期因素，因此大致可以判断其流行的年代在商代晚期到西周早期阶段。

B型壶（M121∶22）小侈口，圆唇，喇叭形圈足，单鋬耳，另一侧有一管状流。其流行的年代应在商代晚期到西周早期阶段。

C型壶分2式。Ⅰ式壶（M124∶19）的特征是球腹，喇叭形圈足，盖上有一圆锥形捉手，器口纳于盖口中。其造型独特，应是商代晚期遗物。Ⅱ式壶（M25∶3）颈部呈阶梯形，向上收缩成小直口。尖唇，沿面内倾，鼓腹矮圈足。与Ⅵ式豆、绳纹罍等共出，估计时代在西周早期阶段。

D型壶（M119∶24）特征是方唇，广肩，鼓腹，平底。颈部、领部和肩部分别饰有彩绘的凤鸟纹。应是西周早期的器物。

（八）瓿

是一类非常有特色的器物，分五型（表六）。

A型分4式。Ⅰ式瓿（M203∶6）的特征是直口，圆唇，广肩，肩腹交接处分界明显，双桥耳（图三四〇，34）。与殷墟西区的 C 型 II 式罍相似[1]，估计出现的年代应在商代晚期。II 式瓿 3 件（M106:3）的特征是直口，小平沿，肩外鼓，腹斜收，肩腹交接处分界明显，双桥耳（图三四〇，35）。与之共出的有绳纹罍、A 型 IVb 式鬲等一组陶器，因之推断其时代应为西周早期阶段。III 式瓿（M46:10）的特征为直口，圆唇，折肩，半球形腹，圈足较高。仿铜器花纹。流行年代在西周早期阶段。IV 式瓿（M121:20）其特征为直口，斜肩外鼓，腹斜收明显，肩腹交接处分界明显，双桥耳（图三四〇，36）。共出的陶器和铜器均显示其时代应是墓地中较晚的阶段。

表六　陶瓿型式组合表

期段	型式墓号	A				B				C			D	E
		I	II	III	IV	I	II	III	IV	I	II	III		
一期	M47										✓			
	M124									✓				
	M127					✓								
二期	M203	✓												
	M106		✓											
	M30		✓											
	M121				✓									
	M114						✓							
	M102						✓							
	M116							✓						
	M101							✓						
	M13												✓	
	BM3							✓						
	M218										✓			
三期	M25						✓							
	M46			✓					✓					
	M103								✓		✓			
	M119													✓

---

〔1〕　中国社会科学院考古研究所安阳工作队：《1969～1977 年安阳殷墟西区墓葬发掘报告》，《考古学报》1979 年 1 期。

　　A 型瓶的演变趋势是：（1）器口由直口向侈口发展，领由矮变高；（2）肩由斜广向圆肩方向发展；（3）腹由深变浅。

　　B 型分 4 式。Ⅰ式瓶（M127：7）的特征为直口，内斜沿，肩饰刻划的三角纹带。Ⅱ式瓶（M102：13）的特征是侈口，矮领，圆唇，肩部饰刻划的三角纹带。与 A 型Ⅱa 式鬲、旋纹罐、壶、簋等一组陶器共出，因此判断其流行年代应与之相当。Ⅲ式瓶（M101：11）其特征为口微侈，沿面内倾，圈足较低，双贯耳。Ⅳ式瓶（M103：24）圆唇，小平沿，折肩球形腹，泥饼饰。该型瓶的变化规律与 A 型比较接近。

　　C 型分 3 式。Ⅰ式瓶（M124：38）为敛口，折肩，矮圈足，上腹部饰两个桥形小横耳（图三四○，37）。Ⅱ式瓶（M218：2）小直口，圆唇，斜折肩，斜直腹，矮圈足（图三四○，38）。与绳纹罍、Ba 型Ⅲ式簋和瓿共出，估计年代相当。Ⅲ式瓶（M103：20）的特征是小直口，广平折肩，矮圈足，上腹部饰两个小横耳（图三四○，39）。

　　C 型瓶的演变趋势是：（1）器口由卷沿向斜平折沿发展；（2）肩由窄变宽。

　　此外，陶器器类中还包括有鼎、瓿、盆、瓮、盘、斝、盉、器盖等，由于数量较少或演变关系不够明显而没有对其进行分析。

第三节　铜礼器的型式演变规律及年代的认识

　　总体上，前掌大墓地出土铜器的时代特征比较明显，但相对而言一类器物的时间跨度则较短，故有些器类仅能区别不同类型，而很难进行演变规律的观察。另外，由于铜器演变发展的特殊性和边缘地区的滞后性，在一些西周早期的墓葬中出商代晚期的铜器是可以理解的。所以这里涉及的铜器年代主要是指该器物一般出现年代或流行的年代，而非墓葬的埋葬年代。就整个墓地出土的铜器而言，具有商代晚期特征的铜器要占绝大多数。

　　（一）鼎

　　铜鼎是前掌大墓地出土礼器中数量较多的器物之一。根据器身的形态和裆、足特征分为四类；方鼎、深腹圆鼎、分裆圆鼎和扁足浅腹圆鼎（表七）。

　　方鼎可分 A、B 二型。A 型鼎（M11：82、92）的形态为方唇，耳立于纵面口沿上，两侧饰兽面纹。柱形足。足饰三角形蝉纹。与殷墟的（M160：21）方鼎在器形、纹饰方面基本相同[1]，应是商代晚期典型之器。M120：25 为方唇，器口外折成斜平沿，耳立于纵面的口沿上，两侧饰分解兽面纹，兽面纹两侧饰一组夔龙纹。柱形足，足饰蕉叶纹和云纹。与长子口（M1：191）的方鼎相似[2]。应是商代晚期之器。

　　B 型鼎（M119：33）的特征为长方口，耳立口沿上，四面各有一条矮扉棱，以扉棱作

---

〔1〕 中国社会科学院考古研究所：《安阳殷墟郭家庄商代墓葬》，中国大百科全书出版社，1998 年。

〔2〕 河南省文物考古研究所等：《鹿邑太清宫长子口墓》，中州古籍出版社，2000 年。

表七　铜鼎型式组合表

期段	墓号	方鼎		深腹圆鼎					分档圆鼎				扁足圆鼎	
		A	B	A	B				A		B		A	B
					I	II	III	IV	I	II	I	II		
一期	M128								√					
	M11	√		√		√			√				√	
二	M18					√			√					
	M21							√						
期	M38						√		√					
	M13										√			
三期	M119		√								√			
	M120	√			√									√

鼻两侧饰歧尾兽面纹，腹下部饰三排"凹"字形乳丁纹。此器与安阳小屯出土（82M1：44）的鼎大小相近，纹饰相同[1]。时代应不晚于商代晚期。

深腹圆鼎为最常见形式，器身为圆口深腹的盆形，双立耳，高足，可分为A、B二型。

A型鼎（M11：94）是墓地中所出青铜器中体积和重量最大的器物。口微敛，立耳微外侈，口沿下饰以连体兽面纹带三组，主体纹饰间填列刀状纹。足根部饰兽面纹（见图一四七、图一四八）。是商代晚期的典型器物。

B型分4式。I式鼎（M120：9）的特征为侈口，深垂腹，口沿上有两立耳，圆高柱足。腹饰菱形网格纹和乳丁纹（图三四一，1）。与高家堡墓地M2出土的鼎总体风格一致[2]。II式鼎（M11：93、M18：42）的特征相同，方唇，沿上有两个立耳。口沿下饰一周卷云纹带，腹饰两组连体兽面纹，足饰蝉纹。与安阳小屯M1713出土的I式鼎在器形和纹饰方面相似[3]，估计该式鼎流行的年代应在商代晚期阶段。III式鼎（M38：48）的特征是直口，腹最大径在近底部，口沿上有两立耳。圆柱状足。腹饰一周由四个圆形涡纹和四组夔龙纹组成的纹带。该式鼎与V式陶豆共出。另外，其纹饰与强国墓地M4出土的圆鼎相似。由此大致可以判断该鼎的年代应在西周早期阶段。IV式鼎（M21：35）侈口，深腹下垂，柱状足，口下饰一周连体兽面纹带，躯干下作云纹装饰象征脚爪，纹饰呈三层（图三四一，2）。此器与高家堡墓地M3出土的鼎在器形和纹饰方面基本一致[4]，估计时代在西

〔1〕中国社会科学院考古研究所：《殷墟青铜器》图八五：1，文物出版社，1985年。
〔2〕陕西省考古研究所：《高家堡戈国墓》，三秦出版社，1994年。
〔3〕中国社会科学院考古研究所安阳工作队：《安阳殷墟西区一七一三号墓的发掘》，《考古》1986年8期。
〔4〕陕西省考古研究所：《高家堡戈国墓》，三秦出版社，1994年。

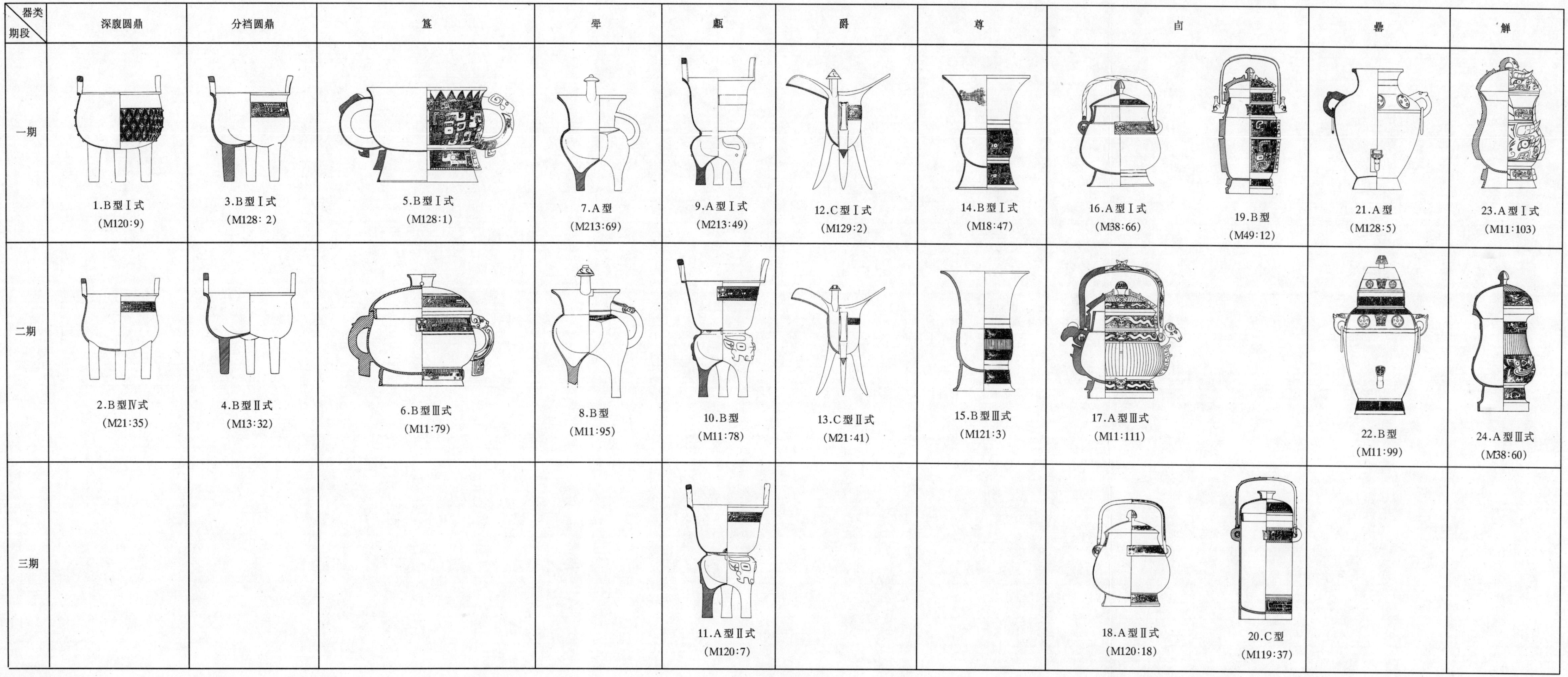

器类 期段	深腹圆鼎	分档圆鼎	簋	斝	觚	爵	尊	卣		罍	觯
一期	1.B型Ⅰ式 (M120:9)	3.B型Ⅰ式 (M128:2)	5.B型Ⅰ式 (M128:1)	7.A型 (M213:69)	9.A型Ⅰ式 (M213:49)	12.C型Ⅰ式 (M129:2)	14.B型Ⅰ式 (M18:47)	16.A型Ⅰ式 (M38:66)	19.B型 (M49:12)	21.A型 (M128:5)	23.A型Ⅰ式 (M11:103)
二期	2.B型Ⅳ式 (M21:35)	4.B型Ⅱ式 (M13:32)	6.B型Ⅲ式 (M11:79)	8.B型 (M11:95)	10.B型 (M11:78)	13.C型Ⅱ式 (M21:41)	15.B型Ⅲ式 (M121:3)	17.A型Ⅲ式 (M11:111)		22.B型 (M11:99)	24.A型Ⅲ式 (M38:60)
三期					11.A型Ⅱ式 (M120:7)			18.A型Ⅱ式 (M120:18)	20.C型 (M119:37)		

图三四一 铜器分期图

周早期阶段。

分裆圆鼎分为 A、B 二型。A 型分为 2 式。Ⅰ式鼎（M38∶53、76）为一组，特征一致。为敛口，腹径大于腹深。器身饰兽面纹。两侧配以倒立的夔龙纹。近口沿处饰一周简单的窃曲纹。与殷墟郭家庄 160 号墓出土的鼎基本相同[1]，为商代晚期所习见的器形。估计流行的年代应在商末周初阶段。Ⅱ式鼎（M11∶88、89）为一组，特征为口微敛，足高大于腹深。腹饰三组独立简化的兽面纹，兽面纹的两侧配以倒立的夔龙纹。为商代晚期之器，与殷墟刘家庄 1046 号墓出土圆鼎在造型、纹饰方面基本相同[2]，仅前者主题花纹下缺乏地纹。应是商代晚期器物。

B 型鼎分 2 式。Ⅰ式鼎（M128∶2）的特征为侈口，方唇。两耳立于口沿上。腹饰兽面纹，躯干之上作列旗状，形成带状三层等分列旗装饰的兽面纹（图三四一，3）。均与殷墟郭家庄 160 号墓出土圆鼎相似，应是商代晚期之器。Ⅱ式鼎（M13∶32）的特征是口微敛，卷沿，腹微鼓，腹径大于腹深，柱状足（图三四一，4）。此式鼎与 B 型Ⅳ式陶鬲同出，另外与之共出的铜器大部分具有商代晚期风格，考虑到陶器的特征，估计此鼎的年代可能约至西周早期。

扁足圆鼎分 A、B 二型。A 型鼎（M11∶80、85）直口，腹作半球状，三足细高，外侧饰扉棱。饰带状三层等分列旗装饰的兽面纹。该型鼎造型独特。从与之共出的陶器和铜器分析，其年代应在西周早期。

B 型鼎（M120∶8）直口，折沿，半球形腹，腹部的纹饰不清，可以看出有扉棱将纹饰分成两组。足作夔龙形。与商代的"父乙鼎"相同[3]。估计应是商代晚期之器。

从上述分析可以看出各类型的鼎在器物形态和纹饰特征方面变化不十分明显，尤以方鼎和扁足圆鼎表现更突出。这一方面可能是由于典型器物数量较少的原因，同时也可能是因为其时间跨度相对较短而不易把握的缘故。其中的深腹圆鼎和分裆圆鼎可以观察出一些变化趋势。

深腹圆鼎演变趋势：（1）器腹由深变浅，由圆而变为垂腹状；（2）器足由粗短变为细长，足之间的距离由较近变为略远；（3）花纹由繁缛变为简单，由整体兽面纹变为带状简化兽面纹等。

分裆圆鼎变化趋势与深腹圆鼎的特征相似：（1）器腹由深变浅，由微鼓到微垂；（2）器壁厚重变轻薄，口由折沿变卷沿；（3）分裆由不明显到明显，器足由粗变为细；（4）花纹由繁缛变为简单，由整体遍布兽面纹变为带状简化兽面纹等。

---

〔1〕　中国社会科学院考古研究所：《安阳殷墟郭家庄商代墓葬》，中国大百科全书出版社，1998 年。

〔2〕　中国社会科学院考古研究所安阳工作队：《安阳殷墟刘家庄北 1046 号墓》，《考古学集刊》第 15 集，文物出版社，2004 年。

〔3〕　容庚：《殷周彝器通考》，哈佛燕京学社，1941 年。

（二）簋

是青铜礼器中较常见器物之一。根据器体、耳等形态变化分为 A、B 二型（表八）。

表八　铜簋型式组合表

期　段	型式 墓号	A	B		
			Ⅰ	Ⅱ	Ⅲ
一　期	M128		√		
二　期	M21	√			
	M38		√		
	M18			√	
	M11				√
三　期	M119			√	
	M120	√			

A 型簋（M120:24）为侈口，鼓腹，圈足斜直，无耳。颈饰一周兽面纹。M21:34 颈下饰一周夔龙纹带。圈足上饰两组夔龙纹。腹底有铭文"史"字。它们与苗圃北地的"亚盥簋"基本相同[1]，为商代晚期的典型器物。

B 型分为 3 式。Ⅰ 式簋（M128:1）为侈口。腹两侧有羊头装饰环耳。通体有四组纹饰。口沿外为三角纹，颈、圈足饰夔龙纹，腹部饰分解兽面纹（图三四一，5）。M38:50 与上一件纹饰和器形基本一致，所不同的是后者无勾形珥。此类簋的特征与商代晚期的兽面纹簋基本相同[2]，估计此式簋流行的年代应在商末周初阶段。Ⅱ 式簋（M18:44）为敞口，底近平，腹两侧各有一半环形牛头首耳。颈部饰一周圆形泡与四叶目纹相间的纹带。圈足上饰四组连体兽面纹。其与殷墟西区的"母己簋"在风格上接近[3]。M119:41 与上面一件基本相同，仅颈部纹饰略有区别，为四组夔龙纹。与商代晚期的"寝鱼簋"在器形、花纹基本相同[4]。可以认为 B 型 Ⅱ 式簋乃是商代晚期典型器物。Ⅲ 式簋（M11:79）有盖，中央有圆形捉手，盖沿内敛成子母口。半环形兽首耳，下方有长方形垂珥。盖、颈和圈足上均饰以相同的连体兽面纹（图三四一，6）。它与长子口墓出的带盖簋造型完全相同，纹饰有别[5]。应是西周早期的器物。

由此判断 B 型簋的演变趋势大致为（1）器腹由深而浅；（2）由高圈足变为矮圈足；

〔1〕　河南出土商周铜器编辑组：《河南出土商周青铜器》，图版二七四，文物出版社，1985年。

〔2〕　中国青铜器全集编辑委员会：《中国青铜器全集》图版四〇，第4卷，文物出版社，1997年。

〔3〕　中国社会科学院考古研究所：《殷墟青铜器》图版八一，文物出版社，1985年。

〔4〕　中国青铜器全集编辑委员会：《中国青铜器全集》图版九八，第2卷，文物出版社，1997年。

〔5〕　河南文物考古研究所：《鹿邑太清宫长子口墓》，中州古籍出版社，2000年。

（3）耳部由勾形珥变为矩形珥；（4）花纹由繁到简，由通体到带状，由分解兽面纹、夔龙纹到简化兽面纹。

（三）斝

斝分三型。

A 型斝（M213：69）的特征是高束颈，分裆明显，矮柱足（图三四一，7）。与殷墟西区（GM2579：09）的素面斝非常接近[1]，属于商代晚期的典型器物。

B 型斝（M38：52）特征是矮领，高足，兽首鋬。鋬上有铭文"未"字。M21：43 鋬首圆雕兽头呈牛头状。共出的陶器大部分具有西周早期特征，与之共出的还有 B 型Ⅳ式鼎、A 型簋等一组铜器，估计此型斝的流行年代在商末周初阶段。

C 型斝（M11：95）的特征是矮领，矮足，兽首鋬。鋬上有铭文"史"字（图三四一，8）。与长子口墓的"戈丁斝"如出一辙[2]。估计年代应在西周早期。

斝的演变趋势是：（1）口由高颈大喇叭口向矮颈小喇叭口方向发展；（2）裆由宽变窄；（3）足从较长向矮短方向演变；（4）纹饰方面经历了由简单到复杂的过程。

（四）鬲

鬲分 A、B 二型。A 型鬲（M38：54）口上有立耳，三蹄形足，颈部饰弦纹，腹足饰对角形弦纹。器口内侧有铭文"史"字。M38：51 与上一件基本相同，应为一组。口部内侧铭文"王□"字。与张家坡墓地的Ⅰ式铜鬲在器形上基本相同，仅纹饰上略有区别[3]。此型鬲的年代可能在西周早期。

B 型鬲（M120：26）的特征为束颈，施带状兽面纹。袋形腹延长成三蹄形足，实心，颈部饰一周由三组连体兽面纹组成的纹带。与殷墟西区的"父丁鬲"在形制、纹饰上基本一致[4]。此器年代应为商代晚期，可能沿用至西周早期阶段。总体上鬲的变化不明显。

（五）甗

甗分 A、B 二型。

A 型分 2 式。Ⅰ式甗（M213：49）为侈口，两耳立于口沿上，三高蹄形柱足。腹上有一周素宽带，三袋足饰简化兽面纹。器形浇铸粗糙（图三四一，9）。同出的铜器也均有同样的特性。因此，估计 A 型Ⅰ式甗的年代在商代晚期，或可更早。Ⅱ式甗（M120：7）三高柱足，口沿下饰一周连体兽面纹带。袋足上饰兽面纹，口内壁一侧有铭文"史"字（图三四一，11）。从与之共出的陶器和铜器观察，其时代估计在西周早期阶段。

B 型甗（M11：78）的特征为方唇，绹索耳略外侈，口沿下饰一周兽面纹带，三袋足上

〔1〕 中国社会科学院考古研究所：《殷墟青铜器》图版二二八，文物出版社，1985 年。
〔2〕 河南文物考古研究所：《鹿邑太清宫长子口墓》，中州古籍出版社，2000 年。
〔3〕 中国社会科学院考古研究所：《张家坡西周墓地》，中国大百科全书出版社，1999 年。
〔4〕 中国社会科学院考古研究所：《殷墟青铜器》图版二一七，文物出版社，1985 年。

饰分解兽面纹，口内壁一侧有铭文"史"字（图三四一，10）。器形与长子口墓出土的甗如一人所为。判断其年代应在西周早期。

A 型甗变化比较明显，整体上是由瘦高向矮胖方向发展；腹由深变浅；足变化的趋势是由矮变高；纹饰上经历了简单到复杂的过程。

（六）觚

共出 36 件。分六型（表九）。

表九　铜觚型式组合表

期段	型式 墓号	A	B I	B II	B III	C I	C II	D	E I	E II	F
一 期	M108					✓					
	M123					✓					
	BM9					✓					
	M129						✓				
	M49		✓								
	M213		✓								
	M126							✓			
	M127		✓								
	M128			✓							
二 期	M31					✓					
	M11	✓									
	M17		✓								
	M18	✓									
	M21	✓				✓					
	M110	✓									
	M41							✓			
	M13								✓		
	M121									✓	
	M38		✓	✓							
	M30				✓						
三期	M119								✓		
	M120										✓

A 型觚（M11:72、73、100、105）同出一墓，特征相同。大喇叭形圆敞口，喇叭状高圈足。器口下饰四组蕉叶纹，近腰处横饰一周蝉纹。腰为分解兽面纹，圈足内侧有铭文

"史"字。与商代晚期殷墟出土的瓿非常接近[1]，均为商代之器无疑。而 M18：36、49、M21：36、38 和 M110：2 这 5 件瓿的形制与上述的相同，估计年代相近。

B 型分 3 式。I 式（M49：11）体瘦长。器口外饰蕉叶纹，中腰饰分体兽面纹。圈足饰四条夔龙。通体从上至下饰五组纹饰，分三层，庄重而华丽。M213：82，与上一件基本相同，只是扉棱呈瓦棱形。M127：1 圈足内侧有铭文"曾爨刅"三字。此式瓿与商代晚期的"黄瓿"完全一致[2]，应是商代晚期的典型之器。M38：59、67 共出一墓，形制相同。中腰微鼓，器口下饰四组窄蕉叶纹，内填夔龙纹。中腰饰连体兽面纹。圈足饰分尾兽面纹。通体纹饰分三层，繁缛华丽。M38：67 底内侧有铭文"史"字。它们与商代晚期的龙纹瓿基本一致[3]。因此判断其年代为商代晚期。M17：2 体形稍矮。中腰饰分解兽面纹，圈足上部扉棱间各饰一条夔龙。估计时代应与上述瓿相同。II 式瓿 M38：64、68 共出，形制相同。束颈明显，器口饰窄蕉叶纹。中腰饰连体兽面纹。圈足饰分体兽面纹，通体纹饰分三层。与商代晚期的"父己瓿"造型相同，纹饰相似[4]。M128：3、4 与上述瓿形制相同，年代应相近。III 式瓿（M30：8）束腹明显，中腰微鼓，中腰上饰两组变体兽面纹。圈足上饰两组连体兽面纹。与殷墟西区的 II 式瓿 M1080：8 有许多相似之处[5]。该型瓿应是商代晚期的典型器物。

C 型瓿分 2 式。I 式（BM9：13）束腹，中腰微鼓，兽面纹上饰一周云雷纹带。圈足内侧有铭文"雁父丁"三字。与殷墟小屯 82 M1：19 的 I 式瓿在器形和纹饰方面完全相同[6]。年代大致在商代晚期。另外 M108：5、M31：5、M123：1、M21：4 等与之相似，年代应接近。II 式瓿（M129：1）为束腹，中腰微鼓，兽面纹后倒置一夔龙。与 C 型 I 式瓿的区别仅在纹饰方面，估计应年代相差无几。

D 型瓿（M41：11）中腰微鼓。器口下饰四组蕉叶纹。中腰、圈足上饰夔龙纹，通体纹饰分三层，花纹清晰繁缛。圈足内侧有一铭文"史午"二字。与殷墟所出的"天瓿"在纹饰和器形上完全相同[7]，为商代晚期的典型器物。M126：5、6 与上一件形制相同，仅高矮略有差别，估计年代与之相同。

E 型瓿分 2 式。I 式瓿（M13：10）方唇，收腹，中腰鼓起明显，颈和圈足上部饰两周凸弦纹。中腰饰兽面纹，圈足内侧有一铭文"史"字。与殷墟郭家庄 M50：25 的 C 型瓿[8]

〔1〕中国社会科学院考古研究所：《安阳殷墟郭家庄商代墓葬》，中国大百科全书出版社，1998 年。
〔2〕国家文物局：《中国文物精华大辞典》青铜篇，上海辞书出版社，1995 年。
〔3〕中国青铜器全集编辑委员会：《中国青铜器全集》图版六九，第 4 卷，文物出版社，1998 年。
〔4〕中国青铜器全集编辑委员会：《中国青铜器全集》图版一二一，第 2 卷，文物出版社，1997 年。
〔5〕中国社会科学院考古研究所安阳工作队：《1969～1977 年殷墟西区墓葬发掘报告》，《考古学报》1979 年 1 期。
〔6〕中国社会科学院考古研究所：《殷墟青铜器》图版二三六，文物出版社，1985 年。
〔7〕国家文物局：《中国文物精华大辞典》青铜篇，上海辞书出版社，1995 年。
〔8〕中国社会科学院考古研究所：《安阳殷墟郭家庄商代墓葬》，中国大百科全书出版社，1998 年。

相同。估计年代约在商代晚期。M119：34、42 在圈足内侧铸有阳铭"史"字，与上述瓿在形制、纹饰包括铭文等均相同，估计年代相当。Ⅱ式瓿（M121：2、7）形制相同，为一组，特征为方圆唇，收腹明显，颈底部和足饰两周弦纹，中腰饰四叶目纹带。与商代晚期的"工瓿"器形相同[1]，纹饰略有区别。估计年代为商代。

F 型瓿体瘦长，无中腰，仅圈足上饰纹饰。M120：22、13 为一组，尖唇，体瘦长，弧腹，圈足饰一周云纹带。在云纹带间饰变体兽面纹。与西周早期的"旅父乙瓿"在器形和纹饰风格上基本一致[2]，应为西周早期之器。

瓿的变化主要是在器型方面，而时代上的差别不明显，F 型瓿时代特征比较明显，但与其他的瓿在形制上又具有较大差别，无法进行比较，所以我们认为其横向的变化要大于纵向变化。

（七）爵

爵分六型（表一〇）。

A 型分 2 式。Ⅰ式爵（M213：77）窄长流，高菌状柱，流、口外侧饰蕉叶纹，内填以变体夔龙纹，腹饰兽面纹，腹、鋬间有铭文"史"字。此爵与商代晚期的 A 型Ⅰ式瓢、B 型Ⅰ式瓿共出，应为典型商代晚期之器。Ⅱ式爵（M38：63、65）为细长流，短尾，高菌状柱，流、口的外侧饰以蕉叶纹，内填夔龙纹。腹饰分解兽面纹，纹饰均为单阳线。此爵与 B 型Ⅰ式鼎、E 型Ⅰ式簋、B 型Ⅰ式铜瓿以及铜斝等物同出，估计时代大致是商代晚期。

B 型分 3 式。Ⅰ式爵（BM9：12）为尾高于流，伞状方柱，腹饰两组简化兽面纹。与商代晚期的 C 型Ⅰ式瓿共出，估计时代在商代晚期。Ⅱ式爵（M108：3）长流，长三角形尾，伞形柱。腹两侧各饰一组兽面纹。与 C 型Ⅰ式瓿同出。另外，M41：10 伞形柱。腹两侧各饰一组兽面纹。鋬与腹间有铭文"朿 ✦"二字。与之共出的是 D 型瓿，它们均为商代晚期之器，所以该式爵的年代也大致如此。Ⅲ式爵（M49：13）尾呈三角形，折流，伞形柱。器腹两侧饰兽面纹。M49：14 与上一件相同，唯鋬与腹间有铭文"鼻"字。与 B 型卣和 B 型Ⅰ式瓿共出，年代应为商代晚期。

C 型分 3 式。Ⅰ式爵（M129：2）腹的上部饰一周大菱形纹，鋬与腹间有铭文"史"字（图三四一，12）。M38：58、62 为一组，腹的上部饰一周菱形网格纹。鋬与腹间有阳铭"史"字。M17：1 腹的上部饰两周连珠纹和一周列刀纹。鋬与腹间有铭文"史"字。该式爵各器形制相同，唯纹饰略有区别。与殷墟西区出土的爵有诸多相似之处[3]。估计年代可能在商代晚期。Ⅱ式爵（M21：41）腹的上部饰一周两层雷纹（图三四一，13）。与之共出的有 B 型Ⅲ式深腹鼎、B 型Ⅰ式簋和 B 型Ⅰ式瓿等。Ⅲ式爵（M30：1）特征为长流，长尾，

〔1〕　中国青铜器全集编辑委员会：《中国青铜器全集》图版一二三，第 2 卷，文物出版社，1997 年。
〔2〕　中国青铜器全集编辑委员会：《中国青铜器全集》图版九六，第 5 卷，文物出版社，1996 年。
〔3〕　中国青铜器全集编辑委员会：《中国青铜器全集》图版六九，第 4 卷，文物出版社，1998 年。

表一〇 铜爵型式组合表

期段	型式\墓号	A		B			C			D		E	F
		I	II	I	II	III	I	II	III	I	II	II	
一期	M213	√											
	BM9			√									
	M108				√								
	M49					√							
	M129						√						
	M123									√			
	M127										√		
二期	M17						√						
	M38		√				√						
	M41			√									
	M21							√	√	√			
	M30							√					
	M31									√			
	M13										√		
	M110										√		
	M34											√	
	M11												√
	M18												√
	M121												√
三期	M120											√	
	M14									√			
	M15									√			

高顶纽形柱。腹的上部饰四只夔龙纹。与长子口墓的爵相似[1]。流行的年代可能在西周早期。

D型分2式。I式爵（M21:42）特征为圆口，长流，尾稍短，菌状矮柱，半环形鋬，素面。三棱形尖足。鋬与腹间有铭文"𧽎丁"二字。该式爵与殷墟西区的"告宁爵"相似[2]。估计该式爵应流行于商代晚期阶段。II式爵（M110:4）为长流，长尾，高菌状柱，

〔1〕 河南文物考古研究所：《鹿邑太清宫长子口墓》，中州古籍出版社，2000年。
〔2〕 中国社会科学院考古研究所：《殷墟青铜器》图版二〇六，文物出版社，1985年。

腹上部饰二周弦纹，錾首上饰一牛头形装饰，錾与腹间有铭文"史夒乍爵"四字。M127:2的錾与腹间有铭文"曾爂犭"三字。为商代晚期习见之器。

E型爵（M120:15、17）为短尾，菌状柱，流外侧饰兽面纹，腹、尾饰简体兽面纹，通体纹饰为双阳线。錾与腹间有铭文"史"字。于殷墟西区的"庚豕爵"有共同之处[1]。年代估计为商代晚期。

F型爵的特征为细长流，尾呈三角形尖状，菌状柱，器腹饰两组兽面纹。M11出土爵的錾与腹部相对处有铭文"史"字。M121:6、4腹部与錾相对处有铭文"史"字，外有铭文"父乙"二字。时代风格非常明显，是商代较常见的一类爵，估计主要流行于商代晚期。

爵的情况与觚大体相似，大部分为商代晚期，仅个别型式上有一些变化，如在C型爵方面，但在总体上变化不大。

（八）角

角分为A、B二型。

A型（M18:32）为方形圆角，口有两翼，盖合于器口之上，弧底，底径大于腹径。盖饰连体兽面纹。腹旋两周兽面纹带。錾与腹间有铭文"史父乙"三字。纹饰上具有商代晚期特征，估计年代应在商代晚期。

B型分2式。Ⅰ式的特征为圆口，口有两翼上饰独立兽面纹，腹饰简化兽面纹。其中M11:110、114錾与腹间有铭文"史"字。M120:16、14的腹部与錾相对处有铭文"史子日癸"四字。此式角与殷墟郭家庄160号墓出的角有许多共同之处[2]。应是商代晚期流行的器形。Ⅱ式角的特征是两翼作凹弧形分离，翼下饰蕉叶纹，内填夔龙纹。錾与腹间均有铭文"𦥑𢎁父丁"四字。与商代晚期的"父癸角"形式比较接近[3]。年代也应相同。

（九）尊

尊共出8件，分为三型（表——）。

A型尊（M11:76）的特征为敞口束颈，鼓腹，高圈足，颈、腹、圈足饰扉棱，腹饰高浮雕兽面纹，两侧为夔龙纹。圈足饰兽面纹。圈足内侧有铭文"史"字。与戈国墓地M1出的尊器形相同，纹饰略有区别[4]。M1属殷末或周初之时，估计此尊与之年代相仿。

B型分3式。Ⅰ式尊（M18:47）呈三段状，口内侧有编织的笭筐痕迹。腹、圈足上饰连体双尾兽面纹（图三四一，14）。M38:30器壁外侧有织物的痕迹。腹饰兽面纹，两侧配以夔龙纹。圈足饰简化的兽面纹。M120:21底部有铭文"史父乙"三字。它们均与传出费县的尊形制相同[5]。从纹饰看时代特征明显，应为商代之器。Ⅱ式尊（M13:13）体形瘦

〔1〕中国青铜器全集编辑委员会：《中国青铜器全集》图版九六，第5卷，文物出版社，1996年。
〔2〕中国社会科学院考古研究所：《安阳殷墟郭家庄商代墓葬》，中国大百科全书出版社，1998年。
〔3〕中国青铜器全集编辑委员会：《中国青铜器全集》图版三二，第3卷，文物出版社，1997年。
〔4〕陕西省考古研究所：《高家堡戈国墓地》，三秦出版社，1995年。
〔5〕程长新等：《北京拣选一组二一八件商代带铭铜器》，《文物》1982年9期。

长，呈三段状。腹饰连体兽面纹。颈、圈足饰凸弦纹。底部有铭文"鶇（匜）妇兄癸"四字。与戈国墓地 M2 出的尊器形一致，纹饰略有区别[1]，年代可能略晚，可能在西周早期阶段。Ⅲ式尊（M121：3）特征是敞口，束颈，腹微鼓，腹、圈足饰鸟纹。底部有铭文"史父乙"三字（图三四一，15）。形态、纹饰接近强国墓地 M13 出的尊[2]，腹和圈足上的小鸟纹相同，鸟尾皆作鱼尾状分叉，其时代风格相当明显，可判定其年代在西周早期。

　　C 型是直壁筒形，喇叭状矮圈足。M119：36 为敞口，深腹下鼓，圈足外侈。颈、腹饰两周三角纹。三道矮扉棱将整个纹饰分割成三组。与商代晚期的雷纹尊器形相同[3]，纹饰略有区别。

　　从尊的变化大致可以判断 B 型尊的演变趋势大致为：（1）圈足由高逐渐变矮，由喇叭形逐渐内收；（2）腹由深变浅；（3）花纹由分解兽面纹、夔龙纹到鸟纹。

表一一　铜尊型式组合表

期　段	型式　墓号	A	B			C
			Ⅰ	Ⅱ	Ⅲ	
二 期	M18		√			
	M38		√			
	M13			√		
	M21				√	
	M121				√	
	M11	√				
三 期	M119					√
	M120		√			

（一〇）壶

　　壶可分 A、B 二型。

　　A 型壶（M120：23）有盖，盖舌纳于器口中。器盖饰三角云纹。颈饰兽面纹。器盖内有铭文"史子日癸"。与之共出的有 B 型Ⅰ式深腹圆鼎、A 型方鼎、A 型簋等一组铜器，估计该壶时代应在商代，尽管也与 B 型Ⅱ式绳纹陶罐等共出，但它的流行年代可能要早于该式罐。M18：45 带盖，盖舌纳于器口中，提梁饰方格纹和乳丁纹。器盖、颈和圈足饰兽面纹带。盖内有铭文"史，父乙"三字。M18：48 与上一件器形相同，仅纹饰和提梁略有区

〔1〕　陕西省考古研究所：《高家堡戈国墓地》，三秦出版社，1995 年。
〔2〕　卢连成等：《宝鸡强国墓地》，文物出版社，1988 年。
〔3〕　中国青铜器全集编辑委员会：《中国青铜器全集》图版一二八，第 4 卷，文物出版社，1998 年。

别。器形与商代晚期的"四祀邲其卣"接近[1]，具有商代晚期的一些风格。

B 型壶（M11:96）为直口，微束颈，喇叭状圈足。饰兽面纹。盖内和器底部均有铭文"史"字。与此壶盖同出的铜器有Ⅰ式方鼎、B 型Ⅱ式深腹鼎、B 型Ⅱ式分裆鼎、A 型瓿、F 型爵、B 型Ⅰ式角等，它们都是商代晚期的典型器物。

（一一）罍

罍分 A、B 二型。

A 型罍（M128:5）特征为为圆形，深腹，肩部有两个对称的半圆形兽首耳，下腹部一侧置一兽首形鼻纽。肩部等距离分布六个凸起的大圆形涡纹泡（图三四一，21）。M38:49 与上一件基本相同。它们与郭家庄 M160 出土的罍在造型和纹饰风格上完全一致[2]。应是商代晚期典型之器。

B 型罍（M11:99）为长方形，肩部两侧有对应的半环形兽首耳，下腹部一侧置半环形兽首纽。盖呈四阿攒顶式，上置长方形纽柱，内有液体。颈、肩和圈足饰兽面纹，盖内壁有铭文"史"字（图三四一，22）。与长子口出土的方罍造型相同，纹饰区别明显。估计此罍流行的时间在商末周初阶段。

（一二）卣

卣共出 8 件。分三型（表一二）。

表一二　铜卣型式组合表

期　段	型式 墓号	A			B	C
		Ⅰ	Ⅱ	Ⅲ		
一　期	M49				√	
二　期	M38	√				
	M11			√		
	M21		√			
三　期	M119					√
	M120		√			

A 型分 3 式。Ⅰ式（M38:66）特征为索状提梁，施带状连珠菱形纹。器底和盖内壁有铭文"史"字（图三四一，16）。M38:61 与上一件纹饰相同，器形、大小略有区别。与商代晚期殷墟郭家庄墓地 M50 出土的Ⅰ式卣基本相同[3]。Ⅱ式（M120:18）为盖罩于器口

〔1〕　中国青铜器全集编辑委员会：《中国青铜器全集》图版一二九，第 4 卷，文物出版社，1997 年。
〔2〕　中国社会科学院考古研究所：《安阳殷墟郭家庄商代墓葬》，中国大百科全书出版社，1998 年。
〔3〕　中国社会科学院考古研究所：《安阳殷墟郭家庄商代墓葬》，中国大百科全书出版社，1998 年。

之外。盖面、腹和圈足饰一周夔龙纹带，该器物的夔龙纹装饰风格独特，特别是正面夔龙纹形象非常罕见（图三四一，18）。另一件 M21：40 卣较前者垂腹明显。器盖内壁有铭文"父乙"二字。与殷墟出土的"羊卣"特征非常接近[1]。应是商代晚期之器，或可晚到周初之际。Ⅲ式 2 件（M11：111、112）造型、纹饰相同，大小略有区别（图三四一，17）。带盖，盖顶有菌状纽，圈足外撇。腹饰直棱纹，圈足于器盖相同的蟠龙纹。器物通体饰四重龙纹。器底内壁和器盖内壁均有铭文"史"字。与戈国墓地 M4 的卣有异曲同工之处[2]。因此判断其流行的年代可能到西周早期阶段。

B 型卣（M49：12）为圆形，带盖，中央有一菌状提纽，盖面、颈饰一周夔龙纹带。腹部饰兽面纹，两侧为夔龙纹。圈足上饰一周夔龙纹。通体从上至下共分六重花纹，每重纹饰的风格都略有不同（图三四一，19）。从器形和纹饰观察均具有商代晚期特征，应是商代晚期作品。

C 型卣（M119：37）有盖，盖面隆起，中部有喇叭形捉手。盖面、腹上部和下部分别饰三周连体兽面纹带，提梁正面饰四组夔龙纹，盖的内壁和器底内壁有铭文"𢦏𠃬父丁"四字（图三四一，20）。形状与百草坡西周墓出土的"㵒伯卣"基本相同[3]，为典型西周早期作品。

（一三）觯

觯分 A、B、C 三型（表一三）。

A 型分 3 式。Ⅰ式觯（M11：103）呈椭圆形，上下共有三组兽面纹和两组夔龙纹，浮雕和高浮雕的技法的使用可谓匠心独具，器盖和底各有一铭文"史"字（图三四一，23）。与苏埠屯商墓 M8：9 出土的觯器形相同，纹饰接近[4]。为商代晚期作品无疑。Ⅱ式觯 M126：13 盖面边缘饰一周窃曲纹带。颈部饰夔龙纹一周，由两组对首夔龙组成（图三四一，18）。此式觯与戈国墓地 M4 的觯较接近。估计流行的时间在商末周初阶段。Ⅲ式觯（M38：60）的颈部饰两组夔龙纹，下腹部饰大鸟纹，圈足饰对首夔龙纹。器盖有铭文"𦎫（仍）保鱀（㐭）"三字，器底有铭文"𦎫（仍）保羽鸟母丁"六字（图三四一，24）。器形具有商代特征，纹饰带有西周早期的因素，估计此器最晚可至西周早期。

B 型分 2 式。Ⅰ式觯（M120：20）垂腹，瘦高。颈、圈足饰云纹带一周。与殷墟西区 GM2579：011 的觯器形相同[5]。年代大致在商代晚期。Ⅱ式觯（M21：21）腹的最大径靠底部，颈部有一周凸棱，喇叭形圈足。与之共出的一组铜器包括 A 型簋、B 型Ⅳ式深腹圆

〔1〕安阳市文物工作队等：《安阳殷墟青铜器》中州古籍出版社，1993 年。

〔2〕陕西省考古研究所：《高家堡戈国墓地》，三秦出版社，1995 年。

〔3〕甘肃省博物馆文物队：《甘肃灵台百草坡西周墓》，《文物》1972 年 12 期。

〔4〕山东省文物考古研究所等：《青州市苏埠屯商代墓葬发掘报告》，《海岱考古》第一集，山东大学出版社，1989 年。

〔5〕中国社会科学院考古研究所：《殷墟青铜器》，文物出版社，1985 年。

表一三　铜觯型式组合表

期段	型式墓号	A			B		C	
		Ⅰ	Ⅱ	Ⅲ	Ⅰ	Ⅱ	Ⅰ	Ⅱ
一期	M126		✓					
	M128						✓	
二期	M11	✓	✓					
	M34						✓	
	M38			✓				
	M13				✓			
	M21				✓	✓		
	M121				✓			
	M110				✓			
	M18						✓	
	M30						✓	
	M31							✓
三期	M14							✓
	M119							✓
	M120				✓			

鼎、A 型瓿和 D 型Ⅰ式爵等，均为商器，因此判断该觯的年代也当在此时间段。

C 型分 2 式。Ⅰ式（M30∶11）特征是呈椭圆形，颈部和圈足上各饰一周云雷纹带。圈足内壁有铭文"史乙"二字。M34∶11，切地处下折成矮阶，底部内壁有铭文"史"字，下面的笔画颠倒。M128∶6 圈足上饰一周窃曲纹带，腹部因锈蚀严重纹饰变得模糊不清，底部内壁有铭文"亚□□父乙"五字。M18∶31 颈部的云雷纹带的上下两侧还各饰一周联珠纹。该式觯的总体特征与殷墟西区 M793∶8 出土的觯风格相似[1]。应商代晚期的器形。Ⅱ式觯 3 件（M14∶7）侈口，圆唇，束颈，鼓腹，圜底，矮圈足微外撇。M31∶3，器表有粗、细两种织物的痕迹。M119∶40，颈部和圈足分别饰两道凸弦纹。与殷墟西区 GM793∶9 的"叔父癸觯"有许多共同之处[2]。估计年代在商代晚期。

从 A 型觯的演变趋势可以看出以下几点：（1）器身由矮逐渐向细高发展；（2）腹由浅变深；（3）圈足由矮变高并出现矮切；（4）花纹由兽面纹、分解兽面纹、云纹到鸟纹。

---

〔1〕 中国社会科学院考古研究所安阳工作队：《1969～1977 年殷墟西区墓葬发掘报告》，《考古学报》1979 年 1 期。

〔2〕 河南出土商周青铜器编辑组：《河南出土商周青铜器》（一）图版二三五，文物出版社，1981 年。

（一四）盉

可分三型。

A 型盉（M18:46）的特征是有盖，腹上部有一管状流，对应的一侧是半环形兽首鋬，三棱锥状足。盖有铭文"枭禽人（夷）方斝（滩）白（伯）夗首乇，用乍（作）父乙隩彝。史。"16 字。与鹤壁庞村出土的盉相近[1]，年代下限可能要到西周早期。

B 型盉（M11:101）的特征是带盖，沿盖内折成子口，腹上部有一中空流，对应的一侧是半环形兽首鋬，三高袋柱足。盖和腹内壁有铭文"史"字。与琉璃河燕国墓地 Ⅱ M253:10 在器形和纹饰方面都非常接近[2]，其年代估计在西周早期阶段。

C 型盉（M120:12）的特征是球形腹，腹上部有一中空流，底分裆不明显，领部有对称的竖贯耳。腹内壁有铭文"妹"字。与西周早期的"克盉"器形相同，纹饰略有区别[3]。应是西周早期之器。

（一五）盘

盘（M11:71）的特征为方唇，弧腹较浅，高圈足外撇。圈足上等距分布有四条矮扉棱，器腹饰一周连体兽面纹带。盘内壁有铭文"史"字。其形态与商代晚期的盘共性颇多，M11 同时出有成组的铜器，这些铜器大部为商代晚期器物。估计此盘的年代与之相仿。

通过对以上墓葬出土器物的分析对比可知，陶器方面从早到晚特征的变化是比较明显的，墓地出土的青铜礼器大部分具有典型商代晚期特征，但有些器物的特征却为西周早期所特有。

第四节　墓葬的分期与年代

一、墓葬的分期

墓地中大量墓葬没有打破关系，所以我们主要依据墓葬中出土的陶、铜器的型式对墓葬进行分期。首先，我们依据有打破关系墓葬中出土的典型器物为标尺，将这些典型器物与其他墓葬出土器物进行聚类分析，排出各墓葬的大致相对早晚关系，再与其他典型墓地中出土的器物进行形态和特征上的比较，在此基础上对整个墓地的墓葬在时代上有一个总体把握并在此基础上进行分期。

其中南区墓地的部分墓葬保存较好，资料比较完整，我们选择其中一部分墓葬进行一些比较，以期对墓地的时代有一总体把握。

我们将整个墓地的墓葬分三期。

---

〔1〕 周到等：《河南鹤壁庞村出土的青铜器》，《文物资料丛刊》第三辑，文物出版社，1980 年。

〔2〕 北京市文物研究所：《琉璃河西周燕国墓地》，文物出版社，1995 年。

〔3〕 中国青铜器全集编辑委员会：《中国青铜器全集》图版二一，第 6 卷，文物出版社，1997 年。

第一期的墓葬有：M17、M24、M28、M36、M39、M44、M47、M49、M104、M108、M112、M117、M123、M124、M125、M126、M127、M128、M129、BM4、BM9、M213、M214、M215、M216、M220、M222 共计 27 座。

第二期的墓葬有：M2、M11、M13、M18、M19、M20、M21、M26、M30、M31、M34、M38、M50、M101、M102、M105、M106、M109、M110、M114、M115、M116、M118、M121、BM3、BM10、BM11、M201、M202、M203、M205、M206、M211、M218 共 34 座墓葬和 M40、M41、M45、M131、M132 车马坑 5 座，共计 39 座。

第三期的墓葬有：M14、M15、M22、M25、M43、M46、M103、M119、M120、M130、BM1、M219 共计 12 座。其余墓葬因没有典型遗物而不能进行分期。

（一）第一期墓葬

M124　出土陶器 14 件。陶器的整体风格具有商代晚期的一般特征，其中的 A 型和 B 型鬲与殷墟的小型疙瘩鬲相同（图三四二，5、7）。A 型 I 式壶（M124:43）（图三四二，14）与殷墟西区的 C 型 I 式罍（M793:6）相近。Ba 型 I 式簋（M124:42）（图三四二，10）与殷墟西区的 C 型 II 式簋（M444:1）有许多相同之处。另外 C 型 I 式壶（M124:19）（图三四二，13）接近于殷墟西区的 II 式觯[1]。2 件豆也与殷墟出土的同类型豆相似（图三四二，8、11）。墓葬中还出土一部分具有当地特色的器物。从墓内出土陶器看，估计该墓的时代应在商代晚期阶段。

M213　出土陶器 1 件，铜器 4 件，铜器计有甗 1、斝 1、爵 1、觚 1 件。陶器的 II 式豆 1 件（M213:45）（见图一三三，4）与殷墟西区的 II 式豆（M974:1）相似，后者为殷墟 III 期的典型器物。铜器中 A 型 I 式甗（M213:49）（见图一六〇，1）体形瘦高，纹饰简单，与殷墟西区（GM2579:010）的素面甗有许多相同之处[2]，属商代晚期。A 型斝（M213:69）（见图一八五，1）与殷墟西区（GM2579:09）的素面斝非常接近[3]，均属于商代晚期的典型器物。B 型 I 式觚（M213:82），体形瘦长，中腰不明显，通体饰有纹饰（见图一六五，2）。该式觚与上海博物馆所藏的“黄觚”完全一致[4]，是商代晚期的典型器形。

（二）第二期墓葬

M13　陶器 10 件，铜礼器 5 件（图三四三）。其中的 B 型 IVa 式陶鬲（M13:9）的特征与西周早期鬲的风格基本一致（图三四三，1）。共出的还有 A 型斝、B 型 I 式旋纹罍、B 型 I 式绳纹罍和 C 型 III 式簋等（图三四三，2、4、10、14）。从陶器特征判断该墓的年代应在西周早期的早段。

---

〔1〕　中国社会科学院考古研究所安阳工作队：《1969～1977 年殷墟西区墓葬发掘报告》，《考古学报》1979 年 1 期。

〔2〕　中国社会科学院考古研究所：《殷墟青铜器》图版二二四，文物出版社，1985 年。

〔3〕　中国社会科学院考古研究所：《殷墟青铜器》图版二二八，文物出版社，1985 年。

〔4〕　国家文物局：《中国文物精华大辞典》青铜篇，上海辞书出版社，1995 年。

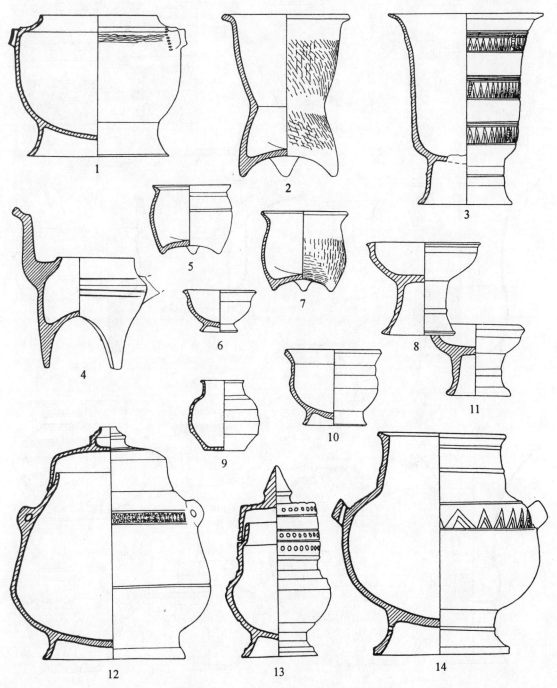

图三四二　第一期墓葬 M124 出土器物组合

1.C型Ⅰ式陶瓿（M124:38）　2.陶甄（M124:23）　3.A型Ⅰ式陶尊（M124:25）　4.A型Ⅰ式陶盉（M124:44）

5.A型Ⅰb式陶鬲（M124:35）　6.陶碗（M124:26）　7.B型Ⅰ式陶鬲（M124:39）　8.Ⅳ式陶豆（M124:1）

9.小陶罐（M124:33）　10.Ba型Ⅰ式陶簋（M124:42）　11.Ⅳ式陶豆（M124:2）　12.陶卣（M124:41）

13.C型Ⅰ式陶壶（M124:19）　14.A型Ⅰ式陶壶（M124:43）

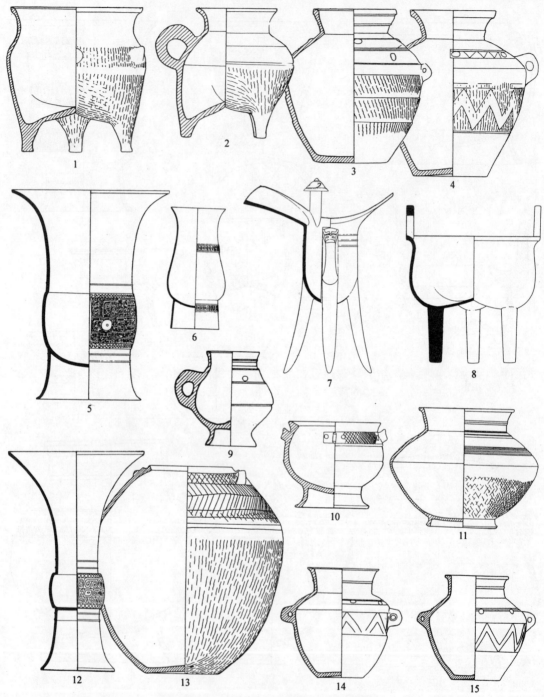

图三四三　　第二期墓葬 M13 出土器物组合

1.B 型Ⅳ式陶鬲（M13:9）　　2.A 型陶斝（M13:1）　　3.C 型陶罍（M13:5）　　4.B 型Ⅰ式陶罍（M13:2）　　5.B 型Ⅱ式铜尊（M13:13）　　6.B 型Ⅰ式铜觯（M13:11）　　7.D 型Ⅱ式铜爵（M13:12）　　8.B 型Ⅱ式铜鼎（M13:32）　　9.B 型陶壶（M13:14）　　10.C 型Ⅲ式陶簋（M13:4）　　11.D 型陶瓿（M13:7）　　12.B 型Ⅱ式铜觚（M13:10）　　13.陶瓮（M13:6）　　14.B 型Ⅰ式陶罍（M13:3）　　15.B 型Ⅰ式陶罍（M13:8）

M18 出土陶器 2 件，铜器 13 件。其中 B 型 I 式陶盉（M18：57）是具有地方特色的器形（图三四四，13）。B 型 I 式罐是商代晚期特征（图三四四，14）。铜器中 A 型 II 式甗（M18：43）体形粗矮，具有典型西周早期的特征（图三四四，15），与长子口甗[1]和戈国墓地出土的甗（M2：1）相同[2]。A 型铜壶（M18：48），形制具有西周早期的特征（图三四四，12），与出土于宝鸡的"父己壶"相同[3]。A 型盉（M18：46）与鹤壁庞村墓出土的盉也相近（图三四四，2）[4]。此墓的总体风格属商代晚期特征，但个别器物具有西周早期的特征，故将其定为西周早期早段可能比较合适。

M21 出土陶器 6 件，青铜礼器 15 件。陶器的 B 型 II 式绳纹罐和 A 型 I 式绳纹鬲在器形和纹饰方面与殷墟 IV 期的同类形器如出一辙（图三四五，1、3）。A 型陶斝和 A 型 II 式陶尊则与西周早期的同类器一致（图三四五，4、5）。B 型 III 式铜尊腹带扉棱，饰大鸟纹，具有西周早期风格（图三四五，21）。铜箍木壶（M21：55、56）非常有特色（图三四五，19），一般出于高等级墓葬，在鹿邑太清宫长子口墓的壶（M1：14、52、53）与之非常相似[5]。此外，在琉璃河出土一件铜箍木壶（M253：25）与之甚为接近[6]。这类器物似乎为西周早期特有。依陶器和铜器特征将此墓时代定为西周早期的早段较合适。

M102 陶器 8 件（图三四六，1～8）。其大部与商代晚期同类器物接近，仅有 A 型 IIa 式鬲具有西周早期特征，所以将其定在西周早期早段或可能更早。

M121 出有陶器 13 件，铜器 6 件。陶器中 C 型 II 式鬲（M121：24）（图三四七，7）与张家坡墓地的 C 型 IIa 式鬲（M179：02）的风格相近。A 型 III 式旋纹罐（M121：17）（图三四七，12）也与张家坡墓地的 A 型 IV 式罐（M279：3）器形相似，纹饰基本相同。同样的 A 型 II 式绳纹罐（M121：15）（图三四七，8）与张家坡 B 型 IX 式罐（M385：1）一致[7]。C 型 III 式绳纹鬲（M121：12）具有典型的西周早期的装饰风格（图三四七，18），器形上更接近于琉璃河墓地的 II 式罐（I M65：2）[8]。B 型 I 式绳纹鬲（M121：14）（图三四七，13）的纹饰特征比较接近于长子口尊（M1：54）的风格[9]，是一种商代晚期的比较典型的特征，但器形则更多地具有地方特色。同时墓葬中还包含有一些具有地方特色的器形，如小陶壶、C 型 III 式簋和 A 型斝等（图三四七，14、15、16）。从陶器总的特征分析，具有典型西周早期特征。此墓的年代应在西周早期。

〔1〕 河南省文物考古研究所等：《鹿邑太清宫长子口墓》，中州古籍出版社，2000 年。
〔2〕 陕西省考古研究所：《高家堡戈国墓》，三秦出版社，1994 年。
〔3〕 卢连成等：《宝鸡強国墓地》，文物出版社，1988 年。
〔4〕 周到等：《河南鹤壁庞村出土的青铜器》，《文物资料丛刊》第三辑。
〔5〕 河南省文物考古研究所等：《鹿邑太清宫长子口墓》，中州古籍出版社，2000 年。
〔6〕 琉璃河考古队：《北京琉璃河 1193 号大墓发掘简报》，《文物》1990 年 1 期。
〔7〕 中国社会科学院考古研究所：《张家坡西周墓地》，中国大百科全书出版社，1999 年。
〔8〕 北京市文物研究所：《琉璃河西周燕国墓地》，文物出版社，1995 年。
〔9〕 河南省文物考古研究所等：《鹿邑太清宫长子口墓》，中州古籍出版社，2000 年。

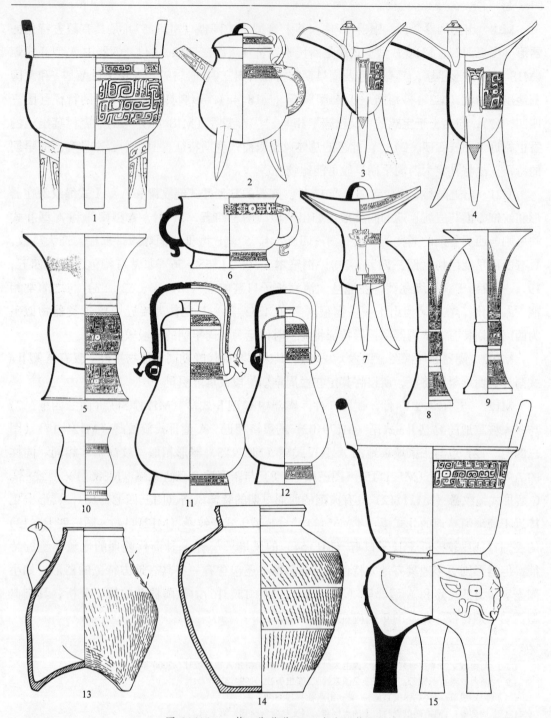

图三四四　　第二期墓葬 M18 出土器物组合

1.B型Ⅱ式铜鼎（M18:42）　2.A型铜盉（M18:46）　3.F型铜爵（M18:35）　4.F型铜爵（M18:29）　5.B型
Ⅰ式铜尊（M18:47）　6.B型Ⅱ式铜簋（M18:44）　7.A型铜角（M18:32）　8.A型铜觚（M18:36）　9.A型铜
觚（M18:49）　10.C型Ⅰ式铜觯（M18:31）　11.A型铜壶（M18:45）　12.A型铜壶（M18:48）　13.B型Ⅰ式
陶盉（M18:57）　14.B型Ⅰ式陶罐（M18:56）　15.A型Ⅱ式铜甗（M18:43）

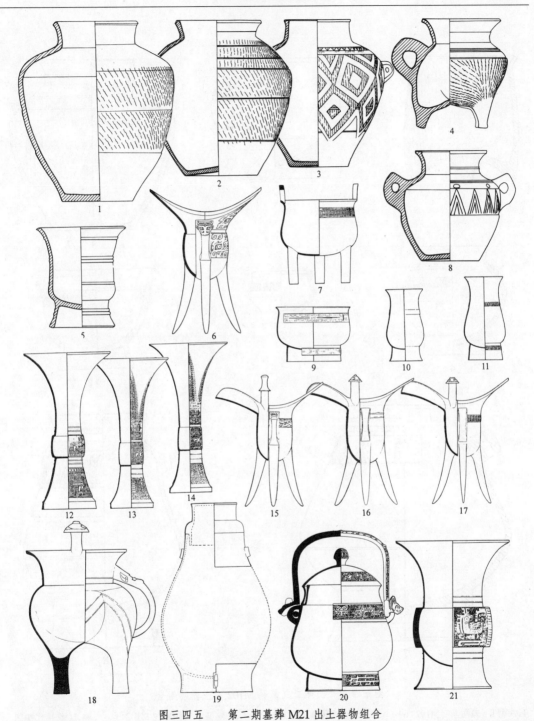

图三四五　　第二期墓葬 M21 出土器物组合

1.B型Ⅰ式陶罐（M21:59）　2.B型Ⅱ式陶罐（M21:19）　3.A型Ⅰ式陶罍（M21:53）　4.A型陶斝（M21:58）
　5.A型Ⅱ式陶尊（M21:72）　6.B型Ⅰ式铜角（M21:39）　7.B型Ⅳ式铜鼎（M21:35）　8.B型Ⅰ式陶罍
（M21:52）　9.A型铜簋（M21:34）　10.B型Ⅱ式铜觯（M21:21）　11.B型Ⅰ式铜觯（M21:3）　12.C型Ⅰ式
铜觚（M21:4）　13.A型铜觚（M21:36）　14.A型铜觚（M21:38）　15.C型Ⅰ式铜爵（M21:2）　16.C型Ⅱ式
铜爵（M21:41）　17.D型Ⅰ式铜爵（M21:42）　18.B型铜斝（M21:43）　19.B型铜箍木壶（M21:55－57）
20.A型Ⅱ式铜卣（M21:40）　21.B型Ⅲ式铜尊（M21:37）

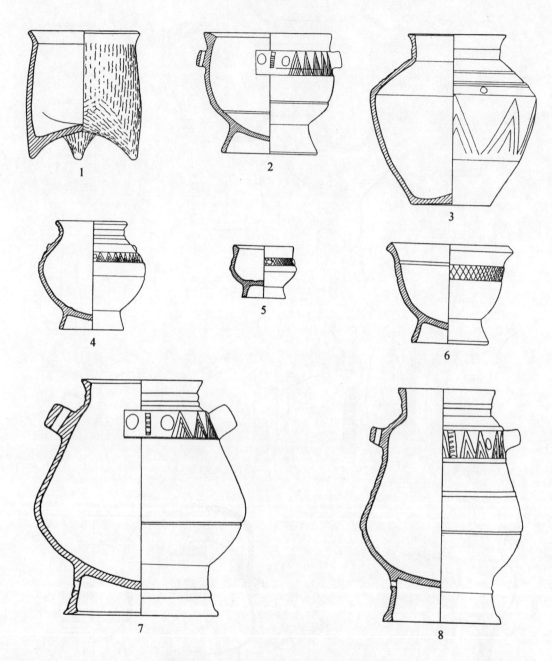

图三四六　　第二期墓葬 M102 出土器物组合

1.A 型Ⅱa 式陶鬲（M102:6）　　2.C 型Ⅱ式陶簋（M102:9）　　3.Ba 型Ⅰ式陶罐（M102:14）　　4.B 型Ⅱ式陶瓿（M102:13）　　5.C 型Ⅰ式陶簋（M102:10）　　6.Bb 型Ⅰ式陶簋（M102:12）　　7.B 型Ⅱ式陶壶（M102:15）　　8.B 型Ⅱ式陶壶（M102:11）

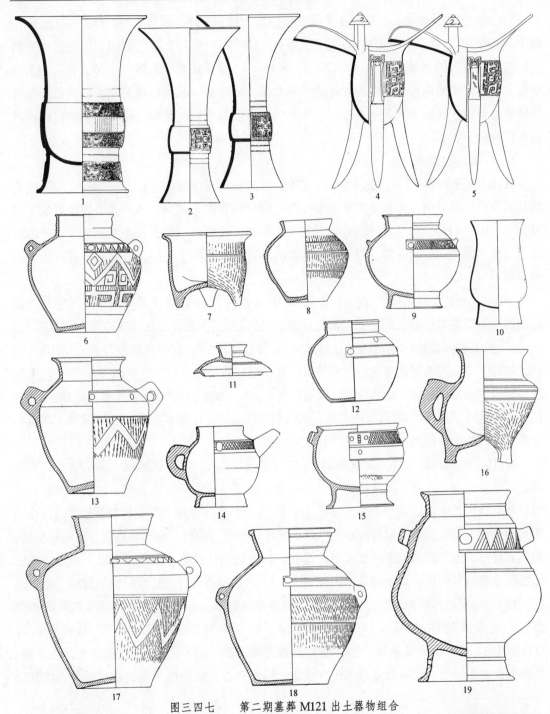

图三四七　　第二期墓葬 M121 出土器物组合

1.B型Ⅲ式铜尊（M121:3）　2.E型Ⅱ式铜觚（M121:7）　3.E型Ⅱ式铜觚（M121:2）　4.F型铜爵（M121:6）　5.F型铜爵（M121:4）　6.A型Ⅰ式陶罍（M121:19）　7.C型Ⅱ式陶鬲（M121:24）　8.A型Ⅱ式陶罐（M121:15）　9.A型Ⅳ式陶瓿（M121:20）　10.B型Ⅰ式铜觚（M121:1）　11.A型Ⅲ式陶器盖（M121:23）　12.A型Ⅲ式陶罐（M121:17）　13.B型Ⅰ式陶罍（M121:14）　14.B型Ⅱ式陶壶（M121:22）　15.C型Ⅲ式陶簋（M121:11）　16.A型陶斝（M121:21）　17.B型Ⅰ式陶罍（M121:13）　18.C型Ⅲ式陶罍（M121:12）　19.A型Ⅱ式陶壶（M121:18）

M128 虽然被盗扰，但仍然不失其价值。出土陶器3件，铜器6件，计有鼎1、簋1、罍1、瓢2、觯1件。陶器中的Aa型Ⅱ式簋（M128:15）（见图一一〇，2）的时代可能略早，与殷墟西区的A型Ⅲ式簋（M479:3）相似。Ac型Ⅱ式簋（见图一一〇，11）是墓地中仅见的施红彩的陶器，而且内壁施的红彩尤甚，可能具有某种特殊意义，它的造型和纹饰特征也与商代晚期的同类器相似。总体风格上陶器具有商代晚期特征，此墓的时代大致在商代晚期阶段。

（三）第三期墓葬

M46 出土陶器15件（图三四八）。其中C型Ⅲ式鬲（M46:1）（图三四八，3）具有明显的西周早期风格。A型Ⅱ式尊（M46:2）和C型Ⅱ式簋（M46:9）亦表现出西周早期的特征（图三四八，4、5）。而Ba型Ⅳ式簋、B型Ⅳ式瓿、A型Ⅱ式盉等具有明显的地方特色（图三四八，8、2、7），根据墓地陶器的早晚关系和演变规律，判断此墓的时代为西周早期。

M103 出土陶器17件（图三四九）。其中A型Ⅲ式和C型Ⅱ式鬲的整体风格与西周早期的同类型鬲有许多共同之处（图三四九，11、12）。B型Ⅳ式瓿（M103:24）（图三四九，3）与琉璃河墓地的圈足罐（ⅡM254:3）器形接近[1]。B型Ⅲ式旋纹罍（M103:31）（图三四九，2）与琉璃河墓地的Ⅱ式罐（ⅠM65:2）器形上一致，纹饰略有区别[2]。A型Ⅳ式绳纹罐（M103:19）造型独特（图三四九，15），与张家坡A型Ⅳ式罐（M279:3）相似[3]。此外，还出现一些具有地方特色的器物。该墓内出土陶器较多，总体风格上是具有西周早期的特征，同时还保留少量商代晚期的因素。

M119 出土陶器3件，青铜礼器14件（图三五〇）。陶器包括瓿、彩绘陶壶、小陶罐。其中瓿（M119:23）的特征为直口，鼓腹，高圈足，两耳间饰八组云雷纹。带盖，盖纽呈蘑菇状，盖上的纹饰与器身相同（图三五〇，17）。从器形方面观察保留较多商代晚期陶器的特征。彩绘陶壶（M119:24）广肩，鼓腹，平底。颈部、领部和肩部分别饰有彩绘，为黑底红彩，肩部的彩绘由四组凤鸟纹组成，鸟纹间用云纹填充。颈部饰以三角纹。从纹饰特征观察具有西周早期的特征（图三五〇，12）。C型铜卣（M119:37）呈筒形（图三五〇，13），与宝鸡竹园沟（M13:2）出土的筒形卣在器形上相似[4]，但纹饰为商代晚期风格。C型Ⅱ式铜觯（M119:40）器形较矮，圆鼓腹（图三五〇，15），与殷墟西区（GM874:8）的"祖辛父辛觯"在器形和纹饰方面基本一致[5]。该墓以鼎、簋为主，爵、瓢相配为主要特征，是典型商代的组合模式，但筒形卣又是西周早期的典型器物，将其时

〔1〕 北京市文物研究所：《琉璃河西周燕国墓地》，文物出版社，1995年。
〔2〕 北京市文物研究所：《琉璃河西周燕国墓地》，文物出版社，1995年。
〔3〕 中国社会科学院考古研究所：《张家坡西周墓地》，中国大百科全书出版社，1999年。
〔4〕 卢连成等：《宝鸡强国墓地》，文物出版社，1988年。
〔5〕 中国社会科学院考古研究所：《殷墟青铜器》图版二〇七，文物出版社，1985年。

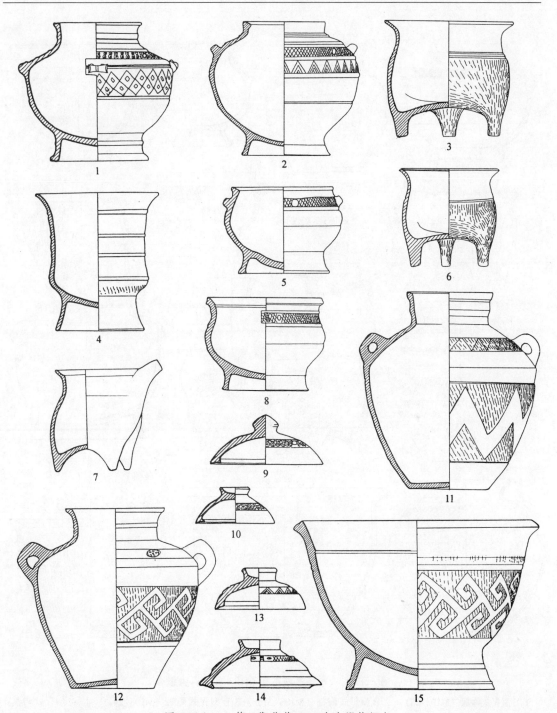

图三四八　　第三期墓葬 M46 出土器物组合

1.A 型Ⅲ式陶瓶（M46:10）　2.B 型Ⅳ式陶瓶（M46:7）　3.C 型Ⅲ式陶鬲（M46:1）　4.A 型Ⅱ式陶尊（M46:2）　5.C 型Ⅱ式陶簋（M46:9）　6.C 型Ⅲ式陶鬲（M46:30）　7.A 型Ⅱ式陶盉（M46:32）　8.Ba 型Ⅳ式陶簋（M46:5）　9.B 型Ⅰ式陶器盖（M46:29）　10.A 型Ⅱ式陶器盖（M46:28）　11.B 型Ⅱ式陶罍（M46:31）　12.A 型Ⅱ式陶罍（M46:3）　13.A 型Ⅱ式陶器盖（M46:35）　14.A 型Ⅲ式陶器盖（M46:34）　15.Ac 型Ⅲ式陶簋（M46:26）

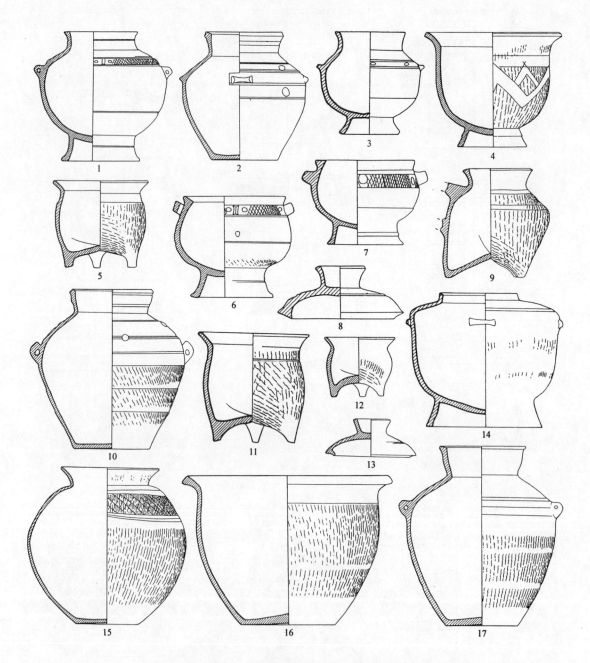

图三四九　　　第三期墓葬 M103 出土器物组合

1.B 型Ⅳ式陶瓶（M103：28）　　2.B 型Ⅲ式陶罍（M103：31）　　3.B 型Ⅳ式陶瓶（M103：24）　　4.Ac 型Ⅳ式陶簋
（M103：27）　　5.B 型Ⅳb 式陶鬲（M103：32）　　6.C 型Ⅱ式陶簋（M103：29）　　7.C 型Ⅱ陶簋（M103：33）　　8.A
型Ⅲ式陶器盖（M121：35）　　9.B 型陶罕（M103：26）　　10.C 型Ⅲ式陶罍（M103：25）　　11.A 型Ⅲ式陶鬲（M103：
16）　　12.C 型Ⅱ式陶鬲（M103：23）　　13.A 型Ⅲ式陶器盖（M103：34）　　14.C 型Ⅲ式陶瓶（M103：20）　　15.A 型
Ⅳ式陶罐（M103：19）　　16.A 型陶盆（M103：18）　　17.C 型Ⅲ式陶罍（M103：17）

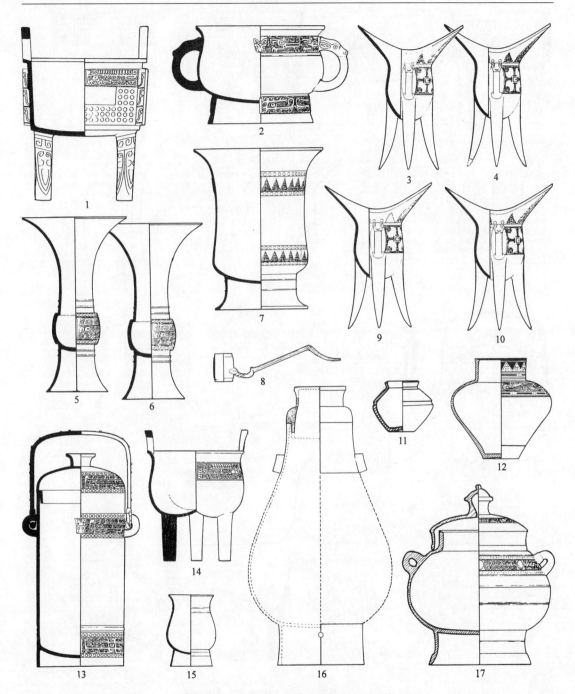

图三五〇　　第三期墓葬 M119 出土器物组合

1.B 型铜鼎（M119:33）　2.B 型Ⅱ式铜簋（M119:41）　3.B 型Ⅱ式铜角（M119:38）　4.B 型Ⅱ式铜角（M119:35）　5.E 型Ⅰ式铜觚（M119:34）　6.E 型Ⅰ式铜觚（M119:42）　7.C 型铜尊（M119:36）　8.A 型铜斗（M119:67）　9.B 型Ⅱ式铜角（M119:43）　10.B 型Ⅱ式铜角（M119:39）　11.Bb 型Ⅳ式旋纹陶罐（M119:58）　12.D 型陶壶（M119:24）　13.C 型铜卣（M119:37）　14.B 型Ⅰ式铜鼎（M119:32）　15.C 型Ⅱ式铜觯（M119:40）　16.A 型铜箍木壶（M119:31、46）　17.E 型陶瓿（M119:23）

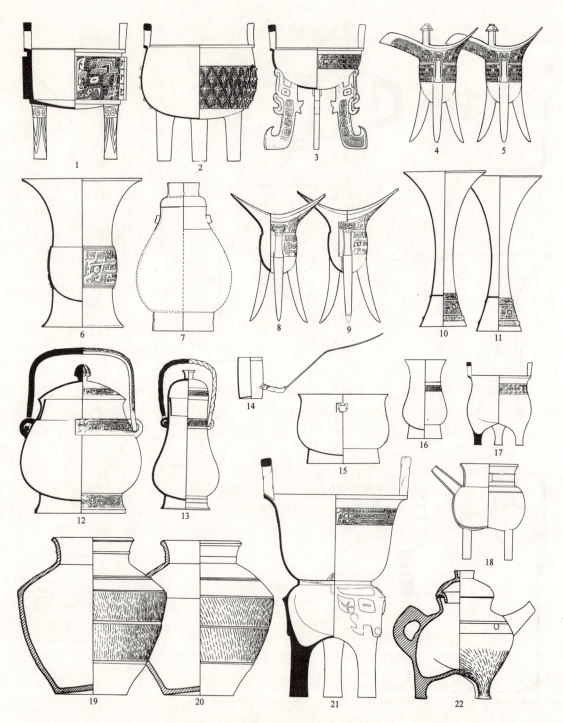

图三五一　第三期墓葬 M120 出土器物组合

1.A 型铜鼎（M120:25）　2.B 型Ⅰ式铜鼎（M120:9）　3.B 型铜鼎（M120:8）　4.E 型铜爵（M120:15）　5.E
型铜爵（M120:17）　6.B 型Ⅰ式铜尊（M120:21）　7.A 型铜箍木壶（M120:10—11）　8.B 型Ⅰ式铜角（M120:
14）　9.B 型Ⅰ式铜角（M120:16）　10.F 型铜瓿（M120:13）　11.F 型铜瓿（M120:22）　12.A 型Ⅱ式铜卣
（M120:18）　13.A 型铜壶（M120:23）　14.B 型铜斗（M120:19）　15.A 型铜簋（M120:24）　16.B 型Ⅰ式铜
觯（M120:20）　17.B 型铜鬲（M120:26）　18.C 型铜盉（M120:12）　19.B 型Ⅱ式陶罐（M120:81）　20.B 型
Ⅱ式陶罐（M120:82）　21.A 型Ⅱ式铜甗（M120:7）　22.B 型Ⅲ式陶盉（M120:83）

代定在西周早期当大致不误。

M120　出土陶器 3 件，铜器 19 件（图三五一）。此墓出土的陶器特征比较明显，具有典型西周早期的因素。B 型Ⅲ式陶盉的足和裆部特征表现出明显的西周早期特征（图三五一，22）。2 件 B 型Ⅱ式绳纹罐纹饰的装饰风格同样具有西周早期的特色（图三五一，19、20）。铜器中 A 型方鼎（M120:25）（图三五一，1）与竹园沟"子鼎"（M13:19）[1] 和长子口子方鼎（M1:191）基本相同[2]。出土的 2 件圆鼎，其中 B 型Ⅰ式深腹圆鼎（M120:9）（图三五一，2）与高家堡戈国墓地（M2:3）在纹饰和器形的总体风格上一致[3]。B 型夔龙形扁足鼎（M120:8）（图三五一，3）的特征与鹿邑太清宫长子口墓出土的夔龙扁足鼎相似[4]。A 型Ⅱ式甗（M120:7），体形粗矮，具有典型西周早期的特征（图三五一，21），与长子口甗（M1:42）[5] 和戈国墓地（M2:1）出土的甗相同[6]。B 型Ⅰ式尊（M120:21），体呈三段式（图三五一，6），与传山东费县的尊形制相同[7]，另外与传洛阳出土的"保尊"亦甚接近[8]，其纹饰特征属商代。A 型壶（M120:23）（图三五一，13）与上海博物馆所藏"小子省壶"器形和纹饰非常接近[9]。铜箍木壶 1 件（M120:10、11）（图三五一，7），与鹿邑太清宫长子口墓（M1:14、52、53）出土的铜箍木壶特征非常相似[10]。C 型盉（M120:12）（图三五一，18）与西周早期的"克盉"在器形上相似，但纹饰略有区别，后者有柄、盖[11]。F 型觚 2 件（M120:13、22），从器形观察具有西周早期的特征（图三五一，10、11）。器身呈唢呐形，大部分光素无纹饰，中腰特细，与西周早期的"旅父乙觚"在器形和纹饰风格上基本一致[12]。该墓具有较多的西周早期的特征，主要表现在鼎、甗、壶、觚等器形中，是墓地中青铜礼器具有西周早期特征最明显的墓葬之一。估计此墓的时代应在西周早期。

二、墓葬的年代

（一）相对年代

第一期墓葬 M124 具有代表性，出土陶器组合有鬲、豆、簋、罐、盉、尊、壶、瓿、

---

〔1〕卢连成等：《宝鸡弸国墓地》，文物出版社，1988 年。

〔2〕河南省文物考古研究所等：《鹿邑太清宫长子口墓》，中州古籍出版社，2000 年。

〔3〕陕西省考古研究所：《高家堡戈国墓》，三秦出版社，1994 年。

〔4〕河南省文物考古研究所等：《鹿邑太清宫长子口墓》，中州古籍出版社，2000 年。

〔5〕河南省文物考古研究所等：《鹿邑太清宫长子口墓》，中州古籍出版社，2000 年。

〔6〕陕西省考古研究所：《高家堡戈国墓》，三秦出版社，1994 年。

〔7〕程长新等：《北京拣选一组二十八件商代带铭铜器》，《文物》1982 年 9 期。

〔8〕国家文物局：《中国文物精华大辞典》青铜卷，上海辞书出版社，1995 年。

〔9〕国家文物局：《中国文物精华大辞典》青铜卷，上海辞书出版社，1995 年。

〔10〕河南省文物考古研究所等：《鹿邑太清宫长子口墓》，中州古籍出版社，2000 年。

〔11〕中国青铜器全集编辑委员会：《中国青铜器全集》图版二一，第 6 卷，文物出版社，1997 年。

〔12〕中国青铜器全集编辑委员会：《中国青铜器全集》图版九六，第 5 卷，文物出版社，1996 年。

卣、甗和碗等，上文已对其与商代晚期殷墟发掘的墓葬进行了许多的比较与分析，其年代在商代晚期阶段，因此我们认为前掌大墓地的上限应在商代晚期阶段。

第三期 M120 出土的一组器物与西周早期其他墓地的资料同样具有很多可比性。前一小节对该墓中出土的陶、铜器特征与其他地点西周早期偏晚阶段的典型墓葬出土器物已进行了详细的对比研究，在此不再重复。M120 年代约在西周早期偏晚阶段。依此推之，则前掌大墓地第二期墓葬的年代当在西周早期偏早阶段。如果上述推论成立，那么前掌大墓地的相对年代大体应在商代晚期至西周早期阶段。

另外，从墓葬出土陶、铜器组合方面我们亦可对墓地的年代下限作推断。第一期陶器的基本组合是鬲、罐、簋、豆。第二期的基本组合为鬲、簋、罐、尊、罍。第三期的基本组合是鬲、罍、簋、罐。青铜礼器中第一期以爵、觚等量相配，鼎、簋为主的基本组合。二、三期以爵、觚、觯或角、觚、觯为基本组合特征，在所有青铜器中未见西周中期的典型器物，所以判断该墓地的年代最晚不会晚于西周中期。

（二）绝对年代

从前掌大墓地出土的朽木中选择了 3 个样品，它们分别为：（1）铜箍木壶的木胎（M119:31）；（2）车軎内存朽木（M215:3）；（3）车軎内存朽木（M215:1）。其中 M119 属第三期墓葬，M215 为第一期墓葬。

经过测定的碳十四年代数据为铜箍木壶的内胎（半衰期 5568）：2869±71 BP（公元前 919±71）树轮校正年代：1130BC、920BC。

车軎内存残木的碳十四年代（半衰期 5568）：2929±49 BP（公元前 979±49），树轮校正年代：1220 BC、1040BC。

车軎内存残木的碳十四年代（半衰期 5568）：3001±41 BP（公元前 1051±41），树轮校正年代：1320BC、1190BC。

从测定的数据可以看出，第一期墓葬的年代与第三期墓葬的年代差距在 150~200 年间。这与我们上面对墓葬间时代上的差别的分析是比较吻合的。

第五节　墓葬形制与埋葬习俗

前掌大北区墓地虽然从墓的形制和规模上都大于南区墓地，但多数被盗，资料不完整。发掘的收获主要集中于南区墓地，这批墓葬保存完好、布局合理、结构清晰、随葬品丰富。从目前发掘的情况看仅发现一座编号为 M109 的墓曾经先后两次盗掘。近年来南区墓地曾遭到数次盗掘，被盗墓葬达 20 多座，给这批墓葬资料造成了不可弥补的损失。

我们将南区墓地分为四个小区，1998 年以前发掘的墓葬主要集中在南Ⅰ区，从目前发掘的情况看，较大型的墓位于墓地中部和南部，北部及东西两侧基本为小型墓葬，形成小型墓葬将较大型墓葬环绕的布局。大小型墓在随葬品数量的多寡和质量的优劣上有明显差别。较大的墓随葬有成组的青铜礼器、玉器、原始瓷器、印纹硬陶器等，但这类墓数量较少，墓地中大部分为小型墓。小型墓则多以陶器为主，有一些小型墓葬随葬有爵、觚等少量铜礼器。

南区墓地中发现 5 座车马坑，这 5 座车马坑应为陪葬坑。其中 M131 所对应的是M109，它们之间的关系比较明确，M109 是南Ⅰ区中规模最大的墓葬，遗憾的是被盗掘。但从墓内残留的遗物观察，出土了原始瓷釜、印纹硬陶器和圆雕玉器等，都反映其等级和地位是相当高的。其他的车马坑位于墓地的南部，可能是给整个墓地陪葬的。

北区墓地的等级最高，其中发掘了"中"字形大墓 2 座，另外还钻探出一座"中"字形大墓。此外，发掘有"甲"字形墓葬 10 座，另外还钻探出"甲"字形墓 5 座。这批墓葬一般上宽下窄，"中"字形的多带南北两条墓道，"甲"字形的墓道均在南侧。墓葬均设有熟土二层台，台上放置乐器、兵器、车马器、各种规格的漆器和牌饰等，墓内有殉人，墓底带腰坑，腰坑内殉狗。

南区墓地的墓葬一般都设有熟土二层台，即有棺室，少数墓葬在墓主人的头端设头箱。墓主人多为仰身直肢，只有少数个案葬式有变化，但形成这种情况的原因比较复杂，需要进行全面细致的考察才能得出比较客观的结论。大部分墓葬设有腰坑，腰坑内埋有一狗，有些墓在二层台上也放置一只狗。少数较大型的墓葬中发现有殉葬人的现象。

从已发掘的商周时期墓葬材料看，一般带墓道的墓墓主身份都比较高，有的属王侯一级，在殷墟后岗，共发现两条墓道的墓 5 座，其中 1991 年发掘的 9 号大墓，墓室为长方形竖穴，上口长 8.80、宽 8.00 米，墓底腰坑内殉人、狗各一，椁室为"亚"字形[1]。此墓从形制、规模、埋葬习俗等方面与前掌大北区墓葬 M214 和 BM4 基本相同。

山东地区发现的商代大型墓葬还有益都苏埠屯遗址，这里发现的商代晚期墓葬中，1号大墓墓室呈长方形，墓口南北长 15.00、东西宽 10.70 米，共有四条墓道，南墓道最长，底呈斜坡形。填土经夯打。墓室中部有"亚"字形椁室，椁室的北、东、西三面有熟土二层台。该墓共有 48 个殉人，分别在腰坑、奠基坑、二层台和南墓道口处，该墓主人应是薄姑氏国君[2]。苏埠屯 M7 和 M8 保存较完好，为单墓道。M7 殉葬 3 人，墓主身份是地位较高的贵族[3]。

墓葬中有无人殉、人牲也是区分商周墓葬的一个重要标志。前掌大北区墓地带墓道的大型墓葬多有殉人，其中 M206 在东、西两侧二层台和墓内共殉 6 人。M214 是双墓道大墓，在四周二层台上均有人骨，但因为盗扰，可确定是殉人的仅 1 例，另外在腰坑内殉 1

〔1〕　中国社会科学院考古研究所安阳工作队：《1991 年安阳后冈殷墓的发掘》，《考古》1993 年 10 期。
〔2〕　山东省博物馆：《山东益都苏埠屯第一号奴隶殉葬墓》，《文物》1972 年 8 期。
〔3〕　山东省文物考古研究所：《青州市苏埠屯商代墓发掘报告》，《海岱考古》第一辑。

人，这是该墓地中唯一在腰坑出现有殉人的现象。BM4 内有殉人 5 个。北区墓地的土坑竖穴墓中也有殉人的现象，在 M211 发现殉人 2 个。

南区墓葬虽然均为土坑竖穴墓，但也存在殉人现象。其中在 M11 东侧二层台上发现一成年女性殉人；在 M120 南侧二层台上有一成年男性殉人；另外，在清理的 5 座车马坑中均发现有殉人，在 M41 中发现有 2 个殉人，北侧殉人旁还随葬有青铜礼器，表明殉人的地位是不同的，这些人的地位要高于普通平民。

殷人尚鬼，对祖先非常崇拜。因此，在祭祀活动中除了供奉牛、羊、猪、狗、鸡、鱼以外，还有被作为祭品的人牲和祭牲（动物祭品）。人牲的来源主要是战争中捉到的俘虏，而人殉主要是指被送去从死的近亲、近臣、近侍，多数被安排在墓室之中，"旋环左右"，"以卫死者"[1]。他们的身份比较复杂，有贵族、妃妾、侍卫、奴仆，以及驾驶车马的御奴等。

人殉、人牲是商代贵族墓常见的现象，在目前已发表的资料中，大型商代墓中保存较好的都有人殉、人牲。中、小型墓中这类现象也比较普遍。如殷墟侯家庄 1001 号大墓保存有殉人 90、牲人 74、马 12、犬 11[2]。殷墟郭家庄 M160 是近年来发掘的殷墟三期墓葬中面积较大、随葬青铜礼器最多的一座墓，墓内有殉人 4 个[3]。山东益都苏埠屯一号墓在墓室内殉人 9 个，南墓道有人牲 39 个[4]。上述现象在西周墓葬中就很少见到，如西安张家坡 398 座西周墓葬中，有个别的祭牲现象，没有发现一例殉人，仅有一例人骨上刻字，但还不能确定为殉人[5]。学术界一般认为古代东方的夷人集团流行殉人，如此商周时期山东地区的方国中普遍存在殉人的现象就不足为奇。

前掌大墓地不论南北墓区，墓的底部多有一长方形腰坑，一般内殉一狗。有些还发现在二层台上殉狗的现象。其中北区墓地的 35 座墓中有腰坑的墓葬 27 座，占所发掘墓葬的77%。南区墓地的 76 座墓葬中带腰坑的墓葬共计 31 座，占南区全部发掘墓葬的 41%，显然北区墓地带腰坑的比例明显高于南区，这一方面反映出南北区等级的差别，另一方面也说明时代上的不同。

在商代晚期墓葬中带腰坑的习俗比较盛行，是殷人墓的另一显著特征。在迄今发现的商代大型墓葬中，基本都带有腰坑，即便是中小型墓葬也多带有腰坑。如在殷墟西区发掘的 939 座商代墓葬中，有腰坑的 454 座，约占总数的一半[6]。此外在殷人统治下的方国，

〔1〕《左传·文公六年》。
〔2〕梁思永、高去寻：《侯家庄第二本——1001 号大墓》，"史语所"，台湾台北，1962 年。
〔3〕中国社会科学院考古研究所：《安阳殷墟郭家庄商代墓葬》，中国大百科全书出版社，1998 年。
〔4〕山东省博物馆：《山东益都苏埠屯第一号奴隶殉葬墓》，《文物》1972 年 8 期。
〔5〕中国社会科学院考古研究所：《张家坡西周墓地》，中国大百科全书出版社，1999 年。
〔6〕中国社会科学院考古研究所安阳工作队：《1969～1977 年殷墟西区墓葬发掘报告》，《考古学报》1979 年 1期。

也都盛行腰坑。如陕西高家堡戈国墓地，至周初尚沿用此习俗，6座墓中有腰坑者4座[1]。而西周时期的墓葬有腰坑者则大为减少。北京琉璃河西周燕国墓地，腰坑基本不见[2]。张家坡398座周墓中，有腰坑者31座，仅占总数的7.8%，有9座殉葬狗或兽，不见殉人。从时代特征看，有逐渐减少的趋势，在31座有腰坑的墓葬中，能分期的有17座，第一期有8座，第二期5座，第三、四期各2座，第五期消失[3]。在河南洛阳北窑的342座西周墓葬中，有腰坑者仅4座，能分期者2座，都是早期墓葬[4]。由此反映出墓葬带腰坑这一习俗在商周时期从盛行到消失的过程。腰坑在西周早期仍有沿用，然而普遍存在腰坑，二层台殉狗的习俗乃是商代的埋葬特点。那么前掌大墓地普遍存在腰坑的习俗，应是商代遗风的继承和延续，我们认为墓葬中保留有较多商代墓葬的埋葬习俗的现象一方面说明墓主人是受到商文化的强烈影响；另一方面也说明在西周早期阶段周人的统治势力虽然控制了该地区，但尚不能完全抹去商文化对这里的影响，一些习俗仍顽强地保留着。

从墓葬形制和葬俗方面观察，前掌大北区墓地双墓道墓葬的墓主人可能是国君一类的人物。而单墓道墓葬的墓主人的地位应是高级贵族。前掌大墓地的主人生活在商代晚期到西周初期，在商代为王侯级人物的墓地，与商王朝保持着非常密切的关系，在周初期与周王朝仍保持一定联系，但地位有所下降。从墓地所在的地理位置和商末周初的史实分析，应与商周时期分封在这里的薛国有密切关系。前掌大墓地主人的身份在墓葬形制、埋葬习俗和随葬器物等方面都能充分地表现出来。从墓葬形制上，墓地中存在有"中"字和"甲"字形墓，这些墓葬形制十分规整，排列有序，显然是经过精心策划和安排的。安阳殷墟发现的8座四个墓道的大墓，墓主为商王；"中"字形墓墓主为王室成员。而"亚"字形椁室于殷墟仅发现7座，均为四墓道或双墓道大墓[5]。方国墓地材料较少，为"亚"字形椁室的仅见益都苏埠屯一号大墓[6]。似乎"亚"字形椁室是商代大墓所独有，具有这种椁室的墓葬，墓道是四条或两条，墓主身份是商王或王室成员，抑或是地位重要的方国之君。

从目前的资料观察，还没有发现真正的带四个墓道的西周时期大墓。其他墓地的墓葬则可大致分为以几个等级：双墓道的有卫侯及夫人墓、燕侯墓、第一代井叔墓；单墓道的有晋侯及夫人墓、强伯及夫人墓、第二代井叔以下诸墓；没有墓道的则有虢国国君及太子墓、强季墓、井叔夫人及井叔亲属墓以及等而下之的各类墓葬。这是西周时期，特别是西周晚期墓葬在墓道上反映出来的等级现象[7]。西周初年亦是如此，如戈君墓、强伯墓和燕

〔1〕陕西省考古研究所：《高家堡戈国墓》，三秦出版社，1994年。

〔2〕北京市文物研究所：《琉璃河西周燕国墓地》，文物出版社，1995年。

〔3〕中国社会科学院考古研究所：《张家坡西周墓地》，中国大百科全书出版社，1999年。

〔4〕洛阳市文物工作队：《洛阳北窑西周墓》，文物出版社，1999年。

〔5〕中国社会科学院考古研究所：《殷墟的发现与研究》，科学出版社，1994年。

〔6〕山东省博物馆：《山东益都苏埠屯第一号奴隶殉葬墓》，《文物》1972年8期。

〔7〕中国社会科学院考古研究所：《张家坡西周墓地》，中国大百科全书出版社，1999年。

侯墓等，同为诸侯，但根据身份、地位以及与周王朝的亲疏关系，他们的墓葬有无墓道、墓道多寡亦有严格规定。前掌大墓地的墓葬形制和规模在商代晚期到西周早期阶段是非常可观的，应是与之对应的方国实力和地位的一种折射和反映。

随葬品数量的多寡，器物种类和组合的变化都与墓主的身份和地位密切相关。前掌大墓地随葬的青铜礼乐器，除 M11 外，其他墓葬的种类和组合情况如下，超过 10 件礼器的墓共 5 座，其中 M38 有 20 件，M21 有 14 件，M18 有 13 件，M119 有 14 件和 M120 有 19件。其他大部分以爵、觚组合。

从器物种类观察，M38 出土有鼎 3、鬲 2、簋 1、爵 4、觚 4、觯 1、卣 2、罍 1、罍 1、斗 1；M21 出土有鼎 1、簋 1、爵 2、角 1、觚 3、觯 2、尊 1、卣 1、罍 1、铜箍木壶 1；M18 出有鼎 1、簋 1、甗 1、爵 2、角 1、觚 2、觯 1、尊 1、盉 1、壶 2；M119 出有鼎 2、簋1、角 4、觚 2、觯 1、尊 1、卣 1、铜箍木壶 1、斗 1；M120 出土有鼎 3、鬲 1、簋 1、甗 1、爵 2、角 2、觚 2、觯 1、尊 1、卣 1、盉 1、壶 1、铜箍木壶 1、斗 1。基本以鼎、簋为核心，以爵、觚等量相配为特点，从种类和组合上反映的是商代晚期特征。

前掌大墓地出土 4 件铙，它们均出于北区墓地，分别出自 3 座墓葬，由于这些墓葬被盗，所以具体配套组合情况不清。商代铜铙大多出土于安阳殷墟，在河南温县[1]和山东益都苏埠屯商墓中亦有发现[2]。铜铙一般为 3 件一套，仅妇好墓出 5 件一套[3]。这种铜铙似乎是商代晚期所特有的乐器，至西周已极少发现。宝鸡竹园沟强国墓地仅 M13 出土 1件，时代为成康时期[4]，洛阳林校西周早期车马坑中也发现 3 件一套编铙[5]。从前掌大墓地出土铜铙的形制看，与安阳殷墟郭家庄 M160 出土铜铙和殷墟其他墓葬出土的铜铙相似或雷同[6]。

前掌大墓地出土的铜器还包括大量兵器，如刀、矛、戈、弓形器、胄、镞等，以及斧、锛、凿等工具和各类车马器等。另外还发现各类玉器 365 件（组），主要有琮、璧、玦、环、戈、刻刀、璜、柄形器、牌饰、佩饰及各类装饰品等。骨器数量较多，有镞、串饰、匕、泡、片、骨雕品和不明用途的卡子、叉形器等。此外还有大量的贝器、蚌器及牙器等，这些器物的特征以商代晚期的为主，少数为西周早期的典型之器。

前掌大墓地的年代在商代晚期至西周初期，跨越商、周两个朝代，因此，在墓葬形制、埋葬习俗、器物特征等各个方面不可避免地打上时代的烙印，这为研究那个时期的史实提供了重要资料。

〔1〕 杨宝顺：《温县出土的商代铜器》，《文物》1975 年 2 期。

〔2〕 山东省文物考古研究所等：《青州市苏埠屯商代墓葬发掘报告》，《海岱考古》第一辑。

〔3〕 中国社会科学院考古研究所：《殷墟妇好墓》，文物出版社，1985 年。

〔4〕 卢连成等：《宝鸡强国墓地》，文物出版社，1988 年。

〔5〕 洛阳市文物工作队：《洛阳林校西周车马坑》，《文物》1999 年 3 期。

〔6〕 中国社会科学院考古研究所：《安阳殷墟郭家庄商代墓葬》，中国大百科全书出版社，1998 年。

第六节　M11 的性质

下面我们着重对 M11 的年代、性质等问题进行一些探讨，因为它不仅保存完整，等级较高，而且随葬品最丰富，通过比较以期对墓主人的身份、等级等问题有进一步的了解。该墓出土陶罐 2 件、盉 1 件。铜礼器计有鼎 8、甗 1、簋 1、尊 1、罍 1、卣 2、盉 1、壶 1、斝 1、觯 2、瓠 4、爵 5、角 2、盘 1、铜箍木壶 1、斗 1 件共 16 类 32 件（图三五二）。此外还出土有大量兵器和精美的玉器等，其中兵器有戈 21 件、铜胄 13 件及大量的铜镞。

在商代晚期目前发现的与 M11 比较接近的墓葬有殷墟郭家庄 160 号墓和刘家庄北 1046 号墓。郭家庄 160 号墓属中型墓葬，未被盗掘。该墓出土青铜礼乐器 44 件，与 M11 在规模上比较接近。计鼎 6、甗 1、簋 1、尊 2、罍 1、卣 1、盉 1、斝 3、觯 1、瓠 10、角 10、盘 1、斗 1、弓形器 1、铙 3 件，组合齐全[1]。较之 M11，郭家庄墓缺壶，以角代爵。6 件鼎中，有圆鼎 1、分裆鼎 2、方鼎 2、提梁鼎 1 件，种类与 M11 基本相同。此墓以鼎、瓠、角为核心组合，而 M11 以鼎、瓠、爵为主。从器形、纹饰看两墓也有许多相似之处。兽面纹大圆鼎是商末周初常见器物，M160 大圆鼎腹较之 M11 大圆鼎（M11:24）（图三五二，36）腹稍深，二者均为口下施一周兽面纹带，蹄形足根饰兽面纹。M160 的分裆鼎较 M11（M11:88、89）（图三五二，5、6）同类器腹略深，分裆明显，二者纹样基本相同。方鼎（M160:21）的形状、大小和纹饰与 M11 的方鼎（M11:82、92）（图三五二，1、2）基本相同，纹饰有别。盉（M160:74）腹比 M11 盉（M11:101）（图三五二，24）鼓圆，而前者为棱锥形三足，后者为圆柱足。斝的形状相同，但 M11 的斝口上立二柱（图三五二，23）。郭家庄甗（M160:51）与 M11 的甗（M11:78）（图三五二，29）造型特征相似，唯纹饰风格略有不同。M160 和 M11 出土的角器形相同，纹饰略有区别。两墓皆出一盘，浅腹高圈足，下有折阶，形制基本相同，纹饰有别。郭家庄 M160 的年代属殷墟第三期晚段。从器物组合、种类和形制等方面分析，两墓都有不少共同之处。另外 M11 出土的许多铜礼器都与商代晚期同类器有许多共同之出，如 M11 的大圆鼎（M11:94）与安阳后岗圆葬坑（HGH10）出土的"戍嗣子鼎"[2]，形制几乎完全相同。M11 出土的 4 瓠、5 爵从器形和纹饰上都与郭家庄墓地其他墓中出土的爵、瓠非常接近[3]。表明该墓具有许多商代晚期的特征和因素，但从二墓的规模和等级分析，M160 地位要略高于 M11；从时间上分析，M11 出现一些西周早期的因素，可能时代上要略晚于 M160。

殷墟刘家庄的 1046 号墓是近年来发现的又一重要的商代晚期墓葬。该墓出土各类铜器

---

〔1〕　中国社会科学院考古研究所：《安阳殷墟郭家庄商代墓葬》，中国大百科全书出版社，1998 年。

〔2〕　中国社会科学院考古研究所：《殷墟发掘报告》，文物出版社，1987 年。

〔3〕　中国社会科学院考古研究所：《安阳殷墟郭家庄商代墓葬》，中国大百科全书出版社，1998 年。

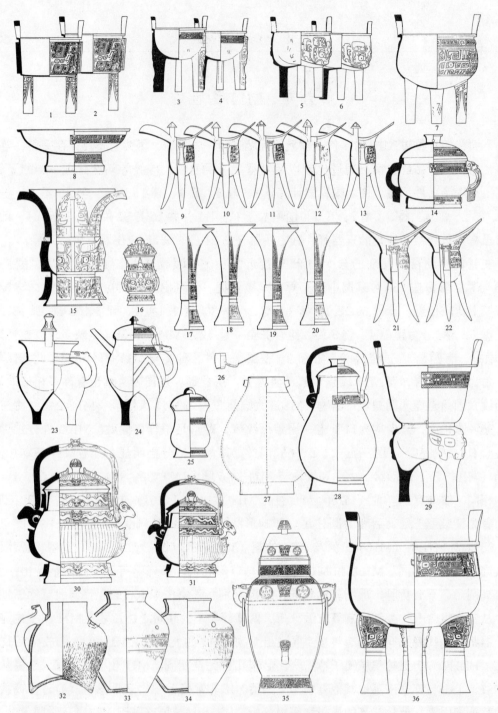

图三五二　　M11出土器物组合

1.A型铜方鼎（M11:82）　2.A型铜方鼎（M11:92）　3.A型铜扁足圆鼎（M11:80）　4.A型铜扁足圆鼎（M11:85）　5.A型Ⅱ式铜分裆圆鼎（M11:88）　6.A型Ⅱ式铜分裆圆鼎（M11:89）　7.A型铜深腹圆鼎（M11:93）　8.铜盘（M11:71）　9.F型铜爵（M11:98）　10.F型铜爵（M11:113）　11.F型铜爵（M11:104）　12.F型铜爵（M11:102）　13.F型铜爵（M11:108）　14.B型Ⅲ式铜簋（M11:79）　15.A型铜尊（M11:76）　16.A型Ⅰ式铜觯（M11:103）　17.A型铜觚（M11:72）　18.A型铜觚（M11:73）　19.A型铜觚（M11:105）　20.A型铜觚（M11:100）　21.B型Ⅰ式铜角（M11:114）　22.B型Ⅰ式铜角（M11:110）　23.C型铜斝（M11:95）　24.B型铜盉（M11:101）　25.A型Ⅱ式铜觯（M11:58）　26.B型铜斗（M11:90）　27.A型铜箍木壶（M11:75）　28.B型铜壶（M11:96）　29.B型铜瓿（M11:78）　30.A型Ⅲ式铜卣（M11:112）　31.A型Ⅲ式铜卣（M11:111）　32.B型Ⅰ式陶盉（M11:4）　33.B型Ⅰ式绳纹陶罐（M11:17）　34.A型Ⅰ式绳纹陶罐（M11:18）　35.B型铜罍（M11:99）　36.B型Ⅱ式铜深腹圆鼎（M11:94）

32 件，其中有圆鼎 3、方鼎 2、甗 1、簋 2、方尊 2、圆尊 1、方罍 1、方彝 1、卣 3、四足盉 1、斝 1、觯 2、觚 3、爵 5、角 2、盘 1、斗 1 件，共 15 大类；另有兵器 240 件[1]。从出土青铜器的组合特征、器形和纹饰等方面观察，两墓有许多相似之处。如皆以爵、觚、角、觯为基本组合不等量相配，都以鼎、簋为中心，出较多兵器这样一种组合为特征。在器物形态方面也有较多共性，出土的分裆圆鼎（M1046：26、27）与 M11 出土的鼎（M11：88、89）造型、纹饰基本相同，仅是后者在主题花纹下缺乏地纹。斝（M1046：20）与 M11 出土的斝（M11：95）在器形和纹饰方面几乎完全一致。另外，出土的甗（M1046：16）和方罍（M1046：25）与 M11 出土的甗、罍在器形上非常接近，仅罍的纹饰略有区别。综上所述，二墓间的许多方面都比较接近，所以在等级和地位上也应差不多。

其他商代晚期的墓葬由于被盗的原因，资料大多不完整，丧失了一定的学术价值和意义。但还是有一些比较重要的墓葬可以进行比较，如益都苏埠屯墓葬中的 M1 虽然被盗掘，但保留部分铜器，其中铜鼎的足（M1：21）纹饰与 M11 方鼎（M11：24）足上的蝉纹相同[2]。苏埠屯 M7 随葬鼎 1、簋 1、觚 3、爵 3。主要组合为觚、爵，且数量相等。Ⅱ式爵与 M11 的 A 型爵（M11：38）在器形方面基本相同。Ⅰ式觚与 M11 的 A 型（M11：3）觚在纹饰上有许多共同之处。M8 出土鼎 5、簋 1、觚 2、爵 4、斝 1、卣 1、尊 1、觯 1、罍 1、斗 1，种类较多，基本组合是鼎、觚、爵[3]。觯（M8：9）的形制、纹饰与 M11 的 AⅠ式觯（M11：103）器形相同，纹饰接近。斝（M8：1）同 M11 的斝（M11：25）非常相似。上述墓葬从其形制、随葬品种类和出土器物特征来看，苏埠屯商墓与前掌大墓地有相当多的共性。

目前发现的西周初年大型墓葬不多，且多被盗。近年来发现的鹿邑太清宫长子口墓是一批重要资料，虽然前掌大 M11 在形制上与长子口墓不同，但出土青铜礼器的数量、种类和特征较接近，所以试对其进行一些比较。

长子口墓出土器物种类多、数量大，有些器物具有明显的时代特征，为该墓的断代提供了重要依据。在长子口墓出土的器物中，有些与商代晚期同类器物相同或相似，有的则与西周初年的同类器物相同，长子口墓出土各类青铜礼乐器 85 件，有鼎、簋、鬲、甗、觚、爵、角、斝、尊、卣、觥、觯、壶、罍、斗、盘、盉和铙等 18 个器类。以鼎、簋为核心，觚、爵组合和方形器较多是其特征。铜器还有大刀、戈、镞等兵器，以及斧、锛、凿、刀、铲等工具和各种车马器等。玉器近百件，有琮、璧、玦、环、簋、戈、镞、铲、刻刀、璜、柄形器、佩饰和各种装饰品等。骨器数量较多，有镞、串饰、匕、泡、片、骨雕品和

〔1〕 中国社会科学院考古研究所安阳工作队：《安阳殷墟刘家庄北 1046 号墓》，《考古学集刊》第 15 集，文物出版社，2004 年。

〔2〕 山东省博物馆：《山东益都苏埠屯第一号奴隶殉葬墓》，《文物》1972 年 8 期。

〔3〕 山东省文物考古研究所等：《青州市苏埠屯商代墓发掘报告》，《海岱考古》第一辑。

不明用途的卡子、叉形器等。此外还有大量的贝器、蚌器及牙器等。各种质地的器物总数近2000件[1]。其中大圆鼎（M1∶9）与M11的大圆鼎（M11∶24）均具有蹄形足，在口沿下和足根饰兽面纹，器形和纹饰风格几乎一致。分档圆鼎5件（M1∶6、78、80、91、185）与M11的2件（M11∶18、19）分档圆鼎相同，前者有盖，后者分档明显，腹略深。方鼎（M1∶190、191）与M11的方鼎（M11∶82、92）非常接近，仅纹饰的风格略有区别。带盖簋（M1∶158）与M11的带盖矩形长珥簋（M11∶79）造型完全相同，纹饰有别。两墓各出一甗，器形、纹饰几乎相同，似一人所为。长子口墓的"戈丁斝"与M11的如出一辙，仅后者柱顶略高。弧腹觯（M1∶200、220）与M11的带盖觯相同。长子口方罍（M1∶124）与M11的方罍（M1∶29）造型一致，纹饰区别明显。两墓各出一盘，器形相同，纹饰有别。另外两墓均出土大量兵器，如戈、镞等。长子口墓不论其规模还是随葬品的数量和等级都要高于M11，表明它的墓主人的地位要高于M11的墓主人。从随葬器物种类、组合和形制上观察，两墓出土的铜器比较接近，它们的时代也应大致相当。

北京琉璃河1193号大墓为周初燕侯墓[2]。因被盗，仅出土青铜容器3件。觯带盖，与M11的觯（M11∶58）形制相同。在琉璃河墓地ⅡM251和ⅡM253中出土的部分器物与M11比较接近[3]，ⅡM251出土青铜礼器21件，有鼎6、簋4、鬲2、爵2、觯3、尊1、盉1、卣1、盘1、甗1。ⅡM253出土青铜礼器23件，计有鼎6、簋2、鬲4、爵2、觯1、尊1、盉1、卣2、壶1、盘1、甗1、铜箍漆木壶1。其中"堇鼎"（ⅡM253∶7）与M11的大圆鼎（M11∶24）非常接近。"戈父甲甗"（ⅡM251∶25）与M11的AⅠ式甗（M11∶8）如出一人之手。"公仲觯"（ⅡM251∶9）与M11的AⅢ式觯（M11∶58）从器形、纹饰方面完全一致。"父戊尊"（ⅡM251∶7）与M11高浮雕的B型尊（M11∶76）器形相同，纹饰略有区别。琉璃河墓地的"父辛"盉（ⅡM253∶10）与M11的A型盉（M11∶31）从器形和纹饰方面都非常接近。铜箍木壶（M253∶25）与M11铜箍木壶扣和座（M11∶75、77）极为接近。琉璃河燕国墓地ⅡM251和ⅡM253的铜器组合特征是无觚，而为爵、觯组合，显然是周人的组合方式，发掘者认为其时代为西周早期。较之于M11的时代可能要略晚。

宝鸡强国墓地发掘一批西周时期墓葬[4]，其中纸坊头1号墓出土器物共39件，其中青铜礼器14件，计鼎4、簋5、甗1、鬲2、罍1、觯1。该墓曾被扰乱，青铜礼器组合已不完整。分档圆鼎（BZFM1∶3）腹较M11（M11∶18）的圆鼎稍深，纹饰大体相同。"伯方鼎"（BZFM1∶4）腹较M11的方鼎（M11∶82、92）为浅，两器腹壁四角均为勾形凸棱，纹饰略别。甗（BZFM1∶5）与M11的甗（M11∶8）纹饰相同，器形相仿，唯前者甑腹内弧下

〔1〕河南省文物考古研究所等：《鹿邑太清宫长子口墓》，中州古籍出版社，2000年。

〔2〕琉璃河考古队：《北京琉璃河1193号大墓发掘简报》，《文物》1990年1期。

〔3〕北京市文物研究所：《琉璃河西周燕国墓地》，文物出版社，1995年。

〔4〕卢连成等：《宝鸡强国墓地》，文物出版社，1988年。

鼓，后者为斜直壁。从上述可资比较的器物形制看，圆鼎、方鼎、簋似晚于 M11。纸坊头 1 号墓被认为强伯之墓，为西周成王时早期。M11 要早于纸坊头 1 号墓。竹园沟墓地清理了 22 座墓，其中比较重要的是 13 号墓，出土青铜礼器 25 件，其中墓主随葬有鼎 7、簋 3、卣 2、尊 1、觯 1、爵 1、觚 1、斗 1、盘 1、壶 1、甑 1、盂 1、豆 1。以鼎、簋为主，爵、觚、觯相配。妾属青铜器 3 件，计有鼎 2、簋 1。其中"父辛鼎"（BZM13:18）与 M11 的分裆圆鼎（M11:18）器形相同，唯前者腹略鼓，纹饰基本相同，后者无地纹。"子喾方鼎"（BZFM13:19）与 M11 的方鼎在器形和纹饰方面基本一致，后者腹部缺一重夔龙纹。甑（BZFM13:26）与 M11 的甑（M11:8）纹饰相同，后者腹壁斜直。盂（BZFM13:12）与 M11 的盂（M11:31）在器形和纹饰上基本相同，M11 的盂器体瘦高。竹园沟 13 号墓主人可能为一代强伯，时代为成康之际，根据两墓的青铜器的比较，M11 的时代要略早于竹园沟 13 号墓。

　　M11 出土的 2 觯，应与 2 角是等量配置，当为西周初期的特征。M11 还随葬 1 尊 2 卣。尊、卣成组始见于商末周初，陈梦家先生指出："尊、卣同铭，为西周初期的常例。尊、卣成组的铜器，最常见于成王及成王相近的铜器组中"[1]。M11 铜礼器的组合是以鼎、簋、尊、卣为主，觚、爵、角、觯为核心，总数上酒器远大于食器，是重酒的组合。所以我们认为，M11 的器物组合具有商代晚期和西周初年的双重特征。该墓出土的陶器中 A 型 IIa 式陶罐（M11:17）的特征是侈口，平沿，方唇，斜圆肩，深腹微鼓，凹底。腹中部饰斜行绳纹并被二道横抹出的浅旋纹分割成三周绳纹带。与殷墟西区属于 III 期的 II 式罐（M495:3）相似[2]。A 型 II 式盂其足部及裆部的特征与西周早期的空锥足鬲较接近。从陶器并结合铜器方面的观察将墓时代定在西周早期的早段可能比较合适。

　　与商代晚期规模相当的墓葬相比，前掌大墓地 11 号墓的墓主人应是一个地位低于殷墟郭家庄 M160 的主人，与殷墟 M1046 墓主人的地位和等级相似的人物。与西周同时期的等级相当的墓地进行比较分析，我们认为其地位和等级要低于鹿邑长子口墓的墓主人，而高于强国墓地竹园沟 M23 的墓主人和戈国墓地及庞村墓地的最高级别墓葬的墓主人。综合各种特征分析 M11 墓主人很可能是一地位显赫的武将。

〔1〕　陈梦家：《西周青铜器断代》（一）（二），《考古学报》1955 年 9、10 册。

〔2〕　中国社会科学院考古研究所安阳工作队：《1969～1977 年殷墟西区墓葬发掘报告》，《考古学报》1979 年 1 期。

附表一 灰坑登记表 *

灰坑号	区号	所属探方	层位	形状大小（口、底、壁）	出土遗物	时代	备注
H1	北Ⅱ	T2825 T2725	⑥下	近似不规则椭圆形，南北长 3.50、残宽 1.21～1.95、深 0.55～0.80 米，底部凹凸不平	A 陶鼎 3、B 陶鼎 1、陶甗 1、陶鬶 1、A 陶罐 4、B 陶罐 1、A 陶盆 1、B 陶盆 1、陶匜 1、觚形杯 1、斝形壶 1、壶 2、碗 1、器盖 1、纺轮 1、圆陶饼 1，石铲 1、石镞 1、骨匕 1、鹿角锥 1	龙山文化	被 M204 打破
H2	北Ⅱ	T2516	③下	近似椭圆形，东西长 2.55、南北宽 1.60、深 0.60 米，斜壁，平底	陶豆 1	商代晚期	打破 H3
H3	北Ⅱ	T2516	④下	近似圆形，口径 3.75、底径 3.35、深 0.60 米，壁斜直，底近平	陶网坠 1、卜骨、残石器、残陶片	商代晚期	被 H2 打破
H4	南Ⅰ	T1319	②下	近似椭圆形，南北长 2.50、东西宽 1.78、深 0.20～0.70 米，壁斜直，底北高南低呈斜坡状，向南倾斜	B 骨笄 1、骨锥 1、蚌镰 1、AⅡ陶鬲 1、陶簋 1	西周早期	打破 H8
H5	北Ⅱ	T2625	③下	近似圆形，直径 1.75、底径 2.00、深 1.05 米，壁斜直，底平缓，口小底大，呈袋状坑		商代晚期	
H6	南Ⅰ	T1020	②下	近似圆形，直径 2.04、底径 2.18、深 0.76 米，壁斜直，平底，底大口小		西周早期	
H7	南Ⅰ	T1219	②下	圆形，直径 2.25、深 0.34 米，直壁，平底		东周时期	

*本表中器物名称前的编号代表器物的型或式，后面的数字代表件数。如 A 陶鼎 3，表示有 A 型陶鼎 3 件；AⅡ陶鬲 1，表示有 A 型Ⅱ式陶鬲 1 件；陶匜 1，表示有陶匜 1 件，难以划分型式。其他各表中"出土遗物"栏同此。

续附表一

灰坑号	区号	所属探方	层位	形状大小（口、底、壁）	出土遗物	时代	备注
H8	南Ⅰ	T1319	③下	近似圆形，直径 1.96、深 0.42～0.46 米，直壁，近似平底，整体呈筒形		西周早期	被 H4 打破
H9	南Ⅰ	T1317	③下	近似圆形，直径 2.10、深 0.85 米，弧壁，圜底，俗称锅底坑		西周早期	打破 H12
H10	南Ⅰ	T1219	②下	圆形，直径 1.16、深 0.63 米，直壁，平底		东周时期	
H11	北Ⅱ	T2914	③下	近似椭圆形，南北长 0.90、东西宽 1.15、深 1.10 米，斜壁，圆底		商代晚期	
H12	南Ⅰ	T1317	③下	近仅椭圆形，东西长 2.10、南北宽 1.84、深 1.15 米，壁斜直内收，平底，整体近似倒置梯形		西周早期	被 H9 打破
H13	南Ⅰ	T1220	③下	圆角方形，东西长 2.40、南北宽 1.60、深 1.90 米，弧壁，圆底		西周早期	打破 H17、H22
H14	北Ⅱ	T2725	③下	圆形，直径 1.68、深 0.45 米，斜壁，圆底	石铲 1、卜骨 1	商代晚期	
H15	南Ⅰ	T709	②下	圆形，直径 2.80、深 1.05 米，壁呈斜坡状平底		西周早期	被 M34 打破
H16	南Ⅰ	T820	④下	近似椭圆形，东西长 2.75、南北宽 2.00、深 0.75 米，坑壁内收，近似圆底		西周早期	
H17	南Ⅰ	T1220	③下	圆角方形，南北长 3.00、东西宽 2.05 米，直壁，平底		西周早期	被 H13 打破
H18	南Ⅰ	T1120	③下	近似椭圆形，东西长 2.95、南北宽 1.60、深 0.42 米，直壁，平底		西周早期	
H19	南Ⅰ	T1120	③下	圆角长方形，南北长 1.40、东西宽 0.80、深 0.55～0.68 米，直壁，底由南往北倾斜		西周早期	打破 H21

续附表一

灰坑号	区号	所属探方	层位	形状大小（口、底、壁）	出土遗物	时代	备注
H20	南 I	T919	②下	圆角长方形，东西长 3.95、南北宽 1.80、深 1.73～1.80 米，直壁，近似平底		西周早期	
H21	南 I	T1120	③下	呈不规则长方形，长 2.00、宽 1.40、深 1.00～1.30 米，壁近直，坑底为斜坡状，西高东低		西周早期	打破 H22 并被 H19 打破
H22	南 I	T1220	③下	长方形，东西长 6.95、南北宽 1.3～1.70、深 1.70 米，斜壁，平底	石刀 1	西周早期	被 H21、H13、M30 打破
H23	南 I	T1120	④下	圆形，直径 1.85、深 0.65 米，东壁较直，西壁不规则向内倾斜近，平底		西周早期	
H24	南 I	T819	②下	近似椭圆形，南北长 1.60、东西宽 1.00、深 1.38 米，直壁，平底		西周早期	
H25	南 I	T222	②下	近似圆形，直径 2.70、底径 3.25、深 1.25 米，斜壁平底，口小底大呈袋状	B 陶罐 2、带陶文陶片 4	东周时期	打破 M42、M50
H26	南 I	T1224	②下	圆形，直径 1.00、深 0.45 米，斜壁，平底		西周早期	打破 H27
H27	南 I	T1224	②下	近似椭圆形，东西长 1.20、南北宽 1.00、深 0.95 米，斜壁平底，呈袋状		西周早期	被 H26 打破，并打破 J3
H28	南 I	T1224	②下	近似椭圆形，南北长 3.00、东西宽 2.00、深 0.90 米，西壁呈台阶状，东壁呈斜坡状，平底		西周早期	
H29	南 I	T1318	③下	圆形，直径 1.07、深 0.52 米，直壁，平底，呈筒形		西周早期	
H30	南 I	T2103	②下	圆形，口径 1.56、底径 1.20、深 0.54 米，斜壁，平底，口大底小，呈倒置梯形		西周早期	打破 M102
H31	南 I	T1715	②下	近似圆形，直径 1.40、深 0.50 米，斜壁，平底	陶罐 1	西周早期	

附表二　龙山文化灰坑 H1 陶片统计表

陶质（陶色）	夹砂				泥质			纹饰										
	白陶	灰	红	褐	黑	红	褐	篮纹	划纹	附堆	圆圈	弦纹	旋纹	凹槽	布纹	乳丁	凹涡	素面
数量	42	154	211	1872	271	86	301	85	7	54	4	38	68	44	6	15	7	2609
百分比（%）	1.4	5.3	7.2	63.7	9.2	2.9	10.3	2.9	0.2	1.8	0.1	1.3	2.3	1.5	0.2	0.5	0.2	89.0

器形	数量	百分比（%）	白陶	灰	红	褐	黑	红	褐	篮纹	划纹	附堆	圆圈	弦纹	旋纹	凹槽	布纹	乳丁	凹涡	素面
鼎	140	4.8		18	25	96		1		32	3	23		13	12	44		4	7	2
罐	194	6.6		16	18	124	25	1	10	37	2	23		25	44			2	9		52
盆	45	1.5		7	10	8	13	3	4	16	1	7			3		4	2		12
钵	7	0.3			1		3	1	2		1				6					
豆	18	0.6					14	2	2											18
杯	1	0.04					1													1
甑	1	0.03				1						1								
壶	4	0.1							4						3					1
碗	7	0.3		2	2	3														
鬶	27	0.9	27									3			3					21
器盖	10	0.3					10						4							6
小陶器	1	0.03				1														1
残片	2482	84.5	15	111	155	1639	205	78	279											
合计	2937	100%																		

附表三　商代晚期灰坑 H3 陶片统计表

陶质			夹砂		泥质	纹饰						
陶色			红褐	灰陶	灰陶	旋纹	附堆	乳丁	细绳纹	中绳纹	弦纹	素面
数量			24	255	150	46	11	1	13	319	1	38
百分			5.6	59.4	35.0	10.7	2.6	0.2	3.0	74.4	0.2	8.9
器形	数量	百分比										
鬲	43	10.0	6	33	4		4		13	30		
罐	14	3.3		6	8	8	5	1		6	1	
盆	16	3.7	2	8	6	9						
篮	9	2.1	2		7	3	1					
碗	4	0.9			4	1						
豆	5	1.2			5	3						
尊	3	0.7	1	1	1	2						
器盖	1	0.2			1			1				
残片	334	77.9	13	207	114	20				283		38
合计	429	100%										

附表四　商代晚期灰坑 H2 陶片统计表

陶质			夹砂		泥质		纹饰					
陶色			红褐	灰陶	红	灰	旋纹	弦纹	绳纹	印纹	附堆	素面
数量			23	189	5	90	12	12	257	4	9	13
百分比			7.5	61.6	1.6	29.3	3.9	3.9	83.8	1.3	2.9	4.2
器形	数量	百分比										
鬲	17	5.5	4	23		2			17			
罐	7	2.3	1	4		2	8	6		4		
盆	5	1.6			5		4	3				
篮	3	1.0				3	2					
瓮	1	0.3				1		1			1	
豆	3	1.0				3					3	
尊	2	0.6	1			1					5	
器盖	3	1.0				3						
残片	266	86.7							240			
合计	307	100%										

附表五 水井登记表

编号	区号	所属探方	层位	形状大小	加工情况	与周围遗迹关系	出土遗物	时代
J1	北Ⅱ	T2725	③下	井口平面呈圆角长方形，长2.50、宽1.08、深3.97米，底长1.42、宽0.42米，壁斜直内收，剖面呈倒置梯形	有明显的4对对称脚窝	被M207打破	骨针2，有陶鬲、罐、豆、盖残片等	商代晚期
J2	南Ⅰ	T512	②下	由井台、井口组成，井口平面呈圆角方形，长2.97、宽2.48米，井台呈不规则长方形，四角交叉出头呈"井"字形，内长1.40、宽1.06、深4.80米，井底长0.87、宽0.67米，用大小不同的木板交叉砌垒而成，口大底小、呈倒置梯形	井壁用长短不齐宽窄不等的木板交叉砌垒而成，外围作用	打破③至生土层	陶罐1及骨针、骨锥、骨器等	西周早期
J3	南Ⅰ	T1224	②下	井口平面近似半圆形直径1.70、深3.75米，井壁下部内收	井壁北部发现2个脚窝	被H27打破	有陶罐、盆、豆、器盖、筒瓦残片等	东周时期
J4	南Ⅰ	T919	②下	井口平面呈圆形，口径0.80、深2.44、底径0.78米，井壁为直筒形	未发现加工痕迹	打破文化层深入生土层	A陶罐5、C陶罐1、陶盆2、陶豆2、陶瓮1	东周时期
J5	南Ⅰ	T820	①下	平面呈圆角长方形，南北长1.0、东西宽0.75、深3.40米，壁较直，呈筒形	未发现加工痕迹	打破文化层深入生土层		东周时期
J6	南Ⅰ	T709	②下	井口平面呈圆角方形，长2.83、宽2.40、深4.40米，井壁较直下部往外凸出，可能因塌方所致	未发现加工痕迹	打破文化层深入生土层	有陶鬲、罐残片及兽骨等	西周早期

附表六　西周早期灰坑 H8 陶片统计表

陶质			夹砂			泥质			纹饰					
陶色			灰	灰褐	灰黑	灰	灰褐	灰黑	中绳纹	粗绳纹	附堆	旋纹	三角划纹	素面
数量			67	46	44	50	5	19	119	29	7	16	1	59
百分比			29	20	19	21.6	2.2	8.2	51.5	12.6	3.0	7.0	0.4	25.5
器形	数量	百分比												
鬲	20	8.7	6	8	6				6	9	3			
罐	15	6.5	6	1	3	4	1		9	3				
簋	2	0.9				2						1		
罍	1	0.4						1				1		
豆	3	1.3				1		2						
残片	190	82.2	55	37	35	43	4	16	104	17	4	14	1	59
合计	231	100%												

附表七　西周早期灰坑 H9 陶片统计表

陶质			夹砂		泥质	纹饰				
陶色			褐陶	灰陶	灰陶	中绳纹	粗绳纹	旋纹	附加堆纹	素面
数量			10	13	15	12	3	2	1	20
百分比			26.3	34.3	39.4	31.6	7.9	5.3	2.6	52.6
器形	数量	百分比								
鬲	6	15.8	6			6				
罐	2	5.3		1	1					
簋	1	2.6			1			1		
残片	29	76.3	4	12	13	6	3	1	1	20
合计	38	100%								

附表八　西周早期灰坑 H12 陶片统计表

陶质			夹砂		泥质	纹饰				
陶色			褐陶	灰陶	灰陶	中绳纹	粗绳纹	旋纹	附加堆纹	素面
数量			7	26	24	9	6	1	1	40
百分比			12.3	45.6	42.1	15.8	10.5	1.75	1.75	70.2
器形	数量	百分比								
鬲	1	1.7	1			1				
罐	3	5.3	1		2			1	1	
残片	53	93	5	26	22	9	5			40
合计	57	100%								

附表九　东周时期灰坑 H10 陶片统计表

陶质			夹砂		泥质			纹饰			
陶色			灰陶	灰黑	灰陶	灰黑	红陶	绳纹	三角划纹	弦纹	素面
数量			21	6	57	1	12	56	1	2	38
百分比			21.6	6.2	58.8	1.0	12.4	57.7	1.0	2.1	39.2
器形	数量	百分比									
鬲	3	3.1	2	1				3			
罐	5	5.2			4		1	1		1	
豆	3	3.1			3					1	
残片	86	88.6						52	1	1	38
合计	97	100%									

附表一〇 前掌大墓地北Ⅰ区墓葬登记表

墓号	层位	方向	墓葬结构			葬具、性别、年龄	殉人、殉兽	随葬器物				时代	备注
			墓口距地表深	室（道）长×宽+深（米）	二层台腰坑			青铜器	陶瓷器	玉器	其他		
BM1	②下	7°	0.60	2.15×0.66~0.84+0.25		俯身 男性			BⅠ绳纹鬲1、CⅢ绳纹鬲1			西周早期晚段	
BM2	②下	8°	0.85	3.65×1.30~1.62+2.22	二层台腰坑	棺残							被盗
BM3	②下	15°	0.85	墓室：8.00×3.30~3.40+3.60 墓道（残）：1.35×2.27~2.92（倾斜40°）	熟土二层台腰坑	一棺一椁 侧身屈肢 女性，40岁	殉犬 殉人3	B甍1、Bb铃1、箱铜器饰7、管1、辖饰1、轴饰1、鋚饰2、B辖2、D衡末饰1、Aa泡1、Ba泡2、Ab泡1、Bc泡1、A节约1、B节约4、A节约1、C节约1、A镳1	DⅠ甭1、BaⅢ旋纹罐1、AⅠ绳纹罐1、BⅡ旋纹罐1、BⅡ绳纹鬲1、B盘1、Ⅲ瓿1、Ⅲ三足盘1、原始瓷豆5、B原始瓷豆5、原始瓷尊1、原始瓷罐1	Ab黄1、Ba鱼1、Da鱼1、B管1、泡1、A牛1、B蝉1、Aa鸟1、Ⅰ戈1、Aa鸟1、琮1、鹿1、Ab龙1、B鸟1、A牌饰3、嵌镶形器3、Aa锥形器2	A蚌勺2	西周早期早段	被盗 打破BM4
BM4	③下	5°	0.75	南墓道：5.35~5.44×3.20~4.12（倾斜61°） 北墓道：残2.10×2.65（倾斜42.5°） 墓室：9.18×5.54~5.95+5.15	熟土二层台腰坑	一棺一椁 仅存股骨，但被移动	殉犬	Aa泡3、Da泡1、C泡3、Bb铃1、箱饰1、辖1、B辖1、A节约1、管饰2	B网坠1、圆陶盂1、算1、异形器3、AⅠ印纹硬陶罐2	B蝉1、Ab戈1、B牌饰1、A璧1、Aa鱼1、片形器2、A原始瓷豆3、绿松石片16	B骨镞1、骨雕饰1、骨饰1、鳄鱼板27、蚌片47、海贝、龟壳56、蚌泡92、石磬1、嵌蚌漆B砺石2、牌饰2、兽骨3	商代晚期	被盗 BM3打破
BM5	②下	90°	0.85	1.20×0.33+0.20		侧身直肢 儿童					骨镞		

续附表一〇

墓号	层位	方向	墓葬结构 墓口距地表深 室(道)长×宽+深(米)	二层台腰坑	葬具、性别、年龄	殉人、殉兽	随葬器物 青铜器	陶瓷器	玉器	其他	时代	备注
BM6	②下	280°	0.80 1.23×0.38+0.24		仰身直肢 儿童							
BM7	②下	10°	0.65 3.60×2.30+2.50	腰坑	一棺一椁 仰身直肢	腰坑犬1	刀(残)	罐、纺轮		蚌镞		被盗
BM8	②下	13°	0.30 4.70×3.10+3.32	二层台腰坑	一棺一椁					牙质盾牌(大径33、小径33厘米)		被盗
BM9	③下	20°	0.50 2.85×1.50~1.70+1.40	二层台腰坑	一棺一椁 男性，40~45岁	椁上有散犬骨，腰坑犬1	BI爵1, CI觚1, Da铃1, Cb牙6, D衡末饰1, A锛2, B衔1, A斧1, Aa刀1, Ab刀1, AIVa戈1, BII戈4, A镞7			A骨梢1, 骨饰1, 海贝1		
BM10	②下	13°	1.20 3.60×1.90+2.15	腰坑				AbII盨1			西周早期早段	被盗
BM11	①下	17°	0.60 墓道:2.40×1.94 墓室:4.60×3.14+3.16	二层台腰坑			Bb铲1			Ba骨钎1, 二层台座，西各置漆画，形为羊头、虎饰	西周早期早段	被盗
BM12	②下	9°	0.55 3.70+2.77+2.60	腰坑	棺上盖9根圆木，下垫4根圆木	腰坑犬1		钵1			商代晚期	被盗

附表一一　前掌大墓地北Ⅱ区墓葬登记表

墓号	层位	方向	墓葬结构		二层台腰坑	葬具、葬式性别、年龄	殉人、殉兽	随葬器物				时代	备注
			墓口距地表深	室(道)长×宽+深(m)				青铜器	陶瓷器	玉器	其他		
M201	②下	10°	0.60	东墓道：2.15×1.70 南墓道：3.12×2.0 墓室：4.42×3.45+4.20	二层台腰坑	一椁一棺，彩漆绘金箔饰	殉7人：南墓道1人，二层台西南1人，东南角2人，墓室南侧1人，腰坑1人	Da铃1、CⅢ戈2、Cb矛2、鞘1、Aa泡1、Ab泡1、Ca泡1	BⅠ绳纹罐1、盆1、盅1、A纺轮1、纺轮1	Ba璜1、Bb黄1、Db鱼1、Bb鱼1、Ab鱼1、戈1、芯1、A管2、珠2、梯形器1、椭圆形器1、片形器2、BⅠ鳞1	B石镰1、A石镰1、石饰2、石铲1、A骨镞1、B骨镞2、A骨镞2、Ba骨镝1、A骨管3、A骨锥1、A骨瓶1、B骨芽1、B骨芽哨1、C骨芽哨1、F骨芽哨1、象牙芽哨1、B象牙芽1、牙形饰1、Bb象牙芽1、权杖头2、B象牙片2、B牙片2、A牙片2、A獐牙器1、A骨镞1、蚌1、蚌2、A蚌饰1	西周早期早段	被盗 两墓道仅作部分清理
M202	②下	5°	0.60	4.10×2.70+1.65	二层台	一棺	二层台东殉犬1		BⅢ鬲1、CⅡ鬲1、AⅡ旋纹罐1、BⅠ绳纹罐1、绳纹器1	AⅠ璧1、Ba鱼1	E骨镞1、B蚌片1	西周早期早段	
M203	②下	2°	0.60	墓道：8.50×2.40倾斜17° 墓室：5.20×4.0+4.10	二层台腰坑	一椁一棺	填土中有兽骨，墓道口有兽骨，腰坑大骨零乱	Bb铃1、Ab泡1、Aa矛1、B矛1、A印1	BⅠ鬲1、BⅢ鬲1、CⅠ鬲1、AbⅠ鬲1、EⅡ鬲1、CⅠ鬲1、AⅠ瓿1、A印纹硬陶罐1、印纹硬陶瓿2	Aa鸟1、AaⅠ戈1、B管2、泡1、片形器1	砺石1、D骨镞1、釉陶瓷片1、Ba骨镞1、A骨管2、B獐牙器2、B蚌片7、A蚌泡36、鳄鱼片1、A蚌饰3、A蚌片片18、嵌蚌饰1、C蚌泡3、兽骨5；二层台东竖大型嵌蚌漆牌饰、蚌泡、蚌片	西周早期早段	被盗

续附表一

墓号	层位	方向	墓口距地表深、墓室（道）长×宽+深（m）	二层台腰坑	葬具、葬式性别、车龄	殉人、殉兽	青铜器	陶瓷器	玉器	其他	时代	备注
M204	②下	8°	1.10　3.74×2.24+3.00	二层台腰坑	一椁	腰坑、二层台西南各有1犬	B軛首1、B軛颈1、A軛箍1、軛脚1、C鞭策1、B軎2、Ba軎1			二层台东有红漆片、骨器、蚌片、龟甲		被盗打破H1
M205	②下	1°	0.80　墓道：7.03×2.34~2.64　墓室：5.25×3.40+3.86	二层台腰坑	一椁呈黑色，一椁呈红色	椁上、腰坑各有1犬	A斧1、B矛6、A镞34	B纺轮1、网坠1	A管1、B管1、Ca鱼1、Db鱼1、B蝉1	象牙鱼形饰1、A骨锥6、A骨镞1、B骨镞17、B骨管1、B骨轩2、A骨销3、骨器8、B蚌片1、A蚌1、牙器1、A蚌片1、海贝5、A硇石1、石饰1	西周早期早段	被盗打破M214　墓道东壁残有一段夯土墙
M206	②下	8°	0.80　墓道：7.0×2.0　墓室：5.30×4.36+3.90	二层台腰坑	一椁一棺	腰坑殉人1、犬1、二层台殉人3个	A镞1、Aa泡56、Bb铃2、铙1、B铃1、胄8	AⅡ旋纹罐1	B蝉1、A骨梳1、片形器1、Ba鱼2、Ca鱼1、AaⅠ戈1、A管1	石器1、A骨梳1、B骨镞5、A骨轩1、Ba骨轩1、A骨轩7、A骨镞4、A骨锥4、D骨销2、骨器2、象牙形饰1、骨销1、牙饰器2、鳄鱼片4、漆器2、嵌蚌饰1、漆器5、A蚌片5、A蚌泡7、B蚌片5、A蚌饰3、蚌饰6、海贝	西周早期早段	被盗打破M215
M207	②下	5°	1.0　2.60×1.64+3.65							龟甲、蚌片、骨器		被盗打破J1

续附表一

墓号	层位	墓葬结构			葬具、葬式、性别、年龄	殉人、殉兽	随葬器物				时代	备注
		方向	墓口距地表深 墓(道)长×宽 室+深 (m)	二层台腰坑			青铜器	陶瓷器	玉器	其他		
M208	②下	10°	1.05 4.15×2.40+3.15	二层台腰坑	棺椁均扰乱,杂有残金箔	二层台北及腰坑各有1犬	A镞2、Aa泡14			B骨镞1、蚌镰1、A蚌泡11、蚌饰1、金箔1		被盗
M209	③下	5°	1.30 4.70×3.18+2.06	二层台腰坑	棺底南北向垫2根圆木		Aa泡2					
M210	②下	5°	0.80 3.60×2.60+1.76		棺、椁枕有漆皮、朱砂	二层台东西各有蚌镶嵌块牌1,东北角有兽骨、鳄鱼骨	C铃1、A镞2	A纺轮1	C锥形器1、B钺1、Bb鱼1	石饰1、B蚌片1、海贝1		被盗
M211	②下	5°	0.75 3.95×2.25~2.62+2.45	二层台腰坑	一棺一椁	二层台殉人2,大东人1、东南角有禽类骨架	Ac胄8、Db铃1、A镞6、Aa泡4	AⅢ旋纹罐1、CⅣ绳纹罍1	A柄形器1、马衔形器1	骨器1、A骨管1、A蚌泡2、B蚌泡1	西周早期早段	被盗
M212	②下	90°	0.55 1.20×0.60+0.40		儿童							

续附表一一

墓号	层位	墓葬结构					随葬器物				时代	备注
		方向	墓口距地表深 室(道)长×宽+深(m)	二层台腰坑	葬具、葬式 性别、车龄	殉人、殉兽	青铜器	陶瓷器	玉器	其他		
M213	③下	20°	1.20 3.27×1.80~2.10+1.95	二层台腰坑	一椁	腰坑殉犬1	AI瓶1、BI觚1、AI爵1、A斝1、铙1、B罍2、轭1、衡末饰2、A镳2、A矛1、CI戈2、Aa泡14、B镳2、Bb泡40、Ba泡1、鼎、器盖1、盖、爵、觚、觯、鼍残片	II豆1	C戈1、Ba鱼1、斗1、圆柱形器1	A砺石1、A骨镞1、B骨笄1、A骨芽1、骨锥1、B骨芽1、卜骨1、A鳄鱼片1、石饰1、漆器、兽骨	商代晚期	被盗
M214	②下	4°	0.75 南墓道:16.0×3.10 北墓道:12.0×2.55 墓室底:5.50×4.16+4.65 墓室口:8.00×7.15+4.65	二层台腰坑		南二层台殉人1、腰坑殉人1、犬1	Aa泡5、Ab泡13、柄形器1、AIVa戈1、A镳20、B镳33、C车轭1、Aa铃2	DII鬲1、AII绳纹罐1、A纺轮1	A骨芽帽1、B Aa I 戈1	B象牙芽帽1、A骨镞2、B骨镳1、A骨辔1、Ba骨轩1、A骨销2、Bc骨销1、B骨芽帽2、D骨芽锥1、F骨芽帽1、A骨锥1、骨饰1、骨牌饰1、蚌镶2、C蚌片1、蚌饰1	商代晚期	被盗 被M205打破
M215	③下	8°	0.80 3.30×1.75~1.83+2.93 墓道:1.66×1.40~1.50	二层台腰坑	一椁	二层台、腰坑各有1犬	觯2、觯管1、Ab铃1		片形器1、Cb鱼1	Bb骨轩1、A骨匕1、B骨镞1、D蚌片1、海贝	商代晚期	被盗 被M206打破

续附表——

墓号	层位	方向	墓口距地表深／墓室(道)长×宽+深(m)	二层台腰坑	葬具、葬式、性别、年龄	殉人、殉兽	青铜器	陶瓷器	玉器	其他	时代	备注
M216	②下	15°	0.80 2.95×1.33~1.45+3.75	腰坑	棺下铺9根圆木	腰坑犬1	A镞11	Ⅱ豆1		A骨匕1、A骨镞1、Bb骨钎1	商代晚期	被盗
M217	②下	45°	0.85 残：0.50×0.55+0.25		残存头、须骨，儿童							被扰乱
M218	②下	14°	0.50 墓道：8.24×2.10 墓室：5.05×3.70+3.90	二层台腰坑	棺椁全乱	二层台南人头骨1，东有散人骨		瓶1、CⅡ瓴1、BaⅢ盏1、CⅠ绳纹鼎1		北二层台上有漆器3件，东西两面有漆画	西周早期早段	被盗 故M219打破M218
M219	②下	8°	0.50 墓道：8.14×2.00 墓室：4.20~4.58×2.98+3.64	二层台腰坑	椁上有木痕，底铺6根圆木	腰坑犬1	A镞1		Aa龙2、Ab龙2、Ba鱼1、AaⅠ戈1、琮1、珠1、A兔1	骨饰2、A骨笄1、海贝2、C蚌片1、鳄鱼片1	西周早期晚段	被盗 打破M218
M220	③下	10°	0.80 3.30×3.10+2.10	二层台腰坑	一棺	腰坑犬1	Ba铃1、管1	AaⅠ盘1、CⅠ簋1、AⅡ旋纹罐1、网坠1		B骨锥1、B骨镞1、A骨管1、骨柄饰1	商代晚期	被盗
M221	②下	4°	0.85 墓室：6.60×1.12 墓道：4.0×2.67~3.00+3.90	二层台腰坑	棺底垫2根圆木	二层台南殉人1（缺头、肩）	A瓿首2、B瓿罐2、A瓿颈1		Aa虎2、Ab鱼1、Bb鱼1、AaⅠ戈1	石刀1、象牙鱼形饰1、A骨锥1	商代晚期	被盗

续附表一一

墓号	墓葬结构				葬具、性别、车龄 葬式	殉人、殉兽	随葬器物				时代	备注
	层位	方向	墓口距地表深 墓室(道)长×宽+深(m)	二层台腰坑			青铜器	陶瓷器	玉器	其他		
M222	③下	6°	1.30 4.55×3.18+3.06	二层台腰坑		填土中及二层台东北角青兽骨	A 镞 14、Aa 胄 13、Ab 胄 2、胄护耳 8、镙 1、B 曽 1、Aa 矛 2、Ba 铃 2、Ba 泡 2	Bb I 旋纹罐 1、A 拍 1、A II 印纹硬陶罍 1、A III 印纹硬陶罍 1、B 印纹硬陶罐 1、A 原始瓷豆 1	Ba 牛 1、Bb 牛 1、B 虎 1、B 管 1、Bb Aa 虎 1、鱼 2、A 柄形器 1、B 兔 1	石磬 1、A 石璋 2、B 石璜 1、A 砺石 1、水晶饰 1、A 骨镝 1、A 骨销 1、A 骨管 13、B 骨管 1、A 骨矸 1、蚌饰 1	商代晚期	被盗
M223	③下	3°	0.55 4.25×3.10+2.60	二层台		北部二层台犬 1			耳形器 1			被盗

附表一二　前掌大墓地南Ⅰ区墓葬登记表

墓号	层位	方向	墓葬结构 墓口距地表深(道)长×宽+深(m)	二层台腰坑	葬具、葬式 性别、年龄	殉人、殉兽	随葬器物 青铜器	陶瓷器	玉器	其他	时代	备注
M1	①下	358°	0.22 1.96×0.80~0.86+0.28		仰身直肢 女性(?)					A骨锥2、海贝1		祭祀墓
M2	①下	176°	0.26 2.10×0.80+0.39		仰身直肢 女性、40岁			DⅡ鬶1、BbⅢ旋纹罐1	C管1、长方形1	象牙鱼形璛1、A璋牙器1、海贝3	西周早期早段	祭祀墓 遭破坏
M3	①下	175°	0.30 0.90×0.70+0.10		女性、20~30岁					海贝2		祭祀墓 南半部破坏
M4	①下	175°	0.22 2.0×0.60~0.80+0.25		骨散乱					海贝4		祭祀墓
M5	①下	135°	0.35 1.20×0.45~0.50×0.20		俯身、下肢跪折在盆骨上							
M6	①下	285°	0.35 1.80×0.50+0.54									
M7	②下	173°	0.32 1.50×0.73+0.45		仰身直肢							
M8	①下	125°	0.30 1.80×0.44~0.60+0.25		仰身直肢							
M9	①下	12°	0.30 0.90×0.55~0.85		零碎人骨							半圆形
M10	③下	218°	0.35 1.30×0.30+0.50		仅存下肢							

续附表一二

墓号	层位	方向	墓室(道)长×宽+深(m)	二层台腰坑	葬具、葬式、性别、年龄	殉人、殉兽	青铜器	陶瓷器	玉器	其他	时代	备注
M11	②下	6°	0.20 3.77×1.96～2.08+3.34	二层台腰坑	一椁一棺	东二层台殉人1，腰坑殉犬1	A方鼎2，A深腹圆鼎1，BⅡ深腹圆鼎1，AⅡ分裆圆鼎2，A扁足圆鼎2，BⅢ簋1，B甗1，Ⅲ斝1，B罍1，B盉1，A尊1，爵5，BI角1，ABI盉1，BI爵1，AI觯1，AⅡ觯1，盘1，Ab盂2，A镞134，Ca胄11，Cb胄2，B弓形器1，B镳策1，AⅣa戈30，AⅣc戈1，铜镯木杻1，刀2，胄护耳1		Ab璜1，片形器1，B柄形器1，D管2，绿松石片1	A砺石2，A骨钎1，D骨笄帽1，C骨镞3，B骨管1，象牙管1，A牙片1，象牙鱼形1，象牙管饰1，漆觯1，象牙饰1，龟板4，B蚌泡，漆盾牌11，海贝	西周早期早段	
M13	②下	3°	0.40 2.67×0.95～1.25+0.85	二层台腰坑	一椁 仰身直肢 男性，25～30岁	腰坑中殉犬1	BⅡ鼎1，B罍1，DⅡ爵1，DI爵1，BI觯1，BⅡ尊1	BⅣ瓺1，BI旋纹罍2，BI绳纹罍1，C绳纹器1，BⅠ壶1，D瓿1，瓮1，瓷1，AⅢ器盖1，B原始瓷豆1	Ba璜1，Bb黄1，鸟1，玦1，B柄形器1，B蝉1，A牌饰1，A管1，C管1，Ba鱼2，圆台形器1	A骨管1，象牙笄1，象牙饰1，牙形饰品1，A蚌泡1，海贝	西周早期早段	
M14	②下	5°	0.84 3.65×1.55～1.64+2.07	二层台腰坑	一椁一棺 仰身直肢 男性，30岁	椁盖犬1，兽腿，腰坑殉犬1	DI爵1，CⅡ觯1，AⅣa戈1	AbⅢ瓺1，CⅢ绳纹罍2，AⅢ尊1，A鬲1，Ⅱ壶1	A璧2	A骨钎1，漆器2，海贝	西周早期晚段	

续附表二

墓号	层位	方向	墓葬结构 墓口距地表深(道)长×宽+深(m)	二层台腰坑	葬具、性别、葬式、年龄	殉人、殉兽	随葬器物 青铜器	陶瓷器	玉器	其他	时代	备注
M15	②下	6°	0.84 3.63×1.53~1.64+1.96	二层台腰坑	一棺一椁 仰身直肢 男性，40岁	椁盖犬1、腰坑犬1、北二层台兽腿	DI爵1	CⅣa甬1、AbⅢ簋1、C BⅢ绳纹罐1、C Ⅱ绳纹鬲2		A骨轩2、象牙鱼形觿1、漆器1、C蚌泡6、蚌泡3	西周早期晚段	
M16	③下	3°	0.25 2.40×0.85~0.92+0.35		女性，30~35岁					A骨芽2、A骨管4骨管		
M17	②下	5°	0.55 2.90×1.45~1.62+2.10	二层台腰坑	一棺一椁 仰身直肢 女性(?)，30岁	西二层台大1、北二层台大腿1、腰坑犬1	CI爵1、BI觚1、BI戈2	Ⅱ豆1		A砺石1、A骨芽1、海贝7、兽1骨管	商代晚期	故M20打破
M18	②下	7°	0.40 3.30×2.20~2.40+2.75	二层台腰坑	一棺一椁 男性，30~35岁	腰坑犬1、东二层台、车轮下大1	BⅡ深腹圆鼎1、B Ⅱ簋1、AⅡ壶1、A壶2、F爵2、A觚2、A角1、CI盉1、BI尊1、A斝1、BI觯1、踵管1、树形器1、A镳5、Ba铃器1、A觥1、A镞5、C骨镳1、钉齿镳1、A笱2、BI弓形器1、A衔2、Aa刀2、Ba铃75、BbⅠ支、AⅢ铃2、DⅣ戈1、AⅣb戈2、辔2、车饰1、柱饰2、衡末饰2	BI绳纹罐1、BI盉1	A蝉1	A砺石1、骨鱼1、A骨哨4、A骨管3、B骨镳5、C骨销2、A骨锥5、A骨耳勺1、A牙饰2、牙虎柄耳勺1、A牙销1、A蚌片、蚌饰1、柱饰3、A蚌泡、漆器2、海贝	西周早期早段	二层台置上1车一辆

续附表一二

墓号	层位	方向	墓口距地表深 室(道) 长×宽+深(m)	二层台腰坑	葬具、葬式、性别、年龄	殉人、殉兽	青铜器	陶瓷器	玉器	其他	时代	备注
M19	②下	0°	0.40 3.11×1.95+2.30	二层台腰坑	一棺一椁，椁盖52根圆木，底铺6根圆木	东二层台犬1		BⅠ绳纹罋1、BaⅢ瓽1、BbⅡ旋纹罐1	玦1	龟甲	西周早期早段	被盗
M20	②下	5°	0.55 2.15×1.10+0.73		一椁，椁下铺一层朱砂						西周早期晚段	打破M17
M21	③下	6°	0.30~0.60 3.28×1.74~1.85+2.54	二层台腰坑	一棺一椁	椁顶和腰坑各殉犬1	BⅣ深腹圆鼎1、A罋1、BⅢ尊1、A瓿2、CⅠ瓿1、CⅡ爵1、CⅢ爵1、DⅠ爵1、BⅠ角1、AⅡ觯1、Ⅱ觯1、BⅠ觯1、BⅡ觯1、AⅡ戈1、AⅡ戈1、C镞1、A镞6、Aa刀1、A镳1、Ba铃1、Ba镳1、铜镳铆木壶1	BⅠ绳纹罐1、BⅡ绳纹罐1、BⅠ旋纹罋1、AⅠ绳纹罋1、AⅡ尊1、A罍1	弯柱形器1、A璜1、A兔1、C珏2、A兔1、夬2、珠1、坠1	A砺石3、B砺石1、象牙斗1、骨坠1、C骨销1、象牙虎1、A骨矛1、A骨销笋1、A骨轩1、蚌饰3、漆案1、蚌饰5、细骨1、漆器1、海贝1、兽骨	西周早期早段	
M22	②下	146°	0.38~0.75 残长1.40×0.60+0.60		一棺 女性，45岁			AⅢ绳纹罐1		漆器2	西周早期晚段	
M23	①下	265°	0.25 1.25×0.55~0.70+0.10	腰坑	男性，30岁							
M24	②下	12°	0.30 2.50×1.05×0.90	二层台	一椁，有席纹痕迹 仰身直肢 女性，30~35岁		鱼1	BaⅡ簋1、AⅠ旋纹罐1、BaⅠ旋纹罐1、BaⅡ旋纹罋3、AⅠ旋纹罋1		A骨笄1、海贝	商代晚期	

续附表一二

墓号	层位	方向	墓口距地表深室长×宽+深 (m)	二层台腰坑	葬具、葬式、性别、年龄	殉人、殉兽	青铜器	陶瓷器	玉器	其他	时代	备注
M25	②下	6°	0.30 2.60×1.26+1.10	二层台	一棺 男性，25～30岁		Aa泡1	CⅡ簋1、BⅠ绳纹鬲1、CⅢ绳纹鬲1、CⅡ壶1、AⅡ尊1、ⅥⅠ豆1、BⅢ瓶1		B骨管1、A骨笄1、漆器5、海贝	西周早期晚段	
M26	②下	98°	0.40 2.15×0.70～0.90+0.60	二层台	一棺 仰身直肢 男性，25岁			AⅣa鬲1、Bb豆1		A骨笄1、海贝14	西周早期早段	
M27	②下	8°	0.25 1.70×0.65+0.20		仰身屈肢 女性							
M28	②下	4°	0.35 2.20×0.90+0.60		一棺 女性，20～25岁			BⅠ旋纹罐1		A骨笄1、海贝4	商代晚期	
M29	④下	15°	0.50 2.28×0.62+0.55		男性，40～45岁					海贝		
M30	②下	7°	0.28～0.42 3.10×1.58+1.00	二层台	一棺 侧身屈肢		CⅢ爵1、BⅢ瓠1、CⅠ觯1	EⅡ簋1、BⅡ绳纹罐1、AⅢ旋纹罐1、CⅢ绳纹鬲1、AⅢ尊1、AⅣ瓶1、AⅣ器盖1、A原始瓷豆1	Bb璜2、AaⅠ戈1、A管2、AⅡ鬯3、B锥形器1、A璧1	象牙鱼形髓1、牙芽3、蚌饰1、海贝39、A蚌泡1、象蚌	西周早期早段	打破H22
M31	③下	8°	0.40 3.00×1.60+1.95	二层台	一棺 仰身直肢 女性，40岁	填土1.50米处有殉人1	CⅡ觯1、DⅠ爵1、CⅠ瓠1	AcⅡ簋1、CⅡ簋1、Bb旋纹罐1、AⅠ盆1、AⅠ器盖1、3、CⅠ管1、A兔2、AⅡ器盖1、印纹硬陶盏1	A钻孔玉片2、A管1、A硕石1、A兔2、C管串饰1	A骨笄1、A骨笄1、蚌器1、蚌泡1、海贝12	西周早期早段	

墓号	层位	方向	墓口距地表深 室(道)长×宽+深(m)	二层台腰坑	葬具、葬式 性别、年龄	殉人、殉兽	青铜器	陶瓷器	玉器	其他	时代	备注
M32	⑤下	220°	1.00×0.34+0.10									被坑沟打破，仅存胸部及下肢
M33	⑤下	215°	1.35 1.07×0.50~0.65+0.19		俯身屈肢 男性，25岁							
M34	②下	5°	0.85 3.20×1.45~1.50+1.05	二层台腰坑	一棺一椁 仰身直肢 女性，50岁	腰坑殉犬1	E爵1，CI觯1	AⅡb甬1，BbⅠ簋1，BaⅢ簋1，BⅠ绳纹鬲1，BⅢ旋纹罐1，AⅡ壶1，BⅠ器盖1，BⅢ器盖1	Ab鸟1	海贝13，A骨笄1	西周早期早段	打破H15
M35	②下		墓扩不明显 0.40	二层台腰坑	骨架呈零乱一堆	东二层台大1，腰坑殉犬1						
M36	②下	4°	0.30 3.30×1.70+1.80	二层台腰坑	一棺一椁 女性			Ⅰ豆1	Bb鱼1	A骨笄1	商代晚期	
M37	②下	5°	0.55~0.65 3.0×1.37~1.48+0.80		一棺 仰身直肢 女性，25岁					骨笄、海贝		被水井打破，多破坏

续附表一二

墓号	层位	方向	墓口距地表深	室(道)长×宽+深(m)	二层台 腰坑	葬具 葬式 性别 年龄	殉人 殉兽	青铜器	陶瓷器	玉器	其他	时代	备注
M38	②下	4°	0.55	3.85×2.03~2.12+2.15	二层台 腰坑	一椁一棺，椁盖为14根殉圆木	二层台、腰坑各殉犬1	BⅢ深腹铜鼎1，AⅠ分档鬲2，BⅠ簋1，AⅠ筥1，BⅠ瓿2，BⅡ瓿2，CⅠ爵2，AⅡ爵2，BⅠ尊1，AⅠ卣1，AⅢ觯1，Bb斗1，A斝1，Bb奉1、器盖1，Ba刀1，Aa刀1，F戈1，Aa铃2	Ⅴ陶豆1	Aa璜2，Ab鱼2，Ba鱼2，Bb鱼2，Ca鱼2，Dc鱼1，Aa鱼2，Aa龙1，Aa虎2，Ab龙4，Ab鸟4，BⅠ坠2，CⅡ管2，AⅠ坠2，AaⅠ戈2，CⅡ坠2，AⅡ觿1，AⅠ戈1，BⅡ柄形器1，片形器1，绿松石嵌饰1	B骨管1，B蚌片1，A牙片1，龟板1，电壳1，漆器10，黑漆案1，彩绘案1	西周早期早段	打破 M39
M39	②下	1°	0.85	2.75~2.86×1.41+1.59	二层台 腰坑	一椁一棺，仰身直肢，女性(?)，40岁	东二层台、腰坑犬1，腰坑上兽腿1		Ⅱ豆1		骨笄2，海贝16，木棍(痕迹)1，漆器1，兽骨1	商代晚期	被 M38 打破
M42	②下	270°	1.55	2.24×0.85+0.48		一椁，铺朱 有砂							
M43	①下	28°	0.55	1.70~2.0×0.70~0.90+0.55		女性						西周早期晚段	打破 车马坑 M41
M44	②下	8°	0.55	3.40×2.00+2.50	二层台 腰坑	一椁一棺，仰身直肢，男性，40~45岁	东二层台有兽骨，西二层台有犬1，腰坑犬1	BⅡ戈1，Ba铃1	Ⅲ豆1	Ba璜2，Ca鱼2，Dc鱼1，Cl戈1，A管2，玉器2	A骨笄1，骨板1，Bb象牙笄1，海贝20，兽骨1	商代晚期	

续附表一二

墓号	层位	方向	墓口距地表深 (m)	室(道) 长×宽+深 (m)	二层台腰坑	葬具、葬式、性别、年龄	殉人、殉兽	青铜器	陶瓷器	玉器	其他	时代	备注
M46	②下	3°	0.32	3.75×1.70~1.95+2.35	二层台 腰坑	一椁一棺 仰身直肢 男性，45~50岁，墓主人撒上撒有朱砂	二层台东犬1，东北角兽坑犬1		CⅢ鬲2，AcⅢ簋1，BaⅣ簋1，CⅡ簋1，AⅡ尊1，AⅡ绳纹罍1，BⅡ瓶1，AⅢ瓿1，BⅣ瓶1，AⅢ瓿1，AⅡ盂1，AⅢ器盖1，AⅢ器盖2，BⅠ器盖1	AaⅠ戈1，AⅡ管6，Eb鱼1，A块1，蟋蟀1，Ab鸟1，兽头龋坐人像1	A骨牙1，B骨管2，兽骨1，漆器1，海贝11，蚌壳7	西周早期晚段	
M47	②下	16°	0.35	2.10×0.60+1.20	腰坑	骨架下垫3根圆木并铺有朱砂			CⅡ瓶1	AaⅠ戈1，Ca鱼1	石器1	商代晚期	
M48	②下	9°	0.80	2.20×1.20+1.00	二层台	一椁 仰身直肢 女性，25~30岁					A骨牙1，A象牙管1，海贝6	商代晚期	
M49	②下	3°	0.65	2.60×1.26+2.93	二层台	一椁一棺 仰身直肢 女性，25~30岁	椁上殉犬1	BⅢ戈1，AⅠa戈1，BⅠ瓢1，BⅠ卣1，BⅢ爵2	豆1	AⅠ璧1，AⅠ觿1，AaⅠ戈1，CⅠ管1，AⅠ管4	A骨器1	商代晚期	
M50	②下	186°	0.28	2.20×0.75+0.75	二层台	一椁		Ba刀2	AaⅢ簋1，BⅠ盂1，CⅡ绳纹罍1，CⅣ绳纹罍1，B盆1，AⅠ拍1		蚌饰2串	西周早期早段	
M101	③下	0°	0.55	2.60×1.25+1.45	二层台	一椁 仰身直肢 女性，45~50岁	二层台西南角殉犬1		AⅡc鬲1，BaⅢ簋1，AⅡ旋纹罍1，Bb罍1，BⅠ绳纹罍1，AⅠ罍1，BⅢ瓶1，A印纹硬陶罐1		A骨牙1，B骨管1，A砺石1，兽骨1	西周早期早段	

续附表一二

墓号	层位	方向	墓口距地表深 室(道)长×宽+深 (m)	二层台腰坑	葬具、葬式、性别、年龄	殉人、殉兽	青铜器	陶瓷器	玉器	其他	时代	备注
M102	③下	7°	0.55 2.30×1.05+1.25		一棺 女性，35岁			AⅡa鬲1、CⅡ簋1、CⅠ簋1、BbⅠ簋1、BaⅠ旋纹罐1、BⅡ瓶1、BⅡ壶2、陶器1		A砺石1、骨笄3、骨器2	西周早期早段	被H30打破
M103	②下	0°	0.80 3.77×1.98+2.50	二层台腰坑	一棺一椁 仰身直肢 男性，40~45岁	二层台东殉犬1，腰坑内殉犬1		AⅢ鬲1、CⅡ鬲1、AcⅣ簋1、BⅣb鬲1、CⅡ簋2、AⅣ绳纹罐1、CⅢ绳纹罐1、CⅢ旋纹罐1、CⅢ瓶1、BⅣ瓶2、BⅢ瓶1、AⅢ豆3、A盆1、AⅢ器盖2、纺轮2、圆陶片1	BⅠb鱼1、C坠1、B龙2	A砺石2、石器2、A骨管1、B骨管1、A骨笄1、兽骨1、漆器1、蚌壳1、海贝8	西周早期晚段	
M104	②下	0°	0.45~0.50 2.47×1.21+1.60	二层台	一棺 仰身直肢 女性，40岁	二层台西北、东北各置犬1		BⅠ绳纹罐1、AⅠ绳纹罐1、BaⅡ旋纹罐1	C坠1	A骨笄2、兽骨1	商代晚期	
M105	②下	0°	0.25 2.45×1.08+1.35		一棺 男性，40~45岁	填土中有残犬骨		BaⅡ旋纹罐1、EⅡ簋1、CⅢ绳纹罐2			西周早期早段	
M106	②下	0°	0.25 2.97×1.65+1.40		一棺一椁			AⅣb鬲1、CⅢ绳纹罐1、AⅡ瓶2、碗1			西周早期早段	
M107	②下	2°	0.8 3.30×1.75+2.35	腰坑(?)，犬1，椁上有犬大散骨	男性(?)，30岁					骨圭、海贝		被盗

续附表一二

墓号	层位	方向	墓葬结构		二层台腰坑	葬具、葬式 性别、年龄	殉人、殉兽	随葬器物				时代	备注
			墓口距地表深	室(道)长×宽+深(m)				青铜器	陶瓷器	玉器	其他		
M108	②下	8°	0.85	3.02×1.60~1.85+2.37	二层台腰坑	一棺一椁 仰身直肢 女性，30~35岁	二层台西犬1，腰坑犬1	BⅡ爵1，CⅠ瓿1，BⅠ戈1，AⅡ戈1		A玉管1	A骨笄1，骨器1，金箔1	商代晚期	
M109	②下	0°	0.55	5.05×3.05+3.40	二层台腰坑	一棺	二层台东犬1，腰坑犬1	Aa泡1				西周早期早段	被盗
M110	②下	10°	0.65	2.50×1.25~1.32+0.62	二层台腰坑	一棺 女性(?)，16~18岁		B爵1，AⅠ瓿1，BⅠ斝1，DⅡ爵1，AⅡ戈1	BⅣb甬1，CⅢ篮陶鼎1，AⅣ印纹硬陶鼎1，印纹硬陶釜1，原始瓷釜1，CⅣb甬1，珠2，B印纹硬陶鼎1	B龙1，Ab龙1，Cb鱼1，陶1，BⅠ勺1，璜2，A璧1，Aa勺2，片形器1	A骨轩6，海贝27	西周早期早段	
M111	②下	2°	0.40	2.67×1.37+3.00	二层台腰坑	一棺 仰身直肢 女性，40岁	椁上有残骨，腰坑犬1				骨笄2，骨饰1，骨片1，海贝2		
M112	②下	8°	0.40	2.10×0.85+1.40	二层台腰坑	一棺 仰身屈肢 男性，35~40岁	东二层台有殉狗头1		Ⅲ豆1		海贝2，狗头骨1	商代晚期	
M113	②下	5°	0.40	2.45×1.20+1.15	二层台腰坑	一棺 女性，25岁							
M114	②下	15°	0.60	2.93×1.20~1.42+1.10	二层台	一棺 仰身直肢 女性，25~30岁	二层台东南角殉犬1		BaⅢ簋1，BaⅠ旋纹罐2，BⅡ瓶1，AⅡ旋纹鼎1，CⅢ绳纹鼎1，C纺轮1		A骨笄1，牙器1	西周早期早段	

续附表一二

墓号	层位	方向	墓口距地表深室(道) 长×宽+深 (m)	二层台腰坑	葬具、葬式 性别、年龄	殉人、殉兽	青铜器	陶瓷器	玉器	其他	时代	备注
M115	③下	2°	0.55 2.40×1.07+1.35		一棺 女性，35～40岁			EⅠ甗1, BaⅢ簋2. AⅠ绳纹罐1, B尊1			西周早期早段	
M116	③下	2°	0.55 2.40×1.15+0.97		一棺 女性，30～35岁			AⅡb甬1, BaⅢ簋1, BⅢ瓶1			西周早期早段	
M117	③下	10°	0.55 1.50×0.98+0.40		骨架上有少量朱砂 男性(?)			AⅠa甬1, A纺轮2		B砺石1	商代晚期	
M118	②下	8°	0.65 3.40×1.40+2.45	二层台 腰坑	一棺一椁 仰身直肢 女性	填土中犬1		AⅡa甬1, DⅠ簋1, DⅡ簋1, BbⅢ旋纹罐1, CⅣ绳纹罍1, BⅡ罍1		象牙鱼形觿1, 骨觿2. 海贝18	西周早期早段	
M119	②下	7°	0.45 3.38×2.27+2.60	二层台 腰坑	一棺 女性，30～35岁	二层台东及腰坑各殉大1	铜镶木壶1, BⅡ方鼎1, EⅠ瓿2, C卣1, BⅡ角1, CⅡ觯1, BⅡ簋1, Ba斝1, Bb觥1, AⅢc戈1, A斗1, C镞2	BbⅣ旋纹罐1, E瓿1, Db亚2, C龙2, AⅣ印纹硬陶罍1, A原始瓷豆2, 硬陶尊1, AⅡ印纹硬陶罍1	Bb璜1, A璜3, 块1, Db鱼2, B蝉2, Ab鸟2, AaⅠ戈1, BⅠ戈3, A管3, C坠1, A牌饰1, B柄形器1, A柄形器1, 芯1, 串饰1, 绿松石料1	堆塑1, 砺石8. B骨梳1, A骨笄4, 骨板2, A曾骨1, 漆器2, 大海螺3, 大海贝5, 海贝20	西周早期晚段	

续附表一二

墓号	层位	墓葬结构					随葬器物				时代	备注
		方向	墓口距地表深（道）长×宽+深(m)	二层台腰坑	葬具、葬式性别、年龄	殉人、殉兽	青铜器	陶瓷器	玉器	其他		
M120	②下	7°	0.50 3.68×2.10+2.20	二层台腰坑	一棺，女性(?)，14～18岁	二层台南及腰坑各有犬1	A方鼎1、BI深腹圆鼎1、B扁足圆鼎1、AII瓶1、C铜箍木壶1、铜箍木壶2、E爵1、F瓠2、AII角1、B网盉1、BI角1、BI觯1、B斗1、BI尊1、A壶1、A盉1、Aa刀2、E戈1、A斧1	BII绳纹罐2、BII盉1、A原始瓷豆1、AII印纹硬陶罍1	Ba黄3、Ab黄3、蜀1、A璧2、B玺1、A觖1、B鸟1、Ab鸟3、Aa鸟3、Ca鱼1、Aa鱼2、Ea鱼1、Da鱼1、B虎2、AII牛1、Ab兔1、A璜1、Aa戈1、A觿1、AII戈2、C坠1、A柄饰器2、A柄形器1、Aa锥形器1、Ab锥形器2、钻孔玉片1、绿松石饰1	A砺石2、A骨铲2、A骨笄4、熊头1、B骨壳1、龟壳1、鲜泡1、海贝1、金耳坠1、5、海贝1	西周早期晚段	
M121	②下	8°	0.50 3.18×1.57+1.50	二层台腰坑	一棺一椁 仰身直肢 男性(?)，50～60岁	腰坑犬1	BIII尊1、F爵2、BI觯1、EII瓠1、AIIIa戈1、Ba铃1	CII甬1、CIII盉1、AII绳纹罐1、AI绳纹罍1、CIII绳纹罍2、AII壶1、BIII罐1、B壶1、AIII瓴1、AIII器盖2	A管1	B骨匕1、C骨匕1、B骨镞2、A骨笄1、海贝38、螺壳1、兽骨1	西周早期早段	
M122	②下	5°	0.45 2.45×0.94～1.08+0.52～0.64	二层台腰坑	一椁 仰身直肢 男性，40岁	二层台殉犬1				骨笄2、骨管1、海贝14	西周早期	
M123	②下	8°	0.45 3.00×1.60+1.35	二层台腰坑	一椁 仰身直肢 男性，40岁左右	二层台殉犬1	CI瓿1、DI爵1	CI簋1、BaII旋纹罐1、AII旋纹罐1、BbII旋纹罍1、I旋纹罍1、AII尊1		A骨铲1、A象牙芽1、鲁骨1、海贝6	商代晚期	

续附表一二

墓号	层位	方向	墓口距地表深	墓室（道）长×宽+深（m）	二层台腰坑	葬具、葬式、性别、年龄	殉人、殉兽	青铜器	陶瓷器	玉器	其他	时代	备注
M124	②下	4°	0.45	2.50～2.85×2.00+2.45	二层台腰坑	一棺一椁 仰身直肢 男性，40岁左右	二层台、腰坑各殉狗1	Aa刀1	AⅠb爵两1、BⅠ两1、BaⅠ簋1、AⅠ亚1、CⅠ亚1、AaⅠ亚Ⅰ尊1、Ⅳ豆2、CⅠ瓿1、瓿1、AⅠ盂1、Ⅰ盉1、碗1、珠1、A纺轮1、小罐1、B纺轮1、原始瓷簋1	Ba璜1、AⅠ璜1、B璋1、玦2、AaⅠ戈2、CⅠ坠1、斧1、鱼形饰1、鱼鱼1	A砺石4、A骨管4、B骨管2、B骨器2、AaⅠ鲺1、A骨轩3、象牙2、蚌环2、海贝17、B蚌勺2、兽骨1	商代晚期	
M125	②下	11°	0.45	3.05×1.74+2.25			二层台殉狗1		AcⅠ簋1、B纺轮2	A璜1		商代晚期	被盗
M126	②下	6°	0.30	3.15×1.60+2.70	二层台	一棺		D瓿2、AⅢ觯1	BⅢ器盖1	Bb牛1	B骨管1、Ba象牙芽1、A骨芽3、骨器1、大海贝1	商代晚期	被盗
M127	②下	8°	0.30	3.33×1.68+2.30	二层台腰坑	一棺一椁 仰身 男性，40～45岁	二层台殉狗1	BⅠ瓿1、DⅡ觯1	BⅠ瓿1、BⅢ器盖1	AaⅠ戈2、A璜1	A骨芽2、海贝6、兽骨1	商代晚期	
M128	②下	5°	0.30	3.55×1.80+3.15	二层台腰坑	一棺一椁 仰身直肢 女性，30～40岁	腰坑殉狗1	BⅠ瓿1、BⅠ瓿2、A圆鼎1、BⅠ觯1、CⅠ觯1、残铜器	AV豆1、AaⅡ簋1、AcⅡ簋1	Aa虎2、Ab虎1、A管1、A蝉1		商代晚期	被盗
M129	②下	5°	0.35	3.15×1.90+3.05	二层台	一棺一椁	二层台大1	CⅡ瓿1、CⅠ爵1		Ab龙1		商代晚期	被盗
M130	②下	8°	0.50	2.74×1.55～1.75+2.35	二层台腰坑	一棺一椁 仰身直肢 女性，25～30岁	椁上、腰坑各有犬1			Aa虎2	A骨芽3、骨片2、兽骨2	西周早期晚段	

附表一三 前掌大墓地殉兽坑登记表

坑号	区号	层位	距地表深 坑长×宽+深 (m)	方向	殉葬畜物 畜类	葬式	器物	时代	备注
SK1	南I	①下	0.50 1.90×1.45+0.60	260°	牛一头	前、后腿交叠正腰下，似为捆绑状		西周早期	头部被现代扰沟扰乱
SK2	南I	②下	0.50 3.55×0.83~1.20+0.30~0.55	90°	马两匹，完整	两马头相对并相互叠压在一起，四肢都交错在一起，作捆绑状		西周早期	
SK3	南I	②下	0.20 2.30×0.90~1.20+0.50	160°	马一匹，完整	脖须高挺，后腿伸直前腿呈跪姿		西周早期	
SK4	南I	①下	0.20 2.05×0.67~0.90+0.45	275°	马一匹，基本完整腰骨被晚期沟切去部分	脖须弯曲使头与身体靠得比较近，前后腿掌拢在一起		西周早期	
SK5	南I	①下	0.70 3.00×2.84+0.78	5°			铜泡17、铜镞1、骨镞1	西周早期	马残骨为主、杂有草木灰、红烧土渣
SK6	南I	①下	0.20 2.50×1.36+0.30	6°	马一匹，完整	脖须伸展较直，前腿弯曲，后腿伸直		西周早期	
SK7	南I	①下	0.2 0.65×0.35+0.2	5°	一具犬骨架	头朝北，四肢朝西		西周早期	坑略被近代扰沟破坏

附表一四　前掌大墓地车马坑登记表

墓号	层位	方向	墓口距地表深 长×宽+深 (m)	殉人	出土器物	时代	备注
M40	②下	188°	0.40 3.82×2.60~3.20+2.15	车尾部殉人1	A铜鞭策1, A铜弓形器1, A铜轭1, 铜栏饰2, A铜軎器1, A铜踵管1, 铜踵板1, A铜辖1, A铜軎2, A铜轭2, Aa铜当卢2, Ab铜镳4, 铜钉齿镳4, Aa铜泡669, Ac铜泡6, Ba铜泡2, Aa铜刀1, Bb铜泡1, Bb铜镳1, AIVb铜戈1, CI铜戈1, D铜刀1, CII铜戈1, B铜胄1, A铜镞4, A铜节约4, B铜节约6, C铜节约1, 金箔1, 玉牙帽1, 骨器1, A骨管5, 漆盾牌1, 海贝160	西周早期早段	
M41	②下	186°	0.55 4.30×2.70~3.40+2.40	车前与车尾部各有殉人1	BII铜爵1, D铜觚1, A铜瓠1, A铜轭肢1, C铜轭首1, A铜轭1, Aa铜衡末饰2, 铜玩2, 铜踵饰2, B铜軎器2, 铜踵辖2, A铜衔2, Ba铜軎1, AI b铜戈2, CII铜戈1, Bb铜镳1, 柱饰1, A铜辖1, Aa型铜镳4, 钉齿镳1, 铜销1, 车辖销1, Aa铜泡1, Ba铜泡8, Ca铜泡51, C铜车饰2, Bc铜刀1, 铜车伞盖1, 铜鼻梁带饰2, 铜额松带饰4, 铜颊带饰4, A铜节约2, 金箔3, 绿松石1, A骨管6, A骨牙帽1, 海贝13, 漆盾牌1, 漆器2	西周早期早段	被M43打破
M45	②下	184°	0.70 3.20~3.40×3.20+2.35	车尾部殉人1	铜当卢(鎏金)2, Aa铜轭2, Ba铜泡2, A铜軎2, B铜轭轭2, 铜栏饰2, A铜踵管1, A铜踵板1, A铜軎首2, A铜辖2, A铜辖2, Ab铜衡末饰2, B铜踵饰2, C铜铃1, Ac铜戈1, 铜轭1, A铜轨1, A铜弓形器1, A铜鞭策1, CII铜戈1, AI a铜戈1, A铜戈2, A铜镞1, 金箔1, C铜铃1, 漆盾牌1, 铜弓帽1, 海贝20	西周早期早段	
M131	②下	184°	0.75 3.56×2.70~3.35+1.20	车尾部殉人1	铜当卢卢2, A铜轭2, Aa铜衡末饰1, B铜軎2, B铜弓形器1, 铜柱饰1, 铜栏饰1, Db型铜泡2, A型铜軎1, B铜軎2, Aa铜镞6, AV铜戈1, Aa铜泡42, Ba铜泡2, 象牙鞭策1, C骨镞1, A铜节约2, 金箔2, B骨管1, 骨管1, 海贝160	西周早期早段	
M132	②下	182°	0.42 3.40×2.40~2.90+1.57	车尾部殉人1	A铜轭1, Aa铜衡末饰1, D铜鞭策1, 铜栏饰1, B铜轨1, A铜辖1, 铜栏饰2, A铜踵管1, 铜柱饰18, Db铜泡1, Ac铜镳1, Aa铜镞10, A铜戈1, E铜戈1, Cb铜泡21, Cb铜泡5, C玉泡1, B玉牌饰3, A铜弓形器1, 铜扣瓷器1, A铜軎1, 铜牌饰3, 铜踵板1, Aa铜泡2, Ba铜泡1, 铜泡18, Ab铜饰2, A铜泡2, Ba玉牛1, B玉牌饰1, E骨牙帽1, C骨哨3, A玉牌饰1, E骨牙帽2, C骨哨1, 海贝21	西周早期早段	被M130打破, 其中一匹马已被M130破坏

附表一五 墓葬出土陶器纹饰统计表

一种纹饰	绳纹	弦纹	戳印纹	刻划纹	镂空	彩绘	附加堆纹	素面		合计
比例	8.10%	13.12%	0.39%	0.39%	0.77%	0.39%	0.39%	4.25%		23.55%
二种纹饰	绳纹 弦纹	弦纹 附加堆纹	弦纹 刻划纹	绳纹 刻划纹	刻划纹 附加堆纹	戳印纹 附加堆纹	绳纹 附加堆纹	磨光 弦纹	磨光 戳印纹	合计
比例	13.13%	7.72%	4.63%	1.16%	1.16%	0.77%	0.77%	2.7%	0.39%	32.43%
三种纹饰	绳纹 弦纹 刻划纹	弦纹 刻划纹 附加堆纹	弦纹 附加堆纹 瓦棱纹	绳纹 弦纹 附加堆纹	弦纹 刻划纹 附加堆纹					合计
比例	5.79%	16.60%	0.39%	7.34%	1.93%					32.05%
四种纹饰	弦纹 戳印纹 附加堆纹 刻划纹	弦纹 刻划纹 戳印纹 附加堆纹	绳纹 弦纹 刻划纹 附加堆纹	弦纹 绳纹 刻划纹 涂红彩						合计
比例	1.54%	1.93%	3.86%	0.39%						7.72%
五种纹饰	绳纹、弦纹、刻划纹、附加堆纹、戳印纹									合计
比例	0.77%									0.77%

附表一六　墓葬出土陶器型式统计表

墓号 \ 器类	鼎	鬲	簋	罐 旋纹	罐 绳纹	鲁 旋纹	鲁 绳纹	尊	壶	瓶	豆	斝	盃	盆	瓮	甗	器盖	碗	盉	盘	合计
BM1							BⅠ:1 CⅢ:2														2
M2			DⅡ:7	BbⅢ:2																	2
BM3		DⅠ:16		BaⅢ:47	AⅠ:50 BⅠ:11	BⅡ:17	BⅡ:13 BⅡ:52			BⅢ:12											8
BM10			AbⅡ:1																		1
M11		BⅣa:9			AⅠ:18 BⅠ:17								BⅠ:4								3
M13			CⅢ:4			BⅠ:3 BⅠ:8	BⅠ:2 CⅢ:5		B:14	D:7		A:1			:6		AⅢ:16				11
M14			AbⅢ:1				CⅢ:3 CⅢ:5	AⅢ:2	AⅡ:4												5
M15		CⅣa:4	AbⅢ:7		BⅢ:1		CⅡ:2 CⅡ:8														5
M17											Ⅱ:6										1
M18					BⅠ:56								BⅠ:57								2
M19			BaⅢ:3	BbⅡ:4			BⅠ:2														3
M21					BⅠ:59 BⅡ:19	BⅠ:52	AⅠ:53	AⅡ:72				A:58									6

续附表一六

器类＼墓号	鼎	鬲	甑	罐 旋纹	罐 绳纹	罐 旋纹	罐 绳纹	尊	壶	瓿	豆	璧	盏	盆	釜	甗	器盖	碗	盂	盘	合计
M22						AⅢ:1															1
M24			BaⅡ:6	AⅠ:1 BaⅠ:4 BaⅠ:8 BaⅡ:7		AⅠ:2 AⅠ:3 AⅠ:5															8
M25			CⅡ:5				BⅠ:2 CⅢ:6	AⅡ:4 CⅡ:3		BⅡ:7	Ⅵ:1										7
M26		AⅣa:2	BbⅡ:1																		2
M28				BaⅠ:1																	1
M30			EⅡ:32	AⅢ:29	BⅡ:28		CⅡ:31 CⅢ:26	AⅢ:34		AⅡ:30							AⅣ:33				8
M31			AcⅡ:10 CⅡ:11	BbⅡ:26										A:12			AⅠ:2 AⅡ:16				6
M34		AⅡb:5	BaⅢ:7 BbⅠ:3	BbⅢ:10			BⅠ:1 BⅡ:9		BⅡ:6								BⅠ:2 BⅢ:4				9
M36											Ⅰ:1										1
M38											Ⅴ:2										1
M39											Ⅱ:1										1

续附表一六

器类\墓号	鼎	鬲	簋	罐(旋纹)	罐(绳纹)	罍(旋纹)	罍(绳纹)	尊	壶	甗	豆	罍	盂	盆	瓮	瓿	器盖	碗	匜	盘	合计
M44											Ⅲ:1										1
M46		CⅢ:1 CⅢ:30	AcⅢ:26 BaⅣ:5 CⅡ:9				AⅡ:3 BⅡ:31	AⅡ:2		AⅢ:10 BⅣ:7			AⅡ:32				AⅡ:28 AⅡ:35 AⅢ:34 BⅡ:29				15
M47										CⅡ:6											1
M50		AⅡc:9	AaⅢ:10				CⅡ:7 CⅣ:8							B:9							5
M101		AⅡa:6	AbⅡ:3 BaⅢ:2			AⅡ:5	BⅠ:10			BⅢ:11			BⅠ:6				AⅠ:8				7
M102		AⅢ:16 BⅣb:32 CⅡ:23	BbⅠ:12 CⅠ:10 CⅡ:9	BaⅠ:14	AⅣ:19				AⅡ:11 AⅡ:15	BⅡ:13											8
M103		AcⅣ:27 CⅡ:29 CⅡ:33				BⅢ:31	CⅢ:17 CⅢ:25			BⅣ:24 BⅣ:28 CⅢ:20		B:26		A:18			AⅢ:30 AⅢ:34 AⅢ:35				18
M104		EⅡ:2		BaⅡ:3	AⅠ:2		BⅠ:1														3
M105				BaⅡ:1			CⅢ:3 CⅢ:4			AⅡ:2 AⅡ:3								:4			4
M106		AⅣb:5					CⅢ:1														5

续附表一六

墓号＼器类	鼎	鬲	盉	罐（旋纹）	罐（绳纹）	鬲（旋纹）	鬲（绳纹）	尊	壶	瓶	豆	斝	盏	盆	瓷	甗	器盖	碗	盂	盘	合计
M109		BⅣb:3	CⅢ:2																		2
M110		CⅣb:19																			1
M112	∶6																				1
M114			BaⅢ:9	BaⅠ:1　BaⅠ:7		AⅡ:8	CⅢ:10			BⅡ:2	Ⅲ:1										7
M115			BaⅢ:2　BaⅢ:3　EⅠ:5		AⅠ:4			B:1													5
M116		AⅡb:2	BaⅢ:1							BⅢ:3											3
M117		AⅠa:1																			1
M118		AⅡa:4		BbⅢ:2			BⅡ:7　CⅣ:6		D:24	E:23											6
M119				BbⅣ:58	BⅡ:81　BⅡ:82																3
M120			DⅠ:1　DⅡ:5										BⅢ:83								3
M121		CⅡ:24	CⅢ:11	AⅢ:17	AⅡ:15		AⅠ:19　BⅠ:13　BⅠ:14　CⅢ:12		AⅡ:18　B:22	AⅣ:20		A:21					AⅢ:9　AⅢ:23				14

续附表一六

器类＼墓号	鼎	鬲	簋	罐·旋纹	罐·绳纹	鬶·旋纹	鬶·绳纹	尊	壶	瓿	豆	盉	甗	器盖	碗	盂	盘	合计
M123		AⅠb:35 BⅠ:39	CⅠ:6	BaⅡ:11 BbⅡ:7		AⅠ:13 AⅡ:12		AⅡ:9				BⅡ:8						7
M124			BaⅠ:42	小陶罐:33				AⅠ:25	AⅠ:43 CⅠ:19	CⅠ:38	Ⅳ:1 Ⅳ:2	AⅠ:44	:23		:26	:41		14
M125			AcⅠ:1															1
M126														BⅡ:12				1
M127										BⅠ:7				BⅢ:8				2
M128			AaⅡ:15 AcⅡ:14								Ⅴ:13							3
M201					BⅠ:65												:36	2
M202		BⅡ:12	CⅡ:3	AⅢ:1			BⅠ:5											4
M203		BⅠ:25 BⅢ:19 CⅠ:27	AbⅠ:23 CⅠ:5 EⅡ:26	AⅢ:8		AⅡ:20				AⅠ:6								7
M206																		1
M211							CⅣ:9											2

续附表一六

墓号	鼎	甗	簋	罐 旋纹	罐 绳纹	鬲 旋纹	鬲 绳纹	尊	壶	瓿	豆	斝	盂	盆	瓮	瓶	器盖	碗	盉	盘	合计
M213											Ⅱ:45										1
M214		DⅡ:1			AⅡ:28																2
M216			BaⅢ:3																		1
M218							CⅠ:4			CⅡ:2	Ⅱ4					:1					4
M220			AaⅠ:7 CⅠ:9	AⅡ:10		BbⅠ:52															3
M222																					1
合计	1	26	48	44	52		52	8	11	22	12	4	7	3	1	2	18	2	1	1	259

说明：

(1) 此表各器物栏中的英文字母表示器物的型，罗马字母表示器物的式别，阿拉伯数字表示该器物的编号。如M2篮一栏中的DⅡ:7，表示M2出土D型Ⅱ式陶篮1件，其编号为M2:7。附表一七的编号同此。

(2) 另外，各墓还出土其他类陶器31件。主要是豆盘(M201:1)，钵(BM12:1)，盂(BM4:32)，三足盘(BM4:26)，异形器(BM4:33)，箅(BM4:31)，圆陶片4件(BM4:30)，异形器(BM3:51)，网坠3件(BM4:26, M222:6, M205:18)，陶拍3件(A型2件：M50:1, M222:53；B型1件：M119:69)，纺轮16件(A型9件：M11:22, M201:67, M214:10, M210:5, M124:18, M117:3, M117:4, M103:3, M103:4；B型6件：M125:4, M125:3, M124:11, M201:68, M201:17, M205:17；C型1件：M114:4)。墓葬中共出土各类陶器294件。

附表一七　墓葬出土铜器型式统计表

器类 \ 墓号	鼎	簋	斝	甗	瓿	觚	爵	角	尊	铜箍木壶	斗	壶	罍	卣	觯	盉	盘	饶	合计
M11	方 A:82 方 A:92 深圆 A:94 深圆 AⅡ:93 分档 AⅡ:88 分档 AⅡ:89 扁圆 A:80 扁圆 A:85	BⅢ:79	C:95		B:78	A:72 A:73 A:100 A:105	F:98 F:102 F:104 F:108 F:113	BⅠ:110 BⅠ:114	A:76	A:75	B:90	B:96	B:99	AⅢ:111 AⅢ:112	AⅠ:103 AⅡ:58	B:101	:71		33
M13	分档 BⅡ:32					EⅠ:10	DⅡ:12		BⅡ:13						BⅠ:11				5
M14							DⅠ:6								CⅡ:7				2
M15							DⅠ:3												1
M17						BⅠ:2	CⅠ:1												2
M18	深圆 BⅡ:42	BⅡ:44			AⅡ:43	A:36 A:49	F:29 F:35	A:32	BⅠ:47			A:45 A:48			CⅠ:31	A:46			13
M21	深圆 BⅣ:35	A:34	B:43			A:36 A:38 CⅠ:4	CⅡ:2 CⅡ:41 DⅠ:42	BⅠ:39	BⅢ:37	B				AⅡ:40	BⅠ:3 BⅡ:21				15
M30						BⅢ:8	CⅢ:1								CⅠ:11				3
M31						CⅠ:5	DⅠ:4								CⅡ:3				3

续附表一七

器类＼墓号	鼎	簋	斝	高	瓾	觚	爵	角	尊	铜箍木壶	斗	壶	罍	卣	觯	盂	盘	铙	合计
M34							E:12								CⅠ:11				2
M38	深圆BⅢ:48 分档AⅠ:53 分档AⅠ:76	BⅠ:50	B:52	A:51 A:54		BⅠ:59 BⅠ:67 BⅡ:64 BⅢ:68	AⅡ:63 AⅡ:65 CⅠ:58 CⅠ:62		BⅠ:30		B:57		A:49	AⅠ:61 AⅠ:66	AⅢ:60				21
M41						D:11	BⅡ:10												2
M49						BⅠ:11	BⅢ:13 BⅢ:14							B:12					4
M108					AⅡ:7	CⅠ:5	BⅡ:3												2
M110						A:2	DⅡ:4								BⅠ:3				3
M119	方B:33 分档BⅠ:32	BⅡ:41				EⅠ:34 EⅠ:42		BⅡ:35 BⅡ:38 BⅢ:39 BⅢ:43	C:36	A	A:67				CⅡ:40	C:37			14
M120	方A:25 深圆BⅠ:9 扁圆B:8	A:24		B:26		F:13 F:22	E:15 E:17	BⅠ:14 BⅠ:16	BⅠ:21	A:10 A:11	B:19	A:23		AⅡ:18	BⅠ:20	C:12			19
M121						EⅡ:2 EⅡ:7	F:4 F:6		BⅢ:3						BⅠ:1				6
M123						CⅠ:1	DⅠ:2												2
M126						D:5 D:6									AⅡ:13				3

续附表一七

墓号 ＼ 器类	鼎	簋	斝	甗	瓿	觚	爵	角	尊	铜镶木壶	斗	壶	罍	觯	盉	盘	饶	合计
M127						BI:1	DⅡ:2											2
M128	分裆BI:2	BI:1	A:5			BⅡ:3 BⅡ:4								CI:6				6
M129						CⅡ:1	CI:2											2
M206																	:128 :129	2
M2I3			A:69		AI:49	BI:82	AI:77										:65	5
M222																	:12	1
BM9						CI:13	BI:12											2
合计	20	7	4	3	4	36	35	10	8	4	4	4	3	17	3	1	4	175

说明：出土青铜礼乐器的墓葬共计27座。其中出鼎的8座，占29.63%，簋7座占25.93%，角5座占18.52%，爵22座占81.48%，瓿22座占81.48%，尊8座占29.63%，罍3座占11.11%，提梁卣6座占22.22%，觯15座占55.56%，饶3座占11.11%。其中饮食器129件，占铜器总数的21.71%；酒器129件，占73.71%；水器4件，占2.29%；乐器4件，占2.29%。

中国田野考古报告集

考古学专刊

丁种　第七十一号

滕州前掌大墓地

下　册

中国社会科学院考古研究所　编著

文物出版社

北京·2005

ARCHAEOLOGICAL MONOGRAPH SERIES
TYPE D NO.71

Qianzhangda Cemetery in Tengzhou

II

(*With an English Abstract*)

by

Institute of Archaeology, Chinese Academy of Social Sciences

Cultural Relics Publishing House

Beijing · 2005

目　　录

下　篇

插图目录

彩版目录

图版目录

下　篇

薛河流域遗址与古薛国关系的考察

胡秉华　翟力军

薛河为山东省滕州市南部一支四季径流的河流，古称薛水。薛河发源于枣庄市山亭区，上游源流分为两支，偏北的称西江，源于水泉乡柴山前；偏南为东江，源于徐庄乡米山项。两支河源的发源地属低山地带，山的海拔高度一般在 100～300 米间，呈东北高、西南低之地形。两支河源均流向西南，至海子村东南汇合成薛河。该河向西南流经山亭、西集、羊庄、官桥、柴胡店、张汪等乡镇，从圈里村入微山县，注入微山湖。薛河流经至羊庄镇一带海拔降至 70 米左右，至官桥镇海拔至 50 米左右，至微山县境海拔则至 30 米左右。由羊庄镇以下渐渐进入开阔的河谷地带，官桥镇以下则为广袤的平原。薛河全长 81 公里，流域面积 960 平方公里。这一流域有低山丘陵、河谷地带、山麓前沿平原等多样性的地理环境，是适于人类居住和活动的地域。

通过多年来的田野考古调查与发掘，对该流域范围内的古文化遗址的时空分布有了比较全面的了解，在该流域内有先秦时期遗址 77 处，一些遗址往往包含有两个以上不同文化的遗存。这些遗址其时代上至细石器遗存、北辛文化、大汶口文化、龙山文化，下至岳石文化、商周时期文化。计有细石器遗存 3 处，北辛文化遗址 3 处，大汶口文化遗址 22 处，龙山文化遗址 23 处，包含有岳石文化遗存的遗址 13 处，含有商文化遗存的遗址 18 处，周文化遗址 18 处。从目前发掘的遗址时代观察，早可以到北辛文化时期，晚可以至战国时期，延续时间跨度近 5000 年。在漫长的历史长河中古代先民的生长和活动的地点由少到多，面积由小到大，如北辛遗址约 2 万平方米、而薛国故城面积则达 68 平方公里。薛河流域古代先民所留下的丰富文化遗存，给我们展现出一幅连绵不断，脉络清楚历史画卷。像这样在一个流域内集中如此众多的典型遗址的区域，在黄淮河下游地区非常罕见，同时具有其特殊的地位和意义，为研究东方土著方国的历史提供了有利的条件。

这里要特别对薛河流域地形特征和中、下游多次改道的情况加以说明。薛河源头为两支即东、西江，至海子村汇合。源头、海子村至城头段均流经蜿蜒的低山地带，穿行于岩石沟壑之间，由于地形、地势的约束，即使洪水季节也不会有决岸漫流或改道之虞。然而自羊庄以下渐为山前坡地，由此以下地势渐趋平缓，尤以至坝上村、北辛村一带薛河改道的痕迹随处可见，在北辛遗址北侧发现有薛河改道之遗迹。顺流而下至大康留村，其村北薛河故道断崖处出土过商代中期青铜器，表明在商代以前这里还不是河道。在前掌大村有一片较大的挖沙区，这与现今薛河故道相去较远，这里的黄沙堆积显系古薛河故道所造成的。从而证明古薛河在中下游存在一定的摆动。之所以提到古薛河的多次改道，我们判断可能与薛人多次迁都有关，从而有薛人居邳、居薛之说。当然薛人的迁都也不排除与周边强国的纷争等诸多原因有关。通过多年来在这一区域工作所积累的资料，结合文献，就以下几个问题进行一些讨论。

一　薛国的历史沿革

有关薛的最早文献记载，卜辞作"𩵋"，薛侯鼎铭作"𦥑"，薛侯匜铭作"𦥑"，《汉平舆令薛君碑》作"薛"。《左传·定公元年》载："薛宰曰：'薛之皇祖奚仲居薛。以为夏车正。奚仲迁于邳。仲虺居薛，以为汤左相'。"《通志·氏族略》薛氏条载："任姓，黄帝之孙，颛帝少子阳封於任，故以为姓。十二世孙奚仲，为夏车正，禹封为薛侯。奚仲迁于邳。十二世孙仲虺，为汤左相、复居薛。……臣扈、祖己，皆为仲虺之胄也。祖己七世孙曰成，徙国于挚，更号挚国。女大任生周文王。至武王克商，复封为薛侯。"而《新唐书·宰相世系表上》任姓条："十二世孙奚仲，为夏车正，更封于薛。又十二世孙仲虺，为汤左相。太戊时有臣扈，武丁时有祖巳，皆徙国于邳。祖巳七世孙成侯，又迁于挚，亦谓之挚国。"从上述文献中可以看出其世袭序列为：阳—奚仲—仲虺—臣扈—祖巳—成等。立国时间大致在公元前21世纪的夏代，夏代有阳、奚仲。商代有仲虺、臣扈、祖巳。西周时期的成，至齐湣王三年（公元前298年）为齐所灭。薛自夏代立国，历经商、西周、春秋，至战国间被灭，前后历时大约1700年。这表明薛人较长时期地在这一带活动。薛国故城缺乏西周中期以前的相应遗存。前掌大遗址揭露出的商代晚期墓葬与居住遗迹、西周早期的墓葬和祭祀地点等，正是薛国故城遗存中缺少的。因此我们认为前掌大墓地的主人应与古薛国有一定的关系。

《通志·氏族略》记载着薛为任姓。薛侯盘有"𦥑侯乍弔妊𢼸般盘"的铭文。王国维认为："妊姓，金文作妊。今诗与左传、国语、世本皆作任字"[1]。《国语·晋语》称："黄帝之子十二姓，任居其一"。一般认为"任"姓为东夷成员。通过对前掌大遗址出土陶器等器物的整理，发现与殷墟同期器物存在着一定的差别，这种地方特色是东夷人传统文化的反映。当然，这里出土的青铜器形制与中原地区几无异，这正是中原王朝政治势力的影响与两种文化交流融合的结果。

从薛河流域分布有众多的史前遗址来判断，其源头当可追溯到北辛、大汶口、龙山、岳石文化。薛作为夏、商、周时期古方国，在学术界已无争议，无论从文献记载或古代遗

---

〔1〕 王国维：《观堂集林·鬼方昆吾玁狁考》。

存，乃至于出土文物均可确证其地望在今滕州市南部薛河流域一带。

二 薛国都城几易之所在

薛国都城的位置和迁徙问题，文献记载的极为简单，这为我们确定其具体位置带来一定的困难。20世纪70年代末期以来，随着对该流域不同时期遗址所展开的调查、发掘工作，积累了一批丰富的资料，结合有关资料并对照相关文献，或许能将上述问题理出一些头绪。

薛国都城之迁徙时间主要在夏、商两代，一为薛，二为邳，涉及薛、邳两个地点。至西周时期成迁挚后文献不再提及迁徙之事。为了讨论上述问题，必须将几处重要遗址加以介绍，以利问题的展开和深入。

1、北辛遗址：1964年文物普查时发现。1978年及1979年对该遗址进行了两次发掘，揭露面积约2200余平方米。清理出灰坑、窖穴、瓮棺葬及与居住有关的遗迹。出土有200余件具有代表性的陶器，另有石器、骨角器、蚌器等近千余件。其中的鹿角锄、蚌镰、石磨盘、石磨棒等器具与耕种、收割和谷物加工有关。在陶器底部还发现有粟壳类印痕。上述情况说明距今7300年前的北辛文化先民已经开始定居生活和从事农耕生产[1]。定居是非常重要的，它为以后这一带的大汶口文化、龙山文化等的传承与发展奠定了基础。

2、西康留遗址：从北辛遗址向西南约2.5千米处即为西康留。该遗址面积达20余万平方米，文化堆积包含有大汶口文化、龙山文化、岳石文化、商周文化等遗存，是流域范围内一处较大而且内涵丰富的重要遗址。20世纪90年代山东省文物考古研究所、滕州博物馆等曾在该遗址进行过发掘，获得一批大汶口文化、龙山文化资料。1987年在遗址北侧薛河故道断崖上出土有青铜尊、斝、爵、盘等器物，其中的平底斝、平底爵等具有明显的二里岗上层阶段特征[2]。这是山东境内出土商代中期青铜礼器屈指可数的遗址之一。

3、前掌大墓地：沿西康留遗址再向西南约2.5千米即为前掌大墓地。从1981年至2001年先后进行了9次发掘。遗址包含龙山文化、商代晚期、西周早期和东周等多个时期遗存。而以商代晚期、西周早期遗存最为丰富，计有111座墓葬，车马坑5座及祭祀设施、殉兽坑等[3]。除上述重要遗迹外，1978年春在北区墓地的西侧，当地文物部门还清理出土一批青铜器，计有觚、爵、斝、戈、钺、削、镞及玉器等。其中杯状敞口觚（圈足之上有"十"字形镂孔）及平底爵等，具有二里岗上层文化的因素。但在后来的发掘中未见商

〔1〕 中国社会科学院考古研究所山东队、山东省滕县博物馆：《山东滕县北辛遗址发掘报告》，《考古学报》1984年2期。

〔2〕 山东省文物考古研究所鲁中南考古队、滕州市博物馆：《山东滕州市西康留遗址调查、发掘简报》，《考古》1995年3期。

〔3〕 见本书上篇第一至第三章。

代中期的地层或遗物。1973年春在前掌大村西北的吕楼村"前院"场地西南约150米处坡地上当地农民挖出有青铜斝、爵、觚等器物，斝、爵均为平底。觚残，但下部"十"字形镂孔饰仍明显可见。前掌大村与吕楼村间有一条小魏河穿过并将其分开，该河的河道为近代所挖，因此推测两村当为同一处墓地。上述情况或可说明该墓地还应存在有商代中期的遗存。

4、薛国故城城址：由前掌大墓地向西不及1千米即为故城城址。1964年中国科学院考古研究所山东工作队曾对该城址进行过调查与测绘工作[1]。此后1985~1986年、1993~1994年之间山东省的文物考古单位对该城址进行钻探与发掘。通过对城垣东南部分的发掘可知其下包含有春秋时期小城，上面的战国城是在春秋城的东墙、北墙增高扩大而为现今地面上的薛城。此后在春秋城范围内发现了一座约2万平方米的小城，城外围尚保存有城壕，时代断定为西周中期城址。同时在小城东部发现一处龙山文化台基形遗迹[2]。

薛国故城遗址中所获取的资料表明，薛人在西周中期、春秋阶段于今薛故城东南部定都。战国时在春秋城址部分基础上扩建成现今薛国故城。所以可以认为，薛人自西周中期以后在薛故城定都至战国间被灭，其间不存在迁都问题。

相传黄帝之孙阳为薛的始祖，受封于任，任的地望大致泛指今山东济宁及微山湖周边区域。阳所处时段大致与大汶口文化阶段相当。薛河流域不乏大汶口文化遗存，如西康留遗址中大汶口文化晚期夯土遗迹，应该是这个阶段的重要遗存，当然尚不能确定是阳或其后裔定居之遗存。奚仲之前的薛人在这区域生息活动应无疑问。

薛人立国之后，史载其都城有多次迁徙，实际上主要集中在奚仲、仲虺阶段，时代处于夏、商代早期。由于史料零碎，仅能就目前发现的相应阶段的重要遗址来进行分析，阐述一些初步认识。薛人徙都的地点有薛、邳两处。而至西周初成迁挚，挚一词在《左传》中未提及，而在相距较晚的《通志》和《新唐书》中多处提到挚。

《通志》称"禹封奚仲为薛侯。"《新唐书》载："奚仲，……更封于薛。"《左传》记："薛之皇祖居薛。"上述三处记载中分别提到，一为禹封……为薛侯，二为……更封于薛，三为……居薛。三条记载均可说明奚仲无论是封、是居，最初都在薛。《左传》、《通志》均称："奚仲迁于邳。"而《新唐书》则称："臣扈、祖巳徙国于邳。"这说明到商代中、晚期薛迁邳。

首先来确定薛之所在。现今地面上发现的薛国故城及其东南部分的春秋、西周小城皆为薛已无疑问。前掌大北区墓地清理出龙山文化灰坑，陶器有鼎、罐、甗、盆、壶、杯、及骨、角、石器等。从鼎、壶、甗等特征分析，应属龙山文化早期遗存。薛故城东南侧西周城东发现龙山文化台基形遗迹，以及较为丰富地龙山文化、岳石文化遗存。我们认为处

〔1〕 中国社会科学院考古研究所山东工作队等：《山东滕县古遗址调查简报》，《考古》1980年1期。
〔2〕 孙波：《薛国故城的发掘》，《枣庄文物博览》，齐鲁书社，2001年。

于夏代的奚仲受封或定居的薛，即包括薛故城—前掌大—吕楼遗址群，应是为文献上的薛。

《左传》、《通志》称奚仲"迁于邳"。奚仲所处时代为夏，因此邳遗址应包含有较丰富的龙山文化、岳石文化遗存，而且在大汶口文化阶段已积淀了一定的基础。奚仲不会迁往一处未经开发之地。另外，一个古代方国其国力有限，而当时薛国统辖地域的范围肯定不会太大，迁徙只可能在小范围内完成。因此我们初步认定薛奚仲所迁之邳即为今西康留遗址。上面我们曾经谈到西康留遗址有着20余万平方米的面积，包含较为丰富的大汶口文化、龙山文化、岳石文化、商代中期诸阶段遗存，而且与薛故城相距仅约5.6千米。从地理位置和文化内涵来判断其应为邳之所在。

夏商之际可谓万国林立，国之迁都之举比比皆是，多数是迫于政治、军事上的原因，但也不乏因自然灾害的原因所造成的都城的迁徙。文献中虽未提及薛迁都之原因，但我们认为除了政治、军事原因外，不排除水患因素。《通志》中提及仲虺复居薛。《新唐书》称"太戊时有臣扈，武丁时有祖己，皆徙国于邳"。似乎说明商代早期的仲虺居薛。接近商代中期的臣扈徙邳，据西康留遗址相关遗存分析，迁于邳尚合乎情理。延至商代晚期的祖己之际是否还在邳——西康留遗址，目前还缺乏相应的实证，只能说臣扈之后裔可能在邳作过短期停留，臣扈之后及祖己迁至薛，从此不再有迁徙之举。

三　需澄清的几个问题

（1）奚仲墓：传在今薛城区夏庄镇北的千山之巅。现山顶之上残留有晚近寺庙残基及杂砖瓦之类遗物，以及残断的"冉求"墓碑碣。此处有一些毁坏的石穴墓，初步判断多为东汉墓葬。指认为奚仲墓是不能成立的，因为奚仲所处时代与这些墓葬相去甚远，应是后人附会传讹之作。

（2）仲虺城与灰堌堆遗址：薛城区夏庄镇东有一处灰堌堆遗址，传仲虺曾设都于此，并演绎出"灰"即"虺"之谐音，所以方志有这方面的记载。通过对灰堌堆遗址调查所采集到陶片进行分析：如陶鬲为折沿斜平唇，绳纹较粗，矮足；豆为浅盘、柄较细等。这里最早的陶器其时代相当于殷墟四期，而大部分属于西周时期遗物。仲虺与汤同为商代早期人物，而灰堌堆遗址不见龙山文化和岳石文化遗物，所见商周之际陶片根本无法与仲虺时代相提并论。灰堌堆为仲虺之都城也就不能成立。

（3）铭文中"史"与薛的关系

前掌大墓地在24座墓葬和1座车马坑中共出土青铜礼器166件。计有鼎、鬲、簋、壶、罍、斝、甗、盉、卣、尊、觯、盘、爵、觚、角、斗等。在鼎、鬲、斝、甗、簋、尊、壶、觯、卣、爵、觚、角等器类上发现有铭文，其中含有"史"字者约60余件。单一"史"字者52件，其次有"史子曰癸"、"史父乙"、"父乙史"、"史午"等。上述列举的例子表明"史"字数量之多为目前发掘的商周时期墓地所仅见，具有非常重要的学术价值和意义。

冯时同志在《前掌大墓地出土铜器铭文汇释》（见本书）中对殷之史氏与周之薛侯有较详的考证，现引述于下：

殷之史氏即周之薛侯。西周薛侯鼎铭云：

胯（薛）侯戚乍（作）父乙鼎彝。史。

薛侯以"父乙"为庙号，知必不为周系文化。铭末录族徽"史"，证明史氏之传。薛侯盘铭云：

胯（薛）侯乍（作）叔妊襄媵盘，其眉寿万年，子子孙孙永宝用。

又明薛乃妊姓，典籍或作"任"。《左传·隐公十一年》："十一年春，滕侯、薛侯来朝，争长。薛侯曰：'我先封。'滕侯曰：'我，周之卜正也。薛，庶姓也，我不可以后之。'公使羽父请于薛侯曰：'君与滕君辱在寡人，周谚有之曰：'山有木，工则度之；宾有礼，主则择之。'周之宗盟，异姓为后。寡人若朝于薛，不敢与诸任齿。君若辱贶寡人，则愿以滕君为请。'薛侯许之，乃长滕侯。"即明薛乃任姓，与周不同。《左传·定公元年》："薛宰曰：'薛之皇祖奚仲居薛，以为夏车正。奚仲迁于邳，仲虺居薛，以为汤左相。'"此左相一官不见于殷卜辞及殷周金文，盖后人据时见之官所附会，而左相之本似为左史，左史应即卜辞之东史。如此，则史氏当为仲虺之后，以官为氏。江永《春秋地理考实》："薛国在滕县南四十里。"地在今滕州前掌大史氏墓地，于史正合。

目前出有"史"字的青铜礼器者，在商周之际的中原、燕赵及关中地区地都有出土，数量有140余件。如此多有史字铭文的铜器分布在这么广大的范围之内，是何原因所致，是朝贡、馈赠还是被掠夺？这里可能包含更深层的原因。

（4）薛国的疆域范围

薛国立国于夏，直至商代中期，其控制范围并不大，实际上只拥有现在的羊庄、官桥、张汪等三个乡镇。至商代晚期和西周早期，国力最为强盛，东北包括西麻，南伸入到柴胡店、薛城区的夏庄镇，西可以达到微山县如庆寺、鲍楼、堂台一带[1]。夏庄灰堌堆商代晚期遗址、柴胡店后黄庄井亭矿于1958年出土一批商代晚期青铜器[2]。计有鼎、尊、卣、斝、觯、觚、爵等，以及其他许多商代晚期、西周遗址分布在上述区域，大致说明其活动及权力所及的范围。春秋时期薛北有滕国，东北有小邾国，大概其西、北、东北三面受到不同程度的挤压。战国时期可能仅剩下以薛故城为点包括周边不大的一个小范围，至齐湣王三年被灭失国。

〔1〕 山东省济宁市文物处：《山东微山县古遗址调查》，《考古》1995年4期。
〔2〕 孔繁银：《山东滕县井亭矿等地发现商代铜器及古遗址、墓葬》，《文物》1959年12期。

前掌大墓地出土铜器铭文汇释

冯 时

山东滕州前掌大商周时期墓地为史氏家族墓地，墓葬出土的青铜器多铸铭文，为探讨商周时期的家族形态及相关问题提供了宝贵资料。现就铭文内容略做考释。

（一）𡚽盉

𡚽盉出于M18（M18:46），铭四行十六字。文云：

𡚽禽人（夷）方辪（澭）白（伯）夗（顽）首乇，用乍（作）父乙障彝。史。

"𡚽"，作器之主。

"禽"，通作"擒"，获也。殷墟卜辞云：

丙戌卜，丁亥王𣪘，禽？允禽，三百又（有）四十八。　　《后·下》41.12

……兽（狩），隻（获）？禽鹿五十㞢（有）六。　　《前》4.8.1

禽？兹节。隻（获）兕一、麋七。　　《续》3.44.9

西周多友鼎铭云：

余肇事（使）女（汝），休，不𨒅（逆），又（有）成事，多禽，女（汝）静（靖）京师……

敔簋铭云：

武公入右（佑）敔，告禽馘百、𡁥（讯）四十……

不𡢁簋铭云：

女（汝）多禽，折首执𡁥（讯）。

"禽"俱通作"擒"。故不𡢁簋铭又言"余来归献禽"，于所擒之物亦曰禽。此铭"𡚽禽"则言器主𡚽之擒获也。

"人方辪白"。"人方"之称广见于殷卜辞及金文，乃商人对东夷的习称，至西周则改称为"东尸"，"人"、"尸"皆读为"夷"。

"辪白"，读为"澭伯"，乃商代夷方之一支。"澭"本从"水"从"辛""吕"声之字，与卜辞常作"雝"或"雔"者不同，地也有别。"伯"，爵称。夷人称伯，也见于卜辞及金文。卜辞云：

……［比］多侯甾伐人（夷）方白（伯），……人（夷）方白（伯）𦋹率……

《考古》1974年4期

西周罨卣铭云：

> 隹（唯）十又（有）九年，王才（在）斥。王姜令（命）乍（作）册罨安尸（夷）
> 白（伯），尸（夷）白（伯）宾（傧）罨贝布……

铭又见罨尊。此夷方之一支称伯，与甲骨文、金文夷伯之称相同。

"瀤伯"作为夷方一支，当以地得名。夷方为东夷概称，然其种类不一。古本《竹书纪年》以夏殷之世有淮夷、畎夷、风夷、黄夷、于夷、方夷、白夷、赤夷、玄夷、阳夷、蓝夷数种，《论语·子罕》又有"九夷"之称，西周师酉簋铭所记有西门夷、彙夷、秦夷、京夷、畀身夷，询簋铭所记有□华夷、畀夅夷、服夷，史密簋铭又记舟夷，晋侯稣钟又见夙夷，知其种类甚繁。周厉王默钟铭云："南夷、东夷俱见，廿有六邦。"明证夷方之种属必不在少。《后汉书·南蛮西南夷列传》："明其党众繁多，是以抗敌诸夏也。"此铭所载东夷之一支瀤伯当以瀤地称伯。西周塱方鼎铭云：

> 隹（唯）周公于征伐东尸（夷），丰白（伯）、尃（蒲）古（姑）咸贰……

其中丰伯作为东夷之一支，即于丰地称伯而名，与此铭相同。瀤伯、丰伯皆东夷族之不同种属，同以地名之。

"瀤"本作"𣲴"，字从"水"，其地当以水为名。古瀤水有二，一作"濰"，一作"瀤"，两字也每每互用。殷墟卜辞有"雔"字，当即"濰"之本字。其为地名，即得名于水[1]。《尚书·禹贡》："雷夏既泽，濰沮会同。"伪孔《传》："雷夏，泽名，濰、沮二水会同此泽。"《尔雅·释水》："濰，反入。水自河出为濰。"郭璞《注》："即河水决出复还入者。"《说文·水部》："濰，河濰水也。在宋。"《水经·瓠子河注》以为汉瓠子河即《禹贡》所述兖州之濰水。然瓠子河既不注入雷夏泽，下游也不还入《禹贡》时代的大河，已与先秦濰水不尽相同。《元和郡县图志》卷十一云："雷夏县，本汉成阳县，古郕伯国，周武王封弟季载于郕，汉以为县，属济阴郡。隋开皇六年，于此置雷泽县，因县北雷泽为名也，属濮州。濰水、沮水，二源俱出县西北平地，去县十四里。雷夏泽，在县北郭外。濰、沮二水会同此泽。"裴骃《史记集解》引郑玄云："雍水、沮水相触而合入此泽中。《地理志》曰雷泽在济阴城阳县西北。"张守节《史记正义》引《括地志》云："雷夏泽在濮州县郭外西北。雍、沮二水在雷泽西北平地也。"雷夏泽在今山东菏泽东北，古濰水注焉。然此地望较史氏家族封邑更近王畿，当非夷方瀤伯所居之地。

《吕氏春秋·察今》："荆人欲袭宋，使人先表瀤水。瀤水暴益，荆人弗知。"《说文·水部》："汳，汳水。受陈留浚仪阴沟，至蒙为雔水，东入于泗。"小徐本作"濰水"。《水经》以汳水东至蒙县为获水，或作雅水。《水经·雅水注》："雅水自蒙东出，……东南流迳于蒙泽。"《左传·庄公十二年》："宋万弑闵公于蒙泽。"杜预《集解》："蒙泽，宋地蒙县也。"

---

〔1〕 钟柏生：《殷商卜辞地理论丛》，第66~72页，艺文印书馆，1989年。

《史记·宋世家》裴骃《集解》引贾逵云："蒙泽，宋泽名也。"地在今河南商丘东北。故许慎解濉水在宋，实以汳水下游之雕水言之。是古以蒙县（今河南商丘北）以下汳水之下游为濉水，东迳砀山、萧县，至彭城入于泗，地望恰处史氏家族封邑以南的淮泗流域，与夷方之地也合。故铭文濉伯当指分居于淮泗一带的夷方部落。

"兇首毛"。"兇首"，指夷方濉伯首领。殷周卜辞及金文或称"酋"。小盂鼎铭云：

告曰：王令（命）盂以□□伐戜（鬼）方，□□□馘□，执兽（酋）三人，隻（获）馘四千八百又（有）二馘，孚（俘）人万三千八十一人，孚（俘）马□□匹，孚（俘）车卅两（辆），孚（俘）牛三百五十牛，羊廿八羊。盂或告曰：□□□□，乎（呼）蔑我征，执兽（酋）一人，隻（获）馘二百卅七馘，孚（俘）人□□人，孚（俘）马百四匹，孚（俘）车百□两（辆）。王若曰：□。盂拜頴（稽）首，以兽（酋）进，即大廷。王令（命）荣遟兽（酋），荣即兽（酋），遟毕（厥）故。□趄白（伯）□□戜（鬼）籘，戜（鬼）籘虘以亲□从。咸，折兽（酋）于□。

郭沫若先生以"执兽"之"兽"读为"酋"，乃生擒酋首[1]，甚是。卜辞云：

　　□午卜，才（在）攸贞：王其乎（呼）……延执胄（酋），人（夷）方赖焚……弗
　　每（悔）？才（有）正月。隹（唯）来正（征）人（夷）[方]。　　《合集》36492

"执胄"当亦读为"执酋"。《易·豫》："由豫。"陆德明《释文》："由，马作猶。"《尚书·立政》："克由绎之。"《汉书艺文志考证》引"由"作"猶"。《礼记·杂记下》："猶是附于王父也。"郑玄《注》："猶当为由。"是"胄"、"酋"二字相通之证。《汉书·宣帝纪》颜师古《注》引文颖曰："羌胡名大帅为酋，如中国言魁。"则言夷首为酋，自依夷称，或亦含贱之之意。此铭"兇首"乃史氏称夷，故当读为"顽首"。上古音"兇"声在影纽，"顽"在疑纽，韵并在元部，同音可通。《淮南子·墬形训》："何谓九塞？曰太汾、渑阨、荆阮、方城、殽阪、井陉、令疵、句注、居庸。"《初学记·州郡部》引"荆阮"作"荆苑"。是"兇"、"顽"相通之证。《尚书·毕命》："毖殷顽民，迁于洛邑。"又《多士序》："成周既成，迁殷顽民。"此周视殷为顽民，即不服统治之民。故"顽首"似也为对夷狄之首的统称。《国语·郑语》："非亲则顽。"韦昭《注》："亲，谓支子甥舅。顽，谓蛮夷戎狄也。"则铭文"顽首"即言愚顽之首。

铭文"濉"字本从"辛"，为刻意添加的意符。《说文·辛部》："辛，罪也。"段玉裁《注》："罪，犯法也。"器主以"辛"附于"濉"，正有罪濉之意，也恰与"顽首"之称相合。

"毛"，濉伯首领私名。殷周与夷狄交战而虏其首，或录私名。卜辞云：

　　丁卯王卜贞：今囵巫九备，余其比多田（甸）于（与）多白（伯）正（征）盂方

---

〔1〕 郭沫若：《两周金文辞大系图录考释》第七册，第36页，科学出版社，1957年。

白（伯）炎，叀衣，翌日步，亡又（有）自上下于（与）敔示，余受又（有）又
（祐），不首馘，告于兹大邑商，亡佶才（在）祸？王占曰："引吉。"才（在）十月遘
大丁翌。　　　　　　　　　　　　　　　　　　　　　　　　　　　　《甲》2416

　　盧方白（伯）澡……王道？　　　　　　　　　　　　　　　　　《屯南》667

此孟方伯炎、盧方伯澡及前录夷方伯霉皆录方伯首领私名。西周师寰簋铭记征伐淮夷事而
云：

　　即贽（质）毕（厥）邦兽（酋），曰冉、曰粲、曰铃、曰达。

"冉"、"粲"、"铃"、"达"皆淮夷酋首之名。史密簋铭云：

　　齐自（师）族土（徒）、迖（驭）人乃执啚（鄙）宽亚。

此"鄙宽亚"当亦夷首之名。晚殷作册般尊铭云：

　　王宜人（夷）方无敄。咸，王商（赏）乍（作）册般贝，用乍（作）父己尊。秣
　　册。

"无敄"也夷方首领私名。夷方远僻于殷，或叛或服。作册般尊铭言"王宜夷方无敄"，即
记夷方首领无敄臣服于商，故商王谊之。而前录卜辞所记"夷方伯霉率"云云，辞虽残缺，
也当言夷首率众降服之事。殷器霉簋铭云：

　　癸巳，妍商（赏）小子霉贝十朋，才（在）上鲁，隹（唯）妍令（命）伐人（夷）
　　方，霉宾见，用乍（作）文父丁隙彝。才（在）十月。彡。屰。

又嘼卣铭云：

　　乙巳，子令（命）小子嘼先以人于堇，子光商（赏）嘼贝二朋。子曰：贝隹（唯）
　　丁蔑女（汝）历。嘼用乍（作）母辛彝。才（在）十月，隹（唯）小子令（命）望
　　（朢）人（夷）方霉。

　　屰母辛

此夷方霉即卜辞之夷方伯霉[1]。彼云霉率部降服，此则其臣商之实录，且助殷伐夷。至西
周时期，周夷关系依然如此。西周禹鼎铭载噩侯驭方率南夷、东夷广伐周之南国、东国，
尚为仇寇，而噩侯鼎铭则记周王南征而还，噩侯驭方纳醴于周王，王宴之，与其合射联谊，
且厚加赏赐，知驭方时已臣服。此铭言羍擒夷方之滩伯顽首毛，则毛也降矣。

"父乙"，器主羍之父，庙号"乙"为所择之祭日。

"史"，族名。殷卜辞及金文习见。卜辞云：

　　壬辰卜，内：五月史屮（有）来？

　　今五月史亡其至？

　　六月又（有）来曰："史屮（有）疾。"　　　　　　　　　　　《乙》5302

---

〔1〕沈之瑜：《介绍一片伐人方的卜辞》，《考古》1974年4期。

贞：勿至史？ 《遣》305

"史"即为族名，或为人名，乃史族宗子。"史"本为官名，但殷代史官与西周之史职司不尽相同。西周之史或兼《周礼·春官》七史之职，且其中之内史、外史主司书记，而这个职守在商代则更多地由作册司掌，故商代及其以前之史当以典守天文占验为其主要工作。而古代征伐必合天时，史掌天时，事关兵祷，于军事关系甚切，故史也常参与战争[1]。卜辞云：

贞：我史亡其工？

贞：我史屮（有）工？

贞：我史其臧方？

贞：我史弗其臧方？

贞：方其臧我史？

贞：方弗臧我史？ 《丙》71

癸亥卜，殼贞：我史臧缶？

癸亥卜，殼贞：我史毋其臧缶？ 《丙》1

壬戌卜，殼贞：乞（迄）令（命）我史步伐舌方？ 《殷古》13.1

学者或以殷史为武官[2]，实史本司天文，而事又重在兵祷，故每与师。卜辞屡卜率军作战的史官的安危，即是明证。旧以史官本之司掌书册之职，故以其字形源于以手持笔，殊难索解。今知史本司天文，字作 、 ，或作 ，实写以手执旗之形，故当以手执旗为造字本义。《周礼·春官·司常》："凡军事，建旌旗；乃致民，置旗，弊之。"郑玄《注》："始置旗以致民，民至仆之，诛后至者。"又《夏官·大司马》："中春，教振旅，司马以旗致民，平列陈，如战之陈。"郑玄《注》："以旗者，立旗期民于其下也。"建旗聚众必立表计时，否则便无所谓"后至者"，故建旗与立表共为一事[3]，执旗则兼寓计时。《史记·封禅书》："其秋，为伐南越，告祷太一。以牡荆画幡日月北斗登龙，以象太一三星，为太一锋，命曰'灵旗'。为兵祷，则太史奉以指所伐国。"此太史亲奉灵旗祷兵，正"史"字据以造字之本义。"史"字本之执旗，必存"旗"之读音。上古音"旗"、"史"同在之部，读音无别。史掌天文，而取执灵旗兵祷为字，此与"王"取权仗之钺为字的做法如出一辙。

史关兵事，故或外任。卜辞又见四方之史，即此之谓。卜辞云：

贞：才（在）北，史屮（有）隻（获）羌？

贞：才（在）北，史亡其隻（获）羌？ 《丙》29

庚子卜，争贞：西史旨，亡祸叶？

---

〔1〕拙作：《殷代史氏考》，《黄盛璋先生八秩华诞纪念文集》，中国教育文化出版社，2005年。

〔2〕胡厚宣：《殷代的史为武官说》，《全国商史学术讨论会论文集》（殷都学刊增刊），1985年。

〔3〕拙作：《中国古代的天文与人文》第一章第二节，中国社会科学出版社，2005年。

贞：西史旨，亡祸叶？

庚子卜，争贞：西史旨，其屮（有）祸？

西史旨，其屮（有）祸？　　　　　　　　　　　　　　　　　　　《丙》5

□□卜，互贞：……东史□来？　　　　　　　　　　　　　　　《合》240

外史久居一方有功，或受封邑，其裔以官为氏。史氏家族封邑或即殷之东史子裔。史氏之
枭擒获夷方族首，以安殷室，仍存行战之职守。

（二）史氏与薛侯

墓地中的 17 座墓葬出土铭有"史"氏族徽的铜器，包括 M11、M13、M17、M18、
M21、M30、M34、M38、M40、M41、M45、M110、M119、M120、M121、M129 和
M213，其中又有三墓所出铜器铭有"史父乙"，即 M18、M120 和 M121。M30 所出铜器铭
有"史乙"。"史乙"实即"史父乙"之省写，"史父乙"则显然又是枭盉铭文"用作父乙障
彝，史"的省写形式。但枭盉的主人名枭，应为 M18 的墓主。因此，如果其他四墓所出的
"史父乙"或"史乙"铭文铜器不是原属 M18 墓主而分散于各墓的话，那么出有"史父乙"
和"史乙"铭文铜器的四墓墓主当为兄弟行。此外，M120 所出铜器又铭有"史子日癸"，
为墓主为其子所作之祭器，知其子早亡；而 M13 则见墓主为兄癸所作之祭器，兄癸显即子
日癸。知为兄癸作器之主当与子日癸为兄弟行。准此，则史氏墓地所出铜器所反映的家族
世次或可整理为：

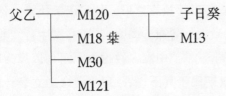

殷之史氏即周之薛侯。西周薛侯鼎铭云：

　　胯（薛）侯戚乍（作）父乙鼎（鼐）彝。史。

薛侯以"父乙"为庙号，知必不为周系文化。铭末录族徽"史"，正明史氏之传。春秋薛侯
盘铭云：

　　胯（薛）侯乍（作）叔妊襄媵盘，其眉寿万年，子子孙孙永宝用。

又明薛乃妊姓，典籍或作"任"。《左传·隐公十一年》："十一年春，滕侯、薛侯来朝，争
长。薛侯曰：'我先封。'滕侯曰：'我，周之卜正也。薛，庶姓也，我不可以后之。'公使
羽父请于薛侯曰：'君与滕君辱在寡人，周谚有之曰："山有木，工则度之；宾有礼，主则
择之。"周之宗盟，异姓为后。寡人若朝于薛，不敢与诸任齿。君若辱贶寡人，则愿以滕君
为请。'薛侯许之，乃长滕侯。"即明薛乃任姓，与周不同。《左传·定公元年》："薛宰曰：
'薛之皇祖奚仲居薛，以为夏车正。奚仲迁于邳，仲虺居薛，以为汤左相。'"此左相一官不
见于殷卜辞及殷周金文，盖后人据时见之官所附会，而左相之本似为左史，左史应即卜辞

之东史。如此，则史氏当为仲虺之后，以官为氏。江永《春秋地理考实》："薛国在滕县南四十里。"地在今滕州前掌大史氏墓地，于史正合。

据今所见，明确的薛国事迹记录可溯至殷墟卜辞。武丁至康丁时期的卜辞云：

丁卯卜，令（命）追奇（薛），屮（有）尹工（贡）？　　　　　《合集》5625

丁亥卜，宾贞：令（命）纛奇（薛），屮（有）尹工（贡）于舞……

《合集》5623

贞：勿令（命）纛奇（薛）……　　　　　　　　　　　　　《合集》15881

……自奇（薛）……　　　　　　　　　　　　　　　　　　《佚》628 反

寅壬射奇（薛）兕，弗禽？　　　　　　　　　　　　　　　《京》4490

弜田奇（薛），其每（悔）？　　　　　　　　　　　　　　《屯南》2401

辛卯卜，争贞：奇（薛）允囚？　　　　　　　　　　　　　《合集》17106

薛本作"奇"，丁山先生以为乃仲虺所居之薛[1]，甚是。据卜辞，知薛本为地名，后以地称国，又可以国称人。

至商末周初，薛仍作"奇"。亚薛鼎铭云：

史亚奇（薛）父己。

此器出于陕西岐山北寨子[2]。铭文"亚薛"缀以"史"氏，明证史氏即薛[3]。"亚薛"之"亚"当指史氏之薛本为与嫡相对的小宗，这实际涉及到对殷周彝铭中与族徽共存的"亚"字含义的理解。殷墟西区1713号墓出土亚鱼所作一组六件铜器[4]，其铭文对说明这一问题提供了重要证据。铭文云：

辛卯，王易（锡）寏（寝）鱼贝，用乍（作）父丁彝。　　　　寏鱼簋、爵

壬申，王易（锡）亚鱼贝，用乍（作）兄癸障。才（在）六月，隹（唯）王七祀翌日。　　　　　　　　　　　　　　　　　　　　　　　　亚鱼鼎

亚鱼父丁　　　　　　　　　　　　　　　　　　　　　亚鱼爵（二件）

亚鱼　　　　　　　　　　　　　　　　　　　　　　　　亚鱼爵

寏鱼簋、爵与亚鱼鼎铭文的对读结果显示，鱼实以寏（寝）为官，在鱼为其父——父丁——所作的祭器上，器主鱼以官相称——寝鱼，而在为其兄——兄癸——所作的祭器上，鱼则以亚相称——亚鱼。很明显，亚的含义当指鱼相对其兄在宗族中的地位而言。准确地说，即鱼在宗法中比其兄为低的位次，其兄显为嫡长，为大宗，而鱼则为小宗，故称亚。相同的证据尚有殷器亚登瓠，其铭云：

〔1〕 丁山：《甲骨文所见氏族及其制度》，第153～156页，中华书局，1988年。

〔2〕 祁健业：《岐山县北郭公社出土的西周青铜器》，《考古与文物》1982年2期。

〔3〕 王恩田：《陕西岐山新出薛器考释》，《古文字论集（一）》，考古与文物丛刊第2号，1983年。

〔4〕 中国社会科学院考古研究所安阳工作队：《安阳殷墟西区一七一三号墓的发掘》，《考古》1986年8期。

亚登兄日庚。

登对于兄庚称亚，其非嫡长，显为小宗。又殷器亚醜季组器铭云：

季乍（作）障彝。亚醜。　　　　　　　　　　　　　　季甗、簋、尊、卣

季乍（作）兄己障彝。亚醜。　　　　　　　　　　　季鼎

"季作障彝"铭文本作"作季障彝"，但如此释读，则既无作器者，也无季之庙号，与铭文惯例不合。故学者或以"季作障彝"为正读，并以为兄己作器之季与此季为同人[1]。季为其兄己作器而称亚，为小宗可知。又殷器者婟爵铭云：

者（诸）婟（姒）以（贻）大子障彝。亚醜。

据殷器亚醜杞妇卣铭文可知，亚醜实非姒姓之族。苏埠屯商代墓葬与亚醜器共出者尚有大量的融氏器[2]。此融即祝融，故亚醜实乃祝融之后，则"诸姒"之"诸"应即祝融八姓中的彭姓之诸。《国语·郑语》："祝融……其后八姓，于周未有侯伯。……彭姓彭祖、豕韦、诸、稽，……皆为采卫，或在王室，或为夷狄，莫之数也，而又无令闻，必不兴矣。"《春秋经·庄公二十九年》："城诸及防。"杜预《集解》："诸、防，皆鲁邑。诸，今城阳诸县。"盖诸本于益都，后为商所灭之遗徙此为采也[3]。故诸本国名，亚醜则为其支庶也。殷卜辞之醜为人名而作小臣[4]，自为亚醜宗子。则此铭"诸姒"当为姒姓之女嫁于诸国者[5]。而"大子"则为诸姒之长子或长女[6]，或可理解为诸国之嫡长。故诸姒为太宗作器赠之，理当依夫国之氏而名亚醜，仍示其属小宗[7]。《诗·周颂·载芟》："侯主侯伯，侯亚侯旅，侯彊侯以。"毛《传》："主，家长也。伯，长子也。亚，仲叔也。旅，子弟也。"仲叔即为小宗，正合此义。小宗在宗法中的地位低于大宗，故"亚"有次意。

此铭薛之称亚，也小宗之谓。"史"为承官之氏，"薛"本地名。据《左传》，奚仲居薛，后迁于邳，仲虺复居于薛。奚仲之"仲"为行字，非大宗可明。其后仲虺因字为氏，自为小宗，故薛之称"亚"是也。

（三）宋妇瓿

M110 出土宋妇瓿（M110:2），铭四字。文云：

宋妇彝。史。

---

〔1〕殷之彝：《山东益都苏埠屯墓地和"亚醜"铜器》，《考古学报》1977年2期。

〔2〕山东省文物考古研究所等：《青州市苏埠屯商代墓发掘报告》，《海岱考古》第一辑，山东大学出版社，1989年。

〔3〕《左传·昭公二十年》所记故齐乃蒲姑氏旧地，《晋书·地理志下》城阳郡姑幕县本注则以诸城县为蒲姑氏国，可窥诸氏之遗迁徙之迹。

〔4〕郭沫若：《殷周青铜器铭文研究》，第17～19页，科学出版社，1961年。

〔5〕周法高：《金文零释》，第98页，"史语所"，1951年。

〔6〕王献唐：《释醜》，《说文月刊》第四卷，1944年。

〔7〕关于"亚"的详细讨论，参见拙作《殷代史氏考》，《黄盛璋先生八秩华诞纪念文集》，中国教育文化出版社，2005年。

宋，子姓之国，周初为微子启所封。《史记·宋微子世家》："武王崩，成王少，周公旦代行政当国。管、蔡疑之，乃与武庚作乱，欲袭成王、周公。周公既承成王命诛武庚，杀管叔，放蔡叔，乃命微子开代殷后，奉其先祀，作《微子之命》以申之，国于宋。"裴骃《集解》引《世本》云："宋更曰睢阳。"治在今河南商县。殷卜辞也有宋，应即微子封宋之先。卜辞云：

<blockquote>

……令（命）允比宋家…… 　　　　　　　　　　　　　《甲》208

乙亥卜，自［贞］：于中（仲）子□用牛，不□子宋？ 　　《甲》3281

乙巳卜，扶：屮（侑）子宋？ 　　　　　　　　　　　《京都》3014

乙巳卜，丁王屮（侑）子宋？ 　　　　　　　　　　　《京》2094

辛巳卜，……于宋……隻（获）兕。 　　　　　　　　《前》2.13.4

辛巳［卜，在］燮［贞：王］田宋，［卒逐］，亡［灾］？ 　《掇二》427

</blockquote>

以上卜辞的时代自武丁而至帝乙帝辛。卜辞之"家"即指与殷室有血亲关系的家族[1]。故"宋家"之称，则明宋、殷同宗，也为子姓之国。卜辞"子某"即殷王之子，"子"后一字多为某子所封之国名，故"宋家"也即卜辞常见的"子宋"之国[2]，武丁时已有封国[3]。此铭史氏作器而言宋妇，是器主当为史氏之女嫁于宋国者，宋则为卜辞子宋之宋。

卜辞又见宋伯，地当河北赵县之宋[4]。与此子姓之宋无涉。

（四）齂妇尊

M13 与史氏铜器共存者有齂妇尊（M13:13），铭四字。文云：

齂（呬）妇兄癸。

"齂妇"即言女子嫁于齂为妇者。"齂"，本作"𤴓"，隶定为"𤻡"，从"臬"从"卩"会意，"臬"亦声。先秦古文字"隶"作"𥛽"，下部之"㣇"与"臬"字所从之"㳄"全同，而"自"乃"鼻"之象形文。《说文·自部》："自，鼻也。象鼻形。"又《王部》："自，读若鼻。"是"自"、"鼻"音义并同。故知"臬"字实即从"自"（鼻）"隶"省声，当释为"齂"。《说文·鼻部》："齂，卧息也。从鼻，隶声。读若呬。"故字本从"卩"会意，正写人侧卧熟睡之形。《说文·鼻部》："齁，卧息也。"与"齂"同训。"齂"本作"𤻡"，恰象人卧息而鼻中出气，而所从之"臬"则象鼻中之毛外飘，暗喻鼻气之劲。故字形所写实深睡而强齁大作之象，后渐以"㳄"（隶）为声而规范为形声字。正始石经《尚书》残字"臬"作"𣧑"，与"齂"所从相似，但"自"下不从"㳄"（隶），故区别甚晰。西周鲁侯爵铭有

〔1〕罗琨，张永山：《家字溯源》，《考古与文物》1982 年 1 期；罗琨：《释家》，《古文字研究》第十七辑，中华书局，1989 年。

〔2〕屈万里：《殷虚文字甲编考释》，第 32～33 页，"史语所"，1961 年。

〔3〕胡厚宣：《殷代封建制度考》，《甲骨学商史论丛初集》，第 28～29 页，河北教育出版社，2002 年。

〔4〕钱穆：《史记地名考》，第 960～961、1122 页，商务印书馆，2001 年。

"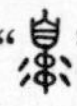"字，学者或释"臮"[1]，可从。足证"⿰鱼隶"、"臮"字形迥异。

殷卜辞也见"⿰鱼隶"字，字形与金文全同，为国族名。祖庚祖甲时代卜辞云：

……南于⿰鱼隶，若？　　　　《合集》26089

"⿰鱼隶"当读为"虺"。《潜夫论·志氏姓》："帝乙元子微子开，纣之庶兄也，武王封之于宋……臧氏、虺氏……皆子姓也。"史氏乃仲虺之后，故"虺妇"之"虺"显非殷遗，当即卜辞之⿰鱼隶。《元和姓纂》卷八："仲，又虺为汤左相，子孙氏焉。"是仲虺子孙袭氏为仲，或因名而氏虺。铭文"虺妇"当为外姓之女嫁于史氏为妇者，其夫家以虺为氏，也明史氏乃仲虺之后。此为史氏夫人为兄妐所作之祭器，铭文"兄癸"当即M120器铭所见之"子日癸"，故其夫虺氏与子日癸当为兄弟行。

（五）⿰月⿱癶羊保⿰鱼隶觯

M38与史氏铜器共出者尚有⿰月⿱癶羊保⿰鱼隶觯（M38:60），盖、器对铭。盖铭三字，文云：

⿰月⿱癶羊（仍）保⿰鱼隶（虺）。

器铭六字，文云：

⿰月⿱癶羊（仍）保羽鸟母丁。

"⿰月⿱癶羊"，氏名。字当从"⿰月⿱癶又""羊"声。《说文·干部》："羊，撴也。从干，入一为干，入二为羊。读若饪，言稍甚也。"徐锴云："撴，刺也。……故谓之羊犹荏也。《传》曰：任恶是也。故曰稍甚。"段玉裁《注》："饪、甚同音，入二甚于入一，故读若饪，即读若甚也。"论音甚晰，知"⿰月⿱癶羊"当读若饪。殷墟甲骨文也有"⿰月⿱癶羊"字。卜辞云：

丙子卜，贞：翌日丁丑王其遏（振）旅，延过，不遘大雨？兹节。

辛丑卜，贞：[翌]日壬王田牢，弗节，亡灾？⿰月⿱癶羊。　　　　《合集》38177

……灾？⿰月⿱癶羊。　　　　《合集》39463

戊午卜，[贞]：王过[于宫]，往来[亡]灾？

[辛]酉卜，贞：[王]过于[宫]，往[来]亡[灾]？

……宫，王……毋⿰月⿱癶羊。　　　　《合集》36570

"⿰月⿱癶羊"读若"饪"，于此似读为"仍"。《春秋经·桓公五年》："天王使仍叔之子来聘。"《谷梁传》"仍叔"作"任叔"。是"⿰月⿱癶羊"、"仍"相通之证。《说文·人部》："仍，因也。"《尔雅·释亲》："晜孙之子为仍孙。"郭璞《注》："仍，亦重也。"《广雅·释言》："仍，再也。"知卜辞于"弗节"之后言"仍"，是谓于未果之事重予施行，而"毋仍"则言不必再行也。

殷代金文亦有"⿰月⿱癶羊"，为国族名。孤竹国铜器⿰月⿱癶羊姛鼎铭云：

亚寰⿰月⿱癶羊（仍）姛（姛）。

"亚寰"为孤竹之小宗。"⿰月⿱癶羊"本作""，从"羊"声甚明，与"⿰月⿱癶羊"相同。"⿰月⿱癶羊姛"即为

〔1〕陈邦怀：《嗣朴斋金文跋》，鲁侯爵跋，第83～84页，吴多泰中国语文研究中心，1993年。

姆姓之女嫁于纕国者，故"姆"为孤竹国姓。《论语·公冶长》邢昺《疏》引《春秋少阳篇》："伯夷，姓墨，名允，字公信。"《史记·周本纪》张守节《正义》（会注考证本）引《括地志》："孤竹故城在平州卢龙县南十二里，殷时诸侯孤竹国。胎，氏也。姓墨。"谓孤竹国本墨姓。《史记·伯夷列传》司马贞《索隐》引应劭云："（孤竹）伯夷之国也。其君姓墨胎氏。"钱穆《史记地名考》："又殷后分封有目夷氏，或即墨胎氏。"已混姓为氏。是孤竹墨姓，本作"姆"，或作墨胎、目夷，声之变也。金文"姆"为孤竹国姓，当为从"女""弭"省声之字，释为"姆"。"弭"本从"耳"声，古音在明纽之部，"墨"在明纽之部入声，"台"在之部，"夷"在脂部，顾炎武，江永的古音学皆归之、脂同部，知"姆"与"墨"双声叠韵，与"台"、"夷"叠韵可通，故墨胎（或又作默怡）、目夷合词，皆当"姆"音之缓读。

纕姆为孤竹之女嫁于纕国者，且"纕"、"饪"同音，则"纕"当读为"仍"，即有仍之国，文献或作"任"、"有娀"、"有戎"[1]。《史记·吴太伯世家》："后缗方娠，逃于有仍。"司马贞《索隐》："仍、任声相近，或是一地，犹甫、吕、虢、郭之类。案《地理志》，东平有任县，盖古仍国。"可明任即有仍。《左传·僖公二十一年》："任、宿、须句、颛臾，风姓也。"杜预《集解》："任，今任城县也。"《水经·济水注》："夏后氏之任国也，在亢父北。"地在今山东济宁市南五十里，去史氏未远，仍（任）为国名，与风姓之任当别为二地。《孟子·告子下》赵岐《注》："任，薛之同姓小国也。"当有所本。是仍本任姓，本作纕，因音同而或为任，遂与风姓之任相混。如此，则仍（任）乃商祖契母国，奚仲之裔，与孤竹互为婚姻。

"保"，官名，保傅也。殷有保衡。"纕保"即仍国之保，仍与薛同宗，而史氏为其保傅也。"保"字本作大人负子于背之形，引申有养意[2]。《周礼·地官·保氏》："保氏掌谏王恶，而养国子以道，乃教之六艺，……乃教之六仪。"故师保之保为官名，自源于保傅养子之义[3]。《大戴礼记·保傅》："昔者周成王幼，在襁褓之中，召公为太保，周公为太傅，大公为太师。保，保其身体；傅，傅之德义；师，导之教训。此三公之职也。"《尚书·君奭序》："召公为保，周公为师，相成王为左右。"足明师保养子，不独为身体康健，更在以美诏王，谏王恶而告之以善道，以文德辅佐王政。《礼记·文王世子》："大傅审父子君臣之道以示之，少傅奉世子以观大傅之德明而审喻之。大傅在前，少傅在后，入则有保，出则有师，是以教喻而德成也。师也者，教之以事而喻诸德者也。保也者，慎其身以辅翼之而归诸道者也。"皆为明证。卜辞有保，为官名，位与尹同[4]，当为王室之保。此铭"纕保"

〔1〕见《诗·商颂·长发》、《左传·昭公四年》、《韩非子·十过》、《史记·殷本纪》。

〔2〕唐兰：《殷虚文字记》，第 59 页，中华书局，1981 年。

〔3〕陈梦家：《西周铜器断代（二）》，《考古学报》第 10 册。

〔4〕张亚初：《商代职官研究》，《古文字研究》第十三辑，中华书局，1986 年。

乃仍国之保，由同宗之长者充任。

"鼾"，本作"鼾"，象人卧息而张其鼻，乃前述"鼾妇"之"鼾"作"鼾"形之省，故为"鼾"字无疑，读为"咆"，因仲咆之名为氏。

"羽鸟"，"羽"字虽在"鸟"上，但应为二字，似不可释为"翟"。史喜簋有"翟"字，作"羽""隹"相叠之形，与此有别。此觯盖、器对铭，明"咆"与"羽鸟"显为一人，"咆"既为氏，则"羽鸟"当即咆氏之私名。金文盖、器异铭者时有所见，铭虽有别，但内容多有联系。如殷器亚夐皇旝卣，盖铭"亚夐皇"，唯书氏；器铭"亚夐皇旝"，"旝"似皇氏私名。与此相同。卜辞黄尹即殷之保衡，"黄"、"衡"互通[1]，因地为氏[2]。周代彝铭则有太保靠（爽）、保侃母、保伭母，"靠"（爽）与"侃母"，"伭母"分别为太保及女保之名、字。此皆可证"羽鸟"为仍保咆氏之名。铭书"母丁"，当为仍保咆羽鸟为其母所作之祭器。

（六）未斝

M38 与史氏铜器共出者尚有未斝（M38：52），铭一字"未"，国族名。殷周金文亦见。

未   未戈

未父乙   未父乙鼎

"未"，读为"妹"。《尚书·酒诰》："明大命于妹邦。"字或作"沫"。马融《注》："妹邦即牧养之地。"郑玄《注》："妹邦，纣之都所处也。于《诗》，国属鄘。故其《风》有'沫之乡'，则'沫之北'、'沫之东'，朝歌也。"孙星衍《尚书今古文注疏》："云'妹邦即牧养之地'者，段氏玉裁云：'谓妹邦即牧野也，以妹同眛。'云'妹邦，纣之都所处'者，《水经注·淇水》：'又南合泉源水，水有二源，一水出朝歌城西北，东南流，其水南流东屈，迳朝歌城南。'《晋书地道记》曰：'本沫邑也，殷王武丁始居之，为殷都也。纣都在《禹贡》冀州大陆之野，即此矣。有糟丘、酒池之事焉，有新声靡乐，号邑朝歌是也。'云'于《诗》，国属鄘'者，《春秋左氏·定四年传》：'子鱼曰："康叔取于有阎之土以共王职。"'阎与鄘声近。《书》'毋若火，始庸庸'，一作'燄燄'。是有阎即鄘国也。《说文》：'邶，故商邑，在河内朝歌以北。'则沫北为邶也。对北则妹乡为鄘在南，妹东为卫矣。故郑言'"沫之北"、"沫之东"，朝歌也。'"是妹乃古族邑名，即殷之朝歌，地在今河南淇县。王先谦《诗三家义集疏》于《鄘风·桑中》考之亦详。

（七）娇盉

M120 与史氏铜器共出者有娇盉（M120：12），铭一字"娇"，为女姓。字又见于殷卜辞，文云：

贞：今甲〔子〕其雨？

---

〔1〕 郭沫若：《卜辞通纂考释》，第 50 页，日本文求堂石印本，1933 年。

〔2〕 丁山：《商周史料考证》，第 55～56 页，中华书局，1988 年。

贞：不雨？

贞：翌乙丑其雨？

贞：不雨？

贞：翌丁卯其雨？

〔贞〕：翌以□正？

贞：叀娸？

叀嫚？

〔叀〕姞？

〔叀〕娸？　　　　　　　　　　　　　　　　　　　　《甲》3415＋3418

"娸"与"娸"、"嫚"、"姞"皆为女姓〔1〕。史氏之薛本任姓之国，是娸盉似为任姓婚姻之国器也。

（八）盧觯

M120 与史氏铜器共出者尚有盧觯（M120:20），铭一字"盧"，国族名。"盧"字篆作"鬲"或有形变。旧释"举"〔2〕，或释"冉"〔3〕，或释"鬲"〔4〕，或释"再"〔5〕，或释为酒栖之"同"〔6〕，或释"闗"〔7〕，或释"菁"〔8〕，或释"再"〔9〕，或释"架"〔10〕，莫衷一是。此字也见于卜辞，学者或释"盧"，即"鑪"之初文〔11〕，上象器身，下象其足〔12〕。故金文此也"盧"字无疑〔13〕。

"盧"铭之器旧出百六十余件，遍及殷墟和豫西，以及山东、陕西、辽宁、湖北、湖南等地，国本秃姓，乃祝融之后〔14〕。

（九）燕父丁瓤

BM9 出土燕父丁瓤（BM9:13），铭三字：

〔1〕屈万里：《殷虚文字甲编考释》，第 435 页，"史语所"，1961 年。

〔2〕吕大临：《考古图》卷五，第 7 页，中华书局，1987 年；王黼：《宣和博古图》卷三，第 7~8 页；卷八，第8~9 页；清乾隆十八年（1753 年）天都黄晟亦政堂刻本；阮元：《积古斋钟鼎彝器款识》卷一，第 30 页，清嘉庆九年（1804 年）自刻本。

〔3〕刘心源：《奇觚室吉金文述》卷十七，第 10 页，清光绪二十八年（1902 年）自写刻本。

〔4〕阮元：《积古斋钟鼎彝器款识》卷一，第 30 页，引钱献之说，清嘉庆九年（1804 年）自刻本。

〔5〕张廷济：《清仪阁所藏古器物文》册一，第 3 页，涵芬楼石印本，1925 年。

〔6〕吴大澂：《字说》，第 17~18 页，清光绪十九年（1893 年）思贤讲舍重刻本。

〔7〕高田忠周：《古籀篇》八，第 33~34 页，日本说文楼影印本，1925 年。

〔8〕高田忠周：《古籀篇》八，第 33~34 页，日本说文楼影印本，1925 年。

〔9〕郭沫若：《麤芍钟铭考释追记》，《金文丛考》，第 365 页，人民出版社，1954 年。

〔10〕马叙伦：《读金器刻词》，第 9 页，中华书局，1962 年。

〔11〕郭沫若：《殷契粹编考释》，第 20 页，日本文求堂石印本，1937 年。

〔12〕于省吾：《甲骨文字释林》，第 30~33 页，中华书局，1979 年。

〔13〕李孝定：《金文诂林附录》，第 722~724 页，香港中文大学，1979 年。

〔14〕拙作：《释鬲》，未刊稿。

　　燕父丁

　　"燕"，族氏名，字形作飞燕状，与金文北燕之燕作"匽"不同，当指南燕。《左传·隐公五年》："卫人以燕师伐郑，郑祭足、原繁、洩驾以三军军其前，使曼伯与子元潜军军其后。燕人畏郑三军，而不虞制人。六月，郑二公子以制人败燕师于北制。"杜预《集解》："南燕国，今东郡燕县。"孔颖达《正义》："燕有二国，一称北燕，故此注言南燕以别之。《世本》：'燕国，姞姓。'《地理志》东郡燕县：'南燕国，姞姓，黄帝之后也。'"《春秋经·桓公十二年》："公会宋公，燕人盟于谷丘。"又《桓公十三年》："及齐侯、宋公、卫侯、燕人战。"《左传·桓公十八年》："王子克奔燕。"又《宣公三年》："郑文公有贱妾曰燕姞，梦天使与己兰，曰：余为伯儵。余，而祖也。"杜预《集解》："伯儵，南燕祖。"又《庄公十九年》："卫师、燕师伐周。"杜预《集解》："燕，南燕。"又《庄公二十年》："郑伯和王室，不克，执燕仲父。"杜预《集解》："燕仲父，南燕伯。"又《定公十年》："成何奔燕。"《国语·郑语》："北有卫、燕、狄、鲜虞、潞、洛、泉、徐蒲。"徐元诰《集解》："燕，南燕也，黄帝之后，姞姓，在今河南汲县东。"此皆以南燕但称"燕"，"南燕"之名则至西汉以后方才出现，地在今河南延津东北。史氏家族墓地出土南燕器，可明史氏与南燕也有交往。

　　（一〇）其方施瓠

　　M127 出土其方施瓠（M127∶1），铭三字：

　　　　其方施

　　复合氏名。"施"，字本从"扩"，形变似"中"，或为"施"字或体。氏名。《左传·定公四年》所记殷民六族"使帅其宗氏，辑其分族，将其丑类"，又言分康叔殷民七族，施氏即当其中。杨伯峻《注》：施氏，"或曰为旌旗之工"。施氏即殷之宗氏，为子姓之族[1]。"方"，施氏之分族氏名，或即小宗。晚殷爵铭有"亚母方"（《集成》14.8778），可为之证。"其"，方氏之支族氏名，或当丑类[2]。《左传·隐公八年》："天子建德，因生以赐姓，胙之土而命之氏。诸侯以字为谥，因以为族。官有世功，则有官族。邑亦如之。"故"其"乃以地为氏。"其"应即卜辞及金文习见之"亚其"或"其侯"之地，字或作"异"，乃姜姓之国，为殷之外服。学者或以异在今山东莒县北[3]；或以为本在山西太谷东南或蒲县东北，渐迁河南，终居山东[4]；或以为殷之异侯并非周所封之姜姓异国，地在今河北沙河流域[5]。郭沫若先生以异即文献之纪国[6]，是。山东烟台上夼村出土两周之际异、己二鼎，

〔1〕陈梦家：《殷虚卜辞综述》，第 497 页，科学出版社，1956 年。

〔2〕竹添光鸿《左传会笺》："丑类者，远派疏属也。分族以言内言，类丑以服外言。《文王世子》'族食世降一等'，《大传》'绝族无移服'，是分族之谓也。《僖十年》'神不歆非类'，《成四年》'非我族类，其心必异'，是类丑之谓也。"

〔3〕王献唐：《黄县异器》，第 156～169 页，山东人民出版社，1960 年。

〔4〕陈槃：《不见于春秋大事表之春秋方国稿》，第 49～51 页，"史语所"，1982 年。

〔5〕李学勤：《北京、辽宁出土青铜器与周初的燕》，《考古》1975 年 5 期。

〔6〕郭沫若：《两周金文辞大系图录考释》第八册，第 199 页，科学出版社，1957 年。

其一铭云：

> 曩侯易（锡）弟□嗣戜（鐵），弟□乍（作）宝鼎，其万年子子孙孙永宝用。

其二铭云：

> 己华父乍（作）宝鼎，子子孙孙永用。

二鼎同墓所出，或以为同族之器[1]，可从。由此则明确证明曩、己乃一国无别。西周师寰簋铭云：

> 今余肇令（命）女（汝）逮（率）齐币（师）、曩、赘（莱）、僰，眉（殿）左右虎臣正（征）淮尸（夷）。

知曩在山东，与齐、莱并近。《左传·隐公元年》："纪人伐夷。"杜预《集解》："纪国在东莞剧县。"地在今山东寿光南之纪城。此地纪侯台下曾出西周己侯钟[2]，其北又出殷末周初己并器[3]，恰可与文献相互印证。盖纪国之名本作"其"，后增声符"己"而作"曩"，或又省"其"而独存声符作"己"。尽管字有省减，但古写的国名"曩"仍有相当长时间的延用。此"其方施"即施氏之远庶邑于其地者。

（一一）戈鼎

M21 与史氏铜器共出者尚有戈鼎（M21:35），铭一字"戈"，为族氏名。卜辞及金文习见，学者已有系统研究[4]。《左传·襄公四年》："处浇于过，处豷于戈。"杜预《集解》："过、戈皆国名。东莱掖县北有过乡，戈在宋、郑之间。"此戈或即商代之戈[5]。其为夏遗，学者也有详辨[6]。陕西泾阳高家堡商周墓地发现"戈"铭铜器，学者以为乃夏遗西迁之迹[7]。江西清江吴城遗址及新干大洋洲遗址出土遗物也多铭"戈"氏[8]，学者或论此戈当商代之戈族南徙所致[9]。

---

〔1〕 山东省烟台地区文物管理委员会：《烟台市上夼村出土曩国铜器》，《考古》1983 年 4 期；李学勤：《试论山东新出青铜器的意义》，《文物》1983 年 12 期。

〔2〕 阮元：《积古斋钟鼎彝器款识》卷三，第 1～2 页，清嘉庆九年（1804 年）自刻本。

〔3〕 寿光县博物馆：《山东寿光县新发现一批纪国铜器》，《文物》1985 年 3 期

〔4〕 邹衡：《论先周文化》，《夏商周考古学论文集》，第 321～322 页，文物出版社，1980 年。

〔5〕 邹衡：《夏文化分布区域内有关夏人传说的地望考》，《夏商周考古学论文集》，第 246 页，文物出版社，1980 年。

〔6〕 陈槃：《春秋大事表列国爵姓及存灭表撰异》叁订本，第 627～628 页，"史语所"，1997 年。

〔7〕 陕西省考古研究所：《高家堡戈国墓》，第 118 页，三秦出版社，1995 年。

〔8〕 江西省博物馆等：《江西清江吴城商代遗址发掘简报》，《文物》1975 年 7 期；江西省文物工作队吴城考古工作站等：《清江吴城遗址第六次发掘的主要收获》，《江西历史文物》1987 年 2 期；江西省文物考古研究所等：《江西新干大洋洲商墓发掘简报》，《文物》1991 年 10 期。

〔9〕 彭明瀚：《商代赣境戈人考》，《南方文物》1996 年 4 期。

前掌大墓地出土铜胄复原研究

胡秉华　白荣金

　　关于"胄"的解释，辞书中一般释为古代将士作战时所戴的帽子，即头盔，是一种防护性装备。胄的出现应该经历了一个非金属阶段，即皮革鞣制品或藤条编制品的过程，然后进入青铜质地，乃至后来的铁质铸造这样一个发展过程。胄是古代兵器库中不可或缺的装备之一。古文献中关于胄的记载偶有所见。《左传·僖公三十三年》："左右免胄而下。"《诗·鲁颂·閟宫》："贝胄朱绶。"《国语·晋语》："甲胄而效死，戎之政也。"又"欲至甲胄而见客"。《汉书·刘歆传》："绛灌之属，咸甲胄武夫。"又《王莽传》："甲胄一具。"上述文献虽然都提到是胄，但缺乏对其形状、大小、质地等的描述，因而对了解当时胄的具体形制仍有一定的难度。在小盂鼎铭文中有"胄"字，其文作"🜚"，上部居中为一道锥状笔划，似与安阳殷墟出土顶部带铜管饰的青铜胄有相似之处（图一，1）。目前我们对商周时期铜胄的认识主要来自安阳殷墟等地出土的一批铜胄，通过对这批铜胄的研究，使得我们对该时期胄的形制、种类、演变关系和地域特征的异同关系有了比较详细的理解和认识。

　　由于古代战争的频繁性和残酷性，使人们对防护用具的要求越来越高，着胄披甲对自身的保护作用也逐步得到了重视。利用青铜胄对头部的防护作用，减轻或避免对身体的伤害，达到了保护自己消灭敌人，进而可取得战争胜利的目的。

　　商周之际，青铜铸造业已经发展到较高的水平。历代的史实可证明，不论哪个时期总

图一　金文"胄"字及青铜杆头饰
1. 小于鼎铭文中的"胄"字　2. 青铜杆头饰上的兽面形胄（现藏英国不列颠博物馆）

是把当时最新科技成果或先进工艺，运用于兵器的生产和制造上。商周时期也不例外，青铜胄的出现和逐步完善是随着青铜铸造工艺的发展而不断加以改进的。到了东周时期，随着冶铁业的出现与发展，铁胄逐步取代铜胄，青铜胄才逐渐退出历史舞台。

商周时期在战争中经常使用的青铜兵器诸如戈、矛、钺、刀、镞等一类冷兵器，在中原、关中及邻近地区的同时期遗址和墓地中比较常见。但作为防护性器具的甲胄，出土数量则很有限，其中尤以铠甲出土的最少，这可能因为它最初多以皮革等材料制成，易腐烂而难以保存，所以我们今天在遗址和墓葬甚少见到这类遗物。以往曾在安阳侯家庄商代墓葬中发现过两块彩绘皮甲残迹，片体较大，可能属于保护胸、背的整片皮革。近年来在山东滕州前掌大商周墓葬中，也清理出一些零星皮甲残迹，为圆角长方形小型甲片，但保存状况欠佳，很难对其进行复原研究。

属于商周时期的青铜胄，出土的地点和数量相对较多。如江西新干大洋洲[1]、河南安阳殷墟[2]、北京房山琉璃河[3]、昌平白浮[4]、内蒙古赤峰美丽河[5]、宁城南山根[6]、辽宁锦西乌金塘等[7]，上述地点的青铜胄为整体构件，类似现代的头盔。

山东滕州前掌大北区和南区墓葬中出土了两批青铜胄，它们的形状与以往发现的商周时期的盔形胄有很大不同，是一种复合型胄。即以青铜铸件缀合在皮革一类内衬之上，使之成为防护用具。通过分析前掌大墓地发现的青铜复合胄，使我们对曾经在其他许多地点发现的这类似构件的用途有了新的认识，以往的报道多将其定名为兽面饰、铺首、面具等。由于前掌大墓地这类铜、皮一体的复合型胄的发现，使我们对上述器物的定名有了新认识。

通过对前掌大墓地出土青铜胄的研究我们发现，其发展变化也存在着一定规律，即从单一兽面形铸件加两侧铜护耳这样较简单形状逐步演变成兽面、护顶、护颈连铸成一体加铜护耳组成的复合型胄重要一个过程。前掌大墓地的发现使我们对以往发现的这些兽面形铜构件的定名有了准确的依据，将它们定为复合胄的组成部分当不会有误。目前出土该类铜胄的地点主要还有陕西城固苏村[8]、岐山贺家[9]、西安老牛坡[10]、湖北黄陂盘

〔1〕 江西省文物考古研究所等：《新干商代大墓》，文物出版社，1997年。

〔2〕 梁思永未定稿，高去寻辑补：《侯家庄（安阳侯家庄殷代墓地）》第五本《1004号大墓》，台北，1970年。

〔3〕 北京市文物研究所：《琉璃河西周燕国墓地》，文物出版社，1995年。

〔4〕 北京市文物管理处：《北京地区的又一重要考古收获——昌平白浮西周木椁墓的新启示》，《考古》1976年第4期。

〔5〕 内蒙古自治区文物工作队：《内蒙古出土文物选集》，文物出版社，1963年。

〔6〕 a辽宁省照乌达盟文物工作战：《宁城南山根的石椁墓》，《考古学报》1973年2期。b李逸友：《内蒙昭乌达盟出土的铜器调查》，《考古》1959年6期。

〔7〕 锦州市博物馆：《辽宁锦西乌金塘东周墓调查记》，《考古》1960年5期。

〔8〕 唐金裕等：《陕西省城固县出土殷商铜器整理简报》，《考古》1980年3期。

〔9〕 陕西省博物馆等：《陕西岐山贺家村西周墓葬》，《考古》1976年1期。

〔10〕 刘士莪：《老牛坡》西安人民出版社，2002年。

龙城[1]、河南安阳殷墟[2]、江西新干大洋洲等。

　　盘龙城、贺家出土的兽面形铸件，从其结构与形象观察，与安阳殷墟西区、前掌大村北墓葬中出土者颇为近似。然而城固苏村与西安老牛坡所出者彼此颇为相似，却与殷墟、前掌大有较大的差别。盘龙坡遗址出土一件兽面形铸件，其时代为二里岗上层，但形状特征与安阳殷墟、前掌大出土的胄极为相似。发掘者对其时代的判断似乎偏早一点。按照上述所定时代，我们认为是兽面形铸件与皮革（帛）相缀的复合型胄要早于连铸一体的胄，从胄的完善过程来看也合乎情理。复合型胄在与连铸型胄并行使用了一个阶段后逐渐退出历史舞台。从目前所发现的资料分析，单体兽面形复合胄大致在殷墟早期阶段出现，在兵器史的长河经历了短暂的发展历程后被连铸型铜胄所取代。

　　兽面复合型胄的兽面多作弧形，即纹面突出，缀于皮革之上，兽面恰好遮盖了前额和部分颅顶。这种胄的佩戴形式，从流失到英国不列颠博物馆的一件青铜杆头饰上可见一斑，该头饰雕铸的非常写实，铜人正面有眼、鼻、口，而眉以上为兽面形铸件所遮盖，前额、部分颅顶也在覆盖之下。如此逼真的形象，使我们对当时武士佩戴这类复合胄情形一览无余（图一，2）。

一　其他遗址出土铜胄概况

　　（一）湖北黄陂盘龙城出土铜胄　遗址中采集到一件兽面形胄件，两角向上斜伸，居中显鼻脊，"臣"字形双眼突出，嘴张，角略残（图二，1）。

　　（二）陕西城固苏村出土铜胄　共11件，出自窖藏。兽面形。根据角的特征可分两类；一类是短角微翘，另一类是粗角上翘。整个面部为"臣"字形眼，圆睛凸出，鼻脊较直，小耳。两颊铸出似"王"字形纹样，以两"王"字最下一横拼成上唇，其下连一半圆形是为下唇，上下勾勒出微张的半圆形口。另外还有两颊饰回形纹，以涡纹转曲为眉的。两耳及口两侧各有一穿孔。一般高15.0~18.0、上宽17.9~19.0、下宽14.0~16.0厘米（图二，5、6）。

　　（三）陕西西安老牛坡出土铜胄　共3件，出自墓葬。如M10：8，兽面形。两角粗大上翘，额头上有一小兽面饰，仅具轮廓。"臣"字形双眼，圆睛凸起，小耳，口嘴张。两颊均施有"王"字形纹样。口及眼上各有一对称穿孔。通高17.4、宽18.4厘米（图二，4）。

　　（四）江西新干大洋洲出土铜胄　XDM：341，正面为高浮雕兽面形饰，角大而向内弯曲，酷似羊角，"臣"字形眼，长方形圆角目突起，鼻心上有一突起的菱形饰，口微张，涡

---

〔1〕　湖北省文物考古研究所：《盘龙城——1963~1994年考古发掘报告》，文物出版社，2001年。
〔2〕　中国社会科学院考古研究所安阳工作队：《1969~1977年殷墟西区墓葬发掘报告》，《考古学报》1979年　第1期。

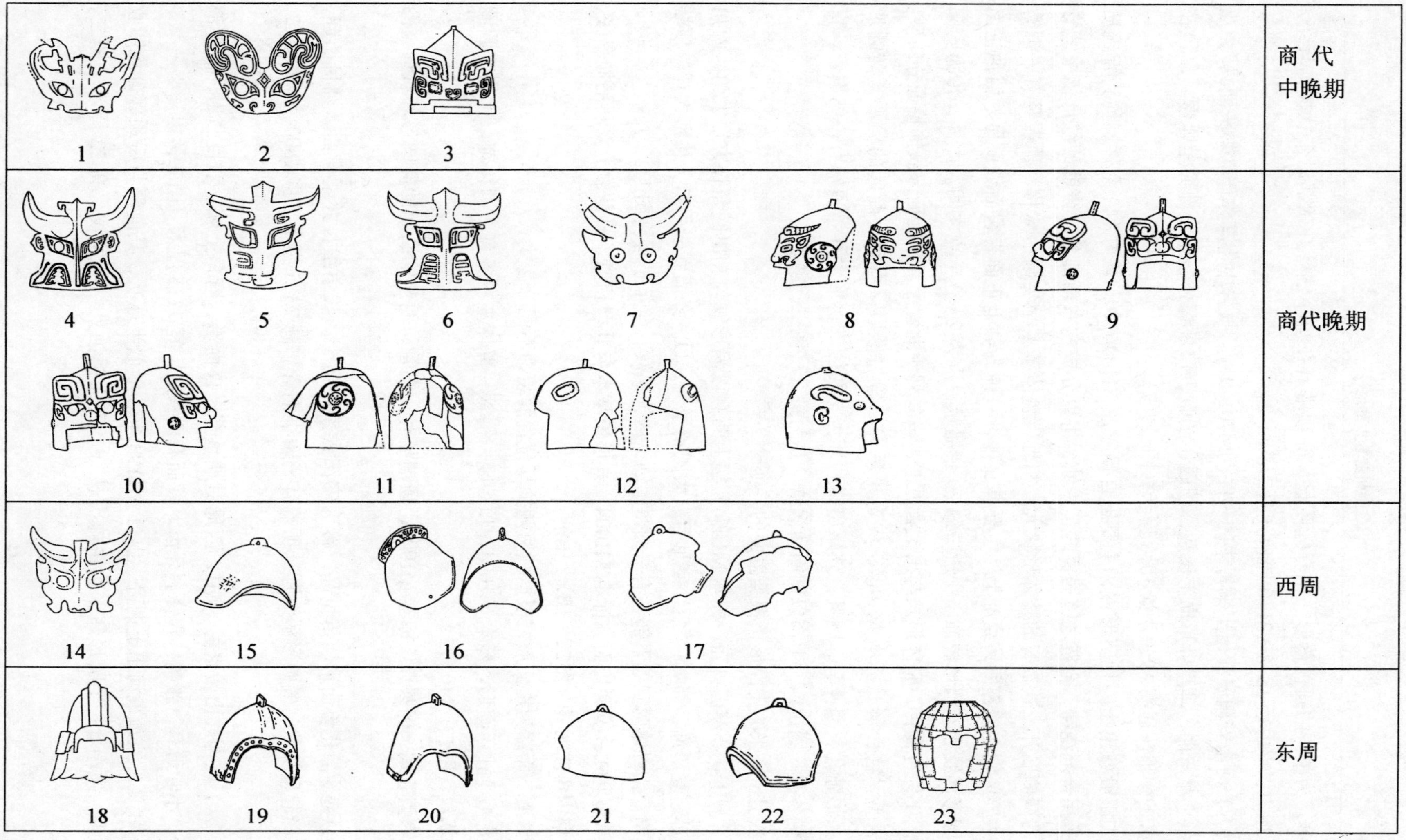

商代中晚期	商代晚期	西周	东周

图二 各地出土铜胄的对比

1. 黄陂盘龙城　2.3. 新干大洋洲　4. 西安老牛坡　5.6. 城固苏村　7~13. 安阳殷墟　14. 岐山贺家村　15. 北京琉璃河　16.17. 北京昌平白浮　18.19. 宁城南山根　20. 赤峰美丽河　21. 辽宁锦西传世品　22. 锦西乌金塘　23. 河北易县燕下都铁兜鍪

纹双耳。为整铸的圆顶盔形。中脊缝明显，头顶端有一短小铜管。颈部以带状棱饰环绕。通高 18.7、直内径 18.6～21.0 厘米（图二，2、3）。

（五）河南安阳殷墟出土铜胄中的一件（M701∶9）　报告中将其称作"牛头面具"。双角向斜上微弯曲，耳呈叶形向上微翘，圆眼、圆睛，口微嘴张，整个部面呈弧形。出土在一殉人的颈部。通高 19.0、宽 10.0 厘米（图二，7）。

安阳殷墟出土一批盔形胄，主要出自侯家庄 M1004 中，有约 140 余件。均为青铜质地，采用合范浇铸，合范之缝居胄的正中处，将胄分成左右两部分，铸就的纹饰依中缝脊向左右两侧展开。这批胄的整体形状大致相近，盔体基本呈半圆形球状，顶端竖有一铜管饰。主要区别在前额所铸纹饰上。主要有 3 种，一种为额上正面带兽面纹；另外两种正面仅饰圆形涡纹和椭圆形纹饰。一般高约 20 余厘米，重为 2～3 千克之间。此外，传为安阳出土的 1 件青铜胄，整体形象与出土者近似，一并列于此叙述。根据面部纹饰特征分四型。

A 型　兽面形。标本 M1004，尖弯角后伸，弯勾形眉，眉间有凸起的菱形，椭圆形目，条形瞳孔，圆鼻头，阔嘴，外露出锋利牙齿。两侧饰桃形大耳。顶端有一细铜管。胄体两侧各有一圆饼饰，上饰以圆圈和涡纹，是为护耳（图二，8）。

B 型　夸张的兽面形，根据兽面的特征分 2 式。

B 型Ⅰ式：窄面兽面。标本 M1004，额上两侧以涡形纹勾勒出圆角长方形大角，两角间中部起菱形饰，圆鼻，"臣"字形目，大圆睛暴突，以一条直线表示口，桃形大耳。顶端有一铜管，胄体两侧偏下部各有一圆饼形饰，内饰涡纹，象征护耳（图二，9）。

B 型Ⅱ式：宽面兽面。标本 M1004，其形象基本与Ⅱ型相似，只是额上双耳更加夸张，尖角向内弯曲明显（图二，10）。

C 型　面部为素面形，根据额两侧护耳位置的装饰不同分 2 式。

C 型Ⅰ式：圆形。标本 M1004，顶端竖一铜管。胄体左右各有一圆饼饰，上饰有圆圈纹和涡纹（图二，11）。

C 型Ⅱ式：椭圆形。标本 M1004，顶端竖有一铜管，两侧饰凸起的椭圆形环状饰（图二，12）。

D 型　简化兽面形。传世品，传为安阳侯家庄出土。长角细长并下弯曲，圆目凸起，中部隆起呈鼻状，椭圆形涡纹耳。顶端有一矮小铜管。高 23.5 厘米，重 1800 克。（图二，13）。

（六）陕西岐山贺家村　M1，西周时期墓葬。兽面形，弯角上翘，双目凸出，面中部起脊，小叶形耳，张嘴，露锋利牙齿。背面有两系纽。宽 13.5 厘米（图二，14）。

（七）北京琉璃河出土铜胄　出自 M1193 中。形似半球状，其前额与后颈部均凹收呈弧形。顶端着一半圆形纽，边缘施突棱饰。表面锈蚀处粘有席纹。高 22 厘米（图二，15）。

（八）北京昌平白浮出土铜胄　　M3：10 较完整，半球状。前额下沿凹收作弧形，后颈部位居中处稍凹，两侧斜下垂。左右下方各有一孔。顶部施扁平带镂孔装饰，颇似鸡冠。周边有细棱形饰。通高 23.0、脊高 3.0、脊长 18.0 厘米（图二，16）。

（九）宁城南山根出土的铜胄　　一件，M101：29，半球状，额前与颈后凹收成弧形。额前沿边作宽带饰，其上饰凸起的圆泡饰。两侧边沿上各饰两个竖条。顶端施一扁方纽，中横穿一孔。通高 24.0 厘米（图二，19）。1958 年在同一地点也出土一件铜胄，形制与前者相同。

（一〇）赤峰美丽河出土的铜胄　　1956 年出土。一件。半球状。额前与颈后凹收成弧形。顶端着一方纽。横穿孔一。周边饰窄凸棱饰。两侧边缘上各施一小横条。通高 23 厘米（图二，20）。

（一一）锦西乌金塘出土的铜胄　　1958 年在一座东周墓葬中出土一件铜胄。半球状，浑圆，额下微凹，呈半圆形以露面部。顶端着半环形纽。高 19.0、上宽 9.0、下宽 10.0 厘米（图二，21）。

二　前掌大墓地出土铜胄

这里主要介绍胄在墓葬中出土位置和形制特征。另外在清理过程中所采取的一系列方法，诸如对胄体衬垫的皮革、髹漆及颈部缀戴的牙片饰等，利用"定位式编号"法提取及复原，从田野发掘到室内复原研究，摸索出一套经验。我们以附录的形式列于本文之后，希望对今后发掘中遇到此类遗物，在提取时能有一定的帮助。

（一）在北区墓地的发掘中，共在 M206、M211、M222 三座墓中出土 24 件复合型牌式胄，均放置在二层台上，一部分胄的周边还散置一些小牙片饰，牙片呈长方形，四角各有一小穿孔。另外，在胄的背面发现有皮革一类物品的黑色腐朽物。牌式复合型胄的正面兽面形，整体作弧形半球状。上端左右为突出的尖角。正面有"臣"字形目，圆睛凸出，有穿孔和无穿孔两类之分。短耳，大宽鼻下垂，口张露牙。正面圆润光滑，内凹部分则极粗糙。角、耳、口两侧近边处均有对称的小空孔。我们将这类胄定为 A 型。

（二）1994 年在南区墓地的 40 号车马坑中清理出一件兽面形牌式胄，与之同出的还有护顶、护枕和护颈等附件，它们应该是拼合缀附在皮革一类内衬之上而形成的一种复合胄，同时也是后来出现的兽面形牌式胄与护顶、护颈连铸成一体胄之间一种过渡类型，我们将其定为 B 型。此类胄的兽面牌略小于 A 型，但其外形近似，该件胄的正面贴有一层金箔，为其他类型胄所不见。

（三）1994 年在南区墓地所清理的 M11，为土圹竖穴，墓口南北长 3.8、东西宽 1.96～2.06、深 3.34 米。设有二层台、腰坑。椁、棺齐全。随葬有青铜礼器、玉器、绿松石、石器、骨器、陶器等。东侧二层台上有殉人一。二层台北侧和西北侧较集中摆放着13件铜一体型胄，其间夹衬着一些黑褐色皮衬的腐朽物，局部闪烁着赤色亮光。显然这些皮革上曾经髹有黑漆。在护颈及皮胎附近保留有成行或散置的长方形牙片饰，牙片四角各有一小穿孔。这种装饰牙片只在部分胄体间附有。一体型胄，是以皮革帽形件为依托，兽面与护顶、颈连体件为主件，左右配圆形穿孔护耳件，拼合缝缀成一件整胄。由于兽面造型分两种，其一是铸出角、耳、鼻、眼、口形象，另一种仅铸出兽面轮廓，没有相应五官纹样，我们将其称为素面胄。前者定为 C 型 I 式，后者为 C 型 II 式。

本文所分型与式内含着早晚与承袭关系，同时利于和周边出土胄的对比分析。

A 型　标本 M211:1，兽面形角、耳、鼻、眼、口齐全。角宽大呈弧状向两侧上方延伸。小耳。角、耳上施似"十"字形凹纹。眉脊间有一突出的菱形饰，居中鼻脊微突，"臣"字形大眼，口嘴张两侧露獠牙。唇与牙间各有一横穿孔，上缘左右各有两对小穿孔（图三，1）。标本 M222:34，兽面形，细长角近尖端弯曲上扬。小耳。耳角连接处各留一横穿。圆眼，居中鼻脊微突，口嘴张两侧出獠牙。唇、牙间留有横穿（图三，2）。

B 型　标本 M40:20，由兽面形护额及护顶、护枕及护颈三部分组成，但兽面形件为单一个体，并不与护顶、护枕和护颈相连。兽面形护件（M40:13）为细长角尖端弯翘，圆

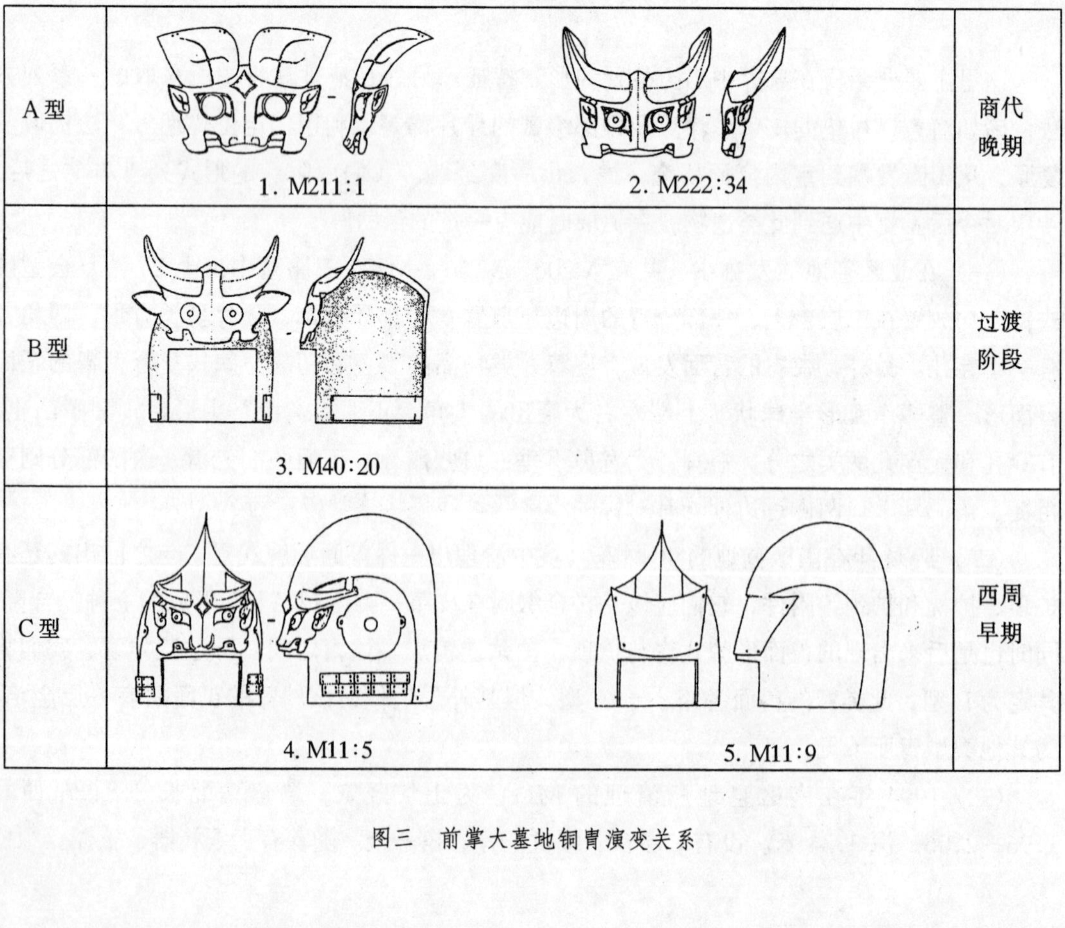

A 型	 1. M211:1　　　　2. M222:34	商代晚期
B 型	 3. M40:20	过渡阶段
C 型	 4. M11:5　　　　5. M11:9	西周早期

图三　前掌大墓地铜胄演变关系

眼，叶形耳斜平外侈，鼻脊微突，口嘴张两侧露獠牙。面部留一层金箔。无穿系孔，护顶、护枕部分为宽条状，居中起脊，两侧有四对八个穿孔。护颈部分为窄扁条状，弯成半环形，两端各有二个长方形穿孔（图三，3）。

　　兽面形件无穿系孔，加之有金箔附在上面，显得比较珍贵，金箔是缀是粘无法确定。此类胄有兽面形护额，护顶、护枕和护颈等共出，应该是将分件拼事缀附皮衬之上，显然比 A 型的单一的兽面在防护功能有了进一步的提高。

　　C 型　分 2 式。

　　Ⅰ式：正面为兽面形。标本 M11：5，是由青铜额、顶、颈连体，左右有铜护耳片、牙质饰片和皮质胄体组合而成。

　　（1）顶件　主件包括额、顶、颈连体件，称伯顶件。正面额的部分为兽面形，两角上扬尖端与顶件相连。眉脊间突出一菱形饰，宽鼻巨口，"目"字形眼，滑纹组成双耳。兽面高 11.2、上宽 16.6、下宽 14.2 厘米。自兽面向后通过胄顶并转而向下延伸以达颈部，形成一弧状阔带，其横剖面呈"人"字形。近颈末端的两侧各设一对孔眼以便与皮胄体相连缀。

　　（2）护耳　根据出土位置和面向，得知是设置在两耳外侧。圆形，正面微鼓，居中有圆形穿孔，边缘有两个对应的穿系。

　　（3）牙质饰片　属于此胄的牙质饰片计有 20 片，均为长方形，但长短、宽窄、薄厚不尽相同。牙珐琅质面朝外且微引，初步判断是以野猪牙裁制而成。每片回角各有一小穿孔。不同胄体上装饰的牙片数量不等，且排列方式也不相同，除横向排列外，也有纵向排列者。

　　（4）胄体皮质部分　在室内清理时进一步确认于铜胄件内侧发现了残留下来的皮衬痕迹，其色黑褐，有的表面还有些光泽，应当为皮革表面髹漆所致。从而确认铜胄件均缝缀在皮质胄体上。我们根据出土的商代晚期、西周时期出土青铜胄的形状和战国曾侯乙墓皮胄的造型，将该类胄进行了复原，其造型为盔形皮内衬，外附青铜胄件。铜胄件及牙饰的总重量约 1430 克，胄体皮质部分的重量不详（图三，4）。

　　Ⅱ式：正面为素面形。标本 M11：9，以青铜顶件与皮胎胄体组成的复合型胄。前额部分仅有兽面轮廓形象，下方两侧各有两个穿孔，上端两角尖各有一穿孔。护顶、颈件与 C 型Ⅰ式相似。该件内也发现褐色皮质痕迹，表明此青铜顶件当与皮质胄体相缀合（图三，5）。

三　讨　论

（一）复合型胄与一体胄

　　前掌大墓地出土的复合型胄，以及黄陂盘龙城、安阳殷墟、新干大洋洲、城固苏村、西安老牛坡、岐山贺家村等地发现的铜兽面形胄，应是附着在皮革或其他一类内衬物品上的部件，并由此构成了复合型胄。这种类型的胄在商代晚期（其中盘龙城遗址中出土的或稍早些）至西周初期与青铜一体胄并行使用。由于人们对防护用具的重视和防护技术的提高，加之青铜冶炼技术的提高和生产数量的增加，这类防护功能较差的铜胄退出其历史舞台则是必然的规律。

安阳殷墟是商王朝晚期的都城，为当时的政治、经济、军事、文化中心，其青铜铸造业已达到我国历史上发展的顶峰阶段。在其晚期由于连年征伐周边邻国，在残酷的战争中佩戴具有防护功能青铜胄应该是敌对双方所采用的装备。侯家庄 M1004 中出土的青铜整体盔型胄达百余件，新干大洋洲也出土一件类似的青铜整体胄，均为目前发现最早的青铜盔型胄。此后在北京琉璃河、昌平白浮、宁城南山根、赤峰美丽河、锦西乌金塘等地发现青铜整体盔型胄。实际这种半球状盔形青铜胄，在纹饰等方面有所变化外而基本形状则变化不大，如安阳青铜整体胄额面有兽面饰、顶端管状装饰及耳部位的圆泡饰，在以后的多简化为胄体铸凸棱、宽带纹或顶端着羽冠饰而已。其整体形状一直被保留下来，只是由青铜质地逐渐转化为铁或钢材质，说明这种类型整体盔型胄在历史进程中万变不离其形态之宗的发展脉络。

（二）前掌大复合型胄的时代及演变规律

前掌大墓地先后出土铜胄 38 件。其中兽面牌型胄 24 件；有牌型兽面、护顶、护枕和护颈的复合型胄 1 件；一体盔型的胄 13 件。在清理部分 A 型铜胄件时在其内侧均发现有黑褐色附着物。在 C 型胄件的内侧凹陷部分及缝隙处残留有一薄层的褐色物质并带有光泽，其内衬可能为皮革，且这些皮革曾经加以髹漆。

在出土的这些兽面型胄的两侧边缘处均有对应的穿孔，由此可知这些铜胄件应是缝缀盔形皮胎之上。其中在个别穿孔中仍保留缝缀用线的痕迹，表明其复合型胄在组合构成和使用功能上是可信的。

24 件兽面牌型胄，分别出自 M206、M211、M222，其所处时代属商代晚期。牌型复合胄出土于 40 号车马坑，时代属西周早期。13 件一体胄均出自 M11，属西周早期。我们把 A 型复合胄定为前掌大的早期胄。B 型定为过渡期，这种兽面形件与顶、颈件的分离并非偶然或巧合，而是由简单至复杂发展过程的必然阶段。C 型定为晚期，由主件和附件所构成，达到了基本完善的程度。这种发展变化中体现出的一脉传承，不断演进的关系是清晰准确的，同时也为古代兵器研究增添了一批重要的新资料。

（三）兽面胄的定名问题

由于前掌大出土的铜胄，在墓穴清理过程中采用"定位式编号"法，从而确定了铜胄和与之相关遗存间的关系。提取后在室内采用多面清理法，使我们了解到铜胄与皮胎缀和的关系，这些铜胄件应是铜一皮复合型胄的主件。

1986 年在《中国考古学年鉴》上报道了前掌大墓地出土的 A 型 I、II 式兽面形胄后，一些学者把它当作面具去进行研究，我们对这种观点持一种怀疑态度。因为 A 型青铜胄的眼点，一种为透穿孔，一为盲眼。后者若佩戴于面部，其视线全被遮挡而难以行动。另外，在墓地中发现的 B 型分体胄以及 C 型胄，对我们判断这类铜牌的功能和用途起到了很大的帮助，既这类兽面形铜牌是复合型胄上的一部分。盘龙城、殷墟、贺家村的兽面形铜件与前掌大 A 型 I、II 式者有很多近似处，当属复合胄上的铜构件应不成问题。此外，在苏村、老牛坡等地之兽面形铜构件其形状与之大体接近，只是在口部和施纹样上略有所区别的，但从其对应部位有穿孔来判断，它们仍是复合胄的组成部分。至此可以认为，商周时期各地出土的铜兽面胄，一般通高在 15~20 厘米，有着外凸内凹的弧度，周边有多处对应的穿孔等特征者，应为复合胄的铜构件，或称为胄。以往将这类器物称之为铜面具似为不妥，而称其铺首也不恰当。

从所列举的兽面形胄，以盘龙城出土的胄所处时代较早，报告中认为商代中期。但从其形制特征观察与商代晚期殷墟、前掌大墓地同类铜胄相近似，这件胄的时代有可能属商代中期偏晚阶段。贺家村出土的兽面形胄，可能晚至西周初期。估计上述情况判断，牌形兽面胄的流行时间前后不会超过 400~500 年。

随着时代的演进，胄的形式也在不断发展变化和逐步完善。至战国以后，胄的形状基本不变，仅是选用材料出现了变化，铁质材料逐渐取代了青铜材料，这是社会进步的必然趋势。如河北易县燕下都出土的铁兜鍪[1]，形制上与春秋或更早的青铜胄有一定的区别，这种新材的运用以及此后被广泛采用，应是阶段性的重大进步。大致与此时相当阶段的湖北随县擂鼓墩一号墓，出土了一批皮甲胄[2]，其中有十多件完整的皮胄。战国晚期的楚国已较多采用铁质材料生产武器装备，与之邻近的随国仍采用皮甲制造皮甲胄，说明皮质装备仍能起到一定防护作用。

附　录

（一）青铜胄的清理、修复过程

在发掘清理 M11 时，出土铜胄 13 件。首先清理出铜构件的分布范围及轮廓，其要点是不必过细剔取周围堆积，尽可能在现场分清胄上所属的组合件及装饰件，对于一时分辨不清的要如实记录，并作出必要的推测或判断，以作为将来复原时的参考。同时，还要注意胄与胄之间的位置关系，计划好下一步提取时的先后次序。关于起取方法，由于各胄基

〔1〕 河北省文化局文物工作队：《河北易县燕下都故城勘察和试掘》，《考古学报》1965 年 1 期。
〔2〕 随县擂鼓墩一号墓考古发掘队：《湖北随县曾侯乙墓发掘简报》，《文物》1979 年 7 期。

本由皮胎体、铜件组合而成，受工地条件所限，很难当场将其结构弄清楚，故决定全部从工地套箱整取回室内，以利于进一步的清理、观察和研究。简言之，提取为研究创造条件。在提取胄件时，原则上是一件件地单独取出，如果两胄靠得很紧也可合并取出。

较复杂的问题，是牙饰片散落在胄体上面及四周者，为了起取之便利，有时需要在现场进行深入考察，并逐片作详细的记录、绘图及作"定位式编号"，分别散取出包好，以便进行室内的整理复原和研究。

所谓"定位式编号"：即是发掘中编号提取出土物时，在图上及器件上标号使其书写位置及格式保持两者方位的一致，以确保在整理研究进行反复推敲时，能做到依图将取回之器件准确地按出土原位摆放出来。

总之，这些胄均属复合型文物，清理过程中必须十分谨慎细心，尤其有较多的附件者，切不可在现场随意取出，以免影响后来的复原研究。采取将器物整取回室内作进一步清理，则不再受气侯、环境和场地等条件的限制，细细地进行清理和考察，对各种保存下来的痕迹和附件、小饰件的保存状态，所处位置及排列规律作详细的记录、测绘、拍照及反复的推敲，从而确定复原方案。

（二）复原铜胄的介绍

胄清理出土后即转入室内进行整理复原。现仅就初步复原出的两种典型胄的情况介绍如下。

C型Ⅰ式胄是由青铜顶件、左右护耳片、牙质饰片和皮质胄体组合而成。

（1）胄体　前部处于额面，为近似虎头之兽面形，巨目宽鼻，口露獠牙、短耳，顶部有上扬之两长角，形貌颇威严。通高 25、体厚 0.15~0.2 厘米。面高 11.2、下宽 14.2、上宽 16.6 厘米。自兽面向后通过胄顶并转而向下延伸以达颈部，形成一弧状阔带。其横剖面呈"人"字形，高 4~7、下宽 9.7 厘米。近颈部的两侧并各设一对孔眼以便与皮胄体相连缀。

此件铸造时，铸范当由四块组成，外范为三块，而内范（或称芯范）仅为一块。兽面为外范，其后纵向将顶梁一分为二自模上翻作两块外范，以器件背面兽面部分与正面凹凸同形且厚薄一致，表明内范的胎形则是出自外范，依据外范上翻下后按铸件厚度之设计，均匀地削去一层表皮而成。其所以随原兽面之凹凸均匀地往下削减，其目的在于保持铸件的厚度一致，从而更好地确保铸件的良好质量。值得注意的是削减内范坯子表面时，在兽面的眼睛上、嘴角处、耳上侧及兽角尖与顶梁夹角处均适当作些保留而形成芯撑，故铸后形成透孔，以利与皮质胄体之连缀。至于铸造时的浇口，可能设置于器顶的最高处或稍偏后一些。

此件由于铸后清除芯范未净，在器件的背面的眼、鼻、耳及顶梁夹缝处，残留着一些焙烤过的橙红色芯范土，说明这组内外范在浇铸前，曾经过高温烘烤焙烧，使之充分脱水而提高铸件成品率。

（2）护耳件　根据其出土位置及面向，得知是设置在两耳外侧。主体表面中心略微隆起，呈圆饼状，直径9.0、厚0.2厘米。中部有一圆孔，孔径2.0厘米。在护耳片左右两侧边上各附一与主体连接的半环形小纽，用以与皮胄体连缀。两护耳片体薄，强度有限，置于胄上可能主要起装饰作用。在和护耳片相连缀的皮胄胎上，与其当中孔眼相对应或许也穿通一小孔，以利两耳听清外界的声音。因无直接凭证，只能依照其形状特征作此推测。

（3）牙质饰片　属于此胄上的牙质饰片计有20枚，其长短、宽窄、薄厚不尽相同，当与原取来切割之牙料大小有关。牙表朝外面略微弯曲，初步判断是以野猪牙制成。长2～3、宽1.8、厚0.2～0.3厘米。

在加工的牙饰片两端钻有小孔，均从背面钻通，孔径约0.2厘米。每端或一孔或两孔，从复原后找出其排列规律是一孔对一孔、二孔对二孔，在此胄上未见一孔连接二孔者。钻孔的目的，显然是为了使其便于连缀在胄的皮胎之上，在发掘现场提取牙饰片时，曾见有其中一孔上仍保存着一点丝线痕迹。这些牙饰片出土时虽已散乱，但部分饰片仍能反映出当初的相对位置关系。经复原，确定其每侧各置10枚，以双排并列形式横向装饰于皮胄胎两侧之近下缘处。以坚硬的修整过的兽牙作装饰，不但光滑美观，也有助于增加胄体的防护功能。

在清理牙饰片时发现有一个耐人寻味的现象，即不同胄体上装饰的牙片数量不等，且排列方式亦不同，除平排者外，亦有纵向布列者，是否标示着等级的不同，有待进一步研究。

（4）关于胄上的皮质部分　墓中的潮湿环境和微生物的侵蚀分解是皮革制品腐朽的主要原因，故商周时期出土的皮质器物很难保存下来，此次出土的皮质胄体也不例外。但在室内清理当中，于铜胄件的内侧发现了一些残留下来的皮胎痕迹，其色黑褐，有的表面还有些光泽，当为皮革表面之鬃漆，以此确定这些痕迹为胄上皮质之胎体。根据胄上顶件之形态并参考已往出土的晚商及西周时期的青铜胄，以至于战国曾侯乙墓的皮胄之造型，复原了胄上皮胎形体，为一壳状整体造型，制作时当分为左右对称的两扇，以皮革通过模具定型，而后缝合成整体，颇具轻便坚韧之优点，随之鬃漆，与各相应铜件缀合，并配以牙片装饰，最后完成此型铜皮复合胄的制作。

C型Ⅱ式铜胄构件粗糙，仅有兽面形轮廓。两者总体形态及大小尺寸则颇近似。顶件通高18.6、前额部分宽15.2、厚0.2厘米。

前额部分呈兽面状，左右两个角有二尖状突出，象征两个兽角。其表面略凸起，平光素面，缺少口鼻耳目之造型。正面左右的上下角均设一孔，与顶件后之两下角所设孔相对应，使之与皮质胄体相连缀。孔径0.2～0.5厘米。因器表平整，制作铸范时，外范为左右两扇，加上范芯，共为三块。清理中发现在顶件的背面，有一些与 C 型 I 式胄上发现的褐色皮革痕迹颇为相似，从而表明此青铜顶件的造型及其各部分边缘构成的曲度判断，其皮质胄体的造型亦当与 C 型胄相似。

　　A 型兽面形铜胄的角、耳、鼻、眼、口齐全，角、口的两侧均有穿缀的小孔。此型铜兽面件弧度较大，将它缀附在近似球状皮胎壳体之上，恰好能覆盖前额和颅顶前半部分，显然也具备一定的防护功能。它与 B 型、C 型 I 式胄件兽面部分近似，只是缺少顶件弯曲形部分。A 型胄出现的较早，在前掌大墓地的时代大体属商代晚期，C 型胄为西周初期，B 型胄大致属商周间过渡时期。

前掌大墓地原始瓷器的发现与研究

梁中合

瓷器的兴起和繁荣在中华文明的历史进程中占有极为重要的地位，是一种具有标志性的器物种类。由于它具有坚硬、光滑、美观、耐用等特点，从它一出现就引起人们的普遍关注和重视。瓷器的发展历程经历了由低级到高级，由原始到成熟这样一个发展过程。从现有的考古资料看，最早的原始瓷器应出现在夏县东下冯二里头文化遗址中[1]。在商代早期的遗址中有少量发现[2]，到了商代晚期原始瓷器才大量出现[3]。关于原始瓷器的概念和定名，已经有许多学者作过专门的论述[4]。

（一）山东商周时期原始瓷器的分布范围

原始瓷器的发现，从商代早期的星星点点至商代晚期的星罗棋布，不论其数量和种类都有了长足的发展。同时随着商王朝统治范围的不断扩大和与周边诸文化的相互交流，原始瓷器的分布范围也在不断扩大，到了商代晚期以后，原始瓷器的发现地点已遍及黄河和长江中下游地区，其分布已相当广泛。主要集中在河南、河北、山西、山东及湖南、湖北，江西、江苏等地。西周时期原始瓷器的分布范围又有所拓展，黄河流域的陕西及北方的北京，长江流域的安徽、浙江、上海等也陆续有所发现。

地处黄河下游的山东地区是商周时期许多重要的诸侯国或方国所在地，其中文献记载较多且学术界争论较少的商代方国有奄、薄姑、逄、薛等，而西周分封的比较重要的有齐、鲁、滕、薛、郜、邾、莒等国，此外还要一些小的方国。这些诸侯国或方国都与中原王朝有千丝万缕的联系。目前山东地区出土的原始瓷器有确切地点和单位的主要集中在济（南）—青（州）一线和鲁西南的枣（庄）—滕（州）地区，其中商代比较重要的有济南大

---

〔1〕 中国社会科学院考古研究所等：《夏县东下冯》，文物出版社，1988 年。

〔2〕 郑州市博物馆：《郑州市铭功路西侧的两座商代墓》，《考古》1965 年 10 期。河南省文化局文物工作队：《郑州二里岗》，科学出版社，1959 年。

〔3〕 中国社会科学院考古研究所安阳工作队：《1969～1977 年殷墟西区墓葬发掘报告》，《考古学报》1979 年 1期。

〔4〕 中国硅酸盐学会：《中国陶瓷史》，文物出版社，1982 年。

辛庄遗址[1]、益都（青州）苏埠屯遗址[2]、滕州前掌大北区墓地等[3]。西周时期发现原始瓷器的遗址目前还不多，这可能是因为这一时期较大型墓地多已被盗的缘故。其中比较重要的有滕州前掌大南区墓地[4]、济阳刘台子墓地[5]、滕州庄里西遗址[6]。

山东地区出土的商代原始瓷器主要为商代晚期，以墓葬内出土为主。主要特征为：胎质多呈青灰、灰白和灰黄色，器表饰以方格纹、三角纹、附加堆纹、弦纹和少量的云雷纹。釉色多以淡绿、豆绿、淡青色为主。器形主要有豆、簋、碗、罐等（图一）。

济南大辛庄遗址出土的原始瓷器均为残片，报告中将其称为釉陶，胎质主要有深灰和灰色两种，质地坚硬，内外施绿色釉，火候甚高。纹饰有细网、翼纹。器类有簋、碗等。苏埠屯墓地出土的原始瓷器主要为豆。

前掌大墓地是目前山东地区商周时期发现原始瓷器比较集中的墓地。经过科学发掘的原始瓷器近 30 件，均出自墓葬。主要器形包括豆、尊、罍、罐等，其中豆所占的比例相当大，而大件容器数量较少，器形单调。

北Ⅰ区 BM3 出土 3 件大型容器，还同时出土 10 件原始瓷豆，豆的形状大同小异，一般为敞口、折沿、喇叭状圈足，沿外饰弦纹和盲鼻（图一，1、9、11、12、13）。这是目前前掌大北区墓地发现原始瓷器数量最多的一座墓，由于该墓多次被盗，所以出土的资料很不完整，但从出土如此多的原始瓷器来看，此墓的等级一定较高，应是王侯级人物的墓。此外，前掌大北Ⅰ区 BM4 也出土 3 件瓷豆。这批原始瓷豆胎质呈黄白色，盘内外均饰黄绿色釉。其形制大同小异，表现出许多相似性。折沿较浅，普遍带有盲鼻。

1991 年开始发掘的南Ⅰ区墓地，出土一批未被盗掘的墓葬，在一些高等级的墓葬中出土一批原始瓷器，1998 年发掘的 M119 和 M120 是两座并穴墓，两墓规模、大小相差无几。M119 共出土原始瓷豆 2 件（图一，7、8）。此外，M119 还出土印纹硬陶尊 2 件、瓿 1 件，陶器 3 件。该墓的原始瓷器和印纹硬陶器占全部随葬陶瓷器的 70%。M120 随葬原始瓷豆 5 件，其形制与 M119 出土的基本相同。此外还有印纹硬陶器 1 件、陶器 3 件。陶器主要放置在北侧二层台上，而原始瓷器和印纹硬陶器则放置在头箱内，表明其重要性。该墓出土的原始瓷器和印纹硬陶器占所有陶瓷器的比例基本也在 70% 左右。此外，两墓都随葬有

〔1〕 a 山东省文物管理处：《济南大辛庄遗址试掘简报》，《考古》1959 年 4 期。b 山东省文物管理处：《济南大辛庄商代遗址勘查纪要》，《文物》1959 年 11 期。c 蔡凤书：《济南大辛庄商代遗址调查》，《考古》1973 年 5期。d 山东大学历史系考古专业等：《1984 年秋济南大辛庄遗址试掘述要》，《文物》1995 年 6 期。

〔2〕 出土文物展览工作组编：《文化大革命期间出土文物》第一辑，文物出版社，1972 年。

〔3〕 中国社会科学院考古研究所山东工作队：《滕州前掌大商代墓葬》，《考古学报》1992 年 3 期。

〔4〕 中国社会科学院考古研究所山东工作队：《山东滕州市前掌大商周墓地 1998 年发掘简报》，《考古》2000 年 7期。

〔5〕 德州行署文化局文物组等：《山东济阳刘台子西周早期墓葬发掘简报》，《文物》1981 年 9 期。德州行署文化局文物组等：《山东济阳刘台子西周墓地第二次发掘》，《文物》1985 年 12 期。山东省文物考古研究所：《山东济阳刘台子西周六号墓清理报告》，《文物》1996 年 12 期。

〔6〕 日本山口县立萩美术馆·浦上纪念馆：《瓷器的诞生——原始瓷器》，2000 年。

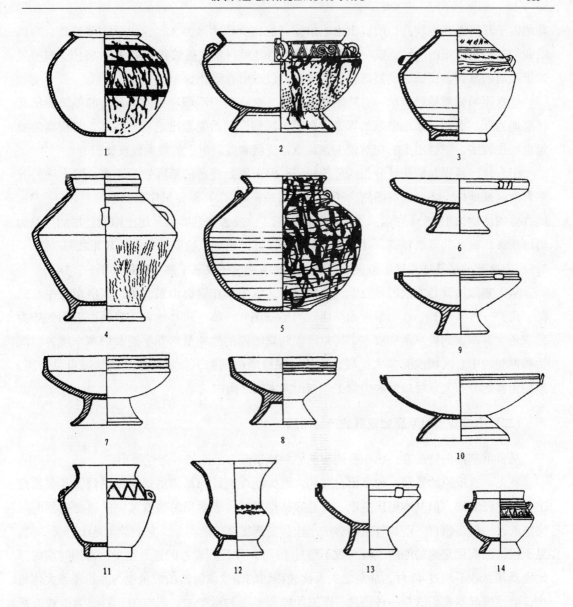

图一　山东地区出土的原始瓷器

1.罐（BM3:6）　2.罍（BM4:2）　3.壶（M1:1）　4.罍（M6:18）　5.罐（BM4:1）　6.豆（BM3:48）
7.豆（M119:47）　8.豆（M119:48）　9.豆（BM3:4）　10.豆（BM3:9）　11.罍（BM3:3）　12.尊
（BM3:84）　13.豆（BM3:37）　14.罍（M203:1）（3.庄里西墓地，4、10.刘台子墓地，余皆为前掌大墓地）

成组的青铜器和玉器，由此我们认为作为等级较高的墓，凡出土较多铜礼器、玉器的墓葬，
陶器所占的比例往往很小，而原始瓷器和印纹硬陶器的比例大大的提升，从一个侧面反映
出墓主人的地位和身份较高。

从前掌大南区墓地的情况可以看出，出原始瓷器的墓占整个墓葬的比例较少，而北区

墓地由于其等级普遍较高，所以出土原始瓷器的比例比南区为大，但由于大部被盗，所以给我们进行更详细的统计造成一定困难。南区墓地经科学发掘的各类墓葬 60 多座，没有发现带墓道的墓葬，出原始瓷器的墓只有 4 座，仅占所有墓葬的 8%。

这批原始瓷器的种类单一，缺乏大型容器，由此我们不难看出南区墓地的等级要比北区墓地为低。而同一墓地中墓的等级又有很大区别，原始瓷器出土较多的墓，其铜器的数量也往往较多。陶器出土的相对较少，其原始瓷器和陶器出土的数量成反比。

山东地区西周时期遗址分布的范围较广，但出原始瓷器的墓葬数量不多。除上述的前掌大南区墓地外，还要有济阳刘台子墓地（图一，4、10）和滕州庄里西遗址（图一，3）。此外滕州博物馆 1998 年在前掌大南区墓地清理了一座被盗墓葬。从出土原始瓷器的数量和器形观察，该墓的等级较高，是目前前掌大南区墓地出土原始瓷器最多的墓葬之一（图一，2、5），遗憾的是其他遗物已散失。另外，滕州博物馆还收藏 1 件小瓷罍（图一，14）。

从山东原始瓷器发现的地点看，商代分布区域主要在泰沂山系北侧，以济南为中心的济（南）—青（州）一线，泰沂山系西侧的枣（庄）—滕（州）地区，表明商王朝的势力范围还没有深入到鲁东南和胶东半岛地区。西周时期的遗址虽然几乎遍及山东全境，但统治和控制的中心区域没有多大扩展，这从发现西周时期的王侯贵族墓地的情况可见一斑。原始瓷器的分布大致可以反映中原王朝与山东方国之间的关系。

（二）山东商周时期原始瓷器的产地问题

从目前掌握的情况看，山东商周时期原始瓷器产自当地的可能性很小。

首先，这批原始瓷器一般多出自墓葬，绝少能在遗址和墓地的地层中见到，有些虽然出土时比较破碎，但基本可以复原，并且残缺得很少，表明当时放置墓内的原始瓷器应是完整的，一般多出自一些高等级墓葬中。作为高等级墓的随葬品，它的数量是十分稀少的，见于报道的商代完整的原始瓷器总数不超过 10 件，发现残瓷片的遗址更少。西周时期的原始瓷器其总数不超过 40 件，而与之关系比较密切的印纹硬陶器的数量也与原始瓷器大体相当，上述情况给我们这样一种信息，既原始瓷器是一种稀少的、贵重的、只能为少数人所占有的、能显示拥有者地位和身份的物品。

其次，虽然山东地区是白陶器的重要产地，在新石器时代曾发现大量的白陶制品，一般认为白陶为原始瓷器的产生准备了必要的技术条件，但并不是产生了白陶就一定能生产出原始瓷器，它们所要具备的技术条件和工艺要求是不同的。首先，原始瓷器的生产对瓷土（高岭土）的要求更高，选择更加严格；另外，对制作工艺和烧制技术的要求更高。这些在山东新石器时代之后的岳石文化和商代早、中期遗址中，都看不到迹象，显系还没有具备产生原始瓷器的必要物质条件，出现了明显的技术断层。

山东地区商周时期的这批原始瓷器，应是源于山东以外地区，至于其来自何方，目前尚难得出明确结论。得出非本地产的结论主要还因为：

其一，标本的年代和时间上普遍晚于中原和南方地区。济南大辛庄发现的原始瓷片虽然有些可以早到商代中期，但数量稀少，还不具备普遍意义。从商代晚期墓葬中才出土成形的原始瓷器，并且发现的数量较少，地点较分散，至西周早期这种状况基本没有发生太大变化。

其二，从胎质、釉色、纹饰、器形方面观察，山东地区出土的这批商周时期的原始瓷器，都与中原地区出土的原始瓷器有着比较密切的联系。从胎质方面我们将山东的原始瓷器与中原出土的同时期的进行比较，山东地区原始瓷器的胎质多呈青灰、灰白和灰黄色，中原地区商周时期原始瓷器的胎质一般为灰白、灰黄色，两地的胎质颜色非常接近。釉色方面，山东地区主要流行淡绿、豆绿、黄绿等几种颜色，而以绿色为其主要基调；中原地区主要流行淡绿、青绿、灰绿，两地的釉色主调基本一致。纹饰上，山东地区主要以方格纹、三角纹、附加堆纹、弦纹为主，缺乏中原地区的云雷纹，但中原地区发现的云雷纹所占比例很小，所以对认识两地的联系不会造成太大妨碍。器形方面，对山东地区出土的原始瓷器与中原地区进行比较可以看出，两地均以豆类为主，所占比例大体相当。目前山东地区发现的大型原始瓷器主要为罍、尊、罐、壶等，数量较少，有些仅发现1件，与中原地区出土的原始瓷器不论在种类上还是数量上均有很大差别，但山东地区出土的原始瓷器与郑州、安阳、洛阳、西安等地出土的原始瓷器有一脉相承之处，有些器形与中原地区并无二致。前掌大墓地出土的原始瓷罐（BM3∶6）和滕州博物馆清理的罐（98M4∶1）与洛阳北窑出土的瓷罐（M215∶69）不仅器形相同（图二，1），而且施釉的方法和釉痕都十分相似[1]，此外鹿邑太清宫出土的原始瓷罐（M1∶31）（图二，3）也与上述2件罐有许多相似之处[2]。前掌大发现的原始瓷罍（BM3∶3）与洛阳北窑的罍（M215∶47、M54∶1）基本一致（图二，4、7）。前掌大出土的罍（98M4∶2）同洛阳北窑的尊（M442∶1-1）在器形上十分接近（图二，5）。济阳刘台子墓地出土的四系壶（M6∶18）与洛阳北窑的罍（M202∶3）（图二，6）及西安张家坡的尊（M129∶02）有诸多相同之处（图二，2）。庄里西出土的罍（M1∶1）与洛阳北窑的瓿（M6∶6）基本相同[3]（图二，8）。此外山东地区出土的这批原始瓷豆基本都能在中原地区周初的墓葬中找到同样的器形（图二，9～12）。

其三，从与原始瓷器共出的青铜器方面考察，都与中原和关中地区关系密切。前掌大M119出土一批典型商末周初青铜器。典型器物中如角、簋等具有商代晚期的风格，角（M119∶39）与宰椃角非常相似[4]。簋（M119∶41）与安阳殷墟所出母乙簋基本一样[5]。

〔1〕 洛阳市文物工作队：《洛阳北窑西周墓》，文物出版社，1999年。

〔2〕 河南省文物考古研究所等：《鹿邑太清宫长子口墓》，中州古籍出版社，2000年。

〔3〕 中国社会科学院考古研究所：《张家坡西周墓地》，中国大百科全书出版社，1999年。

〔4〕 容庚：《商周彝器通考》，哈佛燕京学社出版，1941年。

〔5〕 中国社会科学院考古研究所：《殷墟青铜器》，文物出版社，1985年。

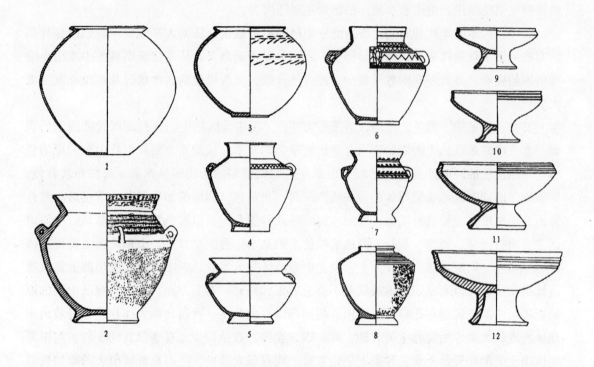

图二　中原地区出土的西周时期原始瓷器

1. 罐（M215:69）　2. 尊（M129:02）　3. 罐（M1:3）　4. 罍（M215:47）　5. 尊（M442:1-1）　6. 罍
（M202:3）　7. 罍（M54:1）　8. 瓿（M6:6）　9. 豆（M304:13）　10. 豆（M137:018）　11. 豆（M152:134）
12. 豆（M157:83）（2、9~12 为张家坡墓地，3. 太清宫墓地，余皆为北窑墓地出土）

同时一些铜器又具有西周早期的特征，如方鼎（M119:33）、分裆圆鼎（M119:32）、与宝鸡竹园沟墓地的方鼎（M13:19）、圆鼎（M13:18）基本相同[1]。提梁卣（M119:37）与甘肃灵台白草坡（M1:13）出土的提梁卣不论从纹饰还是器形上都基本相同[2]。

　　其四，这批原始瓷器与同一墓地的陶器比较，很难找到其母型。这可以从以下几个方面来认识，首先是器物造型，目前出土的这批原始瓷器以豆为主，而所有共出陶器中不见陶豆。此外，原始瓷尊、瓷罍、瓷罐的形制与陶器的同类器物的差别也较大，基本上看不出它们之间有什么关系。其次是纹饰方面，原始瓷器上主要饰方格纹、附加堆纹、三角纹、弦纹等。虽然陶器上我们可以看到与这些纹饰相同名称的纹饰，但纹饰装饰的部位和风格是迥然不同的，所以纹饰方面也看不出有何联系。就前掌大墓地而言，随葬的陶器基本以鬲、罐、尊、罍为主，而原始瓷器主要为豆、尊、罍、罐，虽然器物名称有诸多相同，但

〔1〕　卢连成等：《宝鸡强国墓地》，文物出版社，1988 年。
〔2〕　甘肃省博物馆文物队：《甘肃灵台白草坡西周墓》，《考古学报》1977 年 2 期。

器形却大相径庭。其中典型器物的差别尤为明显，所以可以认为陶器和原始瓷器均出自不同的体系。此外前掌大墓地一般在出原始瓷器的墓内均可见到印纹硬陶器，它们往往同出，其数量较少，基本以圈足器为主，而陶器中平底器居多。这种现象也存在于其他一些墓地，由此判定印纹硬陶器与陶器的差别同样很大，表明这类器物具有与原始瓷器同样的地位和性质，也应是一种外来品。由于原始瓷器、印纹硬陶器和陶器之间在诸多方面缺乏联系，我们认为它们有不同渊源，当然我们这里主要是探讨原始瓷器的问题。

通过对山东地区商周时期原始瓷器的研究我们可以得出以下几点认识：

一、目前山东地区发现的原始瓷器，从器物形态和生产工艺方面观察，都达到相当高的水平，已非原始瓷器的初级形态，是一种比较成熟的作品，其中有些原始瓷器的精美程度与中原和关中地区相比并无二致。

二、山东原始瓷器与同时期的陶器在形制上缺乏必然的联系，在纹饰的装饰风格上也有很大差距，所以这批原始瓷器应不是当地烧制的。既然这批原始瓷器不是产自于当地，那么通过比较我们发现，这批原始瓷器可能是源于与中原王朝的交流和贸易。

三、通过原始瓷器在山东地区的分布，我们大致可以判定中原王朝与山东诸方国间的一种联系，当然这种认识可能因为材料的限制而些偏颇，但以此来判定它们与中原王朝的关系密切当大致不误。山东出土的这批商周时期的原始瓷器，从工艺水平方面丝毫不逊色于中原王朝，只是发现的数量较少，这一方面说明山东地区商周时期的诸侯国和方国与中原关系非常密切，交往十分频繁。同时也可以看出作为一种贵重物品存在的原始瓷器在当时还是为少数王侯贵族们所占有和享用，由于难得而稀少，由于稀少而珍贵。目前来看山东地区发现原始瓷器的地点还较少，还比较分散，相信随着田野考古的不断深入，这方面的空缺会不断的加以弥补。

前掌大墓地马车的复原研究

李　淼　刘　方　韩慧君　梁中合

　　1995～1998 年滕州前掌大墓地出土了目前山东境内时代最早、规模最大的车马坑遗迹，为研究商周制车工艺提供了宝贵的资料[1]。本文就出土马车的性质、结构及复原等问题进行初步探讨。

一　马车的出土情况

　　除了少数墓葬中有零星的车马具出土外，前掌大的马车资料都集中在 5 座车马坑中，编号分别为 M40、M41、M45、M131、M132。为了确定比较合理的复原方案，首先要对马车的出土情况进行分析和研究。

（一）车马坑的时代

　　5 座车马坑中仅 M41 出土了两件青铜礼器，瓿（M41∶11）与殷墟西区的父己瓿（GM856∶1）相同，爵（M41∶10）与张家坡的子钺爵有许多相同之处[2]。从出土的车具看，与安阳郭家庄 M52[3]、梅园庄 M40 和 M41[4]、西安老牛坡 M17[5]、青州苏埠屯[6]十分接近，应是同一时期的产物。同时考虑到商王朝对周边方国影响的延滞性，因此将 M41 定为商代末期更为合适。其他 4 座车马坑虽然没有出土典型器物，但马车的形制基本一样，车马具的造型与 M41 也大体相同，可以认为它们的年代比较接近。从排列布局上看，5 座车马坑均属于墓地南区，其中 M45、M40、M41 位于墓地的最南端，由西向东均

〔1〕 中国社会科学院考古研究所山东工作队：《山东滕州市前掌大商周墓地 1998 年发掘简报》，《考古》2000 年 7 期。
〔2〕 中国社会科学院考古研究所：《殷墟青铜器》，文物出版社，1985 年。
〔3〕 中国社会科学院考古研究所：《安阳殷墟郭家庄商代墓葬——1982 年～1992 年考古发掘报告》，中国大百科全书出版社，1998 年。
〔4〕 a. 安阳市文物工作队：《安阳梅园庄殷代车马发掘简报》，《华夏考古》1997 年 2 期。b. 中国社会科学院考古研究所安阳工作队：《河南安阳市梅园庄东南的殷墟车马坑》，《考古》1998 年 10 期。
〔5〕 刘士莪：《老牛坡》，陕西人民出版社，2002 年。
〔6〕 夏名采、刘华国：《山东青州市苏埠屯墓群出土的青铜器》，《考古》1996 年 5 期。

匀排列，估计是一组殉葬遗迹。另外，3辆车上都放有盾牌，也说明它们的关系密不可分。由此推测，M40和M45也应为商代末期。M131是M109的陪葬坑，M132临近的大墓是M38。M109、M38的时代定为西周早期早段，由此可知，M131和M132的时代估计为西周初期。通过以上分析，5座车马坑的时代应大致在商末周初之际。

（二）车马坑的形制

5座车马坑的形制较为统一，均埋有两马一车。整车埋葬，辀向南、舆在北，舆内均放有兵器。两马杀死后，置于辀的两侧。M41规格较高，衡前及舆后各殉葬1人，舆内置伞盖。其他4辆车仅舆后殉葬1人，均为男性，应是生前驾车的驭手。马车的主体结构为木质，仅在关键部位使用了青铜附件，出土时木质部分已全部腐朽，只能根据残存的痕迹剥剔出车子的大概形状。

（三）马车的结构

马车的结构基本一致，均由双轮独辀、一衡双轭、栏式车舆等主要部件构成，仅在具体尺寸和局部形式上有所不同。轮辐在18～22根之间。轮上未见有青铜附件。轴贯穿舆的底部，并与两侧的车轮相连，軎套在轴两端辖制住车轮。辀位于车的中部，衡的下边，连接衡与轴，并上承舆。辀出舆后上翘，M41辀首装有铜軏，辀与前軨交接处多置铜軏。辀尾均装有铜踵。衡在辀的前部，配以三角形衡末饰，衡两侧各有一轭束马。舆的平面多为长方形，四边装栏式车轮，有的舆上发现栅栏式隔断，车门在舆后部正中，两侧一般有栏饰。M41中发现了铜盖顶饰，可以认为是商代最早出现的车伞。舆的左侧多放有一盾牌，为前掌大马车所独有。舆内置有随葬的兵器和玉器等。

为了便于比较分析，我们对前掌大5辆马车主要部件的尺寸进行了统计（见表一），并将其他地点的商代晚期较完整的马车资料一并收入，以供读者参考。

另外，前掌大车马坑中还出土了较为完整的马具。马头上有勒，结构基本相同，勒上的附件各具特色。马的颈部都配有颈带，个别马的腹部发现肚带饰件。在舆前和马头附近发现有铜泡组成的辔饰，辔带应由衔镳处伸出，末端系于舆上。舆前辔的痕迹有两条、三条、四条不等，说明辔的形式多样化。这些都为复原商周马具提供了绝好的资料。

二　马车的复原研究

5辆车的保存状况较好，主要结构清晰可辨。每辆车虽有局部损坏，但均可根据其他车的情况加以弥补。现以M41为例（参见上篇图九六），参考其他4辆车进行复原。

（一）轮的结构

M41的轮径为1.45～1.50米，复原后直径为1.48米。轨宽为2.30米。毂为圆木制

表一　马车尺寸统计表　　　　　　　（单位：厘米）

车号	轮径	牙高	牙厚	毂长	毂径	辐数	辐宽	轨宽	舆广	舆深	栏高	门宽	辀长	辀径	轴长	轴径	衡长	衡径
前掌大 M40	120~140	5~8	6			22			130~160	80~100	25~35	70		8~12	310	6~7		8~9
前掌大 M41	145~150	5~6	5					230	140	97~105		50	266	6~9	310		185	8~10
前掌大 M45	142~145	5~6	4			20		220	123~140	77~80		68	245	5~9	307		183	8~10
前掌大 M131	157~161	8~9	4~5	24	19	22	2~4	232	117~134	102	34	38	274	7	309	9	133	6~7
前掌大 M132	138~143	5	6	35	12~18	18	2~4	227	106~145	82~85	40	40	268	8	303	8	105（残）	7
老牛坡 M27	140	6	10	45	28	24		225	100	62	14（残）	50	265	10	320			
郭家庄 M52	134~150	8	6	44	21~28	18	2~4.5	250	142~161	94~103	38~50	41	261	8~12	308	10~12	216	6~9.5
郭家庄 M146	120~141	7	6	44	21	16	2~4	223	168~172	106~109	47~49	35	266	11.5	300~312	12	220	7
郭家庄 M147	132~142	7	6	44	21~25	20	2~4	226	149~151	90~94	48~49	34	272	11	308~312	12	140	7~7.5
大司空 M175	146	6	6	20	26	18	3.5~5	215	94	75			280	11	300	4~7	120	
大司空 M757	140	8	8			20			100	44			292	12	274	12		
孝民屯 M1	122	8	8	36	28		3~4	240	134	83			268	7~8	310	5~8		
孝民屯 M2	122	8	6	30	28	26	2~4		100		41		260	7~9	190（残）	5~8		
孝民屯 M7	133~144	10	7.5	26	23.5	22	3~4.5	217	129~133	74	45	42	256	9~15	306	13~15	110	9
孝民屯 M43	134~147	6	4	12	22	18	2~2.3	223	137	73	22（残）	40	292	10	309	10		
孝民屯 M1613	126~145	8	5	40	28	18	3~5	224	150	107	45	35	290	12~13	294	10	113	8
梅园庄 M1	144~150	8	6	41	17	22	2~3	220	164	113	55	35	274	10	302	10	135	9
梅园庄 M40	137~149	6	6	43	20	18	2~4	240	134~146	82~94	39~50	57	265	8~12	310	8~10	114	7~8
梅园庄 M41	130~142	7	6	36	18	18	2~4	217	128~144	75	44	35	280	9~11	305	9~10	153	8

成，保存不好，毂的结构和尺寸不清楚。从形制上看，它与殷墟马车相近，其上没有安装青铜附件。因此，我们将 M41 车毂复原为中间大、两头小的腰鼓形，尺寸参考 M131 和 M132，复原为长 32.0 厘米，建辐处直径 20.0 厘米。辐的数目不清楚，可参考其他几辆车轮的数据进行推测复原：M131 轮径 1.57～1.61 米，直径较大，辐的数量为 22 根。M132 轮径 1.38～1.43 米，直径较小，辐数 18 根。M45 轮径 1.42～1.45 米，辐数 20 根，与 M41 接近。因此将 M41 辐数复原为 20 根，每根长度 58 厘米。轮牙高 6.0、厚 5.0 厘米。轮牙接口处未发现铜牙套，结构不明，暂不作复原。

（二）轴及附件的结构

轴长即两軎间的距离 3.10 米，轴径不详。通过以往的发现，我们知道轴中间较粗，两边自内向外逐渐收杀成纺锤形，两端直径就是軎外挡的内径，应为 3.6 厘米。中部的直径究竟是多少？我们可根据軎的尺寸进行推算：M41 的軎长 17.5、挡外径 4.3、口外径 5.3 厘米，軹端处应与軎口外径相等，即 5.3 厘米。根据軎的收分，轴在贤端处的直径为 6.3 厘米，在軫下的直径为 8.0 厘米，估计舆下的轴径也是 8.0 厘米。另外，从軎上的辖孔可知轴两端各凿有一个 3.5×0.9 厘米的长方孔，使铜辖插入其中，辖上的两个小孔用于穿系皮条，使辖牢牢地固定在軎上（图一，1、2）。山东青州苏埠屯出土的一种軎与此件极为相

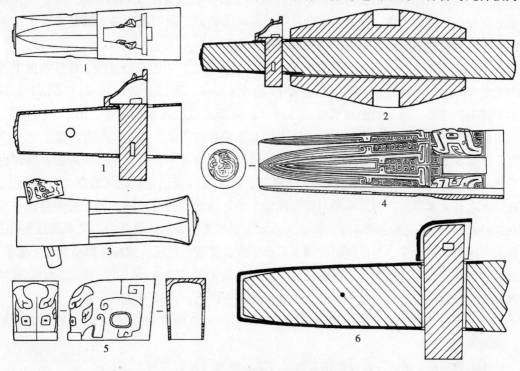

图一 軎与辖的结构

1. 軎与辖（前掌大 M41:37、48）　2. 軎与辖安装示意图（前掌大 M41:37、38）　3. 軎与辖（苏埠屯）

4. 軎（前掌大 M45:23）　5. 辖套头（前掌大 M45:26）　6. 軎与辖安装示意图（前掌大 M45:23、26）

似（图一，3）。

复原时还应注意的是，軎的内端有摩擦的痕迹，表明此车曾使用了一段时间。在过去出土的商周车軎中，也有口沿处破损的现象，证明軎的确是深入毂内的，这样可以加大轴的耐磨性，并且减小轴、毂之间的摩擦力。M41 的軎入毂长度约为 2.2 厘米（图一，2）。

前掌大墓地其他的车上还出土了另外一种形制的軎和辖，軎身细长，挡平齐。兽形辖套头，内侧与底均敞口，用来装木辖键。在兽头与前爪之间有方穿，可用皮条将辖捆缚在軎上（图一，4、5、6）。这种軎和辖在殷墟多有出土，形制与此基本相同。

（三）辀及附件的结构

辀木痕迹保存较差，但辀首和辀尾均有青铜附件，辀木直线长 2.66 米，应是比较准确的尺寸。辀径 6.0～9.0 厘米，则是一个大概的尺寸。根据发掘现场的观察，舆底一段比较平直，出舆后似仍笔直前伸，衡下方的一段形状不很清楚，我们再来分析一下辀上青铜附件的情况，这是复原辀木的主要资料。

1. 辀木前端套有铜軐（图二，3）。軐整体呈筒状，顶面前弧后平，宽 7.5、高 9.1 厘米，顶面与立面夹角为 80°。由此可知辀木前部横截面的形状也是如此。軐的底边略高于衡的顶面，軐下正好缚皮条与衡固定。这种軐出土较少，仅见于安阳梅园庄 M1、青州苏埠屯。有一点要特别注意：軐出土时口向下并略向前倾斜，说明辀木的前端基本上也是竖直向上并略向前倾斜的。这对搞清辀的形制十分重要。

2. 辀尾部装有铜踵，由踵管、踵板两个部件组合而成，结构比较复杂。踵管的前半部是倒置的半圆形，两侧有穿。前口上宽 9.0、高 6.6 厘米，后口上宽 8.1、高 6.5 厘米。踵管后半部为凹槽形，槽上沿距踵管顶面 3 厘米，这即是放置轸木的高度，槽底部有方孔。我们根据踵管的尺寸和收分，就可以计算出辀木至轴处的高度为 7 厘米左右。踵板呈"T"字形，通高 6.5 厘米。上部为长条形，高 3 厘米，背面有 4 个方穿。下部半圆形，背面也有凹槽和一个小穿。由于辀木和轸木均已腐朽，出土时踵板已经从辀尾脱落，背面向上，倒在轸木之外。实际上，它原来是对接在踵管上的，踵管凹槽与踵板凹槽正好吻合在一起（图二，1）。长条形铜板上的 4 个方穿嵌入轸木立面事先凿好的卯眼之中，轸木顶面上相应的位置再用钉固定方穿。与此同时，辀木尾部下方也凿槽，然后将踵板下部小穿套入皮条，通过踵管凹槽方孔进行捆缚，这样就使辀木和轸木紧紧地连接成一体了（图二，2）。这种铜踵在安阳殷墟、青州苏埠屯和西安老牛坡等地都有出土，可见当时广泛流行。

另外，根据组合复原后的踵板倾斜度，可知轸木外立面也向外倾斜 12°，高度为 3 厘米。同时可知：

轸木宽度＝6.5 厘米（踵管凹槽长度）＋1.0 厘米（踵板凹槽长度）

　　　　　　＝7.5 厘米。

3. 辀与前轸木交接处安装有铜轨，由轸板和辀板两部分构成（图二，4）。轸板贴在轸

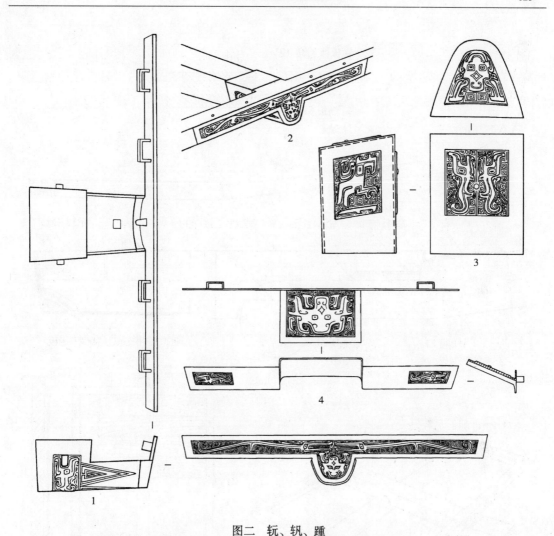

图二　軏、軓、踵

1. 踵管与踵板的组合图（前掌大 M41:31、35）　2. 踵的安装示意图（前掌大 M41:31、35）

3. 軏（前掌大 M41:5）　4. 軓（前掌大 M41:43）

木外侧，高 3 厘米，这大致就是轸木的高度。它的正面中部有凹槽，开口向下，与軓板相接。这种结构主要是卡住軓木，防止其左右移动。它的背面有两个方穿，可以嵌入轸木中，再用钉固定。軓板两侧有立沿，扣在軓木上，起到加固的作用。軓板宽 10.6 厘米，减去壁厚，可知此处軓木的宽度为 10.0 厘米，估计车轴处轸木的宽度与此处相差无几。值得注意的是，与殷墟出土的軓不同，軓板与轸板并不垂直，其夹角为 70°。由于軓板和轸板都是与軓木和轸木紧密相贴的，可知前轸外立面与后轸一样是向外倾斜的，倾斜角度也应是 12° 左右。并且安装后軓板仍略上扬，水平扬角 8° 左右（图三，1）。再比较其他车上的軓，M45 軓板与轸板的夹角也为 70°，M40 为 72°，M132 为 90°（轸板垂直、軓板水平）。西安老牛坡的一件为 75°。说明軓的轸板和軓板夹角是根据轸木、軓木的形式而变化的。

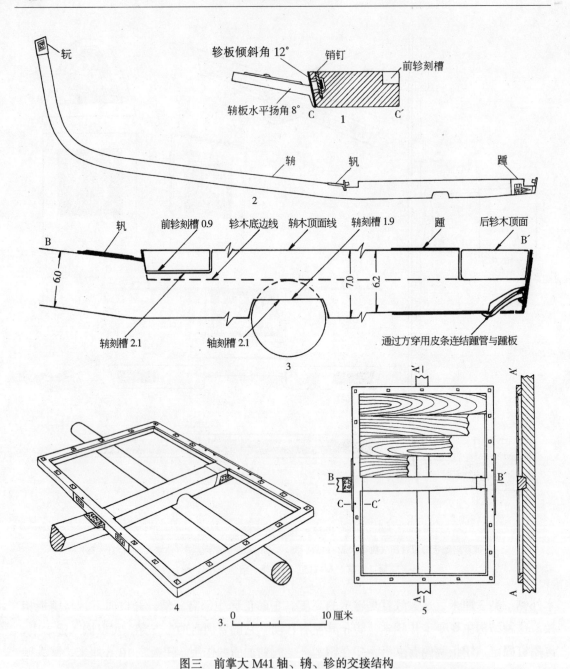

轼

斬板倾斜角 12°　　销钉　　前斬刻槽

辀板水平扬角 8°　　C　　1　　C′

轼　　辀　　軓　　踵

2

軓　前斬刻槽 0.9　斬木底边线　辀木顶面线　辀刻槽 1.9　踵　后斬木顶面

B　　　6.0　　　　　　　　　　7.0　6.2　　　　　　　B′

辀刻槽 2.1　　轴刻槽 2.1　　　　　　　　通过方穿用皮条连结踵管与踵板

3

4

5

3. 0　　　　10 厘米

图三　前掌大 M41 轴、辀、斬的交接结构

1. 軓安装结构剖视图（C–C′）　2. 辀及附件立面示意图　3. 轴、辀、斬交接结构剖面图（B–B′）

4. 舆底结构透视图　5. 舆底平剖面图

通过以上分析，我们就可以勾绘出辀的形状了。它的前部向上竖起并略向前倾斜，倾角约 10°。由顶端向下 40 厘米左右开始向后呈弧形弯曲，到了约 100 厘米处开始变直，但仍略上扬，水平扬角 8°左右，进入舆底则变为平直（图三，2）。过去，对于文献记载的

"辕曲中"有各种不同的看法[1]，通过对前掌大 M41 辀的复原，使我们对商代辀的形制有了更深入的认识。

（四）轴、辀、毂的交接结构

M41 没有发现伏兔与轴饰，因此，辀、轴相交处必然要刻槽，以保证承托舆的支点在一个水平面上。根据前面的推算，轴径为 8 厘米，辀高 7 厘米，刻槽的深度可以参考踵、轵进行复原。根据铜踵的结构，后毂木应正好放在踵管的后部，踵管凹槽的上缘就是毂木底边，它的水平延长线应与轴的顶端相接（图三，3）。由此我们可以得出：

轴入辀的深度等于辀的高度（7 厘米）减去毂木高度（3 厘米），即 4 厘米。

为了达到这一深度，根据轴径与辀径的比例关系（8:7），轴木应比辀木刻槽稍深一些，具体计算如下：

$$轴刻槽深度 = 4 厘米 \times \frac{8}{15} \approx 2.1 厘米$$

$$辀刻槽深度 = 4 厘米 - 2.1 厘米 = 1.9 厘米$$

依此类推，前毂木及相应的辀木处也应刻槽，刻槽深度即毂木高度 3 厘米，再根据辀木和毂木高度的比例关系（7:3），则辀刻槽深度为 2.1 厘米，前毂刻槽深度为 0.9 厘米。这样就使车毂平稳地安放在辀、轴的四个支点上了（图三，3、4、5）。

（五）衡及附件的结构

根据报告，衡长 1.85 米，中部平直，两边向后弯曲上翘。它的截面呈椭圆形，中部稍粗，约 10 厘米，两端变细，约 8 厘米。

1. 衡两头安装有三角形衡末饰，背面后部有穿，顶角有銎，用以固定在衡端，长 16.9、宽 7.9 厘米（图四，3、7）。这种衡末饰最早出自安阳殷墟的车马坑中，原来对它的用途有过不同的认识，有的学者先称它为当卢，后来改称衡端饰[2]。有的学者认为它是轭与衡相缚处的鞶饰[3]。青州苏埠屯的 4 件，被称作"A 型当卢"。陕西老牛坡也有出土，被认为是马首饰。它的造型略有变化，器身带短柄，背面也有一个鼻纽（图四，5）。安阳郭家庄 M52 出土的一对，造型和纹饰与 M41 的十分接近，长 16.4、宽 7.6 厘米。紧贴于衡的末端，其下有朽木的痕迹（图四，2、6）。安阳孝民屯 M2 的则素面无纹，造型十分简洁（图四，4）。M41 两个衡末饰附近还出土了管形饰，两侧有环耳，管高 4.5、直径 2.0 厘米，环耳内径 0.8 厘米。估计是用来穿系流苏的，原来应竖放，挂在衡两端的下方作为

〔1〕 郭宝均：《殷周车器研究》，文物出版社，1998 年。

〔2〕 a. 石璋如：《殷墟后五次发掘的重要发现》，《六同别录》上册、下册，1945 年。b. 石璋如：《小屯·第一本·遗址的发现与发掘·丙编·殷墟墓葬之一·北组墓葬》上册，"史语所"，1970 年。c. 石璋如：《小屯第四十墓的整理与殷代第一类甲种车的初步复原》，《历史语言研究所集刊》第四十本下册，1969 年。

〔3〕 马得志、周永珍、张云鹏：《一九五三年安阳大司空村发掘报告》，《考古学报》第九册，1955 年。

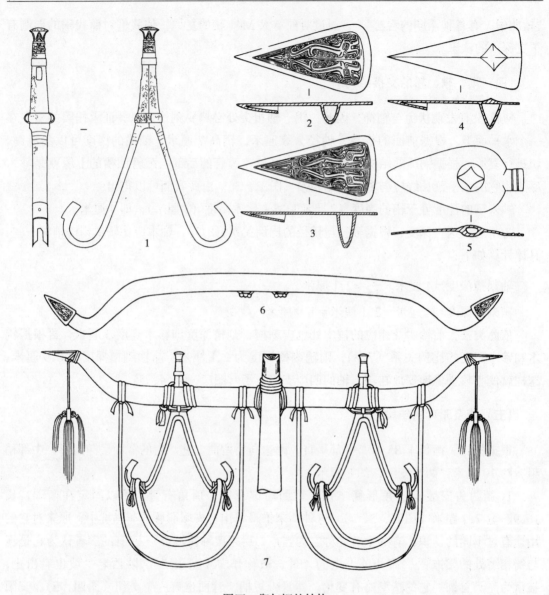

图四　衡与轭的结构

1. 轭（前掌大 M41:6）　2. 衡末饰（郭家庄 M52:3）　3. 衡末饰（前掌大 M41:4）　4. 衡末饰（孝民屯 M2:1）
5. 衡末饰（老牛坡 M17:1）　6. 衡的平面示意图（郭家庄 M52）　7. 衡的立面复原图（前掌大 M41）

装饰。出土时是横放的，可能下葬时衡距墓底较近，管形饰接触地面所致。

2. 在衡的后面立有两铜轭，由轭首、轭箍和轭肢组成。通高 54.5、轭肢直径 4 厘米。轭首、轭颈上均有穿孔，可用皮条固定在衡上（图四，1）。轭下有椭圆形红、黑色彩绘痕迹，应为轭的皮制衬垫。复原后轭缚在衡上，夹在马颈下面，轭脚下套有颈靼（图四，7）。轭肢上有靷孔，靠近辀的靷孔上估计套有靷绳。

3. 前掌大马车紧靠辀两侧的衡上，多发现有"革带"，为两条嵌铜泡的皮条（参见上篇图九八）。殷墟的马车上也有出土。有些车在辀颈两侧的衡上，还镶嵌兽面衡饰（图四，6）。有的学者认为它就是文献中所说的"胁驱"[1]。前掌大 M41 虽未发现铜泡，估计也有皮条制成的胁驱，它内端缚在辀侧的衡上，穿过马胁部和腹部，外端拴在衡外侧。此带的作用是使两服马保持在适当的距离之内，同时可把衡、轭和马连成一体，防止因衡轭的上扬而造成轭上的颈靼束逼马颈。故此，我们也将胁驱作了推测复原（图四，7）。

（六）舆及附件的结构

1. 舆的结构。舆底盘为长方形，复原尺寸为 1.40×1.00 米。除了 4 根角柱以外，前轸可见到 4 根宽约 3 厘米的立柱。按照前轸立柱的间隔，后轸也应有 4 根立柱，即车门立柱与车舆角柱之间各有 1 根立柱，舆两侧角柱之间应各有 3 根立柱。车轮保存较差，轮高不详。参考其他车辆，轮高复原为 40 厘米，横栏按两层复原，中层横栏与立柱交接处可能缚有绳索或革带。舆底部有板痕，它应与辀木顶面平齐，因此，辀木两侧的轸木内沿均要刻槽，用来铺置荐板（图三，1、4、5）。车门宽 50 厘米，门两侧的上边有栏饰。车轮的东南角和西北角各有一件柱饰，上部有圆环，可供穿系辔带和绳索（图五，1）。

2. 栏饰主要流行于商末周初。过去，关于它的性质和结构都不很清楚，例如：郭家庄 M52 出土的一对，呈方筒形，一端封闭，顶面略宽，中部为方孔，底面中部为圆孔。两立面饰长夔纹，顶面饰两条小夔纹，长 15.3、宽 2.7 厘米，对称放在车舆中间偏后处。报告称"铜杆头"，认为"杆头口部近方形，而车子的栏杆和立柱截面为圆形，所以它又不像栏杆或立柱的饰件。其真正用途，尚待探讨"。老牛坡 M27 出土的一对，正面中部饰螺形纹，长 12.0 厘米，报告认为是"衡饰"。青州苏埠屯出土的一件，器形与纹饰近似郭家庄，顶面有两个圆孔，底面有凹槽，长 19.2、宽 2.4 厘米，报告称为"长条形车饰"。洛阳老城发现的一对，圆管形，底面有凹槽，长 19.3、径 3.3 厘米，头对头横放在近门之两侧，报告称"铜管状饰"[2]。张家坡 M155 出土的一对，横在车舆中部，套在两段木栏上，顶端对顶端，间距 26 厘米。M121 的一对，一件横在车舆中部，一件在另一侧的后轸附近。M170 出土的一对，略呈圆管形，一端封闭，顶面平而无纹，上有钉孔，底面有槽，正背面各饰一分尾鸟纹，长 11.9、径 3.3 厘米。报告称其为栏饰，认为"也许车厢中部左右两侧有横栏，其上套栏饰为装饰"[3]。前掌大 M41 出土的一对，与郭家庄的形制相同（图五，2）。位于车门两侧立柱上层的横栏上，栏饰上的龙头均朝向车门，长 13.9、宽 3.2、高 2.3 厘米，可知此处横栏也是长方形的。我们认为以上几个地点出土的标本均应称为栏饰，具体位置也是安装在车门两侧立柱上层的横栏上（图五，3）。

〔1〕 a. 秦始皇兵马俑博物馆、陕西省考古研究所：《秦始皇陵铜车马发掘报告》，文物出版社，1998 年。b. 孙机：《中国古代马车的系驾法》，《自然科学史研究》第 3 卷第 2 期，1984 年。
〔2〕 中国社会科学院考古研究所洛阳唐城队：《洛阳老城发现四座西周车马坑》，《考古》1988 年 1 期。
〔3〕 中国社会科学院考古研究所：《张家坡西周墓地》，中国大百科全书出版社，1999 年。

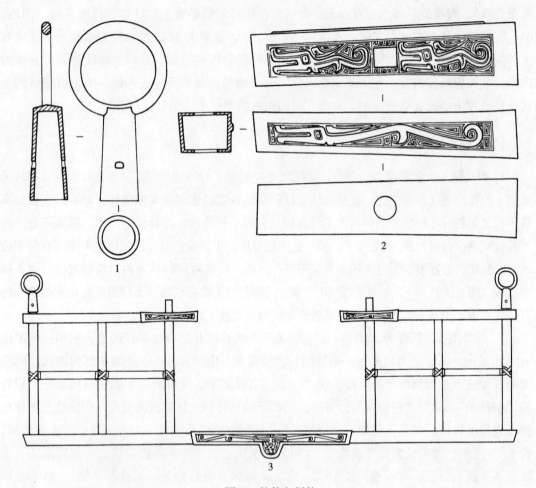

图五　柱饰与栏饰

1. 柱饰（前掌大 M41:29）　　2. 栏饰（前掌大 M41:33）　　3. 柱饰、栏饰安装示意图（前掌大 M41）

　　3. 舆上有伞盖的痕迹，仅存一圆形铜盖顶饰，周围环绕两圈海贝，共计 82 枚。这是迄今为止最早的车伞遗迹。车伞估计为圆形伞盖，盖顶饰直径 26 厘米，中心有一圆孔，用以连接盖杠（参见上篇图九六）。由于未出土盖斗、盖弓帽和盖杠箍等附件，车伞结构无法复原。北京琉璃河 1100 号车马坑发现的车伞，为西周早期，时代稍晚于前掌大 M41[1]。

　　4. 舆上其他遗物。M41 左侧的轮舆之间置一盾牌，背面有横梁和把手。M40、M45 的相同位置处也有发现，M45 的盾牌中部还嵌有圆形铜片。M41 的随葬品多置于舆中。青铜兵器和工具有戈、斧、锛、凿、刀、销等。铜器下及舆的东南角皆铺有朱砂。中部朱砂下有金箔。东南角朱砂中嵌有 3 件骨管器，不见金箔铺底。舆南及西南部有两件直径约 17 厘米的椭圆形金箔，每块金箔上嵌有两骨管器，其用途不明，无法复原。舆西部有麻织品痕

────────────

〔1〕 北京市文物研究所：《琉璃河西周燕国墓地》，文物出版社，1995 年。

迹，舆上均铺有席子（参见上篇图九六）。

（七）马具及附件的结构

M41 舆前驾两匹马。两马置于辀东西两侧的浅土槽内，两马背部相对，马头分别朝东西方向。左服马四肢曲向腹部。右服马的前腿微曲，后腿略直。马骨上下皆有席纹。出土马具主要有勒、颈带和辔。

1．勒出土时虽然多已散乱，但经细心整理得以复原[1]。勒主要由额带、颡带、颊带、鼻梁带、鼻带、衔和镳组成。额带穿过当卢，在耳根部与颊带相接。衔含于马嘴内，两端与铜镳相连，镳上面接在颊带处，后面有穿孔，可以系辔带。5 辆马车的勒饰各具特色，当卢和节约形式多样。M41 皮条上全部穿套铜条形带饰（图六，6、10），并在交接处饰兽面形节约。鼻梁带则将哑铃形当卢和节约合为一体（图六，9），使这套马勒更加坚固（图六，7、8）。方形镳内还配有钉齿镳（图六，2、3、7），用以控御烈马。

2．颈带过去未见出土。前掌大的颈带均为皮条制成，两端有带扣，系于服马的颈部。其上的装饰各不相同，M41 出土的颈带上有两行长方形铜泡，每行 25 个，首尾相连，复原长度 90 厘米（图六，1、4、5）。应当指出，颈带所处的位置，与秦始皇陵铜车马的缰索相同，而后者只在骖马上使用。它的一端曲成环形套在马颈上，另一端系结于服马的轭首和车衡上，以防两骖马外逸。前掌大的颈带套在服马上，没有发现伸出的缰索，因此，称之为"缰"仍缺乏足够的依据。另外，它的位置也与秦始皇陵铜车马上的缨环不同，缨环的上部套在骖马鬐甲部，下部垂于胸前。故此，这里称之为颈带。

3．辔用于驾驭服马。从目前的发掘资料看，我们对商末辔的结构还不十分清楚，但根据前掌大辔饰的出土情况，使我们对它的形制有了一些了解。辔一般为皮条制成，其上饰有铜泡。它的前端系于马口两侧镳的尾孔上，后端穿过衡达于舆上驭者的手中。有的前端皮条上系辔饰，如 M131，两侧马头上各残存一列铜泡，约 12 枚，与勒的关系明确。有的在中部系辔饰，如 M132，车辀中部两侧分别有 8 枚圆铜泡。有的在末端系辔饰，如 M40，舆前为两行圆形铜泡，呈"人"字形排列。M45 近舆处有 4 行海贝，每行 11 枚，长 28 厘米，东边 2 行正放，西边 2 行背放。M41 出土的辔饰与 M45 基本相同，在辀近舆的位置发现 3 行铜泡，共计 21 枚。

通过以上的分析和研究，我们对前掌大 M41 马车进行了初步复原，并绘制了马车的平面图和立面图（图七）。

---

〔1〕 王影伊：《山东前掌大商代晚期马具复原》，《中国文物报》2003 年 1 月 3 日。

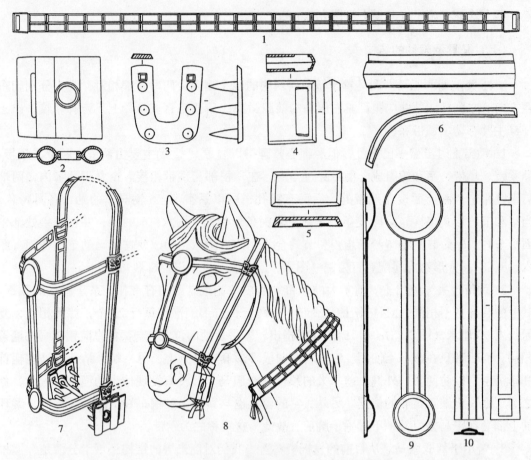

图六　勒与颈带的结构

1.颈带复原图（前掌大 M41）　2.镳（前掌大 M41:8）　3.钉齿镳（前掌大 M41:9）　4.颈带扣（前掌
大 M41）　5.颈带饰（前掌大 M41）　6.额带饰（前掌大 M41:52）　7.勒的结构示意图（前掌大 M41）
8.勒的佩带示意图（前掌大 M41）　9.鼻梁带饰（前掌大 M41:51）　10.颊带饰（前掌大 M41:58）

三　结　语

　　我国古代的马车最早出土于 20 世纪 30 年代的安阳殷墟，在后岗、西北岗和小屯均发
现了车马坑[1]，属于商代晚期遗存，距今 3000 年左右。新中国成立以后，商代晚期的马
车出土日益增多，分布的地域也更加广泛，除了安阳大司空村、孝民屯、郭家庄、梅园庄

---

〔1〕a.石璋如：《河南安阳后岗的殷墓》，《历史语言研究所集刊》第十三本，1948 年。b.梁思永、高去寻：《侯
家庄·1001 号大墓》，"史语所"，1962 年。c.梁思永、高去寻：《侯家庄·1003 号大墓》，"史语所"，1967
年。

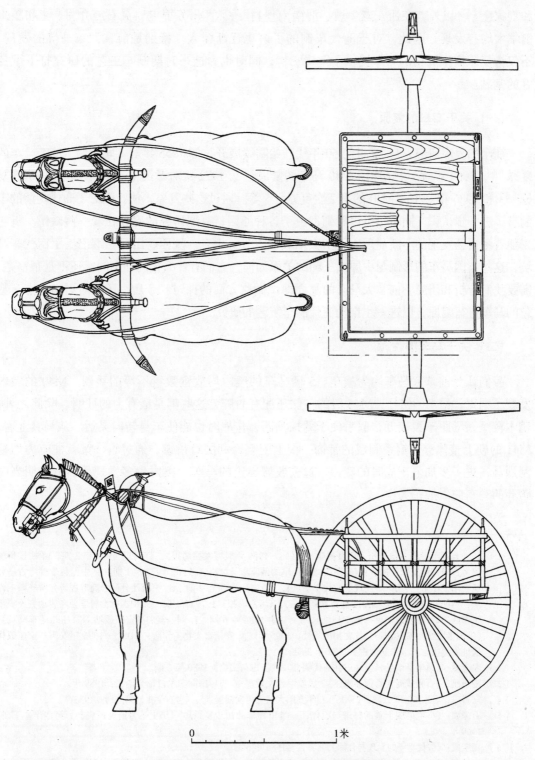

图七　前掌大 M41 马车平、立面结构复原图

和刘家庄[1]以外，在西安老牛坡、渭南南堡村[2]、青州苏埠屯、灵石旌介村[3]和滕州前掌大均有发现，因此，对于商代车制的了解也逐渐深入。特别是前掌大车马坑的发现，不仅为复原商末周初的马车提供了宝贵资料，同时也为这一时期制车工艺的研究打下了良好的基础。

（一）关于商车的复原

商车的复原研究，自20世纪50年代开始陆续展开，如1955年对大司空村M175马车的复原[4]，1967年对小屯M20、M40马车的复原[5]，1972年对孝民屯M7、M1613马车的复原[6]和1986年对小屯M40的第2次复原[7]等。通过这些复原，使我们对于商代晚期的车制有了进一步认识。同时也可以看到，由于各种原因，复原研究的确存在着一些缺憾。近年来随着考古新发现的不断涌现，除了安阳殷墟以外，山东、陕西、山西相继出土了商代车马坑，这些方国马车的形制与中原商王朝的关系如何，它们有什么相同和不同，还不是很清楚，需要我们分析和研究，前掌大马车的复原即试做这方面的探讨。今后，还应对更多地点有特色的马车进行复原，以进一步推动商代制车工艺的研究。

（二）关于马车的性质

我们认为前掌大马车均为战车。5辆马车的舆内均放置数量不等的兵器，M40的舆内发现了铜胄，M40、M41、M45舆的一侧还配有盾牌，这些都是最有力的证明。除此之外，辀木较短，马距车舆较近，驭手便于驾控马匹，作战时也能使车身转向灵活。从马具上看，M41的勒上整体穿套铜系制成的带饰，衔上配有锋利的钉齿镳，通过辔、策就能有力地控制烈马，进一步加强车战时的威力。过去殷墟出土的马车，舆内也多发现兵器，说明当时陪葬的马车应以战车为主。

〔1〕a.中国科学院考古研究所安阳发掘队：《1958～1959年殷墟发掘简报》，《考古》1961年2期。b.中国科学院考古研究所安阳发掘队：《安阳殷墟孝民屯的两座车马坑》，《考古》1977年1期。c.中国科学院考古研究所安阳工作队：《安阳新发现的殷代车马坑》，《考古》1972年4期。d.中国社会科学院考古研究所安阳工作队：《1969～1977年殷墟西区墓葬发掘报告》，《考古学报》1979年1期。e.中国社会科学院考古研究所安阳工作队：《殷墟西区发现一座车马坑》，《考古》1984年6期。f.刘一曼：《安阳殷墟刘家庄北地车马坑》，《中国考古学年鉴（1993）》，文物出版社，1995年。g.安阳市文物工作队：《1995～1996年安阳刘家庄殷代遗址发掘报告》，《华夏考古》1997年2期。

〔2〕左忠诚：《渭南县南堡村发现三件商代铜器》，《考古与文物》1980年2期。

〔3〕陶正刚：《石楼式商代青铜器概述》，殷墟甲骨文发现90周年国际学术讨论会论文，1989年。

〔4〕马得志、周永珍、张云鹏：《一九五三年安阳大司空村发掘报告》，《考古学报》第九册，1955年。

〔5〕石璋如：《小屯第四十墓的整理与殷代第一类甲种车的初步复原》，《历史语言研究所集刊》第四十本下册，1969年。

〔6〕杨宝成：《殷代车子的发现与复原》，《考古》1984年6期。

〔7〕张长寿、张孝光：《殷周车制略说》，《中国考古学研究——夏鼐先生考古五十年纪念文集》第一集，文物出版社，1986年。

（三）关于马车的结构

通过复原研究，我们认为前掌大马车的整体结构与殷墟马车基本相同。如轮和轴的形制基本一致、毂上未见西周早期流行的青铜附件、辀与轴交接处需要刻槽、舆的形制基本一样等等。与此同时，我们也对以前商车结构上存在的疑问进行了分析和探讨，并且发现了一些新特征，现总结如下：

1. 以往复原的商车辀木，大致有 3 种类型，第一种辀出舆后一直水平前伸，辀首在马肩下约 70 厘米（图八，1），第二种先平直再逐渐上扬，弯曲度不大，辀首在马肩下 40 厘米左右（图八，2、3）。第三种也是先平直再上扬，弯曲度较大，至辀首达到马肩的高度（图八，5）。显然第三种是较准确的，符合辀缚衡、轭所需的实际高度。根据前掌大 M41 出土轫、轪的方位和辀木中段的痕迹，可知辀出舆后随即小角度直线上扬，距衡下方不远处作圆弧形弯曲，最后变为竖直略向前倾斜，辀颈处正好达到马肩的高度（图八，6）。近年来殷墟新发现一种辀，出舆后仍水平延伸，至衡下方才陡然弯曲向上（图八，4），或许第一种的形制也是如此，只是当时未搞清楚衡下的辀木痕迹而已。根据力学原理不难看出，小屯 M40（第 2 次复原）和前掌大 M41 辀的曲度比较科学，服马拉车时会更加舒适和省力，这种形制被以后所继承，逐渐成为定制。

2. 以前对于商代曲衡的认知，仅仅依据金文的资料，没有出土实例。从近年来的新发现看：前掌大 5 辆车中，有 2 辆为曲衡；郭家庄的 3 辆中，有 1 辆为曲衡；梅园庄的 2 辆中，有 1 辆为曲衡。3 个地点曲衡平均占 40% 左右，可见曲衡在商车中已经流行，只是造型还不是很固定，如梅园庄 M41 向下弯曲，郭家庄 M52 先向后弯曲，末端再向前翘起。前掌大 M41 的曲衡则是两端向后弯曲上翘，结构十分清楚。这种形制也被周车效法。

3. 过去对于胁驱的概念不很清楚，近年来郭家庄、梅园庄的车上，均发现在辀左右两侧的衡上有一对兽面衡饰，有的还配以镶嵌铜泡的革带，这即是胁驱。前掌大的 5 辆马车中有 4 辆发现胁驱，结构明确。它其实为一条革带，是衡上的附件。内端固定在衡中间，穿过马胁部和腹部，外端拴在衡外侧，把衡、轭和马连成一体。胁驱不仅能使两马行进时保持住合适的距离，并且防止因衡轭的上扬而束逼马颈，影响马车行进的速度。

4. 以往对于商代的舆饰认识比较模糊，也没有准确的复原。前掌大出土的栏饰和柱饰位置清楚，为复原提供了可靠的依据。这种栏饰在安阳殷墟、西安老牛坡、青州苏埠屯等地均有出土，可见在商代晚期广为流行，并且一直延续到西周时期。出土的两种柱饰殷墟尚未发现，是具有地方特色的车具。

5. 过去对于商代马具的了解不多，复原研究就更少了，至今尚未发表过马具的复原图。前掌大出土的马具，保存较为完好，并作了精心的修整，为我们的复原工作提供了宝贵的资料。勒的结构最为清楚，勒饰有明显的地方特色，颈带和辔也可以进行复原。这也是本次复原研究的主要收获。

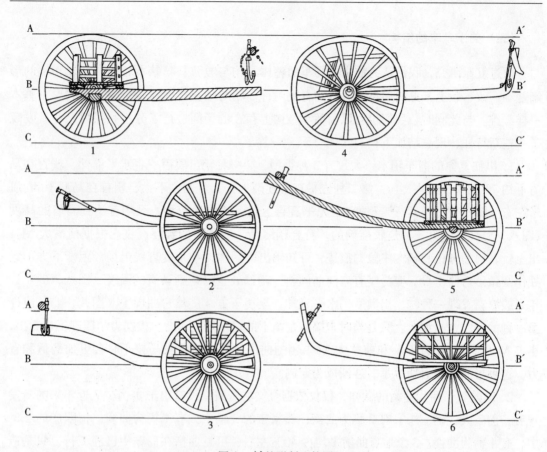

图八　辀的形制比较图

1. 孝民屯 M7　2. 大司空 M175　3. 孝民屯 M1613　4. 梅园庄 M41　5. 小屯 M40（第 2 次复原）　6. 前掌大
M41　A－A′. 车轮高度线（约等于马颈高和辀颈高）　B－B′. 车轴高度线（约等于舆底高）　C－C′. 地面线

6. 前掌大 M41 出土的伞盖和盾牌在商代马车上还是首次发现，有着十分重要的意义。它们的具体结构还不是十分清楚，因此没有作实测复原，但考虑到直观的效果，仍作了立体复原示意图（图九），以供参考。

（四）关于马车的制作工艺

制作马车是一种比较复杂的工艺，不仅要有铸铜及木工技术，还要有机械知识，通过前掌大马车的复原研究，使我们对这一时期的制车工艺水平有了新的认识。从车马具的设计上看，结构合理、计算精确、匠心独具。如辀木曲度的合理设计、轵的辀板扬角与轸板倾角的准确计算、踵管和踵板的组合和连接、铜勒饰件的巧妙构思和搭配等，都可以看出当时的工匠具备了较高的专业设计水平。从车马具和马车的制作上看，车马具规格整齐、纹饰精美，铸造精良。马车的榫卯复杂、做工考究，木工技术更加成熟。他们不仅掌握了商王朝的制车工艺，又在此基础上融入了浓郁的地方色彩，这也为商末方国手工业研究提

图九　前掌大 M41 马车立体复原示意图

供了重要的资料。

（五）尚待解决的问题

1. 虽然我们对前掌大 M41 马车进行了初步复原，但还很不深入。一是对车子的某些部件的交接方式还不清楚，如辀和衡、衡与轭、轴与軨的交接方式等。有的学者认为在未使用伏兔之前，轴与軨之间应采用"辍"进行填充和固定[1]。辍估计是麻或皮革一类的东西，这需要今后发掘资料的证实。二是对轮舆的细部结构还不清楚，因此无法深入复原。三是对个别小件车马具还不甚了解，如出自舆上的一些饰件，对于它的使用和安装方式还不确定。四是对出土马具的组织结构仍有许多地方还缺乏认识，有待今后新的发现与研究。

2. 靷是马车挽具的主要组成部分，前端与轭连接，后端与軨、轴相连。靷为皮条制成，至今未见出土实物的报道，仅在金文中才对它的形制有所了解[2]。本文考虑到前掌大

〔1〕　郑若葵：《论商代马车的形制和系驾法的复原》，《东南文化》1992 年 6 期。
〔2〕　郑若葵：《论商代马车的形制和系驾法的复原》，《东南文化》1992 年 6 期。

M41 马车复原图的完整性，也对轵的形式作了推测复原。它的真实结构有待今后出土资料的证明。

3. 前掌大 M40、M131、M132 的舆上发现有"栅栏式隔断"，有的学者认为是车轵[1]。过去一般认为西周马车上才有车轵，商代是没有的。1992 年后安阳刘家庄和梅园庄相继发现了车轵，特别是 1995 年梅园庄 M40（南车）出土的轵，保存较好。它横跨车舆，伸至辀外侧中段。轵中部还有支撑的横木，与前栏相交。而前掌大舆上的隔断结构较清晰，与轵的形制不同，或许它是具有地区特色的一种新的形式，这个问题有待今后更多的资料证实。

4. 前掌大 M40 出土了鞥，俗称肚带。皮条制成，上面饰有铜泡。在服马的背部还有嵌铜泡的革带与鞥相连接，接合部形成一个等腰三角形，此带前端似与轭首后部相连。张家坡 2 号车马坑第一号车的鞥带形式与此相似[2]，它的具体结构有待今后复原。

前掌大地处山东西南部，就目前发现的墓葬规模和等级来看，应是一处方国王侯级的墓地。距墓地 1 千米处曾发现一座薛国故城，时代为西周中期至春秋、战国时期。根据文献记载，薛人经历夏、商、周三代，长时期在这一带活动。因此，前掌大墓地应与古薛国有密切的关系。从前掌大马车资料看，出土的车马具颇具地区特色，应是本土制造的，并且估计该地区的制车业已经相当发达，具有很高的技术水平。我们认为前掌大出土的马车很有可能就是商末周初薛国人制造的。当然，仅从这 5 座车马坑的资料，对于了解这一地区的制车业还很不够，特别是本地区铸铜和手工业作坊遗址的情况、它与周边地区的关系、马车形制的演变等还都不清楚，有待今后发掘资料的进一步证实。

附记：本文在编写过程中，得到了胡秉华、王影伊、谷飞先生的大力支持，在此表示衷心的感谢。

---

〔1〕 中国社会科学院考古研究所：《中国考古学·夏商卷》，中国社会科学出版社，2003 年。
〔2〕 中国科学院考古研究所：《沣西发掘报告——1955～1957 年陕西长安县沣西乡考古发掘资料》，文物出版社，1962 年。

前掌大马具的清理与复原研究

王影伊　唐锦琼

一　车马坑的形制

前掌大南区墓地清理了5座车马坑，每座车马坑中放置一辆马车，马车均由两轮、一轴、一舆、一辀、一衡所构成。除少数铜质附件外，皆为木质。

车轮为圆形，由轮牙、辐和毂构成。轮牙呈扁平状，毂多为腰鼓形，辐条作长条形。辐条的数量在18~22根之间。

轴为一根圆木构成，中部较粗，两端略细。轴端套入轮毂中，毂外套有軎，軎上有辖插入。车辀置于轴上，剖面呈圆形或圆角方形。辀从舆至辀头逐渐上翘，辀尾端套有踵。车衡在辀的前端，一般由一根圆木或方木制成，衡的两端装饰有三角形衡末饰。衡的两侧各有一轭，轭由轭首、轭颈、轭肢和轭脚四部分组成，其内为木质，个别情况是仅轭首为铜质，其他部位为木质。

车舆呈长方形，位于轴与辀相交处的上面，舆底由四根木轸构成，轸上立柱，各立柱间有横栏相连。车舆底部铺有荐板，上面往往铺有席子，门开在车舆的后部。

在车马坑中马的头部和车上一般有很多青铜附件，马具附件有当卢、衔、镳、节约、各类兽形和圆形泡等；车具附件有軎、辖、踵、钒、钪等。马和车身上各部位铜附件的有无和多寡也有所不同。

在埋葬车马的方式上，表现出一些特点，发掘的5座车马坑，车马坑与主墓分开，单挖一个坑，整车随马埋葬，均为两马一车，要挖轮槽。舆后埋殉葬1人，个别还殉2人，人骨架一般被压在舆下或舆后。经对人骨进行鉴定皆为成年男性，人多俯身直肢，无葬具，个别有随葬品。他们生前可能为驾车的驭手。从埋葬的姿势观察，他们均为非正常死亡，应是作为殉葬人被屠杀后埋入的。

在车舆内均随葬有多寡不等的兵器，这些随葬兵器的马车可能是作为战车来使用的，兵器一般放置在舆前部的前箱内，主要有戈、弓、箭和刀等。另外，还发现有骨器、象牙器、玉器等，这些可能是驭手随身携带的工具和装饰品。单车埋葬的方式是商代晚期安阳殷墟比较流行的特征，西周早期在一些墓地中仍然延续这种埋葬方式[1]。

另外，在 M18 中没有采用以上的整车随马埋葬的方式，而是将一辆整车拆开成轮、轴、辀、衡、舆等散件，直接放入墓主人的墓内的四壁、二层台上和椁顶上，而驾车的马匹则在主墓附近另穴埋葬。与这种情况有相似之处的有张家坡墓地和晋侯墓地。在晋侯及其夫人的墓内也随葬有拆散的轮舆[2]；在浚县辛村墓地也有类似的情况[3]，M1 和 M6 一组大墓中，M1 在墓室上层填土随葬有拆散的车轮 12 个以及舆、辀、衡等；在宝鸡强伯墓的二层台上也陈放有拆散的车轮 4 枚[4]。在强伯墓的北面有 2 座车马坑，都是三车六马，整车埋葬的。这 2 座车马坑分列于茹家庄 M3 的墓道的两侧。也有一些例外的情况。上村岭虢太子墓的车马坑，在主墓的西侧，坑为长条形，内埋 10 辆车、20 匹马[5]。车是整车埋葬的，排成一纵列，马是处死后埋入的，每车一匹、二匹或三匹不等。从总体上观察，前掌大墓地车马坑基本是整车另穴埋葬，而散车随葬则是次要的。

二　马具的复原

在清理的 5 座车马坑中，车马坑形制、马车的结构等基本相同，但马具上的饰件各异，从出土情况看，似为战车。仅从马头部分的装饰就可以看出，这 5 套车非常豪华、精美，代表着当时社会生产、生活的发展水平，具有较高的研究价值。5 套车均为坐北朝南，每车为独辀两马，两马相背。其中，1995 年发掘的 M45 马具与 1998 年发掘的 M131 在车马具材料和形制相似，其他车则不尽相同。也就是说共有四种形制的马具可以复原。出土时马具散乱比较严重，为准确复原，我们将马头套箱，运回室内作进一步清理。

清理之前，制定工作计划和做好各项准备工作是必不可少的。从出土情况看，有些部位过于散乱，甚至无法理出头绪。在此情况下，我们采取正反对照、左右对照、互为补充的办法，从简单的地方入手，以 M40 马具为例：

M40 的马具均由铜泡编缀而成，出土时叠压在一起，形成一堆铜泡，已经无法分辨出它们之间的排列顺序。清理时为少走弯路，尽快掌握马具的大致情况，决定先从马头背面入手。因为压在下面的部分基本会保持原状，不会有人为扰乱，甚至还会保留一些易腐蚀物的迹象。

套箱从背面打开，将土层逐渐剥离后露出铜泡。清理到此时要格外仔细，顺着铜泡的排列顺序，慢慢剥离，边清理、边记录，直至将背面清理干净。至此，对马具铜泡的排列组合有了初步的了解，搞清了颊带、鼻带、鼻梁带的排列组合情况。由于颈带在埋藏时与

〔1〕中国社会科学院考古研究所：《张家坡西周墓地》，中国大百科全书出版社，1999 年。
〔2〕北京大学考古学系等：《天马－曲村遗址北赵晋侯墓地第二次发掘》，《文物》1994 年 4 期。
〔3〕中国科学院考古研究所：《浚县辛村》，科学出版社，1964 年。
〔4〕卢连成等：《宝鸡强国墓地》，文物出版社，1988 年。
〔5〕中国科学院考古研究所：《上村岭虢国墓地》，科学出版社，1959 年。

勒扰在一起其上的铜泡多已散乱，又与颊带、额带混作一 团，便从颈带的带扣部分开始，顺藤摸瓜。从清理完的部分可以确定颈带为三个铜泡一排，顺着颈带的走向清理，至混乱部位已无法再寻踪觅迹了。再从上到下逐层清理，边清理、边分析、边推敲。确定额带的组合关系、颊带的走向及最下层颈带的排列组合。马头背面清理工作结束，马具的部分结构已经清楚，为了复原的科学性和完整性，还应找出马头正面扰乱严重的部分之间的排列组合关系。

按常理铜泡应该是编缀在其他材质上的，但由于在考古现场剔剥得过于干净，马头正面已无任何迹象，只有将希望寄托在背面。所以在清理之初就格外小心，留意是否有痕迹存在，经过认真细致的清理终于如愿以偿，M40 马具清理到背面时，在颈带铜泡下面清理出了完整的皮条痕迹（彩版七一，1；彩版七二，1），皮条上面清晰可见编缀铜泡的孔洞。皮痕宽 4.7、厚 0.25 厘米，比并排的三个铜泡略窄。编缀额带饰的皮条痕迹穿过"十"字节约在下颌处相交固定（彩版七一，2），皮条痕迹宽 1.5 厘米、厚 0.25 厘米。铜泡背面还发现了编绳痕迹（彩版七二，2）。M132 马具背面颊带下也清理出了皮条痕迹（彩版七一，3）。以上痕迹的发现，为我们提供了科学的依据，为我们认定马具的各种饰物是编缀在皮条上的认识提供了佐证。至此，M40 马具复原结束。对其他马具的复原工作也按照这样的方案进行。通过复原研究得出以下三点体会：

（1）计划周密、措施到位。在动手之前，要有详细的工作计划。何处入手，如何操作，应注意的事项等等。例如编连组合类的文物的清理复原，要注意它们之间的组合关系、编连、内衬等痕迹。这些资料的获得非常难得，能够保存下来实属不易，如果清理时操作不当就太可惜了。依附在文物身上的所有信息都是历史的再现，所以一定要珍惜每一件文物，操作时注意"软"的信息，把所有资料收集起来，展示给今人，留给后人。

（2）发掘现场应曾加保护意识。在发掘现场，考古工作者习惯于将文物剔剥干净。这种做法非常不利于文物的保护。当文物从环境相对稳定的地下被发掘出土后，环境发生了骤变，不可避免地会产生相应的反应，导致文物加速腐蚀、裂变。这种损失是任何手段都无法弥补的。所以在考古发掘时，就应该考虑到文物的安全，室内的进一步保护。发掘与保护应该是考古工作的一个完整的工作程序，而不应看做是两个不相干的内容。每一次考古发掘，发掘和保护都应紧密地结合起来，使每一件文物在出土的一刹那就得到精心的呵护。

（3）文物出土后要及时清理。凡是套箱起取的文物，运回室内要及时清理。当箱内土层仍保持一定湿度时，既便于清理又有可能从中找到易腐蚀物的迹象，如皮、绳、席等的痕迹。如果放置时间过长，箱内土完全干燥后，就会产生断裂。如果起取的是壁画、漆木器等文物，后果不堪设想。所以及时清理是非常必要的。

经过细致深入的清理，基本达到了预期的学术目的。复原了四种形式的马具，现介绍复原结果。

（一）M40 号车马坑

1. 马具附件

左服马头部套箱室内清理的附件有：

素面大铜泡 22 个和小铜泡 239 个（参见上篇图二六六，3、7、13）。

桃形当卢 1 件（标本 M40∶47，见上篇图二六九，1）。

节约 5 件，分为二种类型：B 型长"十"字节约 3 件（标本 M40∶50、49，见上篇图二六九，8、9），C 型"人"字节约 2 件（标本 M40∶52，见上篇图二六九，10）。

Ab 型长方形镳 2 件（标本 M40∶53、54，见上篇图二六五，9），钉齿镳 2 件（标本 M40∶55、56，见上篇图二六五，3），带扣 2 件（标本 M40∶57、58）。

2. 马具的复原

马的勒带是由铜泡编缀而成。眉心是桃形当卢，两侧额带分别编缀 6 个小铜泡。当卢下是鼻梁带，鼻梁带上编缀 5 个小铜泡。鼻梁带下端接 B 型长"十"字节约，长"十"字节约两侧鼻带上分别编缀 5 个小铜泡。两侧鼻带分别连接颊带下端的 C 型"人"字节约，颊带上端是"十"字节约，颊带两端节约之间的皮条上编缀 13 个小铜泡。左右两颊带上端"十"字节约之间，为颡带上面编缀 15 个小铜泡。左右两颊带下端"人"字节约下，分别连接两个大铜泡，大铜泡下又与镳相连。勒为双镳，长方形镳在外、凹形钉齿镳在内。凹形钉齿镳钉尖朝里，没有金属衔。M 40 马具出土时扰乱不算严重（见彩版七二，1），从西侧马头看，马的额部有 22 个大铜泡排列整齐，可以确定是编缀在长方形皮子上，形成长 20.0、宽 12.0 厘米的额上饰。（图一，1、2）

颈带复原后长 116.0、宽 6.0 厘米。上面编缀三排、每排 57 个小铜泡，总计 171 个。颈带两端各有带扣一个。（图一，3）

（二）M41 号车马坑

1. 马具附件

左服马头部套箱室内清理的附件有：

鼻梁带饰 1 件（标本 M41∶51，见上篇图二六四，1）。

额带饰 2 件（标本 M41∶52、53，见上篇图二六四，3）。

鼻带饰 2 件（标本 M41∶54、55，见上篇图二六四，4）。

颡带饰 2 件（标本 M41∶56、57，见上篇图二六四，5）。

颊带饰 2 件（标本 M41∶58、59，见上篇图二六四，6）。

钉齿镳 2 件（标本 M41∶50、71，见上篇图二六五，1）。

Aa 型镳 2 件（标本 M41∶49、70）。

兽面形铜泡 4 件。

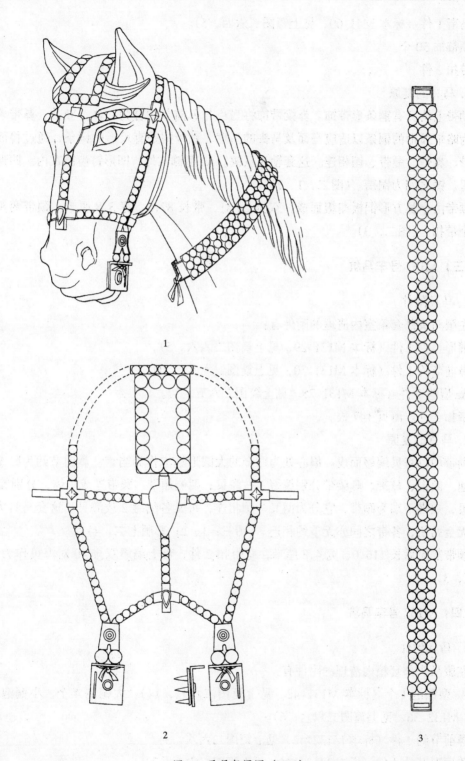

图一　马具复原图（M40）

1. 勒与颈带复原示意图　2. 勒复原结构图　3. 颈带复原展开图

马衔1件（标本 M41:60，见上篇图二六四，5）。

颈带饰50个。

带扣2件。

2. 马具的复原

勒带上均套有铜条形带饰。鼻梁带饰将当卢与鼻前节约合为一体。额带、鼻带、颊带分别为略带弧形的铜条以适应马面及马头的弧度。颊带则是直尺形的铜条，通过兽面节约与额带、鼻带、颊带、镳相连。这套勒为双镳。Aa 型镳在外、凹形钉齿镳在内。凹形钉齿尖朝里。镳之间为铜衔。（图二，1、2）

颈带由小长方形铜板编缀而成，双排25对，带长87.5、宽3.8厘米。颈带两头分别有两个带扣。（图二，3）

（三）M131 号车马坑

1. 马具附件

左服马头部套箱室内清理的附件有：

圆形当卢1件（标本 M131:29，见上篇图二六六，5）。

鼻前节约1件（标本 M131:30，见上篇图二六八，20）。

Aa 型镳2件（标本 M131:25，见上篇图二六五，7）。

带扣2件。海贝147枚。

2. 马具的复原

勒带均以海贝编缀而成。眉心处为贴金的大圆形铜泡作为当卢。鼻前节约为贴金的镞形铜泡。额带、鼻带、鼻梁带分别编缀5枚海贝；两侧颊带、颊带连成一体，分别编缀17枚海贝，颊带下端为颔带，它分为两叉与镳相连，每叉各编缀2枚海贝。这套马具为单层镳，无金属衔，各带之间亦无节约相连。（图三，1、2；彩版七二，4）

颈带复原后长116.0、宽4.3厘米，有带扣2件，带上编缀双排40对海贝作为装饰。（图三，3）

（四）M132 号车马坑

1. 马具附件

左服马头部套箱内清理的附件有：

Ac 型铜泡1个（标本 M131:42，见上篇图二六六，14）。大铜泡4个、小铜泡45个（标本 M132:36，见上篇图二六六，6）。

鼻前节约1件（标本 M132:42，见上篇图二六八，3）。

兽面形节约4件（标本 M132:44，见上篇图二六八，2）。

方板形饰21件。

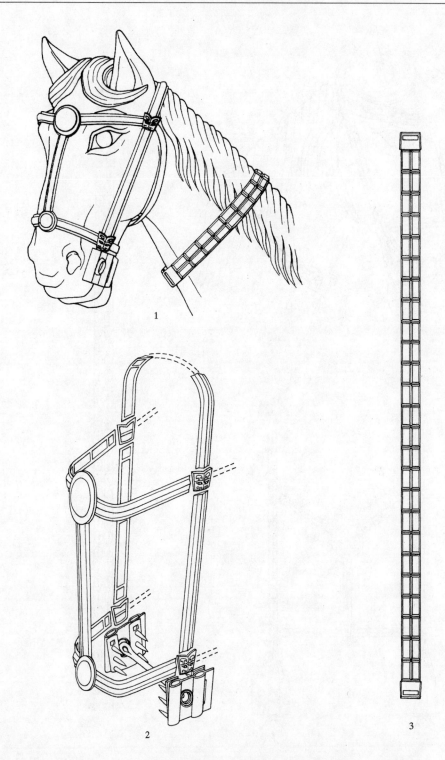

图二　马具复原图（M41）

1.勒与颈带复原示意图　2.勒复原结构图　3.颈带复原展开图

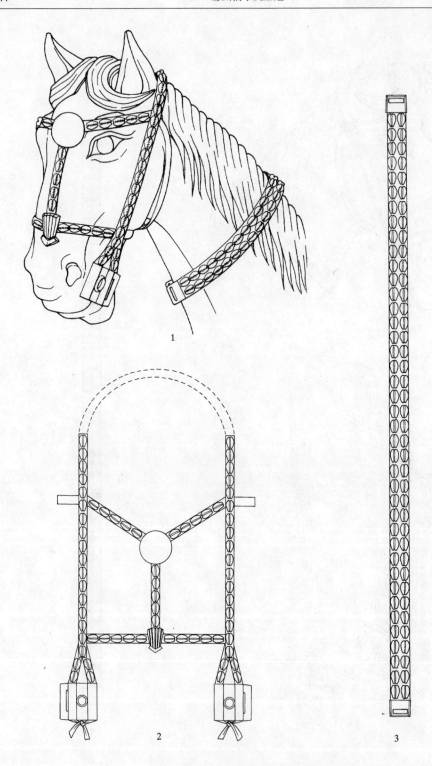

图三　马具复原图（M131）

1. 勒与颈带复原示意图　2. 勒复原结构图　3. 颈带复原展开图

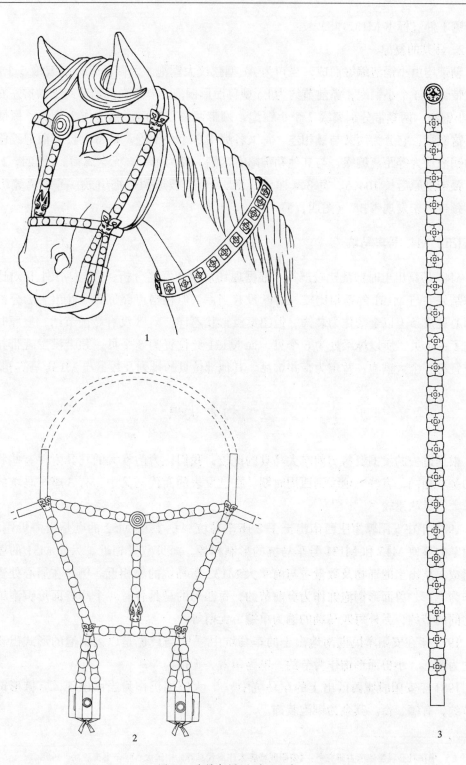

图四　马具复原图（M132）

1.勒与颈带复原示意图　2.勒复原结构图　3.颈带复原展开图

镳 1 件（标本 M132：48）。

2．马具的复原

勒带均由小铜泡编缀而成。当卢为 Ac 型弦纹大铜泡。两侧额带分别编缀 5 个小铜泡，鼻梁带编缀 4 个小铜泡，鼻前节约为 Ba 型兽面形铜泡。鼻带在鼻前节约下横贯左右，编缀 5 个小铜泡。两颊带分别编缀 7 个小铜泡，颊带两端以兽面形铜泡作为节约。颊带下端节约下这额带，它分为两叉与镳相连，每叉各编缀 3 个小铜泡。颡带上没有铜泡编缀。勒带上的铜泡均为等距离编缀，与其他勒饰略有区别。勒为单镳，无金属衔。（图四，1、2）

颈带复原后长 104.5、宽 3.4 厘米，由 21 个方板形颈带饰组成，等距离编缀在皮条上。颈带上未发现带扣。（图四，3）

（五）M45 号车马坑

M45 马具出土时散乱比较严重。根据现场观察和资料分析，并与 M131 相对比，确定复原结果。与 M131 的勒相比较，M45 没有当卢，但在当卢部位有金叶出土。分析应该是在眉心处皮条上以金箔作为装饰，但图案及形状不详。M45 没有鼻前节约，复原时这一位置加了一个贝，所以鼻梁处为 6 个贝，而 M131 此位置为 5 个贝。颈带没发现带扣，但在此位置有一个大铜泡，暂定为带扣饰品。其他部位贝的排列及数量与 M131 马具相同。

三　初步认识

根据过去的发掘资料与前掌大马具的比较，我们认为前掌大的马具附件有些和殷商时期的基本相同，有些可延续到西周时期。在已发表的商代马具中，有 3 座车马坑的马具与前掌大马具联系较多。

1987 年在安阳郭家庄西南出土了 2 座车马坑[1]，其中 M52 的勒是由海贝编缀而成，与前掌大墓地 M45 和 M131 号车马坑的形制相像，海贝数量相近。另外 M51 的勒是由铜泡组成，从出土的饰物及数量看与前掌大 M132 车马坑的勒相近。例如在眉心处置一大铜泡作为当卢、兽面形铜泡饰作为鼻前节约，每匹马的马具各有 4 个小兽面形铜泡饰作为各带之间的节约，另外每匹马勒的镳为单镳、无衔等。

1972 年在安阳孝民屯南地出土的车马坑中[2]，当卢也是以大铜泡的形式出现，鼻前节约为镳形，小兽面形饰作为节约，镳为单镳、无衔。

1981 年安阳殷墟西区出土的车马坑中[3]，大铜泡仍作为当卢出现，有镳形饰作为鼻前节约，有镳、衔。其余为铜泡装饰。

---

〔1〕 中国社会科学院考古研究所：《安阳殷墟郭家庄商代墓葬》中国大百科全书出版社，1998 年。

〔2〕 中国社会科学院考古研究所：《安阳殷墟孝民屯的两座车马坑》，《考古》1977 年第 1 期。

〔3〕 中国社会科学院考古研究所：《殷墟西区发现一座车马坑》，《考古》1984 年第 6 期。

　　在西周时期的车马坑中，有些马具的饰物与前掌大马具是相同的[1]。例如镞形鼻前节约、小兽面节约、作为当卢的大铜泡等。特别是凹形钉齿镳，在西周时期的车马坑中多有出土，但都无法确定具体位置，前掌大 M40、M41 则出土位置明确，可以确定为内层镳。

　　山东前掌大墓地出土的这批车马坑，资料丰富、内容充实，为研究商末周初的制车工艺提供了不可多得的实物资料。

---

〔1〕 中国社会科学院考古研究所：《张家坡西周墓地》，中国大百科全书出版社，1999 年。

前掌大墓地出土铜器的化学组成分析与研究

赵春燕

前掌大遗址出土了一批制作精良且保存较完好的铜器，这批铜器为研究山东地区商周时期的青铜冶铸史提供了重要的实物资料。为了探索和研究同一地区不同时期出土铜器的合金配制及演变规律，我们利用电感耦合等离子体发射光谱技术及原子吸收光谱对墓地出土的230余件铜器的化学组成进行了分析，结果表明，不同时期铜合金的组成是有变化的。这一研究结果为进一步对同时期不同墓地出土铜器合金配比比例的内在规律进行深入的研究提供了新的重要依据。

一 铜器的合金组成测定

为便于分析结果及与以往测定的数据进行比较，我们采用电感耦合等离子体发射光谱及原子吸收光谱技术对山东前掌大出土的铜器进行了化学组成分析，由于篇幅所限，仅发表利用电感耦合等离子体发射光谱技术所测数据。现将分析技术与测试条件介绍如下：

1. 电感耦合等离子体发射光谱（ICP）

电感耦合等离子体发射光谱（ICP）属于原子发射光谱中的一种。原子发射光谱法，是依据每种化学元素的原子或离子在热激发或电激发下，发射特征的电磁辐射，而进行元素的定性与定量分析的方法。

电感耦合等离子体发射光谱是以等离子体为光源，具有较高的激发能量，能激发一些在一般火焰中难以激发的元素。由于它性能优异，20世纪70年代后迅速发展并获广泛应用。

电感耦合等离子体发射光谱具有检出限低；稳定性好，精密度高；基体效应小；准确度高，相对误差为1%；自吸效应小分析速度快等特点。其局限性是：对非金属测定灵敏度低，仪器维持费用高。

2. 分析仪器及试剂

仪器：美国 Perkin Elmer 公司产 OPTIMA 3000；

试剂：铜（Cu）、锌（Zn）、铅（Pb）、锡（Sn）、镍（Ni）、银（Ag）、铋（Bi）、铁（Fe）、锑（Sb）的标准储备液，1000g/L；硝酸（G. R, HNO_3），盐酸（G. R, HCl）。

3. 测试条件

仪器测试条件请看表一。

表一 各元素的测定波长和检测限

元素	波长 (nm)	灵敏度 (ng/ml)
铜	327.396	1.0
锡	235.484	38
铅	283.306	62
锌	213.856	2.3
铁	259.940	0.62
铋	206.772	12
镍	232.003	3.5
砷	228.812	16
钴	228.616	1.0
硅	212.412	7.9
锑	206.833	20

频率 27.12 功率 1.3 KW 载气流量 81／min 积分时间 5／s
火焰测定高度 13.5 mm 分析误差：主要元素 ＜ 1% 微量元素 ＜ 5%

二 结果与讨论

利用电感耦合等离子体光谱法测定了前掌大出土铜器中的铜、锡、铅、锌、铁、镍、锑、银、砷、钙等元素的含量。分析结果如附表一所示。在此将获得的数据按照考古学分期分类，并结合器物类型及典型器物群，对前掌大出土的不同时期铜器的化学成分、变化规律，所含重要微量元素及其中所蕴含的文化和科技信息等分别进行讨论。

1. 分期与铜合金化学成分

前掌大出土的铜器大多出自墓葬，有确切的断代依据。此次所分析的 230 多件铜器从考古学的角度可分为一期（商代晚期）、二期（西周早期早段）和三期（西周早期晚段）。这一点为所进行的分析研究提供了必要的科学基础。因此，我们根据测定结果对不同时期铜器的化学成分及其变化分别予以研究。数据分析表明，前掌大出土铜器所含主要元素是铜、锡、铅，其他锌、铁、镍、锑、银、砷、钙等元素的含量，除个别器物外均很低。因此，本节将关注主要元素铜、锡和铅，并对其他元素也视情况分别讨论之。

此次分析的器物中有 27 件属于一期，来自 8 座墓葬。这 27 件器物中，铜容器 21 件，兵器 2 件，工具 1 件，车马器 2 件，余下 1 件无法定名。

根据这 27 件铜器的化学成分可知，铜器中铜含量分布为 96.47%～48.95%，锡含量分布为41.19%～0.05%，铅含量分布为23.80%～0.04%，数值间差别很大；其余锌、铁、镍、锑、银、砷、钙等元素的含量很低，除1件器物的砷和2件器物的铁含量在1%左右以外，其他器物的上述元素的含量皆小于1%，可视为杂质元素。本节着重讨论组成铜合金的3种元素：铜、锡和铅。

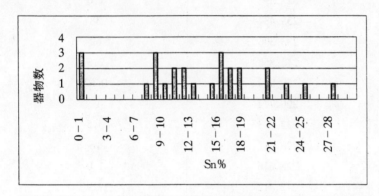

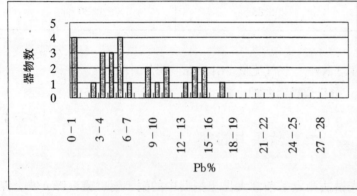

图一　前掌大墓地一期墓葬出土铜器中锡、
铅含量的频率分布

图一是前掌大墓地第一期墓葬出土铜器中锡、铅含量的频率分布。从图中可以得到，前掌大一期出土的27件容器中，有9件器物的锡含量在0～10%之间，占总数的33.3%，有12件器物的锡含量在10%～20%之间，占总数的44.4%，有5件器物的锡含量在20%～30%之间，占总数的18.5%，还有1件器物的锡含量达41.19%，占总数的3.7%；而铅含量在0～10%之间的有18件器物，占总数的66.7%，铅含量在10%～20%之间的有8件器物，占总数的29.6%，铅含量在20%～30%之间的

只有1件，占总数的3.7%。以上数据分析表明，除个别器物外，前掌大一期出土铜器中大部分器物的锡含量在10%～20%之间，铅含量在0～10%之间；锡含量高于铅含量。这一点从它们的元素百分含量平均值铜73.67%，锡14.31%，铅6.95%，也可得到证明。

所分析的器物中有167件属于第二期，分别来自14座墓葬和5座车马坑。这167件器物中，铜容器为88件，兵器为31件，工具为11件，车马器为33件，余下4件为无法定名。根据这些铜器的化学成分可知，铜合金中元素含量分布为铜含量是85.96%～56.89%，锡含量为27.17%～0.11%，铅含量为34.16%～0.08%。根据前掌大墓地第二期墓葬出土铜器中锡、铅含量作出的频率分布请看图二。从图中可以看到，前掌大第二期出土的167件铜器中，有53件器物的锡含量在0～10%之间，占总数的31.5%，有107件器物的锡含量在10％～20％之间，占总数的64.3％，有7件器物的锡含量在20％～30％之间，占总数的4.2％；而铅含量在0～10％之间的有114件器物，占总数的67.8％，铅含量在10％～20％之间的有36件器物，占总数的22.0％，铅含量在20％～30％之间的有16件，占总数的9.6％，还有1件器物的铅含量是34.16％，占总数的0.6％。以上数据分析表明，除个别器物外，前掌大第二期出土铜器中大部分器物的锡含量在10％～20％之间，铅含量在0～10％之间；锡含量高于铅含量，各元素百分含量平均值铜是73.22％，锡是11.82％，铅是8.20％，也说明锡含量高于铅含量。

值得注意的是第二期的器物中还有30件合金中铁含量大于1％，最高达10.66％；2件器物的钙含量分别为1.15％和2.11％；2件器物的砷含量和1件器物的银含量在1％左右，还有2件器物的锑含量大于2％，可视为合金元素。其余器物中银、砷、钙、铁、镍、锑和锌含量均在1％以下，可视为杂质。

所分析的器物中有15件属于三期，全部来自同一座墓葬M120。这15件器物皆为容器。根据这些铜器的化学成分可知，铜合金中元素含量分布铜是79.69％～60.29％，锡为33.44％～9.71％，铅为13.81％～0.04％。

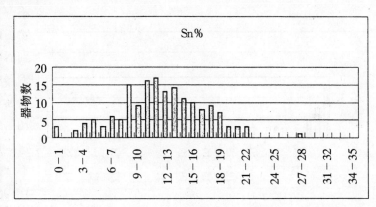

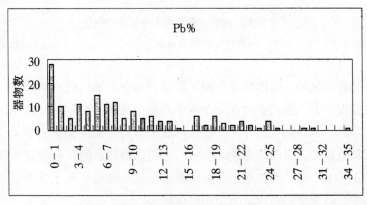

图二　前掌大墓地第二期墓葬出土铜器中锡、铅含量的频率分布

有3件器物中铁含量大于1％，最高达3.26％；1件器物的砷含量和1件器物的钙含量在1％左右。

图三是前掌大墓地第三期墓葬出土铜器中锡、铅含量的频率分布。从图中可以得到，前掌大三期出土的15件容器中，有1件器物的锡含量在0～10％之间，占总数的6.67％，有11件器物的锡含量在10％～20％之间，占总数的73.33％，有2件器物的锡含量在20％

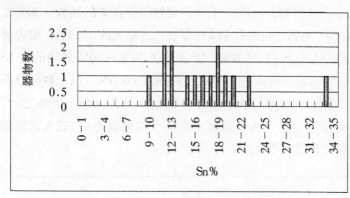

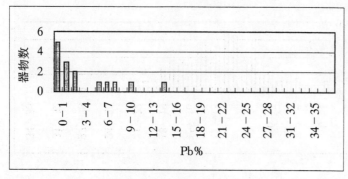

图三　前掌大墓地第三期墓葬出土铜器中锡、
铅含量的频率分布

～30% 之间，占总数的 13.33%，另有 1 件的锡含量达 33.44%，占总数的 6.67%；而铅含量在 0～10% 之间的有 14 件器物，占总数的 93.33%，铅含量在 10%～20% 之间的有 1 件器物，占总数的 6.67%，不存在铅含量高于 20% 的器物。以上数据分析表明，除个别器物外，前掌大第三期出土铜器中大部分器物的锡含量在 10%～20% 之间，铅含量在 0～10% 之间；锡含量高于铅含量。这一点从它们的元素百分含量平均值铜是 73%，锡是 16.96%，铅是 3.64%，也可得到证明。

综上所述，根据前掌大出土铜器化学成分的测定结果，从一期至三期，铜器的化学成分是有变化的。具体情况是铜元素的百分含量平均值分别为 73.67%、73.22% 和 73%，变化幅度不大。锡元素的百分含量平均值分别为 14.31%、11.82% 和 16.96%。从一到二期是降低，至三期反而升高。原因可能是因为三期铜器仅有容器，而容器的锡含量一般要高于其他器类，所以锡含量高于一、二期。铅元素的百分含量平均值分别为 6.95%、8.20% 和 3.64%．从一到二期是升高，至三期反而降低。从上述分析可知，前掌大铜器的合金组成中，锡含量和铅含量的变化规律相反。

2．分期与铜合金类型

根据前掌大铜器的化学组成测定结果可将其分为不同合金类型，为便于讨论，根据铜器的化学组成将其分类如下：

纯铜类：铅＜2%，锡＜2%。

铜锡合金：铅＜2%，锡＞2%；当锡＞10%，高锡青铜合金。

铜铅合金：锡＜2%，铅＞2%；当铅＞10%，高铅青铜合金。

铜锡铅合金：铅＞2%，锡＞2%；当锡＞10%，高锡锡铅青铜合金。当铅＞10%，高铅锡铅青铜合金。当锡＞10%，铅＞10%，高锡高铅青铜合金。

根据一期 27 件铜器的化学成分可知，21 件容器的合金类型分别为 1 件铜铅二元合金、3 件铜锡二元合金及 17 件铜锡铅三元合金；2 件兵器中 1 件为铜锡二元合金及 1 件铜锡铅三元合金；1 件工具的合金类型为铜铅二元合金；1 件无名器为铜铅二元合金；2 件车马器皆为铜锡铅三元合金。综上所述，此次分析的前掌大一期出土铜器中没有纯铜器物，铜锡二元合金为 4 件，占总数的 14.81%；铜铅二元合金为 4 件，占总数的 14.81%；铜锡铅三元合金为 19 件，占总数的 70.37%。由于此次发掘的商代晚期墓葬多数被盗，目前尚不能排除在前掌大商代晚期存在纯铜器的可能性。以上数据分析表明，前掌大商代晚期出土的铜器中铜锡铅三元合金占多数，且铜锡二元合金与铜铅二元合金平分秋色。

此次分析的器物中还有 167 件属于二期。根据这 167 件铜器的化学成分可知，88 件容器的合金类型分别为 1 件铜铅二元合金、22 件铜锡二元合金，1 件铜铅锑三元合金及 64 件铜锡铅三元合金；兵器中为 11 件铜锡二元合金、1 件铜铅锑三元合金及 19 件铜锡铅三元合金；11 件工具中有 9 件的合金类型为铜锡铅三元合金，另有 1 件为铜锡二元合金，还有 1 件为铜铅砷合金；33 件车马器除 1 件为铜锡二元合金，其余全部为铜锡铅三元合金；4 件无名器中有 2 件铜锡二元合金、2 件铜锡铅三元合金。综上所述，此次分析的前掌大墓地二期墓葬出土铜器中铜锡二元合金为 37 件，占总数的 22.16%；铜铅锑合金为 2 件，占总数的 1.19%；铜锡铅三元合金为 126 件，占总数的 75.44%；铜铅砷合金与铜铅二元合金铜铅锑合金分别为 1 件，各占总数的 0.59%。可见二期出土铜器中仍然没有纯铜器物，铜锡铅三元合金占绝对优势，铜锡二元合金次之，并且出现了除锡、铅以外的其他合金元素。

属于三期的 15 件器物全部是容器，其中有 8 件是铜锡二元合金，占总数的 53.33%；另有 7 件是铜锡铅三元合金，占总数的 46.67%。三期既无纯铜类器物，也无铜铅二元合金，其铜锡二元合金数量略高于铜锡铅三元合金。前掌大出土铜器在不同时期各类合金类型所占比例统计数字列在表二中。

表二　前掌大墓地出土铜器在不同时期各类合金类型所占比例

各类合金 分期	合金类型（%）				
	铜锡铅三元合金	铜锡二元合金	铜铅二元合金	纯铜类	其他
一	70.37	14.81	14.81		
二	75.44	22.16	0.59		1.78
三	46.67	53.33			

表二的数字清楚地表明，前掌大出土铜器在不同时期各类合金类型所占比例是不同的。从一期到二期，铜锡铅三元合金不仅在数量上占优势，而且至二期其所占比例还升高；三期铜锡铅三元合金所占比例与前二期相比大幅降低。铜锡二元合金从一期到三期其比例逐

渐升高。铜铅二元合金从一期到三期其比例迅速降低。前掌大出土铜器不存在纯铜类。其他合金类型所占比例极少。

综上所述，从一期至三期，铜器的相同合金类型数量在不同时期是有变化的。具体情况是铜锡二元合金在一至三期所占百分比分别为14.81%、22.16%和53.33%，说明铜锡二元合金数量逐渐增加。铜铅二元合金从一至三期所占百分比分别为14.81%、0.59%和0，说明铜铅二元合金数量是显著减少的。铜锡铅三元合金从一至三期所占百分比分别为70.37%、75.79%和46.67%，说明从一到二期是略增加，至三期反而降低。

3. 礼器

前面我们讨论了前掌大出土铜器化学组成及合金类型在不同时期的特点及其变化，使我们在整体上对前掌大出土铜器化学组成有了初步认识。从考古学角度，铜器还可分为不同器类，如礼器（容器）、兵器、工具、车马器和乐器等。此次分析的前掌大出土铜器中礼器占绝大多数，那么，礼器化学组成及合金类型在不同时期的特点及其变化规律将是这一节讨论的主题。

一期计有21件青铜礼器。化学元素含量分布分别为：铜含量分布86.40%～48.95%，锡含量为41.19%～0.07%，铅含量分布为16.49%～0.04%。图四是前掌大墓地第一期墓葬出土铜容器中锡、铅含量的频率分布。从图中可以得到，前掌大商代晚期出土的21件容器中，有17件器物的锡含量达10%以上，占总数的80.9%，其中最高锡含量达41.19%；而仅有7件器物的铅含量在10%以上，占总数的35%，最高达16.49%。以上数据分析表明，一期青铜礼器中高锡含量器物远远多于高铅含量器物。

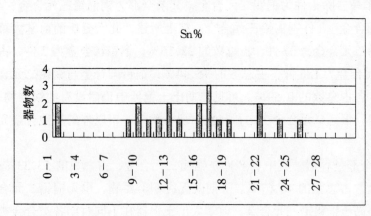

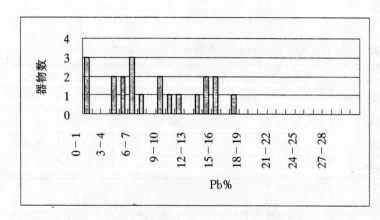

图四　前掌大墓地第一期墓葬出土铜容器中锡、
铅含量的频率分布

　　21 件礼器的合金类型分别为 1 件铜铅二元合金，占合金总数的 4.8％；3 件铜锡二元合金，占合金总数的 14.3％；及 17 件铜锡铅三元合金，占合金总数的 80.9％。可见，铜锡铅三元合金占绝对多数。

　　二期共计有铜礼器为 88 件。根据这些礼器的化学组成可知，其元素含量分布分别为：铜含量为 83.10％～63.30％，锡含量为 21.77％～0.11％，铅含量为 22.06％～0.07％。图五是前掌大二期出土铜礼器中锡、铅含量的频率分布。从图中可以得到，前掌大二期出土的 88 件礼器中，有 71 件器物的锡含量达 10％以上，占总数的 80.7％，其中最高锡含量达 21.77％；而有 23 件器物的铅含量在 10％以上，占总数的 26.1％，最高达 22.06％。以上数据分析表明，二期出土青铜礼器中高锡含量的器物占绝大多数。从元素的平均百分含量来看，铜 73.96％，锡 13.2％，铅 6.77％，青铜礼器中锡含量高于铅含量。

　　根据这些礼器的化学组成可知，此次分析的前掌大二期出土铜礼器中没有纯铜器物。铜锡二元合金为 22 件，占总数的 25.0％；铜铅二元合金为 1 件，占总数的 1.1％；铜锡铅三元合金为 64 件，占总数的 72.7％；铜铅锑三元合金为 1 件，占总数的 1.1％。由此可见，前掌大二期出土铜礼器中铜锡铅三元合金占多数。

　　属于三期的 15 件器物全部是礼器，其中有 8 件是铜锡二元合金，占总数的 53.33％；另有 7 件是铜锡铅三元合金，占总数的 46.67％。三期既无纯铜类器物，也无铜铅二元合金，其铜锡二元合金数量略高于铜锡铅三元合金。

　　综上论述，将前掌大出土的青铜礼器在不同时期各类合金类型所占比例列于表三中。由表三可知，青铜礼器中铜锡铅三元合金比例从一期至三期逐渐降低；铜锡二元合金比例逐渐升高；铜铅二元合金比例则锐降；其他合金数量很少。

表三　前掌大墓地出土礼器在不同时期各类合金类型所占比例

分期	合 金 类 型（％）				
各类合金	铜锡铅三元合金	铜锡二元合金	铜铅二元合金	纯铜类	其他
一	80.9	14.3	4.8		
二	72.7	25	1.1		1.1
三	46.67	53.33			

　　再将前掌大墓地出土铜礼器在不同时期锡铅比值（Sn/Pb）绘于图六中。锡铅比值大于 1，表明合金中锡含量大于铅含量；反之，锡铅比值小于 1，则表明合金中锡含量小于铅含量。图中曲线 1 代表一期礼器，曲线 2 代表二期礼器，曲线 3 代表三期礼器。从图中可见，一期礼器中锡铅比值大于 1 的器物有 14 件，占总数的 66.7％；二期礼器中锡铅比值大于 1 的器物有 68 件，占总数的 77.3％；三期礼器锡铅比值全部大于 1，占总数的 100％。说明从一期至三期，礼器中锡含量呈升高趋势，而铅含量则呈降低趋势。

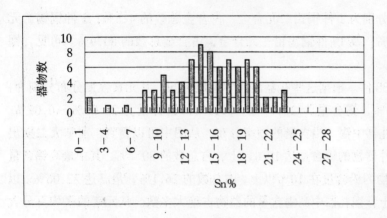

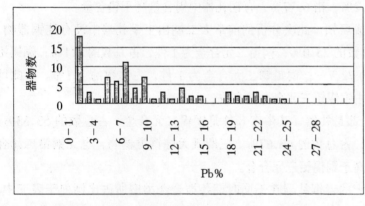

图五　前掌大基地第二期墓葬出土铜礼器中锡、
铅含量的频率分布

青铜礼器根据其用途不同又可分为饮食器、酒器、水器和乐器。那么，用途相同的器类在同一时期其合金类型是否相同？在不同时期是否发生变化？用途不同的器类在同一时期其合金组成有否差异？同一器类在相同时期其合金组成是否相同？在不同时期是否发生变化？针对以上问题我们将在下面逐一进行讨论。

一期礼器中属于饮食器为鼎、甗、簋和斝共4件。这4件饮食器的元素含量分布分别为：铜含量86.40%～68.72%，锡含量为22.30%～0.07%，铅含量分布为5.59%～0.04%。他们的合金类型分别是：鼎和甗为铜锡铅

三元合金、簋是铜锡二元合金，而斝则是铜铅二元合金。可见饮食器的化学组成、合金类型皆不相同。属于酒器的9件觚、6件爵、1件觯和1件卣的元素含量分布分别为：铜含量为48.95%～81.8%，锡含量为41.19%～7.92%，铅含量为16.49%～0.12%。9件觚和6件爵全部为铜锡铅三元合金，1件觯和1件卣皆为铜锡二元合金。9件觚的化学成分不尽相同，但合金类型却相同。同样6件爵的合金类型也相同，其化学成分各不相同。一期铜礼器中无水器及乐器。

前掌大二期出土铜礼器中包括饮食器，酒器和水器，器类比较丰富。饮食器有12件鼎、4件簋、2件斝、2件甗。根据这些器物的化学组成可知，其元素含量分布分别为：铜含量为83.10%～63.30%，锡含量为19.49%～0.11%，铅含量为22.06%～0.23%。其中，12件鼎元素含量分布分别为：铜含量为80.08%～67.36%，锡含量为18.37%～6.06%，铅含量为22.06%～1.16%。化学组成不同。12件鼎的合金类型为10件铜锡铅三元合金，2件铜锡二元合金，合金类型也不相同。4件簋中有2件铜锡铅三元合金，其化学

组成不同；2 件铜锡二元合金的化学组成也不同。2 件斝的化学组成不同，而且一件为铜锡铅三元合金，另一件为铜铅二元合金，合金类型也不相同。2 件甗的合金类型相同，同为铜锡铅三元合金，并且含铅量高于含锡量。综上所述，二期饮食器有 20 件。铜锡二元合金为 4 件，占总数的 20.0%；铜铅二元合金为 1 件，占总数的 5.0%；铜锡铅三元合金为 15 件，占总数的 75.0%。由此可见，前掌大二期出土饮食器中铜锡铅三元合金占多数。

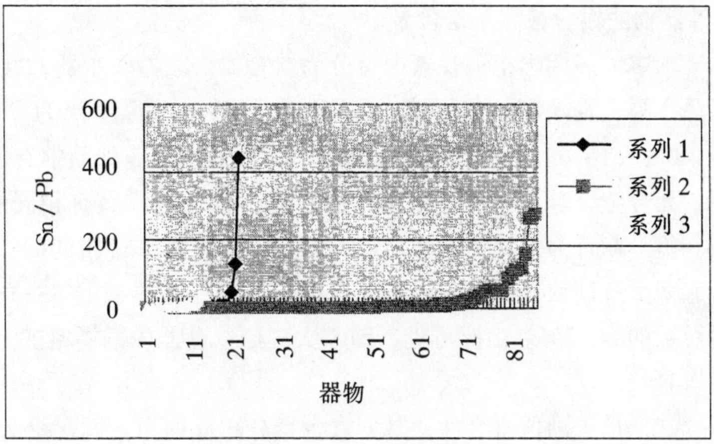

图六　前掌大墓地出土铜礼器在不同时期锡铅比值（Sn/Pb）曲线

酒器有 23 件爵、18 件觚、5 件卣、5 件角、5 件尊、3 件壶、1 件鬲、4 件觯、1 件斗。根据这些器物的化学组成可知，其元素含量分布分别为：铜含量为 82.67%～63.8%，锡含量为 21.77%～0.12%，铅含量为 21.9%～0.07%。23 件爵的合金类型为 17 件铜锡铅三元合金，5 件铜锡二元合金，1 件铜铅锑三元合金，合金类型不相同，其化学组成也不相同。18 件觚中有 12 件铜锡铅三元合金，6 件铜锡二元合金，合金类型不相同；但它们的化学组成却具有几乎相同的特点：除 1 件觚的锡铅比近似 1 以外，其余觚的锡铅比全部高于 1；也就是说，锡含量高于铅含量。5 件卣中有 4 件铜锡铅三元合金，1 件铜锡二元合金，合金类型不相同；但它们的化学组成具有相同的特点，锡含量高于铅含量。5 件角中有 3 件铜锡铅三元合金，2 件铜锡二元合金，合金类型不相同；但它们的化学组成具有相同的特点，锡含量高于铅含量。5 件尊中有 4 件铜锡铅三元合金，1 件铜锡二元合金，合金类型不相同，其化学组成也不相同；3 件壶中有 2 件铜锡铅三元合金，1 件铜锡二元合金，合金类型不相同，其化学组成也不相同；4 件觯中有 2 件铜锡铅三元合金，2 件铜锡二元合金，合金类型不相同；但它们的化学组成具有相同的特点，锡含量高于铅含量。1 件鬲和 1 件斗皆为铜锡铅三元合金，其中锡含量高于铅含量。

概括以上讨论，二期酒器有 65 件。铜锡二元合金为 18 件，占总数的 27.7%；铜铅锑三元合金为 1 件，占总数的 1.5%；铜锡铅三元合金为 46 件，占总数的 70.8%。由此可见，前掌大二期出土酒器中铜锡铅三元合金占多数。

二期水器有 3 件，包括 2 件禾和 1 件盘，皆为铜锡铅三元合金，其元素含量分布分别为：铜含量为 82.67%～63.8%，锡含量为 21.77%～0.12%，铅含量为 21.9%～0.07%，3 件器物的锡含量高于铅含量。

　　前掌大三期出土铜礼器中可分为饮食器，酒器和水器，共计 15 件。饮食器有 6 件，包括鼎、鬲、簋、甗。其元素含量分布分别为：铜含量为 76.31%～63.5%，锡含量为 22.40%～15.63%，铅含量为 13.81%～0.04%。3 件鼎中有 1 件铜锡铅三元合金，2 件铜锡二元合金，合金类型不相同；但它们的化学组成具有相同的特点，锡含量高于铅含量。鬲、簋、甗皆为铜锡铅三元合金，而且化学组成具有相同的特点，锡含量高于铅含量。概括起来，三期饮食器中铜锡二元合金为 2 件，占总数的 33.3%；铜锡铅三元合金为 4 件，占总数的 66.7%。由此可见，前掌大三期饮食器中铜锡铅三元合金占多数，且锡含量高于铅含量。

　　三期出土酒器有 8 件，其元素含量分布分别为：铜含量为 79.69%～60.29%，锡含量为 33.44%～11.1%，铅含量为 6.32%～0.04%。2 件觚和 2 件爵及 1 件尊皆为铜锡二元合金，2 件角和 1 件卣皆为铜锡铅三元合金，而且化学组成具有相同的特点，锡含量高于铅含量。三期酒器中铜锡二元合金为 5 件，占总数的 62.5%；铜锡铅三元合金为 3 件，占总数的 37.5%。由此可见，前掌大三期出土酒器中铜锡二元合金占多数，三期水器仅有 1 件盉，为铜锡二元合金。

　　纵观此次所分析的前掌大出土青铜礼器，尤以二、三期器类最为丰富，一期次之。从化学组成分析结果看来，每个时期不同器类化学组成有不同的特点。将不同时期不同器类的主要元素百分含量平均值列在表四中。

表四　各时期不同器类的主要化学元素百分含量平均值（%）

主要元素 期别	器　类	铜	锡	铅
一	饮食器	75.99	13.53	3.42
	酒器	69.84	16.27	8.66
二	饮食器	72.04	10.48	9.77
	酒器	75.13	12.99	6.13
	水器	73.46	17.3	8.19
三	饮食器	70.73	18.57	5.65
	酒器	74.21	16.67	2.39

　　根据每个时期不同器类化学组成将它们分为不同合金类型，统计结果列于表五。

表五　各时期不同器类的合金类型所占比例

期别	器类	合金类型所占比例（%）				
		铜锡铅三元合金	铜锡二元合金	铜铅二元合金	纯铜	其他
一	饮食器	50	25	25		
	酒器	88.2	11.8			
二	饮食器	75	20	5		
	酒器	70.8	27.7			1.5
	水器	100				
三	饮食器	66.7	33.3			
	酒器	37.5	62.5			
	水器		100			

　　根据表四和表五的数据，我们可以回答前面提出的问题。一、用途相同的器类在同一时期其合金类型有的相同，有的不同。如二期的水器合金类型相同，而饮食器或酒器，合金类型在同期中并不相同。二、除水器外，饮食器或酒器，合金类型比例在不同时期是有变化的。具体情况是：从一至三期，饮食器中的铜锡铅三元合金比例呈升高再降，铜锡二元合金比例呈略降再升高，铜铅二元合金比例呈降低。酒器中铜锡铅三元合金比例逐渐降低，铜锡二元合金比例逐渐升高。三、用途不同的器类在同一时期其合金组成及合金类型均有差异。

　　同一器类在相同时期其合金成分是否相同？在不同时期是否发生变化？为回答这个问题我们将以鼎，瓿，爵为例。图七、图八和图九分别为鼎、瓿、爵在不同时期中的锡铅组成分布图。

　　首先，从图七可知，一期的鼎为高锡铜锡铅三元合金，二期的鼎为高锡铜锡铅三元合金和高铅铜锡铅合金三元同在，三期的鼎为高锡铜锡二元合金和高锡铜锡铅三元合金。

　　其次，图八表明，一期的爵为高锡铜锡铅三元合金和高铅铜锡铅合金三元同在，二期的爵为铜锡

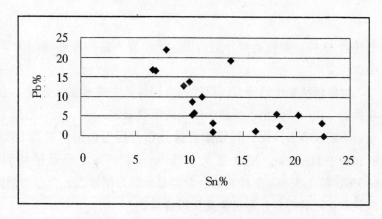

图七　鼎在不同时期的锡铅组成分布图

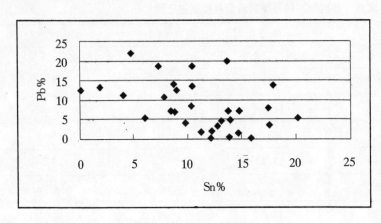

图八　爵在不同时期的锡铅组成分布图

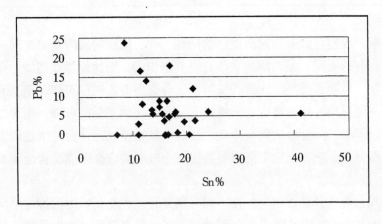

图九　觚在不同时期的锡铅组成分布图

二元合金和铜锡铅三元合金为主，三期的爵为铜锡二元合金。

再次，图九显示，觚在一期为铜锡铅三元合金，二期则为铜锡二元合金和铜锡铅三元合金，三期的觚为铜锡二元合金。

上述图示表明，同一器类在相同时期其合金成分并不相同，在不同时期也不相同。

4. 兵器

前掌大出土的铜器中还包括大量兵器，如：戈、矛、胄、镞和弓形器等。参照杨泓先生的分类，可将上述兵器分类如下：

进攻性、防御性。

进攻性又可分为远射和近搏两类：远射有镞、弓形器。近搏有戈、矛。

防御性的主要有胄。

此次分析的前掌大出土兵器33件，器物类型分别为戈、矛、胄、镞和弓形器。化学组成分析结果列于附表一中。

根据杨泓先生的研究，商代的青铜兵器中最重要的是戈。它是进攻性兵器中的主要格斗兵器。在前掌大出土兵器中以戈的数量最多。

一期仅有2件戈，其元素含量分布分别为：铜含量为86.37%～89.09%，锡含量为8.14%～10.86%，铅含量为0.58%～4.48%。元素平均百分含量：铜87.73%，锡9.5%，铅2.53%。2件戈的合金类型分别为铜锡二元合金与铜锡铅三元合金，而且化学组成具有相同的特点，锡含量高于铅含量。

二期兵器有16件戈、9件胄、2件矛、3件弓形器和1件镞，共计31件。16件戈的元素含量分布分别为：铜含量为85.37%～59.63%，锡含量为17.7%～0.059%，铅含量为29.05%～0.08%。它们的合金类型分别为：7件铜锡二元合金，占合金总数的43.75%；8件铜锡铅三元合金，占合金总数的50%；还有1件铜铅锑三元合金，占合金总数的6.25%，铜锡铅三元合金中有5件铅含量大于

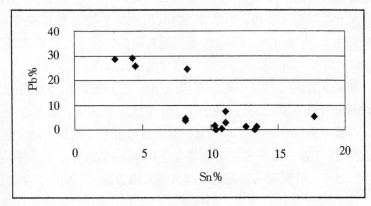

图一〇　戈在不同时期的锡铅组成分布图

20%，属于高铅青铜合金。从图一〇可以很直观的表明上述论点。

青铜兵器中重要性仅次于戈的是矛。二期兵器中的2件矛元素含量分布分别为：铜含量为73.06%～60.66%，锡含量为18.77%～3.20%，铅含量为34.16%～0.282%。它们的合金类型分别为：1件铜锡二元合金，占合金总数的50%；1件铜锡铅三元合金，占合金总数的50%。

还有1件镞为铜锡二元合金。

二期兵器中属于防御性的有9件胄，它们的元素含量分布分别为：铜含量为78.29%～71.73%，锡含量为15.9%～8.24%，铅含量为18.63%～3.91%。它们的合金类型全部为铜锡铅三元合金。3件弓形器的元素含量分布分别为：铜含量为80.0%～60.86%，锡含量为11.9%～6.63%，铅含量为16.85%～1.75%。合金类型分别为：1件铜锡二元合金，占合金总数的33.3%；2件铜锡铅三元合金，占合金总数的66.7%。

历史上总是用当时最先进的科学技术生产和制造武器。从前掌大出土兵器的化学组成及合金类型也可窥见一斑。根据冶金学研究成果，纯铜质软，加入锡后形成铜锡合金具有较金属铜远为优良的机械性能和工艺性能。铜锡合金中，含锡量在10%～15%，维氏硬度约为104～139；含锡量在15%～25%，维氏硬度104～136；铜锡铅三元合金中，含锡量在10%～15%，含铅量在5%～10%，维氏硬度约为96～79，可见铜锡合金硬度随含锡量增加而增加；铜锡铅三元合金中硬度随含铅量增加而降低。

以前掌大出土进攻性兵器戈为例，7件铜锡二元合金型戈，锡含量为10.34%～13.41%，铅含量为1.74%～0.32%，其维氏硬度应大于100。可认为是实用器。

此外，前掌大出土防御性兵器青铜胄从形制上其发展变化存在着一定规律。根据其早晚和承袭关系可分为A、B、C三种形式。A型复合胄为前掌大早期胄，如M211、M206；

B 型胄为过渡期，如 M40；C 型胄时代略晚，时代也属西周早期，如 M11。

从化学成分上分析，前掌大 M206 出土的 2 件 A 型胄其合金组成是如此接近，Sn/Pb 比分别为 0.45 和 0.44，可认为是同期制造的。锡平均百分含量为 8.26%，铅平均百分含量为 18.51%，同为铅含量高于锡含量的三元合金。

M40 出土的 2 件 B 型胄，其合金组成也比较接近，Sn/Pb 比分别为 0.99 和 1.29，锡平均百分含量为 10.53%，铅平均百分含量为 9.39%。二者皆为铜锡铅三元合金。

C 型胄为 M11 出土的 4 件胄，元素含量分布分别为：铜含量为 71.86%～77.86%，锡含量为 15.9%～12.56%，铅含量为 13.6%～3.91%。元素平均百分含量：铜 75.225%，锡 14.25%，铅 8.96%。锡含量明显高于铅含量。它们的合金类型全部为铜锡铅三元合金。

从 A 型过渡到 C 型胄，不仅其型式发生了变化，而且其合金组成也随着变化。合金中锡含量逐渐增加，铅含量逐渐降低。

通过以上讨论，我们可总结如下几点：

（1）同一时期，同一器类：一期的 2 件戈化学组成不同，合金类型也不相同。二期的 17 件戈分为三种合金类型。同一合金类型中，化学组成则因出土的墓不同而不同。也就是说，同一墓中出土的同类器合金组成特点相同，例如：M40 出土的 3 件戈与 M11 出土的 3 件戈同为三元合金，但 M40 出土的 3 件戈同为锡含量高于铅含量，而 M11 出土的 3 件戈则同为铅含量高于锡含量。二期的 9 件胄同为三元合金，其中 M206 出土的 2 件胄成分接近，铅含量高于锡含量。而 M40 出土的 2 件胄和 M11 出土的 4 件胄，锡含量高于或接近铅含量。

（2）不同时期，同一器类：前掌大出土兵器中数量最多的是戈。以戈为例，将不同时期出土戈锡铅组成绘制成图一〇。从中看出，戈在不同时期化学组成是不同的。

5. 车马器

前掌大出土的车马器较多，共计 35 件。

一期有 2 件，来自 2 座墓葬，分别为车轭和车踵。其合金类型皆为铜锡铅三元合金，但化学组成则有差异，从 Sn/Pb 比可知，车轭为 4.97，车踵为 0.8，其中车轭的含锡量高达 27.4%，二者相差较大。

二期有 33 件，分别来自 3 座墓葬和 5 座车马坑。5 座车马坑中，车马坑形制、马车的结构等基本相同，出土的器类众多，每座车马坑中都包含有兵器。从出土情况看，似为战车。这 5 套车非常豪华精美，代表着当时社会生产，生活的发展水平。据此，我们在讨论时将同时考虑出土的兵器组合情况。表六是车马坑随葬器物一览表。

从表六可知，车兵器组合情况可分为 2 种：其一是戈、镞、弓形器、胄，既含有进攻性兵器，又含有防御性兵器；其二是戈、镞、弓形器，仅包含进攻性兵器。

属于第一种情况有 M40、M41、M45；属于第 2 种情况有 M131、M132。将它们的车兵器组合化学组成分布列于表七中。

表六　前掌大墓地车马坑随葬器物一览表

墓号	车马器	兵器
M40	衡末器、軛、踵、軎、踵板、轭、栏饰、鞭策	戈、镞、弓形器、胄
M41	衡末器、軛、踵、軎、踵板、轭、轭饰、柱饰	戈、盾牌
M45	踵管、踵板、轭、鞭策	戈、镞、弓形器
M131	軛、辖	戈、镞、弓形器
M132	踵板、轭	戈、镞、弓形器

表七　前掌大墓地车兵器组合化学组成

墓　号	车　马　器			兵　　器		
	铜	锡	铅	铜	锡	铅
M40	84.18~64.05	16.07~8.16	10.86~2.32	85.96~73.73	11.9~8.16	12.5~0.084
M41	84.13~63.18	20.59~8.71	18.30~1.70	84.96~78.74	13.27~12.81	0.76~0.15
M45	83.48~56.89	10.61~7.83	24.84~5.37	85.86~60.86	13.41~6.63	16.85~1.24
M131	79.49~65.31	14.26~10.51	6.54~0.32	79.49	12.26	1.36
M132	74.45~73.68	14.20~10.52	11.71~6.54	88.43	9.07	0.32

表七的数据表明，5座车马坑的兵器含铅量低于车马器。

另外，来自3座墓葬的车马器相比之下数量较少，其中M18出土4件。从它们的化学组成可知，这4件车马器全部为铜锡铅三元合金，但合金成分不尽相同。除马镳的锡铅比大于1以外，余下3件器物锡铅比均小于1，也就是说合金中铅含量高于锡含量。M21出土的2件马镳也为铜锡铅三元合金，但二者的锡铅比分别为1.28和0.89，说明合金中锡和铅含量并不相同。

综上所述，前掌大出土的车马器数量众多，但合金类型相对单一。从所分析的器物化学组成可知，除1件为铜锡二元合金外，余下皆为铜锡铅三元合金。车兵器组合中兵器的含铅量低于车马器。

6. 工具

前掌大出土的铜工具有刀、锛、斧、凿等。由附表一的数据可知，除1件刀为铜锡二元合金外，余者全部为三元合金。M41出土的3件工具，合金中铅含量远高于锡含量。

7. 墓葬等级与铜合金化学组成

前掌大出土的青铜器绝大部分都来自墓葬，出土器物与墓主人身份、等级的关系，对认识铜器的功能、来源、社会意义乃至分期与年代都具有重要意义。表八是对不同等级墓葬出土铜容器化学成分的统计。

据现有资料，前掌大一期中级别最高的墓为M214，因其仅有1件车马器，已于前面讨论过，不再赘述。中型墓 M213 由于曾被盗，尚不知全部铜器的情况，仅从剩下的部分铜器化学组成分析结果可知，青铜礼器的合金类型为 4 件铜锡铅三元合金，1 件铜铅二元合金，1 件戈为铜锡铅三元合金。无论礼器还是兵器，其三元合金中锡含量高于铅含量。

　　一期余下的墓葬皆为小型墓，从出土青铜礼器的组合判断，它们的级别略有差别。M128 的 4 件青铜礼器有 2 件铜锡铅三元合金，还有 2 件铜锡二元合金，而且三元合金中锡含量高于铅含量。M49 的 2 爵 1 瓿皆为铜锡铅三元合金，但从化学组成上还是有区别的。瓿的锡含量高达 41.19％，非常少见。

　　由表八可知，一期的墓葬等级越高，出土铜器中锡含量越高，而铅含量越低。

表八　墓葬等级与铜容器化学组成对照表

期别	墓号	铜（Wt%）	铅（Wt%）	锡（Wt%）	随 葬 青 铜 器	等级
一	M213	86.4～68.5	6.04～3.43	24.12～0.07	鼎，斝，甒，瓿，爵	中型
	M128	78.02～68.72	4.93～0.04	20.65～15.93	鼎，瓿，觯	小型
	M126	79.85～67.1	14.1～0.12	15.83～12.6	觯，爵	小型
	M127	75.1～69.7	13.4～8.18	11.9～13.4	瓿，爵	小型
	M108	81.8～67.75	16.49～10.7	11.52～7.92	瓿，爵	小型
	M129	69.0～65.83	12.4～9.03	16.45～9.08	瓿，爵	小型
	M49	65.8～48.95	14.0～5.62	41.19～8.77	瓿，爵 2	小型
二	M11	81.3～63.3	22.06～0.23	18.65～2.92	鼎 7，斝，甒，簋，瓿 3，爵 6，卣 2，角 2，壶，盉，盘	中型
	M38	77.93～63.98	19.89～0.14	21.29～0.11	鼎 3，斝，甒，簋，罍，斗，瓿 4，爵 3，卣 2，	中型
	M21	81.9～58.56	21.9～0.36	18.95～4.86	鼎，簋，瓿 2，爵 3，角，卣，尊 2，壶，觯	中型
	M18	82.67～74.96	9.61～0.12	20.3～11.33	鼎，甒，簋，瓿，爵 2，角 2，尊，瓿，爵	中型
	M13	78.5～63.8	17.5～5.7	13.8～8.85	爵	小型
	M17	69.04	11.16	14.09	瓿，爵	小型
	M30	70.3～63.24	11.89～7.15	21.27～8.5	瓿，爵	小型
	M31	75.09～74.8	18.7～0.14	16.11～7.33	爵，觯	小型
	M34	73.69～68.71	7.27～5.13	14.82～8.72	瓿，爵	小型
	M110	81.8～79.79	4～0.058	16.05～9.87	瓿，爵	小型
	M201	79.4～75.8	12.6～3.01	11.2～0.125	瓿，爵	小型
	M121	76.9～70.9	3.87～0.505	21.77～17.0	尊，瓿，爵	小型
三	M120	79.69～60.29	13.81～0.288	22.49～9.71	鼎 3，鬲，甒，簋，瓿 2，爵 2，角 2，尊，卣	中型

第二期、第三期无大型墓葬。

从表八可知，在前掌大二期的墓葬中，M11 墓的级别最高。其 27 件铜礼器含铜量在 81.3%～63.3% 之间，锡含量在 18.65%～2.92% 之间，铅含量在 22.06%～0.23% 之间。锡含量高于铅含量。其他 3 座中型墓 M18、M21、M38 出土礼器的锡含量皆高于铅含量。二期小型墓中除 M201 的礼器锡含量低于铅含量以外，余下的小型墓出土礼器的锡含量皆高于铅含量。

三期仅有 1 座墓，出土礼器的锡含量皆高于铅含量。

由此可知，从前掌大一至三期，不同级别墓葬中铜器的合金组成及类型有很大区别。

三 结 论

利用电感耦合等离子体光谱技术对前掌大出土的铜器的化学组成进行了分析。在此基础上根据不同的考古分期对数据进行初步整理。首先得到合金所含元素的含量在不同时期的变化趋势。根据前掌大出土铜器化学组成的测定结果，从一期至三期，铜器的化学组成是有变化的。具体情况是铜元素的百分含量平均值分别为 73.67%、73.22% 和 73%，变化幅度不大。锡元素的百分含量平均值分别为 14.31%、11.82% 和 16.96%。从一到二期是降低，至三期反而升高。原因是因为三期铜器仅有容器，而容器的锡含量一般要高于其他器类，所以锡含量高于一、二期。铅元素的百分含量平均值分别为 6.95%、8.20% 和 3.64%。从一到二期是升高，至三期反而降低。锡含量和铅含量的变化规律相反。

其次，由不同器类合金的化学组成来分析，不同时期同一器类合金组成不同，相同时期同一器类合金组成也不相同。此外前掌大出土铜器在不同时期各类合金类型所占比例也是不同的。从一期到二期，铜锡铅三元合金不仅在数量上占优势，而且至二期其所占比例还升高；三期铜锡铅三元合金所占比例与前二期相比大幅降低。铜锡二元合金从一期到三期其比例逐渐升高。铜铅二元合金从一期到三期其比例迅速降低。前掌大出土铜器不存在纯铜类。其他合金类型所占比例极少。

其三，从一期至三期，礼器中锡含量呈升高趋势，而铅含量则呈降低趋势。此外，礼器中铜锡铅三元合金比例从一期至三期逐渐降低；铜锡二元合金比例逐渐升高；铜铅二元合金比例则锐降；其他合金数量很少。

其四，从前掌大一期至三期，不同级别墓葬中铜器的合金组成及类型是有区别的。不同等级墓葬中同一器类的化学组成不同。普遍情况下，墓葬的等级越高，其青铜合金中锡含量越高。

附表一　各类铜器化学成分表

器名	器号	Cu	Sn	Pb	Ag	As	Ca	Fe	Ni	Sb	Zn
一期											
觚	M129:1	65.83	16.45	9.03	0.104	0.274	0.114	0.077	0.027	0.091	0.005
爵	M129:2	69.0	9.08	12.4	0.072	0.186	0.052	0.391	0.016	0.099	0.005
戈	M108:2	89.09	10.86	0.58	0.023	0.34	0.002	0.21	0.006	<0.001	0.011
爵	M108:3	77.6	7.92	10.7	0.17	1.06	0.039	0.079	0.012	0.088	0.002
觚	M108:5	67.75	11.52	16.49	0.32	1.75	0.20	1.15	0.001	0.67	0.068
觚	M123:1	40.21	8.63	23.8	0.46	0.41	0.12	0.089	0.001	0.22	0.004
觯	M126:13	79.85	15.83	0.12	0.024	0.16	0.096	0.22	0.016	0.028	0.01
觚	M126:6	67.1	12.6	14.1	0.077	0.342	0.162	0.248	0.027	0.104	0.005
觚	M126:5	69.0	15.1	8.81	0.073	0.276	0.042	0.405	0.024	0.085	0.010
爵	M127:2	69.7	10.5	13.4	0.067	0.948	0.154	0.298	0.016	0.069	0.004
觚	M127:1	75.1	11.9	8.18	0.082	0.948	0.205	0.020	0.013	0.122	0.014
簋	M128:1	68.72	17.55	0.04	0.003	0.036	0.034	0.048	0.005	0.004	–
觚	M128:4	72.62	15.93	3.79	0.121	0.193	–	0.127	0.013	0.033	0.020
罍	M128:5	71.33	20.65	0.46	0.031	0.043	0.023	0.161	0.006	0.013	0.001
觚	M128:3	78.02	16.87	4.93	0.097	0.077	0.164	0.270	0.009	0.019	0.017
觚	M213:87	68.50	24.12	6.04	0.056	0.257	0.097	0.094	0.011	0.014	0.012
觯	M213:49	75.10	14.19	5.59	0.077	0.178	0.178	0.223	0.007	0.016	0.010
爵	M213:77	73.54	20.20	5.32	0.051	0.256	0.001	0.034	0.007	0.023	0.007
斝	M213:69	86.40	0.07	4.64	0.088	0.226	0.005	0.288	0.005	0.076	0.038
鼎	M213:62.63.64	73.47	22.30	3.43	0.043	0.099	0.018	0.045	0.007	0.007	0.015
凿	M213:59	96.47	0.60	2.32	0.090	0.21	0.001	0.081	0.010	0.010	0.028
戈	M213:91	86.37	8.14	4.48	0.080	0.60	0.001	0.12	0.009	0.035	0.005
残片	M213	93.81	0.056	3.20	0.077	0.32	0.001	0.13	0.025	0.068	0.003
轭	M214:85	60.06	27.49	5.53	0.184	0.524	0.204	0.064	0.015	0.402	0.001
踵	M215:2	73.94	8.59	10.70	0.14	0.30	0.001	0.067	0.007	0.047	0.002
爵	M49:14	65.80	17.95	13.77	0.099	0.087	0.057	0.062	0.006	0.025	–
觚	M49:11	48.95	41.19	5.62	0.083	0.047	0.294	0.229	0.003	0.019	0.004
爵	M49:13	63.4	8.77	14.0	0.055	0.044	0.265	0.377	0.002	0.013	0.006
二期											
爵	M21:2	72.9	10.4	8.46	0.100	0.411	0.310	0.249	0.026	0.136	0.003
觚	M21:4	58.56	17.09	17.73	0.102	0.354	0.217	1.428	0.009	0.073	0.009

续附表一

器名	器号	Cu	Sn	Pb	Ag	As	Ca	Fe	Ni	Sb	Zn
瓻	M21:36	72.8	13.6	6.64	0.048	0.319	0.246	0.016	0.081	0.006	0.076
圆鼎	M21:35	74.4	9.49	12.8	0.064	0.322	0.183	0.028	0.122	0.004	0.124
簋	M21:34	75.62	16.15	7.97	0.173	0.199	0.030	0.275	0.022	0.095	0.013
卣	M21:40	81.63	11.99	0.46	0.057	0.117	0.037	0.157	0.012	0.004	–
尊	M21:31	81.90	15.12	4.07	0.099	0.879	0.018	0.085	0.021	0.054	0.001
尊	M21:37	73.09	14.39	5.19	0.12	0.88	0.084	0.11	0.007	0.082	0.005
镳	M21:10	74.07	13.70	10.71	0.115	0.451	0.135	0.119	0.024	0.116	0.001
镳	M21:11	80.86	5.51	6.42	0.072	0.29	0.42	0.003	0.012	<0.001	0.015
铜箍	M21:57	78.08	7.92	9.82	0.135	0.515	0.144	0.078	0.011	0.080	–
壶	M21:56	78.50	8.63	9.77	0.117	0.835	0.175	0.333	0.009	0.101	–
戈	M21:7	67.66	17.70	5.31	0.116	0.175	0.306	0.165	0.005	0.049	–
壶	M21:55	74.79	8.01	11.38	0.103	0.363	0.124	0.616	0.012	0.111	–
斝	M21:43	54.4	0.83	5.87	0.062	0.267	0.216	1.73	0.001	0.118	0.014
爵	M21:41	79.9	13.8	7.10	0.128	0.353	0.046	0.151	0.032	0.163	0.019
爵	M21:42	65.9	4.86	21.9	0.090	0.485	0.374	0.398	0.009	0.263	0.004
角	M21:39	72.6	16.8	4.81	0.113	0.351	0.154	0.281	0.022	0.367	0.018
觯	M21:21	76.51	18.95	0.36	0.063	0.15	0.045	0.15	0.008	0.068	0.003
尊	M13:13	63.8	12.1	17.5	0.112	0.730	0.176	0.715	0.023	0.184	0.007
爵	M13:12	78.5	8.85	6.99	0.061	0.382	0.754	0.515	0.018	0.066	0.008
瓻	M13:10	72.5	13.8	5.70	0.069	0.287	0.105	0.249	0.011	0.044	0.008
盂	M18:46	76.72	19.63	4.72	0.069	0.234	0.072	1.046	0.019	0.045	0.017
刀	M18:5	76.62	9.17	7.07	0.092	0.35	0.064	0.093	0.015	0.21	0.006
钉齿镳	M18:9	59.07	17.54	22.00	0.124	0.234	0.119	0.075	0.003	0.053	–
衔	M18:8	85.96	3.63	7.29	0.058	0.64	0.044	0.21	0.025	0.12	0.007
甗足	M18:43	69.30	7.40	16.70	0.059	0.092	0.097	3.684	0.021	0.019	0.191
瓻	M18:49	57.50	7.13	0.25	0.049	0.056	0.126	0.139	0.008	0.250	–
觯	M18:34	64.43	15.34	0.28	0.042	0.094	0.074	0.148	0.012	0.021	–
方角	M18:30	78.25	11.57	9.61	0.077	0.32	0.001	0.13	0.025	0.068	0.003
角	M18:32	74.96	16.41	6.91	0.074	0.274	0.139	0.157	0.024	0.063	–
尊	M18:47	82.67	11.33	0.44	0.030	0.117	0.073	0.443	–	0.021	0.066
戈	M18:40	63.70	11.87	0.328	0.006	0.018	0.147	0.013	0.002	0.001	–
踵	M18:2	65.54	9.28	21.62	0.144	0.282	0.175	0.151	0.014	0.149	–

续附表一

器名	器号	Cu	Sn	Pb	Ag	As	Ca	Fe	Ni	Sb	Zn
镰	M18:10	73.40	16.10	6.614	0.226	0.285	0.093	1.328	0.019	0.068	0.014
瓿	M18:36	79.65	16.63	0.336	0.058	0.111	0.064	0.194	0.019	0.025	0.015
爵	M18:35	76.4	14.0	4.81	0.067	0.764	0.435	0.013	0.100	0.007	0.187
戈	M18:39	85.37	10.79	0.42	0.052	0.076	0.026	0.061	0.009	<0.001	<0.001
弓形器	M18:25	80.0	8.12	1.75	0.044	0.112	0.773	0.007	0.019	0.002	0.398
斧	M18:27	76.21	6.72	13.37	0.088	0.26	0.044	0.046	0.018	0.11	0.002
爵	M18:29	78.2	20.3	0.127	0.023	0.026	0.084	0.009	0.008	0.003	0.022
圆鼎	M18:42	67.5	10.0	13.9	0.084	0.374	0.646	0.008	0.113	0.006	0.114
簋	M18:44	83.1	10.4	1.24	0.074	0.092	0.238	0.029	0.019	0.005	0.136
衡末饰	M40:3	72.24	15.79	6.40	0.10	0.43	0.048	0.13	0.015	0.41	0.003
軛	M40:4	79.05	12.69	4.37	0.11	0.47	0.15	0.11	0.007	0.39	0.012
刀	M40:9	79.09	9.62	0.59	0.022	0.11	0.26	0.37	0.005	<0.001	0.008
弓形器	M40:11	73.73	11.90	12.50	0.087	0.43	0.045	0.13	0.010	<0.001	0.026
胄	M40:13	78.29	10.75	8.35	0.056	0.34	0.16	0.17	0.011	0.12	0.014
鞭策	M40:15	73.27	11.91	10.86	0.093	0.42	0.001	0.079	0.010	0.083	0.018
戈	M40:21	77.04	11.10	7.26	0.080	0.58	0.027	0.27	0.010	0.11	0.015
踵管	M40:22	70.73	8.95	10.08	0.13	0.55	0.52	0.38	0.014	0.81	0.003
踵板	M40:23	64.05	14.33	2.51	0.067	0.27	0.049	0.15	0.006	0.49	0.001
栏饰	M40:24	74.61	16.07	2.61	0.065	0.33	0.074	0.095	0.029	<0.001	0.023
踵管	M40:27	76.01	8.16	8.95	0.14	0.60	0.42	0.19	0.019	0.96	0.002
軏	M40:43	71.04	14.70	3.18	0.061	0.27	0.24	0.28	0.005	0.079	0.008
斧	M40:34	84.18	3.88	4.00	0.12	0.51	0.022	0.20	0.039	<0.001	0.005
軛首	M40:5	75.45	13.24	2.32	0.11	0.94	0.021	0.22	0.019	<0.001	0.011
叀	M40:29	76.01	8.16	8.95	0.14	0.6	0.42	0.19	0.019	0.96	0.002
戈	M40:14	79.81	8.16	3.65	0.033	0.044	0.50	0.25	0.005	0.001	0.004
戈	M40:16	85.96	10.43	0.084	0.026	0.051	0.001	0.41	0.008	<0.001	0.014
残片	M41:1	72.23	19.96	7.82	0.051	0.074	0.023	0.135	0.018	0.037	0.004
残片	M41:5	54.78	15.05	1.50	0.053	0.054	0.110	0.125	0.005	0.027	—
残片	M41	74.89	20.59	1.70	0.054	0.074	0.048	0.158	0.017	0.035	0.005
軛	M41:6	69.04	10.42	14.50	0.181	0.219	0.369	0.188	0.012	0.093	0.007
爵	M41:10	71.6	10.5	18.6	0.067	0.393	0.251	0.658	0.029	0.054	0.009
瓿	M41:11	68.54	15.12	7.49	0.139	0.273	1.158	0.849	0.011	0.181	0.005

续附表一

器名	器号	Cu	Sn	Pb	Ag	As	Ca	Fe	Ni	Sb	Zn
斧	M41:14	67.51	6.01	24.07	0.096	0.23	0.058	0.41	0.019	0.069	0.005
戈	M41:16	78.74	13.27	0.15	0.026	0.036	0.20	0.083	0.003	<0.001	0.005
戈	M41:15	84.96	12.81	0.76	0.023	0.21	0.019	0.082	0.006	0.001	0.002
锛	M41:17	67.79	5.19	23.29	0.085	0.17	0.001	0.062	0.018	0.056	0.001
凿	M41:28	68.62	5.67	24.60	0.10	0.22	0.35	0.21	0.021	0.085	0.003
柱饰	M41:29	84.13	11.30	3.61	0.055	0.70	0.14	0.45	0.026	0.10	0.004
踵管	M41:31	80.27	9.16	9.79	0.209	0.533	0.033	0.075	0.031	0.213	0.015
軏	N41:43	72.00	8.71	16.52	0.096	0.43	0.24	0.17	0.018	0.17	0.008
踵板	N41:35	68.18	9.91	18.30	0.077	0.37	0.63	0.55	0.016	0.11	0.072
书	M41:37	63.58	11.2	6.46	0.079	0.326	0.175	0.216	0.023	0.085	0.019
刀	M41:42	61.88	6.3	1.97	0.067	0.091	0.18	0.16	0.008	3.02	0.016
戈	M45:3	85.86	13.41	1.24	0.04	0.24	0.009	0.071	0.011	<0.001	0.004
戈	M45:20	76.43	11.13	2.98	1.24	0.65	0.073	0.026	0.008	0.14	0.002
軏	M45:22	56.89	10.61	20.94	0.11	0.56	0.26	0.57	0.007	0.067	0.044
踵管	M45:30	83.48	7.83	5.37	0.089	0.37	0.16	0.27	0.008	<0.001	0.013
踵板	M45:31	61.43	11.01	24.84	0.11	0.62	0.27	0.54	0.008	<0.001	0.019
弓形器	M45:32	60.86	6.63	16.85	0.12	0.77	0.11	10.66	<0.001	0.086	0.022
刀	M45:33	77.11	8.94	8.66	0.11	0.31	0.044	0.25	<0.017	0.001	0.004
鞭策	M45:34	64.58	8.50	21.48	0.16	0.86	0.065	2.74	0.001	0.065	0.012
轭	M45:6	54.15	5.08	15.89	0.12	0.45	0.40	0.22	<0.001	0.11	0.013
戈	131:15	79.49	12.62	1.36	0.049	0.093	0.12	0.25	0.009	<0.001	0.009
轭	131:2	65.84	13.13	11.24	0.154	0.965	0.088	0.195	0.024	0.163	—
踵管	131:11	65.31	14.20	11.71	0.113	0.648	0.104	0.078	0.032	0.144	0.018
轭	131:1	77.86	10.52	6.54	0.12	0.51	0.022	0.20	0.039	<0.001	0.002
軏	132:15	74.45	14.26	6.54	0.033	0.12	0.45	0.29	0.001	0.042	0.014
戈	132:14	88.43	9.07	0.32	0.026	0.055	0.086	0.016	<0.001	0.046	0.006
踵板	132:22	73.68	10.51	8.02	0.026	0.11	1.15	0.49	0.003	<0.001	0.004
圆鼎	M11:88	60.2	10.5	5.86	0.108	0.168	0.390	0.237	0.030	0.027	0.007
角	M11:110	80.1	12.4	0.68	0.039	0.126	0.228	0.301	0.013	0.005	0.005
方鼎	M11:82	73.9	10.3	5.30	0.061	0.134	0.061	1.27	0.016	0.030	0.005
圆鼎	M11:85	69.2	6.66	16.9	0.068	0.497	0.064	0.209	0.012	0.077	0.006
簋	M11:79	72.5	12.5	0.234	0.074	0.059	0.089	0.261	0.002	0.038	—

续附表一

器名	器号	Cu	Sn	Pb	Ag	As	Ca	Fe	Ni	Sb	Zn
圆鼎	M11:93	70.3	6.87	16.5	0.093	0.982	0.124	1.45	0.003	0.206	0.297
大圆鼎	M11:94	68.74	7.90	22.06	0.11	0.34	0.001	0.56	0.015	0.12	0.011
爵	M11:113	68.1	6.06	5.64	0.138	0.263	2.11	0.196	0.015	0.069	0.007
瓺	M11:78	68.7	2.92	11.0	0.045	0.076	0.467	0.784	0.015	0.016	0.004
胄	M11:7	74.89	12.56	13.60	0.128	0.301	0.087	0.176	0.014	0.234	0.003
胄	M11:16	76.29	13.40	9.19	0.092	0.197	0.239	0.096	0.019	0.092	0.002
斝	M11:95	63.30	9.62	20.89	0.102	0.202	0.043	0.708	0.017	0.088	0.005
圆鼎	M11:89	80.08	18.37	2.57	0.125	0.196	0.055	0.083	0.049	0.024	0.004
爵	M11:108	79.91	17.56	3.58	0.093	0.161	0.092	1.67	0.022	0.019	0.009
胄	M11:5	71.86	15.14	9.13	0.103	−	0.060	0.121	0.021	0.093	0.001
方鼎	M11:92	73.85	18.06	5.66	0.074	0.237	0.383	1.09	0.022	0.077	0.001
瓠	M11:100	78.12	11.28	0.137	0.021	0.019	0.026	0.110	0.006	0.003	−
盘	M11:71	67.41	15.25	12.43	.059	0.481	0.162	0.916	0.026	0.091	0.006
圆鼎	M11:80	67.36	13.81	19.04	0.128	0.439	0.174	0.216	0.019	−	−
戈	M11:91	62.05	2.99	28.67	0.12	0.35	0.070	0.067	0.013	0.13	0.006
盂	M11:101	76.24	17.02	7.41	0.117	0.439	0.030	0.543	0.029	0.182	0.003
胄	M11:2	77.86	15.90	3.91	0.087	0.245	0.021	0.079	0.009	0.030	−
爵	M11:102	74.31	17.46	7.94	0.070	0.205	0.020	0.803	0.022	0.121	0.012
爵	M11:104	79.75	12.83	3.43	0.067	0.108	0.186	1.657	0.028	0.013	0.006
瓠	M11:105	77.03	15.54	0.301	0.018	0.019	0.454	0.228	0.009	0.004	0.002
矛	M11:1	73.06	18.77	0.282	0.091	0.048	0.140	0.041	0.282	0.010	−
戈	M11:44	73.45	27.17	1.869	0.036	0.091	0.118	0.017	0.007	0.010	−
镞	M11:67	76.99	14.07	0.46	0.112	0.043	0.120	0.134	0.005	0.008	0.003
觯	M11:103	80.39	12.42	0.43	0.033	0.27	0.047	0.26	0.010	<0.001	0.029
卣	M11:111	75.98	12.21	5.87	0.039	0.032	0.11	0.14	0.007	<0.001	0.002
胄	M11:15	81.50	11.19	0.51	0.11	0.052	0.044	0.12	0.001	0.021	0.004
壶	M11:96	74.78	12.24	0.14	0.12	0.046	0.23	0.26	0.001	0.075	0.003
提梁卣	M11:112	77.55	15.26	5.54	0.088	0.12	0.001	0.12	0.017	0.003	0.002
角	M11:114	81.3	13.8	1.56	0.056	0.133	0.077	0.519	0.019	0.019	0.005
铜箍	M11:106	52.70	14.28	4.66	0.119	0.146	0.126	0.559	0.024	0.052	−
爵	M11:98	78.83	13.18	4.63	0.076	0.126	0.109	1.384	0.021	0.013	−
爵足	M11:113	78.48	12.21	0.24	0.065	0.105	0.113	1.374	0.016	0.004	0.003

续附表一

器名	器号	Cu	Sn	Pb	Ag	As	Ca	Fe	Ni	Sb	Zn
鞭策	M11：26	66.15	10.13	18.29	0.051	0.101	0.245	0.601	0.014	0.018	－
觚	M11：73	78.16	18.55	0.07	0.079	0.090	0.015	0.111	0.009	0.009	0.002
戈	M11：49	62.50	4.31	29.05	0.11	0.38	0.059	0.047	0.013	0.13	0.005
戈	M11：57	63.18	4.49	25.69	0.033	0.17	0.073	0.091	0.013	0.072	0.010
斝	M34：11	68.71	8.72	5.13	0.072	0.273	0.431	0.058	0.009	0.054	0.002
爵	M34：12	73.69	14.82	7.27	0.161	0.342	0.042	0.169	0.035	0.095	0.066
爵	M121：14	76.9	18.9	0.505	0.021	0.063	0.039	0.083	0.008	0.019	0.004
爵	M121：6	63.0	1.0	0.37	0.042	0.094	0.029	0.076	0.016	0.005	0.001
觚	M121：2	72.95	21.77	3.87	0.059	0.114	0.253	0.893	0.005	0.039	－
尊	M121：3	70.9	17.0	3.49	0.077	0.042	0.172	0.434	0.019	0.079	0.007
觚	M121：7	73.2	19.7	3.57	0.073	0.183	0.234	0.216	0.031	0.071	0.008
戈	M121：5	84.52	10.34	1.74	0.068	0.12	0.001	0.75	0.026	0.026	0.008
爵	M110：4	81.8	9.87	4.00	0.086	0.273	0.060	0.134	0.024	0.076	0.004
觚	M110：2	79.79	16.05	0.058	0.085	0.157	0.004	0.642	0.014	0.007	－
锛	M201：9	83.81	11.95	2.94	0.090	0.46	0.001	0.024	0.013	0.083	<0.001
觚	M201：13	79.4	11.2	3.01	0.065	0.819	0.334	0.124	0.011	0.069	0.012
爵	M201：12	75.8	0.125	12.6	0.222	1.01	0.063	0.590	0.024	4.06	0.014
刀	M201：15	84.2	8.26	5.58	0.095	0.53	0.019	0.046	0.015	0.22	0.006
戈	M201：18	72.2	0.059	21.27	0.27	1.13	0.056	0.070	0.027	3.92	0.011
戈	M201：65	59.63	8.34	24.34	0.078	0.54	0.12	1.08	0.003	0.13	0.005
矛	M201：104	60.66	3.20	34.16	0.045	0.44	0.080	0.11	0.049	0.11	0.009
铃	M203：3	85.12	3.66	3.09	0.065	0.14	0.29	0.078	0.014	0.069	0.003
胄	M206：126	77.31	8.28	18.39	0.114	0.939	0.117	0.439	0.048	0.231	0.004
胄	M206：118	76.69	8.24	18.63	0.108	0.903	0.038	0.535	0.045	0.225	0.002
胄	M211：27	76.79	11.38	9.55	0.064	0.26	0.20	0.047	0.014	0.077	0.009
爵	M30：1	70.3	8.50	7.15	0.086	0.382	0.104	0.410	0.025	0.117	0.004
觚	M30：8	63.24	21.27	11.89	0.094	0.285	0.083	0.301	0.009	0.047	0.001
爵	M17：1	69.04	14.09	11.16	0.144	0.530	0.223	0.995	－	0.103	0.020
觚	M17：2	78.99	14.77	5.54	0.095	0.463	0.118	0.063	0.024	0.317	0.005
觚	M31：5	75.09	16.11	0.14	0.039	0.026	0.133	0.029	0.002	0.003	0.003
爵	M31：4	74.8	7.33	18.7	0.102	0.391	0.119	0.039	0.024	0.218	0.005
卣	M38：66	64.31	14.44	7.05	0.069	0.323	0.056	1.729	0.014	0.016	－

续附表一

器名	器号	Cu	Sn	Pb	Ag	As	Ca	Fe	Ni	Sb	Zn
圆鼎	M38:48	76.85	16.12	1.162	0.129	0.273	0.022	1.184	0.004	0.009	0.031
提梁卣	M38:61	73.23	12.96	6.44	0.036	0.105	0.438	1.726	0.006	0.021	0.009
觯	M38:60	63.98	21.29	9.37	0.109	0.196	–	0.122	0.021	0.027	–
爵	M38:58	75.86	15.84	0.14	0.046	0.024	0.128	1.920	0.004	0.004	0.013
瓠	M38:67	77.93	17.95	5.66	0.128	1.075	0.007	0.116	0.018	0.060	0.001
瓠	M38:59	68.89	18.03	6.23	0.237	0.255	0.052	0.091	0.007	0.053	–
爵	M38:62	77.59	14.67	1.56	0.045	0.142	0.017	1.208	0.011	0.024	0.016
斝	M38:52	67.14	0.11	19.69	0.239	0.306	0.452	2.015	0.004	0.306	0.034
瓠	M38:64	73.49	20.53	0.21	0.003	0.042	0.144	0.122	0.007	0.010	0.004
刀	M38:70	47.01	28.32	2.75	0.087	0.115	0.238	0.149	0.005	0.042	–
瓠	M38:68	73.32	15.67	5.59	0.109	0.462	0.105	0.217	0.004	0.027	–
罍	M38:49	72.29	17.09	4.07	0.132	0.991	0.015	2.326	0.016	0.121	0.058
鬲	M38:51	58.7	12.2	3.41	0.068	0.251	0.013	0.133	0.009	0.035	0.010
簋	M38:50	69.8	11.5	13.0	0.046	0.073	0.052	1.02	–	0.033	0.004
圆鼎	M38:53	74.5	11.2	10.0	0.048	0.347	0.194	0.380	0.007	0.031	0.009
鬲	M38:54	75.0	10.3	8.59	0.089	0.526	0.276	0.61	–	0.033	0.005
斗	M38:57	66.5	13.4	5.22	0.036	0.501	0.300	1.17	0.001	0.016	0.009
刀	M38:75	63.5	1.87	13.2	0.107	3.73	0.088	1.07	–	0.013	0.006
爵	M38:63	66.74	13.68	19.89	0.119	0.668	0.204	0.123	0.005	0.045	0.009
三期											
角	M120:14	60.29	33.44	5.76	0.078	0.459	0.175	0.199	0.007	0.067	0.002
簋	M120:24	76.31	17.69	2.08	0.068	0.211	0.145	0.085	0.017	0.007	0.007
圆鼎	M120:9	68.63	22.48	0.039	0.066	0.185	0.179	0.111	0.011	0.008	0.001
瓠	M120:13	74.50	18.39	0.80	0.038	0.027	0.013	0.049	0.012	0.006	–
尊	M120:21	79.69	14.82	0.043	0.048	0.091	0.022	0.211	0.004	0.002	–
鬲	M120:26	63.50	15.63	13.81	0.073	0.739	1.276	1.631	0.026	0.149	0.006
鼎足	M120:25	70.98	20.49	7.65	0.081	0.422	0.027	2.339	0.019	0.058	0.009
盉足	M120:12	77.14	9.708	1.62	0.023	0.083	0.517	0.887	0.001	0.005	–
甗足	M120:7	70.08	16.90	9.32	0.079	0.386	0.251	0.440	0.019	0.093	–
卣	M120:18	73.90	12.88	6.32	0.094	1.082	0.118	0.311	0.014	0.049	0.009
爵	M120:17	76.6	11.3	1.77	0.056	0.050	0.044	0.107	0.021	0.019	0.004
爵	M120:15	77.7	12.3	1.97	0.055	0.049	0.007	0.139	0.022	0.026	0.002

续附表一

器名	器号	Cu	Sn	Pb	Ag	As	Ca	Fe	Ni	Sb	Zn
瓿	M120:22	78.2	11.1	0.288	0.023	0.046	0.387	0.440	0.013	0.007	0.007
圆鼎	M120:8	74.7	18.2	0.980	0.064	0.081	0.128	3.26	−	0.014	0.004
角	M120:16	72.8	19.1	2.15	0.038	0.302	0.010	0.40	0.007	0.040	0.001
未分期											
觚	T103:1	60.91	3.43	14.35	0.098	0.44	0.18	0.34	0.012	0.22	0.005
觚	T2414③:7	60.89	12.75	8.17	0.453	0.988	0.158	0.199	0.023	0.161	0.005
觚	M204:11	70.83	12.45	8.98	0.047	0.12	0.28	0.19	0.076	<0.001	0.003
轭	M208:4	68.19	15.07	8.07	0.098	0.336	0.065	0.038	0.020	0.109	0.007
胄	M209:29	68.32	5.45	10.94	0.139	0.259	0.602	0.512	0.025	0.134	0.004
胄	M209:8	63.54	0.11	29.13	0.174	1.112	0.093	1.391	0.007	0.554	0.084
铙	M209:12	66.9	5.97	8.67	0.103	0.374	0.329	1.04	0.017	0.134	0.004
胄	M209:31	62.39	0.044	32.03	0.14	0.81	0.37	1.76	0.19	0.044	0.026
戈	M210:7	55.95	0.029	41.87	0.39	0.20	0.001	0.015	0.024	1.65	<0.001

前掌大墓地人骨研究报告

王明辉

前掌大墓地位于山东省滕州市官桥镇前掌大村，是一处大型的商周时期墓葬群。自1964年首次发现和1981年初次发掘以来，发掘各类墓葬一百多座。尤其自1991年发掘南区墓地以来，出土了一批中型墓葬、车马坑和无数精美文物以及伴随文物出土的大量的人类遗骸。这些人类遗骸由于种种客观原因绝大多数保存较差，多呈腐朽状，只有少数个体的部分骨骼保存下来，这为进行体质人类学研究造成了很大的困难。虽然如此，这仍不失为一份山东地区商周时期重要的人类骨骼材料，它可以帮助我们研究该地区商周时期的人类体质特征，以及探讨他们与其他地区同时期居民在体质人类学上的联系，并为进行文化研究及族属研究等提供参考材料。

20世纪50年代前，相对于丰富的史前时期人类遗骸的研究，对商周时期人类遗骸的种族人类学的研究要薄弱得多。20世纪40年代吕振羽先生对商代人的人种进行了考古学和文献学的研究，他认为商人是华夏族的来源之一，属于蒙古人种[1]。直到殷墟的发现和考古发掘出土了大量的人类遗骸，李济博士用西方现代体质人类学研究方法对发掘的人骨进行了观察、测量、分析和研究，学者们才逐渐关注到商人的种族和民族问题。近年来，由于出土文献相对增多和对商周文化研究的逐步深入，对于商周时期人群的族属和种族的研究，学者们逐渐转向甲骨文、金文和大量先秦时期的文献材料。例如自从王国维的《卜辞中所见先公先王考》等，开辟了由地下出土文物考察商代历史的先河，确认了《史记·殷本纪》记载的商代世系的基本可靠性，从而也证明了中国古代文献记载的真实性，由此中国历史由疑古时代进入释古和证古时代，人们也更多的从文献角度来研究商周居民的族属和族源问题。因此，很多学者试图从文字和文献角度推测商周时期人的种族和民族问题[2]。然而，商周时期人群的种族和民族问题的研究除了殷墟遗址人骨相对较好和研究比较深入外，其他地区和遗址的人类学研究则要差很多。因此，前掌大商周时期人骨的发现和研究就显得弥足珍贵。

---

〔1〕 吕振羽：《中国民族简史》，三联书店，1951年。

〔2〕 例如，关于商周人的起源问题，根据不同文献就有不同的观点，也涉及他们的种族来源问题等，但这方面文献记载的缺如或语焉不详为研究种族问题造成了很大的困难。

一 性别年龄鉴定及分析

虽然在发掘现场，考古工作者尽最大努力保存和收集墓葬中出土的人类遗骸，但由于保存条件差等诸多原因，这批骨骼保存状态极差。在数百座商周墓葬中，仅收集到可供性别年龄鉴定的骨骼有 58 例个体（具体结果见表一）。性别年龄判断的标准参考《人体测量方法》（吴汝康等编著，科学出版社，1984 年）和《人体测量手册》（邵象清编著，上海辞书出版社，1985 年）。

在这 58 例个体中，仅有 1 例因为骨骼保存较差、墓主人年龄较小等原因而无法判断其性别外，其余 57 例个体皆可以进行确定的或倾向性的性别判断，这为进行性别年龄的研究提供了良好的基础。在全部骨骼中，男性或倾向于男性的有 29 例，女性或倾向于女性的有 28 例，分别占可判断性别的个体数的 50.88% 和 49.12%，性别比为 1.04。这个人口性别比例较之新石器时代已经有了长足的进步。新石器时代的黄河流域人口性别构成明显是男性多于女性，平均性比为 1.80∶1；并且黄河下游山东地区大汶口文化的性比偏高，性比值为 2.0∶1[1]；即使是龙山文化阶段的胶县三里河遗址的性比仍然高达 1.33∶1[2]；位于黄淮地区的安徽龙虬庄遗址的两性比也高达 1.88∶1[3]。说明山东地区商周时期的社会结构和性别构成比新石器时代有了很大的发展，更趋于合理。某些青铜时代遗址的两性比例也发展到相对平衡状态，与前掌大遗址接近。例如，天马－曲村西周墓地人骨两性比为 1.14∶1[4]；西周晚期到春秋时期的上马墓地的两性比例为 1.13∶1[5]，大甸子夏家店下层遗址的两性比为 1.04∶1[6]。同时，这个比例相当接近于现代社会的性别比例。现代社会自然状态下的婴儿出生时的性别比例是 104～107∶100，即出生时的婴儿男性略多于女性；随着年龄的增长，青少年阶段的死亡率男性略高于女性，到青年阶段的性别比例基本保持在平衡状态；由于壮中年阶段繁重的劳动等原因，男性的死亡率也略高于男性，因此活老年阶段的女性多余男性[7]。2000 年底，我国进行的第五次全国人口普查显示的性别比例是 1.17。因此，前掌大遗址的性别构成体现了社会发展进步和性别结构更趋于合理。

在这 58 例个体中，所有个体的平均死亡年龄是 33.8 岁。其中，男性成年的平均死亡年龄是 35.6 岁，女性的平均死亡年龄为 32.8，男性的平均死亡年龄略高于女性。这个平

〔1〕 王仁湘：《我国新石器时代人口性别构成研究》，《考古求知集》，中国社会科学出版社，1997 年。

〔2〕 中国社会科学院考古研究所：《胶县三里河》，文物出版社，1988 年。

〔3〕 韩康信：《龙虬庄》第七章－人骨，科学出版社，1999 年。

〔4〕 潘其风：《天马－曲村遗址西周墓地出土人骨的研究报告》，《天马－曲村（1980～1989）》附录一，科学出版社，2000 年。

〔5〕 潘其风：《上马墓地出土人骨的初步研究》，《上马墓地》附录一，文物出版社，1994 年。

〔6〕 潘其风：《大甸子墓葬出土人骨的研究》，《大甸子》附录一，科学出版社，1996 年。

〔7〕 刘铮等：《人口统计学》，中国人民大学出版社，1981 年。

表一 前掌大遗址性别年龄鉴定表

墓号	性别	年龄	墓号	性别	年龄
M2	女	40±	M103	男	40～45
M3	女	25～30	M104	女	40±
BM9	男	40～45	M105	男	40～45
M11（殉人）	男	25～30	M107	男？	30±
M13	男	25～30	M108	女	30～35
M14	男	30±	M110	女？	16～18
M15	男	40±	M111	女	40±
M16	女	30～35	M112	男	35～40
M17	女？	30±	M113	女	25±
M18	男	30～35	M114	女	25～30
M22	女	45±	M115	女	35～40
M23	男	30±	M116	女	30～35
M24	女	30～35	M117	男？	40±
M25	男	25～30	M118	女	成年
M26	男	25±	M119	女	30～35
M28	女	20～25	M120	女？	14～18
M29	男	40～45	M120（殉人）	男	18±
M31	女	40±	M121	男？	55～60
M31（填土殉人）	？	6～7	M122	男	40±
M33	男	25±	M123	男	40±
M34	女	50±	M124	男	40±
M37	女	25±	M127	男	40～45
M39	女？	40±	M128	女	30～40
M44	男	40～45	M130	女	25～30
M46	男	45～50	M131（殉人）	男	18～20
M48	女	25～30	M132（殉人）	男	20～25
M49	女	25～30	M206（殉人）	男	60～70
M101	女	45～50	M211（殉人）	男	20～25
M102	女	35±	M214（腰坑殉人）	男	35±

均死亡年龄较之该地区新石器时代居民的平均死亡年龄有了较大的提高，例如，山东西夏侯新石器时代遗址男女的平均死亡年龄是 33.2 岁；[1] 尉迟寺遗址成年男性的平均死亡年龄为 31.2 岁，女性平均死亡年龄是 29 岁[2]；兖州西吴寺遗址龙山文化人骨的平均死亡年龄是 32.6 岁[3]；安徽龙虬庄遗址男女平均死亡年龄为 25.73 岁。同时，它也比某些地区青铜时代居民的平均死亡年龄高，例如，甘肃徐家碾寺洼文化遗址人的平均死亡年龄是 27.5 岁[4]；青海李家山卡约文化墓地男女性平均死亡年龄为 30.9 岁[5]；大甸子夏家店下层文化遗址的平均死亡年龄是 28.28 岁[6]。但是，它与绝大多数青铜时代尤其是黄河中下游地区商周时期居民的平均死亡年龄接近，例如，山东临淄周－汉代墓葬人骨两性平均死亡年龄 33.2 岁，男性为 35.3 岁，女性为 31.9 岁[7]；邹县、兖州商周时期墓葬人骨的两性平均死亡年龄是 33.75 岁[8]；天马－曲村西周墓地人骨为 34.19 岁[9]；河南商丘潘庙春秋战国时期墓葬成年个体的平均死亡年龄为 34 岁[10]；青海民和核桃庄史前文化墓地的平均死亡年龄为 32.3 岁[11]……

这说明，商周时期社会较之史前社会有了大发展和明显的进步，尤其是黄河中下游地区，由于社会生产力的发展，进入了阶级社会和国家状态，使得人们的平均死亡年龄普遍得到了提高，这意味着人们的普遍预期寿命得到相应的提高，进一步显示了社会的进步和发展。尤其值得注意的是，中原及其周边地区人们的预期寿命和死亡年龄普遍高于边疆地区，例如高于内蒙和甘青地区，这可能意味着到了商周时期，中原及其周边地区的经济和文化普遍超越了边疆地区，使得人们的寿命得到相应的提高；这也说明了商周时期各地区文化发展的不一致性，即商周时期的中原及其周边地区的经济文化发展已经领先于边疆地区，这与史前时期遍地开花式的文化发展格局产生了明显的差异，也形成了后来社会发展格局的滥觞。

另外，我们从表一还可以看到，在 7 例殉人中，有 1 例为 6～7 岁的儿童，1 例为老年，其他 5 例皆为青年，最大的是 25～30 岁，都低于平均死亡年龄。这说明在殉人的制度上，不仅要考虑殉人的身份，可能还要对殉人的年龄有所限制。同时，这 7 例殉人除 1 例

---

〔1〕 颜訚：《西夏侯新石器时代人骨的研究报告》，《考古学报》1973 年 2 期。

〔2〕 张君、韩康信：《尉迟寺新石器时代墓地人骨的观察与鉴定》，《人类学学报》17 卷 1 期，1998 年。

〔3〕 根据朱泓：《西吴寺遗址人骨的鉴定报告》计算所得，《兖州西吴寺》，文物出版社，1990 年。

〔4〕 王明辉：《徐家碾寺洼文化人骨研究》，待刊。

〔5〕 张君：《青海李家山卡约文化墓地人骨种系研究》，《考古学报》，1993 年 3 期。

〔6〕 潘其风：《上马墓地出土人骨的初步研究》，《上马墓地》附录一，文物出版社，1994 年。

〔7〕 韩康信、松下孝幸：《山东临淄周－汉代人骨体质特征及与西日本弥生时代人骨比较概报》，《考古》1997 年 4 期。

〔8〕 根据朱泓：《邹县、兖州商周时期墓葬人骨的研究报告》计算所得，《华夏考古》1990 年 4 期。

〔9〕 潘其风：《天马－曲村遗址西周墓地出土人骨的研究报告》，《天马－曲村（1980－1989）》附录一，科学出版社，2000 年。

〔10〕 张君：《河南商丘潘庙古代人骨种系研究》，《考古求知集》，中国社会科学出版社，1997 年。

〔11〕 王明辉、朱泓：《民和核桃庄史前文化墓地人骨研究》，《民和核桃庄》附录，科学出版社，2004 年。

年龄较小无法判断性别外，其余6例皆为男性，这是否说明商周时期该地盛行以青少年男子殉葬的习俗，目前尚难以判断。在这7例殉人和二层台上的个体中，除1例年龄较大可能属于正常死亡外，其余6例年龄皆较小，他们的死亡是属于正常死亡还是非正常死亡，我们可以从后文对死亡原因的研究得到结果。

在这58例个体中，除1例殉人个体年龄较小属于未成年人外，其余皆为成年人，这一方面说明当时社会生产力发展水平相对有了提高，使得死于婴儿和青少年阶段的个体较少；另一方面，也有可能是死亡的婴儿和青少年的埋葬地点与成年人的埋葬地点有别，使得前掌大墓地群以成年人为主。这种现象在新石器时代颇为常见，前掌大墓地的这种现象是否属于新石器时代葬俗的延续，还是有其他什么原因，尚待以后的考古工作中继续研究。

为了更清楚的研究前掌大遗址人群的死亡年龄分布与性别的关系，我们特制作性别年龄分布统计表（见表二）。

表二　前掌大遗址性别、年龄分布统计表

性别和百分比 年龄分期	男性（%）	女性（%）	性别不详（%）	合计（%）
未成年（14岁以下）	0	0	1（100.0）	1（1.72）
青年（15~24岁）	4（13.79）	3（10.71）		7（12.07）
壮年（25~34岁）	9（31.03）	13（46.43）		22（37.93）
中年（35~55岁）	15（51.72）	11（39.29）		26（44.83）
老年（56岁以上）	1（3.45）			1（1.72）
成年（具体年龄不详）		1（3.57）		1（1.72）
合　　计	29（100.0）	28（100.0）	1（100.0）	58（100.0）

表二显示，1、只有1人（占1.72%）死于未成年期，这一方面说明当时人的寿命相对较高，未成年人的成活率得到了提高，另一方面也可能存在未成年人与成年人埋葬地域的不同的情况；当然也有可能因为未成年人骨质较差，不易保存和采集而导致统计误差。2、死于青年阶段的也较少，仅占全部个体的12.07%；死于老年阶段的也很少，只有1例，说明当时人的寿命相对还是较低的。3、无论男性还是女性，死亡的高峰都出现在壮年和中年阶段，80%以上的个体均死于这两个阶段。其原因有两个，一是与当时中壮年阶段人们从事繁重的劳动有关，因此，有一半的男性死于中年阶段；二是处于壮年阶段的女性还承担着生育的任务，由于卫生医疗条件的限制，增大了青壮年妇女在妊娠、分娩和产褥期中死亡的危险性；因此壮年阶段的女性死亡率要高于男性，同时女性在该阶段的死亡率也最高。

此外，尚有一些残碎的骨骼，他们多出土于探方地层或墓葬填土中，皆为骨骼碎片（块、段）。由于骨骼较碎，无法确切判断年龄和性别；同时由于其出土位置的特殊性，很难据此判断骨骼本身的时代，因此，暂不计入上面的计算之中，仅列附表四于文后，以供参考。

二　形态特征

虽然前掌大墓地墓葬较多，出土人类骨骼也不少，但绝大多数骨质保存较差，能够进行测量和观察比较的个体更是有限。本文对保存相对较好的 9 例男性和 4 例女性的骨骼进行了测量和观察比较研究。测量和观察项目及标准参考《人体测量方法》和《人体测量手册》。

（一）个体的形态特征描述

1．M3

女，25～30 岁。保存相对较好。卵圆形颅，颅指数为正颅型、长高指数和宽高指数皆为中颅型，额坡度较直，中额型，眉弓和眉间突度皆较弱，颧弓细弱，乳突小，枕外隆突稍显，矢状缝前囟段为深波形、顶段是锯齿形、顶孔段是微波形、后段是锯齿形，无矢状嵴，面部扁平度较小，方形眶、中眶型，心形梨状孔配以锐形的梨状孔下缘、鼻棘属于Broca Ⅱ级、中鼻型，鼻根凹浅，犬齿窝发育较弱，翼区呈"H"形，垂直颅面指数属于中面型，面突指数为正颌型，颧形圆钝，"V"形腭，无腭圆枕，阔腭型，下颌骨颏形为尖形，下颌角区内翻，无下颌圆枕。（图版二一一，1～3）

2．M48

女，25～30 岁。颅形卵圆，颅指数为中颅型、长高指数为高颅型、宽高指数是中颅型、额坡度较直、狭额型，眉弓眉间突度较弱，乳突中等，枕外隆突稍显，矢状缝顶段是深波形、顶孔段是微波形、其余为锯齿形，无矢状嵴，面部扁平度较大，方形眶、高眶型、心型梨状孔、钝形梨状孔下缘，鼻棘属 Broca Ⅲ级，特阔的鼻型，无鼻根凹，犬齿窝浅，垂直颅面指数属于中面型，面突指数为突颌型，颧骨转角处圆钝，"V"形腭，丘状腭圆枕，圆形下颌颏形，下颌角区外翻，无下颌圆枕。（图版二一一，4～6）

3．M2

女，40±岁。卵圆形颅，颅指数为长颅型，直额、阔额型，眉弓眉间突度较弱，矢状缝前囟段为微波形、顶孔段为深波形、其余为锯齿形，矢状嵴弱，乳突较小、枕外隆突中等发育，方形眶，犬齿窝较浅，"V"形腭、无腭圆枕，角形下颌颏形、下颌角内翻、无腭圆枕，轻度的摇椅形下颌。（图版二一二，1～3）

4．M11 殉人

男，25～30 岁。保存较差。卵圆形颅，颅指数属于长颅型，斜额、中额型，眉弓眉间发育显著，乳突较大，枕外隆突发育中等，矢状缝前囟段是微波形、顶段属于复杂形、其余皆愈合，矢状嵴明显，面部扁平度中等，方形眶、中眶型，梨形梨状孔、钝形梨状孔下缘、鼻棘属于 Broca Ⅳ 级、中鼻型，犬齿窝中等，鼻根凹浅，鼻根较高，翼区呈"H"形，颧形欠圆钝，垂直颅面指数属于中面型，面突指数为突颌型，"U"形腭，中腭型，嵴状腭圆枕，方形下颌颏形，下颌角区外翻，无下颌圆枕。（图版二一二，4~6）

5. M13

男，25~30 岁。保存较好。卵圆形颅，圆颅、正颅配以阔颅型，斜额、狭额型，眉弓眉间突度显著，乳突大、枕外隆突中等，矢状缝前囟段是微波形、顶段为锯齿形、其余为深波形，矢状嵴弱，面部扁平度中等，方形眶、中眶型，梨形梨状孔、锐形梨状孔下缘、鼻棘 Broca Ⅲ 级，阔鼻型，犬齿窝浅、无鼻根凹，翼区呈"X"形、颧形欠圆钝，上面指数属于狭上面型，面突指数为正颌型，"V"形腭、阔腭型，嵴状腭圆枕，方形下颌颏形，下颌角外翻，下颌圆枕较小。（图版二一三，1~3）

6. M14

男，30± 岁。卵圆形颅，颅指数为圆颅型，中等倾斜的额、狭额型，眉弓眉间突度中等，乳突较大、枕外隆突稍显，矢状缝前囟段和顶孔段为微波形、顶段和后段是锯齿形，矢状嵴弱，面部扁平度中等，方形眶、中眶型，心形梨状孔、锐形梨状孔下缘、鼻棘属于 Broca Ⅳ 级，狭鼻型，无犬齿窝和鼻根凹，翼区为"X"形，颧形欠圆钝，"V"形腭、阔腭型，无腭圆枕，方形下颌颏形，外翻的下颌角，下颌圆枕较小。（图版二一三，4~6）

7. M18

男，30~35 岁。头骨略变形，整体向左后方偏移。卵圆形颅，颅指数为长颅型、长高指数为低颅型、宽高指数为阔颅型，斜额、狭额型，眉弓眉间突度中等，乳突和枕外隆突皆为中等发育，矢状缝前囟段和顶孔段是微波形、顶段和后段是锯齿形，矢状嵴中等发育，面部扁平度偏大，方形眶，梨形梨状孔、锐形梨状孔下缘、鼻棘为 Broca Ⅳ 级，犬齿窝浅，"V"形腭、嵴状腭圆枕，圆形的下颌颏形，下颌角内翻，无腭圆枕。（图版二一四，1~3）

8. M23

男，30± 岁。卵圆形颅，颅指数为中颅型，斜额、阔额型，眉弓突度中等、眉间突度显著，矢状缝前囟段锯齿形、顶孔段微波形、其余为复杂形，矢状嵴弱，乳突较大，枕外隆突中等发育，面部扁平度中等，方形眶、心形梨状孔、钝形梨状孔下缘、鼻棘为 Broca Ⅳ 级，阔鼻型，鼻根凹和犬齿窝发育浅，"H"形翼区，颧形圆钝，"V"形腭、嵴状腭圆枕，圆形下颌颏形、下颌角内翻、无下颌圆枕。（图版二一四，4~6）

9. M127

男，40~45 岁。骨骼保存较差。卵圆形颅，颅指数为中颅型，中等倾斜的前额、属于狭额型，眉弓眉间突度中等，矢状缝顶段为复杂形、顶孔段为微波形、其余为深波形，矢状嵴弱，乳突中等、枕外隆突稍显，翼区呈"H"形，颧形圆钝，"U"形腭、嵴状腭圆枕，方形下颌颏形、下颌角内翻、无下颌圆枕。（图版二一五，1~3）

10.M15

男，40±岁。骨骼保存较差。椭圆形颅，颅指数为长颅型，斜额、属于阔额型，眉弓眉间突度中等，矢状缝顶段为锯齿形、后段是深波形、其余为微波形，无矢状嵴，面部扁平度偏小，乳突较大、枕外隆突稍显，方形眶，颧形欠圆钝，"V"形腭、嵴状腭圆枕，下颌角较直，无下颌圆枕。（图版二一五，4～6）

此外，我们还对另外三个个体（如男性的 M123 和女性的 M118、M131 等）进行了测量和观察研究，但从附表一就可以看出，这三例个体保存太差，可供观察和测量的项目太少，所以就不一一对他们进行描述了。除了上述的这些个体外，还有一些零星碎骨和牙齿等，我们也进行了有效的观察和测量，这在后面有所论述。

通过以上描述，我们可以看出，前掌大遗址出土人骨的体质特征相对较为一致。男性的体质特征主要表现为多卵圆形颅，颅指数为中长颅型和圆颅型、长高指数为中高颅、宽高指数为中狭颅，较为倾斜的前额、狭额、中额或阔额型，眉弓眉间突度中等或显著，乳突较大或中等，枕外隆突稍显或中等发育，矢状嵴弱或无，矢状缝前凶段和顶孔段较为简单、顶段和后段较为复杂，方形眶、中眶型、心形或梨形梨状孔，锐形或钝形梨状孔下缘，鼻棘Ⅲ－Ⅳ级，中鼻型或阔鼻型，鼻根凹和犬齿窝多发育较弱，鼻根多中等发育，翼区多呈"H"形，颧形多欠圆钝，上面指数多为狭上面型或中上面型，面突指数多为正颌型或突颌型，面部水平扁平度多为中等，"U"形或"V"形腭，多嵴状腭圆枕，中阔腭型，下颌颏形多为方形，下颌角多外翻，多无下颌圆枕等。女性的体质特征多数与男性类似，只是在某些特征上略有差异，例如：前额较直，眉弓眉间突度较弱，颧弓细弱，颧形圆钝，矢状嵴发育弱，乳突和枕外隆突发育不明显，面部水平扁平度略小，面部较低，眶较低以及鼻较阔等，这些特征都属于性别差异，即这些特征属于女性共有的，并不代表这种族差异，因此，多数前掌大遗址人骨在种族特征上存在一致性，即无论男女，他们都属于同一体质类型的人群。

同时我们也注意到，有 3 例男性头骨的体质特征与上述特征不同，即 M13、M14 和 M18，他们的共同特征主要是长高指数为低颅型或接近低颅的正颅型，宽高指数为阔颅型，面部较阔，面部水平扁平度较大，中眶型和狭鼻型等。这些特征与其他群体的颅指数是中颅型、长高指数是正高颅，宽高指数属于中狭颅，面部较狭，中眶中鼻的特征明显不同。说明他们不属于同一体质类型，即在前掌大遗址商周墓葬中至少存在两种体质类型的人，一种以正高颅、中狭颅、中狭面、面部扁平度中等、中鼻中眶等为主要体质特征，另一种是以相对较低的颅、阔颅、阔面、面部扁平度偏大、中眶狭鼻为主要体质特征。这两种体质类型的墓葬不是个别现象，不属于个体变异现象，而且他们之间的体质特征差异较大，因此可以确认在商周时期有两种不同体质类型的人群埋葬在同一墓地。本报告内容显示，这两种体质类型的墓葬分布并没有一定的规律（虽然第二类墓葬都分布在南Ⅰ区，但未发现明显的分布规律），墓葬形制也不相同（墓葬规模和随葬品有很大差别），墓葬的期别归属亦不完全相同（虽然第二类墓葬都属于该墓地晚期墓葬，但也略有不同），因此在文化上似乎很难分辨这两种体质类型人群的区别，因此我们只能在体质特征上进行进一步的研究。为了更明确的进行比较，本文把前掌大墓地人骨依据体质特征划分为两组，A 组代表多数个体，他们以中颅、正高颅配合中狭颅、狭面、中眶中鼻、面部扁平度中等为主要体质特征；B 组代表数量较少的几个低颅、阔颅、阔面、中眶狭鼻、面部扁平度偏大的个体的体质特征。

但是无论 A 组还是 B 组，他们所代表的体质特征都属于典型的亚洲蒙古人种，如多卵圆形颅、矢状嵴弱、多方形眶、鼻棘较弱、鼻根凹无或浅、鼻尖突起弱、面部扁平度大、平颌型及"U"形腭等特征，都属于典型蒙古人种的特征，未发现有其他大人种的基因混入的现象，即在大人种上属于单一性的人种，他们之间的差异属于同一大人种下的类型之间的差异。

此外，还有一个问题需要说明，即 M13 墓主的性别问题。由于 M13 骨质保存极差，仅余相对较完整的头骨，肢骨和盆骨等都已腐朽，无法辨认和提取，因此进行性别年龄的判断只能根据头骨。而 M13 墓主人头骨有明显的男性化倾向，如头骨较大较重、骨壁较厚、前额较斜、眉弓眉间突度显著、乳突大、枕外隆突中等发育和鼻棘较发育等，正是由于这些体质特征，本文将他判断为男性。同时，我们也请教了国内外的一些人类学家，他们也认为通过该个体的头骨判断，墓主人属于明显的男性。但是，古文字学家通过对该墓出土青铜器上的铭文的研究，认为墓主人可能属于女性（见本报告）。产生这种矛盾可能有两方面原因，一是随葬的青铜器可能不属于该墓主人，而是属于另一个女性主人，但为什么会产生这种随葬品错位的情况还需要研究；另一个可能是该墓主人是一个非常男性化的女性，使得在头骨的特征上都表现出男性的特征，由于缺乏判断性别最关键的部位—盆骨而产生判断失误。本文根据头骨特征判断的标准和本着文责自负的原则，我们仍然判断 M13 墓主人为男性。

不仅如此，在该批骨骼中有相当一部分女性的肢骨呈现男性特征，如 M120 和 M104 的肢骨极其粗壮，甚至导致在发掘现场判断性别的失误。这是该墓葬群人骨的另一个典型特征。另外，在现场发掘鉴定时发掘者往往被肢骨的粗壮程度和随葬品的种类所迷惑，错误的判断了墓主人的性别，例如 M120，由于肢骨粗壮，同时随葬兵器等所谓男性用品，因此容易产生误判。

（二）前掌大墓地两颅骨组之间的比较

为了进一步验证上述前掌大墓地的两组颅骨组在体质特征上是否属于同一种族类型，本文采用两颅骨组之间种族相似系数的方法进行比较。其公式如下：

$$\Upsilon = \frac{1}{m} \sum \frac{(M_1 - M_2)}{\delta^2}$$

其中，M_1 和 M_2 分别为参加比较的两组的各项平均值，δ 为每项特征的同种系标准差，m 为比较的项目数。按照该公式计算所得的 Υ 值的大小反映两组之间的亲疏关系，一般来说，Υ 值大于 3，说明两组之间差异显著；Υ 值小于 3，则表示两组关系密切，Υ 值越小，两对比组之间的种族关系有可能越接近。

依据比较原则，参与对比的项目越多则越具有代表性，但考虑到本批材料标本比较残破，有些数据无法获取，只能就现有材料进行对比。本文选择了颅长、颅宽、耳上颅高、最小额宽、上面高、眶宽、眶高、鼻宽、鼻高、等 9 项测量项目和颅指数、眶指数、鼻指数、额宽指数及面角等 5 项角度指数项目，共 14 项平均值进行比较。两组的平均值有关数据参见表三。

表三　前掌大墓地 A 组与 B 组颅骨之间的比较（男性）

马丁号	组别＼项目	A 组	B 组	同种系标准差 δ
1	颅长（g-op）	186.28	190.17	5.73
8	颅宽（eu-eu）	142.5	150.87	4.76
20	耳上颅高	130.5	117.5	4.12
9	最小额宽（ft-ft）	94.43	94.83	4.05
48	上面高（n-sd）	72.05	82.15	4.15
51	眶宽（mf-ek）右	43.72	42.6	1.67
52	眶高	33.85	36.0	1.91
54	鼻宽	27.95	28.2	1.77
55	鼻高（n-ns）	53.03	60.15	2.92
8：1	颅指数	76.53	79.56	2.67
52：51	眶指数	79.85	79.81	5.05
54：55	鼻指数	53.25	47.06	3.82
9：8	额宽指数	67.02	62.86	3.29Δ
72	面角（n-pr　FH）	85.0	87.5	3.24

注：标有"Δ"的采用挪威组的同种系标准差；其余采用埃及（E）组同种系标准差。

通过表三各项数据的比较，前掌大墓地两颅骨组平均值之间的 r 值，全部 14 项数据的比较结果是 2.82，角度和指数项目数据的比较结果是 2.07。无论哪种结果，r 值都低于 3，说明他们之间差异不是很显著，在大人种的归属上，他们属于同一种体质类型。因此，他们之间的关系不是一个大人种与另一个大人种之间的关系，而是同一大人种内的不同类型之间的关系。同时我们也看到，无论哪种比较结果都显示两组之间仍有相对较大的差异，说明这两个颅骨组之间的关系仍然相对较为疏远，他们属于同一大人种的不同人种类型，不能完全将其混合为一组；况且，由于 B 颅骨组缺少颅高、颅基底长、颧宽、颅长高指数、颅宽高指数和上面指数等项目而无法参与对比，而这些项目的非测量因素却相差较大，所以，如果所有项目有进行对比，则两颅骨组之间的相似系数将会更大，因此，这两组之间的差异已经属于不同类型的差异，排除了个体差异的可能性。因此，我们前面的分组是合理的。

（三）体质特征的综合描述

由于该遗址骨骼保存较差，标本量较小，大量有效数据无法获取，有的数据仅有一项测量值，进而可能影响对平均值的判断。在进行综合分析时，本文将这些材料依据以上头骨之间的差异分为三组进行研究：即 A 组、B 组和合并组。下面分别具体描述各组的测量性特征（测量项目和数据见附表一和附表二，以男性为主）。

附表一可以看出，A 组综合测量和计算值特征：颅指数 76.53，颅型为中颅型；颅长高指数和颅宽高指数缺失，但耳上颅高显示，颅长高指数属于中高颅型，中面宽和两眶外缘宽显示颅宽高指数倾向于中狭颅型；颧宽值缺失，而中面宽显示颧宽值不会太大；上面高（n-sd）平均值为 72.05，属于中等；上面指数缺失，但根据观察倾向于中面型；额宽指数 67.02，属于接近狭额型的中额型；眶指数（mf-ek）平均值 79.85，属于中眶型；鼻指数 53.25，属于阔鼻型；鼻根指数缺失；面突指数缺失，根据观察倾向于中颌型；总面角 85.0，属于接近中颌型下限的平颌型；齿槽面角 81.0，也属于中颌型；鼻颧角平均值 143.5，面部扁平度相对较小。

B 组的测量和计算值特征主要是：颅指数平均值 79.56，属于接近圆颅型的中颅型；颅长高指数 69.25，属于接近正颅型的低颅型；颅宽高指数 89.42，属于明显的阔颅型；颧宽值只有一个数据 138.6，属于中等颧宽，中面宽显示其他个体的颧宽值较大；上面高（n-sd）平均值 82.15，绝对测量值较大；上面指数只有一项数值 57.43，属于狭上面型；额宽指数 62.86，属于狭额型；眶指数（mf-ek）也只有一项数值 79.81，属于中眶型；鼻指数 47.06，属于接近狭鼻型的中鼻型；鼻根指数 34.55，属于中等偏高；面突指数只有一项数值 94.1，属于正颌型；总面角 87.5，属于平颌型；齿槽面角 86.0，属于平颌型；鼻颧角 146.5，面部扁平度属于中等偏大。

前掌大合并组的测量和计算值特征：颅指数的平均值是 77.54，属于中颅型；颅长高指数、颅宽高指数和颧宽的平均值由于 A 组的缺失而与 B 组表现一致；上面高平均值 77.1，属于偏高的测量值；上面指数由于 A 组的缺失也与 B 组一致；额宽指数平均值 65.24，属于接近中额型的狭额型；眶指数（mf-ek）平均值 79.81，属于中眶型；鼻指数平均值 50.15，属于属于接近阔鼻型的中鼻型；鼻根指数和面突指数与 B 组一致；总面角平均值 86.67，属于平颌型；齿槽面角平均值 84.33，属于接近平颌型的中颌型；鼻颧角平均值 144.98，属于中等偏大的面部扁平度。

通过以上分析表明，无论是测量特征还是非测量特征，两组的差异是明显的。A 组的测量性特征主要是中颅型结合中高颅型和中狭颅型，中狭额，中狭面，上面高中等，上面指数中等，中眶、中阔鼻，鼻根部中等发育，面突指数倾向于中颌型，总面角是中、平颌型，齿槽面角也属于平颌型，面部扁平度相对较小等。B组的测量性特征主要有中圆颅型结合正低颅型和阔颅型，狭额型，额宽值中等偏阔，中面宽显示的面部相对较阔，中眶、中狭鼻，鼻根中等，面突指数属于正颌型，总面角和齿槽面角都是平颌型，面部扁平度偏大等。合并组的主要测量性特征是中颅型结合偏低偏阔的颅型，中狭额型，上面高和上面指数中等，中眶、中鼻，鼻根中等，面突指数属于正颌型，总面角和齿槽面角都是平颌型，面部扁平度中等等。

三　种族特征

（一）种族类型分析（对比项目和数据见表四）

1. A组人群种族类型的分析

为了更详细地了解前掌大墓地人骨的体质特征，我们把体质特征有较大差异的两组分别与亚洲蒙古人种及其各类型进行比较。

前掌大A组由于数据较少，只有10项参与比较，可能会影响结果的准确性，但我们仍然可以总结A组的体质类型。从表四可以看出，A组的全部10项数据均落入亚洲蒙古人种的变异范围内，说明在大人种的属性上是亚洲蒙古人种。在与各类型对比中，A组落入北亚人种的有5项，即颅长、颅指数、最小额宽、眶指数和额角，同时，额角和上面高也十分接近北亚人种的变异范围，但这些特征与典型北亚人种的低颅、阔面、高眶、高面、面部扁平度很大等特征有较大的差距，因此A组与北亚人种之间有较大的距离；但是，A组偏大的颅长与北亚人种之间似乎有着某种联系，或许A组与北亚人种之间存在一定的基因混杂。

落入东北亚人种的有6项，即颅长、颅宽、颅指数、最小额宽、额角和面角等，但这些特征与典型东北亚人种的长颅、阔面、狭鼻、高眶等的体质特征有很大的差距，因此，A组与东北亚人种之间也存在较大的距离。

落入东亚人种的有3项，即颅宽、上面高和面角，而接近其变异范围上下限的有5项，即颅指数、最小额宽、鼻颧角和眶指数，额角显示的趋势也与东亚人种的大额角趋势一致，因此共有8项接近或落入东亚人种的变异范围，可见A组与东亚人种之间存在较为密切的关系；典型东亚人种的体质特征是颅型较高、狭，面部相对也高、狭，中鼻中眶等，A组与东亚人种的相似关系主要表现在颅部特征和部分面部特征上，如中颅、高狭面等；同时，在偏低的眶指数和相对较小的鼻颧角等项目上与典型东亚人种有一定的区别。

A组落入南亚人种的有5项，即颅宽、最小额宽、鼻颧角、眶指数和鼻指数，同时颅指数和面角也接近其变异范围，额角显示的趋势也与南亚人种的趋势有相似性，因此有8

表四　头骨测量值与亚洲蒙古人种各类型的比较（男性）

马丁号	比较项目	前掌大组			亚　洲　蒙　古　人　种				变异范围
		A组	B组	合并组	北亚蒙古人种	东北亚蒙古人种	东亚蒙古人种	南亚蒙古人种	
1	颅长 (g–op)	186.28	190.17	187.58	174.9–192.7	180.7–192.4	175.0–182.2	169.9–181.3	169.9–192.7
8	颅宽 (eu–eu)	142.5	150.87	145.29	144.4–151.5	134.3–142.6	137.6–143.9	137.9–143.9	134.3–151.5
8：1	颅指数	76.53	79.56	77.54	75.4–85.9	69.8–79.0	76.9–81.5	76.9–83.3	69.8–85.9
17	颅高 (b–ba)		134.65	134.65	127.1–132.4	132.9–141.1	135.3–140.2	134.4–137.8	127.1–141.1
17：1	颅长高指数		69.25	69.25	67.4–73.5	72.6–75.2	74.3–80.1	76.5–79.5	67.4–80.1
17：8	颅宽高指数		89.42	89.42	85.2–91.7	93.3–102.8	93.3–100.3	95.0–101.3	85.2–102.8
9	最小额宽 (ft–ft)	94.43	94.83	94.6	90.6–95.8	94.2–96.6	89.0–93.7	89.7–95.4	89.0–96.6
32	额角 (n–m FH)	82.5	86.0	84.0	77.3–85.1	77.0–79.0	83.3–86.9	84.2–87.0	77.0–87.0
45	颧宽 (zy–zy)	138.6	138.6	138.6	138.2–144.0	137.9–144.8	131.3–136.0	131.5–136.3	131.3–144.8
48	上面高 (n–sd)	72.05	82.15	77.1	72.1–77.6	74.0–79.4	70.2–76.6	66.1–71.5	66.1–79.4
48：17	垂直颅面指数		60.39	60.39	56.1–61.2	53.0–58.4	52.0–54.9	48.0–52.2	48.0–61.2
48：45	上面指数		57.43	57.43	51.4–55.0	51.3–56.6	51.7–56.8	49.9–53.3	49.9–56.8
77	鼻颧角 (fmo–fmo FH)	143.5	146.5	144.98	147.0–151.4	149.0–152.0	145.0–146.6	142.1–146.0	142.1–152.0
72	面角 (n–pr FH)	85.0	87.5	86.67	85.3–88.1	80.5–86.3	80.6–86.5	81.1–84.2	80.5–88.1
52：51	眶指数 (右)	79.85	79.81	79.84	79.3–85.7	81.4–84.9	80.7–85.0	78.2–81.0	78.2–85.7
54：55	鼻指数	53.25	47.06	50.15	45.0–50.7	42.6–47.6	45.2–50.2	50.3–55.5	42.6–55.5
SS：SC	鼻根指数		34.55	34.55	26.9–38.5	34.7–42.5	31.0–35.0	26.1–36.1	26.1–42.5

注：(1) 亚洲蒙古人种的各项数据转据引自潘其风、韩康信：《柳湾墓地的人骨研究》，《青海柳湾》附录一，文物出版社，1984年，北京。

　　(2) 单位：毫米、度、%

项接近或落入南亚人种变异范围，尤其在偏小的面部扁平度和偏阔的鼻指数等项目上，A组与典型南亚人种比较一致，因此A组与南亚人种之间的关系也比较密切。

总之，前掌大A组与北亚和东北亚人种之间关系比较疏远，他们之间的距离较大；在与东亚和南亚人种的比较中，A组似乎更接近于东亚人种，同时在很多重要的颅面部特征上又具有南亚人种的特征；因此，A组的体质类型包含了两种人种成分，即以东亚人种成分为主，同时又具有南亚人种的体质特征；而A组较大的颅长测量值似乎显示可能受到某种北亚蒙古人种的影响。

2. B组人群种族类型的分析

B组人群骨质保存相对较好，数据较全，17项特征皆有相应的数据。表四显示，B组的17项数据中，有15项落入亚洲蒙古人种的变异范围内，超出范围的有较大的上面高和较大的上面指数也都接近亚洲蒙古人种变异范围的上限，因此，从总体来讲，B组仍然属于亚洲蒙古人种。

在与北亚人种对比中，B组有落入其变异范围的有11项，同时，额角、垂直颅面指数、上面指数和鼻颧角也接近北亚人种的上下限；B组的颅高值虽然较大，但由颅高决定的颅长高指数和颅宽高指数却落入北亚人种变异范围内，因此，共有16项落入和接近北亚人种的变异范围。此外，B组较大的上面高以及由其决定的垂直颅面指数和上面指数都高于北亚人种，也高于亚洲蒙古人种的变异范围，但是较大的上面高与北亚人种的变化趋势一致。因此，B组与北亚人种之间有着密切的联系，他们之间的距离相对较近。但是，相对较大的颅高值等可能暗示着有其他人种基因的混入。

在与现代东北亚人种的对比中，B组落入其变异范围的有5项，接近其上下限的有3项，其余项目都距离东北亚人种变异范围较远，尤其反映颅面部重要特征的颅宽、颅宽高指数、颅长高指数、额角、上面高、垂直颅面指数、鼻颧角、面角以及眶指数等，两者差距较大，因此，B组与东北亚人种之间的关系疏远，距离较大。

B组落入东亚人种变异范围的有5项，接近其上下限的有4项，其余项目差距较大。从头骨特征看，B组与东亚人种之间仅有个别特征接近，如较大的上面高、较大的额角、中等的鼻颧角、中等的鼻指数和中等的鼻根指数等；而在一些颅面部重要特征上，两者差距较大，如B组的较大的颅长测量值、阔颅、低颅、阔面以及较大的面角等与东亚人种有着显著的区别，因此B组与东亚人种之间也有较大的距离，但同时在某些面部特征上两者又有一定的相似关系。

B组落入南亚人种变异范围的有6项，接近其上下限的有1项，其他10项与南亚人种之间差距较大。B组与南亚人种之间的接近特征主要表现在个别项目上，如，较大颅高、较大的额角、中等的颅指数和中等的眶指数等；其他反映颅面部主要特征的项目，如颅长、颅宽、面宽、上面高、面角和鼻指数等差距较大。因此，B组与南亚人种之间有较大的距离，两者差异较大，只是在少数颅部特征上两者有一定的相似性。

总之，B组与东北亚人种之间关系比较疏远；与北亚人种之间的关系最为密切，两者在多数特征上保持一致，只是在颅高、鼻颧角等方面较之北亚人种略有弱化；B组与东亚和南亚人种之间的距离也相对较大，但在某些特征上，如颅高、鼻颧角等两者有相对较为密切的关系。因此，B组的人种特征也不是十分单纯，也产生了不同程度的基因混杂。

3. 合并组种族类型的分析

由于骨质保存较差，部分数据的缺乏，我们把全部数据合并为一组，称为合并组，合并组的数据由于部分A组数据的缺乏而与B组相同。

合并组综合了A组和B组的全部项目和数据，17项数据中有16项落入亚洲蒙古人种的变异范围，上面指数也十分接近变异范围的上限，因此，合并组亦完全属于亚洲蒙古人种。

合并组有14项落入北亚人种的变异范围，这主要是由于B组在其中起了很大的作用，同时，在变异范围内的项目，如上面高、垂直颅面指数眶指数和鼻指数等都十分接近范围的上下限，真正体现两者相似性的项目主要表现在颅骨特征上。因此，合并组虽然在颅部形态上与北亚人种很接近，但在面部形态上两者还是有一定差距的。

合并组有6项落入东北亚人种的变异范围，其中还有2项很接近范围的上下限，因此在多数颅面部特征项目上两者差距很大，他们之间的关系疏远。

合并组完全落入东亚人种的项目有4项，同时有体现面部特征的项目如最小额宽、上面高、上面指数、鼻颧角、眶指数等十分接近变异范围的上下限，他们主要的区别主要体现在颅部特征上，因此，合并组与东亚人种之间也有一定的距离，但在一些面部特征上两者又有一定的关系。

同样的，合并组有7项落入南亚人种变异范围，主要体现在一些面部特征上，如最小额宽、额角、鼻颧角、眶指数及鼻根指数等，但在颅部和面宽等特征上两者之间的差异仍然很显著。

因此，合并组的种族特征主要表现在两个方面，其颅部和面宽等特征与北亚人种类型接近，而在另一些面部特征上与东亚和南亚人种关系密切，这也与我们前面分别对A、B组的分析是一致的。

4. 综合对比分析

通过以上的研究，我们可以肯定，在前掌大遗址商周时期曾经生活着至少两种体质类型的人群。一类的种族特征是以东亚人种为主，同时有含有相当南亚人种的体质因素，而这种体质特征并不意味着在商周时期的该体质特征的人群是由两种体质类型的人群大规模混血形成，事实是这两种体质类型直到很晚才形成，即当时以A组为代表的体质类型的人群是自身体质特征的真实反映，不是混血的结果。经过研究，这种体质特征早在新石器时代的中原及周边地区已经大量出现，因此A组体质特征应该是当地祖先遗留下来的遗传特征，是一种时代性和地域性向结合的特征。另一类是以北亚人种特征为主的B组人群，这

表五　前掌大组与近现代对比组的比较

马丁号	项目	前掌大组 A组	前掌大组 B组	前掌大组 合并组	华北组	朝鲜组	华南组	蒙古组	布里亚特组	楚克奇组	爱斯基摩组	新西兰组	夏威夷组	汤加组	同种系标准差 δ
1	颅长 (g-op)	186.28	190.17	187.58	178.50	175.00	179.90	182.20	181.90	184.40	181.81	186.80	184.0	174.9	5.73
8	颅宽 (eu-eu)	142.5	150.87	145.29	138.20	142.40	140.90	149.00	154.60	142.10	140.70	139.10	144.0	149.4	4.76
17	颅高 (ba-b)	—	134.65	134.65	137.20	140.00	137.80	131.40	131.90	136.90	135.00	138.90	142.0	142.0	5.69
9	最小额宽 (ft-ft)	94.43	94.83	94.6	89.40	92.40	91.50	94.30	95.60	94.80	94.90	94.40	95.0	97.8	4.05
48	上面高 (n-sd)	72.05	82.15	77.1	75.30	73.90	73.82	78.00	77.20	78.90	77.50	71.10	71.0	71.3	4.15
45	颧宽 (zy-zy)	—	138.6	138.6	132.70	134.70	132.60	141.80	143.50	140.80	137.50	137.40	138.0	138.0	4.57
51	眶宽 (mf-ek) 右	43.72	42.6	43.44	44.00	43.30	42.10	43.20	42.20	43.60	43.40	41.2	41.0	42.0	1.67
52	眶高 右	33.85	36.0	34.71	35.50	34.90	34.60	35.80	36.20	36.90	35.90	34.6	34.0	34.5	1.91
54	鼻宽	27.95	28.2	28.05	25.00	25.70	25.25	27.40	27.30	24.90	24.40	26.1	26.0	25.8	1.77
55	鼻高 (n-ns)	53.03	60.15	56.69	55.30	53.60	52.60	56.50	56.10	56.10	54.60	51.0	52.0	50.6	2.92
72	面角	85.0	87.5	86.67	83.39	83.70	84.70	87.50	87.70	83.10	83.80	—	—	—	3.24
8:1	颅指数	76.53	79.56	77.54	77.56	81.50	78.75	82.00	85.10	77.20	77.60	74.5	78.5	85.1	2.67
17:1	颅长高指数	—	69.25	69.25	77.02	80.10	77.02	72.12	72.51	74.24	74.26	74.4	77.2	81.2	2.94
17:8	颅宽高指数	—	89.42	89.42	99.53	98.50	97.80	88.19	85.32	96.34	95.95	99.9	98.6	95.0	4.30
9:8	额宽指数	67.02	62.86	65.24	64.69	64.89	64.94	63.29	61.84	66.71	67.45	67.9	66.0	65.5	3.29
48:45	上面指数	—	57.43	57.43	56.80	—	55.70	55.01	—	—	56.07	51.7	51.4	51.7	3.30
52:51	眶指数 右	79.85	79.81	79.84	80.66	80.80	84.90	82.90	86.00	84.50	83.00	84.0	82.9	82.1	5.05
54:55	鼻指数	53.25	47.06	50.15	45.23	48.20	47.40	48.60	48.70	44.50	44.80	51.2	50.0	51.0	3.82

种体质特征在新石器时代和青铜时代的山东及其周边地区从没有发现，在商周时期也仅在安阳殷墟和河北藁城台西商代遗址中有少量发现，而这种体质特征的中心分布区和起源地都在长城以北，因此，以 B 组为代表的体质特征的人群应该是外来人群，他们的来源应该是北方或中原的安阳地区。

同时我们也注意到，虽然存在这两种差异显著的体质特征的人群，但他们之间也存在着交融和基因交流。明显特征主要有 A 组人群面部变宽、颅高变低，B 组人群颅高值变大、颧宽变小等，说明这两种体质特征的人群并没有截然分开，而是经过长时间的基因交流，使得各自体现本身种族类型的体质特征有所减弱，而产生的自身体质特征弱化的迹象。因此，这两种体质特征的人群在该地已经共同生活和通婚了很长时间，以致在文化和墓葬葬式葬俗等方面无法截然分开，这两种人群之间存在着相当规模的基因交流，甚至在文化上融为一体。

（二）与近现代对比组的比较

为了更清楚的了解前掌大古代居民与近现代居民的关系，现将前掌大 A、B 组和合并组与近现代对比组进行比较。对比项目和数据见表五。近现代对比组我们选择了华北组、朝鲜组、华南组、蒙古组、布里亚特组、楚克奇（驯鹿）组、爱斯基摩组、新西兰（毛利）组、夏威夷组和汤加组等 10 组。本文运用计算前掌大两组与近现代对比组之间的平均数组间差异均方根的方法进行比较，以验证前面的分析结论。计算公式如下：

$$\sqrt{\frac{\sum \frac{d^2}{\delta}}{n}}$$ 其中，d 为两个对比组之间每项平均值的组差，δ 为同种系标准差，根据人类学研究的惯例，借用莫兰特（G.M.Morant）的埃及 E 组的各项标准差，n 为比较项目数。一般来说，运用此公式计算所得的函数值越小，则表明该两组之间有可能关系越接近。对比项目和各项数据见表五，由于 A 组数据的缺乏，这里只能进行数据的对比和分析，用 B 组和合并组分别与各组进行平均数组间差异均方根对比，对比过程包括 18 项全部项目和 8 项角度指数项目对比结果见表六。

表六　前掌大 B 组和合并组与各近现代对比组之间的平均数组间差异均方根值

项目	组别	华北组	朝鲜组	华南组	蒙古组	布里亚特组	楚克奇组	爱斯基摩组	新西兰组	夏威夷组	汤加组
B组	全部项目	1.48	1.61	1.45	0.70	0.97	1.19	1.21	1.65	1.55	1.83
	角度指数项目	1.38	1.71	1.29	0.61	1.08	1.35	1.11	1.68	1.56	1.98
合并组	全部项目	1.23	1.37	1.16	0.67	1.10	0.96	0.94	1.23	1.24	1.65
	角度指数项目	1.38	1.75	1.28	0.82	1.36	1.19	1.05	1.45	1.50	2.05

表五显示，A组的颅长值较大，与北亚人种类型的现代人比较接近，如蒙古组、布里亚特组和楚克奇组等；颅宽值中等，与东亚人种类型的朝鲜组接近，也与南亚人种类型的华南组接近，而与北亚人种类型各组和太平洋各组距离较远；最小额宽与北亚类型各组接近，与东亚类型和太平洋各组距离较大；上面高与朝鲜组接近，与其他组距离都较大；眶宽与东亚类型和北亚类型之间差距都不大，但与太平洋各组差距较大；眶高与东亚类型和太平洋各组比较接近，而与北亚类型各组有一定距离；鼻宽与北亚类型的蒙古组和布里亚特组接近，与其他组关系疏远；鼻高与东亚类型各组接近，而与其他各组距离较大；面角相对与东亚类型比较接近；颅指数比较接近华北组和楚克奇组以及爱斯基摩组，与其他组较为疏远；额宽指数与北亚类型个别组接近；眶指数与东亚类型各组接近，与其他组距离较大；鼻指数相对比较接近朝鲜组和蒙古组等。总之，前掌大A组的体质特征主要与东亚人种类型的各组接近，同时在某些局部特征上代表北亚人种类型的各组在形态上有某种相似，这也另一方面印证前面的结论，即A组在种族类型上并不是完全单纯的，他在与B组的长期接触和生活中也受到B组体质特征和基因的污染。

表六显示，B组与我们前面分析的一致，他与典型北亚蒙古人种的蒙古组和布里亚特组有较密切的关系，无论是全部项目还是角度指数项目都表现为明显的亲缘关系；他们之间的均方根值全部项目分别是0.70和0.98，角度指数项目分别是0.61和1.08，相对都较小，说明他们之间的关系相对较近。与同样属于北亚人种的楚克奇组距离也很近，而与东亚蒙古人种的华北组和朝鲜组以及南亚蒙古人种的华南组关系都相对疏远，这也与我们前面的分析也较为一致。同样的，与太平洋波里尼西亚岛屿民族和新西兰组等距离最远，他们之间不可能存在任何亲缘关系。

合并组由于受到A组和B组的共同影响，尤其是受B组的影响很大，使得合并组的体质特征和种系特征都不是很明显，而呈现一种混杂的现象，但总体特征仍与我们前面的分析一致。他与典型蒙古人种中的蒙古组和布里亚特组接近，与楚克奇组关系也不远，这些因素都是受到B组的影响；同时，合并组与华北组、朝鲜组和华南组也都有着不同程度的接近关系，他们之间的均方根值也不大，这些因素是受到A组特征的影响。由于受到两组的共同影响，在某些数据特征上合并组也显示了与东北亚人种某种程度的接近关系，这在合并组与爱斯基摩组之间的均方根值也相对较小中体现出来，但这只是表面现象，是由于两组合并导致的算数平均值产生的差异形成的，通过前面的分析，前掌大组与东北亚人种之间还是存在较大差异的。最后，无论是B组还是合并组，无论是全部项目还是角度指数项目，前掌大居民与太平洋岛屿居民之间的距离都是很远的，他们之间体质特征差异较大、关系疏远。这也与前面的分析一致。

（三）与古代对比组的比较

1. 古代对比组概况

　　上面我们将前掌大B组和合并组与近现代对比组进行了比较,下面将前掌大两个组与古代居民对比组进行比较,以了解前掌大古代居民的种族来源以及他们与各古代人在文化和体质特征上的关系,为考古学文化和历史的研究提供必要的资料。古代对比组选择的原则是与前掌大遗址和文化在时间和空间上可能存在某种联系的古代居民的人类学材料。下面分别简要介绍一下各古代对比组的状况。

　　仰韶合并组主要包括半坡组、宝鸡组、横阵组和华县元君庙组,他们的主要体质特征较为一致,都具有高而褊狭的颅型、中等的面部扁平度、偏低的眶型以及低面和阔鼻的倾向,它与现代人群中的华南地区居民有较大的可比性[1]。

　　大汶口组出土于山东省泰安市大汶口遗址。颜訚先生认为,大汶口文化居民的体质形态属于蒙古大人种,但又有一些人类学特征与波里尼西亚人种接近[2]。

　　曲阜西夏侯组的种族类型与大汶口组基本一致,均属于蒙古大人种中的波里尼西亚类型[3]。

　　邹县野店组与大汶口组和西夏侯组在体质形态特征上有很大的相似性,表明他们属于同一体质特征的种族类型,他比波里尼西亚类型更接近我国近代华南组。张振标先生更进一步认为近代我国居民与新石器时代,无论在体质特征上,或者是文化风俗上的继承关系是十分密切的[4]。

　　广饶付家和五村大汶口文化组与鲁中南地区大汶口文化居民的头骨之间有明显的同质性。[5]

　　尉迟寺组出土于安徽蒙城县,体质特征上具有蒙古人种的一般特点,与东亚和南亚类型都有一定程度的接近,在形态上表现出介于北方和南方类群之间的位置,其南亚类型的特点可以认为是保留了旧石器时代晚期居民的特征[6]。

　　庙底沟组出土于河南省陕县,文化上属于庙底沟二期,"庙底沟组的体质特征与现代的远东人种较为接近,他和仰韶文化和大汶口文化各组人骨之间,在体质上显然存在更为密切的关系,但在接近南亚的程度上,似又不及仰韶各组"[7]。

　　山东诸城呈子组以属于龙山文化的呈子二期的人骨为主,呈子二期居民头骨形态学上"与同地区、时代也早一个时期的大汶口新石器时代的头骨属于同种系的可能性更大,与现

〔1〕颜訚等:《西安半坡人骨的研究》,《考古》1960年9期。颜訚等:《宝鸡新石器时代人骨的研究报告》,《古脊椎动物与古人类》1960年1期。考古研究所体质人类学组:《陕西华阴横阵的仰韶文化人骨》,《考古》1977年4期。颜訚等:《华县新石器时代人骨的研究》,《考古学报》1962年2期。

〔2〕颜訚:《大汶口新石器时代人骨的研究报告》,《考古学报》1972年1期。

〔3〕颜訚:《西夏侯新石器时代人骨的研究》,《考古学报》1973年2期。

〔4〕张振标:《从野店人骨论山东三组新石器时代居民的种族类型》,《古脊椎动物与古人类》1980年1期。

〔5〕韩康信、常兴照:《广饶古墓地出土人类学材料的观察与研究》,《海岱考古》第一辑,山东大学出版社,1989年。

〔6〕张君、韩康信:《尉迟寺新石器时代墓地人骨的观察与鉴定》,《人类学学报》1998年1期。

〔7〕潘其风、韩康信:《陕县庙底沟二期文化墓葬人骨的研究》,《考古学报》1979年2期。

代中国人（华北）也可能是比较接近的同种系类型"[1]。

兖州西吴寺龙山组文化居民的主要人类学特征在大人种的归属上属于亚洲蒙古人种范畴，并且与现代东亚蒙古人种体现出更多的一致性，与大汶口文化和仰韶文化各组比较接近，与现代的华南组最为接近[2]。

王因组出土于山东省兖州市王因新石器时代遗址，其头骨特征"与同一地区大汶口文化组的同质性最明显，与仰韶文化组的形态差别也不大，与波里尼西亚人种头骨的形态距离则很大"[3]。

也有学者经过综合对比研究后，认为仰韶文化和大汶口文化以及龙山文化居民在"体质类型上基本可以归入一大类，同时二者之间又略有差异。但总的来讲，他们与现代南亚蒙古人种和东亚蒙古人种均比较接近"，他们与现代华南地区的居民在形态学上似乎更为接近，因为这种类型居民的中心分布区在黄河中下游地区，有学者建议命名为"古中原类型"[4]。

陶寺组出土于山西省襄汾陶寺龙山文化遗址，"与现代东亚蒙古人种接近的成分居多"，与庙底沟二期文化居民的颅骨形态很接近[5]。

天马-曲村组出土于山西曲沃天马-曲村遗址西周墓地，"体质特征显示出具有东亚蒙古人种的性状"，并与现代华北组和古代陶寺组以及上马组有更为直接的基因承袭关系[6]。

上马组出土于山西侯马的上马墓地，时代属于东周时期，"其体质特征主要与东亚蒙古人种接近，但是也含有某些北方蒙古人种和南方蒙古人种的因素"[7]。

大甸子组处于内蒙古敖汉旗大甸子夏家店下层文化墓地，依据体质形态可分为两组，第一组与东亚蒙古人种接近，第二组与东亚蒙古人种接近，同时也显示与北亚蒙古人种相似的因素[8]。

临淄组出土于山东临淄周-汉代墓葬，"体质特点与现代和古代蒙古人种的东亚类群接近"，与西日本弥生人类群有相近的形态学基础[9]。

〔1〕 韩康信：《山东诸城呈子新石器时代人骨》，《考古》1990 年 7 期。

〔2〕 朱泓：《兖州西吴寺龙山文化颅骨的人类学特征》，《考古》1990 年 10 期。

〔3〕 韩康信：《山东兖州王因新石器时代人骨的鉴定报告》，《山东王因——新石器时代遗址发掘报告》，中国社会科学院考古研究所编著，科学出版社，2000 年。

〔4〕 朱泓：《建立具有自身特点的中国古人类学研究体系》，《我的学术思想》，吉林大学出版社，1996 年。

〔5〕 潘其风：《我国青铜时代居民人种类型分布和演变趋势——兼论夏商周三族的起源》，《纪念苏秉琦考古五十五周年论文集》，文物出版社，1989 年。

〔6〕 潘其风：《天马-曲村遗址西周墓地出土人骨的研究报告》，《天马-曲村（1980~1989）》附录一，科学出版社，2000 年。

〔7〕 潘其风：《上马墓地人骨的初步研究》，《上马墓地》，文物出版社，1994 年。

〔8〕 潘其风：《大甸子墓葬出土人骨的研究》，《大甸子——夏家店下层文化遗址与墓地发掘报告》附录一，科学出版社，1996 年。

〔9〕 韩康信、松下孝幸：《山东临淄周——汉代人骨体质特征研究及与西日本弥生时代人骨的比较概报》，《考古》1997 年 4 期。

商丘潘庙组出土于河南商丘潘庙遗址，时代为春秋战国时期，在颅面形态上于东亚蒙古人种具有更多的一致性，与现代东亚类群最为接近[1]。

殷墟中小墓②组出土于安阳殷墟后期的中小型墓葬 55 例男性头骨中，除去③组的 8 例头骨，与亚洲蒙古人种的东亚类型比较接近[2]。

殷墟中小墓③组是中小墓中 8 例比较特殊的头骨，与典型的北亚蒙古人种相似，由于这些头骨的墓葬形制相对较大，且伴出铜铅礼器，或殉人殉狗等，因此这些头骨特征或许代表了商王族的体质类型[3]。

指挥西村周组出土于陕西凤翔南指挥西村周墓，在体质形态上属于蒙古大人种，并与现代亚洲蒙古人种中的东亚人种有着较为密切的关系，同时在某些特征上与南亚人种较为接近，与黄河中游仰韶文化各组、华南新石器时代诸组和山东大汶口文化诸组有较为接近的关系[4]。

瓦窑沟组出土于陕西铜川瓦窑沟先周墓葬，种族特征可归入亚洲蒙古人种的东亚类型，同时也显示某种程度南亚类型的影响，与近代华北组、华南组以及古代殷墟中小墓②组最为接近[5]。

藁城台西组出土于河北藁城台西商代墓地，"基本体质特征属于亚洲蒙古人种的东亚类型，但同时又混入了个别北亚类型的体质因素"，与现代华北组和殷墟中小墓③组和本溪青铜时代组比较接近[6]。

邹县南关组出土于山东邹县南关商代遗址，主体人种成分属于亚洲蒙古人种的东亚类型，与殷墟中小墓组②组最为接近[7]。

崞县窑子组出土于内蒙古乌兰察布盟凉城县崞县窑子墓地，时代属于春秋战国时期，主要颅面形态属于北亚类型，但也不能完全排除存在某些个别东亚类型成分的可能性[8]。

游邀组出土于山西忻州游邀夏代遗址，"主要种系成分应归属亚洲蒙古人种主干下的东亚人种"，某些个体所具有的扁平的面形和平颌性状不能完全排除来自北亚人种影响的可能性，与近代华北组、华南组和白燕夏商合并组以及陶寺组等比较接近[9]。

日本出土的绳文时代人类学材料已有数批，但是他们之间的在体质上差异并不大，本文在日本本州冈山县笠山市西大岛津云贝塚出土的颅骨为标本组，时代属于绳文晚期，其体质特征与蒙古人种关系密切，但也存在某些强烈的低纬度赤道人种特征，颅部特征与北

〔1〕 张君：《河南商丘潘庙古代人骨中西研究》，《考古求知集》，中国社会科学出版社，1997年。
〔2〕 韩康信、潘其风：《安阳殷墟中小墓人骨的研究》，《安阳殷墟头骨研究》，文物出版社，1985年。
〔3〕 韩康信、潘其风：《安阳殷墟中小墓人骨的研究》，《安阳殷墟头骨研究》，文物出版社，1985年。
〔4〕 焦南峰：《凤翔南指挥西村周墓人骨的初步研究》，《考古与文物》1985年3期。
〔5〕 陈靓：《瓦窑沟青铜时代墓地颅骨的人类学特征》，《人类学学报》2000年1期。
〔6〕 汪洋：《藁城台西商代居民的人种学研究》，《文物春秋》1996年4期。
〔7〕 朱泓：《邹县、兖州商周时期墓葬人骨的研究报告》，《华夏考古》1990年4期。
〔8〕 朱泓：《内蒙古凉城东周时期墓葬人骨研究》，《考古学集刊》（七），科学出版社，1991年。
〔9〕 朱泓：《游邀遗址夏代居民的人类学特征》，《忻州游邀考古》附录二，科学出版社，2004年。

部蒙古人种比较一致，而在某些面部特征上与低纬度人种居民接近，且与西北九州弥生人关系密切[1]。

弥生人材料也较多，且体质特征差异较大，本文选用两组，一是北九州山口弥生人，材料出自九州的福冈县和本州的山口县，主要代表了一种面部和身材都很高的居民；另一组是西北九州弥生人，材料出自九州的长崎县、熊本县以及佐贺县的滨海地区，主要代表一种面部低而宽，身材低矮的居民[2]。

2. 对比结果及分析

本文选用了欧氏距离的聚类方法来研究前掌大组与古代对比组之间的亲疏关系，其基本原理是从一批样本的多个指标中找到能够度量样品之间相似程度或亲缘关系的统计量值，组成一个对称的相似矩阵；进一步寻找样品间的相似程度，并按照相似程度的大小将样品逐一归类，直到所有样品都归类到一个大的分类单位，形成一个亲疏关系的谱系图，直观反映和表现分类样品的联系和差异。

聚类公式是：$Dij = \sqrt{\dfrac{\sum\limits_{k=1}^{m}(Xik - Xjk)^2}{m}}$其中，i、j 代表对比组，k 代表比较项目，$m$ 代表比较项目的数量，Dij 的值越小，可能意味着对比组之间的关系可能越密切。古代对比组的对比项目及各项数据见表七，前掌大组与各古代对比组之间的聚类结果见图一。

图一显示，由于前掌大合并组受到 B 组的强烈影响，因此 B 组与合并组首先聚类；同时，前掌大两组与崞县窑子组、北九州弥生组、殷墟中小墓③组和藁城台西组等也首先聚类在一组，说明他们之间的关系非常密切；此外，津云绳文组、西北九州弥生组和尉迟寺组等的聚类关系也很近，显示他们之间的亲缘关系也相对较为密切；其他几组与前掌大组之间的聚类结果距离较大，说明在头骨特征上他们之间的关系相对疏远或体质特征差异较大。这种结果与我们前面的分析相对一致，前掌大两组的体质特征都倾向于接近北亚蒙古人种，在关系最密切的几个对比组中，都或多或少的在某些特征上具有北亚人种的特征，而其他特征的对比组与前掌大组之间的关系也相对疏远。

值得注意的是，在这些与前掌大组聚类关系相对较远的组中，黄河中下游史前各组的聚类关系相互较为接近，如仰韶合并组、呈子组、野店组、大汶口组、广饶组、西夏侯组和王因组等，说明他们之间的亲缘关系较为密切，同时也说明黄河中下游地区史前居民在体质特征上有较强的一致性。

在选择的商周时期的对比组中，各组与前掌大组之间的关系亲疏不一，如游邀组、天马曲村组、殷墟中小墓②组、上马组、临淄组、潘庙组和瓦窑沟组等与前掌大组距离较大，

〔1〕 清野谦次等：《津云贝塚人人骨的人类学研究》（日文），《人类学杂志》第 41 卷 3、4 期，1926 年。汪洋：《日本绳文人人种研究》，吉林大学硕士学位论文，1998 年。

〔2〕 韩康信等：《山东临淄周－汉代人骨体质特征研究与西日本弥生时代人骨之比较》，《探索渡来系弥生人大陆区域的源流》，アリフク印刷株式会社，2000 年。

表七　前掌大组与古代对比组的比较（男性）

	颅长	颅宽	颅高	上面高	额宽	鼻宽	鼻高	眶宽 mf-ek（右）	眶高右	面角	颅指数	颅长高指数	颅宽高指数	上面指数	鼻指数	眶指数
前掌大B组	190.70	150.87	134.65	82.15	138.60	28.20	60.15	42.60	36.00	87.50	79.56	69.25	89.42	57.43	47.06	79.81
前掌大合并组	187.58	145.29	134.65	77.10	138.60	28.05	56.69	43.44	34.71	86.67	77.54	69.25	89.42	57.43	50.15	79.84
仰韶合并组	180.70	142.56	142.53	73.38	136.37	27.56	53.36	43.41	33.48	81.39	79.10	78.62	99.41	54.58	52.08	77.18
大汶口组	181.11	145.70	142.89	74.84	140.56	27.45	54.27	42.82	35.05	83.61	80.45	78.90	98.07	54.31	49.45	81.94
西夏侯组	180.30	140.90	148.30	72.00	139.40	27.70	57.10	44.00	34.20	84.30	78.20	82.29	105.34	52.26	48.46	77.97
野店组	181.40	146.00	141.70	73.30	137.30	26.10	55.20	42.40	33.90	85.50	80.49	78.11	97.05	55.38	47.33	75.12
广饶组	170.70	143.10	141.70	74.20	134.50	27.40	54.50	43.10	34.30	87.30	84.65	83.50	97.13	55.90	50.49	79.85
尉迟寺组	185.30	137.40	144.50	70.30	133.80	27.70	53.80	42.60	35.30	85.80	74.30	79.20	104.80	52.50	51.50	82.80
庙底沟组	179.43	143.75	143.17	73.48	140.83	27.31	53.99	41.75	32.42	85.75	80.30	77.60	99.50	51.86	50.20	77.70
呈子组	184.50	144.20	144.30	74.90	136.90	26.20	53.20	44.10	34.10	85.80	78.20	78.10	99.50	54.70	49.30	78.90
西吴寺龙山组	167.35	150.50	141.00	74.33	139.17	27.33	53.27	43.50	35.13	81.83	89.97	84.34	93.72	53.42	51.31	80.75
王因组	180.50	147.30	145.70	75.00	145.20	27.70	56.10	45.80	35.40	85.00	81.61	80.73	99.04	52.28	49.43	77.32
游邀组	183.65	140.65	142.13	73.95	137.60	26.79	53.10	44.42	34.08	84.44	76.73	77.15	101.02	53.53	50.52	76.73
陶寺组	183.80	139.69	142.67	74.11	136.37	27.23	54.45	44.80	32.79	84.86	76.07	77.44	101.16	54.18	49.52	76.29
天马曲村组	183.26	141.56	141.30	73.55	138.28	27.16	53.99	44.45	34.21	85.58	77.30	77.18	99.68	53.56	50.52	77.05

续表七

	颅长	颅宽	颅高	上面高	颧宽	鼻宽	鼻高	眶宽 mf-ek(右)	眶高右	面角	颅指数	颅长高指数	颅宽高指数	上面指数	鼻指数	眶指数
上马组	181.62	143.41	141.11	75.02	137.36	27.27	54.41	42.99	33.57	82.42	78.55	77.69	98.62	54.59	50.43	78.08
瓦窑沟组	181.33	140.08	139.45	72.50	136.33	26.38	55.00	41.92	33.38	83.33	77.25	76.90	99.55	53.24	48.21	79.87
西村周组	180.63	136.81	139.29	72.60	131.48	27.74	51.61	42.48	33.62	81.05	75.75	77.16	102.04	55.10	53.84	79.25
临淄组	181.80	141.60	138.80	73.70	137.40	26.80	54.70	42.90	34.20	87.10	77.60	76.50	98.10	53.10	49.20	79.90
潘庙组	182.00	137.70	141.70	74.90	135.00	27.70	54.90	43.60	34.20	85.70	75.90	77.90	101.70	55.60	50.50	78.50
襄城台西组	187.75	143.00	144.00	75.75	148.00	28.25	57.50	45.00	35.00	—	76.79	75.91	98.00	53.04	49.02	75.51
邹县南关组	192.20	139.80	138.00	77.20	131.20	29.50	55.40	40.50	34.60	80.50	72.74	71.80	98.71	58.84	53.25	85.43
殷墟中小墓②组	184.03	140.13	140.32	73.81	133.08	26.99	53.38	42.43	33.55	83.81	76.50	76.09	99.35	53.98	50.98	78.59
殷墟中小墓③组	187.18	142.67	134.83	75.08	145.40	28.96	56.42	44.88	35.52	84.63	76.27	72.08	94.53	51.66	51.41	79.32
嶧县筶子组	184.60	149.00	133.60	75.80	138.74	25.62	55.28	43.98	33.90	89.83	79.93	72.63	91.73	54.78	46.30	77.07
大甸子一组	182.67	138.13	141.06	73.53	135.09	27.01	53.22	43.08	33.59	86.65	75.61	77.59	101.93	55.31	50.51	78.33
大甸子二组	174.59	145.38	141.36	73.40	138.40	27.34	53.14	42.89	33.29	88.08	83.27	80.97	97.23	52.74	51.67	78.18
祭云绳文组	186.40	144.40	134.00	69.50	143.20	26.60	48.60	43.50	33.50	81.90	77.70	71.60	92.20	48.50	54.50	76.50
北九州弥生组	183.40	142.30	137.00	76.8△	139.80	27.10	52.80	43.30	34.50	84.80	77.70	75.00	96.30	54.9*	51.30	79.70
西北九州弥生组	182.81	144.95	134.60	70.56△	138.42	27.72	51.00	43.07	32.80	82.00	79.17	74.15	93.11	50.98*	54.51	76.18

注:加"△"者指在原资料的上面高(n-pr)推算出的上面高(n-sd)推算出的上面(n-sd)的校正值(即在原数值上加2.5毫米);加"*"者系作者根据测量值推算出的数值

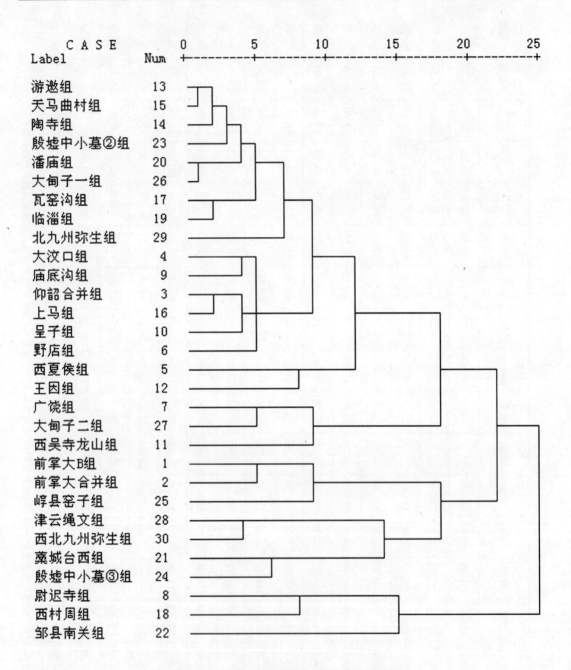

图一 前掌大组与古代对比组的聚类结果图

显示他们之间差异较大，而藁城台西组、殷墟中小墓③组、峄县窑子组、西村周组和邹县南关组等与前掌大组之间的距离较近，说明他们之间的种族亲缘关系接近及相似系数较大。因此，反映在与前掌大组之间的关系上，黄河中下游商周时期的居民在体质特征上已经产生明显的差异，已经产生了不同于史前时期相对较为一致的体质特征的重大变化。即在商周时期种族类型上已经产生了明显的混血和基因混杂，在体质特征上已经产生了明显的分歧和变化，说明当时人的文化交流程度和人群迁徙规模较之史前时期已经有了明显的不同，交流的规模和人种的混杂程度无论在深度还是在广度上大大超过史前时期，也因此形成了商周时期的民族的融合的开端。

在与古代日本居民的体质特征比较中，前掌大组与古代日本各组都着程度不同的接近关系，他们之间的距离较近，甚至超过了某些黄河中下游地区商周时期的古代居民组，尤其是北九州山口组弥生人与前掌大组之间有极近的亲缘关系。这或许说明在研究日本弥生人的来源以及现代日本人的种族构成上，前掌大遗址提供了切实有效的研究资料，即前掌大古代居民在日本弥生人和现代日本人的体质特征上贡献了较多的种族基因和遗传特征。

关于日本人的起源问题，一直是中日学者关注的问题。上个世纪，日本人类学家清野谦次提出了"混血说"，即自绳文时代以来占据日本列岛的"原日本人"与来自大陆的渡来人混血而形成现代的日本人；东北大学的长谷部言人提出"变形说"，主张原住日本岛的居民受到外来人混血的影响，现代日本人由于生活文化的变化导致了咀嚼器官的退化等原因发生了体质上的变化的结果；他们都赞成石器时代的日本人是现代日本人的祖先；东京大学的主张"移行说"，认为在更新世晚期大陆与日本的大陆桥消失后，原住的日本人在隔离的生态环境和文化因素的影响下，在体质上逐渐发生变化，直到形成了现代日本人；东京大学的金关丈夫提出"渡来说"，认为在绳文时代末期，来自大陆和朝鲜半岛的具有高面和高身材特征的人群渡海来到日本本州西部和北九州地区，与原住居民混血形成了类似土井浜弥生人的体质特征；东京大学的埴原和郎教授提出"二重结构说"，认为定居日本列岛的第一批人类来自旧石器时代晚期的东南亚某地并发展成为日本绳文时代居民，在弥生时代来自东北亚大陆的第二批人类定居日本列岛并与当地居民产生融合，最后形成了现代日本人；大阪医科大学松本彦秀雄教授根据血液中的 GM 遗传因子的分布认为日本人起源于西伯利亚的贝加尔湖地区[1]。但是由于条件所限，日本学者所使用的人类学材料多限于石器时代的材料，中国内陆也相对缺乏与弥生时代相当或时代略早的人类学材料。近年来，中日学者开展了这方面的合作，有学者用山东临淄周～汉代人骨材料与西日本弥生时代人骨进行了比较，结论是西日本弥生人与山东临淄周～汉代人具有相近的种族形态学基础，赞成渡来系弥生人的故乡主要在中国内陆的华北地区，他们最近的祖先可能来自早先分布在黄河中下游和地理上更近沿海地区的青铜时代的居民，山东半岛可能是其中最重要的地区[2]。

要探讨渡来系弥生人的来源和现代日本人的起源，人类学材料是必不可少的，尤其是

---

〔1〕 a. 韩康信、松下孝幸：《山东临淄周－汉代人骨体质特征研究及与西日本弥生时代人骨比较概报》，《考古》1997 年 4 期。b. 汪洋：《日本绳文人人种研究》，吉林大学硕士学位论文，1998 年。

〔2〕 a. 韩康信、松下孝幸：《山东临淄周－汉代人骨体质特征研究及与西日本弥生时代人骨比较概报》，《考古》1997 年 4 期。b. 汪洋：《日本绳文人人种研究》，吉林大学硕士学位论文，1998 年。

与弥生人时代相当或时代略早的大陆古代居民的人类学材料更是弥足珍贵，但以往由于受各种条件的限制，这个时代的材料较少。近几年，随着青铜时代考古学的发展，提供了较多的可以进行对比研究的人类学材料，尤其是在黄河中下游地区商周时期人骨的发现与研究，为研究中日古代居民的关系提供了研究的基础。虽然最近也有人认为日本弥生时代的开始可以早到公元前1000年，但未被大多数考古学家接受[1]。前掌大遗址无论在时间上还是在空间上都是理想的研究材料，他填补了这方面研究的空白。图一显示，弥生时代的两组与前掌大组的聚类关系都很接近，显示他们之间可能存在很近的亲缘关系，即在弥生人的起源问题的研究上，黄河中下游地区的前掌大遗址应该是重要的起源地之一。结合过去学者的研究，我们认为山东地区是渡来系弥生人的重要起源地，先秦时期的山东地区为弥生人和现代日本人的形成在体质特征上做出了重要贡献。如果此结果无误，那么可以说明在历史时期曾经有一批来自中国大陆东部的人群向东部海洋进军，最后到达日本列岛，并促成了弥生文化的产生和现代日本人的形成。但是由于材料的缺乏，我们尚无法判断这批人是通过什么方式和以什么路线到达日本列岛的，也不太清楚他们迁徙的原因何在。同时我们也注意到，日本史前各组与中国北部地区各组之间的聚类距离相对较大，说明在种族特征上他们之间存在一定的差异，因此，本文的研究结果也并不支持弥生人的北来说。

（四）前掌大古代居民的种族来源分析

1．A组居民的种族来源分析

我们前面分析了前掌大各组的体质特征以及与其他近现代组和古代对比组的关系等，结果是前掌大商周时期居民的体质类型可以分为两组，一组是以东亚蒙古人种为主、又含有相当南亚蒙古人种体质因素的A组；另一组是以北亚蒙古人种为主要特征的B组。那么，这两种体质类型的人群是从何而来，是混血产生还是外地迁徙而来？

虽然由于A组数据的不完整，无法进行聚类分析比较，但是通过前面对体质特征的分析，我们知道，A组人群的体质特征不是由于两种体质因素混血形成，而是当地祖先体质特征的延续。我们知道，新石器时代黄河中下游地区的古代居民在体质特征上具有很强的一致性。仰韶文化各组人群与华南地区的居民有较大的可比性，而这种南亚蒙古人种的倾向与以山顶洞人为代表的我国北方旧石器时代晚期居民颇为相似。大汶口文化居民的基本种系特征与仰韶文化居民类似，其差异是大汶口文化居民在某些个别体质特征上接近东亚蒙古人种的性状更为突出一些。而到了龙山文化阶段，古代居民中的东亚蒙古人种因素较之大汶口文化时期又有所增强，例如前面介绍的兖州西吴寺组和诸城呈子组等，其种系特征都倾向于东亚蒙古人种为主、又有强烈南亚蒙古人种的成分。到了夏代，以游邀组代表的人种成分则是以东亚人种为主。由于缺少岳石文化阶段的人骨材料，该地区青铜时代早

---

〔1〕　参阅王仲殊：《从东亚石棚（支石墓）的年代说到日本弥生时代开始于何时的问题》，《考古》2004年5期。

期居民的体质特征研究相对空白。但到了商末的殷墟时期，以中小墓为代表的商人中的平民，其主体的体质特征就是以东亚蒙古人种为主的种系类型[1]。

因此，在黄河中下游地区，至少到旧石器时代晚期，以A组为主要体质特征的人群就在这里生息繁衍。考虑到当时的生产力水平和人们的迁徙能力，我们认为这种体质类型是一种长期适应的结果，而不是大规模混血的结果。这种长期适应产生的体质特征作为遗传特征被保留了下来。一直到新石器时代的仰韶文化、大汶口文化和龙山文化，这种体质特征一直延续下来，并且一直延续到青铜时代的商周时期。只是随着时间的变化，这种体质特征中的南亚人种成分逐渐减少，东亚人种成分逐渐增强。到了商周时期就形成了以前掌大A组为代表的体质特征。其实这种变化一直在延续，直到现在，山东地区的人种成分中以东亚人种为主，南亚人种的成分已经很少，在很多现代居民中甚至已经消失了。

当然，这并不意味着在远古时期当地就存在东亚和南亚蒙古人种的大规模混血、年代越近当地的人种成分越单纯。事实恰恰相反，年代越古老，人种成分越单纯；年代越近，人种成分越复杂。之所以会出现这种情况，是因为在人类学研究的比较过程中，人们往往选择现代各人种相应的数据作比较依据，而现代人种恰恰是千百年来混血的结果，即现代人的人种混杂较之以前严重得多，把他作为依据进行比较，则年代越晚，其体质特征越与现代人接近；因而，人种成分相对单纯的远古居民在与混杂人种成分严重的现代人的比较下反而显得较为复杂。现代各人种的形成通常是古代群体混血的结果，而古代居民的种族类型才是他们自身体质特征的真实反映。这也是读者在特别应该注意的一个问题。

因此，A组的体质特征是一种祖先遗传特征，是一种时代性的特征，这类人群应该是当地的土著居民。有的学者将之称为"古中原类型"[2]，是很有道理的。

2.B组居民的种族来源分析

通过对A组的分析可以知道，在黄河中下游地区从旧石器时代晚期直到龙山文化的古代居民在体质特征上较为一致，他们是当地的土著居民。至少到新石器时代晚期，黄河中下游地区没有发现以B组为体质特征的人群。就目前研究情况来看，最早出现在黄河中下游地区的北亚蒙古人种体质因素的人骨资料是出土于山西中北部忻州游邀夏代遗址的材料。虽然游邀夏代居民的主要种系成分是东亚蒙古人种，但在某些个体中具有颇为扁平的面部和平颌性状等不能完全排除来自北亚蒙古人种影响的可能性[3]。

比较确定的一份较早的含有明显北亚蒙古人种因素的材料出土于河北藁城台西中晚期遗址，此外还有殷墟中小墓③组居民和敖汉旗大甸子夏家店下层文化墓地第二、三组居民等。而北亚蒙古人种的起源地一般是认为在内蒙古中北部地区甚至更遥远的北部地区，在长城地带发现的较明确的早期北亚蒙古人种成分是在春秋战国时期的崞县窑子墓地、张家

〔1〕 韩康信、潘其风：《安阳殷墟中小墓人骨的研究》，《安阳殷墟头骨研究》，文物出版社，1985年。

〔2〕 朱泓：《建立具有自身特点的中国古人类学研究体系》，《我的学术思想》，吉林大学出版社，1996年。

〔3〕 朱泓：《游邀遗址夏代居民的人类学特征》，《忻州游邀考古》附录二，科学出版社，2004年。

口白庙墓地以及汉代的鲜卑墓地等。据有关学者研究，在长城地带直到汉代以后才出现了明确的西伯利亚类型的人群[1]，在汉代之前，西伯利亚人种因素南下的痕迹不是很明显。由台西组、殷墟中小墓③和前掌大B组等的体质特征看来，在商周之前，就有一群体质特征中含有强烈北亚蒙古人种因素的人群从北方南下，到达黄河流域中下游，并与当地居民产生混血，共同创造了中原地区的青铜文明。但是，他们南迁的原因以及路线等因为材料的缺乏目前还无法确定。至少有一点可以确认，在新石器时代晚期至商周时期，南下的北亚蒙古人种的体质因素对原来居住在黄河中下游地区的居民产生了重要的影响。

但是，前掌大两组居民的体质特征虽然有很大差异，但也不是泾渭分明、截然分开的。他们之间也是互相渗透、互通有无的。在体质特征上已经产生两组互相融合的迹象，证明当时在两种体质特征居民之间存在相当的基因交流。例如在颅高方面，A组有降低的趋势，而B组却有增高的迹象；在面宽上，A组相对较大，B组却有变窄的倾向等，说明当时在两种体质特征居民之间存在明显的通婚现象，而且这种基因融合已经存在相当长的时间，产生了向中间特征变化的趋势。而且，在墓地分布和墓葬形制、葬俗等方面，两种体质特征的墓主人没有产生明显的差异和规律性，在墓葬规模上，两类居民中小型墓都有，没有明显的界限。因此，当地这两类居民在文化上已经很好的融合在一起了，在风俗习惯甚至宗教信仰等方面已经没有差别，这也在另一方面说明融合已经有很长时间，融合程度很深。但也不完全排除两组在时代上会有一定的差异，毕竟A组多数属于墓地的早期，而B组都是墓地的晚期，只是由于参与对比的个体较少，目前尚无法确切判断。

（五）商周时期居民的体质特征的比较分析

关于殷商时期人的体质特征的比较，有学者以殷墟中小墓和西北岗祭祀坑的头骨以及山西凤翔南指挥西村西周墓的材料为基础进行了研究，认为殷人和周人在体质类型上是有区别的，即殷人的种族特征中主要包含了蒙古人种中的东亚和北亚两种类型的体质因素，周人的体质特征中包括蒙古人种的南亚和东亚两种类型的成分，且以南亚人种的因素略占优势[2]。后来有关殷人和周人的种族特征的人类学材料不断丰富，，就目前陆续发表的研究成果来看，基本与过去的研究一致。由于殷人和周人体质特征的比较是一个较大的课题，本文不可能将其深入研究，仅就前掌大遗址发现的材料进行简单的比较。

如果按照墓地分期，可以分为早晚两期，早期的时代主要是商代晚期，西周为晚期。A组墓葬似乎时代较早，如M123和M127等，都属于墓地的早期；而B组则相对较晚，如M13、M14和M18都属于墓地的晚期；但是，在A组中也有属于晚期的墓葬，如M3和M11等，由此，两组在时代上的差异并不是十分明显。可以说，创造前掌大遗址商周文明的人群应该是同一群人，这群人虽然在体质特征上存在一定的差异。他们至少在商代晚

〔1〕　朱泓：《内蒙古长城地带的古代种族》，《边疆考古研究》（第1辑），科学出版社，2002年。

〔2〕　朱泓：《关于殷人和周人的体质类型的比较》，《华夏考古》1989年1期。

期已经生活在这里，并创造了灿烂的文明，并且一直共同生活到西周。在这里并没有因为国家主权的更迭而产生人群的大规模迁徙或分化，应该是包含有至少两种体质类型的同一人群及其后代共同生活和繁衍，时代差异或因时代变迁导致的种族特征的变化并不明显，即如前文所说，他们在各方面已经融合得很深。

但在两种体质特征墓葬的时代分布上，A 组似乎更倾向于早期，B 组似乎多属于晚期，虽然他们之间的时代差异不明显，但似乎也有一定的启示。安阳殷墟中小墓中就有 8 个头骨（即中小墓③组）的墓葬形制较大，有的有棺、椁，并多随葬成组的铜或铅制礼器，有的殉狗甚至殉人，和一般平民小墓有很大区别，他们的体质特征属于典型蒙古人种，即北亚蒙古人种，体质特征与前掌大 B 组非常接近。而中小墓③组据认为是生前的社会地位比一般平民更接近殷王族或本身就是王族的成员，即有可能是北亚蒙古人种的人群属于殷王族的体质类型[1]。以此来关照前掌大墓地的两个体质类型的人群。A 组中的 M3、M4 和 M11 属于墓地中的大中型墓，也包含有像 M123 和 M127 这样的小型墓；而 B 组中的 M13、M14 和 M18 等都属于小型墓。虽然参与比较的墓葬数量较少，但也可以发现某些线索。前掌大墓地的情况似乎与殷墟中小墓的情况正相反，即 A 组以相对较早的当地土著居民的墓葬形制偏大，显示其社会地位也相对较高；相对时代较晚的自外地迁徙而来 B 组墓葬形制普遍较小，显示他们的社会地位相对较低。说明前掌大墓地与殷墟中小墓不同，反映在墓葬形制上有较大的差异，这可能与社会变迁有关。我们可以这样推测，在朝代更迭中，在殷墟的贵族成员丧失了其社会地位和贵族身份，相应的，在前掌大地区的与殷墟贵族有相同体质类型的 B 组人群也沦为平民，尤其是到西周以后，B 组完全成为平民阶层，而 A 组人群仍然保持他们的社会地位。同时由于 A 组人群的庞大等原因，相同体质类型的人也包括了平民。这就形成了前掌大墓地居民体质特征的现状。

四　骨骼变异现象和骨骼病理学

（一）殉人死亡原因探讨

前面提到有 7 例殉人，只有 1 例属于老年个体，可能是自然死亡外，其余皆为青少年个体，最小的仅六、七岁，他们的死亡年龄都低于整个墓地的平均死亡年龄，因此存在活人殉葬的可能性。我们在具体工作中也注意骨骼创伤材料的收集。但是由于种种原因，我们却没有在殉人的个体上发现明显的创伤痕迹。有的是因为骨骼保存较差无法采集或勉强采集后却无法辨认和鉴定，如 M31 殉人、M205 二层台上个体等；有的个体骨质虽然保存较好，但经仔细鉴定和观察，并未在骨骼上发现致命创伤的痕迹，如 M11、M120 以及

---

〔1〕　韩康信、潘其风：《安阳殷墟中小墓人骨的研究》，《安阳殷墟头骨研究》，文物出版社，1985 年。

M41 和 M131 的殉人等；有的个体虽然在骨骼上未发现创伤痕迹，但在墓葬中骨骼的姿势可以推测死因，如 M11 东侧二层台上的殉人，成年男性，头向北，面向西，双手反背于盆骨下，双腿微屈，双脚并拢，从埋葬姿势看不排除双手双脚捆绑活埋殉葬的可能性。

虽然在殉人骨骼上未发现创伤痕迹，但也不能据此判断殉人属于正常死亡，砍头杀殉只是殉葬的一种形式而已，除了上面提到的活埋的可能性外，还有很多不产生骨骼创伤的殉葬方式，而寻找这种死因是目前人类学难以做到的。因此，虽然在骨骼上未发现死亡的证据，我们仍然认为这些殉人的死因应该是非正常的。

（二）骨骼病理现象

主要包括口腔和肢骨病理现象。由于骨质较差，某些个体未发现牙齿或肢骨保存差等原因，某些统计可能不完全代表前掌大墓地病理的实际状况，但仍能在一定程度上说明一些问题。

1. 龋齿：在 37 例保存牙齿的个体上发生龋齿现象的有 4 例，龋齿的发生率相对较低。如 M113，上颌左侧 M2 殆面和颊侧连成一个大的龋洞，直达齿根；M202，下颌右侧 M1 龋齿较重，仅余齿根；M104，下颌右侧 M1 远中面有米粒样的龋洞；M119，下颌右侧 M3 殆面有米粒样龋洞等。但有趣的是，这些墓葬以中型墓为主，这是否意味着身份相对较高、物质生活相对优越的人更易于患某些口腔类疾病，目前尚无法断定。

2. 齿根脓疡：有 3 例明显的病理现象。M24，下颌右侧 P2 齿根脓疡，形成圆形瘘道；M34，上颌左右 P2 齿根脓疡，牙齿脱落，齿孔半闭合；M29，上颌右侧 M1 齿根脓疡，牙齿脱落，形成穿透齿槽内外侧的瘘道等。这些墓葬又以小型墓为主。

3. 牙周炎：判断的标准一般是以齿根暴露三分之一以上，他的出现往往伴随龋齿和齿根脓疡等口腔疾病同时发生。如 M31、M29、M104、M119 等个体上都有明显的牙周炎现象。

4、牙结石：这种现象与口腔卫生和饮食结构等密切相关，往往也与其他口腔疾病相伴产生，如 M24，有较明显的牙结石现象等。

5. 牙齿磨耗：该遗址中多数个体的齿质和齿列较好，如 M115、M33、M28、M120 等的齿质齿列都较好；同时也有不少个体的牙齿磨耗较重，如 M111，磨耗达 4－5 级，M108 磨耗 4－5 级，M34 磨耗 4－5 级，M117 磨耗 4－5 级，M103 磨耗 4 级等。除个别个体是由于年龄大导致磨耗较重外，多数属于非正常磨耗，而这些墓葬多为小型墓，可能与墓主人生前食物的相对粗劣有关。

6. 肢骨病理：仅发现 1 例，即 M34 左侧股骨下端有瘤状明显异常突起，从断面观察，瘤状突起与骨干分离，也未发现穿透骨干的瘘道，因此推断属于骨膜炎症诱发的骨质疏松和瘤状突起。（图版二一六，1、2）

（三）骨骼变异现象

主要指脚骨左右第一跖骨上的变异。跖骨即所谓脚的掌骨部分，他的变异主要是由于人的蹲坐姿势的变化和病理原因形成。前掌大墓地墓主人左右第一跖骨的变异主要是跖骨上部前端跖骨头后侧有一个圆形勺状凹坑。（图版二一六，3、4）这种凹坑不是先天形成，也不是脚步疾病造成的，而是由于长期跪坐导致。具体的跪坐姿势是这样的：双膝并拢着地，双脚并拢，臀部坐于双脚跟上，双脚脚尖朝向前面。墓主人从小以这种姿势跪坐，使得第一趾骨底部上端向后压迫第一跖骨上部前端，在第一跖骨前端上部逐渐形成一个圆形凹坑，这个凹坑正好与第一趾骨的底部上端吻合。我将这种由于长期跪坐姿势在骨骼上形成的凹坑成为"跪踞面"。这批骨骼中，伴随着年龄的增长，跪踞面的大小和明显程度也随着增长，说明这种跪坐习俗从小养成，长大后仍然保持，是一种普遍的跪坐姿势。这也从另一方面说明当时可能并未产生可以倚坐的高凳。这种跪坐姿势在妇好墓出土的玉人的跪坐姿势中得到很好的体现。

一般情况下，由于这种跪坐姿势，受力点位于前端的膝盖和后端的趾骨，因此会在膑骨和脚骨上同时产生跪踞痕迹，即膑骨长期受力产生的明显的骨刺。而前掌大商周居民在跖骨上跪踞面产生的同时，在膑骨上并未一定产生类似的跪踞痕迹，如IV M2、M22、M13、M26、M25、M23、M29 等保存有膑骨的个体上，膑骨前端很光滑，并未发现骨刺产生；但也有部分个体的膑骨骨刺很明显，如IV M1、M3 等，其膑骨骨刺极为明显；这些说明当时人的跪坐重心不是很稳定，没有一定的规矩，有些跪坐重心靠后，身体较直，使得受力点集中在脚骨上，从而在趾骨上留下明显的跪踞面，而膑骨上的跪踞痕迹反倒不明显或没有；有的跪坐重心比较靠前，身体前倾，受力点集中在膑骨上，在脚骨上留下跪踞痕迹的同时，在膑骨上也留下明显的骨刺痕迹。

值得注意的是，在这些产生跪踞面的个体中，各期墓葬都有，如第一期的 M201，第二期的 M21、M22、M25、M26 等，第三期的 M13、M15 等，时代跨度从商代晚期到西周早期，说明当时风俗习惯并未随着朝代的更迭而产生明显的变化。同时，在所有个体中，也有部分个体在脚骨和膑骨上都未产生跪踞的痕迹，如 M214、II M28 等，第一跖骨上的跪踞痕迹不明显或没有，这可能意味着当时的跪坐并不十分正规，可以如前面所说跪坐，也可以不完全以此方式跪坐。

这与安阳殷墟孝民屯遗址的同类情况不完全相同。首先，孝民屯商代墓葬所有个体（年龄极小的除外）均无一例外的在左右第一跖骨上产生明显的跪踞痕迹，在同一个体的膑骨上的骨刺也很明显。说明，安阳商代居民的跪坐姿势比较统一和正规，都属于重心点靠前的跪坐，这种姿势在每个个体都不同程度的存在，而且孝民屯商代个体上的跪踞面比前掌大的变异更为典型。其次，由于孝民屯遗址未发现西周墓葬，在战国墓葬以及其后的墓葬中又无一例个体的脚骨上产生跪踞面现象，因此，孝民屯遗址的跪踞面痕迹可以作为墓葬断代的标志。而在前掌大遗址中，这个痕迹并未起到断代的作用。最后，这种跪坐姿势导致的脚骨的部分变形是当时一种普遍现象，除了与一定的生产力水平相关外，更可能是由于某种长期养成的风俗习惯和意识形态有关[1]。

此外，还有一种现象，即 M28 头骨矢状缝顶孔段左右的顶骨上有平板状的凹陷区，形状近乎椭圆，大小 5.5×3.8mm；较之弧形的颅顶，平板状区域在视觉上产生明显的凹陷；该区域以矢状缝为轴线左右对称，颅内颅外均未见明显的骨折和断裂痕迹，亦未发现有迸裂面和放射线，但凹陷区的颅壁较薄，推测不是外力打击形成，而是由于长期重力和缓慢挤压形成；也可能与某种不可知的习俗有关，例如在有的地区，在某种意识形态的作用下，尚处在发育阶段的婴幼儿和少年儿童，在睡觉时被父母用木制夹板夹住头部的某些部位，使得这些部位产生人工的变形，以达到某种目的。由于仅有 1 例，还不能判断产生这种变形的原因。

五 小 结

（1）前掌大墓地出土的人骨是研究商周时期居民体质特征的重要材料。在发掘的一百多座中，多数骨质较差无法提取和鉴定，在可鉴定的 58 例个体中有 57 例可以判断性别，其中 29 例男性，28 例女性，性别比为 1.04。这个性别比较之新石器时代有了很大的进步，与现代社会的性别比很接近。所有个体的平均死亡年龄是 33.8 岁，其中男性的平均死亡年龄略高于女性，较之新石器时代也有了较大的提高，与黄河中下游地区青铜时代遗址的平均死亡年龄接近，而普遍高于边疆地区，说明黄河中下游地区在商周时期社会发展有了明显的进步。7 例殉人的性别年龄显示当时在殉人的选择上可能存在一定的性别年龄要求。所有个体中，无论男女，多数死于壮年和中年阶段，占 80% 以上，可能与男性承担的繁重劳动和女性的分娩死亡率较高有关系。

（2）通过个体描述分析，多数男性个体的主要体质特征比较一致，表现为多卵圆形颅，颅指数为中长颅型和圆颅型、长高指数为中高颅、宽高指数为中狭颅，较为倾斜的前额、狭额、中额或阔额型，眉弓眉间突度中等或显著，乳突较大或中等，枕外隆突稍显或中等发育，矢状嵴弱或无，矢状缝前囟段和顶孔段较为简单、顶段和后段较为复杂，方形眶、中眶型，心形或梨形梨状孔，锐形或钝形梨状孔下缘，鼻棘 III−IV 级，中鼻型或阔鼻型，鼻根凹和犬齿窝多发育较弱，鼻根多中等发育，翼区多呈形，颧形多欠圆钝，上面指数多为狭上面型或中上面型，面突指数多为正颌型或突颌型，面部水平扁平度多为中等，"U"形或"V"形腭，多嵴状腭圆枕，中阔腭型，下颌颏形多为方形，下颌角多外翻，多无下颌圆枕等。女性的体质特征多数与男性类似，只是在某些特征上略有差异，这些特征都属

---

〔1〕 王明辉：《安阳孝民屯遗址出土人骨研究》，待刊。

于性别差异，即这些特征属于女性共有的，并不代表这种族差异。因此，多数前掌大遗址人骨在种族特征上存在一致性，即无论男女，他们都属于同一体质类型的人群。

另外，有 3 例男性头骨的体质特征与上述特征不同，即 M13、M14 和 M18，他们的共同特征主要是长高指数为低颅型或接近低颅的正颅型，宽高指数为阔颅型，面部较阔，面部水平扁平度较大，中眶型和狭鼻型等。这些特征与其他群体的颅指数是中颅型、长高指数是正高颅，宽高指数属于中狭颅，面部较狭，中眶中鼻的特征明显不同。因此，前掌大遗址商周墓葬中至少存在两种体质类型的人，一种以正高颅、中狭颅、中狭面、面部扁平度中等、中鼻中眶等为主要体质特征，另一种是以相对较低的颅、阔颅、阔面、面部扁平度偏大、中眶狭鼻为主要体质特征。这两种体质类型的墓葬不是个别现象，不属于个体变异现象，而且他们之间的体质特征差异较大，因此可以确认在商周时期有两种不同体质类型的人群埋葬在同一墓地。通过与文化和墓葬的分析，在文化上很难分辨这两种体质类型的区别。因此，依据体质特征的不同，把前掌大墓地人骨依据体质特征划分为两组，A 组代表多数个体，他们以中颅、正高颅配合中狭颅、狭面、中眶中鼻、面部扁平度中等为主要体质特征；B 组代表数量较少的几个低颅、阔颅、阔面、中眶狭鼻、面部扁平度偏大的个体的体质特征。

通过体质特征的比较和种族相似系数的比较，无论 A 组还是 B 组，他们所代表的体质特征都属于典型的亚洲蒙古人种，未发现有其他大人种的基因混入的现象，即在大人种上属于单一性的人种，他们之间的差异属于同一大人种下的类型之间的差异。

（3）在与亚洲蒙古人种各类型对比中，A 组似乎更接近于东亚人种，同时在很多重要的颅面部特征上又具有南亚人种的特征；因此，A 组的体质类型包含了两种人种成分，即以东亚人种成分为主，同时又具有南亚人种的体质特征；而 A 组较大的颅长测量值似乎显示可能受到某种北亚蒙古人种的影响。B 组与北亚人种之间的关系最为密切，两者在多数特征上保持一致，只是在颅高、鼻颧角等方面较之北亚人种略有弱化；B 组与东亚和南亚人种之间的距离也相对较大，但在某些特征上，如颅高、鼻颧角等两者有相对较为密切的关系。因此，B 组的人种特征也不是十分单纯，也产生了不同程度的基因混杂。因此，合并组的种族特征主要表现在两个方面，其颅部和面宽等特征与北亚人种类型接近，而在另一些面部特征上与东亚和南亚人种关系密切。

虽然存在这两种差异显著的体质特征的人群，但他们之间也存在着交融和基因交流，使得各自体现本身种族类型的体质特征有所减弱，而产生的自身体质特征弱化的迹象。

（4）在与近现代对比组比较中，前掌大 A 组的体质特征主要与东亚人种类型的各组接近，同时在某些局部特征上代表北亚人种类型的各组相似，因此 A 组在种族类型上并不是完全单纯的，他在与 B 组的长期接触和生活中也受到 B 组体质特征和基因的混杂。B 组与典型北亚蒙古人种的蒙古组和布里亚特组有较密切的关系，与同样属于北亚人种的楚克奇组距离也很近，而与东亚蒙古人种的华北组和朝鲜组以及南亚蒙古人种的华南组关系都相对疏远，与太平洋波里尼西亚岛屿民族和新西兰组等距离最远，他们之间不可能存在任何亲缘关系。

合并组呈现一种混杂的现象，与典型蒙古人种中的蒙古组和布里亚特组接近，与楚克奇组关系也不远，与华北组、朝鲜组和华南组也都有着不同程度的接近关系，他们之间的均方根值也不大。无论是 B 组还是合并组，与太平洋岛屿居民之间的距离都是很远的，他们之间体质特征差异较大、关系疏远。

（5）与古代对比组的聚类比较中，前掌大 B 组和合并组与崞县窑子组、北九州弥生组、殷墟中小墓③组和藁城台西组等首先聚类，说明他们之间的关系密切；同时，津云绳文组、西北九州弥生组和尉迟寺组等与前掌大两组聚类关系也很近，显示他们之间的亲缘关系也相对较为密切；而黄河中下游先秦时期各组与前掌大两组多存在不同程度的疏远关系，说明在先秦时期黄河中下游地区的居民在体质类型上已经产生明显的分化和差异，可能与人群的迁徙和基因混杂有关。值得注意的是，日本两组弥生人和部分绳文人都与前掌大古代居民之间在聚类结果上存在较为密切的联系，可能暗示他们在体质特征上有某种形态学上的相似性，说明日本古代居民的种族结构与黄河中下游地区商周时期居民存在较为明显的渊源关系。

通过分析，我们认为 A 组体质特征的来源不是种族特征大规模混血的结果，而是黄河中下游地区旧石器时代晚期和新石器时代祖先体质特征的自然延续，是一种时代性特征；在商周之前，体质特征中含有强烈低颅阔面特征的人群从长城以北南下，到达黄河中下游地区，并与当地居民产生混血，B 组居民就是这些人群的一部分。同时，前掌大两组人群之间也存在明显的相互混血的情况，这在头骨的细微变化中得到体现。

通过与墓葬形制和早晚关系的比较，A 组似乎社会地位较高，B 组相对较低，与安阳殷墟中小墓的状况相反，可能与朝代更迭有关。

（6）在 7 例殉人的骨骼上未发现明显的创伤痕迹，但不能排除非正常死亡的可能性。牙齿病理主要有龋齿、齿根脓疡、牙周炎、牙结石和牙齿磨耗较重等；肢骨有骨膜炎症引起的骨质疏松和瘤状突起。

在多数前掌大商周居民中左右第一跖骨前端上部有明显的跪踞痕迹，同时在膑骨上有骨赘产生，与当时特殊的跪坐姿势有关，这种情况在安阳孝民屯遗址也有充分的体现。这也说明通过对肢骨细微特征的研究可以复原当时居民的习俗。

附表一（1）　前掌大遗址头骨测量统计表（男性 A 组）

马丁号	项目	M11	M23	M123	M127	佚号	4号车马坑	平均值
1	颅长 g－op	190.8	187.3	181.0	186.4	187.7	184.5	186.28
8	颅宽 eu－eu	142.7	146.5	145.3	141.0	133.5	146.0	142.5
17	颅高 ba－b							
20	耳上颅高	133.5	127.5					130.5
9	最小额宽 ft－ft	94.4	103.2		85.5	94.6		94.43
25	颅矢状弧 arc n－o	381.5	373	380	380			378.63
26	额弧 arc n－b	131.5	132	120	134	128		129.1
27	顶弧 arc b－l	138	126	140	128	128	150	135.0
28	枕弧 arc l－o	112	115	120	118			116.25
29	额弦 n－b	119.8	118.5	106.9	118.6	114.2		115.6
30	顶弦 b－l	120.8	119.8	126.3	116.2	113.6	127.2	120.65
31	枕弦 l－o	96.7	95.3	100.2	100			98.05
23	颅周长	530	546		528	521		531.25
24	颅横弧	333	328	322	312		323	323.6
5	颅基底长 ba－n							
40	面基底长 ba－pr							
48	上面高 n－pr/sd	72.2　74.0	67.4　70.1					69.8　72.05
45	颧宽 zy－zy							
46	中面宽 zml－zml	93.5					111.6	102.55
	中面高 sub.zml－ss－zml	55.5　55.5					65.0　64.0	60.25　59.75
47	全面高 n－gn							
43－1	两眶外缘宽 fmo－fmo	94.2	100.65			95.5		96.78
	眶外缘间高 sub.fmo－n－fmo	50.4　51.4	53.2　53.2			51.0　50.5		51.53　51.7
50	眶间宽 mf－mf/d－d	14.7　18.6	17.2　21.6			20.8　23.1		17.57　21.1
	颧骨高 fmo－zm L	46.6	49.1			47.7		47.8
	R	46.0					46.0	46.0
	颧骨宽 zm－rim orb L	24.3	30.65			31.3		28.75
	R	24.5					30.7	27.6

续附表一（1）

马丁号	项目	M11		M23		M123		M127		佚号		4号车马坑		平均值	
	鼻骨最小宽	6.4												6.4	
	鼻骨最小宽高	5.0	5.0											5.0	5.0
51	眶宽 mf－ek/d－ek　L	43.1	40.0	45.2	41.9									44.15	40.95
	R	44.6	41.2	46.25	43.6							40.3	39.1	43.72	41.3
52	眶高　　　　　　　L	37.7		34.7										36.2	
	R	37.25		33.6								30.7		33.85	
54	鼻宽	26.1		30.35								27.4		27.95	
55	鼻高	53.2		52.85										53.03	
60	齿槽长	54.0		51.0								56.4		53.8	
61	齿槽宽	62.7		67.5								72.4		67.53	
62	腭长 ol－sta	44.6						48.0				51.5		48.03	
63	腭宽 ecm－ecm	35.8		39.8								41.8		39.13	
7	枕大孔长 ba－o														
16	枕大孔宽														
65	下颌髁间宽			136.4										136.4	
66	下颌角宽 go－go	96.2		101.6								88.2		95.33	
67	颏孔宽	52.3		52.9		51.6						52.7		52.38	
69	下颌联合高	65.0		72.5								64.5		68.75	
71a	下颌枝最小宽　　L	35.3		37.8		39.2		34.5		34.8				36.32	
	R	35.2		36.0				35.6						35.6	
	下颌体高－白齿位　L	33.0		29.8		31.5				29.7		28.6		30.52	
	R	33.0		29.6		32.8						30.8		31.55	
	下颌体厚－白齿位　L	15.6		15.0		17.4				18.2		17.5		16.74	
	R	16.0		14.7		18.3						18.35		16.84	
	鼻骨长 n－rhi	28.2												28.2	
	鼻尖齿槽长 rhi－pr														
	额角 n－b FH	56.0		61										58.5	
32	额倾角 n－m FH	79.0		86										82.5	

续附表一（1）

马丁号	项目	M11	M23	M123	M127	佚号	4号车马坑	平均值
	额倾角 g－m FH	73.0	80					76.5
	前囟角 g－b FH	52.0	56					54.0
72	面角 n－pr FH	85.0						85.0
73	鼻面角 n－ns FH	89.0						89.0
74	齿槽面角 ns－pr FH	81.0						81.0
75	鼻尖角 n－rhi FH	72.0						92.0
	颧上颌角 zml－ss－zml	115.5						115.5
77	鼻颧角 fmo－n－fmo	143.5	141.5			145.5		143.5
75－1	鼻骨角							
8：1	颅指数	74.79	78.22	80.28	75.64	71.12	79.13	76.53
17：1	颅长高指数							
17：8	颅宽高指数							
54：55	鼻指数	49.06	57.43					53.25
	鼻根指数							
52：51	眶指数 mf－ek L	87.47						87.47
	R	83.52					76.18	79.85
48：17	垂直颅面指数 pr/sd							
48：45	上面指数 pr/sd							
47：45	全面指数							
48：46	中面指数 pr/sd	77.22						
40：5	面突指数							
9：8	额宽指数	66.15	70.44		60.64	70.86		67.02
63：62	腭指数	80.27					81.17	80.72
61：60	齿槽弓指数	116.11	132.35				128.37	137.82

附表一（2）　前掌大遗址头骨测量统计表（男性B组）

马丁号	项目		M13	M14	M18	平均值
1	颅长 g-op		185.4	181.1	204.0	190.17
8	颅宽 eu-eu		151.2	151.4	150.0	150.87
17	颅高 ba-b		131.8		137.5	134.65
20	耳上颅高		116.0	119.0		117.5
9	最小额宽 ft-ft		93.0	98.8	92.7	94.83
25	颅矢状弧 arc n-o		370.0	371.0	382.0	374.33
26	额弧 arc n-b		131.0	127	134.0	130.67
27	顶弧 arc b-l		120.0	125	125.0	123.33
28	枕弧 arc l-o		119.0	119	123.0	120.33
29	额弦 n-b		117.5	112.5	121.6	117.2
30	顶弦 b-l		110.4	112.5	114.2	112.37
31	枕弦 l-o		97.6	103.8	102.3	101.23
23	颅周长		537.0	535		536
24	颅横弧		326.0	337	337.0	333.33
5	颅基底长 ba-n		100.0			100.0
40	面基底长 ba-pr		94.1			94.1
48	上面高 n-pr/sd		74.6　79.6	80.3　84.7		77.45　82.15
45	颧宽 zy-zy		138.6			138.6
46	中面宽 zml-zml		103.0	107.5	102.85	104.45
	中面高 sub.zml-ss-zml		60.2　59.6	63.8　61.6	59.0　57.2	61.0　59.47
47	全面高 n-gn					
43-1	两眶外缘宽 fmo-fmo		100.4	100.4	94.7	98.5
	眶外缘间高 sub.fmo-n-fmo		52.3　54.5	53.2　53.6	48.0　50.4	51.17　52.83
50	眶间宽 mf-mf/d-d		20.1　26.6			20.1　26.6
	颧骨高 fmo-zm	L	49.7	50.7	56.2	52.2
		R	49.2	54.4	51.7	51.77
	颧骨宽 zm-rim orb	L	29.8	30.0	30.0	29.93
		R	30.0	28.7	28.0	28.9
	鼻骨最小宽		8.0　6.8	7.4		
	鼻骨最小宽高		5.3　4.6	3.7　4.5		4.5　4.55
51	眶宽 mf-ek/d-ek	L	44.6　40.3	46.4　43.8		45.5　42.05
		R	42.6　39.4			42.6　39.4

续附表一（2）

马丁号	项目		M13	M14	M18	平均值
52	眶高	L	33.5	37.0		35.25
		R	34.0	38.0		36.0
54	鼻宽		29.7	26.7		28.2
55	鼻高		57.7	62.6		60.15
60	齿槽长		52.8	55.6	55.0	54.47
61	齿槽宽		71.2	74.8	66.9	70.97
62	腭长 ol－sta		43.6	44.8		44.2
63	腭宽 ecm－ecm		41.4	42.5	38.8	40.9
7	枕大孔长 ba－o		37.8			37.8
16	枕大孔宽		31.0			31.0
65	下颌髁间宽				129.5	129.5
66	下颌角宽 go－go		105.8	106.8	106.4	106.33
67	颏孔宽		47.5	55.8	53.0	52.1
69	下颌联合高		63.0	64	71.5	66.17
71a	下颌枝最小宽	L	35.6	36	33.3	34.97
		R	35.8	35	32.2	34.33
	下颌体高－臼齿位	L	31.4	32.8	31.6	31.93
		R	32.7	33.4	32.3	32.8
	下颌体厚－臼齿位	L	18.4	18.2	18.2	18.27
		R	19.2	18.1	20.0	19.1
	鼻骨长 n－rhi		28.2			28.2
	鼻尖齿槽长 rhi－pr					
	额角 n－b FH		60.0	60		60.0
32	额倾角 n－m FH		85.0	87		86.0
	额倾角 g－m FH		82.5	81		81.75
	前囟角 g－b FH		58.0	59		48.8
72	面角 n－pr FH		87.0	88		87.5
73	鼻面角 n－ns FH		86.0	86		86.0
74	齿槽面角 ns－pr FH		87.0	85		86.0
75	鼻尖角 n－rhi FH					
	颧上颌角 zml－ss－zml		120.0	119.0	125.0	85.33
77	鼻颧角 fmo－n－fmo		146.5	144.5	148.5	146.5

续附表一（2）

马丁号	项目		M13		M14		M18		平均值	
75-1	鼻骨角									
8:1	颅指数		81.55		83.60		73.53		79.56	
17:1	颅长高指数		71.09				67.40		69.25	
17:8	颅宽高指数		87.17				91.67		89.42	
54:55	鼻指数		51.47		42.65				47.06	
	鼻根指数		36.0		33.09				34.55	
52:51	眶指数 mf-ek	L	75.11		79.74				77.43	
		R	79.81						79.81	
48:17	垂直颅面指数 pr/sd		57.96	60.39					57.96	60.39
48:45	上面指数 pr/sd		55.12	57.43					55.12	57.43
48:46	中面指数 pr/sd		74.17	77.28	74.40	78.79			74.29	78.04
47:45	全面指数									
40:5	面突指数		94.1						94.1	
9:8	额宽指数		61.51		65.26		61.80		62.86	
63:62	腭指数		94.95		94.87				94.91	
61:60	齿槽弓指数		134.85		134.53		121.64		130.34	

附表二（1） 前掌大遗址头骨测量统计表（男性）

马丁号	项目		M11 殉人		M13		M14		M18		M23	
1	颅长 g－op		190.8		185.4		181.1		204.0		187.3	
8	颅宽 eu－eu		142.7		151.2		151.4		150.0		146.5	
17	颅高 ba－b				131.8				137.5			
20	耳上颅高		133.5		116.0		119.0				127.5	
9	最小额宽 ft－ft		94.4		93.0		98.8		92.7		103.2	
25	颅矢状弧 arc n－o		381.5.		370.0		371.0		382.0		373	
26	额弧 arc n－b		131.5		131.0		127		134.0		132	
27	顶弧 arc b－l		138		120.0		125		125.0		126	
28	枕弧 arc l－o		112		119.0		119		123.0		115	
29	额弦 n－b		119.8		117.5		112.5		121.6		118.5	
30	顶弦 b－l		120.8·		110.4		112.5		114.2		119.8	
31	枕弦 l－o		96.7		97.6		103.8		102.3		95.3	
23	颅周长		530		537.0		535				546	
24	颅横弧		333		326.0		337		337.0		328	
5	颅基底长 ba－n				100.0							
40	面基底长 ba－pr				94.1							
48	上面高 n－pr/sd		72.2	74.0	74.6	79.6	80.3	84.7			67.4	70.1
45	颧宽 zy－zy				138.6							
46	中面宽 zml－zml		93.5		103.0		107.5		102.85			
	中面高 sub.zml－ss－zml		55.5	55.5	60.2	59.6	63.8	61.6	59.0	57.2		
47	全面高 n－gn											
43－1	两眶外缘宽 fmo－fmo		94.2		100.4		100.4		94.7		100.65	
	眶外缘间高 sub.fmo－n－fmo		50.4	51.4	52.3	54.5	53.2	53.6	48.0	50.4	53.2	53.2
50	眶间宽 mf－mf/d－d		14.7	18.6	20.1	26.6					17.2	21.6
	颧骨高 fmo－zm	L	46.6		49.7		50.7		56.2		49.1	
		R	46.0		49.2		54.4		51.7			
	颧骨宽 zm－rim orb	L	24.3		29.8		30.0		30.0		30.65	
		R	24.5		30.0		28.7		28.0			
	鼻骨最小宽		6.4		8.0		6.8					
	鼻骨最小宽高		5.0	5.0	5.3	4.6	3.7	4.5				
51	眶宽 mf－ek/d－ek	L	43.1	40.0	44.6	40.3	46.4	43.8			45.2	41.9

续附表二（1）

马丁号	项目		M11 殉人		M13		M14	M18	M23	
		R	44.6	41.2	42.6	39.4			46.25	43.6
52	眶高	L	37.7		33.5		37.0		34.7	
		R	37.25		34.0		38.0		33.6	
54	鼻宽		26.1		29.7		26.7		30.35	
55	鼻高		53.2		57.7		62.6		52.85	
60	齿槽长		54.0		52.8		55.6	55.0	51.0	
61	齿槽宽		62.7		71.2		74.8	66.9	67.5	
62	腭长 ol－sta		44.6		43.6		44.8			
63	腭宽 ecm－ecm		35.8		41.4		42.5	38.8	39.8	
7	枕大孔长 ba－o				37.8					
16	枕大孔宽				31.0					
65	下颌髁间宽							129.5	136.4	
66	下颌角宽 go－go		96.2		105.8		106.8	106.4	101.6	
67	颏孔宽		52.3		47.5		55.8	53.0	52.9	
69	下颌联合高		65.0		63.0		64	71.5	72.5	
71a	下颌枝最小宽	L	35.3		35.6		36	33.3	37.8	
		R	35.2		35.8		35	32.2	36.0	
	下颌体高－臼齿位	L	33.0		31.4		32.8	31.6	29.8	
		R	33.0		32.7		33.4	32.3	29.6	
	下颌体厚－臼齿位	L	15.6		18.4		18.2	18.2	15.0	
		R	16.0		19.2		18.1	20.0	14.7	
	鼻骨长 n－rhi		28.2							
	鼻尖齿槽长 rhi－pr									
	额角 n－b FH		56.0		60.0		60		61	
32	额倾角 n－m FH		79.0		85.0		87		85	
	额倾角 g－m FH		73.0		82.5		81		80	
	前囟角 g－b FH		52.0		58.0		59		56	
72	面角 n－pr FH		85.0		87.0		88			
73	鼻面角 n－ns FH		89.0		8/6.0		86			
74	齿槽面角 ns－pr FH		91.0		97.0		95			
75	鼻尖角 n－rhi FH		72.0							
	颧上颌角 zml－ss－zml		115.5		120.0		119.0	125.0		

续附表二（1）

马丁号	项目	M11 殉人	M13	M14	M18	M23
77	鼻颧角 fmo－n－fmo	143.5	146.5	144.5	148.5	141.5
75－1	鼻骨角					
8：1	颅指数	74.79	81.55	83.60	73.53	78.22
17：1	颅长高指数		71.09		67.40	
17：8	颅宽高指数		87.17		91.67	
54：55	鼻指数	49.06	51.47	42.65		57.43
	鼻根指数		36.0	33.09		
52：51	眶指数 mf－ek　L	87.47	75.11	79.74		
	R	83.52	79.81			
48：17	垂直颅面指数 pr/sd		57.96　60.39			
48：45	上面指数 pr/sd		55.12　57.43			
48：46	中面指数 pr/sd	77.22　79.14	74.17　77.28	74.40　78.79		
47：45	全面指数					
40：5	面突指数		94.1			
9：8	额宽指数	66.15	61.51	65.26	61.80	70.44
63：62	腭指数	80.27	94.95	94.87		
61：60	齿槽弓指数	116.11	134.85	134.53	121.64	132.35

附表二（2）　前掌大遗址头骨测量统计表（男性）

马丁号	项目	M123	M127	佚号	4号车马坑	平均值
1	颅长 g－op	181.0	186.4	187.7	184.5	187.58
8	颅宽 eu－eu	145.3	141.0	133.5	146.0	145.29
17	颅高 ba－b					134.65
20	耳上颅高					124.0
9	最小额宽 ft－ft		85.5	94.6		94.6
25	颅矢状弧 arc n－o	380	380			376.79
26	额弧 arc n－b	120	134	128		129.69
27	顶弧 arc b－l	140	128	128	150	131.11
28	枕弧 arc l－o	120	118			118.0
29	额弦 n－b	106.9	118.6	114.2		116.2
30	顶弦 b－l	126.3	116.2	113.6	127.2	117.89
31	枕弦 l－o	100.2	100			99.41
23	颅周长		528	521		532.83
24	颅横弧	322	312		323	327.25
5	颅基底长 ba－n					100.0
40	面基底长 ba－pr					94.1
48	上面高 n－pr/sd					73.63 ／ 77.1
45	颧宽 zy－zy					138.6
46	中面宽 zml－zml				111.6	103.69
	中面高 sub.zml－ss－zml				65.0 ／ 64.0	60.7 ／ 59.58
47	全面高 n－gn					
43－1	两眶外缘宽 fmo－fmo			95.5		97.64
	眶外缘间高 sub.fmo－n－fmo			51.0 ／ 50.5		51.35 ／ 52.27
50	眶间宽 mf－mf/d－d			20.8 ／ 23.1		18.2 ／ 22.48
	颧骨高 fmo－zm　　　L			47.7		50.0
	R				46.0	49.46
	颧骨宽 zm－rim orb　L			31.3		29.34
	R				30.7	28.38
	鼻骨最小宽					7.07
	鼻骨最小宽高					4.67 ／ 4.7
51	眶宽 mf－ek/d－ek　L					44.83 ／ 41.5

续附表二（2）

马丁号	项目		M123	M127	佚号	4号车马坑		平均值	
		R				40.3	39.1	43.44	40.83
52	眶高	L						35.73	
		R				30.7		34.71	
54	鼻宽					27.4		28.05	
55	鼻高							56.59	
60	齿槽长					56.4		54.13	
61	齿槽宽					72.4		69.25	
62	腭长 ol－sta			48.0		51.5		46.5	
63	腭宽 ecm－ecm					41.8		40.02	
7	枕大孔长 ba－o							37.8	
16	枕大孔宽							31.0	
65	下颌髁间宽							132.95	
66	下颌角宽 go－go					88.2		100.83	
67	颏孔宽		51.6			52.7		52.26	
69	下颌联合高					64.5		66.75	
71a	下颌枝最小宽	L	39.2	34.5	34.8			35.81	
		R		35.6				34.97	
	下颌体高－臼齿位	L	31.5		29.7	28.6		31.05	
		R	32.8			30.8		32.09	
	下颌体厚－臼齿位	L	17.4		18.2	17.5		17.31	
		R	18.3			18.35		17.81	
	鼻骨长 n－rhi							28.2	
	鼻尖齿槽长 rhi－pr				BH				
	额角 n－b FH							59.25	
32	额倾角 n－m FH							84.0	
	额倾角 g－m FH							79.13	
	前囟角 g－b FH							56.25	
72	面角 n－pr FH							86.67	
73	鼻面角 n－ns FH							87.0	
74	齿槽面角 ns－pr FH							84.33	
75	鼻尖角 n－rhi FH							72.0	
	颧上颌角 zml－ss－zml							119.88	

续附表二（2）

马丁号	项目	M123	M127	佚号	4号车马坑	平均值	
77	鼻颧角 fmo－n－fmo			145.5		144.98	
75－1	鼻骨角						
8：1	颅指数	80.28	75.64	71.12	79.13	77.54	
17：1	颅长高指数					69.25	
17：8	颅宽高指数					89.42	
54：55	鼻指数					50.15	
	鼻根指数					34.55	
52：51	眶指数　　　　　　L					80.77	
	R				76.18	79.84	
48：17	垂直颅面指数 pr/sd					57.96	60.39
48：45	上面指数 pr/sd					55.12	57.43
47：45	全面指数						
48：46	中面指数 pr/sd					75.26	78.40
40：5	面突指数					94.10	
9：8	额宽指数		60.64	70.86		65.24	
63：62	腭指数				81.17	87.82	
61：60	齿槽弓指数				128.37	127.98	

附表三　前掌大遗址头骨测量统计表（女性）

马丁号	项目	侧	M2	M3		M48		M118	平均值	
1	颅长 g-op		183.8	174.4		178.7		179.6	179.13	
8	颅宽 eu-eu		136.2	134.6		139.1		142.8	138.18	
17	颅高 ba-b			126.6		134.5			130.55	
20	耳上颅高		94.2	109.5		113.8			105.83	
9	最小额宽 ft-ft			90.0		86.1			88.05	
25	颅矢状弧 arc n-o			360		366			363	
26	额弧 arc n-b			124		122			123	
27	顶弧 arc b-l		134	126		122		132	128.5	
28	枕弧 arc l-o		114	110		122			115.33	
29	额弦 n-b			107.8		108.3			108.05	
30	顶弦 b-l		122.5	111.6		108.7		116.0	114.7	
31	枕弦 l-o		95.3	91.0		104.5			96.93	
23	颅周长			495		505			50.0	
24	颅横弧			303		315			309	
5	颅基底长 ba-n			91.3		95.8			93.55	
40	面基底长 ba-pr			87.85		99.2			93.53	
48	上面高 n-pr/sd			59.0	60.85	65.3	68.0		62.15	64.43
45	颧宽 zy-zy									
46	中面宽 zml-zml			85.4					85.4	
	中面高 sub.zml-ss-zml			50.5	50.2				50.5	50.2
47	全面高 n-gn									
43-1	两眶外缘宽 fmo-fmo		91.4	89.6		92.35			91.12	
	眶外缘间高 sub.fmo-n-fmo			45.6	46.4	47.75	48.35		46.68	47.38
50	眶间宽 mf-mf/d-d			15.0	17.4	18.0	22.4		16.5	19.9
	颧骨高 fmo-zm	L		43.0					43.0	
		R		41.2		45.5			43.35	
	颧骨宽 zm-rim orb	L		21.6					21.6	
		R		22.8		24.0			23.4	
	鼻骨最小宽			5.8		7.0			6.4	
	鼻骨最小宽高			2.7	3.5	4.1	4.5		3.4	4.0
51	眶宽 mf-ek/d-ek	L		39.4	37.2				39.4	37.2

续附表三

马丁号	项目		M2	M3	M48	M118	平均值
		R		39.0　36.7	41.4　38.3		40.2　37.5
52	眶高	L		33.4			33.4
		R		33.0	35.3		34.15
54	鼻宽			22.4	31.0		26.7
55	鼻高			47.0	49.3		48.15
60	齿槽长 ecm－ecm		54.2	47.5	51.2		50.97
61	齿槽宽		66.4	59.5	64.4		64.43
62	腭长 ol－sta		45.7	38.5			42.1
63	腭宽 ecm－ecm		42.2	33.5	39.3		38.33
7	枕大孔长 ba－o			33.4	33.8		33.6
16	枕大孔宽			27.5	26.7		27.1
65	下颌髁间宽				117.8		117.8
66	下颌角宽 go－go		94.0	88.6	97.0		93.2
67	颏孔宽		48.8	41.4	49.3		46.5
69	下颌联合高			50.0	57.0		53.5
71a	下颌枝最小宽	L	28.7	32.2	35.7		32.2
		R	29.3	31.8	33.3		94.4
	下颌体高－臼齿位	L	29.0	22.2	25.8		25.67
		R	28.8	24.0	27.0		26.6
	下颌体厚－臼齿位	L	12.7	15.0	17.8		15.17
		R	13.4	15.6	16.8		15.27
	鼻骨长 n－rhi				23.1		23.1
	鼻尖齿槽长 rhi－pr				44.0		44.0
	额角 n－b FH			62	64		63
32	额倾角 n－m FH			91			91
	额倾角 g－m FH			85			85
	前囟角 g－b FH			57			57
72	面角 n－pr FH			94			94
73	鼻面角 n－ns FH						
74	齿槽面角 ns－pr FH						
75	鼻尖角 n－rhi FH						
	颧上颌角 zml－ss－zml			117.0			117.0

续附表三

马丁号	项目	M2		M3		M48		M118		平均值	
77	鼻颧角 fmo－n－fmo			139.0		150.0				144.5	
75－1	鼻骨角					20.0				20.0	
8：1	颅指数	74.10		77.18		77.84		79.51		77.16	
17：1	颅长高指数			72.59		75.27				73.93	
17：8	颅宽高指数			94.06		96.69				95.38	
54：55	鼻指数			47.66		62.88				55.27	
	鼻根指数			18.65		35.71				27.18	
52：51	眶指数 L			84.77						84.77	
	R			84.62		85.27				84.95	
48：17	垂直颅面指数 pr/sd			46.60	48.06	48.55	50.56			47.58	49.31
48：45	上面指数 pr/sd										
47：45	全面指数										
48：46	中面指数 pr/sd			69.09	71.25					69.09	71.25
40：5	面突指数			96.22		103.55				99.89	
9：8	额宽指数	69.16		66.86		61.90				65.97	
63：62	腭指数	92.34		87.01						89.68	
61：60	齿槽弓指数	122.51		125.26		125.78				124.52	

附表四　前掌大遗址动物骨骼中混入的人骨

ID	探方	层位1	单位	层位2	种属	左/右	部位	保存状况	件数	地层或墓葬分期	备注
1654			BM4	填土	人		头骨	碎块	3	商代晚期	
1655			BM4	填土	人	左	下颌骨	M1	1	商代晚期	
1656			BM4	填土	人	右	上颌骨		1	商代晚期	
1657			BM4	填土	人		盆骨	碎块	1	商代晚期	
1658			BM4	填土	人		肢骨		5	商代晚期	
6976			BM4	二层台	人		头骨	碎块	1	商代晚期	
1722			M129		人		头骨	碎块	3	商代晚期	
1894			M206	填土	人		脊椎		5	西周早期早段	
1895			M206	填土	人	右	尺骨		2	西周早期早段	
1896			M206	填土	人	左	尺骨		1	西周早期早段	
1897			M206	填土	人		寰椎		1	西周早期早段	
1898			M206	填土	人		下颌骨	下颌支	1	西周早期早段	
1899			M206	填土	人		跟骨		1	西周早期早段	
1900			M206	填土	人		趾骨		1	西周早期早段	
1901			M206	填土	人			碎块	6	西周早期早段	
1902			M206	填土	人		游离齿		1	西周早期早段	
1916			M206	填土	人		寰椎		1	西周早期早段	朱砂痕迹
6193			M214		人			碎块	1	商代晚期	
7051			M201	北二层台上	人		锁骨		1	西周早期早段	
7052			M201	北二层台上	人		腓骨		1	西周早期早段	
7468			M208		人		盆骨		1		
2053	T1001	3			人	右	桡骨		1	西周早期	
2054	T1001	3			人		肱骨	远端	2	西周早期	
2055	T1001	3			人		头骨	碎块	2	西周早期	
2728	T1001	2			人		肱骨	骨干	1	西周早期	
3855	T1001	2			人		头骨	碎块	1	西周早期	
3856	T1001	2			人		肢骨		3	西周早期	
2164	T1002	2			人	左	尺骨		1	西周早期	儿童
2165	T1002	2			人		桡骨	骨干	1	西周早期	远端未愈合
2166	T1002	2			人		盆骨	髂骨	1	西周早期	
2167	T1002	2			人		跖骨		2	西周早期	

续附表四

ID	探方	层位1	单位	层位2	种属	左/右	部位	保存状况	件数	地层或墓葬分期	备注
2168	T1002	2			人		指骨		1	西周早期	
2169	T1002	2			人		尺骨	骨干	1	西周早期	
3758	T1002	2			人		肢骨		1	西周早期	
3759	T1002	2			人		肩胛骨	未愈合	1	西周早期	
4781	T1002	2			人		股骨	股骨头	1	西周早期	
4782	T1002	2			人		跖骨		2	西周早期	
4783	T1002	2			人		尺骨	骨干	1	西周早期	
21	T1120		M30		人		游离齿	M	1	西周早期早段	
438	T1317	5			人	左	肱骨	远端	1	商代晚期	
439	T1317	5			人		股骨	股骨头	1	商代晚期	
2769	T1318	5			人		脊椎		1	商代晚期	
2770	T1318	5			人	右	桡骨	远端	1	商代晚期	
3524	T1319	4			人		股骨	股骨头	1	西周早期	
4670	T1319	4			人		头骨	碎块	7	西周早期	
2230	BT1422		BM3	填土	人	左	股骨	近端	1	西周早期早段	
2231	BT1422		BM3	填土	人	左	肱骨	远端	1	西周早期早段	
2232	BT1422		BM3	填土	人	右	股骨	近端	1	西周早期早段	
2233	BT1422		BM3	填土	人		股骨	骨干	2	西周早期早段	
2234	BT1422		BM3	填土	人		腓骨	骨干	2	西周早期早段	
2235	BT1422		BM3	填土	人		胫骨	骨干	1	西周早期早段	
2236	BT1422		BM3	填土	人		盆骨	碎块	3	西周早期早段	
2237	BT1422		BM3	填土	人		肢骨	骨干	1	西周早期早段	
2238	BT1422		BM3	填土	人		下颌骨		2	西周早期早段	
2239	BT1422		BM3	填土	人		上颌骨		2	西周早期早段	
2240	BT1422		BM3	填土	人		脊椎		7	西周早期早段	
2241	BT1422		BM3	填土	人		头骨	碎块	6	西周早期早段	
2242	BT1422		BM3	填土	人	右	距骨		1	西周早期早段	
2243	BT1422		BM3	填土	人		锁骨		1	西周早期早段	
2244	BT1422		BM3	填土	人		跖骨		7	西周早期早段	
2245	BT1422		BM3	填土	人		枢椎		1	西周早期早段	
2246	BT1422		BM3	填土	人			碎块	13	西周早期早段	

续附表四

ID	探方	层位1	单位	层位2	种属	左/右	部位	保存状况	件数	地层或墓葬分期	备注
3727	T1516	2下	乱葬坑		人		盆骨	碎块	2	西周早期	
3728	T1516	2下	乱葬坑		人		尺骨	骨干	1	西周早期	
3729	T1516	2下	乱葬坑		人		指骨		3	西周早期	
4397	T1517	2			人		腓骨		1	东周	
4398	T1517	2			人		髌骨		1	东周	
4399	T1517	2			人		跖骨		1	东周	
6087	T1616	灰层			人		头骨	碎块	1		灼痕
4130	BT1624		M	填土	人	左	距骨		1		
4131	BT1624		M	填土	人	右	距骨		1		
4132	BT1624		M	填土	人	左	桡骨	近端	1		
4133	BT1624		M	填土	人	右	桡骨	近端	1		
4134	BT1624		M	填土	人	左	跟骨		1		
4135	BT1624		M	填土	人	右	跟骨		1		
4136	BT1624		M	填土	人		跖骨		7		
4137	BT1624		M	填土	人		胫骨	骨干	1		
4138	BT1624		M	填土	人		桡骨	远端	1		
4272	T714	2			人		头骨	碎块	3	东周	
4273	T714	2			人	右	距骨		1	东周	
4274	T714	2			人		桡骨	近端	1	东周	
4275	T714	2			人		盆骨	碎块	1	东周	
4276	T714	2			人		跖骨		1	东周	
3376	T803	5			人		肱骨	骨干	1	商代晚期	
3377	T803	5			人		头骨	碎块	2	商代晚期	
6648	BT2816		M215	腰坑	人		肢骨		1	商代晚期	
6143	T814	2			人		肢骨		6	东周	
6144	T814	2			人		脊椎		1	东周	
6145	T814	2			人		尺骨	骨干	2	东周	
6146	T814	2			人	右	距骨		1	东周	
6147	T814	2			人		股骨	远端	1	东周	
6148	T814	2			人		头骨	碎块	3	东周	
6149	T814	2			人		距骨		2	东周	

续附表四

ID	探方	层位1	单位	层位2	种属	左/右	部位	保存状况	件数	地层或墓葬分期	备注
6150	T814	2			人		桡骨	近端	1	东周	
4555	T819	5			人		肱骨	远端	1	商代晚期	
1413	T820	5			人		游离齿	I	1	商代晚期	
3320	T820	4			人		头骨	碎块	1	商代晚期	
2346	T901	2			人		脊椎		3	东周	
2347	T901	2			人		股骨	远端	1	东周	
2348	T901	2			人		盆骨	碎块	1	东周	朱砂痕迹
2349	T901	2			人		股骨	骨干	1	东周	
2350	T901	2			人		腓骨	骨干	1	东周	
4315	T709		H15		人		头骨	碎块	3	西周早期	
4316	T709		H15		人		上颌骨		1	西周早期	
2634	北地		BM4	填土	人	右	桡骨	完整	1	西周早期早段	
2635	北地		BM4	填土	人		下颌骨	完整	1	西周早期早段	
2636	北地		BM4	填土	人		头骨	碎块	2	西周早期早段	
2637	北地		BM4	填土	人	右	股骨	骨干	1	西周早期早段	
2638	北地		BM4	填土	人		股骨	骨干	2	西周早期早段	
2639	北地		BM4	填土	人		胫骨	骨干	1	西周早期早段	朱砂痕迹
2640	北地		BM4	填土	人		股骨	股骨头	1	西周早期早段	

前掌大遗址出土动物骨骼研究报告

袁靖　杨梦菲

　　考古工作者在发掘前掌大遗址时基本上按照出土单位收集了贝类和脊椎动物骨骼，并对它们进行了清洗。这为我们开展动物考古学研究提供了很好的条件。我们在整理时的程序为对这些贝类和脊椎动物骨骼进行种属鉴定，确定其所属的部位（包括左右），统计它们的数量，对脊椎动物的颌骨、牙齿及肢骨进行测量，观察骨骼表面有无切割等人工痕迹。在此基础上进行各种统计和分析。我们在鉴定时的对照标本是中国社会科学院考古研究所考古科技中心动物标本室的标本，同时也参考了一些中外文的动物骨骼图谱[1]。

　　前掌大遗址出土的贝类共计5056块，脊椎动物骨骼共计6855块，它们的保存状态都比较好。但是其中有一批哺乳动物骨骼因为过于破碎，缺乏明显的特征，我们无法明确鉴定其种属或部位，只能将其归入大型哺乳动物或中型哺乳动物。其中大型哺乳动物685块，中型哺乳动物3969块，共计4654块，约占全部脊椎动物骨骼总数的67.89%。

　　以下按照整理结果、讨论等两个方面分别报告。

一　整理结果

　　整理结果分为种属鉴定、骨骼形态观察和测量、切割痕迹、数量统计、墓葬中出土的动物状况、殉兽坑和车马坑出土动物状况等六个方面。

（一）种属鉴定

无脊椎动物　Invertebrate
　腹足纲　Gastropoda
　　中腹足目　Mcsogastropoda
　　　田螺科　Viviparidae
　　　　中国圆田螺　*Cipangopaludina chinedsis*（Gray）

---

[1] a.B.格罗莫娃著，刘后贻等译：《哺乳动物大型管状骨检索表》，科学出版社，1960年。b.中国科学院古脊椎动物与古人类研究所《中国脊椎动物化石手册》编写组编：《中国脊椎动物化石手册》，科学出版社，1979年。c.伊丽莎白·施密德著，李天元译：《动物骨骼图谱》，中国地质大学出版社，1992年5月。d.Bimon Hillson, 1992, Mammal Bones and Teeth. Institute of Archaeology University College London.

宝贝科　Cypraeidae

瓣鳃纲　Lamellibranchia

真辨鳃目　Eulamellibranchia

蚌科　Unionidae

圆顶珠蚌　*Unio douglasae*（Gray）

中国尖嵴蚌　*Acuticosta chinensis*（Lea）

鱼尾楔蚌　*Cuneopsis pisciculus*（Heude）

楔蚌　*Cuneopsis* sp.

三角帆蚌　*Hyriopsis cumingii*（Lea）

矛蚌　*Lanceolaria* sp.

射线裂脊蚌　*Schistadesmus lampreyanus*（Baird et Adams）

洞穴丽蚌　*Lamprotula*（*Sinolaprotula*）*caveata*（Heude）

细纹丽蚌　*Lamprotula*（*Lamprotula*）*fibrosa*（Heude）

多瘤丽蚌　*Lamprotula*（*Scriptolamprotula*）cf. *polysticta*（Heude）

细瘤丽蚌　*Lamprotula*（*Scriptolamprotula*）*microscicta*（Heude）

白河丽蚌　*Lamprotula*（*Parunio*）*paihoensis* King

林氏丽蚌　*Lamprotula*（*Sinolamprotula*）*lini*（Liu, Zhang et Wang）

丽蚌　*Lamprotula* sp.

无齿蚌　*Anodonta* sp.

异齿亚目　Heterodonta

蚬科　Corbiculidae

蚬　*Corbicula* sp.

帘蛤科　Veneridae

文蛤　*Meretrix meretrix*（Linnaeus）

脊椎动物 Vertebrate

鱼纲　Pisces

硬骨鱼纲　Osteichthyes

骨鳔目　Ostariophysi

鲤科　Cyprinidae

爬行纲　Reptilia

龟鳖目　Chelonia

龟科　Testudinidae

鳖科　Trionychidae

鸟纲　Aves

哺乳纲　Mammalia

　兔形目　Lagomorpha

　　兔科　Leporidae

　　　兔　*Lepus* sp.

　食肉目　Carnivora

　　犬科　Canidae

　　　狗　*Canis familiaris* L.

　　　貉　*Nyctereutes procyonoides*（Gray）

　　熊科　Ursidae

　奇蹄目　Perissodactyla

　　马科　Equidae

　　　马　*Equus* sp.

　偶蹄目　Artiodactyla

　　猪科　Suidae

　　　家猪　*Sus scrofa domesticus* Brisson

　　鹿科　Cervidae

　　　獐　*Hydropotes inermis* Swinhoe

　　　麋鹿　*Elaphurus davidianus* Milne－Edwards

　　　梅花鹿　*Cervus nippon* Temminck

　　牛科　Bovidae

　　　黄牛　*Bos* sp.

　　　绵羊　*Ovis* sp.

　　前掌大遗址出土动物有贝类 19 种，分别为宝贝，中国圆田螺（图一，2；图版二一七，2），圆顶珠蚌（图一，6；图版二一七，6），中国尖嵴蚌（图二，5；图版二一八，5），鱼尾楔蚌（图二，1；图版二一八，1），楔蚌（图三，2；图版二一九，2），三角帆蚌（图三，1；图版二一九，1），矛蚌（图一，5；图版二一七，5），射线裂脊蚌（图三，3；图版二一九，3），洞穴丽蚌（图二，3；图三，8；图版二一八，3；图版二一九，8），细纹丽蚌（图二，4；图版二一八，4），多瘤丽蚌（图一，1；图版二一七，1），细瘤丽蚌（图一，3；图版二一七，3），白河丽蚌（图二，6；图版二一八，6），林氏丽蚌（图三，4；图版二一九，4），丽蚌，无齿蚌（图三，5；图版二一九，5），蚬（图一，4；图版二一七，4），文蛤（图二，2；图版二一八，2）；鲤鱼科 1 种（图四，1；图版二二〇，1）；爬行动物 3 种，1 为龟（图三，7；图版二一九，7），1 为小型鳖（图三，6；图版二一九，6），1 为大型鳖（图四，4；图版二二〇，4）；鸟 1 种（图四，5；图版二二〇，5）；哺乳动物 13 种，分别为兔（图七，6；图版二二二，4），狗（图五，1、2；图版二二一，1），貉（图四，7；图版二二〇，7），熊（图七，3；彩版一三，1~3），小型食肉动物（图四，6；图七，7；图版二二〇，6），马（图六，4、5；图版二二二，3），猪（图四，2；图六，1；图版二二〇，2），獐（图七，5；图版二二二，5），麋鹿（图五，3；图七，2；图版二二一，3；图版二二二，2），梅花鹿（图四，3；图版二二〇，3），小型鹿科（图六，2；图版二二一，2），黄牛（图六，3；图版二二一，4），绵羊（图七，1；图版二二二，1）等，共计35种。

（二）骨骼形态观察和测量

我们对全部动物骨骼都进行了观察和测量，在此一并叙述。这里需要说明的是虽然考古工作者按照前掌大遗址的地层、人工遗迹和遗物将该遗址的文化堆积具体分为商代晚期、西周早期早段、西周早期晚段和东周四个时期，但是我们在整理动物骨骼时发现关于西周早期早段和晚段的一些记录不够完整，无法全部进行区分。因此我们在这里描述时将全部属于西周早期的动物骨骼放在一起，统称为西周早期。

1. 狗

狗头骨的观察和测量数据见表一至表五，其他肢骨的测量结果如下。

（1）寰椎

商代晚期宽测量6件，最大值76.79、最小值62.79、平均值70.69，高测量12件，最大值26.30、最小值22.82、平均值24.70毫米。西周早期宽测量5件，最大值77.41、最小值63.02、平均值72.94，高测量13件，最大值28.19、最小值20.09、平均值24.73毫米。东周测量1件，宽81.15、高25.92毫米。

（2）肩胛骨

商代晚期长测量22件，最大值29.40、最小值21.79、平均值25.21，宽测量21件，最大值19.89、最小值13.59、平均值16.21毫米，全长测量1件，98.53毫米。西周早期长测量31件，最大值31.33、最小值22.52、平均值26.07，宽测量31件，最大值20.36、最小值14.13、平均值16.78，全长测量1件，85.92毫米。东周测量2件，第1件宽18.73，第2件长27.91、宽16.98毫米。

（3）肱骨

商代晚期近端测量21件，长的最大值35.46、最小值17.83、平均值25.82，宽的最大值41.28、最小值22.47、平均值32.41，远端测量21件，长的最大值35.14、最小值23.78、平均值27.89，宽测量20件，最大值25.78、最小值19.38、平均值22.07，全长测量14件，最大值178.64、最小值127.22、平均值149.31毫米。西周早期近端长测量31件，最大值29.97、最小值20.83、平均值25.95，宽测量33件，最大值37.83、最小值22.11、平均值34.04，远端长测量35件，最大值34.75、最小值23.97、平均值27.94，远端宽测量33件，最大值32.28、最小值18.10、平均值22.46，全长测量23件，最大值197.59、最小值132.88、平均值150.86毫米。东周远端测量2件，第1件长35.03、宽

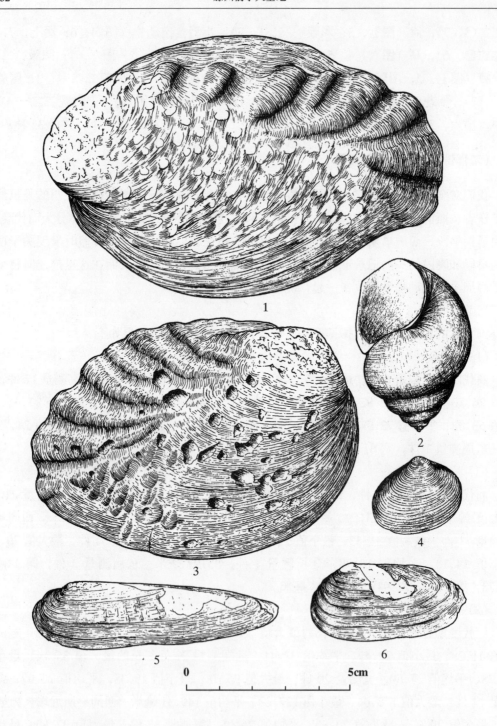

图一　前掌大遗址出土贝壳

1. 多瘤丽蚌（T820⑤）　2. 中国圆田螺（T513⑤）　3. 细瘤丽蚌（T1517③）　4. 蚬（J4）

5. 矛蚌（T1025②）　6. 圆顶珠蚌（T1320⑤）

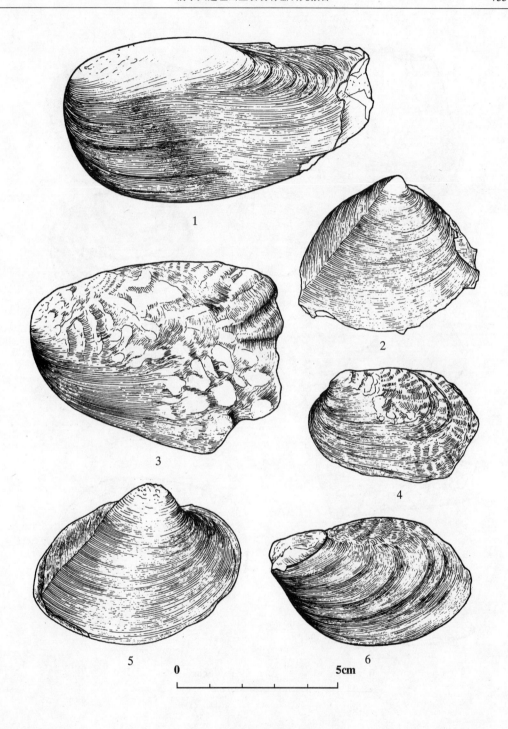

图二　前掌大遗址出土贝壳

1. 鱼尾楔蚌（T1319④）　2. 文蛤（T814②）　3. 洞穴丽蚌（T1317⑤）　4. 细纹丽蚌（T1002②）

5. 中国尖嵴蚌（T513⑤）　6. 白河丽蚌（H8）

图三　前掌大遗址出土贝壳及爬行动物

1. 三角帆蚌（T1920④）　2. 楔蚌（H2）　3. 射线裂脊蚌（H22①）　4. 林氏丽蚌（T1616③）

5. 无齿蚌（J4）　6. 小型鳖背甲（T1319④）　7. 龟背甲（T1319④）　8. 洞穴丽蚌（H8）

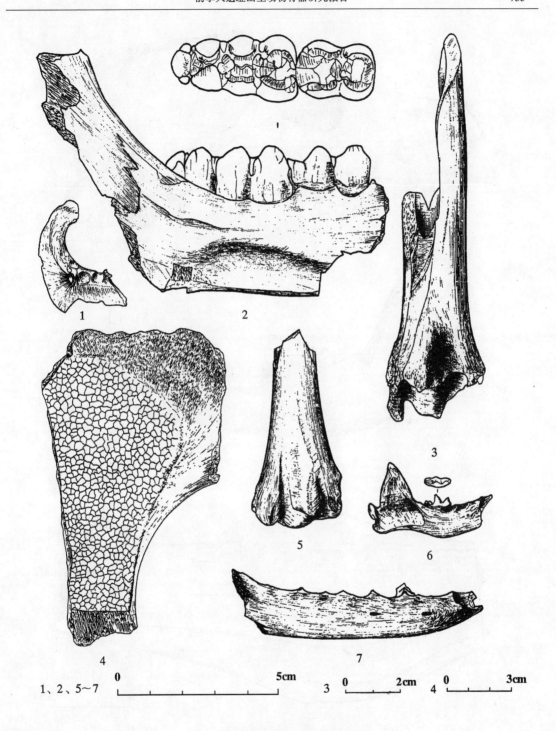

图四　前掌大遗址出土脊椎动物

1. 鱼咽齿（H4）　2. 猪左下颌骨（T1002④）　3. 梅花鹿右胫骨远端（BM4）　4. 大型鳖背甲（T1320④）　5. 鸟肱骨远端（T1319④）　6. 小型食肉动物右下颌（BM3）　7. 貉右下颌（T1516③）

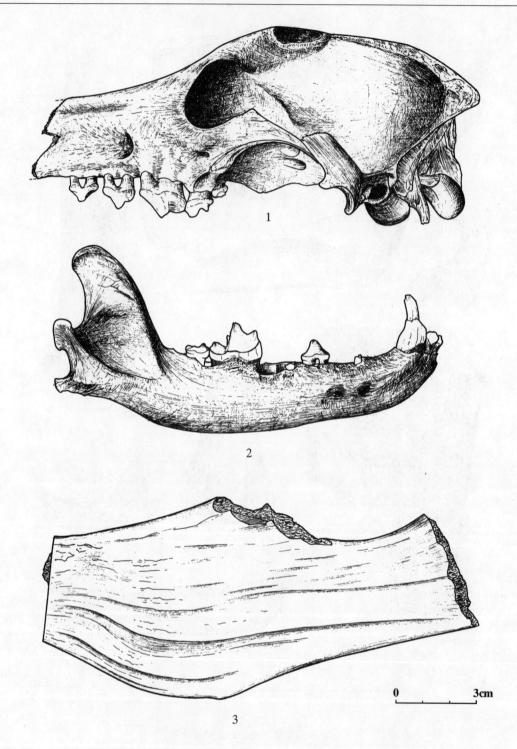

0　　　　　3cm

图五　前掌大遗址出土脊椎动物

1. 狗头骨（M15）　2. 狗右下颌骨（M15）　3. 麋鹿角残块（T803⑤）

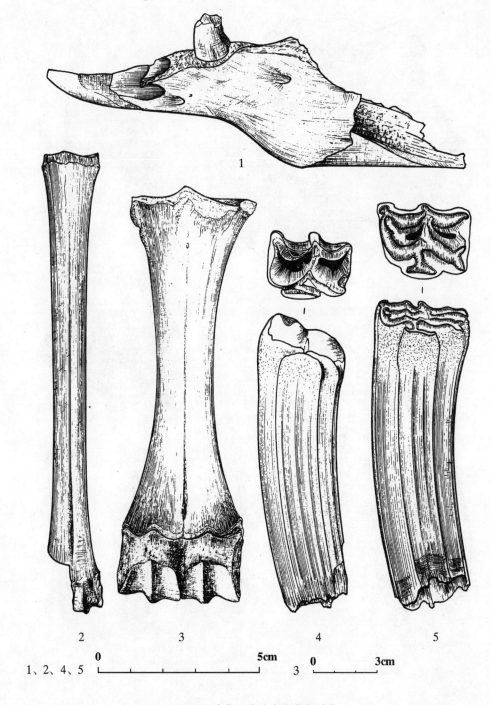

1、2、4、5

0 ————————————— 5cm

3 0 ————— 3cm

图六　前掌大遗址出土脊椎动物

1.猪下颌联合部（T1002④）　2.小型鹿科动物掌骨（BM4）　3.黄牛掌骨（BM3）

4.马游离左上臼齿（SK4）　5.马游离左上臼齿（SK4）

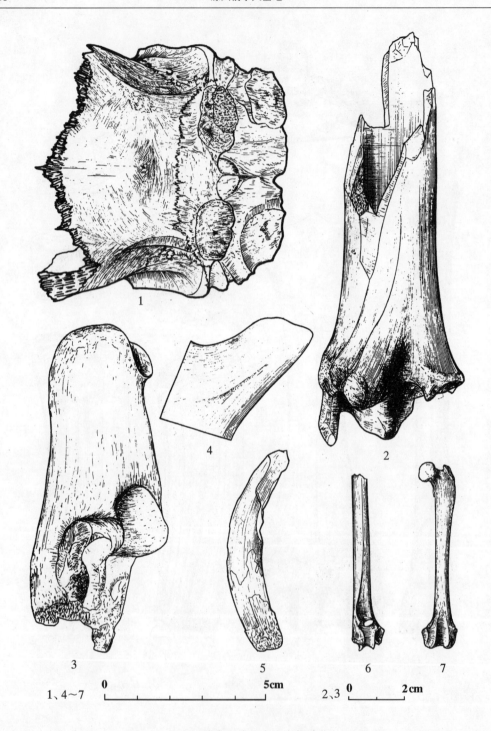

图七 前掌大遗址出土脊椎动物

1. 绵羊头骨（T819④） 2. 麋鹿右胫骨远端（BM4） 3. 熊左跟骨（H2） 4. 鹿角切割残块（T803⑤） 5. 獐上犬齿（T814②） 6. 兔肱骨远端（T1516③） 7. 小型食肉动物左股骨（T1516③）

27.84，第 2 件长 26.76、宽 20.69 毫米。

（4）尺骨

商代晚期全长测量 4 件，最大值 174.53、最小值 155.97、平均值 162.24 毫米。西周早期全长测量 4 件，最大值 169.21、最小值 146.66、平均值 160.59 毫米。

（5）桡骨

商代晚期近端长测量 12 件，最大值 17.82、最小值 13.65、平均值 15.57，宽测量 13 件，最大值 12.22、最小值 9.20、平均值 10.64，远端测量 19 件，长的最大值 25.44、最小值 16.59、平均值 20.28，宽测量 19 件，最大值 18.38、最小值 10.17、平均值 12.61，全长测量 9 件，最大值 157.44、最小值 135.29、平均值 143.76 毫米。西周早期近端测量 24 件，长的最大值 20.74、最小值 13.93、平均值 16.30，宽的最大值 13.99、最小值 9.66、平均值 11.26，远端长测量 29 件，最大值 23.34、最小值 13.99、平均值 20.60，宽测量 28 件，最大值 17.01、最小值 9.28、平均值 12.57，全长测量 20 件，最大值 160.90、最小值 132.69、平均值 146.35 毫米。

（6）股骨

商代晚期近端测量 11 件，长的最大值 37.15、最小值 28.89、平均值 33.07，宽的最大值 19.71、最小值 14.45、平均值 16.46，远端长测量 14 件，最大值 30.29、最小值 24.63、平均值 27.35，宽测量 13 件，最大值 32.70、最小值 23.73、平均值 29.25，全长测量 10 件，最大值 193.87、最小值 150.67、平均值 164.02 毫米。西周早期近端测量 22 件，长的最大值 37.17、最小值 25.66、平均值 33.90，宽的最大值 30.80、最小值 14.85、平均值 17.68，远端长测量 28 件，最大值 33.51、最小值 23.11、平均值 27.81，宽测量 29 件，最大值 36.51、最小值 18.19、平均值 28.59，全长测量 18 件，最大值 185.90、最小值 147.34、平均值 165.09 毫米。东周近端测量 1 件，长 34.50、宽 16.21 毫米。

（7）胫骨

商代晚期近端长测量 13 件，最大值 32.32、最小值 17.34、平均值 27.96，宽测量 12 件，长的最大值 36.07、最小值 13.16、平均值 28.03，远端测量 15 件，长的最大值 27.53、最小值 18.34、平均值 21.70，宽的最大值 28.89、最小值 13.97、平均值 17.06，全长测量 11 件，最大值 190.18、最小值 147.47、平均值 162.32 毫米。西周早期近端长测量 27 件，最大值 35.49、最小值 21.88、平均值 29.39，宽测量 25 件，最大值 36.97、最小值 21.70、平均值 30.56，远端测量 27 件，长的最大值 23.62、最小值 17.45、平均值 20.26，宽的最大值 18.72、最小值 13.13、平均值 15.51，全长测量 20 件，最大值 186.50、最小值 145.46、平均值 164.93 毫米。东周近端测量 2 件，第 1 件长 33.46、宽 32.35，第 2 件长 27.77、宽 30.79，远端测量 4 件，长的最大值 22.19、最小值 18.53，平均值 20.38，宽的最大值 16.73、最小值 13.32、平均值 15.27 毫米。

（8）腓骨

商代晚期全长测量1件，166.32毫米。西周早期全长测量1件，152.69毫米。

（9）跟骨

商代晚期长测量8件，最大值43.54、最小值34.92、平均值38.64，高测量9件，最大值18.59、最小值14.09、平均值16.43，宽测量9件，最大值16.53、最小值13.36、平均值14.44毫米。西周早期长测量11件，最大值42.65、最小值36.25、平均值39.87，高测量10件，最大值20.36、最小值16.47、平均值17.78，宽测量10件，最大值15.92、最小值13.36、平均值14.92毫米。

（10）距骨

商代晚期测量5件，长的最大值26.24、最小值22.29、平均值24.81，宽的最大值17.44、最小值10.81、平均值14.77毫米。西周早期测量7件，长的最大值26.05、最小值22.83、平均值24.53，宽测量8件，最大值18.15、最小值14.25、平均值15.81毫米。

2. 熊

西周早期的熊头骨一个，未见下颌骨。上颌骨前端被很整齐地切割，故没有吻部和门齿。左、右上颌骨均保存 $M^1 - M^3$。加工时沿头骨的冠状面切割，专门切割成半圆形，并对颅腔内进行打磨和修整，力求使之与头骨表面一样光滑。

3. 猪

猪头骨的观察和测量数据见表六至表一三，测量点参考图八，其他肢骨的测量结果如下。

（1）寰椎

商代晚期长测量9件，最大值91.57、最小值51.62、平均值80.19，宽测量17件，最大值62.13、最小值41.47、平均值48.82毫米。西周早期宽测量4件，最大值104.66、最小值71.38、平均值86.55，高测量13件，最大值60.98、最小值41.89、平均值49.35毫米。东周宽测量1件，89.76，高测量8件，最大值55.25、最小值44.82、平均值50.54毫米。

（2）肩胛骨

商代晚期长测量38件，最大值40.75、最小值33.33、平均值36.54，宽测量38件，最大值28.47、最小值19.11、平均值25.06毫米。西周早期长测量34件，最大值42.39、最小值30.81、平均值36.90，宽测量33件，最大值33.92、最小值21.80、平均值26.20毫米。东周长测量6件，最大值41.79、最小值37.03、平均值38.84，宽测量9件，最大值29.47、最小值23.61、平均值26.78毫米。

（3）肱骨

商代晚期近端长测量10件，最大值56.49、最小值42.49、平均值51.50，近端宽测量11件，最大值83.25、最小值41.58、平均值63.49，远端长测量50件，最大值52.29、最小值32.40、平均值39.86，远端宽测量43件，最大值53.07、最小值31.59、平均值

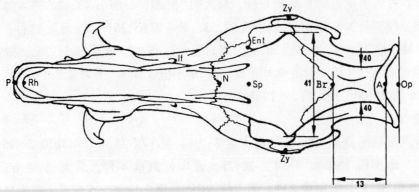

猪头骨俯视图

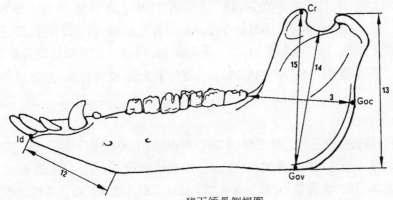

猪下颌骨侧视图

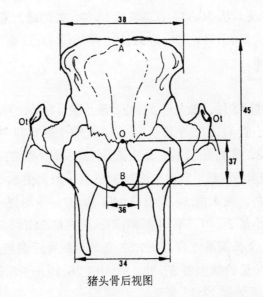

猪头骨后视图

图八 猪头骨测量点示意图

39.61 毫米。西周早期近端长测量 6 件，最大值 55.79、最小值 43.42、平均值 48.97 毫米，宽测量 9 件，最大值 73.89、最小值 58.53、平均值 65.36，远端测量 43 件，长的最大值 50.28、最小值 25.65、平均值 38.00，宽的最大值 48.42、最小值 31.26、平均值 38.27 毫米。东周远端测量 7 件，长的最大值 50.36、最小值 32.58、平均值 38.42，宽的最大值 48.81、最小值 35.00、平均值 39.29 毫米。

（4）桡骨

商代晚期近端测量 17 件，长的最大值 36.96、最小值 23.62、平均值 28.95，宽的最大值 25.77、最小值 16.28、平均值 20.28，远端长测量 4 件，最大值 42.62、最小值 31.40、平均值 37.75，宽测量 2 件，第 1 件 28.95、第 2 件 27.25 毫米。西周早期近端长测量 27 件，最大值 36.21、最小值 24.18、平均值 29.93，宽测量 26 件，最大值 24.80、最小值 18.56、平均值 21.40，远端测量 5 件，长的最大值 39.67、最小值 30.74、平均值 34.95，宽的最大值 29.24、最小值 24.07、平均值 26.26 毫米。东周近端测量 5 件，长的最大值 31.63、最小值 24.71、平均值 28.22，宽的最大值 22.45、最小值 17.96、平均值 20.35 毫米。

（5）股骨

商代晚期近端长测量 5 件，最大值 68.21、最小值 55.53、平均值 61.24，宽测量 6 件，最大值 35.51、最小值 28.50、平均值 32.67，远端长测量 21 件，最大值 60.21、最小值 38.07、平均值 46.18，宽测量 19 件，最大值 68.81、最小值 43.80、平均值 57.31 毫米。西周早期近端测量 5 件，长的最大值 75.89、最小值 60.06、平均值 69.59，宽的最大值 38.39、最小值 30.43、平均值 36.37，远端测量 16 件，长的最大值 58.79、最小值 39.73、平均值 47.88，宽的最大值 73.71、最小值 51.28、平均值 60.93 毫米。东周远端测量 1 件，长 46.96、宽 58.95 毫米。

（6）胫骨

商代晚期近端长测量 15 件，最大值 56.43、最小值 44.36、平均值 51.00，宽测量 14 件，最大值 52.57、最小值 41.27、平均值 44.67，远端长测量 24 件，最大值 56.60、最小值 24.42、平均值 30.68，宽测量 22 件，最大值 36.25、最小值 22.95、平均值 26.50，全长测量 1 件，179.41 毫米。西周早期近端长测量 16 件，最大值 61.20、最小值 45.45、平均值 52.41，宽测量 4 件，最大值 54.53、最小值 39.07、平均值 47.12，远端长测量 30 件，最大值 45.92、最小值 26.97、平均值 30.49，宽测量 31 件，最大值 42.01、最小值 24.30、平均值 27.50，全长测量 1 件，183.83 毫米。东周近端测量 1 件，长 49.83、宽 43.68，远端测量 7 件，长的最大值 37.76、最小值 28.19、平均值 30.63，宽的最大值 33.18、最小值 23.94、平均值 27.15 毫米。

（7）跟骨

商代晚期长测量 6 件，最大值 90.70、最小值 75.68、平均值 83.19，高测量 16 件，最大值 36.35、最小值 26.56、平均值 30.76，宽测量 15 件，最大值 25.71、最小值 18.75、平均值 22.38 毫米。西周早期长测量 6 件，最大值 102.66、最小值 85.75、平均值 92.62，高测量 13 件，最大值 38.05、最小值 23.19、平均值 32.72，宽测量 14 件，最大值 27.68、最小值 16.92、平均值 23.28 毫米。东周测量 2 件，第 1 件高 27.45、宽 20.58，第 2 件高 37.62、宽 27.30 毫米。

（8）距骨

商代晚期测量 3 件，长的最大值 48.42、最小值 37.12、平均值 42.19，宽的最大值 28.53、最小值 23.56、平均值 25.25 毫米。西周早期长测量 3 件，最大值 42.79、最小值 40.47、平均值 41.77，宽测量 4 件，最大值 24.65、最小值 23.94、平均值 24.25 毫米。东周测量 1 件，长 39.55、宽 22.72 毫米。

（9）第 4 掌骨

商代晚期测量 4 件，最大值 80.95、最小值 68.92、平均值 74.21 毫米。

（10）第 3 节趾骨

商代晚期测量 1 件，长 29.95 毫米。

4．鹿科

这里有三点需要说明，一是我们在鉴定时将鹿科动物分为麋鹿、梅花鹿和小型鹿科三种，以下分别叙述。二是全部鹿科头骨的测量数据不多，我们将其和肢骨的测量结果放在一起叙述。三是在鉴定时发现獐牙，我们在罗列动物种属时有獐。但是依据观察小型鹿科的下颌和肢骨特征，我们无法确定它们具体属于何种鹿科动物，故一并称之为小型鹿科。

（1）麋鹿

A．下颌骨

商代晚期出土左下颌 1 块，残存 P_2、P_3，P_2 前为 20.57 毫米。

B．肩胛骨

商代晚期测量 2 件，第 1 件长 44.42、宽 34.60，第 2 件宽 42.41 毫米。

C．肱骨

西周早期测量近端 1 件，长 58.13、宽 67.94 毫米。

D．桡骨

商代晚期近端 1 件，长 61.15、宽 30.27 毫米。西周早期近端测量 1 件，长 59.24、宽 31.39 毫米。

E．股骨

商代晚期近端 1 件，长 62.03、宽 29.76，远端测量 1 件，长 57.59、宽 70.39 毫米。西周早期远端长测量 1 件，值为 50.67，宽测量 3 件，最大值 68.10、最小值 65.71、平均值 66.76 毫米。

F．胫骨

商代晚期远端1件，长55.49、宽42.39毫米。西周早期远端测量3件，长的最大值58.73、最小值52.79、平均值56.36，宽的最大值46.01、最小值39.85、平均值42.90毫米。

G. 跟骨

西周早期测量1件，长129.79、高51.43、宽37.79毫米。东周测量2件，第1件长131.72、高51.76、宽42.96，第2件长125.48、高48.80、宽38.76毫米。

H. 距骨

西周早期测量3件，长的最大值68.27、最小值61.33、平均值64.39，宽的最大值42.02、最小值40.38、平均值41.00毫米。东周测量1件，长64.03、宽43.68毫米。

I. 跖骨

西周早期测量近端1件，长43.12、平均值42.79毫米。

（2）梅花鹿

A. 下颌骨

商代晚期出土左下颌骨2块。1块残存 P_2 - M_3。P_2 前为19.87，M_1 前为24.09，P_2 - M_3 为102.82，P_2 - P_4 为40.02，M_1 - M_3 为61.75，M_1 长15.79、宽10.37，M_2 长18.61、宽11.51，M_3 长27.82、宽11.78毫米。另1块残存 P_3 - M_2，M_2 长17.85、宽10.78毫米。

B. 寰椎

商代晚期1件，高48.16毫米。

C. 肩胛骨

商代晚期1件，长40.78、宽27.92毫米。西周早期测量2件，第1件长45.87、宽28.78，第2件长42.18毫米。东周测量1件，宽30.27毫米。

D. 肱骨

商代晚期远端3件，长的最大值39.57、最小值37.88、平均值38.62，宽的最大值39.09、最小值31.85、平均值36.21毫米。西周早期远端长测量6件，最大值41.91、最小值35.44、平均值39.28，宽测量5件，最大值37.41、最小值32.06、平均值35.93毫米。

E. 桡骨

商代晚期远端测量2件，第1件长34.60、宽26.66，第2件长32.21、宽26.77毫米。东周测量近端2件，第1件长39.11、宽20.04，第2件宽20.97，远端测量1件，长36.29、宽27.61毫米。

F. 掌骨

西周早期远端测量1件，长31.37、宽20.82毫米。

G. 股骨

商代晚期远端2件，第1件宽51.77，第2件长53.74、宽67.05毫米。东周测量近端1件，长65.78、宽28.23毫米。

H. 胫骨

西周早期近端2件，长40.42、宽32.60，第2件宽43.01毫米。远端测量2件，第1件长38.52、宽29.52，第2件长36.79、宽27.97毫米。东周测量远端1件，长39.28、宽30.05毫米。

I. 跟骨

商代晚期测量1件，长90.17、高31.11、宽23.17毫米。西周早期测量2件，第1件长95.60、高34.78、宽28.48毫米。第2件宽26.93毫米。东周测量1件，长82.51、高30.89、宽23.33毫米。

J. 距骨

西周早期测量1件，长49.36、宽29.22毫米。

K. 跖骨

西周早期远端测量1件，长33.07、宽22.76毫米。东周测量近端1件，长28.98、宽30.49毫米。

L. 第1节趾骨

商代晚期测量1件，长49.64毫米。

(3) 小型鹿科

A. 下颌骨

商代晚期出土右下颌骨1块，残存 $M_1 - M_3$，M_1 长8.56、宽6.86，M_2 长9.51、宽7.66，M_3 长14.22、宽7.46毫米。西周早期出土右下颌骨1块，左下颌骨2块。右下颌骨为齿隙，P_2 前为13.03毫米。左下颌骨1块残存 $P_2 - M_3$，P_2 前为15.24，M_1 前为15.16，M_3 后为19.37，$P_2 - M_3$ 为51.38，$P_2 - P_4$ 为20.72，$M_1 - M_3$ 为30.51毫米。另1块残存 P_4、M_1 和萌出中的 M_3，M_1 长9.73、宽6.63毫米。东周出土右下颌骨1块，残存 $P_3 - M_3$，M_1 前为14.73，$M_1 - M_3$ 为33.25毫米。

B. 肩胛骨

商代晚期长测量5件，最大值25.55、最小值23.62、平均值24.82，宽测量6件，最大值17.76、最小值16.24、平均值16.88毫米。西周早期长测量7件，最大值26.09、最小值16.57、平均值23.15，宽测量8件，最大值19.06、最小值16.38、平均值17.55毫米。

C. 肱骨

商代晚期远端长测量9件，最大值34.43、最小值21.97、平均值24.92，宽测量6件，最大值25.34、最小值22.61、平均值24.15毫米。西周早期远端长测量12件，最大值26.67、最小值22.21、平均值24.10，宽测量12件，最大值25.46、最小值23.28、平均值 24.29 毫米。东周远端长测量 2 件，第 1 件 24.06、第 2 件 23.52，远端宽测量 3 件，最大值 24.58、最小值 23.40、平均值 23.93 毫米。

D. 桡骨

商代晚期近端测量 4 件，长的最大值 21.40、最小值 20.10、平均值 20.81，宽最大值 13.82、最小值 12.75、平均值 13.25，远端测量 1 件，长 19.21、宽 15.94 毫米。西周早期近端测量 6 件，长的最大值 34.94、最小值 19.89、平均值 23.32，宽的最大值 19.54、最小值 12.85、平均值 14.57，远端测量 3 件，长的最大值 21.28、最小值 19.06、平均值 20.12，宽的最大值 16.41、最小值 16.16、平均值 16.25，全长测量 2 件，第 1 件 142.45、第 2 件 135.72 毫米。东周近端测量 1 件，长 21.18、宽 13.92，远端测量 1 件，长 21.13、宽 17.29 毫米。

E. 掌骨

商代晚期近端测量 1 件，长 18.33、宽 12.32 毫米。西周早期近端测量 1 件，长 24.66、宽 17.27，远端测量 1 件，长 20.08、宽 13.21 毫米。东周近端测量 2 件，第 1 件长 19.81、宽 13.73，第 2 件长 18.26、宽 12.78 毫米。

F. 股骨

商代晚期近端测量 5 件，长的最大值 39.76、最小值 37.90、平均值 38.61，宽的最大值 19.63、最小值 17.73、平均值 18.90，远端测量 3 件，长的最大值 43.02、最小值 33.23、平均值 37.13，宽的最大值 51.45、最小值 46.30、平均值 48.37 毫米。西周早期近端测量 2 件，第 1 件长 37.93、宽 18.90，第 2 件长 41.91、宽 21.80，远端长测量 8 件，最大值 49.49、最小值 32.75、平均值 35.91，宽测量 6 件，最大值 50.64、最小值 35.97、平均值 45.35 毫米。东周近端测量 2 件，第 1 件长 40.00、宽 18.76，第 2 件长 39.50、宽 19.36，远端测量 3 件，长的最大值 36.23、最小值 34.76、平均值 35.46，宽的最大值 50.00、最小值 47.67、平均值 49.05 毫米。

G. 胫骨

商代晚期近端测量 1 件，长 31.28、宽 31.72，远端测量 6 件，长的最大值 27.85、最小值 23.32、平均值 24.67，宽的最大值 21.37、最小值 17.95、平均值 19.17 毫米。西周早期近端测量 2 件，第 1 件长 35.37、宽 35.16，第 2 件长 16.41、宽 18.04，远端测量 8 件，长的最大值 25.83、最小值 23.31、平均值 24.86，宽的最大值 20.66、最小值 18.29、平均值 19.54 毫米。东周近端测量 1 件，长 27.28，远端测量 3 件，长的最大值 24.28、最小值 21.39、平均值 23.31，宽的最大值 19.23、最小值 17.32、平均值 18.54 毫米。

H. 跟骨

商代晚期长测量 2 件，第 1 件 56.60，第 2 件 55.36 毫米，高测量 3 件，最大值 21.56、最小值 20.69、平均值 21.02，宽测量 4 件，最大值 17.96、最小值 17.08、平均值 17.44 毫米。西周早期长测量 3 件，最大值 59.26、最小值 40.45、平均值 52.36 毫米，高测量 4 件，最大值 24.64、最小值 17.42、平均值 21.11 毫米，宽测量 3 件，最大值 17.84、最小值 16.40、平均值 16.96 毫米。

I. 距骨

商代晚期长测量 4 件，最大值 27.46、最小值 25.98、平均值 26.92，宽测量 3 件，最大值 17.82、最小值 16.58、平均值 17.35 毫米。西周早期测量 2 件，第 1 件宽 17.52，第 2 件长 26.87、宽 16.30 毫米。东周测量 1 件，长 26.60、宽 16.12 毫米。

J. 跖骨

商代晚期近端测量 1 件，长 17.48、宽 17.94，远端测量 3 件，长的最大值 21.21、最小值 17.83、平均值 20.02，宽的最大值 14.41、最小值 11.87、平均值 13.52 毫米。西周早期近端测量 2 件，第 1 件长 27.51、宽 25.23，第 2 件长 17.29、宽 17.22 毫米。东周远端测量 1 件，长 21.10、宽 13.27 毫米。

5. 牛

牛头骨的观察和测量数据见表一四和表一五，其他肢骨的测量结果如下。

(1) 寰椎

商代晚期测量 1 件，高为 77.82 毫米。东周测量 1 件，高为 73.74 毫米。

(2) 肩胛骨

西周早期长测量 2 件，第 1 件值为 70.67，第 2 件 72.00 毫米，宽测量 1 件，值为 44.00 毫米。东周测量 2 件，第 1 件长 58.87、宽 40.70，第 2 件长 75.77、宽 58.30 毫米。

(3) 肱骨

商代晚期远端长测量 20 件，最大值 98.35、最小值 76.52、平均值 83.44，宽测量 15 件，最大值 87.30、最小值 71.31、平均值 79.98，全长测量 1 件，223 毫米。西周早期远端长测量 13 件，最大值 92.36、最小值 73.88、平均值 82.63，宽测量 11 件，最大值 87.75、最小值 67.07、平均值 79.02 毫米。东周近端长测量 1 件，值为 112.39，近端宽测量 2 件，第 1 件 123.95、第 2 件 123.19，远端长测量 7 件，最大值 90.38、最小值 70.24、平均值 77.57，远端宽测量 4 件，最大值 84.80、最小值 71.68、平均值 76.34，全长测量 1 件，值为 307 毫米。

(4) 桡骨

商代晚期近端测量 5 件，长的最大值 98.29、最小值 78.07、平均值 86.94，宽的最大值 50.17、最小值 36.99、平均值 43.83，远端长测量 10 件，最大值 88.54、最小值 69.25、平均值 79.99，宽测量 9 件，最大值 62.15、最小值 42.28、平均值 50.39，全长测量 1 件，241 毫米。西周早期近端测量 18 件，长的最大值 95.88、最小值 48.97、平均值 82.60，宽测量 17 件，最大值 50.81、最小值 38.04、平均值 44.89，远端长测量 14 件，最大值 89.61、最小值 68.08、平均值 78.49，宽测量 15 件，最大值 62.50、最小值 40.63、平均值 50.20，全长测量 3 件，最大值 279.00、最小值 242.76、平均值 255.59 毫米。东周近端长测量 3 件，最大值 83.62、最小值 73.24、平均值 78.53，近端宽测量 5 件，最大值 49.65、最小值 37.48、平均值 44.92，远端测量 4 件，长的最大值 83.92、最小值 76.47、平均值 81.28，宽的最大值 52.35、最小值 47.50、平均值 49.77 毫米。

（5）掌骨

商代晚期近端长测量 10 件，最大值 68.54、最小值 56.54、平均值 63.03，宽测量 11 件，最大值 41.21、最小值 33.54、平均值 38.28，远端测量 8 件，长的最大值 69.82、最小值 56.22、平均值 64.11，宽的最大值 37.67、最小值 31.38、平均值 34.91，全长测量 6 件，最大值 216、最小值 185.67、平均值 204.95 毫米。西周早期近端长测量 11 件，最大值 68.10、最小值 55.37、平均值 61.82，宽测量 15 件，最大值 46.41、最小值 31.86、平均值 37.61，远端测量 11 件，长的最大值 70.82、最小值 55.12、平均值 62.48，宽的最大值 38.02、最小值 31.97、平均值 34.02，全长测量 2 件，第 1 件 197.00，第 2 件 198.00 毫米。东周近端测量 3 件，长的最大值 63.27、最小值 59.72、平均值 61.76，宽的最大值 39.97、最小值 36.39、平均值 38.25，远端长测量 3 件，最大值 63.57、最小值 57.92、平均值 59.89，宽测量 4 件，最大值 36.20、最小值 30.77、平均值 33.45，全长测量 3 件，最大值 196、最小值 189、平均值 193.67 毫米。

（6）股骨

商代晚期近端测量 1 件，长 113.83、宽 53.84，远端长测量 1 件，值为 103.86，宽测量 1 件，值为 145.50 毫米。西周早期近端宽测量 1 件，值为 53.86，远端长测量 3 件，最大值 91.49、最小值 83.42、平均值 88.67，宽测量 6 件，最大值 124.78、最小值 117.41、平均值 120.64，全长测量 1 件，值为 195 毫米。

（7）胫骨

商代晚期近端长测量 3 件，最大值 103.14、最小值 98.38、平均值 100.71，宽测量 1 件，值为 94.86，远端长测量 6 件，最大值 76.84、最小值 61.36、平均值 66.52，宽测量 7 件，最大值 57.44、最小值 45.87、平均值 49.69 毫米。西周早期近端长测量 12 件，最大值 105.89、最小值 83.01、平均值 93.27，宽测量 5 件，最大值 88.75、最小值 70.12、平均值 77.90。远端长测量 8 件，最大值 74.49、最小值 61.29、平均值 68.39 毫米，宽测量 9 件，最大值 54.88、最小值 44.54、平均值 49.60 毫米。东周近端长测量 1 件，值为 85.86，宽测量 1 件，值为 90.08，远端测量 5 件，长的最大值 71.09、最小值 63.15、平均值 66.00，宽的最大值 50.08、最小值 45.86、平均值 47.59 毫米。

（8）跟骨

商代晚期长测量 3 件，最大值 145.33、最小值 135.81、平均值 140.62，高测量 13 件，最大值 62.51、最小值 46.47、平均值 55.17，宽测量 11 件，最大值 61.41、最小值 40.25、平均值 45.50 毫米。西周早期长测量 2 件，第 1 件 148.24，第 2 件 131.16，高测量 12 件，最大值 61.06、最小值 52.38、平均值 57.17，宽测量 13 件，最大值 49.73、最小值 41.45、平均值45.42毫米。东周测量1件，高52.15、宽40.08毫米。

（9）距骨

商代晚期长测量9件，最大值77.38、最小值67.46、平均值74.01，宽测量11件，最大值49.48、最小值43.91、平均值46.95毫米。西周早期长测量13件，最大值79.62、最小值65.47、平均值72.37，宽测量14件，最大值52.49、最小值39.45、平均值46.75毫米。东周测量1件，长67.94、宽42.95毫米。

（10）跖骨

商代晚期近端测量7件，长的最大值57.19、最小值47.41、平均值53.43，宽的最大值55.24、最小值45.33、平均值51.58，远端长测量9件，最大值64.85、最小值53.36、平均值60.41，宽测量8件，最大值37.42、最小值32.48、平均值34.63。全长测量2件，第1件236、第2件230毫米。西周早期近端长测量9件，最大值58.46、最小值45.24、平均值51.68，宽测量10件，最大值58.57、最小值43.80、平均值50.06，远端长测量8件，最大值67.42、最小值55.72、平均值60.77，宽测量9件，最大值35.94、最小值32.62、平均值34.25，全长测量1件，236毫米。东周近端测量1件，长50.08、宽49.62，远端测量2件，第1件长59.27、宽33.83，第2件长64.68、宽36.44毫米。

6. 绵羊

羊头骨的观察和测量数据见表一六和表一七，其他肢骨的测量结果如下。

（1）寰椎

商代晚期测量3件，第1件高41.55，第2件宽77.06、高43.77毫米，第3件高39.75毫米。西周早期测量2件，第1件高为32.85，第2件宽73.16、高39.14毫米。

（2）肩胛骨

商代晚期长测量8件，最大值39.90、最小值33.35、平均值37.06，宽测量12件，最大值25.80、最小值20.25、平均值22.85毫米。西周早期长测量3件，最大值38.43、最小值34.12、平均值35.71，宽测量8件，最大值27.68、最小值19.83、平均值22.29毫米。东周测量1件，宽为20.06毫米。

（3）肱骨

商代晚期近端测量1件，宽为49.98，远端长测量10件，最大值40.02、最小值30.42、平均值34.50，宽测量4件，最大值32.90、最小值28.11、平均值30.42毫米。西周早期近端测量1件，宽为54.09，远端长测量12件，最大值37.29、最小值29.86、平均值33.96，宽测量9件，最大值35.57、最小值28.47、平均值31.79毫米。

（4）桡骨

商代晚期近端长测量13件，最大值37.82、最小值27.75、平均值33.58，宽测量13件，最大值20.26、最小值16.90、平均值18.11，远端测量3件，长的最大值32.48、最小值29.36、平均值31.33，宽的最大值22.07、最小值21.16、平均值21.50毫米。全长测量 1 件，值为 168.83 毫米。西周早期近端长测量 14 件，最大值 38.79、最小值 29.51、平均值 34.50，宽测量 12 件，最大值 21.26、最小值 16.63、平均值 18.65，远端测量 4 件，长的最大值 37.94、最小值 30.08、平均值 33.38，宽测量 4 件，最大值 23.83、最小值 20.14、平均值 21.97，全长测量 2 件，第 1 件值为 167.47、第 2 件为 144.94 毫米。东周测量近端 1 件，长 38.31、宽 21.51 毫米。

（5）掌骨

商代晚期近端测量 6 件，长的最大值 27.52、最小值 24.88、平均值 25.85，宽的最大值 19.25、最小值 17.77、平均值 18.56，远端测量 3 件，长的最大值 30.93、最小值 25.18、平均值 28.01，宽的最大值 20.36、最小值 15.71、平均值 17.97，全长测量 1 件，值为 140.94 毫米。西周早期近端测量 14 件，长的最大值 38.79、最小值 29.51、平均值 34.50，宽测量 12 件，最大值 21.26、最小值 16.63、平均值 18.65，远端长测量 4 件，最大值 37.94、最小值 30.08、平均值 33.38 毫米，宽的最大值 23.83、最小值 20.14、平均值 21.97 毫米，全长测量 2 件，第 1 件值为 144.94、第 2 件 167.47 毫米。东周测量近端 1 件，长 25.47、宽 17.52 毫米。

（6）股骨

商代晚期远端测量 3 件，长的最大值 39.74、最小值 31.16、平均值 34.72 毫米，宽的最大值 45.49、最小值 39.64、平均值 41.75 毫米。西周早期远端 1 件，长 41.62、宽 55.65 毫米。

（7）胫骨

商代晚期近端长测量 5 件，最大值 42.48、最小值 35.30、平均值 36.85，宽测量 3 件，最大值 37.24、最小值 34.02、平均值 35.49，远端长测量 5 件，最大值 32.27、最小值 24.06、平均值 28.94，远端宽测量 6 件，最大值 26.34、最小值 19.65、平均值 22.47，全长测量 1 件，值为 188.50 毫米。西周早期远端长测量 4 件，最大值 28.68、最小值 24.63、平均值 27.19，宽测量 5 件，最大值 20.69、最小值 18.96、平均值 20.25 毫米。

（8）跟骨

商代晚期测量 2 件，均未愈合。第 1 件高 25.86、宽 20.31，第 2 件高 28.23、宽 20.74 毫米。

（9）距骨

商代晚期测量 1 件，长 37.81、宽 20.65 毫米。

（10）跖骨

商代晚期近端测量 8 件，长的最大值 24.34、最小值 22.48、平均值 23.35，宽的最大值 26.38、最小值 21.51、平均值 23.06，远端测量 1 件，长 30.15、宽 20.70 毫米。西周早期近端测量 5 件，长的最大值 24.49、最小值 20.42、平均值 22.33，宽的最大值 23.37、最小值 19.09、平均值 21.31，远端测量 1 件，长 24.29、宽 17.37 毫米。东周近端测量 2

件，第1件长20.40、宽19.74，第2件长26.01、宽30.22毫米。

（三）切割痕迹

在东周层出土的动物骨骼中发现有切割痕迹，主要集中在牛骨和梅花鹿角上。其中牛骨有7块，分别位于肩胛骨、桡骨的近端和远端、胫骨近端、距骨及肢骨碎块上。鹿角2块，分别位于主干与眉枝的分叉处。哺乳动物肢骨碎块6块。

（四）数量统计

我们对全部动物骨骼都按照可鉴定标本数和最小个体数这样两种方法进行统计。这里需要说明的有两点。第一点与上面叙述骨骼形态观察和测量时的理由相同，我们在进行统计时将全部属于西周早期早段和西周早期晚段的动物骨骼放在一起，统称为西周早期。第二点是这个遗址属于商代晚期～西周早期的哺乳动物骨骼可以分为地层出土和墓葬出土两大类。这显然分别反映出当时人的日常生活和死后随葬的状况。为了保证研究的科学性和全面性，我们按照地层和墓葬对这些动物骨骼进行了分类统计。而东周时期的动物骨骼均出自地层，因此作为一个单位统计。以下按照分期顺序分别叙述。

1. 可鉴定标本数

（1）全部动物

商代晚期的无脊椎动物为585，占全部动物总数的18.11%，脊椎动物为2647，占81.89%；西周早期的无脊椎动物为819，占全部动物总数的17.43%，脊椎动物为3880，占82.57%；东周的无脊椎动物为3568，占全部动物总数的88.47%，脊椎动物为465，占11.53%。

（2）无脊椎动物

商代晚期的中国尖嵴蚌为174，占全部贝类总数的29.74%；三角帆蚌为117，占20.00%；圆顶珠蚌为102，占17.44%；中国圆田螺为67，占11.45%；楔蚌为53，占9.06%；矛蚌为31，占5.30%；种属不明的蚌类为21，占3.59%；洞穴丽蚌为4，占0.68%；射线裂脊蚌、文蛤各为3，占0.51%；宝贝、多瘤丽蚌、细瘤丽蚌、丽蚌各为2，占0.34%；短褶矛蚌、林氏丽蚌各为1，占0.17%。

西周早期的圆顶珠蚌为367，占全部贝类总数的44.81%；中国尖嵴蚌为308，占37.61%；三角帆蚌为63，占7.69%；中国圆田螺为36，占4.40%；矛蚌和楔蚌均为7，各占0.85%；种属不明的蚌为11，占1.34%；多瘤丽蚌和鱼形楔蚌均为3，各占0.37%；宝贝、短褶矛蚌、白河丽蚌、细纹丽蚌和不明种属的丽蚌均为2，各占0.24%；洞穴丽蚌、射线裂脊蚌、文蛤、无齿蚌均为1，各占0.12%。

东周的中国圆田螺为1984，占全部贝类总数的55.61%；圆顶珠蚌为1362，占38.17%；中国尖嵴蚌为138，占3.87%；矛蚌为38，占1.07%；三角帆蚌为30，占

0.84%；无齿蚌 11，占 0.31%；文蛤为 3，占 0.08%，种属不明的蚬 2，占 0.06%。

（3）脊椎动物

商代晚期哺乳类为 2634，占全部脊椎动物总数的 99.51%；鸟类为 7，占 0.26%；爬行类为 5，占 0.19%；鱼类为 1，占 0.03%。西周早期哺乳类为 3844，占全部脊椎动物总数的 99.07%；爬行类为 14，占 0.36%；鱼类为 12，占 0.31%；鸟类为 10，占 0.26%。东周的哺乳类为 463，占全部脊椎动物总数的 99.57%；鸟类和爬行类均为 1，各占 0.22%。

（4）哺乳动物

A. 商代晚期

a. 地层

猪为 785，占哺乳动物总数的 52.23%；黄牛为 407，占 27.08%；绵羊为 112，占 7.45%；小型鹿科为 62，占 4.13%；狗为 59，占 3.93%；鹿科或牛科为 41，占 2.73%；梅花鹿为 17，占 1.13%；麋鹿为 14，占 0.93%；小型食肉动物和熊各为 2，分别占 0.13%；兔和大型食肉动物各为 1，分别占 0.07%。

b. 墓葬

狗为 963，占哺乳动物总数的 85.22%；猪为 43，占 3.81%；绵羊为 71，占 6.28%；黄牛为 15，占 1.33%；马为 30，占 2.65%；小型鹿科为 6，占 0.53%；梅花鹿为 3，占 0.18%。

B. 西周早期

a. 地层

猪为 715，占哺乳动物总数的 48.81%；黄牛为 431，占 29.42%；绵羊为 88，占 6.01%；小型鹿科为 71，占 4.85%；狗为 51，占 3.48%；麋鹿为 37，占 2.53%；鹿科或牛科为 32，占 2.18%；梅花鹿为 22，占 1.5%；马为 10，占 0.68%；中型食肉动物为 4，占 0.27%；兔和小型食肉动物各为 2，分别占 0.14%。

b. 墓葬

狗为 1895，占哺乳动物总数的 82.03%；猪为 198，占 8.57%；黄牛为 116，占 5.02%；绵羊为 47，占 2.03%；小型鹿科为 27，占 1.17%；梅花鹿为 17，占 0.74%；麋鹿为 6，占 0.26%；小型食肉动物为 2，占 0.09%，兔和熊各为 1，分别占 0.04%。

C. 东周

猪为 210，占哺乳动物总数的 45.36%；黄牛为 140，占 30.24%；狗为 39，占 8.42%；小型鹿科为 28，占 6.05%；梅花鹿为 15，占 3.24%；绵羊为 10，占 2.16%；麋鹿为 5，占 1.08%；马为 8，占 1.73%；鹿科或牛科为 5，占 1.08%；兔为 2，占 0.43%；大型食肉动物为 1，占 0.22%。

2. 最小个体数

（1）无脊椎动物

商代晚期的中国尖嵴蚌为 132，占全部贝类总数的 39.88％；中国圆田螺为 69，占 20.85％；圆顶珠蚌为 57，占 17.22％；楔蚌为 28，占 8.46％；矛蚌为 17，占 5.14％；三角帆蚌为 9，占 2.72％；洞穴丽蚌为 4，占 1.21％；种属不明的蚌类为 3，占 0.91％；射线裂脊蚌、多瘤丽蚌、细瘤丽蚌和宝贝均为 2，各占 0.60％；短褶矛蚌、林氏丽蚌、种属不明的丽蚌、文蛤各为 1，占 0.30％。

西周早期的圆顶珠蚌为 192，占全部贝类总数的 46.72％；中国尖嵴蚌为 159，占 38.69％；中国圆田螺为 36，占 8.76％；矛蚌和楔蚌均为 4，各占 0.97％；多瘤丽蚌、三角帆蚌、宝贝和鱼形楔蚌均为 2，各占 0.49％；短褶矛蚌、白河丽蚌、细纹丽蚌、洞穴丽蚌、种属不明的丽蚌、射线裂脊蚌、文蛤和无齿蚌均为 1，各占 0.24％。

东周的中国圆田螺为 1984，占全部贝类总数的 71.29％；圆顶珠蚌为 699，占 25.12％；中国尖嵴蚌为 70，占 2.52％；矛蚌为 20，占 0.72％；无齿蚌 7，占 0.25％；三角帆蚌、文蛤和种属不明的蚬各为 1，占 0.04％。

（2）哺乳动物

A. 商代晚期

a. 地层

商代晚期的猪为 40，占哺乳动物总数的 47.06％；黄牛为 13，占 15.29％；绵羊为 10，占 11.76％；狗和小型鹿科均为 6，占 7.06％；鹿科或牛科为 3，占 3.35％；梅花鹿为 2，占 2.35％；熊、大型食肉动物、小型食肉动物、兔、麋鹿各为 1，占 1.18％。

b. 墓葬

商代晚期的狗为 23，占哺乳动物总数的 53.49％；猪为 6，占 13.95％；绵羊为 4，占 9.30％；梅花鹿和小型鹿科均为 3，各占 6.98％；黄牛和马均为 2，占 4.65％。

B. 西周早期

a. 地层

西周早期的猪为 33，占哺乳动物总数的 42.31％；黄牛为 12，占 15.38％；狗和小型鹿科均为 8，各占 10.26％；绵羊为 6，占 7.69％；麋鹿和梅花鹿均为 3，各占 3.85％；兔、中型食肉动物、小型食肉动物、马、鹿科或牛科动物均为 1，各占 1.28％。

b. 墓葬

西周早期的狗为 40，占哺乳动物总数的 32.52％；猪为 39，占 31.71％；黄牛和绵羊均为 13，各占 10.57％，小型鹿科动物为 8，占 6.50％，梅花鹿为 4，占 3.25％，小型食肉动物和麋鹿均为 2，各占 1.63％，兔和熊均为 1，各占 0.81％。

C. 东周

东周的鹿科或牛科动物为 12，占哺乳动物总数的 31.58％；猪为 7，占 18.42％；狗为 5，占 13.16％；小型鹿科为 4，占 10.53％；麋鹿、梅花鹿和黄牛均为 2，各占 5.26％；

兔、大型食肉动物、马和绵羊均为1，各占2.63%。

（五）墓葬中出土的动物状况

对照发掘的文字资料，我们整理的动物骨骼有缺失，为完整认识当时埋葬时的殉葬动物状况，这里一并叙述，没有发现的动物骨骼我们全部标明。以下按照分期及墓葬大小顺序分别叙述。

1. 商代晚期

（1）大型墓

BM4，腰坑里发现狗骨，整理时未见。

M214，腰坑里发现完整狗骨架1具，成年，墓室南部发现完整狗骨架1具，成年。墓中还发现马、猪、牛、羊、梅花鹿、小型鹿科、矛蚌、三角帆蚌、射线裂脊蚌、圆顶珠蚌、中国尖嵴蚌、圆田螺、丽蚌等13种动物。马有无头骨架1具，另外还发现左侧尺骨、掌骨、跖骨等，马的个体数为2，年龄均为3.5岁以上。猪有头骨、上下颌骨、肱骨、尺骨、盆骨、股骨、胫骨等，最小个体数为6，年龄3岁和1.5岁的各2，2.5岁和2岁的各1。牛有角、上下游离齿、左侧肱骨、尺骨、桡骨、掌骨、趾骨等，最小个体数为1，年龄2岁。羊有左侧下颌骨、桡骨、掌骨等，最小个体数为1，年龄2岁。梅花鹿有右侧距骨，最小个体数为1，成年。小型鹿科有左侧桡骨、股骨、左侧和右侧跟骨等，最小个体数为2，1为成年，1为未成年。

M215，腰坑里发现完整狗骨架1具，小于8月龄。墓中还发现完整狗骨架1具，成年。

M216，腰坑里发现没有后肢的狗骨架1具，大约6～8月龄，狗颈部发现1钻孔的宝贝。

（2）中型墓

M213，腰坑里发现完整狗骨架1具，雄性，不到1岁。墓中发现狗骨和羊骨。狗为完整骨架1具，放置在南二层台偏东处，成年，颈上有1铜铃。羊为完整躯干骨架1具，头骨不见，年龄为3月龄。

（3）小型墓

M17，在腰坑与二层台位置各发现完整狗骨架1具，年龄都在1.5岁以上。

M36，腰坑里发现完整狗骨架1具，成年。墓的东部二层台上出土完整狗骨架1具，成年。墓中发现猪的左侧肩胛骨、肱骨、桡骨等，最小个体数为1，小于1岁。

M39，二层台东南部发现完整狗骨架2具。均成年。

M44，腰坑里发现完整狗骨架1具，成年。在二层台发现完整狗骨架1具，成年。东二层台上发现猪的左侧肩胛骨、肱骨、尺骨、桡骨、掌骨等，最小个体数为1，小于1岁。

M49，在椁盖上发现完整狗骨架1具，成年。椁盖上发现羊左侧肩胛骨、肱骨、尺骨、桡骨、掌骨等，个体数为 1，年龄 3 岁半左右。

M104，墓中发现狗骨架 1 具，其胫骨以下的骨骼没有发现。个体数为 1，年龄小于 6 个月。

M112，墓中发现狗头骨和下颌，4~5 月龄。

M124，腰坑里发现狗骨架 1 具，胫骨以下的骨骼没有发现，年龄小于 6 个月。

M126，腰坑里发现无头狗骨架 1 具，年龄小于 6 个月；二层台上发现完整狗骨架 1 具，年龄约在 6~15 个月之间。

M127，椁盖上发现完整狗骨架 1 具，6~8 月龄。墓里发现猪右侧肩胛骨、肱骨、尺骨、桡骨、掌骨等，个体数为 1，未成年。

M128，填土里发现狗的右下颌，成年。还有梅花鹿左角残块，年龄至少 2 岁。

M129，墓中发现狗骨，只有后肢，年龄约为 15~18 月。另有猪、羊、小型鹿科和蚌、圆田螺等。猪有上下颌骨、胫骨等，个体数为 3，年龄 1.5 岁的 2 头，2 岁的 1 头。羊有右侧桡骨、左侧盆骨、跖骨等，个体数为 1，年龄大于 3 个月。小型鹿科有右尺骨，个体数为 1，成年。

2．西周早期

（1）大型墓

BM3，墓中发现狗骨和羊骨，狗的个体数为 2，一为完整狗骨架 1 具，小于 8 月龄，另一为狗头，大于 5 月龄。羊有右侧桡骨 1，小于 3.5 岁。

M201，腰坑里发现完整狗骨架 1 具，小于 1 岁。椁盖上发现完整狗骨架 1 具，6~12 月龄。北二层台上发现猪和羊。猪为左侧和右侧上颌骨，左侧和右侧肱骨，计有 2 个个体，其中一头猪小于 1.5 岁，另一头大于 2.5 岁。羊为左侧上颌骨、右侧下颌骨、左侧和右侧肩胛骨、右侧盆骨、股骨、脊椎和肋骨等，属于 1 个个体，年龄小于 3.5 岁。

M203，腰坑里发现狗骨，填土中有 1 具偶蹄类动物骨骼，整理时均未见。

M205，腰坑里发现狗骨，整理时未见。

M206，腰坑里发现完整狗骨架 1 具，成年。

M218，二层台上发现完整狗骨架 1 具，小于 1 岁。

（2）中型墓

M11，腰坑里发现完整狗骨架 1 具，成年。另外，随葬的青铜鼎内有兽骨或鱼骨，但整理时未见。

M18，腰坑里发现完整狗骨架 1 具，雄性，成年。2 个穿孔文蛤。另外，东侧二层台上发现完整的狗骨架，但整理时未见。

M21，腰坑里发现完整狗骨架 1 具，小于 1 岁；在椁顶部还发现完整狗骨架 1 具，颈部系铜铃，成年，雄性。南二层台上发现一长度超过 50 厘米的完整的龟壳，因为我们无法鉴定种属，只能记录在案。二层台上发现猪、牛、羊等动物。猪有右侧肩胛骨、肱骨、尺骨、桡骨、趾骨等，个体数为 1，年龄小于 6 个月。牛有左侧下颌碎块和肋骨，个体数为 1，年龄不明。羊有右侧肩胛骨、肱骨、尺骨、桡骨，个体数为 1，年龄 3.5 岁。墓中还发现猪和小型鹿科等骨骼，猪有右侧肩胛骨，个体数为 1，为小猪。小型鹿科有右侧跟骨和距骨，个体数为 1，年龄不明。

M38，腰坑里发现完整狗骨架 1 具，成年；二层台东壁南侧出完整狗骨架 1 具，颈部系铜铃，成年。椁顶发现猪左侧肩胛骨、肱骨、尺骨、桡骨等，个体数为 1，年龄小于 1 岁；牛左侧肩胛骨、肱骨、尺骨、桡骨等，个体数为 1，年龄小于 2.5 岁；羊左侧肩胛骨、肱骨、尺骨、桡骨、掌骨、趾骨等，个体数为 1，年龄不到 2 岁。

M109，腰坑里发现狗骨架 1 具，骨骼不全，年龄小于 18 月龄；二层台上发现狗骨架 1 具，骨骼不全，年龄大于 18 月龄。另外墓中还发现猪、牛、羊等动物。猪有桡骨，个体数为 1，幼年猪。牛有右侧游离齿、右侧肩胛骨、肱骨、尺骨、桡骨、腕骨、掌骨、趾骨等，个体数为 1，年龄 2.5 岁。羊有右侧桡骨、掌骨、趾骨等，个体数为 1，年龄小于 2 岁。

M119，腰坑里发现狗骨，东侧二层台上发现完整的狗骨架，颈部系铜铃，整理时未见。

M120，发现狗骨架 1 具，整理时未见。在随葬的铜甗内放置加工过的熊头骨一个和龟的背甲一付。在熊头骨和龟甲上均有朱砂痕迹。

（3）小型墓

M4，二层台发现牛骨和蚌，牛骨有右侧桡骨、掌骨、腕骨等，个体数为 1，年龄小于 2.5 岁。

M13，腰坑里发现完整狗骨架 1 具，6 月龄。

M14，腰坑里发现完整狗骨架 1 具，成年，雄性。在椁盖板中部发现完整狗骨架 1 具，成年。墓中还发现猪右上颌骨碎块 1 块，大于 1 岁。

M15，腰坑里发现完整狗骨架 1 具，6 月龄。

M19，二层台上发现完整狗骨架 1 具，成年；另外还发现另一条狗的右上颌，成年。

M26，墓中发现完整狗骨架 1 具，不到 1 岁。

M30，墓中出狗躯干骨架 1 具，头骨不见，年龄不到 1 岁。还发现有猪、牛、羊、梅花鹿、小型鹿科、三角帆蚌和楔蚌等 7 种动物。猪有左侧下颌骨和右侧肱骨，个体数为 2，年龄 1 为不到 1.5 岁，1 为 1.5 岁以上。牛有左侧跟骨和趾骨，个体数为 1，年龄大于 3 岁。羊有游离右上白齿，个体数为 1，1 岁以上。梅花鹿有角，个体数为 1，年龄不明。小型鹿科有左侧和右侧盆骨，个体数为 1，年龄不明。

M34，腰坑里发现完整狗骨架 1 具，小于 1 岁。

M46，腰坑里发现完整狗骨架 1 具，成年。墓中还发现完整狗骨架 1 具，成年。

M103，在墓的东侧二层台上发现完整狗骨架 1 具，成年。

M105，在棺盖板上发现完整狗骨架 1 具，年龄不到 8 个月。

M106，在墓葬中发现猪左侧肩胛骨、肱骨、尺骨、桡骨等，个体数为 1，幼年猪。

M111，腰坑里发现完整狗骨架 1 具，年龄 1 岁。

M118，在椁盖板中部发现完整狗骨架 1 具，成年。

M121，墓中发现狗骨架 2 具，其中一只狗骨架较完整，15～18 月龄，另一只狗仅有几块肢骨，6～12 月龄。

M130，腰坑里发现完整狗骨架 1 具，成年；东南侧二层台发现狗、猪和羊等 3 种动物。狗为无头骨架 1 具，成年。猪有左侧肩胛骨、肱骨、尺骨、桡骨等，个体数为 2，1 个年龄不到 1 岁半，1 个不到 1 岁。羊有左侧尺骨、掌骨、趾骨等，个体数为 1，小于 2 岁。

（六）殉兽坑和车马坑出土动物状况

据发掘资料记载，前掌大墓地还发现有一批殉兽坑和车马坑。我们在整理时没有发现这些动物骨骼，现按照文字资料和线图作一简单归纳。

1. 殉兽坑

共发现 6 座，均位于祭祀遗迹周围。

SK1 位于祭祀遗迹北侧，从线图上看，坑中放置一牛，前后肢蜷曲，紧靠腹部，当初似捆绑后埋入。

SK2 位于祭祀遗迹北侧，从线图上看，坑中放置两匹马，马头相对，上下叠压，前肢均蜷曲，后肢均伸展。

SK3 位于祭祀遗迹门道出口的南部，从线图上看，坑中放置一马，前后肢均伸展，摆放较整齐，可能是杀死后放入的。

SK4 位于祭祀遗迹东南侧，从线图上看，坑中放置一马，此坑为扰沟打破，从现有痕迹看，前后肢摆放同 SK3，可能也是杀死后放入的。

SK5 未记载出土动物骨骼的位置，从文字叙述看，坑内有很多马的碎骨，发掘人员认为是将马肢解后放入的。

SK6 位于祭祀遗迹的北侧，从线图上看，坑中放置一马，前后肢均伸展，摆放较整齐，可能是杀死后放入的。

2. 车马坑

车马坑发现 5 座，均为一车两马。马的前后肢均摆放成伸展状。我们从马头的照片看，发现有犬齿。

二　讨　论

这里分为自然环境、贝类在全部动物中所占的比例、地层与墓葬出土动物的种类和比例差异、随葬动物的特征、公马驾车和文化交流等六个方面分别叙述。

（一）自然环境

我们依据一些贝类的生态特征可以推测当时的自然环境。比如，细纹丽蚌、中国尖嵴蚌现在均分布于淮河中下游和长江中下游水域，多瘤丽蚌、洞穴丽蚌、林氏丽蚌等现在均分布于长江中下游水域。这些贝类在前掌大遗址商代晚期至西周早期的地层里都有发现，到东周时期，除还有一些中国尖嵴蚌以外，上述的其他贝类均没有发现。而且中国尖嵴蚌在全部贝类中的比例也由商代晚期至西周早期的接近40％下降到不足4％，可以说是出现了一个骤降的过程。由此我们可以推测，在商代晚期至西周早期这个地区的气候大致与现在淮河中下游以南乃至长江中下游流域的气候相似，属暖温带或亚热带气候，而到了东周时期，这个地区的气温已经明显下降。

（二）贝类在全部动物中所占的比例

从各种动物的种类及数量看，自商代晚期到西周早期，贝类在全部动物中所占的比例不高，没有超过20％，但是到东周时期贝类在全部动物中的比例达到88.47％。这可能与东周时期的出土单位中有一口水井，在水井里发现大量的中国圆田螺和圆顶珠蚌有一定的关系。不过除水井之外，在东周时期的其他单位也发现了相当数量的贝类。因此可以说，到东周时期出土的贝类比例增多是明显的事实，值得关注。

（三）地层与墓葬出土动物的种类和比例差异

我们对前掌大遗址文化层和墓葬里出土的动物骨骼进行分类整理和统计，发现商末周初的人在日常生活中食用的肉食种类和比例与随葬中使用的动物种类和比例具有明显的差异。考虑到我们在这个遗址中发现比较有代表性的动物为牛、羊、狗、猪，这里以这几种动物为例进行阐述。

比如，按照可鉴定标本数的统计，在商代晚期的地层里出土的动物中以猪为最多，占据全部动物总数的半数以上，黄牛占27％左右，绵羊占7％以上，狗所占的比例没有超过4％。但是在墓葬里狗的数量最多，占全部动物总数的85％以上；猪却连总数的4％都没有达到，绵羊和黄牛分别为6.28％和1.33％。到西周早期，地层里出土的动物仍以猪为最多，在全部动物中所占的比例接近49％，黄牛的比例接近30％，绵羊占6％稍多一点，狗所占的比例仍然没有超过4％。但是在墓葬里狗所占的比例同样达到80％以上，猪的比例没有超过9％，黄牛占5％多一点，绵羊占2％多一点（图九）。

按照最小个体数的统计，其状况也大致相同。在商代晚期的地层里出土的动物中以猪为最多，在全部动物总数中所占的比例接近48％，黄牛占15％多一点，绵羊不到12％，狗所占的比例仅为7％稍多一点。但是在墓葬里狗的数量最多，几乎占全部动物总数的

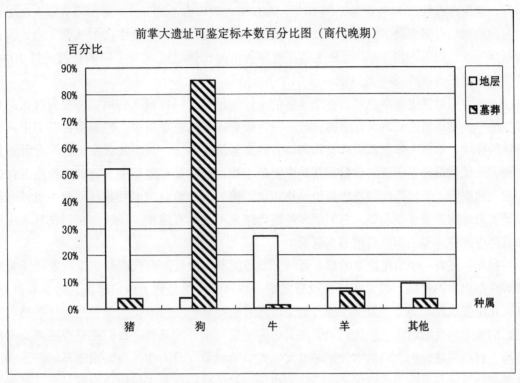

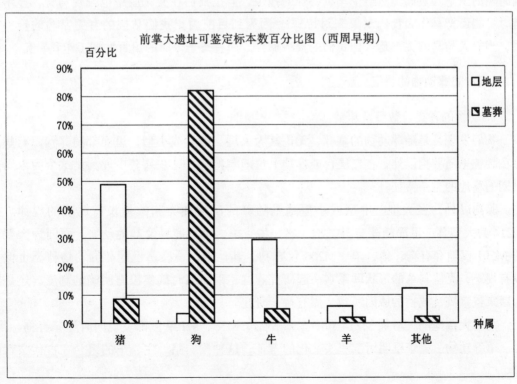

图九　前掌大遗址动物可鉴定标本数百分比图

54%，猪仅占总数的 14% 不到，绵羊占不到 10%，黄牛占不到 5%。到西周早期，地层里出土的动物仍以猪为最多，在全部动物中所占的比例接近 43%，黄牛占 15% 多一点，狗占 10% 多一点，绵羊不到 8%。但是在墓葬里狗所占的比例超过 32%，猪的比例超过 30%，黄牛和绵羊各占 10% 多一点（图一〇）。

上述使用可鉴定标本数和最小个体数的统计结果都证明自商末到周初，在当时人的日常生活中，猪是最主要的肉食来源，故其在地层里出土的数量最多。但是狗在墓葬中具有特殊的作用，基本上每座墓里都要殉狗，有些墓葬里还不止一只。故狗在出土的全部动物中所占的比例最高。而猪的数量在墓葬中要低于狗，证明其在随葬中所处的地位或发挥的作用比狗要低。不过与狗以外的其他动物相比，猪的比例最高，可见其在随葬中也具有比较重要的地位。至于牛和羊，它们的多种统计结果不是很有规律，反映出它们在日常生活和墓葬中的作用都不如狗和猪那么重要。

另外，还有一个值得注意的现象是马。马在前掌大遗址的商代晚期层里仅发现于特殊墓葬和祭祀用的兽坑，在文化层里没有发现一块马骨。但是到了西周早期，除墓葬以外，在文化层里也发现马骨。似乎反映出到了西周时期对马的利用有扩大化的趋势，包括可能把它们作为肉食的对象，故我们能够在文化层里发现废弃的马骨。我们在整理陕西长安沣西马王村西周遗址出土的动物骨骼时也发现类似的现象。因为在沣西发现车马坑，证明西周时期的王室和贵族仍然给予马以特殊的地位，但是我们在文化层中也发现马骨，显示出当时可能还把马作为食肉对象来对待[1]。因为到目前为止我们掌握的有关家马的资料有限，当时人与马的关系是否如我们的推测那样，尚有待于今后的田野发掘工作和研究。

（四）随葬动物的特征

1. 动物的种类、数量及年龄

我们发现凡是随葬动物的墓葬，无论其为大型、中型或小型，里面都随葬狗，有些墓除在腰坑里随葬狗以外，在二层台或椁顶上也随葬狗。可见在墓葬中埋狗是这个商末周初时期的墓地的主要特征。

除狗以外，在大型、中型或小型墓里随葬的动物种类和数量没有明确的规律。如 M214 为大型墓，里面随葬有马、狗、猪、牛、羊、小型鹿科及其他动物。而同为大型墓的 M201 仅随葬有狗、猪、羊。M206 仅有狗。其他中、小型墓里随葬的动物种类也似乎没有规矩，无法与墓的形状联系在一起研究。这是因为当时确实没有明确的制度，还是因为后来盗墓搞乱或别的原因所致，尚有待于研究。

前掌大墓地的大型墓 M214 和中型墓 M21、M38、M109 里都发现同时随葬有狗、猪、牛、羊等动物。据李维明对二里头文化的考证，这种狗、猪、牛、羊的组合在古代文献里

---

〔1〕 袁靖、徐良高：《沣西出土动物骨骼研究报告》，《考古学报》2000 年 2 期。

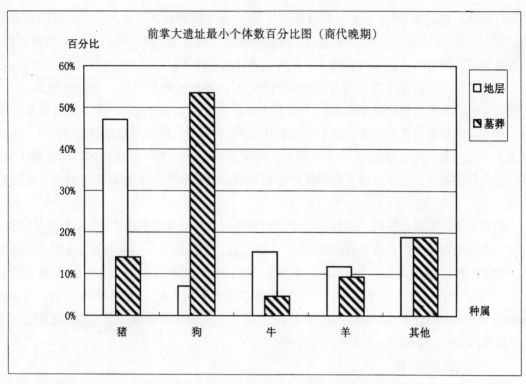

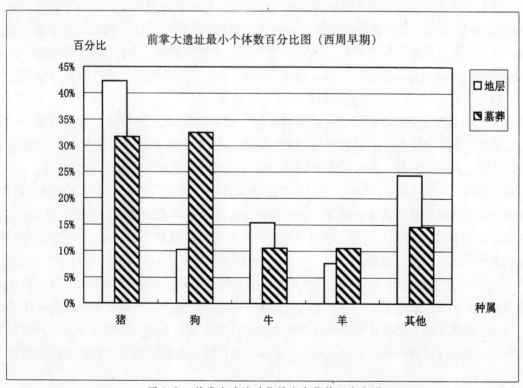

图一○　前掌大遗址动物最小个体数百分比图

曾有过记载。如《墨子·天志下》里就说过"天子必且犓豢牛羊犬彘。……以祷祠祈福于天。"[1]出现于商代晚期至西周早期前掌大墓地的这些随葬狗、猪、牛、羊等动物的实例，是否就与后人的总结相关，尚有待于资料的积累和进一步研究。

在前掌大墓地里仅发现属于商代晚期的 M214 这座墓里随葬有马，个体数是 2。而凡是随葬动物的墓里每座墓都发现狗，1~2 只不等，其数量似乎与墓葬的大小没有关系。墓葬中随葬猪的数量也没有规律，最小个体数从 1~5 头不等，而且与墓葬的大小没有必然的联系。比如西周早期早段的 M30 是小型墓，随葬 2 头，而 M109 是中型墓，仅随葬 1 头。除马、狗和猪以外，各个时期、各种规格的墓葬中如果随葬羊和牛的话，其最小个体数都只有 1 头。

随葬动物的年龄似乎有一些规律可寻。比如狗的年龄较多的都集中在 18 个月左右或 6 个月左右的两种。猪的年龄主要集中在 1~2 岁左右，但是如果一座墓里有 2 头以上的猪的话，其年龄往往是相近的。如 M30、M129、M201 分别随葬 3 头和 2 头，其年龄大致在 1.5~2.5 岁之间。M21 随葬 2 头，其年龄为幼年和小于 0.5 岁。M214 有 6 头猪，其年龄大致在 1.5~3 岁之间。各期出土的牛均为 2 岁左右。羊的年龄稍微杂乱一点，分别为大于 3 个月的、2 岁左右的和小于 3.5 岁的几种。

2. 随葬动物的前肢

我们在前掌大遗址的墓葬里发现当时存在随葬动物前肢的现象。比如属于商代晚期的大型墓 M214 发现牛的左侧肱骨、尺骨、桡骨、掌骨、趾骨，羊的左侧桡骨和掌骨。另外还有 4 座小型墓也有同样的现象，如 M36 发现猪的左侧肩胛骨、肱骨、尺骨和桡骨。M44 发现猪的左侧肩胛骨、肱骨、尺骨、桡骨、掌骨。M49 发现羊的左侧肩胛骨、肱骨、尺骨、桡骨、掌骨。M127 发现猪的右侧肩胛骨、肱骨、尺骨、桡骨和掌骨。属于西周早期的 3 座中型墓和 3 座小型墓里也有这样的现象。如中型墓 M21 发现猪的右侧肩胛骨、肱骨、尺骨、桡骨和趾骨，羊的右侧肩胛骨、肱骨、尺骨和桡骨。M38 发现猪的左侧肩胛骨、肱骨、尺骨、桡骨，牛的左侧肩胛骨、肱骨、尺骨、桡骨，羊的左侧肩胛骨、肱骨、尺骨、桡骨、掌骨和趾骨。M109 发现牛的右侧肩胛骨、肱骨、尺骨、桡骨、腕骨、掌骨、趾骨，羊的右侧桡骨、掌骨和趾骨。小型墓如 M4 发现牛的右侧桡骨、腕骨。M106 发现猪的左侧肩胛骨、肱骨、尺骨、桡骨。M130 发现猪的左侧肩胛骨、肱骨、尺骨、桡骨。羊的左侧尺骨、掌骨、趾骨。

这里有几点值得注意。一是从出土的动物骨骼可以证明当时是把动物的一条左前肢或右前肢完整地放入墓里了，当时随葬的动物部位仅限于前肢。二是除西周早期的一座小型墓以外，其他小型墓往往仅随葬一种动物的前肢，且以猪的为主，中型以上的墓可以随葬猪和羊、牛和羊、猪、牛和羊的前肢。三是如果是在同一座墓里随葬两种以上动物前肢的

---

〔1〕 李维明：《二里头文化动物资源的利用》，《中原文物》2004 年 2 期。

话，其左、右侧都必须是相同的。四是即便随葬多种动物的前肢，但是同一种动物的前肢仅随葬1条。

迄今为止，把动物的一条腿或数条腿作为随葬品放置在墓葬中的实例最早出自处于商代早期向晚期过渡阶段的河北藁城台西墓地。在 M102 东侧的二层台上发现完整的猪腿骨4条，水牛角1对和羊肩胛骨1对。在距离此墓东端15厘米的地方发现长方形的土坑，里面放置完整的牛的肢骨和幼年的羊和猪的肢骨[1]。但是我们不清楚这些肢骨是否都为前肢。到商代晚期，在殷墟西北冈的王陵、西区的墓葬、大司空村墓地、郭家庄墓地、梅园庄南地殷墓都发现使用牛、羊、猪的前肢随葬的现象。其中以单独随葬羊的前肢的墓葬数量最多，其次是单独随葬牛的前肢的墓葬，随葬猪的前肢的墓葬数量最少[2]。在河北定州北庄子墓地较大型的墓中还同时随葬有牛腿和羊腿，M80 随葬有1条羊后腿[3]。在山西灵石旌介村墓地的2号墓的东侧二层台上发现1条牛的腿骨[4]。山东青州苏埠屯遗址的7号墓的木椁顶上发现2条牛的前肢[5]。

到了西周时期，在陕西长安沣西的客省庄、张家坡遗址就在墓葬的二层台上放置牛、羊、猪的腿骨[6]。在扶风云塘的西周墓葬里也发现在棺椁上放置牛、羊、猪的前肢[7]。在北京琉璃河西周墓地也发现在墓葬中分别随葬牛、羊、猪的腿骨，以牛为最多[8]。

把前掌大墓地的出土状况与上述商代和西周时期的墓地里出土的状况进行比较，可以看到前掌大墓地有一些自己的特点，如以猪的前肢最多，这在其他遗址里似乎恰恰相反。前掌大墓地里无论是随葬一种动物的前肢还是随葬牛、羊、猪等几种动物的前肢，必定是一种动物只放1条，这也和其他墓地有时把一种动物的几条前肢或几种动物的多条前肢放在一起不一样。另外，前掌大墓地的动物前肢都有左侧还是右侧的鉴定，在同一座墓里如

〔1〕 河北省文物研究所：《藁城台西商代遗址》，文物出版社，1985年。

〔2〕 a. 马德志等：《一九五三年安阳大司空村发掘报告》，《考古学报》1955年9册。b. 中国科学院考古研究所安阳发掘队：《1962年安阳大司空村发掘简报》，《考古》1964年8期。c. 梁思永等：《侯家庄第三本——1002大墓》，"史语所"，1965年。d. 石璋如：《小屯》，第一本丙编殷墟墓葬之四，"史语所"，1976年。e. 梁思永：《侯家庄第八本——1550大墓》，"史语所"，1976年。f. 中国社会科学院考古研究所安阳工作队：《1969～1977年殷墟西区墓葬发掘报告》，《考古学报》1979年1期。g. 中国社会科学院考古研究所安阳工作队：《1987年安阳梅园庄南地殷墓的发掘》，《考古》1991年1期。h. 中国社会科学院考古研究所编著：《殷墟的发现与研究》，科学出版社，1994年。i. 中国社会科学院考古研究所编著：《安阳殷墟郭家庄商代墓葬》，中国大百科全书出版社，1998年。

〔3〕 河北省文物研究所等：《定州北庄子商墓发掘简报》，《文物春秋》增刊，1992年。

〔4〕 山西省考古研究所等：《山西灵石旌介村商墓》，《文物》1986年11期。

〔5〕 山东省文物考古研究所等：《青州市苏埠屯商代墓发掘报告》，《海岱考古》第一辑，1989年。

〔6〕 a. 中国科学院考古研究所：《沣西发掘报告》，文物出版社，1962年。b. 中国社会科学院考古研究所沣西队：《一九六七年长安张家坡西周墓葬的发掘》，《考古学报》1980年4期。c. 中国社会科学院考古研究所沣镐工作队：《一九八四～八五年沣西西周遗址、墓葬发掘报告》，《考古》1987年1期。d. 中国社会科学院考古研究所沣西队：《一九八七、一九九一年沣西长安张家坡的发掘》，《考古》1994年10期。

〔7〕 陕西周原考古队：《扶风云塘西周墓》，《文物》1980年4期。

〔8〕 北京市文物研究所：《琉璃河西周燕国墓地》，文物出版社，1995年。

果随葬两种以上动物前肢的话，其左、右侧都必须是相同的。其他墓地因为没有做这步工作，所以无法比较。

3. 随葬狗的起源及发展

我们发现在前掌大遗址墓葬的腰坑、二层台和填土里往往埋狗。这种在墓葬中埋狗的现象一直可以追溯到新石器时代。

比如在河南淅川下王岗遗址距今 6000 年前属于仰韶文化一期的 M285 这座男性墓里，死者的左手和右脚两处都有狗，另外，在属于同时期的 M112、M224、M257、M645 等 4 座墓葬各随葬 1 只狗[1]。这可谓是迄今为止所知的中国新石器时代在墓葬里随葬狗的最早的实例。而后，用狗随葬的现象主要集中在黄河和淮河下游地区属于大汶口－龙山文化的遗址里[2]。

在商代墓葬中随葬狗的现象比较普遍。依据迄今为止所知，年代最早的实例是在河南郑州商城属于二里岗时期的铭功路制陶遗址，其中的 22 座小型墓里有 5 座有腰坑，并在里面埋狗[3]。这种在腰坑里埋狗的方法与新石器时代墓葬里把狗放在死者的手边或脚边的方法具有明显的区别。而在河北藁城台西墓地发现除在腰坑里埋狗以外，在墓葬的二层台和填土里也埋狗[4]，这是迄今为止所知的商代墓葬中在墓葬的二层台和填土里埋狗的最早的实例。商代在墓葬中埋狗的实例在河南洛阳东郊商墓[5]、郑州商城属于二里岗上层的遗址[6]、辉县琉璃阁墓地[7]、登封王城岗遗址[8]、安阳殷墟遗址[9]、罗山天湖村遗址[10]、山东青州苏埠屯遗址[11]、邹平丁公遗址[12]、河北武安赵窑遗址[13]、定州北庄子商墓[14]、

〔1〕 河南省文物研究所等：《淅川下王岗》，文物出版社，1991 年

〔2〕 邵望平、高广仁：《中国史前时代的龟灵与犬牲》，《海岱区先秦考古论集》，科学出版社，2002 年。

〔3〕 河南省文物考古研究所：《郑州市商代制陶遗址发掘简报》，《华夏考古》1991 年 4 期。

〔4〕 河北省文物研究所：《藁城台西商代遗址》，文物出版社，1985 年。

〔5〕 郭宝钧、林寿晋：《一九五二年秋季洛阳东郊发掘报告》，《考古学报》1955 年 9 册。

〔6〕 河南省文物考古研究所编著：《郑州商城》，文物出版社，2001 年。

〔7〕 中国科学院考古研究所：《辉县发掘报告》，科学出版社，1956 年。

〔8〕 河南省文物研究所等：《登封王城岗与阳城》，文物出版社，1992 年。

〔9〕 a. 马德志等：《一九五三年安阳大司空村发掘报告》，《考古学报》1955 年 9 册。b. 中国科学院考古研究所安阳发掘队：《1962 年安阳大司空村发掘简报》，《考古》1964 年 8 期。c. 梁思永等：《侯家庄第三本——1002 大墓》，"史语所"，1965 年。d. 石璋如：《小屯》，第一本丙编殷墟墓葬之四，"史语所"，1976 年。e. 梁思永：《侯家庄第八本——1550 大墓》，"史语所"，1976 年。f. 中国社会科学院考古研究所安阳工作队：《1969～1977 年殷墟西区墓葬发掘报告》，《考古学报》1979 年 1 期。g. 中国社会科学院考古研究所编著：《殷墟妇好墓》，文物出版社，1980 年。h. 中国社会科学院考古研究所编著：《殷墟发掘报告》，文物出版社，1987 年。i. 中国社会科学院考古研究所安阳工作队：《1987 年安阳梅园庄南地殷墓的发掘》，《考古》1991 年第 1 期。j. 中国社会科学院考古研究所编著：《殷墟的发现与研究》，科学出版社，1994 年。k. 中国社会科学院考古研究所编著：《安阳殷墟郭家庄商代墓葬》，中国大百科全书出版社，1998 年。

〔10〕 河南省信阳地区文管会等：《罗山天湖商周墓地》，《考古学报》1986 年 2 期。

〔11〕 山东省文物考古研究所等：《青州市苏埠屯商代墓葬发掘报告》，《海岱考古》第一辑，1989 年。

〔12〕 山东大学历史系考古专业：《山东邹平县丁公遗址第二、三次发掘简报》，《考古》1992 年 6 期。

〔13〕 河北省文物考古研究所等：《武安赵窑遗址发掘报告》，《考古学报》1992 年 3 期。

〔14〕 河北省文物研究所等：《定州北庄子商墓发掘简报》，《文物春秋》增刊，1992 年。

山西灵石旌介村商墓[1]、汾阳杏花村遗址[2]、陕西西安老牛坡墓地[3]、耀县北村遗址[4]、彬县断泾遗址[5]、淳化史家塬1号墓[6]、湖北武汉盘龙城遗址[7]等地都有发现。

到了西周时期，这种在墓葬里埋狗的现象仍然大量存在。如在陕西长安沣西的客省庄、张家坡墓地[8]、长安普渡村西周墓葬[9]、扶风北吕墓地[10]、云塘遗址[11]、齐家19号墓[12]、泾阳高家堡墓地[13]、铜川王家河墓地[14]、宝鸡茹家庄墓地[15]、甘肃灵台白草坡墓地[16]、河南洛阳白马寺、北窑的西周墓[17]、鹿邑太清宫长子口西周墓[18]、襄城霍庄西周墓[19]、山东曲阜西周墓葬[20]、胶州西庵1号墓[21]、蓬莱村里集墓地[22]、北京琉璃河墓地[23]、山西曲沃天马曲村墓地[24]等都有发现。

4. 随葬熊头骨和龟甲

在M120内随葬的铜甗里发现加工过的熊头骨1个和龟背甲1付，这是一个十分特殊

〔1〕 山西省考古研究所等：《山西灵石旌介村商墓》，《文物》1986年11期。

〔2〕 国家文物局等：《晋中考古》，文物出版社，1998年。

〔3〕 刘士莪编著：《老牛坡》，陕西人民出版社，2001年。

〔4〕 北京大学考古系商周组等：《陕西耀县北村遗址1984年发掘报告》，《考古学研究》二，1994年。

〔5〕 中国社会科学院考古研究所泾渭工作队：《陕西彬县断泾遗址发掘报告》，《考古学报》1999年1期。

〔6〕 淳化县文化馆：《陕西淳化史家塬出土西周大鼎》，《考古与文物》1980年2期。

〔7〕 湖北省文物考古研究所：《盘龙城》，文物出版社，2001年。

〔8〕 a.中国科学院考古研究所：《沣西发掘报告》，文物出版社，1962年。b.中国社会科学院考古研究所沣西队：《一九六七年长安张家坡西周墓葬的发掘》，《考古学报》1980年4期。c.中国社会科学院考古研究所沣西队：《一九八七、一九九一年沣西长安张家坡的发掘》，《考古》1994年10期。d.中国社会科学院考古研究所沣镐工作队：《一九八四～八五年沣西西周遗址、墓葬发掘报告》，《考古》1987年1期。

〔9〕 a.石兴邦：《长安普渡村西周墓葬发掘记》，《考古学报》1954年8期。b.陕西省文物管理委员会：《长安普渡村西周墓的发掘》，《考古学报》1957年1期。c.陕西省文物管理委员会：《西周镐京附近部分西周墓葬发掘简报》，《文物》1986年1期。d.中国社会科学院考古研究所沣西队：《一九八四年长安普渡村西周墓葬发掘简报》，《考古》1988年9期。

〔10〕 罗西章：《北吕周人墓地》，西北大学出版社，1995年。

〔11〕 陕西周原考古队：《扶风云塘西周墓》，《文物》1980年4期。

〔12〕 陕西周原考古队：《陕西扶风齐家十九号西周墓》，《文物》1979年11期。

〔13〕 陕西省考古研究所：《高家堡戈国墓》，三秦出版社，1995年。

〔14〕 陕西省考古研究所等：《铜川市王家河墓地发掘简报》，《考古与文物》1987年2期。

〔15〕 卢连成、胡智生：《宝鸡强国墓地》，文物出版社，1988年。

〔16〕 甘肃省博物馆文物队：《甘肃灵台白草坡西周墓》，《考古学报》1977年2期。

〔17〕 a.张剑、蔡运章：《洛阳白马寺三座西周晚期墓》，《文物》1998年10期。b.洛阳市文物工作队：《洛阳北窑西周墓》，文物出版社，1999年。

〔18〕 河南省文物考古研究所等：《鹿邑太清宫长子口墓》，中州古籍出版社，2000年。

〔19〕 河南省博物馆：《河南省襄县西周墓发掘简报》，《文物》1977年8期。

〔20〕 山东省文物考古研究所等：《曲阜鲁国故城》，齐鲁书社，1982年。

〔21〕 山东省昌潍地区文物管理组：《胶县西庵遗址调查试掘简报》，《文物》1977年4期。

〔22〕 山东省烟台地区文管组：《山东蓬莱县西周墓葬发掘简报》，《文物资料丛刊》三，1980年。

〔23〕 a.北京市文物研究所：《琉璃河西周燕国墓地》，文物出版社，1995年。b.北京市文物研究所等：《1995年琉璃河遗址墓葬区发掘简报》，《文物》1996年6期。c.北京市文物研究所等：《1997年琉璃河遗址墓葬简报》，《文物》2000年11期。

〔24〕 北京大学考古学系商周组等：《天马－曲村》，科学出版社，2000年。

的现象。从熊头骨的形状看，专门切割成半圆形，再把颅腔内打磨光滑，我们推测当时可能是戴在头上的，其吻部处被切割，可能就是为了减轻熊头前端的分量，不会因为带在头上时前端分量太重，以至于沉下来。本报告中另外专门对这个现象进行了探讨，这里不再赘述。

（五）公马驾车

依据动物解剖学的原理，判定公马和母马的特征主要依据是其犬齿的有无、盆骨的形状、盆骨荐耻径和横径的大小等。如公马全部有犬齿，母马仅 2%～3% 有犬齿，且犬齿往往弱化。公马盆骨前口呈半椭圆形，母马约呈圆形。公马盆骨荐耻径平均约为 187.5、横径约为 200 毫米。母马盆骨的荐耻径和横径的平均值为 230～240 毫米。如果公马在幼年时被阉割，那么它长大后的特征就与母马相似[1]。

我们在前掌大墓地的车马坑里发现驾车的马都有明显的犬齿，证明其都为公马。这个发现与我们以前的认识是一致的。

比如，在湖北枣阳属于战国时期的九连墩楚墓发现了 2 个车马坑。其中 1 号坑内随葬车辆 33 乘，分南北向双排横列，位于 1 号坑中部的 13 号车驾马 6 匹，其两侧的 12 号和 15 号车各驾马 4 匹，有 2 乘车无马，余为 1 车 2 马，全坑共葬马 72 匹。2 号坑内随葬车辆 7 乘，有 1 乘驾马 4 匹，余为 1 车 2 马，全坑共葬马 16 匹[2]。

九连墩楚墓的车马坑里出土的全部马骨保存状态都不好，无法进行测量。但是可以观察马的牙齿。我们发现这些马全部有明显的犬齿。证明这些拉车的马均为公马。而前掌大墓地属于商末周初，其年代早于九连墩。当时驾车的马均为公马，可以说是理所当然的。

迄今为止中国发现最早的马被阉割的证据是在秦代。陕西临潼秦始皇陵园兵马俑坑里发现大量陶马，其中，秦始皇陵园兵马俑一号坑发现的马均是拉车的，其左右骖马、左右服马的生殖器都是只有阴茎，没有睾丸，制成被阉割过的形状[3]。秦始皇陵园铜车马陪葬坑出土的铜车马中拉车的左右骖马、左右服马也都只有阴茎，没有睾丸，同样是制成被阉割过的形状[4]。秦始皇陵园兵马俑二号坑里发现的马有拉车的和骑乘的两种[5]，拉车的马的性别特征与一号坑相同。而骑乘的马背上均有马鞍的形状，被称为"鞍马"。它们可以按生殖器分为两类。一类与拉车的马相同，只有阴茎，没有睾丸；另一类的生殖器除阴茎外，还有睾丸，证明这些马是没有被阉割的公马。由此看来，当时安放在这里的陶马和铜马依据性别可以区分为两类。一类明显地表现出其是被阉割过的公马，如一号、二号坑里

〔1〕 a. 塞普提摩斯·谢逊著：《骨骼解剖学》，科学出版社，1962 年。b. 中国人民解放军兽医大学编著：《马体解剖图谱》，吉林人民出版社，1979 年。
〔2〕 湖北省文物考古研究所：《湖北枣阳市九连墩楚墓》，《考古》2003 年 7 期。
〔3〕 陕西省考古研究所等编著：《秦始皇陵兵马俑坑一号坑发掘报告》187，文物出版社，1988 年。
〔4〕 秦始皇兵马俑博物馆等编著：《秦始皇陵铜车马发掘报告》，文物出版社，1998 年。
〔5〕 袁仲一：《秦始皇陵东侧第二、三号俑坑军阵内容试探》，《秦俑研究文集》，陕西人民美术出版社，1990 年。

拉战车的陶马、部分鞍马和铜车马陪葬坑中拉车的马。另一类则明显地显示出其是没有被阉割的公马，用于骑乘。

（六）文化交流

我们在前掌大墓地属于商代晚期至东周时期的文化层里均发现文蛤和宝贝。文蛤生息于海边的潮间带以及浅海区的细沙表层，宝贝更是生长在南海。当时这些特殊的贝类是通过何种途径流传到前掌大墓地，是否跟当时生活在这里的人与生活于海边的人的文化交流有关，这些疑问尚有待于以后的发现与研究来回答。

综上所述，前掌大墓地出土的动物骨骼证明，当时的气候有过一个从暖湿向凉爽的转变过程。当时人在日常生活中食用的动物种类和比例与随葬中使用的动物种类和比例具有明显的差异，狗在当时人的死后生活中具有重要的地位。而猪则是当时人日常生活中最主要的肉食资源。前掌大墓地发现的在墓葬的腰坑、二层台和填土里埋狗，在墓葬里随葬牛、羊、猪的前肢的现象都是商人的传统习惯，到西周早期这种习惯还延续下来了。在一座墓里专门随葬加工过的熊头和龟背甲。当时驾车使用的马是公马。当时存在与其他地区的文化交流。

表一　前掌大遗址狗上颌骨观察测量统计（商代晚期）

单位：毫米

单位号	左/右	件数	牙齿	P¹－P⁴	P²－P⁴	P⁴长	P⁴宽	M¹长	M¹宽	M²长	M²宽
M17二层台	一付	1	左P³+P⁴－M²，右I¹－I³+C+P⁴－M²，测量右侧			16.60	6.70				
M17腰坑	一付	1	I¹－M²，测量左侧	44.36	36.96	20.31	7.57	11.46	13.57	6.56	8.96
M36	一付	1	左C+P¹+P²+P⁴－M²，右I¹－I³+C+P¹+P²+P⁴			18.48	7.46	11.57	13.35	7.01	8.78
M36腰坑	一付	1	左I¹－I³+C+P²－M²，右I¹+I³+C+P²－M²，测量左侧			16.21	6.29	11.57	12.16	5.66	8.37
M39二层台南部	一付	1	左I¹－I³+C，右I¹－I³+C+P¹－M¹，测量右侧	40.65	34.20						
M39二层台南部	一付	1	左I²+I³+C+P¹+P²，右M¹+M²								
M44二层台	一付	1	左I¹－I－M²，右I¹－M²，测量左侧			17.91	7.03	10.77	13.32	6.98	8.49
M44腰坑	一付	1	左I¹－I³+C+P⁴+M¹，右I²+I³+C+P³－M¹，测量左侧			17.34	6.38	12.23	14.23		
M49椁盖上	一付	1	左I¹－P¹+P⁴－M²，右I²+I³+C+P¹								
M104	一付	1	左I¹－C+P²+P⁴+M¹，右I¹－C								
M124腰坑	一付	1	左I¹－I³+P⁴－M²，右P⁴								
M126二层台	左	1	P¹－M¹								
M127木椁盖上	一付	1	左P⁴+M¹，右C－M²								
M213	一付	1	I¹－M²								
M213腰坑	一付	1	左C+P¹+P²－M¹，右I²－I³+C+P¹+P⁴－M²，测量左侧			17.30	6.98	11.91	15.98		
M214腰坑	一付	1	左C+P¹+P³－M²，右I¹－M²，测量右侧			20.51	9.19				
M215	一付	1	I¹－M²，测量右侧			17.46	6.99	11.24	13.48	5.80	8.52
M215腰坑	一付	1	P⁴+M²，M¹测量左侧，其他测量右侧			15.05	10.41	12.09	5.58	9.48	

续表一

单位号	左/右	件数	牙齿	P^1-P^4	P^2-P^4	P^4长	P^4宽	M^1长	M^1宽	M^2长	M^2宽
M216腰坑	一付	1	左$C+P^3+P^4+M^2$, 右$C+P^1+P^4$, C刚刚萌出, P^4萌出一半					11.25	13.84		
T803⑤	右	1	P^4-M^2			15.46	8.59	10.45	12.11	5.57	6.79
T1001③	右	1	P^4								
T10002③	右	1	P^3-M^1			19.22	10.13	13.42	15.81		
M112	一付	1	左$I^2-C+P^4+M^1$, 右I^1-C+M^1								
T1319④	右	1	P^1孔$-M^2$孔								
T1319④	右	1	P^2-M^1			17.62	8.47	11.44	13.40		
T1518③	右	1	P^4-M^2			17.60	9.93	11.50	14.09	6.39	9.11
T1920④	右	1	P^4-M^2			17.39	8.38	11.89	12.05	6.47	8.74
计数				2	2	15	15	14	14	9	9
最大值						20.51	10.13	13.42	15.98	7.01	9.48
最小值						15.05	5.68	10.41	12.05	5.57	6.79
平均值						17.63	7.72	11.51	13.53	6.22	8.58

表二　前掌大遗址狗上颌骨观察测量统计（西周早期）

单位：毫米

单位号	左/右	件数	牙齿	P¹–P⁴	P²–P⁴	P⁴长	P⁴宽	M¹长	M¹宽	M²长	M²宽
BM3	一付	1	左P³–M²，右P³–M¹，测量左侧			18.24	6.19	12.09	13.04	5.96	7.71
BM3	一付	1	I¹–C+P⁴–M²			17.75	7.09	12.41	15.07		9.26
BM4填土	右	1	P²–M²		36.38	16.09	8.31	10.72	13.55	6.33	8.62
BM4填土	左	1	P²–M²			14.90	7.98	10.56	12.58	6.09	8.28
M11腰坑	一付	1	左P¹+P²+P⁴–M²，右P³–M²，测量左侧			16.16	12.32	15.03	6.50	9.30	
M13腰坑	一付	1	左P⁴–M²，右P³–M¹			16.61	8.17	11.63	8.32		
M14腰坑	右	1	I³+C+P²+P³–M¹			16.23	6.39	10.20	13.23		
M15墓中填土	一付	1	左P³–M²，右P²+P⁴–M²，P⁴测量左侧，其他测量右侧			15.65	6.26	8.85	13.16	6.43	8.99
M15腰坑	左	1	I¹–I³+C+P⁴								
M19二层台上	右	1	I¹–I³+C+P¹+P²+M¹+M²					10.43	12.96	9.95	8.04
M19二层台上	一付	1	左I¹–I³+C+P¹，右P³+P⁴–M³								
M21	一付	1	左I¹–I³+C+P¹–M²，右I¹–I³+C+P¹+P³–M²，测量左侧	47.45	39.60	18.69	8.52	11.87			
M21腰坑	一付	1	左P³–M²，右P²+P⁴–M²，测量左侧			16.41	7.83	10.39	13.46	5.72	8.78
M26	左	1	P⁴–M²			17.33	6.79	11.19	12.59	6.78	
M26填土	一付	1	P³–M²，测量左侧			18.37	6.19	11.03	13.59		10.92
M34腰坑	一付	1	左P⁴–M²，右P⁴+M¹			15.94	7.88	11.52	8.97		
M38二层台东壁南侧	一付	1	左I²+I³+C+P¹+P³–M²，右I³+C+P⁴+M¹，测量右侧			16.39	6.22				
M38腰坑	一付	1	左I¹–M²，右I¹–M¹，测量左侧			16.44	5.50	11.39	13.60		

续表二

单位号	左/右	件数	牙　齿	P¹－P⁴	P²－P⁴	P⁴长	P⁴宽	M¹长	M¹宽	M²长	M²宽
M46	一付	1	I¹－I³＋C＋P¹－M²，测量左侧	47.83	39.77	16.84	6.80	13.45	16.64	6.36	9.85
M46 腰坑	一付	1	左 P²－M²，P¹ 脱落，齿孔处愈合，右 P⁴－M²，测量左侧			14.58	6.58	10.40	11.74	5.54	7.79
M103	一付	1	左 I¹－P¹＋P⁴＋M¹，右 I¹－P¹＋P³－M²								
M105	一付	1	左 C＋P⁴＋M¹，右 I¹－P¹＋P⁴＋M¹								
M109 腰坑	一付	1	左 P⁴－M²，右 P⁴－M²					11.16	13.61		8.71
M111 腰坑	左	1	P⁴－M²								
M118	一付	1	I¹－M²，测量左侧	45.97	37.59	17.90	7.97	11.78	14.11	6.69	9.29
M121	一付	1	左 I¹－M²，右 I¹＋I²＋C＋P²＋P⁴－M²								
M201 椁盖上	一付	1	左 I¹－P¹＋P⁴＋M¹，右 I¹－M²，测量左侧	49.10	39.08	7.91	8.99	15.86			
M201 腰坑	一付	1	左 P⁴－M²，右 C＋P⁴－M²，测量右侧			14.39	7.10	10.56	10.71	4.98	7.76
M206	一付	1	P³－M²								
			计数	4	5	20	21	21	20	14	16
			最大值	49.10	39.77	18.69	9.75	13.45	16.64	9.95	10.92
			最小值	45.97	36.38	14.39	5.50	8.85	10.71	4.98	7.71
			平均值	47.59	38.48	16.54	7.37	11.09	13.62	6.37	8.79

表三　前掌大遗址狗下颌骨观察测量统计（商代晚期）

单位：毫米

单位号	左/右	件数	牙齿	P_1-M_3	P_2-M_3	P_1-P_4	P_2-P_4	M_1-M_3	M_1长	M_1宽	M_2长	M_2宽	M_3长	M_3宽	P_2后	M_1后
M17二层台	一付	1	左I_1-I_3+P_1+P_2+P_4-M_3,右I_1-I_3+M_1+M_2,测量左侧					27.62								22.80
M17腰坑	一付	1	I_1-M_3,测量左侧	63.02	59.03	34.15	29.52	30.47	19.81	7.33	8.25	6.35	5.31	4.30	17.26	20.74
M36	一付	1	左P_1-M_2,右C+P_1-M_3,测量右侧	68.35	62.36	40.74	18.41	7.90	8.02	5.95	5.75	4.46	17.45	24.08		
M36腰坑	右	1	I_3+C+P_1+P_3-M_3,P_2脱落,齿孔处颌骨愈合	62.54				29.47	17.69	6.75	7.94	5.68	4.14	3.14		19.51
M39二层台东南	一付	1	左I_1-I_3+C,右I_1-I_3+C+P_2+P_3													
M39二层台东南	一付	1	左C+P_1-M_3,右P_3-M_3,M_2测量右侧,其他测量左侧	63.53		36.31	31.56	27.44	16.48	6.49	7.01	5.10	4.23	4.03	17.18	21.59
M44二层台	一付	1	I_1-M_2,测量左侧			36.98	22.31		19.51						22.31	21.31
M44腰坑	一付	1	左I_2+I_3+P_1+P_2+P_4-M_3,右P_3-M_3,测量左侧	65.67	56.84	37.70	28.87	31.18	18.89	7.05	8.15	5.97	5.98	3.78	17.08	22.56
M49椁盖上	一付	1	左C-M_3,右I_1+I_2+C-M_3,测量左侧	66.29	62.34	32.28	31.02	18.17	7.63	7.64	6.62					
M112	一付	1	左I_1+I_3+C+P_1-P_4+M_1,右C+P_2。C萌出一半,犬齿替换中					5.64								
M124腰坑	一付	1	左C+P_2-M_2,右P_4+M_2				28.63				18.00	20.84				
M104	左	1	di_1-dc+P_2+P_3													
M126二层台	一付	1	左C-M_2,右C													
M127木椁盖上	一付	1	左C+P_3-M_1,右C-P_4													
M128填土	右	1	C+P_3-M_1													
M213	一付	1	左I_1-M_3,右I_1-M_2,M_3测量左侧,其他测量右侧	72.47	65.47	40.22	33.80	32.29	20.09	7.75	9.56	7.14	5.48	4.78	20.42	26.21

续表三

单位号	左/右	件数	牙　齿	P_1-M_3	P_2-M_3	P_1-P_4	P_2-P_4	M_1-M_3	M_1长	M_1宽	M_2长	M_2宽	M_3长	M_3宽	P_2后	M_1后
M213 腰坑	一付	1	左C+P_1-M_3，右I_2-C+P_1-M_3，测量左侧	68.02	61.63		30.35	33.41	19.74	8.07	6.57	6.41	5.39	4.47	18.90	22.23
M214	左	1	M2								7.70	6.21				19.26
M214 腰坑	一付	1	I_2-M_3，测量左侧	65.76	61.05	36.02	31.06	32.17	20.73	7.80	7.80	5.97	4.48	3.57	18.80	22.91
M215	一付	1	左C$-M_3$，右I_2-M_3，测量左侧	64.49	59.79	35.09			19.28	7.23	7.24	5.70	3.99	3.48	19.25	22.74
M215 腰坑	左	1	C+P_2-M_3	62.18	55.98	33.02	28.96					5.67	4.91	4.42		
M216 腰坑	一付	1	左$I_2+I_3+P_2-P_4-M_2$，右P_4-M_2，I_2开始萌出，测量左侧			37.15	29.03		17.59	7.68	8.35	6.02			18.12	
T820④	左	1	P_2-M_2	75.36	67.97	43.00	35.66				7.56	5.83			18.95	25.32
T820⑤	左	1	P_4+M_2													25.41
T1224④	左	1	C+P_2								8.35	6.26				22.02
T1317⑤	左	1	C+P_2													
T1319⑤	右	1	M_1：E													
T1516③	右	1	M_2	68.10	64.07	38.22	33.73	32.44			9.56	7.14			17.60	19.66
T1516③	右	1	P_1-M_3	66.66	60.96	37.25	31.56	31.51			6.57	5.10			19.37	23.04
T1518③	左	1	C+P_3+P_4	70.93	65.22	39.26	33.48	32.16							17.05	22.73
T1518③	左	1	M_3										4.03	3.47		
			计数	9	9	10	11	8	7	7	10	10	6	6	10	12
			最大值	75.36	67.97	43.00	35.79	33.41	20.73	8.07	9.56	7.14	5.98	4.78	22.31	26.21
			最小值	62.18	55.98	33.02	22.31	27.44	16.48	6.49	6.57	5.10	3.99	3.14	17.05	19.26
			平均值	66.89	61.75	37.37	31.01	30.71	18.90	7.41	7.78	6.03	4.88	3.99	18.52	22.37

表四　前掌大遗址狗下颌骨观察测量统计（商代晚期）

单位：毫米

单位号	左/右	件数	牙齿	P₁-M₃	P₂-M₃	P₁-P₄	P₂-P₄	M₁-M₃	M₁长	M₁宽	M₂长	M₂宽	M₃长	M₃宽	P₂后	M₁后
BM3	一付	1	左 I₃+C+P₁-M₃，右 P₁+M₁+M₂，测量左侧	67.25	60.67	36.95	32.48	31.09	20.82	8.41	8.41	6.32		4.03	17.83	24.12
BM4填土	一付	1	左 M₁+M₂，右 C-P₃，测量左侧						21.06	8.76	8.08	6.31			17.75	
BM4填土	左	1	P₃-M₂						19.91	8.20	8.69	6.89				
BM4填土	左	1	I₃-M₂	67.87	62.59	35.93	30.77	8.49	6.80			18.29	22.36			
BM4填土	右	1	P₂+P₄-M₂			38.26	33.09		18.62	7.66	7.29	5.76			18.43	22.88
BM4填土	右	1	P₂+M₂								7.78	6.13			16.43	20.56
M11腰坑	一付	1	左 I₂+I₃+C+P₁-P₄+M₁，右 I₁-I₃，其他测量右侧，C+P₁-P₄-M₂，M₂测量右侧，其他测量左侧			36.97	30.73		19.57	8.75	7.83	6.22			19.16	23.02
M13腰坑	一付	1	左 M₂，右 P₃-M₂	65.20	60.79	36.06	31.23		18.76	7.35	7.71	5.63		16.04	19.68	
M14	一付	1	左 C+P₁+P₃-M₃，P₂处脱落痊愈，右 P₃-M₃，测量左侧	65.81		37.21		29.16	17.79	6.89	8.20	5.69	3.87	3.43		22.92
M14腰坑	一付	1	左 P₁-M₂，P₄呈圆锥形，小，右 I₁-I₃+C+P₁-M₂，测量右侧		59.24	37.46	30.71	28.93							18.23	24.00
M15墓中填土	一付	1	左 P₃-M₂，右 I₂-I₃+C+P₃+M₁，M₂,P₂处牙齿脱落，颌骨愈合，测量左侧						17.98	6.92	10.17	6.09			20.27	22.39
M15腰坑	一付	1	左 I₁-I₃，右 P₁-P₄-M₂，测量右侧			33.42			17.51	7.93					19.82	
M18腰坑	右	1	左 P₁-P₄-M₃，右 I₁-I₃+P₁+P₃+P₄-M₃，未砂痕迹，P₂脱落，颌骨愈合，测量右侧	69.72		40.33	40.18	30.69	6.04	3.68	3.69		23.54			
M19二层台上	一付	1	左 I₁-I₃+C+P₁-P₄-M₃，右 P₁-M₃，测量左侧			36.62	30.48	18.28	7.14	6.49	6.30			16.78	20.66

续表四

单位号	左右	件数	牙齿	P_1-M_3	P_2-M_3	P_1-P_4	P_2-P_4	M_1-M_3	M_1长	M_1宽	M_2长	M_2宽	M_3长	M_3宽	P_2后	M_1后
M21	一付	1	左$C+P_1-M_3$,右$C+P_2-M_3$,测量左侧	65.75		34.02	19.12	7.68	8.88	5.90	4.69	4.03	19.08	23.84		
M21腰坑	一付	1	左I_1-M_3,右P_1-M_2,测量左侧	64.62	59.72	35.66	31.04	30.19	18.40	7.57	7.43	5.40	3.65	3.47	17.90	20.07
M26	一付	1	左$C+P_4-M_2$,右$C-P_2+P_4-M_2$,测量右侧	67.84	62.85	36.94	31.58	31.01	18.67	7.57	7.07	5.64			17.02	22.89
M26填土	一付	1	左$C+P_3-M_2$,P_2处脱落愈合,右P_3-M_3,测量左侧					29.27	17.00	6.92	7.19	5.28	4.62	3.69		23.56
M34腰坑	一付	1	$C+P_4-M_2$						17.98	7.64	8.38	6.61				
M38二层台东壁南侧	一付	1	左$I_2+I_3+C+P_1-M_2$,右$I_1-I_3+C+P_2-M_1$,测量左侧	59.19	53.71	32.19	27.76	22.55	18.26	8.08	7.38	5.35			17.06	23.03
M38腰坑	一付	1	I_1-M_3,测量左侧	64.63	58.41	33.85	27.87	29.53	18.38	8.56	7.66	5.71	4.82	3.97	20.39	25.65
M46	一付	1	左$I_1-I_3+P_4-M_3$,右$I_1-I_3+C+P_1+P_3+P_4-M_3$,测量右侧	70.10				33.21	20.25	7.37	8.05	5.82	4.79	4.40	19.33	23.87
M46腰坑	一付	1	左$I_2+I_3+C+P_1-M_2$,右$C+P_2-M_2$,两侧P_1均脱落愈合,测量左侧				27.29	28.91	18.28	6.62	7.71	5.21			17.97	22.66
M103	一付	1	左I_1-M_1,右I_1-M_3													
M105	一付	1	左$I_2+I_3+C+P_3+M_1$,右M_1,测量左侧					55.60	17.96	6.94					17.28	18.36
M109腰坑	一付	1	左$I_3+C+P_1-M_2$,右$C+P_2-M_2$						18.05	7.04	8.01	6.33				
M111腰坑	一付	1	左$I_3+C+P_2-M_1$,右$C-P_2$													
M118	一付	1	左$C+P_3-M_2$,右$C+P_2-M_2$,测量左侧	67.60	63.65	37.31	32.27	32.41	19.23	7.20	8.25	5.72			16.29	22.36
M121	一付	1	左I_2-M_3,右I_2-M_3,犬齿替换完成													
M201椁盖上	左	1	$I_2+C+P_1-M_3$	70.68	64.51	38.19	33.48	9.17	6.60	5.41	3.64	19.56	26.68			

续表四

单位号	左/右	件数	牙齿	P_1—M_3	P_2—M_3	P_1—P_4	P_2—P_4	M_1—M_3	M_1长	M_1宽	M_2长	M_2宽	M_3长	M_3宽	P_2后	M_1后
M201椁盖上	右	1	C—M_3													
M201腰坑	左	1	C+M_1+M_2,P_3,P_4脱落,齿孔处颌骨愈合	63.01	57.60			31.75	18.83	6.58	7.15	4.87			16.81	22.05
M201腰坑	右	1	M_1+M_2,P_4脱落,齿孔处颌骨愈合													
M206	左	1	C+P_3—M_3					29.08	18.38	7.62	8.56	5.06	4.46	3.68		
M206	右	1	P_3—M_3						8.59							
M206填土	左	1	C—M_2,P_4处有病变					33.46	20.70	8.72	7.78	6.46			19.64	26.32
M206填土	右	1	M_1—M_3,P_2—P_4处牙齿脱落,齿孔处颌骨愈合	72.88	67.34	38.20	32.75	34.73	21.47	8.95	8.63	6.28	4.73	4.22		
T709③	右	1	C+P_2+P_3+M_1					33.90	20.50							
T709④	右	1	C+P_4			34.61	29.85									
T1001②	左	1	P_2—M_2		65.56		35.08	32.51	19.92	8.43	8.08	6.11			17.94	22.60
T1001③	右	1	C+P_1+P_3+M_1—M_3,P_2处愈合	70.36		39.40		31.72	20.17	8.49	8.24	6.45	4.11	3.76		25.43
T1002②	左	1	P_2+M_2,P_2—M_1处颌骨病变严重		62.50						7.81	6.21			18.47	
T1002④	右	1	C								7.50	6.02			18.59	
T1319④	右	1	P_4—M_2						18.40	7.97	8.21	6.09				
T1319④	左	1	M_2,P_4处颌骨愈合	69.67	64.84			33.25							18.27	20.73
T1320④	右	1	C+P_2—M_2	71.80		39.61	33.45	33.70	20.22	9.02	8.65	7.18			19.11	22.57
T1516②下乱葬坑	右	1	I_2+P_4			36.70	32.28								18.78	
计数				18	15	22	21	27	34	34	34	34	11	12	28	29
最大值				72.88	67.34	40.33	40.18	55.60	21.47	9.02	10.17	7.18	5.41	4.40	20.39	26.68
最小值				59.19	53.71	32.19	24.30	22.55	17.00	6.58	6.49	4.87	3.65	3.43	16.04	18.36
平均值				67.44	61.60	36.63	31.37	32.02	19.07	7.75	8.03	6.01	4.44	3.83	18.17	22.71

单位：毫米

表五　前掌大遗址狗下颌骨观察测量统计（东周）

单位号	左/右	件数	牙齿	$P_1 - M_3$	$P_1 - P_4$	$P_2 - P_4$	$M_1 - M_3$	M_1 长	M_1 宽	M_2 长	M_2 宽	P_2 后	M_1 后
T714②	左	1	左 $P_2 - M_2$，右 $P_4 - M_2$，测量左侧		36.60	32.07		6.23	18.28	22.26			
T814②	左	1	$M_1 + M_2$										
T901②	右	1	$C + P_1$ 孔 $+ P_3 - M_3$，P_2 处愈合	68.40	37.63		30.14	19.05	8.01	7.87	6.24		25.44
T902②	左	1	$P_3 - M_2$				32.84	19.42	8.82	7.90	6.63		
T919J4	左	1	$P_4 + M_1$					17.39	7.07				18.30
			计数	1	2	1	2	4	4	3	3	1	3
			最大值					19.45	8.82	8.79	6.63		25.44
			最小值					17.39	7.07	7.87	6.23		18.30
			平均值					18.83	8.04	8.19	6.37		22.00

表六 前掌大遗址猪头骨测量数据（商代晚期） 单位：毫米

单位号	件数	13	34	38	40	41	45
H2	1				25.94		
T803⑤	1	45.84		57.52	26.02		
T803⑤	1	47.18		57.18			
T819④	1			76.37	26.94		
T819④	1			77.72	23.19		
T820④	1	40.40		61.31	29.94		
T1020④	1			58.94	37.50		
T1020⑦	1		60.04		41.41	102.72	114.24
T1120④	1			56.89	22.32		
T1224④	1				32.17		
T1319⑤	1	42.47		52.34	28.23		
计数		4	1	8	10	1	1
最大值		47.18		77.72	41.41		
最小值		40.40		52.34	22.32		
平均值		43.97		62.28	29.37		

表七 前掌大遗址猪头骨测量统计（西周早期） 单位：毫米

单位号	件数	13	34	36	37	38	40	41	45
BM3 填土	1	48.69				61.65	27.71		
BM4 填土	1	44.02				53.33	19.87		
M11 填土	1	52.89	58.71	21.59	20.33		37.99		
M206 填土	1					64.36	26.13		
T1001③	1					56.82	27.95		
T1001③	1					61.00			
T1002②	1	49.84					36.83		
T1317③	1	38.44				53.76	32.54		
T1319④	1						26.05		
T1319④	1					62.60			
T1319④	1	48.47				72.37	32.28		
T1319④	1	愈合					35.95		108.32
T1320④	1	47.74					23.81		
T1320⑤	1		54.94	25.57	28.22	57.15	30.07	103.77	118.04
计数		7	2	2	2	9	12	1	2
最大值		52.89				72.37	37.99		
最小值		38.44				53.33	19.87		
平均值		47.16				60.34	29.77		

表八　前掌大猪上颌骨观察测量统计（商代晚期）

单位：毫米

单位号	左/右	件数	牙齿	$P^1–P^4$	$P^2–P^4$	$M^1–M^3$	dp^4长	dp^4宽	M^1长	M^1前宽	M^1后宽	M^2长	M^2前宽	M^2后宽	M^3长	M^3宽	M^1磨蚀	M^2磨蚀	M^3磨蚀
M129	左	1																	
M214	右	1	$P^4–M^2$						17.25	13.93	14.09	23.47	17.82	17.43			h	f	
M214	右	1	M^1+M^2						14.98	12.80	12.78	19.98	16.04	15.24			g	d	
M214	左	1	dp^3+dp^4				13.43	11.35											
M214	左	1	$dp^2–dp^4$，雌性																
M214	左	1	M^3												39.87	21.26			b
M214	右	1	M^3																0.5 – U
T1020④	左	1	$P^1–M^1$	44.72					17.30	12.94	13.45						c		
T1020④	右	1	$M^1–M^3$，雄性																
T1020④	右	1	$M^1–M^3$			61.87			15.69	12.22	12.54	19.79		15.52	27.33	16.25	f	d	a
T1020⑤	右	1	$C–p^3$，雌性																
T1020⑤	右	1	$P^4–M^2$						14.38	12.70	12.70	20.56		15.29			e	e	
T1020⑤	右	1	$M^1–M^3$						14.60	14.17	15.07	23.02		17.56			l	f	0.5
T1020⑤	左	1	M2									19.98		15.81					
T1120④	左	1	$P^4–M^3$，雌性			63.93			16.36	17.31	16.07	29.05	18.12				e	d	a
T1120④	右	1	$M^1–M^3$			71.17			15.67			21.04	18.89	19.24	34.38	20.68	k	j	
T1120④	右	1	$M^1–M^3$，M^3残									22.72	15.70	15.91			U	d – e	
T1120④	左	1	$P^3+dp^4+M^1$						16.82	11.19	12.50						U		
T1120④	左	1	$P^4–M^3$						15.45	12.96	15.35	30.29	16.93				h	d	a
T1120⑤	左	1	$P^1–P^3$，雌性																

续表八

单位号	左/右	件数	牙齿	P^1–P^4	P^2–P^4	M^1–M^3	dp^4长	dp^4宽	M^1长	M^1前宽	M^1后宽	M^2长	M^2前宽	M^2后宽	M^3长	M^3宽	M^1磨蚀	M^2磨蚀	M^3磨蚀
T1220④	右	1	P^1–P^3，雄性																
T1220④	右	1	P^2–M^3			65.47			13.65	13.13	14.31	21.01	15.70	16.93	30.08	17.36	m	f	d
T1224④	左	1	I^1																
T1224④	左	1	P^3+P^4																
T1224④	左	1	M^2+M^3									18.76							
T1224④	右	1	P^4–M^3			63.57			13.67	11.43	12.13	18.48	15.04	15.09	29.79	15.55	g	d	c
T1224④	左	1	M^1+M^2						12.53	11.20	12.60	17.93		14.75			f	e	
T1224④	左	1	M^1–M^3						13.13	11.02	10.91	18.07	13.24	13.05			0.5	d	
T1317⑤	左	1	M^2									21.30	15.89	15.92				d	
T1317⑤	左	1	P^4+M^1						15.76								g		
T1317⑤	左	1	M^3												2.20	18.71			a
T1317⑤	右	1	M^1+M^2						16.28	13.74		21.07		15.65			f	a	
T1317⑤	右	1	dp^3+dp^4–M^2				13.15	11.06	16.85	13.20							a	E	
T1318⑤	右	1	P^4–M^3			63.58			16.48			20.54	15.99		30.09	17.81	f	e	b
T1318⑤	左	1	M^1–M^3							13.36		20.36	15.20		27.18	17.30	f	d	b
T1318⑤	右	1	M^1+M^2						16.03	12.15		21.68	15.22	14.86			j	b	
T1318⑤	右	1	P^3–M^3			64.83			14.28			20.40	16.03	16.44	30.40	17.75	h	f	b
T1318⑤	右	1	P^2–M^2，雌性		34.08				14.31			19.94					l	k	
T1319⑤	左	1	$C+P^1$，雌性																
T1319⑤	左	1	M^1–M^3			62.06			13.89	12.09	12.71	19.73	15.40	15.40	29.59	16.22	f	d	a
T1319⑤	右	1	P^4–M^3						15.54	13.17	13.47	22.54	15.92	16.56			f	d	U

续表八

单位号	左/右	件数	牙齿	P^1–P^4	P^2–P^4	M^1–M^3	dp^4长	dp^4宽	M^1长	M^1前宽	M^1后宽	M^2长	M^2前宽	M^2后宽	M^3长	M^3宽	M^1磨蚀	M^2磨蚀	M^3磨蚀
T1319⑤	左	1	P^4–M^3			32.79			14.58	13.22	14.71	19.35	16.89	17.50	32.62	18.38	l	j	f
T1319⑤	左	1	P^4–M^3																
T1319⑤	左	1	P^1–P^3,雌性																
T1319⑤	左	1	P^3–M^3						15.26	12.59	14.79	28.89	16.57				g	f	a
T1516③	左	1	P^2–dp^4–M^2				12.68	10.26	16.59	12.13	12.15						c	E	
T1516③	右	1	P^4–M^2						15.15	11.22		20.99	15.52	16.23			c	f	
T1516③	左	1	dp^3+dp^4				12.32												
T1516③	左	1	P^4–M^2						15.25			20.76							
T1516③	左	1	C–P^4	44.86	35.63														
T1517③	左	1	P^2+dp^4				13.94	10.89											
T1517③	左	1	dp^3+dp^4+M^1				12.24	10.93									U		
T819④	右	1	M^2+M^3									21.20	15.27	15.62		16.70		d	a
T819④	左	1	M^2+M^3									18.68			32.00	17.58		h	d
T819④	右	1	M^2+M^3												33.72	17.97			b
T819④	右	1	C+P^2,雌性																
T820⑤	右	1	M^3,雌性													18.38			d
T820⑤	右	1	P^4–M^2						18.65	15.07	15.08	20.64					f	c	
T820⑤	右	1	M^2									23.75	17.48	17.24				e	
T820⑤	左	1	M^3												32.15	17.06			b
T820⑤	右	1	雌性																
T919④	左	1	M^3												39.55	22.53			a

续表八

单位号	左/右	件数	牙齿	P¹–P⁴	P²–P⁴	M¹–M³	dp⁴长	dp⁴宽	M¹长	M¹前宽	M¹后宽	M²长	M²前宽	M²后宽	M³长	M³宽	M¹磨蚀	M²磨蚀	M³磨蚀
T919⑤	右	1	P⁴–M²，M³脱落						16.79	11.95	13.28		17.22	17.58			e		
T919⑤	左	1	M²+M³											17.06	27.92	18.28		f	c
T919⑤	左	1	M²+M³												28.93	18.35		e	b
T919⑥	右	1	P²–P⁴																
T919⑥	右	1	M³												32.50	16.98			a
T919⑥	左	1	M²+M³									22.24	16.35	15.35	30.64	17.22		c	a
T919⑦	右	1	C，雌性																
T920⑤	左	1	C+P²+P³，雄性															a	
T920⑦	左	1	C+P¹孔+M¹+M²，雌性						16.96	12.69	13.16	20.86	15.78	16.06			d		
T920⑦	左	1	M3												30.29	16.41			b
计数				2	2	9	6	5	31	23	25	33	23	31	23	25			
最大值						71.17	13.94	11.35	18.65	15.07	15.08	23.75	20.64	19.24	39.87	22.53			
最小值						32.79	12.24	10.26	12.53	11.02	10.91	17.93	13.24	13.05	27.18	15.55			
平均值						61.03	12.96	10.90	15.49	12.63	13.12	20.70	16.29	16.02	31.28	17.85			

表九　前掌大遗址猪上颌骨观察测量统计（西周早期）

单位：毫米

单位号	左/右	件数	牙齿	M¹-M³	dp⁴长	dp⁴宽	M¹长	M¹前宽	M¹后宽	M²长	M²前宽	M²后宽	M³长	M³宽	M¹磨蚀	M²磨蚀	M³磨蚀
BM3填土	左	1	M²+M³							20.96		16.10	29.45	18.48		d	b
BM3填土	右	1	dp³+dp⁴+M¹, dp⁴:a		13.36	11.04									C		
M201北二层台上	左	1	P¹+P²														
M206填土	左	1	M²							21.77	16.82	17.26				b	
T1920④	左	1	I¹+I²														
T1920④	右	1	M¹-M³				15.98	12.82	13.27	20.96	16.17	16.20			e	d	E
T1320⑤	右	1	M²+M³											17.89	a	e	a
T1320⑤	右	1	P⁴-M²				17.60	13.61	13.14	21.73	16.40	16.13			d	b	
T1320⑤	左	1	M¹-M³	64.77			14.03			20.53		17.05	31.11	18.22	h	f	c
T1320⑤	右	1	P¹-dp⁴-M¹				16.98	12.71	12.97						a		
T1320⑤	左	1	P⁴-M³	70.88			15.83	13.81	15.01	21.31	18.06	18.40	35.80	20.41	h	g	e
T1319④	右	1	P¹-M³, 雌性	65.54			16.35	13.21	13.96	22.40	16.49	17.36	27.62	16.91	f	d	a
T1319④	右	1	dp⁴-M²				16.27	12.43	12.99						c	U	
T1319④	右	1	M¹-M³	63.05			13.80	13.03	13.76	19.92	16.81	16.65	28.90	17.51	l	h	d
T1319④	左	1	P¹-P², 雌性														
T1320⑤	左	1	P⁴-M³				15.03	12.77	12.91	19.96	17.12	17.00		17.42	f	e	c
T1001③	左	1	dp³+dp⁴+M¹+M²		12.20	11.21	16.50	12.43	13.77						a	E	
H22	右	1	P³-M²				16.67	12.38	13.41	22.20	16.05	15.50			f	d	
T1319④	左	1	M³										39.60	22.57			b
T1321④	左	1	M³										35.30	22.37			b
T1321④	右	1	P⁴-M³							23.62	19.41	19.54	35.91	22.98		e	c
T1319④	左	1	M³														E
T1319④	左	1	P³														

续表九

单位号	左/右	件数	牙齿	M^1-M^3	dp^4长	dp^4宽	M^1长	M^1前宽	M^1后宽	M^2长	M^2前宽	M^2后宽	M^3长	M^3宽	M^1磨蚀	M^2磨蚀	M^3磨蚀
T1002②	左	1	$dp^2-dp^4+M^1$				17.46	14.80	13.91						c		
T1001③	左	1	M^1+M^2				19.27	15.89	14.70	24.18	20.06	19.05			f	c	
T1001③	左	1	M^1-M^3							21.58	16.70		34.70	18.09		b	a
T1001③	左	1	P^4-M^3	66.08			16.08		15.22	20.75	17.89	18.82	32.07	19.33	k	f	b
T1319④	左	1	P^4-M^3	64.67			13.61			19.37			32.79	17.01	j	g	f
T1320④	左	1	$dp^3+dp^4+M^1$		13.11	10.48	17.80								U		
T1002③	右	1	P^4-M^2				17.01	13.71	14.33	21.74	16.67	17.85			f	d	
J6	左	1	P^4-M^2							22.21	17.89				c	b	
T1320④	左	1	M^2+M^3							19.52	15.48	14.77	30.29	16.84		f	b
T1320④	左	1	M^2+M^3										29.47	16.49		c	a
T1001②	左	1	M^3										33.88	17.53			a
T1001②	右	1	P^3-M^2				15.45	12.80	13.33	22.52	16.74	16.58			e	d	
T1319④	左	1	dp^4-M^2		12.19	10.81	15.39	13.04	13.19	19.49	15.13	15.98			c	a	
T1002②	左	1	P^3-M^3				16.32		14.51	22.15	18.06	17.63			f	d	E
T709③	右	1	P^3-M^2				16.27	13.13	13.54		17.30	1.03			f	d	
T709③	右	1	P^4-M^3				15.39	14.23	14.93	21.35	16.69	16.83			j	d	0.5-U
T709③	右	1	P^4-M^3				17.56			21.33	17.39				f	b	0.5-U
T1002④	左	1	dp^4-M^3				13.79	12.49	11.96	18.13	15.28	14.74			g	f	0.5-U
T1002④	左	1	P^4-M^2				15.81	13.72	13.72	19.74	15.99	16.61			g	d	

续表九

单位号	左/右	件数	牙　齿	M^1－M^3	dp^4长	dp^4宽	M^1长	M^1前宽	M^1后宽	M^2长	M^2前宽	M^2后宽	M^3长	M^3宽	M^1磨蚀	M^2磨蚀	M^3磨蚀
T1002④	右	1	P^4－M^3	61.08			15.60	12.92		20.33		14.75	27.50	17.41	j	f	a
T1002④	右	1	P^4－M^3				16.21		14.01	20.11	16.96	16.29			f	b	U
T1002④	右	1	P^3－M^1				16.71	12.84	13.82						f		
T1320⑤	左	1	M^2＋M^3							22.72	16.74	16.51	32.08	19.37		f	a
T1319④	左	1	M^2、M^3脱落														
T1319④	左	1	dp^3＋dp^4														
T1319④	右	1	M^3														0.5－U
T1319④	右	1	M^1				15.99	12.34	12.29						e		
T1319④	左	1	dp^4－M^2		12.42	10.22	15.93	12.16		21.74	15.47	15.25			c	U	
T1319④	左	1	M^1＋M^2				14.11								j	c	
T1319④	右	1	P^3－M^1				14.47	12.94	13.01						e		
H20	右	1	M^1＋M^2												d	b	
IVM14	右	1	P^2＋P^3														
BM4填土	左	1	M^3										37.41	20.78			b
BM4填土	左	1	M^1－M^3				15.08		13.84	20.32		16.68			h	g	
BM4填土	左	1	dp^3＋dp^4＋M^1		12.57	10.26	16.02	12.31	12.53						U		
BM4填土	右	1	C孔，雌性														
BM4填土	右	1	P^4－M^2							20.71	15.45	16.23			g	d	
BM4填土	左	1	M^2＋M^3							21.46	16.99	17.09	32.01	19.29		f	b
BM4填土	左	1	M^2＋M^3							22.28	17.20	17.19	32.31	19.94		f	b

续表九

单位号	左/右	件数	牙齿	M^1-M^3	dp^4长	dp^4宽	M^1长	M^1前宽	M^1后宽	M^2长	M^2前宽	M^2后宽	M^3长	M^3宽	M^1磨蚀	M^2磨蚀	M^3磨蚀
T932②下 M47填土	右	1	$P^1-P^3 + M^1-M^3$														E
T932②下 M47填土	左	1	P^2-M^3	78.19			17.50			23.34	19.98	19.32	38.71	21.10	g	e	c
			计数	8	6	6	35	25	28	34	30	32	20	22			
			最大值	78.19	13.36	11.21	19.27	15.89	15.22	24.18	20.06	19.54	39.60	22.98			
			最小值	61.08	12.19	10.22	13.61	12.16	11.96	18.13	15.13	14.74	27.50	16.49			
			平均值	66.78	12.64	10.67	16.00	13.22	13.69	21.25	16.98	16.84	32.85	19.00			

表一〇　前掌大遗址猪上颌骨观察测量统计（东周）　　单位：毫米

单位号	左/右	件数	牙齿	dp^4长	dp^4宽	M^1长	M^1前宽	M^1后宽	M^2长	M^2前宽	M^2后宽	M^3长	M^3宽	M^1磨蚀	M^2磨蚀	M^3磨蚀
T1517②	右	1	$dp^3+dp^4+M^1$	13.04	11.19									U		
T1517②	左	1	M^1-M^3			15.13	12.95	13.34	19.84	16.38	17.02	31.47	17.69	g	f	b
T1517②	右	1	P^3-M^3			15.64	13.30	13.51	21.93	16.88	16.83			g	d	0.5
T714②	左	1	dp^4	14.45	11.17											
T814②	右	1	$C+P^3$，雄性													
T814②	左	1	dp^3+dp^4	13.23	11.55											
T814②	右	1	P^1-M^2			15.37	12.73	13.57	21.07	15.60	17.00			h	f	
T814②	右	1	P^2-P^4，雌性													
T814②	右	1	M3									31.40				e
T814②	右	1	P^4-M^2			16.19	12.96	13.66	21.54	16.84	16.07			c	a	
T901②	右	1	$C+P^1+P^2$，雌性													
T901②	左	1	M^1-M^3			15.98			21.16	16.47				d	a	0.5
T901②	右	1	I^1													
T901②	左	1	M^2+M^3						18.72		16.81	27.58	17.95		f	b
T902②	右	1	M^1+M^2			12.08	14.10	14.16								
T932②下H01	右	1	$P^1-P^3+M^1$，雌性，P^1-P^4牙齿位置不正，扭曲			16.58	13.39	13.58						c		
T932②下H01	左	1	P^4-M^2			16.07	12.47	13.34	19.41	15.89	15.37			d	a	
T932②下H01	左	1	P^2-M^3，雌性			14.33	12.45		20.97	16.04	15.24	28.78	17.52	l	f	a
			计数	3	3	9	8	6	8	6	8	4	3			
			最大值	14.45	11.55	16.58	14.10	14.16	21.93	16.88	17.02	31.47	17.95			
			最小值	13.04	11.17	12.08	12.45	13.34	18.72	15.60	15.24	27.58	17.52			
			平均值	13.57	11.30	15.26	13.04	13.64	20.58	16.27	16.35	29.81	17.72			

表一一　前掌大遗址猪下颌骨观察测量统计（商代晚期）

单位：毫米

单位号	左/右	件数	牙齿	P1–P4	P2–P4	M1–M3	dp4长	dp4宽	M1长	M1前宽	M1后宽	M2长	M2前宽	M2后宽	M3长	M3宽	M1磨蚀	M2磨蚀	M3磨蚀	P2前(13)	M1前(12)	M3后(3)
M129	右	1	dp4				17.70															
M129	右	1	dp4				19.27	9.01														
M214	左	1	dp4+M1					8.80	17.89	10.54	10.96						b					
M214	右	1	M1						17.42	9.93	11.38						b					
M214	左	1	dp4+M1					8.39									V					
M214	右	1	dp4+M1				19.21	8.74									E					
H2	左	1	骨骼上有啮齿类动物的啃咬痕迹																			
H2	左	1	联合部，雌性						17.32	9.53	9.54						b					
T803⑤	左	1	M3												32.04				f			
T803⑤	一付	1	左P3+dp4+M1，右M1+M2						17.66	9.54	10.31						a	V			24.39	
T803⑤		1	联合部，雌性																			
T819④	右	1	I3+M1						15.55	10.13	10.33						e	b				
T819④	右	1	dp4+M1						17.88	11.03	11.67						e		V		31.18	
T819④	左	1	M1–M3						17.63		12.28	25.02	15.76	15.19								
T819④	左	1	M3																0.5			
T819④	左	1	M2+M3									20.14						e	0.5– U			
T819④	左	1	M3																V			
T819④	右	1	dp4+M1				18.07	8.01									U					
T819④	右	1	M1+M2							9.19							b	E				

续表一一

单位号	左/右	件数	牙齿	P_1–P_4	P_2–P_4	M_1–M_3	dp_4 长	dp_4 宽	M_1 长	M_1 前宽	M_1 后宽	M_2 长	M_2 前宽	M_2 后宽	M_3 长	M_3 宽	M_1 磨蚀	M_2 磨蚀	M_3 磨蚀	P_2 前	M_1 前	M_3 后	3	12	13	14	15
T819④	右	1	M_1–M_3								10.94	21.31	14.18	13.81			f	c	E								
T819⑤	左	1	M_3												1.70	14.80			a								
T820④	右	1	M_1–M_3									20.52	14.12	13.70			e	d	V								
T820④	左	1	M_3												27.98	14.91			b								
T820⑤	左	1	P_4，雄性																								
T820⑤	右	1	P_3	38.85																							
T820⑤	右	1	P_2–M_2						15.92	9.67	10.88		13.19				e	d										
T820⑤	右	1	M_3												31.34	15.22			c			55.67	94.11		125.81		
T820⑤	右	1	齿槽肿胀?												32.43	14.25			b								
T820⑤		1	I_1+I_2，有P_1孔，联合部有弧度																	38.65				51.61			
T820⑤		1	I_2+C+P_1孔，联合部有弧度，雄性，联合部与水平面之间的夹角较大																					61.5			
T919④	左	1	$P_3+dp_4+M_1+M_2$				18.69	9.29	17.49	10.35	11.05						b	C			30.91						
T919④	左	1	I_2+C+P_1孔+P_2–P_4，雄性		36.56																						
T919④	左	1	M_2+M_3											15.12				d	0.5–U								
T919④	左	1	dp_4+M_1				19.57	8.82	16.35	10.14	11.02						a				27.46						
T919④	左	1	M_2+M_3									21.03	12.70	13.18				e	0.5–U								
T919⑤	左	1	P_2																								

续表一

单位号	左右	件数	牙齿	P_1–P_4	P_2–P_4	M_1–M_3	dP_4长	dP_4宽	M_1长	M_1前宽	M_1后宽	M_2长	M_2前宽	M_2后宽	M_3长	M_3宽	M_1磨蚀	M_2磨蚀	M_3磨蚀	P_2前	M_1前	M_3后	3	12	13	14	15
T919⑥		1	联合部有弧度																					82.04			
T920④	左	1	M_3																0.5								
T920④	左	1	M_1–M_3						18.09	11.81	11.90	24.94	16.20	15.83			d		V								
T920④	左	1	M_2+M_3，雄性												31.94			a	d								
T920④	右	1	M_2+M_3									18.45						g	d								
T920④		1	联合部，雌性																								
T920⑤	左	1	P_4–M_3			67.78			15.31	10.60	10.58	19.88	13.80	14.24	32.52	15.76	d	c	a		39.00						
T920⑤	右	1	M_1–M_3									20.13	12.95	13.46		14.59		d	a								
T920⑤	右	1	M_1–M_3			64.10			14.62			19.18	12.82	13.40	30.30	14.42	h	f	c								
T1020④	右	1	M_2+M_3										13.78					e	0, 5								
T1020④	左	1	M_1–M_3						16.68	10.32	10.82		13.93				g	d	E								
T1020④	右	1	M_1–M_3								10.69	20.12	14.13	13.69	32.36	16.01	l	e	c								
T1020④	左	1																									
T1020④	左	1	P_4–M_3，有弧度			56.34	23.33	13.22	14.94			18.85	11.71	11.49			g	e	b	39.17	34.83	40.82		50.64			
T1020④	左	1	M_1–M_3									21.62		13.37			h	e	U								
T1020④	左	1	M_3												29.85	14.77			b			45.66					
T1020⑤	右	1	联合部，雌性																								
T1020⑤	右	1	M_1						14.86	8.80	10.00						f										
T1020⑤	右	1	M_1–M_3						16.08	9.76	10.48	20.51	12.82	13.44			g	e	0, 5								
T1020⑤	左	1	M_3												29.73	14.36			b								
T1020⑤	左	1	C，雌性																								

续表一一

单位号	左/右	件数	牙齿	P_1-P_4	P_2-P_4	M_1-M_3	dp_4 长	dp_4 宽	M_1 长	M_1 前宽	M_1 后宽	M_2 长	M_2 前宽	M_2 后宽	M_3 长	M_3 宽	M_1 磨蚀	M_2 磨蚀	M_3 磨蚀	P_2 前	M_1 前	M_3 后	3	12	13	14	15
T1020⑤	左	1	C, 雄性																								
T1120④	右	1	dp_4-M_1, M_2未萌出						15.15											23.41							
T1120④	右	1	M_2+M_3									22.73	14.57		33.45	16.10		d	b								
T1120④	左	1	P_2-P_2						14.66		9.90						g										
T1120④	左	1	M_2-M_3											12.20	28.00	14.28		e	c								
T1120④	左	1	P_1-P_3																	41.59							
T1120④	左	1	M_1+M_2						16.02	10.59	11.13	21.42	14.36			e	d										
T1120④	右	1	P_3+dp_4																								
T1120④	右	1	P_3+dp_4+M_1						15.69		10.70						0.5				24.74						
T1120④	左	1	P_2-dp_4-M_1														b										
T1120④	左	1	M_1-M_3						9.69	10.15		22.22	13.99	14.32			f	b	C								
T1120④	左	1	M_1-M_3						16.36	11.24	11.78	21.68	14.72	14.24			e	d	0.5								
T1120④	左	1	P_3-M_3						15.62	9.60	10.63	19.08	12.52	12.93	28.88	14.90	h	f	b								
T1120④	左	1	M_1-M_3						14.45	9.91	9.79	19.15	13.22	12.39	32.74	15.20	j	g	c								
T1120④		1	联合部左I_1-C, 右I_1+I_2+C, 有弧度																					51.75			
T1120④	右	1	右P_3, 联合部有弧度																					53.97			
T1220④	右	1	M_1-M_3						15.33	9.91	10.34	19.14	12.14	12.58			f	d	V		29.94					
T1220④	左	1	M_1+M_2, 有弧度, 雌性						15.17	9.09	9.61	18.23	11.26	11.46			f				30.70					
T1220④		1	联合部, 有P_1齿孔, 雌性																	46.09						
T1224④	右	1	联合部右I_2+I_3																								

续表一——

单位号	左/右	件数	牙　齿	P_1-P_4	P_2-P_4	M_1-M_3	dp_4长	dp_4宽	M_1长	M_1前宽	M_1后宽	M_2长	M_2前宽	M_2后宽	M_3长	M_3宽	M_1磨蚀	M_2磨蚀	M_3磨蚀	P_2前	M_1前	M_3后	3	12	13	14	15
T1224④	左	1	dp_4+M_1				18.63	8.41	17.00	9.53	10.48						a				24.89						
T1224④	左	1	M_3												32.71	14.74						49.38					
T1317⑤	右	1	M_3																a								
T1317⑤	左	1	M_1-M_3			74.35			14.77		12.43	19.72	14.07	14.51	38.08	15.81	j	g	c								
T1317⑤	左	1	dp_4+M_1				19.56	9.12									0.5-U										
T1317⑤	左	1	M_1														0.5-U										
T1317⑤	右	1	M_2+M_3																								
T1317⑤	右	1	M_2									19.29	13.35	12.75				d									
T1317⑤			联合部，左I_1-I_3，右$I_1+I_3+C+P_1$孔$-M_1$孔，I_3:E，雄性																	36.56							
T1317⑤		1	M_3															V									
T1318⑤	右	1	M_2+M_3									23.09	14.07	14.50		16.00		d	b								
T1318⑤	左	1	I_2+P_1，雄性																								
T1318⑤	右	1	I_2+I_3+C，I_2开始萌出，雄性																								
T1318⑤	左	1	M_2+M_3									21.31	12.97	13.97				c	0.5								
T1318⑤	左	1	P_3-M_2						15.18	9.93		19.90	13.67	13.33			g	f									
T1318⑤	左	1	M_2+M_3										12.91					c	E								
T1318⑤	左	1	M_3																0.5								

续表一一

单位号	左/右	件数	牙齿	P1–P4	P2–P4	M1–M3	dp4长	dp4宽	M1长	M1前宽	M1后宽	M2长	M2前宽	M2后宽	M3长	M3宽	M1磨蚀	M2磨蚀	M3磨蚀	P2前	M1前	M3后	3	12	13	14	15
T1318⑤	右	1	dp4–M3、M2残、M3尚未萌出,从穿孔中可见牙齿				18.61	8.94	15.92	10.80	11.24						c		V								
T1319⑤	右	1	M2+M3									21.57		14.93	31.01			f	d			54.91					
T1319⑤	右	1	P4–M3			66.25			16.16	9.80	10.42	19.26	12.81	13.10	29.92	14.20	f	d	a								
T1319⑤	左	1	P2–dp4–M2						17.38	9.25		19.71	8.10							18.22	26.36						
T1319⑤	左	1	P4–M2						14.09			19.91	13.92	13.42			m	j									
T1319⑤		1	联合部,雄性																	43.66							
BM3填土	左	1	M1+M2+M3、M2残						16.81	10.05	11.05						d		C								
T1516③	右	1	P4–M3						15.94	10.26	10.49	20.21	13.37	13.49			f	e	0.5						101.17	96.98	104.80
T1516③	右	1	M2+M3									21.18	11.97	13.01				c	E						116.88		
T1516③	右	1	M2															U									
T1516③	右	1	P2–dp4+M1				18.27	8.28	16.24	10.05	10.99						c			34.84	27.62				87.28	84.04	93.04
T1516③	右	1	M1+M2														b	C									
T1516③	左	1	M2															E									
T1516③	左	1	M3																0.5								
T1516③	左	1	dp2–dp4–M2				18.41	8.62									U	C			21.73						
T1516③	左	1	dp2–M1				19.05	8.63									U										
T1516③	右	1	dp4+M1				20.18	9.33	16.94	9.86	10.34						V				28.15						
T1516③	右	1	dp4+M1				18.05	8.34									U										
T1516③	右	1	dp3+dp4+M1				19.48	8.62									V										

续表一

单位号	件数	左/右	牙齿	P_1-P_4	P_2-P_4	M_1-M_3	dp_4 长	dp_4 宽	M_1 长	M_1 前宽	M_1 后宽	M_2 长	M_2 前宽	M_2 后宽	M_3 长	M_3 宽	M_1 磨蚀	M_2 磨蚀	M_3 磨蚀	P_2 前	M_1 前	M_3 后	3	12	13	14	15
T1516③	2		联合部，雄性 2																								
T1517③	1	左	C+P_3+dp_4+M_1, C: V				18.77	8.78	16.53	10.33	10.91																
T1518③	1	左	M_1														E										
T1518③	1	右	M_1														0.5										
T1518③	1	右	dp_4+M_1+M_2						14.41	9.50	11.04							V			27.70						
			计数	1	1	5	17	18	39	33	36	33	32	32	19	18				9	15	5	1	6	3	2	3
			最大值			74.35	23.33	13.22	18.09	11.81	12.43	25.02	16.20	15.83	38.08	16.10				46.09	39.00	55.67		82.04	125.81		116.88
			最小值			56.34	17.70	8.01	14.09	8.80	9.54	18.23	8.10	11.46	27.98	14.20				18.22	21.73	40.82		50.64	87.28		93.04
			平均值			65.76	19.11	8.96	16.09	10.02	10.78	20.62	13.33	13.60	31.42	15.02				35.80	28.64	49.29		58.59	104.75		104.91

表一二　前掌大遗址猪下颌骨观察测量统计（西周早期）

单位：毫米

单位号	左/右	件数	牙齿	P2-P4	M1-M3	dp4长	dp4宽	M1长	M1前宽	M1后宽	M2长	M2前宽	M2后宽	M3长	M3宽	M1磨蚀	M2磨蚀	M3磨蚀	P2前	M1前	M3后	3	13	14	15
BN4填土	左	1	M1+M2					16.79	10.15	11.12						d	0.5								
BN4填土	右	1	M3															0.5—U							
BN4填土	右	1	M1+M2					16.34	9.64	10.16						c	0.5								
BN4填土	右	1	M2+M3										13.24	33.62	15.61		h	e							
BN4填土	右	1	dp4+M1			18.28	8.89	16.64	10.65	11.62						c									
BN4填土	右	1	M1+M2							10.54	20.95		12.78			e	a								
BN4填土	左	1	P4-M3					15.21	10.29	10.71	20.73	13.51	13.37			e	b	E							
BN4填土	左	1	M1+M2，M1之前的骨体向内弯曲					16.60	9.96	10.99		13.21	14.11			d	a			32.38					
BN4填土	左	1	M1-M3		73.45						21.83	14.42	14.80			g	e	E							
BN4填土	左	1	M1+M3，M2脱落					16.44	9.60	10.37						f		C							
BN4填土	左	1	P1孔-P3孔，雄性																						
BN4填土	右	1	P1孔+P2-M2，M2残，雄性	35.46				15.85	10.14	10.97		13.96				e	d		46.03	47.42					
BN4填土	右	1	M1-M3					16.70			20.67		13.85	36.04	15.67	f	e	d							
BN4填土	右	1	M2+M3，M2脱落															0.5							
BN4填土	右	1	M1+M2，M2脱落					17.21	10.31	10.53						d										
BN4填土	右	1	M2，M3未萌出								20.39	12.72	12.67				a									
BN4填土	右	1	M2+M3										13.82				f	0.5							
BN4填土	右	1	M1-M3					16.60	10.78	10.78	21.07	14.45	13.82			c	a									
BN4填土	右	1	C孔+P1孔-M1孔+M2孔+M3孔								22.61	13.48	14.23				c								
BN4填土	右	1	联合部，左I1+右I1+I2，雄性																						

续表一二

单位号	左/右	件数	牙齿	P2–P4	M1–M3	dp4长	dp4宽	M1长	M1前宽	M1后宽	M2长	M2前宽	M2后宽	M3长	M3宽	M1磨蚀	M2磨蚀	M3磨蚀	P2前	M1前	M3后	3	13	14	15
M11填土	右	1	M2+M3								20.79	14.00	13.99	34.39	15.23		d	c							
M2I填土			左I2+C、右C+P1孔+P3，雌性，联合部有弧度																						
M2I填土		1	联合部，左I1+I2+C，雌性																						
M31填土	右	1	M1+M2					16.53	10.36	11.20						c	0.5								
M31填土	右	1	C+dp4+M1，C：V			17.49	8.85	16.20	10.27	10.74						c									
M31填土	右	1	P3–M3					17.17	10.28	11.06	22.17	13.96	14.01			d	c	E		38.50					
M201北二层台上	右	1	M3			18.76	7.19																		
M206填土	左	1	M1–M3					16.21	10.26	11.04	20.47	13.99	13.91			d	b		42.95						
M206填土	左	1	P1+P3+M1，M2残，雌性					16.21	10.95							e									
M206填土	左	1	M2+M3								21.83	13.28	13.73			f	f	0.5							
M206填土	左	1	P3+M1，M2残					16.99	10.05	10.36						g									
M206填土	右	1	P2–M1	33.81				15.00	9.48	10.44															
M206填土	右	1	M1–M3														d	V							
M206填土	右	1	dp4–M2			20.25	9.21				21.17	12.65	12.85			f	C			29.75					
M206填土	右	1	M1+M2					17.16	10.52	11.12	19.79	13.85	13.93			f	d								
M206填土	左	1	M2+M3								20.30	12.72	13.86				e	E							
T709③	右	1	dp3+dp4+M1			16.81	7.86																		
T709③	右	1	M3													0.5				20.61					
T709③	右	1	M3											35.96	16.27										
T808②下祭祀坑	左	1	P1孔+P2																40.58						
T808②下祭祀坑	右	1	M2+M3																		57.03				

续表一二

单位号	左/右	件数	牙齿	P_2-P_4	M_1-M_3	dp_4 长	dp_4 宽	M_1 长	M_1 前宽	M_1 后宽	M_2 长	M_2 前宽	M_2 后宽	M_3 长	M_3 宽	M_1 磨蚀	M_2 磨蚀	M_3 磨蚀	P_2 前	M_1 前	M_3 后	3	13	14	15
SK4	右	1	M_1+M_2					15.08	10.17	11.65	19.86	12.48	14.47			c	b								
H2O	左	1	dp_4+M_1													U				27.16					
H2O		1	联合部，雄性																						
T932②下 M47 填土	左	1	M_3															0.5							
T932②下 M47 填土	左	1	M_1-M_3					15.74	9.64	10.38	20.17	13.42	13.53					0.5 – U							
T932②下 M47 填土		1	联合部，雌性																						
T1001①	右	1	M_3															0.5							
T1001①	左	1	雌性																						
T1001①	左	1	M_1+M_2					17.05	10.38	11.55	23.23	14.06	14.39			d	a	C							
T1001①	左	1	P_3-M_3，P_3: V，P_4: E					16.32	9.92	11.31						d	d	b		39.82					
T1001①	左	1	M_2+M_3								20.07	11.79	12.85	34.42	15.15										
T1002②	左	1	I_1+I_2+C，雄性																						
T1002②	左	1	M_2+M_3										14.44				e	0.5 – U							
T1002②	左	1	P_3-M_2																						
T1002②	右	1	P_3+P_4																						
T1002②	左	1	M_3															0.5 – U							
T1002②	右	1	M_1-M_3							11.64	21.27		14.25			g	e	0.5							
T1002②	右	1	M_3											32.35	15.78			b							

续表一一

单位号	左/右	件数	牙齿	P2-P4	M1-M3	dp4长	dp4宽	M1长	M1前宽	M1后宽	M2长	M2前宽	M2后宽	M3长	M3宽	M1磨蚀	M2磨蚀	M3磨蚀	P2前	M1前	M3后	3	13	14	15
T1002②	左	1	M3															0.5-U							
T1002②	左	1	M2														0.5								
T1002②	左	1	M3															0.5-U							
T1002②	左	1	堆性																						
T1002②	左	1	M3															E							
T1002②	右	1	M2								20.42	12.49	13.50				c								
T1002②	右	1	M1-M3		62.83			14.17			20.13	13.33	13.44	29.01	14.65		g	c			40.33				
T1002②		1	联合部																						
T1002②		2	联合部，病变? 雄性，其一骨体肿胀变形																						
T1002②		1	联合部，堆性																						
T1002②		1	联合部，I2+C，雄性																						
T1002②	右	1	联合部，堆性																						
T1002②	右	1	M3											33.10	15.80			a	46.79						
T1002③	右	1	M1-M3							10.20	18.04	12.75	13.10			e	c	C							
T1002③			联合部，I3+P2, I3: V, P2: V, 堆性，骨体略变形																						
T1002③	左	1	联合部，I1+C, I1: V, C: V																						
T1002④	左	1	P3-M2					15.76	11.01	11.58	20.67	14.78	14.77			g	e								
T1002④	左	1	M2, 雄性								21.99						b								

续表一二

单位号	左右	件数	牙齿	P2-P4	M1-M3	dp4长	dp4宽	M1长	M1前宽	M1后宽	M2长	M2前宽	M2后宽	M3长	M3宽	M1磨蚀	M2磨蚀	M3磨蚀	P2前	M1前	M3后	3	13	14	15
T1002④	一付	1	左dp4+M1，右dp4+M1			19.58	9.40									E									
T1002④	右	1	M3											44.84	18.88			b							
T1002④	左	1	M2+M3								24.73	16.15	16.60	39.62	20.11		c	a							
T1002④	左	1	C，雌性																						
T1002④	右	1	C，雌性																						
T1002④	右	1	dp3+dp4			17.55	8.45																		
T1002④	右	1	雄性																						
T1002④	右	1	P2-dp4+M1，雌性			16.48	8.33	15.38	9.89	10.66						c									
T1002④	右	1	P3-M1					16.14	11.19	11.81						g				30.74					
T1002④	右	1	dp4+M1，牙齿脱落																	24.61					
T1002④		1	联合部，左I1+C，右I1+I2+C，雌性																						
M30	左	1	P3+dp4+M1					16.38	9.70	10.36						a				26.54					
H2	右	1	P4-M2，有P1孔					16.05	9.62		20.42		12.52			e	c		36.33	35.33					
H2	左	1	dp4-M2					17.86	10.86	11.36						d	U								
H2		1	联合部																						
T1317③	左	1	M1-M3					15.91	10.10	11.26	23.70	14.75	15.99			c	b	0.5							
T1317③	左	1	M1					17.05	9.72	10.78						a									
T1318H4	左	1	P3+dp4+M1			20.30	9.59	17.01	10.84	11.49						b				30.22					
T1319④	右	1	M1+M2					17.13	10.86	12.10	21.82	14.79	15.36			e	b								
T1319④	右	1	联合部，雌性																						

续表一二

单位号	左/右	件数	牙齿	P₂－P₄	M₁－M₃	dp₄长	dp₄宽	M₁长	M₁前宽	M₁后宽	M₂长	M₂前宽	M₂后宽	M₃长	M₃宽	M₁磨蚀	M₂磨蚀	M₃磨蚀	P₂前	M₁前	M₃后	3	13	14	15
T1319④	右	1	dp4+M1				8.02									U									
T1319④	右	1	M1－M3		72.85			16.20	10.43	11.08	20.65	13.89	14.65	35.37	15.25	g	e	a			53.67				
T1319④		2	联合部，雌性																						
T1319④	左	1	M2+M3														c	a							
T1319④	右	1	dp4+M1			18.74	8.36									V									
T1319④	右	1	M2														0.5								
T1319④	左	1	M1+M2					17.94	10.45		21.52	13.90	13.79			c	e			39.98					
T1319④	左	1	M1－M3					15.64	9.71		21.54	13.56			14.55	g	e	a							
T1319④	右	1	M1－M3		66.15			13.55	9.72	10.08	17.87	12.50	13.48	35.19	14.35	h	f	b							
T1319④	右	1	P4+M1，雌性					14.91	10.08	10.61						g									
T1319④	右	1	dp4+M1			18.64	8.77									0.5–U									
T1319④	右	1	M3															c							
T1319④	右	1																E			53.19	85.44			
T1319④	左	1	dc+dp2+dp3+dp4+M1, dp2: E			18.98	8.57									V									
T1319④	左	1	M1－M3					14.91	9.07	10.00	18.90	12.01	12.15	31.74	15.03	f	e	V							
T1319④	左	1	P4－M3								18.47					f	c	e							
T1320④	左	1	M3脱落																						
T1320④	左	1	M1+M2，雌性								20.76	13.81						d				51.84				
T1320④	左	1	M2+M3									15.48						b	0.5–U							
T1320④	右	1	dp3+dp4+M1			18.77	9.30									E									

续表一二

单位号	左/右	件数	牙齿	P_2-P_4	M_1-M_3	dp_4长	dp_4宽	M_1长	M_1前宽	M_1后宽	M_2长	M_2前宽	M_2后宽	M_3长	M_3宽	M_1磨蚀	M_2磨蚀	M_3磨蚀	P_2前	M_1前	M_3后	3	13	14	15
T1320④	右	1	P_2-M_2, P_2: E						9.68	10.28	20.87	13.11	13.20			k	e								
T1320④	右	1	M_2+M_3								20.57		14.13				c	E							
T1320⑤	右	1	M_2+M_3								19.42	12.57	13.02	29.59	13.53		d	a			50.66	80.16	119.78		
T1320⑤	右	1	dp_4-M_2					17.13	9.54	10.53						b	C			29.40					
T1320⑤	右	1	M_2+M_3											36.43	15.75		f	b			50.52	69.58	105.90	96.09	110.60
T1320⑤	左	1	M_1-M_3							10.15	20.02	12.43	12.30				b	C							
T1320⑤	左	1	M_3															U							
T1320⑤	左	1	M_1-M_3							10.76	20.58	12.99	13.85	33.87	14.81	f	e				63.70	73.89	122.60		
T1320⑤	左	1	M_2+M_3, 左半猪头*								19.80			37.56	16.14		g	d							
T1320⑤	左	1	雌性，有P_1，联合部略有弧度																33.64						
T1320⑤	右	1	M_1-M_3		68.00			14.62	9.94	10.70	19.93	12.98	13.69	33.09	14.96	g	e	d							
T1320⑤	左	1	P_4-M_2, P_4: E						10.36	10.27						e	U		36.05						
T1320⑤	左	1	M_1-M_3					16.12	10.31	11.05	21.84	13.67	13.75			h	d	V							
T1320⑤	左	1	P_4-M_3		64.55			14.19	9.40	10.20	19.08	12.99	13.23	30.94	15.50	f	e	c							
T1320⑤	右	1	M_1-M_3		68.87			15.38			19.77	14.33	14.58	34.71	16.68	k	j	e	40.84	42.07	55.77				
T1320⑤	左	1	M_2+M_3											34.20			g	c			60.59				
T1320⑤	左	1	M_2+M_3								21.28	14.03	13.81	34.67	15.05		f	c	36.49		56.07	80.32			
T1320⑤	右	1	雄性，联合部有弧度																						
T1321④	右	1	M_1+M_2					17.88	10.18	11.40						d	0.5								
T1321④	左	1	M_3																		53.71	76.60	112.95	104.75	
T1321④	右	1	P_3-M_1					15.16	9.62	11.08						f									

续表一二

单位号	左/右	件数	牙齿	P₂-P₄	M₁-M₃	dP₄ 长	dP₄ 宽	M₁ 长	M₁ 前宽	M₁ 后宽	M₂ 长	M₂ 前宽	M₂ 后宽	M₃ 长	M₃ 宽	M₁ 磨蚀	M₂ 磨蚀	M₃ 磨蚀	P₂ 前	M₁ 前	M₃ 后 3	13	14	15
T1516②下乱葬坑	左	1	M3															V						
T1920④	左	1	P₃+P₄																43.58					
T1920④	左	1	P₃+dP₄+M₁						9.65	11.00						b			31.44	34.46				
T1920④	左	1	I₃+P₃、联合部有弧度，I₃；E																21.25					
			计数	2	7	13	14	46	46	47	46	39	47	22	22				12	16	6	4	2	1
			最大值		73.45	20.30	9.59	17.94	11.19	12.10	24.73	16.15	16.60	44.84	20.11				46.79	47.42	63.70	85.44	122.60	
			最小值		62.83	16.48	7.19	13.55	9.07	9.90	17.87	11.79	12.15	29.01	13.53				21.25	20.61	40.33	69.58	105.90	
			平均值		68.10	18.51	8.63	16.14	10.12	10.87	20.74	13.49	13.85	34.58	15.67				38.00	33.06	53.92	77.67	115.31	

表一三　前掌大遗址下颌骨观察测量统计（东周）

单位：毫米

单位号	左/右	件数	牙齿	P_2-P_4	M_1-M_3	dp_4 长	dp_4 宽	M_1 长	M_1 前宽	M_1 后宽	M_2 长	M_2 前宽	M_2 后宽	M_3 长	M_3 宽	M_1 磨蚀	M_2 磨蚀	M_3 磨蚀	P_2 前	M_1 前	M_3 后
T714②	左	1	M2														E				
T714②	左	1	P_2-P_4，雄性	34.72																	
T714②	右	1	M_1+M_2					15.13	9.73	10.63						c	0.5				
T714②	右	1	$dp_3+dp_4+M_1$			18.16	7.65									U					
T714②	右	1	雌性																45.54		
T714②		1	保存联合部，雌性																		
T814②	左	1	dp_4+M_1，M_1 脱落			17.35	7.73														
T814②	左	1	dp_3+dp_4			19.84	8.74														
T814②	右	1	M1													0.5					
T814②	右	1	$dp_3+dp_4-M_2$					17.21	10.11	10.65						d	0.5－U				
T829③	左	1	P_4-M_3					15.60		10.96	22.03	13.39	14.44			f	d	E			
T901②		1	保存联合部，P_1 孔，雄性																46.61		
T901②		1	保存联合部，P_1 孔，雌性																42.25		
T901②	右	1	M_3，磨过															0.5－U			
T901②		1	保存联合部，P_1 孔，雌性																		
T901②	左	1	M_2								20.83	14.12	14.15				d				
T901②	左	1	M_3															V			
T901②		1	保存联合部，左 I_1+P_1 孔$+P_2-P_4$，右 $I_1+I_2+P_3-M_2$，雄性					15.50	10.58	10.95						j					

续表一三

单位号	左/右	件数	牙齿	P_2-P_4	M_1-M_3	dp_4长	dp_4宽	M_1长	M_1前宽	M_1后宽	M_2长	M_2前宽	M_2后宽	M_3长	M_3宽	M_1磨蚀	M_2磨蚀	M_3磨蚀	P_2前	M_1前	M_3后
T901②	右	1	M_3															V			
T901②		1	下颌角																		
T902②	右	1	保存联合部，左 I_1+I_2+C，右 $I_1+I_2+C+P_1-P_3$，雌性																		
T902②	左	1	保存联合部，$I_1+I_2+C+P_2-dp_4+M_1$，雌性			18.67	9.13									d					
T902②	左	1	M_3															c			
T902②	左	1	dp_4, M_1未萌出			20.12	9.47														
T902②	左	1	M_1-M_3					17.07		12.66	23.19	15.26	16.79		20.01	g	d	a			
T902②	右	1	M_2+M_3										14.78				d	0.5			
T902②	右	1	M_1-M_3					15.64	9.99	11.17	20.68		13.67			c	b	0.5			
T932②下 H01	左	1	M_2+M_3								20.90	14.32	14.66				d	0.5- U			
T932②下 H01	左	1	无P_1，P_2-P_4，雄性	35.75															51.45		
T932②下 H01	右	1	M_2+M_3								18.74	12.12	12.72	28.50	13.67		c	a			
T1319②	左	1	$I_1+I_2+P_2$，成年，雌性																		
T1319②	右	1	P_1，小猪																		
T1517②	左	1	P_2																		
T1517②	左	1	保存联合部，$I_1+I_2+C+P_2$，I_1: E，雄性																31.42		
T1517②	右	1	M_2								20.91	13.30	13.93				a				

续表一三

单位号	左/右	件数	牙齿	P₂-P₄	M₁-M₃	dp₄ 长	dp₄ 宽	M₁ 长	M₁ 前宽	M₁ 后宽	M₂ 长	M₂ 前宽	M₂ 后宽	M₃ 长	M₃ 宽	M₁ 磨蚀	M₂ 磨蚀	M₃ 磨蚀	P₂ 前	M₁ 前	M₃ 后
T1518②	左	1	dp₄+M₁+M₂				8.31	16.23	9.78	10.35						a	V			30.07	
T1518②	右	1	P₃-M₃		66.72			14.91	9.99	10.58	19.62	13.61	13.65	32.25	15.27	j	f	d		34.19	44.83
T1518②	右	1	M₂+M₃								18.19	13.05	14.38	35.93	16.38		e	d			
T1518②	右	1	P₂-dp₄-M₂			17.79	8.31		9.98								V			29.45	
			计数	2	1	6	6	8	7	8	9	8	10	3	4				5	3	1
			最大值			20.12	9.47	17.21	10.58	12.66	23.19	15.26	16.79	35.93	20.01				51.45	34.19	
			最小值			17.35	7.65	14.91	9.73	10.35	18.19	12.12	12.72	28.50	13.67				31.42	29.45	
			平均值			18.66	8.51	15.91	10.02	10.99	20.57	13.65	14.32	32.23	16.33				43.45	31.24	

表一四　前掌大牛下颌骨观察测量统计（商代晚期）

单位：毫米

单位号	左/右	件数	牙齿保存状况	$M_1 - M_3$	M_1长	M_1宽	M_2长	M_2宽	M_3长	M_3宽	P_2前	M_1前
H2	右	1	齿隙									
H2	左	1	$P_3 + M_1$，dp_4脱落		31.71	13.94						
T820④	右	1	$P_4 - M_2$		23.01	16.58	29.05	17.10			43.09	
T820⑤	左	1	齿隙								39.05	
T919⑥	右	1	M_3						44.43	14.02		
T920⑤	左	1	$P_3 - M_3$，M_3两叶	86.96	23.36	17.08	31.35	16.29	35.19	15.98	43.09	62.52
T1020④	左	1	齿隙									
T1020⑤	右	1	$P_2 - M_2$		25.42	14.50	31.34	15.75			40.53	51.41
T1020⑤	左	1	$P_3 - M_1 + M_3$，P_4开始萌出		28.03	15.63						
T1120⑤	右	1	$P_2 + P_3$，P_2P_3开始萌出									
计数				1	5	5	3	3	2	2	4	2
最大值					31.71	17.08	31.35	17.10			43.09	62.52
最小值					23.01	13.94	29.05	15.75			39.05	51.41
平均值					26.31	15.55	30.58	16.38			41.44	

表一五　前掌大遗址牛下颌骨测量数据（西周早期）

单位：毫米

单位号	左/右	件数	牙齿及保存状况	P_2-P_4	M_1长	M_1宽	M_2长	M_2宽	M_3长	M_3宽	M_3后
BM4填土	左	1	髁突								
BM4填土	左	1	P_4+M_2, P_4: E				27.63	17.88			
BM4填土	左	1	M_1+M_2		29.74	14.36	34.09	14.15			
M21二层台	左	1	髁突								
M31填土	右	1	髁突								
T709④	右	1	M_2萌出一半								
H20	右	1	髁突								
T1001②	右	1	齿隙								
T1001②	右	1	下颌支								
T1002②	右	2	下颌支								
T1002②	右	1	P_2-P_4	56.23							
T1002②	右	1	齿隙								
T1002②	右	1	M_2+M_3				31.49	14.61	41.40	14.39	72.26
T1002④	右	1	M_2				27.77	17.78			
H22	左	1	髁突								
T1317③	右	1	冠状突								
T1317③	右	1	髁突								
T1319③	左	1	下颌支								
T1319④	左	1	髁突								
T1319④	右	1	M_3开始萌出								
T1319④	右	1	碎块								
T1320⑤	左	1	髁突								

续表一五

单位号	左/右	件数	牙齿及保存状况	P₂－P₄	M₁长	M₁宽	M₂长	M₂宽	M₃长	M₃宽	M₃后
T1321④	右	1	M₃								
T1516②下乱葬坑		1	P₂＋P₃, P₂: E, P₃: E								
T1920④	左	1	M₃						37.93	15.53	
T1920④	右	1	M₁－M₂, M₂开始萌出		30.82	13.89					
			计数	1	2	2	4	4	2	2	1
			最大值				34.09	17.88			
			最小值				27.63	14.15			
			平均值				30.25	16.11			

表一六　前掌大遗址羊下颌骨测量统计（商代晚期）

单位：毫米

单位号	左/右	件数	牙齿及保存状况	$M_1 - M_3$	M_1长	M_1宽	M_2长	M_2宽	M_3长	M_3宽	P_2前
M214	左	1	$M_1 + M_2$								
T920⑤	左	1	$P_4 - M_2$，P4: 0.5				19.16	9.1			
T1020④	右	1	$M_2 + M_3$，M_3尚未萌出，穿孔中可见牙齿				19.66	9.48			
T1020④	右	1	髁突								
T1120④	右	1	$M_1 + M_2$		13.03	9	17.93	10.16			
T1120④	右	1	$M_2 + M_3$，M_3萌出一半				18.98	9.18			
T1120④	左	1	dp_4								
T1120④	右	1	下颌角								
T1120④	右	1	dp_4								
T1120⑤	左	1	下颌角								
T1220④	左	1	$M_1 - M_3$	52.95	13.39	8.39	16.42	9.19	22.6	8.66	
			计数	1	2	2	5	5	1	1	
			最大值				19.66	10.16			
			最小值				16.42	9.1			
			平均值				18.43	9.422			

表一七　前掌大遗址羊址下颌骨测量统计（西周早期）

单位：毫米

单位号	左/右	件数	牙齿及保存状况	P_2-M_3	P_2-P_4	M_1-M_3	M_1长	M_1宽	M_2长	M_2宽	M_3长	M_3宽	P_2前	M_1前	M_3后
BM4填土	右	1	M_1-M_3，M_3萌出一半				16.6	10.15	19.87	11.31					
M201北二层台上	右	1	$P_2-P_4+M_1$，M_1开始萌出								17.49	6.03	11.89		
T808②下祭祀坑	右	1	$P_2-P_4+M_2+M_3$	93.41	38.9				17.94	11.67	23.06	11.17	21.62	21.68	34.12
T932②下M47填土	左	1	dp_4-M_2												
T932②下M47填土	左	1	P_3+dp_4										14.37		
T932②下M47填土	右	1	dp_4+M_1												
T1002④		1	碎块												
T1319④	右	1	P_4-M_3			56.68	14.96	8.75	17.78	9.83	23.98	8.85		24.54	39.52
T1319④	左	1	dp_4												
T1319④	左	1	齿隙												
T1319④	右	1	P_3：V										17.09		
T1319④	左	1	P_3-M_3			50.48	13	8.39	16.17	9.01		8.82		22.36	
T1320④		1	碎块												
T1320④	右	1	M_3								24.01	8.92			
T1320⑤	左	1	$P_3+M_1-M_3$			53.27								25.36	39.15
T1516②下乱葬坑	右	1	M_1-M_3，M_3尚未萌出，穿孔中可见牙齿												
T1920④	右	1	M_1-M_2，M_2尚未萌出，穿孔中可见牙齿				18.15	7.66					16.64	25.2	
			计数	1	1	3	4	4	4	4	4	5	5	5	3
			最大值			56.68	18.15	10.15	19.87	11.67	24.01	11.17	21.62	25.36	39.52
			最小值			50.48	13	7.66	16.17	9.01	17.49	6.03	11.89	21.68	34.12
			平均值			53.48	15.68	8.74	17.94	10.46	22.14	8.76	16.32	23.83	37.60

前掌大墓地 M120 出土熊头骨的比较研究

罗运兵　梁中合　杨梦菲

山东滕州前掌大遗址西周早期墓葬 M120 中出土了一件熊头盖骨[1]，它被置于 M120 的随葬品青铜瓹内，头盖骨上有明显的人工修整痕迹，这是迄今为止所见的我国新石器时代至商周时期墓葬随葬动物资料中的首件动物头骨面具，本文结合国内外考古遗存中有关熊的材料对此略作探讨。

一

这里先介绍 M120 熊头骨出土的具体情况。

M120 位于前掌大墓地南 I 区的中部，西与 M119 相邻。土坑竖穴，南北向，墓口南北长 3.68、东西宽 2.00、深 2.20 米。有二层台和腰坑。南二层台上有殉人骨架一具，腰坑中殉犬一只。随葬器物主要集中在头箱，有青铜礼器 18、原始瓷器 5 和印纹硬陶器 1 件。青铜礼器计有鼎 3、鬲 1、簋 1、瓹 1、爵 2、角 2、觚 2、觯 1、尊 1、卣 1、盉 1、壶 1、铜箍木壶 1、斗 1。玉器则集中在棺室南端，共 42 件，有璜、璧、环、坠、柄形器、戈、钺以及动物形象器鸟、牛头饰、猪、兔、虎、鱼等。熊头盖骨出自铜瓹内，该瓹位于 M120 头箱的东北角，瓹内还出有龟背甲一副。另外，与 M120 并列的 M119，也出有青铜礼器 14、玉器 24，还有原始瓷器、印纹硬陶器、陶器、石器、骨器、蚌器及大量海贝等。在东侧二层台上和腰坑内各有一只殉狗，但不见殉人。

按墓葬规模，M120 在整个墓地属中型墓，出土了 18 件青铜礼器，而整个墓地出 10 件以上青铜礼器的墓葬仅有 6 座，M120 排第三位；另外，此墓出土玉器多达 42 件，在该区墓葬中居首位。就墓地分期而言，在整个第三期墓葬中，M120 出土的青铜器、玉器数量最多，也仅此墓出有殉人，M120 应该是这一时期级别最高的墓葬。熊头盖骨出自此墓更显特别。

熊头盖骨出土时已碎裂，现经复原成形（见上篇图三三七）。我们可以看到，熊头盖骨沿冠状面被切割成半圆形；其颅腔内被修整和打磨，内壁比较光滑；其上颌骨前端的吻部被整齐地切除，仅保存有左、右 M^1—M^3。从熊头盖骨的形状看，专门切割成半圆形，再

---

〔1〕　袁靖、杨梦菲:《山东滕州前掌大遗址出土动物骨骼研究报告》，《滕州前掌大墓地》，文物出版社，2005 年。

把颅腔内打磨光滑，我们推测当时可能是戴在头上的，其吻部处被切割，可能就是为了去掉面具过长的部分，并减轻前端的分量，以方便使用。

　　熊骨在前掌大遗址出土极少，在商代地层中出有2件残骨，而西周遗存则只见于墓葬中，也就是这件头盖骨，其后的东周遗存中不见熊骨。这些骨骼尚不能确定其种属。

二

　　下面归纳一下我国从新石器时代至商周时期考古遗址中出土的熊骨材料。

　　熊是广布性动物，在今天我国南方、北方都有分布，主要栖于林中，或是较密的灌丛，与山区相联系。新石器时代至商周时期考古遗址中已明确地鉴定有熊骨的遗址如下表。

表一　　新石器时代至商周时期我国考古遗址中出土熊骨一览表

遗址	文化、类型、分期	有关测年数据（距今）	种属（数字为个体数，未标的表示不详）	出处
黑龙江密山县新开流	新开流文化	6189～5945	棕熊2	〔1〕
内蒙古敖汉赵宝沟	赵宝沟文化	7200～6470	熊（不能确定种属，下同）	〔2〕
内蒙古白音长汗	兴隆洼文化、红山文化	8000～5000	熊2	〔3〕
内蒙古凉城石虎山Ⅰ	石虎山类型文化	6530～6440	棕熊3	〔4〕
辽宁大连北吴屯	新石器时代		棕熊1	〔5〕
辽宁大连郭家村	大汶口文化、龙山文化	5600～4430	熊1	〔6〕
内蒙古朱开沟	第四段（相当夏代）	3685±103	熊1	〔7〕
北京镇江营与塔照	商周遗存三、四期		熊3	〔8〕
云南保山塘子沟		8000年左右	西藏黑熊5、棕熊1	〔9〕

〔1〕　黑龙江文物考古工作队：《密山县新开流遗址》，《考古学报》1979年4期。

〔2〕　中国社会科学院考古研究所：《敖汉赵宝沟——新石器时代聚落》，中国大百科全书出版社，1997年。

〔3〕　汤卓伟等：《白音长汗遗址出土的动物遗存》，《白英长汗》，科学出版社，2004年。

〔4〕　黄蕴平：《石虎山Ⅰ遗址动物骨骼鉴定与研究》，《岱海考古（二）——中日岱海地区考察研究报告集》，科学出版社，2001年。

〔5〕　辽宁省文物考古研究所等：《大连市北吴新石器时代遗址》，《考古学报》1994年3期。

〔6〕　傅仁义：《大连郭家村遗址的动物遗骨》，《考古学报》1984年3期。

〔7〕　黄蕴平：《内蒙古朱开沟遗址兽骨的鉴定与研究》，《考古学报》1996年4期。

〔8〕　北京市文物研究所：《镇江营与塔照——拒马河流域先秦考古文化的类型与谱系》，中国大百科全书出版社，1999年。

〔9〕　张兴永等：《塘子沟早全新世哺乳动物群》，《保山史前考古》，云南科技出版社，1992年。

续表一

遗址	文化、类型、分期	有关测年数据（距今）	种属（数字为个体数，未标的表示不详）	出处
云南保山蒲缥		同上	熊 1	〔1〕
云南元谋大墩子	大墩子类型	3200 左右	黑熊	〔2〕
湖北长阳桅杆坪	大溪文化	6164～5058	黑熊 8	〔3〕
湖北长阳西寺坪	大溪文化		黑熊 1	〔4〕
湖北长阳沙嘴	大溪文化		黑熊 3	〔5〕
湖北长阳香炉石	巴文化（?）	3520±130	黑熊 11	〔6〕
陕西宝鸡北首岭	仰韶文化	7100～5740	棕熊	〔7〕
陕西姜寨	仰韶文化半坡类型	6740±6480	黑熊 2	〔8〕
河南淅川下王岗	龙山文化	4550～3950	黑熊	〔9〕
河南偃师二里头	二里头文化		黑熊	〔10〕
河南安阳殷墟	晚商文化		黑熊、乌苏里熊	〔11〕
山东滕州前掌大	商、周时期		熊 2	
山东兖州王因	北辛文化		棕熊 1	〔12〕
浙江余姚河姆渡	河姆渡文化	7000～6300	黑熊	〔13〕
福建闽侯县石山	昙石山文化	3600～3300	棕熊、黑熊	〔14〕
福建闽侯溪头	昙石山文化		熊	〔15〕
广西桂林甑皮岩	遗址第 5 期	8800～7600	熊（棕熊?）	〔16〕

〔1〕 宗冠福等：《云南保山蒲缥全新世早期文化遗物及哺乳动物的遗存》，《史前研究》1985 年 4 期。

〔2〕 云南省博物馆：《元谋大墩子新石器时代遗址》，《考古学报》1977 年 1 期。

〔3〕 陈全家等：《桅杆坪大溪文化遗址动物遗存研究》，《清江流域古动物遗存研究》，科学出版社，2004 年。

〔4〕 陈全家等：《西寺坪大溪文化遗址动物遗存研究》，《清江流域古动物遗存研究》，科学出版社，2004 年。

〔5〕 陈全家等：《沙嘴大溪文化遗址动物遗存研究》，《清江流域古动物遗存研究》，科学出版社，2004 年。

〔6〕 陈全家等：《香炉石巴文化遗址动物遗存研究》，《清江流域古动物遗存研究》，科学出版社，2004 年。

〔7〕 周本雄：《宝鸡北首岭新石器时代遗址中的动物骨骼》，《宝鸡北首岭》，文物出版社，1983 年。

〔8〕 祁国琴：《姜寨新石器时代遗址动物群的分析》，《姜寨》，文物出版社，1988 年。

〔9〕 贾兰坡、张振标：《河南淅川下王岗遗址中的动物群》，《淅川下王岗》，文物出版社，1989 年。

〔10〕 中国社会科学院考古研究所资料。

〔11〕 杨仲健、刘东生：《安阳殷墟之哺乳动物群》，《中国考古学报》第四册，商务印书馆，1949 年。

〔12〕 周本雄：《山东兖州王因新石器时代遗址出土的动物骨骼》，《山东王因》，科学出版社，2000 年。只见于遗址北区大辛文化遗存，见《山东王因》第 69 页。

〔13〕 魏丰、吴维棠、张明华、韩德芬：《浙江余姚河姆渡新石器时代遗址动物群》，海洋出版社，1989 年。

〔14〕 祁国琴：《福建闽侯县石山新石器时代遗址出土的兽骨》，《古脊椎与古人类》第 15 卷 4 期，1977 年。

〔15〕 福建省博物馆：《闽侯溪头遗址第二次发掘报告》，《考古学报》1984 年 4 期。

〔16〕 中国社会科学院考古研究所等：《桂林甑皮岩》，文物出版社，2003 年。鉴定有熊科下颌骨，但种属不明。
易西兵等：《甑皮岩遗址动物群的再研究》，《中石器文化及有关问题研讨会论文集》，广东人民出版社，1999 年。本文鉴定有棕熊。

另外，岭南有几个遗址如广西桂林庙岩[1]、柳州大龙潭[2]、柳州白莲洞[3]、广东英德牛栏洞[4]、海南三亚落笔洞[5]等也出有熊骨，经鉴定有（中国）黑熊等。但所出熊骨的具体层位不是很清楚，而这些遗址的年代跨度较大，可能早到更新世晚期，故未列入上表中。

从上表来看，有几个特点相当明显：

第一，熊骨在考古遗址中并不多见。尽管我国考古遗址中动物遗骸进行过研究或鉴定的不多，上表只是我国古代熊骨出土的大致情况，但从整体上，我国考古遗址中的熊骨相当少见，在山东地区更是如此。这应该并非完全是发掘时的偶然因素所致，山东地区新石器时代遗址出土的动物骨骼就可以说明这一点，这个地区经正式鉴定的遗址除王因外，还有潍县鲁家口[6]、兖州西吴寺[7]、兖州六里井[8]、泰安大汶口[9]、枣庄建新[10]、曲阜西夏侯[11]、茌平尚庄[12]、泗水尹家城[13]、牟平照格庄[14]、历城城子崖[15]等，共11处，但出熊骨的仅王因遗址一处。

第二，西南地区考古遗址中出土熊骨相对较多。如云南塘子沟遗址以及邻近的鄂西长阳清江流域遗址群，后者从旧石器时代到东周时期一直都有出土，而且数量不少[16]。其中香炉石遗址相当夏商周时期的地层中都有出土（表二）。《书·禹贡》记载梁州产"熊罴狐狸织皮"，这也从侧面反映了西南地区多熊的事实。

第三，熊骨绝大多数与祭祀无关。熊骨多散见于居住址地层或灰坑中，目前明确见于墓葬的仅山东滕州前掌大一处。出熊骨的灰坑也基本不见明显的祭祀或仪式活动迹象。

我们在这里要强调的是，不但熊骨在考古遗存中少见，陶、骨、牙、石、玉、铜等质地的熊形制品在我国也很少发现。我国新石器时代遗址中还未发现明确的熊形制品（仅在

〔1〕 张镇洪：《桂林庙岩遗址动物群的研究》，《中石器文化及有关问题研讨会论文集》，广东人民出版社，1999年。
〔2〕 柳州市博物馆：《柳州市大龙潭鲤鱼新石器时代贝丘遗址》，《考古》1982年9期。
〔3〕 柳州白莲洞洞穴科学博物馆等：《广西柳州白莲洞新石器时代洞穴遗址发掘报告》，《南方民族考古》第1辑。
〔4〕 英德市博物馆等：《英德史前考古报告》，广东人民出版社，1999年。
〔5〕 郝思德、黄万波：《三亚落笔洞遗址》，南方出版社，1998年。
〔6〕 周本雄：《山东潍县鲁家口遗址动物遗骸》，《考古学报》1985年3期。
〔7〕 卢浩泉：《西吴寺遗址兽骨鉴定报告》，《兖州西吴寺》，文物出版社，1990年。
〔8〕 范雪村：《六里井遗址动物遗骸鉴定》，《兖州六里井》，科学出版社，1999年。
〔9〕 李有恒：《大汶口墓群的兽骨及其他动物骨骼》，《大汶口》，文物出版社，1974年。
〔10〕 石荣琳：《建新遗址的动物骨骼》，《枣庄建新——新石器时代遗址发掘报告》，科学出版社，1996年。
〔11〕 李有恒、许春华：《山东曲阜西夏侯新石器时代遗址猪骨的鉴定》，《考古学报》1964年2期。
〔12〕 山东省文物考古研究所：《茌平尚庄新石器时代遗址》，《考古学报》1985年4期。
〔13〕 卢浩泉、周才武：《山东泗水尹家城遗址出土动、植物标本鉴定报告》，《泗水尹家城》，文物出版社，1990年。
〔14〕 周本雄：《山东牟平县照格庄遗址动物遗骸》，《考古学报》1986年4期。
〔15〕 李济、梁思永、董作宾：《城子崖——山东历城县龙山镇之黑陶文化遗存》，国立中央研究院历史语言研究所，1934年。
〔16〕 陈全家等：《清江流域古动物遗存研究》，科学出版社，2004年。

吉林农安左家山新石器时代遗址第三期遗存中发现有一件"似熊头"的残陶塑[1]，整个商周时期也只见于殷墟妇好墓，此墓出有玉熊 4 件、石熊 2 件[2]。而商周时期大中型墓葬中出有大量的其他动物形象制品，如殷墟妇好墓，共出有动物形象玉、石雕塑 170 多件，还有一些动物造型的青铜器；前掌大遗址也出有动物形象玉佩 128 件，有玉鱼、虎、龙、牛、兔、鹿、鸟、蝉、蛙、螳螂等。而妇好墓所出玉熊的形象有些失真，特别是吻部和耳部（图一，1），这与陕西咸阳渭陵西北所出西汉玉熊[3]（图一，2）差异很大，后者非常逼真。

表二 香炉石遗址出土黑熊

	三层 （东周时期）		四层 （西周时期）		五层 （晚商时期）		六层 （早商时期）		七层 （夏时期）	
	标本数	个体数	标本数	个体数	标本数	个体数	标本数	个体数	标本数	个体数
黑熊	13	3	3	2	11	3	9	2	1	1

图一 玉熊

1. 商代玉熊（M5:430） 2. 西汉玉熊

我国岩画中出现过少量熊的形象[4]。我国汉代的画像石墓中也见有熊的形象，如南阳汉代画像石墓的门扉、门楣多有熊的形象，一般直身侧首、张牙舞爪[5]。不过据有关学者

〔1〕吉林大学考古教研室：《农安左家山新石器时代遗址》，《考古学报》1989 年 2 期。T12②:3，似熊头，有口、鼻、眼。长 3.1、宽 3.1 厘米。

〔2〕中国社会科学院考古研究所编著：《殷墟妇好墓》，文物出版社，1980 年。

〔3〕张明华：《中国古玉》，第 92 页，上海书店出版社，2004 年。张子波：《咸阳市新庄出土四件玉雕器》，《文物》1979 年 2 期。

〔4〕尤玉柱、石金鸣：《阴山岩画的动物考古研究》，《阴山岩画》，文物出版社，1986 年。仅在乌拉特中旗西南部的几公海勒斯太第二地点第 3 组岩画（原图 4）中鉴定出黑熊。

〔5〕王建中、闪修山：《南阳两汉画像石》，文物出版社，1990 年。

对江苏地区汉画像石中各种动物的出现频率的统计，相比其他动物，熊的频率极小[1]。

总之，熊骨骼、熊形制品或熊的形象在我国考古材料中相当少见，这似乎不能简单归结为考古工作的开展不够。因为无论在新石器时代的遗址，还是在先秦时期的遗址，其他动物骨骼及动物形象还是相当多见的。我们认为其少见的原因可能是当时在相当大的地域范围内熊本来就比较少，人们对熊也不十分重视，没有刻意去表现它。

三

与我国考古材料相反，在北美、西伯利亚和远东等地区有关熊的考古材料相当多见。

北美东北部的考古遗存中出有大量的熊骨和熊形象，这些遗存涉及整个北美东北部，并跨越了北美考古学文化的各个时期。这些遗存主要是黑熊的头骨，而且多不见或罕见熊头盖骨的后部。这里还出土了用多种艺术形式表达的熊形象与熊形制品[2]。

比如威斯康星州温尼贝戈县的贝尔（Bell）遗址（A.D. 1680－1730）灰坑中出有两个完整的熊头骨，头骨的太阳穴位置都有个缺洞，可能是被食用熊脑所致。该遗址的有些熊头骨（如单位28）还被认为与墓葬有关（为死者举行相关仪式活动）[3]。

纽约中部奥内达加县的卡彭特溪（Carpenter Brook）遗址（A.D. 1000－1300）出有熊头和肢骨，至少有7至9个个体，伴出器物有烟管、陶祖和近200件炊器碎片，发掘报告认为这是伍德兰晚期的欧瓦斯科人（Owasco）举行熊节的相关遗存[4]。

明尼苏达中东部的米勒·莱克斯地点（Mille Lacs Locality）的科威斯坦斯土墩（Christensen Mound）、格雷斯（Grace）和艾德斯（Elders'）三个遗址都出有熊头骨，在艾德斯（Elders'）遗址（A.D.1300－1680）发现有一个口径近4×5米的大灰坑，坑内密集地堆积着熊头骨，估计有500个熊头，发掘报告认为这是一个典型的熊祭地点[5]。

俄亥俄州西北部的威利尔姆（William）墓地遗址（1000－600 B.C）1977年发掘的21座墓葬（Burial feature）中至少出有656到1000个的熊的个体，还伴出一些奇异的物品（如秃鹰的爪核、磨光的山猪大腿骨、磨光的高山虎尺骨锥、海螺壳念珠等）。其中最突出

〔1〕 汪小洋：《江苏汉画像石动物图像的宗教意识思考》，《江苏大学学报（社会科学版）》2002年第4卷第4期。

〔2〕 Hallowell A. Irving, 1926, Bear ceremonialism in the Northern Hemisphere. American Anthropologist 28: pp.1－175. Thomas E. Berres, David M. Stothers, and David Mather, Bear Imagery and Ritual in Northeast North Ameri-ca: An Update and Assessment of A. Irving Hallowell's Work, Midcontinental Journal of Archaeology, Vol. 29, No.1 (Spring 2004), pp.5－42.

〔3〕 Behm. J. A. 1992, The 1990 and 1991 Archaeological Survey and Evaluation of the Bellhaven Estates Property, Section 7, Town of Algoma, Winnebago County, Wisconsin. Archaeology Laboratory, University of Wisconsin－Oshkosh.

〔4〕 Ritchie, Willian A. 1965, The Archaeology of New York State. Natural History Press, Garden City. pp296.

〔5〕 Mather, David, and J. McFarlane 1999, Gii－maajaa'ind A'aw Makwa: PhaseⅡ and PhaseⅢ Archaeological Investigations at the Elders' Site (21ML68), Mille Lacs County, Minnesota. Loucks Projection Reported 98510. Loucks and Associates, Inc, Maple Grove. Report Prepared for the Mille Lacs Band of Ojibwe.

的是一个经切割、钻孔的黑熊头盖骨面具，它出自 8
号墓葬的第 3 层，面具上端经切割，内壁也有切痕，
面具的上部布有三双小钻孔（下面的一个大洞是鼻
腔）（图二）。发掘报告认为这个面具是一个仪式物
品[1]。

　　这种面具在安大略省西南部的托马兹（Thames）
河谷、属于古代末期的海德（Hind）墓地也出土过 2
件，都是用黑熊头盖骨制成，但每个面具的上部只有
一双钻孔[2]。

　　西伯利亚和远东地区的有关熊的考古学材料主要
是各种熊形制品和集中堆放熊头骨。

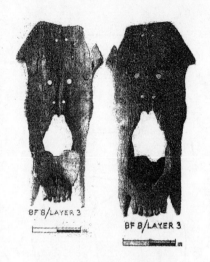

图二　北美威利尔姆墓地
出土熊头骨面具

　　由石头、泥土、骨头制成的熊形制品在这些地区
新石器时代早已出现，发掘出来的这些遗存主要集中
在三个地区：西西伯利亚的鄂毕河和叶尼塞河中游、
西伯利亚沿海州的阿穆尔河下游、日本北海道和东北
地区。在西西伯利亚和西伯利亚沿海州，这些在各地区生产的熊形制品年代可追溯到四五
千年以前；而在日本北部，它们令人吃惊地早到七八千年以前，这里的鄂霍次克海文化
（4～9 世纪）、续绳纹文化（前 2～7 世纪）和绳纹文化中都出有熊形制品（图三）[3]。

　　鄂霍次克海文化的一个重要特征是在其房屋的后部堆积动物头骨作为神物，而且这些
头骨主要是熊（图四），个别遗址也见有少数的鹿、狸狗、海豹等[4]。

　　欧美、原苏联和日本学者对这些遗存的解释比较一致，认为这些都是熊祭仪式遗存，
反映了一种熊崇拜（或熊图腾）[5]。他们指出对熊的崇拜在欧亚大陆和北美北部地区的狩

〔1〕　Abel, timothy J., d. M. stothers and J. M. koralewski 2001, The Williams Mortuary Complex: A Transitions Ar-
　　　chaic Regional Interaction Center in Northwestern Ohio. In Archaic Transitions in Ohio and Kentucky Prehisto-ry,
　　　edited by O. H. Prufer, S. E, Pedde and P. S. Meidl, pp. 290－327. kent State University Press, Kent. Stothers
　　　and Abel 1993, Archaeological Reflections of the Late Archaic and early woodland Time Periods in the West Lake
　　　Erie Region. Archaeology of Eastern North American 21, pp. 25－109.

〔2〕　Donaldson and Wortner 1995, The Hind Site and Glacial Kame Burial Complex in Ontario. Ontario Archaeology 59：
　　　5－95.

〔3〕　（日本）春成秀尔：《熊祭祀的起源》，《国立历史民俗博物馆研究报告》第 60 集（1995）。

〔4〕　金子浩昌 1972，《荣浦第二 4、7、8、11、12 号竖穴に伴う动物遗骼の概要》[常吕]本编：505～535，东京
　　　大学文学部。

〔5〕　主要论述有：a. Hallowell A. Irving, 1926, Bear ceremonialism in the Northern Hemisphere. American Anthropol-
　　　ogist 28：pp. 1－175. b. Thomas E. Berres, David M. Stothers, and David Mather, Bear Imagery and Ritual in
　　　Northeast North America：An Update and Assessment of A. Irving Hallowell's Work, Midcontinental Journal of
　　　Archaeology, Vol. 29, No.1（Spring 2004），pp. 5－42. c.（日本）本春成秀尔：《熊祭祀的起源》，《国立历
　　　史民俗博物馆研究报告》第 60 集（1995）。d.（俄罗斯）苏科洛娃著，郭孟秀译，《熊崇拜》，《满语研究》
　　　2001 年 1 期。

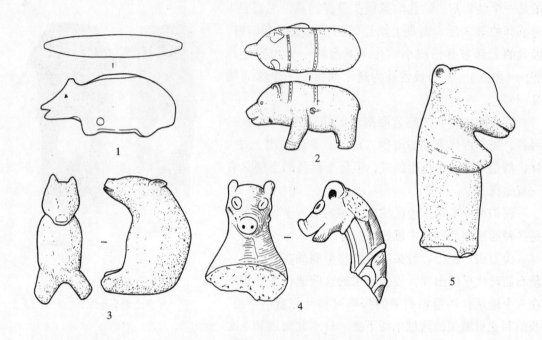

图三　日本北部考古遗址出土的熊形制品

1. 绳纹文化（由仁·山形）　2. 鄂霍次克海文化（涌别·川西）　3、5. 西伯利亚新石器时代（イリム，上矶·茂边地）　4. 续绳纹文化（サムス）

猎民族心中占有重要地位，是北方狩猎民族中重要风俗的构成部分：他们视熊为祖先，有着相似的与熊相关的民族起源神话。日常生活对熊有诸多禁忌，对熊使用亲属称谓。经常举行熊节（杀熊与熊宴）和熊祭仪式（主要是对熊头和熊骨的特殊处理），等等。我国东北的鄂温克族、鄂伦春族、赫哲族等少数民族也有这种习俗[1]。

需要强调的是，北美这些与熊有关的考古材料在很大程度上得到了这些地区丰富的民族志记载的印证。特别是在北美东北部，这种考古材料和民族志材料已融为一体。

<h2 style="text-align:center">四</h2>

不过，熊头盖骨面具的实物资料在考古遗存中还是非常罕见的。就我们所掌握的材料，除前掌大遗址外，目前还只见于上文介绍的北美考古遗址的 3 件熊面具。

北美两个墓地出土的熊面具被认为显示了墓地主人属于熊氏族，熊面具象征着熊氏族

---

〔1〕　郝庆云、姜艳芳：《古代北方民族独特的崇熊文化》，《黑龙江民族丛刊》1998 年 1 期。

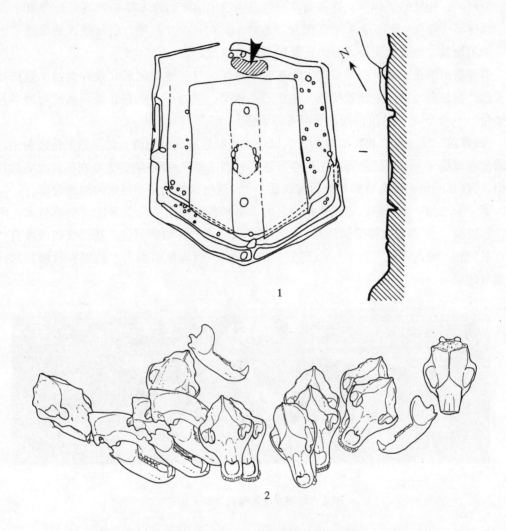

图四　荣浦第二 8 号居址（1）及其后部堆积的熊头骨（2）

的连贯性以及他们的力量[1]。也就是说它是一种图腾象征。前掌大遗址所出熊面具的文化
背景是否与之相同，还不得而知。不过北美地区的民族志材料对我们的研究无疑是一个有
益的启示。

　　另外，熊面具在我国民族志材料中也有所见，如我国川甘交界处的白马藏人。他们有
一种叫"跳曹盖"的独特舞蹈，就是戴着面具跳舞，但各部族所戴面具有所不同，如黑熊
部的戴熊头，白熊部的戴熊猫头。黑熊部奉祀黑熊神，所以白马藏人称这种熊头面具为

〔1〕　Thomas E. Berres, David M. Stothers, and David Mather, Bear Imagery and Ritual in Northeast North America:
An Update and Assessment of A. Irving Hallowell's Work, Midcontinental Journal of Archaeology, Vol. 29, No. 1
（Spring 2004）, pp. 5 - 42.

"达纳尸界"，也就是黑熊神。这种面具一般是由当地所产的桦木雕刻而成，长约 40、宽约 30、顶部厚 2 至 3、面部厚 1 至 2 厘米，重约 10 多斤[1]。另外，白马藏人的傩舞"十二相"所用面具中也有熊面具，有的还是用真熊头制成。

需要指出的是，尽管白马藏人生活在西南地区，与上述我国东北崇拜熊的少数民族相隔甚远，但二者地理环境比较接近，生业形式相同，同处于"从东北至西南的边地半月形传播带"[2]上，所以这里出现熊崇拜并不奇怪。

"跳曹盖"比"十二相"要原始，它以表现本部族祖先（图腾）的生活、传说为主，反映的他们对祖先——熊的崇拜，图腾崇拜色彩相当浓厚。列维·斯特劳斯在研究北美面具时指出，"面具的每一种类型都与神话有联系"[3]，这里的神话便是民族的图腾起源。

而"十二相"傩舞则以驱灾祈福为目的，巫术色彩突出。弗雷泽的"交感巫术"可对此作出解释[4]，即通过佩带熊面具，以获得熊所具有的神格和力量。我国汉代画像石"舞乐百戏"和"象人斗咒"图案[5]（图五）中"象人"（即戴假面者）戴熊头状面具的目的可能与此相类。

图五　南阳东汉画像石"象人斗咒"

这样看来，无论是把熊面具当作祖先象征的图腾崇拜，还是把熊面具作为获取熊的神格和力量的巫术手段，熊面具都隐藏了一种对熊的崇拜，尽管二者程度不同，性质有别。

五

如果认定熊面具的背后是对熊的崇拜，那么它为何出现在山东地区的贵族墓葬中？我

〔1〕 李鉴踪：《白马藏人的跳曹盖习俗研究》，《天府新论》1994 年 2 期。
〔2〕 童恩正：《试论我国从东北至西南的边地半月形文化传播带》，《文物与考古论集》，文物出版社，1987 年。
〔3〕 列维－斯特劳斯著，知寒等人译：《面具的奥秘》，第 14 页，上海文艺出版社，1992 年。
〔4〕 詹·乔·弗雷泽著，徐育新等人译：《金枝》，第 19～21 页，中国民间文学出版社，1987 年。
〔5〕 王建中、闪修山：《南阳两汉画像石》，文物出版社，1990 年。

们对此略作如下解释。

首先，我们认为山东地区缺乏盛行熊崇拜的考古学证据。考古材料表明，至少在新石器时代晚期以来，山东地区农业经济已达到一定规模，狩猎经济已不占主要地位。可以认为，山东地区已不存在狩猎民族生存的文化环境，而熊崇拜一般是与狩猎民族相关联的。另外，不但熊骨在我国考古遗存中少见，熊的形象在我国考古材料中也极为罕见，尽管我国新石器时代以来的考古材料中出土了大量的动物形象的雕塑和佩饰等。我国商周时期大墓中，出有大量的动物造型的青铜器、玉器、石器，几乎遍及日常所见各种动物，还有一些神话动物如龙、凤等，但仅仅在殷墟妇好墓中出有几件玉（石）熊。这似乎表明熊在当时人们心中并无多么重要的地位，一个可能的事实是：在史前和先秦时期，除边远地区以外，我国广大地域内的先民对熊并无特殊的感情，更谈不上对熊的崇拜，山东地区也是如此。

其次，墓葬中的随葬品不一定是死者生前所有，也不一定与死者职业身份有关。它可能是丧葬仪式活动中生者的馈赠，也有可能是墓主人生前通过某种方式所获取。殷墟刘家庄 M1046 随葬品青铜瓿内出有一人头，这一人头与尸体的其他部分相隔较远，可以确定是入葬献祭时的有意行为[1]。前掌大 M120 所出熊面具与之有一定的相似处，所以不排除这个熊面具非死者所有，而是他人的献祭品。

结合上文的分析，我们推测 M120 熊面具可能原本来自崇拜熊的狩猎民族，它在山东出现代表的仅是一种文化交流。这个文化交流物品被 M120 墓主人生前所拥有或者是丧葬仪式活动中生者的馈赠。而 M120 在同时期墓葬中级别最高，墓主人的显赫地位在一定程度上也支持我们的这种推测。

关于 M120 熊面具的用途，由于这一面具不是出自死者脸部，所以应该并非专为死者制作的丧葬面具，参考北美印第安人和我国白马藏人的民族志材料，可以认为它是一种用于仪式活动的舞具。

M120 熊面具和龟壳共同出自瓿内，二者应有一定的关联，但是否与占卜有关还需更多的证据。除 M120 外，龟壳在前掌大遗址其他大中型墓中也有发现，如大型墓 BM4 出有两个完整个体，不过已碎裂成 56 块。中型墓 M21 南边二层台上发现一副完整的龟壳，长度在 50 厘米以上。中型墓 BM3 内椁北端也出有一件龟壳背甲，前端有一穿孔，内壁涂朱色。龟甲一般让人联想到占卜，商周时期的龟甲更是如此[2]。不过据陈星灿先生对我国史前墓葬中所出龟壳的研究，认为它们只是一种用于仪式活动时的响器[3]，这一结论在此也有参考意义，前掌大墓地所出龟壳都不见钻灼痕迹，可能与占卜无关。所以，即便认定熊

〔1〕　中国社会科学院考古研究所安阳工作队：《安阳殷墟刘家庄北 1046 号墓》，《考古学集刊》（15），文物出版社，2004 年。

〔2〕　邵望平、高广仁：《中国史前时代的龟灵与犬牲》，《海岱区先秦考古论集》，科学出版社，2002 年。

〔3〕　陈星灿、李润权：《申论中国史前的龟甲响器》，《桃李成蹊集——庆祝安志敏先生八十寿辰》，香港中文大学中国考古艺术研究中心，2004 年。

面具是用于仪式活动的舞具，我们也不能肯定这种仪式活动与占卜有关。

六

民族志材料表明，熊面具是一种用于仪式活动的舞具，它的背后隐藏了一种对熊的崇拜。我们推测，M120 熊面具可能原本来自崇拜熊的狩猎民族，它在山东地区贵族墓葬中出现代表的仅是一种文化交流。M120 熊面具与墓主人的职业身份应该关联不大，它可能是墓主人生前通过某种方式所获取，也有可能并非墓主人生前所有，而是丧葬仪式活动中生者的馈赠。

现在，我们已无法遥想熊面具当初被使用的具体情景，但它所蕴含的文化信息为我们窥探古代先民的精神世界打开了一扇小小的窗。

附记：本文的写作得到了袁靖先生的悉心指教，并承蒙付罗文先生提供英文资料，在此一并表示衷心的感谢！

前掌大墓地出土样品的碳十四年代测定报告

张雪莲

中国社会科学院考古研究所碳十四实验室承担本所山东队前掌大墓地出土样品碳十四年代测定工作。

送样时间：2004年2月下旬。测年工作完成时间：2004年5月上旬。

测年工作参加人员：张雪莲、仇士华、薄官成、王金霞、钟建、杨金刚。

测年样品共计3个，均为木头样品。

遗址经纬度：北纬34°56′，东经117°16′。

测年结果如下：

样品1

实验室编号：ZK－3204

原编号：98STQ M119:31

样品描述：铜箍木壶内胎

碳十四年代（半衰期5568）：2869±71 BP（公元前919±71）

树轮校正年代：1190BC（2.0%）1180BC

1150BC（1.3%）1140BC

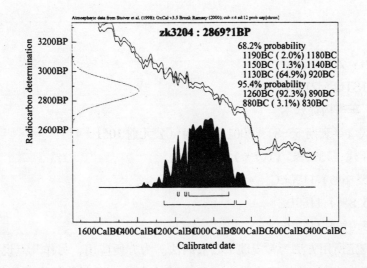

1130BC（64.9%）920BC

样品 2

实验室编号：ZK－3205

原编号：91STQ M215:3

样品描述：车軎内存残木

碳十四年代（半衰期5568）：2929±49 BP（公元前979±49）

树轮校正年代：1260BC（3.8%）1240BC

1220 BC（64.4%）1040BC

1220 BC（64.4%）1040BC

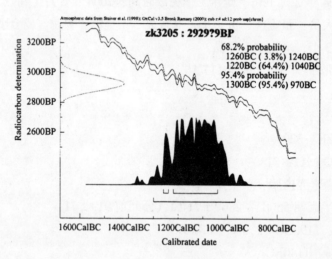

样品 3

实验室编号：ZK－3206

原编号：91STQ M215:1

样品描述：车軎内存残木

碳十四年代（半衰期5568）：3001±41 BP（公元前1051±41）

树轮校正年代：1370BC（1.7%）1360BC

1320BC（55.6%）1190BC

1180BC（5.8%）1160BC

1150BC（5.0%）1130BC

以上数据测定所用方法为常规碳十四液闪法。为方便应用，另作几点说明如下：①校正年代所用程序为OxCal，校正曲线为1998年公布版本。②所给年代误差范围均为±16，

1150BC（5.0%）1130BC

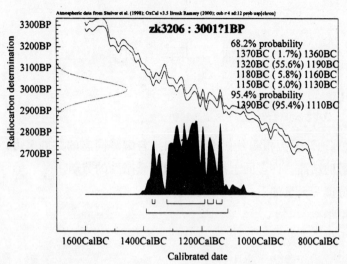

年代范围的概率分布为 68.2%。③由于树轮年代校正曲线各区段形状不同，校正后年代范围可能形成几组，总合概率为 68.2%（与过去报告中总合概率表示为 100% 相同）。④数据均作 ^{13}C 校正。

编 后 记

《滕州前掌大墓地》发掘报告经过全体参加报告编写同志的共同努力，终于按计划完成。这是集体智慧的结晶，许多同志都为此付出大量辛勤的劳动。

报告上篇部分撰写人员如下：

第一章　胡秉华

第二章　胡秉华、苏昭秀

第三章　第一节　胡秉华、梁中合

　　　　第二节　胡秉华

　　　　第三节　唐锦琼

　　　　第四节　胡秉华

　　　　第五节　唐锦琼

第四章　第一节　梁中合、谷飞

　　　　第二节　梁中合、谷飞、唐锦琼

　　　　第三节　贾笑冰、王吉怀

　　　　第四节　梁中合

　　　　第五节　王吉怀

第五章是参加报告编写的同志共同讨论下完成的，主要由梁中合和谷飞执笔。最后由梁中合对报告的体例和结构进行通盘的把握。

报告下篇部分是多学科综合研究的成果，其中碳十四年代测定报告由中国社会科学院考古研究所科技考古中心碳十四实验室的张雪莲博士等完成；铜器成分分析研究报告由赵春燕博士完成；铜胄的复原研究是由胡秉华和翟力军两位完成的，另外白荣金也参与部分研究；铭文的考释由冯时完成；原始瓷器方面的研究由梁中合完成；王影伊、唐锦琼对车马坑和马具方面进行了探讨；动物骨骼的研究报告由袁靖博士和杨梦菲完成；王明辉承担了出土人骨的课题研究；英文提要由李新伟博士翻译完成。

报告的插图主要由刘方和毕道传完成，另外杨结实、姜海丽等也承担了部分绘图工作；李淼在技术上给予了许多指导和帮助；器物修复主要由王影伊、王浩天、傅群启等完成，参加该项工作的还有渠开营、孔令利等；铜胄的复原由白荣金完成；器物照片由张亚斌拍摄，田野照片主要由贾笑冰、焦天龙等拍摄；航空照片由刘建国处理完成。一些遗迹方面的照片由张蕾进行了后期整理；铜器铭文、纹饰和玉器纹饰的拓片由王浩天、王浩义和杨结实等拓制。

在报告的整理和编写期间得到了张长寿先生的许多指导，殷玮璋、王巍、杜金鹏、徐良高等先生都提出许多好的意见和建议。报告的整理和出版得到国家文物局、山东省文化厅文物局、山东省文物考古研究所等的大力支持和帮助。该项课题研究得到了国家社会科学基金的资助。在此一并表示真挚的谢意。

由于我们对这批资料研究得还不是很深入，加之所研究的领域跨度较大，错误和不当之处在所难免，希望能够得到各方面专家的批评和指正。

Qianzhangda Cemetery in Tengzhou

(Abstract)

The Qianzhangda 前掌大 cemetery of the Shang and Zhou Dynasties is located at the Qianzhangda village, Guanqiao 官桥 Township, Tengzhou 滕州 City, Shandong 山东 Province. The Shandong Team of the Institute of Archaeology, Chinese Academy of Social Sciences had conducted 8 excavations at the cemetery from 1981 to 1998. The important features discovered include 111 burials, 5 chariot pits, sacrificial pits, residential remains and wells. Nearly 10,000 artifacts were found, including 175 bronze ritual vessels and music instruments, 345 pieces (groups) of jade objects, 294 pottery vessels, 26 proto-porcelain vessels, 17 impressed stoneware vessels, as well as bronze parts of chariots and harnesses, bronze weapons and tools, bone tools, tusk objects, shell objects and stone tools. This monograph is the result of systematic and scientific research on the archaeological data, and tries to completely publish the basic data with high academic standard.

Burials of the Qianzhangda cemetery clustered into two groups - the southern group and northern group. Although burials in the northern group, with their special forms, indicate higher ranks than those in the southern group, most of them had been looted. Therefore the monograph concentrates on discoveries and researches of the southern group, the burials of which are well preserved so that their distribution, forms and abundant burial offering almost kept untouched. We further divided the southern group into four sub-groups. Burials reported in this monograph are mainly from the sub-group I. Within this sub-group, high-rank burials cluster in the middle and south while small-size burials in the north, east and west. Though small in number, the high-rank burials contain most of the elite goods such as sets of bronze ritual vessels, jade objects, proto-porcelain vessels and impressed stoneware vessels. Majority of the burials are not only small in size, but also different from the high-rank burials on quality and quantity of burial offerings. Pottery vessels are their main grave goods. Bronze ritual vessels such as jue 爵 vessels, and gu 觚 vessels were only found in a few of them.

Burials in the northern group exhibit the highest rank within the Qianzhangda cemetery. Three "中"-shaped burials and nine "甲"-shaped burials had been exposed during the excavations. Our coring work located another "中" -shaped and five "甲" -shaped burials. Each of the "中" -shaped burial has two passages, one in the north and the other in the south. Each of the "甲" -shaped burial has one passage in the south. Most of them have second-tier platforms formed with filling earth in the space between the coffin and walls of the burial pit. Bronze music instruments, weapons, parts of chariots and harnesses and different kinds of lacquer objects and plate-shaped ornaments were usually put on the platforms. Human sacrifices and waist pits with sacrificed dogs were discovered in most of the burials. Second-tier platforms were also popular in the burials of the southern group. In some burials there is no platform at the head end of the burial pit and the remained space forms a *touxiang* 头箱 (head chamber). The deceaseds all lie with the extended supine position. Waist-pits each with a single sacrificed dog were found in most of the burials. In some cases, an extra dog was also put on second-tier platforms. Human sacrifices were only found in a few high-rank burials within the southern group.

According to current archaeological data, during the Shang and Zhou Dynasties, burials with passages usually indicated high-ranks (such as *hou* 侯 marquis) of the deceased. Five burials each with two passages have been found in the Hougang 后岗 cemetery at Yinxu 殷墟. Among them, the main chamber of burial No. 9 which was excavated in 1991 is in a rectangular shape, 8.8 m long and 8 m wide. Its outer-coffin-chamber is in the shape of "亞". A waist-pit with a human sacrifice and a dog was found at its bottom. This burial is almost identical on form, size and burial customs with burials M214 and BM4 in the Qianzhangda cemetery. It is a common view that the deceased in a large burial with two passages might be a royal member.

The popularity of human sacrifices is an important characteristic of Shang burials. Most of the large burials with passages in the northern group of the cemetery have human sacrifices. Six sacrificed human were discovered on the eastern and western second-tier platforms and within the coffin-chamber in burial M206. M214 is a large burial with double passages. Parts of human skeletons were found on its second-tier platforms surrounding the coffin-chamber. However, since the burial had been looted, we can only recognize one skeleton as human sacrifice. Another human sacrifice was discovered in the waist-pit of M214. This is the only human sacrifice found in a waist-pit in the cemetery. Five human sacrifices were found in burial BM4. Burials without passages in the northern group also have human sacrifices. For example, two human sacrifices were found in burial M211. Though all burials of the southern group have no passages, human sacrifices were still discovered in some of them. The skeleton of an adult female was found on the eastern second-tier platform of burial M11, while on the southern second-tier platform of burial M120 was found a skeleton of an adult male. Besides, human sacrifices were also found in five chariot pits. Significantly, one of the two human sacrifices (the northern one) in chariot pit

M41 has bronze ritual vessels beside. This indicates that some of the human sacrifices owned high social status. They (usually are called *renxun*. 人殉) might be close relatives, concubines, close attendants (such as guards, servants and chariot-drivers) of the deceased and were usually put within the coffin-chamber. Other human sacrifices called *rensheng* 人牲 might be captures killed for burial ritual. Ancestor-worship was extremely important for the Shang people. In related ritual ceremonies, *rensheng* were often provided to the ancestors together with sacrificed cows, sheep, pigs, dogs, chickens and fishes.

Most of the burials in the cemetery have a waist-pit on the bottom, usually with a sacrificed dog in it. Sacrificed dogs were also found on second-tier platforms. Twenty-seven (77%) of the 36 burials in the northern group have a waist-pit each. In the southern group, 31 (41%) of the 76 burials have a waist-pit each. Obviously, the percentage of the northern group is much higher than that of the southern group. This dose not only imply different social status of the two groups, but also indicate chronological difference between them. The popularity of waist-pits is another important characteristic of Shang burials (especially the Late Shang burials). Waist-pits were found in almost all the large Shang burials and many of the middle or small size Shang burials. For example, 454 (more than 50%) of the 939 burials in the western district of Yinxu have a waist-pit each. This custom was also found in the burials of peripheral states controlled by the Shang Dynasty. For example, in the Ge 戈 state cemetery at Gaojiabao 高家堡, Shaanxi 陕西, 4 of the 6 burials have a waist-pit each. The number of waist-pit-burials sharply decreased in the Western Zhou period. Almost no waist-pits were found in the Western Zhou period Yan 燕 state cemetery, Liulihe 琉璃河, Beijing 北京. Among the 398 burials in the Zhangjiapo 张家坡 cemetery, only 31 (7.8%) have a waist-pit each. Sacrificed dogs or animals were only found in 9 waist-pits and no sacrificed human were found. The decrease of waist-pit-burials continued through time. Only 4 of the 342 burials in the Beiyao 北窑 cemetery, Luoyang 洛阳, Henan 河南 have a waist-pit each. In addition, the two that can be accurately dated both belong to the early phase of the cemetery. The above data clearly shows that waist-pit-burials bloomed in the Shang Dynasty, suddenly decreased and finally disappeared in the Zhou Dynasty. Although waist-pits still can be seen in the burials of the Early Western Zhou period, waist-pits and sacrificed dogs on second-tier platform still should be regarded as the remained characteristics of the Shang burials. The popularity of waist-pits in the Qianzhangda cemetery demonstrates the continuing affect of Shang burial custom in the early Western Zhou period. The relatively strong Shang custom implies that owners of the burials might have submitted to the Shang power and intensively affected by the Shang culture. On the other hand, this also demonstrates that though the Zhou people had controlled the southwestern Shandong area in the Early Western Zhou period, they can not immediately delete Shang culture, and some indomitable Shang custom survived at that time.

The five chariot pits found in the southern group of the cemetery might be attendant pits. The relationship between chariot pit M131 and burial M109 - the largest one within the southern group is relatively clear. Though M109 had been looted, proto-porcelain *fu* 釜 vessels, impressed stoneware lei 罍 vessels and jade objects found in it indicate a high social rank of the deceased. Other four chariot pits located to the south might be the attendant pits of the whole cemetery.

We divided the burials into three phases according to their stratigraphic context and typological research on artifacts found in them. The 27 burials of the first phase can be dated to the Late Shang period. The burials of the second (39, including 5 chariot pits) and third (12) phases can be respectively dated to the Early and Late phases of the Early Western Zhou period. Some burials can not be set into this chronological frame due to the absence of typical artifacts in them.

The Qianzhangda cemetery is by present the most completely preserved burial data of a peripheral state of the Shang Dynasty in the Shangdong area. The excavations at the cemetery have yielded abundant data of the form, the size, the plan, the social rank and burial customs of a typical peripheral state cemetery in the Lower Yellow River valley. Thousands of artifacts unearthed during the excavations, especially the bronze vessels, jade objects, proto-porcelain vessels, impressed stoneware vessels and pottery vessels are firsthand data for the study on productivity, techniques of craft manufacture and reconstruction of the life of that time. Some bronze and jade objects from the cemetery are identical with typical artifacts of the Late Shang and Early Zhou periods on shapes and manufacture techniques, while some types are firstly discovered or have obvious local characteristics.

The southwestern Shandong area where the Qianzhangda cemetery is located had exhibited its local cultural characteristics as early as in the Neolithic time. It had continued to be one of the centers of the main Neolithic archaeological cultures within the Shandong region. Instead of being weakened, its particularity was strengthened in the Shang and Zhou periods. The influence from the central dynasties increased in the Late Shang period. Both the characteristics of the Late Shang and the Early Western Zhou periods can be seen on the artifacts from the Qianzhangda cemetery. However, local features were also obvious. Though a large number of flat or ring-food pottery vessels such as pots, *gui* 簋 vessels, *lei* 罍 vessels, *bu* 瓿 vessels, *zun* 尊 vessels, *dou* 豆 stemmed plates and *hu* 壶 vessels were found in the burials, the quantity of tri-pod vessels, such as the *li* 鬲 tri-pods and *jia* 斝 tri-pods which were the most popular vessels in the

Shang and Zhou periods, was much smaller in this cemetery than that in the sites in the Central Plains area. This should be regarded as a special characteristic of this area. Besides, proto-porcelain vessels in the burials are all evenly glazed shiny, and most of the stems of the proto-porcelain *dou* stemmed plates are intentionally broken.

Burials in the northern group of the Qianzhangda cemetery exhibit their own characteristics. The lacquer plate-shaped ornaments with inlaid shell pieces and a large number of shell objects discovered in some high-rank burials in this group were seldom found in other areas. Shandong region was famous for its shell objects in the prehistoric time. Hence shell objects from the Qianzhangda cemetery indicate the inheritance and development of this local tradition. Furthermore, pottery *gu* 觚 vessels and *jue* 爵 vessels which were popular in the Late Shang burials in other areas have not been found in the cemetery. Implication of these local characteristics deserves further research.

In conclusion, the Qianzhangda cemetery is by present the best preserved burial data with abundant information of an eastern peripheral state in Shandong during the Shang and Zhou dynasties. The publication of this monograph will improve the study of the history of eastern peripheral states, especially the study on relationship between peripheral states with the central dynasties centered in the Central Plains area.

前掌大村

前掌大墓地（航拍图）

1．北区 （北－南）

2．南区 （南－北）

1. 北Ⅱ区 1998 年发掘 （南－北）

2. 南Ⅰ区发掘 （南－北）

前掌大墓地发掘情况

1. M214（南—北）

2. M203（南—北）

M214、M203

M203东侧二层台出土嵌蚌漆牌饰（局部）

1．M11墓底及二层台殉人（南－北）

2．M11二层台铜胄及
头箱铜器出土情况

M11墓底、二层台殉人及铜器出土情况

1. M18（南—北）

2. M18西侧二层台车轮

M18及西侧二层台车轮

1．M21（西－东）

2．M21二层台蟥壳

M21 及二层台蟥壳

1. M38（南－北）

2. M119（南－北）

M38、M119

1．M119头箱器物出土情况

2．M119头部东侧玉器和原始瓷豆
　　出土情况

3．M119东二层台堆塑

M119器物出土情况

1. M120头箱器物出土情况（南－北）

2. M120头箱清理后器物出土情况俯视

M120头箱器物出土情况

1．M120棺室玉器及海贝出土情况（上层）

2．M120棺室玉器及海贝出土情况（下层）

M120棺室玉器及海贝出土情况

1. 上视

2. 侧视

3. 底视

M120出土熊头骨

M114

M117

M115

M116

M114～M117（南－北）

车马坑 M40 （北-南）

1．M40车舆及殉人

2．M40车舆内器物出土情况

车马坑M40车舆及器物出土情况

车马坑 M41 （北一南）

车马坑 M41 伞盖顶部及兵器出土情况

1. M41伞盖背面（外层）

2. M41伞盖背面（内层）

车马坑 M41 伞盖背面

车马坑 M45 车舆后殉人及器物出土情况（北—南）

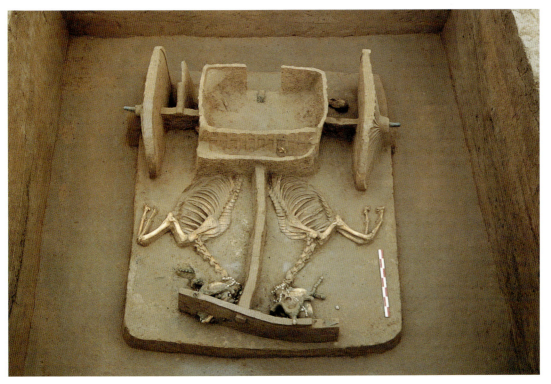

1. 车马坑 M131 （南－北）

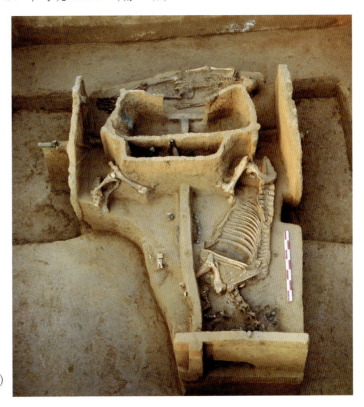

2. 车马坑 M132（南－北）

车马坑 M131、M132

1. M132右侧车轮

2. M132左服马头

车马坑M132右侧车轮、左服马头

1. B型Ⅲ式鬲 (M203:19)

2. B型Ⅳa式鬲 (M13:9)

3. E型Ⅰ式簋 (M115:5)

4. A型Ⅰ式绳纹罍 (M21:53)

5. B型Ⅱ式绳纹罍 (BM3:52)

6. A型Ⅲ式尊 (M14:2)

陶鬲、簋、罍、尊

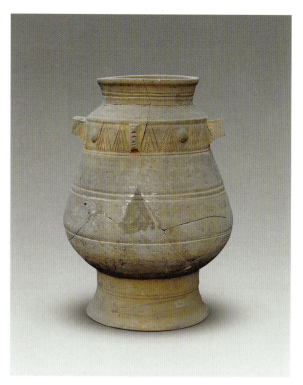

1．A型Ⅱ式壶（M102：11）

3．D型壶（M119：24）

4．A型Ⅰ式瓿（M203：6）

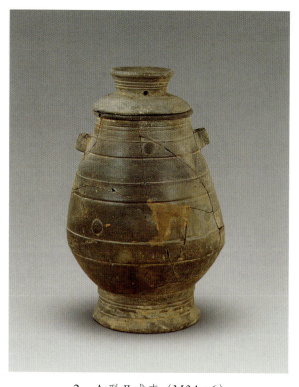

2．A型Ⅱ式壶（M34：6）

5．E型瓿（M119：23）

陶壶、瓿

1．A型Ⅱ式盉（M46∶32）

2．B型Ⅰ式盉（M18∶57）

3．B型Ⅰ式盉（M50∶6）

4．B型Ⅲ式盉（M120∶83）

5．A型斝（M21∶58）

6．鼎（M114∶6）

陶盉、斝、鼎

1．A 型（BM4：25）

2．A 型（M30：7）

3．A 型（M119：48）

4．B 型（BM3：37）

5．B 型（M13：15）

6．C 型（BM3：43）

原始瓷豆

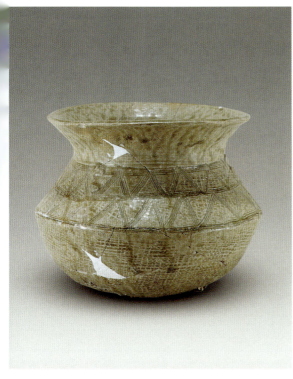

1．釜（M109：12）

2．尊（BM3：46）

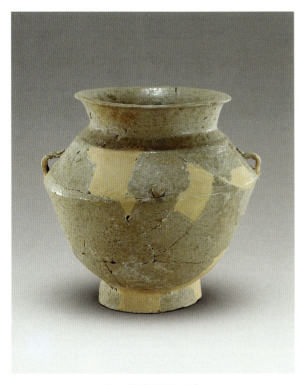

3．罍（BM3：3）

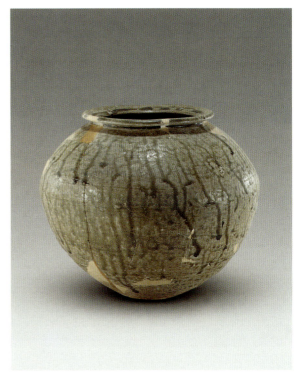

4．罐（BM3：7）

原始瓷釜、尊、罍、罐

1．A型Ⅱ式（M120∶6）

2．A型Ⅱ式（M119∶66）

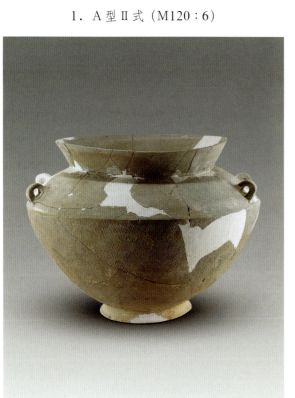

3．A型Ⅱ式（M222∶75）

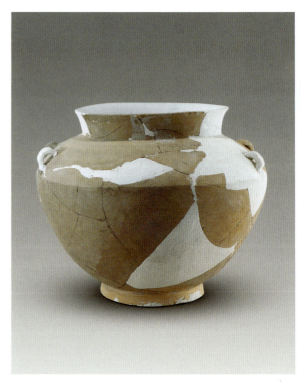

4．A型Ⅱ式（M222∶74）

印纹硬陶罍

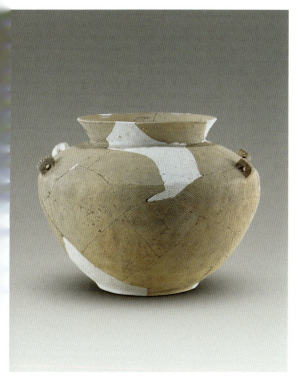

1．A型Ⅲ式罍（M222：76）

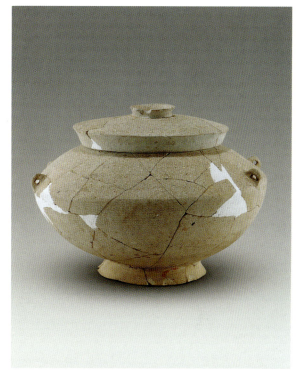

2．A型Ⅳ式罍（M109：10）

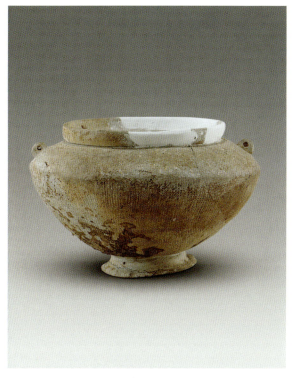

3．A型Ⅳ式罍（M119：45）

4．瓿（M203：42）

印纹硬陶罍、瓿

1．釜（M109：11）

2．尊（M119：65）

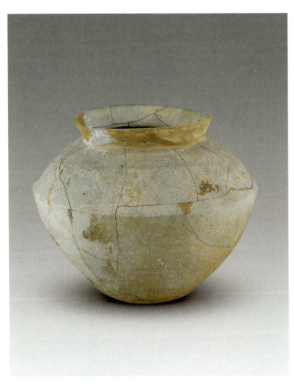

3．A型罐（M101：4）

4．B型罐（M222：77）

印纹硬陶釜、尊、罐

1. A 型（M11：82）

2. A 型（M120：25）

铜方鼎

1．A型（M11：94）

2．A型（M11：94）局部

铜深腹圆鼎

1. B型Ⅱ式深腹圆鼎 (M11：93)

2. A型Ⅰ式分裆圆鼎 (M38：53)

3. A型Ⅱ式分裆圆鼎 (M11：88)

4. A型扁足圆鼎 (M11：80)

铜深腹圆鼎、分裆圆鼎、扁足圆鼎

1. B型I式（M38:50）

2. B型II式（M119:41）

3. B型II式（M18:44）

4. B型III式（M11:79）

铜簋

1．A型斝（M213：69）

2．B型斝（M38：52）

3．B型斝（M21：43）

4．C型斝（M11：95）

5．A型鬲（M38：54）

铜斝、鬲

1．A 型 I 式（M213：49）

2．A 型 II 式（M18：43）

3．A 型 II 式（M120：7）

4．B 型（M11：78）

铜鬲

1. A型（M11：105）

2. B型Ⅰ式（M213：82）

3. B型Ⅰ式（M38：67）

4. D型（M41：11）

铜觚

1. A型I式（M213：77）

2. A型II式（M38：63）

3. B型II式（M41：10）

4. F型（M11：108）

铜爵

1．A 型（M18：32）

2．B 型 I 式（M11：114）

3．B 型 I 式（M120：14）

4．B 型 II 式（M119：39）

铜角

1. A型（M11：76）

2. B型Ⅰ式（M18：47）

3. B型Ⅱ式（M13：13）

4. B型Ⅲ式（M121：3）

铜尊

1．A型（M120∶23）

2．A型（M18∶45）

3．A型（M18∶48）

4．B型（M11∶96）

铜壶

1. A型罍（M38：49）

2. B型罍（M11：99）

3. A型Ⅰ式卣（M38：61）

4. A型Ⅱ式卣（M120：18）

铜罍、卣

1. A型Ⅲ式（M11:111）

2. A型Ⅲ式（M11:112）

铜卣

1. B型卣（M49：12）

2. C型卣（M119：37）

3. A型Ⅰ式觯（M11：103）

4. C型Ⅱ式觯（M119：40）

铜卣、觯

1. A 型盉（M18：46）

2. B 型盉（M11：101）

3. C 型盉（M120：12）

4. 盘（M11：77）

铜盉、盘

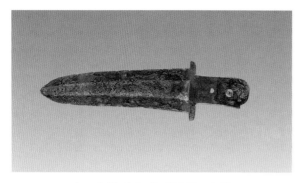

1. A型Ⅰb式（M41：15）

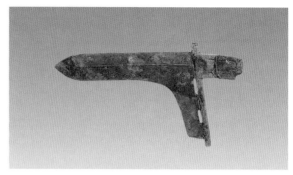

2. A型Ⅳa式（M11：53）

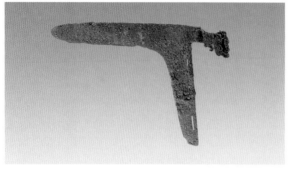

3. B型Ⅲ式（M49：2）

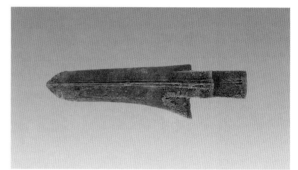

4. C型Ⅱ式（M45：3）

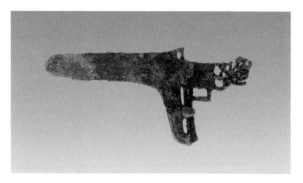

5. D型（M21：7）

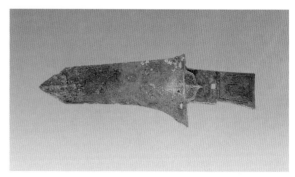

6. D型（M40：14）

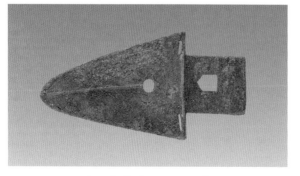

7. E型（M132：41）

8. E型（M120：79）

铜戈

1．Ac型（M211：1）

2．Ad型（M206：118）

3．Ca型（M11：8）

4．Cb型（M11：9）

铜胄

1. Ab型（BM9：28）

2. Ac型（M45：33）

3. Ba型（M38：70）

4. Bb型（M50：4）

5. Bc型（M41：42）

铜刀

1. A型軎（M45∶23）

4. 銮铃（BM3∶34）

2. A型軎（M40∶28）

5. 栏饰 （M41∶33）

3. B型衡末饰（BM9∶25）

铜軎、衡末饰、銮铃、栏饰

1. A型轭（M40：5）

2. A型轭（M41：6）

3. A型轭（M131：1）

4. B型轭（M45：6）

铜轭

1. 踵板（M41：35）

2. 踵板（M132：22）

3. B型轵（M132：15）

4. B型衔（BM9：10）

铜踵板、轵、衔

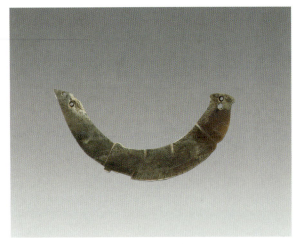

1．Aa 型（M38∶8）

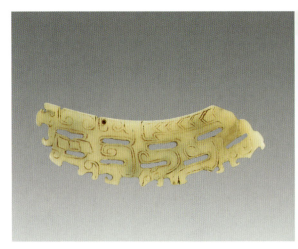

4．Ab 型（M11∶68）

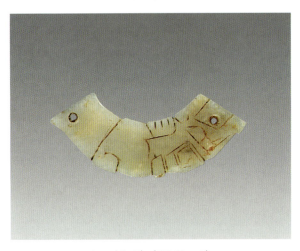

2．Ab 型（BM3∶5）

5．Ab 型（M120∶56）

3．Ab 型（M120∶64）

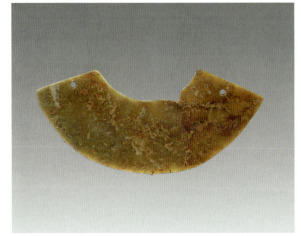

6．Ba 型（M120∶29）

玉璜

1．A 型璧（M110：7）

2．B 型璧（M120：77）

3．镯（M120：63）

4．琮（BM3：42）

5．玦（M46：18）

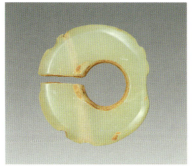

6．玦（M119：21）

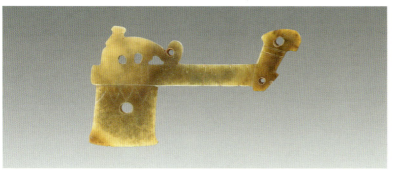

8．璋（M110：5）

7．A 型钺（M120：30）

玉璧、镯、琮、玦、钺、璋

1．Aa型Ⅰ式戈（M203：13）

3．Aa型Ⅱ式戈（M120：38）

4．Ab型戈（BM4：2）

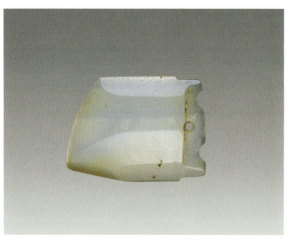

2．Aa型Ⅰ式戈（M221：12）

5．B型戈（M119：20）

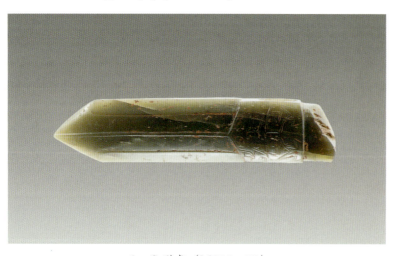

6．C型戈（M213：58）

7．B型觽（M132：9）

玉戈、觽

1. Aa型（M120：59）

2. Aa型（M120：62）

3. Ab型（M221：10）

4. Ab型（M38：41）

5. Ba型（M201：45）

6. Ba型（M13：27）

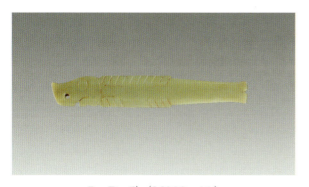

7. Ba型（M202：11）

8. Bb型（M201：55）

玉鱼

1. Ca型（M205∶30）

2. Ca型（M38∶40）

3. Cb型（M109∶7）

4. Cb型（M215∶6）

5. Da型（M120∶57）

6. Db型（M205∶51）

7. Db型（M119∶5）

8. Dc型（M44∶5）

玉鱼

1. Aa 型（M130：5）

2. Aa 型（M128：11）

3. Aa 型（M222：57）

4. Aa 型（M221：8）

5. Ab 型（M128：9）

6. B 型（M120：44）

玉虎

1. Aa型（M206：18）

2. Aa型（M109：6）

3. Aa型（M219：1）

4 Aa型（M38：11）

5. Ab型（M219：2）

6. Ab型（M38：35）

7. Ab型（M109：5）

玉龙

1. Ab型（BM3：40）

2. Ab型（M38：25）

3. Ab型（M38：28）

4. B型（M109：4）

5. B型（M103：22）

6. C型（M119：18）

7. C型（M119：19）

玉龙

1. Aa型（M110:18）

2. Aa型（M120:66）

3. Aa型（M120:53）

4. Aa型（M120:50）

5. Aa型（M120:35）

6. Aa型（M203:9）

7. Ab型（M46:21）

8. Ab型（M120:31）

玉鸟

1. Ab 型（M120：40）

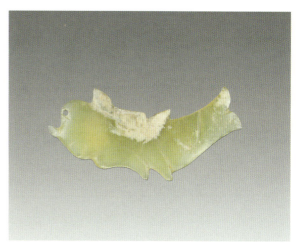

2. Ab 型（M34：19）

3. Ab 型（M119：8）

4. B 型（M120：28）

5. B 型（BM3：39）

6. B 型（M109：9）

玉鸟

1. A型（BM3：57）

2. A型（M120：48）

3. Ba型（M222：73）

4. Ba型（M132：11）

5. Bb型（M222：56）

6. Bb型（M126：1）

玉牛

1．A 型（M18：59）

2．A 型（M128：8）

3．B 型（BM4：1）

4．B 型（M205：58）

5．B 型（M13：22）

6．B 型（M13：38）

玉蝉

1．A型兔（M31：20）

2．A型兔（M120：42）

3．A型兔M21：15）

4．鹿（BM3：41）

5．螳螂（M46：19）

6．蛙（M201：14）

玉兔、鹿、螳螂、蛙

1．B型管（M222∶58）　　2．B型管（M203∶10）　　3．B型管（BM3∶21）　　4．B型管（M203∶14）

 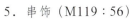 

5．串饰（M119∶56）　　　　　　　　　6．串饰（M31∶21）

7．泡（M31∶1）　　　　　　　　8．笄帽（M40∶12）

玉管、串饰、泡、笄帽

1. A型（M120：52）

2. A型（M206：22）

3. A型（BM3：60）

4. A型（M120：49）

5. A型（M13：23）

6. A型（M132：8）

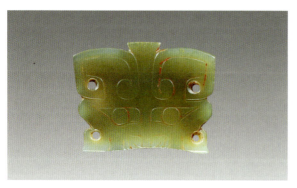

7. A型（M119：2）

玉牌饰

1．橄榄形器（BM3：54）

4．斗（M213：89）

2．马蹄形器（M211：17）

3．长方形器（M2：1）

5．兽头踞坐人像（M46：22）

玉橄榄形器、马蹄形器、长方形器、斗、兽头踞坐人像

1．BM11彩绘漆牌饰

2．BM11彩绘漆牌饰

BM11东侧二层台出土彩绘漆牌饰

1．A 型骨梳（M206：143）

4．A 型象牙权杖头（M201：22）

2．骨管饰（M206：58）

5．象牙虎（M21：27）

3．象牙管饰（M11：32）

6．象牙耳勺（M18：60）

骨梳、管饰，象牙管饰、权杖头、虎、耳勺

1. M11：69

2. M15：9

3. M131：18

4. M206：19

5. M30：4

6. M118：3

象牙鱼形觿

1．车马坑M40马具颈带下皮痕

2．车马坑M40马具皮条痕迹

3．车马坑M132马具颊带铜泡与皮条结构

车马坑出土马具

1. 车马坑M40马具
   出土情况

2. 车马坑M40马具颈带
   铜泡组合背面痕迹

3. 车马坑M131马具出土情况

车马坑出土马具

1. 北Ⅱ区远景（东北－西南）

2. 北Ⅱ区断崖

前掌大墓地

图版二

北Ⅱ区 1998 年发掘现场 （南－北）

南Ⅰ区1995年发掘现场（西－东）

1．A型鼎（H1：30）

2．A型鼎（H1：16）

3．A型鼎（H1：15）

4．B型鼎（H1：36）

5．甗（H1：31）

6．匜（H1：3）

龙山文化时期陶鼎、甗、匜

1. A型盆（H1：20）

2. B型盆（H1：19）

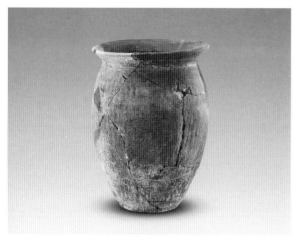

3. A型罐（H1：7）

4. B型罐（H1：33）

5. 壶（H1：34）

6. 觚形杯（H1：10）

龙山文化时期陶盆、罐、壶、觚形杯

1. A型（BT2825④：3）

2. A型（BT1624③：1）

3. A型（BT2516③：1）

4. B型（BT1616③：10）

5. B型（BT1517③：2）

商代晚期陶鬲

1. C 型鬲（T1319④：1）

2. C 型鬲（BT1517③：26）

3. 尊（T803⑤：7）

4. 盆（T1120⑤：10）

商代晚期陶鬲、尊、盆

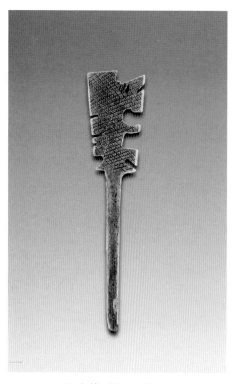

1. A型骨笄（BT1516③：27）

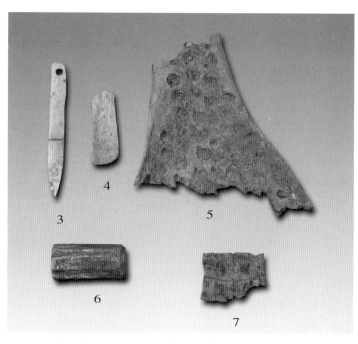

3. 骨梭（BT1517③：23） 4. 骨匕（BT1517③：14）
5. A型卜骨（BT1516③：6） 6. 鹿角料（BT2725③：1）
7. B型卜骨（H14：2）

2. B型骨笄（BT1516④：15）

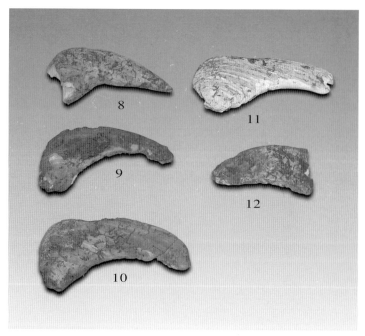

8. A型蚌镰（BT1516③：17） 9. A型蚌镰（BT1516③：
18） 10. A型蚌镰（BT1616③：2） 11. B型蚌镰（BT29163
③：10） 12. B型蚌镰（T2717②：15）

商代晚期骨、蚌器

1. A型Ⅰ式（T924③：1）

2. A型Ⅱ式（T1001③：6）

3. A型Ⅱ式（H8：1）

4. A型Ⅱ式（H4：4）

5. A型Ⅲ式（T819③：7）

6. B型Ⅰ式（T306③：1）

西周早期陶鬲

1. B型Ⅰ式（T1001③：4）

2. B型Ⅱ式（T1321③：4）

3. C型Ⅰ式（T1321③：3）

4. C型Ⅰ式（T1320③：1）

5. C型Ⅱ式（T1001③：5）

西周早期陶鬲

1. 陶罐（J2：1）

2. 陶簋（H4：2）

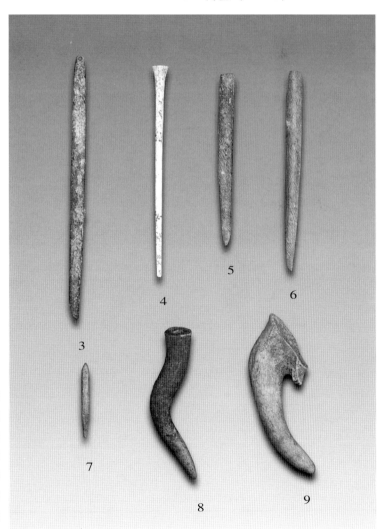

3. 骨针（T802③：3）
4. B型骨笄（H4：1）
5. 骨铲（T819③：5）
6. 骨铲（T1224③：1）
7. 骨镞（SK5：7）
8. 鹿角锥（T920③：4）
9. 鹿角锥（T1020③：4）

西周早期陶、骨器

1．骨铲（T1318 ③：4）2．卜骨（T306 ③：4）3．鹿角料（T1320 ③：7）
4．鹿角料（T819 ③：3）5．鹿角料（BT2817 ③：3）6．鳄鱼板（T1224 ③：6）

西周早期骨、角器

1．A 型陶罐（J4：2）

2．陶盆（J4：4）

3．陶盆（J4：5）

4．陶豆（J4：1）

5．石刀（BT1516 ②：30）

6．石刀（BT2617 ②：1）

东周时期陶、石器

M203东侧二层台出土嵌蚌漆牌饰

1．M205（南－北）

2．M213（北－南）

M205、M213

1．M11二层台铜胄及铜鼎出土情况

2．M18头箱铜器出土情况

M11、M18 器物出土情况

1. M21 （东－西）

2. M119头箱器物出土情况

M21 及 M119 器物出土情况

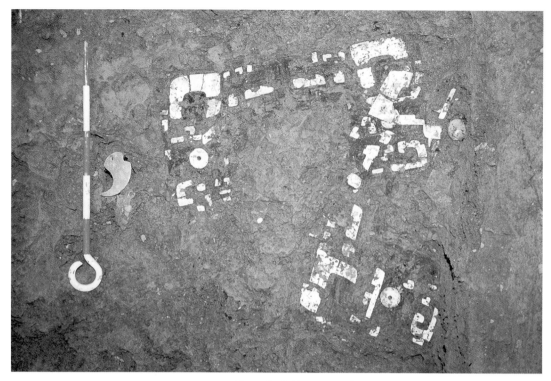

1. M119椁顶嵌蚌牌饰出土情况

2. M119棺室东南角砺石、海贝出土情况

M119器物出土情况

1．M120南二层台殉人 （北－南）

2．M120棺内玉器出土情况

M120南侧二层台殉人及玉器出土情况

1. BM9（南－北）

2. BM9衡末饰出土情况

BM9及衡末饰出土情况

1. M14 （南－北）

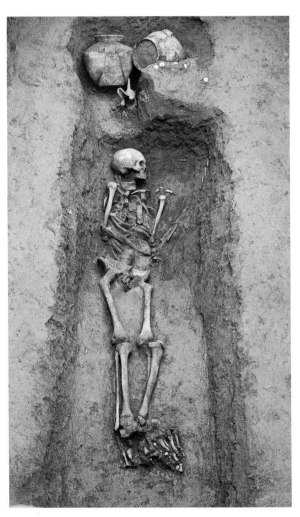

2. M15 （南－北）

M14、M15

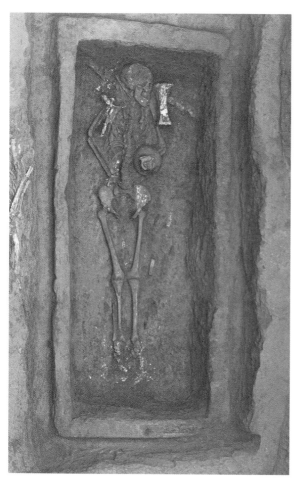

1. M17（南－北）

2. M25（南－北）

M17、M25

1. M30（北－南）

2. M31（南－北）

M30、M31

1. M46（北—南）

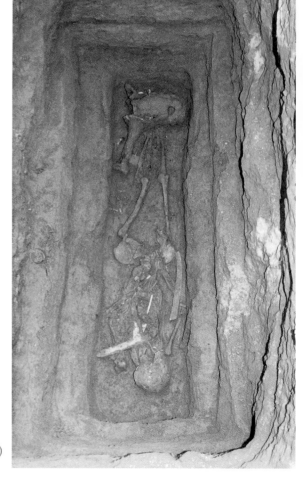

2. M49（北—南）

M46、M49

1. M101、M102
（南－北）

2. M103（南－北）

3. M104（南－北）

M101～M104

1. M110（南－北）

2. M112（南－北）

M110、M112

1. M114（南－北）

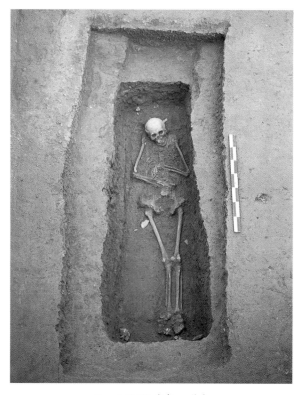

2. M122（南－北）

3. M123（南－北）

M114、M122、M123

1．M127（南－北）

2．M128铜器出土情况

M127 及 M128 铜器出土情况

1. M40右服马头

2. M40右服马头颈带

车马坑 M40 右服马头及马头颈带出土情况

车马坑 M41（北－南）

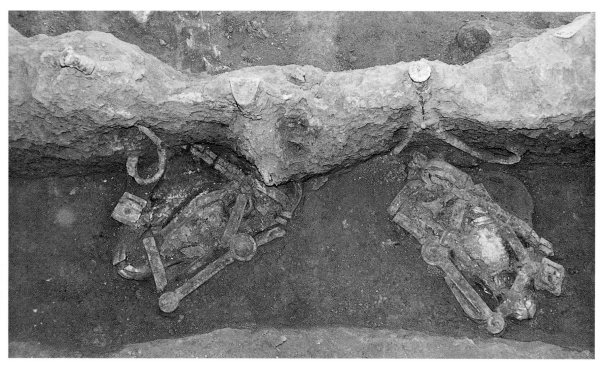

1. M41马头饰（南－北）

2. M41南部殉人（南－北）

车马坑M41马头饰及南部殉人出土情况

车马坑 M41 左服马头背面

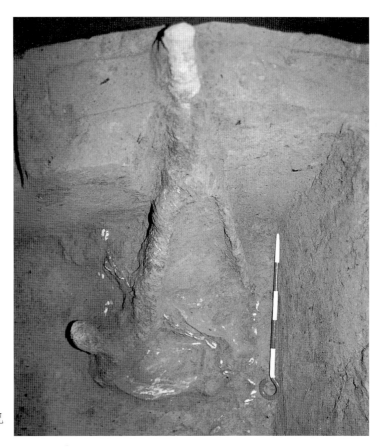

1．M131左侧车軏出土情况

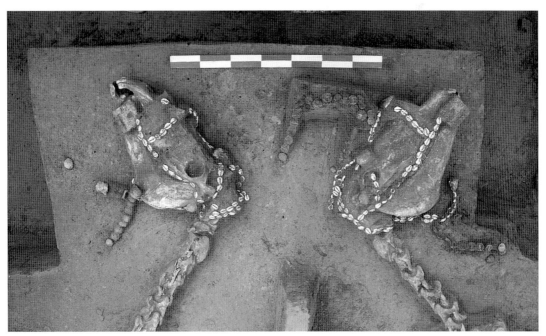

2．M131马头饰出土情况

车马坑M131车軏及马头饰出土情况

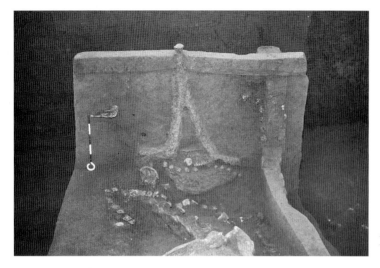

1．M132左侧车軛出土情况

2．M132踵板出土情况

3．M132左侧辖及害出土情况

车马坑M132车马器出土情况

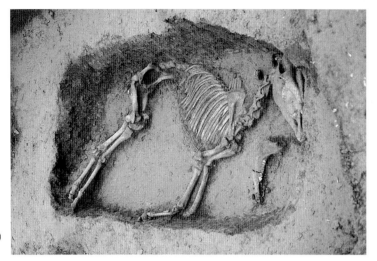

1. MK3（东－西）

2. MK4（南－北）

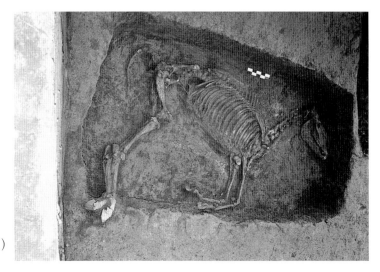

3. MK6（东－西）

MK3、MK4、MK6

1. A型Ⅰa式（M117∶1）

2. A型Ⅰb式（M124∶35）

3. A型Ⅱa式（M118∶4）

4. A型Ⅱa式（M102∶6）

5. A型Ⅱb式（M116∶2）

6. A型Ⅱb式（M34∶5）

1．A型Ⅱc式（M101：9）

2．A型Ⅲ式（M103：16）

3．A型Ⅳa式（M26：2）

4．A型Ⅳb式（M106：5）

5．B型Ⅰ式（M124：39）

6．B型Ⅰ式（M203：25）

陶鬲

1. B型Ⅱ式（M202：12）

2. B型Ⅲ式 （M203：19）

3. B型Ⅳa式（M13：9）

4. B型Ⅳb式（M109：3）

5. B型Ⅳb式（M103：32）

6. C型Ⅱ式（M121：24）

陶鬲

1. C型Ⅲ式（M46：30）

2. C型Ⅲ式（M46：1）

3. C型Ⅳa式（M15：4）

4. C型Ⅳb式（M110：19）

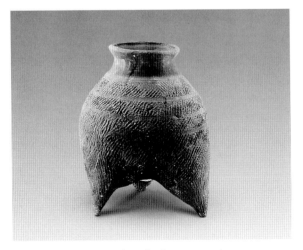

5. D型Ⅰ式（M214：1）

6. D型Ⅱ式（BM3：16）

陶鬲

1. Aa 型 II 式（M128：15）

2. Aa 型 III 式（M50：10）

3. Ab 型 I 式（M203：23）

4. Ab 型 II 式（M101：3）

5. Ab 型 II 式（BM10：1）

6. Ab 型 III 式（M14：1）

陶簋

1. Ab型Ⅲ式（M15:7）

2. Ac型Ⅰ式（M125:1）

3. Ac型Ⅱ式（M31:10）

4. Ac型Ⅱ式（M128:14）

5. Ac型Ⅲ式（M46:26）

6. Ac型Ⅳ式（M103:27）

陶簋

1. Ba型Ⅱ式（M24:6）

2. Ba型Ⅲ式（M101:2）

3. Ba型Ⅲ式（M115:3）

4. Ba型Ⅲ式（M116:1）

5. Ba型Ⅲ式（M115:2）

6. Ba型Ⅲ式（M114:9）

陶簋

1. Ba 型Ⅲ式 (M34∶7)

2. Ba 型Ⅲ式 (M19∶3)

3. Ba 型Ⅲ式 (M218∶3)

4. Ba 型Ⅳ式 (M46∶5)

5. Bb 型Ⅰ式 (M34∶3)

6. Bb 型Ⅰ式 (M102∶12)

陶簋

1. Bb型Ⅱ式（M26：1）

2. C型Ⅰ式（M123：6）

3. C型Ⅰ式（M203：5）

4. C型Ⅰ式（M102：10）

5. C型Ⅱ式（M46：9）

陶簋

1．C 型 Ⅱ 式（M25：5）

2．C 型 Ⅱ 式（M102：9）

3．C 型 Ⅱ 式（M202：3）

4．C 型 Ⅲ 式（M109：2）

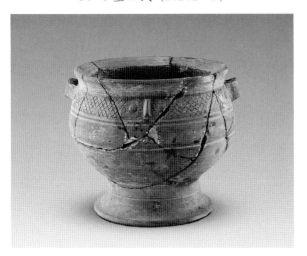

5．C 型 Ⅲ 式（M13：4）

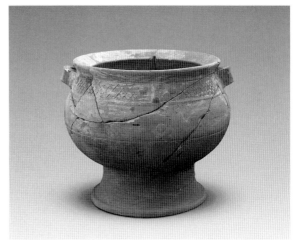

6．C 型 Ⅲ 式（M121：11）

陶簋

1. C 型 III 式（M109:2）

2. D 型 I 式（M118:1）

3. D 型 II 式（M118:5）

4. D 型 II 式（M2:7）

5. E 型 I 式（M115:5）

6. E 型 II 式（M203:26）

陶簋

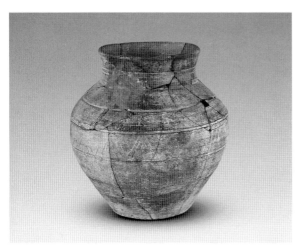

1．A 型 I 式（M24∶1）

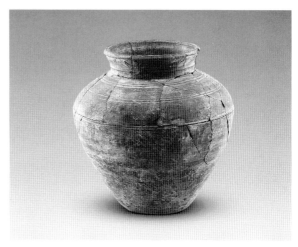

2．A 型 II 式（M220∶10）

3．A 型 III 式（M121∶17）

4．A 型 III 式（M211∶8）

5．Ba 型 I 式（M24∶4）

6．Ba 型 I 式（M24∶8）

旋纹陶罐

1. Ba型Ⅰ式（M114：1）

2. Ba型Ⅰ式（M114：7）

3. Ba型Ⅰ式（M28：1）

4. Ba型Ⅰ式（M102：14）

5. Ba型Ⅱ式（M24：7）

6. Ba型Ⅱ式（M123：11）

旋纹陶罐

1．Ba型Ⅱ式（M105：1）　　　　　2．Ba型Ⅲ式（BM3：47）

3．Bb型Ⅰ式（M222：52）　　　　　4．Bb型Ⅱ式（M19：4）

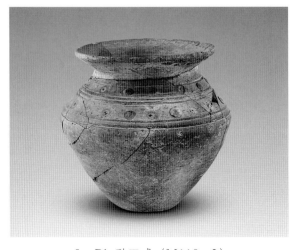

5．Bb型Ⅲ式（M118：2）　　　　　6．小陶罐（M124：33）

旋纹陶罐

1. A型I式（M104：2）

2. A型I式（BM3：50）

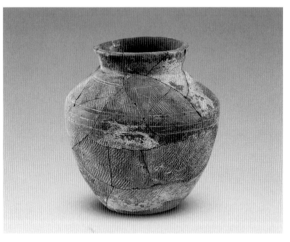

3. A型I式（M115：4）

4. A型I式（M11：18）

5. A型II式（M214：28）

6. A型II式（M121：15）

绳纹陶罐

1. A型Ⅲ式（M22:1）

2. A型Ⅳ式（M103:19）

3. B型Ⅰ式（M11:17）

4. B型Ⅰ式（BM3:11）

5. B型Ⅰ式（M18:56）

6. B型Ⅱ式（M21:19）

绳纹陶罐

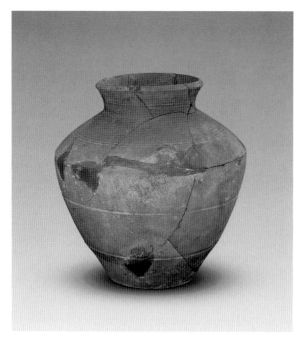

1．B型Ⅱ式（M120：82）

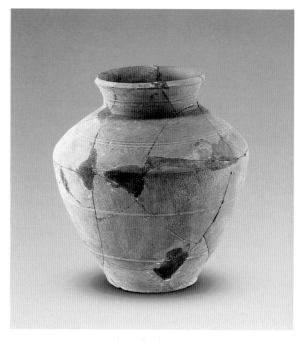

2．B型Ⅱ式（M120：81）

3．B型Ⅱ式（M30：28）

4．B型Ⅲ式（M15：1）

绳纹陶罐

1. A型Ⅰ式（M24：2）

2. A型Ⅰ式（M24：3）

3. A型Ⅰ式（M123：13）

4 A型Ⅱ式（M114：8）

5. A型Ⅱ式（M206：20）

6. A型Ⅱ式（M101：5）

旋纹陶罍

1. A型Ⅱ式（M123∶12）

2. B型Ⅰ式（M13∶3）

3. B型Ⅰ式（M21∶52）

5. B型Ⅲ式（M103∶31）

4. B型Ⅱ式（BM3∶17）

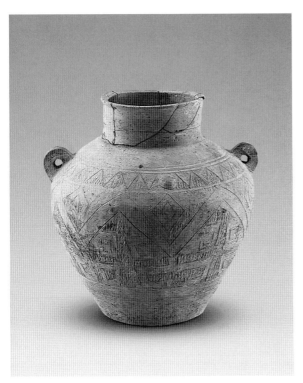

1. A型Ⅰ式 (M121∶19)

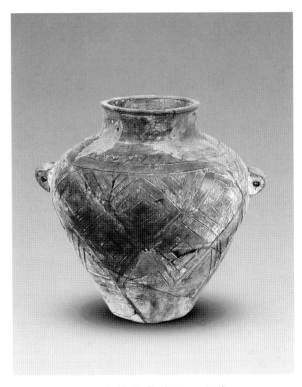

2. A型Ⅰ式 (M21∶53)

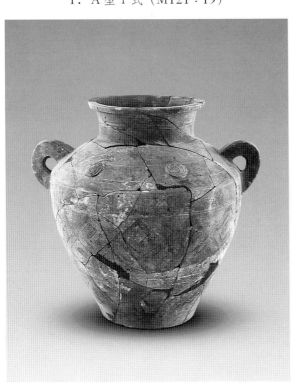

3. A型Ⅱ式 (M46∶3)

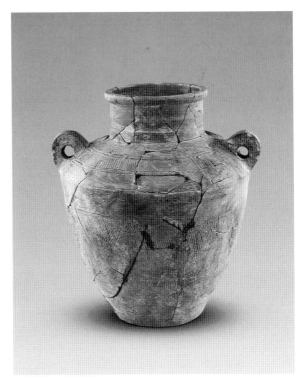

4. B型Ⅰ式 (M101∶10)

绳纹陶罍

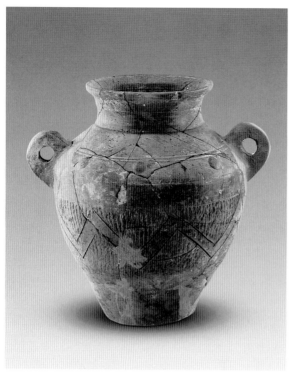

1. B型Ⅰ式（M121∶14）

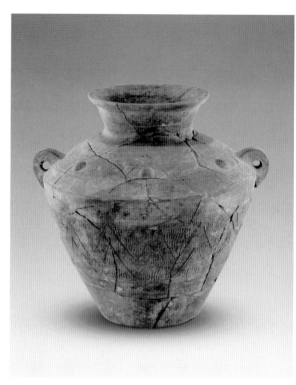

2. B型Ⅰ式（M13∶2）

3. B型Ⅰ式（M104∶1）

4. B型Ⅰ式（M25∶2）

绳纹陶罍

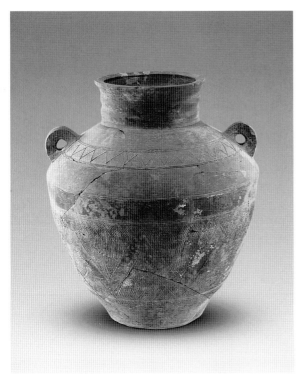

1. B型Ⅰ式（BM1∶1）

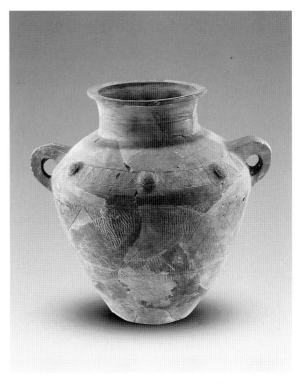

2. B型Ⅰ式（M202∶5）

5. B型Ⅰ式（M121∶13）

4. B型Ⅱ式（BM3∶13）

绳纹陶罍

1. B型Ⅱ式（BM3∶52）

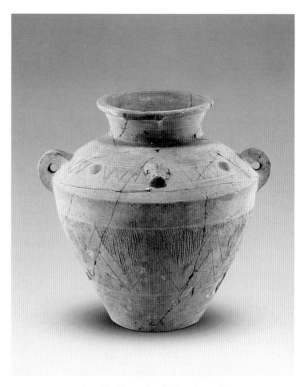

2. B型Ⅱ式（M118∶7）

3. B型Ⅱ式（M46∶31）

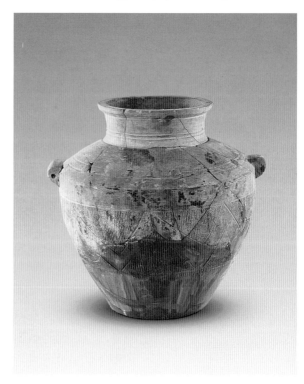

4. B型Ⅱ式（M34∶9）

绳纹陶罍

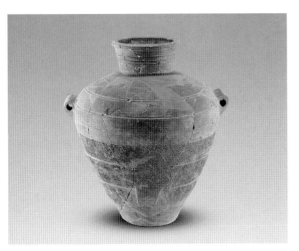

1. C型Ⅰ式（M218：4）

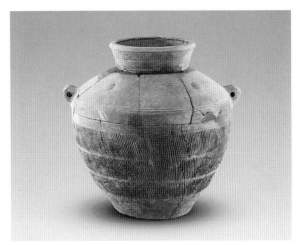

2. C型Ⅱ式（M30：31）

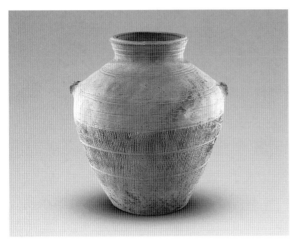

3. C型Ⅱ式（M50：7）

4. C型Ⅱ式（M15：2）

5. C型Ⅱ式（M15：8）

1. C型Ⅲ式（BM1：2）

绳纹陶罍

1. C型Ⅲ式 (M114：10)

2. C型Ⅲ式 (M103：17)

3. C型Ⅲ式 (M106：1)

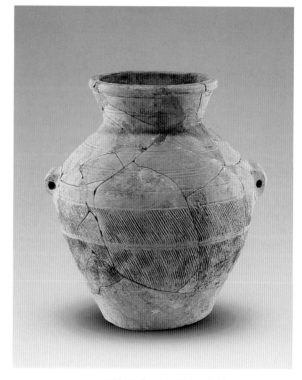

4. C型Ⅲ式 (M121：12)

绳纹陶罍

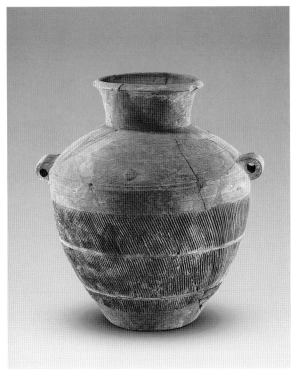

1. C型Ⅲ式（M25：6）

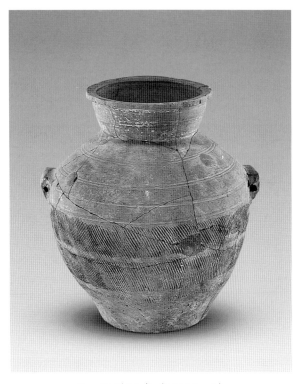

2. C型Ⅲ式（M105：3）

3. C型Ⅲ式（M14：3）

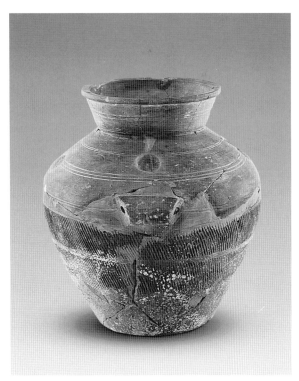

4. C型Ⅲ式（M14：5）

绳纹陶罍

1. C型III式（M30：26）

2. C型III式（M103：25）

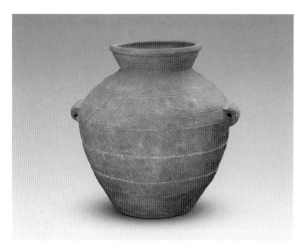

3. C型III式（M105：4）

4. C型IV式（M211：9）

5. C型IV式（M50：8）

6. C型IV式（M118：6）

绳纹陶罂

1. A 型 Ⅱ 式（M21：72）　　　　　2. A 型 Ⅱ 式（M123：9）

3. A 型 Ⅱ 式（M46：2）　　　　　4. A 型 Ⅱ 式（M25：4）

5. A 型 Ⅲ 式（M14：2）　　　　　6. B 型（M115：1）

陶尊

1. A型 I 式（M124：43）

2. A型 II 式（M102：15）

3. A型 II 式（M102：11）

4. A型 II 式（M34：6）

5. A型 II 式（M14：4）

6. A型 II 式（M121：18）

陶壶

1. B型（M121：22）

2. B型（M13：14）

3. C型Ⅰ式（M124：19）

4. C型Ⅱ式（M25：3）

5. D型（M119：24）

陶壶

1. A型Ⅰ式（M203∶6）

2. A型Ⅱ式（M106∶2）

3. A型Ⅱ式（M106∶3）

4. A型Ⅲ式（M46∶10）

5. A型Ⅳ式（M121∶20）

陶瓿

1．B 型 II 式（M25：7）

4．B 型 III 式（BM3：12）

2．B 型 II 式（M102：13）

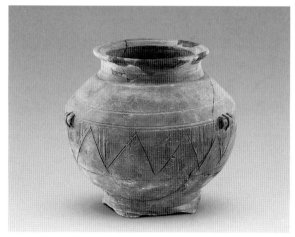

5．B 型 III 式（M116：3）

3．B 型 II 式（M114：2）

6．B 型 IV 式（M103：28）

陶瓿

1. B 型 IV 式 (M103:24)

2. C 型 II 式 (M47:6)

3. C 型 III 式 (M103:20)

4. D 型 (M13:7)

5. E 型 (M119:23)

陶瓴

1. I式 (M36:1)

2. II式 (M17:6)

3. II式 (M216:4)

4. II式 (M213:45)

5. II式 (M39:1)

6. III式 (M112:1)

陶豆

1. Ⅲ式（M44：1）

2. Ⅳ式（M124：2）

3. Ⅳ式（M124：1）

4. Ⅴ式（M38：2）

5. Ⅵ式（M25：1）

陶豆

1. A型Ⅱ式（M46：32）

2. B型Ⅰ式（M11：4）

3. B型Ⅰ式（M18：57）

4. B型Ⅰ式（M50：6）

5. B型Ⅱ式（M123：8）

6. B型Ⅲ式（M120：83）

陶盉

1. A型斝（M121:21）

2. A型斝（M21:58）

3. A型斝（M13:1）

4. B型斝（M103:26）

5. 鼎（M114:6）

陶斝、鼎

1. 甗（M124：23）

2. 甗（M218：1）

3. 盘（M201：36）

4. 卣（M124：41）

5. 瓮（M13：6）

陶甗、盘、卣、瓮

1．A 型（M103：18）

2．A 型（M31：12）

3．B 型（M50：9）

陶盆

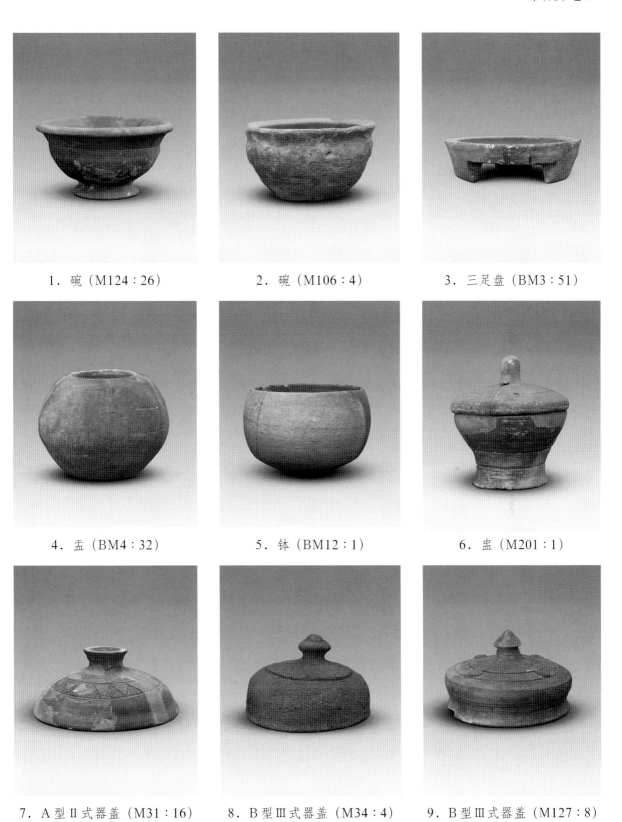

1. 碗（M124：26）　　2. 碗（M106：4）　　3. 三足盘（BM3：51）

4. 盂（BM4：32）　　5. 钵（BM12：1）　　6. 盅（M201：1）

7. A型Ⅱ式器盖（M31：16）　　8. B型Ⅲ式器盖（M34：4）　　9. B型Ⅲ式器盖（M127：8）

陶碗、三足盘、盂、钵、盅、器盖

1. 异形器（BM4:33）正面

2. 异形器（BM4:33）反面

3. A型拍（M222:53）正面

4. A型拍（M222:53）反面

5. B型拍（M119:69）正面

6. B型拍（M119:69）反面

陶异形器、拍

1．A型纺轮（M214：10） 2．A型纺轮（M117：4） 3．A型纺轮（M201：67）
4．A型纺轮（M11：22） 5．A型纺轮（M117：3） 6．A型纺轮（M124：18）
7．A型纺轮（M210：5） 8．B型纺轮（M205：17） 9．C型纺轮（M114：4）
10．网坠（M205：18） 11．网坠（M220：6）

陶纺轮、网坠

1. A 型（M119：47）

2. A 型（M30：7）

3. A 型（M119：48）

4. A 型（BM4：10）

5. B 型（BM3：37）

6. B 型（BM3：4）

原始瓷豆

1. 釜（M109：12）

2. 尊（BM3：46）

3. 罍（BM3：3）

4. 罐（BM3：7）

原始瓷釜、尊、罍、罐

1. A型Ⅱ式（M120：6）

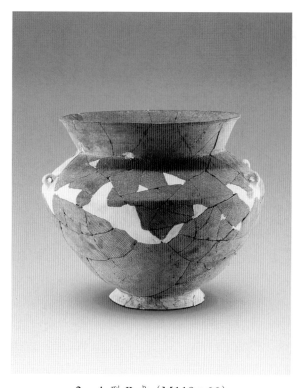

2. A型Ⅱ式（M119：66）

3. A型Ⅱ式（M222：75）

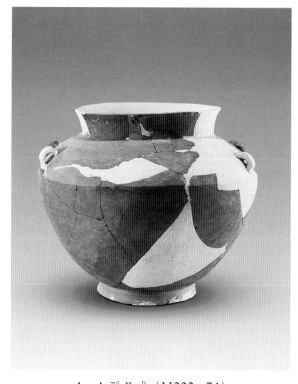

4. A型Ⅱ式（M222：74）

印纹硬陶罍

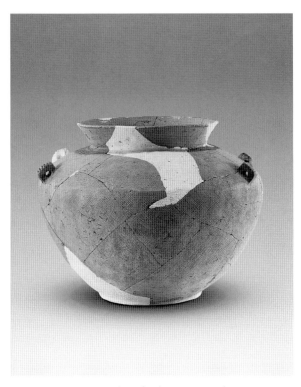

1．A型Ⅲ式（M222∶76）

2．A型Ⅳ式（M109∶10）

3．A型Ⅳ式（M119∶45）

4．B型（M110∶21）

印纹硬陶罍

1. 瓿（M203：21）

2. 瓿（M203：42）

3. 釜（M31：13）

4. 釜（M109：11）

印纹硬陶瓿、釜

1. 尊（M119：65）

2. A型罐（M101：4）

3. A型罐（M203：18）

4. B型罐（M222：77）

印纹硬陶尊、罐

1．A型（M11：92）

2．A型（M11：82）

3．A型（M120：25）

4．B型（M119：33）

铜方鼎

A 型铜深腹圆鼎（M11：94）

1. B型Ⅱ式 (M11：93)

2. B型Ⅱ式 (M18：42)

3. B型Ⅲ式 (M38：48)

4. B型Ⅳ式 (M21：35)

铜深腹圆鼎

1. A型I式（M38∶53）

2. A型II式（M11∶88）

3. A型II式（M11∶89）

4. B型I式（M119∶32）

铜分裆圆鼎

1. A 型 (M11∶80)

2. A 型 (M11∶85)

3. B 型 (M120∶8)

铜扁足圆鼎

1. A型I式（M21：34）

2. B型I式（M38：50）

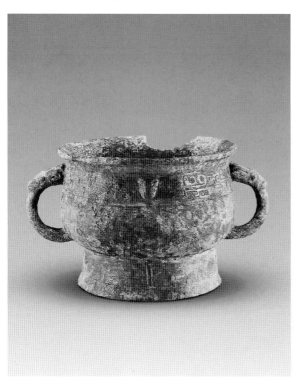

3. B型II式（M119：41）

4. B型II式（M18：44）

铜簋

2．B型Ⅰ式（M128：1）

2．B型Ⅲ式（M11：79）

铜簋

1. A 型（M213∶69）

2. B 型（M38∶52）

3. B 型（M21∶43）

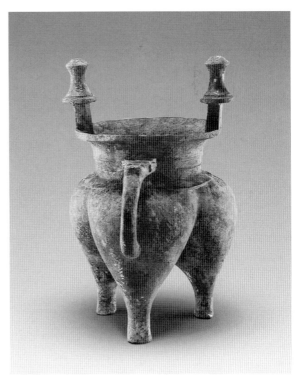

4. C 型（M11∶95）

铜斝

1．A 型（M38：54）

2．A 型（M38：51）

3．B 型（M120：26）

铜鬲

1. A 型 I 式（M213：49）

2. A 型 II 式（M18：43）

3. A 型 II 式（M120：7）

4. B 型（M11：78）

铜鬲

1．A型（M11：72）

2．A型（M11：73）

3．A型（M11：105）

4．A型（M18：36）

铜觚

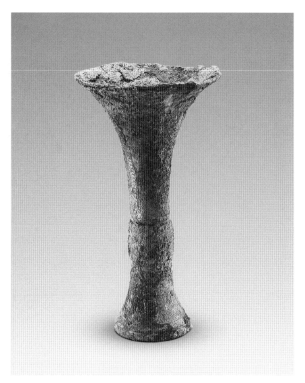

1．A 型（M18：49）

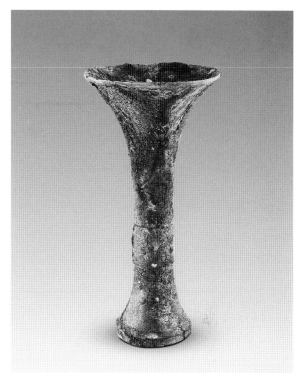

2．A 型（M21：36）

3．A 型（M21：38）

4．A 型（M110：2）

铜觚

1. B型 I 式 (M49:11)

2. B型 I 式 (M213:82)

3. B型 I 式 (M127:1)

4. B型 I 式 (M38:59)

铜觚

1. B型I式（M38：67）

2. B型I式（M17：2）

3. B型II式（M38：64）

4. B型II式（M38：68）

铜觚

1. B型Ⅱ式（M128：3）

2. B型Ⅱ式（M128：4）

3. B型Ⅲ式（M30：8）

4. C型Ⅰ式（BM9：13）

铜觚

1. C型Ⅰ式（M108∶5）

2. C型Ⅰ式（M123∶1）

3. C型Ⅰ式（M21∶4）

4. C型Ⅱ式（M129∶1）

铜觚

1. D 型（M41：11）

2. D 型（M126：5）

3. D 型（M126：6）

4. E 型 I 式（M13：10）

铜觚

1. E型 I 式（M119：34）

2. E型 I 式（M119：42）

3. E型 II 式（M121：2）

4. E型 II 式（M121：7）

铜觚

1. F 型觚（M120：22）

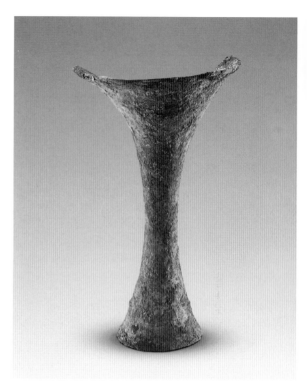

2. F 型觚（M120：13）

3. A 型 I 式爵（M213：77）

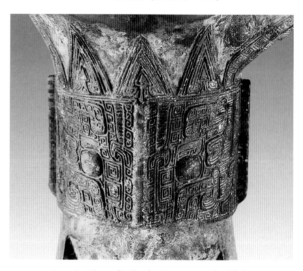

4. A 型 I 式爵（M213：77）局部

铜觚、爵

1. A型Ⅱ式（M38∶63）

2. A型Ⅱ式（M38∶65）

3. B型Ⅱ式（M108∶3）

4. B型Ⅱ式（M41∶10）

铜爵

1. B型Ⅲ式（M49：13）

2. B型Ⅲ式（M49：14）

3. C型Ⅰ式（M129：2）

4. C型Ⅰ式（M38：58）

铜爵

1. C 型 I 式（M38：62）

2. C 型 I 式（M17：1）

3. C 型 II 式（M21：41）

4. C 型 III 式（M21：2）

铜爵

1. C型Ⅲ式（M30:1）

2. D型Ⅰ式（M14:6）

3. D型Ⅰ式（M15:3）

4. D型Ⅰ式（M123:2）

铜爵

3. D型Ⅰ式（M31：4）

2. D型Ⅱ式（M110：4）

3. D型Ⅱ式（M13：12）

4. D型Ⅱ式（M127：2）

铜爵

1. E 型（M34：12）

2. E 型（M120：15）

3. E 型（M120：17）

4. F 型（M11：98）

铜爵

1. F 型 （M11∶108）

2. F 型 （M11∶104）

3. F 型 （M11∶113）

4. F 型 （M11∶102）

铜爵

1. F型（M18:35）

2. F型（M18:29）

3. F型（M121:6）

4. F型（M121:4）

铜爵

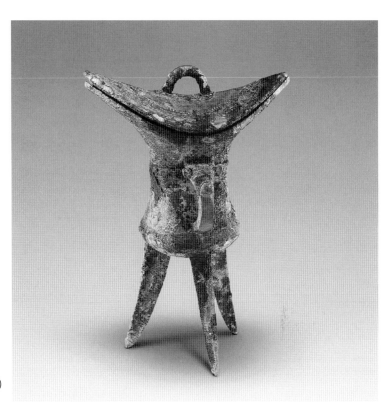

1. A 型（M18∶32）

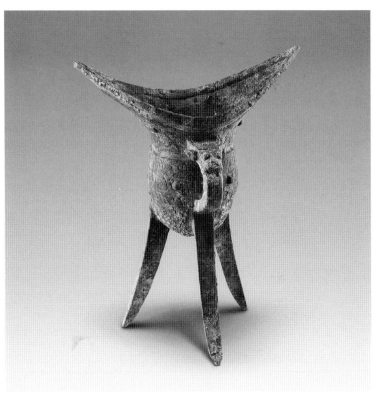

2. B 型 I 式（M11∶110）

铜角

1. B 型 I 式（M120：16）

2. B 型 I 式（M11：114）

3. B 型 I 式（M21：39）

4. B 型 I 式（M120：14）

铜角

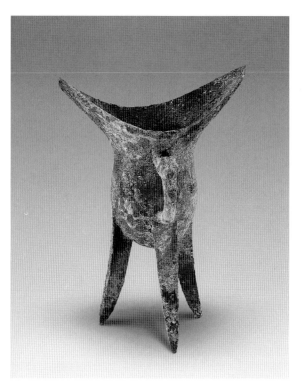

1. B型Ⅱ式 (M119：39)

2. B型Ⅱ式 (M119：38)

3. B型Ⅱ式 (M119：43)

4. B型Ⅱ式 (M119：35)

铜角

1. A型（M11：76）

2. B型I式（M120：21）

铜尊

1. B型Ⅱ式（M13：13）

2. B型Ⅲ式（M121：3）

3. B型Ⅲ式（M21：37）

4. C型（M119：36）

铜尊

1. A型（M120：23）

2. A型 （M18：45）

3. A型（M18：48）

4. B型（M11：96）

铜壶

1．A 型（M38：49）

2．B 型（M11：99）

铜罍

图版一一八

1.A型Ⅰ式（M38：66）

2．A型Ⅰ式（M38：61）

3．A型Ⅱ式（M21：40）

4.A型Ⅱ式（M120：18）

铜卣

1．A型Ⅲ式（M11：111）正面

2．A型Ⅲ式（M11：111）侧面

3．A型Ⅲ式（M11：112）正面

4．A型Ⅲ式（M11：112）局部

铜卣

1. B型（M49：12）正面

2. B型（M49：12）侧面

3. C型（M119：37）

铜卣

1. A型 I 式 (M11：103)

2. A型 II 式 (M11：58)

3. A型 II 式 (M126：13)

4. A型 III 式 (M38：60)

铜觯

1. B型I式（M13：11）

2. B型I式（M21：3）

3. B型I式（M120：20）

4. B型I式（M110：3）

铜觯

1. B 型 II 式 （M21：21）

2. C 型 I 式 （M128：6）

3. C 型 I 式 （M34：11）

4. C 型 I 式 （M30：11）

铜觯

1. C型Ⅰ式（M18:31）

2. C型Ⅱ式（M14:7）

3. C型Ⅱ式（M119:40）

铜觯

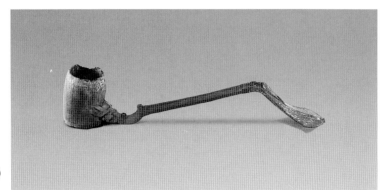

1．A 型（M119：67）

2．B 型（M38：57）

3．B 型（M120：19）

4．B 型（M11：90）

铜斗

1. A 型盉（M18：46）

2. B 型盉（M11：101）

4. 盘（M11：71）

3. C 型盉（M120：12）

铜盉、盘

1．M206：128

2．M222：12

3．M206：129

铜觯

1．A型Ⅰa式（M45：20）

2．A型Ⅰa式（M49：3）

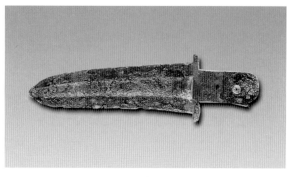

3．A型Ⅰb式（M41：15）

4．A型Ⅱ式（M108：2）

5．A型Ⅱ式（M21：8）

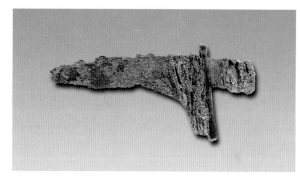

6．A型Ⅱ式（M110：12）

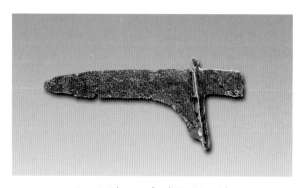

7．A型Ⅲa式（M121：5）

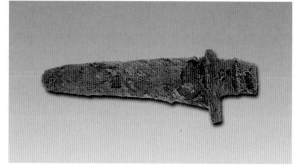

6．A型Ⅲb式（M18：39）

铜戈

1．A型Ⅲc式（M119：64）

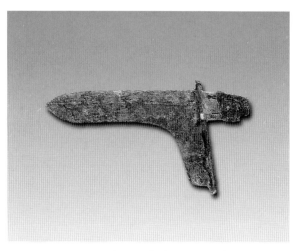

2．A型Ⅳa式（M11：74）

3．A型Ⅳa式（M11：53）

4．A型Ⅳa式（M11：45）

5．A型Ⅳa式（M11：46）

6．A型Ⅳa式（M11：47）

铜戈

1．A 型Ⅳa 式（M11：50）

2．A 型Ⅳa 式（M11：81）

3．A 型Ⅳa 式（M11：60）

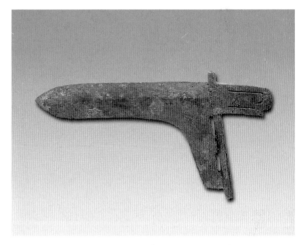

5．A 型Ⅳa 式（M11：52）

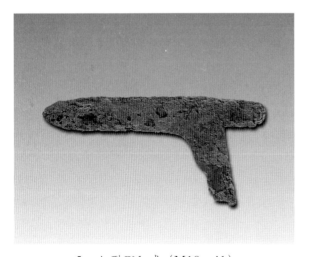

5．A 型Ⅳb 式（M18：41）

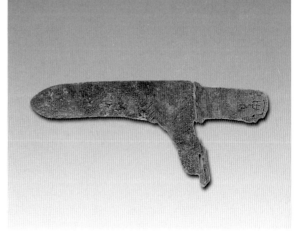

6．A 型Ⅳb 式（M40：21）

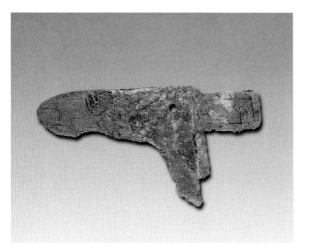

1. A 型 IV c 式 (M11：38)

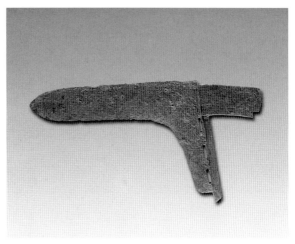

2. A 型 V 式 (M131：15)

3. B 型 I 式 (M108：8)

4. B 型 II 式 (BM9：18)

5. B 型 II 式 (BM9：17)

6. B 型 II 式 (BM9：21)

铜戈

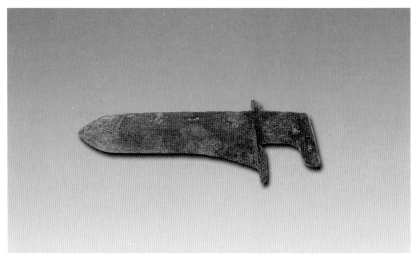

1. B 型 II 式 (BM9：7)

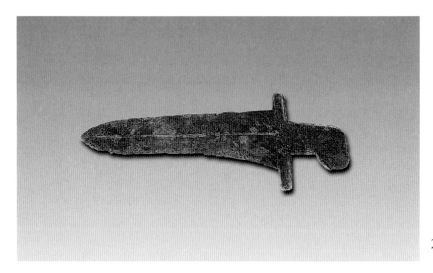

2. B 型 II 式 (M44：10)

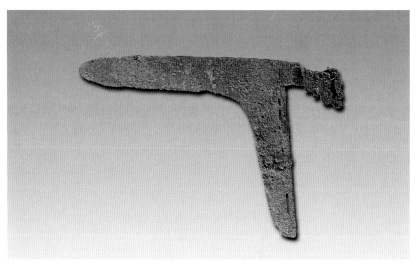

3. B 型 III 式 (M49：2)

铜戈

1．C 型 I 式（M213∶91）

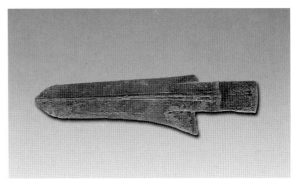

2．C 型 II 式（M45∶3）

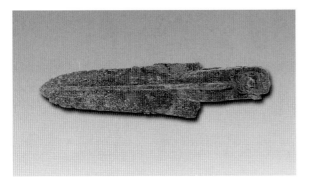

3．C 型 II 式（M41∶16）

4．D 型（M21∶7）

5．D 型（M40∶14）

6．E 型（M132∶41）

7．E 型（M120∶79）

铜戈

1. Aa型（M213∶78）

2. Ab型（M11∶1）

3. B型（M205∶31）

4. Cb型（BM9∶8）

铜矛

1. Aa型（M222：13）

2. Aa型（M222：14）

3. Ac型（M211：1）正面

4. Ac型（M211：1）侧面

铜胄

1. Ad型（M206∶118）

2. B型（M40∶13）

3. Ca型（M11∶8）正面

4. Ca型（M11∶8）侧面

铜胄

1. Cb型（M11：15）正面

2. Cb型（M11：15）侧面

3. Cb型（M11：9）正面

4. Cb型（M11：9）侧面

铜胄

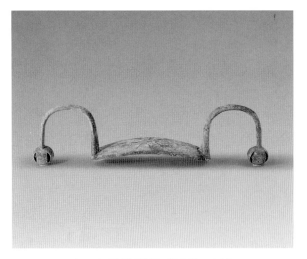

1. A型弓形器（M40：11）

4、5. B型镞（M213：80、81）
6、7. C型镞（M119：73、72）

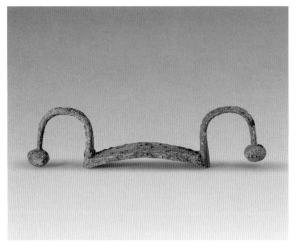

2. A型弓形器（M45：32）

3. B型弓形器（M18：25）

8. 扣弦器（M132：12）

铜弓形器、镞、扣弦器

1. A 型（M205：1）

2. Ba 型（M18：27）

3. Ba 型（M41：14）

4. Bb 型（M21：5）

铜斧

1. A 型锛（BM9∶9）

2. Bb 型锛（BM11∶2）

3. Bb 型锛（M41∶17）

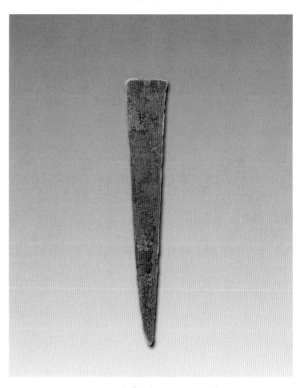

4. B 型凿（M213∶59）

铜锛、凿

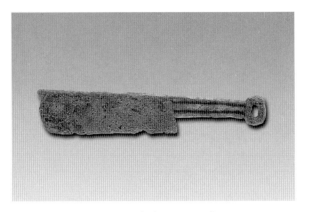

1. Aa型（M18：50）

2. Aa型（M38：77）

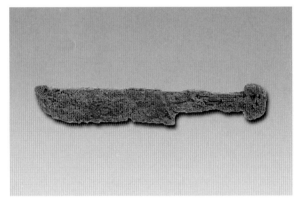

3. Aa型（M21：17）

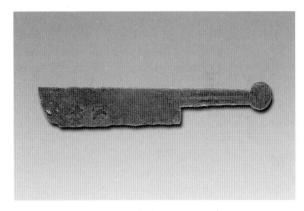

4. Aa型（M120：27）

5. Aa型（BM9：15）

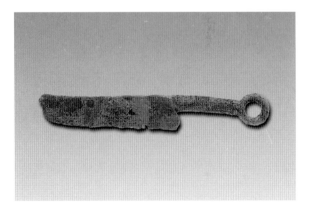

6. Aa型（M18：26）

铜刀

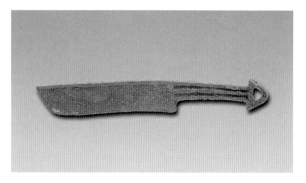

1. Aa型（M40：9）

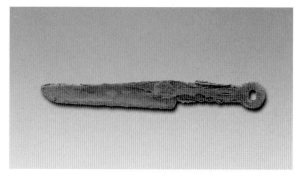

2. Ab型（BM9：28）

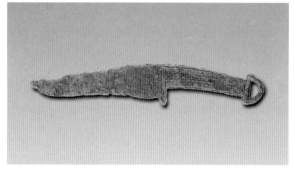

3. Ac型（M132：3）

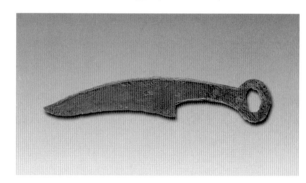

4. Ac型（M45：33）

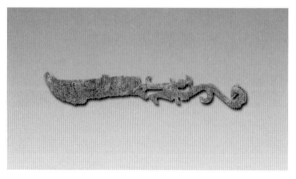

5. Ba型（M38：70）

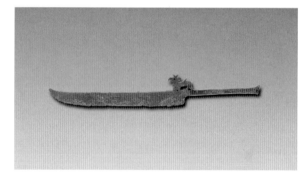

6. Bb型（M50：4）

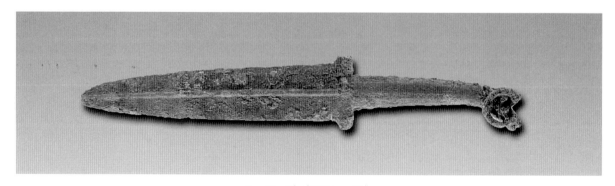

7. Bc型（M41：42）

铜刀

1．A 型（M45：23）

2．A 型（BT2414 ③：7）

3．A 型（M215：1）

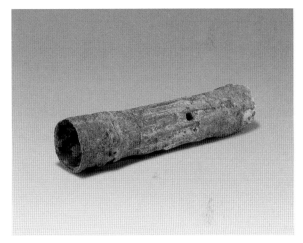

4．A 型（M132：28）

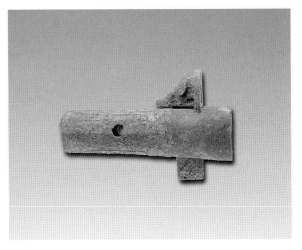

5．B 型（M41：37、47）

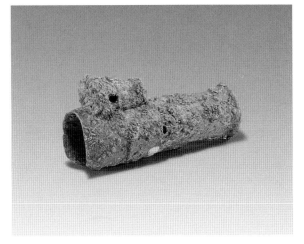

6．B 型（BM3：10）

铜䩜

1. A型辖 (M132:29)

2. B型辖 (BM3:31)

3. 轴饰 (BM3:35)

4. 𫐐饰 (BM4:12)

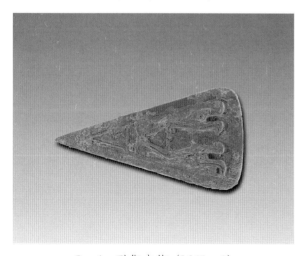

5. Aa型衡末饰 (M41:4)

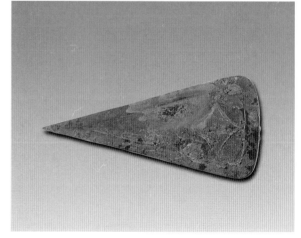

6. Aa型衡末饰 (BT2414③:3)

铜辖、轴饰、𫐐饰、衡末饰

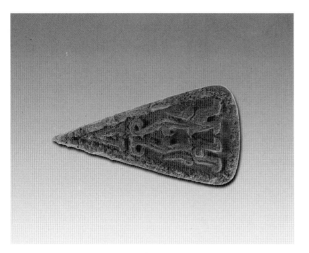

1. Aa型衡末饰（M40：3）

4. 管形饰（BT2414 ③：6）

2. Ab型衡末饰（M132：37）

5. 管形饰（M41：3）

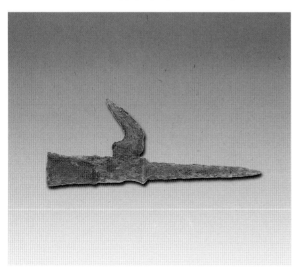

3. B型衡末饰（BM9：25）

铜衡末饰、管形饰

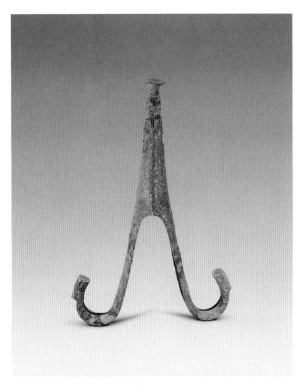

1. A型（M40:5）

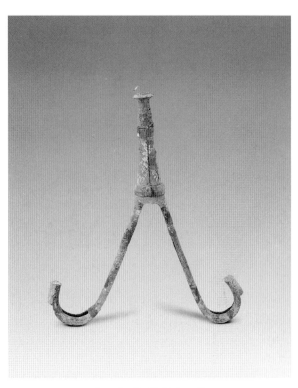

2. A型（M41:6）

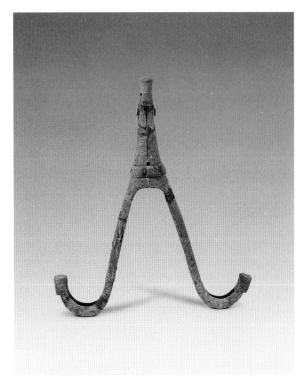

3. A型（M131:1）

4. B型（M45:6）

铜轭

1．A 型轭首（M132：34）

2．B 型轭首（BT2414③：2）

3．轵（BM4：7）

4．銮铃（BM3：34）

铜轭首、轵、銮铃

1. A 型（M40：22）

2. A 型（M45：30）

3. A 型（M41：31）

4. A 型（M132：21）

5. B 型（M18：2）

铜踵管

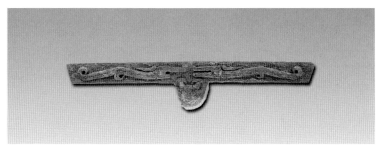

1．踵板（M40：23）

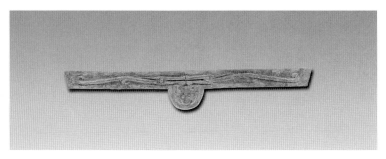

2．踵板（M41：35）

3．踵板（M45：31）

4．A型轵（M40：43）

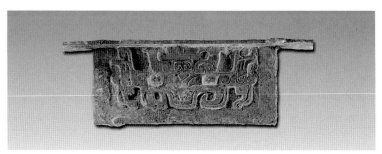

5．B型轵（M132：15）局部

铜踵板、轵

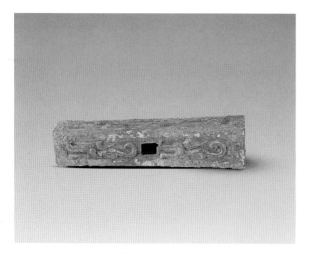

1．栏饰（M41：33）

2．柱饰（M132：18）

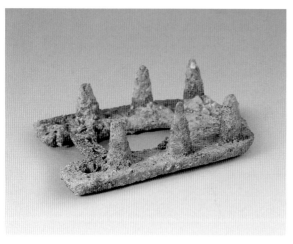

3．钉齿镳（M18：9）

4．B型衔（BM9：10）

5．Aa型镳（M18：10）

铜车马器

1. Ab型（BM3∶26）

2. Ba型（M40∶37）

3. Ba型（M213∶33）

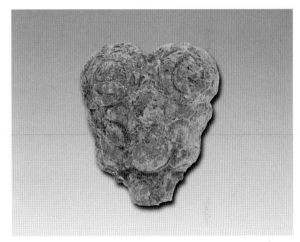

4. Ba型（BM3∶2）

5. Ba型（M206∶54）

6. Ba型（M213∶32）

铜泡

1. Bb 型泡 (M213 : 15)

2. Da 型泡 (BM3 : 14)

3. Db 型泡 (M206 : 46)

4. A 型节约 (M201 : 13)

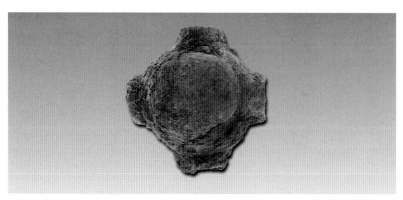

5. B 型节约 (BM3 : 25)

6. A 型鞭策 (M40 : 15)

铜泡、节约、鞭策

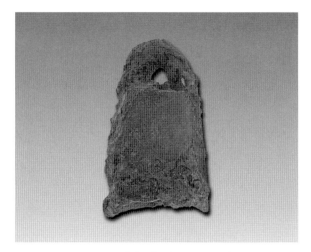

1. Ba 型铜铃（M44：23）

2. Db 型铜铃（M211：6）

3. Db 型铜铃（M132：27）

4. 铜鱼（M214：7）

5. 铜柄形器（M18：17）

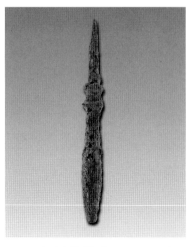

6. 铜柄形器（M214：12）

7. 金片饰（M120：55）

铜铃、鱼、柄形器，金片饰

1. Aa 型（M38：8）

2. Aa 型（M38：22）

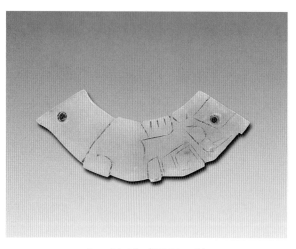

3. Ab 型（BM3：5）

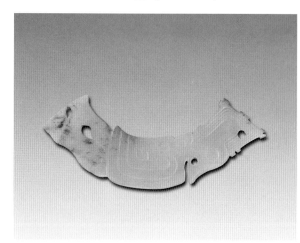

4. Ab 型（M120：64）

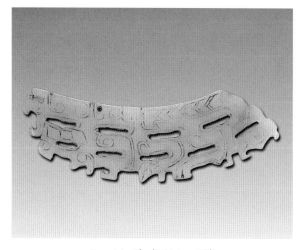

5. Ab 型（M11：68）

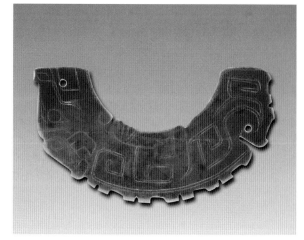

6. Ab 型（M120：56）

玉璜

1. Ba 型（M44∶7）

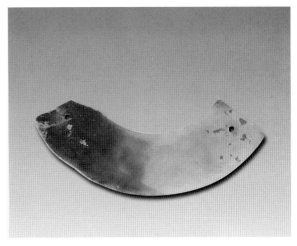

2. Ba 型（M120∶60）

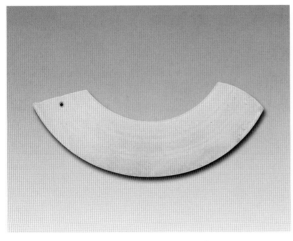

3. Ba 型（M13∶21）

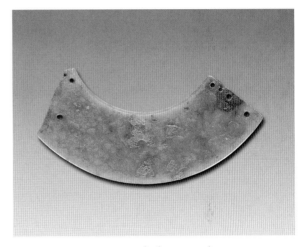

4. Ba 型（M44∶3）

5. Ba 型（M201∶47）

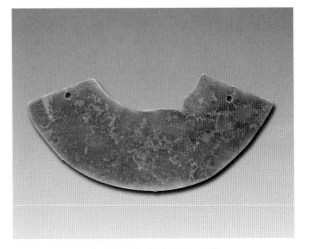

6. Ba 型（M120∶29）

玉璜

1. Ba型（M120∶61）

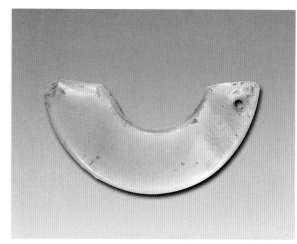

2. Bb型（M30∶16）

3. Bb型（M13∶35）

4. Bb型（M30∶10）

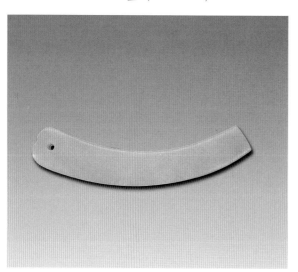

5. Bb型（M201∶71）

玉璜

1．A 型（BM4：34）

2．A 型（BM4：28）

3．A 型（M127：6）

4．A 型（M30：3）

5．A 型（M120：47）

6．A 型（M124：36）

玉璧

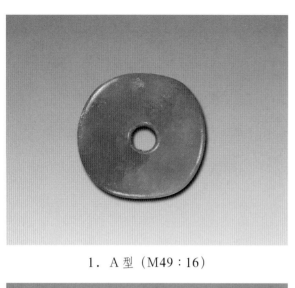

1．A 型（M49：16）

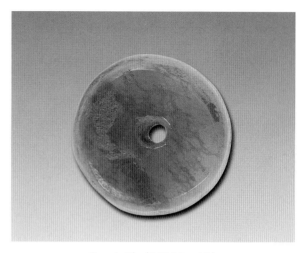

2．A 型（M120：46）

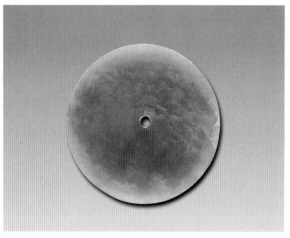

3．A 型（M119：14）

4．A 型（M14：9）

5．A 型（M110：7）

6．A 型（M119：17）

玉璧

1．A型璧（M119：15）

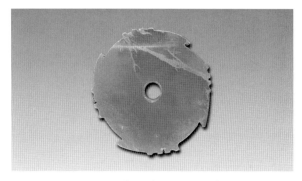

2．B型璧（M120：77）

3．镯（M109：8）

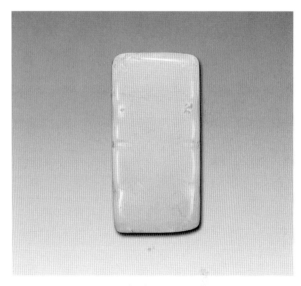

6．琮（M219：6）

4．镯（M120：63）

5．镯（M120：63）局部

7．琮（BM3：42）

玉璧、镯、琮

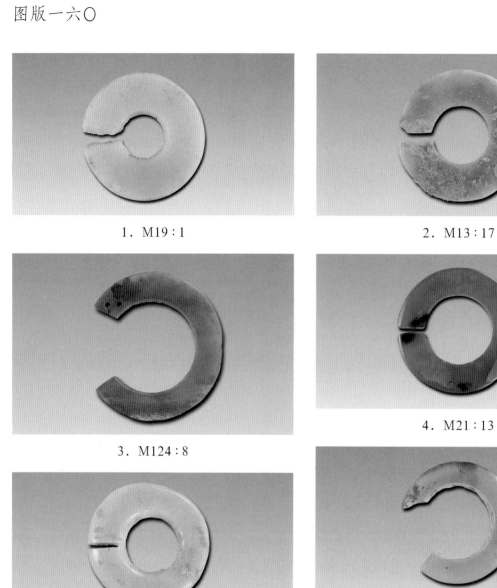

1. M19：1

2. M13：17

3. M124：8

4. M21：13

5. M46：18

6. M21：14

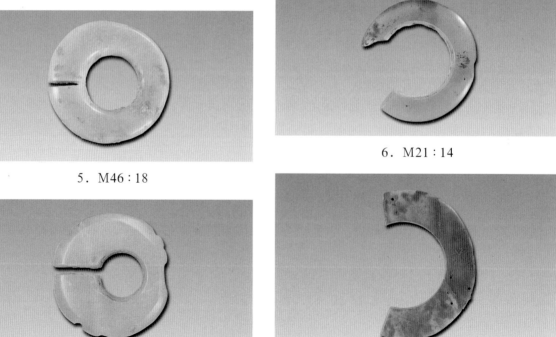

7. M119：21

8. M124：5

玉玦

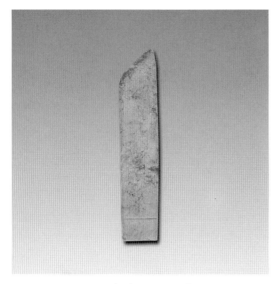

1. 璋（M110：5）

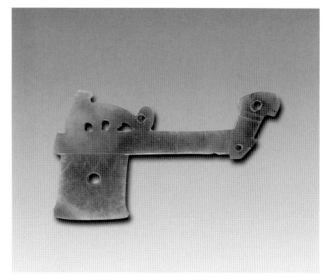

4. A 型钺（M120：30）

2. 璋（M110：6）

5. B 型钺（M210：9）

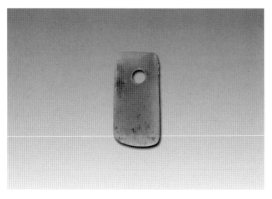

3. 斧（M124：7）

玉璋、斧、钺

1. Aa型Ⅰ式（M214：90）

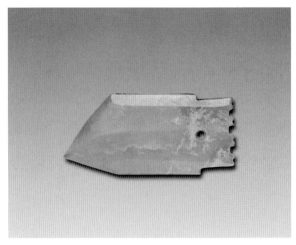

2. Aa型Ⅰ式（M203：13）

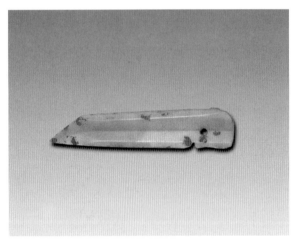

3. Aa型Ⅰ式（M119：1）

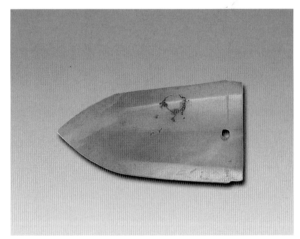

4. Aa型Ⅰ式（M49：6）

5. Aa型Ⅰ式（M219：5）

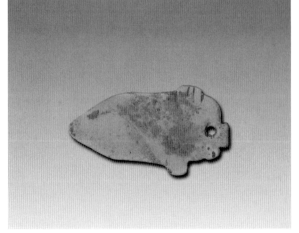

6. Aa型Ⅰ式（M124：3）

玉戈

1. Aa 型 I 式 (M30∶13)

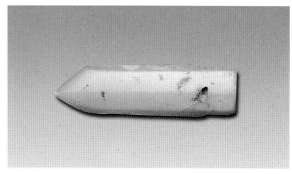

2. Aa 型 I 式 (BM3∶56)

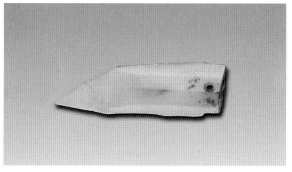

3. Aa 型 I 式 (M219∶9)

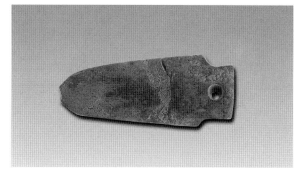

4. Aa 型 I 式 (M47∶2)

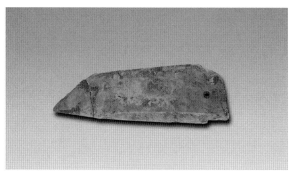

5. Aa 型 I 式 (M38∶17)

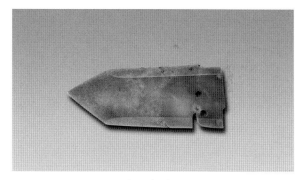

6. Aa 型 I 式 (M127∶4)

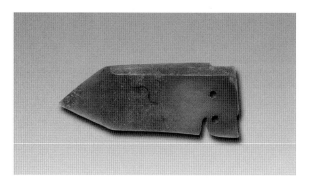

7. Aa 型 I 式 (M127∶5)

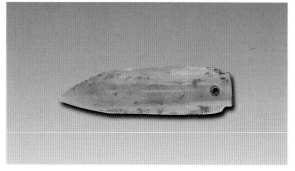

8. Aa 型 I 式 (M38∶16)

玉戈

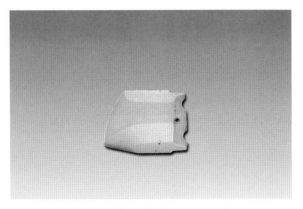

1. Aa型Ⅰ式（M221：12）

2. Aa型Ⅰ式（M206：103）

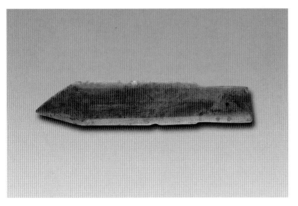

3. Aa型Ⅱ式（M120：33）

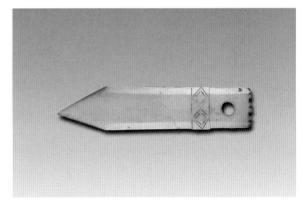

4. Aa型Ⅱ式（M120：38）

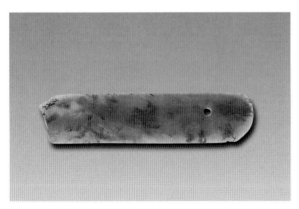

5. Ab型（M201：74）

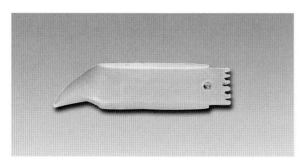

1．Ab 型戈（BM4∶2）

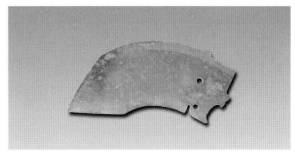

2．B 型戈（M119∶16）

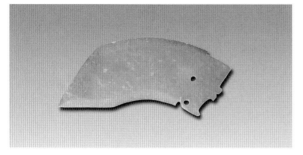

3．B 型戈（M119∶55）

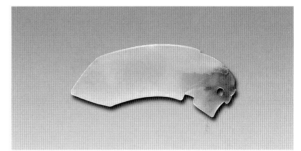

4．B 型戈（M119∶20）

5．C 型戈（M213∶58）

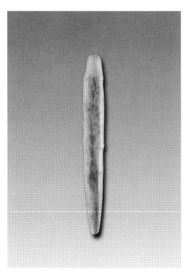
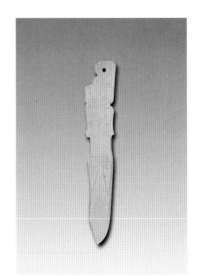

6．A 型觿(M120∶65)
7．B 型觿(M132∶9)

玉戈、觿

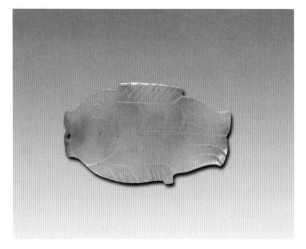

1. Aa 型（M120：59）

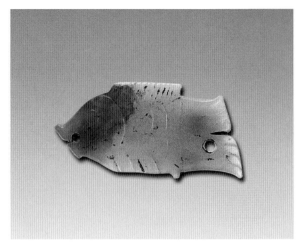

2. Aa 型（M120：62）

3. Aa 型（BM4：22）

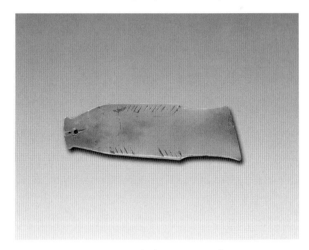

4. Ab 型（M221：10）

5. Ab 型（M38：42）

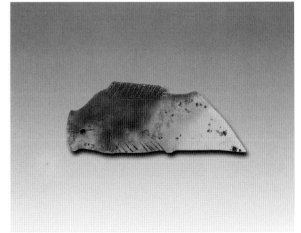

6. Ab 型（M38：41）

玉鱼

1. Ba 型（M206：90）

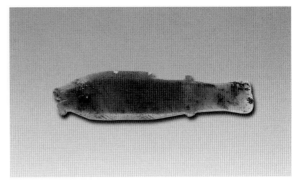

2. Ba 型（M124：14）

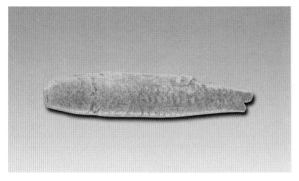

3. Ba 型（M213：54）

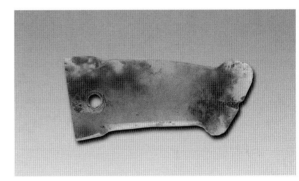

4. Ba 型（M219：4）

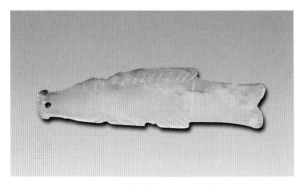

5. Ba 型（M201：45）

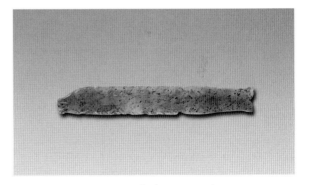

6. Ba 型（M13：26）

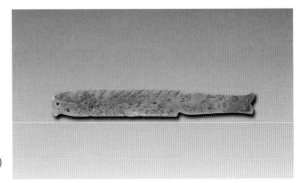

7. Ba 型（M13：27）

玉鱼

1．Ba 型（M38：10）

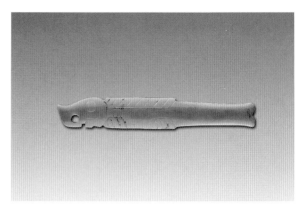

2．Ba 型（BM3：6）

3．Ba 型（M47：3）

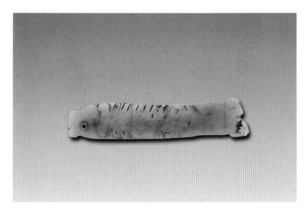

4．Ba 型（M206：91）

5．Ba 型（M47：4）

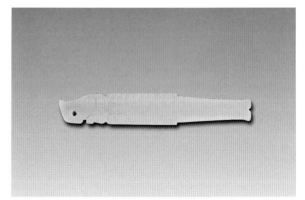

6．Ba 型（M202：11）

玉鱼

1．Bb型（M222：60）

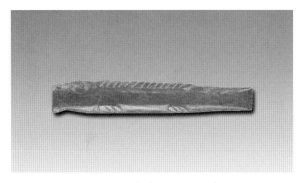

2．Bb型（M210：10）

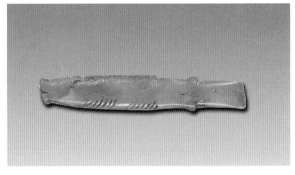

3．Bb型（M222：59）

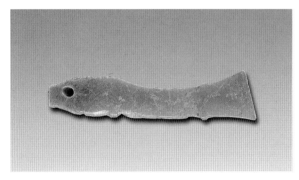

4．Bb型（M36：2）

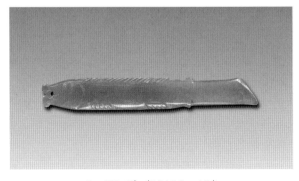

5．Bb型（M103：13）

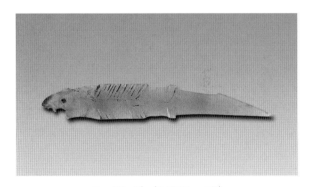

6．Bb型（M201：55）

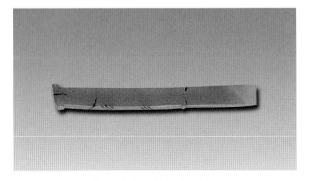

7．Bb型（M38：26）

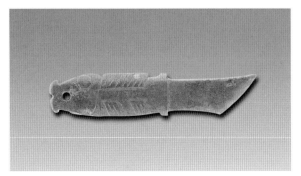

8．Bb型（M38：38）

玉鱼

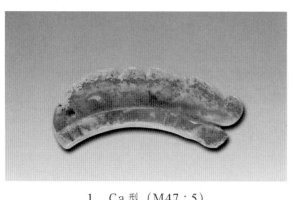

1．Ca型（M47∶5）

2．Ca型（M120∶67）

3．Ca型（M206∶99）

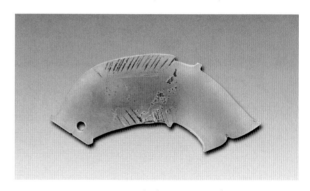

4．Ca型（M205∶30）

5．Ca型（M44∶8）

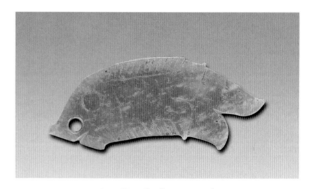

6．Ca型（M44∶2）

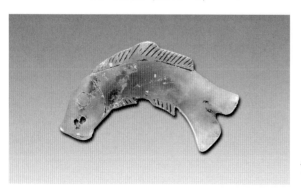

7．Ca型（M205∶24）

玉鱼

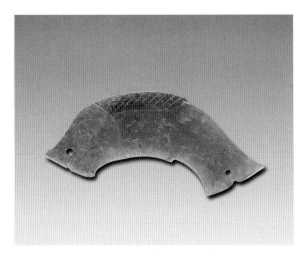

1. Ca 型（M38：39）

2. Ca 型（M38：40）

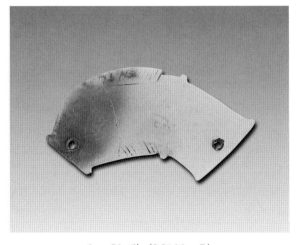

3. Cb 型（M109：7）

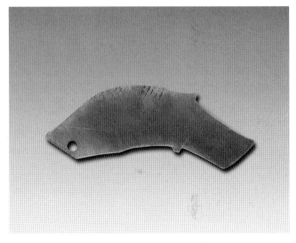

4. Cb 型（M215：6）

5. Da 型（BM3：38）

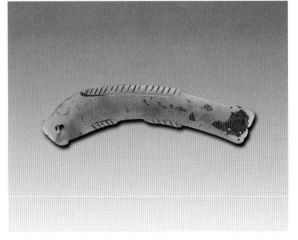

6. Da 型（M120：57）

玉鱼

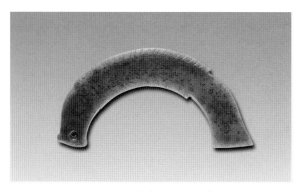

1. Db型（M119：5）

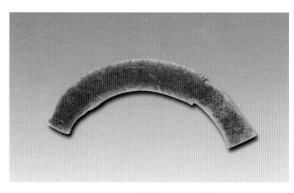

2. Db型（M119：6）

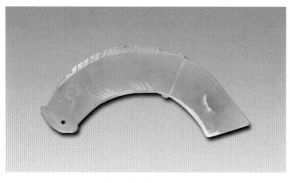

3. Db型（M201：2）

4. Dc型（M38：23）

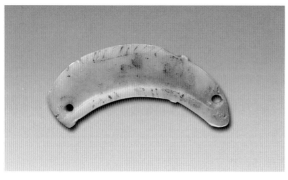

5. Dc型（M44：5）

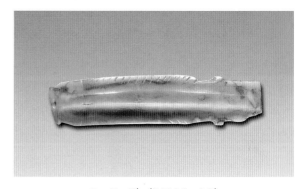

6. Ea型（M120：58）

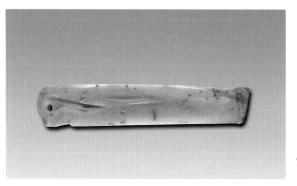

7. Eb型（M46：17）

玉鱼

1. Aa 型（M130：4）   2. Aa 型（M130：5）

3. Aa 型（M38：19）   4. Aa 型（M38：20）

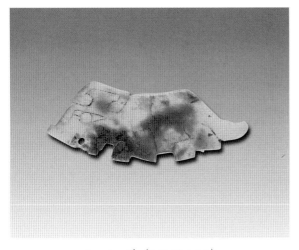 

5. Aa 型（M128：11）   6. Aa 型（M128：12）

玉虎

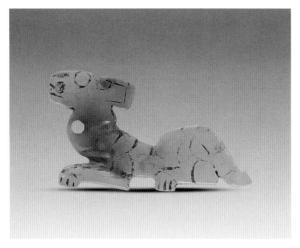

1. Aa型（M222：57）

4. Ab型（M128：9）

2. Aa型（M221：8）

5. B型（M120：44）

3. Aa型（M221：9）

6. B型（M120：43）

玉虎

1. Aa 型（M206：18）

2. Aa 型（M109：6）

3. Aa 型（M219：1）

4. Aa 型（M38：11）

5. Ab 型（M219：2）

6. Ab 型（M38：35）

玉龙

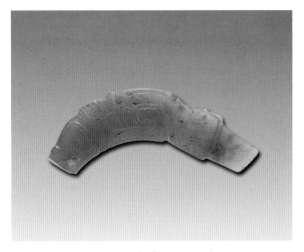

1. Ab型（M109：5）

2. Ab型（M38：47）

3. Ab型（BM3：40）

4. Ab型（M38：25）

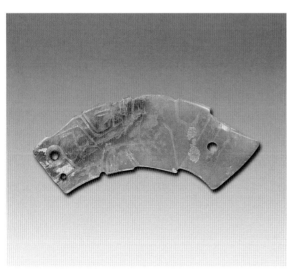

5. Ab型（M38：28）

玉龙

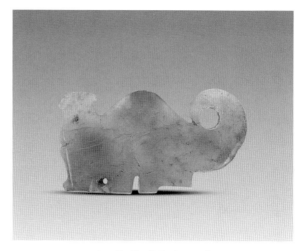

1. B 型（M109：4）

2. B 型（M103：22）

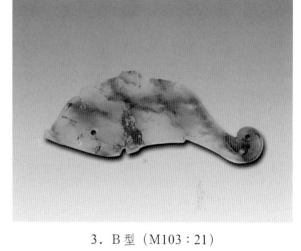

3. B 型（M103：21）

4. C 型（M119：18）

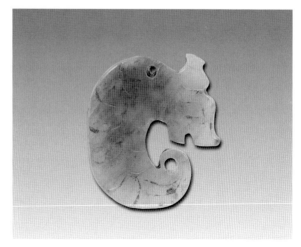

5. C 型（M119：19）

玉龙

1. Aa型（M110：18）

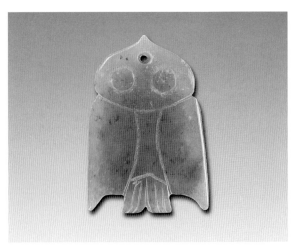

2. Aa型（M110：9）

3. Aa型（M120：66）

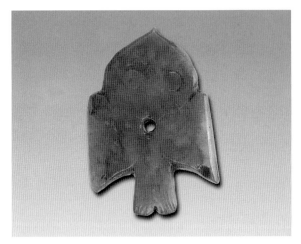

4. Aa型（BM3：45）

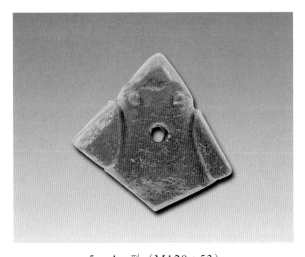

5. Aa型（M120：53）

6. Aa型（M120：50）

1．Aa 型（M120：35）

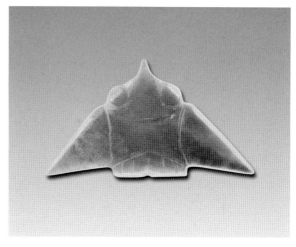

2．Aa 型（M203：9）

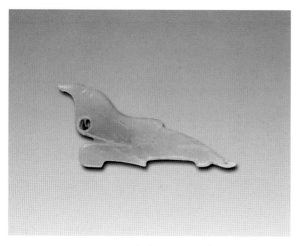

3．Ab 型（M46：21）

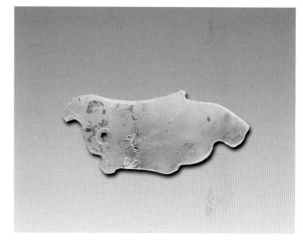

4．Ab 型（M38：14）

5．Ab 型（M120：31）

6．Ab 型（M38：33）

玉鸟

1. Ab型（M38：34）

2. Ab型（M120：40）

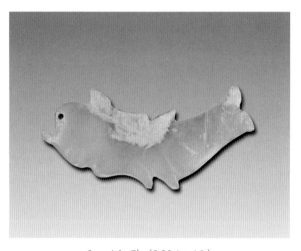

3. Ab型（M34：19）

4. Ab型（M119：7）

5. Ab型（M119：8）

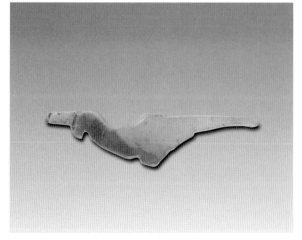

6. Ab型（M38：37）

玉鸟

1. Ab型（M120：32）

2. B型（M120：28）

3. B型（BM3：39）

4. B型（M13：39）

5. B型（M109：9）

玉鸟

1. A 型（BM3：57）

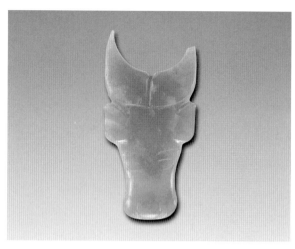

2. A 型（M120：48）

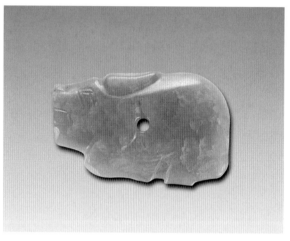

3. Ba 型（M222：73）

4. Ba 型（M132：11）

5. Bb 型（M222：56）

6. Bb 型（M126：1）

玉牛

1．A型（M18：59）

2．A型（M128：8）

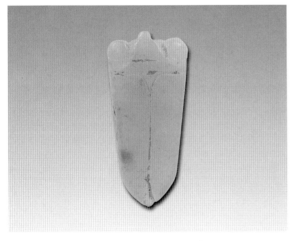

3．B型（BM4：1）

4．B型（M205：58）

5．B型（M13：22）

6．B型（M13：38）

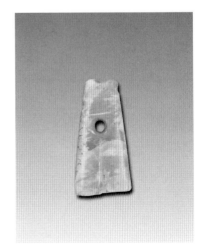

7．B型（M206：59）

玉蝉

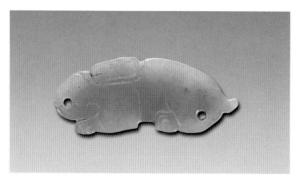

1．A 型兔（M31∶20）

2．A 型兔（M120∶42）

3．A 型兔（M21∶15）

4．A 型兔（M219∶8）

5．B 型兔（M222∶63）

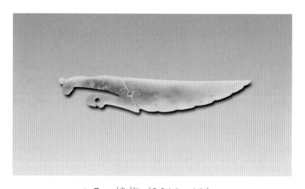

7．螳螂（M46∶19）

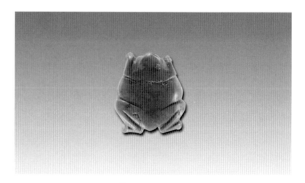

6．鹿（BM3∶41）

8．蛙（M201∶14）

玉兔、鹿、螳螂、蛙

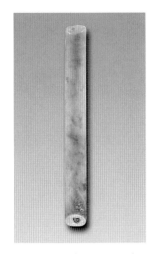

1．A 型（M119：10）　　2．A 型（M31：19）　　3．A 型（M31：9）　　4．A 型（BM3：20）

5．A 型（M49：8）　　6．B 型（M222：58）　　7．B 型（M203：10）　　8．B 型（BM3：21）

9．B 型（M203：14）　　10．C 型（M13：28）　　11．C 型（M49：7）　　12．C 型（M31：14）

玉管

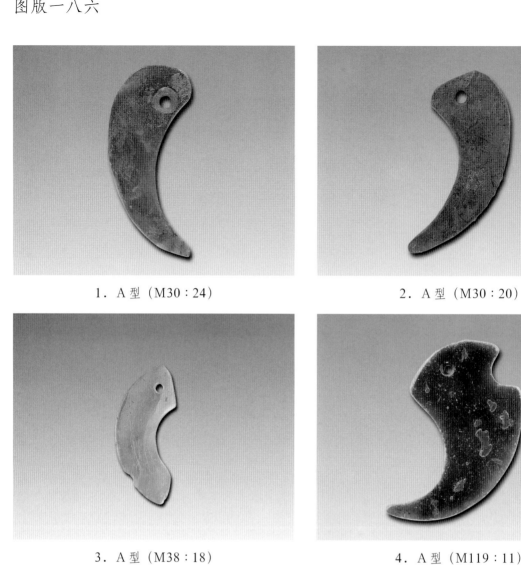

1. A 型（M30：24）

2. A 型（M30：20）

3. A 型（M38：18）

4. A 型（M119：11）

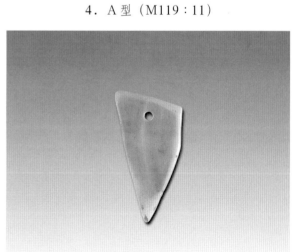

5. A 型（M38：21）

6. B 型（M38：15）

玉坠

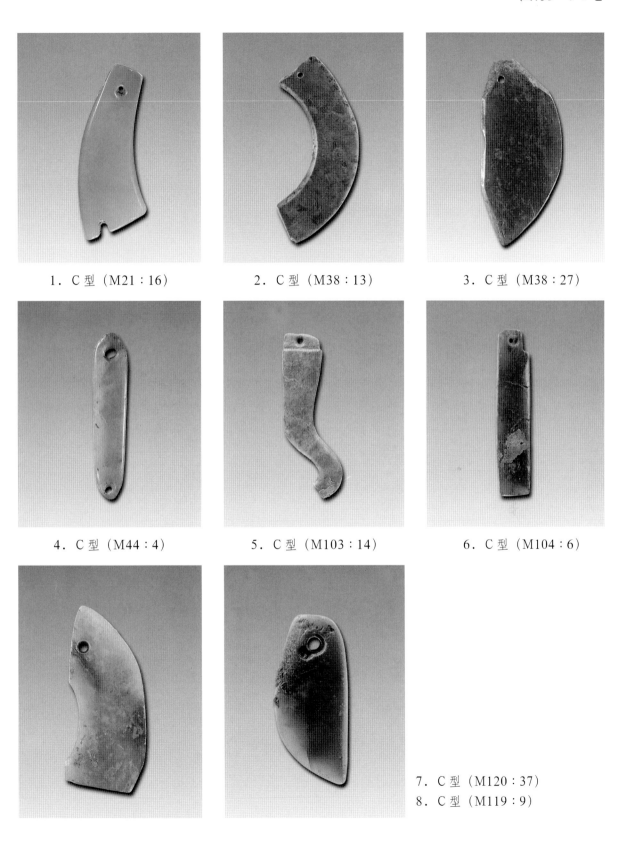

1. C 型（M21：16）　　　2. C 型（M38：13）　　　3. C 型（M38：27）

4. C 型（M44：4）　　　5. C 型（M103：14）　　　6. C 型（M104：6）

7. C 型（M120：37）
8. C 型（M119：9）

玉坠

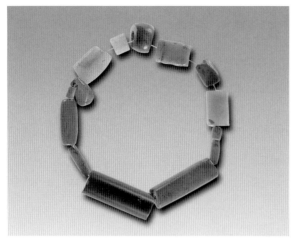

1. 串饰（M119：56）

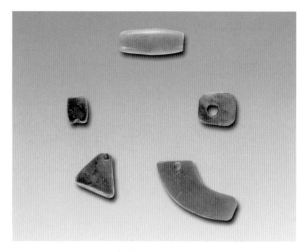

2. 串饰（M31：21））

3. 泡（M31：1）

4. 泡（M132：1）

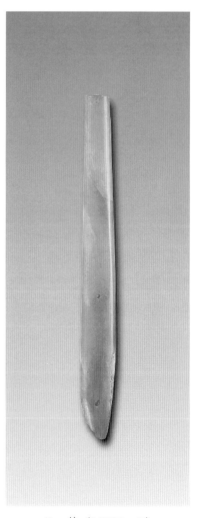

5. 钻孔玉片（M31：17））

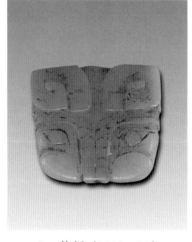

6. 笄帽（M40：12）

7. 笄（M201：8）

玉串饰、泡、钻孔玉片、笄帽、笄

1．A型（M120：52）

2．A型（M206：22）

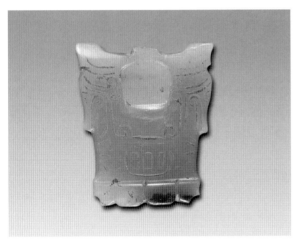

3．A型（BM3：60）

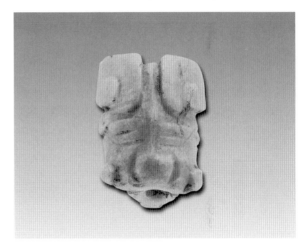

4．A型（M120：49）

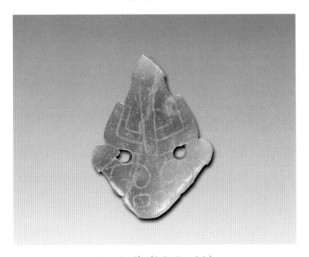

5．A型（M13：23）

6．A型（M132：8）

玉牌饰

1. A 型（M13：37）

2. A 型（M132：5）

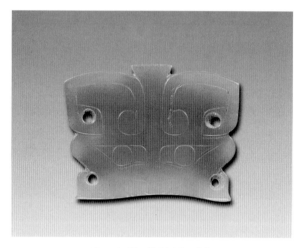

3. A 型（M119：2）

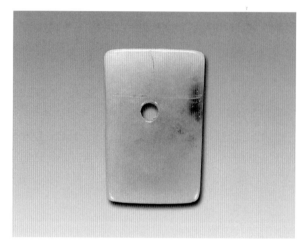

4. B 型（M132：4）

5. B 型（BM4：5）

玉牌饰

1．A型（M120：45）

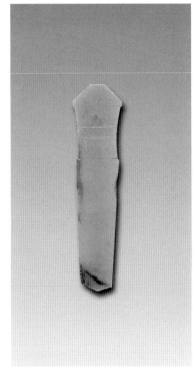

2．A型（M119：4）

3．A型（M211：12）

4．A型（M222：61）

5．A型（M13：25）

6．B型（M13：18）

玉柄形器

1．B 型柄形器（M119：3）

2．B 型柄形器（M11：37）

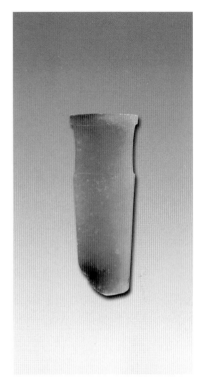

3．B 型柄形器（M38：29）

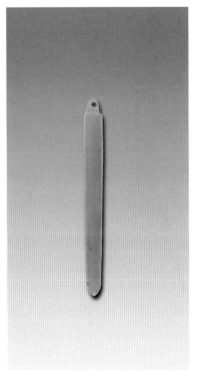

4．Aa 型锥形器（M120：41）

5．Aa 型锥形器（M120：36）

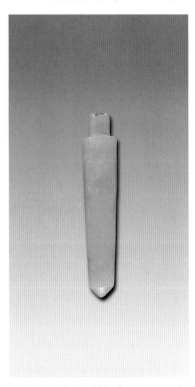

6．Aa 型锥形器（BM3：44）

玉柄形器、锥形器

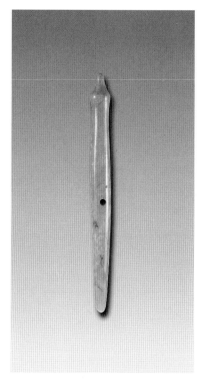

1. Aa型（M21：30）

2. Ab型（M120：51）

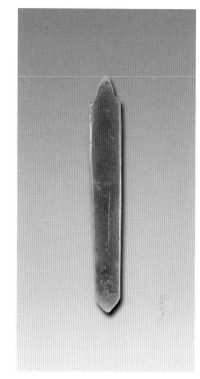

3. B型（M30：2）

4. C型（M210：7）

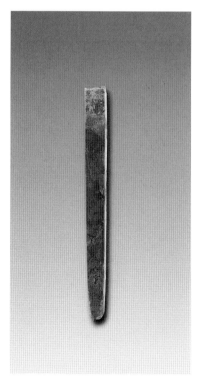

5. C型（M38：12）

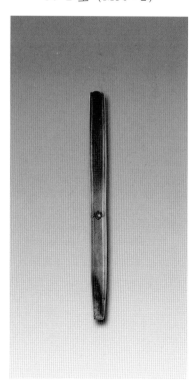

6. D型（M201：40）

玉锥形器

1. 圆柱形器（M213：93）　　　2. 扁柱形器（M215：5）　　　3. 弯柱形器（M21：29）

4. 芯（M119：12）　　　　　　5. 圆台形器（M13：36）

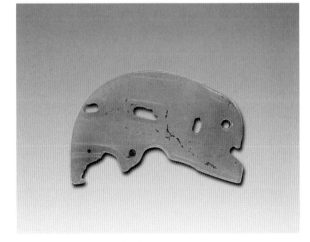

6. 橄榄形器（BM3：54）　　　　7. 马蹄形器（M211：17）

玉圆柱形器、扁柱形器、弯柱形器、芯、圆台形器、橄榄形器、马蹄形器

1．长方形器（M2：1）

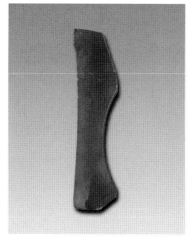
2．片形器（M11：37）

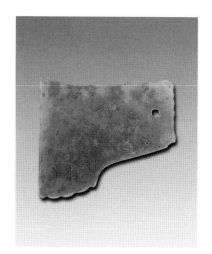
3．片形器（M44：9）

4．片形器（M44：6）

5．片形器（M206：5）

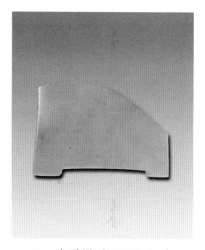
6．片形器（M203：15）

7．片形器（M38：24）
8．片形器（BM4：17）

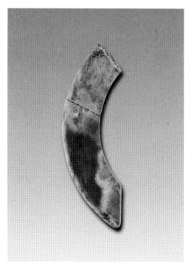

玉长方形器、片形器

1. 器耳（M223：3）

2. 斗（M213：89）

3. 兽头踞坐人像（M46：22）

4. 兽头踞坐人像（M46：22）侧面

玉器耳、斗、兽头踞坐人像

1．A 型璋（M222：64）

2．A 型璋（M222：66）

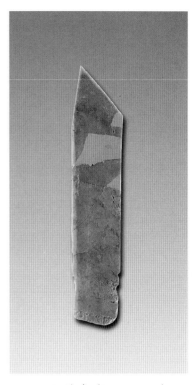

3．B 型璋（M222：65）

4．磬（M222：70）

石璋、磬

1．A型（M11：19） 2．A型（M124：15） 3．A型（M203：53） 4．A型（M205：7）
5．A型（M31：6） 6．A型（M213：55） 7．A型（M17：7） 8．A型（M124：22）
9．A型（M18：18） 10．B型（M21：26）

砺石

1. M210：13

2. M210：12

M210出土嵌蚌漆牌饰

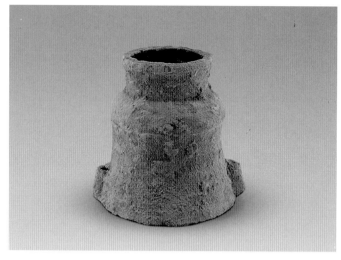

1. 盖、口沿（M119:31）

2. 盖、口沿（M120:10）

3. 圈足（M120:11）

铜箍木壶

1. A型梳（M206∶143）

2. B型梳（M119∶68）

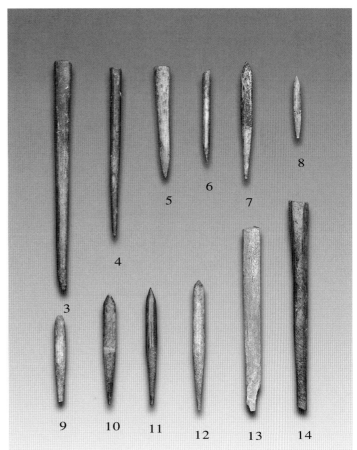

3. A型锥（M213∶18）
4. A型锥（M201∶62）
5. A型锥（M214∶23）
6. A型锥（M221∶6）
7. A型钎（M206∶50）
8. A型钎（M124∶17）
9. A型钎（M14∶16）
10. A型钎（M15∶6）
11. A型钎（M11∶24）
12. A型钎（M110∶16）
13. Ba型钎（BM11∶1）
14. Ba型钎（M201∶17）

骨梳、锥、钎

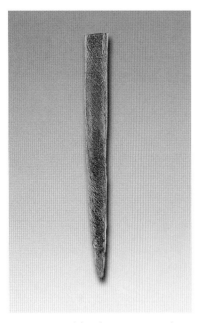

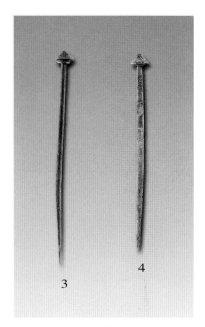

1. Ba型钎（M206：137）　　　2. Bc型钎（M205：72）　　　3、4. A型笄（M36：3、
　　　　　　　　　　　　　　　　　　　　　　　　　　　　　　　　　　　M108：6）

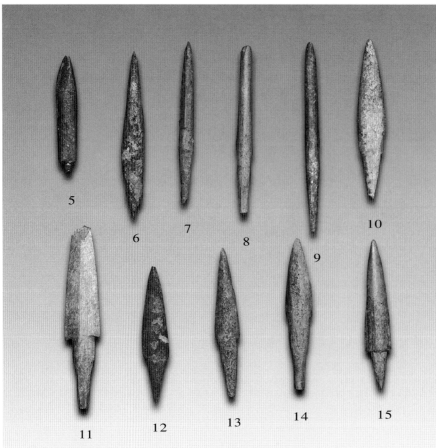

5. A型镞（M201：41）
6. A型镞（M216：2）
7. A型镞（M214：8）
8. A型镞（M214：20）
9. A型镞（M213：5）
10. B型镞（M213：2）
11. B型镞（M214：18）
12. B型镞（M215：12）
13. B型镞（M201：48）
14. B型镞（M208：31）
15. B型镞（M201：56）

骨钎、笄、镞

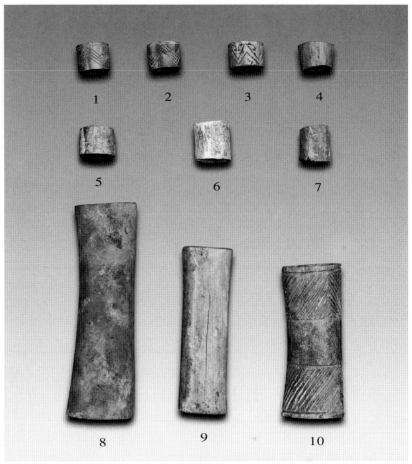

1．A 型管（M119∶71）
2．A 型管（M119∶70）
3．A 型管（M206∶95）
4．A 型管（M205∶73）
5．A 型管（M18∶15）
6．A 型管（M214∶34）
7．A 型管（M220∶4）
8．B 型管（M25∶9）
9．B 型管（M103∶5）
10．B 型管（M124∶34）

11．管饰（M206∶58）

12．管饰（M220∶8）

骨管、管饰

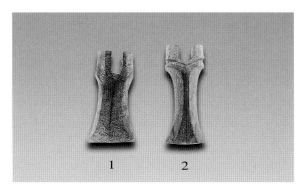

1、2．A 型销（M205：96、M203：48）

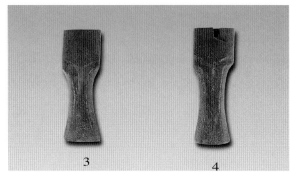

3、4．B 型销（M214：79、M214：15）

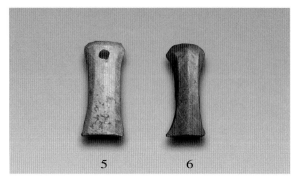

5、6．C 型销（M206：136、M21：45）

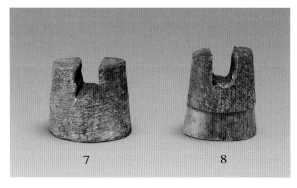

7、8．D 型销（M206：110、M203：17）

9．觿（M214：17）

10．坠（M21：25）　11．牌饰（M214：14）
12．鳄鱼板（M206：149）　13．卜骨（M213：3）

骨销、觿、坠、牌饰，鳄鱼板、卜骨

1. M11：69

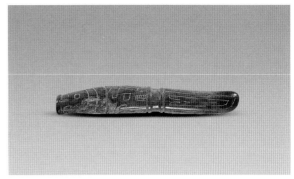

2. M15：9

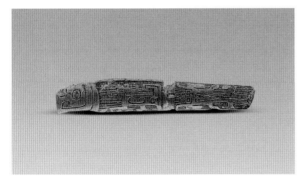

3. M131：18

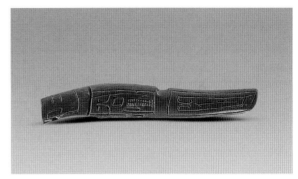

4. M206：19

5. M30：4

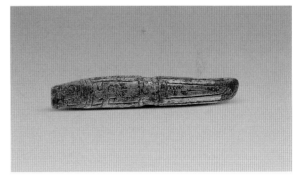

6. M118：3

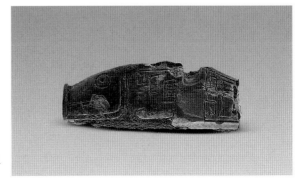

7. M208：11

象牙鱼形觽

1. 管饰（M11：32）

2. A型权杖头（M201：22）

3. B型权杖头（M201：53）

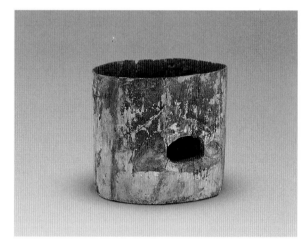

4. 斗（M21：32）

5. 虎（M21：27）

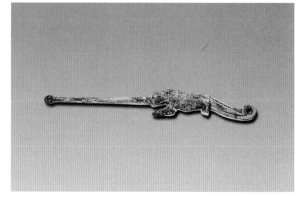

6. 耳勺（M18：60）

象牙管饰、权杖头、斗、虎、耳勺

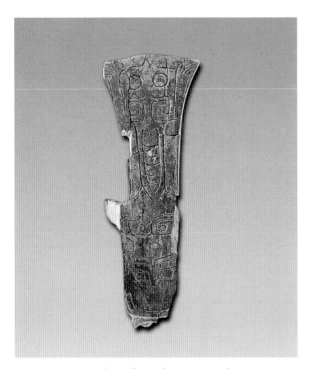

1. 象牙饰品（M201：25）

2. 象牙饰品（M201：31）

4. Ba型象牙笄（M126：4）

3. 象牙饰品（M13：33）

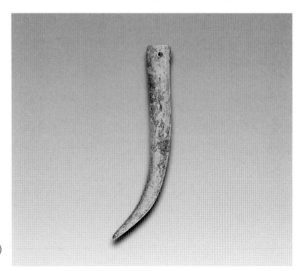

5. 鹿角锥（M201：58）

象牙饰品、笄，鹿角锥

1．A型牙片（M201：10） 2．A型牙片（M18：3） 3．B型牙片（M201：12）
4．B型牙片（M201：11） 5．蚌刀（M214：27） 6.A型蚌片（M206：108）
7．B型蚌片（M210：3） 8．B型蚌片（M203：92） 9．C型蚌片（M214：24）
10．A型牙片（M201：9）

獐牙片，蚌刀、蚌片

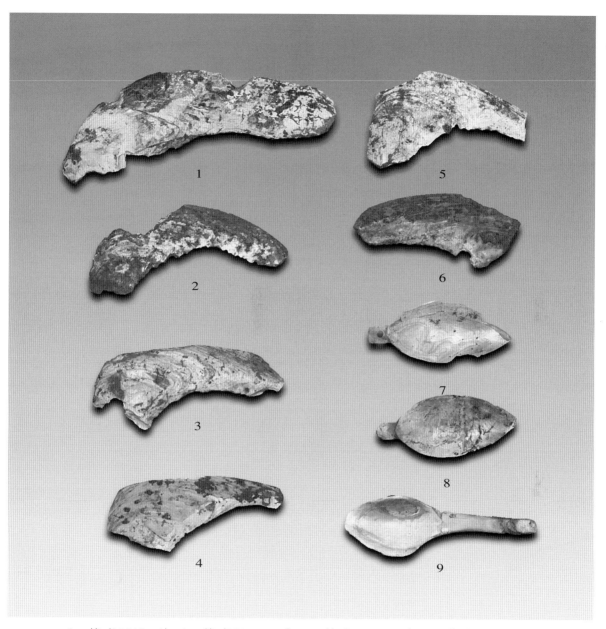

1. 镰（M208：1） 2. 镰（M205：11） 3. 镰（M201：60） 4. 镰（M201：54）
5. 镰（M214：6） 6. 镰（M214：5） 7. A型勺（BM3：49）
8. A型勺（BM3：53） 9. B型勺（M124：27）

蚌镰、勺

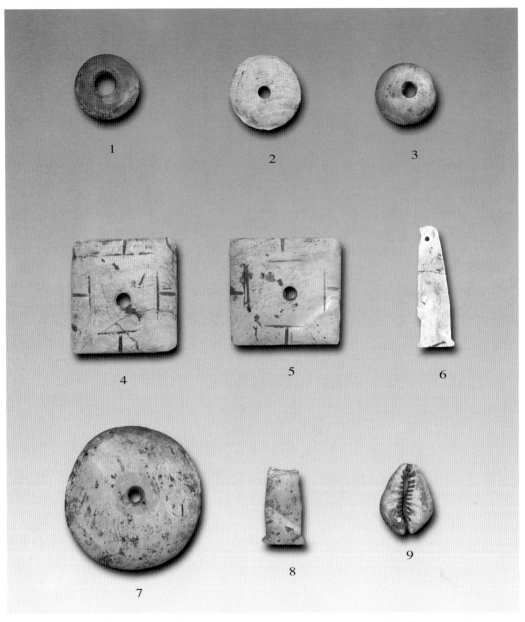

1．A型泡（M18：33）　2．A型泡（M203：24）　3．A型泡（M18：51）
4．C型泡（M203：4）　5．C型泡（M203：1）　6．蚌饰（M201：34）
7．B型泡（M206：113）　8．蚌饰（M201：35）　9．海贝（M131：24）

蚌泡、蚌饰，海贝

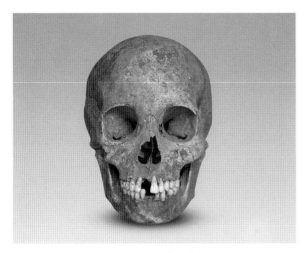

1．M3头骨正视

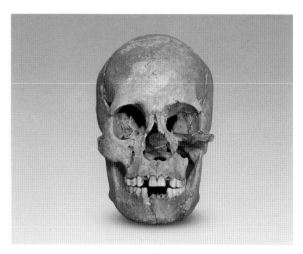

4．M48头骨正视

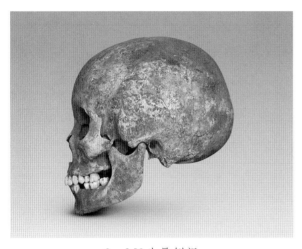

2．M3头骨侧视

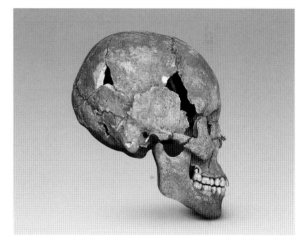

5．M48头骨侧视

3．M3头骨俯视

6．M48头骨俯视

M3、M48头骨

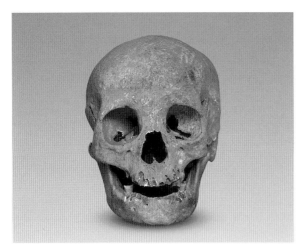

1. M2头骨正视

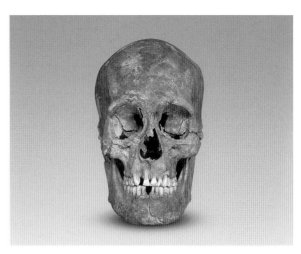

4. M11殉人头骨正视

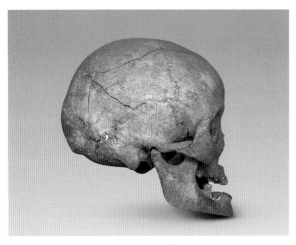

2. M2头骨侧视

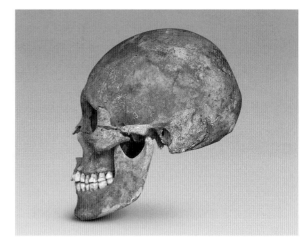

5. M11殉人头骨侧视

3. M2头骨俯视

6. M11殉人头骨俯视

M2、M11 头骨

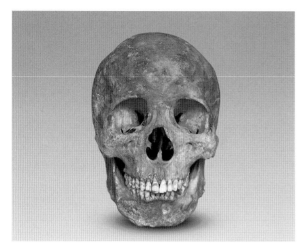

1. M13头骨正视

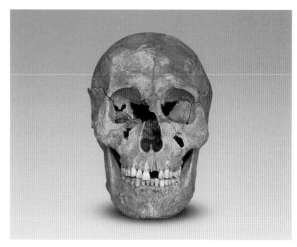

4. M14头骨正视

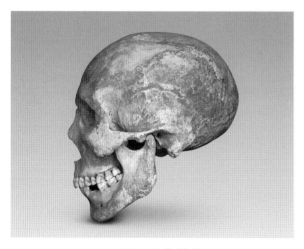

2. M13头骨侧视

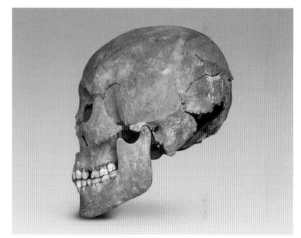

5. M14头骨侧视

3. M13头骨俯视

6. M14头骨俯视

M13、M14头骨

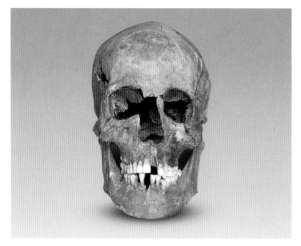

1. M18头骨正视

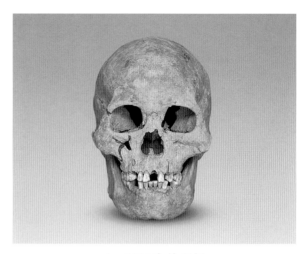

4. M23头骨正视

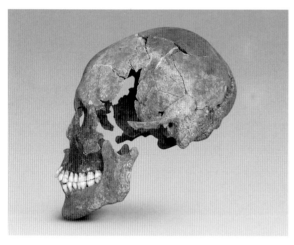

2. M18头骨侧视

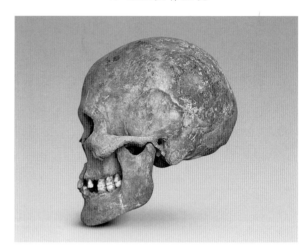

5. M23头骨侧视

3. M18头骨俯视

6. M23头骨俯视

M18、M23头骨

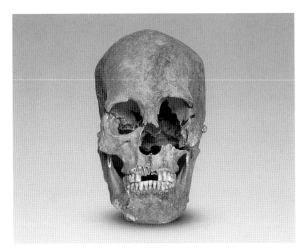

1．M127头骨正视

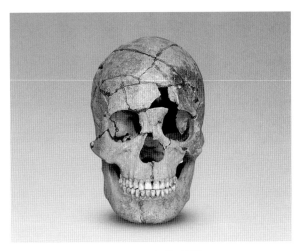

4．M15头骨正视

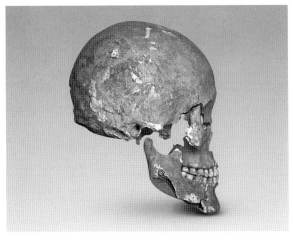

2．M127头骨侧视

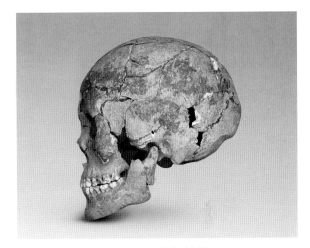

5．M15头骨侧视

3．M127头骨俯视

6．M15头骨俯视

M127、M15头骨

1．M34股骨病变

2．M34股骨病变局部

3．跪踞面变异（正面）

4．跪踞面变异（侧面）

骨胳病理、变异现象

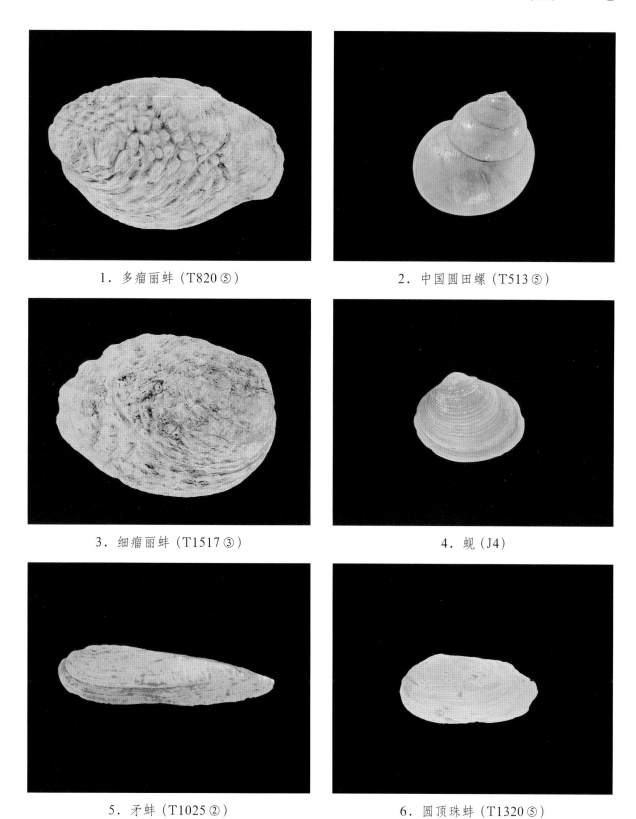

1. 多瘤丽蚌 (T820⑤)

2. 中国圆田螺 (T513⑤)

3. 细瘤丽蚌 (T1517③)

4. 蚬 (J4)

5. 矛蚌 (T1025②)

6. 圆顶珠蚌 (T1320⑤)

前掌大遗址出土贝壳

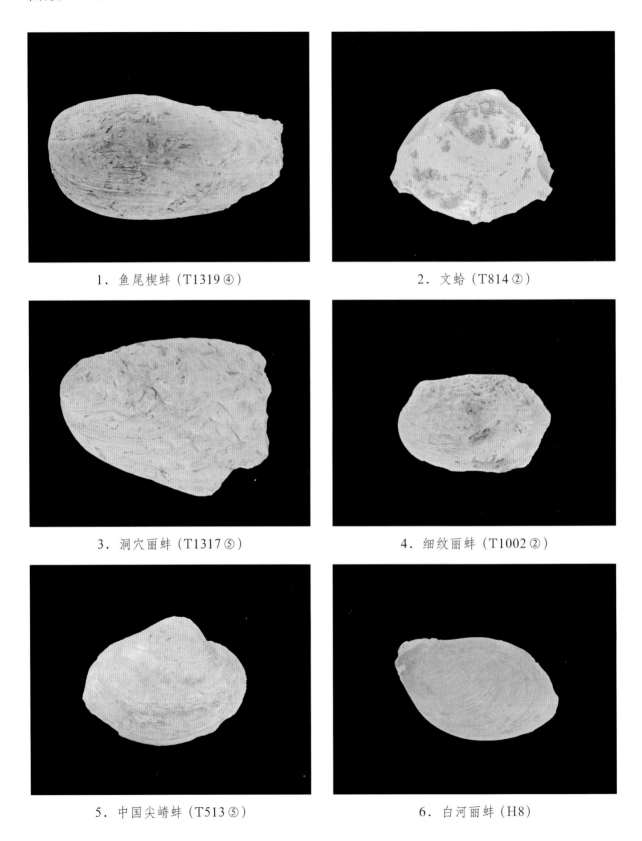

1．鱼尾楔蚌（T1319④）　　　　2．文蛤（T814②）

3．洞穴丽蚌（T1317⑤）　　　　4．细纹丽蚌（T1002②）

5．中国尖嵴蚌（T513⑤）　　　　6．白河丽蚌（H8）

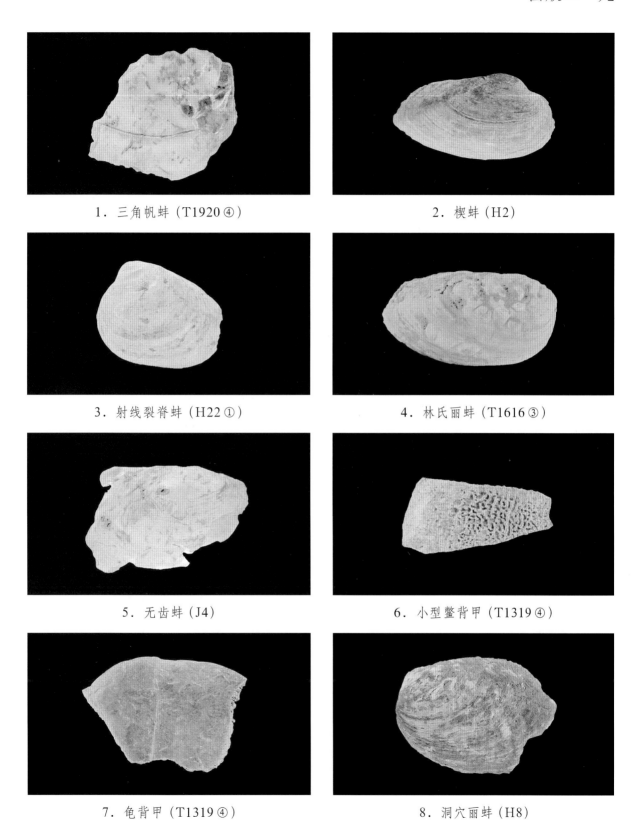

1. 三角帆蚌（T1920④）

2. 楔蚌（H2）

3. 射线裂脊蚌（H22①）

4. 林氏丽蚌（T1616③）

5. 无齿蚌（J4）

6. 小型鳖背甲（T1319④）

7. 龟背甲（T1319④）

8. 洞穴丽蚌（H8）

前掌大遗址出土贝壳及爬行动物

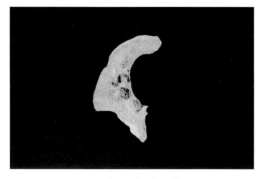

1. 鱼咽齿（H4）

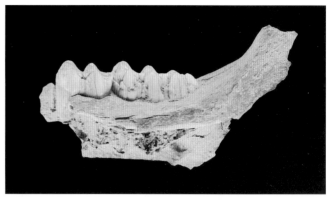

2. 猪左下颌骨（T1002④）

3. 梅花鹿右胫骨远端（BM4）

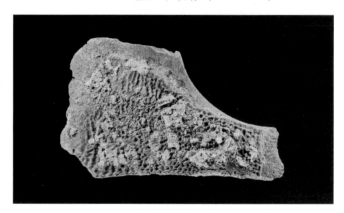

4. 大型鳖背甲（T1320④）

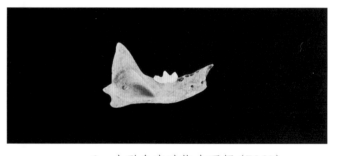

6. 小型食肉动物右下颌（BM3）

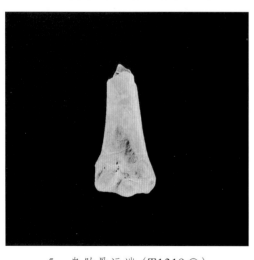

5. 鸟肱骨远端（T1319④）

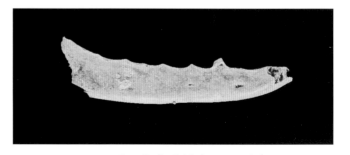

7. 貉右下颌（T1516③）

前掌大遗址出土脊椎动物

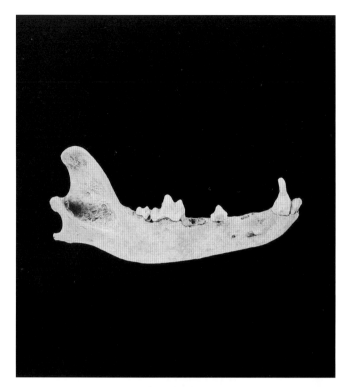

1. 狗右下颌骨（M15）

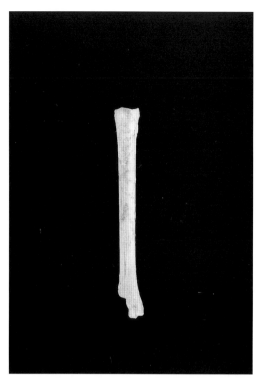

2. 小型鹿科动物掌骨（BM4）

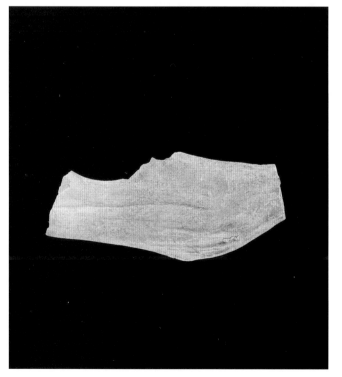

3. 麋鹿角残块（T803⑤）

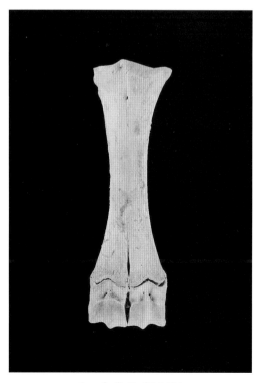

4. 牛掌骨（BM3）

前掌大遗址出土脊椎动物

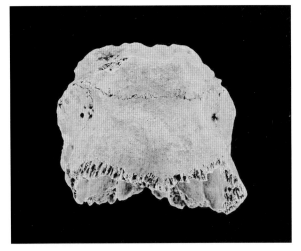

1. 绵羊头骨 (T819④)

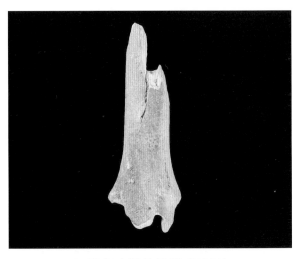

2. 麋鹿右胫骨远端 (BM4)

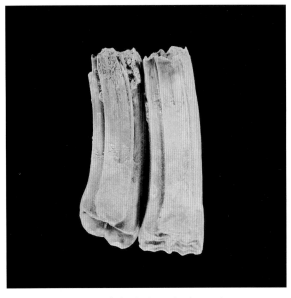

3. 马游离左上白齿 (SK4)

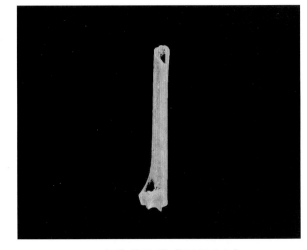

4. 兔肱骨远端 (T1516③)

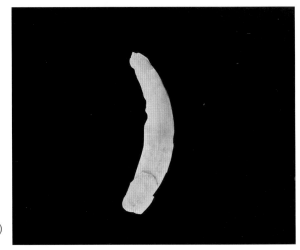

5. 獐上犬齿 (T814②)

前掌大遗址出土脊椎动物